画像是王圣松（中国美术家协会会员，河南大学美术学院教授、
副院长及硕士生导师）作

作者简介

　　陈华彬，我国当代主要民法学家之一，中央财经大学教授、博士生导师、博士后合作导师，法学博士，教育部新世纪优秀人才支持计划入选者（2008 年），最高人民法院案例指导工作专家委员会委员，中国保险法学研究会副会长。

民法体系的新展开

陈 华 彬 著

THE
NEW PERSPECTIVE ON
CIVIL LAW SYSTEM

陈华彬作品系列

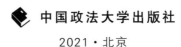

中国政法大学出版社

2021·北京

图书在版编目（ＣＩＰ）数据

民法体系的新展开/陈华彬著. —北京：中国政法大学出版社，2021.10
ISBN 978-7-5764-0118-9

Ⅰ.①民…　Ⅱ.①陈…　Ⅲ.①民法－研究－中国　Ⅳ.①D923.04

中国版本图书馆CIP数据核字(2021)第200637号

出 版 者　　中国政法大学出版社
地　　址　　北京市海淀区西土城路 25 号
邮寄地址　　北京 100088 信箱 8034 分箱　邮编 100088
网　　址　　http://www.cuplpress.com (网络实名：中国政法大学出版社)
电　　话　　010-58908441(编辑室)　58908334(邮购部)
承　　印　　北京中科印刷有限公司
开　　本　　720mm×960mm　1/16
印　　张　　84.25
字　　数　　1300 千字
版　　次　　2021 年 10 月第 1 版
印　　次　　2021 年 10 月第 1 次印刷
定　　价　　399.00 元

岁月是一种至深的启迪

这部《民法体系的新展开》百万余言，历经艰苦备尝的努力，现终于整理、编辑完成。它是我自 1988 年从事民法学术研究以来迄今三十余年的学术文集。由此文集，可以管窥新中国民法学基本与我国改革开放同频共振，由无到有，从小到大，由弱到强以及由微小到彰显的演进、发展历程。

自读大学时起，我就十分喜爱写一些文字。我记得我读大学时写的第一篇文章是《体育改革，势在必行》，发表（张贴）在当时学校十分显眼的路边道旁。另外还记得大学时期写过尼科洛·马基雅维利（Nicolo Machiavelli，1469—1527）的政治法律思想的论文，发表在当时油印的刊物上。进入西南政法学院读研究生后，我除于正式刊物如《法律科学》《乐山师专学报》等期刊发表文章外，在当时西南政法学院研究生（会）创办的刊物《法论》上也发表过诸多文章。然可惜和遗憾的是，由于学习与生活的奔波、迁徙、变化，那些大学与硕士研究生时代发表于非正式刊物的论文早已散佚，不复留下。故而如今收入本书的主要为于正式刊物发表的一些墨迹。它们浓缩和记录了 1984—2020 年这难忘的三十六年的读书、研习、求索以及奋斗的艰辛历程。积三十六年的经验与慨叹，一言以蔽之，应是"民生在勤，勤则不匮"。

如所周知，"文章千古事，得失寸心知"。胡适引用孔子的话谈论治学，说治学应当有"出门如见大宾，使民如承大祭"的神圣感，"一点一滴都不苟且，一字一笔都不放过"。[1]朱熹也谓:"问渠那得清如许,为有源头活水来。"另外,保尔·拉法格(1842—1911年)在《忆马克思》一文中对马克思的治学风范描述道:"马克思对待著作的责任心,并不亚于他对待科学那样严格。他不仅从不引证一件他尚未十分确信的事实,而且未经彻底研究的问题他决不随便谈论。凡是没有经过他仔细加工和认真琢磨的作品,他决不出版。他不能忍受把未完成的东西公之于众的这种思想。要把他没有作最后校正的手稿拿给别人看,对他是最痛苦的事情。他的这种感情非常强烈,有一天他向我说,他宁愿把自己的手稿烧掉,也不愿半生不熟地遗留于身后。"[2]现当代学者启功之师陈垣也说,作品要给三类人看:一是水平高于自己的人,二是和自己平行的人,三是不如自己的人。因为这可以从不同角度得到反映,以便修改。[3]还有,近时之人顾炎武也曾深刻告诫:"今时之人速于成书,躁于求名,斯道也将亡矣。"[4]这些话不禁令人心中震颤。"书,就是这一代对另一代人的遗训,就是行将就木的老人对刚刚开始生活的年轻人的忠告,是行将去休息的站岗人对走来接替他的站岗人的命令。"(赫尔岑语)[5]职是之故,谨严的学术著作乃应规范、清晰、明了,并以精准、一丝不苟的文字作出表达。本书的有些篇什,因时间久远或囿于其时的局限,文字表述或注释未如今时流畅或翔实,对此,作者都逐一依现今的认识和要求予以补足,而对于个别的陈旧的表述也予剔除。惟整体上看,每篇作品都还是基本保持其刊发时的原貌。由此以尊重和重现历史的原生态,并可作为我学术思想的一个较为完全的文本。

新中国之有民法典,系为数代法律人的共同夙愿。尽管现今的民法典尚有诸

1　参见《外国文学评论》2011年第3期,第234页,"《外国文学评论》来稿须知及注释规范"。

2　中共中央马克思恩格斯列宁斯大林著作编译局编译:《摩尔和将军:回忆马克思恩格斯之一》,人民出版社1982年版,第102页;胡尧之、杨启潾、兰德毅等译:《回忆马克思恩格斯》,人民出版社1957年版,第77—78页。

3　陈智超编:《励耘书屋问学记:史学家陈垣的治学》,生活·读书·新知三联书店1982年版,第96页。

4　"与潘次耕书",载(清)顾炎武撰,华忱之点校:《顾亭林诗文集》(第2版),中华书局1983年版,第77页。

5　参见梁衡:《我的阅读与写作》,北京联合出版公司2016年版,第59页。

多不成熟、不尽完善、如意之处，但本书中的诸多文字也都紧紧围绕如何构建或完善我国民法典中的诸多制度或规则而展开，期冀国家、社会、人民乃至整个民族于民法典的庇护下尊严、安宁、富足及和谐地生活于世间。或许文章中的立法主张未被采纳或受重视，但它们仍具学理与解释论（"评注论""注释论"）的功用与价值。作为一个谨严、严肃的民法科学研究者，言明自己的意见或观点，让未来的法史与后辈去评说，此正乃《道德经》中所揭示的"为而不争"呀！于历史的绵延无垠中，有新言汇入法史长河，即使身不在而理亦存。其时，"后之视今，亦犹今之视昔"也！抚卷沉思，水深愈静，惟有努力。

岁月不居，时节如流，当下已是二〇二〇年阳春三月，草木蔓发，岁在庚子。时下防护疫情的清正时光让自己对于学问更近乎纯粹宗教式的虔诚。饶宗颐曾形容自己，"我这一生好像是漫漫路途上求索的苦行僧，一辈子在苦旅中折磨自己，没有人知道我的大部分时间是在寂寞中度过的。我把研究学问当作生活的一个部分，才能臻于庖丁解牛、目无全牛的化境"。[1]诚哉斯言！"热闹是他们的，我什么也没有。"（朱自清语）惟古语说"人间私语，天闻若雷"，天（地）是公平的，它一定能记着我的奋进、付出与做的那么多的事。三十六年间的文字所记录的时代在人生中已不算短，所幸青山在，人未老。岁月是一种至深的启迪，尽管人生须臾，长江无穷，"悟已往之不谏"，但"莫道桑榆晚"，盖因"来者之可追"，"为霞尚满天"！

陈华彬

二〇二〇年三月二十日春分时节

---

[1] 沈建华编：《饶宗颐甲骨书札》，中西书局 2017 年版，第 8 页。

目 录
CONTENTS

民法（典）总则

中国制定民法典的若干问题[*]

一、中国制定民法典的历史回眸

百余年来，在中国制定民法典一直是先进的法律人士与立法部门热烈追求的一个理想。这一理想实际上是 1903 年清政府进行法制改革，抛弃中华法制，毅然接受以德国为代表的西方大陆法系民法的概念、原则和体系的延续。

1903 年，面对岌岌可危和风雨飘摇的动荡局势，清政府命沈家本领导修律与进行法制改革，从此肇开了中国民事法律近代化的端绪。迄至 1911 年清朝覆亡，制定了《大清民律草案》，史称"民律第一草案"。虽然该草案未及实施，但它标志着中国封建民事法律的解体和大陆法系民法体系的建立，从而与世界法系接轨。1918 年 7 月，民国政府设立修订法律馆，着手编纂民法典。修订法律馆参考"民律第一草案"，调查各地的民商事习惯，并参照各国最新的立法例，于 1925 年完成民律各编草案，史称"民律第二草案"。1929 年，南京国民政府立法院设立民法起草委员会，着手起草新的民法典。从 1929 年至 1930 年，先后公布了总则、债、物权、亲属、继承各编，此即《中华民国民法》。这部民法的诞生，是中国法制发展史上的一件大事，标志着中华法制业已完成了向西方以德国等大陆法系国家为代表的民法概念、原则和体系的转型。而且，该民法是一部先进的民法，在当时各国林林总总的民法典中堪称优秀，甚至可以与当时的法国、德国民

---

[*] 本文曾发表于《法律科学》2003 年第 5 期，今收入本书，诸多地方作了改动和变易。

法典相提并论、等量齐观。当然，由于连绵不断的战事，迄至 1949 年，该部民法都未能在大陆得到有效的实施。1949 年新中国成立后，随着废除国民党的"六法全书"，该民法也被废除了。从此，新中国没有了自己的民法典。

1954—1957 年，新中国第一次组织力量起草自己的民法典。经过两年多的努力，于 1956 年 12 月初完成了全部草案。这个草案，分总则、所有权、债、继承四编，共 525 条。这次民法典起草以宪法为根据并按照党的八大确定的方针作过多次修改，它强调对社会主义公有制，特别是对国家财产的特殊保护，忽视了公民个人财产所有权应有的法律地位。这些偏颇，是受当时开始出现的"左"的错误影响所致。正是由于"左"的错误的干扰，这次起草工作中断了。[1]

1962—1964 年，第二次民法起草。这次起草，是党试图纠正经济工作中"左"的错误，在国民经济中贯彻"调整、巩固、整顿、提高"的八字方针的形势下，为适应社会主义商品生产和交换的要求而进行的。在第一次起草的基础上，于 1964 年 7 月提出了《中华人民共和国民法草案（试拟稿）》共 24 章，262 条，涵括总则、所有权和财产流转。由于受多年来"左"的思想的影响，该草案（试拟稿）无论在结构还是内容上，都较第一次草案倒退了，譬如条文内容流于空洞的政治口号，只讲义务，不讲权利，只讲通俗，不讲科学性等。这次民法起草，又因 1964 年开始的"四清"运动而停止。[2] 1966 年，中国开始了历时十年的"文革"动乱，法制和法学受到严重摧残，民法典的起草陷于停滞状态。[3]

1979 年 11 月—1982 年 5 月，第三次民法起草。党的十一届三中全会以后，全国人大及其常委会根据"四化"建设的需要，广泛地制定各种法律，于 1979 年 11 月组织民法起草小组，抽调从事经济工作、民法教学科研工作和民事审判工作的同志起草民法。在两年多的时间内，草拟了四个民法草案。其中，第四个草

1　凌湘权、余能斌：《民法总论》，武汉大学出版社 1986 年版，第 32 页。

2　凌湘权、余能斌：《民法总论》，武汉大学出版社 1986 年版，第 32 页。

3　《佟柔文集》编辑委员会编：《佟柔文集》，中国政法大学出版社 1996 年版，第 224—225 页。

案分八编，43 章，共 465 条。[1] 此后，考虑到我国经济体制改革刚刚开始，很难制定一部完整而成熟的民法典，于是决定在民事立法上先制定一批社会急需而又比较成熟的民事单行法。几年后，全国人大先后通过了《婚姻法》《经济合同法》《涉外经济合同法》《商标法》等法律。国务院及其有关部门也颁布了相当数量的单行法规。但是，民事生活中带有共通性的事项需要加以规定。1985 年 7 月，在做了大量的调查研究并广泛征求各方面意见的基础上，全国人大常委会法制工作委员会组织部分民法专家和有关政府部门的专业人员正式起草民法通则，8 月完成了民法通则草案第一稿，11 月，民法通则草案提交第六届全国人大常委会第十三次会议进行初步审议。根据委员长的建议和全国人大常委会的决定，全国人大法律委员会、法制工作委员会于 1985 年 12 月召开了有 188 名民法、经济法专家及有关部门的同志参加的修改民法通则草案的座谈会。经过反复讨论，完成了民法通则的修改稿。1986 年 4 月 12 日，第六届全国人民代表大会第四次会议正式通过了《民法通则》。这是新中国第一部调整民事关系的基本法律，是我国民法发展的里程碑。[2]

1992 年，中国选择社会主义的市场经济作为经济体制改革的目标模式。此后不久，组织专家学者起草合同法。1999 年，九届全国人大正式通过了统一的合同法。随后，根据九届全国人大常委会的立法规划和常委会工作报告关于"要加快物权法的起草和民法典的编纂工作"的要求，法制工作委员会起草了物权法征求意见稿，于 2002 年 1 月发到地方、中央有关部门、法学院校等单位征求意见，经多次研究修改，形成了物权法草案。10 月，在已有民事法律和物权法草案的基础上形成了民法草案初稿。该草案分为 9 编：第 1 编 "总则"，第 2 编 "物权法"，第 3 编 "合同法"，第 4 编 "人格权法"，第 5 编 "婚姻法"，第 6 编 "收养法"，第 7 编 "继承法"，第 8 编 "侵权责任法"，第 9 编 "涉外民事关系的法律适用法"。这

1　凌湘权、余能斌：《民法总论》，武汉大学出版社 1986 年版，第 32 页。

2　王利明、郭明瑞、方流芳：《民法新论》（上），中国政法大学出版社 1988 年版，第 102—103 页。

部民法草案，是我国进入21世纪以后起草的第一部民法草案，在民法发展中具有承前启后、继往开来的重要意义。

二、采取德国潘德克吞体系编纂民法典

在民法典的编纂上，有两种不同的编纂方法，即1804年《法国民法典》的三编制和1896年《德国民法典》的五编制。《法国民法典》的三编制，即第1编“人法”，第2编“财产及对所有权的各种限制”，第3编“取得财产的各种方法”。这一体例由来于古罗马法学家盖尤斯（Gaius）编纂的《法学阶梯》。[1]法国法系的多数国家采取了此体例。此种体例的优点是：（1）将人法独立设编；（2）将民法调整的财产关系和人身关系直接在法典上表述为两个部分，即人法和物法，体例和结构非常清晰、明快；（3）将人法置于财产法之前规定，凸显了人身关系和人格关系的重要性，避免了重物轻人之嫌，体现了对人格尊严和人格价值的尊重。[2]

德国潘德克吞编纂体例，是将民法典依一定的顺序和逻辑组织起来，形成有逻辑性和体系性的民法规范。1896年《德国民法典》由总则、债法、物权、亲属、继承五编构成即是此种编纂体例的典范。

在民法发展史上，德国潘德克吞编纂体例，又称潘德克吞体系（Pandekten System）。潘德克吞（Pandekten）一词，来源于拉丁文的Pandecta。而Pandecta，是指《罗马法大全》（《国法大全》《民法大全》）中的《学说汇纂》（*Digesta*）。将此《学说汇纂》加以体系化的法学，称为潘德克吞法学，其所创立的体系称为

1　当然，优士丁尼的《法学阶梯》的体例，是人法、物法和诉讼法。在罗马法时代，诉讼法还没有从实体法中分离出来，所以该《法学阶梯》将诉讼法也涵括在其中了。《法国民法典》虽然采取优士丁尼《法学阶梯》的编制体例，却将诉讼法分离出来，此点系《法国民法典》对优士丁尼《法学阶梯》的发展。

2　旧中国民法学者梅仲协对《法国民法典》的编制体例深表赞赏。他说：将亲属等人身关系法置于民法之首，合乎自然的原则，盖人皆有母，丐也有妻。参见梅仲协：《民法要义》，中国政法大学出版社1998年版，第18页。

潘德克吞体系。19 世纪中叶以后德国学者构筑的民法学体系，以及依该体系而创制的各民法典，称为近代潘德克吞体系。[1]

通常认为，近代潘德克吞体系的鼻祖，是德国历史法学派的创始人胡果（Gustav Hugo）。该氏在 1789 年出版的《现代罗马法教科书》（Lehrbuch des heutigen römischen Rechts）中采取了如下的五编制：物权法、债法、亲属法、继承法、诉讼法。但是，胡果不久后就将自己在该书中创造的这一体系抛弃了。[2] 1807 年，海泽（Georg Arnold Heise）在《普通民法的体系概要》一书中重新拾起被胡果抛弃的体系，而自创新的体系。他所创立的新的体系是：第 1 编 "总则"（Allgemeine Lehren），第 2 编 "物权法"，第 2 编 "债务法"，第 4 编 "物的、人的权利法"（家族法，Dinglich-persönliche Rechte），第 5 编 "继承法"，第 6 编 "原状回复"（In intergrum Restitutio）。[3] 因海泽创立了这样的体系，近现代学者通常将其称为潘德克吞体系真正的开山鼻祖。[4]

对于海泽所创立的体系，历史法学派的另一重要人物萨维尼（Friedrich Karl von Savigny）表现了极大的兴趣，并加以积极的鼓吹。在他的鼓吹之下，《普通民法的体系概要》一书在短时间内便被重印了数次。[5] 而且，萨氏本人还以海泽建构的这一体系作为自己讲学的基础。在 1819 年和 1820 年的冬期讲学中，萨氏在讲授《普鲁士普通邦法》时，即是按照海泽的这一体系进行讲授的。不过他认为，海泽体系中的第 6 编 "原状回复" 不妥，故而把它删除了。[6] 在萨维尼的强大影响下，大约在 1820 年代末、1830 年代初，整个德意志大体上都已接受了海泽

1　［日］赤松秀岳：《十九世纪德国私法学的实像》，成文堂 1995 年版，第 261 页。

2　［日］原田庆吉：《日本民法典的历史素描》，创文社 1954 版，第 3 页。

3　［日］赤松秀岳：《十九世纪德国私法学的实像》，成文堂 1995 年版，第 269 页。

4　［日］原田庆吉：《日本民法典的历史素描》，创文社 1954 版，第 3 页。

5　当然，也有不赞成海泽的体系者。譬如普赫塔（G. F. Puchta）在 19 世纪 20 年代即反对海泽的体系。另外，蒂堡（A. F. J. Thibaut）提出了自己独特的体系：第 1 编 "总则"，第 2 编 "身份法"，第 3 编 "债务法"，第 4 编 "物权法"，补遗 "消灭时效"。参见［日］赤松秀岳：《十九世纪德国私法学的实像》，成文堂 1995 年版，第 276 页注释 16。

6　海泽的继承者们在继受海泽的体系同时，也将该体系中的 "原状回复" 删除了。删除之后的体系，成为一个被广泛接受的体系。参见［日］赤松秀岳：《十九世纪德国私法学的实像》，成文堂 1995 年版，第 269 页。

的潘德克吞体系。至 19 世纪后期，海泽创立的体系被视为近代潘德克吞体系。19
世纪后半期，经由学者昂格尔（Joseph Unger）的介绍，《奥地利普通民法典》也
运用了潘德克吞体系[1]。[2] 1840 年代以后，得到萨维尼支持的海泽的体系，便几乎
被所有人接受了。而且，对于海泽的潘德克吞体系，萨维尼在 1840 年出版的《当
代罗马法体系》（第 1 卷）中，还从理论上为其奠定了基础。他说：

　　每项权利，在法律关系上皆具有其深厚的基础。而所谓法律关系，是指某人
在不受他人妨碍的情形下可以依自己的意思加以支配的领域，该领域是由法律予
以规范的。在法律关系上，依自己的意思而加以支配的领域，首先是"自己自身
的人格"，然后是"自己以外的外界"。其中，"自己自身"，是所有的法与权利的
基础，不需要由实定法加以承认，也不需要实定法为其奠定基础。从而，对自己
的人格的权利，即这一"根源性的权利"，是无须加以承认的。这样一来，作为
法律关系的客体的东西，便只剩下"外界"，即"自然"（unfreie Natur）和"他
人"了。

　　人是不能支配自然的全体的，即不能支配世界的一切。所以，需要对偌大的
自然（世界）加以区分（划分）。而被区分开来的自然，就是物。对物加以意思
支配的情形中，最单纯、最完全的是所有权。它与实定法上的限制物权合在一
起，被称为物权。另外，对他人的关系中，仅可支配对象方（相对人）的行为，
如请求他人（相对人）为或不为一定行为的，是债权债务关系，简称债。当然，
支配对象方的人格，蔑视（无视）其自由，像支配所有物那样而支配人，在今日
已不允许。应当注意的是，对物的支配（物权）与对他人行为的支配（债权），
皆是向外界扩张个人的能力。所以，它们被称为财产（Vermögen）。关于它们的
法律制度的总和，被称为财产法。

　　1　该氏的 System des österreichischen allgemeinen Privatrechts. 1. u. 2 Bd. , 5. unveränderte Aufl.
(1892)，是关于总则的著作。在这里，他指出，总则应当涵括以下内容：第 1 部分"私法"，第 2 部
分"人"，第 3 部分"物"，第 4 部分"私权"，第 5 部分"法律关系的发生与消灭"，第 6 部分"法
律关系的保护"。参见［日］赤松秀岳：《十九世纪德国私法学的实像》，成文堂 1995 年版，第 276 页
注释 18。

　　2　［日］赤松秀岳：《十九世纪德国私法学的实像》，成文堂 1995 年版，第 269 页。

人，既是一个独立的个体的概念，也是一个有机体的全体构成员的概念，即是一个社会的概念。从这一点来说，人是不完全的。例如，男性与女性，只有单个的一方，是不完全的，故需要依婚姻而加以结合。另外，人的存在于时间上也是有限的，这一点需要由繁殖来补充。并且，人在幼年的时候，因不具有保护自己的力量，所以也需要补充，因此法律设立了父权（väterliche Gewalt）制度，以保护不完全的年幼者的利益。此外，还有所谓血亲（Verwandtschaft）制度。婚姻、父权、血亲，合称为"自然的亲属法"。该"自然的亲属法"调整的关系，是全面且永久性的关系。而且，这类关系委由伦理规范调整者也不少。除此"自然的亲属法"外，尚有"人为的亲属法"。所谓"人为的亲属法"，即"监护"制度。此"人为的亲属法"（监护）与"自然的亲属法"，合称为"本来的亲属法"。萨维尼认为，"本来的亲属法"是与"适用的亲属法"相对应的一个概念。所谓"适用的亲属法"，即调整血亲间的扶养关系的法律规范。当然，萨氏认为，还存在一个调整父权制度下，父亲死后，儿子继承父亲的财产的继承法。这些调整身份关系、财产继承关系的法律与物权法、债法之间，应当如何安排其顺序？萨维尼说，从教学的目的与人民易于理解的目的考虑，因如果不首先理解、掌握物权法、债法，就不能理解、掌握亲属法（本来的亲属法和适用的亲属法），所以全体亲属法应放在物权法、债法之后规定。同时，如果人民不首先理解、掌握亲属法，也是不能理解、掌握继承法的，故继承法需要放在亲属法之后规定。如此，萨氏便提出了如下的潘德克吞体系：物权法、债法、亲属法、继承法。[1]

1896 年《德国民法典》采纳萨维尼的上述体系，同时将海泽于 1807 年在《普通民法的体系概要》一书中创立的体系中的"总则"吸收过来，形成了《德国民法典》的总则、债法、物权、亲属、继承的五编制结构体系。这一体系的优点是，将抽象的共通的一般事项整理成总则，并置于民法典之始（第 1 编）加以规定，其余各编依次为债法、物权法、亲属法和继承法。这种由一般到特殊，由抽象到具体的体例，符合一般人的逻辑思维习惯，符合法律研习者的思维定式。

1　［日］赤松秀岳：《十九世纪德国私法学的实像》，成文堂 1995 年版，第 270—273 页。

而且在此种体系下，法律规范具有逻辑性和体系性，也便于人民了解和掌握法律。正因为具有如此的优点，所以 1756 年的《巴伐利亚民法典》和 1863 年的《萨克森民法典》皆采取了该体系。

德国潘德克吞体系，除对德国当时各州（领邦）的民事立法产生了直接影响外，还对世界其他国家的民事立法产生了深刻影响。据统计，大陆法系中的德意志法系国家大都采取了这一体系。譬如东方的日本、韩国、越南，西方的土耳其、希腊、瑞士、奥地利、荷兰等，均是这一体系的继承者。我国民法典也系采取该体系。当然我们采取的体系是对《德国民法典》的体系有所发展的体系。盖《德国民法典》体系是百余年前创立的体系，百余年来，民法调整的内容已经发生了急剧膨胀，譬如其人格权关系、侵权行为关系都有长足的发展，远非《德国民法典》制定时可以比拟。故此，我们的民法典采取的体系，不是《德国民法典》原原本本的五编制体系，而是以它为基础发展了的体系。故此，应于原五编制的体系上增加规定人格权编、侵权责任（法）编、合同编乃至债法总则编。

三、设专编规定人格权法

人格权一语，最初系由近代初期的人文主义法学者多莱乌斯（H. Donellus）提出，近代自然法赋予了该概念以精神基础。[1] 通常认为，人格权是以权利人自身的人格利益为标的的权利，包括姓名权、生命权、身体权、健康权、荣誉权、名誉权、肖像权、隐私权等。按照近现代及当代民法理论，人格权因出生而取得，因死亡而消灭，不得让与和抛弃。于民法典中设立人格权的规定，系现当代各国的共同做法。问题是，我国民法典应否设专编规定人格权？笔者认为，答案是肯定的，即应设专编规定人格权。

近代各国民法典，如 1804 年《法国民法典》、1896 年《德国民法典》以及

1　［日］五十岚清：《人格权论》，一粒社 1989 版，第 2 页。

1907 年《瑞士民法典》皆未设专编规定人格权，甚至这些民法典对人格权的规定也是零星的。具体而言，1804 年《法国民法典》只规定所有的人是平等的，所有的人都享有私权（第 8 条），而对于人格权未设丝毫规定。[1] 1896 年《德国民法典》对人格权也是持消极态度的，它没有关于人格权的一般性规定，而是仅零星地规定了个别人格权，即第 12 条规定了姓名权，以及规定对于违法侵害他人的身体、健康、自由（第 823 条第 1 项）、信用（第 824 条）的，受害人可依侵权行为的规定受到保护。

对人格权法的发展而言具划时代意义的事件，是 1907 年《瑞士民法典》的通过。该民法典在第 1 编"人法"的第 1 章"自然人"之下的第 1 节，设专节规定人格权。其第 28 条第 1 项规定：人格关系，受不当的侵害时，可以请求法院除去其侵害。在侵害行为与过错特别严重时，受害人可以要求加害人赔偿损失或请求支付惩罚性赔偿金（《瑞士债务法》第 49 条）。此为《瑞士民法典》对一般人格权的规定。此种对一般人格权的规定，对往后各国人格权制度的发展产生了深远影响。1926 年 1 月 20 日制定的《列支敦士登（欧洲）民法典》，对《瑞士民法典》关于一般人格权的规定进行了具体化，其第 39 条第 1 项规定：人格关系（人格的利益），例如身体的、精神的无瑕疵、无缺陷，名誉、信用、家庭的平安、自由、姓名，家族或团体的徽章、饰章、家徽（代表家庭的图案）等标志，肖像权、书信、交易等的关系，以及以人格的尊重为目的的权利受到不当的侵害或者被威胁的人，有权请求停止侵害，恢复原状。[2]

法、德二国民法典之所以对人格权采取十分消极的态度，是因为在这些民法典制定时，人格利益的保护还没有成为一个重要的问题，更无必要设专编规定人格权。这一时期，社会生产力的水平不高，生产工具主要是水车、风车、马车和磨坊，现当代生活中广泛使用的各种家用电器、机动车都还未有出现，人们的生活压力也不大，大都过着和谐、安宁的生活，就业竞争时，诋毁他人人格的现象

1　[日] 五十岚清：《人格权论》，一粒社 1989 版，第 2 页。
2　[日] 齐藤博：《人格权法的研究》，一粒社 1989 年版，第 80 页。

也较少发生。而且，像现在极易对他人人格如隐私加以侵害的高倍、远距离望远镜，高清晰度微型摄像机等，都还没有出现。所以，法国、德国乃至瑞士的民法典当然没有必要设专编规定人格权。

但 20 世纪开始以后，特别是人类在经历了 1914—1918 年的第一次世界大战（以下简称"一战"）和 1939—1945 年的第二次世界大战（以下简称"二战"）后，鉴于战争对人的生命的残酷的剥夺，以及此间各国出现的社会动荡和不安，各国纷纷加大力度保护人格权。1945 年二战结束后的西德，其判例、学说突破民法典的规定，依《波恩基本法》第 1、2 条的规定，承认了一般人格权的概念，认为侵害一般人格权时，受害人可以请求精神损害赔偿。[1] 1946 年 2 月 23 日施行的《希腊民法典》，参考《瑞士民法典》的规定，于第 57—60 条，设立了保护人格权的规定。其中，第 57 条参考《瑞士民法典》的规定，规定了一般人格权。[2]

1960 年代以后，世界范围内的人权运动、女权运动、消费者保护运动蓬勃发展，更极大地推动了人格权制度的发展。保护人格权及人的尊严，成为各国宪法与民法的一项基本任务。各国纷纷修改民法典或制定特别法，加强对人格权的保护。如法国于 1970 年修改民法典，规定私生活应当受到尊重，即保护人们的隐私权（第 9 条）；率先规定一般人格权的《瑞士民法典》，在 1983 年对关于人格权的规定作全面修改时，进一步扩大了人格权的保护范围，增加规定了"反论权"。[3] 在美国，1960 年代以后，随着复印机的普及，侵害个人隐私的现象日益严重。为此，美国不仅将隐私权作为宪法上的权利予以保护，还专门进行了保护个人信息的立法。并且，学说上也出现了对个人信息加以积极保护的主张，倡导所谓"个人信息的自己控制权"，极大地推动了美国法对人格权的保护。此外，美国还制定了专门的保护名誉等人格权不受侵害的名誉损害法。凡此等等，俱标志着各国对人格权的保护进入了一个新的阶段。

1　［日］五十岚清：《人格权论》，一粒社 1989 版，第 4 页。
2　［日］齐藤博：《人格权法的研究》，一粒社 1989 年版，第 85 页。
3　［日］五十岚清：《人格权论》，一粒社 1989 版，第 5 页。

我国在 1949 年以前的一个相当长的时期内，忽视了对人格权乃至人权的保护。1986 年 4 月通过的《民法通则》吸取"文革"惨痛的历史教训，于第 5 章第 4 节规定人身权，规定自然人享有生命健康权、姓名权、肖像权、名誉权、荣誉权、婚姻自主权。这些规定被称为中国的权利宣言。从那时起到现在，人民的人格权乃至人权意识普遍增强，不少名人纷纷走上法庭，主张自己的人格权。与此同时，社会生活中又出现了诸多新的人格权类型，如信用权、贞操权（性自主权）、隐私权等，使人格权的内容不断膨胀，如果不把人格权独立成编，而仍然规定在总则的主体制度部分，则主体制度部分的内容将会极度膨胀，从而损害整个总则的体系和架构，故此有必要将人格权从总则中分离出来，设专编规定人格权。将人格权单独设编的另一个理由是，民法调整的关系包括财产关系和人身关系。财产关系分物权关系和债权关系，它们都分别设专编即物权编和债法编调整，人身关系中的身份关系由亲属编和继承编调整，相应地，人格关系也应设专编即人格权编调整。人格权单独设编，是贯彻以人为本、充分注重对个人人格尊严、人身自由的尊重与保护的需要。民法是以权利为中心的权利法，是人民的权利宪章，同时民法又是人法，以对人的终极关怀为使命。所以，在民法典中将人格权单独设编，可以充分体现对个人人格、人身自由的尊重与保护，进而最大限度地保障人民的人格权乃至人权不受侵害。最后，将人格权单独设编，还可以体现人格的价值、人格的利益无论何时何地都比财产的价值、财产的利益为高、为重。如所周知，设专编规定人格权，在迄今为止的各国民法史上几无先例可循（乌克兰除外）。我国民法典将人格权单独设编，可以体现人格价值、人格利益高于财产价值、财产利益。而且在事实上，人格的价值和人格的利益也是重于财产价值和财产利益的。当生命、健康、自由都无法得到充分保护的时候，即使拥有万贯家财又有何用。所以，在民法中，人格尊严、人身价值和人格完整应该置于比财产权更重要的位置，它们是最高的法益。[1]

---

[1] 参见王利明："人格权制度在中国民法典中的地位"，载《法学研究》2003 年第 2 期，第 32—45 页。

四、规定债权概念和债法总则

债权即一方当事人可以请求他方当事人为一定行为或不为一定行为的权利。在民事立法上承认并规定债权概念，是现当代大陆法系和英美法系各国的通常做法。英美法系虽无债法，但有合同制度。而所谓合同，依现今英美法系多数学者的解释及《布莱克法律词典》的释明，是指发生债权债务关系的协议。可见英美法系是承认债权概念的。不仅如此，在英美法系国家某些地方的民法典上，也是明文规定了债权概念的，如加拿大的《魁北克民法典》上即有债权概念。在大陆法系国家，自罗马法以来，债权概念就是民法上的一个基础性概念。近代民法典如 1811 年《奥地利普通民法典》、1896 年《德国民法典》、1907 年《瑞士民法典》，现当代民法典如 1992 年《荷兰民法典》和 1996 年《俄罗斯民法典》等，都规定了债权概念。可以说，债权概念是大陆法系民法中一个不能缺少的概念。

惟遗憾的是，2002 年 10 月我国全国人大公布的民法（草案）却没有规定债权概念，即将债权概念抛弃了。在我国，抛弃债权概念的意见在 1986 年《民法通则》制定前后也曾流布过。这一点，已故著名学者佟柔教授在《新中国民法四十年》一文中就谈到了。他在该书中说，有人主张中国民法"应摒弃债权概念，理由是：（1）中国人民所理解的债，与大陆法系国家自罗马法以来形成的债的概念大相径庭；（2）债本身是一个外来词，我们可以不用；（3）债的概念主要是概括合同制度的，把无因管理、不当得利和侵权行为放在其中，并无科学性；（4）不用债的概念不会影响中国民法和民法学的完整性、系统性以及民事法律关系的严肃性"。[1]但令人欣慰的是，《民法通则》的起草者没有受此种否定意见的影响，仍然在《民法通则》第 5 章第 2 节中规定了债权，并且在第 84 条规定了债权的定义，显示了立法者的科学精神和勇气。《民法通则》规定债权和债权的定义后，其他民事法律法规甚至公法性的法律法规都广泛采用了债权、债务、债权人、债

---

[1] 《佟柔文集》编辑委员会编：《佟柔文集》，中国政法大学出版社 1996 年版，第 223 页。

务人等概念，从而使债权概念成为我国民法乃至公法上的一项基本概念。[1] 特别是从 1986 年《民法通则》颁布到现在，债权概念已普遍为学者、法官、律师甚至普通的人民所熟悉和接受。如果取消该概念，必将导致民法概念体系的瓦解，[2] 对我国民事法制的发展并无任何益处。更重要的是，债权概念还是其他民法概念乃至商法概念的基础和前提。正是有了债权这一基本概念，才有与之对应的物权概念，以及债权平等、债权请求权、物权请求权、可分债权、不可分债权、连带债权、连带债务、破产债权、破产债务、票据债权、票据债务等概念。并且，债权等概念也是法官、律师进行法律思维，分析案件、裁判案件的依据。没有了这些概念，法官、律师如何分析、裁判案件，法科学生和法律学者如何进行法律思维？因此，我国自清季继受以德国为代表的大陆法系民法概念，迄今已有百余年的时间，德国民法的基本概念，如债权、物权等，都已扎根于中国人心中，现今不应将其抛弃，而是应当予以保留，并以这些概念为基础建构我国的民法概念系统。

在保留了债权概念后，相应地也就应当设立债法总则。债法总则，或称债权债务关系总则，是关于债权债务关系的一般的、总的规则。有了债法总则，合同和侵权行为的一般规定，以及不当得利、无因管理、单方允诺等债权债务关系的发生原因皆可规定于其中。债法总则系这些制度或规则的本源或大本营，起着统率和涵盖这些制度或规则的功用。如果没有债法总则，这些制度就将成为无本之木、无源之水，丧失其存在的基础和本源。故此需要规定债法总则。

五、设专编规定侵权责任法

现当代社会是一个充满了损害与危险的社会，而这些损害与危险，主要是因侵权行为而引起。在我们每天的生活中，都可以看到各种各样的侵害事故，如车

---

1 参见梁慧星："松散式、汇编式的民法典不适合中国国情"，载《政法论坛》2003 年第 1 期，第 9—14 页。

2 《佟柔文集》编辑委员会编：《佟柔文集》，中国政法大学出版社 1996 年版，第 223 页。

祸致人死亡、废气伤害人畜、医生误诊或用药不当致患者死亡、有缺陷的产品致消费者人身和财产损害、毁人名誉、窥人隐私、偷窃他人营业秘密、偷拍他人肖像、将人打伤，等等。在现当代社会，侵权行为于内容上发生了极度的膨胀和扩张，故此有必要将其自债法中分离出来而单独设编加以规定。

近代各国民法典，如法国、德国、日本与瑞士民法典，都未将侵权行为单独设编。其主要的因由是这些民法典制定之时，社会生产力水平还不高，生产工具以水车、风车、马车和磨坊为主，并未发生像如今这样的各种各样的侵权行为。而且社会生活相对平静，人们大都能在和平、安宁的环境中过日子。故此，这些民法典也就没有必要设专编规定侵权行为。不仅如此，这些民法典对侵权行为的规定也很简陋，通常只有几个条文。比如，《法国民法典》只设有 5 条规定（第1382—1386 条），《德国民法典》对侵权行为的规定也主要见于第 823、830、831、832 条；《日本民法》对侵权行为设立 16 个条文的规定，体系上可以分为一般侵权行为与特殊侵权行为；《瑞士债务法》对侵权行为设专节规定，共 21 条（第41—61 条）。晚近制定的民法典如 1992 年《荷兰民法典》、1996 年《俄罗斯民法典》对侵权行为也都规定得比较简陋。之所以如此，一个重要的因由是这些民法典制定之时，尚无将侵权行为从债法中分离出来而单独设编加以规定的必要。

我们是在 21 世纪制定民法典，在民法典上规定侵权行为的背景已经完全不同于法国、德国、日本及瑞士民法典制定时规定侵权行为的背景，也不同于 1992 年《荷兰民法典》和 1996 年《俄罗斯民法典》制定时规定侵权行为的背景。在现当代，侵权行为法的内容业已发生极度膨胀，如果仍然把它放在债法中规定，就会破坏债法的体系，损害债法的结构，进而造成债法的结构和体系失调。故此需要将其自债法中分离出来单独设编，并且这样做也有利于对复杂的侵权行为法律关系作统一调整。

六、不规定涉外民事关系的法律适用法

涉外民事关系，指主体、客体、权利和义务等诸因素中有一个或一个以上的

因素与外国有联系的民事法律关系。1986 年制定《民法通则》时将它规定于最后一章，即第九章。之所以如此，系因为制定《民法通则》时，我国涉外民事关系的发展水平还很低，并无将其法律适用法分离出来单独设编的必要。故此，《民法通则》的做法系可理解。但自 1986 年《民法通则》颁布以来，我国的涉外民事关系发展取得了长足的进步，远不是《民法通则》制定时的发展水平所可比拟，有必要将其法律适用法分离出来单独制成法典。另外，将涉外民事关系的法律适用法从民法典中分离出来而制定单独的国际私法法典，也符合国际趋向。20 世纪以来，多数国家的立法部门与学术界，都主张制定单独的国际私法法典。我国是在 21 世纪制定民法典，当然应当顺应这一潮流，制定单独的国际私法法典。并且，我国国际私法学界对制定法典已形成共识，并起草了统一的国际私法示范法。所以，民法典中不宜规定涉外民事关系的法律适用法，即所谓冲突规范。

七、民法典应当吸收英美法系好的成分、好的东西

按照法律体系的源起、形成过程和法律制度的源流的不同，世界法律体系可以分为大陆法系与英美法系。这两个法系，在过去一个相当长的时期里，其界限是泾渭分明，不可逾越的。但从 1945 年二战结束以来，特别是自 20 世纪 60 年代以降，这两大法系之间却出现了一种不断融合的趋势：一方面，大陆法系不断吸收英美法系好的成分，在相当大的范围内承认判例的法源地位，并吸收英美法系好的制度或规则。另一方面，英美法系国家纷纷制定成文法。譬如本属英美法系的加拿大，其魁北克省便制定了民法典，美国的很多州也都制定了规范某一领域的民事关系的成文法，甚至某些州还制定了民法典，如加利福尼亚州即有自己的民法典。所有这些皆表明，两大法系之间的距离正在缩小，并逐渐走向融合。在这一过程中，特别值得提及的，是大陆法系广泛吸收英美法系的先进制度和有益成分。

我国台湾地区 1963 年制定"动产担保交易法"而规定动产抵押、附条件买

卖和信托占有时，就直接参考了美国法。具体而言，动产抵押是参考美国的《统一动产抵押法》（Uniform Chattel Mortgages Act）制定的，附条件买卖是参考美国的《统一附条件买卖法》（Uniform Conditional Sales Act）制定的，信托占有是参考美国的《统一信托收据法》（Uniform Trust Receipt Act）制定的。这是大陆法系的我国台湾地区第一次全面继受美国法，标志着大陆法系与英美法系的一次重要融合。我国 1999 年通过的《合同法》也吸收了英美法系中诸多好的制度和成分。例如，该法关于合同责任采严格责任，以及关于预期违约的规定等，都是直接来源于英美法系。另外，我国学者当时起草的《物权法草案（建议稿）》中规定的企业担保制度，直接来源于英美法系的苏格兰。

当然，我们是在大陆法系的体系、框架、概念和原则内吸收英美法系好的东西、好的成分，所以要特别注意使吸收进来的英美法系的概念和制度与大陆法系的概念、原则和制度相协调、相融洽。也就是说，我们绝不能因为吸收英美法系好的东西、好的成分而损害大陆法系的概念、体系和原则，甚至破坏大陆法体系的整体架构。为此，我们应当通过立法和解释使吸收进来的英美法系好的成分、好的制度与大陆法系的体系、概念和原则相谐配。这一点，王泽鉴在谈到 1963 年我国台湾地区继受美国法而制定"动产担保交易法"时就指明了，其谓：如果台湾地区对吸收进来的美国法上的动产抵押、附条件买卖和信托占有不从大陆法系的角度进行解释，那么大陆法系的崩溃乃指日可待。另外，我国 1999 年《合同法》吸收英美法系的预期违约制度，也是因为从立法上将该制度分解为三个小的制度而实现了与我国的合同概念、原则及各具体制度的协调，即预期违约在英美法系是一个完整的制度，而在我国合同法上却被分解为三个制度，一部分纳入不安抗辩权，一部分纳入法定解除权，一部分作为追究违约责任的一个制度。[1]

---

1 参见江平、梁慧星、王利明："中国民法典的立法思路及立法体例"，载 http://www.civillaw. com.cn/elisor/content.Asp，访问日期：2002 年 11 月 22 日。

八、现在的民法典对香港、澳门、台湾地区的适用

我国是在 21 世纪已然过去 20 年之时制定民法典，对该部民法典在地域上的效力，有必要稍作分析。我国的整个国土主要由四个部分组成，一是大陆，二是香港特别行政区，三是澳门特别行政区，四是台湾地区。现在制定的民法典应当适用于大陆，自不待言，但可否适用于其他三个地区？香港、澳门虽然分别在 1997 年和 1999 年回归祖国，但依据其基本法，它们享有高度自治权，社会制度 50 年不变，并在司法上享有终审权。至于台湾地区，由于实现祖国完全统一是大势所趋，我们终会面临法律如何适用的问题。

我们应当考虑到上述地区，特别是香港和澳门两个特别行政区适用现在的民法典的可能性。香港回归前，英国对其实行殖民统治，其法律体系属于英美法系；澳门回归前，葡萄牙对其实行殖民统治，其法律体系属于大陆法系；台湾地区现在适用的"民法"属于大陆法系。为了使我们的民法典将来可以适用于这些地区，现今的民法典就应当对香港特别行政区英美法系中好的成分加以吸纳，或至少有比较充分的了解，为以后民法典适用于该地区作好铺垫。对澳门特别行政区施行的《澳门民法典》，我们也应作充分的研究，将其中好的东西、好的成分也纳入到我们的民法典中，这样做也同样有利于以后在该地区实施我们的民法典。台湾地区现今施行的"民法"是一部先进的民法，其自 1980 年代起进行过几次大的修改，更加充实、完善，我们现在的民法典当然应当尽可能地吸纳其中先进的适合大陆实际的内容（或规定）。[1]总之，我们现在的民法典应当考虑到香港、澳门和台湾地区的情况，以便将来比较顺利地于这些地区得以施行，由此使我们现今的民法典真正造福于全体中华儿女。

---

[1] 大陆学界过去一度有观点认为，我们无须制定民法典，把台湾地区现行"民法"直接拿来换成"中华人民共和国民法典"的名称予以适用即可。应当认为，此见解并不妥洽。

对我国民法草案的几点认识 [*]

民法是一个国家最基本的法律之一，它规范平等主体之间的财产关系和人身关系，是社会生活的基本准则。新中国成立后，曾经在 20 世纪 50 年代初和 60 年代初两次起草民法典，均因当时特殊的政治原因而中断。改革开放以来，我国已先后制定了《民法通则》《合同法》《担保法》《著作权法》《商标法》《专利法》《婚姻法》《收养法》和《继承法》等民事法律。在这些民事法律和学者与立法机关起草的物权法草案的基础上，立法机关于 2002 年 10 月编纂了民法草案初稿。2002 年 12 月 23 日，第九届全国人大常委会第三十一次会议审议了该草案，从而使该草案备受关注。该草案由 9 编构成：第 1 编 "总则"，第 2 编 "物权法"，第 3 编 "合同法"，第 4 编 "人格权法"，第 5 编 "婚姻法"，第 6 编 "收养法"，第 7 编 "继承法"，第 8 编 "侵权责任法"，第 9 编 "涉外民事关系的法律适用法"。其中，第 3 编 "合同法"、第 5 编 "婚姻法"、第 6 编 "收养法" 和第 7 编 "继承法"，是已经生效的法律，这次编纂民法典将它们编进来，未作任何改动，所以以下所论，将不涉及这些编的内容。

一、关于民法总则

民法总则的内容，是适用于所有的民事关系乃至商事关系的最基本、最普遍、最一般的事项（规定）。如规定民事主体在民事活动中的地位平等，自然人

---

* 本文曾发表于《中国社会科学院院报》2003 年 2 月 27 日第 3 版，今收入本书乃稍有文字的改动。

从出生时起到死亡时止，具有民事权利能力，依法享有民事权利、承担民事义务，自然人的民事权利能力即人格一律平等；规定自然人的民事行为能力，对限制民事行为能力人和无民事行为能力人设立监护人；规定自然人下落不明时，依利害关系人的申请，得被宣告失踪或宣告死亡；规定法人应当具备的条件，法人及其工作人员的民事责任，法人的撤销、解散和宣告破产；规定民事法律行为、代理、民事权利、民事责任、时效和期间等。民法草案主要对无民事行为能力人的年龄、诉讼时效的期间及民事主体的种类作了修改补充。将《民法通则》规定的 10 周岁以上的未成年人是限制民事行为能力人，修改为 7 周岁，将 2 年诉讼时效修改为 3 年。关于民事主体，民法草案在《民法通则》规定的公民、法人二类主体之外，增加规定了第三类主体，即其他组织。

二、关于物权法

物权法是调整财产的归属与利用关系的法律制度，是国家经济体制与财产权制度的基石。所谓物权，指自然人、法人直接支配不动产或者动产的权利，包括所有权、用益物权、担保物权和占有（类物权）。民法草案规定，物权的取得、变更、转让和消灭，均需依法律的规定。关于所有权，民法草案除了规定国家所有权、集体所有权外，还对私人所有权作了专章规定，即国家保护私人的储蓄，保护私人投资以及因投资获得的收益。自然人以及个体经济、私营经济等非公有制经济的主体，对其不动产和动产享有全面支配的权利。应当注意的是，民法草案关于私人所有权的这些规定，一方面可以敦促人们尊重他人的私有财产，另一方面也可以鼓励人们充分发挥自己的主观能动性去追求社会财富，而当每个人追求和积聚起财富后，国家和社会也就富裕和充足了。

从 20 世纪 90 年代中期开始，我国实行住宅的商品化改革，人们纷纷购买高层建筑物中的一个特定的专有部分供作居住或其他用途使用。人们所购买的该特定的专有部分在物权法上即称为建筑物区分所有权。民法草案规定：建筑物区分所有权人就建筑物内其居室等专有部分享有单独所有权，就电梯、走廊、地基、屋顶、地下停车场等共用部分享有共有所有权。此外，各区分所有权人对于自己所居住的建筑物还有参与管理的权利，学理称为成员权（管理权）。

用益物权，是以对不动产的使用、收益为内容的物权。在我国这样一个土地等重要生产资料实行公有制的国家，如何在物权法上创设完善的用益物权体系以实现生产资料公有制，是一个迫切需要解决的问题。有鉴于此，民法草案规定了十种用益物权，即土地承包经营权、建设用地使用权、宅基地使用权、邻地利用权、典权、居住权、探矿权、采矿权、取水权和渔业权。这些用益物权形式，是我国生产资料（特别是土地）公有制得以实现的法律机制。

担保物权，是将动产、不动产或权利设定担保给债权人，以担保向债权人融资的制度。自20世纪60年代以来，特别是从20世纪90年代以来，债权人为债权而奋斗成为世界范围内的普遍现象。在我国，如何保障银行等债权人借出去的钱能顺利地收回来，不仅是司法裁判中需要解决的问题，也是物权立法需要解决的问题。为此，民法草案借鉴大陆法系和英美法系国家在实践中新创的担保物权形式，规定了较为完善的担保物权体系，即抵押权、质权、留置权和让与担保体系。

占有，是占有人对不动产或者动产的实际控制与支配，学理称为类物权。占有是一种事实状态，为罗马法以来近现代各国民法所一致公认。民法草案从我国的实际情况出发，规定了占有的类型，占有的推定效力，善意占有人对不动产和动产的使用、收益，以及占有的物上请求权等。

三、关于人格权法

所谓人格权，指以权利人自身的人格利益为标的的权利。人格权因出生而取得，因死亡而消灭，不得让与或抛弃。在现代社会，人格被视为人的最高价值，人格利益被视为人的最高利益，人格的尊重成为现代人权运动的目标和基本理念。人格权的保护，是现代民法所面临的重大的基本任务。正因如此，民法草案不仅对人格权设专编规定，而且在《民法通则》已经对生命权、身体权、健康权、自由权、姓名权、名称权、名誉权、荣誉权、肖像权等作了规定的基础上，复增加规定了隐私权、信用权。对人格权的这些规定，标志着民法草案具有先进性，是一部真正的市民社会（人民社会）的权利宪章。

四、关于侵权责任法

现代社会是一个充满了各种危险和损害的社会，这些危险和损害多半是由加害人的侵权行为引起的。民法草案为了充分保护自然人、法人和非法人团体的合法权益，设立专编规定侵权责任法。

民法草案规定：由于过错侵害他人人身、财产的，应当承担侵权责任。依照法律规定，推定侵权人有过错的，受害人不必证明侵权人的过错，侵权人能够证明自己没有过错的，不承担侵权责任。没有过错，但法律规定应当承担侵权责任的，应当承担侵权责任。承担侵权责任方式，依规定主要有九种：停止侵害，排除妨害，消除危险，返还财产，恢复原状，修理、重作、更换，赔偿损失，消除影响、恢复名誉、赔礼道歉。对于机动车肇事责任、环境污染责任、产品责任、高度危险作业责任、动物致人损害责任以及物件致人损害责任，民法草案将其作为特殊侵权责任加以规定。针对侵权责任主体的特殊情形，民法草案规定：（1）法人的工作人员因执行职务侵害他人人身、财产的，法人应当承担侵权责任。法人赔偿后，可以向对造成损害有过错的工作人员追偿。（2）网站经营者明知网络用户通过该网站实施侵权行为，或者经权利人提出警告，仍不采取删除侵权内容等措施消除侵权后果的，网站经营者与该网络用户承担连带责任，等等。

五、关于涉外民事关系的法律适用法

所谓涉外民事关系，指含有涉外因素的民事法律关系，即民事法律关系的主体、客体、权利和义务诸因素中有一个或一个以上因素与外国有联系。《民法通则》制定于1986年，限于当时涉外民事关系的发展水平，只就涉外民事关系的法律适用作了十分简单的规定。17 年过去了，我国涉外民事关系的发展已今非昔比，取得了巨大的进步。鉴于此，民法草案对涉外民事关系的法律适用中的重要问题作了规定：（1）对反致、外国法的查明、国际惯例的适用、互惠对等原则作了规定；（2）对物权、知识产权以及不当得利和无因管理的法律适用作了规定；（3）将民事主体、合同、侵权、婚姻家庭及继承的法律适用问题进一步具体化。

潘德克吞体系的肇源、确立与演进[*]

一、概要

在整个 18 世纪和 19 世纪初期，关于民法的体系应当怎样构成这一问题，涌现出了各种各样的构想。此点可从这一时期的《普鲁士普通邦法》（1794 年）、《法国民法典》（1804 年）和《奥地利普通民法典》（1811 年）所采取的不同的体系构成获得证明。至 19 世纪后半期，潘德克吞体系被普遍认可，其原因依学者施瓦茨（A. B. Schwarz）的分析，可从历史法学派和往后潘德克吞法学的巨大影响力中得到释明。潘德克吞体系，是 1807 年由海泽在《普通民法的体系概要》中正式创立的，他因此被称为潘德克吞体系的鼻祖（创始者）。[1]其后，萨维尼于兰茨胡特和柏林作讲座时，皆以海泽的这一著作作为讲学的基础，而且他还不时受到该书的激励。在萨维尼的鼓动下，该书曾被数次重印。

需提及的是，海泽上列著作中采用的潘德克吞体系，完全是自然法与罗马法的混合物。具体而言，从体系上思考法学或曰给法学灌注一个体系的思想，即所谓法的体系思考，乃是自然法理论的产物。自 16 世纪前后起，无论在德国还是法国，都没有采取优士丁尼的《法学阶梯》的体例，而是可以看到采取理性的体例的倾向。这一时期，在德国，自然法思想重新以特殊的方式出现。例如，施瓦茨、

---

* 本文曾载《上海师范大学学报》2007 年第 4 期，收入本书时作了增删、改易。

1　海泽创立的潘德克吞体系，自 1866 年的《萨克森民法典》到 1896 年的《德国民法典》、1907 年的《瑞士民法典》、1911 年的《瑞士债务法》，都大体上得到了采纳和贯彻。

普芬道夫（Samuel Pufendorf）均提出了有关体系的思想，尽管每个人提出的体系的思想不尽相同。概言之，自 17 世纪到 18 世纪，各种各样的体系的思想涌现出来了，《普鲁士普通邦法》《法国民法典》和《奥地利普通民法典》采取的不同的立法体例即是其明证。及至 18 世纪后半期，抛弃《法学阶梯》的体系的倾向异常炽烈。这种倾向，在沃尔夫（Christian Wolff）影响下的自然法思潮甚嚣尘上时，尤其明显地得到了认可。潘德克吞体系的首要特征就是将共通的事项整理成为总则，设立总则的规定。而这一思想，系起于自然法学。

首先，民法总则的内容，是自然法与罗马法综合作用的产物。例如，总则中先规定"法人格"（自然人、民事主体）的内容，就是罗马法的结晶。其次，物，自 16 世纪到 18 世纪，一直依循罗马法的做法将其置于物权法之首，这也是一项普遍的做法。这种做法，不独被 19 世纪的潘德克吞法学者和《德国民法典第一草案》采纳，在今日也依然得到支持。再其次，物权法与债法的区分及其对应把握，系由来于罗马法，尤其是受到了《法学阶梯》影响的结果。最后，于物权法和债法之后设立亲属法和继承法的做法，系受到自然法理论影响的结果。

亲属法于古罗马《法学阶梯》上系作为人法的一个部分来对待和处理。《法国民法典》和《奥地利普通民法典》依循之。但是，在近代潘德克吞体系中，它与人法分离，且被置于债法之后，此点系受到自然法理论影响的结果。自普芬道夫以来，自然法体系由"个人的法"渐次向"大的集合体的法"升进，即沿着"个人、夫妇、家庭、奉公人（Gesinde）关系、国家及国际社会"的法的顺序递进。依此顺序，家庭法自然而然地被置于财产法之后处理。因此，胡果、海泽将亲属法（婚姻家庭法）置于债法之后处理，是不足为怪的。

至于继承法，其在罗马法中系置于最开头处理；在《法学阶梯》上，继承法系作为取得财产的一种方法被对待。《法国民法典》与《奥地利普通民法典》追随之。不过，海泽则是依据自然法的理论，使继承法被家庭法吸收，其显然是着重于将继承法置于亲属法（婚姻家庭法）的侧面考量。

至此，可将上述内容归纳如下：近代潘德克吞体系是自然法理论与罗马法学说的混合物。从体系的视角，或曰以体系的思维认识法律世界的观念和做法，起于自然法；同时，将适用于全体私法关系的通则的事项规定为总则并将之规定于民法典的最前面的思路，也是受到了自然法影响的结果。不过，民法总则的内容，除受到了自然法因素的影响外，也受到了罗马法因素的影响；至于物权法和债法的区别和对应，则主要是受到了罗马法影响的结果；关于亲属法（婚姻家庭法），特别是将亲属法和继承法置于最后处理，则是受到了自然法影响的结果。可见，近代潘德克吞体系，乃是自然法因素与罗马法因素交互作用的混合物。亦即，潘德克吞体系并不是仅受某一理论（自然法理论）或学说（罗马法学说）影响的结果，而是一个混合的东西。

二、萨维尼为近代潘德克吞体系奠定基础

如前述，近代潘德克吞体系得到了萨维尼的积极支持。他不仅曾以海泽的体系思想作为自己讲学的基础，而且还使海泽的《普通民法的体系概要》一书重印了数次。与此不同的是，学者普赫塔（G. F. Puchta）在 1820 年反对海泽的体系；蒂堡一方面坚持自己构筑的体系，另一方面也受到萨维尼的影响。19 世纪 20 年代末、30 年代初，德国的私法（涵括地方私法）大体上已接受了海泽的体系思想；另外，在 1819 年至 1820 年的冬期讲座中，萨维尼在讲授《普鲁士普通邦法》时，也是按照海泽的体系思想进行的。时至 19 世纪后期，海泽的体系思想遂被作为近代潘德克吞体系思想对待，即以海泽的体系为近代潘德克吞的体系。奥地利民法也在 19 世纪后半期，经由学者昂格尔的介绍，掌握和领会了潘德克吞体系。[1] 1840年代以后，受到萨维尼支持的海泽的体系思想，几乎被人们一致地接受了。海泽创立的民法体系，由 6 编构成：第 1 编"总则"（Allgemeine Lehren），第 2 编"物权法"，第 3 编"债务法"，第 4 编"物的、人的权利"（家族法，Dinglich-persönliche

---

[1] J. Unger, System des österreichschen allgemeinen Privatrechts. 1. u. 2. Bd., 5. unveränderte Aufl. (1892). 在这里，他设计的总则由 6 个部分构成：第 1 部分"私法"，第 2 部分"人"，第 3 部分"物"，第 4 部分"私权"，第 5 部分"法律关系的发生与消灭"，第 6 部分"法律关系的保护"。

Rechte),第 5 编"继承法",第 6 编"原状回复"(In intergrum Restitutio)。不过,萨维尼认为,其第 6 编"原状回复"并不妥当,因此该编被后继者们剔除了。

需提及的是,对于海泽提出的上述潘德克吞体系,萨维尼在其所著《当代罗马法体系》(第 1 卷)中为其奠定了学理基础。其提到,在"自然的亲属法"之外,还有"人为的亲属法"。[1]

作为"人为的亲属法",萨维尼举出了监护制度。在各项制度的编排顺序上,萨维尼认为,亲属法是自己自身的人格的扩大,因而应被置于最重要的"自己自身"之后处理,即应置于财产法之前处理。其顺序是:亲属法、物权法、债务法。萨维尼也提出了亲属法对财产法产生影响的情形,例如,在父权(监护权)之下的孩子的财产取得、亲属间的扶养和赡养等被"适用的亲属法"(angewandtes Familienrecht)与继承法。这样,萨维尼就作了如下的顺序安排:婚姻、父权、血亲、监护(此四者合称为"本来的亲属法")、物权法或所有权与定限物权、债务、被应用(适用)的亲属法、继承法。

另外,萨维尼还厘清了设立民法总则的理由。他说:当从联系的观点考察此法律制度与彼法律制度时,就会发现所有的法律制度的共通点。将共通点与某一具体的法律制度的体系分开,且将共通点置于前面处理,这就是总则。不过,他又指出:不应使共通点过分抽象化,为此应有"平衡的意识"。遵循此原则,他在 8 卷本的《当代罗马法体系》中遂建立了如下体系:第 1 编"法源",第 2 编"法律关系",第 3 编"法规对法律关系的适用",第 4 编"物权法",第 5 编"债务法",第 6 编"亲属法",第 7 编"继承法"。

三、温德沙伊得的《潘德克吞法教科书》与潘德克吞体系

自 19 世纪 40 年代起,由萨维尼为其奠定理论基础的海泽的潘德克吞体系,

1　[日]赤松秀岳:《十九世纪德国私法学的实像》,成文堂 1995 年版,第 269 页以下。

被一般性地接受了。此间采纳海泽的潘德克吞体系而撰写的潘德克吞教科书不胜枚举。举其要者，有阿恩茨（L. Arndts）[1]、韦希特尔（C. G. v. Wächter）[2]和温德沙伊得（B. Windscheid）等人撰写的著作。其中，温德沙伊得的《潘德克吞法教科书》[3]被誉为"19世纪的标准注释书"（Glossa ordinaria des 19. Jahrhunderts）。该书集中体现了他的潘德克吞体系思想。

温德沙伊得指出，所谓潘德克吞法，即起源于罗马法的德意志的普通的私法。它是适合于德意志全国的私法，其法源是优士丁尼《民法大全》的各个组成部分，即《法学阶梯》《学说汇纂》《优士丁尼法典》和《新律》。在《潘德克吞法教科书》中，温德沙伊得简略地回顾了于意大利波伦亚大学兴起的罗马法复兴运动和之后的罗马法学说史的变迁过程，即先后经历了欧洲中世纪后期的注释法学派（即注解法学派），15世纪以后的历史的倾向、体系的倾向、哲学的倾向（即所谓的自然法论），自18世纪后期到19世纪的历史法学派等。同时，温德沙伊得还分析了萨维尼的《当代罗马法体系》，认为萨维尼是历史法学派最伟大的代表。众所周知，德国历史法学派的重大贡献，是从现实的需要出发去探寻和"发现"罗马法的法律规则，努力赋予这些法律规则以内在的生命力，同时也为其具有内在的生命力奠定学理基础。并且，历史法学派的学者们还依自己的观察力进行严密的逻辑概念的推理，使罗马法的单个的、零星的规定，成为逻辑缜密的、有体系的整体。历史法学派的此种方法，即便今日也为人们所采用，并处于有力地位。

在《潘德克吞法教科书》中，温德沙伊得指出，私法的调整对象有二：财产关系与家族关系。由此，私法可以分为财产法与家族法。至于继承法，其实质不过为财产法的一大分野。财产法的调整对象为：关于物的法律关系及人与人的法

1　L. Arndts, Lehrbuch der Pandekten 14. , unveränderte Aufl. hrsg. v. L. Pfaff u. F. Hofmann（1889）. 该书系为献给萨维尼而作，但它所采取的体系是：第1编"权利一般"，第2编"对物的权利"，第3编"债务"，第4编"家族关系"，第5编"继承"。

2　C. G. v. Wächter, Pandekten, hrsg. dch. O. v. Wächter. Ⅰ Allgemeiner Teil（1880），Ⅱ Besonderer Teil（1881）. 其构成体系是：绪论、潘德克吞法的一般理论、物权法、债务法、家族法、继承法。

3　B. Windscheid, Lehrbuch des Pandektenrechts 1. Bd. 9. Aufl. , bearbeitet v. T. Kipp（1960）.

律关系，称为物权和债权关系。财产法也须对死者的财产归宿进行调整，关于这方面的各项规范的总和，系继承法。并且，存在一个与权利的内容没有粘连的、有关一切权利的法律原则。此外，法律本身（客观意义上的权利，Recht）也存在一个与由它导引（或衍生）出来的规则相粘连的法律原则，它本身不属于私法，而是属于公法的东西，但应置于私法中论述，否则就会发生前后不一贯和违反逻辑的问题。基于这些原因，他在《潘德克吞法教科书》中构筑了如下体系：（1）关于法这个东西本身；（2）关于权利这个东西本身；（3）物权法；（4）债务法；（5）家族法；（6）继承法。并特别指出：（1）和（2）应称为总则，将家族法置于继承法之前处理，系一般性的做法。家族法与物权法、债务法相同，系调整关于"活着的人"的法律关系的法，因此将它置于继承法之前处理是妥当的。

四、各国家和地区尤其是北欧国家对潘德克吞体系的采用

迄今，肇源于近代德国的潘德克吞体系业已为大陆法系的德国法系支流的国家和地区所普遍采取，如日本、瑞士、巴西、希腊、土耳其、韩国和我国台湾地区等。此外，北欧国家也引入了该体系。因日本等国家和地区采用潘德克吞体系的情况已为人们所熟知，所以以下专门分析北欧各国引入和采纳潘德克吞体系的情况。

北欧各国之采用潘德克吞体系，系起于对德意志法学，尤其是对概念法学的接受。例如，在挪威，哈格尔普（Hagerup）于1887年发表的论文中，就已引入了德国的概念法学；在瑞典，于19世纪70年代，概念法学的影响盛极一时，例如温德沙伊得的学生阿夫纽斯（Afzelius）便是其坚定的信仰者；于芬兰，也有概念法学的思想在传播。随着德国概念法学理论为北欧国家所接受，德国的民法体系也被北欧各国接受了。

19世纪的北欧各国，虽然对大学里的法律教育进行了改革，但各专业由于只有为数不多的研究人员，在各国难以形成独立的学说或学派。于是，北欧各国的

法学研究者走出国门，寻求自己学问上的交流、讨论的对象。而去德国，是实现这一目标的最好选择。其后不久，北欧各国与包括德国在内的外国国家的交流变得十分容易，尤其是去德国留学几乎是一种义务。当时的温德沙伊得等接受了来自于北欧各国的学者。另外，萨维尼关于在欧洲的基督教国家间应成立国际法（Völkerrecht）的主张，"一个国家的法有两个要素，即个别的要素（主要是每个人的归属的要素），与基于人性的共通性而产生的普遍的要素"的思想，以及温德沙伊得"罗马法是地地道道地表现人间的普遍关系的东西"的主张等，皆为德国法学具有泛欧洲的普遍性奠定了基础。

于是，自 19 世纪中期以后，潘德克吞体系乃被北欧各国接受。当然，在此之前，曾有《法学阶梯》的编排体系传播到北欧国家。例如，在瑞典和芬兰，早在 17 世纪时，就已采用《法学阶梯》的体系。当时著名的乌普萨拉大学和图尔库大学，就规定用比较法的方法进行教学，而作为比较的基础的，就是罗马法的体系。18 世纪时，一方面仍旧采用《法学阶梯》的体系，另一方面，在瑞典和芬兰，也可看到关于总则的思想的萌芽。此外，也有了承认物权和债权之区分的端绪。当然，与瑞典、芬兰相较，丹麦和挪威虽然也主要采用了《法学阶梯》的体系，但在采用时也考虑到了自己国家的情况。

如前述，潘德克吞体系是海泽在 1807 年于《普通民法的体系概要》中创立的，1840 年萨维尼在《当代罗马法体系》中将其正当化，并在稍作更易后被北欧各国接受。在德国，潘德克吞体系思想于 19 世纪 20 年代广泛传布开来。而于北欧，有关潘德克吞体系的教科书之问世则稍晚一些，大约是在 19 世纪 40 年代。具体而言，瑞典的施罗伊柳斯（Schrevelius）的教科书（1844—1849 年），先是一般的概说，其次是财产法与家族法，并从这三方面来论述本国的民法体系。其中，财产法由物权法和债务法构成，家族法由本来的家族法和属于同一氏族（Sippe）之人的法律关系法［包括继承法、监护法和"关于继承债务的清偿的法律"（Erbablösungsrecht）］构成。

在丹麦，早在 1830 年，拉尔森（Larsen）就依照潘德克吞体系讲授民法课程。其创新之点仅在于，于总则之后是人事法（dänisches Personenrecht），即采用总则、人事法、物权法、债务法、家族法、继承法的体系。及至1850年，潘德克吞在丹麦已然成为一个普遍性的概念。其后不久，吸取德国潘德克吞体系的精华并进行了创新的丹麦自己的潘德克吞体系诞生了，此即总则、人事法、家族法、物权法、债务法、继承法。

挪威在接受德国潘德克吞体系的过程中也有新的认识，并根据自己的风土人情有所创新。例如，它认为总则是财产法的总则，而非其他法（如身份法）的总则。另外，在该国特有的自然环境和风俗的影响下，法定继承也较遗嘱继承具有更重要的意义和价值，因而继承法遂被作为家族法的一部分来处理和对待。

五、我国民法典系采德国潘德克吞式编纂体例

考虑到德国潘德克吞式编纂体例的优点在于注重法律的逻辑性和体系性，并考虑到《德国民法典》的编制体例及所确立的概念、原则、制度、理论体系和民事权利体系等，实际上已经为我国民事立法、实务和学术界所接受，《民法总则》《民法通则》《物权法》《合同法》《侵权责任法》的章节安排、所使用的概念术语和确立的民事权利体系已经借鉴了《德国民法典》的立法经验。因此，我国现今制定民法典，乃着重参考《德国民法典》五编制编纂体例设计其结构。但考虑到百余年来民法理论、立法和实务的极大发展，因此于继受的过程中又应根据我国自身的情况而有所创新，所以民法典的结构为7编：第1编"总则"，第2编"物权"，第3编"合同"，第4编"人格权"，第5编"婚姻家庭"，第6编"继承"及第7编"侵权责任"。

我国《民法总则》 的创新与时代特征[*]

一、引言

《中华人民共和国民法总则》（以下简称《民法总则》）已于 2017 年 3 月 15 日由第十二届全国人民代表大会第五次会议通过，并自 2017 年 10 月 1 日起施行。这是我国于 2020 年最终完成民法典编纂的"序曲"，系全部民法典共 6 编（总则编、物权编、合同编、侵权行为编、婚姻家庭编及继承编）的开篇之作，具有十分重要的价值和意义。其系由如下 11 章构成：第 1 章"基本规定"，第 2 章"自然人"，第 3 章"法人"，第 4 章"非法人组织"，第 5 章"民事权利"，第 6 章"民事法律行为"，第 7 章"代理"，第 8 章"民事责任"，第 9 章"诉讼时效"，第 10 章"期间计算"及第 11 章"附则"。全部条文共计 206 条。尤其值得指出的是，这部《民法总则》根据我国新时代的社会发展与其他国家和地区民法的最新变动趋势及潮流等，进行了诸多创新，厘定了若干新的概念、规则及制度，由此彰显了我国新的社会生活模式对于民法制度的新要求，进而也凸显了我国民事立法的与时俱进及与社会发展变迁的步调一致。惟与此同时，我们也应看到，该《民法总则》囿于各种因素的影响，于章节及内容的厘定上也留下一些遗憾与不足，由此使之具有明显的时代特征。

---

* 本文曾发表于《法治研究》2017 年第 3 期，今收入本书略有改易。

二、我国《民法总则》的创新

（一）第 1 章"基本规定"部分的创新

1. 明定诚信原则并将其上升为私法的帝王原则

诚信原则，也称诚实信用原则或信义原则，系 20 世纪自《瑞士民法典》（1907 年制定公布）以来私法上的一项帝王原则。我国《民法总则》第 7 条秉承《瑞士民法典》确立的这一传统规则而明定："民事主体从事民事活动，应当遵循诚信原则，秉持诚实，恪守承诺。"

在民法发展史上，依据 1907 年《瑞士民法典》的规定，诚信原则系整个私法的最高原则。《瑞士民法典》制定公布时，作为供法官补充和充实法律具体规定的一种手段，其较《德国民法典》于更高的程度上运用了一般条款。也就是说，《瑞士民法典》使诚信原则真正成为全部私法的最高原则，由此统帅和规范一切民事法律关系。[1]

值得指出的是，1896 年制定公布的《日本民法》第 1 条规定私权的享有，1947 年日本修改其民法时将这一条移作第 1 条之三，而于其前增加了如下两条规定，即第 1 条之一："（1）私权应服从公共福利。（2）行使权利、履行义务，应恪守信义及诚实而为之。禁止滥用权利。"第 1 条之二："对于本（民）法，应以个人尊严及两性实质上的平等为主旨而予解释。"至此，诚信原则即成为日本民法乃至整个私法的根本性总原则。[2] 易言之，于《瑞士民法典》制定公布 40 年（1947 年）后，东方的日本方将诚信原则移植规定到自己民法典的第 1 条中。至于我国的近邻韩国，在《瑞士民法典》制定公布 51 年后，即 1958 年，其制定民法典时，才将该原则规定到民法典第 2 条第 1 项中："权利的行使与义务的履行，应恪守信义，诚实履行。"

我国现今社会中，秉持诚实、恪守承诺系对民事主体的一项重要而基本的要

1　参见陈华彬：《民法总论》，中国法制出版社 2011 年版，第 149 页。

2　参见陈华彬：《民法总论》，中国法制出版社 2011 年版，第 144 页。

求，同时也是建立诚信社会的需要。如今，在我国，诚信原则业已跃出民法的领域而成为整个私法（如商法中的保险法系采最大诚信原则）的根本及总的原则，且于公法乃至社会法领域也有该原则的适用。尤其于公法领域，若有违反诚信原则的，其法律后果更是较重。由此之故，作为"万法之母"的民法典，于其总则编（即《民法总则》）中明定诚信原则，实具有十分重要的价值与功用，其对我国国家、社会及人民所具有的意义与效果不可小觑。

2. 明定公序良俗原则

（1）公序良俗原则概要

公共秩序与善良风俗，合称"公序良俗"，系民法自罗马法以来一项十分重要的基本原则。《民法总则》第 8 条规定："民事主体从事民事活动，不得违反法律，不得违背公序良俗。"我国改革开放以来的民事立法如《民法通则》《合同法》及《物权法》中尽管存在与公序良俗有关的规定，但均未正式启用"公序良俗"的概念，由此，《民法总则》借鉴人类法制文明的积极成果，采用大陆法系与英美法系民法通用的"公序良俗"一语，无疑具有重要的价值与意义，对此实应给予肯定性的评价。

（2）公序良俗违反行为的类型

违反公序良俗的行为，伴随时代的变迁而不断变化。于现今比较法上，违反公序良俗的行为可类型化为如下几类 [1]：

1）违反人伦的行为。违反性道德、违反家族秩序的行为，违反涉及犯罪等基本的伦理观念的行为，均被认为违反公序良俗，它们构成传统的公序良俗违反的最主要的方面。其具体又分为如下情形：

其一，违反家族秩序。譬如，与有配偶的 Y 之间，订立将来婚姻解除时，与 X 缔结以婚姻为内容的婚姻预约，Y 向 X 支付扶养费的合同，或以获得金钱为目的而维持婚姻外的性关系的合同，以及违反亲子间的秩序，父、子间订立母、子不得同居的合同等，皆属之。另外，约定于私通关系存续期间，债主不能请求返

---

[1] 参见 ［日］四宫和夫、能见善久：《民法总则》，弘文堂 2010 年版，第 266—271 页。

还金钱的消费借贷合同，也因违反公序良俗而无效。

其二，与犯罪行为相关联的行为。譬如，支付因赌博所欠的金钱或财物的合同，抑或为赌博准备资金而贷给金钱的合同等，均系无效。

其三，违反人权和人格尊重的行为。人权和人格的尊重，为当代民主、法治社会的基本要求。譬如，实务中企业或商店对雇员或顾客进行搜身检查的规定等，皆系违反公序良俗。

2）违反经济、交易秩序的行为（经济的公序）。此包括两个方面：一是对经济、交易秩序本身的侵害行为（譬如垄断、限制营业活动的自由等）；二是伴随经济活动的进行而引起的违反公序良俗的行为。前者系对市场经济秩序本身的威胁，是对支撑社会的基本经济结构秩序的违反行为，故无论当事人的意思如何，皆系无效。后者因具有很强的救济合同的受害人的性质，故是否绝对无效存有疑问。若当事人以自己的意思加以追认，即存在有效的余地。另外，作为后者的发展形态，从保护消费者的视角看，应认为系对交易的自由所划的界限。当然，于后者的情形，若认为系个别的受害人保护的问题，则与其说应以公序良俗，毋宁说应以诚信原则予以解决更为妥当。

3）违反宪法的价值或公法政策的行为。此包括两个方面：一是与宪法的价值抵触的行为。宪法直接地适用于国家的行为，而对于私人间的行为不能直接适用。惟宪法规定的价值中涵括了全体私人的基本的价值，故否定其价值的私人间的行为，可能违反公序良俗。譬如，公司的就业规则中若规定女性的退休年龄较男性为低，则会被认为系基于性别的不合理差别而违反公序良俗。二是违反取缔规定。

（3）公序良俗违反的判定时期

1）合同成立时违反公序良俗，惟之后判断基准发生变化，于履行时不违反公序良俗的情形。此种情形，原则上应作无效考虑。盖合同一旦被认定为无效，即当然不能有效。换言之，合同因违反公序良俗而变成无效时，受保护的当事人的利益因公序良俗基准的变更而当然被剥夺系不恰当。故此，公序良俗基准变更后，合同当事人不能请求履行，如已经给付的物尚存在，应认可得请求返还。惟判断基准变更后，双方当事人追认，或一方当事人任意为履行的给付而对方当事人保持此种给付的，可视为新的合同，合同自此时起有效。[1]

2）合同成立时并不违反公序良俗，之后由于判断基准的变化，于履行时被判定为违反公序良俗的情形。此种情形，日本判例曾判示：公序良俗违反的判断应在为法律行为之时，故合同缔结时不违反公序良俗的行为，于履行时也系有效。惟日本学说认为，本于《日本民法》第90条对于违反公序良俗的行为不允许其实现的立法目的，合同成立时有效，但依履行时的基准而被判定为违反公序良俗的，合同本身应作无效处理。盖以合同的内容违反公序良俗为理由而否定合同的效力，不仅应考虑合同成立时的情况，也应考虑合同履行时的情况。[2]

（4）公序良俗违反与不法原因给付的关系

近现代和当代民法（例如《日本民法》第708条）大多规定：基于不法的原因而为给付的人，不得请求返还其给付物。譬如，有配偶的 A 与配偶以外的人 B 以维持性关系为目的而赠与房屋时，于 A 向 B 移转房屋的占有及完成移转登记等给付完了时，A 即不能以赠与合同违反公序良俗而无效为由，请求返还房屋。惟日本新近以来有学说认为，此种情形应对请求返还给付的一方与对象方的不法性作比较考量，而后方判定是否应当返还。[3]

3. 规定节约资源、保护生态环境原则

节约资源，保护生态环境，系当代各国家和地区面临的共同课题，对于我国而言，也不例外。故此，《民法总则》反映我国现今节约资源、保护生态环境的客观和急迫的需要而于第9条明定："民事主体从事民事活动，应当有利于节约资源、保护生态环境。"据此规定，民事主体于从事民事活动时，应以节约资源、保护生态环境为基本的行为准则或依归，于从事活动中做有利于节约资源及保护

1　参见［日］四宫和夫、能见善久：《民法总则》，弘文堂2010年版，第273页。

2　参见［日］四宫和夫、能见善久：《民法总则》，弘文堂2010年版，第273—274页。

3　参见［日］四宫和夫、能见善久：《民法总则》，弘文堂2010年版，第276页。

生态环境的事。由此之故，《民法总则》的该条规定又被称为"绿色原则"。值得提及的是，该条规定尽管文字简略，但透过法院于实务中的解释适用，其将发挥很大的功用。

4. 明定习惯为处理民事纠纷的法源

对于民事案件，于法律没有规定或规定不完备时，法官（法院）也不得拒绝办理，不得拒绝加以裁判。盖 1804 年《法国民法典》第 4 条规定："法官借口法律无规定、规定不明确或不完备而拒绝审判者，得以拒绝审判罪追诉之。"然而，对于法官（法院）究竟应当如何具体处理民事案件，该民法典并未解决。1888 年《德国民法典第一草案》曾试图解决此问题，但正式通过的《德国民法典》对此仍未给出答案。至 1907 年时，《瑞士民法典》第 1 条直接规定，法官（法院）可依民事法律、习惯法及法理而予裁判。此规定于它以前和它当时是没有的，故而是空前的。[1] 应指出的是，以后 1929—1930 年《中华民国民法》第 1 条及 1958 年《韩国民法典》第 1 条的同类规定，其渊源有自，系由来于《瑞士民法典》第 1 条规定。[2]

另外，还应提及的是，《法国民法典》第 4 条尽管系规定于民法典上，但因该民法典具有真正的"宪法"的性质，[3] 故此，该条规定的内容业已成为现今法治国家的应有遵循。也就是说，举凡民事纠纷，法官（法院）皆不能拒绝受理、拒绝审判，否则将构成刑法上的犯罪，得以拒绝审判罪对之加以追诉。而实现对每一个民事纠纷均可予以裁判的民法法源，即是民事法律、习惯及法理。我国《民法总则》第 10 条对此规定了两种民法法源，即民事法律和习惯，且明定适用习惯时，不得违背公序良俗。

应当指出的是，《民法总则》第 10 条尽管规定习惯为处理民事纠纷的法源，但此处所称习惯，应系指习惯法。而所谓习惯法，则系指由社会生活中的事实上

1　参见谢怀栻：《大陆法国家民法典研究》，中国法制出版社 2004 年版，第 78—79 页。

2　参见陈华彬：《民法总论》，中国法制出版社 2011 年版，第 148—149 页。

3　参见〔日〕大村敦志：《法源·解释·民法学》，有斐阁 1997 年初版第 2 刷发行，第 351—353 页。

的惯行发展而成的法律规范。[1] 换言之，习惯法必须以社会一般人的确信心为其基础，此称为习惯法成立的确信说（Überzeugungstheorie）。此点区别于事实上的惯行。日本学者松坂佐一认为，事实上的惯行要发展成为习惯法，最重要的是人们要有以之为行为规范的效力意思（Geltungswille, opinio necessitatis），此称为法的确信。所谓效力意思，即一般人的确信心，又称为民族性的确信（Volksüberzeugung）。另外，事实上的惯行要成为习惯法，还须该事实上的惯行的存在具有较长的时间。于英美法上，对于此点，是要求事实上的惯行须从人们没有记忆的时代（from time immemorial）即已存在，否则不得成为习惯法。[2]

　　不过，对于应当怎样认可习惯法的效力，则受各个时代的法律思潮的影响。于法律尚未从道德、宗教和习俗中完全分离出来的欧洲古代法和中世纪时期，习惯法是重要的法源。惟至近代，即于18世纪末至19世纪初期，欧洲各国为了实行中央集权的政治体制，积极谋求国家法律的统一，将一切立法权限集中于中央政府之手。同时，这一时期盛极一时的自然法理论，使人们认为自然法是一种超越时间与空间的永恒的法，而习惯法无论于实际上还是理论上都受到抑压，无足轻重。为这种潮流所挟，自18世纪末到19世纪初，各国制定的民法典也就采取了否定习惯法的效力的态度。1786年奥地利的约瑟夫（Josef）法典、1794年的《普鲁士普通邦法》，以及1804年的《法国民法典》等，无不如此。但是，迈入19世纪之后，倡导法的民族的、历史的性格的德国历史法学派崛起并日益兴盛，由此使自然法学说发生动摇。与此同时，所谓"成文法万能"的思想也为人们所否定。于这种背景下，19世纪末期德国制定民法典时，即发生了围绕习惯法的效力而展开的论争。论争的结果，是决定不于民法典上明文规定习惯法。与《德国民法典》不同，20世纪初期的《瑞士民法典》于第1条第2项明确承认习惯法的补充效力，明文规定习惯法为民法的法源。[3]

1　参见王泽鉴：《民法总则》，2000年自版，第63页。

2　参见［日］松坂佐一：《民法提要（总则）》（第3版），有斐阁1975年版，第17页。

3　参见［日］松坂佐一：《民法提要（总则）》（第3版），有斐阁1975年版，第17—18页。

在日本，其原《法例》¹第2条规定："不违反公共秩序与善良风俗的习惯"，"依法令的规定，被认许的习惯"（如《日本民法》第217条、第219条第3项、第228条、第236条、第268条第1项、第269条第2项、第277条、第278条第3项及第294条中所称的习惯等），以及"有关法令中没有规定事项的习惯"（如关于流水利用权、流木权、温泉权的习惯）等，具有与法律相同的效力。依日本学者的通说，原《法例》所称习惯，系指具有法的确信的习惯，即习惯法（惯行的法社会规范）。由此可知，于日本法上，也认可习惯法为民法的法源。²

在我国，于《民法总则》颁布前的制定法中并无关于习惯（法）为民法法源的规定，仅最高人民法院的一些"批复""解答"中存在关于习惯（法）为民法法源的规定。譬如，最高人民法院原西南分院《关于赘婿要求继承岳父母财产问题的批复》（1951年7月18日）即指出："如当地有习惯，而不违反政策精神者，则可酌情处理。"现今《民法总则》第10条正是在参酌其他国家和地区的民法立法，以及于总结我国实务中的经验基础上而予以明确规定的，无疑，其具有积极的价值与功用，应值赞赏。

5. 认可商法为民法的特别法，商法等对民事关系有特别规定的，适用其规定

商法等特别私法与民法的关系，系《民法总则》起草和制定过程中存在较大争议的问题。最终通过的《民法总则》第11条规定："其他法律对民事关系有特别规定的，依照其规定。"据此可知，关于民法与商法等特别私法的关系，我国仍系采取一以贯之的民商合一原则，即民法为普通法，商法为特别法，商法等特别民事法对民事关系有特别规定的，适用其特别规定，没有时适用民法关于普通民事关系的规定。

值得指出的是，于法制发展上，20世纪之前的德国、法国、日本、西班牙、葡萄牙、荷兰、比利时等系采民商分立原则，于这些国家，所谓民法（典），系

1　应注意的是，作为日本国际私法的主要法源的《法例》已被2006年新制定的《法适用通则法》（2007年1月1日施行）取代。

2　参见〔日〕松坂佐一：《民法提要（总则）》（第3版），有斐阁1975年版，第18页。

与商法（典）相对应的概念。20世纪肇始以后，瑞士、泰国、意大利、苏俄、匈牙利、中国等采民商合一。依此主义，不分民事、商事，而合成一法典，故只有民法典而无商法典。易言之，民商合一系不区分民事行为与商事行为，于立法体例上只有民法而无商法。如前所述，其系以《瑞士民法典》为代表。[1] 该民法典包括人法、亲属法、继承法及物权法4编，另有债务法（Obligationenrecht）编，涵括总则，各种之债，商事公司与合作社，商业登记、商号和商业账簿，以及有价证券5部分，性质上属于民法的债编而加以扩充者。此外，也并无"商法"或"商事特别法"之类的商法规定。原则上，无论普通人抑或从事商业者，都适用同一规定。由此可知，在民商合一体制下，法律关系简单，容易适用。其缺点是将民事行为与商事行为不分对象而统一规定，有时较难符合实际情况。[2] 最后，应指出的是，于英美法中，商法与民法也不作界分，两者融合，故而也不存在商人的法与非商人的法的区别。[3]

（二）第2章"自然人"部分的创新

1. 明确对胎儿的利益予以保护

《民法总则》第16条采列举主义，明定涉及遗产继承、接受赠与等时，胎儿尽管尚未出生，但也视为具有民事权利能力，而得成为权利的主体，享有权利。此规定系对《继承法》第28条关于遗产继承时应保留胎儿的应继份额的规定的发展。

2. 降低限制民事行为能力的未成年人的年龄标准

依《民法总则》第19条的规定，限制民事行为能力的未成年人的年龄标准

1　我国台湾地区"民法"也采民商合一，其包括总则、债、物权、亲属、继承5编。其中，债编已将一般性的"商法"规定，如经理、代办商、交互计算、行纪、仓库、运送营业和承揽运送等，容纳于各种之债中。此外，又另制定重要的商事法律，即"公司法""票据法""海商法""保险法"。尽管严格而言，在我国台湾地区"立法体例"上并非没有"商法"，但于法律的适用上并无民事行为和商事行为的区别，而统一适用相同的法律。于制度上也不区分普通人与商人，商人仅是社会称呼。对此，请参见施启扬：《民法总则》，中国法制出版社2010年版，第16页。

2　参见施启扬：《民法总则》，中国法制出版社2010年版，第15—16页。

3　参见［日］四宫和夫、能见善久：《民法总则》，弘文堂2010年版，第8页。

为 8 周岁。此规定较此前历次《民法总则（草案）》所定的 6 周岁，应系更稳妥、审慎。笔者认为，由于立法恰当地估量了现今 8 周岁的未成年人的心智成熟程度及可能正确判断自己行为的法律后果的意思能力（"意识能力""判断能力"或"识别能力"），故而是妥洽的，无疑应值得肯定与赞同。

3. 完善监护制度

《民法总则》于第 26 条至第 39 条，以 14 个条文完善、充实、补阙了监护制度，其具有如下特色：一是，扩大了被监护人的范围，即在传统的未成年人、精神病人等的监护之外，还对失能的成年人、空巢老人等的监护作出规定；二是，扩大了监护人的范围，建立了以家庭监护为基础，社会监护、市场监护为补充，国家监护为兜底的当代监护体系；三是，在监护人的确定方面尽量尊重被监护人的意愿或意思。

尤其值得提及的，是《民法总则》中规定的成年监护制度（第 33 条）。在现今，于我国社会处于急剧的变革期，社会生活、人际关系多元化、复杂化，高龄者已达近 2.3 亿人的背景下，设立成年监护制度实具有极其重要的价值和功用。同时，这一制度也是当今世界多数国家和地区民法规定的制度，由此凸显了现今人类社会所面临的人口老龄化等需要共同应对的急迫课题。[1]

（三）第 3 章"法人"部分的创新

《民法总则》第 3 章系关于法人的规定，其最具价值的创新，系体现于法人的分类上。依其规定，法人包括营利法人、非营利法人及特别法人。其中，以营利为目的的法人为营利法人，不以营利为目的的法人为非营利法人。至于特别法人，则主要是指机关法人、农村集体经济组织法人、基层群众性自治组织法人以及城镇、农村的合作经济组织法人等。

尤其值得提及的是，《民法总则》关于法人的分类，发展、扩张了传统大陆法系民法将法人区分为公法人与私法人、社团法人与财团法人等的分类，实具有很大的创新，并且，它也为今后大陆法系有关法人理论的学理研究提供了新思路

1　参见陈华彬：《民法总论》，中国法制出版社 2011 年版，第 259 页以下。

和新素材。

（四）第 4 章 "非法人组织" 规定的创新

《民法总则》第 4 章对非法人组织作出明确规定。此所谓非法人组织，即其他国家和地区法上的无权利能力的社团及学理上所称的非法人团体。在我国，于民法学理上提出非法人团体这一概念，最早见于梁慧星于 1996 年所著的《民法总论》一书中。[1]20 余年来，经由我国学界的积极研究，非法人组织这一概念及其制度系统终于为《民法总则》所承认和确立。依其规定，非法人组织与法人于形式要件上并无差别，二者的实质差异系于民事责任的承担上，即非法人组织的财产不足以清偿债务的，其出资人或者设立人承担无限责任（第 104 条）。另外，按《民法总则》的规定，非法人组织主要涵括个人独资企业、合伙企业及不具有法人资格的专业服务机构等（第 102 条第 2 款）。

（五）第 5 章 "民事权利" 部分的创新

《民法总则》第 5 章规定民事权利。此部分的重要创新涵括：明定自然人的个人信息受法律保护（第 111 条），明定民事主体依法享有物权（第 114 条）、债权（第 118 条）、权益受到侵害的损害赔偿请求权（第 120 条）、无因管理场合的必要费用偿还请求权（第 121 条）、不当得利返还请求权（第 122 条）、知识产权（第 123 条）、继承权（第 124 条）、股权和其他投资性权利（第 125 条）以及其他民事权利和利益（第 126 条）等。另外，《民法总则》还对数据、网络虚拟财产的保护作了规定（第 127 条）。最后，对于民事权利的取得途径，《民法总则》也作了规定（第 129 条）。

值得提及的是，《民法总则》第 132 条规定了民事权利滥用的禁止原则。该原则实际上是对民事权利的行使予以限制的原则。此规定于我国现今具有十分重要的意义，应给予积极的肯定性评价。于其他国家和地区，这一原则称为权利滥用之禁止原则。譬如，《瑞士民法典》第 2 条第 2 项即规定，"权利显然滥用者，不受法律之保护"，由此确立 "权利滥用不受保护" 的观念，纠正个人主义的私

1　参见梁慧星：《民法总论》（第 4 版），法律出版社 2011 年版，第 143 页以下。

权绝对思想。《瑞士民法典》的这一规定与其对诚信原则的规定，具有简要明了的特点，并保有适度的弹性，使法院能发挥其创法的作用，并可运用广泛的裁量权，而依"正义和公平"（nach Recht und Billigkeit）的原则裁判民事案件。由此之故，《瑞士民法典》实不啻为 20 世纪伟大、进步的法典。[1]

（六）第 6 章"民事法律行为"部分的创新

《民法总则》第 6 章规定民事法律行为，其最主要的创新是关于意思表示的规定与关于民事法律行为的效力的规定。关于前者，即意思表示，《民法总则》对其作出方式、生效及撤回等作了规定。关于后者，即民事法律行为的效力，《民法总则》规定了民事法律行为有效的条件，并对重大误解、欺诈、胁迫、显失公平等行为的撤销，以及恶意串通行为的无效等作了规定。尤其是未再规定重大误解、欺诈、胁迫、显失公平等行为的"可变更"，即仅认可"可撤销"。

（七）第 7 章"代理"部分的创新

《民法总则》第 7 章规定代理。代理系民事法律行为的延长线上的制度，其本质上属于民事法律行为的范畴。于《民法通则》的基础上，《民法总则》主要完善了代理的基本规则及委托代理制度，其于内容安排上主要涵括 3 节：第 1 节"一般规定"，第 2 节"委托代理"，第 3 节"代理终止"。

（八）第 8 章"民事责任"部分的创新

《民法总则》第 8 章最主要的创新有如下 4 个方面：其一，明定因自己保护他人民事权益而受到损害时，可向受益人请求给予适当的补偿（第 183 条）；其二，明定因见义勇为造成受助人损害的，不承担民事责任（第 184 条）；其三，明定侵害英雄烈士等的姓名、肖像、名誉、荣誉等人格权的，应承担民事责任（第 185 条）；其四，明确因违约行为损害对方人身权益、财产权益的，可选择请求承担违约责任或侵权责任（第 186 条）。

（九）第 9 章"诉讼时效"部分的创新

《民法总则》第 9 章规定诉讼时效，其最主要的创新涵括两个方面：一是，

---

[1] 参见台湾大学法律学研究所编译：《瑞士民法》，1967 年印行，刘甲一所作之"序言"第 1—2 页。

将诉讼时效（消灭时效）的期限由2年延长为3年（第188条）；二是，规定未成年人遭受性侵害的，于其年满18周岁，即成年时，可主张损害赔偿（第191条）。

三、我国《民法总则》的时代特征

尽管我国《民法总则》存在上述诸多创新，由此彰显其重要的特色，但是我们也应看到，其囿于各种因素的影响，也存在若干不足，由此使得该法呈现出其明显的时代特征。对此，我们可以举出以下方面予以说明。

（一）未将法理与"法官（法院）造法"确定为处理民事纠纷的法源和最后途径

如前所述，自《瑞士民法典》以来，民事法律、习惯法及法理系处理民事纠纷的基本法源。对此，《民法总则》第10条业已规定了民事法律与习惯为处理民事纠纷的法源。在这里，笔者应指出的重要不足是，它未进一步将法理纳入规定，进而确定为处理民事纠纷的一种法源。

这里有必要提及日本学者石田穰关于法理为民法法源的思想。其谓：所谓法理，系指内在（内存）于实定法（制定法）秩序中的基本的法的价值判断。民事法律、习惯法、判例法并非民法法源的全部，它们不能用来裁判所有的民事案件，故而必须存在法理，并将之作为民法的一种法源。该氏特别指出：日本1875年太政官布告第103号第3条"民事裁判，于无成文的法律时，依习惯；无习惯时，应依推考法理加以裁判"的规定，与《瑞士民法典》第1条第2项"法律所未规定者，依习惯法，无习惯法时，法院应遵立法者所拟制定之原则，予以裁判"的规定具有相同的旨趣。[1]

至于法理的内容，石田穰谓：法官于面临不能由民事法律、习惯法、判例法导出裁判案件的直接依据时，也应作出与民事法律、习惯法、判例法相协调的裁判。并且，作出的裁判不能与这些法源尤其是与民事法律的根本精神相悖。自这

1　参见［日］石田穰：《民法总则》，悠悠社1992年版，第30页。

样的视角看，所谓内在于实定法的基本的法的价值判断，也就不过是与民事法律、习惯法、判例法相协调的法律的价值判断的同义语。那么，与民事法律、习惯法、判例法相协调的法律的价值判断又是什么呢？对此，石田穰说：其一，系指对民事法律、习惯法、判例法进行类推解释所获得的法律的价值判断；其二，系指对民事法律、习惯法、判例法进行反对解释所获得的法律的价值判断；其三，系指依一般的法律原则所获得的价值判断；其四，系指依类推解释、反对解释及一般的法律原则不能处理案件时，法官依自己的裁量而进行的法律的价值判断。总之，于无民事法律、习惯法和判例法可资依循时，法理即成为民法的法源。并且，于此也可明了，法理系属于民法的补充性法源。[1]

此外，于法官（法院）处理民事纠纷既无民事法律、习惯法，也无法理可资依循时，因法官（法院）不能不对民事案件予以裁判，所以，其最后的途径应是通过"法官（法院）造法"予以处理和应对。也就是说，"法官（法院）造法"系最后的必要的处理民事纠纷的渠道。而对此渠道，我国《民法总则》也未作出规定。无疑，此也构成一项缺憾。

（二）未采用法律行为概念

《民法总则》第6章仍然采用《民法通则》上的民事法律行为概念，而未采用法律行为的术语。因采用后者，即法律行为概念，具有比较法上的坚实基础，且也符合我国的法律及法学的学理，以及现今的法治状况，故此，应对《民法总则》继续采用民事法律行为概念给予否定性评价。[2]

（三）未采用意思表示错误概念

意思表示错误，是专指表意人内心上的效果意思与表示效果意思无意识的偶然不一致的概念。自罗马法，尤其是自近代民法以来，大陆法系与英美法系国家和地区的民法无不使用此概念，并依此概念而建构自己的意思表示错误制度系

1　参见［日］石田穰：《民法总则》，悠悠社1992年版，第31—34页。
2　关于此点的翔实分析，请参见陈华彬："论我国民法总则法律行为制度的构建——兼议《民法总则草案》（征求意见稿）的相关规定"，载《政治与法律》2016年第7期，第88页以下。

统。该概念先进、科学、妥洽，可客观地涵括和表指复杂社会生活中各种内心上的效果意思与表示效果意思无意识的偶然不一致的具体情形。我国《民法总则》仍旧袭用《民法通则》上的重大误解概念（第147条），而未启用意思表示错误概念，对此无疑应给予否定性评价。尤其于现今，我国乃至国际社会生活发生深刻、急剧变化，各种内心上的效果意思与表示效果意思无意识的偶然不一致的情形极其复杂、多样，由此使得意思表示重大误解概念及其制度系统已远不能因应，而惟有以意思表示错误概念予以应对，方能奏效并竟其功。

四、结语

我国《民法总则》的颁布，无论如何估量其价值与意义，皆不为过。它是我国进入并迈向民法典时代的关键一步，是全部民法典的第一编（首编）。它诞生于21世纪已然过去近20年时，其社会模式（社会基础）并非风车、水车、马车和磨坊，而是日新月异的互联网时代及我国乃至国际社会的大变革、大变化及大变迁时期。由此之故，这部《民法总则》充满了诸多创新、特色，惟有如此，方能与现今的时代同步。但我们也应清醒地看到其因内容规定上的缺漏、不足等而呈现出的时代特征。也只有如此，我们才能将民法典各分编的编纂工作做得更好。易言之，我们可以从《民法总则》的制定中获得经验和启示，由此用以指导和提示我们更好地进行民法典各分编的编纂工作。

我国《民法总则（草案）》的构造、创新与完善[*]

一、引言

按照我国立法机关的计划和安排，由全国人大常委会公布的《中华人民共和国民法总则（草案）》（以下简称《民法总则（草案）》），拟由 2017 年 3 月召开的十二届全国人大第五次会议审议通过，之后编纂民法典的各分编（合同编、物权编、侵权责任编、婚姻家庭编和继承编），并拟于 2020 年 3 月由全国人大审议通过，由此形成我国完整、统一的民法典。在这一过程中，正在制定、编纂中的民法总则（民法典总则编）实又居于前置性和关键地位。盖与民法典各分编的编纂系主要对现行民事法律规范进行科学整理及加以修改完善和予以删繁就简不同，民法总则的制定主要是另起炉灶而进行全新的创新性造法工作。故此，民法总则的制定状况、结构内容及创新性等，于我国民法典制定的全部工作中居于核心和关键地位。

笔者拟对上述全国人大常委会公布的《民法总则（草案）》的构造、创新（亮点）及完善等予以分析、考量。而于此之前，乃拟对罗马式、德国式编纂体例对民法典总则编的不同态度及我国现今制定民法典时对总则编的肯认予以分析、释明，由此使我国民法总则的制定奠基于坚实的比较法与民法法理之上。

---

* 本文曾发表于《比较法研究》2016 年第 5 期，今收入本书，一些地方略有改动。

二、设置民法典总则编的缺点、优点及我国的肯认立场

（一）罗马式、德国式编纂体例对民法典总则编的不同态度

1. 罗马式编纂体例对民法典总则编的否定

民法自罗马法以来有两种编纂体例，其中之一是罗马式，称为优士丁尼体系（Institutinen System）。它是罗马五大法学家之一的盖尤斯的《法学阶梯》建构的体系。这一体系是：第 1 卷"人法"，第 2 卷与第 3 卷"物法"，第 4 卷"侵权行为与诉讼关系法"。盖尤斯《法学阶梯》的这一体例，之后被优士丁尼编纂的《法学阶梯》所依循。1804 年《法国民法典》的编纂即采此体例，惟将诉讼法予以排除，而形成如下体系：第 1 编"人法"，第 2 编"财产及对所有权的各种限制"，第 3 编"取得财产的各种方法"。罗马式编纂体例的最大特色，是并不存在像后述《德国民法典》那样的总则编。近现代荷兰、比利时、西班牙、意大利及日本"旧民法"（含人事编、财产取得编、债权担保编、证据编）采此体例。[1]

对于上述罗马式编纂体例，通说认为其有如下缺点：[2] 无全部民法共通适用的总则；将亲属法与关于人格和民事能力的事项相混淆；将继承仅视为取得财产的一种方法；未区别性质不同的债权与物权，将二者的规定相混淆；将程序法纳入民法中，导致程序法与实体法相混淆。属于罗马式编纂体例的《法国民法典》，尽管将诉讼法剔除并凸显债法的地位，但该罗马式编纂体例的其他缺点则难以避免。

2. 德国式编纂体例对民法典总则编的肯认与主要国家（或地区）民法典总则编的构成

德国式编纂体例，又称潘德克吞编纂体例，是德国学者胡果、海泽等于自己的

1　参见陈华彬：《民法总论》，中国法制出版社 2011 年版，第 36—37 页。

2　参见陈华彬：《民法总论》，中国法制出版社 2011 年版，第 37 页。

著述中采用的体例。[1] 该体例的最大特色，在于其设立民法典总则编。于民法发展史上，设立民法典总则编的思想最早可以追溯到 19 世纪以前的理性的自然法，于海泽 1807 年出版的《普通民法的体系概要》、1756 年的《巴伐利亚民法典》、1863 年的《萨克森民法典》、1896 年的《德国民法典》中被正式采用，体现了德意志民族重抽象、重概念、重逻辑体系的思考方法 [2] 和一以贯之的"彻底性"。[3] 如今，大陆法系的日本、巴西、韩国、泰国、葡萄牙（新民法，1966 年）因采此体例，故其民法典均设总则编。

具体而言，《德国民法典》总则编规定了如下内容：人、物（包括动物）、法律行为、期间、期日、消灭时效、权利的行使、自卫、自助及担保的提供等。《日本民法》总则编则以权利本位为指针，于第 1 章 "通则" 中开宗明义地规定民法的基本原则——公共福祉原则、诚实信用原则及权利不得滥用原则，之后规定民法解释的基准，即 "以个人的尊严和男女两性实质上的平等为宗旨解释民法"；之后为第 2 章 "人"，第 3 章 "法人"，第 4 章 "物"，第 5 章 "法律行为"，第 6 章 "期间的计算"，第 7 章 "时效"。《葡萄牙民法典》（1966 年）第 1 卷 "总则"，分别规定如下内容：第 1 编 "法律、法律之解释及适用"（含 3 章：第 1 章 "法之渊源"，第 2 章 "法律之生效、解释及适用"，第 3 章 "外国人之权利及法律冲突"）；第 2 编 "法律关系"（含 4 分编：第 1 分编 "人"，第 2 分编 "物"，第 3 分编 "法律事实" 及第 4 分编 "权利之行使及保护"）。《韩国民法典》第 1 编 "总则"，设立如下规定：第 1 章 "通则"，第 2 章 "人"，第 3 章 "法人"，第 4 章 "物"，第 5 章 "法律行为"（含 3 节：第 1 节 "一般规定"，第 2 节 "意思表示"，第 3 节 "代理"，第 4 节 "无效和撤销" 及第 5 节 "条件和期限"），第 6 章 "期间" 及第 7 章 "消灭时效"；我国台湾地区 "民法" 第 1 编 "总则"，共分 7 章，分别规定如下事项：第 1 章 "法例"（规定适用于所有民事

---

1 陈华彬："潘德克吞体系的形成与发展"，载《上海师范大学学报》（哲学社会科学版）2007 年第 4 期，第 31 页。

2 参见王泽鉴：《民法总则》，北京大学出版社 2009 年版，第 20 页。

3 参见陈华彬：《民法总论》，中国法制出版社 2011 年版，第 46 页。

关系的"通例"），第 2 章"人"（含 2 节：第 1 节"自然人"和第 2 节"法人"），第 3 章"物"，第 4 章"法律行为"，第 5 章"期日及期间"，第 6 章"消灭时效"及第 7 章"权利之行使"。

（二）对民法典总则编的缺点、优点的考量及我国对民法总则的肯认

1. 民法典总则编的缺点考量

设立民法典总则编，存在如下五方面的缺点：[1]

其一，设立通用于财产法与家族法（身份法）的民法典总则编，理论上存在问题。盖财产法（物权法、债法）规律的对象是财产关系，是以合理的思考为基础而有目的的结合，属于有意志的、人为的东西；反之，身份法（婚姻家庭法、继承法）的规律对象则为身份关系，系基于人的本性所为的人格的结合，属于给予的、自然的东西。二者的本质既然不同，其基本规则自应不同。因此，总则编中除基本原则的规定对二者可予适用外，其他规定原则上应不适用于有关身份的法律行为。[2]另外，财产关系与身份关系在本质上有所不同，前者系由人类的思考、选择而产生的关系，后者（如亲子关系）则系由人类感情自然而生的关系。婚姻关系中虽然也难免有若干考量等选择关系，但婚姻的真正本质乃是萌芽于自然而生的情爱关系。故此，民法总则仅能是财产法的通则。[3]

其二，适用范围上的缺点。民法总则，依其固有性质，从其形式与名称上看，理应为全部民法的总则，其规定应具有通则性，应适用于总则以后的其他各部分。但事实上却并不如此，包括婚姻家庭法和继承法在内的身份法（家族法）就大多不适用或较少适用总则的规定。身份法中，尤其是婚姻家庭法设有不少特别的规定，其自然优于总则的规定而先予适用。另外，未设特别规定的，也因身份行为的特殊性而并不当然适用总则的规定。故此，民法总则仅为财产法（物权法、债法）的总则，而与身份法几乎无关。而身份法之所以不能或不能完全适用

---

[1] 参见陈猷雄：《民法总则新论》，三民书局 1982 年版，第 1 页以下；陈华彬：《民法总论》，中国法制出版社 2011 年版，第 49—50 页。

[2] 参见 [日] 松坂佐一：《民法提要（总则）》（第 3 版），有斐阁 1975 年版，第 68 页。

[3] 参见刘得宽：《民法总则》（修订新版），五南图书出版公司 1996 年版，第 29 页注释 1。

总则，其因由系在于：人的亲属关系的种类、内容，系由社会、法律客观地规定，不能适用合同自由原则，任由个人随意变动；身份上的行为（例如结婚、收养、认领等），只能对特定身份人为一次，而经济行为（例如买卖、租赁、借用、赠与、互易等）则可对无数人反复为无数次；婚姻家庭生活重感情，且不计较利益，而经济生活则以计较利益为其特征。[1]

其三，理解上的困难。民法典总则编的设立，使人们由一般到具体去认识民法，违背认识事物的规律，使法律人尤其是刚刚接触民法的法科学生理解民法、研习民法产生困难。易言之，民法典总则编的设立使学习民法的过程变成由一般而具体，即先学习民法总则，后学习物权；学习物权时，系先学习物权的总则，而后学习所有权、用益物权、担保物权；学习债法时，是先学习债法通则（债总），之后学习各种之债（债各）。[2]

其四，查阅法典的困难。民法总则与民法其它各部分的关系，犹如普通民法与特别民法的关系，故在适用上，须先适用其它各部分的规定，再适用总则的规定。而这就使得人们在查阅法典时，要按从"后"至"前"的顺序为之，盖后面的特殊规定排除前面的一般规定的适用。易言之，只有在后面无法找到特殊规定的情况下，方可适用前面的一般规定。例如买卖、租赁、承揽、建设工程、运输、借款等特别之债，应先适用我国《合同法》"分则"的规定，之后适用《合同法》"总则"的规定，最后才适用《民法通则》有关民事法律行为的规定。[3]

其五，抽象与例外。一般而言，为了使一项规则可以普遍适用，通常应以抽象的方式表述法律条文。例如在总则中不能使用"买卖"一语，而必须说"合同"，或更抽象地说"（民事）法律行为"。盖"合同"或"（民事）法律行为"概念，必须涵括买卖、赠与、租赁、所有权抛弃、结婚、遗嘱乃至解除合同等概念。这就须使总则中的概念具有高度的抽象性、概括性，但这也给人民理解总则

1　参见施启扬：《民法总则》，三民书局 2007 年版，第 74 页。
2　参见施启扬：《民法总则》，三民书局 2007 年版，第 75 页。
3　参见施启扬：《民法总则》，三民书局 2007 年版，第 75 页。

带来了困难。另外，抽象的规定具有高度的概括性，但其缺点是必须创设例外，并形成原则与例外的复杂关系。[1]

2. 民法典总则编的优点考量

尽管民法典总则编具有上述缺点，但是其也具有很多优点。民法典总则编将民法（私法）中共通的、一般性的事项抽象、概括出来规定于民法典之始，这种立法技术从历史的维度看，要求立法者须对法律材料做十分深入的研究，否则是难以进行的。比如，对于买卖、租赁、抛弃所有权、设定质权、设定抵押权、结婚、订立遗嘱、订立收养协议等行为，经抽象、概括，人们认识到这些行为的共同点在于：它们都是两个人或一个人对特定内容表示的同意。认识到此点，即可以对这些行为的共通之处进行整理。经过理性的思维过程，就可以获得以意思表示为要素的、以发生私法上的效果为目的的法律行为这一上位概念。[2]

民法典总则编的优点，其最主要的，系见于（民事）法律行为制度上。民法典总则编规定（民事）法律行为制度后，立法者就无须于民法乃至商法等特别民法中规定（民事）法律行为制度。也就是说，前面规定过的东西，后面就没有必要再重复了，从而可以避免重复规定，节省立法成本。一言以蔽之，民法典总则编的优点主要有两个方面：其一，将民法上的共通事项加以整理、归纳，可以避免做大量的准用性规定或重复规定；其二，总则的抽象性、概括性特质，有助于培养法律人的归纳、演绎和抽象思维能力，进而养成独立思考民法问题的能力。[3]

3. 我国民法典对于民法总则的肯认

通过上述对民法典总则编的缺点和优点的分析、考量，笔者认为，民法典总则编尽管系规定私法的基本规则和私法的共通事项（例如期间、时效、住所等），但其主要内容则是围绕私法（民法）的四个基本要素——民事权利主体、民事权利客体、民事权利以及引起民事权利变动（民事权利的取得、丧失和变更）的行

1　对此，也请参见施启扬《民法总则》（三民书局 2007 年版）第 75 页的相关论述。

2　参见陈华彬：《民法总论》，中国法制出版社 2011 年版，第 48 页。

3　参见陈华彬：《民法总论》，中国法制出版社 2011 年版，第 48—49 页。

为（民事法律行为），即人、物、民事权利及民事法律行为，而展开。这些要素是近现代及当代市场经济条件下进行民事交易所不可或缺的。正因如此，如前述，新近以来，民法总则的"总则性"不断受到质疑，即尽管它系私法的总则，但其规定的大部分内容并不是婚姻家庭法和继承法的总则，充其量是物权法和债法这些财产法的总则。[1]

尽管如此，笔者认为，民法总则中规定的民事权利和民事法律行为制度具有共通的普遍性。尤其是民事法律行为制度，其可谓是私法乃至私法学中最一般、最抽象的制度，贯串于整个私法领域，其不仅适用于物权法、债法，而且适用于家族法（婚姻家庭法）和继承法（身份行为法）。民事法律行为，又以意思表示为其最核心的要素。就此而论，其一，民法总则不仅是财产法（物权法与债法）的总则，而且是家族法的总则（盖家族法中当然也有意思表示）；其二，民法是意思表示的法，即民事生活领域实行意思自治（私法自治）或私事由自己决定的原则。[2]以意思表示为核心要素的民事法律行为是私法领域最高程度的提取公因式的结果，故以意思表示为中心概念，经由多层次的抽象化过程而建构民法（私法）总则，是适宜的、恰当的。由此，我们应对我国民法典之设总则编及现今积极制定民法总则给予肯定性评价。

三、《民法总则（草案）》的构造、创新或亮点

（一）《民法总则（草案）》的构造

我国《民法总则（草案）》共计11章，186条，各章分别是：第1章"基本原则"，第2章"自然人"（含4节：第1节"民事权利能力和民事行为能力"，第2节"监护"，第3节"宣告失踪和宣告死亡"及第4节"个体工商户、农村

1　德国于二战前即有人持此种观点，认为总则系财产法的总则，对身份法不得适用，应另定身份法的总则，并以"民法再见"（Abschied von BGB！）的口号而主张分开。例如，施勒格贝格尔（Schlegelberger）于1937年2月25日在海德堡大学的演讲中即作如是的主张。参见台湾大学法律学研究所编译：《德国民法》，1965年印行，第24页。

2　参见王泽鉴：《民法总则》，北京大学出版社2009年版，第21页。

承包经营户"），第3章"法人"（含3节：第1节"一般规定"，第2节"营利性法人"及第3节"非营利性法人"），第4章"非法人组织"，第5章"民事权利"，第6章"民事法律行为"（含4节：第1节"一般规定"，第2节"意思表示"，第3节"民事法律行为的效力"及第4节"民事法律行为的附条件和附期限"），第7章"代理"（含3节：第1节"一般规定"，第2节"委托代理"及第3节"代理的终止"），第8章"民事责任"，第9章"诉讼时效和除斥期间"（含2节：第1节"诉讼时效"，第2节"除斥期间"），第10章"期间的计算"，及第11章"附则"。

应当指出的是，尽管上述结构从总体上看系简洁、明了、清晰，给人以一目了然之感，但是，它对一些重要事项的规定是阙如的，也就是说，上述结构存在较为简单的缺点。易言之，它对于一些重要的民事事项未作规定和调整，留下了立法上的空白和缺漏。这其中，对民事权利的行使的限制就是一项未做规定的明显的立法缺漏。从体例结构上看，此应规定于第5章"民事权利"中，即该章的结构应包括2节：第1节"（民事权利的）一般规定"，第2节"民事权利的行使的限制"。此外，关于民事义务，也宜单独设章或节做出专门规定。盖《民法总则（草案）》第5章规定民事权利，第8章规定民事责任，唯独缺少关于民事义务的规定。为建构"民事权利——民事义务——民事责任"三位一体的民法规则体系，我国民法总则应规定民事义务的概念、内容及规则体系。

（二）《民法总则（草案）》的创新或亮点

1. 第1章"基本原则"部分的创新或亮点

《民法总则（草案）》第1章"基本原则"，相较于既有的民事法律规范，其存在如下创新或亮点：

（1）规定人与自然和谐发展原则

《民法总则（草案）》第7条规定："民事主体从事民事活动，应当保护环境、节约资源，促进人与自然和谐发展。"按此规定，人们在追求经济财富增长的同时，即使在民事活动领域，也应保护自然环境，节约资源，由此使人与自然和谐相处、和谐发展，确保有一个良好的自然生态。毋庸置疑，此规定具有很大的价值和意义，值得赞赏和肯定。

（2）公序良俗原则明文化

1）概述

公序良俗，即公共秩序和善良风俗。前者是从国家的立场，后者是从习俗的立场而言的。法律行为的内容虽然不违反单个的强行规定，但违反公共秩序或善良风俗的，即变成无效。违反公序良俗，属于合同自由、私法自治之外的问题，不能为社会所容许。违反公序良俗行为的典型，传统上多见于违反有关性风俗。[1]但是，在现今，违反公序良俗的范围被极大地扩大了，具体包括如下情形：[2]

其一，即使在依合同自由原则而受保护的自由的交易活动领域，如一方当事人利用另一方当事人的窘迫、无知、无经验等而实施过度的不公正的交易，就会被视为暴利行为而认定为无效，进而被认为是妨碍自由的经济活动的行为，违反公序良俗。学说上称此为违反经济的公序。在消费者合同领域，对在信息、交涉力上处于弱势地位的消费者拟定的显著不当的合同，也多数被认定为违反公序良俗。

其二，随着社会生活的复杂化，及基于建立福利社会、福祉国家等各种因由，行政规制不断增多，这些行政规制中有很多系以保护私人为目的，因此，如所实施的行为违反其规定，多数即被认为违反公序良俗。

其三，晚近以来，有一种倾向认为，与宪法的价值相抵触的行为，也系违反公序良俗的行为。

2）违反公序良俗的效果

违反公序良俗的效果包括下列三点：

其一，全部无效与一部无效。合同中的条款违反公序良俗时，是合同全体变成无效（全部无效），还是仅该条款变成无效、其他部分仍然有效（一部无效）？

1　参见陈华彬：《民法总论》，中国法制出版社 2011 年版，第 422 页。

2　参见［日］四宫和夫、能见善久：《民法总则》，弘文堂 2010 年版，第 266 页。

一般而言，所谓违反公序良俗的法律行为无效，指的是合同全体无效。但是，依违反公序良俗的内容的不同，并非全部无效的场合也是有的。特别是在暴利行为中，以合同当事人间的给付不均衡作为理由的违反公序良俗的场合，不全部无效也是可以的。[1]

其二，双方的无效与片面的无效。合同等违反公序良俗的场合，是当事人双方均可以主张的双方无效，还是仅值得保护的一方当事人可以为无效的主张的片面的无效？例如，经营者（事业者）对消费者以显著不公正的劝诱方法缔结的买卖合同违反公序良俗的场合，就只认可消费者的无效主张，而经营者（事业者）的无效主张系不被认可，是为片面的无效。惟在暴利行为等场合，尽管公序良俗原则确为保护一方当事人而使用（或存在），但是，以违反公序良俗为理由的规制，系因为不容许其行为违反社会的基本秩序，所以原则上应是双方的无效。[2]

其三，抗辩的无效与溯及的无效。对相对人的履行请求，以合同无效为理由而拒绝自己给付的履行的，其根据即是抗辩的无效。无效得当然作为抗辩而使用。与此不同，作为提出返还已经为给付的请求的前提而主张合同无效的，称为溯及的无效。给付未履行时，主张作为抗辩的无效并无问题（尽管有双方未履行与一方未履行的情形，但无论何种情形均可。可以拒绝未履行的给付的履行请求）。但是，对于是否应认可已经为给付的返还，则应考虑双方当事人的不法的程度、交易安全的需要与否等，并因利益状况而不同。[3]

3）《民法总则（草案）》对公序良俗原则的规定具有积极价值和意义

应指出的是，对于公序良俗，我国《民法通则》《物权法》《合同法》尽管存在与其相关的内容规定，但此等法律均未明确使用"公序良俗"一语。《民法总则（草案）》第8条"民事主体从事民事活动，应当遵守法律，不得违背公序

1　参见［日］四宫和夫、能见善久：《民法总则》，弘文堂2010年版，第274—275页。

2　参见［日］四宫和夫、能见善久：《民法总则》，弘文堂2010年版，第275页。

3　参见［日］四宫和夫、能见善久：《民法总则》，弘文堂2010年版，第275—276页。

良俗，不得损害他人合法权益"，系明文将公序良俗这一重要原则明文化。由此应当肯定，它实具有重要的价值和意义。

(3) 将习惯规定为民法的法源

民法的法源，即民法规范的存在或表现形式，它是法院等裁判民事案件的依据。《民法总则（草案）》第 10 条规定："处理民事纠纷，应当依照法律规定；法律没有规定的，可以适用习惯，但是不得违背公序良俗。"此条规定的重要意义在于，它将习惯（商业习惯、民间习惯等）规定为民法的法源，从而使法院等在处理民事纠纷而无法律规定时，即可据此依商业习惯或民间习惯等予以裁判。

《瑞士民法典》第 1 条规定："法律问题，在文字及解释上，法律已有规定者，概适用法律。法律所未规定者，依习惯法，无习惯法时，法院应遵立法者所拟制定的原则，予以裁判。于此情形，法院务须恪遵稳妥的学说及判例。"《韩国民法典》第 1 条（法源）规定："民事，法律无规定者，依习惯法；无习惯法者，依法理。"我国台湾地区"民法"第 1 条规定："民事，法律所未规定者，依习惯；无习惯者，依法理。"这些规定，均对民事纷争的解决过程中如何"找法"及其步骤（顺序）作了明定，尤其是它们均将习惯作为法官审理民事案件时可直接引用的裁判依据（直接法源）。至于判例、学说及外国立法例等，则作为间接法源而予适用。[1]另外，英美法系国家因采非成文法主义，所以习惯法、判例法系其民法的基本法源。惟新近以来，在习惯法、判例法之外，英美法系国家又开始注意制定成文法（例如美国的加利福尼亚州、加拿大的魁北克省均制定了民法典），从而使制定法成为英美法系国家的重要法源。

2. 第 2 章"自然人"部分的创新或亮点

《民法总则（草案）》第 2 章"自然人"部分的创新或亮点主要有如下 4 个方面：

(1) 将《民法通则》规定的限制民事行为能力人的年龄下限标准从 10 周岁降到 6 周岁

---

[1] 参见郑冠宇：《民法总则》，瑞兴图书股份有限公司 2014 年版，第 40 页。

限制民事行为能力人介于完全民事行为能力人与无民事行为能力人之间，即有相对的民事行为能力。所谓相对的民事行为能力，即其为有偿的法律行为须获得法定代理人的同意。所谓同意，于行为之前的，称为允许；于行为之后的，称为承认。在法定代理人事前未为同意（允许），事后为承认前，该法律行为的效力，并非无效，也非有效，而系处于可能有效可能无效的效力未定状态。法定代理人若事后为承认，即为有效；事后确定不承认，即为无效。[1] 之所以如此，系因限制民事行为能力人虽有相当的意思能力，但还不健全，不能使其独立为有效的法律行为，以保护其利益。应注意的是，法律对于限制民事行为能力人的行为能力，设有特别的效力规定或限制规定时，应优先适用其规定。[2]

对于何人为限制民事行为能力人，其他国家和地区的立法成例未尽一致。《德国民法典》和我国台湾地区"民法"以 7 周岁以上的未成年人为限制民事行为能力人。而按照我国《民法通则》第 11 条、第 12 条的规定，我国的限制民事行为能力人包括 10 周岁以上的未成年人和不能完全辨认自己行为的精神病人。精神病人之作为限制民事行为能力人，应由法院宣告。于精神的健康恢复之后，经本人或利害关系人申请，法院应将限制民事行为能力的精神病人宣告为完全民事行为能力人。[3] 考虑到现今我国满 6 周岁的未成年人事实上已具有相当的能力，其从事各种日常行为，如搭乘公交车、购买日用品、观看电影等，若在法律上一概认为无效，则无疑有失妥当，且为与我国《义务教育法》关于年满 6 周岁的儿童须接受义务教育的规定相谐配，《民法总则（草案）》遂将《民法通则》规定的限制民事行为能力人的年龄下限标准从 10 周岁降到 6 周岁（第 18、19 条）。

（2）增加对胎儿利益的保护规定

根据《民法通则》第 9 条的规定，自然人的权利能力始于出生，终于死亡。

1　参见郑冠宇：《民法总则》，瑞兴图书股份有限公司 2014 年版，第 85 页。
2　参见施启扬：《民法总则》，中国法制出版社 2010 年版，第 88 页。
3　参见陈华彬：《民法总论》，中国法制出版社 2011 年版，第 252—253 页。

因此，仅为母体之一部的胎儿并无权利能力，自不能享受权利，负担义务。但是，如绝对贯彻此原则，则对胎儿利益的保护难免不周且不公平。胎儿一般都会正常出生而成为人，此为社会生活的常态，因此，从一定意义上说，直接保护胎儿就是间接保护将来的人类，也系顺乎人情及合乎公平。比如，胎儿于生父死亡数日后出生（即所谓"遗腹子"），如不承认其有对生父财产的继承权，则有失公平并违反人之常情。因此，为了保护胎儿的利益，须作例外的规定，使胎儿在特定情形下视为既已出生，取得权利能力。惟各国家和地区民法所采方法未尽一致，主要有列举主义（个别主义）与概括主义（一般主义）。[1]

我国《继承法》第 28 条规定："遗产分割时，应当保留胎儿的继承份额。胎儿出生时是死体的，保留的份额按照法定继承办理。"是采列举主义。另外，《德国民法典》第 844、1912、1923 条，《法国民法典》第 725 条，《日本民法》第 721、886、965 条等，对与胎儿有重要关系的事项（例如继承权、受遗赠权和损害赔偿请求权等），为了保护其利益而将其视为既已出生。《民法总则（草案）》第 16 条在我国《继承法》规定的基础上参考、借镜德、法、日民法的规定，明定："涉及遗产继承、接受赠与等胎儿利益的保护，胎儿视为具有民事权利能力。但是，胎儿出生时未存活的，其民事权利能力自始不存在。"

（3）监护人范围的调整与被监护人范围的扩大

鉴于在我国现今市场经济条件下，由《民法通则》规定的职工单位担任监护人、履行监护职责的背景和情况均已发生明显变化，且我国现今公益事业性质的组织正日益发展、增多，故《民法总则（草案）》规定：（公益）事业等法律规定的有关组织可以担任监护人（第 29 条第 3 款、第 31 条）。

另外，应值得特别提及的是，《民法总则（草案）》将被监护人的范围扩大，即将智力障碍者及因疾病等原因丧失或者部分丧失辨识认知能力的成年人也纳入被监护人范围（第 20、21、31 条）。此即瑞士、日本民法上的自愿设立监护人制度与成年监护制度。

1　参见陈华彬：《民法总论》，中国法制出版社 2011 年版，第 180 页。

《瑞士民法典》第 360 条规定：成年人证明其因衰老（包括精神衰老）、身体虚弱或其他缺陷，或无经验，致不能妥善处理自己的事务时，可基于本人的申请，设置监护人。在日本，其自 2000 年 4 月 1 日起废除原民法中的禁治产制度，实行新的成年监护制度，主要规定在《日本民法》第 7 条至第 20 条（法律行为的效力）和第 679 条以下各条（监护制度）中。按照规定，日本新的成年监护制度分为法定监护与任意监护。任意监护制度的目的，在于使得本人（被监护人）能够为了日后而安心地将自己的监护事务托付给特定的人，授予其必要的代理权。[1] 要利用任意监护，须首先订立任意监护合同。此种合同的内容是：托付监护事务的处理，并为此授予他人必要的代理权。其属于委托合同，委托人称为本人，接受委托的人称为任意监护受托人。[2]

我国现行法上并无任意监护制度，而我国老龄化社会的现状和社会生活的快速发展、变迁，造成有身体障碍、精神障碍及单独生活之人不断增加，为保护这些人的利益，并使其安享余生，上述规定（尤其是日本民法）中的任意监护制度无疑具有极大的参考、借镜价值。由此，也更加证立了《民法总则（草案）》规定成年监护制度的必要性与意义。

（4）明定家庭生活中父母、子女的义务与责任

《民法总则（草案）》第 25 条规定："父母对未成年子女负有抚养、教育和保护的义务，子女对无民事行为能力或者限制民事行为能力的父母负有赡养、照顾和保护的义务。"透过此条规定，可以弘扬中华民族家庭生活中的传统美德，强化家庭成员间的义务与责任担当。

3. 第 3 章"法人"部分的创新或亮点

法人是在一定的法定要件下，具有法律上人格，得享受权利及负担义务的社会组织体。其中，基于一定的目的，由多数自然人集合而成的社会组织体，为人合组织体；基于一定的目的，由财产集合而成的社会组织体，为财合组织

---

1 参见陈华彬：《民法总论》，中国法制出版社 2011 年版，第 259—260 页。
2 参见 [日] 山本敬三：《民法讲义 I 总则》，解亘译，北京大学出版社 2004 年版，第 53 页。

体。[1]无论人合组织体或财合组织体，一经法律赋予其民事权利能力，即成为自然人之外的另一类民事权利主体——法人。概言之，法人并非自然存在的生命体，而是由法律所创造的权利与义务主体。[2]不具有法人资格，但依法能够以自己的名义参加民事活动的组织体并非法人，学理上称为非法人团体（非法人组织）。[3]

对于上述法人制度而言，《民法总则（草案）》的最大创新或亮点，是将我国法人区分为营利性法人与非营利性法人。此种分类系采德国与瑞士民法将私法人分为营利法人与非营利法人的成例。非营利法人包括公益法人与中间法人。[4]易言之，采用营利法人与非营利法人的分类，将不存在中间法人的情形。所谓中间法人，指既不以营利，也不以公益为目的的法人，比如，同乡会、同学会、校友会、宗亲会等即属之。对于中间法人，日本法认为其系无权利能力的社团。[5]此点值得注意。

4. 第 5 章 "民事权利" 部分的创新或亮点

此部分最重要的创新，是《民法总则（草案）》将虚拟财产、数据财产等规定为权利（主要是物权）的客体（第 104 条），由此使此等财产受到民法的保护。此规定具有积极价值，应值赞同。

5. 第 6 章 "民事法律行为" 部分的创新或亮点

《民法总则（草案）》对于民事法律行为的创新，主要见于如下 5 个方面：

其一，对民事行为概念的放弃。《民法总则（草案）》废弃了《民法通则》上的民事行为概念，而将发生在民事领域的所有的合法行为与违法行为以民事法律行为统一称之。毋庸置疑，此种立场和做法值得肯定，具有十分积极的意义与价值。

---

1 参见郑冠宇：《民法总则》，瑞兴图书股份有限公司 2014 年版，第 111 页。
2 参见郑冠宇：《民法总则》，瑞兴图书股份有限公司 2014 年版，第 67 页。
3 参见陈华彬：《民法总论》，中国法制出版社 2011 年版，第 295 页。
4 参见陈华彬：《民法总论》，中国法制出版社 2011 年版，第 311 页。
5 参见陈华彬：《民法总论》，中国法制出版社 2011 年版，第 311 页。

其二，将欺诈、胁迫的意思表示的效力统一规定为可撤销。《民法通则》将欺诈、胁迫的意思表示的效力统一规定为无效。《合同法》区分私人间与涉及国家利益两种情形分别规定：私人间的欺诈、胁迫的意思表示的效力为可撤销，欺诈、胁迫的意思表示损害国家利益的则为无效。如今，《民法总则（草案）》不区分私人间及是否损害国家利益而统一规定欺诈、胁迫的意思表示的效力为可撤销（第 126、128 条）。盖在现今，欺诈、胁迫的意思表示损害国家利益的，可以依损害公共利益而适用公序良俗原则获得解决。

其三，对恶意串通的民事法律行为效力的否定。《民法总则（草案）》第133 条规定："行为人与相对人恶意串通，损害他人合法权益的民事法律行为无效。"对此规定，应给予肯定性评价。

其四，厘定违反效力性强制性规定的效果。《民法总则（草案）》第 132 条规定："违反法律、行政法规的效力性强制性规定或者违背公序良俗的民事法律行为无效。"此条将最高人民法院关于效力性强制性规定的司法解释上升为法律规范，值得赞同。[1]

其五，厘定民事法律行为的有效（生效）要件。《民法总则（草案）》第121 条规定："具备下列条件的民事法律行为有效：（一）行为人具有相应的民事行为能力；（二）意思表示真实；（三）不违反法律、行政法规的效力性强制性规定，不违背公序良俗。"此条关于民事法律行为有效（生效）要件的规定，便于人民判断自己所实施的民事法律行为的效力（效果），预测自己所为的民事活动的后果，故应予以赞同。

6. 第 7 章 "代理" 部分的创新或亮点

代理是指行为人基于本人的授权或基于法律的规定，得以本人的名义为本人为法律行为，其法律效果因而归属于本人的制度。[2] 其系欧洲中世纪和近代市场经

---

[1] 陈华彬："论我国民法总则法律行为制度的构建——兼议《民法总则草案》（征求意见稿）的相关规定"，载《政治与法律》2016 年第 7 期，第 96 页以下。

[2] 参见郑冠宇：《民法总则》，瑞兴图书股份有限公司 2014 年版，第 359 页。

济高度发展的产物，当代各国民法均承认之，我国亦然。[1]对于代理制度，《民法总则（草案）》的创新之处主要有下列 3 点：规定隐名代理（142 条）；规定自己代理与双方代理之禁止（第 148 条）；规定不适用表见代理的情形（第 152 条）。

7. 第 8 章 "民事责任" 部分的创新或亮点

此部分最重要的创新或亮点，是将 "修复生态环境" 规定为一种民事责任的形式（第 160 条第 1 款第 5 项）。对此，应给予积极的肯定性评价。

8. 第 9 章 "诉讼时效和除斥期间" 部分的亮点

此部分的亮点，是将普通诉讼时效的期间由目前的 2 年延长为 3 年（第 167 条第 1 款），应值肯定。

四、《民法总则（草案）》的不足或值得斟酌、完善之处

我国《民法总则（草案）》尽管具有上述创新之处抑或亮点，但毋庸讳言，它也存在诸多不足或值得斟酌、完善之处。具体言之，包括如下 4 个方面：

其一，如前述，目前的《民法总则（草案）》缺少对民事义务、民事权利行使的限制的规定。这些方面的内容，是民法总则应当规定、不可或缺的必要内容。

其二，《民法总则（草案）》应采纳德国、日本、韩国民法典及我国台湾地区 "民法" 上的法律行为概念，以取代现在启用的民事法律行为一语。之所以如此，系因为法律行为概念不仅具有法理上的坚实基础，而且有民法法制沿革上的根据，以及我国现今法制理论与实务上的需求。[2]

其三，《民法总则（草案）》应采用国际传统民法上的 "错误" 概念及其规则体系，以取代目前启用的重大误解概念及其规则。在现今，以 "重大误解" 一

1　参见陈华彬：《民法总论》，中国法制出版社 2011 年版，第 427 页。

2　这方面的详情，请参见陈华彬："论我国民法总则法律行为制度的构建——兼议《民法总则草案》（征求意见稿）的相关规定"，载《政治与法律》2016 年第 7 期，第 88 页以下。

语来诠释表意人误解事实，致其意思与表示偶然的不一致的情形，已明显落后，可谓系"时代错误"。于如今复杂、急剧变迁的社会生活中，宜启用"错误"概念，以建构我国的意思表示错误规则体系。

其四，鉴于比较民法经验的可借鉴性，对于大陆法系与英美法系民法（总则）中的其他制度与规则，我国民法总则也应予以回应并加以借镜。这些制度和规则包括：隐藏行为的规则、戏谑行为的规则及无效行为的转换规则等。

五、结语

人类法制史上真正的近现代及当代意义的民法典的制定，肇始于近代。而近代各国制定民法典，除了经济的推动力外，皆有其特殊的政治社会背景。1804 年的《法国民法典》是第一部近代意义的民法典，开启了世界各国编纂民法典的先河，其旨在建构 1789 年法国资产阶级大革命推翻封建政权后的法律秩序，贯彻自由（liberté）、平等（égalité）、博爱（fraternité）的理想。7 年后的 1811 年，《奥地利普通民法典》问世，其目的在于反映奥地利社会各阶级的平等关系，实现自由、平等和财产所有权的保护。[1] 1896 年公布的《德国民法典》则是实践"一个民族、一个国家、一个法律"的目标。[2] 亚洲的日本在明治维新的催生下，是东方较早制定民法典的国家，其目的在于废除领事裁判权，实现富国强兵。1896 年，日本公布了民法典的前三编（总则编、物权编、债权编），1898 年公布了后两编（亲属编和继承编）。民法典全体共五编自 1898 年起施行。我国在清朝末年进行法制变革以前，并不存在什么私法或民法。[3] 也就是说，现今我国民法，非我国所

1　参见［德］Hans Schlosser：《近世私法史要论》，［日］大木雅夫译，有信堂 1988 年版，第 116 页。

2　参见台湾大学法律学研究所编译：《德国民法》，1965 年印行，梅仲协撰"德国民法简介"第 1 页以下。

3　参见谢怀栻：《谢怀栻法学文选》，中国法制出版社 2002 年版，第 369 页。

固有，而是清末及民国时期从外国民法继受而来。[1]

新中国成立后，尤其是 21 世纪以来，编纂我国民法典的呼声一直十分热烈。2002 年，九届全国人大加快民法典的起草工作，并首次对民法典草案进行审议。之后，十届全国人大常委会改易立法安排（计划），暂不对民法典草案进行审议修改，先完成物权法和侵权责任法的制定。在我国改革开放取得伟大成就和社会主义市场经济体制获得极大发展的今天，2014 年我国决定编纂民法典，而其"第一步"就是制定民法总则。如今，《民法总则（草案）》已然完成，这部草案的体系构造、内容创新如何，将直接决定或影响我国民法典编纂的"第二步"（民法典各分编的编纂）。正是因此，本文对这两个方面作了尝试性的分析、考量，并提出了若干值得斟酌或应予完善的建议。笔者期冀，这一努力能裨益于我国民法总则和民法典的早日和高质量的出台。

---

[1] 我国与其他世界文明古国（如古巴比伦、古希腊）一样，都经历了一个漫长的习惯法时期。在中国古代，法与刑不分，论法即刑，刑与法的含义相同。我国的法起源于夏代。《左传·昭公六年》记载"夏有乱政，而作禹刑"。"禹刑"是夏朝法律的总称，但它并不完全是调整刑事方面的法律规范，有的史学家认为，它包含有调整财产所有权关系、宗法关系、亲属关系和其他民事法律关系的规范。我国封建社会自春秋战国开始，礼治衰微，法治思想崛起。公元前 445 年，魏文侯即位，以政治家李悝为相，实行变法。李悝总结了新兴地主阶级在各个诸侯国中的立法经验，编了一部《法经》，这是我国历史上第一部比较系统的封建成文法典。在我国漫长的封建社会中没有一部完整的民法，而是重刑轻民，以刑代民。其原因主要有二：一是自给自足的自然经济占统治地位，使民法发展缺少必要的经济前提；二是封建主义的专制统治使民法发展缺乏必要的社会条件；三是封建统治者以刑代民，用严酷的刑罚镇压人民，强化封建专制制度，维护它们的统治，民法根本没有发展的余地。参见凌湘权、余能斌：《民法总论》，武汉大学出版社 1986 年版，第 26—28 页。

意思表示错误与我国民法典对其的借镜 *

一、引言

按民法法理，意思表示系法律行为的必要的、不可或缺的要素，其系由效果意思（Willenserklärung）、表示意思（Erklärungswille）及表示行为（Erklärungshandlung）构成。其中，效果意思又称为效力意思（Wirkungswille）或行为意思（Geschäftswille），可分为内心上的效果意思与表示效果意思；表示意思即打算发表（或发出）效果意思的意思，表示行为即将效果意思表示于外的行为。于法制肇源上，意思表示的此三层结构思想，系来源于威廉·冯特（Wilhelm Wundt）的构成的心理学（Konstruktive Psychologie）理论。值得指出的是，于效果意思与表示行为——内心上的效果意思与表示效果意思——一致时，意思表示即真实，并由此发生表意人所期望的法律效果；而于两者不一致时，以何者为标准，则有意思主义（Willenstheorie）、表示主义（Erklärungstheorie）及折中主义（Vermittlungstheorie）三种学说与立法成例。[1]

意思表示错误系内心上的效果意思与表示效果意思不一致时的一种情形。也就是说，意思与表示不一致主要涵括真意保留（内心保留、心中保留、单方虚伪表示）、双方虚伪表示及意思表示错误三种形态。此三种形态中，真意保留与双

---

* 本文曾发表于《法学杂志》2017 年第 9 期，今收入本书，一些地方稍有改动。
1　参见台湾大学法律学研究所编译：《德国民法》，1965 年印行，第 119—120 页。

方虚伪表示属于"故意的不一致",其法律构造、效力及认定等较易把握与厘定,而意思表示错误属于"偶然的不一致",[1]其意涵、类型、法律效果及与意思表示错误相关的错误形态等,则较为复杂,不易厘清、释明和厘定。我国立法虽未使用意思表示错误的概念,但实质上存在着与之相当的意思表示重大误解制度。有鉴于意思表示错误于立法、学说及实务上的重要价值与功用,本文尝试对此制度的涵义、类型、法律效果及与该制度相关的错误形态等予以分析、释明,由此为我国民法总则上的意思表示重大误解制度提供学理及实务上的解释论参考,并进而期冀可以裨益于我国该项制度的完善与进步。

二、意思表示错误的涵义、类型、法律效果与对我国的借镜价值

(一) 意思表示错误的涵义厘定

按民法法理,意思表示错误(Irrtum),系指表意人实施了异于自己内心的效果意思的表示行为,且表意人并不知其所表示的意思非其内心的真实意思。也就是说,因表意人的错误认识或错误判断,导致或产生由表意人的表示行为可推测的意思与其真意的不一致。[2]进而言之,系意思与表示不一致,而为表意人所不自知(偶然的不一致)。[3]比如,将人民币书写成美元(错误的记载),误与某人结婚而赠与其礼物(动机错误),误以真画为赝画而低价出卖,传达意思表示的人,将出租 A 屋误说为 B 屋,欲赠 A 画却误说为 B 画,误以某甲为某乙而雇用或收养,误以某丙为某丁而赠与礼物等,皆属之。[4]应指出的是,意思表示错误中表意人的错误认识、错误判断,系从表意人为意思决定的动机、目的起,至以口头(言词)或书面表示该意思决定止的各个阶段或场景发生。[5]

1　参见廖毅:《民法(总则编)整合式案例研习》,保成文化出版公司 2007 年版,第 393 页。

2　参见 [日] 四宫和夫、能见善久:《民法总则》,弘文堂 2010 年版,第 213 页。

3　参见廖毅:《民法(总则编)整合式案例研习》,保成文化出版公司 2007 年版,第 393 页。

4　参见王泽鉴:《民法总则》,2000 年自版,第 397 页;刘得宽:《民法总则》(修订新版),五南图书出版公司 1996 年版,第 251 页。

5　参见 [日] 四宫和夫、能见善久:《民法总则》,弘文堂 2010 年版,第 214 页。

于现今比较法上，依《日本民法》第 101 条的规定，因意思表示错误的情形，系属于内心上的效果意思与表示效果意思不一致，故其与真意保留（《日本民法》第 93 条）和双方虚伪表示（《日本民法》第 94 条）均属于"意思之不存在"的一种类型。惟其差异在于，真意保留与双方虚伪表示，系表意人认识到"意思之不存在"而实施的意思表示，而意思表示错误则系未认识到"意思之不存在"而实施的意思表示。[1]

（二）意思表示错误的类型与对我国的借镜价值

按现今比较法及其实务，意思表示错误的类型于体系上可界分为误认错误与非误认错误。意思形成阶段的错误为误认错误，其涵括内容错误、动机错误及物的性质的错误；意思表达阶段的错误为非误认错误，其涵括表示行为错误与传达错误。此外，还有当事人资格错误或标的物的性质错误与法律效果的错误。至于意思生效阶段的误解（受领人错误），则系非表意人错误，本质上并不属于民法上的错误，其所生风险应由相对人自行承担。[2] 对于意思表示错误的诸类型，兹分述如下。

1. 意思表示的内容错误

意思表示的内容错误（Irrtumüber Erklärungsinhalt），又称意思表示内容有错误，或简称为内容错误（Inhaltsirrtum），系指表意人对与其意思表示的内容有关的某特定事实认识不清，即弄错表示行为的意思。[3] 也就是说，意思与表示虽然一致，但表示内容有错误，比如法律行为性质的错误（误信租赁为借用，误以买卖为赠与而为承诺）、当事人同一性的错误（误认某人为车祸的救命恩人而实施赠与）、标的物同一性的错误（误以 A 羊为 B 羊而购买之）、交易条件（履行期、履行地、价金等）的错误（误以履行期今年 5 月为今年 11 月、误以履行地"锦

1　参见［日］藤井俊二：《民法总则》，成文堂 2011 年版，第 111 页。

2　参见廖毅：《民法（总则编）整合式案例研习》，保成文化出版公司 2007 年版，第 396 页。

3　参见廖毅：《民法（总则编）整合式案例研习》，保成文化出版公司 2007 年版，第 397 页；刘得宽：《民法总则》（修订新版），五南图书出版公司 1996 年版，第 250 页。

里"为"家里")及标的物价格与数量的错误等，均属之。[1]

值得指出的是，于意思表示内容错误的情形，表意人对自己作出的意思表示的内容在交易上具有的意义有所误解，其作出的意思表示虽含有内心上的效果意思与表示效果意思，但二者并不一致。实际生活中，由于意思表示内容错误，尤其是表意人误解某一用语的意义，而引用它来表示自己所欲表示的意思，结果造成以该用语事实上所表示者及其所欲表示者不一致的结果。[2] 比如，"土豆"一语，在台湾地区系指花生，但于大陆则指马铃薯，两岸人民若以土豆为买卖标的物，即可能发生意思表示的内容错误。[3] 又如，因误认为美元与澳大利亚元具有相同的价值，故而将本应写成 100 美元者写成了 100 澳大利亚元。[4] 此等情形，皆系由于表意人对于意思表示的内容有所误解所导致、所造成。

2. 意思表示的行为错误

意思表示的行为错误，又称表示错误（Erklärungsirrtum）或表示行为错误（Irrtum in der Erklärungshandlung），抑或不知错误，是表意人实施意思决定之后于为表示行为的过程中产生错误，[5] 系指表意人的表示与欲表示者不符，比如误写

---

[1]　参见台湾大学法律学研究所编译：《德国民法》，1965 年印行，第 124 页；王泽鉴：《民法总则》，2000 年自版，第 402 页。值得提及的是，关于意思表示内容的错误，各国立法成例有采列举主义的，如《瑞士债务法》第 24 条；有采概括主义的，如《德国民法典》第 119 条、《日本民法》第 95 条及我国台湾地区"民法"第 88 条前句。其典型情形，系包括 4 种：其一，关于法律行为性质的错误。其二，关于当事人本身的错误。比如"张冠李戴"，误以某甲为某乙而雇用或收养，误以丙为丁而赠与金钱。其三，关于标的物本身的错误。比如，误以面粉为奶粉而购买，误以食盐为白糖而购买。其四，关于当事人资格或标的物的性质的错误。当事人资格的错误，涉及相对人的才能、性格、职业、健康状况、支付能力、身份、经历、资产状况等。标的物的性质的错误，应广泛地包括标的物的性质、来历、数量、价格等的错误。但此往往与买卖标的物的瑕疵担保责任相粘连，其常见的是误以赝品为真品。另外，所谓标的物，应从宽解释，系指交易客体，包括一般的物、权利、集合物或企业。对此，请参见王泽鉴：《民法总则》，北京大学出版社 2009 年版，第 298 页；陈华彬：《民法总论》，中国法制出版社 2011 年版，第 392 页。

[2]　MünchKomm/Arbrüster, 6. Aufl. 2012, § 119, Rn. 56.

[3]　参见郑冠宇：《民法总则》，瑞兴图书股份有限公司 2014 年版，第 306 页。

[4]　参见 ［日］ 藤井俊二：《民法总则》，成文堂 2011 年版，第 112 页。

[5]　应指出的是，于日本法上，表示行为的错误涵括内容的错误与表示上的错误两种情形。对此，请参见 ［日］ 四宫和夫、能见善久：《民法总则》，弘文堂 2010 年版，第 221—222 页。

（verschreibt）、误说（verspricht）、误指、误抛、误念及误拿等，即属之。[1]意思表示行为错误的特性是，表意人对其表示行为完全欠缺认识，即表示方法有错误，故属于非误认错误。

应指出的是，意思表示行为错误，因表意人对其所表示者，系完全欠缺认识而不知自己所为者为何，其客观上虽曾为表示行为，使一般人可依其行为而了解其所表示的意思，但主观上却欠缺效果意思，由此导致其表示效果意思与内心上的效果意思并不一致。比如，欲取 A 物而误拿 B 物；欲赠与孩童 50 元，误给 100 元大钞（误取、抓错）；将收音机误说成电视机（说错）；误将千元写成万元；某书售价 25 元，误写为 52 元（误写）；欲赠与 A 书，误说成 B 书（误言）；误以 A 笔财产为 B 笔财产而抛弃（放弃）之（误抛）。[2]在此等情形，表意人系处于全无认识的不知，其若知悉自己的表示行为错误，即不会作出意思表示。[3]

3. 意思表示的当事人资格或标的物的交易上重要性质的错误

（1）概要

意思表示的当事人资格或标的物的交易上重要性质的错误（Irrtum ueber Eigenschaften einer Person oder Sache, die in Verkehr als wesentlich angesehen werden），简称意思表示的当事人资格错误或标的物的性质错误。[4]其中，意思表示的当事人资格错误，系指对于当事人（相对人）所应具有的资格（如才能、性格、职业、健康状况、刑罚前科、声望、支付能力、身份、经历及资产状况等）有所误解。譬如，误认某甲为日语专业大学毕业而聘为日文教员，结果甲连简单的 50 音图都不会写；误认富商乙为穷人而赠与金钱，误认泥水匠为理发师而雇用其于理发店服务等，皆属之。[5]至于意思表示的标的物的性质错误，则系指对标的物所应具有

1　参见台湾大学法律学研究所编译：《德国民法》，1965 年印行，第 124 页。

2　参见王泽鉴：《民法总则》，北京大学出版社 2009 年版，第 297 页。

3　参见郑冠宇：《民法总则》，瑞兴图书股份有限公司 2014 年版，第 306—307 页。

4　参见梅仲协：《民法要义》，中国政法大学出版社 1998 年版，第 110 页。

5　参见王泽鉴：《民法总则》，北京大学出版社 2009 年版，第 298 页；刘得宽：《民法总则》（修订新版），五南图书出版公司 1996 年版，第 251 页。

的特性的误解，其包括对标的物的年份、品质、成分、来历、效用及真假等的误解。此等因素因系形成标的物的价格的总因素，故而对于标的物的价格认定错误并不属于性质错误。[1]

应指出的是，如前述，须在交易上具重要性者，方可构成意思表示的当事人资格或标的物的性质错误。而是否具交易上的重要性，现今比较法上的通说认为，应自客观上加以判断或以当地社会的一般情形作为判断标准。比如，误以某甲编著的《物权法原理》为某乙编著而购买，即不得认为系交易上重要的情形，从而不得构成意思表示的当事人资格或标的物的性质错误而主张撤销。[2]但是，标的物的年代因客观上足以影响交易物的价格，故此，误认仿古家具为古董家具的，即应属于意思表示的标的物的性质错误。又如，某甲误认某木材可供建造船舶之用，因而购买之，惟实际上此木材的品质仅可充建筑房屋之用，此也系对标的物（木材）的交易上的重要性质所生的认识错误[3]。

另外，也可自法律行为本身而判定是否具交易上的重要性。易言之，标的物或当事人应符合依法律行为所应具有的性质，若有任一欠缺，即足以影响交易的完成，从而不构成意思表示的当事人资格或标的物的性质错误。譬如，当事人尽管未特别约定，但于买卖交易的场合，标的物也应具有通常的效用，且无减损其价值及无影响其通常或预定的效用的瑕疵。至于客观上不具重要性，而当事人主观上认为具重要性的，仍不构成意思表示的当事人资格或标的物的性质错误，从而不得主张撤销。比如，于网络上预定电影票，将座位第 31 排误写成 13 排时，若并不影响观赏，即不得主张 13 为不吉利的号码而发生意思表示的标的物的性质错误，进而主张撤销。[4]

最后，还有必要提及有关法律状态的错误问题。比如，未知自己已获确定胜诉判决，误以为未确定，而与对方订立较胜诉判决为差的和解契约。对于此和解

1　参见郑冠宇：《民法总则》，瑞兴图书股份有限公司 2014 年版，第 307 页。

2　参见刘得宽：《民法总则》（修订新版），五南图书出版公司 1996 年版，第 252 页。

3　参见梅仲协：《民法要义》，中国政法大学出版社 1998 年版，第 110 页。

4　参见郑冠宇：《民法总则》，瑞兴图书股份有限公司 2014 年版，第 307—308 页。

契约的订立，比较法上的判例认为，其系错误的意思表示。[1]

（2）意思表示的标的物的性质错误与买卖标的物的瑕疵担保的厘清

按民法法理，于买卖的情形，出卖人所承担的买卖标的物的瑕疵担保责任，系指买卖标的物的所有权发生移转后，并不存在使买卖标的物灭失或价值减少的瑕疵。而如前述，因标的物的性质系标的物的价值得以确定的因素，故意思表示的标的物的性质错误，即会影响标的物的价值。也就是说，意思表示的标的物的性质错误与买卖标的物的瑕疵担保于适用上存在发生竞合的情形。此时，尽管有学说认为，二者可并存适用，即主张采竞合说，[2]惟更妥当的办法则应是采德国法与日本法上的通说，[3]即以后者（买卖标的物的瑕疵担保责任）排除意思表示的标的物的性质错误规则而优先适用，也就是采买卖标的物的瑕疵担保责任优先说。按照此说，于买卖标的物的性质构成瑕疵时，出卖人应承担瑕疵担保责任，而买卖标的物的瑕疵担保系买受人而非出卖人的权利，故此，出卖人自不可另以性质错误为由而主张撤销，否则瑕疵担保规则将成为摆设；若买卖标的物的性质不构成买卖标的物的瑕疵，譬如出卖的标的物具有的品质较应有品质为高时，出卖人即可主张错误而要求撤销。[4]

另外，应指出的是，采买卖标的物的瑕疵担保责任优先说的实益还有如下 3 点[5]：其一，买卖标的物的瑕疵担保责任适用范围较小，仅适用于买卖或其他有偿合同，而意思表示错误既适用于有偿合同、无偿合同，也适用于单独行为，故

---

1 参见日本大判 1918 年 10 月 3 日民录 24 辑 1852 页。

2 参见陈彦希："错误与物之瑕疵"，载杨与龄主编：《民法总则争议问题研究》，五南图书出版公司 1998 年版，第 279 页；参见廖毅：《民法（总则编）整合式案例研习》，保成文化出版公司 2007 年版，第 400 页。

3 Flume, Allgemeiner Teil des Bürgerlichen Rechts II, 4. Aufl. 1992, § 24, 3. 在日本，出于保护交易的安全及早期（初期）确定的必要性的考量，其判例与学者通说（有力说）系主张采取标的物的瑕疵担保责任优先说。对此予以批评的人认为，此系因为日本意思表示错误的法律效果是无效，若采竞合说，不知法律的买受人将有可能直接主张意思表示错误，从而仅能请求信赖利益的损害赔偿而遭受不利益。对此，请参见［日］四宫和夫、能见善久：《民法总则》，弘文堂 2010 年版，第 229 页；廖毅：《民法（总则编）整合式案例研习》，保成文化出版公司 2007 年版，第 400 页。

4 参见郑冠宇：《民法总则》，瑞兴图书股份有限公司 2014 年版，第 308 页。

5 参见廖毅：《民法（总则编）整合式案例研习》，保成文化出版 2007 年版，第 401—402 页。

此，买卖标的物的瑕疵担保责任应为特别规则，宜优先适用。其二，意思表示错误的构成要件于判断上较为困难（尤其是表意人无过失的部分），而采买卖标的物的瑕疵担保责任优先说，即无此困扰。其三，若采竞合说，则将加重出卖人的负担而影响交易的便捷与灵活。盖出卖人不但要承担买受人主张买卖标的物的瑕疵担保责任的风险，也须承担买受人主张意思表示的标的物的性质错误的风险。此对出卖人而言，系属过苛。

（3）意思表示的当事人资格或标的物的性质错误与意思表示的同一性错误的释明

如前述，意思表示的当事人资格或标的物的性质错误，系对人或物本身是否具有某种特性而发生错误。而意思表示的同一性错误，则系指对意思表示的对象或标的物本身的错误，并不是表意人所欲的对象或标的物。比如，因看错地址而向另一瓷砖企业订购若干瓷砖。应指出的是，意思表示的内容错误可为同一性的错误。于同一性的错误，若对象物或标的物本身具有特殊性质，且为交易上的重要因素，即可构成性质错误，且也同时属于意思表示的内容错误。比如，甲本欲委请乙水电工却误认而请成丙水电工时，除非乙有特殊的技能，否则虽然对当事人资格发生错误，但因其于交易上不具重要性，故不得加以撤销。[1]

4. 意思表示的动机错误

动机错误（Irrtum im Beweggrund, Motivirrtum），又称意思表示缘由的错误或意思形成错误，系误认错误的一种形态，指表意人对于其所以为此内容的意思表示的前提事实发生错误。比如，误信遗失手表而购新手表，误信铺设地铁而在预定车站附近高价购买房屋，及误信某小区四周安静适于读书而租房等，均属之。[2]根据民法法理，于动机错误的情形，表意人内心上的效果意思与透过表示行为可推断的（表示上）效果意思之间并非不一致，而仅系内心上的效果意思与动机之间存在龃龉，故于比较法（如日本法）上，并不将之归入意思的不存在的情形。[3]

1　参见郑冠宇：《民法总则》，瑞兴图书股份有限公司2014年版，第308页。
2　参见刘得宽：《民法总则》（修订新版），五南图书出版公司1996年版，第252页。
3　参见［日］藤井俊二：《民法总则》，成文堂2011年版，第112页。

易言之，动机错误因系表意人于意思表示（尤其于效果意思）的形成过程中，对某些事实的认识并不恰当或不正确，故而称为意思表示缘由的错误。依当代比较法法理及通说，动机错误原则上不得以意思表示错误为由而予以撤销。[1] 也就是说，系采表意人自己承担风险的原则[2]。

动机错误之所以不能撤销，其最主要的因由是，动机深藏于行为人的内心而难以被确实知悉，且虽属同一种类的法律行为，但其动机也系千差万别、各种各样，尤其是表意人个人单方面的主观的意思，对相对人未必具有重要性，故此，若可适用错误规则而予撤销，将使行为人可任意以动机错误为由主张撤销，进而严重影响交易安全。[3] 比如，误认为某住宅小区将设立地铁站而购买该住宅小区的房屋，之后即不得主张其购买系出于错误的认识而撤销其错误的意思表示。尤其值得指出的是，根据有力的学说（接近通说），动机即使为相对人所知悉，除有悖于诚信原则的情形外，事后也不得以错误为由而主张撤销。换言之，动机错误为较轻微的错误，故而即使动机为相对人所明知，也不可撤销。[4] 当然，若动机经由约定已成为法律行为的一部分，则自可以其错误为由而主张撤销。[5] 另外，依《德国民法典》第 123 条的规定，动机错误如为相对人所明知，且致表意人加强其错误的程度的，应构成欺诈行为。[6]

1　参见台湾大学法律学研究所编译：《德国民法》，1965 年印行，第 124—125 页。

2　参见王泽鉴：《民法总则》北京大学出版社 2009 年版，第 294 页。

3　参见刘得宽：《民法总则》（修订新版），五南图书出版公司 1996 年版，第 252—253 页；郑冠宇：《民法总则》，瑞兴图书股份有限公司 2014 年版，第 309 页。

4　参见王泽鉴：《民法总则》，2000 年自版，第 400 页。

5　参见郑冠宇：《民法总则》，瑞兴图书股份有限公司 2014 年版，第 309 页；王泽鉴：《民法总则》，2000 年自版，第 401 页。应指出的是，如综合实施意思表示时的具体情形，可认为表意人明示或默示的以动机为其意思表示的内容的，则其动机的错误应视为内容的错误。另外，德国判例还认为，若有具体情形可认为相对人知悉表意人的动机的，将对意思表示的成立有影响，并可视动机为意思表示的内容，而认为动机的错误即是意思表示的错误。对此，请参见 Oertmann, Kommentar zum Allgemeinen Teil (1927), S. 406；刘得宽：《民法总则》（修订新版），五南图书出版公司 1996 年版，第 253 页注释 2。

6　《德国民法典》第 123 条规定："（1）因受恶意的欺诈或不法的胁迫而为意思表示者，得撤销其表示。（2）向相对人所为的意思表示，系因第三人的欺诈而为之者，以相对人明知其欺诈，或应知之者为限，得撤销其表示。相对人以外的人，因意思表示直接取得权利者，若其人明知或应知欺诈情事，表意人得对之撤销其表示。"

另外，还有必要提及共通错误或双方动机错误（beiderseitiger Motivirrtum），即错误同时发生于法律行为双方当事人的情形。比如，甲以高价向乙购买某地皮，双方均误认为政府将于近期解除禁建令。此种情形，双方当事人系以一定事实的发生或存在作为确定法律行为或订立合同的前提，故不能简单认为此即系动机错误。换言之，双方应共同承担此法律行为确定或合同订立的前提不存在的风险。依现今比较法与有力说，此种情形应依诚信原则调整当事人间的法律关系，就购买地皮之例而言，若双方当事人欲维持其买卖合同，可对合同予以补充解释，以调整其价格。[1]

5. 意思表示的法律效果错误

按民法法理，表意人对自己的意思表示所产生的法律效果发生错误认识的，即为意思表示的法律效果错误。其有时构成意思表示的内容错误，有时则构成意思表示的动机错误。现今比较法上的通说认为，意思表示的法律效果直接由当事人的法律行为产生的，错误的内容涉及主要义务，即为意思表示的内容错误。比如，甲决定要将自己的房屋以收取对价的方式交由乙使用、收益，但因误认租赁系无偿、借用（使用借贷）系有偿，故对乙说要将自己的房屋借（用）给他，即属意思表示的内容错误。又如，误认连带债务与保证债务一样，而以连带债务人身份为友人担保贷款，误以附条件的赠与为买卖而与人签订买卖合同。[2] 与此不同，若意思表示的法律效果并不是直接由当事人的法律行为产生，而系基于法律规定以补充当事人的意思而发生的，错误的内容涉及非主要义务，即属于意思表示的动机错误。比如，出卖人误认若无特别约定，即无须负买卖标的物的瑕疵担

1　参见王泽鉴：《民法总则》，北京大学出版社 2009 年版，第 296 页；[日] 藤井俊二：《民法总则》，成文堂 2011 年版，第 115—116 页。于德国，其民法典对于双方动机错误，除于和解契约有特别规定外，并未设立一般条款，以致当双方动机错误发生，尤其是于"计算基础错误"时，其法院既不能适用民法典第 119 条第 2 项，也不能适用关于买卖契约标的物的瑕疵担保责任的规定，且和解契约中的有关规定又无法扩张解释，故此，只好以单方动机错误予以处理，而此与法律上不予考虑的错误结果相同。对此，请参见彭凤至：《情事变更原则之研究：中、德立法、裁判、学说之比较》，五南图书出版公司 1986 年版，第 111—112 页。

2　参见刘得宽：《民法总则》（修订新版），五南图书出版公司 1996 年版，第 251 页。

保责任，或买卖不破租赁须经由约定方可适用，抑或误认连带保证人有先诉抗辩权等，因皆属意思表示的动机错误，故而原则上均不准许予以撤销。[1]

6. 意思表示的不合意（不合致）

如前述，表意人内心上的效果意思与表示效果意思不一致，且此不一致通常存在于表意人一方的，即为意思表示错误。实务中，法律行为双方当事人尽管并无意思表示错误，但存在意思表示不合意或不合致——双方当事人间的意思表示不相符合——的情形。其主要系因受领意思表示的当事人了解的不正确所导致。比如，某甲以食用 A 餐的意思而点叫 A 餐，餐厅则误以供应 B 餐的意思而承诺准备 B 餐。此时法律行为（合同）不成立，其并非错误，不发生撤销的问题。根据民法法理，当事人发现意思表示不合意（不合致）而仍欲完成该法律行为时，须再为正确的意思表示，由此使该法律行为（合同）有效成立。[2]

7. 意思表示错误的类型区分对于我国的借镜价值

我国立法上迄无关于意思表示错误的分类，且学理上也鲜有对意思表示错误的分类予以涉及或论及的。故此，基于比较法共通经验的可借鉴性，前述有关意思表示错误的类型的分析及厘清，对我国立法与学理廓清我国法上的意思表示重大误解的形态、法律构造与效力，具有积极的借镜价值与功用。尤其是它有助于我国于学理及实务上建构意思表示重大误解的类型系统，厘清、释明及厘定各种复杂意思表示重大误解的法律关系、法律形态，进而为我国意思表示重大误解制度的立法论和解释论的完善、充实提供学理及法理上的支撑与证立。

（三）意思表示错误的法律效果与我国的应有立场评析

1. 意思表示错误的法律效果考量

如前述，意思表示误认错误系发生于意思形成阶段，非误认错误系发生于意思表达阶段。由于误认错误仅为有瑕疵的自我决定，属于不严重错误，故动机错

---

[1] 参见廖毅：《民法（总则编）整合式案例研习》，保成文化出版公司 2007 年版，第 397 页；郑冠宇：《民法总则》，瑞兴图书股份有限公司 2014 年版，第 310 页；王泽鉴：《民法总则》（修订新版），2000 年自版，第 407—408 页。

[2] 参见施启扬：《民法总则》，中国法制出版社 2010 年版，第 248 页。

误不能撤销，例外的内容错误与性质错误可以撤销。至于非误认错误，则系因违背自我决定，属于严重的错误，故意思表示行为错误与后述传达错误皆可撤销。[1]

值得指出的是，在日本法上，因其原则上采取只要内心上的效果意思与表示效果意思不一致，法律行为即归于无效的原则，故此，依《日本民法》原第95条的规定，意思表示错误的法律效果系无效。[2]惟因考虑到若所有的意思表示错误的法律效果均为无效，则相对人无论何时皆可进行无效的主张，其结果就会导致表意人与相对人之间的法律关系处于不安定的状态，故此，《日本民法》及其解释尽可能限制可以主张无效的情形。具体而言，表意人仅于意思表示错误系作为"法律行为的要素"而存在或发生时，可以主张无效。换言之，轻微的错误对于意思表示的效力并无影响，仅重要的部分（如"法律行为的要素"）存在错误时，方系无效。另外，表意人存在重大过失的，不能主张意思表示错误而无效。反面言之，表意人仅于无重大过失时，方可主张意思表示错误而无效。[3]

另外，值得提及的是，依我国台湾地区"民法"的规定，错误的意思表示的效力是，仍为有效的意思表示，惟表意人可于自己无过失的情形撤销意思表示。具体而言，错误意思表示的撤销，系由表意人以意思表示向相对人为之，意思表示一经撤销，即视为自始无效。也就是说，意思表示的撤销，所针对的是发生错误的意思表示，使其自始不发生效力。而错误的意思表示既可以是单独行为，也可以是双方行为，尤其是合同订立时意思表示发生错误的，意思表示的撤销，仍然系针对该错误的意思表示，而非合同，惟该合同由于错误的意思表示经撤销，而无法发生效力。当然，如前述，表意人撤销意思表示，须以其错误非由自己的过失所造成为前提。换言之，意思表示的错误系因表意人的过失所造成的，不得

---

[1]　参见廖毅：《民法（总则编）整合式案例研习》，保成文化出版公司2007年版，第396页。

[2]　应值注意的是，2017年完成修改的《日本民法》第95条第1项已将意思表示错误的法律效果改易为得撤销。其规定："意思表示基于下列错误而作出的，且其错误参照法律行为之目的及交易上之通常社会观念乃重要者时，得撤销：（一）欠缺与意思表示对应意思之错误；（二）就作为法律行为基础之情事，表意人之认识违反真实之错误。"参见王融擎编译：《日本民法：条文与判例》，中国法制出版社2018年版，第72页。

[3]　参见〔日〕藤井俊二：《民法总则》，成文堂2011年版，第111、113页。

撤销。[1] 至于所谓过失，依其注意程度的高低、性质的轻重，而存在抽象轻过失、具体轻过失及重大过失三种形态。其究竟应系何种过失，学说与实务存在不同的见解，既有主张应采抽象轻过失（所负责任较重）的，也有主张应采重大过失（所负责任最轻）抑或具体轻过失（所负责任较轻）的。[2] 此外，根据我国台湾地区"民法"第 91 条的规定，除非撤销的原因受害人明知或可得而知，否则对于相信其意思表示为有效而受损害的相对人或第三人，表意人应负信赖利益的损害赔偿责任。[3]

最后，还有必要提及的是，其他国家和地区民法学说与立法所主张或规定的意思表示错误的撤销的例外情形，主要涵括以下 4 种：其一，解释先行于撤销。此又称为意思表示的解释优先，即先确定意思表示的客观表示内容，再与表意人主观的法效意思作比较，以判断意思表示有无错误。[4] 具体而言，错误的意思表示，表意人固然可以将之撤销，但若可透过意思表示的解释而探求表意人的真意，即使表意人内心上的效果意思与表示效果意思不一致，也无错误可言。故此，意思表示的解释应优先于错误而适用。仅在无法透过意思表示的解释而探求真意，以致内心上的效果意思与表示效果意思不相一致时，方可主张撤销。[5] 其二，误载（或误言）无害真意，即意思表示的内容因其符号多义或错误，仍应以真意为准。比如，甲与乙磋商 A 车的买卖，某日甲传真于乙，表示欲购 B 车，乙知甲的真意实为购买 A 车，而为承诺时，应依"误载（或误言）无害真意"的解释方法，认为双方当事人关于 A 车的买卖意思表示一致，并不发生错误的问题。[6] 其三，明知错误而仍为给付，即错误意思表示的当事人明知已发生错误，而仍愿意依照错误的意思表示为给付的，应认为其事后已认可该错误的法律行为，从而丧失撤销

1　参见王泽鉴：《民法总则》，2000 年自版，第 410 页。

2　参见郑冠宇：《民法总则》，瑞兴图书股份有限公司 2014 年版，第 311—312 页。

3　参见郑冠宇：《民法总则》，瑞兴图书股份有限公司 2014 年版，第 310—314 页；刘得宽：《民法总则》（修订新版），五南图书出版公司 1996 年版，第 255 页。

4　参见廖毅：《民法（总则编）整合式案例研习》，保成文化出版公司 2007 年版，第 394 页。

5　参见郑冠宇：《民法总则》，瑞兴图书股份有限公司 2014 年版，第 313 页。

6　参见王泽鉴：《民法总则》，2000 年自版，第 398 页。

权。[1]其四，诚信原则排除意思表示错误的撤销。[2]对此，现今比较法上定有明文，比如，《瑞士债务法》第25条即规定："错误的主张，不得违反诚实信用。特别是相对人对于因错误而订立的契约，同意按错误订约人理解的内容履行时，错误订约人应受该契约的约束。"

2. 我国对于意思表示错误的法律效果的应有立场及其完善、充实

如前述，我国民法（典）规定的重大误解制度，系与其他国家和地区的意思表示错误相当的制度。[3]而前述关于意思表示错误的法律效果的分析表明，日本最新立法将意思表示错误的法律效果规定为得撤销，我国台湾地区"民法"等多数立法也规定为可撤销。应当肯定，规定为可撤销是可取、可赞同的。我国《民法通则》《合同法》《民法总则》对于重大误解的法律效果即系基本与之相同，即为可撤销。所不同的是，我国《合同法》与《民法通则》于规定可撤销的同时，还规定"可变更"（对于此点，民法典总则编已将之剔除）。此外，在其他国家和地区，意思表示错误的撤销的前提条件是表意人并无过失。而对此点，我国立法则缺少规定。笔者认为，我国也应作与之相同的解释，方称恰当。

另外，对于其他国家和地区学说和立法所主张或规定的，意思表示错误的撤销的例外情形，我国学说鲜有涉及，立法上也无明文。笔者认为，立基于完善、充实我国重大误解制度的考量，我国应吸纳、借镜前述有关这方面的4点论述。尤其是我国宜取《瑞士债务法》的立法成例，将该法第25条的规定植入民法典总则编或合同编中而予明确。

三、与意思表示错误相关联的错误形态的厘定

在现今比较法上，除前述基本、主要的错误类型外，还存在与意思表示错误相关联的错误形态，主要包括误传、故意传达错误、未认真仔细阅读书面文件而

1　参见郑冠宇：《民法总则》，瑞兴图书股份有限公司2014年版，第313页。

2　参见郑冠宇：《民法总则》，瑞兴图书股份有限公司2014年版，第313页。

3　参见梁慧星：《民法总论》（第4版），法律出版社2011年版，第179页以下。

签名、预先在空白书面文件上签名及计算错误等。这些错误形态于我国法上鲜有规定，学说也较少涉及，故对于它们的分析、释明及厘定，实可有助于我国类似制度的建构、完善与充实。

（一）误传

现今实务中，对于对话或非对话的意思表示，常常透过传达人或传达机关（如电信局）作为传达媒介而传达自己的意思。传达人或传达机关即称为传达使者（表示使者），[1]系帮助民事主体实施法律行为的辅助人，其任务在于传达当事人已做成的意思表示，比如送达书信电报或直接差人传递口信等。[2]而于传达过程中即可能发生错误，进而涉及就该误传意思表示是否可以撤销的问题。故此，因传达人或传达机关传送错误，以致意思表示发生错误的，即是误传。[3]

如前述，传达人或传达机关，是对话或非对话的意思表示的传送媒介，此类人与代理人不同，盖他们对于所传达的意思内容并无任何决定的权利，而仅为一传达工具，且不能有自己的意思介入其中，由此，无民事行为能力人、限制民事行为能力人也可为传达人或传达机关。另外，因传达人或传达机关通常均由表意人确定，其传达意思表示即系表意人自己为意思表示，故此，传达人或传达机关无意识的错误传达的风险，表意人应承担之。[4]

实务中，传达人或传达机关（如电报员、电信局等）的传达错误，通常系其所传达的意思表示与表意人所为的意思表示不符，若传达人或传达机关故意传达不实，[5]则属于后述的故意传达错误。实际生活中，传达人或传达机关的传达错误，可能是传达对象错误（又称为形式上错误），比如应送甲的信件而投送乙，

1　参见王泽鉴：《民法总则》，北京大学出版社 2009 年版，第 300 页。

2　参见陈华彬：《民法总论》，中国法制出版社 2011 年版，第 437 页。

3　参见郑冠宇：《民法总则》，瑞兴图书股份有限公司 2014 年版，第 314—315 页。

4　参见郑冠宇：《民法总则》，瑞兴图书股份有限公司 2014 年版，第 315 页。

5　应注意的是，传达人或传达机关（如电信局、电报员等）故意不将所交来的意思加以传达的，系"无传达"（keine Übermittlung），而非传达不实，此为现今的通说。电话不发生传达问题。传达不实与否，应依一般观念定之。参见台湾大学法律学研究所编译：《德国民法》，1965 年印行，第125 页。

此时意思表示未到达真正相对人，而受意人非真正相对人，故而该意思表示并不发生效力。[1]有时传达人或传达机关的传达错误（传达不实）为传达的内容错误，比如使者口传，误买 A 画为买 B 画，电信局发送文件，误以 320 万元为 230 万元，[2]以及电信局将喜事误译为丧事，将 3 万元误译为 5 万元等 [3]。

在现今比较法上，传达人或传达机关的传达不实，即传达错误的法律效果为，表意人可将之撤销。因传达人或传达机关为表意人的使者，[4]系为表意人所使用的"工具"，故此，尽管传达人或传达机关所传达的并非表意人的真实意思表示，但错误的效果也应由表意人承担。由此，撤销权的行使应由表意人为之，并且，对于因撤销而造成的相对人信赖利益的损害，表意人也应负损害赔偿责任。[5]惟应提及的是，虽然传达错误，但表意人的意思表示已为相对人确切了解的，则此时意思与表示一致，仍发生完全的效力 [6]。

(二) 故意传达错误

实务中，传达人或传达机关故意传达不实、故意变更表意人的意思的，系已超出表意人的授权范围，其所传达的意思表示已非表意人的意思表示，故此时并不适用传达错误规则，表意人也无须依错误意思表示的规则而将之撤销。比如，电器商甲派遣乙告知丙厂商欲批发其某型号冰箱 5 部，乙认为冰箱销路不错，于是表示甲欲批发 10 部冰箱。此种情形，表意人（甲）即不承担不实传达的法律效果。[7]传达人（乙）应类推适用无权代理的规定，于本人（甲）拒绝承认时，由其对善意的相对人负损害赔偿责任。另外，若系传达人或传达机关

1　参见郑冠宇：《民法总则》，瑞兴图书股份有限公司 2014 年版，第 315 页；刘得宽：《民法总则》（修订新版），五南图书出版公司 1996 年版，第 254 页；廖毅：《民法（总则编）整合式案例研习》，保成文化出版公司 2007 年版，第 402 页。

2　参见王泽鉴：《民法总则》，北京大学出版社 2009 年版，第 300 页。

3　参见施启扬：《民法总则》，三民书局 2007 年版，第 302 页。

4　使者即是将本人业已决定的意思表示（效果意思）原原本本地传达给相对人，故而使者又被称为传达人或传达机关。对此，请参见 ［日］四宫和夫、能见善久：《民法总则》，弘文堂 2010 年版，第 295 页。

5　参见郑冠宇：《民法总则》，瑞兴图书股份有限公司 2014 年版，第 316 页。

6　参见梅仲协：《民法要义》，中国政法大学出版社 1998 年版，第 111 页。

7　参见王泽鉴：《民法总则》，北京大学出版社 2009 年版，第 300 页。

故意对不同的相对人为传达，则表意人因其意思表示并未到达真正相对人而无须负责，但传达人或传达机关由此造成他人损害的，应负侵权行为损害赔偿责任。[1]

(三) 未认真仔细阅读书面文件而签名

在某书面文件上签名，惟书面文件所表达的意思与当事人所签名的内心意思不符时，可否依意思表示错误而予撤销，系现今比较实务上的难点问题，兹借镜比较法上的界说而区分不同情形释明如下。

现今比较实务中，未认真仔细阅读书面文件而签名的情形主要涵括如下 4 种形态：其一，当事人间已先有口头合意。当事人就其合同内容，事先已有口头合意（口头上意思表示一致），之后依原先的口头合意完成书面文件，惟于书面拟就时发生错误，此非意思表示的错误，而系意思表示的解释问题，依前述"误载（或误言）无害真意"的解释原则，仍应以口头合意（实际合意）的内容为准，并不发生撤销的问题。[2]其二，不注意书面文件的内容而签名。表意人认识其所为意思表示具有法律上的意义，但不注意书面文件的内容而签名的，因表意人对书面文件的内容根本无任何概念，故并不存在意思表示不合致或错误的情形。惟签名人本应了解签名后于法律上所负责任的内容与范围，其不注意书面文件内容而签名，实已存在应负责任的概括意思，故而，法律对此种人应无保护的必要，签名人应对所签书面文件的内容负责。[3]其三，表意人不知自己在书面文件上的签名具有法律上的意义。此种情形，属于欠缺表示意识，并非意思表示的错误。[4]其四，将书面文件签错。表意人本应于 A 书面文件上签名，而误在 B 书面文件上签名的，现今比较法上的通说与实务认为，其系属于表示（行为）错误，可依意思表

---

1 参见郑冠宇：《民法总则》，瑞兴图书股份有限公司 2014 年版，第 316 页。

2 参见王泽鉴：《民法总则》，北京大学出版社 2009 年版，第 302 页；郑冠宇：《民法总则》，瑞兴图书股份有限公司 2014 年版，第 317 页。

3 参见郑冠宇：《民法总则》，瑞兴图书股份有限公司 2014 年版，第 317 页。

4 参见王泽鉴：《民法总则》，北京大学出版社 2009 年版，第 301 页。

示错误的规则而撤销自己的意思表示。[1] 比如，表意人误认 A 函为 B 函，女秘书于送阅文件中夹有其私人贷款保证书，签名者（表意人）误认系一般书面文件而签名时，即可以表示行为错误而将之撤销 [2]。

（四）预先在空白书面文件上签名

表意人预先在空白书面文件上签名，而之后该书面文件填就的内容与签名人签名时所希望的内容不相符合的，系属于表示错误。若不相符合的内容系由相对人故意填就的，其自不可依此内容而对签名人主张权利。至于信赖该书面文件的善意第三人，则应受到保护，其可主张该书面文件对签名人具有效力。[3]

（五）计算错误

按民法法理，对确定债的关系中的给付数额的依据的计算基础（或过程）发生错误（Irrtum über die Berechnungsgrundlage）的，即为计算错误，[4] 包括隐藏的计算错误与公开的计算错误。现今比较法上的通说认为，隐藏的计算错误，因表意人内心的计算基础并未成为意思表示的内容，故属于动机错误，从而不得将之撤销。至于公开的计算错误，由于其计算基础已经公开，故而应透过解释而予认定，并不适用意思表示内容错误的规则。[5]

四、意思表示错误于法史上的肇源、演进与我国意思表示重大误解制度对它的借镜

（一）意思表示错误制度于法史上的肇源与演进

意思表示错误系一项古老的制度，其肇源甚早，于罗马法上即已存在。按照

1　参见郑冠宇：《民法总则》，瑞兴图书股份有限公司 2014 年版，第 317 页；施启扬：《民法总则》，中国法制出版社 2010 年版，第 248 页以下。另外，德国通说也采此见解。

2　参见王泽鉴：《民法总则》，北京大学出版社 2009 年版，第 301 页。

3　参见郑冠宇：《民法总则》，瑞兴图书股份有限公司 2014 年版，第 318 页。

4　参见彭凤至：《情事变更原则之研究：中、德立法、裁判、学说之比较》，五南图书出版公司 1986 年版，第 112 页。

5　参见王泽鉴：《民法总则》，北京大学出版社 2009 年版，第 301 页。

罗马法，意思表示错误系指当事人对某一情形的误解或者不真实认识，当错误使得意思表示完全背离了实际意愿时，即构成妨碍性错误（errore ostativo），可导致有关行为无效。[1]这其中，乌尔比安与尤里安围绕金钱的赠与和借贷是否移转所有权的讨论是罗马法时期有关意思表示错误的经典法言。[2]

值得指出的是，古罗马关于意思表示错误（不合意、不合致）是否引起标的物（金钱）所有权移转的讨论延续至19世纪时，近代民法学（尤其是德国普通法学）对于它的理解仍未获得一致。[3]这其中，德国学者萨维尼立基于乌尔比安和尤里安的既有讨论而提出了有关意思表示错误的"基于错误的买卖是不能撤销的买卖，源于错误的交付也是完全有效的"[4]著名论断。在这里，尤其值得提及的是，萨氏业已萌生物权行为（物权契约）的无因性思想。[5]迄至现代及当代，意思表示错误制度进一步发展成为民法总则上的一项基本制度，大陆法系以德国为代表的德国民法、瑞士民法、日本民法、韩国民法等，与大陆法系以法国为代表的法国民法、意大利民法、荷兰民法和葡萄牙民法等，以及英美法系国家的判例民法，[6]无不设有或肯认此项制度。

（二）我国意思表示重大误解制度应以意思表示错误为依归或指向而予解释、补充和完善

如前述，我国立法上使用意思表示重大误解概念，而非意思表示错误概念。尽管依我国立法者和有力学说对该制度的立法本意（原意）与旨趣的解释，重大

1　参见黄风：《罗马私法导论》，中国政法大学出版社2003年版，第107页。

2　关于此，请参见［意］桑德罗·斯奇巴尼选编，范怀俊译：《物与物权》，中国政法大学出版社1993年版，第58页；陈华彬：《外国物权法》，法律出版社2004年版，第76页。

3　参见陈华彬：《物权法研究》（修订版），法律出版社2009年版，第68页以下。

4　参见［日］海老原明夫："19世纪德国普通法学上的物权移转理论"，载《法学协会杂志》第106卷第1期，第10—11页。

5　对此，请参见陈华彬："论基于法律行为的物权变动——物权行为及无因性理论研究"，载梁慧星主编：《民商法论丛》（第6卷），法律出版社1999年版，第117页；［日］广濑稔："无因性理论的考察"，载《法学论丛》第72卷，第52页。

6　关于英美民法上的意思表示错误制度，请参见［日］望月礼二郎：《英美法》，青林书院新社1981年版，第337—346页；［日］田中和夫：《英美契约法》（新版），有斐阁1965年版，第79—100页。

误解所指向和囊括的内容实际上也就是意思表示错误的内容和范围，[1]惟我们应冷静、清晰地看到，我国的意思表示重大误解概念于内涵和外延上无疑是狭窄了，且该概念及其制度系统也甚为简陋，由此其不能对现今复杂及日益变迁的社会生活作出切实、妥善的规范与调整。依解释，重大误解包括"误解"与"重大误解"两项制度，其本义皆仅系指相对人对意思表示内容的了解错误，而并不涵括表意人的表示效果意思与内心上的效果意思的不一致。而对于此点的涵摄，也惟有意思表示错误概念及其制度系统可以充任之。另外，尽管最高人民法院就重大误解的认定所作的司法解释业已涉及对前述意思表示错误的某些类型的列举和法律效果等，但实则仍系十分简单，由此，也使其难以自如地应对、规范和调整现今社会生活急剧变迁中的意思表示错误的各种繁复情形。

由此之故，笔者认为，我国立法上的意思表示重大误解制度应以前述意思表示错误为依归或指向而予解释、补充和完善。具体而言，我国应在重大误解的类型、法律效果的厘定及与重大误解相关的法律关系等方面，对意思表示错误制度系统予以借镜、吸纳，由此建构并确立起可以有效地作用于我国实际生活的意思表示重大误解规范体系。

五、结语

意思表示错误系表意人为表示时，因认识不正确或欠缺认识，以致内心上的效果意思与表示效果意思不一致。其于罗马法时代即是一项备受重视、讨论的制度，之后于近代民法上得到进一步阐发，迄至现代和当代，终成为民法总则上的一项重要制度。我国于 1986 年制定《民法通则》时启用意思表示重大误解而非意思表示错误的概念及其制度系统，1999 年通过的《合同法》、2017 年通过的《民法总则》以及 2020 年通过的《民法典》，也莫不如此。惟如前所述，我国立法上的意思表示重大误解制度较为简陋，已难以规范和因应现今日益变迁的实际

1　参见最高人民法院《民法通则》培训班：《民法通则讲座》（柴发邦执笔），北京市文化局 1986 年出版，第 152 页以下；梁慧星：《民法总论》（第 4 版），法律出版社 2011 年版，第 180 页。

生活对于它的要求。由此，为充分发挥这一制度的功用与价值，我国宜以意思表示错误制度为依归或指向而对之予以解释、补充和完善。笔者期冀，透过这样的（作业）活动及努力，使我国民法上的意思表示重大误解制度与时俱进、焕发活力并实现重大蜕变，进而充分发挥其很强的规范、调整、修正及导引社会生活的功用与价值。

法律行为抑或民事法律行为[*]

一、楔子

我国《民法总则草案（三审稿）》第6章设有民事法律行为的规定，此处所称民事法律行为，即德国、日本、韩国及我国台湾地区等比较民法上的法律行为。

事实上，民法（典）是采用《民法通则》的民事法律行为概念，还是按照大陆法系与英美法系民法称为法律行为，这个问题从2015年9月14日—16日全国人大常委会法制工作委员会召开《民法总则草案（2015年8月28日民法室室内稿）》专家讨论会上就开始了争论，时至今日，争论尚未止息，且仍有继续下去的趋势，即使于民法典颁行后也复如此。有学者认为《民法通则》发明民事法律行为概念是正确的，而较多学者认为是不适当的。而且，此争论也涉及民法学界之外其他法学专业的学者乃至实务界人士。他们认为，民法上的行为是民事法律行为、行政法上的行为是行政法律行为、刑法上的行为是刑事法律行为、经济法上的行为是经济法律行为。一言以蔽之，民法（典）是采用民事法律行为的术语还是启用法律行为的概念，实际涉及我国整个法学界乃至法律界。

我国民事法律行为术语的出现，可追溯到1949年新中国成立后而于1986年制定《民法通则》时。其时，立法者方于法律行为前加上"民事"二字，以与当时经济法上的经济法律行为相区分，于当时乃具有平息民法、经济法关于各自调

＊ 本文曾发表于2017年3月《法律与生活》杂志，今收入本书乃于诸多地方作了改易、变动。

整范围的长达 8 年（1979—1986 年）之久的论争的意味。现今，民法、经济法就各自调整范围的争论已经过去，二者的界限业已清楚明了，当初使用民事法律行为的背景已不复存在。我国编纂民法典，笔者认为宜启用法律行为的概念，并由此建构科学、和谐的法律行为制度系统。

二、法律行为是实现私法自治的基本手段

法律行为是旨在发生私法上的效果、以意思表示为核心要素的法律事实。法律行为概念的正式创立是在 19 世纪的德国。其时，德国的历史法学、潘德克吞法学学者们在对罗马法《民法大全》中的《学说汇纂》进行诠释的过程中创建了此概念。因此，此概念是德国民法学对大陆法系民法学的一项重要贡献。应指出的是，法律行为概念及其制度系统是整个私法领域最大限度地提取公因式的结果。并且，它不仅适用于私法，而且对公法行为，如诉讼行为、行政行为、非讼行为等，除与其本旨不相容者外，也有适用的余地。

在罗马法体制下，实体法与诉讼法并未分离，诉讼行为与私法行为合一。但自近代起，诉讼法与实体法分离，成立独立科学。由此，诉讼行为与实体法上的法律行为也随之分离。之后，直到公法的诉权学说时代，诉讼行为由私法行为分离而另形成独立的理论，法律行为遂在公法领域也有其适用的余地。基于当事人的意思发生公法上的效果的行为，称为公法上的法律行为。公法上的法律行为，是私法上的法律行为扩张和延续的产物。

在当代社会，法律行为具有极大的功用，它是实现私法自治的基本手段。私法自治原则或意思自治原则，又称法律行为自由原则，指在私法领域内，由当事人依其自由意思形成法律关系。将法律行为建构于私法自治原则之上，即对内为"意思自主"，对外为"合同自由"。法律行为的效力必须基于当事人的意思，是意思自主，系私法自治原则的内在基础。法律允许当事人于一定范围内，得以法律行为创设私人间的法律关系。此称为合同自由（契约自由），为私法自治原则的对外表现。

反之，若无法律行为，当事人就很难实现自己的意志，取得民事权利、承担民事义务。此外，法律行为还有使当事人取得的民事权利具有合法性的特质。易言之，只要是依据法律行为实现私法自治的，其取得的民事权利、承担的民事义务原则上皆为合法、有效。法律行为给予每个人自由地参与民事活动的机会。每个人可以自由地决定其是否购买特定的物、向谁购买，或者自由地决定与何人缔结婚姻关系。

三、法律行为兼具国际基础和共通性

近现代及当代民法，正是根据个人的自由意思对社会生活予以规范，并对法律行为原则上采取自由放任的态度。民法关于法律行为乃至合同的规定，系以个人的自由意思为其基础或前提。由此，民法尤其是合同法的大多数规范均为指导性规范，当事人可依自己的自由意思决定是否采用及在多大程度上采用。而限制个人的自由意思，阻止发生当事人自己所希望效果的强行性规范是较少的。基于这些考量和分析，可知民法（典）规定完善的法律行为制度乃系十分必要。另外，我国人口多、地方大，各地区发展不平衡，各种情况十分复杂。因此，我国民法（典）应强调体系化、逻辑化。若不这样而是相反，则法官判案、法律人思考和判断法律问题将会陷入混乱或困顿。

应指出的是，尽管法律行为是罗马法以来的近现代和当代民法中的重要概念，但《法国民法典》上却并无此概念，德国民法学及其立法最早使用了该概念。从英美法看，尽管其没有法律行为这一总的概念，但在具体的法律理论与实务中，则存在各种具体化的法律行为形态。可见，英美法事实上也是认可法律行为这一概念的。

在我国，自清末变法而继受德国民法以来，迄今已过去百余年。在这百余年间，1909 年的《大清民律草案》、1925 年的《民国民律草案》及 1929—1930 年制定的《中华民国民法》皆采取了法律行为的立法技术，启用了法律行为概念，建构了完善的法律行为制度。更为重要的是，法律行为这一概念是当今国际民法

学说、实务普遍采取和接受的概念，具有国际基础和共通性。故此，我国于民法（典）中宜采取之。另外，如前述，现今公法（行政法、诉讼法、经济法乃至刑法）上的法律行为乃是民法上的法律行为的扩张或延伸，且存在于自然人与自然人、自然人与法人及法人与法人等平等主体之间。故此，民法（典）中采用法律行为概念也不会发生与其他公法领域特有的行政法律行为、经济法律行为、诉讼法律行为乃至刑事法律行为相混淆的问题。

形成权论*

一、形成权的历史缘起及其在权利体系中的地位

（一）历史缘起

形成权概念及理论上的初步体系化肇始于德国法学。19 世纪末 20 世纪初的德国法学正处于法学家们进行实体法与诉讼法划分的阶段，在此过程中，他们发现一些权利如解除权、终止权、撤销权等，一些诉讼形式如撤销婚姻之诉、撤销收养之诉等，无法用既有的权利体系或理论作出合理解释。擅长抽象思维的德国学者把如何对这类权利的法律地位及法律效力加以体系化当作法学研究的重要问题予以讨论。其中，著名学者泽克尔（Emil Scekel）的研究令人瞩目。泽克尔认为，这类权利的共性有二："一是，他们通过私法意义的法律行为上的意思表示（有时需要借助于国家行为，有时不需要）来行使权利；二是，这些权利的内容不是对其客体现有的直接支配，更多的是一种使权利人能够单方面设定、变更或者消灭特定法律关系的力量。一句话，即形成一定法律关系。"[1]基于这些认识和后来对齐特尔曼（Ernst Zitelmann）主张的"法律上能为之权"概念的批判，泽克尔最终于 1903 年在其著作《民法上的形成权》中创造性地提出了形成权的概

＊ 本文曾发表于《广西社会科学》2006 年第 4 期，系与陈军勇（西南政法大学研究生部 2004 级硕士研究生）合作（由其执笔、构思），今收入本书乃基本未作更动。
1 申卫星："形成权基本理论研究"，载梁慧星主编：《民商法论丛》（第 30 卷），法律出版社 2004 版，第 2 页。

念，并系统地论述了形成权的发生、变更和消灭等问题。形成权的提出，被德国学者汉斯·多勒（Hans Dölle）誉为法学上的发现。[1]我国台湾地区学者林诚二教授认为："形成权理论自泽克尔提出以来，民法体例上常赖形成权之制度性设计，使权利或法律关系得以迅速确定，复杂的法律关系得以单纯明了。"[2]

（二）在权利体系中的地位

尽管有学者认为形成权只是以一方之意思表示而生法律效果，并不须有相对的义务人存在，任何人亦不得侵害之，因之不得谓为权利[3]，但由于形成权符合权利本质通说的法力说，具有可享受利益的法律上之力的属性，它是一种权利当是不容置疑的。有疑问的是，这种权利的属性及其在民事权利体系中的地位如何？众所周知，民事权利体系之研究标准或视角是多样的，在此笔者将着力点放在权利的作用和行使方式上。法学界以此为标准而进行区分的结果相当不一致，具体而言，主要形成了以下几种学说：其一，认为可分为支配权、请求权、形成权和抗辩权。这是自学者泽克尔提出形成权后较为通行的观点，在我国采此见解者有张俊浩教授[4]、李开国教授[5]、王利明教授[6]和王泽鉴教授[7]等。其二，认为可分为隶属权与形成权。此种观点为芮沐先生所倡。其中，隶属权包括绝对权和相对权，而绝对权包括对物和对人的绝对权，相对权包括债权（请求权）和其他相对权。[8]其三，认为可分为支配权与形成权。此观点为梅仲协先生所主张。梅先生认为，支配权指权利人得以其法律所赋予的权力支配他人或财产，可分为绝对权和相对权。而形成权指权利人得利用其法律所赋予的权力，以单独行为使权

1　王泽鉴：《民法学说与判例研究4》，中国政法大学出版社1998年版，第1页。

2　林诚二："论形成权"，载杨与龄主编：《民法总则争议问题研究》，五南图书出版公司1998年版，第89—90页。

3　韩忠谟：《法学绪论》，中国政法大学出版社2002年版，第181页。

4　张俊浩：《民法学原理》（修订第3版，上册），中国政法大学出版社2000年版，第70页。

5　李开国：《民法总则研究》，法律出版社2003年版，第94—95页。

6　王利明：《民法总则研究》，中国人民大学出版社2003年版，第219—235页。

7　王泽鉴：《民法总则》，中国政法大学出版社2001年版，第87—88页。

8　芮沐：《民法法律行为理论之全部》（民总债合编），中国政法大学出版社2003年版，第7—15页。

利发生变动。形成权与支配权的区别在于，形成权的意思表示无需他人的协助，依法可发生一定之效力，而支配权的行使则有赖于他人的行为始可奏效。[1] 其四，认为可分为支配权、请求权和变动权。主张此见解者有郑玉波教授[2]、梁慧星教授[3]。郑教授认为，支配权者，权利人得直接支配其标的物，而具有排他性的权利。此种权利有两种作用：在积极作用方面，可以直接支配其标的物，无需他人行为之介入；在消极作用方面，可禁止他人妨碍其支配，并具有排他性。请求权乃要求他人为特定行为之权利。变动权指依自己的行为，使法律关系发生变动的权利。因所变动的法律之不同，又可进一步分为形成权与可能权，广义的形成权包括抗辩权。形成权者，依自己的行为，使自己或与他人共同的法律关系发生之权利。可能权者，依自己的行为，使他人法律关系发生变动的权利。梁慧星教授的见解与郑教授基本相同。其五，认为可分为请求权、支配权和形成权。此为我国台湾地区学者黄立教授所倡。[4]

上述分类的基本前提是权利的作用。按照通行的对权利本质的看法，即权利的本质在于可享受利益的法律上之力，实际上也就是按照法力说展开的研究。因此，形成权实质是指私法赋予权利人得以其自主意思而形成一定法律效果的法律上之力。应该说，这种思维进路是科学的。[5] 就上述各家学说而言，有必要分别考察支配权、请求权、隶属权、形成权、抗辩权、可能权及其相互之间的关系。

如所周知，支配权乃是指权利人直接支配权利客体享受其利益并排除他人干涉的权利，这种权利对应着支配力，产生一种隶属力，体现在法律关系上，即任何人皆须尊重的意志性（义务人服从义务性）隶属关系，我们称之为专门隶属关系。故支配权又可称为绝对权。而请求权乃特定权利人请求特定义务人为特定行为的权利，对应着请求力，也产生一种隶属力，表现在法律关系上乃特定义务人

1　梅仲协：《民法要义》，中国政法大学出版社1998年版，第35—36页。
2　郑玉波：《民法总则》，中国政法大学出版社2003年版，第94—95页。
3　梁慧星：《民法总论》（第2版），法律出版社2001年版，第79—82页。
4　黄立：《民法总则》，中国政法大学出版社2002年版，第63页。
5　汪渊智："形成权理论初探"，载《中国法学》2003年第3期。

尊重并为给付行为的意志性隶属关系。此处显示的隶属关系，因特定义务存在而生限制。"盖其隶属关系之范围，只限于相对人之行为而止。"[1]故请求权又可称为相对权。由上述分析可知，支配权与请求权体现了这样的法律关系，即某一种物、利益或者人之行为等与权利主体的隶属关系。由此又可以抽象出二者的上位概念，从权利角度称之为隶属权。所谓隶属权，表明权利产生彰显的是对人、对物或者其他利益的隶属关系或者归属关系。形成权乃权利人以单方之行为使当事人间的法律关系或权利发生变动之权利；抗辩权乃对抗请求权的权利，虽非使对方权利消灭，效力却在于阻止或延缓对方请求权的行使；可能权乃依自己的行为使他人与他人间的法律关系发生变动之权利。观此三项权利，有一共同点，即权利人可以自己的行为影响当事人间的法律关系，也即体现为法律关系的变动，因此也可从权利角度抽象出变动权作为这三项权利的上位范畴。对于变动权，法学界较熟悉，本文不作赘述。隶属权与变动权的区别在于，变动权既不发生支配关系，也不产生债权债务关系，即不发生任何意志性隶属关系，只是赋予权利人对法律关系施加影响的权利（发生、变更、消灭）。基于以上分析可认为，私权体系根据权利作用或者内容可分为隶属权和变动权。

本诸以上分析，试对前述引著中的观点作一评述。第一种观点忽视了可能权的存在余地，缺陷比较明显；此外，支配权与请求权有其深刻的共性（即隶属关系），形成权、抗辩权、可能权也有其深刻的共性（即变动关系），简单地将其并列在一起有失逻辑性和科学性。第二、三种观点实际上都牵涉到形成权与抗辩权的关系，其认为形成权包括抗辩权，即抗辩权是形成权的次级权利，笔者认为这仍值得商榷。抗辩权无论是延缓抗辩权还是消灭抗辩权，其效力都与形成权的效力有着根本差异。抗辩权仅是对抗对方请求权的请求力，并未使对方请求权所依附的权利绝对消灭，而形成权中消极形成权的行使则直接使对方权利或对应法律关系消灭。再者，"抗辩权的行使永远都是被动的、消极的、防御性的，因

1　芮沐：《民法法律行为理论之全部》（民总债合编），中国政法大学出版社2003年版，第8页。

此该类权利无法被纳入形成权之中，如果说形成权是一项积极变动权的话，那么抗辩权则是一种消极变动权"[1]。因此，第二、三种观点的缺陷也是明显的。第四种观点没有抽象出请求权与支配权的上位范畴，将二者与变动权简单并列，有失逻辑性。第五种观点无视可能权与抗辩权的存在，缺陷至为明显，也不足取。

二、形成权的理论基础与客体研究

（一）形成权的理论基础

形成权产生的深厚基础在于私法自治原则的贯彻和对交易利益的终极关怀与维护。为了使思路更加清晰，可将形成权分为约定形成权和法定形成权进行分析。形成权是"法律允许权利主体对某一项法律关系采取单方面的行动的权利"[2]。因此，形成权的行使是一种单方法律行为。众所周知，法律行为是实践私法自治的工具，行为主体被假想为理性的经济人，或者说是精明和机灵之人。在这里，精明和机灵之人是预设的前提，他们能够发现利益并获得其实现的手段，包括法律上的手段，因此，当事人双方基于约定而赋予一方或双方一定的权利，使其在一定条件下享有对双方法律关系变动的权利，这便产生了约定形成权，如约定合同解除权即是。然而，"虽然私法自治有其必要性与可行性，私法自治之功能可以预期，但其所借助之基因乃人类丑陋之自私心。本诸玩火或有被焚之危险，私法自治所或有之危险，当在意料之中"[3]。鉴于私法自治之流弊，民法设立诸多原则与制度予以限制和预防，其中之一就是衡诸当事人间的利益及当事人利益与社会利益，以期维护交易安全。这便引出了形成权与交易利益的关系。在民法中，交易安全有静的安全与动的安全之分，形成权的法理在于对静的安全的维护，如民法上法律行为中意思表示不一致的错误、受欺诈、胁迫等行

1　汪渊智："形成权理论初探"，载《中国法学》2003年第3期，第97页。

2　[德]迪特尔·梅迪库斯：《德国民法总论》，邵建东译，法律出版社2000年版，第68页。

3　曾世雄：《民法总则之现在与未来》，中国政法大学出版社2001年版，第20页。

为，大都保护表意人，原则上使表意人可免除其拘束，以致法律行为的效力可以形成权的行使而得撤销，实是考虑静的安全之故。当然，"在近代的交易中，为顾虑到财产权之圆滑流通起见，在某种场合下，亦非牺牲真正权利人之利益（交易上静的安全），以保护善意无过失交易者之利益不可"[1]。

（二）形成权的客体

这里之所以着重讨论形成权的客体而未涉及形成权的主体与内容，原因有三：其一，有关形成权主体与内容问题多与权利行使有关，偏重实务操作，较少抽象可言；其二，形成权在法定情形下，其主体、内容径由法律明文规定，在约定情形下又由当事人以合意定之，因而殊少理论讨论余地；其三，形成权的客体，学者几乎一致认为是民事法律关系。但笔者认为，形成权的客体不止于具体民事法律关系，还包括民事权利等。事实上，形成权是一种权利的集合形态，或者说是一种权利抽象，研究它的客体实际上是研究它所包括的子权利的客体。由于形成权的子权利类型较多，各个权利的特点不尽一致，因而必然使各个权利的具体客体呈现出多样态势。如前所述，相当多的学者认为形成权的客体就是民事法律关系。也有学者认为"形成权没有我们所说的客体，而仅有内容"[2]。

笔者认为，固然部分形成权如解除权、撤销权的客体是民事法律关系，但也存在一些权利，如为第三人利益合同中第三人的拒绝权，这种形成权的客体就值得重新研究。在为第三人利益合同中，第三人显非合同关系人，但他享有受益权和拒绝权。拒绝权的行使正是对受益权的否认和拒绝，显然这时拒绝权的客体是受益权这种民事权利，未变动任何法律关系或者说变动法律关系只是这种权利行使的结果，而不是它的客体。

1　刘得宽：《民法诸问题与新展望》，中国政法大学出版社 2002 年版，第 284 页。

2　申卫星："形成权基本理论研究"，载梁慧星主编：《民商法论丛》（第 30 卷），法律出版社 2004 年版，第 11 页。

三、形成权的特征与类型化

(一) 形成权的特征

形成权具有如下特征：其一，形成权的客体为民事权利和民事法律关系。其二，形成权之行使是单方法律行为，相对人无义务观念存在，这是形成权与一般民事权利的显著区别。一般权利，如在支配权，相对人负有绝对尊重之义务；在请求权，相对人负有为给付义务；在抗辩权，相对人负有接受请求力丧失或延缓之义务；在可能权，相对人负有相对尊重之义务等。但在形成权，仅需使权利人变动民事权利或民事法律关系的意思表示到达相对人或为相对人所了解即可发生效力，"此处权利之对方并非义务（Verpfllchtung），而为拘束（Bindung）"[1]。法律上的拘束，德国学者也称为容忍义务，不同于法律义务中的不作为义务，它比不作为义务更消极。也有学者用"约束"概念表达，即"形成权的对方受到一个相应的约束，即他必须允许这种形成，以及允许通过这个形成权来中断原来的法律关系，并且还要允许这种做法有效"[2]。其三，形成权大多是依据某种实体的权利而产生，所以，形成权多依附于随这些实体权利而生的法律关系。这时候，也有学者认为形成权是这些权利的一项权能。[3]因此，形成权多在基础法律关系附带存在，一般不能离开所依附的法律关系而单独转让。但"择定权可以独立地转让"[4]。其四，形成权一般不会受到侵犯、损害，形成权经合法行使，其效力是确定发生的。有学者如林诚二教授将其概括为"无侵害性"。林诚二教授指出："按形成权与其他权利作用比较其特征在于'行使'。而形成权之行使是单方法律行

---

[1]　芮沐：《民法法律行为理论之全部》（民总债合编），中国政法大学出版社 2003 年版，第 10 页。

[2]　［德］卡尔·拉伦茨：《德国民法通论》（上册），王晓晔等译，法律出版社 2003 年版，第 290 页。

[3]　王利明：《民法总则研究》，中国人民大学出版社 2003 年版，第 224 页。

[4]　［德］卡尔·拉伦茨：《德国民法通论》（上册），王晓晔等译，法律出版社 2003 年版，第 292 页。

为，相对人无侵犯之可能余地存在。"[1]有学者认为，形成权之不可侵性"这种观点不十分准确，在约定的解除条件成就以后，乙方阻止其解除合同，也可能构成对形成权的侵害"[2]。笔者认为，这种观点忽视了形成权的特性，即形成权是一种单方法律行为，权利人只需使变动权利或法律关系之效果意思达于相对方即可依法产生相对后果，相对无干预、介入、侵害之可能。

（二）形成权的类型化

形成权之类型从不同角度观察有多种分类，本文扼其要者作一分析：其一，法定形成权和约定形成权。这是依据形成权的产生原因而作的分类。法定形成权指基于法律的直接规定而产生的形成权，可以说，民法上的大多数形成权属于此类。约定形成权指基于当事人双方的约定而产生的形成权，如合同解除权。约定解除权基于私法自治可有较大自由空间。其二，产生法律关系形成权、变更法律关系形成权和消灭法律关系形成权。这是根据形成权行使效力而作的分类。产生法律关系形成权，又叫积极形成权，如法定代理人的追认权。也有学者认为取得无主物也属于此类。[3]笔者认为，取得无主物的行为为事实行为，而形成权之行使属于法律行为，故取得无主物的行为主体虽无民事行为能力人也可以，但行使形成权的主体则必须具备完全行为能力。变更法律关系形成权，如选择之债请求权。消灭法律关系形成权，又叫消极形成权，如撤销权。其三，财产法上形成权和身份法上形成权。这是依形成权的内容或法律规范所作的分类。财产法上形成权包括债权性形成权和物权性形成权，前者如撤销权、追认权、解除权、抵销权等，后者如物权抛弃、典物回赎权等。身份法上形成权也包括两类：一类是身份财产性形成权，如遗产分割权等；另一类是准身份形成权，如离婚形成权、婚生

1　林诚二："论形成权"，载杨与龄主编：《民法总则争议问题研究》，五南图书出版公司1998年版，第74页。

2　芮沐：《民法法律行为理论之全部》（民总债合编），中国政法大学出版社2003年版，第74页。

3　芮沐：《民法法律行为理论之全部》（民总债合编），中国政法大学出版社2003年版，第74页。

子女否认权、撤销收养与终止收养权等。其四，单独形成权与形成诉权。这是依据形成权行使方式所作的分类。单独形成权指权利人的意思表示于相对人了解或到达相对人时发生效力，大多数形成权属于这种类型。形成诉权指权利人须提起诉讼，由法院作出形成判决而创设形成权的效力，如暴利行为的减轻给付，否认子女之诉，受欺诈、胁迫行为的撤销之诉。其五，直接形成权与间接形成权。这种分类与单独形成权、形成诉权在实质上是一致的。直接形成权，亦即权利人可自行创设（权利的设定、移转、终止、内容变更及负担）的形成权；间接形成权，亦即透过法院创设的形成权，如离婚等。[1]

四、形成权的行使、效力及行使之限制

（一）形成权行使的一般规则

形成权之行使是一种单方法律行为，故法律行为关于单方行为的一般规则，自应适用。因此，一般来说只需权利人以单方意思表示向相对人为之，于相对人了解或到达相对人时即发生形成权之效力，而部分形成权效力的确定须结合一定国家行为（如形成判决）。当然，有些形成权无须相对人收到，如先占权等，不过对于先占能否构成权利甚至形成权，学界尚有争议。惟应注意的是，权利人须是具有完全行为能力之人，法院不能代替或补充权利人行使时意志的缺乏，如在抵销权情形，法院不能依职权使当事人间债权债务发生抵销。

（二）形成权的效力

形成权经合法行使，其效力使法律关系发生变动，自是无疑。惟应引起注意的是消极形成权的效力，除了消灭法律关系外，还有可能产生其他效力，如在非继续性合同解除的情况下，使已经成立的合同关系终止，但亦产生另一种法律关系。我国《合同法》第 97 条规定："合同解除后，尚未履行的，终止履行；已经履行的，根据履行情况和合同性质，当事人可以要求恢复原状、采取补救措施，

---

[1]　［德］考夫曼：《法律哲学》，刘幸义等译，法律出版社 2004 年版，第 160 页。

并有权要求赔偿损失。"可见，此时当事人间产生了一项新的债务关系。

(三) 形成权行使的限制

依私法自治原则，形成权的行使自应依权利人的自主意思，原则上不受任何干涉，然衡诸民法思想，社会的权利思想渐成主流，尤其是形成权具有特殊效力，因而对其有所限制，自在情理之中。对形成权的限制一般包括以下两方面：

1. 一般限制（外部限制）

形成权之行使首先要受到外部限制。所谓外部限制，就是在保证形成权可自由行使的前提下，以民法上诚实信用原则、权利滥用之禁止原则、公序良俗原则等对形成权行使加以限制。当然这种限制是权利行使的通则。具体到民法制度上，如对形成权的行使期间的规定，也就是除斥期间的规定，有学者认为可分为三类：就个别形成权，设有存续期间（如我国台湾地区"民法"第 90、93、365 条），惟其期间多较消灭时效为短，以早日确定当事人间的法律关系；明定若干形成权的行使未定期间者，于他方当事人催告后，逾期未行使时，形成权消灭；未设有存续期间或催告的规定，如共有物分割请求权。但无论何种情形，均有权利失效原则的适用。[1]

2. 特殊限制（内部限制）

其一，形成权的行使原则上不得附条件或期限。这也是基于形成权的特殊效力而作的限制。前已述及，形成权人在行使该权利时，无须相对人同意即可发生效力，由此可见其对当事人的利益和法律关系之稳定威胁至极，因而原则上不允许对权利人行使权利设置条件或期限。正所谓"既然形成权相对人必须接受他人行使形成权的事实，那么不应该再让他面临不确定的状态了"[2]。如我国《合同法》第 99 条第 2 款规定："当事人主张抵销的，应当通知对方。通知到达对方时生效。抵销不得附条件或者附期限。"但"条件的成就与否系依相对人意思而定，

---

[1] 王泽鉴：《民法总则》，中国政法大学出版社 2001 年版，第 98—99 页。

[2] ［德］拉伦茨：《德国民法通论》（上册），王晓晔等译，法律出版社 2003 年版，第 79 页。

或期限明确者，不在此限"[1]。其二，形成权的行使必须符合法律规定或者当事人间约定的条件（《合同法》中承揽合同定作人的随时解除权例外）。其三，行使形成权的意思表示不得撤回。我国台湾地区"民法"第 258 条第 3 项规定："解除契约之意思表示不得撤销。"笔者认为，该条中的"撤销"实该为"撤回"。

1　王泽鉴：《民法总则》，中国政法大学出版社 2001 年版，第 9 页。

我国民法总则法律行为制度的构建 *

——兼析《民法总则草案（征求意见稿）》的相关规定

一、引言

近现代及当代民法上有法律行为制度。所谓法律行为，是指旨在发生私法上的效果的、以意思表示为核心要素的法律事实。其涵括下列4点含义：[1]（1）系以意思表示为要素。（2）系因意思表示而发生私法上的效果。所谓私法上的效果，指私权的发生（取得）、变更和消灭由意思表示而引起。在当代民事生活中，法律行为是引起私法上的权利、义务发生、变更和消灭的最重要的法律事实。（3）法律行为是以发生私法上的效果为目的的行为，以发生公法上的效果为目的的法律行为系公法上的法律行为。所谓私法上的效果，即设立、变更、终止民事权利和民事义务。此为私法上的法律行为与其他法律行为（如公法上的法律行为）的区别之点。应注意的是，当事人的行为在公法上发生何种效果，原则上并非基于当事人的意思，通常不能以（民事）法律行为创设（或规律）公法上的法律关系。当同一行为同时发生私法和公法上的效果时，私法上的效果依法律行为，公法上的效果则依

---

* 本文曾发表于《政治与法律》2016年第7期，今收入本书，诸多地方作了改动、变易。

1　参见陈华彬：《民法总论》，中国法制出版社2011年版，第358—359页。

法律规定。[1]（4）其系法律事实之一种，即法律行为是以意思表示为核心要素的法律事实，由此区别于法律事实中的其他形态，如事实行为、事件及状态等。

由全国人大常委会法制工作委员会起草的《中华人民共和国民法总则（草案）（征求意见稿）》（以下简称《民法总则草案（征求意见稿）》）第6章设有民事法律行为的规定，此所称民事法律行为，即德国、日本、韩国及我国台湾地区等比较民法上的法律行为。鉴于法律行为制度于民法上的重要地位与价值，我国民法（典）总则（编）对其加以规定，系属当然和必要。笔者拟对法律行为概念的肇源、扩张、功用与价值，我国宜摒弃民事法律行为而启用法律行为概念，我国民法（典）总则（编）法律行为制度的内容构造、体系安排，法律行为与意思表示的关联及意思表示规则体系的构建，我国宜规定法律行为的一般生效（有效）要件、无效法律行为的转换规则及违反效力性规定的效果等予以分析、厘清、厘定及释明，以期为我国法律行为制度的构建提供立法论乃至解释论上的参考和助言。

二、法律行为概念的肇源、扩张、功用与价值

（一）法律行为概念的肇源与扩张

法律行为概念是用来描述民事生活乃至商事生活领域所有的民商事行为的术语。民商事生活领域主要的、绝大部分法律关系的形成，均系透过该行为而完成，故其系社会生活的传达工具。正是因此，法律行为遂成为私法上最基本、最重要的概念之一。

如果从公元前753年罗马建城算起，民法的发展迄今已有近2800年的悠长历史。但是，在罗马法时代，并无法律行为一语，其时只有具体的各种行为，例如买卖行为、设立遗嘱的行为、曼兮帕蓄（mancipatio）和拟诉弃权（cessio in iure）等。法律行为概念的正式创立是在19世纪的德国。其时，德国的历史法学、潘德

1　参见王泽鉴：《民法总则》，北京大学出版社2009年版，第199页。

克吞法学的学者们在对罗马法《民法大全》中的《学说汇纂》进行诠释的过程中创建了此概念。因此，此概念是德国民法学对大陆法系民法学的一项重要贡献。通说认为，创立法律行为概念的鼻祖，系历史法学派的开山祖师胡果。他在创立这一概念后，将发生在民商事生活领域的所有的合法行为予以统一、抽象、概括，从而完成了民商事领域的各种合法行为的体系化。[1]

值得指出的是，法律行为制度是整个私法领域最高程度的提取公因式的结果。并且，它不仅适用于私法，而且对公法，如诉讼行为、行政行为、非讼行为等，除与其本质不相容者外，也可予以适用。在罗马法 actio（诉、诉讼、诉权）体制下，实体法与诉讼法并未分离，诉讼行为与私法行为合一，无独立存在。但自近代起，诉讼法与实体法分离，成立独立科学。由此，诉讼行为（Prozesshand-lung）与实体法上的法律行为也随之分离。往后，至公法的诉权学说（pulizistische Klagenrechtstheorie）时代，诉讼行为由私法行为分离而另形成独立的理论，法律行为遂在公法领域也有其适用的余地。基于当事人的意思发生公法上的效果的行为，称为公法上的法律行为。该法律行为不外是适用私法上的法律行为理论的结果。[2]换言之，公法上的法律行为，其由来于私法上的法律行为，其系私法上的法律行为扩张的产物。此处所论，系私法即民法上的法律行为，简称"法律行为"。

（二）法律行为制度的功用与价值

在当代社会，法律行为具有极大的功用，它系实现私法自治的基本手段。私法自治原则或意思自治原则，又称法律行为自由原则，[3]指在私法领域内，由当事人依其自由意思形成法律关系的原则。将法律行为建构于私法自治原则之上，即对内为"意思自主"（"私事由自己决定"），对外为"合同自由"。法律行为的

1　参见陈华彬：《民法总论》，中国法制出版社 2011 年版，第 357 页。

2　参见台湾大学法律学研究所编译：《德国民法》，1965 年印行，第 103—104 页。民法有关法律行为、意思表示的规则，对行政行为可直接或间接类推适用。

3　私法自治原则，又称私的自治原则，有人认为系从德语 Privatautonomie 翻译而来，在法国称为意思自治（autonomie de la volonte'）。这两种名称的意味多少是有些不同的。有人认为意思自治原则系起于德国哲学家康德（Immanuel Kant）。参见 ［日］ 安井宏：《法律行为・约款论的现代的展开》，法律文化社 1995 年版，第 78 页。

效力必须基于当事人的意思，此为意思自主，系私法自治原则的内在基础。法律允许当事人于一定范围内，以法律行为创设私人间的法律关系，此称为合同自由，系私法自治原则的对外表现。[1]

私法自治原则肯定当事人得自主决定、创设其相互间的权利义务关系，其具体表现于各种制度之上。例如所有权自由，即所有权人于法律限制的范围内，得自由使用、收益、处分自己的所有物；遗嘱自由，即个人于其生前，得以遗嘱处分自己的财产，决定其死后财产的归属；最重要的还有合同自由，即当事人得依其意思的合致，缔结合同而取得权利，负担义务。[2]此外，缔结婚姻关系、合意解除婚姻关系、订立收养合同等，也均为私法自治原则的体现，它们也都是法律行为。正是通过此等法律行为，民事主体得以实现自己的愿望，即取得民事权利，相应地承担民事义务，进而达到自己所追求的目的。反之，若无法律行为，当事人就很难实现自己的意志，取得权利，承担义务。此外，法律行为还有使当事人所取得的民事权利具有合法性的特质。易言之，只要系依法律行为实现私法自治的，其所取得的民事权利、承担的民事义务，皆为合法、有效。法律行为给予每个人自由地参与民事活动的机会。每个人可以自由地决定其是否购买特定的物，向谁购买，或者自由地决定与何人缔结婚姻关系等。概言之，依法律行为，民事领域的所有事项（即私事）皆由自己决定。当然，在这些场合，也系以相对人的同意和愿意为前提的，盖相对人也享有私法自治。[3]

应当指出的是，在当代任何一种政治体制和法律体制下，无不存在私法自治，从而也都存在着法律行为。即便是在一些实行统制经济的计划经济的国家或社会，也依然需要最低限度的自治，比如每个人可以随意添置或者处分个人的必需品。而在市场经济社会和政治体制开放、民主的体制下，私法自治乃是最重要的原则，盖在这种国家和社会里，系以自由思想为其基础。[4]

1　参见施启扬：《民法总则》，中国法制出版社 2010 年版，第 197 页。
2　参见王泽鉴：《民法总则》，北京大学出版社 2009 年版，第 196—197 页。
3　参见陈华彬：《民法总论》，中国法制出版社 2011 年版，第 360 页。
4　参见黄立：《民法总则》，元照出版有限公司 2005 年版，第 183 页。

综据上述，可知法律行为（尤其是合同）是私法自治得以实现的最重要的法律手段。私法自治原则，尤其是合同自由原则，其内容包括是否缔结合同的自由、选择对象方的自由、决定合同内容的自由以及合同形式的自由。近现代及当代民法，正是根据个人的自由意思对社会生活予以规范，并对法律行为原则上采自由放任的态度。民法关于法律行为乃至合同的规定，系以个人的自由意思为其基础或前提。由此，民法尤其是合同法的大多数规范均系指导性规范（任意性规定），当事人可依自己的自由意思决定是否采用及在多大程度上采用。而限制个人的自由意思，阻止发生当事人所希望的效果的强行性规范是较少的。立基于这些考量和分析，可知我国民法（典）总则（编）规定完善的法律行为制度实具有很强的必要性，及具有很大的意义和价值。由此，我们应对《民法总则草案（征求意见稿）》第 6 章设立法律行为的规定给予积极的肯定性评价。此外，我国人口多、地方大、各地区发展不平衡，各种情况十分复杂，因此，制定包括民法（典）总则（编）在内的民法典时应强调体系化、逻辑化，若不这样，则法官判案、法律人思考和判断法律问题均将会陷入混乱。强调体系化、逻辑化，对于现今的我国尤其重要，从而更加证成了民法（典）总则（编）中规定完善的、体系化的法律行为制度的必要性和重要性。

三、民法（典）总则（编）宜摒弃民事法律行为一语而改采法律行为概念

如前所述，法律行为是罗马法以来的近现代和当代民法上的一项重要概念。不过，《法国民法典》上并无此概念，德国民法学最早使用了该概念。[1] 从英美法上看，尽管其没有法律行为这一总的概念，但在具体的法律理论与实务上存在各

1　不过，有人指出，法律行为的概念早在 1625 年格劳秀斯（Hugo Grotius）的自然法学说中即以朴素的面貌被提出来了。此即格劳秀斯在其所著《战争与和平法》第 2 卷第 11 章 "约束"（promissum, promissio）中谓：要使他人受到约束，须有意思表示，意思表示被受领即有效，由于错误、胁迫，约束即变得无效或被撤销。参见［日］远田新一：《代理法理论的研究》，有斐阁 1985 年初版第 2 刷发行，第 47 页。

种具体化的法律行为形态。[1] 因此，英美法事实上也是认可法律行为这一概念的。在现今比较法上，尽管有些国家的民事立法（如拉丁美洲国家的民事立法、欧洲的荷兰民事立法）采取以契约代替法律行为的立法技术，但其结果是造成大量的重复立法。例如，财产合同与身份合同虽然均属于合同，但二者不能同等适用有关合同的规则，需要单独进行立法（即分别规定财产合同和身份合同的规则）。若采用法律行为的立法技术，即可将二者统一规定于法律行为之下，从而避免重复立法。

在我国，自清季变法而继受德国民法以来，迄今已过去百余年。在这百余年间，1909 年的《大清民律草案》、1925 年的《民国民律草案》及 1929—1930 年颁行的《中华民国民法》均采取了法律行为的立法技术，启用了法律行为概念，建构起了完善的法律行为制度。1986 年制定《民法通则》时，立法者方于"法律行为"前加上"民事"二字，以与当时的经济法上的经济法律行为相区分，其在当时具有平息民法、经济法关于各自调整范围的长达 8 年（1979—1986 年）的论争的意味。[2] 在现今，民法、经济法就各自调整范围的争论已经过去，二者的界限已清楚明了，所以当初使用民事法律行为的背景已不存在。更为重要的是，法律行为这一概念系当今国际民法学说、实务所普遍采取和接受的概念，具有国际基础和共通性，因此我国于民法总则中宜采取之。此外，如前述，现今公法（行政法、诉讼法、经济法乃至刑法）上的法律行为系由来于民法上的法律行为的扩张和延伸，易言之，民法上的法律行为是这些领域特有的法律行为（例如行政法律行为、诉讼法律行为、经济法律行为乃至刑事法律行为）的基础和前置性概念，且存在于自然人与自然人、自然与法人（含其他组织）及法人（含其他组织）与法人（组织）等平等主体之间（与此不同，行政法、经济法、诉讼法乃至刑法上

1　参见［日］田中英夫等编集：《英美法辞典》，东京大学出版会 1991 年版，第 193 页；［日］望月礼二郎：《英美法》，青林书院新社 1981 年版，第 289 页以下。

2　关于民法、经济法之间就各自调整范围而展开的长达 8 年（1979—1986 年）之久的论争，及经济法应采用"经济法律行为"概念以区别于民法的"民事法律行为"概念，参见梁慧星、王利明：《经济法的理论问题》，中国政法大学出版社 1986 年版，第 163 页以下。

的法律行为存在于不平等主体之间）。故此，民法（典）总则（编）采用法律行为概念也不会发生与其他公法领域特有的行政法律行为、经济法律行为、诉讼法律行为乃至刑事法律行为相混淆的问题。

四、其他国家和地区法律行为制度的体系构造与我国民法（典）总则（编）法律行为的内容构造和体系安排

在近现代及当代民法上，1896 年《德国民法典》于第 1 编"总则"第 3 章"法律行为"中规定了法律行为制度，从第 104 条到第 185 条，包括 6 节：第 1 节"行为能力"，第 2 节"意思表示"，第 3 节"契约"，第 4 节"条件与期限"，第 5 节"代理与代理权"，第 6 节"允许与承诺"。除《德国民法典》外，属于大陆法系德国法支流的《日本民法》[1]（于总则编第 5 章以"法律行为"章名予以规定：第 1 节"总则"，第 2 节"意思表示"，第 3 节"代理"，第 4 节"无效及撤销"，第 5 节"条件及期限"）、《韩国民法典》（于总则编第 5 章以"法律行为"章名予以规定：第 1 节"一般规定"，第 2 节"意思表示"，第 3 节"代理"，第 4 节"无效和撤销"，第 5 节"条件及期限"）、1966 年《葡萄牙民法典》（于第 3 分编"法律事实"第 1 章"法律事务"中分 3 节）也规定了法律行为制度。此外，我国台湾地区自 2009 年 1 月 1 日起施行的经修改后的"民法"总则编于第 4 章中以"法律行为"作为章名，从第 71 条到第 118 条，共计 48 个条文，分 4 节规定了法律行为制度．第 1 节（法律行为）"通则"，第 2 节"行为能力"，第 3 节"意思表示"，第 4 节"条件及期限"，第 5 节"代理"，第 6 节"无效及撤销"。如前所述，我国 1986 年制定的《民法通则》第 4 章于"民事法律行为"的名称下，也规定了法律行为制度。

应注意的是，我国由全国人大常委会法制工作委员会起草的《民法总则草案

---

[1] 如前述，《法国民法典》上无法律行为概念。《日本民法》的起草者系将德语的 Rechtsgeschäft 翻译为法律行为。此翻译在日本学界受到质疑，认为其未能正确传达德语的 Rechtsgeschäft 的含义。对此请参见［日］四宫和夫、能见善久：《民法总则》，弘文堂 2010 年版，第 178 页。

（征求意见稿）》第6章于"民事法律行为"的章名下共设4节规定法律行为制度的内容：第1节"一般规定"，第2节"意思表示"，第3节"民事法律行为的效力"及第4节"民事法律行为的附条件和附期限"。笔者认为，除应对该《民法总则草案（征求意见稿）》仍采用民事法律行为概念给予否定性评价外，还应指出的是，现有的内容结构及体系设计较为简单，结构与逻辑也较不严明，并不能涵括法律行为制度应解决和回应的其他问题。其中，最主要的问题是，其未将代理制度纳入法律行为制度中规定。盖代理系人的手、足的延长，系私法自治的补充和扩张，故其本质上仍属于法律行为制度的组成部分，抑或为法律行为延长线上的制度。故此，应将其作为法律行为制度中的一部分予以规定。另外，行为能力制度也与法律行为制度存在密切关联，盖行为能力主要是法律行为领域的问题。参考、借镜我国台湾地区"民法"的规定，也宜将行为能力的规定纳入法律行为制度中。[1] 此外，在体例安排和逻辑设置顺序上，法律行为制度的最末应规定的是法律行为的效力。之所以如此，系因为此前的各种法律行为（一般的法律行为、代理法律行为、附条件与附期限的法律行为及行为能力等）均涉及法律效力的问题。换言之，它是整个法律行为的效力的总的规定。

立基于上述考量，参考、借镜上述各国家和地区民法典关于法律行为制度的立法成例，我国民法（典）总则（编）法律行为制度的休例安排、内容构造及逻辑顺序似应如下：（1）法律行为的一般规定；（2）行为能力的规定；（3）意思表示；（4）代理；（5）条件与期限；（6）法律行为的效力。

---

[1]　我国台湾地区2009年经修改的"民法"总则编第4章"法律行为"之第2节所规定者，即是行为能力，自第75条至第85条，各条内容分别是：无行为能力人及无意识能力人之意思表示、无行为能力人之代理、限制行为能力人之意思表示、限制行为能力人为单独行为之效力、限制行为能力人契约行为之效力、相对人之催告权、限制原因消灭后之承认、相对人之撤回权、强制有效行为之效力、特定财产处分之允许及独立营业之允许。笔者认为，此一立法成例值得参考、借镜。

五、法律行为与意思表示：二者的关联及后者规则体系的建构

（一）二者的关联

法律行为与意思表示存在密切关联。如前述，在当代社会，尤其是在现今市场经济体制下，人们相互间的关系绝大部分是根据私法自治原则建立的，而实现私法自治原则的工具，正是法律行为。透过法律行为，每个人可以自由创建自己与他人间的法律关系。而这种法律关系的结果，系发生私法上的权利变动，引起私法上的法律效果。法律行为之所以能产生法律效果，不仅是因为法律如此规定，也是由于从事法律行为的人希望他的行为能产生法律效果。因当事人对内在的、未表示出来的意思无法知悉、明了，所以需要对方当事人将自己的内心意思表示于外部。法律效果也只能基于对外表示出来的意思而发生。而为达成一定的法律效果将内心的意思表示于外部的行为，即为意思表示。[1] 由此，法律行为的核心要素即系意思表示。[2]

尽管如此，但在具体的细微点上，法律行为（例如合同等）与意思表示又并非铁板一块，它们作为处理和对待不同侧面的问题的制度，[3] 具体又有如下两方面的功能区分：[4]

其一，意思表示的主要功能，乃系它是法律行为的要素，是说明法律行为的拘束力的根据。亦即，为没有瑕疵的意思表示的人，得受成立的合同（法律行为）的拘束。但是，为有瑕疵的意思表示的人，可否定合同的拘束力。与此不

1　参见黄立：《民法总则》，元照出版有限公司 2005 年版，第 184 页。

2　"意思乃法的第一原因"（cause），系 18、19 世纪哲学和法学最重要的"信仰条款"。参见 [日] 安井宏：《法律行为·约款论的现代的展开》，法律文化社 1995 年版，第 78 页。

3　有人指出，德国学者海泽在 Grundriß eines System des gemeinen Zivilrechts zum Behuf vom Pandekten Vorlesungen，1，Aufl. 1807 中，对法律行为与意思表示作了体系化的区分。正如 18 世纪以来的学问那样，海泽不仅对法律学，而且对所有的其他的学问（尤其是哲学、自然科学乃至医学等）予以关注，在构筑支配性的学问体系时，抽象出了民法领域高位阶的概念，例如法律行为、意思表示等。参见 [日] 远田新一：《代理法理论的研究》，有斐阁 1985 年初版第 2 刷发行，第 53 页。

4　参见 [日] 四宫和夫、能见善久：《民法总则》，弘文堂 2010 年版，第 195—196 页。

同，法律行为所关注的是其内容的侧面，即何种内容的合同得成立、它是否系被允许的内容等。民法通常就意思表示（真意保留、通谋虚伪意思表示、错误、误解、重大误解、欺诈、胁迫）和法律行为（公序良俗、强行规定）分别设其规定，系与此点有关。例如在比较法上，《日本民法》第93条至第96条系否定意思表示的效力，并基于此而否定合同的拘束力的规定；与此不同，其第90条至第91条则是涉及业已成立的合同的内容是否适当的规定。

其二，使法律的效果发生者，系法律行为（例如合同等），而意思表示只不过是使法律行为（例如合同等）的拘束力得以正当化的要件。换言之，基于意思表示，并不能产生直接的法律效果，而只有基于法律行为才能产生。此点就合同而言是清楚的，在单独行为，因意思表示就是法律行为，所以也是清楚的。但是，在遗嘱等，只表明真意尚不够，为了发生法律效果，还要求有方式（形式）。易言之，即使于遗嘱的场合，意思表示与法律行为也系可以分别把握。

（二）民法（典）总则（编）中意思表示规则体系的设置

对我国民法（典）总则（编）的法律行为制度的立法而言，其最具挑战性、最具创新性的，是有关意思表示的规则如何规定、如何构建。

如前述，意思表示是指将内心意欲发生私法上的效果的意思表示于外部的行为，它是法律行为最核心的构成要素。亦即，法律行为是旨在发生私法上的效果的、以意思表示为核心要素的法律事实。关于行为能力、代理、条件与期限及法律行为的效力等，《民法通则》《合同法》等都有了一些规定，且有一些司法案例的经验累积，而对于意思表示，我国现行民事法律的规定相对很弱，很不充分。故此，笔者认为，我国应参考大陆法系多数国家和地区关于意思表示的立法规定，同时总结和吸纳《民法通则》施行以来所积累的经验，于民法（典）总则（编）中规定完善的意思表示规则或制度体系。具体而言，应规定如下意思表示规则或制度体系。

1. 规定真意保留（单独虚伪意思表示、心中保留、心里保留或非真意表示）
与通谋虚伪意思表示制度

真意保留，又称单独虚伪意思表示、心中保留、心里保留或非真意表示，指
表意人虽有表达于外部的意思表示，但其内心却不愿意受该意思表示的拘束，而
另有其他不同的算计，其所表达于外部的意思表示纯为虚伪的情形。对此虚伪的
情形，仅表意人明知而故意为之。[1]例如表意人于友人称赞其新西装时髦时戏称：
"你喜欢，就送给你"！此意思表示虽有意思表示行为，表意人却不期望发生效
力，也不准备履行所发生的义务。真意保留的关键在于：表意人明知无此意思，
却将真意保留于内心，而故意为虚伪的意思表示。[2]所谓通谋虚伪的意思表示，是
指表意人与相对人互相通谋并进而为虚假的意思表示。其与真意保留的区别在
于，不仅双方当事人为虚伪的意思表示，且进而互相合谋。实务上，当事人双方
通谋为虚伪意思表示，通常均有其所追求的特殊目的，且以恶意损害第三人利益
的情形居多。例如债务人为逃避债权人的追偿，避免自己名下的不动产遭受强制
执行，而恶意将该不动产以假买卖的方式移转登记于与其通谋之人名下，或债务
人以制造假债权的方式，使与其通谋的假债权人加入强制执行的债权参与分配程
序，以妨碍其他真正债权人受偿。[3]

我国现行法上迄无有关真意保留与通谋虚伪意思表示的规定。《民法通则》
仅规定意思表示真实是法律行为的生效要件（第55条）。无疑，这样的规定过于
粗疏。故此，于正在制定的民法（典）总则（编）中，应对真意保留设独立的专
门条款予以规定。参考比较法及根据民法基本法理，应规定原则上真意保留的意
思表示系有效，但真意保留为相对人所明知的除外。另外，鉴于我国《民法通
则》《合同法》等未对通谋虚伪意思表示做出规定，而现今社会生活与司法实务
中为逃避债务或规避法律而为通谋的虚伪意思表示者所在多有，民法（典）总则

1　参见郑冠宇：《民法总则》，瑞兴图书股份有限公司2014年版，第296页。

2　参见施启扬：《民法总则》，中国法制出版社2010年版，第242页。

3　参见郑冠宇：《民法总则》，瑞兴图书股份有限公司2014年版，第300—301页。

（编）宜对此予以关注，做出回应。参考其他国家和地区的共通经验，建议对通谋虚伪意思表示做出如下规定："表意人与相对人通谋而为虚伪意思表示者，其意思表示无效。但不得以其无效对抗善意第三人。"

2. 对戏谑意思表示做出规定

如前述，所谓戏谑，即开玩笑之意。戏谑表示，即因开玩笑而为的表示行为。《德国民法典》第118条规定："非诚意的意思表示，如预期其诚意之欠缺，不致为人所误解者，其意思表示无效。"此所谓"非诚意的意思表示"，又称"非真意的意思表示"，如预期其真意的欠缺不致被误解而为之者，其意思表示无效，例如善意的戏谑（"gutter" Scherz）表示、大言壮语（Drahlerei）的约束等即属之。非诚意的意思表示无效，对方有时受损害。在此情形，对方可请求信赖利益的赔偿，但其赔偿数额不得超过履行利益。[1]建议民法（典）总则（编）参考《德国民法典》第118条的规定，对戏谑表示及其法律效果做出规定。

3. 设立有关隐藏行为的规定

表意人与相对人间因碍于情面或其他原因，所为的意思表示虽非出于真意，却隐藏他项法律行为的真正效果意思的，称为隐藏行为。易言之，隐藏行为是指在通谋虚伪的意思表示中隐藏着他项法律行为，或者指在虚伪意思表示中隐藏有他项确实的法律行为。例如，名为买卖，实为赠与即属之。所表示的买卖行为，虽因通谋虚伪而无效，但所隐藏的赠与行为则基于当事人的真意，应为有效。在比较立法成例上，《德国民法典》即规定：虚伪行为隐藏其他法律行为者，适用关于该隐藏的法律行为的规定（第117条第2项）。

值得指出的是，隐藏行为的有效性仅适用于虚伪行为的当事人之间，虚伪意思表示的当事人不能主张对于第三人也为有效。例如某甲将其机器与某乙通谋而为虚伪买卖，实则隐藏出租行为。此时出租合同仅在甲、乙间有效，某乙如将该机器转卖于善意的某丙，某甲不得援用隐藏行为（出租行为）的有效性，对丙主

---

[1]　参见台湾大学法律学研究所编译：《德国民法》，1965年印行，第122、123页。

张甲自己仍为机器的所有权人。[1]换言之，隐藏行为虽于当事人间发生效力，但因
仅当事人知悉该隐藏行为，善意第三人仍有可能信赖其所为的通谋虚伪意思表
示，故当事人仍不能主张隐藏行为以对抗善意第三人。[2]

综据上述，可知隐藏行为与虚伪意思表示存在密切关联。虚伪意思表示无
效，隐藏行为是否有效，应取决于隐藏行为本身是否符合该行为的生效要件。一
言以蔽之，虚伪意思表示所掩盖的真实意思表示，符合法律规定条件的有效。对
此，建议民法（典）总则（编）予以明定。

4. 规定意思表示错误的规则

按比较民法及传统民法法理，意思表示错误是指表意人的意思与表示的偶然
的不一致，表意人不知其所表示的意思非其内心的真实意思，包括内容错误、表
示错误、当事人资格错误与物的性质的错误、动机错误及法律效果的错误。意思
表示错误的法律效果是：有效但可撤销。换言之，错误的意思表示仍为有效的意
思表示，仅当事人得主张错误而撤销其意思表示。且得撤销的错误仅限于内容错
误、表示错误、当事人资格错误及物的性质的错误，其他如动机的错误则不得主
张撤销。[3]

我国民法上未使用错误的概念，但存在与其相关的规则，即误解与重大误解
规则。例如，《民法通则》第59条、《合同法》第54条第1款及最高人民法院
《关于适用〈中华人民共和国民法通则〉若干问题的意见（试行）》第71条等均
规定了误解与重大误解的概念及其判定。惟应指出的是，此等民事立法与司法解
释对于误解与重大误解的规定过于简略，且内容上也较不完整。更为重要的是，
在现今急剧变迁、发展的社会背景下，使用误解与重大误解的概念已不能完整、
统一、全面解释和囊括传统民法上的错误规则、错误情形及错误体系等。故此，
我国民法（典）总则（编）宜废弃误解与重大误解这些概念，而采用现今比较民

1　参见施启扬：《民法总则》，中国法制出版社2010年版，第245页。

2　参见郑冠宇：《民法总则》，瑞兴图书股份有限公司2014年版，第304页。

3　参见郑冠宇：《民法总则》，瑞兴图书股份有限公司2014年版，第305页以下。

法及传统民法上共通的错误概念、错误规则，以规范复杂的私法交易关系与急剧发展、变迁的社会生活。

基于上述考量，笔者认为，应对《民法总则草案（征求意见稿）》第 104 条"基于重大误解实施的民事法律行为，行为人有权请求人民法院或者仲裁机构予以变更或者撤销"的规定给予否定性评价。建议立法机关依据比较法上有关意思表示错误的共通规则构建和厘定我国的意思表示错误制度及规则。

5. 关于意思表示不自由（即关于欺诈、胁迫的意思表示）的效力问题

按民法法理，欺诈是指故意欺骗他人（表意人），使其陷于错误并进而表示不利于自己且本来不愿意表示的意思。[1]欺诈有时得构成犯罪行为而受刑法制裁，有时得使被害人取得撤销权（或使之无效），以撤销其所为的有瑕疵的意思表示。对于欺诈的刑事上的制裁，系以维持社会秩序为目的。民法上的撤销，以解除被害人法律上的拘束为目的，惟其损害尚未发生，得以撤销意思表示而防止之。此处所论，为民法上的欺诈。所谓胁迫，是指故意预告将来发生的危害，使他人心生畏惧，并因而为意思表示。[2]胁迫与欺诈相同，均属于意思表示不自由，即表意人未受欺诈或胁迫时，在客观上不可能有此表示。二者的差异在于，欺诈系因陷于错误而为意思表示，而胁迫则是因恐惧而为意思表示。[3]

值得指出的是，按《民法通则》的规定，欺诈、胁迫的法律效果为无效。惟1999 年的《合同法》规定，欺诈、胁迫的意思表示发生于当事人之间的为可撤销，而损害国家利益的则为无效。后者的规定是对前者的重大修改，无疑是正确的。盖民事生活十分复杂，且民法在根本上系私法，有些场合，被欺诈人愿意受到欺诈或胁迫，或对他人所实施的欺诈、胁迫可以容忍，因此在受到欺诈、胁迫后，由被欺诈人、被胁迫人自行决定是否撤销因受欺诈、胁迫而作出的意思表示。

在现今，社会生活急剧发展、变迁，因欺诈、胁迫而损害国家利益的情形和

1　参见施启扬：《民法总则》，中国法制出版社 2010 年版，第 253 页。

2　参见郑冠宇：《民法总则》，瑞兴图书股份有限公司 2014 年版，第 325 页。

3　参见陈华彬：《民法总论》，中国法制出版社 2011 年版，第 399 页。

背景已发生了根本改变。尤其是因国家利益一般均为公共利益，所以当实务中因欺诈、胁迫而发生损害国家利益的情形时，即可适用公序良俗原则而获解决。故此，建议民法（典）总则（编）将欺诈、胁迫的法律效果统一规定为可撤销，即既可以撤销，也可以不撤销，是否最终撤销，由被欺诈、被胁迫的享有撤销权的人决定。值得指出的是，《民法总则草案（征求意见稿）》第 105 条、第 107 条的规定即系如此，对此无疑应给予积极的肯定性评价。

6. 关于暴利行为（显失公平行为）

暴利行为系属无效或可撤销，其在法制发展上可以追溯到罗马法时期。罗马帝政末期，贵族们为了扩大庄园，以十分低廉的价格买取邻近的自由农民的土地。在此背景下，皇帝的敕令规定："土地以其正当价格一半以下而买卖时，卖主可以撤销买卖契约。" 此被称为 "莫大损害"（laesio enormis）的法理。[1] 此敕令是否存在尽管有争论，但至中世纪时，根据当时的正义理论而主张正当价格（认为物有其正当价格）的学说出现了。往后至 18 世纪的启蒙主义时期，自然法论者主张，实质的对价的均衡，应系契约有效的要件。在自然法理论影响下制定的《法国民法典》《普鲁士普通邦法》中均有立基于 "莫大损害" 的考量而拟定的条款。[2] 不过，在之后的 19 世纪，由于强调经济自由主义，1900 年施行的《德国民法典》并未直接规定 "莫大损害" 的条文，而系将其作为违反公序良俗的一种类型，仅设有暴利行为（Wucher）无效的规定（第 138 条第 2 项）。依其规定，暴利行为应依据乘对方的急迫、无经验、欠缺判断能力、意思能力的减退等主观的情事和给付的不均衡这一客观的情事进行综合判定。[3] 在日本法上，暴利行为系作为《日本民法》第 90 条的解释，被认为系该条规定的违反公序良俗的一种类型，其法律效果为无效。[4] 惟在英美（契约）法上，因其特别注重商人间的交易，故对于以对价的均衡来规制当事人之间的利益关系持消极态度。另外，英美法上

1　参见［日］四宫和夫、能见善久：《民法总则》，弘文堂 2010 年版，第 272 页。

2　参见陈华彬：《民法总论》，中国法制出版社 2011 年版，第 424 页。

3　参见陈华彬：《民法总论》，中国法制出版社 2011 年版，第 424 页。

4　参见［日］四宫和夫、能见善久：《民法总则》，弘文堂 2010 年版，第 272 页。

也并不像日本那样以公序良俗而介入之。但是，在英美法上，合同的成立平面（层面）上的规制（不当威压的法理）、合同成立阶段的不当性不应成为问题的"非良心性的法理"（doctrine of unconscionability）（UCC2—302），则仍然是存在的。[1]

在我国，《民法通则》将上述各国民法上的暴利行为界分为乘人之危与显失公平，这种做法已与现实实务脱节甚或发生"时代错误"，故建议民法（典）总则（编）参考、借镜当今比较民法上的共通经验，将现行的乘人之危与显失公平予以统一，称为暴利行为，进而建构有关暴利行为的统一规则。另外，应指出的是，依《合同法》第54条第1款的规定，暴利行为具有时间限制，即仅在订立合同时系暴利行为的合同，才属于可撤销合同。因此，合同成立生效后因情事变更导致合同内容系暴利行为的，不能适用暴利行为规则，而应直接适用诚实信用原则处理。[2]

7. 对其他必要和特殊事项做出规定

建议民法（典）总则（编）对如下必要和特殊事项做出规定：（1）规定对话与非对话的意思表示的生效时期；（2）规定向无行为能力人或限制行为能力人为意思表示的生效时期的特殊规则；（3）规定意思表示的解释规则；（4）规定以公告方式作出的意思表示，自公告发布时生效；（5）规定无相对人的意思表示，自表示完成时生效，法律另有规定的除外。

六、民法（典）总则（编）宜规定法律行为的一般生效（有效）要件与无效法律行为的转换规则

（一）规定法律行为的一般生效（有效）要件

按民法法理，法律行为的生效（有效）要件包括一般生效（有效）要件与特

---

[1] 参见［日］四宫和夫、能见善久：《民法总则》，弘文堂2010年版，第272—273页。

[2] 值得指出的是，因暴利行为要求乘相对人的急迫、穷困等的状况这一主观要件，所以其适用范围较不宽泛。现今社会上成问题的是不公正的交易（unfair exchange），而不公正的交易存在各种各样的形态，虽然也有须使全体无效的情形，但也存在很多仅除去不公正的部分即可（例如为回复对价的均衡，仅否定约款的一部的效力即可，便属之）的情形。处理这些问题，与其使用暴利行为规则，毋宁使用诚实信用原则更具灵活性，尽管灵活地依据公序良俗原则也可达到同一目的。对此，请参见［日］四宫和夫、能见善久：《民法总则》，弘文堂2010年版，第273页。

别生效（有效）要件。一般生效（有效）要件包括3项：（1）行为人须具有相应
的民事行为能力；（2）意思表示真实，即意思表示须健全、无瑕疵；（3）标的须
确定、合法、妥当和可能。法律行为的特别生效（有效）要件，指法律行为的生
效（有效）应特别具备的要件，例如遗赠须遗赠人死亡，才发生效力；无权代理
或无权处分行为，须经本人承认，才能生效；附条件或附期限的法律行为，于条
件成就或期限到来时生效；隔地的意思表示，于到达时生效。[1]

　　值得指出的是，法律行为的生效（有效）要件，反映的是国家的立场，即国
家对社会生活中的人们自由缔结的法律行为的态度，体现的是国家的意志。换言
之，在社会生活中，每个人均可自由地从事民事活动，缔结合同，但所缔结的合
同是否有效、是否受保护，须依其是否合于国家（法律）规定的法律行为的生效
（有效）要件而定。如果符合，即加以保护，使之生效（有效）；如果不符合，则
不予保护，不使之生效（有效）。另外，法律行为的生效（有效）要件，也反映
了国家对社会生活中人民的自由行为的干预：如果民事主体订立的法律行为符合
民法的原则和公平正义，即予以肯定、保护；反之，则予以否定，不承认其效力。
从一定意义上说，国家对民事主体的自由行为的干预、保护，正是通过设定法律
行为的生效（有效）要件获得实现的。[2]

　　基于上述考量并鉴于《民法通则》施行以来的司法实践，明定法律行为的生
效（有效）要件，具有很大的价值、意义与功用，故此，《民法总则草案（征求
意见稿）》第100条规定："民事法律行为具备下列条件的有效；（一）行为人具
有相应的民事行为能力；（二）意思表示真实；（三）不违反法律、行政法规的效
力性强制性规定，不违背公序良俗。"无疑，此条关于法律行为一般生效（有效）
要件的规定是必要的、恰当的，应给予肯定性评价，并建议维持其不变。

---

[1]　参见陈华彬：《民法总论》，中国法制出版社2011年版，第375页。

[2]　需注意的是，我国台湾地区学者王伯琦认为，法律行为不成立与无效，就其效果而言，并无
分别。参见王伯琦：《民法总则》，台湾编译馆1979年版，第129页注释2及第198页。另外，德国学
者拉伦茨认为，区分何者为法律行为的成立要件，何者为生效要件，几无实益。拉伦茨的此一见解，
系属不当，不应采之。

（二）规定无效法律行为的转换规则

无效法律行为的转换，指当事人在为法律行为时，因欠缺该法律行为发生效力的要件，以致无法达成其所希望的法律效果，但若经由解释而认为其有可能希望完成近似的法律行为的，则经由转换使该法律行为成为其他有效的法律行为。[1] 换言之，所谓无效法律行为的转换，系指无效法律行为具备其他法律行为的要件时，认可其作为后者的法律行为而发生效力。实务上，它通常根据利益状况而透过修正、解释当事人的意思得以实现或完成，本质上属于法律行为一部无效理论的特殊运用。[2]

在现今比较法法理与实务上，无效法律行为转换的方式有如下两种：[3]（1）依法律规定而转换。例如关于隐藏行为，无效的通谋虚伪意思表示若隐藏他项法律行为的，则可转换为被隐藏的他项法律行为，使之仍然发生效力，故假买卖而真赠与的，买卖合同固然因通谋虚伪意思表示而无效，但赠与合同则有效。（2）依解释而转换。例如最高额抵押权的设立，应担保由一定法律关系所生的连续性债权，但若当事人间设立最高额抵押权仅系担保单独一笔债务，则与最高额抵押权的规定相悖，其设立应不具有效力，但可依当事人的意思转换成有效的一般（普通）抵押权。

对于上述无效法律行为的转换，建议民法（典）总则（编）中设立其明文的规则。

七、民法（典）总则（编）宜规定法律行为违反效力性规定的效果

（一）概述

法律依适用的强制与否，可分为强行性规定与任意性规定。强行性规定，又

1　参见郑冠宇：《民法总则》，瑞兴图书股份有限公司 2014 年版，第 413 页。

2　参见［日］四宫和夫、能见善久：《民法总则》，弘文堂 2010 年版，第 283 页。而且，该书认为，无效法律行为的转换须备如下要件：其一，两方的法律行为的效果具有相同的社会乃至经济的目的，按照当事人的利益状况，当事人若知道无效，也希望可以发生其他的法律行为的效果；其二，若向要式行为转换，则该行为须不违反要式行为的旨趣。对此，请参见同书第 283 页。

3　参见郑冠宇：《民法总则》，瑞兴图书股份有限公司 2014 年版，第 413—414 页。

有强制性规定与禁止性规定之分。强制性规定，指法律命令当事人应为一定行为
的规定；禁止性规定，指法律命令当事人不得为一定行为的规定，如民事权利能
力、民事行为能力不得抛弃，自由不得抛弃，法律行为有悖于公序良俗者无效等
的规定即属之。[1]

就民法中的规定而言，属于强行性规定者包括：关于基本的社会秩序的规定
（婚姻家庭法、继承法、物权法中的大多数规定）、关于私法自治的前提乃至架构
性的规定（关于法人格、民事行为能力、意思表示及法律行为的规定）、保障基
本的自由的规定、保护第三人的信赖乃至交易安全的规定（关于善意取得、表见
代理及法律行为生效要件、对抗要件的规定等）及为保护经济上的弱者的规定
等。此外的规定为任意性规定。除民法外，其他规定强行性规定的法律也有不
少。在现今，伴随私法的社会化，为保护经济上的弱者的强行性规定纷纷出现。
比如，在租地、租房关系领域（日本的《借地借家法》第16条即属之）及劳动
关系领域就有很多强行性规定。此外，新近以来，与消费者的保护相关的强行性
规定也不断增多。[2]

（二）比较法（日本法）上行政的取缔规定及其违反于私法上的效力

在现今比较法上，强行性规定包括两类：（1）以规定私法上的法律关系为目
的的规定（例如民法典）中与任意性规定相对应的强行性规定，此称为狭义的强
行性规定；（2）直接以行政的取缔为目的的规定，违反它而为交易时，其私法上
的效力受影响，此被称为效力性规定。狭义的强行性规定与效力性规定，合称为
广义的强行性规定。在行政的取缔规定中，不影响私法上的效力的规定，称为单
纯的取缔规定，影响者为效力性规定。各个行政的取缔规定是否为效力性规定，
通常依各规定的文义尚不能明确，还须考量该法律的规范旨趣而确定。[3]在现今比
较实务与学说上，对于行政的取缔规定之违反于私法上的效力，存在三种主张：

1　参见谢瑞智：《民法总则精义》，1994年自版，第155页以下。
2　参见［日］四宫和夫、能见善久：《民法总则》，弘文堂2010年版，第261—262页。
3　参见［日］四宫和夫、能见善久：《民法总则》，弘文堂2010年版，第262页。

（1）违反行政的取缔规定的合同无论履行抑或未履行，均无效；（2）未履行时无效，已履行的有效；（3）其违反对私法的效力一律无影响，仅单纯产生公法上的制裁等。[1]

应指出的是，行政的取缔规定对某些行为的禁止、限制，原本系单纯立基于国家的政策而对某些行为加以现实阻止，违反者即要受到行政制裁。但是，违反这些行政的取缔规定的民事私法交易，并不当然无效。例如前述，违反单纯的取缔规定，即不影响民事私法交易的效力。在现今比较实务上，出租车的驾驶者若超过限制时速而急行将支付 2 倍的费用这一约束（拘束），其即便是以道路交通法的违反为内容，也并不当然无效。[2]另外，对于某个行政取缔规定是否系效力性规定，以往尽管系抽象加以判定，但新近以来，有力说认为，不应从规定本身，而应考虑违反规定的合同自身，来确定合同是否无效。当然，若采此说而予以判定，则即便是违反相同的行政取缔规定的合同，其因违反的方式、样态的不同而可能无效，也可能有效。[3]

此外，还有必要提及的是，新近的有力说认为，违反行政的取缔规定的合同的给付已履行的，因使之无效会损害交易安全，故不应否定其效力；给付未履行的，因无须考虑交易的安全，故应使之无效。但是，若违反行政的取缔规定的合同一经履行即在私法上变成有效，则一方面处罚轻微时，因意识到会受到处罚就会及早履行，另一方面更会助长违反行政的取缔规定的行为发生，故此，违反行政的取缔规定的合同无论履行抑或未履行，只要违反它，就应使合同无效。[4]

（三）民法（典）总则（编）应规定违反效力性规定的效果

我国法律之区分强制性规定与任意性规定，肇始于《合同法》第 52 条。该条规定，违反法律强制性规定的合同无效。2009 年 5 月，最高人民法院在《合同

1　参见［日］四宫和夫、能见善久：《民法总则》，弘文堂 2010 年版，第 262—263 页。

2　参见［日］四宫和夫、能见善久：《民法总则》，弘文堂 2010 年版，第 262—263 页。

3　参见［日］四宫和夫、能见善久：《民法总则》，弘文堂 2010 年版，第 262—263 页。

4　参见［日］四宫和夫、能见善久：《民法总则》，弘文堂 2010 年版，第 262—263 页。

法司法解释（二）》[1]中规定，《合同法》第 52 条第 5 项所称的强制性规定，系指效力性强制性规定。据此，在我国法与实务上，实际上仅有违反效力性规定的合同方才无效，违反非效力性规定（前述日本法上的单纯的取缔规定）的合同并不无效。

值得指出的是，我国于 1999 年制定《合同法》时曾参考前述比较法上有关违反行政的取缔规定的法律效果的经验，认为违反效力性规定的合同无效，违反非效力性规定（单纯的取缔规定）的合同在尚未履行的情形下为无效，于合同已经履行的情形下为有效。[2] 立基于前述比较法上的理论与实务经验，及以《合同法》和最高人民法院《合同法司法解释（二）》为依归，《民法总则草案（征求意见稿）》第 112 条规定违反法律、行政法规的效力性强制性规定或者违背公序良俗的法律行为无效。毋庸置疑，该条规定是正确的，应值肯定和赞同，建议继续维持其不变。

八、结语

民法（典）总则（编）的制定，是我国法律生活领域的一件大事，它是我国通向和最终完成民法典编纂的"第一步"，其意义和重要性无论如何估量，均不为过。在完成"第一步"的民法（典）总则（编）制定后，我国将整合既有民事法律、法规而编纂成一部完整的民法典，以实现民法典编纂的"第二步"。这其中，民法（典）总则（编）制定的"第一步"是基础和前置性工作。在这一工作中，法律行为制度作为民法（私法）领域最高程度的"提取公因式"的结果，其如何构建、如何规定无疑又居于十分重要的地位。具体而言，法律行为制度的价值与功用、法律行为概念的启用、法律行为制度的体例设置与安排、意思表示规则体系的建构、法律行为的一般生效（有效）要件、无效法律行为的转换

1　最高人民法院《关于适用〈中华人民共和国合同法〉若干问题的解释（二）》。

2　参见梁慧星："民法总则立法的若干理论问题"，载《暨南学报》（哲学社会科学版）2016 年第 1 期，第 29 页。

规则及法律行为违反效力性规定的效果等，均是民法（典）总则（编）制定中绕不过去的数道关口，需要自理论、实务及比较法的视角予以厘清和释明。本文即是在这些领域所做的立法论（当然也有一些解释论）探讨，希冀由此对我国民法（典）总则（编）的制定提供助力，有所裨益。

意定代理权的授予行为[*]

一、引 言

代理是代理人基于本人（Vertretener，被代理人）的授权或法律的规定，而以本人的名义为本人为法律行为，其法律效果由此归属于本人的制度。代理为三面关系，其系由本人、代理人（Vertreter）及相对人（第三人）三方当事人构成。本人与代理人间为授权的法律关系（内部关系），代理人与相对人间为代理关系（外部关系），相对人与本人间则因法律效果的归属而发生权利义务关系。[1]这其中，代理权（Vertretungsmacht）系整个代理关系的基础，处于枢纽和关键地位。盖代理权之有无，决定代理行为是否有效。[2]而代理人享有的代理权，其发生原因则因法定代理（gesetzliche Vertretung）与意定代理（gewillkürte Vertretung）而有差异，即前者（法定代理）系依法律的规定而发生，后者（意定代理）则系透过本人的授权行为（Bevollmächtigungsakt）而取得。[3]易言之，意定代理是基于本人的意思授予代理权的代理，譬如依委托（Auftrag）、雇佣、承揽、承包及合伙等基础关系授予代理权，即属之。而法定代理，其于罗马法初期即已存在，系非基

---

* 本文曾发表于《比较法研究》2017年第2期，今收入本书，一些地方作了改动、变易。

1　参见郑冠宇：《民法总则》，瑞兴图书股份有限公司2014年版，第359页；陈华彬：《民法总论》，中国法制出版社2011年版，第430—431页。

2　参见陈华彬：《民法总论》，中国法制出版社2011年版，第439页。

3　参见郑冠宇：《民法债编总论》，新学林出版股份有限公司2015年版，第66—67页。

于本人的意思，而是出于法律的规定授予代理权的代理。[1]

值得注意的是，上述意定代理权（gewillkürte Vertretungsmacht）的授予，根据私法自治原则，本人可依其自由意思于其认为需要的范围内，随时以意思表示对其所信赖的人进行授予，使其代理本人实施法律行为，进而承受其法律效果。[2]依民法法理，如前述，意定代理中本人与代理人间存在内、外部双重关系：其一，本人与代理人间通常有委托、雇佣、合伙、承包、承揽合同等基础关系，称为内部关系。基于此等基础关系，代理人有为本人为一定行为的义务。其二，本人单独行为的授权关系，称为外部关系，其使代理人有代理权，代理人所实施的行为对本人直接发生效力。[3]关于本人与代理人间的此种授权行为与其基础关系是否互为关联或各自独立、不相干涉，学理上存在"有因"与"无因"两种主张。我国现行立法对此未明示立场。另外，对于意定代理权授予行为的性质、方式、范围、内容、认定、瑕疵及其效力，我国现行立法同样也未予明确，抑或虽有关涉，但未尽清晰。有鉴于厘清、厘定及释明此等问题所具有的积极价值与功用，尤其是它关涉到对我国民法意定代理授权行为与其基础关系的正确理解与实务运用，笔者尝试对之展开研究。

二、意定代理权授予行为的性质、方式、范围、内容、认定、瑕疵及其效力

（一）意定代理权授予行为的性质与我国的应有立场

在现今比较法上，代理权被认为系由委托、雇佣、承包、承揽及合伙等事务处理合同（Geschäftsbesorgungvertrag）[4]中广泛地发生。有疑问的是，代理权系从

1　参见陈华彬：《民法总论》，中国法制出版社 2011 年版，第 432 页。

2　参见郑冠宇：《民法债编总论》，新学林出版股份有限公司 2015 年版，第 67 页。

3　参见施启扬：《民法总则》，中国法制出版社 2010 年版，第 282 页。

4　所谓事务处理合同，也称事务处理权（Geschäftsführungsbefugnis），即意定代理权授予行为的原因行为（Grundgeschäft），例如委托、雇佣、承揽、承包及合伙等。代理权授予系无因，与其原因绝缘，故原因虽有瑕疵，但对代理权并无影响。学理上称为代理权的独立性、无因性。对此，请参见台湾大学法律学研究所编译：《德国民法》，1965 年印行，第 183 页。

此等事务处理合同中直接发生（即只要有事务处理合同，就当然发生代理权），抑或系由独立于事务处理合同的代理权授予行为而发生。现今比较法上的通说认为，应以后者为当。[1] 易言之，意定代理权系依本人与代理人之间的法律行为（代理权授予行为）而发生。[2] 而关于该代理权授予行为的性质，则存在委托合同说、无名合同（nicht benannter Vertrag）说、事务处理合同说（Geschäftsbesorgungsvertrag）及单独行为说。[3]

于比较代理法上，《日本民法》的起草者认为，意定代理系由委托合同而发生。[4] 故此，《日本民法》第 104 条、第 111 条第 2 项明定（明示）"依委托而发生代理"。但是，为处理本人的事务而订立委托合同的情形，常常并不伴有代理权的授予。相反，于委托以外的事务处理合同中伴有代理权授予的情形则系不少。譬如，于雇佣、合伙、承包、承揽等合同中就大多伴有代理权的授予。故此，于现今比较法上，通常不认为委托与代理之间存在直接关系，[5] 而是认为代理权广泛地由委托、雇佣、承包、承揽及合伙等事务处理合同中发生。另外，无名合同说认为，代理权授予行为系本人与代理人之间的一种无名合同，即属于民法中未作为典型合同而予规定的特殊的合同。按照此说，本人与代理人之间一旦缔结了委托合同等关于事务处理的合同，即缔结了以代理权授予为目的的合同。[6]

应指出的是，上述各说中的单独行为说具有更积极的价值与功用，由此值得

1　参见［日］四宫和夫、能见善久：《民法总则》，弘文堂 2010 年版，第 299 页。

2　参见［日］四宫和夫、能见善久：《民法总则》，弘文堂 2010 年版，第 299 页；［日］石田穰：《民法总则》，悠悠社 1992 年版，第 387 页；［日］松坂佐一：《民法提要（总则）》（第 3 版），有斐阁 1975 年版，第 251 页。

3　参见［日］藤井俊二：《民法总则》，成文堂 2011 年版，第 153—154 页。

4　参见［日］藤井俊二：《民法总则》，成文堂 2011 年版，第 154 页。

5　值得提及的是，罗马法不认可委托与代理的区别。《法国民法典》（1804 年）第 1984 条、《奥地利普通民法典》（1811 年）第 1002 条亦同。故在此等法制上，代理权常依委托合同而成立，从而以授权行为为委托合同的外部关系（Ausserverhältnis）。惟委托与代理并非同一。代理权的授予系对代理人赋予一定的资格（Legitimation），代理人对于本人不负任何义务。自德国拉班德（Paul Laband）倡导代理与委托的区别而以代理为无名合同以来，委托合同说失去势力。于《日本民法》，其以类似委托的无名合同说为普行的学说（参见《日本民法》第 111 条第 2 项）。对此，请参见台湾大学法律学研究所编译：《德国民法》，1965 年印行，第 177 页。

6　参见［日］四宫和夫、能见善久：《民法总则》，弘文堂 2010 年版，第 299 页。

关注与重视。按此说，本人的授权行为是作为与事务处理合同个别存立的单独行为的代理权授予行为。[1]其属于有相对人的行为，仅须由本人单方面向代理人（内部授权）或向代理人对之为代理行为的第三人（外部授权），为授予代理权的意思表示即可，且此内部授权与外部授权的效力相同。代理权的授予无须被授权人（代理人）的同意，即可发生授权的效力。盖其仅系单方面使代理人取得代理权，享有以本人名义为法律行为的资格，并未由此而负担义务，[2]非属债的发生事由（原因）。[3]由此，代理权的授予，对限制行为能力人而言，系纯获法律上利益的行为，故无须获得其法定代理人的同意。[4]惟限制行为能力人授予他人代理权的行为，若未事前得到法定代理人的允许，则为无效的单独行为。[5]另外，还应指出的是，按照单独行为说，因代理人方面的行为能力的限制、意思表示的瑕疵等对代理权授予行为的效力并无影响，故而它具有保护依代理而进行的市场交易的安全的功用。此也为单独行为说的一个优点。[6]

值得指出的是，作为现今大陆法系重要国家的德国与瑞士代理法系采单独行为说，可为我国之采该说提供比较法上的借镜。于德国，自莱纳尔（Otto Lenel）主张单独行为说以来，该说即流行于德国，成为通说。[7]其解释谓：代理系依本人

1　参见［日］四宫和夫、能见善久：《民法总则》，弘文堂2010年版，第299页。

2　参见［日］松坂佐一：《民法提要（总则）》（第3版），有斐阁1975年版，第251页。

3　基于代理权的授予，只产生代理人作为的权限，并未产生作为的义务。债的关系的产生原则上导因于契约（契约原则），只有法律严格限定的情形，才允许以单方法律行为成立债的关系。若容许以代理权的授予直接产生债的关系，将严重破坏契约原则。事实上，本人与代理人之间的权利义务关系，系由其基础关系产生。对此，请参见黄立：《民法债编总论》，中国政法大学出版社2002年版，第132页。

4　代理权的授予系意思表示，自以授权人有行为能力为前提，其授予原则上有待接受，但不须为法律行为上的承诺表示，如其不愿接受代理权，可以舍弃。被授权人与授权人之间的权利、义务，由基础关系而生，就其基础关系的形成而言，被授权人固须有行为能力，但接受代理权的授予，并不以完全行为能力为必要，盖其效果只与授权人相关。对此，请参见黄立：《民法债编总论》，中国政法大学出版社2002年版，第140页。

5　参见郑冠宇：《民法债编总论》，新学林出版股份有限公司2015年版，第67—68页；我国台湾地区"民法"第78、167条。

6　参见［日］四宫和夫、能见善久：《民法总则》，弘文堂2010年版，第299页。

7　《德国民法典》关于意定代理权的授予也采单独行为说。参见［日］本城武雄、目崎哲久编著：《民法总则》，嵯峨野书院1996年版，第203页。

一方的授予的意思表示而成立，委托以处理他人的事务为目的，而其处理事务的结果，先对受托人发生，之后由受托人将其结果移转于委托人，由此，委托的结果对于本人乃系间接的。反之，于代理权授予，代理人与相对人所为的意思表示的结果，直接对本人发生，无须移转。尽管授权多与委托合同同时成立，但代理权并非委托合同的结果，而是源于授权行为自体而发生。申言之，授权不伴随委托合同，也能成立。譬如前述，代理权可与雇用、承包、承揽及合伙等同时成立。另外，单独行为说也为《瑞士债务法》第 32 条 [1] 所采，并为瑞士学界的通说。[2]

综据上述并基于当代比较代理法的共通经验及其可借鉴性，对于我国民法理论与实务中的代理权授予行为的性质之厘定与解释，应采单独行为说为宜。也就是说，宜将意定代理中本人的授权行为解为系本人的单独行为。[3]

（二）意定代理权授予的方式、范围与内容

按当代比较代理法，意定代理授权的意思表示，原则上并无任何方式的限制，为不要式行为，既可以书面为之，也可以口头（言词）为之，系一种有相对人的单独行为，于相对人了解（对话），或到达相对人（非对话）时发生效力，不以相对人承诺、[4] 不以有授权证书为必要，且也不以明示为限，如依本人的行为或其他情事足以间接推知本人有授权的意思的，也生效力。[5] 惟依比较法上的通说，意定代理权的授予不得以合同（契约）为之。盖民法立法的旨趣系在力图以最少的要件（如生效要件）对代理权的授予与存在加以限制，若代理权的授予与存在有待于被授权人的参与，则必会产生诸多因意思表示瑕疵而影响代理权存在

1　Oser Kommentar zum Schweizerischen ZiVilgesetzbuch Art 32Ⅲ，2. br 1929.

2　参见台湾大学法律学研究所编译：《德国民法》，1965 年印行，第 177—178 页。

3　值得注意的是，梁慧星学部委员就认为《民法通则》第 65 条第 2 款关于意定代理权的授予系采单独行为说。对此，请参见梁慧星：《民法总论》（第 4 版），法律出版社 2011 年版，第 227 页。

4　参见王泽鉴：《债法原理：基本理论、契约、无因管理》，2012 年自版，第 318 页。

5　参见郑冠宇：《民法债编总论》，新学林出版股份有限公司 2015 年版，第 67—68 页；我国台湾地区"最高法院"1995 年度台上字第 1481 号判决。

或生效的情形。[1]

我国《民法总则》第 165 条规定："委托代理授权采用书面形式的，授权委托书应当载明代理人的姓名或者名称、代理事项、权限和期间，并由被代理人签名或者盖章。"据此，对于法律没有要求采用书面形式的委托授权，虽然当事人可以自由选择书面形式或口头形式，但由于委托授权不仅对委托人、受托人双方具有效力，且对与代理人为法律行为的相对人具有效力，其不仅是委托人取得代理效果的法律依据，也是受托人、相对人要求委托人承担法律责任的依据，故当事人于选择委托授权的形式时通常都应采取书面形式。[2] 尤其是若系受委托处理不动产物权的移转事宜，由于依《物权法》的规定，不动产物权的移转应以书面为之，故该委托合同应以书面为之，而代理权的授予也应如此。于当事人不以书面进行代理权的授予，从而不具备"代理权要式性"时，该代理权授予行为不生效力，此时若仍以代理人身份实施法律行为，即构成无权代理。另外，依我国台湾地区"民法"第 554 条第 2 项、第 558 条第 3 项的规定，经理人除有书面授权外，不得为不动产的买卖或设定负担，代办商除有书面的授权外，不得负担票据上的义务，或为消费借贷，或为诉讼。[3]

按照代理法法理，意定代理权的范围与内容，应依本人的需要而定，经由本人的授权，代理权限的范围即因本人授权的内容而确定。[4] 在我国，于典型的委托授权的情形，委托授权的内容和范围，应依委托人所欲达到的目的而定，其可以是代理为一次法律行为的一次性委托，如代签一份合同，也可以是于一定时间内连续代理同种法律行为的特别委托，如商店营业员的委任。此外，还可以是针对某一事业代为一切法律行为的总委托，如公司经理的委任等。[5]

1　参见黄立：《民法债编总论》，中国政法大学出版社 2002 年版，第 140—141 页。

2　参见李开国：《民法总则研究》，法律出版社 2003 年版，第 356 页。

3　参见郑冠宇：《民法债编总论》，新学林出版股份有限公司 2015 年版，第 68 页。

4　参见郑冠宇：《民法债编总论》，新学林出版股份有限公司 2015 年版，第 68—69 页；我国台湾地区"最高法院"1973 年度台上字第 1099 号判例。

5　参见李开国：《民法总则研究》，法律出版社 2003 年版，第 357 页。

（三）意定代理权授予行为的认定

按当代比较代理法，如前述，意定代理授权行为通常并非要式行为，故无须特别的方式，以口头（言词）为之也无不可。惟于现今比较代理法的实证经验上，为提示授予代理权证据的方便起见，通常由本人交与代理人委托书。此委托书，须由本人签名或盖章，其非系委托合同书，而是授予代理权的证据。比较实务上，由本人授予白纸委托书（代理人姓名或代理事项未填），经代理人将空白栏填入后也可生委托书的效力。[1] 另外，按意定代理权授予的单独行为说，本人交付委托书，即是代理权授予行为。实务中，本人交付了委托书，但实际上并未授予代理权的，相对人应受表见代理的保护。还有，代理权存在与否，不必非依委托书而认定。比如，对与本人共同生活、帮助本人从事营业活动的家庭成员，即应认为存在默示的代理权授予行为。[2] 最后，比较实务上的判例认为，虽然未交付委托书，但为某特定交易而交付了印章的，也应解为有代理权的授予。[3]

在我国，于委托授权的情形，授权委托书（即前述委托书）是委托人制作并授予受托人的指明受托人具有一定代理权限的法律文件。委托人将制作好的授权委托书交付受托人，即构成委托授权的书面法律行为，产生委托授权的法律效果，且授权委托书一经交付受托人，就成为受托人向第三人证明自己享有代理权的文件。故此，授权委托书又称代理证书，其于实务中对认定行为人代理权的有无、代理权的范围及是否构成表见代理皆具有重要价值。由此之故，《民法总则》第 165 条遂规定，"代理人的姓名或名称、代理事项、权限和期间"及"被代理人的签名或者盖章"，系授权委托书应记载的事项。同时，于委托书授权不明时，本人（被代理人）应向相对人（第三人）承担民事责任，代理人负连带责任。此所谓委托书授权不明，系指委托书有关授权的文意不明确、不具体，他人对授权

1　参见刘得宽：《民法总则》（修订新版），五南图书出版公司 1996 年版，第 310 页；［日］四宫和夫、能见善久：《民法总则》，弘文堂 2010 年版，第 300 页；［日］藤井俊二：《民法总则》，成文堂 2011 年版，第 154 页。

2　参见［日］藤井俊二：《民法总则》，成文堂 2011 年版，第 155 页；［日］四宫和夫、能见善久：《民法总则》，弘文堂 2010 年版，第 300 页。

3　参见日本最判 1969 年 10 月 17 日《判时》573 号 56 页。

范围可作或大或小的解释。于代理人以较大授权范围的理解而与相对人为法律行为时，就可能违反本人较小授权范围的本意。由于委托书授权不明系由本人造成，为保护善意相对人的利益、保障交易安全，本人即应对代理人的代理行为负责，且使代理人负连带责任。[1]

（四）意定代理权授予行为的瑕疵及其效力

首先，本人以心里保留（真意保留、内心保留）的方式授予代理权的效力。代理权授予行为的效力，本应根据本人与代理人的关系而判定，原则上不受代理人的代理行为的相对人的影响。惟实际上也有须例外认可的情形。比如，本人对代理人的代理权授予的意思表示系依心里保留而为之，基此，代理人与相对人为代理行为时，若相对人知悉本人的真意，即不必使代理权授予行为有效。若分别考量代理权授予行为与代理行为，则不应以代理权授予行为的效力之判断而考量代理行为的相对人之情事，惟代理权授予因以实施代理行为为前提，故完全分离考量二者也系不妥。[2]

其次，因受代理人欺诈而授予代理权的效力。代理权的授予系基于高度的信赖关系而实施，故此，当事人间已不存在信赖基础时，自应允许本人随时撤回其代理权的授予，惟同时也应对相对人的利益加以保护。故此，依当代比较代理法法理与实证经验，本人受代理人欺诈而授予代理权的，于代理人与相对人为法律行为前，本人可撤回其授权的意思表示；于代理人与相对人为法律行为后，本人的撤回虽应有效，但不发生溯及效力，本人仍须就该法律行为负责。[3]

最后，因受相对人欺诈而授予代理权的效力。本人甲因受相对人丙的欺诈，而对代理人乙授予代理权，甲于主张系被丙欺诈而对乙撤销其代理权的授予时，丙可否主张欺诈系由相对人所为的，以（丙）明知其事实或可得而知者为限，方得撤销之？对此，现今的通说认为，丙不得主张其系民法总则意思表示规则中的第

1　参见李开国：《民法总则研究》，法律出版社 2003 年版，第 360 页。
2　参见［日］四宫和夫、能见善久：《民法总则》，弘文堂 2010 年版，第 301 页。
3　参见郑冠宇：《民法债编总论》，新学林出版股份有限公司 2015 年版，第 71 页。

三人。[1] 由此，甲仍可撤销对乙的授权，乙所实施的行为即为无权代理，甲可拒绝承诺，惟丙因系恶意，故不得对乙主张其为无权代理而要求损害赔偿。[2]

三、意定代理权授予行为的有因说与无因说及我国的立场

（一）意定代理权的授予与其基础关系：有因说与无因说

按代理法法理，本人向代理人授予代理权，其目的在于使代理人享有资格，而可对外以本人名义实施法律行为，并进而使本人承受其实施法律行为（代理行为）的法律效果。而本人之所以授予代理人代理权，通常系由于代理人与本人之间存在委托合同、雇佣合同、合伙合同、承包合同及承揽合同关系或其他法定关系，此等关系为代理权授予的基础关系，也为代理权授予的原因行为。[3] 尽管有此等基础关系，但本人仅在认为有必要使受托人、受雇人、承包人或承揽人（如加工人）等对外有所行为时，方需要对其授予代理权。比如，甲雇用新店员乙，实习期间仅让其观摩，未授予与顾客订立合同之权。若乙径以甲的名义与顾客订立合同，即应成立无权代理。[4] 故此，即使有委托、雇佣、合伙、承包及承揽等基础合同关系存在，若未涉及对外实施法律行为的必要时，本人并不需要对受托人、受雇人、承包人及承揽人等授予代理权。[5] 应指出的是，意定代理权的授予及其基础关系虽以同时存在为常态，但也有虽然有代理权的授予，但并非当然有基础关系存在的情形，譬如甲嘱乙代订酒席，属社交行为（好意施惠行为），虽无委托、雇佣、合伙、承包及承揽等基础合同关系，乙仍取得代理权。[6]

由上述情况可知，意定代理权的授予，并非委托合同、雇佣合同、合伙合

1　比如，我国台湾地区"民法"第 92 条第 1 项规定："因被诈欺或被胁迫而为意思表示者，表意人得撤销其意思表示。但诈欺系由第三人所为者，以相对人明知其事实或可得而知者为限，始得撤销之。"

2　参见郑冠宇：《民法债编总论》，新学林出版股份有限公司 2015 年版，第 71—72 页。

3　参见郑冠宇：《民法债编总论》，新学林出版股份有限公司 2015 年版，第 69 页。

4　参见梁慧星：《民法总论》（第 4 版），法律出版社 2011 年版，第 226 页。

5　参见郑冠宇：《民法债编总论》，新学林出版股份有限公司 2015 年版，第 71 页。

6　参见梁慧星：《民法总论》（第 4 版），法律出版社 2011 年版，第 226 页。

同、承包合同及承揽合同等基础关系的外部效力，而是独立的法律行为，学说称为本人代理权授予行为的独立性。惟于比较法和比较实务上，存有疑问的是，意定代理权的授予与其基础关系于效力上有何关联，若基础关系无效或被撤销，代理权的授予行为是否也应无效或被撤销？对此，存在有因说与无因说的迥异认识，兹分述如下。

按照有因说，基础关系的效力将影响代理权授予的效力，代理权的授予之无效或被撤销，系基础关系无效或被撤销所使然、所造成。授权行为的命运，须与基础关系相依存。[1]也就是说，授权行为与其基础关系不可分离，如基础关系归于无效、不生效力或被撤销，则授权行为也因之而消灭。并且，按此观点，于雇用或委托限制民事行为能力人的情形，若雇佣或委托合同因法定代理人不同意而不生效力，经授予的代理权也随之消灭，该限制民事行为能力人以本人名义而为的法律行为因欠缺代理权而构成无权代理。[2]

与上述有因说不同，无因说则认为，代理权的授予，常有其处理事务的法律关系存在，本人与代理人间的权利义务系受此法律关系的拘束。故代理权的授予与其基础的处理事务的法律关系应加以区别，前者并不因基础法律关系而受影响。[3]也就是说，依无因说，代理权授予系独立于其原因行为之外的单独行为，不受其原因行为效力的影响，即使基础关系无效，代理权授予仍可独立、有效存在。除本人有使授权行为与基础关系同一命运的意思表示外，授权行为有效，基础关系无效的，无效的基础关系效力的瑕疵对有效的授权行为并无影响。[4]根据此说，雇用人对于受雇人授予代理权的，于雇佣关系无效或被撤销时，代理权授予的行为也不当然无效或被撤销。[5]

1　参见廖毅：《民法（总则编）整合式案例研习》，保成文化出版公司 2007 年版，第 477 页。
2　参见王泽鉴：《债法原理：基本理论、契约、无因管理》，2012 年自版，第 326—327 页。
3　参见梅仲协：《民法要义》，中国政法大学出版社 1998 年版，第 140 页。
4　参见廖毅：《民法（总则编）整合式案例研习》，保成文化出版公司 2007 年版，第 477 页。
5　参见郑冠宇：《民法债编总论》，新学林出版股份有限公司 2015 年版，第 70 页。

（二）对意定代理权授予行为的有因说与无因说的考量评析及我国的应有立场

1. 对意定代理权授予行为的有因说与无因说的考量评析

意定代理权授予行为的有因说与无因说，是比较代理法上备受重视、讨论的问题，在我国亦然。尤其是有因说，系为我国不少学者所主张。其理由主要是：无因说对恶意及有过失的相对人（第三人）也予以保护，系属不妥，应采有因说加表见代理的制度框架，以保护交易安全。[1]惟笔者认为，尽管有因说有其合理之处，但无因说更值得重视，值得赞同。

如前所述，德国自拉班德于 1866 年在《商事法杂志》（Zeitschrift für Handelsrecht）上发表《代理权授予及其基础关系的区别》（Unterscheidung der Vollmacht von dem ihr zugrunde liegenden Verhältnis），倡导严格界分基础关系与代理权的授予（被誉为法学上的发现之一[2]）以来，德国代理法学说与 1896 年《德国民法典》即采代理权授予行为的独立性与无因性观点，[3]这一立场甚至也影响了 1911 年《瑞士债务法》[4]。

《德国民法典》总则编规定的意定代理权授予行为的无因性与物权法编中的物权行为无因性，债务关系法（债法）编的债务约束（Schuldversprechen）[5]、债务承认（Schuldanerkenntnis）[6]——无因债权、无因债务制度，以及其商法中所定

---

[1] 例如，叶金强，"论代理权授予行为的有因构造"，载《政法论坛》2010 年第 1 期，第 109 页以下；汪渊智："论代理权的授予行为"，载《山西大学学报（哲学社会科学版）》2015 年第 6 期，第 118 页以下；殷秋实："论代理权授予与基础行为的联系"，载《现代法学》2016 年第 1 期，第 86 页以下。

[2] 参见王泽鉴：《民法学说与判例研究》（第 4 册），1992 年自版，第 4—6 页。

[3] 参见《德国民法典》第 167 条。

[4] 对此，请参见该法第 32 条（尤其是其中第 2 项）的规定。关于对该条的最新翻译，请参见戴永盛译：《瑞士债务法》，中国政法大学出版社 2016 年版，第 12 页。

[5] 《德国民法典》第 780 条规定："以契约为给付之约定，而其约定应独立发生债务者（债务约束），除另有其他方式之规定外，须以书面为约定，其契约始为有效。"

[6] 《德国民法典》第 781 条规定："以契约承认债务关系之存在者（债务承认），须以书面为承认之表示，其契约始为有效。就债务关系之存在予以承认，而关于此项债务之发生，另有其他方式之规定者，承认契约亦应具备此种方式。"

的票据行为无因性制度，系一个具有彻底性的无因性制度系统，彰显了德国私法（民商法）上无因性制度的完整性和体系性。此等无因性制度的旨趣，系在于保护交易安全。[1]惟应指出的是，与此无因性制度体系中的物权行为无因性必有其原因，无因性旨在使物权行为不受其原因行为不成立、无效或被撤销的影响，且得发生不当得利不同，代理权授予行为并非必有原因行为，且也不发生不当得利问题。[2]也就是说，代理权的授予同其基础关系的存在具有只有授权行为，而无基础关系，只有基础关系，而无授权行为，以及既有基础关系，也有授权行为三种形态。[3]值得指出的是，德国私法上无因性制度系统中的此意定代理权授予行为的无因性对各国家和地区的立法、理论及实务产生了重要影响。除前述《瑞士债务法》外，俄罗斯民法、《欧洲民法典草案》（DCFR）、意大利民法、荷兰新民法、法国民法判例及英美民法，均致力于采取之。[4]这一趋势与动向值得我国代理法理论、立法及实务予以关注。

尤其值得指出的是，意定代理权授予行为的独立性与无因性于如下 4 个方面具有其显著的优势[5]：其一，代理行为的相对人所关心的只是代理权的有无，至于基础关系是否有效，并非外界所易知，故采无因说可以保护交易安全。其二，本人明知代理人为限制行为能力人，仍以之为代理人，如采有因说，显然违背本人的意思。其三，按现今比较代理法的规定，民事限制行为能力并不影响（民事限制行为能力）代理人所为或所受意思表示的效力。[6]于明知代理人为民事限制行为能力人的情形下，仍愿与代理人为代理行为的，如采有因说，会破坏相对人的此种信赖。其四，若采有因说，会使代理人的行为变成无权代理，而须负无过

1　参见陈华彬："罗马法的 traditio、stipulatio 与私法上无因性概念的形成"，载《中国法学》2009 年第 5 期，第 66—67 页。

2　参见王泽鉴：《债法原理：基本理论、契约、无因管理》，2012 年自版，第 327 页。

3　参见廖毅：《民法（总则编）整合式案例研习》，保成文化出版公司 2007 年版，第 477 页。

4　参见梁慧星：《民法总论》（第 4 版），法律出版社 2011 年版，第 226—227 页。

5　参见廖毅：《民法（总则编）整合式案例研习》，保成文化出版公司 2007 年版，第 477—478 页。

6　比如，我国台湾地区"民法"第 104 条即定："代理人所为或所受意思表示之效力，不因其为限制行为能力人而受影响。"

失损害赔偿责任，此对代理人颇为严苛。应指出的是，意定代理权授予行为的独立性与无因性的这些优势或优点，对于我国之采意定代理权授予行为的同样立场，可提供理论上的证立。

2. 意定代理权授予行为的无因性于法制史上的肇源、演进及我国对于它的立场

（1）意定代理权授予行为的无因性于法制史上的肇源与演进

意定代理权授予行为的无因性，也称意定代理权授予行为的抽象性，于比较代理法史上，其于欧陆尤其是于德国，系源起于委托与代理的关系，后者具有独立性与无因性。近代自然法理论的始祖格劳秀斯，按罗马法的现代适用（罗马法的现代惯用），对日常交易的诸问题，根据自然法而考量实务的要求与习惯（Consuetudo），倡导自然法的民事法学说，并据此认为代理就是委托。[1] 惟作为意定代理的构成要件，对于委托与代理的关系，格劳秀斯首次尝试主张二者是可以分离（分隔开）的对内关系与对外关系。[2] 这一思想之后被德国学者耶林（Rudolf von Jhering）与拉班德等承继。拉班德除力倡代理与委托的界分（区隔）、分离外，还极力倡导代理权的无因性。尽管如此，应指出的是，受近代自然法理论的影响而制定的欧陆近代民法——1804年《法国民法典》（含1867年《法国商法典》）、1811年《奥地利普通民法典》及1794年《普鲁士普通邦法》——于认可代理与委托的关系上仍较为保守，其通常于立法上将委托、代理、授权相混淆（混同），[3] 认为仅委托合同系意定代理权授予的基础（关系），二者同时成立或消灭，代理、代理权授予及委托合同系属同一意义。[4] 换言之，《法国民法典》《奥地利普通民法典》及《普鲁士普通邦法》尽管均对代理作出了规定，惟这一时期仍然没有形成独立的代理观念而建构起统一的代理制度。于《法国民法典》《奥地利普通民法典》及《普鲁士普通邦法》中，代理被视为委托合同的效力，即将

1　参见［日］远田新一：《代理法理论的研究》，有斐阁1984年版，第174页。

2　参见［日］远田新一：《代理法理论的研究》，有斐阁1984年版，第175页。

3　参见［日］远田新一：《代理法理论的研究》，有斐阁1984年版，第174页以下。

4　参见王泽鉴：《民法学说与判例研究》（第4册），1992年自版，第5页。

代理人进行代理活动看作受托人对委托人的义务，未能厘清代理与其基础关系的界限。[1]

如前述，于代理法史上，真正于理论、立法及实务上厘定、区隔委托合同等基础关系与授权行为的关联，进而认可二者于效力上的无因性的，系拉班德及其之后的学说、立法与实务。而当时之所以将对外的代理权行使自对内的委托合同等基础关系中独立出来，并使代理权及其行使具有独立性、无因性，其主要的因由系在于经济上的需求与罗马法等法典上的根据。[2]于现今，如前述，除《德国民法典》《瑞士债务法》外，俄罗斯民法、《欧洲民法典草案》（DCFR）、意大利民法、荷兰新民法、法国民法判例及英美民法，均采取委托、雇佣、合伙、承包及承揽等基础合同关系与意定代理权授予行为的区分原则。应当肯定，意定代理权授予行为的无因性于法制史上的演进与变迁的轨迹，值得重视。

（2）对意定代理权的授予与其基础关系的关联，我国应采无因性

如前述，代理权的授予与其基础关系，系分别独立的法律行为。代理权的授予系本人纯为自己利益的考虑，仅使代理人享有资格，并未使其负有义务或享有权利。而代理人之负有义务或享有权利，系由代理权授予的基础关系（原因行为）予以确定和规范。概言之，委托合同、雇佣合同、合伙合同、承包合同及承揽合同等代理权授予的基础关系，系规范、确定本人与代理人之间的权利义务关系。[3]并且，委托合同、雇佣合同、合伙合同、承包合同及承揽合同等基础关系，系代理人之负有义务的根本依据。[4]若代理人行使代理权时未能维护、照顾本人的

1　参见李开国：《民法总则研究》，法律出版社 2003 年版，第 311 页。

2　对此点的翔实分析，请参见［日］远田新一：《代理法理论的研究》，有斐阁 1984 年版，第 177 页以下。

3　参见郑冠宇：《民法债编总论》，新学林出版股份有限公司 2015 年版，第 70 页。

4　委托合同、雇佣合同、合伙合同、承包合同及承揽合同等基础关系，系在于决定代理人的事务处理权义（权利、义务），代理权授予则在于决定相对人与本人的法律关系，即本人得向相对人主张权利，相对人得主张本人负担义务，二者系互相独立存在。由此，即使实务中本人与代理人常将订立委托合同的意思表示与授予代理权的意思表示同时为之，概念上二者仍不宜混淆。对此，请参见邱聪智：《民法债编通则》（修订 6 版），1993 年自版，第 55—56 页。

利益，本人即可基于此等基础关系对之主张权利。[1]

另外，应指出的是，即使于授予代理权的基础关系无效的情形，也并不意即本人不愿使代理人所实施的行为对自己发生效力。[2]比如，对限制民事行为能力人授予代理权，无须其法定代理人的同意即可发生效力，但其基础关系，比如委托合同、雇佣合同、承包合同、承揽合同及合伙合同，则需得到法定代理人的同意，方能生效。惟若法定代理人拒绝同意而使委托合同、雇佣合同、承包合同、承揽合同及合伙合同无效，本人以限制民事行为能力人为其代理人的授权行为也不受影响。故此，代理权的授予系独立于其基础关系之外的单独行为，并不受其基础关系效力的影响。[3]

一言以蔽之，代理权的授予行为与其基础关系，应严加区别，代理权授予系无因（abstrakt），其与基础关系绝缘，即代理权授予行为不仅具有独立性，也具有无因性。[4]二者系个别存立，不得混而为一。[5]故此，我国代理法理论、立法及实务对于意定代理权的授予与其基础关系于效力上的关联，应采独立性、无因性为宜。

四、结语

意定代理权的授予，是扩展本人的意思自治，补充、延长其手足的必要手段。于代理法史上，尽管将包括意定代理在内的统一代理制度确定为民法上的一项独立制度系较晚的事（于近代才发生），但是，代理制度的法观念与法思想在

1　参见郑冠宇：《民法债编总论》，新学林出版股份有限公司 2015 年版，第 70 页。

2　参见郑冠宇：《民法债编总论》，新学林出版股份有限公司 2015 年版，第 70 页。

3　参见郑冠宇：《民法债编总论》，新学林出版股份有限公司 2015 年版，第 70 页。

4　参见台湾大学法律学研究所编译：《德国民法》，1965 年印行，第 164 页。

5　参见刘得宽：《民法总则》（修订新版），五南图书出版公司 1996 年版，第 310 页。也就是说，尽管代理权的授予与其基础关系通常同时存在，但仍分属两个独立的法律行为。基础关系规范本人与代理人之间的内部事项，代理权的授予方使得代理人得以对外以本人名义实施法律行为。故代理人虽享有代理权，但若无基础关系存在，代理人对授权人（本人、被代理人）并不当然有义务行使代理权。对此，请参见郑冠宇：《民法债编总论》，新学林出版股份有限公司 2015 年版，第 69 页。

较早的时期（于近代之前）就存在了。1896 年的《德国民法典》在"代理权"这一概念下，于总则编中规定（民事）法律行为延长线上的代理制度，并使代理权的授予同各种基础关系相界分（相分离），由此建构起统一的、涵括各种代理类型的制度体系。1896 年《日本民法》、1907 年《瑞士民法典》及 1929—1930 年《中华民国民法》，均建立起了完整的代理制度体系。我国 1986 年通过的《民法通则》于第 4 章"民事法律行为和代理"中专设一节"代理"（第 2 节），规定代理制度的基本规则。以此为基础，1999 年通过的《合同法》也于第 3 章"合同的效力"中定有代理的规定（第 47、48、49 条）。2017 年通过的《民法总则》专设"代理"一章（第 7 章），分别就代理的一般规定、委托代理及代理终止等作出规定。这些均系我国有关代理的基本规定，彰示了涵括意定代理在内的代理制度系于我国民法上的基础地位和重要价值与功用。

意定代理是代理制度系统中一项与法定代理相对应的基础制度，故此，意定代理权授予行为的性质、方式、范围、内容、认定、瑕疵及其效力，均系代理法理论、立法及实务上一个绕不过去的关键问题，需要予以厘清及释明。尤其是对于意定代理权授予行为与其基础关系于效力上的关联，究系采有因性抑或无因性，因其攸关各方当事人的实益与利害，故更需要作出清晰的厘定与解释。如前述，关于此点，笔者主张采取无因性。而意定代理权授予行为的无因性，其学理及立法上的渊源系德国民法。尤其值得指出的是，如前述，于德国，无因性是一项完整的具有彻底性的系统制度，除《德国民法典》总则编规定的代理权授予行为无因性外，还涵括物权法编中的物权行为无因性及债务关系法（债法）编的债务约束、债务承认，即无因债权、无因债务制度。此外，德国商法也认可票据行为的无因性。[1]我国民法立法、理论及实务尽管并不认可德国私法中统一的、系统的无因性制度（即对其中的物权行为无因性、债务约束、债务承认制度不予认

---

[1]　近现代与当代大陆法系与英美法系各国家和地区，以及《日内瓦统一票据法》，于商法中的票据关系领域莫不采票据行为无因性，德国商法中的票据法自也不例外，即采票据行为无因性。对此的翔实分析，请参见陈华彬："罗马法的 traditio、stipulatio 与私法上无因性概念的形成"，载《中国法学》2009 年第 5 期，第 67—68 页。

可），但认可其中的代理权授予行为无因性及商法中的票据行为无因性，[1] 应当说是适宜的、妥洽的。这其中，尤其是意定代理权授予行为的独立性、无因性，系由其本性（本色）所使然、所造成。故而，我国采取之，实应值得肯定与赞同。

1　尽管我国 1995 年 5 月 10 日公布的《票据法》将票据关系与原因关系混在一起，而完全否定了票据行为的无因性，但我国票据法理论与 2000 年 2 月 24 日最高人民法院审判委员会第 1102 次会议通过，自 2000 年 11 月 21 日起施行的《关于审理票据纠纷案件若干问题的规定》第 14 条已间接修正了《票据法》的规定，而采票据行为无因性。对此，请参见陈华彬："罗马法的 traditio、stipulatio 与私法上无因性概念的形成"，载《中国法学》2009 年第 5 期，第 73 页。

罗马法的交付（traditio）、问答契约（stipulatio）与私法上无因性概念的确立[*]

一、概要

近现代及当代民法有所谓有因行为与无因行为的分别。有因行为，指如缺少原因，即不生法律效力的法律行为。无因行为，则指即使欠缺原因，也不丧失其效力的法律行为。[1]债权行为原则上为有因行为，而票据行为与德国民法上的物权行为，为无因行为。票据行为，是以发生票据法上的法律效果为目的的法律行为，因属于广义民法的范畴，故物权行为与票据行为几乎成为民法中无因行为的代名词，即凡言无因性者，究其实，多指物权行为与票据行为的无因性。[2]

但于德国的民法体系中，具有无因性的法律行为，并不以物权行为为限。根据德国学者的通说，《德国民法典》第780、781条所定的债务约束（Schuldver-sprechen）与债务承认（Schuldanerkenntnis），也属于无因的法律行为，称为无因债权和无因债务。也就是说，于德国法上，不独物权行为与票据行为具有无因性，

---

  * 本文曾发表于《中国法学》2009年第5期，今收入本书乃对个别地方略作改动。
  1 ［日］石田穣：《民法总则》，悠悠社1992年版，第263页。
  2 类似的见解，还可参考陈自强："无因债权契约体系之构成"，载《政大法学评论》总第57期，第70页。

作为债权契约的债务约束、债务承认以至代理权的授予[1]等，也同样具有此项性质。

在瑞士，对于现行民法典是否承认物权契约的无因性，学者间尽管见解不一，但《瑞士债务法》第 17 条明定无因的债务承认制度；至于票据行为，占支配地位的见解仍采无因性，即认票据为无因证券。法国民法、日本民法及英美法，虽不认有物权契约与债权契约的无因性，但于票据法领域却莫不采票据行为无因性。

因继受德国民法的立法思想，我国台湾地区"民法"关于物权行为不仅采无因性，而且通说也认无因债权契约具有法律上的效力。我国台湾地区现今具有代表性的债法著述，皆将债权契约界分为要因契约（有因契约）与不要因契约（无因契约），认为民法上典型的债权契约属于要因契约，惟基于契约自由原则，当事人于不违背法律的强行规定与公序良俗原则的前提下，可以订立无因的债权契约。[2]

我国《民法总则》与 2007 年 3 月 16 日通过的《物权法》不认有所谓无因性概念，但我国关于票据的司法解释中已有对于无因性的原则规定，票据法理论与实务也皆承认此一制度。运用考据学的方法研究无因性概念的形成，不独裨益于我国民法学对于无因性问题的研究，而且也有助于正确阐释我国现行《票据法》第 10 条第 1 款的规定，并充分发挥这一制度对于我国信用经济发展的特殊的功用。

二、无因性：近现代及当代民法一项重要的法概念

如前述，在德国民法上，无因性是贯穿于其中的一个重要概念和原则。也就

---

[1] 代理权的授予之具有无因性，被公言为拉班德于 1866 年的重要发现。对此可以参见汉斯·多勒在 1958 年德国第 42 届法学家年会上所作的专题演讲。该专题演讲的内容已被译成中文，参见王泽鉴：《民法学说与判例研究》（第 4 册），1992 年自版，第 1 页以下。

[2] 邱聪智：《民法债编通则》（修订 6 版），1993 年自版，第 31 页；史尚宽：《债法总论》，1972 年自版，第 9 页；黄立：《民法债编总论》（第 3 版），元照出版有限公司 2006 年版，第 41—42 页。

是说，在德国民法系统中，不仅移转标的物的所有权，设定、移转乃至消灭他物权（用益物权和担保物权）的物权行为，而且关于债权让与、债务承受、债务免除的准物权行为，以及债务约束、债务承认、无记名证券、票据和支票的发票行为等，于法律构成上皆采无因性。所谓此等法律行为的无因性，其涵义有二：一是，这些法律行为本身并无所谓权源（Rechtsgrund）或原因（causa）；二是，这些法律行为的适法的成立完全不依赖于其权源或原因。[1] 以移转标的物所有权为例，基于买卖契约而产生的出卖人移转标的物所有权的义务，于动产，需有移转其所有权的物权的合意（Einigung）和交付（Übergabe）[2]；于不动产，则需有移转其所有权的物权的合意（Auflassung）和登记（Eintragung）[3]。而且，《德国民法典》第 925 条与第 929 条所定的关于"移转"所有权的物权的合意，纯粹是一个以实现所有权的移转为内容的合意，作为其原因关系的买卖契约（债务负担行为）无效或被撤销，标的物所有权的移转也不受影响。[4] 于票据债权，因采无因性，票据上的权利也不依赖于作为票据关系的基础关系的原因关系，故而原因关系纵使无效或被撤销，也对票据上的权利未有影响。[5] 可见，无因性的确贯穿了德国民法系统。[6]

在瑞士，其现行民法典对于物权变动虽采物权契约的独立性，但依学者通说，对于物权契约的无因性则不采之。譬如，关于土地所有权的移转，依对《瑞士民法典》第 657 条的解释，如果取得原因（原因行为）有错误、强迫或欺诈的

1　[日]原岛重义："无因性概念的系谱"，载日本九州大学法学部创立三十周年纪念论文集《法与政治的研究》（1957 年），第 454 页。在此需要说明的是，原岛先生是日本研究德国民法无因性制度的资深学者，本文的写作多处受惠于原岛先生这篇文章的启迪，谨致以谢意。

2　参见《德国民法典》第 929 条。

3　参见《德国民法典》第 873 条、第 925 条。

4　[日]原岛重义："无因性概念的系谱"，载日本九州大学法学部创立三十周年纪念论文集《法与政治的研究》（1957 年），第 454 页。

5　[日]原岛重义："无因性概念的系谱"，载日本九州大学法学部创立三十周年纪念论文集《法与政治的研究》（1957 年），第 454 页。

6　对于德国民法上的无因性，这里有必要提到齐特尔曼其人。1888 年，德国公布了五卷本的《民法典第一草案立法理由书》，此时的齐特尔曼不仅把该草案关于无因性的规定吹得天花乱坠，还说："无因性的规制的合目的性，是毋庸置疑的，并且它向所有的人提出了采同一规制的理由，因此无论哪一个国家，其法律迟早都会采取无因性。"但是，时至今日，他的这一预言也未能变成现实。近现代及当代各国民法立法实践未全面规定无因性，而是主要于票据法领域采取了这一概念和制度。

情事，物权行为应归于无效。于是，因错误、欺诈而遭受损害的出让人，可依《瑞士民法典》第 975 条的规定，请求为更正登记。当然，此种场合，让与人也可依《瑞士民法典》第 961 条的规定而为排除登记的公信力的临时登记（预记登记）。[1] 关于动产，《瑞士民法典》第 714 条采有因性，乃为一项不争的事实。[2]

需注意的是，《瑞士民法典》对于物权变动尽管拒绝采物权行为的无因性，但《瑞士债务法》第 17 条明定无因的债务承认制度。另外，《瑞士民法典》关于不当得利的规定，依学者之说也是完全针对债权的无因性而设计的。[3]《瑞士民法典》于承认无因债权契约这一点上效仿德国民法，在立法论上饶富趣味。关于票据行为，虽然维兰德（C. Wieland）等人因受法国法思想的影响而责难与抨击票据行为的无因性，[4] 但主导性的见解仍采德国法相同立场，即以票据为无因证券。

在法国法与英美法上，关于是否有所谓与债权契约（债权行为）相对应的物权契约及其无因性概念，立法、学说以至判例虽然采否定主义，但于票据法领域则莫不采之。无因性，由此被说成是票据法的一项基本原则。[5]

《法国民法典》第 711 条规定："财产所有权，得因继承、生前赠与、遗赠以及债的效果而取得或移转。"第 1138 条规定："交付物件的义务仅依缔约当事人双方的同意而完成；自物件应交付之日起，即使尚未现实移交，债权人亦成为所有人，并负担该物件受损的风险，但如交付人迟延交付，物件受损的风险由交付人负担。"关于买卖契约，第 1583 条规定："当事人双方就标的物及其价金相互同意时，即使标的物尚未交付、价金尚未支付，买卖即告成立，而标的物的所有权即依法由出卖人移转于买受人。"

由这些规定可以明了，在法国民法，买卖标的物的所有权于缔结买卖契约之

1　C. Wieland, Das Sachenrecht (Kommentar zum Schweizerischen Zivilgesetzbuch Ⅳ), 第 66—67 页。

2　C. Wieland, Das Sachenrecht (Kommentar zum Schweizerischen Zivilgesetzbuch Ⅳ), 第 179 页。

3　［日］原岛重义："无因性概念的系谱"，载日本九州大学法学部创立三十周年纪念论文集《法与政治的研究》（1957 年），第 458 页。

4　C. Wieland, Wechsel und seine civilrechtlichen Grundlagen, 1901 § 33.

5　［日］原岛重义："无因性概念的系谱"，载日本九州大学法学部创立三十周年纪念论文集《法与政治的研究》（1957 年），第 455 页。

时即已移转于买受人，既无德国民法关于所有权让与的特别合意，也无须交付或登记，即采物权变动的意思主义。因而，法国民法没有像德国民法那样严格界分债权行为与物权行为，并使二者成为不同的独立的概念。此外，所谓契约，其也仅指债权契约，而无所谓独立于债权契约之外的物权契约与无因性概念。[1]

关于债权债务的成立，《法国民法典》第 1108 条规定了契约要发生法律上的效力所应具备的要件之一——适法的原因，且第 1131 条同时规定："无原因的债、基于错误原因或不法原因的债，不生任何效力。"惟因第 1132 条又规定："原因虽未经载明，契约仍为有效。"从而围绕此规定，学说解释发生分歧。不过，根据通说，此所谓契约（convention），非指契约本身，而是指记载该契约的文书（instrument），该文书的主要功能在于，"依此证书，关于原因的存在及适法性，即大致被推定"。[2]由此可以断言，法国民法并无无因债务的概念，从而在法国民法中，像德国民法中那样的使物权契约与原因行为分离并使之无因化的观念，也可以说是没有的。

惟在票据法领域，法国采取了无因主义。关于票据债权的成立，于 19 世纪以前的法国票据法上，尽管占支配地位的学说主张票据债权应受原因关系的影响，[3]及票据关系应与基础关系相粘连，结果却阻碍了票据的流通与信用，造成法律与经济生活的龃龉，影响经济的发展。有鉴于此，迈入 20 世纪以后，学理遂转变立场，主张票据债权应与原因关系分离而独立化，[4]结果促使法国改采《日内瓦统一票据法》的立场，并修订了其商法中有关票据的规定。[5]

近现代及当代英美法，虽以票据行为（如发票）为合同，但同时法律推定善

1　［日］川岛武宜：《所有权法的理论》，岩波书店 1987 年版，第 221 页。

2　［日］原岛重义："无因性概念的系谱"，载日本九州大学法学部创立三十周年纪念论文集《法与政治的研究》（1957 年），第 456 页。

3　［日］上柳克郎："法国票据理论之考察"，载《竹田先生古稀纪念论文集》，有斐阁 1988 年版，第 421 页以下。

4　［日］上柳克郎："法国票据理论之考察"，载《竹田先生古稀纪念论文集》，有斐阁 1988 年版，第 431 页以下。

5　谢怀栻："评新公布的我国票据法"，载《法学研究》1995 年第 6 期，第 41 页。

意持票人是受合法交付票据的人，而于票据上签名的人又推定其已受对价，故而在善意持票人与票据债务人间已成立合法的合同关系。结果，于实务中，对于票据关系，英美法系与大陆法系并无大的差异，均采无因性。[1]

综上所言，我们看到，除德国法外，近现代及当代各国尽管未能全盘继受无因性，但于票据关系领域却莫不采之。就此而言，谓无因性为近现代及当代民法一项重要概念并不为过。

三、罗马法的交付与物权契约的无因性

近现代及当代意义的物权契约的无因性概念，被公言为是由萨维尼创造的，[2] 惟萨氏的这一创造，又是他通过对罗马法的交付进行论理主义的加工而获得的。

在罗马法上，交付乃是万民法的取得所有权的一种方法，[3] 其标的物为略式移转物（res nec mancipi）。[4] 而且，依当时的罗马法，为移转所有权而为交付，需有正当的原因（justa causa）。也就是说，并不是只要有交付，即可发生移转略式移转物的所有权的效果，而是尚需有正当的原因。[5] 而所谓正当的原因，当时占据支配地位的解释与社会观念，莫不认为指买卖契约、赠与契约等债权关系。

1　谢怀栻：《票据法概论》，法律出版社 1990 年版，第 44 页。

2　德国近现代及当代意义的无因性概念，最早系由萨维尼首创。对此，被誉为德国无因债务思想的创始者的贝尔（Bähr）于 1855 年出版的《以"承认"为债务负担的原因》中也明确地谈到了。他说，萨维尼的著作，以前所未有的明确性推进了无因性概念的发展。利贝（Liebe）和格奈斯特（Rudolf von Gneist）对问答契约的研究，因资料的丰富而堪称超群。恩克斯勒贝（Exleben）对不当得利返还请求权（Die Condictiones sine causa）进行了相当彻底的研究。此外，温德沙伊得的"前提理论"，也极大地推动了这项工作。一望即知，这段文字是贝尔在说明自己的无因债务思想的理论来源，指明了萨维尼对于无因性概念的形成所起的肇始者的作用。正因为如此，后世学者每每论及无因性概念时，也就主要着眼于萨维尼与贝尔的无因性思想（尤其是前者的思想）。参见［日］原岛重义："无因性概念的系谱"，载日本九州大学法学部创立三十周年纪念论文集《法与政治的研究》（1957 年），第 462 页。

3　与之相对应的，是市民法上的取得所有权的方法——握取行为（mancipatio）与法庭让与（in iure cessio）。

4　［日］原岛重义："无因性概念的系谱"，载日本九州大学法学部创立三十周年纪念论文集《法与政治的研究》（1957 年），第 464 页。

5　Savigny, System des heutigen Römischen Rechts, Ⅲ Bd.（1840），第 254 页。

惟萨维尼认为，所谓正当的原因，并不是人们所理解的此种意义。他说，为交付的行为前，不必非先存在债务不可，即交付并不是专为"清偿债务"服务的。例如，向乞丐施舍食物及借贷金钱给他人，即不能认为交付是在"履行"先前存在的以标的物的交付为内容的债务。故而，正当的原因的真正涵义，应作这样的理解：人们可以为了各种各样的目的而为交付的行为。譬如，把物出借（使用借贷）给他人、把物交由他人保管以及以物设定质权等，皆有交付。在这些场合，交付给对象方的标的物的所有权不发生移转，而仍由交付人保有。另外，作为买卖、互易契约的结果，以及于赠与和消费借贷的场合，也有交付。在这些场合，经由交付，标的物的所有权移转给了对象方。不言自明，尽管这两种场合皆有交付，其意义却是截然不同的：在后一种场合，标的物的所有人打算让与标的物的所有权给对象方，而在前一种场合则无此种打算。[1] 可见，所谓正当的原因，"除指移转标的物的所有权的意思（der animus transferendi dominii）外，别无其他内容"[2]。换言之，所谓正当的原因，并非指买卖、赠与关系，而是指双方当事人通过合致的意思而移转标的物的所有权，即指移转所有权的意思（der animus transferendi dominii）。此移转标的物的所有权的意思，系内蕴于交付中，即交付本身便是一个以移转标的物的所有权为内容的物权契约。至此，独立于债权契约的物权契约概念形成了。因交付这一物权契约系超然独立于债权契约而存在，故如果出卖人依有效的交付而移转标的物的所有权时，纵其出让标的物的所有权的动机存有瑕疵（或动机有错误），标的物的所有权发生移转的效力也不受影响，出卖人仅可依不当得利返还请求权等诉请返还。这样，无因的物权契约概念便被创制出来了。

接着，萨维尼进一步把它转用到债权契约的场合，认为债权契约也有无因性的适用。他说："为了形成这实际上极其重要的理论，不独让与所有权的场合，而且此外的别的场合，即涵括依债务而使他人的财产增加，也应采无因性。"就问答契约而言，便是：纵无原因（causa），债务也可有效成立。债务人仅可依市民

1　Savigny, System des heutigen Römischen Rechts, Ⅲ Bd.（1840），第256—257页。
2　Savigny, System des heutigen Römischen Rechts, Ⅲ Bd.（1840），第258页。

法上的 condictio [1] 或法务官法上的 doli exceptio [2] 对抗之。

不只如此，萨维尼同时把物权契约、债权契约的无因性概念贯彻到他的错误理论中。[3] 在考证和检视了罗马法有关错误的法源后，他说：错误，最广泛、最经常地发生于债权契约及依其固有性质仍然属于契约的交付中。但在这些场合，无论该错误为有责任的错误抑或无责任的错误、事实上的错误抑或法律上的错误，原则上皆对物权契约与债权契约的效力不生影响。基于错误的买卖也是不能取消的买卖，基于错误的交付也是完全有效的。[4]

四、罗马法的问答契约与无因债务

债务承认与债务约束，为德国民法重要的无因性制度。其创制，通说认为是由学者贝尔完成的。贝尔因此被称颂为近现代及当代意义的无因债务思想的创始者。[5]

1　Condictio 是主张市民法债权但不载明请求原因的一种对人的诉讼。最初它是以请求一定金额或特定物为标志的，罗马帝国时期，扩及于某些标的不特定的请求，优士丁尼时代适用范围更广（参见优士丁尼《法学阶梯》4.6.15）。［古罗马］优士丁尼：《法学总论——法学阶梯》，张企泰译，商务印书馆 1989 年版，第 53 页注释 2。

2　所谓 doli exceptio，即恶意的抗辩或欺诈的抗辩，指原告的请求原因有害意（dolus）时，被告可以主张原告有恶意而拒绝其请求。之后，如原告的请求原因有悖于公平观念，被告可以不问原告请求时的意思如何，而概可拒绝其请求，称为一般的恶意抗辩。

3　萨维尼的错误理论，即他关于意思表示的错误的学说，为其民法思想的重要组成部分。

4　Savigny, System des heutigen Römischen Rechts, Ⅲ Bd.（1840），第 354 页。

5　需揭及的是，干贝尔之前，已有学者提出了无因债务的初步的概念。德国学者孔策（Kuntze）在 1884 年出版的著作《票据法》里指明了这一点。于论及无因债务（abstrakte Obligation）概念的形成过程时，他说：在过去一个相当长的时期内，几不知无因债务为何物。格奈斯特、利贝及昂格尔等，最早创立了这一概念的雏形，尔后这一概念为票据与证券持有人所利用。当时的人们认为：支付记账（expensilatio）和问答契约于一定范围（商法）内，应作为无因债务而承认之；但超出此范围即发生问题，因为它并不合于当代的交易方式。但最近以来，一种新的倾向出现了，这就是赋予所有类型的债务证书以无因债务的效力。由孔策的这段话语可以明了，无因债权契约的发轫，是于 1848 年《德国票据法（条例）》颁行前后，促成其发轫和得以形成的虽说是要为票据及其他商业证券提供理论上的支持，但从正面将它发展成民法的一项基本理论的，则是贝尔。而对于贝尔之说，虽然当时有这样或那样的批判，但他的学说的主要内容，往后都获得了大多数学者的支持与赞同。1896 年，他的学说被《德国民法典》第 780 条与第 781 条采为正式规定，从而使他关于无因债务的思想迄至现今依然占据支配地位。对此，请参见［日］原岛重义：“无因性概念的系谱”，载日本九州大学法学部创立三十周年纪念论文集《法与政治的研究》（1957 年），第 461 页。

与萨维尼相同，贝尔提出近现代及当代意义的无因债务思想，也是经由对罗马法的法概念进行论理的加工而底于成的。贝尔用以加工的概念，是罗马法的问答契约。

罗马法的问答契约，性质上属于口头契约（contractus verbis）的一种，[1]是罗马法古典时期广为流行的一种契约形式。[2]依罗马法，问答契约要成为债务发生的原因，除需当事人双方到场外，还需双方的"问"与"答"依特定的顺位并相连合致，[3]即先由债权人以特定的言语向债务人问话，询问其是否愿负债务，然后债务人以特定的言语作表示承诺之意的回答，契约遂告成立。[4]相反，如果双方当事人的问与答不依此顺序或迟迟不答，抑或所答非所问，则问答契约便被认为不具备法定的条件，从而债权债务关系也就无从成立。[5]

惟中世纪与近代的法律，并未继受罗马法的问答契约。11 世纪欧洲接受罗马法的洗礼后，有因契约由类型固定发展为不要式契约，且其内容不再受法律的限制，当事人可径依自己的意思自由订定，毋庸置疑，此系受到教会法（寺院法）

1　依罗马法，口头契约在类型上除涵括问答契约外，尚包括嫁资的设定与奴隶被解放时的宣誓两种。问答契约，为口头契约最重要的类型并有广泛的适用余地，譬如于金钱借贷契约、违约金契约及保证契约，皆有适用的余地。惟因问答契约存在种种弊端，故至优士丁尼时代，当事人于实际交易中已多不采用之。对此，请参见陈朝璧：《罗马法原理》（上册），商务印书馆 1937 年版，第 128—130 页。

2　罗马法古典时期，债权契约中的要因契约的类型甚受限制，当事人仅可缔结特定类型的契约并无内容自由，而且单纯的契约表示也无拘束力，譬如消费借贷为要物契约，无从有效成立诺成消费借贷。故而，在那个时代，依契约发生债权债务而占支配地位的契约类型，并不是要因债权契约，而是问答契约。对此，请参见陈自强："无因债权契约体系之构成"，载《政大法学评论》总第 57 期，第 73 页。

3　陈朝璧：《罗马法原理》（上册），商务印书馆 1937 年版，第 129 页。

4　陈自强："无因债权契约体系之构成"，载《政大法学评论》总第 57 期，第 74 页。

5　陈朝璧：《罗马法原理》（上册），商务印书馆 1937 年版，第 129 页。需提及的是，此问答契约在罗马法古典时期以后，便逐渐演变为书面的债务约束。古典时期的法律虽不要求书面或证人，但为保全证据，当时流行的做法是把问答契约成立之事记入文书。古典时期以降，实务上认为重要者为文书，而非口头问答。逐渐地，口头问答的形式销声匿迹、不复存在，书面的债务约束代之而兴。而且，此书面契约与其法律上的原因关系更为密切：债权证书若未表明原因，债权人虽不必证明债权即可起诉，但如果被告证明负债欠缺法律上的原因，即发生债务不生效力的效果。对此，请参见陈自强："无因债权契约体系之构造"，载《政大法学评论》总第 57 期，第 74 页；陈朝璧：《罗马法原理》（上册），商务印书馆 1937 年版，第 130 页。

影响的结果。因为按照罗马法，单纯的约束（pactum nudum）并不发生诉权。而教会法思想则认为，单纯的约束，不论是否宣誓，其不仅对上帝具有约束力，对他方当事人也有约束力。并且，债权契约要发生效力，依其理论，需具有法律上的原因。故而，随着要因契约的内容自由获承认，无因债权契约遂日趋式微。其结果，使继受罗马法的德国普通法无不否认无因契约的效力，[1] 这一局面一直延续到 19 世纪中叶。

在 19 世纪前半期的德国普通法学上，为了确保债务负担的真实性，民法学理认为，除当事人间的意思表示一致外，债权契约尚需有法律上的原因，而且该原因可由契约直接推知，或于诉讼中证明之。所谓债权证书（Schuldschein，cautio），于德国普通法时代仅为证据方法，表明负债原因的证书（cautio discreta），如经证明债务未发生或已消灭，债务人可以请求返还；债权证书若未表明债务负担的原因（cautio indiscreta），因无从证明债务的存在，故不发生效力。惟 1848 年《德国票据法（条例）》颁行后，伴随德国法院开始承认交互结算与结算（Abrechnung）中的债权证书具有诉求性，否定无因债务约束的效力的传统学说面临挑战。[2] 1850 年代以降，几乎所有的法院皆承认结算为个别的法律行为，并可为独立的债务原因。于这种背景下，学者贝尔遂发表《以"承认"为债务负担的原因》，一方面对传统的否定主义表示质疑，另一方面也全面地表述了自己的无因债务思想。[3]

在《以"承认"为债务负担的原因》中，贝尔提出并回答了以下问题：其一，给予的约束，如未表明其法律上的原因，是否发生实体上的法律效力？其二，应当于法律上如何评价债务承认？显而易见，贝尔的主要目的，是通过重新解释罗马法的问答契约，而赋予单纯的约束与德国普通法以之为无效的未记载原因的债务证书（cautio indiscreta）以实体法上的市民权，进而于理论上创建一般

1　陈自强："无因债权契约体系之构造"，载《政大法学评论》总第 57 期，第 74 页。

2　陈自强："无因债权契约体系之构造"，载《政大法学评论》总第 57 期，第 75 页。

3　[日]原岛重义："无因性概念的系谱"，载日本九州大学法学部创立三十周年纪念论文集《法与政治的研究》（1957 年），第 470 页。

的无因债务概念。[1]

贝尔认为，作为自己研究的出发点的问答契约，具有保全债权的功用。因为，该问答契约的本质的内容，是移转无因的债权给债权人，从而具有类似于所有权让与的功用。[2]另外，将交付中的所有权、问答契约中的债权无因地移转给受让人与债权人是双方当事人的意思表示达成合致的结果，故而系正当的。但如果所有权或债权的"移转"欠缺原因，则就会丧失正当性。此时，便应赋予出让人和债务人以请求返还被移转了的财产的"人的权利"（persönliches Recht），易言之，赋予他们请求返还不当得利的诉权……[3]

基于此，贝尔遂对以往的学者忽略甚至否定问答契约的无因性的做法进行了批判，并特别指明，研究并重视问答契约的无因性，是合于时代的要求的，也只有如此，才能使问答契约于新的时代里有其用武之地。[4]

贝尔由问答契约中抽绎的本质的东西，即是承认（Anerkennung）。[5]质言之，在他看来，无因债权（债务）契约的共同要素，即是对于债权债务关系的存在或不存在的承认。此承认，与实质的法律上的原因相脱离，[6]从而它便是使实体法上的债权得以成立的要件。立基于如此的分析，贝尔指出，决算契约、承认的表示、债务证书、交互计算、商人债务证券以及票据等之所以有无因性的适用，端的在于有承认契约（Anerkennungsvertrag）的存在。承认这一行为本身，便形成一个契约，称为债务承认与债务约束。债务承认与债务约束，是关于承认债务关系的存在的契约，[7]此契约无须表明其法律上的原因，便可独立发生诉权，并排除被告依基础关系（原因关系）而提出的抗辩，故而，无因债权契约的目的，即正在

1　[日] 原岛重义："无因性概念的系谱"，载日本九州大学法学部创立三十周年纪念论文集《法与政治的研究》（1957 年），第 469 页。

2　Bähr, Anerkennung als Verplichtungsgrund, 第 33 页。

3　Bähr, Anerkennung als Verplichtungsgrund, 第 66 页。

4　Bähr, Anerkennung als Verplichtungsgrund, 第 32 页。

5　Bähr, Anerkennung als Verplichtungsgrund, 第 70 页。

6　陈自强："无因债权契约体系之构造"，载《政大法学评论》总第 57 期，第 76 页。

7　Bähr, Anerkennung als Verplichtungsgrund, 第 175 页。

于从诉讼上实现对债权的保护。[1]

贝尔的无因债务思想，为《德国民法典第一草案》所采。该草案将债务承认与债务约束一并规定于第 683 条："经债权人承诺的给付的约束或债务的承认，未表明特殊的债务原因或仅为一般性的表明的，债务人的约束或承认，应以书面为之，方生效力。"立法理由书就此写道：债务承认与债务约束，皆为无因债务，并于法律上具有和一般债务相同的效力。1893 年德国民法典第二次委员会，虽有委员提议删除《德国民法典第一草案》第 683 条关于无因债务的规定，但多数委员以实际生活有其需要为由而否决了此项建议。结果，该无因债务的规定，遂在《德国民法典第二草案》上原原本本地被保留了下来。[2]此《德国民法典第二草案》，经德意志帝国议会等机关稍作润饰，而成为正式的民法典。在该正式的民法典里，作为无因债务的债务约束与债务承认，被规定于第 2 编第 7 章的第 20 节，此即第 780 条与第 781 条。《德国民法典》第 780 条规定："以契约为给付之约定，而其约定应独立发生债务者（债务约束），除另有其他方式之规定外，须以书面为约定，其契约始为有效。"《德国民法典》第 781 条规定："以契约承认债务关系之存在者（债务承认），须以书面为承认之表示，其契约始为有效。就债务关系之存在予以承认，而关于此项债务之发生，另有其他方式之规定者，承认契约亦应具备此种方式。"

行文至此，我们看到，近现代及当代民法的无因性概念，完全是德国概念法学的抽象思维的产物，是萨维尼与贝尔通过对罗马法的交付与问答契约实施能动主义的加工而获得的。饶富趣味的是，于无因性概念形成的同时，以 condictio 为基础的不当得利制度也形成了，此在学说上称为无因性与不当得利的对应关系。亦即，在德国民法，不仅物权契约，而且关于无因债务，也同样认为有不当得利的适用。《德国民法典第一草案》第 684 条第 1 项关于债务约束，原本规定

1　[日] 原岛重义："无因性概念的系谱"，载日本九州大学法学部创立三十周年纪念论文集《法与政治的研究》（1957 年），第 472 页。

2　陈自强："无因债权契约体系之构造"，载《政大法学评论》总第 57 期，第 77 页以下。

原因欠缺时债务人有履行拒绝权与免责请求权，后因虑及不当得利制度的功能，于是决定删除该规定而为不当得利的一般规定。此外，因立法思想视债务承认为给付（Leistung），所以也同样以不当得利制度来调节利害关系人间的权益变动。

另外，需提到的是，无因性，尤其是票据行为的无因性，本应是信用经济高度发达、充分发展的产物，但在萨维尼与贝尔的时代，德国的信用经济才开始成长而未臻成熟。于这样的背景下，萨维尼和贝尔之所以能从罗马奴隶制社会的、处于次要地位的交付和问答契约中抽绎出超越经济发展阶段的无因性，尤其是票据行为的无因性，其根本原因正在于概念法学的逻辑推论本身。此即，依抽象而具体、一般而特殊的方法，由法律行为这个最一般的概念入手而推论出契约的概念，复由契约的概念推论出物权契约的概念，再由物权契约推导出物权契约的无因性，最后通过物权契约的无因性而导出无因的债务契约。这一推论的过程可以表示为：法律行为——→契约——→物权契约——→无因的物权契约（物权契约的无因性）——→无因的债务契约（债权契约的无因性）。[1]

五、结语

如果把罗马法（学）史的始期定为公元前 600 年，[2] 那么迄今为止，罗马法业已走过了近 27 个世纪的历程。近 27 个世纪以来，罗马法不独为欧洲的近现代及当代文明举行了奠基礼，而且对于推动涵括欧洲在内的整个世界走向法律文明（尤其是所谓民法文明）也卓有贡献。于 21 世纪早已到来的时刻，罗马法昔日的光辉尽管离我们日益遥远并成为悠悠往事，但罗马法的精神、罗马法的观念却将

---

[1]　由该推论过程，我们还可明了：关于无因性概念的形成，是先有物权契约的无因性，而后有债权（债务）契约的无因性。易言之，物权契约的无因性与债权契约的无因性，于形成的源流上，是相互粘连而有先后顺序的：物权契约的无因性在先，债权契约的无因性于后，而且物权契约的无因性是债权契约的无因性得以形成的前提。

[2]　此为日本研究罗马法的资深学者柴田光藏之见。参见［日］碧海纯一、伊藤正己、村上淳一编：《法学史》，东京大学出版会 1981 年初版第 5 刷发行，第 30 页。

与日同辉，永存不朽，此点当是毋庸置疑的。之所以如此，盖因近现代及当代民法制度无论如何盘根错节，变化多端，莫不可以从罗马法那里觅到其最初的观念与雏形。此点可从近现代及当代意义的无因性概念之由来于罗马法的交付和问答契约得到证明。而且，通过前面的考疏，我们看到了罗马法对于近现代及当代民法制度所产生的深远影响之一斑！

自 1949 年新中国成立至今，我国民法立法与学者通说从来不认有所谓物权契约与债权契约的无因性概念，2007 年 3 月 16 日通过的《物权法》也明示不采物权契约（物权行为）的无因性。不言而喻，此为正确的立场，应继续坚持。惟对于票据关系，是否应采同样立场，乃不无疑问。

由前文的分析我们看到，近现代及当代各国，如法国、瑞士及英美法系国家的民商法立法，虽然在物权与债权领域大都采无因性否定主义，但立基于票据本身为信用经济发展的产物并有促进信用经济发展的功用，莫不认为票据领域应有无因性的适用，也就是认票据关系与其基础关系相互独立，票据为抽象证券或无因证券。可以肯定，票据为无因证券，票据关系与其基础关系应相分离，已然为各国票据法所普遍接受。

对于票据关系与基础关系，我国在改革开放初期，是把二者联系在一起的。[1] 1988 年的《银行结算办法》第 14 条第 3 项规定："签发商业汇票必须以合法的商品交易为基础。禁止签发无商品交易的汇票。"《上海市票据暂行规定》第 7 条第 3 款规定："商业汇票和商业本票的签发，以合法的商品交易为限。"这些规定将票据关系与基础关系搅在一起，破坏了票据的无因性。在过往的一段时期里，曾经在我国的票据使用中造成了许多混乱与纠纷，给法院的审判工作也带来不少困难。[2] 经过长时间的曲折和徘徊，我国法院不得不改采票据的无因性。最高人民法院于（1994）法经提字第 1 号判决中明确指明："中国人民银行颁发的《银行结算办法》虽然规定签发商业汇票必须以合法的商品交易为基础，但这并不是对汇

1　谢怀栻："评新公布的我国票据法"，载《法学研究》1995 年第 6 期，第 39 页。
2　谢怀栻："评新公布的我国票据法"，载《法学研究》1995 年第 6 期，第 39 页。

票的效力的规定。票据关系的存在并不以原因关系的成立和有效为前提，票据关系与其原因关系各自相对独立。"[1] 最高人民法院这种把票据关系与原因关系相分离，而承认票据为无因证券的做法，毋庸置疑是正确的，值得赞赏。

但是，1995 年 5 月 10 日公布的《票据法》在这一点上却大步后退了。第 10 条第 1 款规定："票据的签发、取得和转让，应当……具有真实的交易关系和债权债务关系。"显而易见，这是将票据关系和原因关系混在一起，而完全否定了票据行为的无因性。[2] 无疑，这一规定是错误的，其不仅有违当代票据法发展的潮流并与当代票据法的基本理论不合，而且也无助于我国市场经济的发展，并阻碍我国的信用经济发展。颇值欣慰的是，2000 年 2 月 24 日最高人民法院审判委员会第 1102 次会议通过、自 2000 年 11 月 21 日起施行的《关于审理票据纠纷案件若干问题的规定》第 14 条业已间接地修正了 1995 年《票据法》第 10 条第 1 款的规定，而采票据行为无因性。该第 14 条规定："票据债务人以《票据法》第十条、第二十一条的规定为由，对业经背书转让票据的持票人进行抗辩的，人民法院不予支持。"毫无疑问，此为正确的立场，应继续坚持之。

1　参见《最高人民法院公报》1995 年第 1 期。转引自谢怀栻："评新公布的我国票据法"，载《法学研究》1995 年第 6 期，第 39 页。

2　谢怀栻："评新公布的我国票据法"，载《法学研究》1995 年第 6 期，第 40 页。

我国《民法总则》"民事责任"章的释评*

一、引言

民事责任，即不履行民事义务所应承担的法律后果。在罗马法上，民事责任与民事义务并不加以区分，二者之区分系起自日耳曼法。[1]迄至近代，义务为"当为"，责任为"强制"的界分得以正式确立。我国《民法总则》沿用《民法通则》第6章"民事责任"的做法，于第8章设立"民事责任"的规定，自第176条至第187条，共计12个条文。由此，《民法总则》形成如下的结构体系：民事主体——民事权利——民事法律行为——民事责任——诉讼时效——期日期间。

值得指出的是，将民事责任作为独立的一章加以规定，彰示了我国《民法总则》的重要特色和创新。同样的做法，于其他国家和地区民法上，实难觅到。尤

---

* 本文曾发表于《法律适用》2017年第9期，今收入本书，一些地方作有改动。

1 在民法史上，德国弗莱堡大学和慕尼黑大学教授、著名的北德意志法律史学者卡尔·冯·阿米拉（Karl von Amira）研究北德意志日耳曼法的结果［《北德意志债法》（*Nordgermanisches Obligationenrecht*），两卷本，1882年至1895年］，证明了德国古代债法（日耳曼债法）是严格区分义务（债务，Schuld）与责任（Haftung）这两个概念的，即义务是法律上的"当为"（rechtliches Sollen），意即是法律上被规定的事物（rechtliches Bestimmtsein）。该概念中并不包含法律上的强制（rechtliches Müssen）。换言之，义务这一概念中并不伴有任何的强制力（Zwangsgewalt）。不履行法律上的当为义务的人尽管系"不法的人"，但其是否打算履行该法律上的义务则完全系其自由，也就是说，由该义务本身并不发生履行的强制。但是，伴随法律上的交易的发展、演进，因这样不能达成或实现债权合同的目的，故在义务中注入责任，由此发生法律上的强制。对此，请参见陈华彬：《债法总论》，中国法制出版社2012年版，第23—24页。

其是《民法总则》独创了诸多因应新时代、新潮流的制度或规则，譬如集中统一规定并明确因不可抗力不能履行民事义务时，不承担民事责任（第180条），为匡正社会风气而规定见义勇为规则（第183条）与"好人法"规则（第184条），以及设立保护英雄烈士等的人格权益的规则（第185条）等。这些皆为因应新时代的需要而明定的规则，系新时代的要求、新时代的呼唤，也是国家、社会及个人和谐发展的必然需求，故而值得肯定与赞同。于本文中，笔者拟对《民法总则》第8章"民事责任"的内容予以分析、释明，以期为我国民法学说（理论）与司法实务的解释适用提供参考和助力。而于此之前，笔者拟对民事责任的基本学理，即民事责任与债及民事责任与民事义务的界分、独立和粘连等予以分析、释明和廓清。

二、民事责任与债及民事责任与民事义务的界分、独立和粘连

自法史上看，民事责任属于债的组成部分，譬如在《德国民法典》中即是如此。换言之，按照传统民法，民事义务为"当为"，由民事义务人自觉履行，民事责任为"必为"（"强制"），由国家强制履行。惟在立法上并未严格区分民事责任与民事义务，无论违约责任或侵权责任，皆作为一种债务规定于民法债法部分。特别是侵权责任，被视为因侵权行为而发生的债，与合同之债、无因管理之债和不当得利之债并立。并且，有的还将民事责任的典型形式损害赔偿视为一种债，称为损害赔偿之债。[1]惟我国《民法总则》与之前的《民法通则》，严格区分民事责任与债（obligatio），创建独立的民事责任制度，无疑是对包括德国民法在内的传统民法的重大变革。此变革系源自于对民事责任与债的重新认识，其影响及于我国整个民法体系，由此具有重要价值与意义。[2]于现今，我国民法于概念和

1　参见李开国：《民法总则研究》，法律出版社2003年版，第103页；陈华彬：《民法总论》，中国法制出版社2011年版，第227页。

2　参见魏振瀛：《民事责任与债分离研究》，北京大学出版社2013年版，第1页。

体系上严格界分民事责任与债，[1]对此应给予积极性评价和重视。

区隔、界分民事责任与民事义务系日耳曼民法对后世民法所做的一大贡献。二者于民事责任与民事义务的承担者所受的"不利益"、民事责任与民事义务的承担者的范围、法律的拘束力、法律特性及发生条件等方面均有差异，由此彰示民事责任与民事义务系为相对应的不同概念。惟应指出的是，此两概念通常也系不可分，即违反民事义务时通常发生民事责任，无民事义务的，通常也就无民事责任。仅于例外的情形，二者不相关联，譬如，诉讼时效期间经过后的债务性质上为自然债务，债务人虽有给付义务，但并无责任；反之，在物上担保，为债务人提供不动产设定抵押权的抵押人（物上担保人），于债务人不为清偿时，尽管有以该抵押物卖得价金优先供债务清偿的责任，但并无清偿债务的义务。[2]

一言以蔽之，民事责任与民事义务的差异在于，责任属于"强制"，义务属于"当为"。民事义务是法律上应为或不为一定行为的拘束，故而义务人不履行义务，必受法律的制裁，此也系民法上的义务与道德及宗教上的义务的差异。进而言之，民事权利重在其行使与实现，民事义务也应促其履行与完成，而民事义务的履行通常即为民事权利内容的实现。民事义务人不履行义务时应受法律制裁。此种处于受制裁的地位，为民事责任，譬如，不履行债务而发生损害赔偿责任，即属之。[3]另外，因民事义务的履行即系民事权利的实现，民事义务的不履行即产生民事责任，故而民事责任系履行民事义务的保障。而作为不履行义务时于法律上所处的状态的民事责任，主要涵括侵权行为责任与债务不履行责任，前者

1　应注意的是，民事责任与债的界分，实际上主要是民事责任与债之关系中的债务的界分。依当代债法法理，债务为应为给付的义务，责任为强制履行义务的手段（即履行义务的担保），故责任通常伴随债务而生，一个完的债务（eine Vollschuld）必须是债务加上责任。尽管如此，债务与责任并非同一观念，有债务而无责任者，如自然债务，也有责任而无债务者，如物上保证人的责任。近现代及当代债法法理认为，债务的责任，以财产责任为限，除特定财产责任为担保物权外，系以普通财产为总债务的担保。故此，债务人原则上应以其全部财产对其全部债务负担责任。惟也有仅就一定限度的财产负其责任者，如限定继承即属之。对此，请参见陈华彬：《债法总论》，中国法制出版社2012年版，第25页。

2　参见施启扬：《民法总则》，中国法制出版社2010年版，第37页。

3　参见施启扬：《民法总则》，中国法制出版社2010年版，第37页。

为违反民事权利的不可侵义务所应负的责任，后者为债务人不履行债务所应负的责任，二者皆以赔偿他方所受的损害为主要制裁方式。[1] 此外，还应指出的是，民事责任与民事义务中的给付义务的形式相同，由此表明二者存在相当的粘连。

最后，应当指明的是，责任一语，于民法上有多种涵义，譬如指某种法律效果的归属、指履行债务的担保、指保证债务履行的财产及作负责解等。[2] 于此等情形使用责任或民事责任的概念时，责任或民事责任皆已失去其应有的法律意义，而与《民法总则》第8章所称的民事责任存在差异。易言之，依《民法总则》的规定，民事责任是指民事主体依照法律规定或当事人的约定，为履行民事义务所受的拘束或承受的法律后果（第176条）。概而言之，《民法总则》区隔、界分民事责任和债以及民事责任和民事义务，将侵权责任规范和违约责任规范自债法中分割出来，以专章（第8章）进行规定，创立统一的民事责任法，此种独树一帜的立法体例，对于完善民法体系，加强对民事权利的保护，以及于民事生活中划清合法与违法的界限，进而发挥民法的教化作用，皆具有积极的价值与功用。[3]

三、《民法总则》对诸民事责任的厘定或明确

（一）民事责任的发生因由，尤其是份额（按份）责任、连带责任的法理及规则的厘定

在民法上，民事责任是一个完整的构造体系，其涵括物权法、债法、婚姻家庭法、继承法及其他民事特别法（如商法）[4] 上的民事责任等。就民事责任的承担因由而言，其包括依法律规定和当事人的约定而承担民事责任（《民法总则》

---

1 参见刘得宽：《民法总则》（增订4版），中国政法大学出版社2006年版，第39—40页；王伯琦：《民法总则》，台湾编译馆1979年版，第30页。

2 参见李开国：《民法总则研究》，法律出版社2003年版，第105—106页。

3 参见陈华彬：《民法总论》，中国法制出版社2011年版，第227页；李开国：《民法总则研究》，法律出版社2003年版，第103页。

4 依据《民法总则》第11条的规定，民法与民事特别法，如商法等，系一般（普通）与特殊（特别）的关系。

第 176 条）。就民事责任系由一人或由二人抑或由二人以上的人承担而言，其包括单独责任、份额责任及连带责任。其中，由一人承担者为单独民事责任，由二人或二人以上承担者，为份额（按份）责任或连带责任。这里尤其值得着重分析的，是份额责任和连带责任。盖其系属于民法上的多数人之债（责任）的问题。

按民法法理，以同一个给付为标的的债的关系，其有多数债权人或多数债务人时，称为多数人之债的关系，或复数人之债的关系。其中，债权人为多数人的，称为多数债权人；债务人为多数人的，称为多数债务人。譬如，A、B、C 对 D 享有或保有请求交付 1 套房屋的权利，或者 A、B、C 对 D 负有支付（给付）90万元的价款的债务，即属之。多数人之债分为只有一方当事人为二人以上和双方当事人皆为二人以上两种情形。多数人之债的主体（债权人、债务人，权利人、义务人）为多数，由此使债的关系变得复杂。于此种债的关系中，除涉及债权人、债务人（权利人、义务人）之间的外部关系外，还有多数人中的一人实施的行为对其他当事人的影响，以及对债权人或债务人的内部关系予以调整等问题。[1]具体而言，多数人之债的关系所生的问题，主要有如下三点。

其一，多数人之债的对外效力。此即复数的当事人与其对象方的关系。债权人为复数时，某一债权人是否可以向债务人提出全部的请求，如果可以，则系请求向自己履行还是向全体债权人履行？债务人为复数时，债权人是否不仅可对债务人中的一人，而且也可对债务人全体请求履行等，即系多数人之债（责任）的对外效力。于前述例子中，A、B、C 是仅可共同行使债权，还是各债权人可以单独的方式行使，以及 D 是仅可对 A、B、C 全体为给付，还是可对债权人中的任何一个为给付？D 请求支付价款债务时，是其必须向 A、B、C 全体请求，还是可向其中的任何一个人请求？易言之，A、B、C 是必须共同支付价款债务，还是各自可以单独的方式支付？此等问题，概言之，即是多数人之债的对外效力问题。[2]

---

[1]　参见陈华彬：《债法总论》，中国法制出版社 2012 年版，第 207 页。

[2]　参见［日］奥田昌道、池田真朗、潮见佳男编：《民法 4 债权总论》，［日］半田吉信执笔，悠悠社 2007 年版，第 177 页；陈华彬：《债法总论》，中国法制出版社 2012 年版，第 208 页。

其二，多数人之债中的一人实施的行为对其他当事人的影响。就多数债权人或多数债务人中的一人，实施请求、债务免除抑或其他影响债的关系的效力的行为时，对其他债权人或债务人发生何种影响，学理上称为多数人之债的"影响关系"。[1]

其三，多数人之债的内部关系。多数债权人中的一人受清偿时，应如何向其他债权人分与，以及多数债务人中的一人因清偿等而使债务消灭时，如何向其他债务人求偿，系多数人之债的内部关系。[2]具体而言，多数人之债的内部关系，是复数当事人之间的内部责任的分担问题，指复数债权人中的一部分人受清偿后，如何向其他债权人分与，以及复数债务人中的一部分人清偿债务后，如何要求其他债务人分担。债务人为复数时，各个人应负担份额称为负担部分。此负担部分尽管应以债务人内部的合意定之，但也可由法律规定，且也存在负担份额为零的情形。譬如，于欢送 C 的宴会上，A、B、C 共进晚餐的情形，C 的负担份额即为零。实施了清偿的人，可按负担份额而向其他人求偿。应指出的是，负担份额不仅系内部的清算基准，而且具有对外的意味。当然，其主要的功用仍系内部的问题，故此，应将之置于内部关系中把握。[3]

出于厘清、释明及厘定上述复杂的多数人责任问题的需要，《民法总则》设立第 177 条、第 178 条两条规定。其中，前者规定份额责任，后者规定连带责任。依其规定，"二人以上依法承担按份责任，能够确定责任大小的，各自承担相应的责任；难以确定责任大小的，平均承担责任"（第 177 条）。"二人以上依法承担连带责任的，权利人有权请求部分或者全部连带责任人承担责任。连带责任人的责任份额根据各自责任大小确定；难以确定责任大小的，平均承担责任。实际承担责任超过自己责任份额的连带责任人，有权向其他连带责任人追偿。连带责

1　参见［日］奥田昌道、池田真朗、潮见佳男编：《民法 4 债权总论》，［日］半田吉信执笔，悠悠社 2007 年版，第 177—178 页；陈华彬：《债法总论》，中国法制出版社 2012 年版，第 208 页。

2　参见［日］奥田昌道、池田真朗、潮见佳男编：《民法 4 债权总论》，［日］半田吉信执笔，悠悠社 2007 年版，第 178 页；陈华彬：《债法总论》，中国法制出版社 2012 年版，第 208 页。

3　参见［日］中田裕康：《债权总论》，岩波书店 2008 年版，2010 年第 6 刷发行，第 402—403 页；陈华彬：《债法总论》，中国法制出版社 2012 年版，第 208—209 页。

任，由法律规定或者当事人约定。"（第178条）

（二）民事责任承担方式与不可抗力的界定、免责的集中统一的厘定

应指出的是，关于民事责任承担方式，《民法通则》规定了10种（第134条）、《侵权责任法》规定了8种（第15条）。在这些既有规定的基础上，《民法总则》第179条作出了创新性的规定，其实际上明定了12种承担民事责任的方式，且明确这些民事责任承担方式既可以单独适用，也可以合并适用。惟应指出的是，此12种民事责任承担方式，其基本可以大别为补偿性与非补偿性的民事责任承担方式两种类型。

尤其是《民法总则》第179条进一步明确并增加规定了继续履行与惩罚性赔偿民事责任承担方式。惟其未再规定和肯认《民法通则》第134条第3款所定的训诫、责令具结悔过等责任承担方式。之所以如此，盖此等责任承担方式现今已由行政法等明定，即其属于行政法等公法领域的责任承担方式，故而将之剔除，不再作规定。另外，为了落实《民法总则》第9条所定的绿色原则，根据恢复原状的民事责任承担方式，于损害生态环境的情形，即可使侵害（损害）人担此责任，由此实现恢复被损害（破坏）的生态环境（面貌）的目的。至于惩罚性赔偿的民事责任承担方式，则是将《侵权责任法》与《食品安全法》等各有关特别法所定的该种责任方式予以纳入而做出的规定。

最后，关于不可抗力的界定及其免责。《民法通则》第153条仅明定了不可抗力的涵义，而未对其法律后果予以明确（《民法通则》第107条有规定）。而《民法总则》于第180条将此二者一并规定，明确"因不可抗力不能履行民事义务的，不承担民事责任。法律另有规定的，依照其规定"（第180条第1款第1句），且明确"不能预见、不能避免且不能克服的客观情况"（第180条第2款）即是不可抗力。此种集中规定和予以明确，对于学理及实务理解和适用不可抗力规则具有很强的实益。

（三）正当防卫和紧急避险，尤其是实施二者行为过当时的民事责任

正当防卫和紧急避险属于私力救济（亦称自力救济）中的自卫行为，是私权

利的公力救济方式之外的救济手段或途径。19 世纪以来的近现代及当代民法大多设有明文规定，譬如《德国民法典》第 227、228 条等。

按照法理，正当防卫为正对不正，是为避免自己或他人遭受现实不法的侵害所实施的必要的防卫。其构成要件涵括三点[1]：（1）须有不法的侵害，即存在违法的攻击，至于攻击的种类、形态，则在所不问。攻击须对人为之，但不以对为正当防卫之人为之为必要。为保护第三人也可为正当防卫，称为紧急救助。且对精神病人、儿童也得为正当防卫，盖作为攻击者之人，其有无责任能力及是否有故意、过失，并非所问。惟对动物或物不得为正当防卫。此外，依比较法上的判例，对任何法益（身体、所有权、占有、自由、名誉）等的攻击，包括对精神上法益的攻击，皆可实行防卫。不过，亲权人适法行使惩戒权时，正当防卫并不成立。（2）须攻击业已开始，尚未完毕，如其侵害已经完毕，则无正当防卫可言。（3）须为防卫所必要，即所选的防卫行为系客观的、必然的，故防卫人的主观不得作为标准。若有多数防卫的方法，则应择损害较轻者而实施防卫。超过防卫程度的，构成过当防卫。过当防卫虽一般不受刑罚处罚，但客观的违法，如有过失的，应负损害赔偿责任。也就是说，正当防卫的法律效果是：非违法。故正当防卫为违法性阻却事由之一，其于民事、刑事上皆不发生责任问题。[2]

紧急避险为正对正，此点与正当防卫为正对不正存在差异。按照法理，其构成要件如下[3]：（1）须存在急迫的危险。此危险须由物（动物也包括在内）发生。所避免的危险，不限于自己的危险，即他人的危险，也可为避免行为，惟不得违反本人的意思。另外，危险须急迫，即危险业已发生，尚未终了。（2）避险行为须为避免危险所必要。（3）须避险行为未逾越危险所能导致的损害程度。也就是说，由避险行为所生的损害不得较危险所生的损害更大（此点与正当防卫不

---

[1]　参见台湾大学法律学研究所编译：《德国民法》，1965 年印行，第 242—243 页；陈华彬：《民法总论》，中国法制出版社 2011 年版，第 238 页以下。

[2]　参见台湾大学法律学研究所编译：《德国民法》，1965 年印行，第 243 页。

[3]　参见台湾大学法律学研究所编译：《德国民法》，1965 年印行，第 244—245 页；陈华彬：《民法总论》，中国法制出版社 2011 年版，第 241 页以下。

同），否则行为人须负损害赔偿责任。此称为利益均衡原则。紧急避险的法律后果是：非违法，惟行为人对于危险的发生存在过咎或避险过当时，应负损害赔偿责任。[1]

立基于上述基本法理，《民法总则》第 181、182 条明确了正当防卫和紧急避险，尤其是实施二者行为过当时的民事责任问题。其明确："因正当防卫造成损害的，不承担民事责任。正当防卫超过必要的限度，造成不应有的损害的，正当防卫人应当承担适当的民事责任。"（第 181 条）"因紧急避险造成损害的，由引起险情发生的人承担民事责任。危险由自然原因引起的，紧急避险人不承担民事责任，可以给予适当补偿。紧急避险采取措施不当或者超过必要的限度，造成不应有的损害的，紧急避险人应当承担适当的民事责任。"（第 182 条）由此两条的内容来看，其规定准确、合理、清晰，符合法理及学理。

值得提及的是，《民法总则》尽管规定了私力救济中的自卫行为，即正当防卫和紧急避险，但并未规定自助行为。民法上的自助行为，系指以私力实现或保全请求权。自助行为于德国民法上有规定，于我国台湾地区"民法"上也有规定，且规定得非常详尽、完善。在近现代及当代法治国家、法治社会，实施自助行为原则上并不允许，盖其多具备刑法上的犯罪构成要件或民法上的侵权行为要件。但是，依照法理及比较法上的规定，具备下列要件的合法自助行为不属违法行为[2]：（1）须有应予以实现的请求权存在，想象上的请求权不可，但附条件、附期限的请求权则系可以。（2）须权利人不能及时获得公权力机关的救助。（3）权利人的请求权的实现有危险且须有实施自助行为的必要。也就是说，若不及时实施自助行为，请求权的实现即有不能或显有发生困难的危险。（4）实施自助行为后，须立时向公权力机关（如法院等）报告，申请其处理。具备此等要件时，自助行为不构成违法，从而原则上也不负刑事责任。惟自助行为逾越保全自己的权

1　参见台湾大学法律学研究所编译：《德国民法》，1965 年印行，第 245 页。

2　参见台湾大学法律学研究所编译：《德国民法》，1965 年印行，第 247—249 页；陈华彬：《民法总论》，中国法制出版社 2011 年版，第 243 页以下。

利（请求权）所必要的程度时，则为过当自助，应负损害赔偿责任。[1]

立基于民法为私法，尤其是立足于法不禁止皆自由的私法原则，尽管《民法总则》未就自助行为设立明文，但实践中于解释上，宜认为符合上述要件时，可实施自助行为，且具有适法性。

（四）为匡正社会风气而厘定的民事责任规则

进入新时期以来，由于各种因素的影响和作用，我国的社会风气在某些方面出现了滑坡的现象，由此，为了匡正社会风气，弘扬社会主义核心价值观，《民法总则》反映人民、社会及国家的要求而厘定了如下规则："因保护他人民事权益使自己受到损害的，由侵权人承担民事责任，受益人可以给予适当补偿。没有侵权人、侵权人逃逸或者无力承担民事责任，受害人请求补偿的，受益人应当给予适当补偿。"（第 183 条）"因自愿实施紧急救助行为造成受助人损害的，救助人不承担民事责任。"（第 184 条）该两条尤其是前条规定，是弘扬社会主义核心价值观与追究民事责任相结合的条文，其基本旨趣是鼓励人民助人或救助他人。因助人或救助他人而使自己受到损害时，侵权人应承担民事责任，受益人也可予以适当补偿；因自愿实施紧急救助而造成损害的，不承担民事责任。

上述两条中，第 183 条的法理基础是：侵权行为规则与受益人补偿的公平责任原则，适用顺序是先适用侵权行为规则，后适用受益人补偿的公平责任原则。第 184 条的正当性基础是"好人法"中的保护好人（救助人）的原则，即作为救助人的好人实施救助行为而造成受助人损害时，不承担责任，也就是免责。据此规定，作为救助人的好人可以积极、勇敢、大胆地实施救助行为。

（五）英雄烈士等的人格权益受保护规则

鉴于晚近以来我国社会生活中不时发生诋毁英雄烈士等的人格权益的现象，为维护社会公共利益和中华民族的精神财富、自信心及自尊心等，《民法总则》明确规定："侵害英雄烈士等的姓名、肖像、名誉、荣誉，损害社会公共利益的，

1　参见台湾大学法律学研究所编译：《德国民法》，1965 年印行，第 247 页。

应当承担民事责任。"（第185条）

值得指出的是，在现今世界各国家法上，通常也都定有类似的保护英雄烈士等的人格权益的法律条款，甚至还以法律明定各种英雄烈士纪念日及保护各种英雄烈士纪念设施等。譬如，俄罗斯颁布了《卫国烈士纪念法》《关于俄罗斯军人荣誉日和纪念日的联邦法》《关于苏联英雄、俄罗斯联邦英雄和光荣勋章等级获得者地位的联邦法》《俄罗斯联邦刑法典》（其中设有保护英雄烈士及军人的规定）以及《军事墓地保护法》等来保护英雄烈士的人格权益。美国颁布了《爱国者法案》《尊重美国阵亡英雄法案》来保护、宣传爱国节日，宣传英雄主义及尊重军人，并通过《全国追思时刻法案》《尊重美国阵亡英雄法案》来鼓励公众参加活动，对亵渎英雄烈士的行为进行惩罚。于英国，在每年的一战、二战胜利纪念日，全国要举行大规模的纪念活动，敲响教堂钟声，国民要向战争英烈和遇难者默哀，表示敬意和怀念。并且，人们还会前往烈士陵园、纪念碑、纪念广场等向烈士敬献花环。[1]

依照我国《烈士褒扬条例》（2019年修订）第2条、第8条第1款及《军人抚恤条例》（2011年）第2条以下的规定，英雄烈士，即英烈，是指在社会主义建设事业和保卫祖国中牺牲被评定为烈士的公民，以及符合下列情形之一被评定为烈士的人：（1）在依法查处违法犯罪行为、执行国家安全工作任务、执行反恐怖任务和处置突发事件中牺牲的；（2）抢险救灾或者其他为了抢救、保护国家财产、集体财产、公民生命财产牺牲的；（3）在执行外交任务或者国家派遣的对外援助、维持国际和平任务中牺牲的；（4）在执行武器装备科研试验任务中牺牲的；（5）其他牺牲情节特别突出，堪为楷模的。

应当指出的是，《民法总则》第185条的规定具有很强的政治意义、时代意义，系时代和社会发展的需要，同时还应看到，它是对目前最高人民法院《关于确定民事侵权精神损害赔偿责任若干问题的解释》（法释〔2001〕7号）第3条规定之不足的克服和补充。换言之，该司法解释对于保护英雄烈士的人格权益尽

---

[1]　参见杨艺霖："敬重英雄是常态"，载《解放军报》2015年6月14日第8版。

管具有一定的积极作用，但也有其不足，而其主要的不足，是将起诉的主体限定为死者的近亲属。而对于英雄烈士而言，此点并未妥当。也就是说，对于英雄烈士而言，一是因年代较为久远，可能已经没有近亲属在世，二是英雄烈士大多已成为民族精神的重要组成部分，对于每一个公民而言都具有极强的情感价值，由此其不同于一般的自然人，对其人格权益的侵害导致的受害主体已不再局限于近亲属的范围。最后，对英雄烈士等的人格权益的侵害往往会构成对社会公共利益的侵害。故此，当英雄烈士等的人格权益遭受损害时，其近亲属自可提起诉讼请求人民法院予以保护，同时因侵害人的侵权行为系侵害公民对英雄烈士的情感及社会的公共利益，故即使英雄烈士等的近亲属已不在世，人民法院也可依据《民法总则》第185条裁判保护英雄烈士等的姓名、肖像、名誉、荣誉等人格权益。一言以蔽之，《民法总则》的该条规定有利于为人民法院审判英雄烈士等的人格权益的保护案件提供更为直接、有力、明确的裁判依据，进而更为有效地维护其人格权益，更好地维护社会的公共利益。[1]

（六）违约责任与侵权责任竞合时的责任承担方式选择

《民法总则》第186条规定："因当事人一方的违约行为，损害对方人身权益、财产权益的，受损害方有权选择请求其承担违约责任或者侵权责任。"此系违约责任与侵权责任发生竞合时适用何种责任方式或请求权的规定。

依民法法理，民事责任的竞合最常见的是违约责任请求权与侵权责任请求权的竞合。至于二者竞合的性质，学理上则存在法条竞合说，即认为违约责任与侵权责任的竞合，实际上只是两个法律条文的竞合，而非行为的竞合，故此否定请求权的竞合。[2] 此外，还存在请求权竞合说和请求权规范竞合说等各种主张。应指出的是，《民法总则》第186条所定的两种责任的竞合，系民事责任竞合最主要的情形或形态。依该条规定及民法法理，受损害方可选择一种责任（请求权）而

---

[1] 参见张新宝："侵害英烈人格权益应当承担侵权责任的规定解读"，载法制网 http://www.legaldaily. com.cn/，2017 年 3 月 22 日访问。

[2] 参见梁慧星：《民法总论》（第 4 版），法律出版社 2011 年版，第 79 页；陈华彬：《民法总论》，中国法制出版社 2011 年版，第 213 页。

主张或行使其权利，主张或行使一种责任（请求权）后，另一责任（请求权）归于消灭。

（七）民事主体同时承担民事、行政或刑事责任时，民事责任优先

《民法总则》第187条规定："民事主体因同一行为应当承担民事责任、行政责任和刑事责任的，承担行政责任或者刑事责任不影响承担民事责任；民事主体的财产不足以支付的，优先用于承担民事责任。"该条规定由来于对《侵权责任法》第4条的变形。也就是说，《侵权责任法》第4条已有类似于《民法总则》第187条的规定，称为民事责任优先原则。之所以如此，除民事责任的承担系最基础、最基本的责任承担外，更重要的还有如下的因由与正当性基础：它体现法律的人道和正义，由此实现法的核心价值。同时，它也是维护市场经济秩序和交易安全的需要。此外，民事责任优先并不影响责任人承担行政责任、刑事责任方面的人身责任[1]。

四、结语

《民法总则》第8章"民事责任"是整个《民法总则》中具有很强的特殊性并由此具有重要性的一章。按照传统的观点，民事责任即是违反债的义务（债务）的责任，属于债的关系法（即债法）的一部分。《民法总则》开辟新路，并不将民事责任作为债的组成部分，而是提到民法典总则编的高度加以规定，由此提升了民事责任于私法中的地位，有利于对自然人、法人及非法人组织的民事权利的保护。尤其是《民法总则》将民事责任专列一章，使人一看就清楚什么是民事责任以及有哪些民事责任，这样可便于学理及实务理解和适用民事责任条款，有助于增强和提升自然人、法人及非法人组织的民事法律观念和民事规则意识。[2]

---

[1] 参见全国人大常委会法制工作委员会民法室：《中华人民共和国侵权责任法：条文说明、立法理由及相关规定》，北京大学出版社2010年版，第15—16页。

[2] 参见最高人民法院《民法通则》培训班：《民法通则讲座》，北京市文化局1986年出版，第十一讲"民事责任"，魏振瀛主讲，第228页。

　　如前所述，《民法总则》第 8 章"民事责任"的基础、起点和前身是《民法通则》第 6 章所定的民事责任。但是，由现今新时代、新情况、新需要乃至新的社会模式所使然，《民法总则》第 8 章所定的民事责任于内容上已有诸多创新、诸多发展、诸多进步，以因应现今人民、社会及国家的需要。《民法总则》此种于内容和结构体系上的创新，既反映了我国现今民法的特色，更具有时代气息、时代气魄以及时代特征。"周虽旧邦，其命维新"，说的正是《民法总则》。"沉舟侧畔千帆过，病树前头万木春"，意即《民法总则》与我国人民、社会及国家一道前行，永不停歇，其必将透过学理及实务的解释、运用而不断获得充实、丰富和完善，由此为我国人民的权利、幸福、社会的和谐及国家的安定提供坚实保障和支撑。

民事权利的内容与行使的限制[*]

——兼析我国《民法总则（草案）》相关规定的完善

一、引言

按民法法理，民事权利也称权利（Recht，Right）或私权，系指得享受特定利益的法律上之力。[1] 民法为权利的法，民法的本质就是确认人民享有的民事权利。民法的规范绝大多数是授权性规范，其与行政法、刑法的规范多为禁止性规范不同。且民法制度的设计，包括民法规范的编、章、节的名称，也均系从权利的角度而予规定。[2] 由此，民法在近现代及当代被称为市民社会（民法社会、民间社会、公民社会）的"大宪章"、社会生活的"百科全书"及人民的"权利宣言"。一言以蔽之，民事权利于民法（典）总则（编）乃至于整个私法体系中实处于枢纽和关键地位。

尽管如此，权利人享有的为法律上之力所保护和支持的特定利益的内容及其行使并非漫无边界，不受限制。从近现代及当代民法的立法状况看，公共利益

---

* 本文曾发表于《法学杂志》2016 年第 11 期，今收入本书作了诸多改动。

1　参见郑玉波著，黄宗乐修订：《民法总则》（修订 11 版），三民书局 2009 年版，第 53 页以下；施启扬：《民法总则》，三民书局 2010 年版，第 48 页以下。

2　比如《民法通则》第 5 章的章名就是"民事权利"，其下为第 1 节"财产所有权和与财产所有权有关的财产权"、第 2 节"债权"、第 3 节"知识产权"及第 4 节"人身权"；《物权法》自第 2 编起，分别规定"所有权"（第 2 编）、"用益物权"（第 3 编）、"担保物权"（第 4 编）及"占有"（第 5 编），也系均在权利的名称下规定各项具体制度。

（公共福祉）原则、诚实信用原则及权利滥用之禁止原则等，系民事主体行使权利、履行义务应遵循的原则，也是法院等于法律对某一事项并无规定时据以裁判案件、解释民商事法律的依据。并且，更重要的是，它们还是对民事权利的内容和行使予以限制的基准。由此可知，此等原则于整个民法（私法）体系中确具有十分重要的功用和价值。

全国人大常委会公布的《民法总则（草案）》秉承《民法通则》的成例，专设第 5 章"民事权利"集中规定民事权利的种类和内容。依其规定，自然人、法人及非法人组织等享有人身权利、财产权利、知识产权、继承权及股权等民事权利。并且，其还对数据信息、网络虚拟财产等得作为新型民事权利的客体（对象）做出规定。毋庸置疑，这些规定均彰显了《民法总则（草案）》的先进之处和优点。惟其重要不足与缺憾在于，其对于传统及现今比较民法上依公共利益原则、诚实信用原则及权利滥用之禁止原则等对权利的内容与行使的限制及对民事权利的私力救济等未做出规定。有鉴于此，笔者拟对依上述原则而对民事权利的内容和行使的限制及对民事权利的私力救济等予以分析、厘定及释明，期冀为我国《民法总则（草案）》的完善及民法典的高质量出台提供助力。

二、依公共利益原则对民事权利的内容的限制

民事权利必须合于公共利益，系 1945 年二战结束以来各国家和地区于民法中确立的一项基本原则。比如于日本，此原则即是在 1947 年修改民法时被追加规定的。按照该原则，无论私权的内容抑或私权的行使，均须与公共福祉相符合。另外，此原则也被认为是私权的基本理念之一，并于法院等裁判具体民事案件时发挥其功用。[1] 于现今，司法实务中涉及公共利益原则的案件主要涵括如下两类：其

1　参见［日］四宫和夫、能见善久：《民法总则》，弘文堂 2010 年版，第 14 页。日本二战后于其民法中追加规定公共福祉原则时，关于私权与"公共"的关系，在国会中产生了激烈的争论。于 1947 年召开的二战后的第一次国会（众议院、参议院）上，对亲属法、继承法进行修改的同时，也进行了将民法的基本原则置于民法的开头的修改和设计，由此实现了二战后的日本政府将"私权应为总的公共福祉而存在"置于其民法第 1 条第 1 项的意旨。惟所谓"公共"，有一种主要是限制个人的权利，

一,根据《物权法》与其他民事特别法(如《国有土地上房屋征收与补偿条例》与不动产征用法等)对人民的土地及其他不动产物权等权利加以限制时,为了使此种限制正当化,而启用公共利益原则,即为了公共利益的需要,国家可以强制征收集体或私人的土地及其他不动产物权。其二,私人因违反公共利益行使权利而被否定的场合。易言之,私人行使权利若违反公共利益原则,应系无效而不得容许。[1]惟应注意的是,对权利行使的限制,若透过权利滥用之禁止原则即已足矣,则依公共利益原则对权利的行使加以直接限制就须慎重。[2]

值得注意的是,依民事权利应当服从公共利益的旨趣,民事权利的内容必须与社会全体的利益相协调,及民事权利具有社会性且公益应当优先。[3]惟所谓社会全体的利益,其也必须还原为构成社会的每个个体的利益。易言之,并不存在与构成社会的每个个体相分离的、抽象的社会全体的利益。比如,修建高速公路系为社会全体的利益服务,此社会全体的利益就应还原为利用高速公路的司机的利益、货物运送业者的利益、将新鲜的食品迅速运送到消费者手中而获取高额利润的食品生产者的利益及迅速获得新鲜食品的消费者的利益等。而反对修建高速公路的沿途所经过的土地的权利人,于社会全体的利益名义下即受到限制,做出牺牲。概言之,民事权利的社会性,乃系权利人在社会生活中必然面对的与他人的权利冲突和对立,及于发生这些冲突、对立时,对民事权利的内容(范围)所划定的界限。[4]

(接上页) 而被理解为全体主义的倾向,而此点乃违反《日本宪法》的精神。故此,最后并没有完全采纳战后的日本政府的意见,而是采取了多数派(社会党、民主党、国民协同党)的提案,即以现行条文的内容获得通过。由此等情况可知,在日本,以公共福祉的名义来限制个人的权利行使,是必须慎重的。对此,又请参见[日]四宫和夫、能见善久:《民法总则》,弘文堂2010年版,第14页。

1 日本最判1950年12月1日民集4—12—625判决谓:为了河流上游修筑水坝的发电公司的利益,应限制村民的流木权。其法律根据即是《日本宪法》第13条的公共福祉。参见[日]四宫和夫、能见善久:《民法总则》,弘文堂2015年版,第14页注释1。

2 参见[日]四宫和夫、能见善久:《民法总则》,弘文堂2010年版,第14页。

3 参见[日]四宫和夫:《民法总则》,弘文堂1995年版,第29页。

4 参见[日]石田穰:《民法总则》,悠悠社1992年版,第41页。

我国《民法总则（草案）》未有对民事权利的内容的限制规定，此无疑为重要缺漏。笔者认为，鉴于比较法经验的可借鉴性及立基于我国现今实务上的需要，我国《民法总则（草案）》应于第 5 章设 3 节：第 1 节 "（民事权利的）一般规定"、第 2 节 "民事权利的内容和行使的限制" 及第 3 节 "民事权利的私力救济"。其中，关于民事权利的内容的限制，宜明定：民事权利的内容应符合公共利益，权利人违反公共利益而行使权利的，应不容许且系无效。

三、对民事权利的行使的限制

民事权利的行使，系权利主体就权利的内容加以主张，以实现其所得享受法律所保护的利益。权利的享有、权利的保护，以至于权利的实现等，均须经由权利的行使，方可达成。[1]权利的行使，因权利的种类的不同而有不同的行使方式，其有须为法律行为的，如法定代理人对限制行为能力人所订立的合同为事后的承认与解除合同等；有须为事实行为的，例如所有权人就所有物加以使用或变更等。[2]惟无论何者，权利人行使权利，并非可以不受限制，且行使的结果虽有造成他人不悦，但仍应有其界限，即不得以妨害公共利益与侵害他人为主要目的。[3]比如，债权人行使债权，请求债务人清偿债务，尽管态度不佳，大声嚷嚷，仍为人之常情，但若逾越必要的界限（如以恐吓的手段或以妨害邻居的居住安宁的方式为之），则为法律所不容许。另外，行使权利若无法实现其权利满足的目的，则应另寻法律途径予以救济，仅在严格的例外情形下，方允许以私力救济的方式，使其权利获得保障，此时若有造成他人损害，系为不得已的结果。[4]如下笔者拟对民事权利的行使的限制原则——公共利益原则、诚实信用原则及权利滥用之禁止原则予以分析、考量，之后论述民事权利的私力救济及其限制（本文第四部分）。

1　参见郑冠宇：《民法总则》，瑞兴图书股份有限公司 2014 年版，第 198 页。

2　参见郑冠宇：《民法总则》，瑞兴图书股份有限公司 2014 年版，第 198 页。

3　参见吴瑾瑜："民法第 148 条——权利行使之界限暨调节权利冲突之缓冲器/'最高法院'100 台上 10"，载《台湾法学杂志》总第 183 期，第 233 页以下。

4　参见郑冠宇：《民法总则》，瑞兴图书股份有限公司 2014 年版，第 198 页。

（一）公共利益原则

民事权利应当服从公共利益。此不仅是限制民事权利的内容的原则，也是限制民事权利的行使的原则。换言之，民事权利的行使，不得有悖于社会的共同利益（公共利益、公共福祉），违反这一点时，即构成民事权利的滥用而不被容许。[1]

（二）诚实信用原则

诚实信用原则（Treu und Glauben，bonne foi），也称诚信原则、信义诚实原则抑或信义原则，系指符合公平正义的原理原则，其为人类社会生存和发展的重要基础，故被称为民法上的"帝王条款"。[2]《德国民法典》第 242 条、《法国民法典》第 1134 条及《瑞士民法典》第 2 条第 1 项等明定了该原则。《日本民法》最初并未规定此原则，但自大正时期起（1911 年），其判例、学说即认可该原则。1947 年，《日本民法》修改时于其第 1 条第 2 项规定："权利行使及义务履行必须遵守信义，以诚实为之。"我国《民法总则（草案）》第 6 条第 1 款规定："民事主体从事民事活动，应当遵循诚实信用原则。"据此，包括行使民事权利在内的所有民事活动，民事主体（如权利人等）均应遵循诚实信用原则。由此可知，诚实信用原则得于如下领域发挥其功用和价值。

其一，诚实信用原则因系道德观念的法律化，所以无论权利人与义务人，均须予以适用。故而，行使权利若不符合该原则，将不发生行使权利的效力；履行义务若不符合该原则，将不发生义务消灭的效力。[3]

其二，权利义务的具体化，即诚实信用原则得使已经存在的权利义务具体化。法制史上，诚实信用原则的适用范围曾经历了一个不断扩大的演变过程。[4]1804 年《法国民法典》规定，诚实信用原则只是关于"契约的履行"的原则，

1　参见［日］四宫和夫：《民法总则》，弘文堂 1995 年版，第 30 页。

2　参见郑冠宇：《民法总则》，瑞兴图书股份有限公司 2014 年版，第 199 页。

3　参见郑冠宇：《民法总则》，瑞兴图书股份有限公司 2014 年版，第 199 页。

4　《法国民法典》第 1134 条第 3 项规定："契约，应以善意履行。"《德国民法典》第 157 条规定："契约的解释，应斟酌交易习惯，依诚实信用的原则为之。"第 242 条规定："债务人应斟酌交易习惯，依诚实信用方法而为给付。"

之后的发展是 1896 年《德国民法典》将其扩大到"债务的履行"的原则，进一步的发展是 20 世纪肇始以后制定的民法（如《瑞士民法典》）将其适用范围扩大到债法以外的领域，被明定为行使权利、履行义务的基本原则。1947 年经修改的《日本民法》第 1 条第 2 项也将该原则提升为权利的行使与义务的履行的"总的原则"。归纳言之，法国法和德国法最初将诚实信用原则的适用主要限定于债法领域（当然，现今的法国法、德国法已将其适用范围扩大），而瑞士法和日本法并未限定诚实信用原则的适用领域，认为其系行使权利、履行义务的总的"指导原理"，故而即使于物权法、亲属法、身份法、商事法、团体法及诉讼法等领域也应适用该原则。[1]另外，在现今，于社会接触关系（如相邻关系、地役权关系和夫妻关系）者之间，诚实信用原则也应有适用的余地。一言以蔽之，诚实信用原则系今日一切的行使权利与履行义务的指针。[2]

应指出的是，在实务上，根据诚实信用原则而使权利、义务得以具体化的实例，可于日本最高法院 1976 年 7 月 8 日民集 30-7-689 中见到：契约条款使一方当事人遭受不当的不利益时，得限制该契约条款的效力，及向因受雇人的侵权行为遭受损害的受害人进行赔偿的雇用人，得限制其对受雇人行使求偿权，即为适用诚实信用原则的具体表现。[3]

其三，规范的创设，即于权利义务关系并不存在的情形，诚实信用原则可用来设定规范。比如，于并未规定缔约过失责任的日本法上，按缔约过失法理，于合同订立的当事人之间因存在"社会接触关系"，若无充分的理由而中断合同的订立，则中断者一方应对相信合同成立的对方因信赖合同成立而遭受的损害予以赔偿。也就是说，其须赔偿对方当事人相信合同成立的信赖利益。这即是典型的依诚实信用原则而创设新的规范的实例。[4]值得指出的是，我国《合同法》第 42 条、第 43 条定有缔约过失责任制度，其立法基础与依据即系诚实信用原则。另

1　参见［日］四宫和夫、能见善久：《民法总则》，弘文堂 2010 年版，第 16 页。

2　参见［日］四宫和夫：《民法总则》，弘文堂 1995 年版，第 30 页。

3　参见［日］四宫和夫、能见善久：《民法总则》，弘文堂 2010 年版，第 16 页。

4　参见［日］四宫和夫、能见善久：《民法总则》，弘文堂 2010 年版，第 16 页。

外,我国《合同法》立基于诚实信用原则,还创设了合同履行过程中的附随义务与后合同义务规则,它们连同先合同义务规则,一并构成我国完整的附随义务规则体系。[1]

其四,使社会接触关系者之间的规范关系具体化,即于某行为在义务的履行上是否有其意义、债务人为实现合同目的而负有各种附随义务(如说明义务、保护义务、包装义务等)及权利人是否也负有协助实现债务的义务等方面,诚实信用原则均有使社会接触关系者之间的规范关系具体化的功用。再如,若债务人将金钱携往债权人住所地以外的适当场所为清偿,债权人受领金钱并无特别不便之处却拒绝受领的,即违背诚实信用原则。另外,某行为是否属于行使权利(如承租人将租赁物擅自转租他人,出租人是否可行使解除权),也须依诚实信用原则和当地习惯而判定。[2]

其五,诚实信用原则作为法理的一种形态,可补充制定法规定的不足及克服制定法形式适用上的不合理。这一功能表明诚实信用原则可对既存权利的存续或行使加以变易。其主要表现为如下3个方面:一是,不允许采取与自己的行为相矛盾的态度。此点相当于英美法的禁反言(Estoppel)原则。二是,自己先遵守法律才有资格要求他人遵守法律。此点相当于英美法的净手原则或清白原则

---

[1]　附随义务,即基于诚实信用原则或交易惯例(习惯)而产生的保护、告知、保密、忠实等义务。此义务系当代合同法义务群中的一类重要义务,其产生基础系诚实信用原则。缔约过失(culpa in contrahendo)是德国民法学者耶林140余年前于法学上的伟大发现。在我国,有关缔约过失责任的详细中文文献最早出现于台湾地区,举其要者如王泽鉴《缔约上之过失》(载其所著《民法学说与判例研究》第1册,1975年自版,第77页以下)与刘得宽《民法诸问题与新展望》(五南图书出版公司1995年版,第247页以下)。缔约过失最早是法学继受的产物。原《经济合同法》第16条第1款、《民法通则》第61条第1款部分地采取了缔约过失法理,《合同法》第42条、第43条明定缔约过失责任制度,《民法总则(草案)》也明定缔约过失责任制度及其规则。我国台湾地区"民法"债编1999年4月修订时,于第245条之1增加规定缔约过失责任。2002年1月1日生效的德国《债法现代化法》于第311条第2项和第3项,将长期以来德国判例中的缔约过失法理规定为法律规则,表明缔约过失责任制度自耶林首倡以来业已发展到一个新的阶段。

[2]　参见[日]四宫和夫:《民法总则》,弘文堂1995年版,第32页;刘得宽:《民法总则》(增订4版),中国政法大学出版社2006年版,第370页注释4;陈华彬:《民法总论》,中国法制出版社2011年版,第233—234页。

（clean hand doctrine）[1]。例如，代理人欺骗本人与相对人通谋为虚伪的意思表示时，依诚实信用原则，相对人不能以无效对抗善意的本人。又如，代理人为获取本人的欢心，代替本人与相对人订立受赠与的通谋虚伪的合同，该合同的无效不得对抗善意的本人。[2]三是，情事变更原则。该原则本质上也属于诚实信用原则的范围，系指合同订立后，因社会情事或合同基础的情事发生重大或剧烈的变动，强要义务人依合同履行有违诚信公平的原则时，遭受不利益的一方得请求变更或解除合同。[3]比如，因货币严重贬值，物价暴涨，非订立合同当时所可预料，依原定给付显失公平的，即属之。应指出的是，民法关于情事变更原则的规定，系法院等就个案予以救济的手段，不得以合同排除，否则法院等维持公平正义的功能就无法实现。此外，情事变更系指客观情事变更，若系当事人误认某事实存在，之后发现该事实并不存在的，则属于当事人主观的错误认知，不适用情事变更原则。[4]

其六，诚实信用原则可用于解释或补充法律或合同。惟适用上须注意，这应以权利的存在为要件，而不能废止或变更法律，且依合同的解释可达目的的，就无须再适用诚实信用原则。[5]

其七，法律行为的解释基准，即对合同等进行解释时，可依诚实信用原则而提出自己的权利主张。

---

[1] 此系英美衡平法上的一项原则，系指如果一方当事人的行为违背了衡平法原则（如善意原则，good faith），该当事人就不能于衡平法院寻求衡平法上的救济或者主张衡平法上的辩护理由。对该原则，衡平法上的谚语是："He who seeks equity must come into court with clean hands." 意即于衡平法院提起诉讼者须清白无瑕。参见薛波主编：《元照英美法词典》，法律出版社2003年版，第234页。

[2] 参见陈华彬：《民法总论》，中国法制出版社2011年版，第234页。

[3] 参见［日］四宫和夫：《民法总则》，弘文堂1995年版，第32—33页；刘得宽：《民法总则》（增订4版），中国政法大学出版社2006年版，第370页注释5。

[4] 参见郑冠宇：《民法总则》，瑞兴图书股份有限公司2014年版，第206页。

[5] 参见郑冠宇：《民法总则》，瑞兴图书股份有限公司2014年版，第199页。

(三) 权利滥用之禁止原则

1. 概要

按民法法理,权利人行使自己的权利而致他人于损害时,原则上并不负任何责任。比如,土地权利人(如土地承包经营权人、地役权人、宅基地使用权人及建设用地使用权人等)为了利用地下水而于自己的土地上掘井,其行为原则上并不违法;债权人行使基于与债务人的合意而设立的担保物权,即使对债务人不利或过苛,原则上也属于正当的权利行使而被认为系合法。惟行使权利的行为被评价为权利滥用时,权利的行使行为就构成违法而应被禁止。[1]

从实质上看,权利滥用之禁止(Schikaneverbot)系诚实信用原则的具体化体现。而权利滥用之禁止,系罗马法以来民法的一项重要原则。《德国民法典》第226条设其明文规定。依该条规定,仅以损害他人的目的而行使权利时方构成权利滥用,由此得被禁止。1947年经修改后的《日本民法》于第1条第3项未设《德国民法典》的此项限制,而是于更加广阔的视角客观性地禁止权利滥用。[2] 1907年的《瑞士民法典》在此点上大体与《日本民法》相同。易言之,《瑞士民法典》第2条第2项以"明白(明显)的滥用"的基准来禁止权利滥用。尽管如此,我们仍不难明了,于近现代及当代各国家和地区民法中,仍系以《日本民

---

[1] 关于民事权利的行使,民法自近代以来有所谓"行使自己权利的人,对于任何人均不构成违法"的原则。比如,土地权利人为利用地下水而挖掘水井时,即使致其他利用地下水之人于损害,也不构成违法。但20世纪以后,因民法强调公共利益,权利人于法律限度内,虽可自由行使其权利,但不得违反公共利益或以损害他人为主要目的。这也是20世纪权利的社会化思想的要求。依权利的社会化思想,法律的终极目的不全在保护每个人的自由与权利,整个社会的发展与人群的生存也应顾及。由此,权利滥用不被允许。1896年《德国民法典》第226条规定"权利的行使,不得专以损害他人为主要目的",1907年《瑞士民法典》第2条第2项规定"权利的滥用不得允许",日本1947年修改民法时,也仿效《瑞士民法典》而于第1条第3项规定"权利的滥用,不得允许之"。此等规定,即系权利滥用之禁止原则的体现。

[2] 《日本民法》1947年进行修改,增设权利滥用之禁止原则之前,其判例上认可的权利滥用,系受德国法的影响,认为仅以"加害意思"或"加害目的"行使权利时方构成权利滥用。不久,权利滥用的法理被用来调整私权之间的冲突,其判断标准系从客观的要素(当事人之间的利益状况的比较)与主观的要素(害意)两方面着手。惟于学理上,流行的观点认为,权利滥用之禁止系为了社会的共同利益而限制个人的权利。对此,请参见东京控判明治1907年6月6日《法曹记事》17—6—70。另外,日本大判1935年10月5日民集14—1965(百选Ⅰ—1)(宇奈月温泉事件),就是据此而做出的判决的代表。自此,日本权利滥用之禁止的法理得以正式确立。

法》对权利滥用的禁止范围最为宽泛。[1]

2. 权利滥用的判定基准

在立法与实务上，对于权利行使与权利滥用的界分，最初系依行使权利者的主观态度而判定。我国台湾地区"民法"第 148 条第 1 项即以违反公共利益与加害目的的权利行使为权利的滥用。若权利人行使权利的结果损害他人又不利于自己，或利己极微而损人极大，即构成以损害他人为主要目的，应属无效。权利人行使权利，虽会使他人丧失利益，但若并不专以损害他人为主要目的，则仍属有效。[2] 新近以来，权利行使与权利滥用的界分得到发展，即认为判定是否构成权利滥用，也应考虑权利行使对社会的伦理观念与公序良俗的影响，且认为判定权利是否滥用，还应对因行使权利给权利者个人带来的利益与致相对人或社会全体的损害加以比较衡量后，以社会全体的利益为标准而定之。于比较法上，《瑞士民法典》第 2 条第 2 项的应有之义也系如此。[3]

于日本，其过去对于权利行使与权利滥用的界分，判例与学说皆依对因行使权利而带来的利益与由此致对方或社会全体的损害加以比较衡量后确定。惟二战结束后，日本判例与学说对于权利滥用的基准，日渐向重视客观的判断方向转换。不过，如果过分强调和重视客观的判断基准，则多数人的利益或公共利益抑或强者的利益通常会取得胜利，而这样的结果显然对社会未尽妥当。由此，日本新近以来开始考虑以主观的因素来判定是否构成权利滥用，即将权利行使者有无加害目的纳入权利滥用的判断中。[4] 概言之，日本现今系经由考量行使权利者的主

1　《日本民法》1947 年进行修改时，将此前判例、学说上得到广泛认可的权利滥用之禁止法理予以条文化，于第 1 条第 3 项新设如下规定："权利的滥用，不得允许之。"此前，日本政府的提案本想通过公共福祉和诚实信用原则来限制权利的行使。但是，经由公共福祉来直接限制权利的行使于国会遭到不少人的反对。另外，考虑到诚实信用原则的适用与权利滥用之禁止的适用于很多方面不相同，且仅规定诚实信用原则并不充分（诚实信用原则是在对人关系上使用的概念，权利滥用之禁止则是在对社会关系上使用的概念），最终新设了权利滥用之禁止的规定，并且其禁止的范围较为宽泛。参见〔日〕四宫和夫、能见善久：《民法总则》，弘文堂 2010 年版，第 17 页。

2　参见陈华彬：《民法总论》，中国法制出版社 2011 年版，第 235—236 页。

3　参见刘得宽：《民法总则》（增订 4 版），中国政法大学出版社 2006 年版，第 372 页。

4　参见〔日〕四宫和夫、能见善久：《民法总则》，弘文堂 2010 年版，第 18 页。

观态度与作客观的利益衡量而判定是否构成权利滥用。[1]

3. 权利滥用的效果

按民法法理，权利的行使，经相对人主张系属权利滥用的，该权利仍系存在，并未消灭，惟应禁止其行使。由此，权利滥用之禁止并非仅系使相对人取得权利滥用的抗辩权，以阻止发生行使权利之人所预期的效力，并得据此而请求权利人停止其行为。至于有无权利滥用，则通常应由人民法院等依职权调查后而确定。[2]

具体言之，外观上系行使权利的行为一经被判定为权利滥用，即会产生如下3项后果：

其一，权利的行使构成滥用的，不得认可其效果。此点系权利滥用最重要的后果。比如，基于物权而提出物权请求权被认定为权利滥用的，不得认可物权的行使本身；试图滥用合同解除权而解除合同的，将不产生合同解除的效果。另外，时效的援用被认定构成权利滥用时，将不得援用时效。[3]

其二，权利的行使构成滥用而侵害他人的权利时，受侵害的人可依情形而要求排除妨害、损害赔偿或返还不当得利。比如，土地权利人（如土地承包经营权人、建设用地使用权人、宅基地使用权人及地役权人等）的行为给邻近的居民造成生活妨害或公害时[4]，建筑物遮挡了邻人的采光时[5]，因抽取地下水而给邻人利用地下水造成损害时[6]，比较法上的判例均认可了受害方的停止侵害请求权或妨害排除请求权。[7]

其三，若法律有特别规定，且滥用权利的情形特别彰显时，可将权利人的权利予以剥夺。对此，《日本民法》第834条定有明文："父亲或母亲滥用亲权或有

1　参见［日］四宫和夫：《民法总则》，弘文堂1995年版，第31页。

2　参见郑冠宇：《民法总则》，瑞兴图书股份有限公司2014年版，第205页。

3　参见陈华彬：《民法总论》，中国法制出版社2011年版，第237页。

4　参见日本大判1919年3月3日民录25—356（信玄公旗挂松事件）。

5　参见日本最判1972年6月27日民集26—5—1067。

6　参见日本大判1938年6月28日《新闻》4301—12。

7　参见［日］四宫和夫、能见善久：《民法总则》，弘文堂2010年版，第18—19页。

严重劣迹时，家庭法院根据子女亲属或检察官的请求，可以宣告其亲权的丧失。"

4. 评议分析与我国民法（典）总则（编）对权利滥用的禁止及判定基准、效果的应有立场

综上所述，笔者认为，我国民法（典）总则（编）应对权利滥用的禁止做出明文规定。至于该禁止的判定，则应解为须具备如下两项要件：其一，不得违反公共利益。如前所述，所谓公共利益，主要系指一般社会公众共同的利益。由此，于现今，个人权利的行使，应受到社会的限制。公共利益应以不特定多数人的利益为依据，而非仅涉及少数人的利益。故而违反民法（物权法）相邻关系的规定的，其仅有损于相邻关系人间的利益，而非属公共利益。其二，不得以损害他人为主要目的。其判断系以行为人为行为时主观上是否以损害他人为主要目的为据，当事人行使权利尽管足以使他人丧失利益，但非以损害他人为主要目的的，并不属之。[1] 如前所述，于现今比较实务上，系将此意思予以客观化。另外，权利人取得权利时是否知悉权利的行使将造成他人、国家及社会的损失，与权利的行使是否以损害他人为主要目的并无必然关系。[2]

最后，日本现今考量行使权利者的主、客观因素而判定是否构成权利滥用，及上述笔者关于权利滥用的效果的分析等，均具有积极的价值与意义，可作为我国未来民法（典）总则（编）关于权利滥用的构成要件的解释论。而于目前，其于我国学理和实务中处理权利滥用之禁止与法律效果的确定时，可予参考、借镜。

四、对民事权利的私力救济与限制

如前所述，民事权利，系指权利人得享受特定利益的法律上之力。民事权利应以法律为后盾，受到法律的保障或保护，其受到不法侵害时，应依循法律途径予以救济，权利人原则上不得以私力自行救济。[3] 民事权利受到侵害时借助于国家

---

1 参见郑冠宇：《民法总则》，瑞兴图书股份有限公司 2014 年版，第 205 页。
2 参见我国台湾地区"最高法院"2007 年度台上字第 334 号判决。
3 参见郑冠宇：《民法总则》，瑞兴图书股份有限公司 2014 年版，第 207 页。

权力而予以救济的，即系公力救济。与此相对的，是民事权利受到侵害时，以自己的力量予以救济的私力救济。惟基于当代法治原则与精神，此种救济仅在少数和严格条件下方得例外允许。易言之，其系受到严格限制。我国《民法总则（草案）》并无关于私力救济的规定，此无疑为重要缺漏，于立法论上应给予否定性评价。如前所述，笔者认为，我国《民法总则（草案）》第5章应系设3节：第1节"（民事权利的）一般规定"、第2节"民事权利的内容和行使的限制"及第3节"民事权利的私力救济"。其中，第3节"民事权利的私力救济"规定私力救济的3种方法：正当防卫、紧急避险及自助行为。这3种私力救济行为中，前两者为自卫行为，后者为自力救助。以下试对此3种私力救济行为的涵义、要件及法律效果予以分述。

（一）正当防卫

正当防卫系合法行为，是以合法行为对不法侵害的自卫行为，属于禁止私力救济的例外。按民法法理，其须具备如下3项要件：须有现实与不法的侵害存在；须为防卫自己或他人的权利；防卫须未过当。正当防卫的法律效果是阻却违法，即正当防卫系以合法行为对不法行为，为阻却违法的事由。行为人未防卫过当的，即使造成侵害人的损害，民事上也不负损害赔偿责任，刑事上也不构成犯罪。惟若防卫中有造成第三人的损害（如使用第三人的物予以防卫），除符合后述紧急避险的要件外，仍应对该第三人负损害赔偿责任。另外，若防卫过当已逾越必要的程度的，则为侵权行为，须负损害赔偿责任，惟防卫人可主张侵害人具有过错，适用过失相抵（与有过失）规则而减轻责任。[1]

（二）紧急避险

紧急避险系放任行为，是于紧急危险的情况下，无法要求行为人保持理性以排除危险，于是对于其不得已所为的避难行为。其须符合如下4项要件：须有急迫危险存在；须自己或他人生命、身体、自由或财产遭受急迫危险；须有避险行为；须为避免危险所必要，并未逾越危险所能导致的损害程度。至于紧急避险的

---

[1] 参见郑冠宇：《民法总则》，瑞兴图书股份有限公司2014年版，第208、210页。

法律后果，则是阻却违法，即紧急避险所造成他人的损害，若符合法益权衡原则，即阻却违法的事由，无须对他人的损害负赔偿责任。至于第三人因行为人的避险行为而遭受的损害，德国法认为须加以忍受，易言之，第三人须做出私法上的牺牲。[1] 而学理上则更倾向于由受益人对第三人的损害予以填补。[2]

（三）自助行为

自助行为系为暂时性的保全措施，而非允许以私力的方式，使权利人的权利获得实现。对此，我国台湾地区"民法"的规定较具典型和代表意义。其第 151 条规定："为保护自己权利，对于他人之自由或财产施以拘束、押收或毁损者，不负损害赔偿之责。但以不及受法院或其他有关机关援助，并非于其时为之，则请求权不得实行或其实行显有困难者为限。"依解释，自助行为的要件有如下 3 项：须为保护自己的权利；须来不及受法院或其他有关机关的援助；须就债务人的自由或财产施以拘束、押收或毁损。至于自助行为的法律效果，则因该种行为系法律所允许的合法行为，故行为人在对债务人的自由或财产为拘束、押收或毁损的过程中，尽管通常会造成债务人的损害，但并不构成侵权行为，无须对债务人遭受的损害负赔偿责任。另外，因自助行为仅为保全措施，故行为人不得借此而恣意实现权利，行为人为行为后如欲实现其权利，须即时向法院申请处理。[3]

五、结语

民事权利的内容和行使的限制及民事权利的私力救济，于现今民法理论、实务及立法中，均系十分重要的绕不过去的关口，需要予以厘清、释明。尽管民法为权利的法，是人民的"权利宣言"，保护或保障人民的权利系我国民法典编纂的基本任务，惟我们应清醒地看到，我国自 1978 年实行改革开放、1992 年实行

---

[1] Vgl. MünchKomm/Säcker, 6. Aufl. 2013, § 904, Rn. 1；Palandt/Bassenger, 71. Aufl. 2012, § 904, Rn. 1.

[2] 参见郑冠宇：《民法总则》，瑞兴图书股份有限公司 2014 年版，第 211—213 页。

[3] 参见郑冠宇：《民法总则》，瑞兴图书股份有限公司 2014 年版，第 214—215 页。

市场经济的经济体制和制度以来，人们的权利意识、权利观念已得到极大觉醒或张扬，尤其是人们的个人主义意识或倾向已变得较强。故此，在我国现今制定、编纂民法典时，于使个人尽享民事权利的同时，也宜使单个的个体、法人及其他非法人组织具有社会责任、社会义务及公益心。惟有如此，方能使我国人民、社会及国家得以持续、健康、和谐及稳定发展。正是因此，我国民法（典）总则（编）中规定民事权利的内容和行使的限制，及完善民事权利的救济途径，将私力救济纳入规定，实具有十分重要的意义与价值。笔者期冀，此建议可被我国立法机关考虑和采纳，由此促使我国的民法（典）总则（编）未来以科学、先进及体系和谐的面目呈现于世人面前，进而高质量地服务和作用于我国的社会生活。

瑞士民法典的制定（统一） 及其特色*

一、引 言

瑞士是欧洲中西部的一个内陆国家，东与奥地利、列支敦士登，南与意大利，西与法国，北与德意志联邦共和国接壤，全国总面积 41 284 平方千米，[1] 人口约 730 万。[2] 就面积和人口而论，瑞士是欧洲乃至世界上的一个小国，但随着 1907 年《瑞士民法典》的公布尤其是该民法典于 1912 年正式施行后，瑞士这一小国的名声却逐渐跃出国界的范围而名扬寰宇，即变成了一个"大国"。这部民法典，与《法国民法典》（1804 年）和《德国民法典》（1896 年）一道，对于 20 世纪以降各国民法的法典化运动产生了至深且巨的影响。客观地说，无论在哪一方面，《瑞士民法典》均不逊于前两部民法典。德国著名的私法史家维阿克（Franz Wieacker）在《近世私法史》中甚至明确地说：《瑞士民法典》作为潘德克吞法学的第二部大法典，较之《德国民法典》更称优秀。[3] 本文拟对《瑞士民法典》的制定与特色作一探析，以裨益于我国民法学界对于《瑞士民法典》的研究。

---

* 本文曾发表于《法治研究》2014 年第 6 期，今收入本书乃稍有改动。

1 就面积论，瑞士是一个小国。据计算，瑞士的国土面积相当于日本的 1/9（比其九州还小），法国的约 1/13，意大利的约 1/7。

2 参见中国地图出版社编著：《新编实用世界地图册》（第 3 版），中国地图出版社 2008 年版，第 59 页。

3 ［德］Franz Wieacker：《近世私法史》，［日］铃木禄弥译，创文社 1961 年版，第 593 页。

二、瑞士私法的统一 [1]

如所周知，1830 年受法国"七月革命"的影响，瑞士保守主义势力特别炽烈的七个州，于 1846 年结成史家所称的"分离同盟"（Sonderbund），意欲从瑞士邦联中分离出去，组成"独立的、天主教的保守主义"的联邦国家。

与此同时，奉行革新和自由主义的各州，依照 1847 年的"中央会议"，于议会中占据了多数席位。在法国和东欧各国的援助下，于 1848 年以军事力量镇压了上述"分离同盟"，史称"分离同盟战争"（Sonderbundskrieg）。战争的直接结果是宪法的修改。[2] 按照新修改的宪法，瑞士成为一个中央集权的联邦制国家，联邦政府为最高的行政权力机关。

但是，从 Helvetia（瑞士的旧名，现作为瑞士的别名使用）时代以来一直期盼的联邦层次上的法律统一（尤其是联邦民法和联邦刑法的统一）运动，则始终因 19 世纪初至 1848 年瑞士政治上的动荡不已而屡遭挫折。所幸的是，统一联邦私法的政治和经济的机运在经历这段时间后并未衰微，而是以燎原之势在瑞士全境急速蔓延开来，此即 19 世纪中叶以后瑞士各州所勃兴的私法（民法典）编纂运动。这场运动的结果，是使 19 世纪末、20 世纪初瑞士约 3/4 的州皆拥有了自己的民法典。不言而喻，瑞士各州的民法典编纂，实际上是为瑞士联邦民法典的制定奠定基础。鉴于各州的民法典编纂对于瑞士联邦民法典的制定具有先驱性的意义，因此如下先对各州的私法统　（即民法典编纂）运动作一素描。

1　本部分的主要内容依据日本学者松仓耕作："瑞士民法典的统一及其特色"，载《名城法学》第 23 卷第 2 号，第 123 页以下。松仓先生是日本著名的研究瑞士民法的专家，且有丰硕的研究成果（有关于瑞士的继承法方面的专著，中国社会科学院法学研究所图书馆藏有之）。如所周知，日本民法学界对于瑞士民法的研究远逊于德国民法，已取得的研究成果不是很多。这就使松仓先生所取得的成就更显难能可贵，并直可表明他是这方面的披荆斩棘的拓荒者。本书作者 1998 年在日本研修期间读到松仓先生的前揭论文，感于他这方面的翔实研究，遂萌生将其介绍到我国民法学界之念。另外，我国民法学界现今对《瑞士民法典》的研究尚不充分，这也使我们展开对它的研究具必要性。

2　此经修正的宪法，史称"新宪法"。

（一）各州的私法统一运动

一如在德国私法的发展上具有重要意义的事件是对于罗马法的继受，在瑞士私法的发展上，具有重要意义的事件，则可以谓为私法的统一。与德国之继受罗马法相同，在瑞士，私法统一运动得以兴起的重要动因仍在于理想的动机和社会生活的客观要求。[1] 惟瑞士私法即联邦民法典统一运动并非一帆风顺、没有荆棘，自《瑞士联邦宪法》制定、施行以后，在 1848—1874 年，统一民法典的宪法上的条件始终没有具备。[2]

理论是灰色的，生活与实践之树则是常青的。统一民法典的运动仍在悄悄地进行。饶有趣味的是，这一运动是以各州民法典的制定为其端绪的。时至 19 世纪末，瑞士大约 3/4 的州都有了自己的民法典，从而使私法（民法）首先在各州的范围内实现了统一。不言自明，这就为瑞士联邦民法典的编纂举行了奠基礼。

不过，应值注意的是，瑞士各州的民法典，是受复杂多样、异彩纷呈的思想潮流与法律学说的影响而编纂的。从文化的视角上看，即是各州的民法典在所使用的语言、反映的文化背景和历史传统上有其差异。以所受的思想潮流与法律学说的影响之不同为标准，各州的民法典编纂约可类型化为四种情况。

1. 西南瑞士型

如所周知，在欧陆法制史上，开启民法典编纂的先声的，是与瑞士毗邻的法国（1804 年）和奥地利（1811 年）的民法典编纂。这两个著名民法典的编纂，给予了瑞士各州的民法典编纂以有力影响。

瑞士西南部的日内瓦（Genf）州、弗赖堡（Freiburg）州、提契诺（Tessin）

---

[1] 通说认为，德国之所以继受罗马法，乃是出于以下动因：一是基于理想的、政治哲学的动机；二是基于德国当时经济交易上的实际需要。通过继受罗马法所要达成的重要理念之一，是 1806 年以前的德国（即神圣罗马帝国）被视为罗马帝国的继续。并认为，作为人类理性精神的表现的罗马帝国的"帝国法"，特别是优士丁尼《民法大全》，纵直接适用于德国也是天经地义、无可厚非的。德国继受罗马法的因由，还在于国内法秩序的异常紊乱和分裂，以致进入近代以后，在飞跃发展的经济生活面前，法律的落后以至滞后显露无遗。为克服此种局面以推动经济生活的发展，于是决定继受罗马法。［日］松仓耕作："瑞士民法典的统一及其特色"，载《名城法学》第 23 卷第 2 号，第 118 页。

[2] 当此之时，统一民法典的制定之所以迟迟未能提上议事日程，还受到了作为邻邦的德国国内对于是否立即制定一部统一的民法典的争论的影响，尤其是受到了反对制定民法典的萨维尼派的影响。

州、瓦尔德（Waadt）州、瓦莱（Wallis）州、纳沙泰尔（Neuenburg）州等，在地理位置上同法国毗邻，受其影响也至深且巨，故属于同一类型。这些州的民法典编纂，从总体上说是以《法国民法典》为蓝本而进行的，但同时也对本州的固有传统和古来的习惯予以了极大的注意。例如在瓦尔德州，编纂民法典耗时长达16年之久（1803—1819年），其重要原因之一，就是试图把本州传统的生活习惯纳入到民法典中。

弗赖堡州于1850年，提契诺州于1837年，瓦莱州于1853年，纳沙泰尔州于1885年，分别完成了各自的民法典编纂事业。

2. 伯尔尼（Bern）型

属于此类型的伯尔尼州、卢塞恩（Luzern）州、索洛图恩（Solothurn）州及阿尔高（Aargau）州，比较早（1824—1855年）地完成了民法典的编纂。这些州的民法典编纂，主要以1811年《奥地利普通民法典》为蓝本。不过，所谓蓝本，并非照抄照搬，而是在编纂之际也同样把各州古来的传统和习俗定入到民法典中。

属于伯尔尼型的各州中，最先完成民法典的编纂的，是伯尔尼州[1]。《伯尔尼民法典》具有值得注目之处。该民法典制定之时，虽然瑞士处于革故鼎新之际，但它仍然是由保守的贵族一手创制的，从而使这部民法典染有浓烈的"贵族的风格"。此一"贵族的风格"，与1811年6月1日施行的《奥地利普通民法典》相近。

《伯尔尼民法典》的起草者萨穆埃尔·路德维希·施内尔（Samuel Ludwig Schnell）在制定民法典之际，尽量把伯尔尼地方长久以来形成的习惯定入到民法典中，以谋求实现伯尔尼地方的固有法和《奥地利普通民法典》的和谐、统一。在民法典编纂之始，施内尔便特别强调法典应具有明确性和简洁性的特征。这一点是注意到了《奥地利普通民法典》的编纂经验的结果。而《奥地利普通民法典》的立法思想和理念，乃是以18世纪的自然法思想和康德的哲学思想为基础

1　该州在1826—1831年开始逐步施行自己的民法典。

的，此外也受到了德国普通法学说与实务的影响。

继伯尔尼州完成民法典的编纂后，属于伯尔尼型的其他各州亦纷纷编纂了自己的民法典。卢塞恩州［法典的创制者为卡西米尔·皮佛（Kasimir Pyffer）］于1831—1839 年，索洛图恩州［法典的创制者为约翰·巴普蒂斯特·赖纳特（Johann Baptist Reinert）］于 1842—1848 年，阿尔高州于 1847—1855 年完成了自己的民法典编纂（其中，人事法和监护法于 1826 年被创制成了法典）。这些民法典中，《索洛图恩民法典》（CGB）以概念的准确性和表现的明快性获得了极高的评价。

3. 苏黎世（Zürich）型

属于此类型的，有苏黎世州、沙夫豪森（Schaffhausen）州、尼德瓦尔登（Nidwalden）州、图尔高（Thurgau）州、楚格（Zug）州、格拉鲁斯（Glarus）州和格劳宾登（Graubünden）州等。苏黎世及其周边各州，与前述两种类型不同，即不以外国法为民法典编纂的基础，而是另辟蹊径，走自己的路。

首先，苏黎世州在 1853—1855 年，沙夫豪森州在 1863—1865 年，分别颁行了民法典。尼德瓦尔登州在参照《苏黎世私法典草案》的同时，也将本州固有的习惯法纳入到了民法典中。其中，人事法和家族法分别于 1853 年和 1859 年开始施行。但由卡尔·冯·德施万登（Carl von Deschwanden）起草的物权法则迟至1868 年才得以公布，因而未订入到法典中。

在图尔高州，1860 年制定人事法和家族法时虽然参考、继受了《苏黎世私法典》，但其继承法自 1839 年以来，则一直适用《法国民法典》的规定。在楚格州，1862 年开始施行人事法和家族法，1874 年施行物权法，1876 年施行继承法。

在格拉鲁斯州，分别于 1869 年、1870 年及 1874 年颁行了物权法、人事法、家族法和继承法。在格劳宾登州，自 1862 年起开始施行民法典。这一民法典是由声誉卓著的瑞士历史学家彼得·康拉丁·普拉塔（Peter Conradin Planta）一手创制的。他广泛参考了当时已然存在的各民法典，即在着重参考《苏黎世私法典》的同时，也广泛借鉴和取法了其他各州的民法典及外国民法，并把本州古来的和人民生活密切相关的法制度与习惯，也纳入到了民法典中。因而可以说，这部民法典是《苏黎世私法典》以外的染有强烈独立性的民法典。正因如此，学者奥利弗·温德尔·霍姆斯（Oliver Wendell Holmes）评论说："这是各民法典中最称完善、简洁的法典。"

以上为苏黎世型各州的民法典编纂情况。以下考察《苏黎世私法典》的编纂情况。《苏黎世私法典》编纂之际，正值法律家接受新的精神的指引，并依新的思维方式进行学术研究之时。其典范是毗邻的德国的历史法学派达于隆盛时期。该学派的领导人萨维尼和卡尔·弗里德里希·艾希霍恩（Karl Friedrich Eichhorn）的法律思想给予了此间的瑞士私法学界以强烈的影响。

学者弗里德里希·路德维希·克勒尔（Friedrich Ludwig Keller）和约翰·卡斯帕·布隆奇利（Johann Caspar Bluntschli），均为萨维尼思想忠实的践行者。其中，克勒尔还曾经直接受教于萨氏门下，并是其得意门生。正因为有这样的渊源，这两人遂在瑞士法律界广泛地传播德国普通法和德国的法学说、法思想。克勒尔几乎完全以德国法律学为对象而从事学术研究。布隆奇利写成了 Staats-und Rechtsgeschichte von Stadt und Landschaft Zürich, 2Bd. 1838—1839 一书，该书是苏黎世第一部私法典——《苏黎世私法典》(das Privatrechtliche Gesetzbuch Zürichs) ——得以诞生的前提。经由其一手创制的《苏黎世私法典》，是瑞士民法史上第一部德国法类型的法典。恩斯特·莱尔（Ernst Lehr）曾指明：这部法典是瑞士所有的州法典中最值得称道的法典。[1]

克勒尔、布隆奇利及经由布隆奇利的弟子欧根·胡贝尔（Eugen Huber）之手编纂的《瑞士民法典》，被公言为一部杰出的法典。由这些事实可以推断，德国历史法学派和潘德克吞法学，实际上对 19 世纪瑞士，尤其是瑞士操德语的地区勃兴的民法典编纂运动产生了重要影响。

---

[1] Tuor Schnyder，ZGB，第 3 页。转引自［日］松仓耕作："瑞士民法典的统一及其特色"，载《名城法学》第 23 卷第 2 号，第 123 页。

4. 未进行民法（私法）典编纂的州和城市

据考，乌里（Uri）州、施维茨（Schwyz）州、奥布瓦尔登（Obwalden）州、阿彭策尔内罗登半州（Appenzell-Innerrhoden）、圣加伦（St. Gallen）州及巴塞尔城市半州（Basel-Stadt）等，未进行州法层次上的民法典编纂。其原因在于，由于地理上的关系，它们在经济上较其他各州落后，产业凋敝，交易活动甚不发达，从而未有涌现出制定统一的民法典的必要性。加之这些州的人民长期以来在思想上受"团体主义"之风的熏陶和支配，个人的自主决定与权利意识素不发达。

在这些州中，圣加伦州曾把法国的继承法采为本州的法律而径行适用。在巴塞尔城市半州，关于民法典的制定，1865 年虽有"安德烈亚斯·霍伊斯勒草案（Andreas Heusler）"的出台，但因种种原因，该草案最终未能成为正式的民法典。因而，"州的命令"（Landesordnung）便成为人民的行为规范与法院裁判案件的裁判规范。[1]

（二）联邦的统一立法运动

以上回眸了瑞士各州的民法典编纂情况的小史。由于推行统一立法运动，瑞士的多数州拥有了自己的民法典。各州之有自己的民法典，对瑞士联邦编纂统一的民法典起到了架桥的作用，即举行了奠基礼。

在瑞士私法史上，统一瑞士各州的民法典，即制定联邦民法典的第一步，是1861 年在瑞士民法典统一运动的激流中成立了瑞士法律家协会（der Schweizerische Juristenverein）。自 1860 年以降，该协会进行了十分频繁的法律活动。其中，在1866 年的阿劳大会（Aarau）和 1868 年的索洛图恩大会上，以表决方式作出了修改宪法的决议，依该决议，瑞士法律家的意见被统一到了联邦民法典的制定上来。

法律家要求统一私法典的声音，同此间经济交易要求统一私法规范的呼声相互激荡，瑞士的政治家们为潮流所挟，也逐渐认识到修改宪法，从而制定统一的

1　[日] 松仓耕作："瑞士民法典的统一及其特色"，载《名城法学》第 23 卷第 2 号，第 118 页以下。

联邦民法典的必要性与紧迫性。1872 年，瑞士迎来了投票表决修改宪法的时机，但因提出的修改草案（即 1872 年草案）建议把民法、刑法和诉讼法的立法权限皆赋予联邦，故遭到瑞士联邦议会上院和下院的反对。不得已，瑞士联邦政府只好决定暂时放弃刑法和诉讼法的立法权限，而只要求赋予联邦以民法的立法权限。1874 年，经修改的宪法修正案被提交到联邦议会，联邦宪法的修改宣告成功，并同时授予联邦下列立法权限，[1] 从而迈出了通向联邦统一民法典之制定的具有决定意义的一步：经修改的宪法第 64 条规定，对于私法的重要部分，即关于商业和动产交易的法律关系事项，涵括商法与票据法在内的债务法等，委诸联邦统一立法；有关人的行为能力的事项；有关著作权的事项；有关身份的事项。

依此，瑞士联邦通过了下列法律：

（1）1874 年 12 月 24 日通过《市民身份与结婚的确认暨登记法》（又名《关于身份和婚姻的确定、证明的联邦法》）。该法旨在统一规范结婚、离婚行为，并采市民身份登记簿制度。

---

[1]　饶富趣味的是，在瑞士通往统一的民法典的制定的道路上，也发生了一场类似于《德国民法典》制定前萨维尼派和蒂堡派之间的论争。1874 年前后，瑞士法律家协会的机关杂志——《瑞士法律杂志》（Zeitschrift fur schweizerisches Recht）的实际负责人约翰内斯·施内尔（Johannes Schnell）及亲近其立场的法律家们，为尽可能地维持各州法的固有性及其特色，主张依历史的基础而编纂民法典，建立植根于瑞士古来的传统之上的私法规范。为此，他们决定对瑞士古来的法律史进行研究，从而对当时主张立时制定民法典的意见表示反对。当此之时，反对立时制定民法典的学者有二：一是约翰内斯·施内尔，该氏对急于进行统一的民法典编纂进行了深刻批判，二是安德烈亚斯·霍伊斯勒，他是反对进行民法典编纂最彻底的人。尽管结果是主张编纂民法典的人获胜，反对者失败，但反对者强调民法典的编纂要考虑各州的固有传统和民族文化的思想，还是或多或少地影响到了后来的民法典的编纂的，这点可从后来瑞士编纂民法典时特别重视古来的习惯，获得证明（参见［日］松仓耕作："瑞士民法典的统一及其特色"，载《名城法学》第 23 卷第 2 号，第 125 页以下）。另外，在东方的日本，关于民法典的编纂也经历了与德国、瑞士相同的论争过程。如所周知，1868 年日本明治维新以前，其法律体系追随中国，明治 12 年（1879 年）招聘法国巴黎大学教授波伦索那得（G. Boissonade）起草民法，于明治 23 年（1890 年）公布，预定明治 26 年（1893 年）起施行，是为"日本旧民法"。惟此民法公布后不久发生争论，断行派（也称"断行论者"）主张如期施行；延期派（也称"延期论者"）主张无期限的延期。结果后者胜利，该法于是被搁置。于明治 26 年（1893 年），改派学者穗积陈重、梅谦次郎、富井政章三人，以《德国民法典第一草案》为蓝本另行起草民法，自明治 31 年（1898 年）7 月 16 日起施行，是为现行《日本民法》。关于这方面的情况，参见［日］水本浩、平井一雄：《日本民法学史》（通史），信山社 1997 年版，第 83 页以下。

（2）1881 年 6 月 22 日制定《关于私的行为能力的联邦法》（BG über die persönliche Handlungsfähigkeit，该法是稍后颁行的民法规范的前提），《关于工业管理责任的联邦法》（BG über die Haftpflicht aus Fabrikbetrieb）和《关于著作权的联邦法》（das Gesetz Über das Urheberrecht an Werken der Literatar und Kunst）。

（3）1889 年颁布《关于债务征收和破产的联邦法》（BG über Schuldbetreibung und Konkurs）。

（4）1881 年 6 月 14 日公布出自蒙青格尔（W. Munzinger）之手的《瑞士债务法》（Schweizerisches Obligationenrecht）和有关的附属法（Nebengesetze），自 1883 年起施行。该法除涉及债法的全部内容外，还设有动产物权（第 199—228 条）、商法及票据法的规定。

（5）人法、亲属法、继承法及物权法的其他部分，由各州法定之。州际法律冲突，适用 1897 年 6 月 25 日的《住所与居所的民法关系法》予以解决。

上述法律，可谓是适应经济生活的需要而率先完成的法律上的统一。这些法律施行之后，联邦法律尽管已具相当规模，但未能形成一个体系。特别是因为这些联邦法与州法并存，故造成了适用上的无数冲突及违反正义观念的情况。尽管消除这些局面的手段之一是制定州际私法（Das interkantonale Privatrecht），但随着交易的日渐频繁与人们流动性的增加，经由这一途径往往难获成功。

在这种背景下，伯尔尼大学教授柯尼希（König）、希尔特伊（Hilty）及策勒德（Zeerleder）三人，遂提出编纂统一的民法典的动议。他们的动议，再度带来了瑞士法律家协会讨论制定统一的民法典的机运。1884 年 9 月 16 日，瑞士法律家协会通过的《根据多种多样的州法以实现联邦层次上的统一：从学术的角度研究并促进法律的统一》的报告明确指明，这是法学界当前直面的重要课题。

1870 年代的瑞士，处于政治斗争最为激烈的时节，且政局也动荡不已。在这样的背景下，显然是无法启动民法典的编纂的。正如埃格（Egger）所言，1848 年、1872 年和 1874 年的法律统一运动之不可能展开，乃是有其深刻的历史原因的，即存在无从进行法律统一运动的缘由。迟至 1898 年 11 月 13 日，通过人民投票，修改宪法的愿望终获实现，新修改的宪法第 64 条追加规定："民法的其他部分，联邦有权立法"。至此，编纂统一的民法典的宪法上的根据具备了，接踵而来的便是迎接民法典编纂的曙光。

三、《瑞士民法典》的起草、审议和通过

（一）立法过程

编纂《瑞士民法典》的一项重要工作与出发点，就是要把瑞士古来的法律制度与各州法上的法律原则纳入到统一的联邦民法典中。为了实现这一目的，需将散见于瑞士各地的法律制度和制度史，以及私法的基本知识进行归纳、整理。1884 年，瑞士法律家协会采纳了联邦政府官员鲁赫欧内特（Ruchonnet）的建议，决定把瑞士各州的民法典加以对照、比较。当时，欧根·胡贝尔正主持瑞士法律家协会的工作，于是决定对各州有效的法律制度进行比较研究，以便作通盘筹划。该氏在 1886—1893 年间，先后完成《瑞士民法典》各项制度与沿革史的研究，并写成不朽名著《瑞士私法制度及其历史》（System und Geschichte des Schweizerischen, 4Bd. 1886—1893）一书 [1]。该书奠定了欧根·胡贝尔本人在《瑞士民法典》制定过程中的领导人地位。

欧根·胡贝尔在完成《瑞士私法制度及其历史》之前，曾就职于瑞士联邦司法部（Eidgen ssische Justiz-und Polizeidepartement），并为联邦参事会（Bundesrat）的重要成员，不久奉法务大臣之命，起草《瑞士民法典》的草案。在接受该任务的同时，复于 1892 年 6 月 1 日受伯尔尼大学之邀，出任该校教授。[2]

欧根·胡贝尔首先考察了各州民法典的情况，在此基础上，分别于 1894 年、1895 年和 1898 年完成了婚姻的效果、继承法和土地担保法三个所谓部分草案

---

[1] 该著作计四卷。第 1—3 卷分别于 1886 年、1888 年及 1889 年出版，主要内容是对瑞士各州的法律制度进行比较研究，第 4 卷面世于 1893 年，主要考察从法兰克时代至当时的瑞士私法的发展情况，以及作者对于将来应当如何制定民法典的展望。

[2] 在这一点上，最后通过的《瑞士民法典》与法国、德国的民法典不同，即草案的作成，是由一人来完成的。这一点也是《瑞士民法典》的特色之一。

（Teilentwurfe）的起草。在对这些草案作了若干说明后，他便交给专门委员会和瑞士法律家协会讨论。经小委员会审议，这些草案遂成为联邦司法省案。之后，在增添序言和补充规定后，便作为一个内蕴人事法、家族法、物权法和继承法的草案，而被冠以"1900 年 11 月 15 日联邦司法省草案"的名称。这一草案，后世学者谓为司法省案（Departementalentwurf）或第一次草案（Entwurf I）。

1901 年，瑞士司法省公布 Zusammenstellung der Anträgeund Anregungen zum Vorentwurf，以广泛征求社会各界的意见。与此同时，欧根·胡贝尔也把该草案的立法思想、立法目的等所谓立法注释附加在第一次草案上。此所谓立法注释，又称为解说。需注意的是，此立法注释，于《瑞士民法典》的立法资料中实居于重要地位，即使今天，人们也给予其极高的评价。

随后不久，第一次草案乃被交付给扩大了的专门委员会审议。专门委员会委员凡 31 人，其中 9 人为法学家。这些人分别代表不同的地区，主要是当地的宗教界、政界及经济界的头面人物。草案的审议，以联邦参事会的柯特萨（Comtesse）和布伦纳（Brenner）为议长，从一开始便进行了认真、翔实的讨论。审议会在数周之内连续召开了三次会议，即在卢塞恩召开了人事法和家族法的审议会，在纳沙泰尔召开监护法和继承法的审议会，在苏黎世和日内瓦召开物权法的审议会。审议的情况，随后向社会进行了公告。

接下来，编纂委员会（Redaktionskommission）开始整理审议的成果。1904 年 5 月 28 日，联邦参事会将整理出来的草案作成报告书，并提交给瑞士联邦议会审议。此报告书，即 1904 年 5 月 28 日联邦参事会草案（Entwurf des Bundesrates vom 28. Mai 1904）或第二次草案（Entwurf II）。[1]

（二）联邦议会对民法典草案的审议

如所周知，关于法典的审议方式，从来就有两种具有代表性的成例：一是西班牙的成例。1888 年西班牙编纂民法典时，仅对构成草案的 27 个主要原理进行了审议，而对此外的其他内容不进行审议，此被谓为法典审议中的"急进主义"。

1　［日］松仓耕作："瑞士民法典的统一及其特色"，载《名城法学》第 23 卷第 2 号，第 129 页。

二是德国的成例。德国联邦议会对于民法典的审议，非采"急进主义"，而是审查法典内容中涉及政治、宗教以至社会生活的重要的点或面，与"急进主义"恰成对照。在瑞士，采取的是与德国相同的审议方法。历时 3 年，联邦议会上院与下院终于在 1907 年 12 月 10 日通过了《瑞士民法典》（ZGB），1908 年 3 月 20 日公布，自 1912 年 1 月 1 日起施行。[1]

需注意的是，《瑞士民法典》颁布后，仍存在若干亟待解决的问题。其中，最为重要者，是如何协调 1881 年《瑞士债务法》和《瑞士民法典》的关系。因为前者的有些规定已被移植到《瑞士民法典》中。例如，动产物权已被规定于《瑞士民法典》物权法部分。故而又委托欧根·胡贝尔起草《瑞士债务法》第一修正草案，并提交联邦议会讨论。不过，在讨论中，该修正草案遭到了否决。于是不久又拟定第二修正草案。第二修正草案连同报告书于 1909 年 6 月 1 日被提交给联邦议会，于 1911 年 3 月 30 日通过审议，翌年（1912 年）元旦与《瑞士民法典》同日施行。[2]

四、《瑞士民法典》的结构 [3]

Schweizerisches Zivilgesetzbuch 一语，通常有两种意义：一是狭义的习惯上的意义，指 1912 年 1 月 1 日开始施行的《瑞士民法典》；二是广义的意义，包括自 1912 年 1 月 1 日起施行的《瑞士民法典》和自 1881 年起施行的《瑞士债务法》。但从官方公布的法律名称来看，应当肯定，所谓《瑞士民法典》，当指广义的

1　《瑞士民法典》公布后，一如《法国民法典》和《德国民法典》，对接踵编纂民法典的国家产生了重要影响。1922 年和 1936 年的《列支敦士登王国（欧洲）私法典》、1928 年的《墨西哥民法典》、1926 年的《土耳其民法典》、1936 年的《秘鲁民法典》，莫不是直接受到了《瑞士民法典》的影响而编纂的。其中，《土耳其民法典》几乎是对《瑞士民法典》逐字逐句的翻译，足见其所受影响之深。在 1804 年以后欧陆各国编纂的民法典中，《瑞士民法典》享有崇高的声誉，被公言为"欧洲中部的潘德克吞法学的第二部法典，且比《德国民法典》更称优秀"（德国学者维阿克语）。

2　［日］松仓耕作："瑞士民法典的统一及其特色"，载《名城法学》第 23 卷第 2 号，第 127 页以下。

3　本部分主要依据、参考日本学者松仓耕作："瑞士民法典的统一及其特色"，载《名城法学》第 23 卷第 2 号，第 123 页以下。

Schweizerisches Zivilgesetzbuch，即 1907 年的《瑞士民法典》和 1881 年《瑞士债务法》的集合。进而言之，《瑞士债务法》虽为一独立的法律，并从第 1 条开始计算条文（未接续民法典前四编续编条文）和编目，但实质上仍是一补充《瑞士民法典》的联邦法律，是《瑞士民法典》的第五部分（编）。以下为行文之便，拟分别讨论《瑞士民法典》和《瑞士债务法》的体系构成。

（一）《瑞士民法典》的构成

狭义的《瑞士民法典》系由四编构成。第 1、2 编为规定一切私法秩序的基础的人和家，称为人法和亲属法。[1] 第 3 编为继承法，第 4 编为物权法。另外，与此四编并立的，还有所谓法例（Einleitung，第 1—10 条）、适用规定及补充规定。其中，法例规定法解释和法适用的基本规范，后两者规定民法典施行前的民事法律和民法典的关系，以及民法典施行的必要事项。

1. 法例

《瑞士民法典》未如《德国民法典》那样设有总则的规定，而是从一开始即规定 10 个条文的法例。其中，前 4 条的规定向来被认为是《瑞士民法典》的特色与精华。第 1 条规定法律适用的基本原则："法律问题，在文字与解释上，法律已有规定者，概适用法律。法律未规定者，依习惯法，无习惯法的，法院应遵立法者所拟制定的原则，予以裁判。于此情形，法院务须恪遵稳妥的学说与判例。"第 2 条规定行使权利、履行义务时的诚实信用原则与权利滥用之禁止原则。第 3 条规定善意的推定制度，即"依法律的规定，法律效力系于人之善意的，推定为善意。依照情形，有必要的注意，而按其注意的程度，尚难认为系善意者，不得主张其为善意"。第 4 条规定适用法律的衡平原则。依照规定，法院应适用"衡平之法"的情形有三：一是法院得依职权衡量而为裁判；二是法院得依情形而为裁判；三是法院得基于重大事由而为裁判。[2] 第 5 条规定联邦民法典与各州民

1　惟此前瑞士的多数州法，对于人（人法）和家（亲属法）的规定并不相同，大多把二者分别规定。统一的《瑞士民法典》将二者合并规定，此毫无疑义是妥当的。

2　王泽鉴：《民法学说与判例研究》（第 8 册），1996 年自版，第 38 页。

法典的关系。第 6 条规定联邦民法典与各州的公法的关系。第 7 条规定："债法通则，关于契约的发生、履行与废止的规定，亦适用于其他民法上的关系"。第 8—10 条规定证据原则。其中，第 8 条规定："主张基于某项事实而导致权利者，应证明该项事实之存在，但法律另有规定者，不在此限。"第 9 条规定公文书的证据力。第 10 条规定："联邦法律对于法律行为的效力，未定有特殊方式的，各州法律不得就法律行为之证明，定其特殊方式。"[1]

2. 关于总则

这里有必要涉及《德国民法典》以还，在民法典上设立总则（Allgemeiner Teil）的问题。如所周知，在民法典上设立总则，系以《德国民法典》为其嚆矢。惟与《德国民法典》之有总则（第 1—240 条）不同，《瑞士民法典》并无总则的规定。[2][3]

从法制史上看，在民法典之始设立抽象的总则的规定，乃是潘德克吞法学的创造。《瑞士民法典》尽管并无关于总则的规定，但 1907 年以前瑞士各州编纂的私法典（民法典），业已仿效《法国民法典》而就法律公布的规则、法律适用范围的规则及法官应严格服膺法律规定以裁判案件等设有明文。

---

[1]　［日］松仓耕作："瑞士民法典的统一及其特色"，载《名城法学》第 23 卷第 2 号，第 140 页。

[2]　值得注意的是，《法国民法典》第 1—6 条分别就法律的公布，法律的无追溯力，法律的适用范围，法官不得借口没有法律或法律不明确、不完备而拒绝受理民事案件，法官不得用确立一般规则的方式进行判决，以及个人不得以特别约定违反公共秩序和善良风俗等，定有明文。将《法国民法典》的这种体系构成和《瑞士民法典》的体系构成相较，可以明了，《瑞士民法典》的立法者对于总则的态度，与其说是取法德国民法，还不如说是步法国民法之后尘（即以《法国民法典》为蓝本）。另外，《法国民法典》自一开始便规定人（人事法与亲属法），此同于《瑞士民法典》开宗明义便规定人事法和亲属法，而有别于《德国民法典》。

[3]　在民法的继受问题上，属于法国法系的国家，如比利时、荷兰，其民法典皆未设总则的规定。此外，意大利旧民法与新民法（1942 年）、《西班牙民法典》（1889 年）、《葡萄牙民法典》（1867 年），也同样未设总则的规定；与此相左，由于追随《德国民法典》的缘故，《日本民法》（1896 年）、《巴西民法典》（1916 年）、《中华民国民法》（1929—1930 年）及《希腊民法典》皆设有总则之明文。1811 年《奥地利普通民法典》，尽管无总则之规定，但该法典第 3 编以 Von den gemeinschaftlichen Bestimungen des Personen-und Sachenrecht 为题，规定了诸多相当于总则的内容，如关于权利的产生，权利义务的变更、消灭，消灭时效和取得时效等。不过，这些规定是否应当作与《德国民法典》总则相同的对待和评价，学说多采否定说。［日］松仓耕作："瑞士民法典的统一及其特色"，载《名城法学》第 23 卷第 2 号，第 161 页注释 65。

另一方面，伴随 1881 年《瑞士债务法》的施行，立法者认识到，就州法和联邦民法典的关系设立规定乃是必要的。不过，在民法典中设立总则的思想，对于各州的民法典编纂来说则是无份的。所幸的是，这一点并未影响到 1896 年《德国民法典》设立总则的规定。[1]

值得提及的是，于《瑞士民法典》中设立总则，民法典的起草者和当时的法律学者，并非自始便积极地排斥之，明确表示不宜设立总则的，是 1900 年的欧根·胡贝尔。在这一年里，他明确表示反对效仿《德国民法典》而在《瑞士民法典》中设立总则。他认为 1881 年的《瑞士债务法》在其开头的 Abteilung 中已有关于总则的规定（按：准确言之，是关于债务关系的总则）。这些规定中的绝大多数，皆可适用于由民法典调整的各种关系。对此，《瑞士民法典》第 7 条明示："债法通则，关于契约的发生、履行与废止的规定，也适用于其他民法上的关系。"[2] 可见，《瑞士民法典》是把契约法里的规定推广适用到"其他民法上的关系"中去。但既然是推广适用，就与当然适用有所不同，且也只限于成立、履行、解除三点，撤销就不包括在内，要把契约的撤销的规定适用于其他（契约法所规定的）情形，就需有专门的规定（如第 638 条）。[3]

(二)《瑞士债务法》的构成

《瑞士债务法》与《瑞士民法典》中的物权法，一并构成财产法的骨干。如前述，瑞士联邦层次上的统一的债法，于 1881 年即已公布。该债法，是依瑞士 1874 年宪法的授权而颁行的，在当时具有十分重要的意义。

惟 1881 年《瑞士债务法》仍有值得斟酌之处。例如，对于一般的债法均设

1　不过，《德国民法典》关于互相引用条文的做法（Verweisungstechnik），为《瑞士民法典》所不采。作为例外，仅第 7 条规定："债法通则，关于契约的发生、履行及废止的规定，也适用于其他民法上的关系。"

2　［日］松仓耕作："瑞士民法典的统一及其特色"，载《名城法学》第 23 卷第 2 号，第 142 页。

3　谢怀栻："大陆法国家民法典研究"，载《外国法译评》1995 年第 2 期，第 4 页。惟在现今，学者普遍认为，不独契约的成立、履行及消灭，而且关于债法的所有规定，皆应扩张适用于民法上的各项关系。譬如，对于条件、期限、违约金的规定，对于无因管理的规定，尽管是债务法上的规则，判例学说也认为仍然应当适用于民法上的其他关系。

有规定的赠与和土地买卖（Grundstuckkauf），该法却未设规定。同时，将本应纳入其他法（如物权法）规定的内容（如动产所有权的移转、动产抵押权的规定），纳入到债法中规定。特别是将调整有关商事关系的商法乃至票据法也定入到该法中。在这方面，《瑞士债务法》较之法国、德国民法典债法编乃有相当大的差异。[1]

以上各点，是《瑞士债务法》在体系构成上的特色。如所周知，自 1881 年迄至现今，关于《瑞士债务法》的此等特色，学者已立于各种不同的视角而作了卷帙浩繁、汗牛充栋的评说。其焦点集中在债法是作为一部独立的法律而存在，抑或是《瑞士民法典》的一部分？对于这些问题，本文拟简要涉及，以下先就《瑞士债务法》的一般情况及其修正作一素描。

第一，《瑞士债务法》实质为民法典的第 5 编。不过，《瑞士债务法》本身应保持其独立性，所以其条文由第 1 条开始起算。

第二，《瑞士债务法》共 1186 条，计五个部分。第一部分"总则"，第二部分"各种契约关系"，第三部分"公司与合作社"，第四部分"商业登记、商号与商业账簿"，第五部分"有价证券"。此外还包括另编序号的终编与过渡规定。

第三，前已提及，1907 年《瑞士民法典》公布后，为协调《瑞士债务法》与《瑞士民法典》的关系（如债法关于动产物权的规定，现已移到民法典物权编中规定），遂又委托欧根·胡贝尔提出《瑞士债务法》修正草案。1911 年 3 月 30 日，瑞士联邦议会通过了他提出的修正草案，是为新的《瑞士债法》，于翌年元旦与《瑞士民法典》同日施行。[2]

第四，上述修正对象，为第一部分"总则"和第二部分"各种契约关系"，至于其他部分，则一仍其就，不作修改。

第五，1936 年，上述经修改的《瑞士债务法》再度被修正。此次修正的动因是一战后瑞士社会所面临的新的经济形势，与瑞士统一刑法典的施行。1919 年欧

---

[1] 对于瑞士债法与法国、德国债法的差异，以及对于瑞士债法的介绍，参见谢怀栻："大陆法国家民法典研究"，载《外国法译评》1995 年第 2 期，第 3 页。

[2] 参见［日］松仓耕作："瑞士民法典的统一及其特色"，载《名城法学》第 23 卷第 2 号，第 144 页。

根·胡贝尔受命作成修正草案（称为"第一修正草案"）。1923 年欧根·胡贝尔仙逝后，由联邦内阁成员阿图尔·霍夫曼（Arthur Hoffmann）继续其未竟的事业，于 1923 年作成新的草案，即第二修正草案。其后，该草案经扩大的专门委员会审议后，于 1928 年作为联邦参事会案向联邦议会提出，1928—1930 年经参议院、1934 年经众议院分别审议后，1936 年 12 月 18 日由两院通过，自 1937 年 7 月 1 日起施行。

五、《瑞士民法典》的特色

（一）构造上的独特性

如前述，《瑞士民法典》虽然属于德国潘德克吞法学的宁馨儿，但它并无总则的规定，从而与《德国民法典》之有总则的规定形成对照。《瑞士民法典》开头的 10 个条文，是其后的人法、亲属法、继承法和物权法的指导性规定。《瑞士债务法》虽为一独立的法律，并有其固定的条文编目，但仍被视为一补充《瑞士民法典》的联邦法律，故为民法典的第五部分，此点前已论及，兹不赘述。

考疏《瑞士民法典》之所以未设总则的规定，一方面固然由各州的法律传统所使然，另一方面也源于立法上的先后，即在《瑞士民法典》之前已有了《瑞士债务法》。而《瑞士债务法》已然设有总则的规定。该总则的大部分，依潘德克吞法学，本应纳入民法典总则中规定，只因《瑞士债务法》制定在先，故未作改动。例如，关于法律行为、侵权行为和债务关系的履行、让与等，《瑞士债务法》均有明文，这些规定对于民法典的其他部分（如物权法部分），皆能适用。且民法典第 7 条也明示《瑞士债务法》的总则的规定，得适用于民法典的其他部分。故而，《瑞士债务法》第 1—183 条的规定，遂间接地成为《瑞士民法典》的总则，至于其他问题，则由《瑞士民法典》的人法规定。[1]

（二）民族主义的性质

依上述理解，《瑞士民法典》属于五编制结构的立法体例，应无疑义。《瑞士

---

[1] 参见台湾大学法律学研究所编译：《瑞士民法》（条文），1967 年印行，第 3 页。

民法典》除了此项构成上的特色外，还有其他特色，即法典的近代性与民族主义的性质。以下先考察民族主义的性质。按照德国历史法学派的思想，法律乃是一个民族的历史、文化以至人文主义精神的结晶与表现。但民法典，却并不像习惯法那样，只要依人类群体生活的自然发展便可形成，而是由于立法者的有意识的创造，称为人为的作品。《瑞士民法典》尽管是人为的作品，但由这部作品的内容观之，其乃表现了瑞士民族的伟大的创造精神。如果说1804年《法国民法典》在精神文化领域的特色在于染有浓厚的个人主义，那么《瑞士民法典》的特色则在于它的自由和民族主义的精神。对此，可由以下各点得到证明：

第一，条文的平易性、明确性。如前述，《瑞士民法典》的条文具有平易性的特征，受过专门的法学教育的人自不用说，就是普通人也可一望而知。这与《德国民法典》只有受过专门的法学教育的法学家、法官和律师才能理解不同。当然，《瑞士民法典》的这一特征，与其起草者欧根·胡贝尔个人的风格有着千丝万缕的联系，自不待言。

作为起草者的欧根·胡贝尔，一开始便着力强调条文的明确性。为了实现这一目的，他缜密地检讨了《德国民法典》的各项规定，最后认为应避免像《德国民法典》那样广泛规定一般原则和抽象概念，因为，只有这样，才不会使没有受过法学教育的人理解民法典产生困难。

基此考虑，《瑞士民法典》遂以简短的语句表述条文的内容，且每一条文不超过三段，通常只有二段或一段，而每段只有一句，其用语力求平易，使无法律知识者也能了解，在一般情形下，无须特别加以解释（按：例外者为《瑞士民法典》第664条）。[1] 在这一点上，《瑞士民法典》具有与《法国民法典》相近似的风格，值得注意。

第二，《瑞士民法典》大众的、民族主义的性质，除表现在极力避免规定一般化的、抽象的概念外，还表现在未如《德国民法典》那样于民法典之始即设立统领整个民法典的总则。对此，前已述及，兹不赘。

---

[1] 参见台湾大学法律学研究所编译：《瑞士民法》（条文），1967年印行，第3页。

第三，较之其他国家的民法，尤其是《德国民法典》，《瑞士民法典》还具有文本和用语的简洁性、明快性的特征。《瑞士民法典》前四编，即人法、亲属法、继承法和物权法的条文总数只有977条，而《德国民法典》关于这些事项的规定，则用了1533个条文。这一点也被说成是《瑞士民法典》的大众化、民族主义的特征，并认为同样应当归功于欧根·胡贝尔的努力和风格。但事实上，除欧根·胡贝尔外，其他有名学者，如普拉塔，也特别强调《瑞士民法典》的简洁性，并认为这是《瑞士民法典》之有大众化特征的重要表现。另外，联邦参事会也是立足于普拉塔同样的想法来考虑《瑞士民法典》的制定的。在1904年5月28日的报告中指明："法律，必须简洁。作为大众化的民法典，尤应如此。"[1]

第四，《瑞士民法典》具有明确性的特征。为实现民法典的明确性而采取的手段，即是连续计算所有的"章"（Titel）。该民法典共计25章，在章下设节，于节之内又设有栏外注（备注），以表明各条之间的联系。而且，这种栏外注为法律条文之一部，故在解释法条时，应视同法条本身。[2]毋庸置疑，此种立法技巧有助于人们更加准确地理解法条的原文。1911年修改《瑞士债务法》时，一方面为了与《瑞士民法典》保持一致，另一方面也为了有助于人们研究和理解民法典，同样设有栏外注。[3]

第五，从使用的术语和表述条文的方式上看，《瑞士民法典》也具有自己独特的风格。如所周知，《德国民法典》向来重视"概念的共通的理解"，因而是由"法律概念的、专门的术语"构成的。亦即，该法典所使用的术语，大多具有特别的法技术的意义。当然，《瑞士民法典》也启用了这样的法概念，但因其以大众化为立法方针，[4]故大多使用人民耳熟能详的术语，仅在非使用不可的场合才启

---

[1] ［日］松仓耕作："瑞士民法典的统一及其特色"，载《名城法学》第23卷第2号，第133页。

[2] 参见台湾大学法律学研究所编译：《瑞士民法》（条文），1967年印行，第3页。

[3] ［日］松仓耕作："瑞士民法典的统一及其特色"，载《名城法学》第23卷第2号，第134页。

[4] 所谓大众化的立法方针，即"复杂的文句、过于专业化的术语"将有碍于人民大众对于法典的理解，从而不宜采取的方针。

用"技术性的专门的法概念"。结果，《瑞士民法典》的条文较之《德国民法典》更加简明，有适度的弹性，且使法院有发挥创法功能的余地，法官可以运用广泛的裁量权，并依正义和公平（nach Recht und Billigkeit）的观念进行裁判，进而使《瑞士民法典》具有 20 世纪的进步的大法典的显著特征。[1]

第六，《瑞士民法典》，犹如瑞士的其他联邦法律，为一具有德、法、意三种文字的法律。在适用上，依《瑞士联邦宪法》第 116 条的规定，此三种文字具有同等价值。法文的条文，由维格拉·罗塞尔（Virgile Rossel）拟订，与德文的条文相较，由德文意译过来的成分居多。反之，由吉欧利乌·伯尔托尼（Giulio Bertoni）拟订的意大利条文，其本身并非一种缺点，反而为其优点之所在。此一优点，也同样表现了《瑞士民法典》的民主、民族主义的性质。盖此三种文字具有同等价值，可以避免人民受条文用语的拘束，而能探求其真意。[2]

以上所论，无一不是《瑞士民法典》的民族主义的特征的表现。同时，它们也是《瑞士民法典》的形式和表面上的特色。另外，由法典的内容，我们同样可以看到《瑞士民法典》的民族主义的性质，此即瑞士人民的"自由的私生活的形成"。

《瑞士民法典》第 27 条第 2 项以"人格的保护"为题，明定"自由不得抛弃，并不得于害及法律或善良风俗的程度上，限制其行使"。这一规定，为人民发挥自己的主观能动性以创造私的自由的生活提供了法律上的基础。[3]

（三）法典的近代性

如前述，《瑞士民法典》的立法者，在设计民法典的条文时，也试图尽可能地维持各州古来的法律制度，并努力把它们导入到民法典中。例如，立法者将所谓家产共同性（Gemeinderschaft）、婚姻子关系（Brautkindschaft）、亲属监护（Familienvorundschaft）、土地负担（Reallast）、地租证券及总有（Gesamteigentum）

1　参见台湾大学法律学研究所编译：《瑞士民法》（条文），1967 年印行，第 2 页。

2　[日] 松仓耕作："瑞士民法典的统一及其特色"，载《名城法学》第 23 卷第 2 号，第 135 页。

3　[日] 松仓耕作："瑞士民法典的统一及其特色"，载《名城法学》第 23 卷第 2 号，第 136 页。

等纳入到民法典中，即其适例。

欧根·胡贝尔本人，出生于瑞士操德语的地区，是一个日耳曼主义者。通过其老师的传授，他从历史法学派那里吸取了丰富的营养，并感受了法学的清新之风。这一点表现在《瑞士民法典》受到了德国法律精神的深刻影响，且某些规定染有浓烈的日耳曼法的色彩。例如，财产结合制度（Güterverbindung）、夫妻财产契约和继承契约的一般财产制、总手的共同体（Gemeinschaften zur gesamten Hand）、公示原则（Pubizitatsprinzip）、所有人役权（Eigentümerdienstbarkeit）、所有人抵押（Eigentümergrundpfand）及夫妻财产上的债务与责任的分离等等，无不染有浓烈的日耳曼法的色彩。[1]

惟应注意的是，在强调《瑞士民法典》受到了德国固有法——日耳曼法——影响的同时，也应看到其内容在相当程度上尊重和维持了瑞士古来的固有的法律制度这一方面。而且，《瑞士民法典》的立法者还把当时先进的近代法律制度导入其中，使得法典的内容即使今天看来也一点不落后。其立法上的进步，表现为对人民财产的保护、对道德和社会问题的解决上。《瑞士民法典》的这种崇高的法伦理与所谓法的社会，主要是通过以下各项制度来保障其实现的：

（1）规定了数量众多的委由法官自由裁量的空白条款。

（2）规定了诚实信用原则，借以领导一切民事关系。同时规定"权利滥用不受保护"，以纠正个人主义的私权绝对思想。这些规定今天看来也许不足为奇（因为多数国家的民法典皆有规定），但在20世纪肇始便于民法典上明示这些规定，实具有开创先河的意义。

（3）经由建立法人和非法人团体的制度，促进团体主义精神的形成与发展。

（4）《瑞士民法典》以前的法典，如《法国民法典》，多将财产的保护置于头等重要的地位，而《瑞士民法典》则把人格权（Persönlichkeitsrecht）的保护置于重要地位。这一点可以由《瑞士民法典》将物权法和债法置于法典之后，而把

1　［日］松仓耕作："瑞士民法典的统一及其特色"，载《名城法学》第23卷第2号，第136—137页。

人法、亲属法、继承法置于法典之前，获得印证。

（5）为了救济感情即将破裂的婚姻关系，把所谓婚姻保护准则（Ehes-chutzmabnahme）订入到民法典中，并规定"单纯别居制度"，以防止由于暂时的感情对立而造成婚姻关系的破裂。

（6）关于家庭内的母亲的地位、因婚姻关系而形成的妻的地位、夫与妻的地位的平等（按：有若干例外）、妻的特有财产以及扩大生存配偶者的继承权等，立法者均作了缜密的考虑。

（7）对于未成年人和被监护人的行为，明定国家可以干涉。

（8）在维持婚姻制度的前提下，改善非婚生子女在家庭和继承法上的地位。

（9）高扬交易场中的信赖关系，强调交易中的诚实信用，并以侵权行为制度保护受害人的利益。为了确保其得以实现，引入了夫妻财产契约的公示制度；对于土地的限制物权，规定了土地登记簿制度；对于重要的法律行为，明定必须采取公证证书的形式。

（10）强化公务员和行政机关的民事责任，规定公务员和国家机关的民事责任由国家承担，称为国家责任。

（11）注意保护农业和手工业阶层的利益。[1]

六、联邦法和州法对于民法典的补充规定

值得注意的是，包括《瑞士债务法》在内的广义的《瑞士民法典》并不是瑞士私法的全部内容。事实上，所谓瑞士私法，乃是由广义的瑞士民法典、瑞士联邦关于私法的特别法和命令，以及各州关于私法的命令与地方习惯构成的。不言自明，所有这些均为瑞士私法的法源。以下简要介绍之。

（一）联邦的法律与州法

《瑞士民法典》公布前已然存在的某些法律，于其施行后，作为其补充而仍

---

[1] ［日］松仓耕作："瑞士民法典的统一及其特色"，载《名城法学》第 23 卷第 2 号，第 137—138 页。

然具有效力。

1. 以往的法律规范

组成《瑞士民法典》的诸多规定，来源于其公布前的"妥当的联邦的私法"，如《关于身份和婚姻的联邦法》《关于私的行为能力的联邦法》等。此外的其他联邦法，于《瑞士民法典》施行之际，大部分尽管依然如旧，继续存在，但其中的一些法律随后被修改，或被新制定的法律所取代，如《关于著作权的联邦法》《关于商标与特许的联邦法》《关于工艺的联邦法》（das Gesetz über die gewerblichen Muster und Modelle）及《关于保险契约的联邦法》（das Gesetz über den Versicherungsvertrag）等。应当注意的是，属于联邦层次上的这些"统一法"，之所以在《瑞士民法典》施行后仍维持其效力不变，其重要原因在于这些法律所规定的内容和《瑞士民法典》的规定并无龃龉之处。

2. 新颁行的法律

《瑞士民法典》要真正付诸实施并产生效力，非有配合其施行的"补充法规"不可。这其中最称重要者，是联邦内阁和联邦法院发布的命令。

（1）联邦内阁的命令

1）《关于土地登记簿的联邦令》，1910 年颁布，后经 1964 年 4 月 22 日、1965 年 6 月 29 日及 12 月 17 日的会议修改。

2）《关于户籍登录和婚姻缔结的处理的联邦令》，即所谓《户籍令》，1910 年公布，1960 年 9 月 13 日、1965 年 1 月 8 日、1966 年 1 月 14 日、1967 年 1 月 24 日及 1969 年 8 月 24 日修改。

3）《关于商业登记的联邦令》，1937 年公布。

4）《关于夫妻财产制登记簿的联邦令》，1910 年 9 月公布。

5）《关于牲畜的质押的联邦令》，1911 年公布，1917 年 1 月 30 日、1957 年 9 月 6 日修改。

（2）联邦法院的命令

1）《关于所有权保留登记的联邦法院令》，1910 年公布，1920 年 3 月 4 日、

1932 年 12 月 23 日、1953 年 12 月 23 日及 1962 年 10 月 29 日修改。

2）《关于完善所有权保留登记簿的联邦法院令》，1939 年公布。

3）《关于对土地进行强制变价的联邦法院令》，1920 年公布，1923 年 12 月
19 日进行了补充修改。

3.《瑞士民法典》的修正

自 1912 年《瑞士民法典》施行迄今已百余年。百余年来，瑞士的社会生活
变动不居，因此对其进行修改自然在所难免。其中，以 1918 年一战结束后和
1945 年二战结束后所作的修改及增订的条文最值注目。[1]

（1）《瑞士民法典》本在第 23 章第 4 节设立"质权证券"（Pfandbrief，第
916—918 条）的规定，但随着社会生活的发展、变迁，本节规定依 1930 年 6 月
25 日《关于质权证券之发行的联邦法律》 （Pfandbriefgesetz vom 25. Juni 1930,
1931 年 2 月 1 日生效）而被废止。1967 年 10 月 5 日的联邦法，对《关于质权证
券之发行的联邦法律》再度作了修改。

（2）1940 年瑞士公布《关于农业家产之整顿的联邦法》 （das Bundesgesetz
über die Entschuldung Landwirtschaftlicher Heimwesen vom 12. Dezember 1940, zit. LEG,
1947 年 1 月 1 日施行）。该法经 1955 年 3 月 25 日的修改而成为一部重要法律。值
得注意的是，该法变更了《瑞士民法典》中继承法和物权法的某些规定。[2]

（3）《瑞士民法典》第 703 条关于土地改良的规定，依 1951 年 10 月 3 日
《关于发展农业和维持农民的地位的联邦法》（《农业法》，Landwirtschaftsgesetz），
被注入了新的内容。

（4）《瑞士民法典》第 89 条关于"监督官署和利害关系人，均有起诉的权
利"，"财团的废止，为注销登记，应通知登记官员"的规定等，均是依 1958 年 3
月 21 日联邦法律关于雇佣契约法和财团法的规定而作的补充。关于员工福利财团

---

[1]　如修改婚姻的无效、遗产分割的规定及增加规定建筑物区分所有权。

[2]　依照该法，原民法典第 848 条、第 850 条第 2 项的规定被变更，另外该法也完全废除了关于
农业家产继承的原民法典第 620 条、第 621 条及第 625 条。参见 ［日］松仓耕作："瑞士民法典的统一
及其特色"，载《名城法学》第 23 卷第 2 号，第 147—148 页。

的第 89a 条的规定，是依该法的补充规定而追加的。

（5）《瑞士民法典》第 647 条以下关于共有的规定，是依 1963 年 12 月 19 日关于修改民法典第 4 编（共有与分层建筑物所有权）的联邦法律而追加的。特别是第 712a 条至第 712t 条关于分层建筑物所有权（建筑物区分所有权）的新条文，是依该法而新增的。

（6）依 1965 年 3 月 19 日修改地上权和土地买卖的规定的联邦法律（1965 年 7 月 1 日生效），新增第 779a 条第 779l 条的内容。第 779 条的标题也相应地作了变更。[1]

（二）各州的私法

《瑞士民法典》制定时，考虑到瑞士是一个联邦制国家，为使组成联邦的各州不致因不同的理念而影响其统一实施，于是明定私法关系上的诸多细微事项和特殊事项，可以由各州法定之，《瑞士民法典》不作统一规定。毋庸置疑，各州法关于这方面的规定，成为州的私法的重要内容。

七、结语

《瑞士民法典》，可谓是瑞士法律界自 19 世纪后半期以降发起和推行的联邦统一立法运动的产物。19 世纪之时，瑞士的民法体制尽管已有相当的发展，但因沿袭地方分权传统，在州自治原则下，仍采州民法体制。19 世纪末叶，民法统一运动得势，于是在 1898 年乘《瑞士联邦宪法》修改之机，新订条规，将关于一般私法的立法权限授予联邦。据此，联邦司法警察部（Justiz-und Polizeidepartment）于 1892 年委托欧根·胡贝尔起草民法典。其起草的民法典草案（Vorentwurf）和理由书（Erläuterungen）再经专家委员会（Expertenkommission）审议，成为联邦委员会民法草案（Bundesrätlicher Entwurf），并提交联邦议会审议。1907 年 12 月

---

[1] ［日］松仓耕作："瑞士民法典的统一及其特色"，载《名城法学》第 23 卷第 2 号，第 149 页。

10 日，该草案获得通过，《瑞士民法典》于是诞生，自 1912 年 1 月 1 日起施行。[1]

《瑞士民法典》是一个很有特色的 20 世纪的大法典，在民商合一与民商分立的问题上毅然决然地抛弃此前的旧有传统而采民商合一体制，在法国和德国的民商分立之外另创一格，令人耳目一新，并使人认识到，在大陆法系内部，多样性仍是存在的，法国和德国私法典的编纂模式并不能把大陆法系瓜分尽净。现在比较法学家在法国和德国之外，不仅注意到瑞士，同时也注意到北欧各国和亚洲各国；立法者也不为法国模式和德国模式所限，而是从各自的国情出发，开辟新的道路。这不能不说是《瑞士民法典》的启示。[2]

我国在清朝末年毅然决定抛弃固有传统法制而继受西洋法律，标志着中国传统法律之向近代转型的开始。宣统三年（1911 年），公布民法典第一次草案（《大清民律草案》），至 1929—1930 年，先后公布了民法典各编，是为《中华民国民法》。《中华民国民法》为中国法制史上第一部成文民法，其制定及施行经历了中国近百年来空前的政治动荡，充分显示了一个古老民族如何在外来的压力下，毅然决定抛弃固有传统法制，而继受西洋法学思潮，以求生存的决心、挣扎与奋斗。[3] 此民法典，正是受《瑞士民法典》等的影响而制定的，[4] 其采民商合一体制，更是直接得益于《瑞士民法典》的启示。自 1949 年以降，我国民事立法都是在民商合一的原则下进行的，这不能不说是受到《瑞士民法典》的影响的结果。可以期待，我国未来的民事立法仍将继续沿着民商合一的道路而前行。

如前述，按照近现代及当代民法史家的见解，《瑞士民法典》是较《德国民法典》更称优秀的潘德克吞法学的法典。《德国民法典》的总则、债（的关系）法、物权法、亲属法及继承法的五编制编纂体例固有其优，而《瑞士民法典》的

1　参见台湾大学法律学研究所编译：《瑞士民法》（条文），1967 年印行，第 1 页。

2　关于《瑞士民法典》之采民商合一，法、德民法之采民商分立的立法体制，谢怀栻先生在《大陆法国家民法典研究》（载《外国法译评》1995 年第 2 期）中作有翔实论述。

3　王泽鉴：《民法学说与判例研究》（第 5 册），1992 年自版，第 2 页。

4　1929—1930 年颁行的《中华民国民法》，取德国民法十之六、七，取瑞士民法十之三、四而底于成。

立法者基于人和家为一切私法秩序之起点和基石的考虑，从一开始便开宗明义地规定人法、亲属法、继承法，尔后才规定物权法和债法，其所表达的是"人重于物"的思想，避免了《德国民法典》的"重物轻人"之嫌，很值得我们参考。

另外，从《法国民法典》《奥地利普通民法典》《德国民法典》以至《瑞士民法典》，我们都可以看到这样一种现象：在每一部民法典的背后，都存在着一个法学家集体、一个学派甚至一个或几个著名的法学家。[1]这表明，作为一个国家、一个民族的文化精神的结晶的民法典，乃是民法理论发展到一定阶段的产物，同时也是该国的经济生活发展到一定阶段的产物。就民法典是一个法学家或一个法学家集体的著作而言，《瑞士民法典》表现得尤其明显。这就从侧面告诉我们，重视某个法学家或法学家集体的作用，是重要的。一个国家的民法典一经公之于世，通常不是施行几年或十几年就废止了，而是要一直施行下去的，中途纵因社会生活的变易而进行修改，也不至于推倒重来，重新制定，至多仅对个别条文作细枝末节的修正而已。也就是说，一部民法典要受时间的检验，绝不等同于一般的普通的行政文件，施行几年就可以作重大修改或弃而不用。一言以蔽之，"我们可以从《瑞士民法典》学到不少东西"。[2]

1　谢怀栻："大陆法国家民法典研究"，载《外国法译评》1995 年第 2 期，第 8 页。
2　谢怀栻："大陆法国家民法典研究"，载《外国法译评》1995 年第 2 期，第 8 页。

19、20 世纪的德国民法学 *

一、引言

考察 19、20 世纪的德国民法学说，需首先划定自 19 世纪起德国民法学说的大致分期。按照多数民法史家的见解，19 世纪肇始以降的德国民法学说，大致可以分为四个时期：第一个时期，19 世纪前半期的法典论争与历史法学时期；第二个时期，19 世纪后半期的概念法学与《德国民法典》时期；第三个时期，20 世纪前半期的自由法运动与法社会学时期；第四个时期，20 世纪后半叶的现代私法学时期。以下分别考量这四个时期中德国民法学说的基本状况。

二、法典论争与历史法学

（一）法典论争

19 世纪前半期的德意志私法学上，最引人注目的事件不啻为历史法学派登上德意志法学的历史舞台。而导致其登场的直接契机，是所谓的法典论争（Kodifikationsstreit）运动，即围绕是否需要立即制定一部统一的民法典而展开的论战。

围绕应否立即制定一部统一的民法典而展开的论战，最早发轫于 1814 年德意

* 本文曾发表于《法治研究》2011 年第 6 期。主要依据、参考日本学者坚田刚："各国的法律学（民法学）史：德国"，载［日］水本浩、平井一雄编：《日本民法学史》（各论），信山社 1997 年版，第 373 页以下。谨向作者坚田刚，编者水本浩、平井一雄致谢。本书作者于 1997 年至 1998 年在日研修期间，曾受惠于水本浩先生，特记于此，以供忆念。

志人民反击拿破仑的民族解放战争的胜利。同年，学者蒂堡发表《论制定一部德意志统一民法典之必要性》[1]，号召编纂适用于德意志各邦的统一的民法典。对于蒂堡的主张，萨维尼发表了《论当代立法与法理学的使命》以为反击，一方面认为当时制定民法典为时尚早，另一方面呼吁在进行正式的立法前，应建立法学理论，即理论应当先行。需注意的是，此两人立场的迥异，尽管直接表现为是否应当立时编纂一部统一的民法典上，但其后的背景，实际上是对 18 世纪以降风靡欧陆各国的自然法与习惯法思潮的不同认识。蒂堡立于启蒙主义的立场，故主张构筑一部"理性法的法典"；萨维尼则因认法律为民族精神的产物，成文法与习惯法相较，实居于次要地位，故主张德意志民族的统一民法典应基于习惯法而编成。显而易见，这是两种对立、截然不同的主张。

发生在 19 世纪肇始以后不久的这场法典论争运动，其范围实际上并不仅限于关于民法典编纂的是是非非。如后所述，萨维尼志在通过对法律的历史研究来构造民法的"体系的法学理论"（即潘德克吞法学），并因此成为 19 世纪德意志法学的最高权威。[2]但蒂堡倡导的"理性法的思想"并未因此于德意志法学界销声匿迹。事实上，这一思想与费尔巴哈的刑法学以至黑格尔的法哲学思想合流，最终促成了哲学法学派的诞生。结果，以这场法典论争为契机，19 世纪前半期的德意志法学，便以历史法学和哲学法学为轴心而展开，历史法学和哲学法学因此成为 19 世纪前半期德意志法学的双璧。

（二）历史法学

历史法学（historische Rechtswissenschaft）的真正创始人，依学者通说乃是萨维尼。他为了法典论争的需要而于 1815 年创立了用以反击对手的理论阵地的学术刊物——《历史法学杂志》，并倡言对"法律进行历史的研究"，及以"作为学问的法学"（Rechtswissenschaft）为该刊的历史使命。经过一段时间，以向该杂志投

---

[1] 本文德文标题为 über die Notwendijkeit eines allgemeinen bürgerlichen Rechts für Deutschland，相应的中文译法有好几种。该文的全部中文译文，刊载于《比较法研究》2008 年第 3 期（傅广宇译）。

[2] ［日］水本浩、平井一雄编：《日本民法学史》（各论），信山社 1997 年版，第 374 页。

稿的学者为中心，形成了著名的历史法学派（historische Rechtsschule）。[1]

最初，历史法学派系由萨维尼、普赫塔和耶林所代表的罗马法派及基尔克（Otto Friedrich von Gierke）所代表的日耳曼法派组成。这种情况反映了德国 15 世纪以降继受罗马法以后所形成的日耳曼法和罗马法的双重构造格局。惟随着对法的历史的探究日渐深入，两派之间的裂痕益深，以致最终走上了分道扬镳的道路。通常认为，促使两派走上分道扬镳的道路的，是 1846 年的 Germanisten[2] 大会。在这次大会上，两派不仅于学问上形成了对立，而且在对待 1848 年三月革命的态度上也形成了对立。[3]

这样一来，在外与哲学法学派进行斗争，内与 Germanisten 相互对垒的论战中，Romanisten[4] 终于发展成为 19 世纪德意志法学的主流。不言自明，Romanisten 的最大成就，是发起并从事了《德国民法典》的编纂运动。饶富趣味的是，当初坚决反对民法典编纂的历史法学派，如今却极力主张编纂之。历史法学派这一立场的转变，表明萨维尼构筑的私法学体系已然确立起来了。

萨维尼在《论当代立法与法理学的使命》一文中表述了历史法学（派）的如下纲领：其一，法律和语言一样，是民族的共通的确信的产物；其二，法与民族的历史共命运；其三，法首先基于民族的习惯，尔后才基于法学而形成。[5]需注意的是，强调民族的历史，意味着历史法学（派）是罗马主义的国家主义之一环。萨维尼法学的出发点，也正在于摒除启蒙主义的自然法，而确认民族的、历史的习惯法。

1　［日］水本浩、平井一雄编：《日本民法学史》（各论），信山社 1997 年版，第 375 页。

2　Germanisten 一词，为德语，指 19 世纪德国历史法学派中专门从事日耳曼法与德意志固有法研究的学者，著名学者基尔克便是该派的代表人物。参见［日］内阁法制局编：《法律用语辞典》，有斐阁 1998 年版，第 359 页。

3　关于 Germanisten 大会，详情参见［日］坚田刚：《历史法学研究：历史与法及语言的三位一体》，日本评论社 1992 年版，第 98 页以下。

4　Romanisten 一语，指 19 世纪德国历史法学派中，专门从事罗马法研究的学者，他们以私法为中心，使继受而来的罗马法获得了概念的抽象化和体系化，其代表学者有萨维尼、普赫塔、温德沙伊得及耶林等。参见［日］内阁法制局编：《法律用语辞典》，有斐阁 1998 年版，第 1385 页。

5　［日］水本浩、平井一雄编：《日本民法学史》（各论），信山社 1997 年版，第 375 页。

不过，以上三点并不能完全描述萨维尼法学的全貌。之所以如此，盖因萨维尼尚有历史的方法与体系的方法这两个法学方法论。上述所谓纲领，仅系这两个方法中的前者，即历史的方法。萨维尼的真正意图，是通过对"法的概念"进行"逻辑的计算"来构筑自己的"体系法学"。历史法学，尽管形式上推崇法律的历史主义，但实质上却是怀抱创建"极端抽象的理论性"的"论理主义法学"之志向的。

如果说萨维尼在《中世纪罗马法史》（共六卷，1815—1831年）里表述的是"法律的历史研究"的话，那么在八卷本的鸿篇巨作《当代罗马法体系》（1840—1849年）中则是在从事以概念的论理为依据的非历史主义的研究。萨维尼运用罗马法概念创立现代德意志法学的信念是未曾动摇过的。对于罗马法派的萨维尼是否可以真正称为罗马法派的历史主义者，德国著名私法史家维阿克评论说："这只是口头上的归依"。[1] 可见是抱有疑问的。[2]

值得注意的是，在整个19世纪，萨维尼法学的权威未曾动摇，其倡导的权利意思说和法域论，对于民法学以至国际私法学乃有划时代的贡献。1842年，萨维尼弃教从政，任普鲁士修法大臣，通过对1794年《普鲁士普通邦法》的修订活动，为《德国民法典》的编纂作了政治上的准备。

这里有必要提到执着坚持和崇尚"历史法学的历史主义"的雅各布·格林（Jacob Grimm）。该人不仅作为童话集的著名编者而蜚声世界，[3] 而且作为萨维尼的开门弟子于法学领域也有重要成就。例如，他的《论法中的诗意》（《法の内な

1　[德] Franz Wieacker：《近世私法史》，[日] 铃木禄弥译，创文社1961年版，第477页以下。

2　[日] 水本浩、平井一雄编：《日本民法学史》（各论），信山社1997年版，第376页。

3　雅各布·格林与其弟威廉·格林被后人合称为格林兄弟。人们对格林兄弟的了解通常仅限于其在文学和语言学领域的成就，尤其是家喻户晓的《格林童话》（出版于1812—1815年）。200多年来，这部童话集一直都是每一代儿童的经典读物。除此之外，格林兄弟合编的《德语大辞典》以及雅各布·格林撰写的《德语语法》，于德国语言学史上也具有举足轻重的地位。事实上，格林兄弟也是法学家，尤其是雅各布·格林于日耳曼法律史方面也有出色研究，以致成为历史法学派日耳曼法分支的代表之一，1840年被柏林科学院聘为法学教授，并于1846年至1847年任法兰克福、吕贝克日耳曼法学家大会主席。参见[德] 萨维尼、格林：《萨维尼法学方法论讲义与格林笔记》，杨代雄译，法律出版社2008年版，第2页。

るポエジー》，1816 年）便是于法典论争犹酣之时写成的名著。另外，他还出版了《德意志法古事志》（1828 年）和四卷本的《习惯法判告录》（1840—1863 年）等。雅各布·格林作为罗马主义的日耳曼法学者，主张自历史和语言的角度来把握法律现象，即在日耳曼的习惯法中，确认民族固有的历史与语言，进而倡导作为整合（统一）法学、历史学、语言学的新学问的日耳曼学（即德意志法学）。就此而论，忠实地践行历史法学的宗旨和纲领的，不是萨维尼本人，而是雅各布·格林其人。萨维尼和雅各布·格林尽管是历史法学派的双璧，但无论于学问抑或政治立场上，两人皆存在对立的意见。另外，于方法论上，与萨维尼坚信法的概念的论理性相左，雅各布·格林则是确信"法的语言的、诗的、象征的风格"。[1]

（三）潘德克吞法学

潘德克吞法学，亦即秉承罗马法继受的传统，由历史法学中的罗马法学者于19 世纪后半期构筑起来的德意志私法学，他们以对德意志普通法和潘德克吞进行研究为工作的中心。所谓潘德克吞，即《罗马法大全》中的《学说汇纂》，也就是罗马帝政时代被赋予"解答权"的法律学者们的学说集成。萨维尼的后继者们，从这个"学说法"中抽出法的概念，并用以构筑 19 世纪的私法学。就此而言，可以说潘德克吞法学乃是"罗马法的现代的惯用"的产儿。

潘德克吞法学，具有易于理解的特色，创建它的学者们在潘德克吞这一题目卜撰写了数量众多的教科书，并因此使 19 世纪的德意志私法学体系得以最终形成。其中，可以之为代表的著述有萨维尼的后继者普赫塔的《潘德克吞教科书》（1838 年）。此外，温德沙伊得的三卷本的《潘德克吞法教科书》（1862—1870 年）、德恩堡（Heinrich Dernburg）的三卷本的《潘德克吞》（1884—1887 年），也是这方面的重要著作。此外，作为历史法学派的论敌的蒂堡，也在法典论争之前写成

1　［日］水本浩、平井一雄编：《日本民法学史》（各论），信山社 1997 年版，第 376—377 页。

了两卷本的《潘德克吞法体系》（1803 年）。[1]

应注意的是，无论是温德沙伊得还是蒂堡及普赫塔，都受到了黑格尔法哲学的影响。潘德克吞法学的所谓泛论理主义，与其说应当归功于萨维尼法学，毋宁说应当归功于黑格尔法哲学。申言之，可由罗马法学者与历史主义之诀别而倾向于"批判的自然法论"，找到潘德克吞法学的出发点。盖法学的概念化和体系化，本来是经由经院哲学的自然法论孕育出来的。谈到这一点时，维阿克称潘德克吞法学为"隐性的自然法"，即"被隐蔽的自然法"。[2]

潘德克吞法学，往后不久被耶林斥为概念法学而受到猛烈批判。惟无论如何，法学史上，此概念法学的确曾经决定过德意志私法学的发展方向。《德国民法典》实际上是处在潘德克吞法学延长线上的东西。[3]

三、概念法学与《德国民法典》

（一）对概念法学的批判

对于潘德克吞法学中过分抽象的论理主义，上文提到，耶林斥之为概念法学而加以非难。[4]实际上，尽管萨维尼的法学体系的方法，是"以概念的计算"为内容和志向的，但耶林直接发起攻击的，则是普赫塔的法学思想。

普赫塔于 1842 年接替柏林大学萨维尼的讲座的位置，并使罗马私法学得到了发展。不过，普赫塔尽管是萨维尼的继承者，但他仍旧受到了黑格尔的影响。说历史法学纲领中民族的共通的确信是萨维尼所说的"民族精神"，便正好反映了普赫塔对于黑格尔历史哲学的解释。普赫塔的"泛论理主义"，是萨维尼的概念

1　蒂堡于这两卷本的著作中主张四编制的构成，即总则、身份法、债务法、物权法。此与 1896 年最终制定的《德国民法典》之采五编制的构成不同。

2　［德］Franz Wieacker：《近世私法史》，［日］铃木禄弥译，创文社 1961 年版，第 464 页。

3　［日］水本浩、平井一雄编：《日本民法学史》（各论），信山社 1997 年版，第 379 页。

4　"概念法学"一语，虽由耶林所创，但之前的雅各布·格林的《并不严密的学问的价值》（1846 年）和基希曼（J. H. Kirschmann）的《作为法律学的学问的无价值性》（1847 年），已作了同样的论理主义的批判。参见［德］基希曼：《论法律学的无价值性》《对于概念法学的挑战》，［日］田村五郎译，有信堂 1958 年版，第 1 页以下。

的构成和黑格尔哲学思辨合流的结果。

如所周知，使概念法学之所以成为概念法学的，是对于"法的构成"（juristische Konstruktion）的确定的信念。对于信奉概念法学的人来说，法学与法典，乃是完美无缺的论理体系，通过逻辑的演绎和推论，所有的法律问题皆可得到自动解答。耶林批判概念法学推崇逻辑崇拜（der Kultus des Logischen），并以嘲弄的手法写成《法学戏论》（Scherz und Ernst in der Jurisprudenz，1884 年），嘲讽当时的法学者盲信逻辑，热衷于抽象概念的游戏，而忘却法律对实际生活所负的使命，这犹如人生活在"概念的天国"中，不知社会生活为何物，自于实际生活无所裨益。耶林指出，"概念的天国"的第一个"入国者"并非萨维尼，而是普赫塔。在他看来，普赫塔正是造成历史法学蜕变为概念法学的罪魁！[1]

但遗憾的是，耶林自身却成了概念法学的忠实信徒。于四卷本的《罗马法的精神》（1852—1865 年）里，尽管他指明了自己的法学抱负是"通过罗马法而超越罗马法"，但其中的内容仍是确信"法的构成的优位性"。他坚信"分析、综合与构成"的三种法技术，倡导"依法的构成"的"高度的法律学"。不过，在1872 年出版的《为权利而斗争》一书中，他却指明，权利并不是"理性或意思的发现形态"，而是通过不断的斗争而实现的利益。后期的耶林将注意力由法移向权利，主张在法学中不是引入演绎的论理，而是引入归纳的论理。[2]

在 1877—1883 年出版的两卷本的《法的目的》（Der Zweck im Recht）中，耶林强调法律是人类意志的产物，有一定的目的，故应受"目的律"的支配，与自然法则之以"因果律"为基础而有其必然的因果关系，截然不同。[3]从而，耶林在该书的扉页上开宗明义地写下了这样的话语："目的，是一切法律的创造者。"这一话语被认为是耶林由概念法学转向目的法学（Zweckjurisprudenz）的"转向宣言"。[4]

1　[日] 水本浩、平井一雄编：《日本民法学史》（各论），信山社 1997 年版，第 379—380 页。

2　[日] 水本浩、平井一雄编：《日本民法学史》（各论），信山社 1997 年版，第 380 页。

3　杨仁寿：《法学方法论》，三民书局 1987 年版，第 78 页。

4　[日] 水本浩、平井一雄编：《日本民法学史》（各论），信山社 1997 年版，第 380 页。

（二）《德国民法典》的制定

早在德国法学界兴起民法典编纂的论争前，主张立即制定民法典的蒂堡便提出了在德意志实现政治上的统一之前，应先期实现法律上的统一。萨维尼则认为应创建作为立法的前提和基础的法学理论。之后，尽管萨维尼等人创建的法学被斥为概念法学而广受批判，但历史法学派的学术活动在事实上却加速了潘德克吞法学的学问的体系化的进程。德国在经历了 1848 年革命的挫折后，于 1871 年实现了国家的统一。这样，民法典编纂的政治与学问的基础也就被奠定了，进而使民法典编纂指日可待！

在做了周到的准备并经过了较长的时期以后，德国于 1881 年为编纂民法典而成立了第一次委员会。该第一次委员会的实际的领导人，便是后期历史法学派的温德沙伊得。该委员会于 1887 年拟成《德国民法典第一草案》和《立法理由书》并向社会公布。[1] 1892 年，第二次委员会作成《德国民法典第二草案》。该草案经联邦参议院稍做修正后作为《德国民法典第三草案》提交给帝国议会，1896 年公布，此即现行《德国民法典》。

《德国民法典》是一部涵括五编、2385 条的卷帙浩繁的大法典。这是德国历史法学派诞生以来德国私法学的集大成的作品，以用语的洗练和论理的精致而对 20 世纪世界各国的民法法典化运动产生了深刻影响。总则、债法、物权法、亲属法和继承法的编制体例，被公言为潘德克吞模式的典范。[2] 其中，于法典之始便开宗明义地规定作为共通的概念的总则，更被谓为该法典最大的特色。[3]

顺便提及，鉴于温德沙伊得于《德国民法典》的创制中所起的重要作用（《德国民法典第一草案》是由他负责起草的），后世有称《德国民法典》为"小温德沙伊得"之说。该人对于《德国民法典》的影响，除他身体力行参与民法典

1　惟此草案受到了日耳曼法学者与社会主义者的批判。

2　法制史上，由五编构成的潘德克吞体系，系以海泽 1807 年的《普通民法的体系概要》一书为其嚆矢。参见［日］水本浩、平井一雄编：《日本民法学史》（各论），信山社 1997 年版，第 382 页注释 1。

3　［日］水本浩、平井一雄编：《日本民法学史》（各论），信山社 1997 年版，第 382 页。

起草委员会的各项活动外，更重要的还在于他撰写的《潘德克吞法教科书》对于民法典的制定所产生的重要影响。该书被谓为潘德克吞法学最称标准的体系书，囊括了德国的罗马法学者关于私法学的全部文献，可谓是罗马法理论的总决算，并为现当代民法立法选择、取舍罗马法概念和制度提供了参照。[1]

（三）对《德国民法典》的批判

《德国民法典》自 1900 年 1 月 1 日起施行。德国人民在庆贺这部 20 世纪的大法典问世的同时，也听到了对于这部法典的不绝于耳的批判之声。有人认为它是"德意志自由主义延期出生的宁馨儿"；也有人斥之为"19 世纪的遗产儿"，而非"20 世纪的种子"。值得注意的是，这些批判的声音，早在民法典草案阶段，尤其是对于温德沙伊得负责起草的《德国民法典第一草案》提出严厉批评之时即已出现，其代表人物是著名学者基尔克和奥地利的门格（Anton Menger）。基尔克是历史法学派中日耳曼法学的代表，其主要著作为四卷本的《德意志团体法》（1868—1913 年）。该书叙述了德意志法中的家族、职业组合及国家等林林总总的所谓同志团体（Genossenschaft）的历史。他特别指出，并非罗马法的个人主义，而是日耳曼法的团体主义，才是适合于德国传统的法制度。另外，他还撰写了介绍日耳曼法学者的私法学见解的概说性的三卷本著作——《德意志私法》（1895—1917 年）与《德意志私法概论》（1913 年）。[2]

应当指出，团体主义理念及其法制度，乃是日耳曼民族的传统。在这点上，

1　［日］水本浩、平井一雄编：《日本民法学史》（各论），信山社 1997 年版，第 382 页。值得指出的是，《德国民法典》与《日本民法》于编纂的时间上几乎是同时的。现行《日本民法》无论在内容抑或形式上，皆受到了《德国民法典》的影响。之所以如此，盖因在日本围绕民法典的制定，也曾发生过法典论争运动，故而《日本民法》可谓是真正地参考《德国民法典第一草案》而编纂的。由《日本民法》之采潘德克吞体系，可以清楚地看到，《日本民法》主要是在德国民法学的影响下创制完成的。惟因日本是以 1887 年《德国民法典第一草案》为蓝本而创制民法典，结果乃使《日本民法》先于《德国民法典》施行，即从 1898（明治 31 年）年起便得以施行。另据日本学者的考证，日本之所以采用潘德克吞体系，主要应当归功于日本民法起草委员会的重要成员穗积陈重。参见［日］穗积陈重：《法典论》，信山社 1991 年版，第 124 页以下。当然，《日本民法》对于债法和物权法的编排顺序与《德国民法典》有异，此系因为它取法德国潘德克吞体系中的 1863 年《萨克森民法典》，而《萨克森民法典》即把物权法置于债法之前。

2　［日］水本浩、平井一雄编：《日本民法学史》（各论），信山社 1997 年版，第 383 页。

日耳曼法可谓是前近代性的制度。近代资本主义以自由竞争和私的自治为前提，罗马法的个人主义本质是与其相吻合的。但随着社会生活的斗转星移，无论是从事有效率的资本主义生产，还是改善劳动者的劳动条件，个人主义无不显现出明显的局限性。资本主义的矛盾，同时也是近代法尤其是近代私法的矛盾。为克服这一矛盾，日耳曼法的团体法理念在新的背景下有了其合理性及用武之地。

基尔克的团体法理论，赋予各种团体以实在的人格，并承认其有权利、义务的主体资格。此即关于法人本质的法人实在说。此说暴露了以个人主义为基础的罗马法的法人拟制说的局限性。另外，团体法理论还打破了传统的公、私法的二元区分理论，为一个新的法域——社会法——的诞生奠定了基础。

1888 年，《德国民法典第一草案》一经公布，基尔克便发表《民法典草案与德国法》（1888—1889 年），立于日耳曼法的团体主义立场，对该草案的非民族性、该草案对德国固有法的轻视和非社会性以及该草案浓烈的罗马法色彩或倾向等进行了批判。[1] 另外，奥地利的门格还从所谓法律界人士的社会主义立场出发，对该草案进行了批判。该氏所著《民法与无产者阶级》[2] 一书，自社会主义者的视角，指明了该草案的阶级性。

基尔克和门格对《德国民法典第一草案》的批评，受到了第二次委员会的高度重视，《德国民法典第二次草案》因此被导入了一些社会主义的因素。尽管如此，它并未从根本上动摇该草案"19 世纪的性质"。基尔克、门格等人的团体的乃至社会主义的见解，作为 20 世纪的课题，被之后的自由法运动承袭。[3]

1　[日] 水本浩、平井一雄编：《日本民法学史》（各论），信山社 1997 年版，第 383 页。

2　Menger, Das bürgerliche Recht und die besitzlosen Volksklassen, 3. Aufl., Darmstadt, 1968. 该德文著作有日人井上登的翻译本，弘文堂书房 1926 年出版。由这部著作，可以明了 1917 年俄国十月革命胜利后，社会主义思潮于当时的欧洲尤其是在德国的传播情况。据本书作者所知，此系第一部自社会主义者的立场评述《德国民法典第一草案》的作品。

3　[日] 水本浩、平井一雄编：《日本民法学史》（各论），信山社 1997 年版，第 383—384 页。

四、自由法运动与法社会学

（一）自由法运动

上文谈到，19 世纪之时由萨维尼、普赫塔及温德沙伊得苦心经营而后底于成的德国潘德克吞法学，坚持认为罗马法的概念极为精致，任何问题莫不可依概念而计算、依形式逻辑演绎的操作而求得解答。于进行机械操作之时，应摒除权威，排除实践的价值判断，所获答案方能期其精纯。所谓逻辑崇拜、概念的支配，正是概念法学内容的生动写照。[1] 1896 年《德国民法典》正为"概念法学之精华"。[2]

但是，自 19 世纪末、20 世纪初开始，反概念法学的自由法运动（Freirechts-bewegun）崛起，并由星星之火演成燎原之势，自由法学由此登场，造成法学的崭新课题再度被提起。这一运动，史称自由法运动，其发起者是著名学者耶林。

作为概念法学的叛逆者，耶林提倡目的法学，声称欲解释法律，必先了解法律究欲实现何种目的，只有以此为出发点而解释之，才能得其肯綮。而所谓目的，指解释法律的最高准则，即所谓目的法学。[3] 具体言之，是指依法的论理的单个的利益。亦即，正是"依法的论理的单个的利益"，才是法学的对象。对于概念法学的形式的论理，自《德国民法典》施行以后受到了诸多批判，而这些批判均是打着承认自由法这一共通的旗帜而进行的。

自由法论（涵括利益法学）的主张，可以归结为以下五点：

（1）国家的成文法，并非唯一法源，此外尚有活的法律存在，而这正是真正的法源。

（2）自由法论者，对概念法学所服膺的"法律体系的逻辑完足性""法典完美无缺"等加以批判，认为法律之有漏洞（Lucke）乃属必然之事。

1　杨仁寿：《法学方法论》，三民书局 1987 年版，第 77 页。

2　[日] 水本浩、平井一雄编：《日本民法学史》（各论），信山社 1997 年版，第 384 页。

3　杨仁寿：《法学方法论》，三民书局 1987 年版，第 78 页。

（3）概念法学，以概念数学（begriffsmathematisch）的方法，就法律的解释为逻辑演绎的操作，而不为目的考量或利益衡量，甚至认为社会上可能发生的各种问题，只需将各种法律概念进行如"数学公式"般的演算，便可导出正确答案。此种方法最为自由法论者所责难，被斥为法律的逻辑（juristische Logik）。自由法论者认为它未能切合现代法学的要求。现代法学的使命，端的在于促进人类社会的进步与发展，因而必须把目的论等"自由的思考方法"导入法学领域。

（4）概念法学禁止司法活动造法（Rechtsschopfung），认为法典完美无缺，任何具体案件皆可在法律之内寻得正确答案。而自由法论者却认为此纯属迷梦，法律不可能尽善尽美，其意义晦涩者有之，有待法官阐释；条文漏洞者有之，有待法官补充；情况变更者有之，有待法官为渐进的解释（不改变法律文字，渐改其意义）。凡此种种，法官莫不需凭其智慧，而为利益衡量或价值判断，此非造法而何？

（5）概念法学不认法学为一门应用科学，忽视法学属于高度价值判断的学问，致认纯以逻辑分析方法加以认识，即为已足。而自由法论者认为，法学兼具实践的性格，并含有评价的因素，绝不像其他经验科学，仅为纯粹的理论认识活动便为已足。[1]

需注意的是，于论及自由法运动时，除应提及耶林外，尚应提到康德罗兹（Hermann Urlich Kantorowicz）和埃尔尼希（Eugen Ehrlich）这二人。康德罗兹被谓为自由法运动的先驱与自由法学派之父，其所著《为法学而战》（1906年）一书，点燃了自由法运动的熊熊烈火，并演变成汹涌澎湃的自由法运动。该书以匿名形式发表，由标题便可明了，它是有意模仿耶林《为权利而斗争》而作。在书中，康德罗兹否认了所谓制定法体系的完全性的神话，指明制定法的不完备性，倡言探求、补充其不完备性的自由法（freies Recht）。并且，受著名社会学者马克斯·韦伯（Marx Weber）的影响，他还提出了研究、探求自由法的方法的必要性

1　杨仁寿：《法学方法论》，三民书局1987年版，第86页。

（《法学与社会学》，1911 年）。康德罗兹因此被谓为自由法运动的旗手。[1]

另外，还有必要提到这一时期鼓吹自由法运动的著名人物埃尔尼希。埃氏是安东·门格的学生。在康德罗兹之前，埃氏即以"自由的法发现与自由的法学"（1903 年）为题发表过演讲，以后以该演讲稿为基础而写成了翔实的《法社会学的基础理论》（1913 年）一书，认为所谓自由的法，即社会中的活的法（lebendes Recht），其与作为"死的法"的国家法正相映衬。故而在他看来，所谓自由的法学，即指作为活的法的探求的法社会学。

综上所言，可知康德罗兹与埃尔尼希的自由法理论，乃是以法社会学而由外部补充法解释学的缺陷的理论。与此相对，黑克（Philipp von Heck）的利益法学（Interessenjurisprudenz），则是"楔入"到法解释学的内部，以谋求其"革新"。值得指出的是，非从概念构成，而是从利益衡量上去寻求"法的发现"的思想，也同样来源于耶林的目的法学，黑克积极地把它导入到了法解释学中。黑克的主要著作为《法律解释与利益法学》，1914 年刊行。[2]

（二）新康德（Neukantianer）派法哲学

无论是自由法运动还是利益法学运动，莫不内蕴了实践的目的，惟它们的哲学上的基础是不充分的。于是乃有新康德派法哲学之兴起。

新康德派法哲学，以反对黑格尔法哲学的观念论与自然科学的实证主义为旨趣，并确保精神科学的独立性。尽管它打着"回归康德"的旗帜而勃兴于 19 世纪末期，但它以法哲学的姿态横空出世，则是 20 世纪肇端以后之事。新康德派，包含了基于康德的认识论而形成的马尔堡学派与偏重于价值论的庞德学派（西南学派）两条支流。前者以施塔姆勒（Rudolf Stammler），后者以拉德布鲁赫（Gustav Lambert Radbruch）为其代表。另外，按照通说，凯尔森（Hans Kelsen）也属于新康德派成员。[3]

1　［日］水本浩、平井一雄编：《日本民法学史》（各论），信山社 1997 年版，第 385 页。

2　［日］水本浩、平井一雄编：《日本民法学史》（各论），信山社 1997 年版，第 386 页。

3　［日］水本浩、平井一雄编：《日本民法学史》（各论），信山社 1997 年版，第 387 页。

新康德派的根本主张，可以归结为方法二元论与价值相对主义，即在严格界分"存在"与"当为"之后，承认作为"当为"的价值的多样性。施塔姆勒属于马尔堡学派。有学者指出，与其说该氏是因属于新康德派而蜚声学坛，毋宁说是作为自然法论的"再建者"而名扬于当时的学术界。故而在坦率地承认法的历史性并使自然法相对化这一点上，可以清楚地看到他受萨维尼与康德思想影响的痕迹。该氏倡导的"内容变迁的自然法"与"正法"理论（《正法论》，1902年），是二战结束后自然法复兴运动的先驱性业绩。

在西南德意志学派的法哲学者中，最为著名的是拉德布鲁赫。最初，他谋求施塔姆勒的"正法"与"自由法"的结合，把法的理念解作正当性、法的安定性及合目的性三位一体的东西。当初，尽管他基于法实证主义的立场，认为法的安定性是最重要的，但在经历了法西斯的统治，即在二战结束后，却反而亲近起自然法理论来，认为正当性才是法的理念的核心。该氏的主要著作是《法哲学》（1932年）。

此外，拉德布鲁赫认为，法学是先进的、有价值的学问。于实践的层面上，他基于相对主义的世界观，倡言社会民主主义。作为司法大臣，他竭力拥护魏玛共和国。

除拉德布鲁赫外，作为彻底的法实证主义者的，还有属于纯粹法学派的凯尔森。该氏严格区分"存在"与"当为"之不同，并从法学中排除法社会学，立于实定法中心主义的立场排除自然法理论。他把通过这样的"二重的纯粹化"构筑起来的法学，谓为纯粹法学（Reine Rechtslehre）。[1]其关于纯粹法学的论述，见于他1934年出版的《纯粹法学》一书。此书奠定了他在西方法哲学史上牢不可破的地位。[2]

（三）法社会学（Rechtssoziologie）

德国的法社会学，是由埃尔尼希和韦伯于20世纪初创建的。如前述，埃尔尼

---

1 ［日］水本浩、平井一雄编：《日本民法学史》（各论），信山社1997年版，第388页。

2 张乃根：《西方法哲学史纲》（第2版），中国政法大学出版社1997年版，第337页以下。

希的法社会学与自由法运动有密切的关联，是作为解释法学的"补助性学问"而启程的。与此相左，韦伯的法社会学则是立于康德派的哲学思想而能动地把握法的社会现象的。韦伯的《经济与社会》（1922 年）一书，是他倡导理解社会学的集大成的著作。而所谓理解社会学，即从因果关系的视角解明人的社会行为的学问，是一种独特的社会学方法论。

另外，于站在社会主义立场的法社会学者中，这里还有必要提及作为埃尔尼希的朋友的奥地利马克思主义者伦纳（Karl Renner）。该氏著有《私法制度的社会机能》（1929 年）一书。[1] 该书通过对所有权的功用的分析，批判了资本主义社会及作为支撑该社会的基础的市民法。不过，该书并未完全把法理解为经济基础的上层建筑，从而显示了作者对作为上层建筑的法及其相对独立性加以修正的倾向。至于作者的所有权思想，概言之，无非是对马克思的《资本论》的法学的解释，进而强调于资本主义社会，所有权作为特定人支配特定物的权利，实际上反映的是人对人的支配权且有榨取的机能。若一言以蔽之，即是所有权的债权化。[2]

而且，伦纳也是社会民主劳动党的政治家，一战后任奥地利第一共和国的首相并聘凯尔森为法律顾问，同时委托他起草 1920 年共和国宪法；二战后第二共和国成立时，当选为首任总统。[3]

五、德国现代私法学的动向

自 1945 年二战结束迄至现今的德国私法学，呈现出多姿多彩的景象。毋庸置疑，试图全面、翔实地评介这一时期私法学的情况，殆不可能。以下仅考察其中

1　该书已由日人加藤正男译成日文，日本法律文化社于 1972 年出版了日译本的改译版，现中国社会科学院法学研究所图书馆藏有此书。

2　[日] 水本浩、平井一雄编：《日本民法学史》（各论），信山社 1997 年版，第 389 页。

3　应当注意的是，伦纳的思想，涵括日本在内的大陆法系国家的民法学者多有介绍。惟我国迄今未有。于日本私法学界，最先介绍伦纳的法学思想的，是我妻荣。其在《债权在近代法上的优越地位》中论述了伦纳的法律思想，尤其是所有权思想。参见 [日] 我妻荣：《债权在近代法上的优越地位》，有斐阁 1953 年版，第 331 页以下。

的三个主要方面。

（一）法学方法论

前已提及新康德派法哲学。需注意的是，与新康德派法哲学相抗衡的新黑格尔派也在 19 世纪末、20 世纪初应运而生。新康德派，以个人主义的价值相对主义为立足点，而新黑格尔派则主张民族的伦理，并批判价值相对主义。

新黑格尔派的浪潮退去以后，与现代私法学这一论题具有直接关联者，不能不提及著名学者拉伦茨（Karl Larenz）其人。该氏向来抱有克服黑格尔法哲学与法实证主义之缺陷的志向，早期著述有论述法的因果性的《黑格尔的归责论与客观的归责概念》（1927 年）。如所周知，归责（Zurechnung）一语，不独在黑格尔法哲学，而且在凯尔森的纯粹法学和韦伯的法社会学中，都是一个基础性的重要概念，不言自明，它也是犯罪理论及侵权行为法上的一个基础性概念。

其次，应提及的是他的《法学方法论》（1960 年）一书。所谓法学方法论（Methodenlehre der Rechtswissenschaft），如所周知，乃是一个总括性的题目。拉伦茨自身也曾谈到这一点。他说，《法学方法论》的对象，是法解释学的方法，而不是法理论、法社会学与比较法学的方法。且所称法解释学，通常也应将其限定于私法学的领域，即关于私法的法解释学。[1]

另外，也应提及尼古拉斯·卢曼（Niklas Luhmann）的两卷本的《法社会学》（1972 年）。该书是依独立的社会机制理论而诠释法学方法论的著述。尽管尼古拉斯·卢曼是学法律出身，但在美国学成回国后则以社会学学者的身份而活跃于学界。其关于法社会学体制的理论，内蕴了进化论和现象学的思想。譬如，关于法的形成过程，他便试图从伴随人的社会行为的预期，及依与其他行为主体相关联的"预期的预期"的无限反复的过程上加以说明。从而，所谓实定法，按照他的说法，即是"规范的行动、预期的整合的一般化"。另外，作为对法解释学本身的社会学分析，尼古拉斯·卢曼著有《法机制与法解释学》（1974 年）一书。[2]

1　[日] 水本浩、平井一雄编：《日本民法学史》（各论），信山社 1997 年版，第 391 页。
2　[日] 水本浩、平井一雄编：《日本民法学史》（各论），信山社 1997 年版，第 391 页。

（二）私法史

如所周知，近现代及当代意义上的法史学，乃始于历史法学，从而，作为历史法学派之主流的罗马法学派，仅仅使法的历史的研究停留在"解释法学的基础的领域"。同时，日耳曼法学者也未能成功地从"民族的框架"中把法史学解放出来。20 世纪前半期以前的法史学，即使伴随法社会学的发展而与时俱进，也没有成为一个独立的领域。统一罗马法史与日耳曼法史（德意志法史），并赋予低迷的法史学以崭新的发展契机的，是近代私法史（Privatrechtsgeschichte der Neuzeit）这一崭新的学问与专业的崛起。[1]

作为一门学问的近代私法史，其新颖之处在于：第一，把法史学的研究对象从古代、中世纪扩展到近代、现代，以适应法解释学提出的实践上的要求；第二，超越德意志的国界，将研究的视野扩大到对欧陆各国的法律制度进行综合研究上。不言而喻，使此种研究成为可能的，是欧陆各国共同的精神基础——基督教及罗马法和日耳曼法长期混杂的历史。[2]

作为近代私法史的体系性的重要著作，可以举出莫利托（E. Molitor）的《近世私法史要论》（1949 年）、韦森贝格（G. Wesenberg）的《近世德国私法史》（1956 年）等。其中，最引人注目的成果是维阿克的《近世私法史》（1952 年）。该书由日本学者铃木禄弥于 1961 年译成日文在日本出版，于学界产生了重要影响。

维阿克木为罗马法史方面的著名学者，但在《近世私法史》中，他却成功地把法史学与文化史结合起来而由法思想史的视角记述了私法制度尤其是德国私法制度的变迁历程。另外，该氏在法思想史的研究方面也卓有成就，此表现在 1959 年出版的《创始者与后继者：德国近世私法史上的法学者们》一书中。在这部著作里，他谈到了萨维尼、格林兄弟、温德沙伊得及耶林等历史法学派的代表性学者，对这些人的思想作了介绍。

1　［日］水本浩、平井一雄编：《日本民法学史》（各论），信山社 1997 年版，第 392 页。
2　［日］水本浩、平井一雄编：《日本民法学史》（各论），信山社 1997 年版，第 392 页。

不过，应当指出的是，尽管维阿克在《近世私法史》中从法思想史的视角论述了德国私法史的发展历程，但该书关于法律制度的说明不容讳言是不充分的。为弥补此不足，米特斯（Heinrich Mitteis）写成了《德国私法概说》（1950 年）一书。[1] 该书连同维阿克的《近世私法史》，一并构成二战结束后德国私法学领域的双璧。[2]

米特斯的《德国私法概说》一书，从标题上看，似乎是关于德国私法制度的概说书，但实际上，该书是作者表达自己关于德国私法史的见解的著作。在这部书里，他把人法、财产法和继承法加以明确区分并予以体系化，故该书属于一部法制史教科书。进而言之，如果说维阿克的《近世私法史》是一部庞大的私法思想史的集成的话，米特斯的《德国私法概说》则是一部坚实的、可堪信赖的私法制度史的著作，从而具有补充维阿克著作之不足的意义。另外，米特斯还著有关于公法史的《德国法制史概说》[3] 一书。对私法史和公法史的综合的理解力，显示了米特斯于法律研究方面的卓越禀赋。[4]

（三）德国重新统一后私法学面临的课题

1990 年 10 月 3 日，德国终于结束了 1945 年以来东、西两德对垒、分裂的格局，实现了新的统一（Wiedervereinigung）。惟所谓统一，实际上不过是按照所谓的统一条约而把此前的东德并入西德，结果是东德不复存在。对于应当怎样评价二战以后发生的这一重大事件，在法学上也是一个重要的课题。德意志联邦共和国的基本法迄至国家统一前，只是一个临时性的宪法，曾打算进行修改。如今统一大业已然完成，制定新宪法的必要性与日俱增。因此，自 1990 年两德统一以后，关于公法的各项问题的研究及其实践始终走在私法的前列，但由此造成堆积如山的私法问题迟迟不能得到有效解决。

1　该书的日译本是由日本学者世良晃志郎完成的。该书与铃木禄弥翻译的德国学者维阿克的《近世私法史》（1952 年德文版），在同一年（1961 年）于日本出版。

2　［日］水本浩、平井一雄编：《日本民法学史》（各论），信山社 1997 年版，第 393 页。

3　该书首次出版是在 1949 年。

4　［日］水本浩、平井一雄编：《日本民法学史》（各论），信山社 1997 年版，第 393 页。

不用说，在众多的私法问题中，最重要的问题之一是如何对东德的财产（主要是公有财产）进行私有化？易言之，应当如何把"人民的所有权"转换成"私的所有权"？进而言之，1945 年二战结束以后，原东德地区为实行社会主义公有制而被国家征收了的农地、工厂设施和金融资产等，是否应当返还给原来的所有人？此一问题，因意味着对东德的社会主义公有所有权进行全面清算，故情形较为复杂，当设专题研究，兹不赘述。

当然，应当看到，无论公法抑或私法，伴随德国的重新统一而产生的法律问题，绝不仅仅是德国一国的问题，事实上它已越出德国的国界而成为一个全欧洲的问题。由于德国的统一与欧洲的统一在时间上重叠，可以预料，德国私法在今后一个相当长的时期中仍然会对欧洲法产生直接影响，从而使现今立于比较法的视角研究、考察德国法和欧洲法的关系，不仅有其必要，而且有其紧迫性。

在这方面，1990 年两德统一前的著作，可以代表战后研究水准的，以茨威格特（Konrad Zweigert）的《私法领域的比较法入门》（1969—1971 年）一书为其代表。在欧洲，私法学的研究与发展在个别国家甚为落后以致无足轻重的情况，现今却因东西两德和欧洲的统一，而成为一个方兴未艾、生机勃勃的崭新领域，这一新的动向不可等闲视之。另需提及的是，尽管该书是一部以西欧为中心而展开的比较法著作，但对于英美法、北欧法、社会主义法、远东法、伊斯兰法以至印度法等也都有涉及，并指明了这些法的发展方向，提出了世界比较法的未来发展蓝图。[1]

1　[日] 水本浩、平井一雄编：《日本民法学史》（各论），信山社 1997 年版，第 395 页。

从世界角度看民法的现状与展望*

一、民法处理的问题及民法与宪法

民法的世界是私的关系或私法的世界。我们每天都会碰到各种各样的问题，而且都试图努力地去解决它们，在民法的世界中也是如此。例如，亲子、夫妻、继承等家庭（家族）问题，房屋、土地的所有和利用的问题，向他人融资设定抵押权、质权的问题，于债权的发生与特定动产属于同一法律关系时发生的留置权问题，商品交换等市场交易的问题，人的生命、身体、健康、名誉、隐私、肖像等受到侵害时如何予以救济的问题等，其范围十分广泛，民法每天都处理着这样的问题。

在民法中，首先登场的是人（Who：W），其次是作为人的对象的物（Object：O），然后是人的行为（Behavior：B），最后是与民法上的问题相关联的自然现象（Nature：N）和时间（Time：T）。我国业已形成民法典的各部分（编），即《民法通则》（1986 年）、《合同法》（1999 年）、《婚姻法》（2001 年修订）、《继承法》（1985 年）、《物权法》（2007 年）及《侵权责任法》（2009 年）。迄今，我国在这些单行民法的基础上编纂完成民法典，分别形成独立的总则、物权法、合同法、人格权法、婚姻家庭法、继承法及侵权责任法各编。其中，总则系对人（W）、物（O）、行为（B）、时间（T）作出的基本规定。另外，自然现象是民法

---

* 本文曾发表于《法治研究》2011 年第 1 期，今收入本书乃作有诸多改动、变易。

的要素之一，因此总则还对期日、期间与时效作出规定。物权法（W→O）是人（W）对物（O）的支配关系的规定；债法（合同法、侵权责任法）（W→W）是人（W）对人（W）的财产法律关系的规定，婚姻家庭法（亲属法，W＋W）是对人（W）与人（W）的婚姻家庭关系的规定；继承法（O→W）是对人（W）死后的物（遗产，O）如何被继承的规定。

民法为"市民社会的构造原理"，即民法是市民社会的基本法；宪法为统治机构的构造原理，即宪法为国家的基本法。民法为 Constitution of the Civil Society，宪法为 Constitution of the Country。在法国，其民法典以"民法宪法"（"民事宪法"，Constitution Civile）被遵守，足见民法的重要地位。不过，法有位阶性，民法应处于宪法之下，民法的诸原则必须以宪法为根据。因为宪法系国家的基本法，虽然对于人们相互间的私权关系不直接干预，但对于民法具有很大的意义，得拘束民法。虽然宪法为国家的基本法，民法为社会的基本法，但两者应互相配合，以完成国家和社会的基本任务。[1]

二、近年来民法修改的国际动向

（一）近年来德国民法的修改

德国于 2001 年 11 月 26 日通过《债法现代化法》，自 2002 年 1 月 1 日起施行。以此为契机，德国对其民法典的债编作了大幅度的修改。德国也受到欧盟《消费者动产买卖指令》的影响，因此首先将消费者法列入民法典中。并入民法典的消费者法有：（1）普通交易约款（第 305—310 条）；（2）消费者信用法（含分期付款买卖法，第 491 条以下）；（3）访问贩卖法（第 312 条以下）；（4）通信贩卖法（含用电话或网络交易）。对通信贩卖业者课予详细的情报提供义务，承认消费者的广泛的撤销权。其次，对履行障碍法进行再构筑。原来债务不履行系由给付不能与给付迟延构成，但今将之并入债务不履行中处理。其主要的是将

---

[1] 参见刘得宽："大陆法系民法典的立法体系与精神内涵"，载《月旦法学杂志》总第 153 期，第 151—159 页。

瑕疵担保责任从买卖等有偿契约中的规定，并入债权总则中的债务不履行（义务违反）中。同时，将原始的履行障碍——原始不能，纳入债务不履行中处理（本来，原始不能乃契约无效，系规定于民法典总则编中）。最后，将原来为特别法的租赁法也依照《租赁法修改法》（2001 年 6 月 19 日）并入民法典中，将居住使用租赁与非居住使用租赁分开规定。民法典中的租赁也分成以标的物的使用、收益为目的的用益租赁（Pacht）和以标的物的使用为目的的使用租赁（Miete）。[1]

（二）晚近法国民法的修改

1804 年制定的《法国民法典》于 2004 年迎来 200 周年。迄今 200 余年来，该民法典的基本架构虽然没有变化，但其内容多少也有一些修改（尤其是 20 世纪 70 年代的家族法的修改）。首先，2004 年以后进行修改的有：2006 年继承法的修改与担保法的修改，以及 2007 年依法将信托编入第 2011 条以下。担保法的修改系将人的担保与物的担保集中规定于第 4 编中，其目的在于：（1）求其现代化，使担保权设定、实行的手续简化，节省费用，讲求实效性；（2）使易于获取信用；（3）使人们易于阅读，使虽非法国人也能了解。[2]其次，以皮埃尔·加泰拉（Pierre Catala）教授为首，设立债法修改委员会，并于 2006 年 6 月公布《债法修改草案》。最后，法国传统上也将瑕疵担保责任（第 1641 条以下）与债务不履行责任（第 1184 条）相区别，采取二元说。但 20 世纪后半叶，主张采一元说的声音日渐有力。以 1952 年《美国统一商法典》、1964 年《国际货物买卖统一法公约》、1980 年《联合国国际货物买卖合同公约》以及 1999 年的欧盟指令为背景，极力主张一元说的雅克·谢斯坦（Jacques Chestin）认为，瑕疵担保责任与债务不履行责任的区别不明确，二责任相重叠，因此应采取一元说。[3]

1　参见刘得宽："民法的世界与其展望"，载渠涛主编：《中日民商法研究》（第 8 卷），法律出版社 2009 年版，第 10、11 页。

2　［日］山野目章夫等："2006 年法国担保法修改概要"，载《法学家》第 1335 号（2007 年），第 32 页以下。

3　参见刘得宽："民法的世界与其展望"，载渠涛主编：《中日民商法研究》（第 8 卷），法律出版社 2009 年版，第 10、11 页。

（三）近年日本民法的修改

《日本民法》自 1898 年施行以来，迄今已然经过 100 余年。为适应社会变迁、演进的需要，其虽然尽量以判例、学说发展之，但难免也会出现不合时宜的法律制度或规则。故此，其于 2005 年 11 月成立民法修改研究会，草拟了《日本民法修改试案》。[1] 2017 年，日本业已完成对其民法（典）财产法中的债法乃至总则、继承编中的个别条文或制度的修改或追加规定。

三、21 世纪民法指向的目标

如今我们早已迎来了 21 世纪。在这个世纪，民法所要实现的目标是什么，或者说民法追求的价值、理念是什么，乃无疑值得关注。归纳而言，主要有如下 6 个方面。

（一）和平

21 世纪民法首先指向的目标是人类的和平。20 世纪，人类遭受了两次世界大战，战争使无数人遭受了生命和财产的巨大损失。二战结束后，在一些地区（如中东地区、非洲一些地区、南亚地区）长期存在的局部战争、地区冲突，也以极端残酷的方式表现出来，悲惨的境况甚至延续至今。对人类而言，最大的不幸，莫过于陷入战争之中。21 世纪，应当尽力避免战争，或者说消除战争。[2]

如果说人类在法律领域有什么共同语言的话，这个共同的语言就是民法。民法是规范人们日常生活的法，它最能反映人类的本性，表现人类最根本、最本源的那部分东西。由此决定了世界各国的民法在根本上是相通的，而与阶级立场、政治主张、政治观点、政治制度乃至社会制度等无涉。民法由此具有沟通人类的心灵，促进人类的交流，使人类世界结成一个世界联邦的功用。[3] 所谓世界联邦，

1　[日] 加藤雅信："日本民法（债权法）改正及其问题"，载《中日民商法研究会第九届（2010 年）大会会议文集》（2010 年 9 月），第 1 页以下。

2　[日] 林毅：《法史学方法论与西洋法史》，敬文堂 2000 年版，第 165 页。

3　有关建立"世界联邦"的问题及其可能性分析，参见 [日] 林毅：《法史学方法论与西洋法史》，敬文堂 2000 年版，第 155 页以下。

即马克斯·韦伯所称的世界国家。各国民法的发达、民法文化的弘扬以及民法国际交流的深入和普及，必使人类日益向世界联邦或世界国家的方向迈进。

（二）人权

21 世纪民法指向和追求的目标是人权。所谓人权，是人之作为人所享有的最基本的权利，包括生存权、发展权、追求幸福和美好生活的权利等。民法关于人格权保护的规定是人权的起点和基石，它们构成人权最根本、最基础的内容。在今天，于我们生活的这个地球上，由于各种各样的原因而剥夺他人的人权，使他人遭受不幸的现象还大量存在。例如，各种各样的内战、武装斗争、恐怖袭击、饥饿、贫困、政治压迫，社会的、宗教的差别歧视，灾害、环境污染乃至人权侵害，皆使相关人的生活处于悲惨的境地。21 世纪是人格权和人权保护的世纪，作为权利宣言和权利宪章的民法，理应以保护人权、维护人权、尊重人权为其主旨和使命。

我国《宪法》第 33 条第 3 款规定"国家尊重和保障人权。"我国是一个有数千年封建专制传统的国家，1949 年新中国成立以来，尤其是 1978 年改革开放以后，我国的人权保护事业获得极大发展，人民享有的各项人权获得保护。但是，由于各种各样的原因，在我国的实际生活中，侵害人权的现象、对男女进行差别对待的现象、对残疾人施以歧视的现象等还偶有存在。这就需要我们在未来的人权保护中加以消除。另外，现今我国人权保护的种类和层次还有待进一步提升。也就是说，应在强调保护生存权、发展权的同时，提倡和保护人民追求幸福和美好生活的权利。

（三）社会福祉的实现

为了使 21 世纪的所有人享有充分的人权，使人们都幸福地生活、实现社会福祉，切实保障人民的财产权即是必要的，而这也系实现此等目标的物质保障、前提抑或基础。所谓福祉社会，是指使包括老人、身心障碍者、病人及其他社会弱者在内的一切人得以幸福地生活。为了实现这一目标，首先必须保障所有的人得享有与其能力相适应的劳动机会，并按每个人劳动贡献的大小公正地分配社会财富。其次，应广泛地实施社会福利政策，以使社会弱者也可以过上丰裕的生活。再其次，应缩小贫富差距，保障人民不至于在社会财富的保有上存在过大的差距。最后，为了实现福祉社会的目标，还必须透过民法上的制度设计，来保障人民居有其所，使每个人都享有适宜的住房权（居住权）。此点对于确保福祉社会目标的实现乃具特别重大的意义，且它是至为重要的关键之点。

（四）社会正义的实现

正义是涵括民法在内的法律所追求的价值和目标。实现社会正义，是民法追求的目标和价值。民法通过公序良俗原则、诚实信用原则等贯彻和体现民法的正义价值。于 20 世纪及于 21 世纪业已过去的数十年中，民法的公平正义、人间的道义并未能完全实现。尤其是在 20 世纪，对于那些无家可归的人们、失业的人们、遭受差别待遇被歧视的人们、受政治压迫的人们、人权被侵害的人们、内战的牺牲者以及难民等，还存在没有分给这些人生活必需品的情况，以致他们不能享受到人间的正义和人道。

民法上的正义，主要有对等正义和分配正义。所谓对等正义，即民事关系中的当事人于法律地位上平等，一方不能无偿取得对方的利益，取得他方的利益以向该他方给付对等或相当的代价（consideration）为前提。民法的债法制度，尤其是其中的合同法制度，最集中地体现了对等正义。所谓分配正义，即民法中的物权法在将社会财富分配给社会成员而作制度安排时，需体现分配公正，实现正义。譬如我国民法（物权法）规定·拾得遗失物、发现埋藏物而经法定公告期间仍无人认领时，拾得物和埋藏物即归国家所有。此种通过民法（物权法）来分配社会财富的规定是否具正当性，是否符合分配正义，即颇值研究。另外，民法中的添附制度应如何解释乃至适用方能体现分配正义，也值得深思。

（五）民主主义

在 20 世纪，我们这个地球上曾经存在过各种各样的独裁国家，其中最具代表性的，是 20 世纪 30 年代建立的德国希特勒法西斯独裁国家和二战中的日本独裁国家。它们曾经给人类造成了深重的灾难，使无数人遭受了不幸，并造成了巨大的财产损失。在当代，严格划分民事生活和政治生活，民事生活领域实行私法自治，有利于抑制政治国家权力的膨胀和限制国家行政干预。国家行政权力侵害民事权利将依法承担法律责任。如此就会最终有利于实现民主政治，建立民主主义国家。

（六）国际交流

在法律领域，民法的国际交流于法史上发生最早。中世纪意大利的波伦亚大学，是人类历史上第一所国际性的法科大学，当时欧洲各国（如德国、法国等）的学生纷纷到那里研习罗马民法，他们学成回国后，又在自己的国家传播罗马民法，由此使他们对近代民法的发展作出了重大贡献。欧陆民法的发展史，是一部罗马民法于各国生根、开花、结果，最后被现代惯用（现代适用）的历史。欧洲由此成为民法的故乡。20 世纪 60 年代以来，领导世界民法潮流的也是欧洲的德国，由此使德国成为各国民法研习者向往的中心。今日，美国的判例民法异军突起，尤其于隐私权、宪法一般人格权、医事法、公司法、证券法等领域居于世界领先地位，由此也使美国成为民法研习者希望去的另一个地方。另外，亚洲的日本因民法研究的昌明、资料保存的完好、对民法问题研究的精细而成为民法研习者向往的另一个中心。

改革开放以来，我国的民事法制不断进步，逐步迈向现代化，由此也吸引了一些法律研习者来到我国研习涵括民法在内的中国法律制度。这样就使现今的民法国际交流较以往任何时代都更活跃、更频繁及更国际化。此种局面，如前述，除有利于世界各国迈向世界联邦或世界国家外，还将使世界各国的人民加深了解、消除隔阂，走向法律的一体化，尤其是最终实现私法的国际统一。

物权法通则

物权的法特性[*]

一、引言

物权是近现代及当代民法上一项十分重要的概念，其与债权共同构成近现代及当代财产权的两大基石。物权的法特性，又称物权的性质，是作为一项民事权利的物权固有的、本质上的属性。从一定意义上说，它是物权这一民事权利区别于其他民事权利如债权的标志。近现代及当代大陆法系民法学理甚至认为，物权的法特性，乃是用来判定某项权利是否物权，以及其属于何种类型的物权的基准。于物权法迄今的发展上，物权的法特性，既是一个历史的概念，也是一个实定法的概念。[1]

我国 2007 年 3 月 16 日通过的《物权法》第 2 条第 3 款规定："本法所称物权，是指权利人依法对特定的物享有直接支配和排他的权利，包括所有权、用益物权和担保物权。"此规定尽管表面系规定物权的定义，但实际上已涉及物权的法特性。并且，该规定系置于《物权法》第 1 编"总则"中。按照大陆法系民法"总则"的规定乃是提取"公因式"，可知该规定具有引领和指导《物权法》以后各编的规定的功用。尤其是该款规定物权的定义且涉及物权的法特性，这就使其对于之后的第 2 编至第 5 编，以及第 3 条至第 247 条的解释适用，皆具有引领的意蕴。由此之故，对物权的法特性展开分析，具积极价值与意义。

---

[*] 本文曾发表于《政法论丛》2009 年第 1 期，今收入本书乃作了诸多重要改动、变易。
1　参见［日］於保不二雄：《物权法》（上），有斐阁 1956 年版，第 10 页。

二、物权的若干法特性分析

(一) 物权是权利人直接支配标的物的权利

物权是权利人直接支配标的物的权利，此涵括两方面的含义：一方面是说物权系一种直接支配标的物的权利，称为物权的直接支配性；另一方面是说物权的标的物原则上仅限于特定物、独立物、有体物。

1. 物权是直接支配标的物的权利 (直接支配性)

所谓支配，指物权人依自己的意思对标的物加以管领[1]、处分。物权人对标的物的支配 (管领)，既包括法律的支配，也包括事实的支配。也就是说，物权人对标的物的支配 (管领)，涵括可以对标的物实施的任何行为。譬如房屋的所有人可依自己的意思占有、使用、收益、处分自己的房屋，并排除他人的干涉；抵押权人于债权届期未获清偿时，可请求法院拍卖抵押物以清偿自己的债权。

所谓直接，系指物权人对于标的物的支配、占有，无须他人行为的介入即可实现。从物权实现的角度而言，系指物权人的物权的实现，乃通过直接支配标的物即可，完全无须他人行为的介入。进言之，物权人的物权的实现，乃是透过直接支配标的物得以完成的。

物权的直接支配性，系物权的本质[2]；债权的本质，是请求对方为一定行为

---

[1] 管领一语，系学说专门用来描述物权的对物的直接支配性的概念，其涵义界说不一。王翰芳在《物权法讲义》中谓：管领，是指"施实力于一定的物上"。王云五在《物权新论》中谓："管领就是支配，或是调度"，因此，"物的管领，不外是指支配或调度其标的物"。综合此二人的见解，笔者认为，对物施加一定的力量，进而对之予以全部的直接支配的，即是管领。

[2] "本质"，是"事物"，是使"事物"成其为"事物"的东西。参见车铭洲：《西欧中世纪哲学概论》，天津人民出版社1982年版，第83页。物权的直接支配性系物权的本质，日本学者梅谦次郎于《民法要义·卷之二》(复刻版) 中也谈到了，其谓："物权的定义的讨论虽很多，但确信最为正确的是自古以来的直接支配权说"，"正因为物权是直接支配权，所以同一物上不允许有其他物权并在"，"其结果产生优先权和追及权效力" (第1—3页)。于德国，对于物权的本旨究竟是什么，较早的时期就有两说：一说认为，物权的本质是"权利保护的绝对性" (称为诉讼理论)，主张者有德国普通法时代的学者福克斯 (E. Fuchs) 和厄尔特曼 (P. Oertmann)；另一说认为，物权的本质是"财产的归属机能" (称为归属理论)，主张者有维阿克和韦斯特曼 (H. Westermann)。参见 [日] 佐贺撤哉："关于物权与债权的界分的考察"，载《法学论丛》第98卷第5号，第30页注释1、2。

或不为一定行为的请求性。罗马法时期，actio（诉权、诉、诉讼）体系中的对物之诉和对人之诉这一对概念的分隔，其隐含的前提就是通过对物之诉来恢复对标的物的重新支配，通过对人之诉而请求债务人为一定行为或不为一定行为。亦即，在那个时代，诉讼法体系中界分对物之诉和对人之诉，一个未明确言明的原因，乃是物权的直接支配性与债权的请求性，尽管其时尚未产生物权与债权这一对概念。迄至近代，德国民法明确将财产权区分为物权与债权。其区分的理由，也是物权与债权这一对概念的差异，即物权本质上是对物的直接支配力，债权本质上是债权人请求对方（债务人）为一定行为或不为一定行为的请求力，系一种请求权。1898 年施行的《日本民法》、1907 年公布的《瑞士民法典》、1929—1930 年制定的《中华民国民法》以及 1958 年的《韩国民法典》等，皆仿《德国民法典》的做法而规定了物权编和债法编，其理由皆在于物权的直接支配性与债权的请求性之差异。

应当说，于 20 世纪肇始之前的法律世界中，讲物权的本质是对标的物的直接支配性，或说物权与债权的分隔，在于前者系支配权，后者为请求权，乃是一点也无问题的，且当此之时以此标准来界分二者的不同应该说具绝对性。但 20 世纪开始以降，尤其是人类经历了两次世界大战，经历了 60 年代兴起的世界范围的人权运动、女权运动、消费者保护运动及科学技术的突飞猛进后，人格权、知识产权等于法律中异军突起，并受到强调和重视。这些权利当然不是一种请求权，所以其区别于债权，但它是支配权，权利人透过直接支配作为知识产权的标的的智力成果，及作为人格权的标的的人格利益，即可实现自己的知识产权、人格权。也就是说，直接支配性，仍然是这两种权利的本质或曰根本属性。如此，以直接支配性与请求性来界分物权与债权也就变得没有以前那样绝对。尽管如此，称直接支配性与请求性仍然是分隔二者的基准，讲物权的本质系权利人对物的直接支配性，乃仍然并不过时。[1] 当然，既然当代法律世界中，不能以直接支配性和请求

---

[1] 当然，抵押权人并不是对抵押物予以直接支配，而系间接支配。非典型担保中的让与担保、所有权保留，其让与担保权人、通过保留对标的物的所有权来担保自己债权的人，对标的物也不直接支配，而为间接支配。

性的标准来厘清物权与债权、物权与知识产权以及物权与人格权的差异，辅之以其他基准而对它们予以分隔就具必要性。

2. 物权的标的物（客体）原则上限于特定物、独立物、有体物

物权是权利人直接支配标的物的权利，此所称标的物，原则上系指特定物、独立物和有体物，其主要涵括动产与不动产。

（1）物权是权利人对标的物直接加以支配并享受其利益的权利。如果标的物不是特定的物，权利人何能直接支配并享受其利益？物权的标的物需为特定的物，学理称为物权的标的物的特定性。[1] 不特定的物，如 10 吨大米，虽可作为给付的标的物而成立债权，但不能以之作为标的物而设定物权。故此，交易实践中，只言明物的种类或数量，而未具体特定的物，虽可作为债权的给付对象而成立债权合同，但不能以之为物权的标的物。譬如，与书店订立购买 50 本《物权法原理》的合同，于双方达成合意时，买卖合同即告成立，惟买受人如果未受特定的 50 本《物权法原理》的交付，则其无论如何皆不享有对此 50 本《物权法原理》的所有权。

基于物权的标的物须为特定物的因由，物权的标的物还须是独立物。独立物，指不依附于他物而可以独立存在的且社会一般观念尤其是交易观念也将之作为一个单独的物加以对待、处理的物。物的一部分，如未与树木分离的果实，物的构成部分，如土地中的岩石、土砂，既不便于直接支配，也不能交付或登记，故其成为独立物前，不得以之作为标的物而设定物权。也就是说，因为它们分别是树木的一部分和土地的构成部分，所以分别是树木所有权和土地所有权的客体的一部分，系为树木所有权和土地所有权吸收。[2] 当然，土地的构成部分不能独立作为所有权的客体而为土地所有权吸收，乃存在如下例外。

其一，依《日本采石法》的规定，土地所有人可以为第三人设定采石权，第

1　参见［日］田中整尔：《物权法》，法律文化社 1986 年版，第 9 页。

2　参见［日］铃木禄弥：《物权法讲义》，创文社 1994 年版，第 346 页。并且，铃木禄弥还认为，于土地的地表铺设的铺路石、土地中开凿的隧道、隧洞也是土地的构成部分，也不能独立作为所有权的客体被土地所有权吸收。对此，请参见同书第 346 页。

三人据此可以于他人的土地中采掘石块。[1]

其二，依《日本林木法》的规定，土地上生长的林木若经过登记，则它即是独立于土地的物，可单独将之作为抵押权的标的物而设定抵押权。惟未经登记的林木，原则上仍然是土地的一部分。[2]

其三，土地中的矿产资源，本为土地的构成部分，但基于矿产资源的特殊性及它于国计民生中的作用，《矿产资源法》规定：土地中的矿产资源与土地所有权的内容是分离的，国家享有对矿产资源的所有权、开采权、探矿权。譬如我国农村集体土地中的矿产资源尽管是集体土地的一部分，但依《矿产资源法》的规定，则系属于国家所有，国家可透过合同关系将对矿产资源的开采权、探矿权交由自然人或法人团体行使。

其四，原本是土地的一部分的物，如果其已作为交易的标的（物）而对之实施了"明认方法"（如在作为买卖标的物的树木上做了记号、写上买受人的姓名）的，则将其视为独立于土地的"物"。[3]

其五，土地上的建筑物系独立于土地的不动产。为了公示建筑物物权，登记实务中设有与土地登记簿相对应的建筑物登记簿。[4]

（2）物权的客体必须是独立物。也就是说，物的一部分不能成立物权。此点从另外一个视角看也就是一物一权主义。一物一权主义涵括两方面的意蕴：一是，一个物上只能成立一个所有权；二是，一个所有权的客体只能是一个物。[5]其中，第一种意义上的一物一权主义，是从物权的排他性上讲的，故此，若将之扩大到一般物权，就是同一个物上不能成立内容不能两立的物权。共有的情形，一个物上尽管存在两个或两个以上的所有人，但各所有人的所有权系按一定比例相

1　参见［日］铃木禄弥：《物权法讲义》，创文社 1994 年版，第 346 页。

2　参见［日］铃木禄弥：《物权法讲义》，创文社 1994 年版，第 347—348 页。

3　参见［日］铃木禄弥：《物权法讲义》，创文社 1994 年版，第 348 页。

4　当然，以德国为代表的立法例是将土地和土地上的建筑物作为一个物对待，建筑物被土地吸收。据铃木禄弥先生说，此为多数国家的做法，而将建筑物作为与土地完全独立的不动产则为少数国家的做法。

5　参见［日］铃木禄弥：《物权法讲义》，创文社 1994 年版，第 349 页。

互限制，其总和构成一个所有权，故而仍然符合一物一权主义。第二种意义上的一物一权主义，系指物的一部分或由数个物组成的集合体（集合物）上不能成立一个所有权。也就是说，一个所有权的客体是一个物。作为商品而用来交易的一个单位的物，只有符合社会的一般观念与交易主体的意思，自由的商品交换才可能进行。正是因此，才产生了一个"物"的观念。

当然，对于一个"物"的理解及对于一个"物"的判定，也系随着社会的发展、变化，尤其是随经济交易实践的发展、变化而不断发展、变化。譬如于当代交易实践中，通过登记、登录的公示方法，出现了把数个物的集合体（集合物）当作一个物权的客体的情况。这其中，日本民法的工厂财团抵押权，其客体即是由各个物、权利组成的一个集合体（集合物）——工厂财团。日本民法的企业担保权，则是以股份公司变动不居的全体财产作为一个客体（物）而设定的。[1]进一步的发展乃是将集合动产作为一个物对待而设定让与担保。另外，以仓库中的商品、工厂中的原材料、半制成品作为一个物而设定让与担保也获认可。[2]

此处有必要提及土地的独立性。也就是说，土地作为一个独立物是如何被确定的。土地于物理上乃是一个绵延无垠的实体，物权法上，土地的笔（宗）数或土地的独立性并不是依自然的界线或使用的范围来确定，而系依土地登记簿记载的区域（范围）来确定。登记簿记载的一个区域就是一笔（宗）土地，从而该笔（宗）土地即可成立一个所有权。土地所有人当然可以把一笔（宗）土地复加以细分，惟应以标志而予表示。可见，土地之作为一个独立物（"土地的一物性"），完全系一种人为的区分而借登记簿的记载予以表示。

（3）物权的标的物原则上还须是有体物。物权的标的物原则上须为有体物，此点从罗马法迄至近代、现代乃至当代民法莫不如是。物权的标的物之所以须为有体物，盖因物权为一种排他性地支配标的物的权利，若标的物不是有体物，则

1　参见［日］田中整尔：《物权法》，有斐阁1987版，第9页。

2　参见［日］田中整尔：《物权法》，有斐阁1987版，第9—10页。

权利人如何排除他人的干涉而加以支配？故此，罗马法以降的民法大都明示：民法上的物以有体物为限。譬如《日本民法典》第 85 条、《德国民法典》第 90 条，即作如是规定。所谓有体物，系指占据一定空间、由人的五官能够感知、看得见、摸得着的物质，涵括固体、气体、液体，但权利不包括在内。[1] 这些物之上当然可以成立物权。我国 1999 年由学者起草的《中国物权法草案建议稿》（中国社会科学院）第 10 条曾规定：本法所称的物，系指能够为人力控制并具有价值的有体物。可见其仍然系以有体物为原则。

存在疑问的是，权利和无体物之上可否成立物权？权利，本为一种受法律保护的财产利益或人身利益，其原本不能作为物权的客体，但晚近以来，各国民事立法大多承认可以某些权利为标的而成立物权。譬如以财产权为标的可设定权利质权，以不动产用益物权（如土地使用权）为标的可设定抵押权（我国法律规定，以通过出让方式取得的国有土地使用权为标的可以设定抵押权，以采矿权、渔业权为标的可设定抵押权），以永佃权为标的也可设定抵押权（《日本民法》第369 条第 2 项）。另依《日本民法》的规定，占有被认为是一种权利，称为占有权，故以占有为标的可成立占有权。不过在我国，民法学理和《物权法》不承认占有为权利，而是以之为一种事实状态。故此，对财产权的占有尽管可以成立准占有，但并非一种独立的权利，不能谓为准占有权。

无体物，像电气、热气、声、光、冷气、各种能源（能量）等可否作为物权的客体而成立物权？民法学理认为，这些物只要可以对它们加以管理，即在"可以管理的范围内"，即得成为物权的客体。[2] 此种观念与罗马法、近代民法的认识已大异其趣。笔者认为，我国司法实务与民事立法对此也应采相同立场。1999 年由学者起草的《中国物权法草案建议稿》（中国社会科学院）第 10 条最后一句曾规定：人力控制之下的电气，也视为物。此规定尽管已经注意到了可以于无体物

1　参见［日］石田穣：《民法总则》，悠悠社 1992 年版，第 222 页。该氏还谓：对于有体物的判定，不能以法律上是否具有排他的支配可能性为标准。

2　参见［日］本城武雄、月冈利男：《物权法》，嵯峨野书院 1987 版，第 9 页。

上成立物权，但对于可以作为物权标的的无体物的范围的认识还是有限的，其只认可人力控制下的电气，而未将它扩大到热气、声、光、冷气及其他各种能源。[1]

其他无体物，如专利、商标、著作、营业秘密、专有技术（Know-how）、信息等可否作为物权的客体而成立物权？这其中的前三种，即专利、商标、著作，系特殊财产利益，通常不以它们为物权的客体而成立物权，只将它们作为知识产权的客体而成立知识产权。知识产权的权利人对于自己的专利、商标、著作等智力成果享有的虽是一种支配权，具排他的独占权的特性，类似于物权，但其与作为纯粹的财产权的物权乃有差异。故此，民法学理多将知识产权解为准物权或无体财产权。进言之，知识产权具有物权的某些属性、特征，在很多方面与物权相似，为一种类似于物权的权利。另外，某些特许权（特别是利用自然法则、以具有高度的技术性为内容的特许权）、实用新型权，也不属于物权，仍然为无体财产权，学理上仍旧将其归入准物权。

（二）物权是权利人直接支配标的物而享受其利益的权利

物权为民事权利之一种，而民事权利的本质为法律赋予特定人的享受特定物的利益。此种权利人就特定物享受的利益，系受法律上之力，亦即国家机构中的法院及检察机关的保护。物权的权利人，既然可依己意直接支配标的物，当然也就可以直接享受标的物的利益。物权有各种类型，不同种类的物权人享有的利益也有不同。具体而言，所有权人享有的利益是对标的物的全部利益，其可对标的物予以占有、使用、收益和处分，享受这些行为所带来的利益。自当代社会物权的标的物多为商品的角度看，所有权人对标的物可以享有使用价值和交换价值两方面的利益。用益物权人可以享受的标的物的利益有二：一是，直接利用标的物的利益；二是，将标的物交由他人利用，自己取得对价的利益。担保权人享受的标的物的利益，是较普通债权人和后顺位担保权人优先取得担保标的物的交换价

---

[1] 能够为人力所控制并具经济价值的空间，笔者认为，应属有体物。盖能够为人力控制的空间，可被人感受到它的存在，即人可感受到自己面前或周围存在的空间。

值。[1]

（三）物权是权利人直接支配标的物而享受其利益的绝对性权利（绝对性、对世性）

物权是权利人直接支配标的物而享受其利益的权利，此在理论上称为物权的绝对性抑或对世性，意即物权人得对抗自己以外的任何人。亦即，自己之外的所有的人皆负有一种不作为义务，不得妨害物权人对标的物享有的圆满状态的物权。若实施了妨害（或侵害），则物权人可依物权请求权而获救济，回复对标的物所得行使的圆满状态的物权。

物权的绝对性、对世性，为物权的一项重要特性，也系物权区别于债权的另一重要特征。债权由其本质决定而具相对性，其权利人和义务人皆为特定人，分别称为债权人和债务人。而物权关系中，其权利人，即具体的物权人，系特定、明确的，但义务主体不特定。权利主体以外的所有的人皆为义务人（义务主体）。借用 19 世纪德国学者温得沙伊得的话就是："物权是权利人对天下万人的不作为请求权的集合"。[2]物权的绝对性、对世性，决定了物权的效力恒较债权的效力为强。故此，通过物权的方式取得对他人财产的利用将较通过债权的方式取得对他人财产的利用更可靠、更持久、更稳定，且更有利于利用人对财产做长久的经营、筹划和打算，进而可以实现对社会财富的充分利用与配置。

（四）物权是权利人排他性地享受特定物的利益的权利（独占性或排他性）

物权既然是权利人直接支配标的物而享受其利益的权利，则当然具有排他性。物权的直接支配性，当然地引申出物权的排他性。物权的本来的内容系直接支配性，为了确保该内容、实现该内容，遂赋予物权以排他性。[3]物权的排他性，系指同一标的物上不得存在性质或内容不能两立的物权。具体而言，其一，同一标的物上不能同时存在两个或两个以上的所有权。其二，同一标的物上不能同时

1　参见［日］松坂佐一．《民法提要（物权法）》（第 4 版），有斐阁 1980 版，第 4 页。

2　参见［日］奥田昌道：《请求权概念的生成与展开》，创文社 1979 版，第 92 页。

3　参见［日］田中整尔：《物权法》，有斐阁 1987 版，第 3 页。

存在两个以上的建设用地使用权、土地承包经营权，但可并立两个或两个以上的地役权。盖因可以一笔（宗）土地的某特定部分设定地役权。也就是说，地役权的客体不以一笔（宗）完整的土地为必要，即使就土地的一部分也可设定。譬如于一笔（宗）土地上可设定向数个邻地供水的汲水地役权、设定数个供邻地通行的通行地役权。其三，同一标的物上可设定两个或两个以上的抵押权，各抵押权顺位的先后，依登记的先后而定，登记在先者，其权利先实现，登记在后者，其权利后实现。其四，依物权法学理，同一标的物上不能设定两个或两个以上的质权与留置权。

物权因系权利人直接支配标的物的权利，故此，对外关系上物权必有排除他人的干涉，而由物权人独占地、排他性地享受其利益的特性和效力。物权的独占性、排他性与物权的直接支配性，为互为表里的关系，讲的是一个事物的两个方面，前者系由后者所衍生。[1] 债权无排他性，同一标的物上可以并存两个或两个以上相同内容的债权。物权与债权，大陆法系民法将其合称为财产权。

（五）物权是一种不可侵的权利，为侵权行为的客体

根据近代以来的民事权利理论，权利系由法律明定、宣示的，由政治国家保障其实现的财产利益和人身利益。权利既然由法律规定、宣示，则当然具有不可侵性，侵害权利将构成侵权行为，受到侵权责任法的非难，承担侵权责任法上的各种责任。物权为民事权利之一种，故也具有不可侵性，为侵权责任法保护的对象。自侵权责任法的滥觞与演进过程看，其可谓主要是围绕对物权尤其是对财产所有权的侵害而发展起来的。[2] 此点无论于世界的哪个国家，也无论其社会文明、法律文明的发展程度有何差异，概莫能外。至 1945 年二战结束后，人格权一跃成为侵权责任法的重要保护对象，此一进程因 20 世纪 60 年代以降世界范围内的人权运动、女权运动及消费者保护运动的勃兴而得以进一步发展。20 世纪 70 年代

1　参见 ［日］ 於保不二雄：《物权法》（上），有斐阁 1956 年版，第 9 页。

2　当然，人类的同态复仇即"结果责任"时期，实行的是"以眼还眼，以牙还牙"的规则。此时期，侵权行为的对象主要为他人的生命和身体。

至 90 年代,一方面是各种新的人格权于实践中崛起,判例对其加以确认,譬如美国最先通过判例保护自然人的隐私,之后多数国家认可隐私为一种人格权,称为隐私权,此外还有经济信用权、贞操权(性自主权)等;另一方面是将债权、某些人格利益(如人的特定声音、语言的利益)、财产利益(如商业诽谤、妨害经营)、精神利益(如侵害遗体、遗骨、骨灰或严重侵害死者的名誉)确定为侵权责任法保护的对象。一言以蔽之,侵权责任法保护的对象是开放、发展的,伴随社会的进步、人类文明的演进,其保护对象还会扩大。然无论如何,应当说无论过去、现在抑或将来,物权都系一种重要的侵权责任法保护的客体(对象)。

(六)追及性

物权是权利人直接支配标的物而享受其利益的权利,具排他性。由此,物权也就当然具有追及性。[1]也就是说,当物权人对自己权利的标的物不能支配而被他人侵夺、侵占时,物权人即可追及标的物之所在而请求返还标的物,重新实现对物权的支配。追及性,系物权的重要属性,为物权区别于债权的另一标志。债权无追及效力,所以当"债务人将其财产转让给第三人时,一般债权人不得对它再行使权利"。[2]物权具追及性,表明物权较债权于效力上更强。当然,讲物权有追及性,并不是说此属性是绝对、不受限制的。事实上,物权的追及性于某些场合会受到限制,理论上称为追及性效力的中断。其主要发生在善意取得与时效取得物权的情形。

(七)公示性

物权是一种具有强大特性和效力的权利,为了确保安定的物权秩序与物权交易的安全,物权的归属、物权的内容乃至物权的顺位,皆需向社会一般公众公

1　由直接支配性导出追及性、优先性,为法国的通说。在日本,此见解最早由梅谦次郎提出(参见《法学家》2002 年 9 月号,第 105 页)。不过,日本现今的通说通常不将追及性作为物权的一项单独效力。

2　参见 [日] 梅谦次郎:《民法要义·卷之三》(复刻版),有斐阁 1973 年版,第 2—5 页。

示，理论上称为物权的公示性。[1]另外，因物权为一种具有对世性、优先性的权利，故也需对物权的种类予以厘定，及使物权的种类具可识别性。而要做到此点，也只有通过公示方能完成。[2]可见，公示性确为物权的一项特性。公示的方法，动产物权为占有与占有的移转（交付），不动产物权为登记。

（八）物上请求性

物上请求性，即物上请求权或物权请求权效力。因物权为具有直接支配性、独占性或排他性的权利，故而当物权的标的物被侵夺或侵占时，其权利人当然有权追及标的物之所在而回复对标的物的圆满的占有状态，理论上称为对物权标的物的返还请求权；于物权人对标的物的圆满状态受到侵夺或侵占以外的其他方式的妨害（或侵害）时，权利人有权除去该妨害，回复对标的物权利的圆满状态，理论上称为物权的妨害除去（排除）请求权；于物权人对标的物的圆满支配状态将来有可能受到妨害时，物权人得请求有可能引起妨害的人采取措施防止该妨害的发生，理论上称为物权的妨害防止（预防）请求权；于物权的标的物受他人的侵害而产生损害时，物权人可请求损害赔偿。惟因请求损害赔偿属于物权的不可侵问题，故通常不将其纳入到物权请求权中，而系作为一种侵权行为的损害赔偿之债纳入债法中。

占有，近现代及当代物权法多将其确定为一种对物的支配的事实状态，保护占有即是保护社会的和平秩序。任何人不能以自己的腕力来改变占有的现状，此即占有制度的本质。要改变之，惟有通过一定的程序方可。所谓一定的程序，即占有之诉，涵括返还占有物之诉、除去（排除）妨害占有之诉及防止（预防）妨害占有之诉。

（九）独立处分性

近代以降的财产权，是与封建的人格关系、身份关系彻底分离的纯粹的财产

1　参见［日］於保不二雄：《物权法》，有斐阁1956年版，第15页。

2　参见［德］曼弗雷德·沃尔夫：《物权法》，吴越等译，法律出版社2002年版，第15页。

权，[1] 尤其是其中的物权，譬如所有权，乃是权利人对财产的占有、使用、收益和处分的权利，为一种纯粹的财产权。此种财产权并无先期存在的某种身份关系，且由于近代社会实行自由的市场经济，大多数财产系透过市场交易而取得。由此，通过市场交易取得的财产更与身份关系无缘。盖物权系权利人直接支配标的物而享受其利益的权利，并具排他性，故而权利人当然可以处分自己的财产，譬如将财产出卖、出租，将自己的财产与他人的财产互易，或者于财产上设定地上权、永佃权、地役权等供他人利用，抑或以财产设定抵押权、质权而向他人融资。

当然，近代民法以降的财产权中的债权，原则上也具让与性，即债权人可将对债务人的债权转让给第三人，由第三人替代原债权人的地位而向债务人主张权利。不过，并非所有的债权皆可让与。譬如基于特别信任关系发生的债权，因雇佣、租赁产生的债权，因具强烈的人身信任关系，不得让与他人。若让与，可构成合同解除的原因。而物权，无论其为所有权、用益物权抑或担保物权乃至对物的占有（状态），皆可让与他人，而基本上未有限制。故此，称独立处分性为物权的一项特性乃确属得当。[2]

1　世界各国近代以前的财产关系，如奴隶制的财产关系与封建制的财产关系，并不是纯粹的财产关系，此种财产关系中蕴涵了人格和身份的因素。譬如欧洲封建制时期封建庄园中的财产关系，像农奴主和农奴的财产关系，师傅和学徒的财产关系，大领主、中领主和小领主之间的财产关系，均建立在人身依附、人格支配的基础之上。那个时候，说某人对某项财产有权利，即意味着该权利的背后存在着某种特定的人格关系、身份关系。农奴对土地加以耕作的权利（下级所有权），建立在对农奴主的顺从和人身依附关系的基础之上。没有对农奴主的此种人格、身份上的关系，就不可能对农奴主的土地享有耕作的下级所有权。这种关系，实际上是一种通过利用自己的财产来控制、支配他人的人身的赤裸裸的封建关系、封建法统。此种状况于 1949 年之前的中国也是存在的。惟有对此种关系作如是的深入理解，我们才能明了 1804 年《法国民法典》明定财产所有权的绝对性、人的权利能力一律平等实具多么重要的意义。并且，那个时代做如是的规定需要很大的勇气。故此，说《法国民法典》开辟了人类的一个崭新时代并不过分。

2　近代以来的学者，通常称债权的让与性为"消极的处分性"，称物权的让与性为"积极的独立的处分性"。可见，物权与债权的让与性至少于量的方面存在差异。参见［日］於保不二雄：《物权法》（上），有斐阁 1956 年版，第 15 页。

三、简短的结语

行文至此，我们看到，物权具有其固有的诸多法特性。自一定意义上讲，物权的这些特性也是其区别于债权的特性。我国《物权法》第 2 条尽管为关于物权的定义的规定，但如前述，它实际上已经涉及物权的法特性。毫无疑义，我国民法学理对于物权概念的释明、诠释，皆应依本文前述的物权的各项特性为依归或指向而展开。如此，方能维系我国谨严、科学的物权概念，进而建立起科学的物权法规则系统。

物权与债权二元权利体系的形成以及二者的分隔*

一、引言

物权与债权是近代以降大陆法系民法的两个基本概念，被称为大陆法系财产权的二元体系。激进的、乐观主义的学者认为，物权、债权的二元权利体系，系由中世纪的前期注释法学派经由对罗马法的综合研究，将罗马法的诉权（actio）体系置换为权利体系后建构起来的。[1]然大多数客观、冷静的学者则认为，中世纪时期不可能产生近现代及当代意义上的物权和债权二元权利体系，也不可能自调整的法律关系的不同、权利性质、权利本质上对二者加以区分。[2]那个时代，充其量已经创造出了"物权""债权"这样的名称，或至多对它们有一些零星的、表面的认识。对它们从权利体系、法律关系、权利本质、权利性质上进行根本的界分，乃是 18 世纪后半期的事。进而言之，尽管罗马法时代业已存在对人之诉、对物之诉这样一些概念，中世纪时期的教会法、封建法也已创造出对物的权利（jus ad rem）这样的名称，但自调整的法律关系的不同、权利体系、权利性质乃至权利本质等方面分隔物权和债权，则是起于 18 世纪后半期。自此时起到 19 世纪前半期，是从前述诸方面区分二者的第一期，此后又经历了第二期（19 世纪后半期

---

* 本文曾发表于《河北法学》2004 年第 9 期，今收入本书乃作了若干文字改动。

1　参见［日］佐贺彻哉："物权与债权区别的考察"，载《法学论丛》第 98 卷第 5 号，第 1 页。

2　此一时期尚未产生体系的思想，自然法的体系的思想、体系的理论至少于 200 年之后方才产生。故此，中世纪时期不可能将物权、债权作为对立的权利体系而对待。

至 20 世纪前半期）和第三期（20 世纪后半期至今）[1]。笔者认为，这三个时期中，第一期是为二者的区分举行奠基礼的时期，是基础、起点；第二期是对二者的区分进一步深化的时期，标志着从上述各方面对二者的分隔的最终完成；第三期是对物权、债权区分论表示怀疑的时期，也可以称为物权、债权区分论面临挑战的时期。如下逐一考察各期的情况。

第一期，由法国的波蒂埃（Robert Joseph Pothier）、德国的萨维尼提出了对物权与债权的界分。这二人由此被称为物权与债权二元权利体系的鼻祖。他们对于二者的界分主要见于以下著述中：波蒂埃《债权法》（Traité des obligations，2vol.，1761）；萨维尼《法学方法学说》（Juritische Methodenlehre，1802）和《当代罗马法体系》（System des heutigen Römischen Rechts，1840—1848）。[2]当然，自更加严格的意义上说，这二人中当以萨维尼的作用更大，或者说主要是由萨维尼完成对二者最初的界分的[3]。[4]波蒂埃只是从间接的角度（义务体系的视角）开启了区分二者的端绪。盖因他以普芬道夫的"基于他人意思的义务体系"为基础，自义务的视角规定法律关系，故而并未形成相互独立的物权与债权。由此之故，《法国民法典》也未有物权编与债权编的区分，而是采用优士丁尼《法学阶梯》

---

[1]　参见［日］濑川信久著，其木提译："物权债权二分论之意义及其适用范围"，载中日民商法研究会 2003 年年会资料，第 1 页注释 1。

[2]　波蒂埃，法国著名民法学者，曾任奥尔良初审法院评定官，于 1750—1772 年期间任奥尔良大学教授。该氏是法国习惯法学的大师，同时对罗马法又有精深的研究。他在研究法国习惯法中的每一个问题时都与罗马法对比，从而使罗马法与法国习惯法融为一体。如此的研究，为法国法学界提供了经过消化的罗马私法学成果，使《法国民法典》的起草者们得以在比较短的时间内完成这部历史杰作。波蒂埃的学风单纯、明晰，而且非常实证，没有受到当时德国与瑞士的自然法学派的影响，而是忠实地秉承了传统的注释法学派的学风。他对 19 世纪法国注释法学派的形成产生了巨大影响。即使现在，学者与法官在解释《法国民法典》的规定时，也常常引用他的话语。其主要著作有：《奥尔良习惯法》（1740 年）、《新编优士丁尼学说汇编》（1748 年）、《债权论》（二卷，1761 年）、《买卖契约论》（1762 年）、《租赁契约论》（1764 年）、《夫妻财产契约论》（二卷，1768 年）、《所有权与占有》（二卷，1771—1772 年）。对此，请参见［德］Franz Wieacker：《近世私法史》，［日］铃木禄弥译，创文社 1961 年版，"人名索引"第 436 号。何勤华主编：《西方法学家列传》，中国政法大学出版社 2002 年版，第 112 页以下。

[3]　日本的赤松秀岳大抵也系如此认为，参见其所著《十九世纪德国私法学的实像》，成文堂 1995 年版，第 291 页以下。

[4]　参见王家福等：《合同法》，中国社会科学出版社 1986 年版，第 43 页及该页注释 1。

的体例。半个世纪后（即 19 世纪初）的萨维尼，以"自我意思的权利体系"为基础，从权利的视角规定法律关系，认为物权调整对物的法律关系，债权调整人与人之间的法律关系。由此，物权与债权作为调整不同关系的对立的权利体系得以形成。《德国民法典》受其影响，采纳了物权编与债编相互独立的潘德克吞体系。[1]

第二期，对物权与债权的认识、界分进一步深化的时期。此时期最终完成了对二者的理论上的区分。界分的焦点，自以前对物的权利（对物的法律关系）抑或对人的权利（人与人之间的法律关系）转到了绝对权和相对权这一点。此一变化在德国尤其明显。其最有名的，是学者温德沙伊得在 1856 年的《诉权论》中认为物权是对物的直接支配，而在 1891 年的《潘德克吞教科书》（第 7 版）中又进一步指出，物权是绝对权（absolute recht），债权系相对权。[2]在法国，这一变化虽然没有如德国那样明显，但仍然悄悄地发生着，也就是说，这一变化是通过另外的方式表现出来的。1870 年以降，法国出现了租赁权人权论与租赁权物权论的论争。这一论争虽然是围绕能否向第三人，特别是租赁权（承租）人能否向第三人主张对标的物的直接支配，以及侵害债权（尤其是引诱他人雇用的雇员离职）是否构成侵权、承担损害赔偿责任而展开的，但其内容实质上与德国温德沙伊得的绝对权、相对权论相同。19 世纪后半期，法国形成了物权法定原则，[3]此表明人们已经将排他性、优先性解为物权的属性和特征。正是在这样的背景下，1895 年 7 月 24 日，日本文部省下令采纳了潘德克吞体系。[4]

第三期，是对物权、债权区分论表示怀疑的时期。也就是说，物权和债权这

1　参见王家福等：《合同法》，中国社会科学出版社 1986 年版，第 43 页及该页注释 1。

2　参见［日］瀨川信久：《不动产附合法的研究》，有斐阁 1981 年版，第 151 页注释 18。

3　参见［日］七户克彦："物权法定主义：比较法与沿革的研究"，载《法律学科·庆应义塾大学法学部法律学科开设百年纪念论文集》，第 585 页以下。

4　参见［日］瀨川信久著，其木提译："物权债权二分论之意义及其适用范围"，载中日民商法研究会 2003 年年会资料，第 1 页注释 1。日本旧民法未采纳潘德克吞体系。日本新民法即现行民法（自 1898 年起施行）采用潘德克吞体系，乃是借鉴《德国民法典第一草案》的结果。之后经历了大正时期的"债权侵害论"、围绕新民法第 177 条展开的论争，以及二战之后的租赁权物权论等。自 20 世纪 70 年代起，出现了对物权、债权区分论表示怀疑的声音。

样的二元权利体系能否将财产权的内容瓜分尽净，人们对此表示怀疑。进言之，是否存在一种介于物权、债权之间的权利，抑或有无物权债权化、债权物权化的现象？

对物权、债权如此的财产权二元体系产生怀疑，一方面是起于理论上的因由，另一方面，也是更重要的动因，乃是源于社会生活中不断涌现出了新的法律现象。这些新的法律现象产生后，再试图继续维持物权与债权的二元权利体系即发生困难。也就是说，出现挑战物权与债权二元权利体系的"中间现象"，乃是人们对物权与债权二元权利体系产生动摇的根本原因。所谓"中间现象"，譬如物权概念的相对化（德国称为物权概念的柔软化）、债权的第三人效力（债权物权化）、预告登记及租赁权的物权化等。这些"中间现象"，使人们对财产权的二元体系产生了质疑。由此，"中间现象"可谓是物权与债权二元权利体系的试金石。[1] 确实，大陆法系财产权自 20 世纪后半期，尤其是 20 世纪 60、70 年代后，出现了许多新现象。这就是上文谈到的"中间现象"。在我国，自清朝通过日本继受以德国为代表的大陆法系民法概念起，我国的民法实际上已然接受了物权、债权、法律行为、法人等概念。由此，自那时起迄今百余年的时间中，我国的民法学者、民法理论、法官乃至律师等，乃是认可并接受如物权、债权这样的基本概念的，且从一定意义上而言，这些概念早已浸透到了人们的心中。惟对于大陆法系出现的债权物权化、物权概念的相对化、物权概念的柔软化及物权债权化等，我国学者却较少涉及，通常主要涉及租赁权的物权化。[2] 并且，对于租赁权的物权化，我国原《经济合同法》第 23 条与 1999 年施行的《合同法》第 229 条均有规定。[3] 尽管如此，应当说学理对其他"中间现象"，如物权概念的相对化、物权债权化等的讨论仍然是不足的。

---

[1]　参见［日］佐贺彻哉："物权与债权的区别的考察"，载《法学论丛》第 98 卷第 5 号，第 28 页。德国的"中间现象"，参见［日］赤松秀岳：《物权债权区别论及其周边》，成文堂 1989 年版，第 53 页以下。

[2]　参见王利明：《合同法新问题研究》，中国社会科学出版社 2003 年版，第 21 页。

[3]　参见《合同法》第 229 条："租赁物在租赁期间发生所有权变动的，不影响租赁合同的效力。"

应当指出，尽管新近以来物权与债权的区分出现了相对化的趋势及各种"中间现象"，但可以肯定，大陆法系乃至英美法系（英美法系国家的学理也认可物权、债权概念）于现在乃至将来相当长的时期内，界分物权与债权仍然系主流，二者仍然不可逾越、模糊。这样方能维系大陆法系民法的基本架构体系，并不至于造成大陆法系民法乃至商法的解构。一言以蔽之，物权与债权的二元权利体系会长期存在。"中间现象"仅系此长期存在的过程中出现的数朵浪花，其绝不能改易二者界分的主流。故此，自理论层面对物权、债权的差异予以分析、释明，仍然是必要、重要的。

二、物权与债权的具体差异分析

（一）发生、发达的时期上的差异

早在原始社会时期或较此更远之前，对于无主物的先占，亦即物权的雏形，即得以萌芽。迈入奴隶制社会以后，正式在法律上建立了对财产的所有权、利用权制度，也就是说，建立了成文或不成文的抑或习惯法上的物权制度，尽管此时期尚未产生"物权"这一术语。而债权关系，尤其是其中的买卖关系，是在人类社会的生产力有了长足的进步，并出现了社会分工与产品的交换后才发生的（因侵权行为所生的债权关系，应当说较买卖的债权关系产生为早），所以它较起源于对无主物的先占的物权关系发生为晚。对此，英国学者波罗克（Frederick Pollock）曾明确地说："不论在什么地方，合同法只在法律发展的高级阶段才出现。就是在古典时代的罗马法的最后形式中，也没有形成真正的合同理论。"斯密（Edmund unroe Smith）于《欧陆法律发达史》中也说："自古以来，无论何处，基于契约关系所生的人的债务，其发达恒较有体物的权利，为期稍迟。"[1]在欧洲，自遥远的古代到近代《法国民法典》诞生之前，人们的生活是以物权为中心的静态生活（中世纪欧洲封建庄园中的生活更为一种田园牧歌似的平静生活），尽管

1　参见王家福等：《合同法》，中国社会科学出版社 1986 年版，第 43 页及该页注释 1。

那个时代也存在交换关系，但应当说是十分有限、少量的。盖因那个时代实行的是自给自足的自然经济和奴隶制经济制度，故而是不能孕育出充分的发达的商品交换经济的。尽管罗马帝国的鼎盛时期一度出现过后世学者所称的"古代资本主义商品经济"，然其并不是欧洲近代资本主义之前经济生活的主流。故此，称欧洲近代资本主义以前的社会生活是以物权为中心的静态生活，乃并无不当。在东方世界的东亚、南亚、西亚以及非洲的尼罗河流域抑或更广阔的地区，其近代以前的生活也仍旧是以物权为中心的静态生活，发达的、充分的商品经济也是阙如的。总之，在人类的古代和中世纪时期，物权是财产权的核心，像媒介物权交易的债权债务关系是不占主导地位的。进言之，那个时代是物权君临的时代，系物权处于优越地位的时代。商品交易（物权交易）的债权之受到重视、其广泛发生及在财产权中占据优越地位，乃是迈入近代之后的事。亦即，只有当人类进入近代自由资本主义时期之后，债权才会受到重视，债权的地位和作用也才会凸显出来。[1]概言之，债权的发生（涵括侵权行为之债权的发生）、发达及于财产权体系中占据优越地位，恒较物权为晚。

（二）权利特性上的差异

作为对财产权的基本区分的物权与债权，其特性也系不同。具体而言，物权为支配权，债权为请求权；物权为绝对权，债权为相对权；物权具有排他效力、优先效力、追及效力，债权则无这些效力。对于债权，同一标的物上得成立数个债权。债权实行平等原则。债权人对债务人将自己的责任财产转让给第三人的行为原则上无追及力。物权与债权的这些差异中，当以物权为支配权、债权为请求权为最重要。也就是说，物权的权利人无须借助他人的行为，即能独立自主地行使其权利——支配标的物，并通过对标的物的支配而享受其利益；而债权性质上为请求权，债权人要实现自己的债权，非借助于债务人的行为不可。譬如物的受赠人，仅可请求赠与人交付赠与物，于受具体交付前，不得支配该物。概言之，

---

[1] 这方面的资料，可参考日本学者我妻荣的《债权在近代法上的优越地位》（王书江、张雷译，中国大百科全书出版社 1999 年版）与川岛武宜的《所有权法的理论》（岩波书店 1987 年版）。

物权的本质系在于支配权，债权的本质则在于请求权。

（三）权利客体的不同

物权的客体，由其性质决定，只能是物，且原则上仅能系有体物、独立物、特定物，电气、热气、冷气、光和各种能量、能源等，仅于可以管理的范围内，方能作为物权的客体；权利只在法律有规定时方能作为物权的客体，譬如权利质权、权利抵押权，即属之。债权的客体既不是物，也不是债务人的人身，而是债务人为一定行为或不为一定行为。为一定行为者，称为给付；不为一定行为者，称为不作为（给付）。[1]给付的对象又多数是物，称为给付物。可见，物是民法乃至商法的最普通的客体。应指出的是，作为债权的给付物的物，既可以是不特定的种类物，也可以是债权成立时尚不存在的物（如向某外国飞机生产厂家订购特定型号、规格、技术水准的飞机，即是以尚不存在的物作为债权的客体），惟法律禁止流通的物不能作为债权的客体，如鸦片、海洛因，即属之；作为物权的客体的物，如前述，只能是现实已然存在的有体物、独立物、特定物，且法律禁止流通的物也可作为物权的客体。

（四）主体的不同

物权的权利主体为特定的人，义务主体为权利主体之外的不特定的任何人。而债权的权利主体与义务主体，皆为特定的人，称为债权人与债务人。

（五）涉及的利益不同

物权因为系一种对世权，故其不仅涉及当事人的利益，也涉及国家、社会乃至第三人的利益。债权则不同，其涉及的通常是当事人双方的利益，虽然也存在三个当事人订立一个合同，即第三人利益合同与第三人负担合同的情形，但其涉及的仍然是双方当事人的利益（债务人与第三人的利益、债权人与第三人的利益）。由于如此的差异，自近代民法起，物权采法定原则，债权（合同债权）采任意原则。

---

[1]　不作为也可作为债权的客体，譬如当事人双方约定，晚上 10 时之后不再弹奏钢琴，对方即支付一定的对价，便是以不作为作为债权的客体。

（六）权利效力所及的范围不同

物权为绝对权，债权为相对权。物权人可以对抗除其自身以外的任何人，物权人以外的所有的人皆为义务人，其负有不得侵害、妨害物权人行使物权的义务。亦即，物权的效力得向任何人主张，故属于绝对权、对世权。债权因属于相对权，所以其效力只及于特定的债务人，债权人只能向特定的债务人主张债权，故债权又称为对人权。

（七）权利效力的区别

物权的效力为对标的物的支配力，债权的效力为请求他人为一定行为或不为一定行为的请求力。基于物权的支配力，物权有排他效力、优先效力和追及效力。因债权的效力为请求力，故同一标的物上可以并存两个或两个以上的债权，各债权平等，均不具有排他效力、优先效力；债权也无追及效力，当债务人的责任财产被第三人占有时，无论该第三人的占有是否合法，债权人皆不能请求第三人返还。

（八）权利有无存续期限的区别

物权中的所有权系无期限的权利，宅基地使用权原则上也是无期限的权利。比较法上，地上权也可设定为无期限者。债权为有期限的权利，法律不允许存在无期限的债权。一切债权，无论意定债权（合同债权）或法定债权（侵权行为、不当得利、无因管理债权），皆有存续期限。有期限或有期限性，乃为债权的重要法特性。当然，物权中的地役权、抵押权、质权乃为有期限的权利。

我国民法典物权编立法[*]

楔　子

按照全国人大常委会的安排，我国民法典将由总则编、物权编、合同编、侵权责任编、婚姻家庭编及继承编等各分编组成。[1]这其中，作为财产法之一的物权编系十分重要的组成内容，居于核心和关键地位。其顺序系置于总则编之后，合同编、侵权责任编等债之关系法（债法）之前。因我国已于十余年前颁行了《物权法》，故此次民法典物权编的立法系属于民法典物权编的编纂，其主要工作是对《物权法》及其相关规则予以改定、扩展、丰富及完善，由此形成和建构起体系和谐、规则完整、先进和自洽的民法典物权编规则系统。

按照《民法总则》第 114 条与物权法法理，权利人直接支配特定物并由此排他性地享受其利益的权利，即是物权。其主要涵括所有权、用益物权、担保物权及占有。而物权法则有广义与狭义两种形态。举凡以人对物的支配关系为内容的法规范，为广义（实质）的物权法，其涵盖范围较广，《物权法》及其他有关对物的支配（例如继承人对遗产的共同共有）的规定，皆属之。至于狭义的物权法，则专指规定人对物的支配关系的内容的形式的物权法。易言之，系指《物

---

* 本文曾发表于《政法论坛》2017 年第 5 期，今收入本书，一些地方作有文字改动。
1　参见李建国："关于《中华人民共和国民法总则（草案）》的说明"（2017 年 3 月 8 日在第十二届全国人民代表大会第五次会议上），载李适时主编：《中华人民共和国民法总则释义》，法律出版社 2017 年版，第 680 页。

权法》所规定的规则（内容），其主要为关于（物权）总则、所有权、建设用地使用权、土地承包经营权、地役权、宅基地使用权、抵押权、质权、留置权及占有的规定。惟这其中也有涉及债权关系的内容（规则）。譬如相邻关系（《物权法》第 92 条）、共有（《物权法》第 99、100、102 条）及占有（《物权法》第 242、243、244、245 条）中有关补偿金与费用求偿权，抑或其他有关损害赔偿责任的规定，即属之。此等债权关系因伴随物权关系而生，故将之规定于《物权法》（"物权编"）中，可使物权关系的规则以完整的面貌呈现。[1]本文的论证、分析对象，兼及广义与狭义的物权法，即对我国民法典物权编立法时如何对《物权法》及其相关规则予以改定、扩展、丰富及完善提出建言、提供助力，并因此裨益于作为民法典分则编之一的物权编的早日及高质量地出台。

一、物权法定原则的缓和与谨慎

物权法定原则（Numerusclausus），亦称种类限定主义（Prinzip der Ausschlie ßlichkeit）、被限定的数抑或被关闭的数（Numerusclausus），[2] 系全部物权法构造系统的枢纽和基柱。其肇源于罗马法，之后多数大陆法系与英美法系国家和地区对此予以肯认。[3] 日本、韩国民法及我国台湾地区"民法"系以明文的方式加以规定（《日本民法》第 175 条、《韩国民法典》第 185 条及我国台湾地区"民法"第 757 条）。德国、法国 [4]、奥地利及瑞士等的民法尽管未明文规定此原则，但解释

1　参见谢在全：《民法物权论》（上册），新学林出版股份有限公司 2014 年版，第 1 页。

2　参见 ［日］山田晟：《德国法律用语辞典》，大学书林 1995 年版，第 455、494 页。

3　参见谢在全：《民法物权论》（上册），新学林出版股份有限公司 2014 年版，第 33 页。

4　应指出的是，对于 1804 年《法国民法典》是否认可了物权法定原则，存在肯定与否定两说。多数说认为，至少应于解释上肯定《法国民法典》采取了该原则，盖该法典为近代民法的端绪，而物权法定原则系近代民法基本原则之一，故应作如是肯定。否定说认为，物权法定原则并非近代物权法的当然原则，《德国民法典》虽然认可了该原则，但《法国民法典》始终未能认可。对此，请参见 ［日］星野英一：《民法概论》（物权），良书普及会 1973 年版，第 11 页。

上皆认可此原则的适用。[1]

按照物权法定原则，物权的种类和内容由法律规定（《物权法》第5条、《民法总则》第116条），当事人不得根据自己的意思自由创设物权或更易民法或其他法律所定的某一物权的内容。前者称为内容强制（Typenzwang），后者称为类型固定（Typenfixierung）。概言之，也就是当事人不得设立法律未规定的物权及其内容，否则将不产生物权法上的效力。[2]

我国民法典物权编立法过程中，坚守物权法定原则不动摇系一重要的基本立场。也就是说，物权法定原则的缓和应当极为谨慎。此点于我国现今法律体系及其背景下，尤其必要。盖我国近现代及当代意义上的物权法制历来较为落后，如今物权法制初创并建立不久，若过分变更物权法定原则，则所建立的物权法制及其体系势将与债法制度及其体系发生龃龉或紊乱，且与实务上长期的一贯做法与积聚的经验相悖，其结果或将造成我国自清季以来所建构的民法物权体系的解构，对国家、民族、社会乃至个人将有百害而无一益。[3]概言之，于界分物权与债权的架构下及立于确保交易安全的视角，物权法定原则的坚守，实具有重要的功用与价值，绝不可小觑。

不过，规范社会财货归属秩序的物权法也不能与国家、社会及个人的需要相

1　应指出的是，《德国民法典》虽然未就物权法定原则设立明文，但其民法典草案理由书（Motive 3.3.3）和学说解释莫不认可该原则。对此，请参见［日］於保不二雄：《德国民法 3》（物权法），有斐阁1955年版，第2页；［日］山田晟：《德国法概论》，有斐阁1987年版，第191页。另外，根据晚近的英美法研究成果，英美法系也有物权法定原则。尤其是有英美法学者从资源效率的角度进行分析，指明肯定物权法定原则可以避免过高的资讯成本。对此，请参见 Thomas W. Merill & H. Smith, "Optimal Standardization in the Law of Property: TheNumerusClausus Principle", 110 *YALE L. J.* (2000)；William Swadling, "Property: General Principles", in *English Private Law*, Peter Birks ed., 207-208, Vol. 1, 2000；谢在全：《民法物权论》（上册），新学林出版股份有限公司2014年版，第38页注释1。不过，也有研究成果谓：于英国不动产法上，物权法定原则的功用并不彰显。对此，请参见［日］西垣刚：《英国不动产法》，信山社1997年版，第1页以下。此书系一部具有重要价值的英国财产法著作，长达近700页，内容丰富。此外，关于英美法系认可物权法定原则的情况，最新研究成果还请参见黄泷一："英美法系的物权法定原则"，载《比较法研究》2017年第2期，第84页以下。

2　参见陈华彬：《民法物权》，经济科学出版社2016年版，第79页。

3　参见陈华彬：《民法物权》，经济科学出版社2016年版，第85页。

悖，更不应阻碍其发展与进步。若物权法所定的物权种类和内容与实际生活不一致，且立法又未能适时补充，即应透过物权法定原则的（扩大）解释予以因应。盖物权法定原则的存立基础系在于确保以所有权为核心而建构的物权体系及其特性，并使物权得以公示，由此确保交易安全。故此，若实际生活中新产生的（物权）权利不违背物权法定原则存立的旨趣，且有公示方法以确保交易安全，及国家、社会、个人确实需要时，即可扩大解释物权法定原则，经由习惯法的形成，抑或由人民法院于裁判具体案件中，赋予某权利以物权效力。易言之，物权法定原则的本旨虽系在于限制当事人之间创设物权，但对经由习惯法形成新的物权，则系予以允许。[1]

总之，我国物权法定原则的适用一方面应当予以坚守且不得将之虚化，以免造成物权法体系的解构；另一方面也不宜将之固化，以免成为我国国家、社会及个人进步与发展的障碍。尤其是鉴于前者的重要性，新近通过的《民法总则》第116条于《物权法》第5条的基础上，再次重申了"物权的种类和内容，由法律规定"的物权法定原则。不过，同时有鉴于不宜使物权法定原则被固化的考量，并立基于《民法总则》第10条业已将习惯（法）确立为民法的法源（渊源），笔者认为，《民法总则》第116条与《物权法》第5条所定的物权法定原则中所言的"法"，宜解为涵括了习惯（法）。

二、物权变动规则的维系、完善与对《物权法司法解释（一）》[2]相关规定的吸纳

物权的取得、变更及丧失（消灭），即系物权变动，其涵括基于民事法律行为、基于事实行为及基于公法上的行为等而生的物权变动。其中，基于民事法律行为的物权变动是一种最常见、最多发、最基本的一类物权变动，其也系市场交

1　参见谢在全：《民法物权论》（上册），新学林出版股份有限公司2014年版，第36—37页。
2　最高人民法院《关于适用〈中华人民共和国物权法〉若干问题的解释（一）》。

易的最终目的和归宿。而基于事实行为和公法上的行为而生的物权变动，则系两种少量的、较具特殊性的物权变动。

基于民事法律行为的物权变动，主要涵括由合同、赠与及互易行为引起的物权变动，其于其他国家和地区法上的规范模式主要有债权意思主义（法国、日本）、物权形式主义（德国）及债权形式主义。[1]按照《物权法》第6、9、23条的规定，基于民事法律行为的物权变动须完成法定的公示形式，即动产的交付与不动产的登记。此种模式，为债权形式主义或意思表示与交付或登记之结合。至于该法有关建筑物（含构筑物、附属设施）所有权的移转、建设用地使用权的变动（第9条第1款、第14条、第139条）、不动产抵押权、在建工程抵押权的设立（第187条）、动产质权的设立（第212条）、权利质权的设立（第224条、226条第1款、第227条第1款、第228条第1款）的规定，则系此模式被具体化的结果。[2]最后，考虑到实际生活的复杂性与不平衡性，对于土地承包经营权的变动（第128条），地役权的变动（第158条），船舶、航空器、机动车等物权的变动（第24条），以产品、半成品、正在建造的船舶、生产设备、航空器、交通运输工具、原材料设立抵押权（第188条）及动产浮动抵押权的设立（第189条），《物权法》采行债权意思主义，系属于该法采行债权形式主义的例外。在此主义之下，作为公示方法的交付和登记，系物权变动的对抗要件。应当肯定，《物权法》对基于民事法律行为的物权变动规则的此等厘定，是妥洽的，宜继续予以维系和坚持。

至于非基于民事法律行为的物权变动，其除涵括基于事实行为的不动产物权变动（《物权法》第30条）与先占、取得时效、遗失物拾得、埋藏物发现和添附等事实行为引起的物权变动外，还包括基于人民政府的征收决定或人民法院、仲裁委员会的法律文书的物权变动（《物权法》第28条），因继承或者受遗赠取得

1　关于对此等物权变动模式规则的详细分析，请参见陈荣隆：“物权行为立法主义之研析”，载《月旦民商法杂志》2016年第1期（总第51期），第128页。

2　参见崔建远：《物权法》（第3版），中国人民大学出版社2014年版，第46页；陈华彬：《民法物权》，经济科学出版社2016年版，第103页以下。

财产的物权变动（《物权法》第 29 条），以及不动产物权被强制执行后发生的物权变动。值得指出的是，这些物权变动形态中，不动产物权被强制执行发生的物权变动，以及先占、取得时效和添附等事实行为引起的物权变动，《物权法》皆未作出规定，从完善物权变动的形态及其规则系统的立法论的视角看，它们皆宜于民法典物权编得到确立和明定。

另外，还应提及的是，最高人民法院发布的《物权法司法解释（一）》中对有关物权变动的适用所作的解释，譬如不动产确权争议中登记的证明力（第 2 条）、确权争议不受异议登记失效的影响（第 3 条）、预告登记权利人的保护（第 4 条）、导致预告登记失效的"债权消灭"的认定（第 5 条）、《物权法》第 24 条所称的善意第三人的范围（第 6 条）、发生物权变动效力的人民法院及仲裁委员会的法律文书（第 7 条），以及特殊情形物权的保护（第 8 条）的规定，[1] 若其系妥洽、适宜的，立基于将司法实务积聚的经验法律化的考量，民法典物权编应对之加以吸纳。

三、所有权规则的丰富、扩展与完善

按民法法理与《物权法》的规定，所有权是所有人对自己的不动产或者动产依法享有的占有、使用、收益和处分的权利（第 39 条）。所有权是每个个体生活的基础、物权的核心，更是"物权之王"。物权法系统中的物权法总则、用益物权、担保物权乃至占有等，无一不是围绕所有权而予规定或展开的。由此之故，所有权即成为私法乃至整个国家法律体系与政治系统中的一个极为重要的概念与制度，并由此发挥其定分止争与明人己之分界的功能。于检视、梳理《物权法》有关所有权既有规则的基础上，笔者谨提出民法典物权编立法中在所有权上应予丰富、扩展及完善的如下方面。

1　参见杜万华主编：《最高人民法院物权法司法解释（一）理解与适用》，人民法院出版社 2016 年版，第 1 页以下。

（一）所有权涵义的厘定及与其权能的界分

自罗马法以来，对于所有权，立法与学说通常将之界定为：所有人于法律限制的范围内，对于所有物进行全面、整体（完全、完整）和永久支配的物权。[1]也就是说，所有权蕴涵下列五点意义与特质[2]：（1）所有权是所有人对标的物进行全面支配的物权；（2）所有权为整体（完整）内容的物权；（3）所有权为具有弹性的物权；（4）所有权为永久支配标的物的物权；（5）所有权是所有人于法律限制的范围内支配标的物的物权。

应当指出的是，《物权法》第39条及《民法通则》第71条，皆系对所有权的权能进行规定，而非对所有权的涵义予以确定（界定）。尤其需要明确的是，所有权并非对财产的占有、使用、收益及处分的总和，也不是其各项权能的简单积聚（累积），其各项权能仅体现为所有权的作用，抑或达成或实现所有权的目的的途径、方法。[3]鉴于所有权的意涵与特质较为宽广，实难以列举其权能的方法将之彰示，建议立法机关依前述分析对所有权的涵义做出抽象、概括的厘定，并同时维持《物权法》第39条对所有权权能的列举规定不变。

（二）建筑物区分所有权若干规则的完善、丰富（扩展）与改定

建筑物区分所有权是业主对自己的专有部分享有单独所有权、对共有部分享有共有所有权及对建筑物的公共部分的管理享有成员权的综合性权利。此制度既是一项古老的制度，也是一项近现代及当代的制度。对于我国《物权法》于第6章明定的此制度的完善、丰富（扩展）及改定，笔者谨提出如下一些方面供立法机关参考。

1. 关于（业主）管理团体

区分所有建筑物的（业主）管理团体系由业主大会、业主委员会、物业服务企业及其他管理人构成。其中，业主大会的成立方式与业主委员会的定位应当予

1　参见姚瑞光：《民法物权论》，海宇文化事业有限公司1999年版，第42页。

2　参加谢在全：《民法物权论》（上册），新学林出版股份有限公司2014年版，第115—116页。

3　参见史尚宽：《物权法论》，荣泰印书馆股份有限公司1979年版，第56页；《中国法学会民法经济法研究会1989年年会论文选辑》（佟柔语），第9页。

以明确。关于前者，现行《物业管理条例》（2018 年）第 9 条要求以一个物业管理区域为单位而成立业主大会。此点于实务中产生诸多问题并较难做到。故此，建议立法机关对此予以改定，明确可不以一个小区为单位而成立业主大会。也就是说，一栋或数栋区分所有建筑物上的业主，依具体情况，可以成立业主大会。[1]至于业主委员会的定位，也宜加以明确，即宜将之确定为《民法总则》第 102 条所定的一种非法人组织。另外，有鉴于实务中业主已可应诉、被诉，[2] 建议明确：业主委员会具有诉讼主体资格。

2. 增定区分所有建筑物（商品房住宅）的修缮、修复规则

区分所有建筑物（商品房住宅）的修缮，是指当区分所有建筑物的专有部分、共有部分发生朽坏、损坏等时，为使其原有效用或功能得以恢复而采取的必要行为。《物权法》第 76 条第 1 款第 6 项、第 2 款及第 79 条仅对此有简略的规定，即明确修缮"应当经专有部分占建筑物总面积三分之二以上的业主且占总人数三分之二以上的业主同意"，维修资金可以作为修缮（维修）的费用而使用。惟于实务中，修缮还涉及费用的分担、筹集，业主之间的权益如何调整，以及由谁来进行（承担）修缮等。对于此等问题，只有将之厘清，修缮方可得以真正实施和进行。为此，建议借镜其他国家和地区的经验，明定：（1）对不属于自己所有的共有部分及对他人的专有部分，业主为了修缮的必要，可以进入并加以使用；（2）个别业主的利益若因共有部分的修缮而受到特别影响，应得到其同意；（3）明确修缮费用的如下筹措途径或来源，即临时收取的修缮费用、专项维修资金、从政府部门获得的修缮补助费、与金融机构融资而获得的贷款、管理费及基于建筑物损害保险合同而获得的保险金。[3]

与上述区分所有建筑物（商品房住宅）的修缮具有同样的重要性的，还有区

1　参见陈华彬："业主大会法律制度探微"，载《法学》2011 年第 3 期。

2　参见北京市海淀区人民法院（2005）海民初字第 19540 号民事判决书，已生效；参见北京市海淀区人民法院（2009）海民初字第 5425 号民事判决书、北京市第一中级人民法院（2009）京一中民终字第 14000 号民事裁定书，已生效。

3　参见陈华彬："区分所有建筑物修缮的法律问题"，载《中国法学》2014 年第 4 期。

分所有建筑物（商品房住宅）的修复，此主要系因天灾人祸而引起，并由此而实施的对建筑物的复旧行为。换言之，当区分所有建筑物因偶发性灾害，譬如水灾、火灾、地震、风灾、机动车的冲撞、煤气爆炸及飞机坠落等，导致其一部分灭失时，即需要实施修理、复原（复旧）。《物权法》第 76 条第 1 款第 6 项、第 2 款及第 79 条尽管对此有所涉及，但因过分简略而实不足以应对实务上对此问题的解决需要。[1]

在现今比较法上，日本、德国及法国等对区分所有建筑物（商品房住宅）的修复设立有较完善、翔实及细腻的规定。日本法将因水灾、火灾、地震、风灾、机动车的冲撞、煤气爆炸及飞机坠落等导致的区分所有建筑物的灭失区别、界分为小规模一部分灭失与大规模一部分灭失，之后分别厘定修复时对相关业主的权益调整的手段和方法、费用的分担原则及不同的修复程序和步骤。[2]笔者认为，这些比较法上的经验可为我国编纂民法典物权编时设立同类规则、处理和解决同类问题提供借镜、参照。

3. 增加并完善区分所有建筑物（商品房住宅）的重建规则

区分所有建筑物（商品房住宅）的修缮和修复强调或着眼于当下问题的解决，其旨在通过修复或修缮而使区分所有建筑物（商品房住宅）得以继续供业主等居住、利用。但是，当区分所有建筑物即商品房住宅经过漫长岁月或若干年后而老朽、损坏以致完全不能或不堪使用时，即需要透过建筑物区分所有权法上的重建机制予以重新建造，以使原有业主等可继续居住或利用。此种制度即《物权法》第 76 条第 1 款第 6 项、第 2 款所定的区分所有建筑物（商品房住宅）的重建。

我国自 1978 年中共中央发布关于发挥国家、地方、个人积极性，加快住宅建

1　参见陈华彬："日本区分所有建筑物修复制度的考察分析与启示"，载《环球法律评论》2013年第 2 期。

2　参见陈华彬："日本区分所有建筑物修复制度的考察分析与启示"，载《环球法律评论》2013年第 2 期。

设速度的指示——最早进行住房制度的改革，实行住房商品化——以来，[1]区分所有建筑物（商品房住宅）的建设迄今业已经过了四十余年。故此，区分所有建筑物（商品房住宅）的重建于很近的将来定将成为我国国家、社会及个人面临的不能回避的问题。另外，我国各种缺陷商品房住宅，譬如所谓的"豆腐渣住宅""楼歪歪住宅""楼摇摇住宅""楼晃晃住宅"及"墙脆脆住宅"等，在实际生活中不时存在，使现今实务上也急需建构完善的规则而处理区分所有建筑物（商品房住宅）的重建问题。为消弭和厘清区分所有建筑物（商品房住宅）的重建于私法上的障碍，编纂民法典物权编时，建议立法机关参考、借镜比较法上的经验，创设卖渡请求权、买回请求权及二重多数决等规则，以对业主间的权益、小区内全体建筑物的"一揽子"重建及特定栋区分所有建筑物的重建等进行调整。[2]

4. 厘定业主严重违反共同利益时强制出让或拍卖其区分所有权的规则

由区分所有建筑物（商品房住宅）的构造、格局及架构像火柴盒一般堆砌在一起而由此具有特殊性所使然、所造成，居住于一栋或一个小区（社区）的全体业主对于舒适、安全便捷及安宁的居住环境的确保具有共同利益。于此共同利益遭到严重破坏时，德国、日本、奥地利及我国台湾地区等设立了强制出让或拍卖作为违反者的业主的区分所有权的规则。尤其是这些国家和地区明定了强制出让或拍卖作为违反者的业主的区分所有权的实体要件与程序要件。具体而言，当违反共同利益的业主造成的障碍或侵害甚为严重而业主管理团体无法以其他方法予以排除或补救时，经由并透过业主大会的多数决决议的同意，其他业主全体可提请法院作出强制出让或拍卖违反共同利益的业主的区分所有权的判决，并由作出允许拍卖判决的法院具体执行拍卖。[3]

在我国现今的实务中，有鉴于"恶质区分所有权人"（"恶质业主"）的不

1　参见陈华彬：《现代建筑物区分所有权制度研究》，法律出版社1995年版，第293页以下。

2　参见陈华彬："区分所有建筑物的重建"，载《法学研究》2011年第3期。

3　参见［日］水本浩、远藤浩、丸山英气编：《公寓法》（第3版），日本评论社2006年版，第107—108页；陈华彬："论建筑物区分所有权的剥夺——基于对德国法和日本法的分析"，载《法商研究》2011年第6期。

时存在，[1]尤其是为确保居住于一栋区分所有建筑物（商品房住宅）或同一个小区的全体业主的安全、舒适、便捷及安宁的居住环境，并强化各业主之间的安全共同体（多数人的密切的共同生活关系[2]）利益，建议立法机关引入上述强制出让或拍卖规则。同时，鉴于这一规则的严厉性或使严重违反共同利益的业主于感情上较难接受，故此也应格外慎重。概言之，强制出让或拍卖严重违反共同利益的业主的区分所有权，系最后不得已采取的措施，实务中要尽可能限制其适用。

5. 扩展、完善管理规约规则

《物权法》第 76、77、83 条业已涉及区分所有建筑物（商品房住宅）管理的自律性约定——管理规约。按物权法法理，此管理规约是业主管理团体（业主共同体）就区分所有建筑物（商品房住宅）的管理所作的共同约定，业主管理团体乃至业主全体于实际管理和生活中应共同遵守。如前所述，因生活于一栋或一个小区的区分所有建筑物（商品房住宅）上的业主之间具有密切的共同体关系，所以，借助于管理规约而对区分所有建筑物（商品房住宅）进行有效与高质量的管理，即系十分重要。[3]

除《物权法》业已涉及的有关管理规约的事项外，笔者认为，立法机关应于民法典物权编中对如下问题予以明确：（1）明确管理规约应规范的范围主要包括对违反义务的业主的处理、业主之间的利害关系的调整、业主之间的共同事项的规范及业主之间的基础法律关系的厘定；[4]（2）明确管理规约的时间效力与对人的拘束效力的范围；（3）明确业主临时公约（原始管理规约）的效力与具有公平

1　参见本刊编辑部："中国民法学科发展评价（2010—2011）——基于期刊论文的分析"，载《中外法学》2013 年第 1 期。

2　参见［日］伊藤荣寿：《所有法与团体法的交错——对业主的拘束的根据与界限》，成文堂 2011 年版，第 170 页。

3　参见陈华彬："论区分所有建筑物的管理规约"，载《现代法学》2011 年第 4 期。

4　参见温丰文：《建筑物区分所有权之研究》，三民书局 1992 年版，第 153—154 页；陈华彬：《建筑物区分所有权》，中国法制出版社 2011 年版，第 203—204 页。

性的要件；（4）明确政府的相关部门应创制标准管理规约 [1] 以供业主共同体设立管理规约时参照。

6. 改定业主共有部分的应有份额（应有部分）的计算基础

《物权法》第 76 条第 2 款涉及确定业主共有部分的应有份额（应有部分）的计算基础（基准）。这里的问题在于，其以"专有部分占建筑物总面积"的比例作为确定共有份额的标准，未臻妥当。从比较法经验的可借鉴性看，[2] 宜明确为：按某一专有部分占区分所有建筑物（商品房住宅）的专有部分的总面积的比例来厘定共有部分的应有份额（应有部分）的大小。当然，业主之间也可透过或经由管理规约来订定（确立）各自共有部分的应有份额（应有部分）的大小。

（三）增定相邻关系纠纷的新内容（新形态）

相邻关系即因不动产权利人之间的不动产相邻接（邻近）而发生的限制或扩张一方的权利，相应地也就扩张或限制另一方的权利的法律关系。在现今，于传统的土地相邻关系之外，复产生了建筑物之间的相邻关系，以及土地与建筑物之间的相邻关系等。《物权法》于规定传统的土地相邻关系之外，也于第 89、90 条对建筑物之间的相邻关系、土地与建筑物之间的相邻关系有所涉及，只是其所规定的内容及对建筑物之间的相邻关系、土地与建筑物之间的相邻关系的形态的规定较为简略，难以涵盖林林总总的建筑物之间的相邻关系及土地与建筑物之间的相邻关系的繁复形态。

尤其值得指出的是，伴随现今城市（镇）土地的高度化、过密化的利用，建筑物与土地（如街区）之间的威压感，建筑物外墙（玻璃）面的光的反射，建筑物的通风或建筑物的风害，建筑物的容积率过大与建筑物的高度过高时对其他建

---

[1] 关于标准管理规约，参见 ［日］稻本洋之助、镰野邦树编著：《公寓标准管理规约评注》，日本评论社 2012 年版，第 1 页以下。

[2] 日本《建筑物区分所有权法》第 14 条规定：于管理规约无订定时，业主的共有部分的应有份额（应有部分）按各共有人（业主）所有（享有）的专有部分的楼地板面积的比例确定。对此，请参见 ［日］稻本洋之助、镰野邦树著：《公寓区分所有权法评注》，日本评论社 2004 年版，第 88 页。另外，关于此问题的比较法上的情况，请参见陈华彬：《现代建筑物区分所有权制度研究》，法律出版社 1995 年版，第 144 页以下。

筑物或土地的眺望妨害、电磁妨害，以及为防止高铁、地铁或普通铁道上的列车对沿途相邻不动产（如居民住宅）发生噪音侵害而设置的铁道（铁路）声音屏障等，皆系新的相邻关系形态。笔者认为，于编纂民法典物权编时，应增加对这些新形态的规定，以便有效地加以应对。

（四）明确由公开市场或经由拍卖而买得的盗赃物可善意取得

按物权法法理，善意取得系以取得人（第二受让人）的善意来弥补出让人之对于买卖标的物并无处分权的瑕疵，由此发生买卖标的物的所有权移转（变动）的制度。而此系主要适用于占有委托物（如保管物、借用物、加工物）的情形。至于占有脱离物（如盗赃物、遗忘物、误取物、遗失物），则原则上并不适用，也就是此等物并不发生善意取得。尤其是盗赃物，我国实务中历来采行"一追到底"的做法，其中此无从发生善意取得。然而，当买受人自公开市场或经由拍卖而善意买得盗赃物时，是否也不认可发生善意取得，即不能不给出回答。笔者认为，此种情形，应以认可发生善意取得为宜。另外，《物权法》第107条对遗失物的善意取得定有明文，对盗赃物似也可以比照之而予以处理。[1]

（五）厘定无人认领的遗失物、埋藏物、漂流物与隐藏物归拾得人或发现人所有

遗失物的拾得系一种基于事实行为而引起物权（所有权）变动的形态（原因）。惟在法史上，对于拾得人可否取得遗失物的所有权，日耳曼法采肯定立场，而罗马法则否。现今的《日本民法》第240条、《德国民法典》第973条、《瑞士民法典》第722条、《法国民法典》第717条及我国台湾地区"民法"第807条，均系采取前者，认为遗失物应归拾得人所有。《民法通则》第79条与《物权法》第113条因强调"拾金不昧"的道德标准，故规定无人认领的遗失物归国家所有。[2]应当指出的是，此一立场如今应予更易。盖其一方面存在与民争利之嫌，另一方面也有违物权法对社会财富的分配正义。笔者认为，对于拾得价值较小（如

1　参见陈华彬：《民法物权论》，中国法制出版社2010年版，第285页。

2　参见陈华彬：《民法物权论》，中国法制出版社2010年版，第291页。

1 元钱）或甚小（如 1 角钱、1 分钱）的遗失物（拾得物）的，应允许拾得人立即取得其所有权。至于拾得价值较大或巨大的遗失物的，拾得人则应送交公安等有关部门，于此等部门发布招领公告后 6 个月内无人认领时，遗失物归拾得人所有。

另外，《物权法》未认可拾得人的报酬请求权。笔者认为，于发布招领公告之日起 6 个月内有人认领遗失物的，其应向拾得人给付报酬。对此，其他国家和地区上也皆有其成例。譬如《德国民法典》第 971 条与我国台湾地区"民法"第 805 条第 2 项皆设有其规定。[1] 此外，还应提及的是，《物权法》第 112 条第 2 款规定的因悬赏广告而支付报酬，系属于因债的关系而生的效力，并不意即《物权法》认可了拾得人的报酬请求权。

最后，根据《物权法》第 114 条的参照、准用的规定，拾得漂流物、发现埋藏物或者隐藏物而经公告无人认领的，其所有权也归国家。笔者认为，依循前述关于遗失物所有权归属的新思路，以做如下新厘定为宜：拾得漂流物、发现埋藏物或者隐藏物的，若其价值较小或甚小，则拾得人或发现人可立即取得其所有权，至于拾得的漂流物、发现的埋藏物或隐藏物的价值较大或重大的，则仅在经公安等有关部门公告招领后无人认领时，方由拾得人或发现人取得其所有权。

（六）认可并明定取得时效规则

取得时效又称占有的取得时效，系一种引起物权（主要是所有权）变动形态（原因），为一种大陆法系与英美法系皆认可并予规定的古老制度。从取得人的视角看，它是"从无到有"，即从无权利（所有权或其他物权）到有权利（所有权或其他物权）的一种制度。《物权法》制定时对此制度虽有激烈讨论，但最终未

　　1　《德国民法典》第 971 条规定：拾得人有权向受领人请求支付报酬。拾得物的价值不超过 500 欧元时，其报酬为物的价值的 5%，超过 500 欧元时为超过价值的 3%，在动物的情况下也为价值的 3%。若拾得物仅对受领权人有价值的，拾得人的报酬应依公平原则衡量确定。我国台湾地区"民法"第 805 条第 2 项规定："有受领权之人认领遗失物时，拾得人得请求报酬。但不得超过其物财产上价值十分之一；其不具有财产上价值者，拾得人亦得请求相当之报酬。"

予认可并加以规定，如今看来，其对之予以否定的理由实皆难以站得住脚。[1]由此，笔者有理由认为，编纂民法典物权编时，立法机关将对该制度及其规则作出明定。

应指出的是，可以根据取得时效而取得的权利不仅包括所有权，也涵括以对物的占有为要件的他物权（含用益物权与担保物权）。也就是说，所有权与以对物的占有为要件的他物权，皆可依取得时效而取得。对此，建议立法机关予以明确。惟对于质权可否依取得时效而取得，则应注意：质权于其担保债权期限届满未获清偿时，方有行使可言，无从继续行使于他人之物上，不能依取得时效而取得。但是，若以他人之物出质，质权人善意受让的，则可取得质权。盖取得时效与善意取得系两种不同的制度，前者仅占有人或行使权利人一方有取得或行使该财产权的意思，而后者系双方当事人有设定权利的意思。质权人恶意受质时，无从善意取得，而仍有依取得时效而取得质权的必要，且质权人需占有标的物并可收取其孳息。这些皆为行使质权的样态，故可依时效取得。只不过基于担保物权的从属性，根据取得时效取得质权的人需存在担保债权。[2]

（七）认可并明定先占规则

先占系依事实行为（先占行为）而取得无主财产所有权的一种形态（原因）。根据我国现今实务，仅可依先占而取得无主动产的所有权，至于无主不动产（如我国山东滨州地区黄河入海口每年冲刷出来的河床），其所有权则仅可由国家先占而取得。因先占无主动产而取得其所有权，系我国实际生活中一种广泛发生的现象。譬如，捡拾垃圾的人可以取得垃圾的所有权；于山中旅行时，对于山中的蝴蝶、兰花，也可依先占而取得其所有权等。并且，先占取得无主动产所有权的

1　也就是说，2007 年最终通过的《物权法》因强调我国社会主义公有制的特殊性，尤其是立法者对取得时效制度怀有惕怵之心，担心通过占有他人的物而经过一定的期间即取得其财产权会鼓励人们不劳而获，有悖于社会主义道德风尚，并有可能使企业职工占有国有资产合法化，造成国有企业财产大量流失，故而最终没有认可此制度。现今看来，反对确立取得时效制度的这些理由皆已不充分，从而我们有理由认为，编纂民法典物权编时，立法机关将对取得时效制度及其规则予以明定。对此，请参见陈华彬：《民法物权论》，中国法制出版社 2010 年版，第 201 页。

2　参见谢在全：《民法物权论》（上册），新学林出版股份有限公司 2014 年版，第 171 页。

制度，早在《唐律·杂律》、之后于宋代和元代法律中就有规定。[1] 至明清和民国时期，此制度得到进一步认可，至 1929—1930 年《中华民国民法》颁行时，其第 802 条即对该制度及其规则予以了明定。

我国 2007 年制定《物权法》时，因考虑到认可先占制度势将鼓励不劳而获及引起国有财产的流失，故而最终并未对此制度作出明定。于现今，这一理由的正当性及社会基础业已不复存在，故此，笔者认为，立法机关应将此项目前仅存在于我国习惯法上的无主物（动产）先占规则，上升为明文的引起物权（所有权）变动的物权法规则。

（八）认可并明定添附（附合、混合与加工）制度及其规则

添附系物权法上分别属于不同的人所有的物，由于添加、结合的关系而成为一物时，该合成物的物权（所有权）归属与另一方的债权请求权行使的制度。添附包括附合、混合及加工。也就是说，对于因添附而形成的合成物，为使之能发挥经济上的整体价值与效用，避免因分离（开来）而导致物的损耗，对合成物的所有权的归属就需予以明定，由此使该合成物保持其整体性而不致分离。换言之，对于因添附而致非因毁损不能分离或分离需要过多费用的（物的）成分（原他人的物），其原所有人即不得再请求分离。[2] 应指出的是，物权法对于添附的合成物的所有权归属的确定，并非出于公平正义的衡量，而系纯粹出于技术上的方便和适宜所作的厘定，即只要有添附的情形发生，为维护合成物的整体经济效用，基于一物一权原则，就必须明确合成物的所有权归属于当事人一方，或由当事人双方共有。[3] 之后，为实现当事人双方利益的衡平，丧失物的所有权的一方当事人可行使不当得利的债权请求权。

在现今的实际生活中，添附制度具有较大的适用范围和作用空间。譬如，将他人的化肥施于自己的包产地中、对他人的房屋进行装修而粉刷油漆、对他人的

1　参见叶孝信主编：《中国民法史》，上海人民出版社 1993 年版，第 334、463 页。

2　参见郑冠宇：《民法物权》（第 5 版），新学林出版股份有限公司 2015 年版，第 141 页。

3　参见郑冠宇：《民法物权》（第 5 版），新学林出版股份有限公司 2015 年版，第 141 页。

书桌上漆、1 瓶绍兴黄酒与 1 瓶上海石库门酒发生混合、10 斤东北大米与 10 斤四川大米发生混合、内蒙古草原上甲牧民的 30 只羔羊与乙牧民的 50 只羔羊发生混合，以及改装他人的自行车而装上马达，致使马达等与该自行车难以分离，等等，皆须依附合、混合及加工等添附规则求得解决。另外，添附制度及其规则还具有鼓励人民创新、创造经济价值及激励人民发挥自己的主观能动性而创造社会财富的功用，故而笔者建议，我国应于民法典物权编中明定此项制度及其规则。

四、用益物权规则的修订、扩展与完善

用益物权系以物权的利用方式对他人的物（财货、财产）享有占有、使用和收益权限的定限物权（他物权）。无财产（如土地）的人要利用他人的财产（如土地），于法律（尤其是私法）上可以透过债权的利用（如租赁、借用）与物权的利用两种方式而予实现。其中，后一种方式，即物权的利用，其权利人于时限、法律效力及受到的保护等方面，皆强于依债权的利用方式而对他人财产（如土地）的利用。《物权法》将用益物权规定于第 3 编，计规定了土地承包经营权、建设用地使用权、宅基地使用权、地役权及宣示性地明确当事人依法取得的探矿权、采矿权、取水权和使用水域、滩涂从事养殖、捕捞的权利受法律保护（第123 条）。笔者认为，对于《物权法》所定的用益物权规则系统，于编纂民法典物权编时，宜从修订、扩展及完善等方面做出努力。

（一）修订《物权法》第 117 条对用益物权的涵义的界定

如前所述，《物权法》所定的 4 种典型用益物权及其他准用益物权类型，皆系以土地、水域及滩涂等不动产为客体（标的），并不存在以动产为客体（标的）而设立的用益物权。由此之故，《物权法》第 117 条对用益物权的涵义界定中的"或者动产"四字，应予剔除。

应注意的是，在比较法上，根据德国、法国及瑞士民法的规定，可以动产为客体（标的）而设立作为用益物权的一种类型的"用益权"。尽管于这些国家（尤其是德国）现今的实务上，较少存在以动产为客体而设立用益权的情形，但

其实务中，当以遗嘱就继承财产设立用益权时，继承财产中的动产就成为用益权的客体。[1]另外，于德国实务上，用益权还有如下形态：（1）供养用益权（Versorgungsnießbrauch）。该用益权可于所有权人生前或死后设立。（2）担保用益权（Sicherungsnießbrauch）。此特别体现于再为不动产担保物权人复设立一项用益权。据此，不动产担保物权人可立即（即不必等到实行扣押之后）享受对土地的收益，譬如收取使用租金。（3）所有权人用益权（Eigentümernießbrauch），即可于土地上设立所有权人用益权。[2]

（二）关于农村集体土地"三权分置"的明确及是否物权化的问题

农村集体土地的"三权分置"，即将《物权法》第11章所定的（农村）土地承包经营权界分、解构为土地所有权、土地承包权及土地经营权三权，其实际上是对《物权法》第11章所定的土地承包经营权的分解（解构），即将原来的一个权利分解为三个权利（一分为三），由此建立该三权并行分置的农地权利体系。应当说，这是解决目前我国（农村）土地承包经营权实践中出现的诸多新情况、新问题的良策，应予充分肯定。故此，笔者认为，有必要将此"三权分置"的政策写入民法典物权编中，使之上升为法律上的规定、立法上的举措。

但是，是否应当据此进一步使"三权"中的各项权利，尤其是使土地承包权与土地经营权物权化，即确立其具有物权的效力或属性，则应当审慎、稳妥。易言之，在笔者看来，不宜认可土地承包权、土地经营权具有物权的效力且分别为新的物权权利类型。之所以如此，盖此两项权利，系总的（农村）土地承包经营权项下的分权利、子权利，不能分别复成为独立的物权权利。此两项分权利、子权利，仅系实现或达成（农村）土地承包经营权这一用益物权的目的的手段或途径。除此之外，其不复具有别的功能或效用。

---

[1] 参见［日］山田晟：《德国法概论》，有斐阁1987年版，第232页；陈华彬：《物权法研究》（修订版），法律出版社2009年版，第259—260页。

[2] 参见［德］鲍尔、施蒂尔纳：《德国物权法》（上册），张双根译，法律出版社2006年版，第698—699页；陈华彬：《外国物权法》，法律出版社2004年版，第200页以下；陈华彬：《物权法研究》（修订版），法律出版社2009年版，第264页。

（三）明确认可并规定空间建设用地使用权以扩展用益物权的类型

空间建设用地使用权系以土地的地中空间和空中（上空）空间为客体（标的）而设立的用益物权，系解决当代城市（镇）土地高度的立体化、集约化、过密化利用问题的最佳途径与方式，其于用益物权体系上实居于重要地位，具有很强的功能、效用和价值。近现代及当代各国家和地区物权法皆明定了此项制度及其规则，只是其名称林林总总，不一而足，未尽相同。[1]

我国《物权法》第 136 条尽管业已明确可以土地的地中或空中设立建设用地使用权，也就是事实上肯认了空间建设用地使用权，但是，为使我国《物权法》上的空间建设用地使用权成为一项独立的用益物权，并以清晰、明确及臻于完善、妥洽的内容予以呈现，笔者认为，立法机关宜取比较法（如《日本民法》第 269 条之二）上的成例，于民法典物权编中以独立的条文对之予以确认。

（四）革新地役权以建构不动产役权制度及其规则

不动产役权，即以作为不动产的土地及其定着物、构筑物为对象（客体）而设立的役权，其与地役权系仅以土地为对象（客体）而设立的调节土地之间的利用的权利并不相同。也就是说，不动产役权的设立对象（客体）除土地外，还涵括土地上的定着物及构筑物等。因不动产役权于设立的对象（客体）范围上具有很大的拓展，故而当事人可透过不动产役权合同的订立而实现对包括建筑物、构筑物及土地等在内的不动产的利用的全方位调节。

《物权法》第 14 章仅系对地役权制度及其规则作出厘定。而如今，伴随社会的变迁、科技的进步，尤其是由于城市（镇）与其社区（小区）的更新、重建的需要，仅调节土地之间的利用的地役权制度及其规则业已远不能因应。由此，即需革新地役权而建构可对一切不动产的利用作最大限度的调节的不动产役权规则。总之，笔者认为，我国宜于民法典物权编中变革现行地役权而建构不动产役权制度及其规则，以实现我国法上的役权制度由地役权向不动产役权的转化和蜕

---

[1] 关于此，请参见陈华彬："空间建设用地使用权探微"，载《法学》2015 年第 7 期。

变。[1]

（五）建议增加规定典权

典权系我国固有传统法上的一项制度，现今韩国法上的传贳权制度系与之相当。关于典权的性质有用益物权说、担保物权说及折中说三种主张，惟通说与比较法上的立法成例认其系用益物权。[2] 于《物权法》制定过程中，对于应否认可典权，曾存在废止论与肯定论两种意见。2007 年颁行的《物权法》最终采行废止论而未认可典权。事实上，典权可为人民提供一种较好的融资渠道，对其予以规定以备而用之，应不失为一种良好、妥善的立法政策。尤其是我国现今一些地方的民间实务中，与典权及其相关的实践仍有比较广泛的存在。故此，建议于民法典物权编中增定此制度，以因应人民融资及物权类型的扩展、完善的需要。

（六）关于居住权

居住权（Wohnungsrecht）系大陆法系的德国、法国及瑞士民法中的一种本质上系属于限制的人役权（BeschränktepersönlicheDienstbarkeit）范畴的制度。于这些国家，居住权主要系透过设立限制的人役权而取得。[3] 按照此等国家的立法规定，将他人土地上的建筑物整体或建筑物中的一部分作为住宅而加以使用，并就此使用排除所有权人的权利的，即是居住权。[4] 于德国，居住权虽与债务关系法编中的使用租赁权类似，但因其并无租金与解除居住权关系的内容，故其不能替代使用出租（使用租赁）的制度。另外，因德国法同时定有"住宅所有权和永久居住权"制度，故此，作为确保权利人终生居住于建构在土地上的建筑物中的一种

1　对此的翔实分析与立法建议，请参见陈华彬："从地役权到不动产役权——以我国不动产役权的构建为视角"，载《法学评论》2016 年第 3 期。

2　参见谢在全：《民法物权论》（下册），新学林出版股份有限公司 2014 年版，第 64—65 页；《韩国民法典》第 303 条与我国台湾地区"民法"第 911 条。

3　参见陈华彬：《外国物权法》，法律出版社 2004 年版，第 199 页。

4　参见中国社会科学院法学研究所《法律辞典》编委会编：《法律辞典》，法律出版社 2003 年版，第 794 页。

手段的居住权，现今业已于很大程度上丧失其往昔的功用与价值。[1]另外，由于德国《土地登记法》规定，土地登记簿不得登录建筑物，故而何栋建筑物或建筑物的哪一部分上设立有居住权，系不能由土地登记簿知悉、明了。并且，建筑物灭失时，居住权消灭，土地所有人并无复设立居住权的义务（BGHZ 7，268；8，58）。[2]

编纂民法典物权编时，对于居住权是否应予规定，存在肯定与否定两说。肯定说认为，明定居住权可以保护弱势群体，譬如夫妻离婚后一方的居住利益或保姆的居住利益等，[3]且认为此制度具有保障人民住房权的功能。[4]笔者认为，这些理由于现今看来均已难谓准确、妥当。主要因由是，对于弱势群体利益的保护可以透过《合同法》上的房屋租赁与《物权法》上的建筑物区分所有权制度予以实现。尤其是，若将德国、法国及瑞士民法上的作为限制的人役权的一种形态的居住权纳入我国的用益物权体系中，势将发生体系的不谐配及解释、适用上的诸多水土不服的问题。如所周知，对于役权制度，欧陆各国与东方各国家和地区的差异，最主要的系在于，前者既认可地役权，也认可（限制的）人役权，而后者，譬如日本、韩国及我国台湾地区等，皆只肯认地役权，而未承认（限制的）人役权。[5]由此之故，东方国家和地区的民法上，皆无居住权这一制度。故笔者认为，

1　参见陈华彬：《外国物权法》，法律出版社 2004 年版，第 199—200 页；陈华彬：《物权法研究》（修订版），法律出版社 2009 年版，第 259 页。

2　参见 [日] 山田晟：《德国法概论》，有斐阁 1987 年版，第 231 页。另外，在德国，农民生前把农地转让给继承人，而为保留继续于农地上居住的权利，往往设立居住权。对此，请参见 [日] 村上淳一等编：《德国法讲义》，青林书院新社 1974 年版，第 206 项。

3　笔者往昔也系如此认为，并据此建议规定居住权（参见陈华彬："设立居住权可以更好地保护弱势群体利益"，载《检察日报》2004 年 2 月 9 日第 3 版）。如今看来，此观点未尽全面，故于此予以更易、修订。

4　应指出的是，对于居住权的所谓保障人民住房权的功能，物权法学理上主要系从理论与宏观的理想层面进行讨论，日本学者铃木禄弥先生即是这方面的代表，其于《居住权论》（有斐阁 1959 年版）中所称的居住权即与本文所称的居住权存在很大的差异。也就是说，他主要系自宏观和理想的视角讨论宜保障人民的居住权。对此，请参见陈华彬：《物权法》，法律出版社 2004 年版，第 454 页。

5　对此点的翔实分析，请参见陈华彬："从地役权到不动产役权——以我国不动产役权的构建为视角"，载《法学评论》2016 年第 3 期。

无须于民法典物权编中引入欧陆民法上的居住权。

五、担保物权规则的改定与完善

担保物权系担保债权得以实现的制度。《物权法》第 4 编明定了抵押权、质权及留置权 3 种典型担保物权，另设立有关于担保物权的一般规定（第 170—178 条）。笔者认为，对于担保物权，于编纂民法典物权编时，立法机关宜做出一些改定并考虑是否增加一些新的规则。

（一）认可抵押权具有追及效力并以之保护抵押物转让后原抵押权人（债权人）的利益

抵押权为一种典型的担保物权，由此，依物权法法理，其具有追及效力，即设立了抵押权的抵押物无论辗转至何处，抵押权人（债权人）皆可追及抵押物之所在而行使其抵押权。《物权法》第 191 条第 2 款为保护债权人（如银行）的利益而限制抵押期间转让抵押财产的做法，系属不妥，应变更为：抵押期间，抵押人转让抵押财产的，应通知原债权人（抵押权人），原债权人（抵押权人）的利益依原抵押权的追及效力而受保护。详言之，抵押人将抵押物转让给第三人，而债务人届期又未清偿其债务时，抵押物所有权此时虽已移转于第三人，但基于抵押权的追及效力，抵押权人（债权人）仍可径直追及抵押物之所在而行使抵押权，并由变卖抵押物所得的价金优先受自己债权的清偿。[1]

（二）改定《物权法》第 202 条并回归至《担保法解释》[2] 第 12 条第 2 款的规定

根据《物权法》第 202 条的规定，从权利与主权利同其命运，皆为消灭时效完成后效力所及的范围。从权利附属于主权利，其原则上不能独立存在，主权利因诉讼时效而消灭时，从权利也归于消灭，不受法律的保护。惟依《德国民法

---

[1] 参见陈华彬：《民法物权论》，中国法制出版社 2010 年版，第 75 页。

[2] 最高人民法院《关于适用〈中华人民共和国担保法〉若干问题的解释》。

典》第 223 条第 1 项的规定，请求权虽罹于消灭时效，但其债权依旧存续，由此，债权人的担保物权，如抵押权、质权，仍然存在（担保物权的从属性）。因担保物权的标的物有物的责任（Sachhaftung），故而债权人仍可就其担保标的物取偿。[1] 另外，依我国台湾地区"民法"第 145 条第 1 项与第 873 条的规定，抵押权所担保的债权罹于消灭时效时，抵押权人仍可实行其抵押权，申请法院拍卖抵押物，并就其卖得价金受清偿。惟抵押权仅于消灭时效完成后 5 年间不行使而消灭。应注意的是，此 5 年期间仅适用于抵押权，对动产质权和留置权并无准用的余地。且此 5 年期间，为抵押权的存续期间，故其为除斥期间，而非消灭时效。[2]

《担保法解释》第 12 条第 2 款曾规定："担保物权所担保的债权的诉讼时效结束后，担保权人在诉讼时效结束后的二年内行使担保物权的，人民法院应当予以支持。"基于其他国家和地区共通经验的可借鉴性，应认为此规定系属妥当。惟其已被《物权法》第 202 条"抵押权人应当在主债权诉讼时效期间行使抵押权；未行使的，人民法院不予保护"所替代。笔者认为，此替代应属不妥，编纂民法典物权编时，应废弃该替代规定而回复到《担保法解释》第 12 条第 2 款的规定。[3]

（三）扩展留置权的成立（适用）范围而以牵连关系替代同一法律关系

按《物权法》第 231 条的规定，除企业之间的留置外，债权人留置的动产应当与债权属于同一法律关系。也就是说，仅有债权的发生与动产之间具有同一法律关系，譬如定作人对承揽物的返还请求权与承揽人的报酬债权同属于加工承揽合同关系，寄存人的保管物返还请求权与保管人的保管费债权同属于有偿保管合同关系，及收货人的货物返还请求权与承运人的运费债权同属于货物运输合同关系时，方可发生留置。惟此同一法律关系并不仅限于当事人之间的合同关系。[4]

尽管如此，应当指出的是，《物权法》第 231 条将留置权成立（适用）的基

1　参见陈华彬：《民法总论》，中国法制出版社 2011 年版，第 501—502 页。

2　参见郑冠宇：《民法总则》，瑞兴图书股份有限公司 2014 年版，第 477—478 页。

3　参见陈华彬：《民法物权论》，中国法制出版社 2010 年版，第 439 页。

4　参见刘家安：《物权法论》，中国政法大学出版社 2009 年版，第 215 页。

础要件限定为同一法律关系，系明显狭窄了。立基于留置权制度的旨趣系在于实现当事人之间的利益公平的考量，并借镜比较法上留置权成立（适用）的基础要件的共通经验，笔者建议，编纂民法典物权编时，宜将同一法律关系改定为牵连关系。透过此改定，留置权得以成立（适用）的空间即获得较大扩张。也就是说，举凡债权的发生与动产之间存在牵连关系的，皆可发生（成立）留置。具体而言，债权因该动产本身而生、债权与该动产的返还义务基于同一法律关系而生，及债权与该动产的返还义务基于同一事实关系而生的情形，皆宜认为债权的发生与该动产存在牵连关系，从而得发生留置。[1]

（四）让与担保不作为典型担保物权而宜作为习惯法上的担保方式对待

让与担保系一种通过移转自己财产的所有权权利来担保向对方融资的交易方式，是各国家和地区交易实务上的一项习惯法制度，而并不将之作为一种典型担保规定于民法典物权编中。《物权法》制定时，对于应否将让与担保予以纳入，曾存在肯定与否定两说。最终通过的《物权法》系采后者（否定说），认为其仅系习惯法上的一种担保方式。如今看来，这一立场和抉择并无不妥。故此，笔者建议，现今编纂民法典物权编的过程中，宜继续坚持此一立场不变。

（五）其他需要审慎考量、确定的问题

除以上所述者外，对于担保物权而言，其他需要立法机关审慎考量与确定的还有：当事人约定抵押权顺位固定的效力；鉴于《物权法》第 217 条业已明确认可责任转质，立基于举重以明轻的当然解释原则，立法也宜明确认可承诺转质；鉴于《担保法解释》第 77 条业已认可后发的所有人抵押权，建议再向前迈一步，即将该规定于民法典物权编中加以明定。最后，比较法上的特殊留置权应如何对待，也值得斟酌。

六、占有制度及其规则的丰富与完善

占有系一种"类（似）物权"，是物权权利（尤其是动产物权权利）的"外

1　参见陈华彬：《民法物权论》，中国法制出版社 2010 年版，第 509 页。

衣"和公示方法。占有人于占有物上行使权利,推定其合法有此权利,由此,占
有具有公信力。《物权法》第 5 编"占有"仅设有 5 个条文,较为简陋,实务中
不敷使用。笔者建议,于编纂民法典物权编时,对此部分作较大的扩展与完善。

占有系一项具有较为深厚的法理蕴含于其中的制度,占有规则的厘定对于整
个物权法体系的架构具有关键影响。同时,也应当指出,占有规则的厘定实系物
权法全部体系规则中较为困难的。笔者认为,除《物权法》业已明定的 5 条占有
规则外,民法典物权编还应对如下占有关系以规则的形式作出厘定:(1)善意、
恶意情形下,物的所有人与物的占有人之间的回复关系;(2)对物的占有的(权
利)推定;(3)占有样态的推定;(4)对物的占有的变动(含对物的占有的移转、
合并、分离);(5)占有人与占有辅助人的界分;(6)占有的保护;(7)共同占
有;(8)准占有;(9)占有的消灭。

七、结语

我国民法典物权编的立法系一项重大而宏伟的工程。由于物权法系关于财产
的所有与物权的利用的法律,具有强制性、绝对性、对世性及严格性,并由此关
涉人民、社会及国家的根本财产利益,故此,民法典物权编的立法应格外谨严、
审慎,决不可率性而为。对此,笔者对于本文的论证、分析,也大抵循此精神或
原则而予展开。笔者期冀,本文所做的论证与分析能为民法典物权编的科学、严
谨、先进及高质量地出台有所裨益或助力。

最后,还需要指出的是,除前文业已提出的建言或观点外,对于下列问题,
立法机关也应予以考量、斟酌乃至确定:(1)相邻关系规则可否依当事人之间的
约定而排除适用;(2)于《物权法司法解释(一)》对共有作有诸多解释的情
形下,共有规则应如何进一步完善;(3)应否增定土地承包经营权的流转方式;
(4)应否明定住宅建设用地使用权期间届满后的续期与费用缴纳;(5)是否明定
农村宅基地使用权的退出。

我国民法物权立法的基本体系*

一、楔子

随着社会主义有计划商品经济的发展，制定我国民法完整而统一的物权制度，进而完善现行民事立法，业已成为我国民法学界与国家立法机关的共识，有鉴于此，本文拟对我国民法物权立法所应确立的基本体系作一探讨，以期就教于民法学界。

二、我国民法物权立法的基本体系探讨

在我国民法典制定之际，确立包括他物权在内的物权制度已成为民法发展的最新潮流。那么，在我国现实条件下，物权立法应确立一个什么样的基本体系呢？马克思指出："立法者应该把自己看作是一个自然科学家，他不是在制造法律，不是在发明法律，而仅仅是在表述法律。"[1] 遵循这一指导，我们唯一的出发点就是以马克思主义的法学观点和我国经济发展的实际情况为基点，广泛吸取英美法系和大陆法系国家立法的成功经验，同时根据我国法律调整社会经济关系的实际需要，来构筑我国的民法物权体系。据此，我认为，我国所应确立的物权体系如下。

---

* 本文曾发表于《河北法学》1991 年第 6 期，今收入本书，为阅读方便，对正文的结构加以标明。
[1] 参见《马克思恩格斯全集》（第 1 卷），人民出版社 1972 年版，第 183 页。

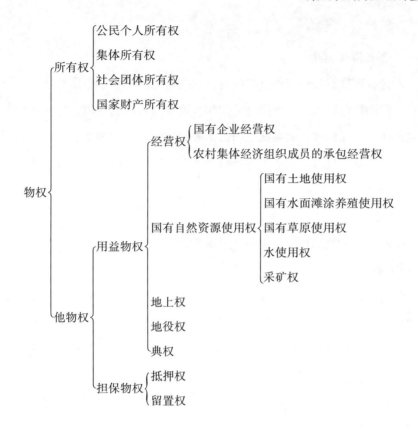

以下试对上述物权体系作一研析。

（一）关于所有权制度

所有权又称自物权，系物权领域最为重要的一项制度。长期以来，我国民事立法根据马克思所有制和所有权相互关系的理论，确立了国家所有权、集体所有权和公民个人所有权三种形式。然而，在现实经济生活中，却还存在着除上述三种所有权形式以外之另一重要所有权形式——社会团体所有权。此种所有权形式，包括人民群众团体、社会公益团体、文艺团体、学术研究团体，以及宗教团体等所有权形式。[1]无疑，民事立法理应依照《宪法》及《民法通则》有关财产所有权保护的基本原则，对此类所有权形式予以确认，从而进一步完善我国的所

1　佟柔主编：《中国民法》，法律出版社 1990 年版，第 286 页。

有权立法。

(二) 关于他物权制度

依民法理论，他物权系一定所有权权能分离之必然产物，包括用益物权与担保物权二类。所谓用益物权，系指以物之使用、收益为目的的物权，它强调物的使用价值；而所谓担保物权，则系指以确保债务的履行为目的的物权，它强调物的交换价值。我国现实经济生活的实践已从客观上迫切要求民事立法对这两类他物权形式予以完整的确认。

1. 用益物权

此类物权所包含的范围甚广，主要有下述几类形式。

(1) 经营权

它包括国有企业对国家财产的经营权，以及农村集体经济组织成员对集体土地的承包经营权。所谓国有企业对国家财产的经营权，是指国家经由一定的程序或法律形式，将国有财产交由国有企业占有、使用、收益和处分的权利。确立国有企业经营权为一类独立的新型物权形式，既可保障国家财产所有权的公有性质，也能真正调动国有企业的积极性，激发企业的生机和活力。所谓农村集体经济组织成员的承包经营权，系指农村集体经济组织的成员依据承包合同所取得的对集体所有或者国家所有由集体使用的土地、森林、山岭、草原、荒地、滩涂和水面等自然资源从事经营并获得收益的权利。这两类经营权形式均系我国民法上至为重要的用益物权形式。

(2) 国有自然资源使用权

此类用益物权所涉及之范围甚广，在整个用益物权体系中居于核心地位，包括国有土地使用权、国有水面滩涂养殖使用权、国有草原使用权、水使用权以及采矿权。确认上述诸种国有自然资源使用权为用益物权，具有重大的意义：一方面，它有利于国有自然资源的充分利用，实现其蕴藏的巨大价值，为社会创造更多的财富；另一方面，它保障了国有自然资源的公有性质，并促使人们更加珍惜和合理使用国有自然资源。至于各类使用权的具体内容，立法均应作出详尽规定。

（3）地上权

依民法理论，地上权系指民事主体因在他人土地上修建建筑物、工作物和种植竹木而享有的使用他人土地的权利。此种权利，源于土地所有权。地上权人仅有使用土地的权利，而无处分权。自罗马法以来，各国立法均对此予以肯定。在我国，依照法律的规定，公民对其宅基地仅有使用权，而无所有权。显然，此种使用权在性质上应为地上权。但是，现实生活中由于对此法无明文，因而造成了一定程度上的混乱。无疑，消除此种混乱的根本措施乃是明文规定地上权为一类独立的用益物权形式。

（4）地役权

所谓地役权，系指民事主体为了方便利用自己的土地、建筑物等而使用他人的土地、建筑物的权利。其核心是利用他人之土地或建筑物，以便使自己的土地或建筑物得以充分利用。地役权之设立，历来为各国民事立法所重视。我国《民法通则》第83条规定了相邻关系各方因土地或建筑物之相邻而产生的一系列权利义务关系。但是，此条规定过于简略，司法实践中处理相邻关系纠纷时难达公平合理的目的。因此，我们有必要在物权法中规定地役权制度，以完善现行《民法通则》有关相邻关系的规定。

（5）典权

按照民法理论，典权是指以支付典价而占有他人的财产（不动产），并据此在他人财产上取得使用、收益的权利，其核心是支付典价，而目的在于取得他人财产上的使用收益权。此项制度在旧中国颇为盛行。新中国成立后，立法虽未对典权予以明确规定，但在司法实践中，公民间一切合法的典权关系却一直为法律所保护。最高人民法院《关于贯彻执行民事政策法律若干问题的意见》（1984年）第58条规定："对法律政策允许范围内的房屋典当关系，应予承认。……"鉴于我国经济生活中典当关系的实际情况，我认为，物权立法理应确立此项制度。

2. 担保物权

此类物权包括抵押权和留置权两种形式。

（1）抵押权

依民法理论，抵押权系指债务人或第三人以其不动产作为履行债务的担保，当债务人不履行债务时，债权人有以变卖该项不动产所得价金而优先受偿的权利。关于此项物权，《民法通则》（第 89 条）一方面将之置于债编予以规定；另一方面，其所规定之内容过于简略，仅规定了一个总的原则，致使实践中大量的问题无法解决。无疑，我们有必要认真研究此项制度，改变现行立法的落后现状，从而进一步完善我国的抵押权立法。

（2）留置权

留置权是指债权人按照合同的约定占有债务人的财产，债务人不按合同给付应付款项超过一定期限的，债权人可以留置该项财产，并依照法律的规定以留置财产折价或者以变卖该财产的价款优先受清偿的担保物权。[1] 留置权为现代物权法之一类重要物权。但我国《民法通则》却仅对该项制度之涵义予以了规定，其他如留置权之实现等基本问题均未作出规定。无疑，我国物权法制定之时理应改变此种状况，以完善我国的民事立法。

1　参见《民法通则》第 89 条第 4 项。

我国民法典《物权编（草案）》 的构造、创新与完善[*]

一、引言

按照物权法法理，物权法涵括广义与狭义意义上的两种规则体系或系统。举凡规范人对物的支配、管领、控制的法规范，即为广义的物权法或实质意义的物权法。而通常所称物权法，则系指专以人对物的支配关系为其规范内容的狭义物权法或形式意义的物权法，也就是民法典物权编中所规定的物权规范，其主要内容为关于（物权）总则（一般规定、基本原则）、所有权、用益物权、担保物权及占有的规定。本文研议、论证的对象即系此民法典中的物权编，也就是狭义的物权法。

按照立法机关的安排，为了实现 2020 年 3 月全国人大一并审议并通过涵括物权编在内的民法典各分编（分则），全国人大常委会法制工作委员会民法室完成了《中华人民共和国民法物权编（草案）》（即所谓民法典物权编的"室内稿"，以下简称《物权编（草案）》）的起草，并就此向有关机关和实务部门等征求意见。有鉴于此《物权编（草案）》的重要性及其所具有的积极价值与功用，笔者拟对其构造、创新或亮点以及其所具有的不足等予以分析、厘清及释明，并借此提出完善之道。而于此之前，笔者拟对民法典中设置物权编的肇源、流变及我国对其的继受与肯认态度予以分析、廓清，由此使我国民法典物权编的立法及其内容

---

* 本文曾发表于《比较法研究》2018 年第 2 期，今收入本书作有少许改动。

设计建构于坚实的比较法、正当性乃至合理性的基础之上。

二、设置民法典物权编的肇源、流变与我国的继受和肯认立场

（一）民法典中设置物权编的肇源与流变

自民法物权法的历史脉络与发展上看，于民法典中设置独立的物权编，系起于 19 世纪末期《德国民法典》的编纂。其时，于德国的普通法学、古典（民）法学及潘德克吞法学对物权与债权的概念及其界分有了较深入研究的基础上，1896 年《德国民法典》即将财产权界分为物权和债权，并于"物权"（该民法典第 3 编）这一编名下，明定了 443 个条文（第 854—1296 条）的物权规则内容。此系物权法发展进程中的一个里程碑，标志着自罗马法以来，物权法业已完成其立法化。之后，于民法典中设置专门的物权编来明定物权规则及其系统，遂对后世制定民法典与物权法的国家产生了直接的影响。尤其是自此以降，取《德国民法典》的做法而于民法典中设置专门的物权编来规定物权规则及其系统，也就成为大陆法系主要国家和地区的一项基本做法与共通认识。[1]

具体而言，《日本民法》第 2 编（第 175—398 条）明定（物权）总则、占有权、所有权、地上权、永佃权、地役权、留置权、先取特权、质权及抵押权等物权规则系统，[2]《瑞士民法典》于第 4 编分别确立（物权）通则、土地所有权〔含土地所有权的客体、取得与丧失、土地所有权的内容与限制、建筑物区分（楼层）所有权〕、动产所有权、役权与土地负担（含地役权、用益权和其他役权、土地负担）、不动产担保（含一般规定、不动产抵押、抵押证券、附有不动产担保物权的债券的发行）、动产担保（含动产质权和留置权、权利质权、典当）、占有、土地登记簿及关于适用和试行的规定。[3]《韩国民法典》于第 2 编设立如下物权规则系统：（物权）一般规定、占有权、所有权（含所有权的界限、所有权的取

1　参见陈华彬：《民法物权论》，中国法制出版社 2010 年版，第 3 页。

2　参见曹为、王书江译：《日本民法》，法律出版社 1986 年版，第 37 页以下。

3　参见戴永盛译：《瑞士民法典》，中国政法大学出版社 2016 年版，第 221 页以下。

得、共同所有)、地上权、地役权、传贳权、留置权、质权、抵押权。[1]我国台湾地区"民法"于第3编明定如下物权制度及其规则系统：(物权)通则、所有权(含通则、不动产所有权、动产所有权、共有)、地上权(含普通地上权、区分地上权)、农育权、不动产役权、抵押权(含普通抵押权、最高限额抵押权、其他抵押权)、质权(含动产质权、权利质权)、典权、留置权以及占有。[2]另外，1922年与1964年《苏俄民法典》、1946年《希腊民法典》、1926年《土耳其民法典》(TZGB)[3]以及现行《葡萄牙民法典》[4]等，皆设有独立的物权编及其规则系统。

值得特别指出的是，按照德国物权法法理，物权系权利人对于物或权利的具有绝对性的支配权(Herrschaftsrechte)。并且，于学理上，物权被称为归属权(Zuordnungsrecht)或物的财产归属权(Recht der Verömegenszuordnung von Sachen)，其效力涵括归属权(即物直接归属权利人)与绝对的归属权(即对抗任何人的效力)两方面。其立基于此而认可物权具有绝对性、公示性、特定性、可让与性及无因性等特性。另外，其尚肯认物权行为独立性与无因性原则，并采"种类强制与类型固定"(Typenywang und Typenfixierung)的当事人不能任意创设物权类型与内容的物权法定原则。[5]此外，德国物权法学理还将物权界分为所有权与定限物权

---

[1]　参见崔吉子译：《韩国最新民法典》，北京大学出版社2010年版，第158页以下。

[2]　参见陈聪富主编：《月旦小六法》(第16版)，元照出版有限公司2014年版，第84页以下。

[3]　《土耳其民法典》系主要参考和继受《瑞士民法典》(1907年)。具体而言，涵括物权编在内的《瑞士民法典》"很快被从法文翻译过来，部分被修改、一些条文被排除，接下来，这些法律在没有更进一步个别辩论的情况下，于1926年10月4日在国会获得一致性的通过，并作为《土耳其民法典》及《土耳其债务法》(TOGB)被颁布施行。"对此，请参见［土耳其］Prof. Dr. Mustafa Aksu："土耳其继受瑞士民法典亲属法及文化冲突"，叶婉如译，载《成大法学》第32期(2016年12月15日)，第144页。

[4]　应当指出的是，现行《葡萄牙民法典》制定于1966年，其前身是1867年《塞亚布拉法典》。与《塞亚布拉法典》相较，现行《葡萄牙民法典》既有传承，又有创新。《塞亚布拉法典》系葡萄牙第一部具有现代意义的民法典，其贯彻的是理性自然法的思想，于意识形态、编制体例及主要制度方面皆受《法国民法典》的影响。不过，伴随20世纪以降德国民法理论对葡萄牙民法的渗透，《塞亚布拉法典》与理论界和实务界的距离越来越大。正是在此背景下，新的《葡萄牙民法典》方才于1966年诞生。该法典共分5卷，其体例和各卷名称完全追随《德国民法典》，即第1卷"总则"、第2卷"债法"、第3卷"物法"、第4卷"亲属法"及第5卷"继承法"。对此，请参见唐晓晴等译：《葡萄牙民法典》，北京大学出版社2009年版，"葡萄牙民法典简介"。

[5]　参见台湾大学法律学院、财团法人台大法学基金会编译：《德国民法(总则编、债编、物权编)》(上册，第2版)，元照出版有限公司2016年版，第833页。

（beschränktedinglicheRechte），于定限物权之下，分为物上用益权（DinglicheNut-zungsrechte）、物上变价权（DinglicheVerwertungsrechte）与物上取得权（Dingli-chesErwerbsrecht）。其中，物上用益权与用益物权概念相似，物上变价权如同担保物权，至于物上取得权，则系指权利人于一定要件下，得以取得所有权或其他物权的权利，譬如先买权（Vorkaufsrechte）、先占权（Aneignungsrechte）、预告登记（Vormerkung）及法律未规定的期待权（die im Gesetz nicht geregelten Anwar-tschaften）。[1]

以上述物权法法理与学理为基础，《德国民法典》于其第 3 编"物权"中，建构起了如下物权规则系统：占有、所有权、地上权（1919 年制定单独的《地上权条例》）、役权（含地役权、用益权和限制人役权）、先买权、物上负担、土地担保权（抵押权、土地债务和定期土地债务）以及质权（动产质权、权利质权）。[2]另外，德国民事特别法中还有"特别法上的物权"，涵括住宅所有权（Wohnungseigentums-gesetz）、长期居住权（继续的居住权 [3]，Dauerwohnrecht）、继续的利用权（Dauer-nutzungsrecht）[4]、买回权（Wiederkaufsrecht）以及法定先买权（Gesetzliches-Vorkaufsrecht）[5]。

1　参见台湾大学法律学院、财团法人台大法学基金会编译：《德国民法（总则编、债编、物权编）》（上册，第 2 版），元照出版有限公司 2016 年版，第 833 页。

2　参见［日］山田晟：《德意志法概论（2）》，有斐阁 1987 年版，第 191 页；［日］圆谷峻：《比较财产法讲义：德国不动产交易的理论与判例》，学阳书房 1992 年版，第 3 页。

3　此继续的居住权，指可于土地上的建筑物中的住宅里居住的物权，其设立、让与、继承与继续的利用权相同（德国《住宅所有权法》第 31 条）。参见［日］山田晟：《德国法律用语辞典》，大学书林 1995 年版，第 141 页。

4　此继续的利用权，指利用土地上的建筑物中的住宅以外的场所如营业所、车库等的物权（德国《住宅所有权法》第 31 条第 2、3 项），其设立依土地所有人与继续的利用权人之间的物权合意，以及于住居所有权登记簿（Wohnungsgrundbuch）上进行登记而为之。该继续的利用权，可以让与、继承。参见［日］山田晟：《德国法律用语辞典》，大学书林 1995 年版，第 141 页。

5　《德国民法典》物权编所定的先买权（Vorkaufsrecht），是依物权的合意与登记而成立的契约上的先买权。此外，还有依法律的规定而当然成立的物权的先买权。譬如，《德国民法典》第 2034 条（对出卖人的优先承买权）、第 2035 条（对买受人的优先承买权）规定：共同继承人中的一人出卖自己的应继份额时，其他共同继承人享有先买权。对此，请参见［日］山田晟：《德国法律用语辞典》，大学书林 1995 年版，第 281 页。

（二）我国对民法典设置物权编的继受与肯认立场

我国对德国、日本、瑞士等大陆法系国家的民法典之设置物权编的继受，最早源于清朝宣统三年（1911年）《大清民律草案》（民律第一草案）所开启的我国有史以来的物权法的制定。于日本人的帮助下，1911年完成的《大清民律草案》正式采用了物权概念，并将之规定于第3编，涵括6章：第1章为通则，第2章至第6章分别规定所有权、地上权、永佃权、地役权及担保物权。其中，用益物权涵括地役权、地上权、永佃权，担保物权则包括抵押权、土地债务、不动产质权及动产质权四种。占有系占有人对于特定物加以管领的事实，列为末章（第7章）。该草案未及颁行，清朝覆灭，中华民国宣告成立。之后不久，复开始民法典（当时称为"民律"）的重新起草，即第二次民律起草。[1]

此次重新起草，起草者们认为《大清民律草案》因效仿德、日物权立法成例，过分偏重个人利益，而当时社会情势业已发生变化，应强调社会本位。尤其是其对中华民族习惯法上的老佃、典和先买等予以忽略，其属不当而应予更张。[2]之后于1925年，完成民律第二草案的起草。于该草案中，物权编共设9章，另追加规定典权。不过，该草案也未获施行。1926年，民国政府通令各地暂行该草案的总则编和债编，物权编不在其中。[3]1927年南京国民政府成立后，国民政府又组织力量起草民法典。经过一段时间，傅秉常、史尚宽、林彬、焦易堂和郑毓秀等人完成了物权编草案的起草，并送请大会审议讨论。[4]1929年11月30日，大会通过了该草案，并于同月公布。至此，《中华民国民法》中的物权编即正式诞生，标志着我国对大陆法系民法典之设置物权编的继受暂告结束。

1949年新中国成立后，随着废除涵括《中华民国民法》在内的国民党政权的"六法"，我国于较长时期内并不存在形式（狭义）意义的物权编（物权法）。2007年，由于《物权法》的颁行，尤其是党的十八届四中全会后，按照我国全国

[1] 参见谢在全：《民法物权论》（上册），新学林出版股份有限公司2014年版，第3—4页。
[2] 参见谢在全：《民法物权论》（上册），文太印刷企业有限公司2004年版，第4页。
[3] 参见谢在全：《民法物权论》（上册），新学林出版股份有限公司2014年版，第4页。
[4] 参见谢在全：《民法物权论》（上册），新学林出版股份有限公司2014年版，第4页。

人大常委会的安排，我国民法典将由总则与涵括物权编在内的各分编（分则）组成，此实乃标志着我国对民法典中设置物权编的再度明确与肯认。概言之，在现今，对于我国民法典之设置物权编，无疑应予赞同，并进而对之做出肯定性的评价。

三、我国民法典《物权编（草案）》的构造、创新或亮点

（一）我国民法典《物权编（草案）》的构造

我国民法典《物权编（草案）》共计20章，247条，各章分别是：第1章"基本原则"，第2章"物权的设立、变更、转让和消灭"，第3章"物权的保护"，第4章"所有权的一般规定"，第5章"国家所有权和集体所有权、私人所有权"，第6章"业主的建筑物区分所有权"，第7章"相邻关系"，第8章"共有"，第9章"所有权取得的特别规定"，第10章"用益物权一般规定"，第11章"土地承包经营权"，第12章"建设用地使用权"，第13章"宅基地使用权"，第14章"居住权"，第15章"地役权"，第16章"担保物权一般规定"，第17章"抵押权"，第18章"质权"（含第1节"动产质权"及第2节"权利质权"），第19章"留置权"及第20章"占有"。

应当指出的是，尽管上述结构系统从总体上看并无不妥，即其具有明确、清晰、简洁与逻辑和法理体系较谨严的特征，但它缺少对一些重要事项的规定。换言之，上述结构系统存在较为简陋的缺点与不足，尤其是一些章名下的具体制度与规则设计缺少清晰的层次，也就是说规定得较为笼统。譬如，第2章"物权的设立、变更、转让和消灭"中的第2节"动产交付"，其下至少应分两节，即第1分节"现实交付"，第2分节"观念交付"；第8章"共有"，其下至少也应分两节，即第1节"按份共有"，第2节"共同共有"；第9章"所有权取得的特别规定"，其内容与规则的设计较为简单，对取得时效、先占的规则是阙如的。于用益物权部分，其尽管于《物权法》的基础上增定了居住权，但缺少对典权的规定。第12章"建设用地使用权"也应至少设两节，即第1节"一般（普通）建

设用地使用权"，第 2 节"空间建设用地使用权"。另外，第 15 章仍然是《物权法》上的地役权制度及其规则，并未依循现今役权制度的最新发展潮流及我国社会与实务的切实需要，而建构不动产役权规则及其系统。

（二）我国民法典《物权编（草案）》的创新或亮点

1. 第 1 章"基本原则"与第 2 章"物权的设立、变更、转让和消灭"两部分的创新或亮点

《物权编（草案）》第 1 章"基本原则"与第 2 章"物权的设立、变更、转让和消灭"两部分，相较于《物权法》的规定，具有如下创新或亮点。

（1）规定不动产物权的享有与变动的公示原则

《物权编（草案）》第 5 条规定："物权的设立、变更、转让和消灭，应当依照法律规定公示。"据此规定，公示系物权法的一项基本原则（即公示原则）。公示的内容为物权的享有与变动。也就是说，举凡物权存在的静止状态与运动状态皆应进行公示。所谓物权的设立、变更、转让和消灭，也就是物权的享有与变动，抑或物权的取得、丧失、转让与变更。尤其应当指出的是，因该条被规定于《物权编（草案）》的基本原则中，故此它表明，凡涉及物权的享有与变动的，皆应贯彻此公示原则。

应当指出的是，按照物权法法理，登记系不动产物权的公示方法，占有与占有的移转（即交付）系动产物权的享有和变动的公示方法。根据当代比较物权法法理与学理，依规定办理完成的不动产物权登记，以及对动产物权的占有，于法律上具有如下两项效力：权利推定力与登记公信力。前者指不动产物权经登记的，推定登记权利人适法有此权利。譬如甲和乙通谋而就 A 房屋为虚伪的所有权移转表示，将甲的 A 房屋登记于乙的名下，则乙虽非 A 房屋的真正所有人，但仍被推定为所有人，故如 A 房屋被第三人丙无权占有，甲在登记为所有人之前，仍不得向法院起诉请求丙返还 A 房屋。后者指登记一经完成，信赖不动产登记的善意第三人与登记簿上的权利人为法律行为的效力并不因原登记物权之不实而受影响。譬如于前例中，甲的 A 房屋竟登记为乙所有，即该不动产物权的登记所表彰

的物权与实际状态不一致，如信赖不动产登记的善意第三人丁因信赖登记而与乙为交易行为，无论是移转 A 房屋的所有权抑或就 A 房屋设立抵押权，即依法律行为再为物权变动的登记时，为确保善意第三人丁的权益，以维护交易安全，即认为丁已取得各该权利。[1] 至于动产，则因奉行占有人于占有物上行使的权利推定其适法（合法）有此权利的原则，[2] 故而，占有与占有的移转也具有很强的权利推定效力。

（2）规定利害关系人不得非法使用、公开权利人的登记资料

《物权编（草案）》第 16 条规定："利害关系人不得非法使用、公开权利人的登记资料。"按此规定，举凡非法使用、公开权利人的登记资料的，利害关系人皆不得为之。应当指出的是，此规定是对我国现今登记实务中的经验的总结和吸纳，故而值得肯定与赞同。

2. 第 3 章"物权的保护"的创新或亮点

本章的创新或亮点是：增定妨害物权或者可能妨害物权的，权利人可以请求停止侵害。《物权编（草案）》第 33 条规定："妨害物权或者可能妨害物权的，权利人可以请求停止侵害、排除妨碍或者消除危险。"此条规定的原型是《物权法》第 35 条的规定。值得注意的是，于《物权法》第 35 条的基础上，其增定了对物权的停止侵害的保护方法。之所以如此，盖停止侵害系保护涵括物权在内的所有民事权利的基本手段或方法。本条将其追加规定，应系妥洽。

3. 第 5 章"国家所有权和集体所有权、私人所有权"部分的创新或亮点

本章的创新或亮点是，规定："营利法人对其不动产和动产依照法律、行政法规以及章程享有占有、使用、收益和处分的权利。营利法人以外的法人，对其不动产和动产的权利，适用有关法律、行政法规以及章程的规定"（第 66 条）。此条规定的原型是《物权法》第 68 条。因我国《民法总则》业已将法人界分为营利法人、非营利法人及特别法人，故而《物权法》第 68 条中的"企业法人"

---

1 参见陈荣传：《民法物权实用要义》，五南图书出版股份有限公司 2014 年版，第 14—15 页。

2 参见我国台湾地区"民法"第 943 条第 1 项。

一语也应做相应的更易，即修改为营利法人。

4. 第6章"业主的建筑物区分所有权"部分的创新或亮点

（1）增定改变共有部分的用途或者利用共有部分从事经营活动，应当经专有部分占建筑物总面积三分之二以上的业主且占总人数三分之二以上的业主同意

《物权编（草案）》第73条第7项及该条第2款规定：改变共有部分的用途或者利用共有部分从事经营活动，应当经专有部分占建筑物总面积三分之二以上的业主且占总人数三分之二以上的业主同意。区分所有建筑物的共有部分系为全体业主或部分业主所不可分割地予以共有，其系联通各业主的专有部分的纽带，对其占有、使用或收益攸关各业主的切身利益，并且，区分所有建筑物共有部分的本来用途通常不能随意改变，否则会影响到各业主的权益乃至各业主的居住品质和安全。[1] 故此，改变区分所有建筑物共有部分的用途或者利用共有部分从事经营活动，系属于区分所有建筑物管理中的重大事项。立基于此，《物权编（草案）》做出如上规定。

（2）增定物业服务企业或者其他管理人应当及时答复业主对物业服务情况的质询

《物权编（草案）》第79条后段规定：物业服务企业或者其他管理人应当及时答复业主对物业服务情况的质询。此系对《物权法》第82条的增加规定。有鉴于业主与物业服务企业或者其他管理人之间的物业服务合同关系，[2] 尤其是总结和吸纳《物权法》实施十余年来我国城镇小区（社区）物业管理实务的经验，有必要明确物业服务企业或者其他管理人应当及时答复业主对物业服务情况的质询。故设立此规定。

另外，还应指出的是，作为合同当事人的业主与物业服务企业或者其他管理人，具有平等的民事主体地位。物业服务企业或其他管理人的管理，并非自上而下的"管理"抑或行政意义上的"管理"，而仅系基于维护业主共同利益的需要，

---

1 参见陈华彬：《建筑物区分所有权》，中国法制出版社2011年版，第119页以下。

2 参见陈华彬：《民法物权论》，中国法制出版社2010年版，第262页。

为履行物业服务合同所实施的管理，故不得超出合同约定的权限。由此之故，物业服务企业或者其他管理人就业主对物业服务情况的质询，也就应当及时答复。[1]

（3）增定业主有权请求建设单位、物业服务企业或者其他管理人承担民事责任

《物权编（草案）》第81条规定："业主对建设单位、物业服务企业或者其他管理人以及其他业主侵害自己合法权益的行为，有权请求其承担民事责任。"此条规定系新增。其本属于一般（普通）侵权行为的范畴，但鉴于城镇小区（社区）生活和实务中不时发生业主合法权益被建设单位、物业服务企业或者其他管理人以及其他业主侵害的情况，故根据《侵权责任法》的一般原则而再次明确和特别强调：业主对建设单位、物业服务企业或者其他管理人以及其他业主侵害自己合法权益的行为，有权请求其承担民事责任。

5. 第8章"共有"部分的创新或亮点

本章的创新和亮点是，明确"按份共有人向第三人转让其享有的共有的不动产或者动产份额的，应当将转让条件及时通知其他共有人。其他共有人应当在合理期间内行使优先购买权。两个以上其他共有人主张行使优先购买权的，协商确定各自的购买比例；协商不成的，按照转让时各自的共有份额比例行使优先购买权"（《物权编（草案）》第100条）。应当指出的是，此规定系依我国现今共通学理与吸纳实务经验而作出，[2]故而应值赞同与肯定。

6. 第9章"所有权取得的特别规定"部分的创新或亮点

（1）将《物权法》第107条所定的2年期间改定为3年

《物权法》第107条规定："所有权人或者其他权利人有权追回遗失物。该遗失物通过转让被他人占有的，权利人有权向无处分权人请求损害赔偿，或者自知道或者应当知道受让人之日起二年内向受让人请求返还原物，但受让人通过拍卖或者向具有经营资格的经营者购得该遗失物的，权利人请求返还原物时应当支付

1　参见陈华彬：《民法物权》，经济科学出版社2016年版，第234页。

2　参见崔建远：《物权法》（第3版），中国人民大学出版社2014年版，第243页以下。

受让人所付的费用。权利人向受让人支付所付费用后，有权向无处分权人追偿。"因《民法总则》已将普通诉讼时效期间改定为 3 年，故《物权编（草案）》第 106 条将《物权法》第 107 条所定的 2 年期间延长为 3 年。至于其他内容，则未作更张。

（2）增定添附（附合、混合及加工）的规定

《物权编（草案）》第 116 条规定："因加工、附合、混合而产生的物的归属，有约定的，按照约定；没有约定或者约定不明确的，依照法律规定；法律没有规定的，按照充分发挥物的效用以及保护无过错的当事人的原则确定。因一方当事人的过错或者确定物的归属给另一方当事人造成损失的，应当给予赔偿。"此条系对传统民法中的添附制度及其规则的厘定。应当指出的是，该条规定的立法基础于最高人民法院《关于适用〈中华人民共和国担保法〉若干问题的解释》（以下简称《担保法解释》）第 62 条已可见到。也就是说，我国现行法上业已存在以添附规则为基础的规范。[1]

按照添附制度的法理与学理，添附涵括附合、混合及加工三种法律事实，系动产所有权变动的原因之一，因其非法律行为，当事人因此而取得所有权的，并不以有完全民事行为能力为必要，且也不需具有取得所有权的意思。其中，附合是指两个以上的物互相结合而成为一个物，包括动产与不动产的附合以及动产与动产的附合。混合是指动产与他人的动产混合，不能识别或识别需费过巨的情形。加工则是指对他人的动产施以劳力，使其成为新物或价值发生巨额增加的法律事实。实务中，对他人的动产为制作、图画、变形、彩色、印刷、镀金等，皆属于加工，尤其常见的情形是，雕刻他人的木材为木雕作品。添附的法律效果系引起物权变动，或共有添附物所有权，抑或使被添附的动产所有权消灭。因添附而丧失所有权的人，可依关于不当得利的规定请求偿还价额。[2]

另外，应当特别指出的是，《物权编（草案）》第 116 条的内容设计，一方

---

[1] 参见梁慧星、陈华彬：《物权法》（第 6 版），法律出版社 2016 年版，第 204 页注释 40。

[2] 参见陈荣传：《民法物权实用要义》，五南图书出版股份有限公司 2014 年版，第 60—62 页。

面依循了传统民法的添附法理与学理,另一方面也注入了我国对此问题理解的特色。概言之,该条规定更多的是自我国的实际情形而做出的。

7. 第 10 章 "用益物权一般规定" 部分的创新或亮点

本章的创新或亮点是,剔除了《物权法》第 117 条关于用益物权定义的 "或者动产" 四字。《物权编(草案)》第 116 条规定:"用益物权人对他人所有的不动产,依法享有占有、使用和收益的权利。" 此一改定,确属得当,应值赞同。

8. 第 12 章 "建设用地使用权" 部分的创新或亮点

本章的创新或亮点是,于《物权法》第 136 条规定的基础上,增定:新设立的建设用地使用权应当符合节约资源、保护生态环境的要求。亦即,《物权编(草案)》第 136 条规定:"建设用地使用权可以在土地的地表、地上或者地下分别设立。新设立的建设用地使用权应当符合节约资源、保护生态环境的要求,不得损害已设立的用益物权。" 应当指出的是,此处新增加的内容是从保护生态环境、节约资源的角度而做出的一个妥当的规定。并且,其也系对《民法总则》第 9 条 "民事主体从事民事活动,应当有利于节约资源、保护生态环境" 的绿色原则的重申或具体运用。

9. 增定第 14 章 "居住权"

《物权编(草案)》第 14 章规定居住权,共计 4 个条文。《物权法》制定时对于是否应当明定此制度存在肯定与否定两说,最终采否定说而未设规定。故此,现今《物权编(草案)》规定居住权,系属于新增的规定。

按照规定,居住权人有权按照合同约定,对他人的住宅享有占有、使用的权利,以满足生活居住的需要(《物权编(草案)》第 156 条第 1 款)。设立居住权,当事人应当采取书面形式订立居住权合同,且应当向登记机构申请居住权登记,自登记时,居住权设立(《物权编(草案)》第 156 条第 2、3 款)。除合同另有约定外,居住权不得转让、继承,且居住权涉及的住宅不得出租(《物权编(草案)》第 157 条)。另外,按照《物权编(草案)》第 158 条的规定,除合同另有约定外,居住权自居住权人死亡时消灭。以遗嘱方式设立居住权的,应参照前述规定。

10. 第 16 章 "担保物权一般规定" 部分的创新或亮点

（1）增定担保物权的担保范围的利息、违约金、损害赔偿金、保管担保财产和实现担保物权的费用，超出合理预期的，未经登记，不得对抗善意第三人

《物权编（草案）》第 177 条第 2 款规定："前款规定的利息、违约金、损害赔偿金、保管担保财产和实现担保物权的费用，超出合理预期的，未经登记，不得对抗善意第三人。"按担保物权法法理与学理，除当事人另有约定外，主债权及其利息、违约金、损害赔偿金、保管担保财产和实现担保物权的费用系担保物权的担保范围。[1]惟此担保范围中的利息、违约金、损害赔偿金、保管担保财产和实现担保物权的费用超出合理预期且又未经登记的，则不得对抗善意第三人。

（2）改定《物权法》第 176 条关于多个担保并存时的实现规则

《物权编（草案）》第 180 条规定："债权有多个担保的，债权人应当按照约定实现债权；没有约定或者约定不明确，债务人自己提供物的担保的，债权人应当先就该物的担保实现债权；第三人提供担保的，债权人可以请求部分或者全部担保人承担担保责任。"应当指出的是，此系对《物权法》第 176 条的改定。盖《物权法》该条对多个担保并存时的实现规则的规定，较为冗长且未尽简洁，《物权编（草案）》第 180 条遂作出如是改定。

另外，《物权编（草案）》第 180 条也同时将《物权法》第 176 条的最后一句"提供担保的第三人承担担保责任后，有权向债务人追偿"剔除并作补充后规定于第 181 条。此即《物权编（草案）》第 181 条规定："第三人承担担保责任后，有权向债务人追偿，也有权按照担保比例向其他担保人追偿。"

（3）增定实现担保物权后，不足部分由债务人清偿，拍卖、变卖价款超过债权数额的部分归担保人所有

《物权编（草案）》第 182 条规定："为实现担保物权，担保财产折价或者拍卖、变卖后，其价款超过债权数额的部分归担保人所有，不足部分由债务人清

偿，但当事人另有约定的除外。"按此规定，除当事人另有约定外，担保财产折价或者拍卖、变卖后，不足部分由债务人清偿，价款超过债权数额的部分应归担保人所有。此条规定的法理、学理及其正当性基础是民法的公平原则所要求或体现的应对担保财产的价值与债权数额予以清算的原则，由此实现当事人双方利益的衡平。

11. 第 17 章"抵押权"部分的创新或亮点

（1）对流抵押约款之禁止的废除

《物权编（草案）》第 191 条规定："抵押权人在债务履行期届满前，与抵押人约定债务人不履行到期债务时抵押财产归债权人所有的，未经登记，不得对抗善意第三人。"按此规定，流抵押约款于当事人之间系有效，且经登记后尚可对抗善意第三人。应当指出的是，此条规定是对《物权法》第 186 条关于流抵押约款之禁止、无效的重大变革。

值得提及的是，民法自罗马法以来，对于流抵押约款与流质约款，皆明定其无效。其如此做的旨趣系在于保护债务人。盖债务人与债权人相较，通常为弱者，且债务人向债权人借债通常是急迫困窘之时。立基于此种考量，罗马法以来的近现代及当代比较物权法，莫不禁止流抵押和流质约款的效力，由此保护作为社会弱者的债务人。[1] 而现今，社会情势已然发生变化，往昔作为弱者的债务人往往是经济上的强者，其地位与经济势力大多较债权人为优。故此，《物权编（草

---

[1]　应当指出的是，流抵押约款，又称流抵押合同、流抵合同或期前抵押物抵偿约款，指在设立抵押权当时，或债权清偿期届满前，约定债权清偿期而未受清偿时，抵押物的所有权即归抵押权人所有的现象。自罗马康斯坦丁敕法以来，此种约款的效力即为法律所否定，故称为流抵押约款之禁止。各国法律之所以规定流抵押约款为无效约款，通说与实务皆认为系在于保护债务人的利益。债务人与债权人，为经济生活中两大对立的阵营，二者相较，债权人的经济地位往往较债务人为优。换言之，债务人为经济上的弱者，债权人则通常为经济上的强者。债务人之借债，每每为急迫困窘之时，债权人多利用债务人的一时穷困，未遑熟虑之机，借助合同自由原则，逼迫订立流抵押约款，以价值较高的抵押物担保小额债权，希冀于债务人届期不能偿债时，取得抵押物所有权。基于民法公平原则与对等正义观念，为保护作为弱者的债务人的利益，近现代及当代各国民法遂否定其合法性。《物权法》系采与各国法相同立场，于第 186 条规定："抵押权人在债务履行期届满前，不得与抵押人约定债务人不履行到期债务时抵押财产归债权人所有。"由于该条为禁止性规定，当事人违反该条规定而订立流抵押合同或流抵押约款时，按照《合同法》第 52 条第 5 项的规定，系属于无效。对此，请参见陈华彬：《民法物权论》，中国法制出版社 2010 年版，第 412—413 页。

案）》第 191 条作出如上规定。另外，为了保护善意第三人的利益，当事人之间关于取得抵押物所有权的约定也仅有登记后，方能对抗之。

（2）废除《物权法》第 191 条第 2 款抵押物转让的限制的规定，以抵押权的追及效力保护抵押权人的利益

《物权编（草案）》第 196 条规定："抵押期间，抵押人转让抵押财产的，应当通知抵押权人。抵押财产转让的，抵押权不受影响。抵押权人能够证明抵押财产转让可能损害抵押权的，可以请求抵押人将转让所得的价款向抵押权人提前清偿债务或者提存。转让的价款超过债权数额的部分归抵押人所有，不足部分由债务人清偿。"应当指出的是，此条规定的原型是《物权法》第 191 条，其涵括 2 款。《物权编（草案）》第 196 条的规定仅设 1 款，而剔除了《物权法》第 191 条第 2 款。

尤其应当提及的是，《物权法》第 191 条第 2 款的规定是于物权法学理与实务中颇受争议的条款。按其规定，抵押人转让抵押物应经抵押权人同意，否则转让行为无效。如此规定的旨趣系在于保护抵押权人（债权人）的利益。[1] 惟依物权法法理与学理，因抵押权系一种物权权利，权利人可追及抵押物之所在而行使其权利（即以拍卖抵押物所得的价款而清偿自己债权），故抵押权人（债权人）的利益可透过抵押权的追及效力而获得保护，从而抵押财产转让的，抵押权并不受影响。[2] 立基于此等分析，可知《物权编（草案）》第 196 条的规定系为正确、妥当，由此也就应当给予其肯定性评价。

（3）增定以"四荒土地"的承包经营权等设立抵押权，于实现抵押权后，未经法定程序，不得改变土地所有权的性质和土地用途

《物权编（草案）》第 206 条规定："依照本法第一百八十五条第一款第三项规定的土地承包经营权抵押的，或者依照本法第一百八十八条规定以乡镇、村企业的厂房等建筑物占用范围内的建设用地使用权一并抵押的，实现抵押权后，未经法定程序，不得改变土地所有权的性质和土地用途。"按此规定，以"四荒土

---

[1] 参见陈华彬：《民法物权论》，中国法制出版社 2010 年版，第 421 页以下。

[2] 参见陈华彬：《民法物权》，经济科学出版社 2016 年版，第 375 页以下。

地"的承包经营权等设立抵押权，于实现抵押权后，未经法定程序，不得改变土地所有权的性质和土地用途。应当指出的是，此条款系增定，《物权法》中并无类似规定。《物权编（草案）》关于该条的立法旨趣系在于确保我国土地所有权的性质不发生变化以及保护我国土地固有或本来的用途，其立法理念与内容设计确属得当，应值赞同。

12. 第18章"质权"部分的创新或亮点

本章的创新或亮点是，剔除《物权法》第211条流质约款之禁止的规定。《物权法》第211条规定："质权人在债务履行期届满前，不得与出质人约定债务人不履行到期债务时质押财产归债权人所有。"据此规定，流质约款系不允许，且依法不生效力。惟立基于与前述废弃《物权法》第186条流抵押约款之禁止的相同理由，《物权编（草案）》对《物权法》第211条流质约款之禁止的规定予以剔除，也就是废弃了该条规定。

四、我国民法典《物权编（草案）》的不足之处及其完善

物权编系我国民法典的重要组成部分，其序位系置于各分则编之首，由此凸显其所具有的关键和特殊地位。惟应指出是，尽管我国已然完成的民法典《物权编（草案）》具有上述若干创新或亮点，但其所具有的不足甚至保守倾向也是明显的。对此，我们可以指明如下几个方面的内容。

（一）关于所有权

如所周知，所有权系整个物权系统的核心和灵魂，是物权法中最具重要性、最具价值及最具功用的制度。《物权编（草案）》尽管于《物权法》的基础上已有一些创新或亮点，但在如下方面仍有待改进、完善及作追加规定。

第一，应对建筑物区分所有权中的《物权法》上阙如、简略或有不当的制度或规则予以增定、改定或完善。《物权法》第6章"业主的建筑物区分所有权"尽管系我国规范区分所有建筑物（商品房住宅）的基本规范和实务遵循，但此制定于十余年前的规则现今已有必要作一些增定、改定或完善。具体而言：其一，

应明确业主大会可以以一栋或数栋区分所有建筑物（商品房住宅）为基础而成立，以变革现行法须以一个小区为单位而成立业主大会的规定。[1] 其二，增定、建构我国区分所有建筑物（商品房住宅）的日常的修缮规则，[2] 以及区分所有建筑物因天灾（譬如地震、泥石流或风灾等）人祸（譬如煤气爆炸等）而一部灭失时的修复（复旧）规则。[3] 其三，完善并充实区分所有建筑物（商品房住宅）因损坏、老朽等而不堪使用时的重建规则。此问题于我国很近的将来，必会成为一个较重要的社会问题，由此，现今借民法典物权编立法之机，妥善详定其有关规则，实具很重要的意义、价值与功用。[4] 其四，建构将违反全体业主共同利益的恶质业主自区分所有权共同体关系中予以驱逐的规则。此即确立并实行拍卖或强制转让业主的建筑物区分所有权的制度与规则，且在我国当下的城镇小区（社区）管理实务中具积极价值与必要性。[5] 其五，完善、增定有关管理规约的规则。有鉴于《物权法》对管理规约的规定过于简略，故此，建议民法典物权编对之作较大的增定或完善。[6] 其六，对《物权法》第 76 条第 2 款关于业主共有部分份额的计算基础予以改定，即改定为：以专有部分占建筑物专有部分总面积的比例来确定各业主共有部分份额的大小。[7]

第二，应认可由公开市场或透过拍卖而取得的盗赃物的所有权的合法性，抑或按《物权法》第 107 条关于遗失物的善意取得的规定而处理之；应改定无人认领的遗失物得归拾得人所有，公告期届满若有人认领，拾得人有权请求报酬的给付。漂流物、埋藏物与隐藏物也应类推适用。宜认可取得时效制度，建构取得时

1　参见陈华彬："业主大会法律制度探微"，载《法学》2011 年第 3 期，第 67 页以下。

2　参见陈华彬："区分所有建筑物修缮的法律问题"，载《中国法学》2014 年第 4 期，第 217 页以下。

3　参见陈华彬："日本区分所有建筑物修复制度的考察分析与启示"，载《环球法律评论》2013 年第 2 期，第 84 页以下。

4　参见陈华彬："区分所有建筑物的重建"，载《法学研究》2011 年第 3 期，第 67 页以下。

5　参见陈华彬："论建筑物区分所有权的剥夺——基于对德国法和日本法的分析"，载《法商研究》2011 年第 6 期，第 140 页以下。

6　参见陈华彬："论区分所有建筑物的管理规约"，载《现代法学》2011 年第 4 期，第 49 页以下。

7　参见陈华彬："我国民法典物权编立法研究"，载《政法论坛》2017 年第 5 期，第 32—34 页。

效规则，并将目前习惯法上的先占制度上升为物权法上的制度。[1]

（二）关于用益物权

用益物权系没有土地等不动产权利的人利用他人（含国家、集体）土地等的重要私法途径，于物权系统中居于重要地位。前述民法典《物权编（草案）》尽管对用益物权存在某些创新或亮点，但于如下方面尚有不足而应予完善。

第一，应对农村集体土地的"三权分置"予以明确，惟不宜使农村土地所有权、承包权及经营权中的后两项权利（即农村土地承包权与农村土地经营权）物权化，即它们仅系实现农村土地所有权的途径或方式。有鉴于空间建设用地使用权的重大价值与功用，基于比较法经验的可借鉴性，宜设专门的条文明定空间建设用地使用权制度及其规则系统，而非将其置于一个笼统的条文中作简单规定。[2] 为使我国目前的地役权制度及其规则实现蜕变、焕发生机与活力，应建构对土地及其定着物、构筑物乃至附属设施皆一体适用的不动产役权制度，以革新《物权法》中的地役权制度。值得指出的是，此不动产役权制度及其规则于我国当下及将来一个较长时期所进行的城镇旧房改造和小区（社区）重建中具有积极的价值与功用，绝不可小觑。[3]

第二，应增加规定典权而放弃规定居住权。《物权编（草案）》未对典权做出规定，此应为立法上的一项重大缺漏。典权为我国传统法上的特有制度（现今韩国法上的与我国传统民法中的典权相当的传贯权系由我国传入），通说与比较法上的立法成例认为其性质上系属一种用益物权。[4] 我国现今经济生活中尚存在

---

[1] 关于这些方面的详细论述，请参见陈华彬："我国民法典物权编立法研究"，载《政法论坛》2017 年第 5 期，第 34—36 页。

[2] 关于此的详细论述，请参见陈华彬："空间建设用地使用权探微"，载《法学》2015 年第 7 期，第 29 页以下。

[3] 对此的翔实论述与分析，请参见陈华彬："从地役权到不动产役权——以我国不动产役权的构建为视角"，载《法学评论》2016 年第 3 期，第 144 页以下。

[4] 参见姚瑞光：《民法物权论》，海宇文化事业有限公司 1999 年版，第 328 页。我国台湾地区"民法"第 8 章 "典权" 第 911 条规定："称典权者，谓支付典价在他人之不动产为使用、收益，于他人不回赎时，取得该不动产所有权之权。"《韩国民法典》第 6 章 "传贯权" 第 303 条第 1 项前段规定："传贯权人，享有支付传贯金占有他人不动产并根据该不动产的用途加以使用和收益的权利。"

典、当铺等与典权密切粘连的经济、法律现象，尤其是立基于为人民多提供一种融资渠道或途径的考量，将典权规定下来以备而用之，应系妥当、正确。故此，建议我国未来民法典物权编中应认可典权及设立其规则。

对于居住权，《物权编（草案）》于第 14 章设有共计 4 条（第 156—159 条）规定。自所定的内容看，此种基于居住权而享有的对他人房屋的使用权，与立基于租赁权、借用权乃至建筑物区分所有权而对他人房屋的使用权，并无大的差异。尤其是在我国《物权法》所确定的用益物权系统中，加入此居住权，使我国用益物权体系构成未尽谐配，甚至造成解释与适用上的水土不服。由此，笔者认为，我国未来民法典物权编并无必要引入欧陆民法认可而东方诸国家和地区皆不认可的居住权制度及其规则。[1]

（三）关于担保物权

担保物权系物权法系统中担保债权实现的一种制度，其中的典型担保（宜规定于民法典物权编）中的担保，主要涵括抵押权、质权及留置权。《物权编（草案）》尽管在《物权法》的基础上对担保物权中的若干规则做出了变革性的规定（关于流抵押、流质约款之禁止的规定的否定，关于以追及效力保护抵押权人利益的规定等即属之），惟笔者认为，于如下各点上，仍应做出努力，以使我国担保物权体系臻于和谐，进而发挥其系统效应：其一，鉴于《物权法》第 202 条与学理和法理的龃龉，以及其于实务上的解释适用的困难或不明确，笔者建议，应以《担保法解释》第 12 条第 2 款的规定替代之。其二，因《物权法》第 231 条等关于留置权的适用（成立）须以债权的发生与动产存在同一法律关系为必要，甚为狭窄，故此，建议我国取现今比较法上的共通经验，明确只要债权的发生与动产存在牵连关系，即可发生（成立）留置，以实现留置权制度的本旨——当事人之间利益的公平。其三，由于《担保法解释》第 77 条业已认可后发的所有人抵押权，故此，建议将此司法实务的经验上升为法律条文，于未来民法典物权编

---

[1] 对此的详细分析，请参见陈华彬："我国民法典物权编立法研究"，载《政法论坛》2017 年第 5 期，第 38 页。

中明定此制度。[1]其四，由于抵押权的顺位有固定与升进两种情形，且现今比较法学理与实务对顺位固定已有相当的研究与运用，在我国，实务中业已发生当事人约定顺位固定的效力如何的问题，故此，建议立法机关对此予以明确：当事人之间约定抵押权顺位不升进（即顺位固定）的，依其约定。

（四）关于占有

占有系物权法乃至整个民法系统中不可或缺的一项重要而基本的制度，其占据的地位十分重要，绝不可小觑。自《物权编（草案）》的内容看，其仍然未对《物权法》关于占有制度的 5 条规定予以扩展或完善，由此，无疑应给予其否定性评价。为使我国未来民法典物权编的体系完整、和谐并由此发挥其体系效用，笔者建议，我国宜借镜比较法上的立法成例与学理，建构起完善的、基本的占有制度及其规则系统。如此，方能谓我国涵括物权编在内的整个民法典系统系先进、妥洽及与时俱进的。

五、结语

自 1896 年德国于其民法典中设置独立的物权编，大陆法系的瑞士、日本、韩国、泰国、希腊、土耳其、葡萄牙民法典以及我国台湾地区"民法"也设立独立的物权编以来，物权编即成为大陆法系各主要国家和地区民法典中的主要分编或分则。我国民法典也不例外。如前述，按照我国立法机关的安排，我国民法典的物权编将作为分编（分则）的首编（即全体民法典的第 2 编，第 1 编为"总则"）而规定，由此足见其所具有的关键地位、重要价值及功用，进而也表明我国的民法典立法系属于大陆法系德国法支流的立法，其中的物权编本旨上系属于狭义意义的物权规则系统。

由前文的论述可以明了，我国民法典《物权编（草案）》尽管于《物权法》

---

[1] 对此的翔实分析，请参见陈华彬："论所有人抵押权——基于对德国法和瑞士法的分析"，载《现代法学》2014 年第 5 期，第 39 页以下。

的基础上存在诸多创新或亮点，甚或有若干重要制度与规则的革新或变革，但是，其所具有的一些不足或缺漏也是明显的，对此前文业已指明。尤其值得指出的是，于我国物权法学理与实务的研究、发展于现今已然取得重大进步的情形下，我国民法典《物权编（草案）》的内容设计于若干方面即显得与学理和实务的此种状况未尽相合。易言之，目前的《物权编（草案）》具有固守《物权法》的现状的倾向，其所做的创新或所具有的亮点较为有限，进而使该草案呈现出相当多的保守的因素。笔者认为，我国立法机关宜在前述创新的基础上再往前迈进，即将笔者于本文中所提出的诸多完善建议予以吸纳或加以考量，由此使我国未来民法典的物权编可以更好、更切实、更有力及高质量地作用于国家、社会及人民，进而实现其保障这些主体的根本财产利益的旨趣。

编纂民法典物权编对我国《物权法》的修改与完善[*]

我国目前正在加紧制定《民法总则》，预计 2017 年 3 月通过后，即编纂我国民法典的物权等各分编，预计 2020 年最终完成我国民法典的全部编纂工作。这其中，作为民法典的重要组成部分的物权编，系居于十分重要的关键地位。[1]无疑，编纂民法典的物权编时，需以《物权法》为基础，经由对其加以修改、完善而底于成。故此，本文谨提出若干具体修改、完善《物权法》的建议和思路，以供立法机关、理论界及实务界参考、斟酌、采纳。

一、对《物权法》总则编的修改与完善

对《物权法》第 1 编"总则"的修改与完善，主要涵括下列各点。

第一，建议《物权法》第 5 条关于物权法定原则的规定，吸纳我国台湾地区 2010 年修改通过的"民法"物权编第 757 条的经验，就物权法定原则做出如下规定："物权，除依法律或者习惯外，不得创设。"如此规定的重要理由之一，是克服物权法定原则的僵化性。换言之，我国宜承认习惯法上的物权。值得强调的是，虽不具有物权的效力，但符合债法规定的，可产生债法上的效力。

---

  [*] 本文曾发表于《法治研究》2016 年第 6 期，今收入本书稍有改动。

  [1] 2016 年 7 月 16 日，中国社会科学院民法典编纂工作组召开首次全国性的"民法分则立法研讨会"。笔者在会上提出修改《物权法》的诸多意见，今以此文志念。

第二，建议《物权法》第 10、11、12、13 条关于不动产登记的规定，参照《不动产登记暂行条例》的相关规定作出适当修改，以使二者之间不发生龃龉、冲突。

第三，建议《物权法》第 19、20、21 条的规定，适当吸纳《物权法司法解释（一）》的相关规定。

第四，建议《物权法》第 24 条的修改，考虑吸纳《物权法司法解释（一）》第 6 条的规定。

第五，我国应继续坚持《物权法》关于物权变动不采物权行为理论的立场和态度。易言之，基于法律行为的物权变动，宜继续采取债权形式主义、（债权）意思主义及区分原则的基本立场和规定不变。

二、对《物权法》所有权编的修改与完善

（一）关于所有权的定义方式

《物权法》第 39 条关于所有权的定义（概念），系以列举式做出规定，即规定所有权具有占有、使用、收益及处分 4 项权能。但在比较法上，有采抽象规定式的做法，如《德国民法典》即属之。按此立法成例，所有权是权利人（所有权人）对所有物的概括的统一的支配力。我国编纂民法典物权编时，是否采抽象概括方式来规定所有权的定义（概念），值得研究、斟酌。

（二）关于征收中"公共利益"之评定（界定、确定）的司法机关的介入

建议《物权法》第 42 条关于征收中公共利益的评定（界定、确定），增加规定由司法机关（如检察机关、法院）介入参与评定（界定、确定），以确保和维持其公正性。在比较法上，法国与美国的征收实务即采此种办法。

（三）关于野生动植物资源的归属

《物权法》第 49 条关于国有野生动植物资源的规定是否妥洽，存在疑问。具体而言，法律规定属于国家所有的野生动植物资源应否属于国家所有，不无疑问。建议立法机关对此予以斟酌，并做出必要的调整或修改。

（四）关于业主大会与业主委员会的有关事项

《物权法》第 75 条系关于业主大会及业主委员会的规定，建议：（1）修改《物权法》时，赋予业主委员会诉讼主体资格。实务中业已存在此做法。（2）改变业主大会以小区为单位而成立（《物业管理条例》第 9 条即采此方式）的规定。[1]

（五）规定并完善区分所有建筑物（商品房住宅）的重建规则

自 1978 年我国改革住房分配制度以来，我国区分所有建筑物（商品房住宅）的建设迄今已有 40 余年的时间。区分所有建筑物（商品房住宅）的重建在我国将成为不能避免的重大社会问题。[2] 由此，建议编纂民法典物权编时于《物权法》既有的简略规定基础上对重建做出完善的规定，具体可参考、借鉴日本《建筑物区分所有权法》的有关规定。[3]

（六）分别规定区分所有建筑物（商品房住宅）的修复与修缮的规则

建议严格区分区分所有建筑物（商品房住宅）的修复与修缮，对此二者分别做出规定，并建立不同的规则。[4] 具体而言，目前对于区分所有建筑物（商品房住宅）的修复，《物权法》只有简略的规定，不足以应对实际的需要，而日本法对此作了翔实、完善的规定，可以其经验作为参考。另外，在我国现今的区分所有建筑物（商品房住宅）管理实务中，区分所有建筑物（商品房住宅）的修缮是一项常见的、多发性的管理行为。故此，修改《物权法》而编纂民法典物权编时，谨建议：（1）分别规定专有部分与约定专用部分修缮时的权益调整、费用负担及

---

[1] 对业主大会的翔实、深入分析，参见陈华彬："业主大会法律制度探微"，载《法学》2011 年第 3 期，第 67 页以下。

[2] 对此问题的翔实分析，参见陈华彬："区分所有建筑物的重建"，载《法学研究》2011 年第 3 期，第 69 页以下。

[3] 日本《建筑物区分所有权法》第 62 条第 1 项规定："因老朽、毁损、一部灭失或其他事由，参酌建筑物的价格或其他情形，致维持建筑物效用或回复需费过大时，得以集会以区分所有权人及表决权各五分之四以上的多数决，作以拆除建筑物，且在建筑物基地上重新建筑同一主要使用目的的建筑物为主旨的决议。"

[4] 对此问题的翔实分析与立法论建议，参见陈华彬："日本区分所有建筑物修复制度的考察分析与启示"，载《环球法律评论》2013 年第 2 期；陈华彬："区分所有建筑物修缮的法律问题"，载《中国法学》2014 年第 4 期。

程序；（2）分别规定共有部分与约定共有部分修缮时的权益调整、费用负担及程序；（3）规定区分所有建筑物修缮费用的来源应包括管理费、专项维修资金、依建筑物损害保险合同而获得的保险金、从政府部门获得的补助、向金融机构融资获得的贷款等、临时收取的修缮费用。

（七）规定将违反共同利益的业主从区分所有建筑物（商品房住宅）共同体中予以驱逐（即拍卖或强制出让违反共同利益的业主的区分所有权）的制度

建筑物区分所有权剥夺系现代各国或地区建筑物区分所有权法中对违反义务的业主采取的最为严厉的制裁措施。当业主严重违反所负义务而无其他方法排除因违反义务所造成的障碍（或侵害）时，其他业主全体可经由业主大会的多数决决议而提请法院作出拍卖严重违反义务业主的建筑物区分所有权的判决。《物权法》未认可该制度。建议编纂民法典物权编时明文予以认可。[1]

（八）完善管理规约制度与规则

管理规约又称为规约，或业主规约、业主公约，是关于区分所有建筑物（商品房住宅）的管理、使用乃至所有关系的自治规则。依私法自治原则，管理规约的订立与内容，只要不违背公序良俗或排除、变更区分所有权的实质，或不违反法律的强制、禁止规定，业主皆可自由为之。[2]

《物权法》第76、77、83条尽管已有管理规约的规定，但很简略、不完善。例如，它对管理规约的订立、变更或废止，管理规约应规范的事项，管理规约（含原始管理规约）的效力、保管及阅览等，即无规定。故此，编纂民法典物权编时建议做出如下规定[3]：（1）规定管理规约的订立、变更及废止的程序和要件。尤其是规定管理规约的订立、变更及废止应采特别多数决（三分之二多数

1　对此问题的翔实分析及立法论建议，参见陈华彬："论建筑物区分所有权的剥夺——基于对德国法和日本法的分析"，载《法商研究》2011年第6期。

2　对区分所有建筑物（商品房住宅）管理规约的翔实分析与立法论建议，参见陈华彬："论区分所有建筑物的管理规约"，载《现代法学》2011年第4期。

3　参见陈华彬："论区分所有建筑物的管理规约"，载《现代法学》2011年第4期，第54页。

决），而非二分之一的普通多数决。（2）规定管理规约应规范的事项，包括业主间的基础法律关系事项、业主间的共同事务事项、业主间利害关系的调整事项、对违反义务者的处置事项。此外，还应规定：（1）管理规约的效力；（2）原始管理规约（业主临时公约）的效力；（3）管理规约的保管及阅览。最后，建议对标准管理规约的制定及效力等作出规定。[1]

（九）修改业主共有份额的计算标准

建议将《物权法》第76条第2款修改为："……应当经专有部分占建筑物专有部分总面积三分之二以上的业主且占总人数三分之二以上的业主同意。……"此点十分重要。之所以做此种修改，系因为比较建筑物区分所有权法在此点上均系如此。相应地，《物权法》第80条亦应做同样修改，即修改为："建筑物及其附属设施的费用分摊、收益分配等事项，有约定的，按照约定；没有约定或者约定不明确的，按照业主专有部分占建筑物专有部分总面积的比例确定。"

（十）区分所有建筑物（商品房住宅）"商改住"或"住改商"是否应经有利害关系的业主同意

《物权法》第77条规定：区分所有建筑物（商品房住宅）"商改住"或"住改商"，应经有利害关系的业主同意。而于现今，此规定是否仍有必要继续予以维持，即是否仍须经有利害关系的业主同意，系值得斟酌、研究。

（十一）于相邻关系中增加规定威压感、光的反射、通风、风害、眺望妨害、电磁妨害、铁路声屏障等引起的相邻关系纠纷的处理规则

《物权法》第89、90条系关于特殊相邻关系，即传统物权法理论上所称的"建筑物相邻关系"的规定，但所规定的种类十分有限。随着现代科技的进步、城市（镇）土地的高度利用及高层建筑物的激增，建筑物与土地之间、建筑物与建筑物之间及土地与土地之间的威压感、光的反射（现今实务上已有判例）、通风、风害、眺望妨害、电磁妨害、铁路声屏障等引起的相邻关系纠纷日益增多，

---

[1]　值得注意的是，关于标准管理规约，请参见［日］稻本洋之助、镰野邦树编著：《注释区分所有公寓标准管理规约》，日本评论社2012年版，第1页以下。

由此，编纂民法典物权编时应对此予以关注，做出回应。笔者认为，应增加规定处理这些特殊相邻关系的规则。

（十二）相邻关系规则可否透过当事人的合意（意思自治）予以排除适用

物权法关于相邻关系的规定是强行规定，还是可以透过当事人之间的意思自治排除适用，是近年来理论与实务中存在争议的问题，对此有必要予以明确。

笔者认为，应将相邻关系规范解为强行规范。盖相邻关系规则的规范目的，不仅在于对相邻不动产权利人之间的利害关系作衡平调整，而且反映了促进物之利用的社会整体利益。在相邻关系中，享有权利的一方不得抛弃自己所享有的权利，如袋地的所有人或利用人不得抛弃自己可以通过周围地（围绕地）以至公路的权利；同时，各权利人如仅注重自己的权利，而不顾他人权利的需求，则必会导致相互权利的冲突，不仅使财产（如不动产）不能物尽其用，而且有害于社会利益和整个经济。因此，须对相邻财产（如不动产）权利的行使加以一定程度的介入和干预，以适切调整邻近财产（如不动产）权利人的利益，形成对社会有益的法律秩序。其所采用的方法为财产（如不动产）权利内容的限制或扩张。基于相邻关系而享有利益者（不动产权利内容受有扩张利益者），自不因不动产权利主体的变动而受影响，于不动产权利内容受有限制者，为其不动产的物上负担，随该不动产而存在，并不因其权利人的变易而不受拘束。[1]

另外，在现今，相邻关系规范之建构的基本原理有二[2]：（1）相邻关系人之间的相互容忍义务，即相邻关系中的各方当事人，对于他人不动产用益所生的不利，应为必要的容忍。（2）基于权益行使必须符合公益的原则，调整个人对社会或国家的利益。由此，当代相邻关系规范中不乏涉及社会经济的增进、公共卫生的维护及纷争之预防等的内容。无疑，现今相邻关系规范之建构的两项基本原理

---

[1] 参见谢在全：《民法物权论》（上册），新学林出版股份有限公司2014年版，第188页。惟该氏认为，相邻关系规范主要是调整相邻关系人之间的私权利冲突，因此当事人之间仍不妨作不同的约定或予以抛弃，但此项约定仅具债的效力，约定当事人固应受其拘束，非当事人的第三人则不受其拘束。

[2] 参见谢在全：《民法物权论》（上册），新学林出版股份有限公司2014年版，第189页。

更加证成了相邻关系规则的强制性特质。

综据上述，我国编纂民法典物权编，修改《物权法》时，应明确相邻关系规则的强制性特质，明定当事人不得依意思合致（合意）而变更相邻关系规则。

（十三）共有的规定应尽量关顾《物权法司法解释（一）》的相关规定，尽量吸纳其所做的新规定

《物权法》第8章尽管对"共有"做出了较翔实的规定，但实务中还是不断涌现出新的问题。为此，《物权法司法解释（一）》以6个条文（第9—14条）对《物权法》中的"共有"规定予以发展。鉴于其系针对现今实务上有关共有实务纠纷之解决而做的规定，编纂民法典物权编时应对此予以关顾，尽量吸纳其所作的新规定。

（十四）关于盗赃物的善意取得

关于盗赃物的善意取得，《物权法》未做出规定，而实务上又亟须对此做出回应，予以明确。建议编纂民法典物权编，对此予以回应，做出明文规定。[1]

（十五）关于无人认领的遗失物（拾得物）的所有权归属

现行《物权法》第113条规定："遗失物自发布招领公告之日起六个月内无人认领的，归国家所有。"即在我国，国家以外的法律主体不得因拾得遗失物而取得其所有权。[2]上述立场和规定违反物权法的分配正义原则，且有与民争利之嫌，故须予以修改。易言之，民法典物权编应明定：无人认领的遗失物（拾得物）归拾得人所有。如此，《物权法》第114条关于拾得漂流物、发现埋藏物或者隐藏物而准用前述第113条的规定，也应做出同样修改。

另外，应指出的是，发现埋藏物者，将取得其所有权，罗马法以来的多数国家和地区采此做法，法国、德国、日本民法和我国台湾地区"民法"均属之。于

---

[1] 值得注意的是，现今学说大多认为，对于盗赃物的善意取得，宜选择下列情形之一而处理：（1）盗赃物若系通过公开市场购买的，或通过严格的拍卖程序获得的，受让人支付了合理的对价，且已经实际占有，则应当善意取得该盗赃物的所有权；（2）对盗赃物适用《物权法》关于遗失物的善意取得的规则。对此，我国现行的公安实务及相关法规中早已采此做法和定有这方面的规则。参见陈华彬：《民法物权论》，中国法制出版社2010年版，第285页。

[2] 参见刘家安：《物权法论》，中国政法大学出版社2009年版，第105页。

《文物保护法》第 5 条第 1 款规定的情形，发现埋藏物者，无准用遗失物拾得规则的余地。此外，《文物保护法》第 6 条规定，文物属于集体或私人所有的，依照其规定，而不得属于国家所有。[1]

（十六）规定取得时效制度

取得时效为取得物权的一种方法。《物权法》未承认取得时效制度，此为该法的一项重要缺憾，于立法论上应给予否定性评价。编纂民法典物权编时，应追加规定此制度，已系毋庸置疑，且为学界的共识，值得特别提及。

（十七）规定先占制度

先占系物权法上一项重要制度。对于哪些财产可以先占，哪些则否，通常系依是否系不动产或动产而异其规定。例如《日本民法》第 239 条第 2 项、《韩国民法典》第 252 条第 2 项规定：无主的不动产（土地及其定着物）属于国有。我国台湾地区"民法"规定，只有动产方可由个人先占取得其所有权，不动产则否。换言之，我国台湾地区"民法"对无主动产系采先占自由主义，而对无主不动产则否。

先占的法律效果是：具备先占的要件时，先占人即取得无主动产的所有权。例如，在溪中捞虾或于垃圾堆中捡拾他人抛弃的废弃动产而取得其所有权即是。惟在利用或指示他人先占，如渔船所有人雇人捕鱼，或某人发现山中有野兔即雇人围捕等场合，先占的无主物应归雇用人所有，受雇人不得取得其所有权。另外，由民众委托环保局清运的巨大垃圾，环保局自回收之时取得巨大垃圾的所有权，巨大垃圾自清洁队员以环保局资源回收车载运占有之时起，即已成为环保局所有的公物。[2]

自新中国成立以来，先占制度是作为习惯规则而存在于社会生活中的。《物权法》制定时，立基于各种因素的考量，未于法律上明文认可该制度，是为一项重要遗憾。如今，我国编纂民法典物权编，无疑应将其作为一项特殊的动产所有

1　参见陈华彬：《民法物权论》，中国法制出版社 2010 年版，第 295 页。

2　陈荣传：《民法物权实用要义》，五南图书出版股份有限公司 2014 年版，第 56 页。

权取得制度规定下来。易言之，应将我国现今实务及民间认可的先占制度于民法典物权编上予以明文化。

（十八）规定添附（附合、混合和加工）制度

添附包括附合、混合与加工。《物权法》未规定添附制度，系为重要缺漏。如今，编纂民法典物权编，无疑应明文规定此制度。

三、对《物权法》用益物权编的修改与完善

（一）删去关于用益物权定义（概念）的规定中"或者动产"四字

《物权法》第 117 条关于用益物权定义（概念）的规定如下："用益物权人对他人所有的不动产或者动产，依法享有占有、使用和收益的权利。"对于此条规定，建议删去"或者动产"四字。

依照《物权法》的规定，我国的用益物权（土地承包经营权、建设用地使用权、宅基地使用权及地役权）与准用益物权（海域使用权、采矿权、探矿权、取水权等）均系以不动产即土地为客体而予以设立，并不存在像德国民法、瑞士民法及法国民法那样可以以动产为客体（对象）而设立用益物权（即用益权等）的情形。故此，上述《物权法》第 117 条关于用益物权定义的规定中，应将其中的"或者动产"四字删去，方称妥当。

（二）应否规定农村土地所有权、土地承包权及土地经营权的"三权分置"

党的十八届三中全会通过的中共中央《关于全面深化改革若干重大问题的决定》提出土地承包权与土地经营权分置，建立农村土地所有权、土地承包权、土地经营权三权并行分置的农地权利体系，引导土地经营权有序流转。这其中的关键是土地承包权与土地经营权的分置。应当说，这是我国农地权利制度的未来选择，值得肯定。但是，在将此项既定政策法治化和于理论层面完全证成、实务层面积聚成熟稳定的经验之前，我国农村仍应坚持实行《物权法》和《农村土地承包法》所确立的土地承包经营权既有制度和规则，继续采行土地所有权与土地承包经营权的二元农地权利结构。立基于这样的分析，《物权法》第 125 条是否应

规定"三权分置"，应审慎决定。

（三）土地承包经营权设立的登记对抗主义是否应予变更

对于土地承包经营权，目前国家正在或将要进行所谓"确权登记"，而根据《物权法》第127条的规定，土地承包经营权的设立实行登记对抗主义，即农户之取得土地承包经营权并不以进行登记为必要，只要发包方与农户之间的土地承包经营权合同生效，农户即取得土地承包经营权，登记只是对抗第三人的要件。故此，国家之实行土地承包经营权的"确权登记"是否与《物权法》第127条的规定相悖，即须予以厘清和释明，并考虑是否需要在修改《物权法》时对第127条所采登记对抗主义予以更易。

（四）增加规定土地承包经营权的流转方式

《物权法》第128条第1句规定："土地承包经营权人依照农村土地承包法的规定，有权将土地承包经营权采取转包、互换、转让等方式流转。"鉴于目前土地承包经营权的流转实践正在广泛展开，且实践中涌现出了多种多样的新的流转方式（如作价入股等），建议编纂民法典物权编时增加规定土地承包经营权的新流转方式。

（五）明定空间建设用地使用权（空间地上权、空间区分地上权、分层地上权）

依《物权法》第136条的规定，我国现今实际上业已肯认土地空间权体系中的空间建设用地使用权（空间地上权、空间区分地上权、分层地上权）。鉴于土地空间权，尤其是物权性质的土地空间权的重要价值与功用，我国于编纂民法典物权编时宜明文予以规定，即明定空间建设用地使用权与空间役权两种物权性质的土地空间权。[1]

（六）对住宅建设用地使用权期间届满后的自动续期做出进一步明确规定

依《物权法》第149条第1款的规定，住宅建设用地使用权期间届满的，自

---

[1] 对我国空间建设用地使用权与空间役权的翔实论述，参见陈华彬："空间建设用地使用权探微"，载《法学》2015年第7期，第19页以下。

动续期。鉴于目前实务上业已发生住宅建设用地使用权期间届满后如何自动续期的争论和问题，编纂民法典物权编时，应对此予以回应，进一步加以明确，即所谓"自动续期"，应是指无偿的、无须再缴纳住宅建设用地使用权出让金的自动续期。

（七）规定宅基地使用权的有偿退出机制

《物权法》第 13 章"宅基地使用权"仅有 4 个条文，较为简单。例如，其对于宅基地使用权的设立是否需要登记及登记的效力就未做出任何规定。由于我国制定《物权法》时宅基地使用权的特殊性和于实践中的复杂性，不宜做出统一的明确（明文）规定。如今，鉴于我国城镇化的迅速发展及农村住宅（宅基地）的空巢化，立基于各地实践经验的积累，修改《物权法》编纂《民法典》时，宜规定：农户的宅基地使用权可以以有偿的方式退出。

（八）规定不动产役权制度

《物权法》第 14 章规定地役权制度，此地役权制度已难以完全满足我国现今实务的需要。按照《物权法》的规定，只可以土地为供役、需役的对象（客体）而设定限制一方的权利以扩张自己的权利的地役权，至于在土地上的建筑物、构筑物及构筑物之间，为了限制他方的权利而扩张自己的权利，则不得设定"地役权"。换言之，应将我国役权的客体（对象）从土地扩大至土地上的建筑物、构筑物及工作物。另外，为了形塑我国城市（镇）小区的良好格局和风貌，并建立合理的城市规划和环境生态，我国也应规定所有人不动产役权制度。一言以蔽之，我国宜趁编纂民法典物权编之机，废弃现行地役权制度而建构不动产役权制度。[1]

（九）规定典权制度

典权为我国传统民法（如 1929—1930《中华民国民法》与现今我国台湾地区"民法"）上的一项重要制度，与之相当的制度是《韩国民法典》的传贳权制度。

---

[1] 对此问题的翔实分析、论述，参见陈华彬："从地役权到不动产役权——以我国不动产役权的构建为视角"，载《法学评论》2016 年第 3 期，第 144 页以下。

2007 年我国制定《物权法》时未对此制度做出规定，现在看来已是不妥。如今，为了向人民多提供一种融资渠道、融资方式，基于备而用之的立法策略，我国编纂民法典物权编时，宜明确规定典权制度。

四、对《物权法》担保物权编的修改与完善

（一）以抵押权的追及效力保护抵押物转让后的抵押权人（债权人）

《物权法》第 191 条第 2 款规定："抵押期间，抵押人未经抵押权人同意，不得转让抵押财产，但受让人代为清偿债务消灭抵押权的除外。"此条应修改为，抵押人转让抵押财产应不以抵押权人（债权人）的同意为必要，仅通知抵押权人（债权人）即可。亦即，抵押人仅须尽通知义务即可。抵押权人（债权人）的利益可透过对抵押权的追及效力得到保护。

（二）当事人可约定实行抵押权的（固定）顺位

《物权法》第 199 条关于抵押权的顺位，系采顺位升进原则。编纂民法典物权编时建议继续采行这一原则。但基于民事生活的复杂性及民法的私法性，建议规定：当事人可通过约定排除顺位升进原则的适用，即当事人有合意时，可实行顺位固定。

（三）关于主债权的诉讼时效经过后抵押权的效力

《物权法》第 202 条规定："抵押权人应当在主债权诉讼时效期间行使抵押权；未行使的，人民法院不予保护。"此条规定于实务上产生了诸多困难，学理解释上也引发了不少歧见。仅以主债权系主权利，抵押权系从权利的"从随主"原则，不能完全证立该条规定的正当性而令人信服。易言之，该条规定对抵押权人的利益损害至巨，且与近代以来的民法关于诉讼时效的客体（对象）仅主要限于债权，而抵押权因系一种物权，故原则上不应适用诉讼时效的原则相悖。为既贯彻诉讼时效客体（对象）的这一传统立场，又虑及若主债权诉讼时效经过后，抵押权长久存在而对提供抵押物的人十分不利的境况，建议借镜我国台湾地区"民法"第 880 条的成例，将《物权法》第 202 条回归到《担保法解释》第 12 条

第 2 款的规定："担保物权所担保的债权的诉讼时效结束后，担保权人在诉讼时效结束后的二年内行使担保物权的，人民法院应当予以支持。"盖因该条款的规定无疑是正确、妥洽的。

（四）明确认可承诺转质

《物权法》第 21 条规定并认可了责任转质，因该种转质的性质和法律构成较承诺转质更重，立基于举重明轻的当然解释规则，我国编纂民法典物权编时也宜对承诺转质予以回应并做出规定。所谓承诺转质，即（第一个原始）出质人同意质权人（第二个出质人）再行转质而设立的质权。

（五）将留置权成立的同一法律关系更易为牵连关系

《物权法》关于留置权成立要件的同一法律关系过于狭窄，应予扩张。基于留置权制度系旨在维持当事人之间的公平，以实现对待给付的特质，尤其是立基于近现代及当代比较法上的留置权大多以债权的发生与动产只要有牵连关系即可成立的成例，建议我国编纂民法典物权编时将《物权法》第 231 条改为，只要留置的动产与债权的发生具有牵连关系，债权人即可留置所占有的动产，易言之，应以牵连关系替代同一法律关系，以实现当事人之间的公平和对等正义。另外，还宜将可成立留置权的（对象）范围予以扩大，即应将某些权利的凭证也纳入可留置的对象（范围）。

（六）关于特殊留置权

特殊留置权，系指留置权成立的牵连关系要件被极大缓和或根本不存在的情形也可成立的留置权。其在我国台湾地区"民法"中主要涵括：（1）不动产出租人对承租人置放于出租屋内的物品的特殊留置权；（2）营业主人的特殊留置权，包括餐饮、住宿、酒店等的主人对客人所携带的物品的特殊留置权。此等留置权成立的牵连关系被极大放宽，甚至根本不存在。正是因此，它们系属于一种特殊的留置权。编纂民法典物权编时是否需要对此等特殊留置权予以回应抑或做出规定，值得研究、考量。

（七）规定所有人抵押权尤其是后发的所有人抵押权制度

现行《担保法解释》第 77 条规定："同一财产向两个以上债权人抵押的，顺序在先的抵押权与该财产的所有权归属一人时，该财产的所有权人可以以其抵押权对抗顺序在后的抵押权。"此规定系明文肯认后发的所有人抵押权。为了使该制度和规则以更清晰的面目呈现于人民面前并便于法院等适用，建议以《担保法解释》第77条的规定为基础，确立明文的后发的所有人抵押权制度和规则。[1]

（八）让与担保不宜纳入物权法体系中作为担保物权之一种而规定

在现今比较法上，让与担保主要作为一种非典型担保而发挥其功用。我国《物权法》制定时，对于应否将此制度纳入物权法（担保物权）体系中存在争论，出现了肯定与否定两说。笔者认为，尽管《物权法》施行已十余年，社会生活已经或正在发生急剧变迁，但作为一种非典型担保的让与担保制度，其性质、功用等仍未从根本上发生变化，故此，编纂民法典物权编时仍以不将其纳入规定为妥。一种较为可行的且已有我国台湾地区的先例可以借镜的解决路径是，将其作为一种习惯法上的（担保）物权类型予以对待。

五、对《物权法》占有编的修改与完善

占有是指占有人对物的控制、管领与支配的事实状态。在比较法上，对于占有存在两种立法成例：一是，认其为一种事实状态；二是，认其为一种权利（占有权）。我国《物权法》系采前者，无疑值得肯定。

占有是民法乃至整个私法上一项十分重要的制度，它是动产物权享有的一种公示方法。占有制度的旨趣在于维护社会的和平与秩序。无论何人，原则上均不能以自己的腕力来变更占有的现状，小偷、强盗于一定条件下也为占有人，从而也会受到占有制度的保护。要改变占有的现状，仅有透过占有之诉或本权之诉方可实现。而反观我国，目前《物权法》第5编对占有仅有5条规定，实属过分简略，实务中不敷使用。由此，建议我国编纂民法典物权编时在借镜传统比较占有法及现今占有实务经验的基础上，翔实、充分、完善地建构我国的占有制度及其

---

[1] 对此问题的翔实、深入分析，参见陈华彬："论所有人抵押权——基于对德国法和瑞士法的分析"，载《现代法学》2014年第5期，第39页以下。

规则体系。具体涵括如下方面：（1）规定所有人与占有人的回复关系规则；（2）规定占有辅助人规则；（3）规定占有的权利推定规则；（4）规定占有样态的推定规则；（5）规定占有的变更规则；（6）规定占有的移转占有规则；（7）规定占有的合并规则；（8）规定善意占有人的责任、必要费用偿还请求权、有益费用偿还请求权规则；（9）规定恶意占有人的责任、必要费用偿还请求权及孳息返还义务规则；（10）规定占有人、占有辅助人的自力救济规则；（11）规定占有人的物上请求权规则；（12）规定占有人的物上请求权期间限制规则；（13）规定占有的消灭规则；（14）规定共同占有规则；（15）规定准占有规则。

《中国物权法草案建议稿》的编纂、内容与比较法上的特色[*]

——对梁慧星研究员主持《中国物权法草案建议稿》的分析

一、引言

按照大陆法系民法理论，规范财产关系的法律为财产法。财产法分为物权法与债法两大部分。物权法是规范财产的所有关系与利用关系的法律；债法是规范财产的流转关系，主要是市场交易关系的法律。中国自 1992 年毅然地选择社会主义市场经济体制后，于 1999 年制定了统一的合同法，结束了此前合同法"三足鼎立"（即《技术合同法》《经济合同法》和《涉外经济合同法》并存）的局面，标志着中国在民事法制方面取得了长足的进步，中国规范市场交易关系的法律规范得到了极大的完善。

但另一方面，规范财产的所有关系与利用关系的物权法明显滞后，且不能形成一个完整的体系。中国虽然在 1995 年制定了《担保法》，但因该法属于临时性的对策，所以存在诸多缺陷；更重要的是，由于物权法基本规则的缺位，该法也难以发挥应有的作用。1994 年全国人大常委会将物权法列入立法规划；1998 年成立民法起草工作小组，负责中国民法典的编纂。民法起草工作小组于 1998 年 3 月

---

[*] 本文曾发表于易继明主编《私法》（第 3 辑第 1 卷，北京大学出版社 2003 年版），今收入本书乃作有诸多改动、变易。

25—26 日召开会议，讨论了中国社会科学院法学研究所梁慧星研究员提出的"中国物权法立法方案（草案）"，并决定委托梁慧星研究员按照该方案起草物权法草案。不久，梁慧星研究员领导的中国物权法研究课题组（以下简称"课题组"）即着手起草。1999 年 5 月，物权法草案初稿完成；1999 年 10 月，最后定稿形成。定稿共 12 章，计 435 条。[1] 各章内容分别如下：

第 1 章"总则"，包括：第 1 节"一般规定"，第 2 节"物"，第 3 节"物权变动"，第 4 节"物权请求权"。

第 2 章"所有权"，包括：第 1 节"一般规定"，第 2 节"土地所有权"，第 3 节"建筑物区分所有权"，第 4 节"不动产相邻关系"，第 5 节"动产所有权"，第 6 节"共有"。

第 3 章"基地使用权"。

第 4 章"农地使用权"。

第 5 章"邻地利用权"。

第 6 章"典权"。

第 7 章"抵押权"，包括：第 1 节"一般规定"，第 2 节"最高额抵押"，第 3 节"企业财产集合抵押"，第 4 节"企业担保"。

第 8 章"质权"，包括：第 1 节"一般规定"，第 2 节"动产质权"，第 3 节"权利质权"。

第 9 章"留置权"。

第 10 章"让与担保"。

第 11 章"占有"。

第 12 章"附则"。

《中国物权法草案建议稿》的上述内容，一方面与法国、德国、瑞士、越南、日本的民法典及我国台湾地区"民法"的物权制度具有相同点，另一方面更具有

1　参见中国物权法研究课题组：《中国物权法草案建议稿：条文、说明、理由与参考立法例》，社会科学文献出版社 2000 年版，序言第 2 页。

自己的特色。换言之，中国物权法草案的起草，实际上就是一个比较、借鉴与确定中国物权法的特色的过程。在以下篇幅中，我们将逐一考察该建议草案与德国、瑞士、法国、越南、日本的民法典及我国台湾地区"民法"上的物权制度相比较时所呈现出来的若干特色。

二、《中国物权法草案建议稿》的特色：与德国、瑞士、法国、日本、韩国、越南及我国台湾地区的比较

（一）中国物权法的特性

1949 年新中国成立至 1956 年，我国进行生产资料私有制的社会主义改造，建立了社会主义的公有制经济制度。所谓生产资料公有制，即国家财产归全体人民所有或劳动群众集体所有。譬如《土地管理法》（1986 年）第 2 条规定，中华人民共和国实行土地的社会主义公有制，即全民所有制和集体所有制。其中，城市市区的土地属于全民所有，即国家所有，农村和城市郊区的土地除法律规定属于国家所有的以外，属于集体所有；宅基地和自留地、自留山，属于集体所有（第 6 条）。物权制度系以土地为其最重要的客体，而中国的土地实行公有制，这也就在性质上决定了中国物权法的特性，即其属于社会主义公有制的物权法。

与中国的情形相同，1996 年通过的《越南民法典》关于物权制度的规定，其特性上也属于社会主义公有制的物权制度。而且，它实行单一的绝对的全民所有制，这一点较中国走得更远。其第 205 条规定，土地、山林、河川、湖泊、水源、埋藏物、海洋、大陆架等，皆属于全体人民所有。第 206 条规定，国家对属于全体人民所有的财产进行代理的占有，即国家是全体人民所有的财产的代理的所有人。[1]

与以上情形不同，德国、法国、日本的民法典及我国台湾地区"民法"上的物权制度，从性质上说，则属于私有制的物权制度。在这些国家和地区，人民可

1　参见［日］铃木康二：《越南民法典》，成文堂 1996 年版，第 225 页。

以拥有土地的所有权，并可以在市场上将它转让、流通。而在社会主义公有制的物权制度下，土地所有权是绝对不可以在市场上转让的，可以转让的，仅限于通过出让方式取得的国有土地使用权。

（二）中国物权法制定的经济基础

中国物权立法运动，是在中国的经济建设取得了长足进步，经济体制改革日益深入，并决定以社会主义的市场经济体制作为经济体制改革的目标模式的背景下启动的。需注意的是，虽说中国现在已实行市场经济体制，但现阶段的市场经济体制还不十分成熟，通过市场来配置社会资源的目标还没有完全实现。特别是农业，虽然在国民经济中占据重要地位，且土地是农民赖以为生的命根子，但因农民承受的负担较重（需要缴纳各种各样的税、费），结果导致农民纷纷抛弃土地、不愿种地。在一些地区，甚至出现了土地大面积撂荒的情况，导致生产力极度萎缩。在这种背景下，制定物权法的一个重要目的，就是解决农村土地生产力的萎缩以及农民对种地没有积极性的严重问题。这一点，可以说是中国制定物权法的重要经济背景。

起草《德国民法典》物权编的端绪，是1874年德国联邦议会设立由11人组成的民法典编纂委员会，史称第一次委员会。该委员会决定委托当时的普鲁士高等法院的法官约霍夫（Johow-Preuben）起草物权法部分。[1]饶有趣味的是，德国开始起草物权法草案，正值德国工业革命完成之时。而且，此间德国经济继19世纪50年代至60年代的工业高涨之后，从70年代初起，工业生产又出现了跳跃式的发展，且其速度大大地超过了英国和法国。至《德国民法典》施行时，德国已经成为欧洲的头号工业强国。德国工业的迅速发展，大大提高了德国在资本主义世界中的地位。1870—1913年，德国工业在世界工业总产量中所占的比重由13.2%上升到15.7%。不过，此间德国工业虽然在资本主义世界得以迅速崛起，但德国

---

[1] 关于这方面的详细情况，参见陈华彬：《物权法研究》，金桥文化出版（香港）有限公司2001年版，第177页以下。

的农业却失去了在国民经济中的优势，农业人口在人口中所占的比重大大下降。[1]
这些情况说明，德国物权法是在工业高度发达、农业的相对落后的经济背景下制
定的。在这种背景下，《德国民法典》也就不得不规定相当多的因工业生产的高
度发展所引起的问题，譬如第 906 条关于工业生产引起的煤、烟、震动、臭气、
瓦斯、热等侵入邻地所产生的损害（Immission，学说称为"不可量物侵害"）的
规定。

现今适用于我国台湾地区的"民法"诞生于民国时期（1929 年 11 月 30 日公
布，1930 年 5 月 5 日施行），1949 年 10 月以后仅在台湾地区适用。这部"民法"
上的物权制度，是在 1911 年民律第一草案、1925 年民律第二草案和 1929 年民律
第三草案中的物权制度基础上创制完成的，正式成为法律是在 1929 年 11 月。当
时，中国社会战乱频仍、动荡不已，国家经济也濒临崩溃的边缘。此为当时的经
济背景。

综上，当以中国起草物权法草案时的经济基础，最具特色。

(三)《中国物权法草案建议稿》的构造体系

上文提及，《中国物权法草案建议稿》系由 12 章构成，即包括总则、所有
权、基地使用权、农地使用权、邻地利用权、典权、抵押权、质权、留置权、让
与担保、占有及附则。

《德国民法典》物权编共计 9 章：第 1 章"占有"，第 2 章"土地物权通则"，
第 3 章"所有权"，第 4 章"地上权"，第 5 章"役权"，第 6 章"先买权"，第 7
章"物上负担"，第 8 章"抵押权、土地债务、定期土地债务"，第 9 章"动产质
权与权利质权"。

《瑞士民法典》物权编由 3 个分编、8 章（第 18—25 章）构成：第一分编
"所有权"，包括通则、土地所有权和动产所有权；第二分编"限制物权"，包括
役权及土地负担、土地抵押、动产担保；第三分编"占有与土地登记簿"，包括

1　参见樊亢、宋则行主编：《外国经济史》（近现代2），人民出版社 1981 年版，第 107、111—
113 页。

占有和土地簿册。

《韩国民法典》物权编由9章构成：第1章"通则"，第2章"占有权"，第3章"所有权"，第4章"地上权"，第5章"地役权"，第6章"典权"，第7章"留置权"，第8章"质权"，第9章"抵押权"。

《日本民法》物权编由10章构成：第1章"总则"，第2章"占有权"，第3章"所有权"，第4章"地上权"，第5章"永佃权"，第6章"地役权"，第7章"留置权"，第8章"先取特权"，第9章"质权"，第10章"抵押权"。

我国台湾地区"民法"物权编，包括10章：第1章"总则"，第2章"所有权"，第3章"地上权"，第4章"永佃权"，第5章"地役权"，第6章"抵押权"，第7章"质权"，第8章"典权"，第9章"留置权"，第10章"占有"。

由上可知，在规模上，《中国物权法草案建议稿》的构造体系最为庞大，共有12章，而德国只有9章，瑞士8章，韩国9章，日本与我国台湾地区10章；就设立关于物权法的总的规则的"总则"而言，《中国物权法草案建议稿》的做法与日本、韩国和我国台湾地区相同；关于占有制度的体系编排，《中国物权法草案建议稿》将之规定于最后一章，这一点与瑞士和我国台湾地区相同。

（四）《中国物权法草案建议稿》的特色

1896年《德国民法典》上的物权制度（物权法），具有下列特性。

第一，具有强烈的"固有法""土著法"色彩。物权是直接对生产和生活的物予以支配、管领并排除他人干涉的权利。所以，规范物权关系的物权法通常具有强行法的特性，且染有浓厚的"固有法""土著法"的色彩。在这一点上，德国物权法尤其明显。亦即，德国物权法相当多地承袭了德国固有法——日耳曼法——的精神，如不动产所有权的让与需要为严格的要式行为等，即其适例。

《中国物权法草案建议稿》完成于21世纪，而且中国已经开始实行社会主义的市场经济体制。尽管如此，《中国物权法草案建议稿》与德国物权法一样，仍然具有"土著法""固有法"的色彩。这主要表现在中国经济体制的基础是社会主义的公有制，其中与物权法相关联的，主要是土地的公有制，即国家所有制和农村集体所有制。此外，《中国物权法草案建议稿》规定了典权制度；此典权制度，也为德国物权法之所无。凡此种种，都表现了《中国物权法草案建议稿》的"固有法""土著法"色彩。当然，应当指出的是，德国物权法在"固有法""土著法"方面的色彩，远比《中国物权法草案建议稿》浓烈。这是由德国物权法制定之时的经济背景，尤其是日耳曼民族长久以来的传统习惯所决定的。

第二，关于土地与建筑物的关系。德国物权法对于土地及建构于其上的建筑物的关系，采所谓"一体主义"，即建筑物为土地或地上权的"同体的构成部分"。因而，在德国，如在土地上建构建筑物，则土地或地上权的价格会因之增大；如让与土地所有权或地上权，则受让人也一并取得土地上的建筑物；此外，如在土地或地上权上设定不动产担保权，则该不动产担保权的效力也得及于土地上的建筑物等。

而在中国，基于历史与现实的原因，关于土地与建筑物的关系，《中国物权法草案建议稿》采取"分别主义"，即土地与土地上的建筑物可以分别为物权的客体。换言之，人们虽然不能拥有土地的所有权，但可以取得土地的使用权及建构于土地上的建筑物的所有权。

第三，德国物权法具有封建主义色彩。德国物权法反映 19 世纪中期以后德国资本主义的营利精神，一方面具有资本主义的特性，另一方面也带有浓烈的封建主义色彩。在德国，由于《德国民法典》制定之时德意志帝国与各州之间的特殊关系，加之物权最主要的客体为土地，德国物权法在相当程度上受到了以地域为中心的传统生活观念与习俗的影响。又因传统生活观念与习俗往往因地域而异，所以德国各地的物权制度乃呈现出异彩纷呈、错综复杂的格局。有鉴于此，《德国民法典》制定之时，立法者便赋予各州以"保留自己的固有的物权制度"的权利。结果便造成私人的特权（Regalien）、封地（Lehen）、家族世袭财产（Familienfideikommisse）、贵族基本财产（Stammgut）、僧禄权（Pfrundenrecht）及贵族的自治特权等诸多具有封建主义色彩的权利，即便在《德国民法典》施行后，也依然在各州法上被保留下来，从而造成德国物权法具有相当浓烈的封建主义色彩。

《中国物权法草案建议稿》诞生于改革开放和社会主义现代化建设取得重大成就的20世纪末及21世纪初，所以其各项制度没有封建主义色彩，而是具有强烈的社会主义与个人主义色彩。此外，日本、越南及我国台湾地区的物权制度，大体言之，也无封建主义色彩，而主要是具有个人主义与团体主义色彩。至于《法国民法典》上的物权制度，则应当说具有非常强烈的个人主义色彩。[1]

三、《中国物权法草案建议稿》具体内容（制度）：一个比较、借鉴与确定中国物权法特色的过程

（一）总则

1. 总则部分的特色：与德国、日本及我国台湾地区的比较

依照立法思想，《中国物权法草案建议稿》的总则部分，是关于整个物权法的最基本的规定，具有很鲜明的特色。第一，它的体系庞大、内容丰富。总则共计4节60条：第1节"一般规定"，规定物权的定义、物权法定主义原则、物权变动与其原因行为的区分原则及物权的优先效力等；第2节"物"；第3节"物权变动"；第4节"物权请求权"。第二，它将本应规定于民法典的总则中的物的内容，规定于物权法中。这一点，当属其重要特色。之所以如此，是因为课题组考虑到中国现行的民事立法体系中，尚无关于物的系统规定。第三，总则中规定了物权请求权。应当特别指出的是，将物权请求权明确地规定在物权法的总则部分，是《中国物权法草案建议稿》的一个重要特色。其他国家和地区，如德国、瑞士、日本和我国台湾地区，没有作这样的规定。

《德国民法典》未把关于土地权利的通则规定于物权编之首，而是规定于占有之后。尽管如此，实际上，它关于土地权利的通则仍然是关于整个物权法的通则，此点与《中国物权法草案建议稿》没有差异。不过，它关于土地权利的通则

1　参见陈华彬：《物权法原理》，国家行政学院出版社1998年版，第203—204页。

的规定，在内容上远不如《中国物权法草案建议稿》总则部分的内容丰富，即它只有 30 个条文（第 873—902 条），且也没有关于物的规定和关于物权请求权的规定，它主要规定的是物权的变动和登记。

与《德国民法典》的做法相同，《日本民法》和我国台湾地区"民法"中也设有关于物权法的总则的规定。《日本民法》将它规定于物权编之首。不过，它的内容甚为简单，共 5 个条文（第 175—179 条），包括物权法定主义（第 175 条）、物权的变动、不动产物权变动的对抗要件及混同。我国台湾地区"民法"将关于物权法的总则的规定也置于物权编之首，名称上称为通则，共计 8 个条文（第 757—764 条），内容包括物权法定主义、关于不动产物权的登记及其效力、关于不动产物权的要式性、关于动产物权的让与方法、关于物权的消灭等。

不过，《瑞士民法典》物权编并无关于物权法的总则的规定，而只就所有权的事项设有总则，称为（所有权的）通则（第 18 章）。

综上所述，《中国物权法草案建议稿》第一章关于物权法的总则的规定，尽管参考了德国、日本及我国台湾地区关于物权法的总则的规定，但它绝不是直接照搬，而是有重大的创新。它所规定的内容，远较这些国家和地区的总则或通则的内容丰富、完善和充实。

2. 各项具体制度的比较

（1）物权的定义

关于物权的定义，德国、日本、瑞士的民法典及我国台湾地区"民法"均未在条文上予以明定。《中国物权法草案建议稿》从中国的实际出发，特别是考虑到中国有相当多的人（包括法律学者）迄今尚不知物权为何物、不知物权与债权有何差异的情况，故决定在第 2 条明定物权的定义："物权是指直接支配特定的物并排除他人干涉的权利。依法律的特别规定，权利也可以作为物权的标的。"应当肯定，明定物权的定义，是《中国物权法草案建议稿》的一项重要特色。

（2）物权法定主义

物权法定主义，即物权的类型与内容皆由法律明定，当事人不得任意创设。

《日本民法》第 175 条、我国台湾地区"民法"第 757 条，皆对此予以明文规定。至于德国与瑞士，则未在民法典中作明确规定，仅学说理论认为有此主义。考虑到长期以来中国民法学界与司法审判实践中不能很好地区分债权与物权，甚至认为物权可以由当事人依合同自由创设的情况，《中国物权法草案建议稿》明确规定物权法定主义，此即第 3 条："除本法和其他法律有明确规定者外，不得创设物权。"

（3）物权变动

物权的变动，即物权的取得、变更与丧失，为物权法的一项重要内容。在物权法的发展史上，关于物权如何变动，迄今主要形成了三种规范模式[1]：

第一，日本与法国的意思主义。依此主义，物权的设定及移转，只因当事人的意思表示一致而发生效力。以买卖为例，买受人要取得标的物的所有权，只需与出卖人签订一个买卖合同即可；自买卖合同生效时起，买受人便取得标的物的所有权。登记，只是一种对抗第三人的要件。在当事人进行登记之前，买受人即已确定地取得了买卖标的物的所有权。此种模式，又被称为登记或交付对抗主义。

第二，瑞士等的债权形式主义。依此主义，物权的设定及移转，除需有双方当事人的意思表示（即买卖合同）外，还需要进行登记，且登记是确定物权变动的时间要素。以买卖为例，买受人要取得标的物的所有权，除需与出卖人签订一个买卖合同外，还需进行登记，且该登记之时，是买受人取得标的物的所有权的时间。登记之前，标的物的所有权不发生移转。应当说明的是，债权形式主义，为世界大多数的国家和地区所采取。

第三，德国、韩国与我国台湾地区的物权形式主义。依此主义，任何物权的变动，皆需要为四个行为。以不动产的买卖为例，买受人要取得标的物的所有权，首先需要与出卖人签订一个债权合同，称为债权行为；其次，需要双方当事人签订一个专门以移转标的物的所有权为内容的物权合同，称为物权行为；再其次，需要双方当事人签订一个以移转价金的所有权为内容的合同，同样称为物权

1　参见陈华彬：《物权法原理》，国家行政学院出版社 1998 年版，第 141 页以下。

行为；最后，需要双方当事人到登记机关进行登记。只有完成了这些程序，买受人才能取得标的物的所有权，出卖人才能取得价金的所有权。而且，在物权形式主义之下，如果最初的债权合同（债权行为）之后被撤销、被宣告无效，也不会影响到后面两个物权合同（物权行为）的效力，学说上称为物权行为的无因性。物权行为的无因性，依学者通说，在于保护交易的安全。

对于上述三种规范模式，要认真地分析和考量其优点与缺点，尤其是要对物权形式主义进行认真的检讨：物权形式主义很先进，是德国 19 世纪以萨维尼为代表的法学家们经过潜心研究而创造出来的，表现了德意志民族高度的抽象思维能力，不啻为德国民法学对世界所作的重要贡献之一，值得在中国民法学界广泛传播。但是，依此模式，即便是一笔简单的买卖（如动产的即时清结的买卖），也要被分解为四个行为。采取物权行为的无因性，是法律对社会生活的凌辱，且在救济程序上将出卖人的地位由物权人降为债权人，严重损害其利益，不符合民众对法律的认识，违背了公平正义之理念。这样的制度，不仅中国普通的民众难以理解，就是法官也难以理解，甚至不研究物权法的民法学者对于它也知之甚少，抑或一无所知。故现在不宜采取。

这样一来，中国关于物权变动的规范模式就只有在前两种模式之间作出选择了。意思主义实行起来非常简单、容易，且尊重当事人的意思，物权变动完全委由当事人的意思自由决之，表现了《法国民法典》的彻底的自由主义精神 [1]，实现了对人的意思（意志）的彻底尊重。因为，当事人的意思之所至，物权便可因之而变动，从而极大地限制了国家公权力对于物权交易和个人意思的干预。但是，因在这种模式之下，当事人之间只要有意思表示的买卖合同便可发生物权变动的效力，结果会导致社会第三人不能从外部明了当事人之间是否发生了物权变动以及物权变动的具体时间，从而使物权变动的法律关系难以清晰地为社会第三人所知悉。此为该模式的重大缺陷。

1　关于《法国民法典》的革命的彻底性和自由主义精神，参见谢怀栻："大陆法国家民法典研究"，载易继明主编：《私法》（第 1 辑第 1 卷），北京大学出版社 2001 年版，第 4 页以下。

依债权形式主义，物权的变动除需要有意思主义下的买卖合同外，还需要进行登记或交付，且登记和交付是物权变动的时间要件，学说称为物权变动的登记或交付的生效要件主义。[1] 可见，债权形式主义既具有意思主义的尊重人的意思及简单易行的优点，也克服了第三人不能明了物权变动的关系的弊端。债权形式主义正是因为具有这两方面的优点，才为大陆法系的大多数国家和地区所采取。

基于以上分析，并考虑到中国现在的民事立法及司法实践均要求物权的变动，不仅要双方当事人依意思表示而形成合同，还需要进行实际的交付或登记，采债权形式主义最为妥当。在此模式之下，物权变动除需要双方当事人依意思表示而形成合同（如买卖合同）外，动产的场合还需要交付，不动产的场合还需要登记，且交付和登记之时是物权变动的时间。

（4）不动产物权变动采权利登记制

物权法自近代以来，有所谓登记制度。登记，是专门为不动产物权的变动而设计的。现今世界各国的登记制度，在立法例上，主要有契据登记制、权利登记制及托仑斯登记制三种。

契据登记制首创于法国，故又称为"法国登记制"。依此登记制度，不动产物权的取得、丧失与变更，经当事人订立契据（契约书），即已生效；但非经登记，不得对抗第三人。登记机关依契据所载的内容，予以登记。除法国外，日本、意大利、比利时、西班牙等国均采此种登记制度。

权利登记制，又称"德国登记制"，依此登记制度，不动产物权的取得、丧失与变更，仅有当事人的意思表示一致还不能发生效力，必须经登记机关实质审查确定，并践行法定登记形式，才生效力。除德国外，奥地利、匈牙利等国也采取之。

托仑斯登记制，又称"澳洲登记制"，为托仑斯爵士（Sir Robert Richard Torrens）于 1858 年所创，其基本精神与权利登记制大体相同。除澳大利亚外，英国、爱尔兰、加拿大、菲律宾等国，美国的加利福尼亚州、伊利诺伊州、马萨诸塞州等十余州，也采取这一制度。

1　参见陈华彬：《物权法原理》，国家行政学院出版社 1998 年版，第 152 页。

对于上述三种登记制度,《中国物权法草案建议稿》考虑到中国的法制属于大陆法系,且登记主要是为不动产物权的取得、丧失及变更服务的,所以决定原则上采权利登记制,此即第 6 条第 1 款第 1 句:"依法律行为设立、移转、变更和废止不动产物权,不经登记者无效。"但是,对于船舶、飞行器和汽车的物权变动,考虑到这些物权变动的特殊性,如每一变动都进行登记,则登记机关将不胜其烦,于是决定对这些物权变动采契据登记制,此即第 6 条第 1 款第 2 句:"依法律行为设立、移转、变更和废止船舶、飞行器和汽车的物权,未经登记的,不得对抗第三人。"

(5)将不动产物权变动的登记机关确定为法院

关于不动产物权变动的登记机关,德国是由属于地方普通法院系统的土地登记局为之,瑞士是由土地登记簿的管理人为之,日本是由不动产所在地的法务局、地方法务局或其支局、派出所为之。而在中国,现今关于不动产物权变动的登记机关,至少有六个以上的部门,极不统一,形成所谓"多头登记"的混乱格局。且现在各部门竞相争当登记机关。考虑到由属于政府的土地管理部门、房屋管理部门、工商行政管理部门或专门设立的隶属于政府的不动产登记局来办理登记,都将难以妥善解决这一问题,故宜取法德国的经验,由法院进行不动产物权变动的登记。此即第 20 条第 1 句:"不动产登记,由不动产所在地的县级人民法院统一管辖。"

(6)关于不动产登记簿的记载的公信力

所谓不动产登记簿的记载的公信力,即登记机关依法定程序完成了不动产物权变动的登记后,即使登记发生了错误,信赖不动产登记簿的记载而进行交易的第三人,也同样受到法律保护(即实施的交易依然有效)。1896 年《德国民法》、1907 年《瑞士民法典》及我国台湾地区现行"民法"皆规定了不动产登记簿的记载的公信力。不过,在日本与法国,其民法典则并未承认不动产登记簿的记载的公信力,仅承认动产的占有具公信力。

物权法是否承认不动产登记簿的记载的公信力,是一项重要的立法政策问题。学者中有主张不予承认的，其理由大抵谓：建立公信力制度，是以完全实行公示原则为前提的，若不在完全实行公示原则的基础上采取公信力制度，则财产所有权的静的安全就会受到极大的威胁。也就是说，在登记簿册的记载尚不能正确地表现真实的权利关系的情形下采取公信力制度，则真正权利人的利益便会遭受不测的损害，制度总体的均衡就会被打破，进而形成困难的局面。此外，建立公信力制度，还需要以建立完善、严格的登记程序为前提。而所有这些，在现在的中国都还没有或者不完善，所以，物权法草案不宜规定公信力制度。[1]

《中国物权法草案建议稿》没有采纳上述反对意见，认为上述问题可以通过制定统一的不动产登记法获得解决。而且，此次制定的物权法是适用于 21 世纪的，应当具有前瞻性，故宜取法德国、瑞士的经验，建立明文的公信力制度。此即第 28 条："在不动产登记簿上记载某人享有某项物权时，推定该人享有该项权利。在不动产登记簿上涂销某项物权时，推定该项权利消灭。"

（7）物权请求权

物权请求权，即基于物权而产生的请求权，包括物权的标的物的返还请求权、物权的妨害排除请求权及物权的妨害预防请求权。德国、瑞士、日本的民法典及我国台湾地区"民法"均未对物权请求权的这些内容作统一规定，大多仅在所有权部分规定了所有物的返还请求权，如《德国民法典》第 985 条、第 1004 条即是。至于物权的妨害排除请求权与妨害预防请求权，则被认为是一项不言自明的规则，为法官、学者与人民所熟知，故无须在条文上予以明文规定。

课题组认为，在中国，物权请求权，还不像债权请求权那样为法官与学者所周知，法院也未能很好地利用该制度。所以，为了更好地了解物权请求权的内容并有效地利用之，宜在条文上明确规定其全部内容，此即《物权法草案建议稿》第 51、52、58、59 条。

---

[1] 参见陈华彬：《物权法研究》，金桥文化出版（香港）有限公司 2001 年版，第 52 页。

(二) 所有权

1. 《中国物权法草案建议稿》所有权部分的特色：与德国、日本、瑞士、法国及我国台湾地区的比较

所有权，是物权制度的核心和灵魂，被称为"物权之王"。各国家和地区的物权法皆设有所有权制度之明文。不过，各国家和地区的物权法关于所有权的立法体例及编排方法不尽相同，而且所规定的内容也有差异。譬如《德国民法典》物权编关于所有权的规定就只有5节，即所有权的内容、土地所有权的取得与丧失、动产所有权的取得与丧失、基于所有权的请求权及共有，且未设关于所有权的通则；《瑞士民法典》物权编关于所有权的规定，由3个部分构成，即通则、土地所有权、动产所有权；《日本民法》物权编第3章关于所有权的规定最为简单，只有3节，即第1节"所有权的界限"，第2节"所有权的取得"，第3节"共有"；我国台湾地区"民法"关于所有权的规定共有4节，即第1节"通则"，第2节"不动产所有权"，第3节"动产所有权"，第4节"共有"。

课题组比较、分析了各国家和地区的物权法关于所有权规定的优点和缺点，认为瑞士和我国台湾地区的规定最为简明、扼要，且体例清晰，故决定着重参考之而设计《中国物权法草案建议稿》的所有权部分。课题组同时决定取法瑞士和我国台湾地区的共同做法，设立关于所有权的通则的规定；参考瑞士的做法，将建筑物区分所有权规定在土地所有权中；取法我国台湾地区的经验，将动产所有权的特殊取得方式，即善意取得、先占、拾得遗失物、发现埋藏物、添附及货币与有价证券所有权等，予以一并规定；取法我国台湾地区的经验，将共有规定在动产所有权之后。

当然，《中国物权法草案建议稿》关于所有权的规定的最大特色，是规定土地的公有所有权制度。此外，该草案建议稿关于所有权制度的思想，也与德国、瑞士，特别是与法国关于所有权的立法思想有很大的不同。《德国民法典》制定之时，资本主义已由自由竞争发展到垄断时期，所以它的立法思想可以说是自由主义、个人主义与团体主义的结合；《瑞士民法典》诞生在一个崭新的世纪，即

20世纪肇端以后不久，所以它关于所有权的规定主要基于团体主义的思想；至于《法国民法典》关于所有权的规定，则可以说是在彻底的自由主义精神的指导下进行的，依其第544条的规定，土地所有权人即便滥用自己的土地所有权也是可以的。《中国物权法草案建议稿》起草于20世纪行将结束之时，它关于所有权的规定，体现的是个人主义与社会主义、团体主义协调发展的思想。

2. 各项具体制度的比较

（1）关于财产所有权神圣不可侵犯（财产所有权的绝对性）

财产所有权神圣不可侵犯，是一项古老的法律原则。这一原则最早见于《法国民法典》第544条。依该条规定，所有权是一项神圣不可侵犯的权利，受到法律的绝对保护。不过，1896年《德国民法典》、1907年《瑞士民法典》、1898年《日本民法》、1929—1930年《中华民国民法》等，都没有像《法国民法典》那样作如此规定。这些法典规定，对财产所有权予以绝对保护，而不是使用财产所有权神圣不可侵犯的表述。[1]

《中国物权法草案建议稿》应当如何规定财产所有权的保护，可否使用财产所有权神圣不可侵犯的表述，应当予以斟酌、权衡。的确，在中国，如何保障财产所有权，尤其是私人的财产所有权，从来就是一个重要的问题。特别是因实行生产资料的社会主义公有制，长期以来特别强调公有制财产的保护，而忽略了对私人财产的保护。例如，1986年通过的《民法通则》第73条第2款即规定："国家财产神圣不可侵犯，禁止任何组织或者个人侵占、哄抢、私分、截流、破坏。"由此规定引发的问题是，国家财产神圣不可侵犯，人民的私有财产难道就可以任意侵犯吗？

事实上，在社会主义公有制经济条件下，保障私人财产所有权不受侵犯尤其重要。中国在过去一个相当长的时期，特别是在1978年实行改革开放以前，私人财产所有权的观念十分淡薄。之所以如此，是因为那时可以由个人拥有所有权的

---

[1] 参见《德国民法典》第903—904条、《日本民法》第206条、《瑞士民法典》第641条和1929—1930年《中华民国民法》第765条。

财产为数不多。其后，随着中国改革开放进程的加速，个人通过自己的劳动积攒
起了大量的私有财产。在这种背景下，如何保障私有财产不受侵犯，便成为一个
重要问题。

实际上，即便在社会主义公有制经济条件下，对公有财产与私有财产的保
护，也应当一视同仁，即给予同样的保护。但考虑到在条文中规定"神圣不可侵
犯"这样的字眼，有违现代所有权观念的潮流，[1]故不宜在条文上明定财产所有
权神圣不可侵犯。可以取法德国、瑞士及 1929—1930 年《中华民国民法》的做
法，规定所有的财产皆受到绝对的、同样的保护。此所谓所有的财产，包括公有
财产、私有财产、外商合资（合作）企业的财产、独资企业的财产以及个人的
财产。

（2）关于财产所有权的社会化（财产所有权附有义务）

《中国物权法草案建议稿》的所有权制度，应当依何种观念或思想予以规定，
无疑是一个重要问题。起草小组考虑到该草案制定于 21 世纪，故决定采个人主义
与团体主义（社会主义）协调发展的所有权观念规定所有权制度。这种思想，学
说称为财产所有权的社会化，而所谓财产所有权的社会化，即财产所有权附有义
务。财产所有人对标的物的所有权尽管受到绝对的保护，但同时也不允许财产所
有人利用自己的所有物来侵害第三人的利益和社会的公共利益。也就是说，财产
所有人对所有权的行使应当有利于社会的公共利益和第三人的利益，否则将构成
不法。

（3）关于财产所有权的平等保护

对财产所有权予以平等保护，在近现代及当代市场经济发达国家，如德国、
法国、瑞士、日本等，乃是一项不言自明的法则，无须在法条上予以明定。但在

1　近现代及当代民法理论认为，迄今为止，财产所有权于立法思潮上经历了三个时期：罗马法
时期及 19 世纪之时，为个人主义的所有权观念；20 世纪开始以后至 1945 年，社会主义的所有权观念；
1945 年至今，为个人主义与社会主义（团体主义）协调发展的所有权观念。所谓财产所有权神圣不可
侵犯，乃是 19 世纪之时绝对的个人主义的所有权观念的反映，当今的所有权思潮既然业已演绎为个人
主义与社会主义的协调发展，就不宜在条文中复规定财产所有权神圣不可侵犯。

中国，在过去一个相当长的时期，依生产资料所有制的性质的不同而对财产给予不同的法律保护，即国家财产和集体财产（公有财产）受到特别保护，此外的其他财产则受到次要的保护。但是，随着公有财产以外的其他财产，如个体所有制财产，外商合资、合作企业财产及独资企业财产等，在社会经济中的比重日增，如何使这些财产受到与公有财产同样的保护，便日渐成为人们特别关注的一个问题。有鉴于此，似应借鉴德国、法国、瑞士、日本的做法，明文规定，凡通过诚实劳动取得的合法财产，均受到平等保护。

（4）关于取得时效制度

所谓取得时效制度，指占有他人的物继续达一定期间即取得其所有权（其他财产权也准此）的制度。依此制度，无权占有人可以取得他人之物的所有权或其他财产权。论其功用，乃在于维持因一定事实继续达一定期间而建立的财产新秩序，期能尽速确定当事人之间的法律关系，并排除因岁月流逝而引起的举证困难。

取得时效制度的类型，约有动产的取得时效、未登记的不动产的取得时效以及登记的取得时效三种。日本与我国台湾地区设有动产的取得时效与未登记的不动产的取得时效两种，德国、瑞士则特别规定了登记的取得时效。我们现今只有诉讼时效制度而无取得时效制度，惟民事审判实践特别需要规定该项制度。有鉴于此，《中国物权法草案建议稿》借鉴日本与我国台湾地区的经验，规定了动产的取得时效与未登记的不动产的取得时效；借鉴德国的经验，规定了登记的取得时效。具体言之，《中国物权法草案建议稿》第66条规定动产的取得时效，第67条规定登记的取得时效，第68条规定未登记的不动产的取得时效。

（5）关于建筑物区分所有权

建筑物区分所有权，又称为公寓所有权（我国台湾地区）、分层建筑物所有权（瑞士）、住宅分层所有权（法国）或住宅所有权（德国）等。

起草物权法草案而规定该项制度时，首先面临的是使用何种名称的问题。经分析、比较，决定采取日本的建筑物区分所有权名称。盖这一名称符合中国的语言习惯，且简明扼要。

关于建筑物区分所有权的法律构成，以日本为代表的立法，大体上是采"二元论说"，即认为建筑物区分所有权由专有所有权与共有所有权构成；以德国为代表的立法则采三元论说，认为建筑物区分所有权（住宅所有权）由专有所有权、共有所有权和成员权构成。德国的"三元论说"，不仅重视每一个建筑物区分所有权人的财产权，而且也重视其对区分所有建筑物的管理权，即成员权。而对于生活在区分所有建筑物上的每一个建筑物区分所有权人来说，所有的这些权利都是不可或缺的。在作了这样的分析后，决定采取德国的"三元论说"，即规定每一建筑物区分所有权人享有三项权利：对专有部分的专有所有权，对共用部分的共有所有权，及作为区分所有建筑物的管理团体的成员而享有的选举管理人等的管理权。

关于区分所有建筑物的管理，如管理人的选任、管理委员会的组成等，主要是参考我国台湾地区 1995 年"公寓大厦管理条例"有关这方面的规定而拟定的。

应该特别提到的是，对于建筑物区分所有权，1945 年以前的大多数国家和地区大都把它规定在民法典物权编中（如《瑞士民法典》把它规定在第 712a 条至第 712t 条中），1945 年以后则一般不把它规定在物权编中，而是制定专门的特别法，如德国于 1951 年制定了《住宅所有权法》；日本于 1962 年制定了《建筑物区分所有权法》；法国于 1938 年制定了《关于区分各阶层不动产共有的法律》，之后于 1965 年对它进行修正，1967 年 3 月 17 日又以行政命令补充该修正，称为《住宅分层所有权法》，我国台湾地区干 1995 年制定"公寓大厦管理条例"。

起草物权法草案时，面临着将建筑物区分所有权规定在物权法中，还是另外制定特别的建筑物区分所有权法的问题。课题组分析、考量了德国、日本、法国及我国台湾地区的做法和经验，认为其通过制定建筑物区分所有权单行法来规范区分所有权关系的做法是成功的，而且可以最大限度地集中解决建筑物区分所有权的各项问题。但值得注意的是，在制定建筑物区分所有权单行法之前，这些国家和地区也是将建筑物区分所有权规定在民法典的物权编中的，仅在取得了经验后，才制定正式的单行法。我们现行的民事立法体系中，并无关于区分所有权的规定，且没有积累起这方面的实践经验，故宜把它规定在物权法中，待积累起实施区分所有权制度的实践经验后，再考虑制定单行的区分所有权法。

（6）不动产相邻关系

不动产相邻关系，简称相邻关系，自罗马法以来，各国家和地区物权法无不对此作出规定。不过，在1945年以前，各国家和地区关于相邻关系的规定，大多为平面的土地相邻关系，如法国、奥地利、德国、日本、瑞士及我国台湾地区均属之。之所以如此，是因为在1945年以前，人类对于土地的利用是"平面的利用"。当此之时，建筑技术落后，建筑物多为低矮的房屋，对土地的利用仅限于"平面的利用"。但是，1945年以后，尤其是1960年以后，建筑技术有了巨大进步，人类对于土地的利用开始发展到"立体的利用"，表现为建筑物向高空和地下发展，几十甚至上百层的建筑物随处可见。在这种背景下，土地的平面相邻关系遂演变为立体的相邻关系，邻近的各高层建筑物之间滋生出种种纠纷。此种因高层建筑物的邻近而引起的各种权利义务关系，学说称为建筑物相邻关系，由此而产生的纠纷主要有日照妨害、通风妨害、风害、电信妨害、光害等。[1]

对于应当如何规范这些相邻关系纠纷，德国、法国、瑞士、日本及我国台湾地区均未设立相应的规定。惟最近数十年来，这些国家和地区在审判实践中已经积累起了处理这些纠纷的经验，且学者也对如何处理这些新类型的相邻关系纠纷作了许多卓有成效的研究。例如在日本，以好美清光先生为代表的学者提出了解决这类纠纷的著名的"忍受限度"理论。《中国物权法草案建议稿》参考各国家和地区积累起来的审判经验、学说理论，特别是日本的"忍受限度"理论，于第136条等处规定了处理这些相邻关系纠纷的基本原则。这些规定表现了《中国物权法草案建议稿》区别于其他国家和地区物权法的重要特色，值得注意。

（7）关于不可量物侵害制度

不可量物侵害，德文称为Immisson，指相互邻近的不动产的所有人或使用人

---

[1] 参见陈华彬：《物权法原理》，国家行政学院出版社1998年版，第379页以下。

发出的噪音、煤气、烟气、恶臭、蒸气、灰屑、喧嚣、震动等所谓"看不见、摸
不着"的物质所引起的对邻人的侵害。《德国民法典》第906条、《瑞士民法典》
第684条和我国台湾地区"民法"第753条皆设有该项制度的明文。《日本民法》
虽未设立明文，但学者通说一直都承认该制度。[1]

德国、瑞士及我国台湾地区关于不可量物侵害的规定，内容大体相同，未有
重大差异。《中国物权法草案建议稿》借鉴德国、瑞士、我国台湾地区关于该项
制度的规定，并作了重要创新，于第134条规定："土地所有人或使用人，于他人
的土地、建筑物或其他工作物有煤气、蒸汽、热气、臭气、烟气、灰屑、喧嚣、
无线电波、光、振动及其他相类者侵入时，有权予以禁止。但其侵入轻微，或按
土地、建筑物或其他工作物形状、地方习惯认为相当的除外。"该条所作的重要
创新，是将无线电波、光等也明定为不可量物，其发生侵害的，同样构成不可量
物侵害，加害人将承担相应的侵权行为责任。

（8）关于动产所有权的善意取得

动产所有权的善意取得，又称即时取得，《德国民法典》第931条以下、《日
本民法》第192条以下、《瑞士民法典》第933条以下以及我国台湾地区"民法"
第801、948、951条等，皆设有该项制度的明文。

《中国物权法草案建议稿》主要借鉴《德国民法典》的规定，而于草案第
145条以下明文规定了善意取得制度。首先，借鉴《德国民法典》的经验，把善
意取得的标的物区分为占有脱离物与占有委托物。占有脱离物，指赃物、遗失
物、遗忘物、误取物等，非基于物的所有人或使用人的意思而丧失占有的物；占
有委托物，指基于物的所有人或使用人的意思而丧失占有的物，如把物借贷给他
人使用，该他人因而取得物的占有的，该他人所占有的物即属于占有委托物。在
作了这种区分后，复取法《德国民法典》的经验，明定只有占有委托物才完全适
用善意取得，至于占有脱离物，则有条件地适用善意取得。最后，借鉴《德国民
法典》第932条第2项关于"善意"的判断基准的规定，明定所谓善意，指无重

1　参见［日］铃木禄弥：《物权法讲义》，创文社1994年版，第13页。

大过失的善意；有重大过失的善意，不能谓为善意，从而也不发生善意取得。

（9）关于遗失物的拾得

遗失物的拾得，近现代及当代各国家和地区民法，如《德国民法典》第965条以下、日本《遗失物法》及我国台湾地区"民法"第803条以下，皆设有明文。依照这些规定，拾得价值较小的物者，可以立即取得其所有权。拾得价值较大的物者，则需要将该物交付给就近的公共权力机构，如派出所、居委会、村委会等。这些公共权力机构受领拾得人交来的遗失物后，应当进行公告，寻找遗失人。公告期为6个月，6个月期间届满后，如无人认领拾得物的，则该遗失物由拾得人取得其所有权；如遗失物的权利人（如所有权人）或有权受领人认领了遗失物的，则拾得人可以请求其支付相当于遗失物价值3%—20%的报酬。

1986年《民法通则》第79条第2款关于遗失物拾得的规定应当进行认真研讨。该款规定："拾得遗失物、漂流物或者失散的饲养动物，应当归还失主。因此而支出的费用由失主偿还。"依此规定，拾得人即使拾得价值甚小的物，如一分钱，也不能取得其所有权。而且，他还负有寻找失主并把这一分钱交还给失主的义务。这一规定，是继受苏联1964年民法典的规定而来，把拾金不昧的道德规范直接上升为法律规范。但是，在实行社会主义市场经济的形势下，这一规定在实践中已很难付诸实施，因为它过度地拔高了人的主观能动性和自觉性，忽略了人们对利益的需要。有鉴于此，应直接借鉴德国、日本及我国台湾地区关于遗失物拾得的规定，重新创建遗失物拾得制度，此即《中国物权法草案建议稿》第152—163条。

（10）关于发现埋藏物

发现埋藏物的立法例，自罗马法以来约有三种：一是，发现人取得所发现的埋藏物的所有权，称为发现人取得主义。依此主义，埋藏物由发现人所有，或由发现人与土地所有人各取得一半。罗马法及法国、德国、日本、我国台湾地区采之。二是，公有主义，即埋藏物归国家所有。1964年《苏俄民法典》及我国《民法通则》第79条第1款采之。三是，报酬主义。依此主义，埋藏物归包藏物（如

土地）的所有人或使用人所有，但发现人可以请求埋藏物价值一半以下的报酬，
瑞士民法采之。

《民法通则》第79条规定，埋藏物一律归国家所有，是采所谓公有主义。虽
然又规定对于上缴的单位或者个人给予表扬或者物质奖励，但将表扬置于物质奖
励之前，而且未规定奖励的数额，这样的规定同样过高地估计了人们的主观能动
性和自觉性，故不宜采取。比较而言，发现人取得主义与报酬主义均有其合理
性。故《中国物权法草案建议稿》区分不同类型的埋藏物而分别采取发现人取得
主义和报酬主义：埋藏物若为普通物品的，采发现人取得主义，由发现人取得其
所有权，或由发现人与包藏物所有人共有；埋藏物若为有文物价值的物品的，采
报酬主义，归国家所有，而由国家给予发现人（或包藏物所有人）一定的物质奖
励。同时，考虑到土地的国家所有制和集体所有制，又规定，在土地中发现埋藏
物的，土地的使用权人可以主张所有权，[1] 以符合实际情况。

（11）关于共有制度

民法上的所有权，可以分为两类，一为单独所有权，一为共有。共有又可分
为分别共有与公同共有。分别共有，是数人按其应有部分对于一物享有所有权，
各共有人对于共有物的全部有使用、收益之权。公同共有的主要形态有合伙财
产、未分割的遗产、夫妻在婚姻关系存续期间的财产以及未分家析产的财产等。
当代所有权制度，以单独所有为原则。分别共有的发生，基于法律的规定者，甚
属罕见，基于法律行为者，固属不少，但其法律关系复杂，易滋纠纷。有鉴于此，
《中国物权法草案建议稿》遂主要借鉴我国台湾地区"民法"关于共有的规定，
设计了有限的共有制度，尤其是尽量限制公同共有的发生。

另外，现行法不使用公同共有一语，而使用共同共有概念。共同共有一语，
依中文的语法和逻辑规则，似有不妥，故借鉴我国台湾地区"民法"的做法，而
使用公同共有的概念替代之。

1　参见中国物权法研究课题组：《中国物权法草案建议稿：条文、说明、理由与参考立法例》，
社会科学文献出版社2000年版，第397页。

（三）用益物权

1.《中国物权法草案建议稿》用益物权部分的特色：与德国、日本、法国、韩国及我国台湾地区的比较

关于用益物权的种类。《中国物权法草案建议稿》规定的用益物权有：基地使用权、农地使用权、邻地利用权和典权。其中，典权仅韩国和我国台湾地区有类似的规定，德国、瑞士及日本并无与此相类似的制度。

《中国物权法草案建议稿》所规定的主要的用益物权——农地使用权，是不能在市场上辗转流通的。亦即，依《中国物权法草案建议稿》的规定，农地使用权不得作为交易的客体。与此不同，《德国民法典》上的用益物权，如地上权、役权、先买权和物上负担，《瑞士民法典》上的用益物权，如役权、用益权和土地负担，《日本民法》上的用益物权，如地上权、永佃权、地役权，及我国台湾地区修正"民法"物权编时追加规定的农用权等，原则上皆可以在市场上自由地转让、流通。

《中国物权法草案建议稿》所规定的基地使用权，是与德国、瑞士、日本、韩国及我国台湾地区的地上权相当的制度，但不直接采用地上权的概念，而是创造使用基地使用权的名称。另外，《中国物权法草案建议稿》所规定的邻地利用权，即其他国家和地区的地役权。之所以不启用地上权和地役权的概念，而使用基地使用权和邻地利用权的术语，乃是为了便于人们了解这些制度。

2. 各项制度的比较

（1）基地使用权

《中国物权法草案建议稿》第3章规定基地使用权制度。此所谓基地使用权，如上所述，即德国、瑞士、日本、韩国及我国台湾地区的地上权。《中国物权法草案建议稿》第196条规定："基地使用权，是指为在他人所有的土地上建造并所有建筑物或其他附着物而使用他人土地的权利。"不过，该基地使用权的内容远比其他国家和地区的地上权的内容宽泛，即其依中国的实际情况而规定了"依划拨方式取得基地使用权"，"依出让方式取得基地使用权"，及农村居民"依分

配方式取得宅基地使用权"。其中，仅"依出让方式取得的基地使用权"可以转
让、抵押和继承，其他则不可以转让、抵押和继承。而德国、日本及我国台湾地
区的地上权皆可以在市场上流通。德国《地上权条例》（1919 年）还规定了"所
有人地上权"制度，[1]而《中国物权法草案建议稿》则未规定这样的制度。

（2）农地使用权

《中国物权法草案建议稿》第 4 章规定了农地使用权制度。此农地使用权，
相当于我国台湾地区"民法"修正案中的农用权（现正式称为农育权），并且是
借鉴它的规定而拟定的。《日本民法》中与此相当的制度，为永佃权。之所以使
用农地使用权的名称，而不启用永佃权的概念，是因为永佃权这一名称具有封建
的因素。在社会主义市场经济体制下，当然应当摒弃永佃权的称谓，而使用农地
使用权的概念。

德国、瑞士及法国的民法典中没有与《中国物权法草案建议稿》所规定的农
地使用权相当的制度。

（3）邻地利用权

《中国物权法草案建议稿》第 5 章规定邻地利用权。此所谓邻地利用权，前
文谈到，即德国、瑞士、日本及我国台湾地区的地役权。之所以不使用地役权的
名称，一是因为地役权一语自 1949 年以来即不曾被立法部门及审判机关使用，而
邻地利用权的名称便于人们理解；二是启用邻地利用权的概念可以与基地使用
权、农地使用权相匹配，即这些权利的名称皆为五字，读起来也上口。当然，该
邻地利用权的内容，与其他国家和地区的地役权没有差异。

（4）典权

《中国物权法草案建议稿》第 6 章规定典权。依第 288 条的规定，所谓典权，
指支付典价，占有他人的不动产而为使用、收益的权利。在各国家和地区的民事
立法中，规定典权者，只有 1958 年《韩国民法典》（第 3 编第 6 章的传贳权）和
我国台湾地区现行"民法"。

1　参见陈华彬：《物权法研究》，金桥文化出版（香港）有限公司 2001 年版，第 379 页。

在外国法制史上，日耳曼法的古质，与中国的"典"类似，它规定，质权人得占有质物而为使用、收益，如质物不足以清偿债务或因事变而灭失的，债权人不得就债务人的其他财产取偿。法制史上，众所周知，日本曾长期继受、追随中国的隋唐法制，但在1867年进行法制改革后，却改采欧洲法制，将典权与不动产质权作同等对待，故其现行法并没有规定典权制度。[1]

在物权法中规定典权制度，颇能体现中国物权法的特色，因为典权为中国固有的制度，与中华民族崇敬祖先，重孝好名，于需款济急之际，如出卖祖产，虽非不孝之尤，也遭败家之讥，足使祖宗蒙羞，故力求避免。且祖宗遗产，享用多年，永远丧失，情所不甘，将其出典，可于经济好转后，照价收回，不致丧失，乃两全之策。[2]故应当继续保留典权制度。

应当说明的是，《中国物权法草案建议稿》关于典权的规定，是着重参考《韩国民法典》，尤其是参考我国台湾地区"民法"关于典权的规定而拟定的。

（四）担保物权

1. 《中国物权法草案建议稿》担保物权部分的特色：与德国、瑞士、日本、法国及我国台湾地区的比较

《中国物权法草案建议稿》担保物权部分，是在着重借鉴日本民法，尤其是借鉴我国台湾地区"民法"关于担保物权的规定的基础上拟定的。此外，还着重参考了德国与日本1945年以后在民间广泛推行的让与担保的实践经验。

需要特别指出的是，《中国物权法草案建议稿》没有规定德国与瑞士的流通抵押权，即投资抵押权制度，且规定的不动产担保权体系也没有德国和瑞士的不动产担保权体系那样错综复杂、盘根错节，使人如坠云里雾中，不易理解。以德国为例，《德国民法典》所规定的不动产担保权体系，是以不动产抵押权为中心的体系。而所谓不动产抵押权，包括不动产保全抵押权与不动产投资抵押权。不动产保全抵押权，相当于法国、日本的民法典及我国《民法通则》所规定的一般

---

1 参见苏永钦主编：《民法物权争议问题研究》，五南图书出版公司1999年版，第258—259页。

2 参见苏永钦主编：《民法物权争议问题研究》，五南图书出版公司1999年版，第275页。

的不动产抵押权。这种抵押权，是专以担保债权的实现为目的的，且以债权的先行存在为成立前提，抵押权附属于债权而存在，债权消灭，抵押权也随之消灭。所谓投资抵押权，又称流通抵押权，指用作收回投资的手段，以期流通的安全与确实的抵押权。这种抵押权，不以债权的先行存在为前提，而以促成债权的发生为目的。流通抵押权可以在市场上辗转流通。而且，在德国，流通抵押权是最主要的不动产担保权，故又称为普通抵押权，保全抵押权仅居于次要地位。在瑞士，所谓不动产担保权主要有三种，即土地抵押证券、债务证券及地租证券。[1]

德国的流通抵押权与瑞士的三种不动产担保权均以发达的证券市场为前提，且需要采取顺位固定主义，并实行抵押权与债权的分离原则。而所有这些，目前中国的不动产担保权实践、关于不动产担保权的理论及立法等，都还没有很好地解决。尤其是将抵押权作成证券在市场上辗转流通，特别需要建立各项完善的制度，否则是根本不可能推行的。考虑到这些情况，《中国物权法草案建议稿》遂仍一如既往地继续采取《民法通则》的立场，只规定保全性的担保物权（主要是保全性抵押权），并实行顺位升进主义与抵押权附随于债权的原则。而保全抵押权，法国、日本的民法典，尤其是我国台湾地区新近提出的"民法"物权编修正草案中的规定最具有参考价值。所以，该草案着重参考它而拟定了抵押权各条文。

2. 各项具体制度的比较

（1）抵押权

第　，是继续实行顺位升进主义，还是改采德国、瑞士的顺位固定主义？

现当代各国家和地区关于抵押权的立法，有所谓顺位升进主义与顺位固定主义之分别。所谓顺位升进主义，即第一顺位的抵押权消灭时，后顺位的抵押权得当然升进；与此不同，第一顺位的抵押权虽然归于消灭，但后顺位抵押权的顺位也不得升进的，称为顺位固定主义。顺位升进主义以法国、日本及我国台湾地区为代表，而顺位固定主义则以德国和瑞士为代表。

---

[1]　参见陈华彬：《物权法研究》，金桥文化出版（香港）有限公司2001年版，第473页和第565页以下。

对于以上两种主义，晚近以来，在采顺位升进主义的国家和地区，有学者主张改变立场，采取顺位固定主义，其理由为：在顺位升进主义之下，原居于第二顺位的二号抵押权人，本仅有就第一顺位抵押权人受偿后的余额受偿的机会，而今却因偶然情事，跃居第一顺位而受优先清偿，无异于受意外的利益。换言之，有取得不当利益之嫌。就债务人方面而言，设定第二顺位抵押权所负担的利息较高，其他条件也较苛，若因升进关系，使原居于第二顺位的抵押权人得先于其他债权人受清偿，对于债务人极为不利。故认为，顺位升进主义极不合理，应改采顺位固定主义。[1]

应当肯定，主张采顺位固定主义者的理由确属得当。但是，鉴于长久以来一直采取顺位升进主义，审判实践及一般民众对于它也很熟悉，运作起来也较方便，如改采顺位固定主义，必然会采取抵押权与债权的分离原则，而这一点实行起来却很困难，且要破坏已然建立起来的保全抵押权制度体系。特别是，在目前的审判实践和学说理论对于采取顺位固定主义几乎没有任何准备的情况下，即便在条文上规定采取之，在实践中也很难行得通。故决定继续坚持实行顺位升进主义。

第二，是否规定原始的所有人抵押权？

所谓原始的所有人抵押权，即不动产的所有人在自己的所有物上为自己设定抵押权，以后虽然可以复以该抵押物设定抵押权，但其顺位须位于该抵押权之后。此种抵押权，是不以债权的先行存在为前提的，故称为抵押权与债权的分立，即原始的所有人抵押权是一种独立的抵押权，并作成证券而于市场上辗转流通。依德国和瑞士的实践经验，要实行这种抵押权，既需要采取顺位固定主义，也需要采取抵押权与债权的分离原则。如上所述，实行这些原则，在目前中国尚有相当大的困难。有鉴于此，《中国物权法草案建议稿》遂未规定原始的所有人抵押权。

1　参见陈华彬：《物权法原理》，国家行政学院出版社 1998 年版，第 615 页。

（2）质权

质权，为一种重要的物的担保制度。依此制度，债务人或第三人可以将其所有的动产或权利移转给债权人占有，以担保债权的实现。质权与抵押权的重要差异，在于抵押权的成立无须移转抵押物的占有于债权人，而质权的成立则需要将质物移转给债权人占有，否则不能成立。近现代及当代各国家和地区，如德国、法国、日本、瑞士及我国台湾地区，皆设有质权制度，且其规定大都相同，没有重大差异。《中国物权法草案建议稿》关于质权的规定，是在借鉴这些国家和地区关于质权的规定后拟定的，不过其关于营业质权（第384条）的规定，是参考我国台湾地区修正后的"民法"物权编（第899条之一）后拟定的。其他国家，如德国等，并无营业质权的规定。

关于转质，《中国物权法草案建议稿》第365条第1款规定："质权人在质权存续期间，可以将质物转质于第三人。质权人对质物转质后所发生的任何损失，对出质人承担赔偿责任。但经出质人同意而将质物转质于第三人的，质权人仅对质物转质后因转质权人的过错而发生的损失，承担赔偿责任。"依此规定，可知《中国物权法草案建议稿》规定了两种转质，即责任转质和承诺转质。值得注意的是，同时明文规定此两种转质，可谓是《中国物权法草案建议稿》的一项重要特色。因为：第一，《德国民法典》《法国民法典》皆无转质的规定。第二，《瑞士民法典》第887条虽设有转质的规定，但不承认责任转质，而仅规定了承诺转质。我国台湾地区"民法"虽规定了责任转质，但不承认承诺转质。课题组认为，未经出质人同意的责任转质既然为法所许，则经出质人同意的承诺转质，当无不许之理。于是，分别参考《瑞士民法典》关于承诺转质和我国台湾地区"民法"关于责任转质的规定，而同时规定了这两种转质。

（3）留置权

在法制史上，留置权制度系滥觞于罗马法的恶意抗辩（exceptio doli）与诈欺抗辩的拒绝给付权。自1804年《法国民法典》以来，对于留置权是否为一项独立的担保物权，各国家和地区民法的立场未尽一致。《法国民法典》与《德国民法典》上的留置权，为债权的留置权，被置于债法部分规定。而《瑞士民法典》《日本民法》及我国台湾地区"民法"上的留置权，则为物权的留置权，被规定于物权编中。我国《民法通则》与《担保法》上的留置权，属于物权的留置权。根据《民法通则》与《担保法》关于留置权的规定的这一立场，《中国物权法草案建议稿》明定留置权为一种独立的担保物权。

不过，依《民法通则》和《担保法》的规定，留置权仅可适用于下列三种情况：保管合同、运输合同及加工承揽合同。可见，其适用范围十分狭小。而依《瑞士民法典》《日本民法》及我国台湾地区"民法"，凡债权的发生与动产有牵连关系的，债权人皆可留置该动产以担保自己债权的实现。考虑到民法规定留置权的目的在于贯彻公平原则，并可以最大限度地方便债权的担保，《中国物权法草案建议稿》借鉴了《瑞士民法典》《日本民法》及我国台湾地区"民法"的做法，于第392条明定："债权人占有债务人的动产而具备下列条件时，债权人可以留置其所占有的动产：（一）债权人的债权已届清偿期；（二）债权人对动产的占有与其债权的发生有牵连关系。因为营业关系而发生的债权届清偿期时，债权人对因营业关系而占有的债务人的动产，可以留置。"依此规定，不仅合同之债的场合可以发生留置，侵权行为、不当得利和无因管理的场合同样可以发生留置。

（4）让与担保

所谓让与担保，是指债务人或第三人为担保债务人的债务，将担保标的物的权利移转于债权人，于债务清偿后，标的物应返还于债务人或第三人，于债务不履行时，担保权人可就该标的物优先受偿的权利。法制史上，让与担保起源甚早。据考证，这一制度的源头可以溯及距今约3000年的古罗马时代。不过，法国、德国、瑞士、日本及我国民国时期编纂民法典时并未规定此制度。1945年以来，尤其是1965年以后，随着经济的发展而涌现的对于融资的极大需求，终于促使各国家和地区通过法院的判例而建立起了这一制度。在当今的日本、德国及英美法系国家，让与担保业已成为一种重要的担保方式，并发挥着愈益重要的作用。

中国现行的民法体系与实务中没有让与担保制度。不过，最近一段时间以

来，许多地方在房屋、汽车等的分期付款买卖中实行所谓按揭担保的方式。这种
方式，系由香港特别行政区引入，而香港特别行政区实行的所谓按揭担保，则来
源于英国法上的 Mortgage 制度。[1]德国、日本迄未在立法上规定让与担保，只是作
为判例法上的制度而认可其效力，学说称为非典型担保。考虑到中国许多地方已
在房屋的分期付款买卖中采用了所谓按揭担保的方式，而且所引起的纠纷因缺乏
法律规则而难获裁决，《中国物权法草案建议稿》遂取法德国、日本在审判实务
中积累起来的关于让与担保的经验，而拟定了让与担保的条文，此即第408—
416条。

（五）占有

占有，为近现代民法上的一项重要制度，惟关于占有的观念及占有在物权编
中的体系地位，各国家和地区认识并不一致。《德国民法典》认为，占有是一种
对于物的事实上的管领力，于物权编第1章设其规定（第854—872条）。《瑞士
民法典》也认为占有是一种事实，但将它规定于物权编最后一章（第24章，第
919—941条）。《日本民法》明定占有为一种权利，称为占有权，于物权编第2章
（第1章为总则）设其规定（第180—205条）。《韩国民法典》（1958年）也明定
占有为一种权利，同样称为占有权，于物权编第2章（第1章为通则）设其规
定，这是参考《日本民法》的规定的结果。我国台湾地区"民法"将占有规定于
物权编最后一章（第10章），明定占有为对于物的事实上的管领力。

上述各国家和地区关于占有在物权编上的体系编排，各自皆有正当的理由。
将占有置于物权编之前者，认为占有为物权如所有权、用益物权及担保物权的起
点和基石，是这些权利在外观上的表现，而且还是物权（尤其是动产物权）变动
的要件。将占有置于物权编之后者，则认为占有是一种"类（似）物权"，与本
权，如所有权、用益物权和担保物权，有天壤之别，不可同日而语，故应置于物
权编之后。

---

[1] 参见中国物权法研究课题组：《中国物权法草案建议稿：条文、说明、理由与参考立法例》，
社会科学文献出版社2000年版，第776页。

对于各国家和地区关于占有的观念及占有在物权编中的体系地位的不同编排应当进行比较、分析，并切实虑及目前中国民法学界与审判机关对于占有制度的了解情况。中国的审判机关，即人民法院，在民事审判实践中，从来把占有理解为一种事实，而不视之为一种权利。如果把占有视为一种权利，将不符合审判机关长期以来对占有的认识。此外，就 1990 年以来中国出版的物权法著作来看，也都主张占有是一种事实，而不将它视为一种权利。基于对这些情况的分析，《中国物权法草案建议稿》遂采取与德国、瑞士及我国台湾地区相同的立场，于第 417 条明文规定："占有，是指对于物事实上的控制与支配。"亦即将占有视为一种事实。

另外，关于占有在物权法中的体系编排，考虑到中国的物权法理论一直把占有理解为一种"类（似）物权"，并认为这种"类（似）物权"与所有权、用益物权和担保物权有天壤之别，故借鉴瑞士和我国台湾地区的做法，将占有规定于最后一章，即第 11 章。

四、结语：对《中国物权法草案建议稿》的评价

中国物权法的制定，是中国民事立法史上的一件大事。梁慧星研究员主持起草的《中国物权法草案建议稿》是一部立足于中国实际情况的草案，也是一部开放的、面向世界的草案。所谓开放的、面向世界的草案，即指该草案体现了现当代各国家和地区物权法发展的最新潮流及发展趋势，是一部可以与法国、德国、日本的民法典及我国台湾地区"民法"的物权编相提并论，甚至在某些方面超过了它们的草案。我们可以充满信心地说，即使《中国物权法草案建议稿》不能全部为我国立法机关所采纳，它也会对我国民法理论特别是物权法理论的发展有重要的建构性意义，并将在我国社会主义市场经济的建设过程中发挥积极而重大的作用！

对我国物权立法的若干新思考[*]

——兼评 2004 年 10 月 15 日《中华人民共和国物权法（草案）》
（委员长会议审议稿）

物权法的制定，是中国历史上开天辟地的重大事件。这是自清季修律标志着中国正式走上大陆法系以来民事立法史上的里程碑，也是改革开放以来我国民事立法趋于体系化、完善化的重要一步。物权法是我国自《合同法》颁布以后制定的另一部重要法律。合同法是规范财产的交易关系、流转关系的法律，而物权法是规范财产的归属关系、利用关系以及确保交易安全的法律。因此，从这个意义上说，物权法的制定较之于合同法，其意义更加重大。更重要的是，由于我国人民长久以来淡漠财产所有、财产私有之观念，加之国家长期实行社会主义公有制，对于什么是物权、什么是物权法等一系列问题，人们的观念也就很淡薄、很模糊。这恐怕是造成物权法迟迟难以出台的重要原因之一。2004 年 10 月 15 日，全国人大发布了《中华人民共和国物权法（草案）》（委员长会议审议稿）（以下简称《物权法草案审议稿》），标志着我国的物权立法进入了一个新阶段。本文拟结合该《物权法草案审议稿》的若干内容，对正在进行的物权立法提出若干新建议。

---

[*] 本文曾发表于《金陵法律评论》2005 年春季卷，今收入本书基本未作更动。另外，《浙江社会科学》2005 年第 6 期所载本书作者的《对我国物权立法的若干思考——兼评 2005 年 7 月 10 日〈中华人民共和国物权法（草案）〉》的主要内容和观点也大体与本文内容、观点相同或近似，故本书不复将之单独收入。

一、物权总则方面

在物权法之始即开宗明义规定物权总则，是近现代及当代多数国家和地区的做法。物权总则，是关于整部物权法的总的规则、总的原则，是整部物权法的"纲"之所在，"灵魂"之所系。《物权法草案审议稿》参考多数国家的做法规定了物权总则，包括"一般规定""物权的设立、变更、转让和消灭"以及"物权的保护"等。这部分的立法问题很多，举其荦荦大者，主要如下：

（一）是否需要全面详细地规定物权的客体——物

对这一问题，学者中有两种不同的意见：一种意见认为，物权的客体属于民法总则的内容，不宜纳入物权法中规定，待将来制定民法典时将它置于总则中规定。另一种意见认为，我国现在只有《民法通则》，而《民法通则》没有规定权利客体——物，而且在民法典一时难以出台的情况下，趁制定物权法之机，将其率先规定下来未尝不可。况且，权利的客体主要是物，而物是物权的基本客体。

在立法上，由中国社会科学院起草的物权法草案建议稿于总则的第 2 章中规定了物权的客体——物。全国人大的《物权法草案审议稿》未详细、全面规定物权的客体，只在第 2 条第 2 款概括地规定"本法所称的物，包括不动产和动产"，接着说不动产指什么、动产包括哪些内容等等。笔者认为，这样的做法堪称允当。因为在民法法典化的前提下，是不宜在民法典的物权编中详细、全面规定物权的客体的，而是应当将物权的客体（权利客体）的规定置于民法典的总则中。考虑到我国是"分批"地采取"零售"的方式制定民法典，可以考虑今后修改《民法通则》、制定民法总则时规定物权的客体——物。这样可以维系物权法本身的逻辑性、体系性和整合性。

（二）如何规定物权的定义

在条文中明确规定物权的定义，可以在 1811 年的《奥地利普通民法典》中找到踪迹。该法典第 307 条规定："物权，是属于个人的财产上的权利，可以对抗任何人。"这里所称的"物权"，虽然同 80 余年后的《德国民法典》所称的物权

概念存在差异，但这是立法史上首次以条文明确规定物权之定义。之后，几乎再
也找不到如此的先例。在我国，因人民物权观念淡薄，对于什么是物权尚不十分
明确，所以在立法采用"物权法"而不采用"财产法"的情况下，就有必要在条
文中明确规定物权的定义，而且这样做也有利于物权法的普及和物权文化的
传播。

《物权法草案审议稿》第 2 条第 1 款规定："本法所称物权，指自然人、法人
直接支配特定的物的权利，包括所有权、用益物权和担保物权。"这一定义初看
起来没有问题，但细看起来是有问题的。问题在于没有将物权的定义表述清楚。
此定义仅将物权的直接支配性表示出来，但物权除了该直接支配性外，还有另一
重要特性——排他性，即排除他人干涉的效力。将排他性丢掉了，物权的定义是
不全面的。直接支配性与排他性是物权区别于债权的两个显著特征，仅有直接支
配性尚不能确切地将二者区隔开来。所以，建议将本条关于物权的定义修改为：
"本法所称物权，指自然人、法人直接支配特定的物并排除他人干涉的权利，包
括所有权、用益物权和担保物权。"

（三）是否明确规定物权法定原则

从立法例上看，19 世纪末期和 20 世纪初期制定的民法典，如 1898 年《日本
民法》和 1929—1930 年《中华民国民法》，无不在条文中明确规定了物权法定原
则。德国、瑞士的民法典虽未明文规定，但迄至现今，这些国家的学说与司法判
例无不肯认这一原则。我国立法是否需要明文规定该原则，值得探讨。特别是在
我国现阶段学界有少数人试图否定该原则的情况下，这一问题之命运就显得更加
引人注目。不过依笔者之见，物权法定原则是不能动摇的物权法之一项基本原
则。如果否定了该原则，物权法的整个大厦将有崩塌的危险，物权与债权的界限
也将变得模糊，甚至全然消失。因此，该原则是切不可动摇的！《物权法草案审
议稿》第 3 条规定"物权的种类和内容，由本法和其他法律规定"，即在明确物
权法定原则。不过，考虑到物权法定原则的负面效应，制定物权法时应当尽可能
的将现实生活中具有公示方法的物权纳入其中，以尽可能地减少对物权类型的

遗漏。

（四）基于法律行为的物权变动采取何种规范模式

如所周知，物权变动就是物权的取得、变更和丧失，从另一个角度看也就是物权的发生、变更和消灭。依法律行为的物权变动如何发生，从罗马法以来就是一个重要问题。在德国的物权变动理论上，迄至萨维尼的物权行为理论提出前，在德国的民事立法上，迄至《德国民法典》于 1900 年正式施行，依法律行为的物权变动俱一直采取"权源与取得方式"理论。所谓权源，指取得原因，包括买卖、赠与、互易；所谓取得方式，指交付、登记。值得注意的是，此理论从 16 世纪由 J. 阿培尔（J. Apel）提出到《德国民法典》改采萨维尼的物权行为理论，一直支配了德国的物权理论及实务近 400 年。[1]

在世界范围内，关于依法律行为的物权变动如何发生，迄今主要形成了三种立法成例，即法国、日本民法的意思主义，奥地利所代表的债权形式主义，以及德国所代表的物权形式主义。在这三种规范模式中，德国所代表的物权形式主义涉及所谓物权行为独立性和无因性问题，是否采取之，在我国有两种意见：一是肯定主义的意见，主张基于法律行为的物权变动采取物权行为独立性和无因性；二是否定主义的意见，即不予采取。现在占通说地位的是第二种见解，即不予采取。

基于法律行为的物权变动，是物权立法中的一项重大问题，需要认真对待。可以预料，我国物权立法会采取第二种模式，即债权形式主义，不采取物权行为无因性。但对于物权行为理论需要作出以下几点说明：第一，物权行为理论是可以分解的。它并不是铁板一块的东西，而是可以分解为物权行为概念、物权行为独立性以及物权行为无因性三个部分。我们可以只承认其中的前一个部分或前两个部分，而不承认物权行为独立性或无因性。亦即，物权行为概念我们当然应当承认，它是与债权行为相对应的一个概念。没有物权行为概念，民法上的某些行

1　参见［日］舟桥秀明："关于德国不动产让与法的考察——以德国民法典制定以前的各领邦法为中心"，载《早稻田大学法学会志》第 48 卷（1999 年）。

为将难以得到说明。如抛弃自己的动产物权、不动产物权的行为，不从物权行为的角度去说明，又怎能从法理上将它说得清楚？至于物权行为的独立性，则可以从理论上承认它，如抵押权设定行为、质权设定行为，无一不是物权行为（物权契约）。第二，德国法依法律行为的物权变动采取物权形式主义，体现了德国人的"彻底性"精神，是德国人的分析的思维模式的表现。将一笔简单的物权交易分解为四个行为，这在东方人看来（我国台湾地区的情况特殊，应当除外）是难以理解的。一般而言，东方人的思维是一种综合的思维，日本的意思主义以及我国事实上会采取的债权形式主义，就是这种综合的思维的体现，它将物权变动的效果完全系于前面的原因行为，如买卖合同、赠与合同以及互易合同。亦即，买卖合同、赠与合同以及互易合同，既是取得物权的"受领原因"，也是保持所取得的物权的"保持原因"。

这里有必要提到《物权法草案审议稿》第 10 条。该条共分两款。其中第 1 款是："不动产物权的设立、变更、转让和消灭，应当登记；不经登记，不发生物权效力，但法律另有规定的除外。"该款规定系为正确。问题出在第 2 款："属于国家所有的土地、矿藏等自然资源，可以不经登记。"该款在文字上省略得太多，让人看不明白。难道属于国家所有的土地、矿藏等自然资源的设立、变更、转让和消灭不经登记就可发生物权变动的效力？事实正好相反，例如在国有土地上设定土地使用权就需要经过登记，不经登记，当然不发生物权变动的效力。所以，该款是一个值得商榷的规定。

（五）不动产登记的机关及形式审查主义与实质审查主义

物权是一种具有对世性的权利，其义务主体是权利人以外的所有的人。物权的效力由此强于债权。债权的义务主体是特定的，债权由此不具对世性，而只能是一种对人权。物权与债权在效力上的这种差异决定了物权的存在及其变动必须有向外界表明的方法。这种方法就是物权的公示。动产物权以占有为其公示方法，不动产物权以登记为其公示方法。《物权法草案审议稿》对此作出明确规定，应属正确。

发生问题的是，公示不动产物权的存在及其变动的机关由谁任之？对此问题，至少有三种意见：一是，由法院为之；二是，继续维持"多头登记"的现状；三是，设立一个专门的隶属于政府的不动产登记局予以登记。从现有的三个物权法草案看，中国社会科学院起草的物权法草案主张由法院登记；全国人大《物权法草案审议稿》主张"由不动产所在地的县级登记机构办理登记"（第11条）；中国人民大学起草的物权法草案对此没有明言，只规定"不动产登记，由不动产所在地的登记机关统一管辖"（第16条）。笔者认为，不动产登记机关，由法院担任为当。由法院担任，一方面是继受德国、瑞士的经验，另一方面可以确保登记的权威性、公正性。此外，由法院担任，使法院可以立于各种利害关系之上从容为之，避免由政府的某一部门或专设的不动产登记局登记不动产物权的享有与变动可能引起的部门利益或行政干预等问题。

由法院充任登记机关，具体指把登记机关设在县级人民法院，做到统一并与行政管理机关脱钩。登记簿往往在产权争议的案件中作为关键证据使用，登记机关设在县级人民法院，就免去了当事人取证的麻烦，免去了法院调取证据的麻烦，方便了诉讼。[1]

与不动产登记机关相关联的，是登记采实质审查主义还是形式审查主义。实质审查主义与形式审查主义，是指登记机关进行登记时拥有的权限范围的大小。实质审查主义，登记机关不仅要审查申请登记的各种书件是否齐备，且对于引起不动产物权变动的原因关系也需要审查。德国1872年以前的历史上，这种审查又称为法院审查，即法院通过诉讼程序审查。其结果是，这种审查涉及人民的隐私和商人的商业秘密，于是纷纷要求废除它。1872年《普鲁士土地所有权取得法》之出台所肩负的一个重要使命就是要革除实质审查主义给人民的生活和利益带来的弊端。在萨维尼的物权行为理论指引下，《普鲁士土地所有权取得法》规定，登记机关进行登记时只能直接审查引起物权变动的物权行为，对于引起物权变动的原因行为不得审查。如此就排除了登记的实质审查主义对于人民的私的生活的

---

[1] 参见梁慧星："物权法草案的几个问题"，载《清华法学》2005年第6辑。

侵害。可见，物权行为理论的功用最初是表现在这里的。也正因如此，后世学者在谈到《德国民法典》之规定物权行为理论和制度时，总说其与不动产登记有关。[1]

《物权法草案审议稿》在第 12 条至第 14 条规定不动产物权变动如何具体进行登记。从这些条文的内容看，不动产物权变动的登记，是采有限的实质审查主义。在我国立法不承认物权行为与债权行为的区分，及不承认物权行为无因性的前提下，此种立法值得肯定。但在实际的理解上，应注意理解"有限"二字，即不允许登记机关对不动产物权变动背后的私的生活关系乃至商业秘密进行审查。可以这样说，其为一种以形式审查主义为主，以实质审查主义为辅的审查主义。

（六）关于不动产登记簿的公信力

不动产登记簿的公信力，系指不动产物权的存在和变动一经登记机关于登记簿上登记完毕，所作的登记便被推定为正确。由登记簿受让不动产物权的人将确定的、终局性的取得该不动产物权，原不动产物权人不得追夺。我国是否应当承认、规定这一制度，从目前的情况看，多数学者倾向于规定之。不过，依笔者之见，以暂不承认、规定不动产登记簿的公信力为宜，理由如下：

第一，我国目前还没有建立起统一的不动产公示制度（登记制度），而不动产公示制度、登记制度之统一化，乃是确立不动产公信力的必要前提，考现代多数发达国家的经验，也会得出相同的结论，即只有建立起统一的、确定的登记机关，才谈得上承认不动产登记簿的公信力。

第二，建立不动产登记簿的公信力，需要专业的、专职的主持登记事务的专业人员。这方面的情况我国可谓是十分落后，可以说现在还没有开始。这应当说是承认不动产登记簿的公信力的最大障碍。之所以要求登记机关的登记人员是专业的、经过系统训练和培训的，乃是因为登记本身就是一项专业化、系统化、精密化的工作。

第三，我国目前的登记还没有实现全国联网，登记还是"多头登记"，各自

---

[1] 参见陈华彬：《物权法研究》，金桥文化出版（香港）有限公司 2001 年版，第 175 页。

为政，重复登记的情况也十分普遍，这些都是建立不动产登记簿的公信力制度的主要障碍。

第四，登记簿的公信力，关乎当事人和社会第三人的利益甚大，在建立、完善相关配套制度之前，是不能轻言法律上规定、承认不动产登记簿的公信力的。

第五，从世界范围看，某些主要的大陆法系国家，如日本，也没有建立起不动产登记簿的公信力制度。日本学者我妻荣、铃木禄弥等就坚决反对日本物权法中确立不动产登记簿的公信力，其原因之一是日本缺乏确立公信力制度的基础条件。

我国民法学界对于不动产登记簿的公信力研究不足，许多问题尚有待于进行深入探讨。正是因此，在《物权法草案审议稿》中才出现了一个规定不准确的承认不动产登记簿的公信力的条文，此即第 17 条第 1 款："不动产登记簿记载的事项，是物权归属和内容的根据。"物权归属和内容，由所有权制度去解决，而非由不动产登记簿的公信力解决。公信力要解决的是使人"信"的问题。该条规定从比较法的角度看也系不妥，承认公信力的国家的物权法通常也不作如此的表述。

二、财产所有权方面

（一）是否规定所有权的基本类型

《物权法草案审议稿》于第 5 章规定了所有权的基本类型。这一做法受到学者的质疑。究竟有无必要在物权法中规定所有权的基本类型，规定它又有什么益处，确实是值得探讨的问题。依笔者之见，以不在物权法中规定所有权的基本类型为宜。盖所有权就是所有人对所有物的占有、使用、收益和处分的权利。从哲学的角度来说，所有权具有唯一性，即只有一种，而并无将其区分为国家所有权、集体所有权、法人所有权、私人所有权等的必要。退一步说，即使要列举各种所有权，也是不能穷尽其种类的。另外，从国外的立法成例来看，也没有将所

有权区分为国家所有权、集体所有权、法人所有权以及私人所有权的先例，如德
国、瑞士、日本及新近的荷兰民法典均只在相应部分规定所有权的概念及所有权
的物权请求权。

《物权法草案审议稿》规定所有权的基本类型，实际上是旧经济体制即计划
经济体制在立法上的反映。按照苏联等社会主义国家的民法理论，所有制与所有
权是一对应概念，有什么样的所有制就有什么样的所有权。既然把所有权区分为
各种不同的类型，就意味着仍然存在着各种各样的所有制的区分。而将所有制区
分为不同的种类，现在看来已无多大意义。例如，我国现在的政策中就很少提到
全民所有制、集体所有制、个体所有制等一些以往使用的概念。这是历史的进
步。而《物权法草案审议稿》还回过头去将所有权区分为若干类型，无异于开立
法的倒车，是不应该的。

（二）是否规定财产所有权神圣不可侵犯

财产所有权神圣不可侵犯，曾是 1500 年以后西方资产阶级用来反叛、抛弃此
前的封建阶级，追求独立的人格自由，寻求社会政治地位时所启用的一个口号，
也是他们的政治宣言。1789 年法国《人权宣言》、1804 年《法国民法典》都表达
了同样的思想。特别是《法国民法典》第 544 条，规定权利人可以滥用自己的财
产权，如权利人可以使自己的土地荒芜，国家、社会和第三人都无权干预。这可
以说是彻底的财产所有权神圣不可侵犯的实例。但从《法国民法典》算起，经过
将近一个世纪的激荡，至 20 世纪开始以后，随着西方资本主义由自由竞争转向垄
断，社会思想为之一变，出现了所有权的社会化现象。这种所有权的社会化现象
表现为对财产所有权的神圣不可侵犯性、绝对性加以限制（抑制），禁止滥用自
己的财产权利。也就是说，法律将财产所有权的享有与利用予以区分，财产所有
权人对自己的财产享有所有权，但不得利用自己的财产来损害国家、社会和第三
人的利益，或者说使自己的财产不沿着社会整体利益的方向而利用。二战期间，
德、日等国利用财产所有权的社会化来剥夺和过分限制人民的私有财产，片面强
调所有权的社会化，结果使人民的私有财产沦为战争的道具。有鉴于此，二战

后，社会思潮一方面强调所有权的社会化，另一方面也不忽视对私有财产所有权的保护。这种兼顾私有财产所有权的保护和所有权的社会化的思想，被认为是一种合乎时代潮流的思想，国家立法、司法对法律的解释均应依此而行，否则将被视为不正当。学者认为，21世纪的所有权思想也必将沿着这一方向而发展。

我国现在制定物权法，当然应当顺应所有权发展的国际潮流，兼顾所有权的私的性质与所有权的社会化现象，不在物权法中使用财产所有权神圣不可侵犯的字眼。但是应当规定，财产所有权的归属是受到绝对保护的，法律所限制的是财产所有权的行使，即不允许财产所有人滥用自己的所有权，以及利用自己的财产所有权来损害国家、社会乃至第三人的利益。

（三）关于农村集体土地所有权

我国的土地所有权实行公有制，而公有制又采取两种形式，即土地国家所有制和农村集体土地所有制。国家土地所有权的主体是明确的，不存在主体不明确和模糊的问题。问题在于，依《民法通则》和《土地管理法》的规定，农村集体土地所有权的主体虽然属于农村集体，但究竟何为农村集体，即农村集体是指乡、村还是组，抑或是二者或三者的结合，这些都不明确。为此，是否需要在物权法中明确规定农村集体土地所有权的主体便成为一个问题。另外，有学者用日耳曼法的土地总有的观念来解释我国的农村集体土地所有权，这种解释是否真的说得通，是否真的合乎我国农村集体土地所有权的现状，也值得研究。问题的关键在于，我们要真正理解什么是日耳曼法的土地总有制度。如果我们未能真正理解日耳曼法的土地总有制度究竟指的是什么，即便用它来说明我国的农村集体土地所有权，也是无所助益的。

笔者认为，从我国农村的历史与现实出发，制定物权法可以不考虑重新确定农村集体土地所有权的主体是谁的问题。这样做有利于维持农村的现有秩序，以及农村社会生产力的稳定。亦即，不在农村集体土地所有权的主体究竟是谁上做过多的文章，而把精力和主要的制度设计放在农地使用权上，即只要农地使用权的主体是明确的、期限是有保障的，就可以调动农民的积极性，促进农村生产力的发展。换言之，通过强化农地使用权来弱化农村集体土地所有权。这样做的理由在于，迄至 2005 年，《民法通则》和《土地管理法》已实施近 20 年，20 年来虽偶有土地所有权归谁所有不明确的案件诉到法院，但毕竟是少数，一般而言，人们早已习惯了自己土地的边界，如今若通过立法改变它，无异于治丝益棼，有何实益？值得欣慰的是，《物权法草案审议稿》也采取了这样的策略。

（四）规定宗教财产属于宗教法人所有

在民法或民法典的物权编中规定宗教财产的所有权，这在当今世界各国还颇难见到。早期的民法典也鲜有于民法典的财产所有权部分规定宗教财产的所有权问题的。我国是一个宗教信仰自由的国家，有很多名山、很多寺庙，它们的财产权问题，现在是不清楚的。为了充分利用这些名山、寺庙，需要对它们的所有权的归属予以确定。故此，建议物权法规定：宗教财产，属于宗教法人所有。[1]

（五）是否规定取得时效

取得时效，是一种取得所有权和他物权的方式或途径，指以自主占有、和平占有、公然占有的方式占有某物，于经过法律规定的期间后即当然取得其所有权或他物权（主要是用益物权）。是否规定取得时效，早在制定《民法通则》时就有激烈争论。反对者的主要理由有三：一是，如果法律规定了取得时效，对那些行为不轨的人哄抢、私占公私财物，可能起到鼓励作用，这与我国"拾金不昧""公物还家""物归原主"的传统美德相矛盾；二是，近代以来，财产关系和调整财产关系的法律的变化，如土地法的独立、民法不动产登记制度的发达和动产善意取得制度的建立等，使得取得时效已无存在的必要；三是，取得时效与诉讼时效并行是不科学的，《民法通则》既然已经规定了诉讼时效，就没有必要再规定取得时效。与此不同，主张在我国民事立法上建立取得时效制度的人则认为，在社会主义组织之间或公民之间适当地采用时效取得制度还是有积极意义的，故此有必要建立适合我国国情的取得时效制度。

1　中国物权法研究课题组：《中国物权法草案建议稿：条文、说明、理由与参考立法例》，社会科学文献出版社 2000 年版，第 16 页。

取得时效是与诉讼时效相对应的，是取得所有权或其他物权的一种特殊方式。《德国民法典》与我国台湾地区"民法"将其规定于物权编的所有权部分，其意义正在于此。从法制史上看，取得时效先于诉讼时效而存在。[1]法国、日本基于观念上的差异，认为取得时效是一种占有时效，将其规定在民法典物权编的占有部分。但无论怎样，这些法典都建立起了系统的取得时效制度。我国实行社会主义市场经济体制，也应建立取得时效制度。最值得参考的是德国和我国台湾地区的规定，即将取得时效作为取得财产所有权的一种特殊方式而规定于物权编的所有权部分。

《物权法草案审议稿》未规定取得时效制度，其理由何在，不得而知。但不管怎样说，这都是我国物权立法中的重大缺漏，建议物权法于正式成为法律前予以弥补。

（六）应当怎样规定建筑物区分所有权：温情脉脉的立法主义抑或严格惩罚主义

建筑物区分所有权是近现代及当代物权法中的一种重要不动产所有权，其涵义一般采三元主义，即将建筑物区分所有权厘定为：由区分所有权人（业主）的专有所有权、对共用部分的共有所有权以及由区分所有权人（业主）参与管理区分所有建筑物的成员权相结合的权利。此为近现代及当代对于建筑物区分所有权的定义的通说。建议我国物权法的解释论也采此通说。

我国制定物权法时将如何规定建筑物区分所有权，是一个值得研究的问题。考现代各国关于建筑物区分所有权的立法成例，主要有两种，一是温情脉脉的立法主义，二是严格惩罚主义。前者是指区分所有权人违反了全体区分所有权人的共同利益时，并不强制拍卖其专有部分；后者是指区分所有权人如果违反了全体区分所有权人的共同利益，就要强制拍卖其专有部分。我国由学者起草的物权法草案建议稿，以及全国人大《物权法草案审议稿》均属于前者，即温情脉脉的立法主义。

1　苏永钦主编：《民法物权争议问题研究》，五南图书出版公司1999年版，第93页。

奥地利 1948 年《建筑物区分所有权法》和我国台湾地区"公寓大厦管理条例"为典型的严格惩罚主义。按照其规定，某一区分所有权人若违反全体区分所有权人的共同利益，如随意拆除梁、柱，随意改变房屋的结构，将被强制拍卖其区分所有单元（专有部分），被逐出区分所有建筑物。如此，即可遏制区分所有权人的恣意行为，而维护全体区分所有权人的居住品质。

（七）规定不可量物侵害制度

不可量物侵害，为德语 Immission 一词的意译，为 19 世纪以来德国、瑞士、奥地利及意大利民法典中的重要概念，系指噪音、煤烟、震动、臭气、尘埃、放射性等不可量物侵入邻地造成的干扰性妨害或损害，性质上属于物权法相邻关系的一种类型。对于不可量物侵害的规定见于《德国民法典》第 906 条、《瑞士民法典》第 684 条、《奥地利普通民法典》第 364 条第 2 项、《意大利民法典》第 844 条。

在英美法系国家，与德国、瑞士等的不可量物侵害相当的制度为安居妨害、不法妨害抑或权益妨害制度。据此制度，各种不法妨害他人享有的与土地有关的权利的行为均为安居妨害行为，其性质属于侵权行为之一种，具有造成损害的间接性、排他性和干扰性等特征。因英美法系无物权请求权制度，故不可量物侵害通常被归入侵权行为的范畴，其法律效果系以损害赔偿为中心。

《法国民法典》对于煤烟、震动、噪音等不可量物侵害完全没有规定，后经判例学说的协力，形成了规范相邻建筑物间、建筑物与土地间以及土地与土地间所生的不可量物侵害的一般规则。这一规则，称为近邻妨害法理。依此法理，引起近邻妨害责任的唯一实质要件，是发生损害的"异常性"或"过度性"。具体而言，在一方致另一方的损害超越了近邻关系（相邻关系）通常的忍受义务的限度时，加害一方即应承担民事责任，至于其主观上是否有过错，则非所问。也就是说，法国的近邻妨害责任，乃是一种无过错的侵权行为责任。

由中国社会科学院起草的物权法草案建议稿规定了不可量物侵害制度，中国人民大学的物权法草案建议稿与全国人大《物权法草案审议稿》均未规定该制度。毫无疑义，后二者对于不可量物侵害不予规定的立场是失当的。不可量物侵害制度为现当代物权法中一种重要制度，我国物权立法理应予以规定。

（八）是否规定建筑物相邻关系

建筑物相邻关系，系指一栋建筑物内彼此邻接的住宅所有人、利用人之间，相邻近的建筑物所有人或利用人之间，以及建筑物所有人或利用人与邻近的土地所有人或利用人之间，一方所有人或利用人的支配力与相邻方所有人或利用人的排他力相互冲突时，为调和其冲突以谋共同利益或生活，而由法律直接规定的权利义务关系。具体言之，建筑物相邻关系包括以下三种：

第一，一栋建筑物（如区分所有建筑物）内，因各所有人或利用人的住宅单元彼此邻接而发生的相邻关系，又称建筑物内相邻关系，以区分所有建筑物相邻关系为其典型。

第二，相邻近的建筑物所有人或利用人间，因各自的建筑物彼此邻近而发生的相邻关系。

第三，建筑物所有人、利用人与邻近的土地所有人、利用人之间，因建筑物与土地相邻近而发生的相邻关系。

从相邻关系的发展史看，是先有土地相邻关系，后有建筑物相邻关系，现今已构成二者并存的格局。建筑物相邻关系，是较土地相邻关系更为复杂的一种相邻关系，它是 20 世纪开始以后，尤其是 20 世纪 60 年代以来，工业文明迅速发展，城市环境恶化和土地高度立体化利用的结果。建筑物相邻关系一方面扩充了民法不动产相邻关系的内容，另一方面也向传统的相邻关系提出了挑战。因此，如何有效规范这类新型的相邻关系，系为各国家和地区不动产立法、判例与学说面临的一项重要课题。[1]

（九）规定日照权

日照权，从另一个角度又可称为日照妨害。日照妨害一语，系由日本判例与

---

[1]　关于是否规定建筑物相邻关系，早在 20 世纪 80 年代中期我国台湾地区修改其“民法”物权编时就提出来了。参见王泽鉴：《民法物权》（通则·所有权），1992 年自版，第 28 页。

学说所创。德国与此相当的概念为采光妨害，英美法系国家与我国称为采光权侵害。日照妨害，简言之，指对于日照权（采光权）的侵害，是过度利用城市土地而产生的城市土地问题之一（在农村也有可能发生此类侵害）。

关于日照妨害的性质，主要有两种不同的学说：消极侵害说与积极侵害说。消极侵害说认为，日照权并不是受害地固有的自然权利，而是邻地的一种恩赐。因此，经由邻地照射而来的阳光，其日照利益仅在邻地利用前方能享有。受害地所有人或利用人与日照经由地所有人或利用人如未设定禁止建筑高楼的地役权（不动产役权），受害地所有人或利用人不能以日照权受到侵害为由，请求排除侵害或损害赔偿。与此不同，积极侵害说则认为，日照与空气、水一样，同属于人类的共同资源，为一般人的生存所不可或缺，如有缺乏，个人的健康或生存将受到威胁甚至遭到严重破坏，故日照权为一种基本人权，即便是合法建筑，也不能剥夺邻地享受阳光的权利。受害地所有人与日照经由地所有人即使没有设定禁止建筑高楼的地役权（不动产役权），受害地所有人也可以人格权受侵害为由，请求排除侵害与损害赔偿。此两说中，以第二说为通说，值得采信。

在英国等英美法系国家，邻人的日照受到妨害时，受害人便可依英美法上被认为是侵权行为之一种类型的"安居妨害"（Nuisance）的法理，请求停止妨害或损害赔偿。在德国，依日照妨害发生的原因的不同，而分别适用公法规范《德国不可量物侵害防治法》与私法规范《德国民法典》第 903、906、1004 条的规定予以解决。此所谓不可量物，依《德国不可量物侵害防治法》第 3 条第 2 项的规定，系指对人、动物、植物和其他物质造成损害的污染、恶臭、震动、光、热和辐射线等。依《德国不可量物侵害防治法》的规范目的，只有"积极的日照侵害"，才可适用该法的规定。社会生活中的一般的"消极的日照侵害"，则应适用私法性质的日照、采光权的保护规定，即依《德国民法典》第 906、1004 条的规定予以应对。

由于特殊的气候条件和地理环境，较之德国和英美法系国家而言，日本的日照妨害相对严重一些，在 1960 年代末至 1970 年代中期尤其如此。这一时期，日照妨害引起了社会各方面的注意。不久，学界达成共识，认为日照妨害只有通过公法与私法的协力，才能得到有效的规范。

从 1965 年前后开始，日本有关日照妨害的判例急剧增加。但当此之时，判例一般仅对因违法建筑造成的日照妨害加以救济（昭和 42 年 10 月 26 日东京高判），而对合法建筑造成的日照妨害，则拒绝予以救济（昭和 41 年 10 月 1 日东京地判；昭和 43 年 1 月 31 日东京高判）。救济手段大多仅限于损害赔偿，禁止施工的诉讼请求一般不被承认，这种状况一直延续到昭和 43 年（1968 年）。昭和 44 年（1969 年），因日照妨害案件中，受害方要求停止施工的诉讼请求激增，法院不得不改变态度，转而承认停止施工的诉讼请求的合理性，这种做法延续至现今。

对于日照妨害问题，《物权法草案审议稿》第 83 条设有明文："建造建筑物，应当与相邻建筑物保持适当距离并且适当限制其高度，不得妨碍相邻建筑物的通风、采光和日照。"此规定为正确的规定，应属无疑。[1]

三、用益物权方面

（一）应规定怎样的用益物权体系，是否规定海域使用权

我国制定物权法应规定哪些用益物权，无疑是值得探讨、研究的。由中国社会科学院起草的物权法草案建议稿规定了基地使用权、农地使用权、邻地使用权及典权；由中国人民大学起草的物权法草案建议稿规定了土地使用权、农村土地承包经营权、宅基地使用权、地役权、典权、空间利用权和特许物权；全国人大《物权法草案审议稿》规定了土地承包经营权、建设用地使用权、宅基地使用权、地役权、典权、居住权。可见，各草案的规定是不一致的。究竟应当怎样确定我国的用益物权体系，无疑是一个需要仔细思量的问题。

这里的关键在于，传统民法中的准物权（特许物权），如探矿权、采矿权、

---

[1]　于物权法相邻关系部分规定日照权，在 20 世纪 80 年代中期我国台湾地区修正其"民法"物权编时也提出来了。参见王泽鉴：《民法物权》（通则·所有权），1992 年自版，第 29 页。

渔业权、取水权、驯养权、狩猎权等，是否应当纳入物权法规定？对此问题，笔者持反对意见，即不应当在物权法中规定它们，而是委由各单行的民事法如渔业法、水法、矿产资源法等规定，物权法可以原则上作一个规定。理由主要有二：第一，对于这些准物权，传统上一直不把它们规定在民法典的物权法部分；第二，这些准物权虽然亦称为"物权"，但它们与一般的物权，如地役权、地上权等，存在很大的差异，它们的取得往往需要行政机关的批准，它们的转让及设定抵押等也不像一般的用益物权那样自由进行，而是受到相当大的限制，有的甚至需要繁琐的程序。所以，以不把它们规定在物权法中为宜。这样一来，用益物权中就只剩下传统的地上权、农地使用权、典权、地役权、居住权了，这些是应当规定的。空间权主要是空间地上权、空间地役权和空间担保物权，不宜单独列出规定，分别规定在地上权（建设用地使用权）、地役权、担保物权部分即可。居住权是一种用益物权，法国、德国、瑞士等的立法、学说与司法实践均承认之。我国物权法规定居住权有其必要，目前乃至将来的社会生活也确实需要之，故应予以规定。

物权法是否规定海域使用权，笔者认为应当持肯定态度。海域使用权是一直就存在的一种重要的用益物权。我国现在已有《海域使用管理法》，依据该法，所谓海域，是指我国的内水、领海的水面、水体、海床和底土，在横向上包括海岸线到领海外部界线之间的海域，在纵向上包括水面、水体、海床和底土。如同土地一样，特定海域位置固定，不能移动，可以通过标明经纬度加以特定化。故海域具备民法上的物的特征，是一种类似于土地的不动产，可以以特定的海域设定物权。海域的所有权属于国家，但国家为了充分利用海域，可以设定海域使用权给他人。对特定海域的使用通常是一个长期的过程，故可以参考国有土地使用权有偿出让和转让的规定，分别根据所取得的海域的用途、目的确定海域的使用期限。

物权法将海域使用权明定为一种用益物权，具如下重要意义：第一，有利于理清各种海洋资源利用法律关系，建立科学完善的自然资源法律调控体系；第二，有利于保护海域使用权人的合法利益，稳定海域使用秩序；第三，有利于促进海域的合理开发和可持续利用，实现海洋资源的综合利用和统一管理。

综上所述，我国物权法应当规定如下用益物权系统：基地使用权、农地使用权、地役权、居住权、典权和海域使用权。空间权不单独规定，而是分别在基地使用权、地役权及担保物权中规定。

（二）规定法定地役权

在现当代物权法上，地役权包括意定地役权和法定地役权。法定地役权，指为了某项社会公共利益，根据法律的规定而设立的地役权，多发生在两地相距遥远、远隔千山万水时设立地役权的场合。如我国的"西气东输""南水北调"，沿途输气管道和输水管道所占用的他人的土地，其权利根据就是"西气东输"部门、"南水北调"部门所取得的对他人土地的地役权。因这些活动是增进社会的公益的，故无须征得土地所有人或使用人的同意，而直接设立地役权。但这些部门应当给予沿途所经过的土地所有人或使用人相应的对价，以符合民法的等价有偿原则。对于法定地役权，建议我国物权法予以规定。

四、担保物权方面

（一）让与担保是否纳入担保物权体系以及应当如何对待典型担保尤其是抵押权的发展问题

物权立法应当如何规定担保物权体系，是物权立法中的一个重要问题。从《物权法草案审议稿》来看，其只规定了抵押权、质权、留置权和让与担保。其中，抵押权中又规定了所谓一般抵押权和最高额抵押权。这里的问题是，应当如何对待典型担保的各种发展形态，以及让与担保是否纳入物权法中规定。

根据担保权人所取得者是限定性的权利抑或完全性的权利，可将担保区分为典型担保与非典型担保。典型担保包括抵押权、质权、留置权；非典型担保，其种类甚多，举其荦荦大者，主要有让与担保、所有权保留及假（临时）登记担保。非典型担保中的所有权保留，《合同法》第 136 条已设有规定，当然无须在

物权法中重复规定。假登记担保是日本、韩国实务上广泛采用的担保形式，我国
物权法不规定之似也说得过去。问题在于让与担保。将此种担保纳入物权法并与
抵押权、质权、留置权并列规定是否妥当？让与担保，又称让渡担保，是转让自
己的所有权或其他权利来担保债权实现的担保方式。在日本，对于其是否为一种
担保物权，乃长期存在争议。多数学者不认为它具物权性，故日本也就仅止于以
判例、学说的方式认其担保性，而未将之升格为民法典物权编中的一种独立的
担保物权。有鉴于此，建议我国物权法也不将之纳入而与典型担保并列规定，而
以判例、学说的方式承认之，抑或在条件成熟的时候，制定专门的让与担保单行
法。这样做会使我国的物权法在学理和逻辑上臻于和谐，有利于法律的适用与法
官对法律的解释。由这些分析来看，《物权法草案审议稿》将让与担保纳入物权
法中规定乃是不适当的，建议将之删除。

另外一个方面，是如何对待典型担保的发展，尤其是抵押权的发展问题。抵
押权从 20 世纪六七十年代以来出现了许多新的发展动向或趋势。也就是说，出现
了许多特殊抵押权，包括企业担保、所有人抵押权、最高额抵押权、财团抵押
权、共同抵押权以及权利抵押权。这些新出现的属于抵押权总名目下的各种分抵
押权是否应纳入物权法规定，无疑是值得研究的问题。《物权法草案审议稿》将
最高额抵押权纳入规定，而未规定其他特殊抵押权。这是否意味着其他特殊抵押
权不重要？显然不是。其他特殊抵押权，如企业担保、所有人抵押权、最高额抵
押权、财团抵押权、共同抵押权，也都十分重要，它们发挥着担保债权实现的功
能。所以，笔者认为，应当在抵押权部分规定此等特殊的抵押权。如此，我国的
抵押权系统方可臻于完善。

（二）担保物权是否因主债权罹于诉讼时效而消灭，对于担保物权的存
续，是否应当规定除斥期间

对于主债权罹于诉讼时效后，担保物权应否继续存在，从而应否将担保标的
物返还给担保物权的设定人，除日本民法的立场较为特殊外，其余国家和地区民
法的立场大体相同，即主债权罹于诉讼时效后，担保它的抵押权、质权、留置

权，原则上不消灭，而是一仍其旧，继续存在。其中《德国民法典》关于此点的立场尤其明确。究其原因，乃在于以上民法典诞生之时节，物权与债权之区分的民法思潮正甚嚣尘上、盛极一时，即认物权为具有绝对性的支配权，债权为具有相对性的请求权，从而对于物权的保护应较债权为重。此表现在立法上，即是规定债权应罹于诉讼时效，而物权则否。进而，这些民法遂规定：诉讼时效的客体为债权请求权，作为支配权的物权不得为其客体。

值得注意的是，《德国民法典》与我国台湾地区"民法"之所以严格区分物权和债权之不同，从而规定仅债权得适用诉讼时效，而物权则否，乃在于其诞生之时，社会生活相对稳定、财产关系相对简单，财产的归属、利用关系（物权关系）与财产的交易关系（债权关系）的边界不独十分清楚、明了，而且所谓债权的物权化抑或物权的债权化也都没有出现或发生。

但是，在迈入 20 世纪以后，尤其是在 20 世纪的上半期，人类的社会生活乃发生了急剧变化。此间，人类先后经历了两次世界大战及 1929—1933 年的世界性经济危机。此外，还发生了无数次的地区冲突、局部战争和社会动荡。所有这些，均严重动摇了严格区分物权和债权的社会基础，物权和债权的楚河汉界由此被打破。亦即，物权和债权的分际已丧失其绝对性，并出现了债权的物权化和物权的债权化。在某些场合，某些权利究竟为物权抑或债权，已颇难判定，即出现了既不单纯属于物权也不单纯属于债权的"第三种权利"的现象。这种背景下，如果仍然一如既往地将诉讼时效的客体限定于债权的请求权，也就没有必要，且也不可能。从而，对属于支配权的物权，如抵押权、留置权和质权，是否皆不得适用于诉讼时效，也就不能不重新检讨。这就是，在抵押权、质权、留置权所担保的主债权罹于诉讼时效后，如俱认此等担保物权不随之消灭，而是永续存在，当属不妥。在将诉讼时效的客体规定为债权请求权的同时，应对主债权罹于诉讼时效后，担保物权的存续予以限制，即规定仅可在主债权罹于诉讼时效后的一定期间内存在。此一定期间即所谓除斥期间。也就是说，通过规定除斥期间来限制主债权罹于诉讼时效后的担保物权的存在。又鉴于抵押权成立后，抵押标的物仍由债务人或第三人占有，故抵押权所担保的主债权罹于诉讼时效后，抵押权存续的除斥期间应当较短，可以考虑规定为 2—4 年；[1] 而质权、留置权，其成立因以债权人占有标的物为要件，所以其存续的除斥期间应当较长，可以考虑规定为 5—7 年。[2]

（三）如何看待和认识德国、瑞士的抵押权对我国抵押权的影响

我国现行抵押权制度，其法律构造与法国、日本和我国台湾地区的抵押权制度大体相同，均属于以担保特定债权的清偿为目的的保全性抵押权。此保全性抵押权，系从属于债权而存在，抵押权本身不得作为交易的客体而于市场上辗转流通。此与德国、瑞士抵押权系以流通性为原则，抵押权本身可以作为独立的对象而于金融市场上辗转流通，显不相同。尤其是德国、瑞士抵押权的独立性原则，更是包括我国在内的法国法系国家的抵押权制度所不具备。应当看到，抵押权的独立性原则，一方面是德国、瑞士流通性抵押权制度赖以建立的基石之一（另一基石为抵押权的公示与特定原则），另一方面也使抵押权的价值权特性得到了最纯粹、最淋漓尽致乃至最一以贯之的表现。概言之，它使抵押权的价值权特性达到了表现上的无以复加的程度。故可以肯定，抵押权的独立性原则的确立，标志着人类法律文明在抵押权领域业已取得很高的成就。

这样说来，是否意味着抵押权的独立性原则就是现在乃至将来各国家和地区抵押权立法所应遵循的基本原则？换言之，各国家和地区关于抵押权的立法是否都应一体采用德国、瑞士民法抵押权原则？对此问题的回答毋庸置疑是否定的。盖因迄今为止的民法发展史已然印证了这样的事实：对于一个国家乃至一些国家来说是合理、妥当的制度，对于其他国家来说未必同样妥当。我国制定物权法时，完善现行抵押权制度将是这项立法活动的一项重要使命。完善的途径，除借

1　《担保法解释》第 12 条第 2 款将此期间规定为 2 年，而我国台湾地区"民法"规定为 5 年。

2　由中国社会科学院起草的物权法草案建议稿第 332 条规定：抵押权人自抵押物所担保的债权的诉讼时效完成后，经过 2 年不行使的，抵押权消灭。第 379 条规定：质权人在质权所担保的债权的诉讼时效完成后，仍可以对质物行使权利。第 402 条规定：留置权人在留置权所担保的债权的诉讼时效完成后，仍可以对留置物行使权利。这些规定中，第 332 条关于抵押权的规定应属正确，而第 379 条和第 402 条的规定则不能谓为正确，盖对作为债权人的质权人和留置权人保护得过头了。

鉴日本、法国等关于保全性抵押权的立法规定和判例学说的最新成果外，有疑问的是，我们可否借鉴或可在多大程度上借鉴德国、瑞士抵押权原则，尤其是抵押权的独立性原则？对此，学说理论自应首先作出回答。

按照德国、瑞士民法，抵押权独立性原则具体表现为抵押权抽象性原则、公信原则、证券化原则、顺位确定原则以及抵押权与抵押物的利用权相独立原则。兹逐一分述如下。

第一，抵押权抽象性原则，即抵押权与被担保债权绝缘，抵押权本身以抽象的方式存在。德国民法的土地债务、定期金土地债务，瑞士民法的地租证券和抵押债务证券，都是建立在抵押权的抽象性原则之上的。这一原则彻底消弭了抵押权的从属性，使抵押权得以在市场交易中自由地辗转流通。与此不同，我国民法认为抵押权的从属性为抵押权的基本属性（最高额抵押权的承认，为抵押权从属性之放宽），与德国、瑞士截然不同。

从我国现在的实际情况看，要否定抵押权的这一属性，进而使抵押权完全独立于债权而存在，并自由地辗转流通，存在诸多障碍。

第二，抵押权公信原则。抵押权的存在既然以登记为其表征，则信赖此表征而有所作为者，纵令其表征与实质的权利不符，对于信赖此表征的人也不生任何影响，此即抵押权公信原则。按照德国民法，不仅抵押权，即使是流通性抵押权中的债权，如果在登记簿上进行了登记，也同样认为其具有公信力。瑞士民法的地租证券和抵押债务证券，亦与此同。

我国现行抵押权立法，不承认抵押权公信原则。但可以肯定，随着我国社会主义市场经济的不断发展，在抵押权中导入抵押权公信原则，不仅有其必要，而且也有其实益。故可以肯定，实行抵押权公信原则，将是我国未来抵押权发展的一个方向。但问题在于，实行抵押权公信原则，须以存在完善的不动产登记制度为其前提。而这一点正为我国现今所不具备，可见我国在建立起完善的不动产登记制度前，欲采取抵押权公信原则，不仅不可想象，且也是不可能的。

第三，抵押权证券化原则，即将抵押权附着于证券之上，视作独立的动产，并依有价证券的规则确保其流通的原则。德国民法的抵押证券、土地债务证券，瑞士民法的地租证券、抵押债务证券，均为抵押权与债权相绝缘，并使抵押权附着于证券之上，进而使之于金融市场辗转流通的制度。如果抵押权得以证券化，则其媒介投资手段的功用将显露无遗。另外，为了使抵押权可以作为一种商品于市场上流通，最有效的办法也是使之证券化，除此之外别无他途。

可见，抵押权证券化，颇能合乎现代工商业发达社会的需要。因为在资本的需求与供给之间，证券乃是最佳的媒介手段，而抵押证券尤能完成这一使命。在我国，因迄今尚未建立抵押证券制度，故抵押权证券化现今不过为一种理论上的构想，要真正付诸实现，需要首先制定抵押证券法。

第四，抵押权顺位确定原则，即使抵押权的顺位固定，先顺位抵押权消灭，后顺位抵押权不得递升其顺位的原则。我国现行抵押权制度，系采抵押权顺位升进原则，先顺位抵押权消灭后，后顺位抵押权得当然升进。笔者认为，基于民法公平正义观念，以及为了平衡各方当事人的利益，建议改采抵押权顺位确定原则。

第五，抵押权与抵押物的利用权相独立原则，即抵押权不受自身设定之后才成立的利用权的不测威胁的原则。此所称利用权，包括建设用地使用权、土地承包经营权、所有权等。德国民法明示采取此原则。在瑞士，对于是否采取该原则，其民法未作规定，而是委由州法规定。

法国与日本民法对于抵押权设有涤除制度。依此制度，抵押权与抵押物的利用权相独立原则已不复存在。因为依涤除制度，抵押权设定后，抵押物的第三取得人（就抵押物取得所有权的人、建设用地使用权人和土地承包经营权人）可以向抵押权人支付或提存与抵押物相当的价金而消灭抵押权。因此，在法国、日本民法中，抵押权并不是与抵押物的利用权相独立的。我国现行法不承认抵押权的涤除，同时也无与涤除相类似的制度，故可以肯定，我国现行法与德国、瑞士民法相同，采抵押权与抵押物的利用权相独立原则，不承认抵押物的第三取得人，如建设用地使用权人、所有权人等，可以通过向抵押权人支付或提存与抵押物相当的价金来消灭抵押权。

（四）规定原始的所有人抵押权的难点

原始的所有人抵押权，以德国民法的规定为其代表，指在不存在任何债权、债务关系的情况下，土地所有人至登记机关以自己的土地为标的物为自己设定一项位置确定、担保金额确定的抵押权，该抵押权因以自己为抵押权人，且自始是通过登记而设定，故称为原始的所有人抵押权。我国物权法是否应规定此种抵押权，涉及我国的抵押权是采顺位固定主义还是顺位升进主义的问题。

顺位固定主义，指抵押权的先顺位消灭时，排在后面的后顺位抵押权不升进，先顺位抵押权尽管已经消灭，但仍然可以获得分配；顺位升进主义，指先顺位抵押权消灭时，后顺位抵押权的顺位得当然升进。前者以德国、瑞士民法为代表，后者以法国、日本民法为其典范。我国现行法关于抵押权系采顺位升进主义，与法国、日本民法的规定一致。若要在物权法中规定原始的所有人抵押权，其中首要的问题就是要采顺位固定主义。如果不采顺位固定主义，规定原始的所有人抵押权即成为一句空话。

五、占有制度方面

我国学界尽管对占有的问题研究较少，但占有制度的理论是固定的、定型的，所以物权立法过程中可以直接将占有的法理搬来写成条文，而不存在需要先解决某一问题以后才可以规定另一制度的问题。尽管如此，对于占有，仍有下列各点值得指明。

第一，占有究竟为事实状态还是权利？对此，立法例上有两种不同的成例：一是，日本民法将占有规定为一种权利，称为占有权；二是，多数国家和地区将占有规定为一种事实状态。无论从理论还是从立法成例看，我国将占有规定为一种事实状态的做法都是正确的。

第二，规定占有状态的推定。对物的占有既然存在着各种各样的状态，不同的占有状态所生的效力也就各异其趣。占有人就占有物是否以所有的意思、善意并无过失、公然、和平与继续占有，关乎占有的效力甚大，若均需由占有人举证

证明，非但不易，且也与法律维护社会的现状的目的相违。故而，对于占有的状
态，乃应设推定制度。

第三，规定占有的取得方式，包括原始取得与继受取得两种方式。

第四，规定占有的权利推定效力，以及占有人与回复请求人的权利义务。

第五，规定占有人的自力救济权、占有保护请求权。

物权法草案的成功与不足[*]

《中华人民共和国物权法草案（第三次审议稿）》（以下简称"物权法草案"）于 2005 年 7 月 10 日已公之于众，向全社会广泛征求意见。该草案共分 5 编、20 章、268 条。与前两次审议稿相较，第三次审议稿的得失主要体现在以下方面。

一、物权法草案的成功之处

此次物权法草案的最重要的成功之处在于，其条文的规定更加通俗化，更加贴近人民群众，更易于为人民群众所理解，即人们所说的"物权法的大众化"得到了实现。人们仅从条文上看，就大体能够明白什么是物权，什么是所有权，等等。例如，物权法草案所规定的"业主的建筑物区分所有权"，这一名称具有典型的中国特色，其他国家称其为"建筑物区分所有权"。我国的立法者在立法的过程中，考虑到这一概念不为人们所理解，就在建筑物区分所有权的前面加上了"业主的"三个字。立法目的显然是，要让人民大众都能看得懂物权法，都能明了物权法究竟在规范什么。

我国的立法者之所以在物权法上追求通俗化、大众化，重要原因之一是，人们对于物权知识的了解还比较浅显。我国学者对物权制度的研究是从 20 世纪 80 年代中后期才开始的。在此之前，官方和学界对物权这一概念一直持批判和排斥

---

[*] 本文曾发表于《中国社会科学院院报》2005 年 8 月 23 日第 3 版，今收入本书基本未作改动。

态度。《民法通则》就有意回避"物权"一词，而只使用"财产所有权和与财产所有权有关的财产权"的名称。因此，现在起草物权法，将它的内容规定得通俗些、大众化些，乃有其深刻的社会历史背景。此外，还要看到，物权法草案向全社会公开征求意见，也是一个普及物权观念的过程，是对人民长期以来不了解物权法为何物的一个必要的补充。从这些方面来看，物权法的通俗化、大众化，以及向全社会公开征求意见，都是十分必要的。

二、物权法草案的不足之处

第一，关于物权的定义。第 2 条第 3 款规定："本法所称物权，指权利人直接支配特定的物的权利。"关于物权的这个定义是不完整的，它只说明了物权是一种直接支配特定物的权利，而没有说明这种权利具有排除他人干涉的效力。

第二，规定了较多非属物权关系的内容。例如第 67 条规定："国家保护私人储蓄、投资及其收益。国家保护私人的财产继承权及其他合法权益。"储蓄、投资和财产继承，不是物权关系，不属于本法第 2 条规定的调整范围。第 69 条规定："国家、集体和私人依法可以设立合资经营企业、合作经营企业，也可以设立独资企业。国家、集体和私人所有的不动产和动产，投到企业的，由出资人按照出资比例享有资产收益、重大决策以及选择经营管理者等权利。"该条规定也同样不属于物权关系，不属于本法第 2 条规定的调整范围。第 71 条规定："违反国家规定，以无偿或者低价折股、低价出售等手段将国有企业、集体企业的财产转让，造成国有企业、集体企业财产流失的，应当依法承担民事责任和行政责任；构成犯罪的，依法追究刑事责任。"该条规定不属于物权关系，同样不属于本法第 2 条规定的调整范围，应当由国有资产管理法、刑法予以规定。

第三，有些本应该规定的制度，物权法草案却没有规定。以典权为例，[1]典权为中国固有物权制度，对世界及东亚各国均有影响，现行《韩国民法典》就有有

---

[1]　以下对于典权的论述，系依据、参考梁慧星先生 2005 年 7 月 31 日作于春实园的《对物权法草案（第三次审议稿）的修改意见》。

关典权的规定。在中国传统思想中，绝不轻易出卖祖产，遇急需资金或生活困难无其他解决办法时，以设立典权作为替代。出典人将自己所有的不动产交付典权人占有、使用、收益，以换取相当于卖价之金额，而保留该财产的所有权，待日后有能力时可以原价赎回。典权人以支付低于买价之典价，而取得典物的占有、使用、收益权，且日后还有取得典物所有权的可能。出典人与典权人两全其美，各得其所。典权制度因此而兴，经历代而不衰，但均属于习惯法制度。

制定物权法应如何对待我国习惯法上的典权，学者意见分歧，分为典权保留论与典权废止论。典权保留论的主要理由：（1）典权为我国独特的不动产物权制度，充分体现了中华民族济贫扶弱的道德观念，具有中国特色；（2）典权可以同时满足用益需要和资金需要，典权人可取得不动产之使用收益及典价之担保，出典人可保有典物所有权而获得相当于卖价之资金，以发挥典物的双重经济效用，为抵押权制度所难以完全取代；（3）随着住宅商品化政策之推行，私有房屋大量增加，一些房屋所有人因种种原因长期不使用而又不愿出卖房屋，设定典权可以避免出租或委托他人代管的麻烦，因此应保留典权。

典权废止论的主要理由：（1）典权之所以产生，在于我国传统观念认为变卖祖产属于败家，受人耻笑，而现今市场经济发达，人们观念改变，于急需资金时出卖不动产或设定抵押，为正常的经济行为，因此典权无保留必要；（2）随着国际贸易的发展，国内市场与国际市场接轨，民法物权制度逐渐趋同，称为物权法的国际化，典权为我国特有制度，现代各国无与之相同者，为适应物权法国际化趋势，宜予废止；（3）我国实行土地国家所有和集体所有制度，就土地设定典权已不可能，就房屋设定典权虽无统计数字，但依法院受理案件的情形推论，出典房屋的实例也极少，保留典权价值不大。

考虑到我国地域辽阔，各地经济发展不平衡，传统观念与习惯之转变不可能整齐划一，即使少数人拘于传统习惯设定典权，物权法上也不能没有相应规则予以规范。立法者曾设想废止典权而对于少数人拘于习惯设立的典权关系准用关于附买回权的买卖的规则。但附买回权的买卖为债法制度，其效力较物权弱，一旦买受人将标的物转让他人，买回权势必落空，致使出典人利益遭受损害。而依典权制度，典物所有权仍归出典人，其回赎权不致因典物的转让而落空，如其放弃回赎权，则典权人可取得典物所有权。可见，典权制度确有利于当事人利益之保护，并且较为灵活方便。尤其对于因种种原因长期不使用房屋而又不愿出让房屋所有权的人而言，将该房屋设定典权可以避免出租或委托他人代管的种种不便和麻烦，使典权在现代社会具有生命力。随着住房商品化政策的推行，人民所有不动产将大量增加，物权法规定典权，增加一种交易、融资途径，供人们选择采用，有利于促进经济发展和维护法律秩序。

中国物权法的意涵与时代特征[*]

一、引言

物权法是调整财产的归属和财产的物权性利用的法律，其功能在于实现社会财富的"定分止争"和"物尽其用"。而新中国的真正全面、系统的物权立法，是在 2007 年 3 月由第十届全国人大第五次会议审议通过的《中华人民共和国物权法》。2012 年恰好是该法通过五周年的纪念之年。经过五年来的施行、适用，我们一方面可以更冷静地慎思该法制定前后对它产生的各种争论，另一方面也可更理性地着眼于中国现实社会对该法的需要，分析这部法律对中国社会的效果、功用，同时指出其遗留的时代烙印及完善之道，这应该是中国民法学者的一项很有意义的工作。

中国古代法中并无物权一词。近代中国法制改革之初，财产法开始采取大陆法系的立法模式，通过日本引进德国民法中的物权概念，并按潘德克吞模式分别编纂民法典中物权编的总则、所有权、用益物权、担保物权以及占有。这一变革对于中国财产法的意义重大，因为从此中国的财产法从形式与内容两方面继受了大陆法系的体制，具备了与德国民法所代表的大陆法系德国法支流基本相通的条件，并使物权法具备了成为国家和社会的基本法的可能。

从世界近代民法典中物权法的编纂可以看出，物权法是各国财产法中最核心

---

* 本文曾发表于《现代法学》2012 年第 6 期，今收入本书稍有改动。

的部分。尤其在德国，它是物权、债权二分的结果；法国民法中虽然没有物权、债权的界分，但其在财产法的名称下依旧涵盖了这两个部分。中国在清朝末年进行的法律改革就是引进大陆法系德国、日本、瑞士民法的物权、债权概念，同时在内容上也注意到了法国民法的财产法制度。所以 1929—1930 年的《中华民国民法》的物权、债权概念及其知识体系，基本上都是外国法引进的结果。

1949 年新中国成立以后，废除了国民党政府颁布的"六法"，原《中华民国民法》中的物权、债权等概念不复存在。1956 年以后，随着中国对生产资料私有制的社会主义改造的基本完成，物权、物权法等概念被认为是资产阶级的法权概念，受到广泛批判，这种情况使得中国直到 1986 年颁布《民法通则》时都仍然不承认物权概念。1992 年中国实行社会主义市场经济体制后，中国社会认识到物权法作为市场经济基本法的作用，法学界和立法机关对于物权法的概念、知识系统以及编纂技术采取了接受的态度，中国法学界对物权法的研究进步非常快。这一时期，有关物权法教科书和学术专著的出版，以及国家立法机关提出中国应制定自己的物权法，成为中国民法学发展的一个亮点。[1]

《物权法》是关于财产的法律规则之一，历经艰苦努力，经全国人大常委会进行七次审议，中国已于 2007 年前颁行了这部法律。鉴于中国《物权法》的特殊性、重要性，以及这部法律在颁行前后发生的一些争论，于该法施行五周年之际，就该法对中国社会的需要、效果、功用、社会影响等按照中国的基本国情予以认真评价，对于其积极意义进一步予以弘扬，对其不足予以改进或完善，无疑有其必要。中国的改革开放已经进入到一个新的更深层次的时期，需要包括物权法在内的民商法制度为其奠定基础和予以新的启程，物权法的发展不可能再像改革开放前受到批判，在 2007 年颁行前后对其予以否定、予以误解。今日中国面临

1　这一时期笔者的一些研究是中国大陆在物权法领域比较早的作品，如《现代建筑物区分所有权制度研究》，法律出版社 1995 年版；《物权法原理》，国家行政学院出版社 1998 年版；笔者与梁慧星研究员合著的司法部"九五规划"高等学校法学教材《物权法》，法律出版社 1997 年版。另外，孙宪忠：《德国当代物权法》，法律出版社 1997 年版；钱明星：《物权法原理》，北京大学出版社 1994 年版。这些著作对于物权法知识体系在中国的普及和弘扬发挥了很大作用。

的进一步的艰巨的改革开放任务，更加证明了中国颁行《物权法》的价值。在中国未来社会的发展中，中国《物权法》将扮演愈加重要、愈加突出的角色，发挥其他法律与政策不可替代的社会效用。

二、中国引进和建立物权制度体系之初

中国引进物权概念与最初制定物权法起于清末变法。1902 年，光绪皇帝颁布诏书，宣布实行"新政改革"，中国"私法之革新事业"[1]由此起航。1907 年，委派沈家本、俞廉三、英瑞为修律大臣，设立修订法律馆，起草民法典。1908 年，民法典起草正式开始，由日本学者松冈义正负责起草总则、债权、物权三编，由曾经留学法国的陈箓与留学日本的高种、朱献文负责起草亲属、继承两编。1911 年，民法典起草完成，称为《大清民律草案》，又称民律第一草案，其中第 1 编为总则，第 2 编为债权，第 3 编为物权，第 4 编为亲属，第 5 编为继承。虽然这一草案尚未正式颁布而成为法律，但是通过这一草案，西方民法的编纂体例及概念、原则、制度和理论体系被引入中国，充分显示中华民族这一古老民族"如何在外来压力下，毅然决定抛弃固有传统法制，继受西洋法学思潮，以求生存的决心、挣扎及奋斗"[2]。

从清末的民法立法来看，物权法被置于第 3 编，其下第 1 章为通则，从第 2 章开始分物权为所有权、地上权、永佃权、地役权及担保物权，分列为第 2 章至第 6 章。这种立法理念，是以地上权、永佃权、地役权为用益物权，担保物权则再细分为抵押权、土地债务、不动产质权与动产质权四种，至于占有，则为一种事实状态的法律关系，列为物权法之末，为第 7 章[3]。

清末民法立法对物权概念的引进及所建构的物权制度体系，实际上开启了中国主要继受德国民法物权概念与知识谱系的大门，而且它奠定了中国编纂物权法

---

1   杨鸿烈：《中国法律发达史》（下卷），上海书店 1990 年版，第 898 页。

2   王泽鉴：《民法学说与判例研究》（5），1992 年自版，第 2 页。

3   谢在全：《民法物权论》（上册），文太印刷有限公司 1989 年版，第 4 页。

的基础，其后数十年乃至今天的物权法编纂与法教义学讲授以及物权法的研究都是主要在这个基础上进行的。

尤其应该注意的是，清末民法立法在建构物权法制度体系的过程中，将德国民法中的日耳曼法固有的物权制度也一并采纳了。例如，它规定的土地债务、不动产质权就是德国"土著法"的物权制度。另外，德国物权法中的物权行为理论的各项规则，清末的民律草案也予以了采纳。[1] 所有这些，显示了中国清末在继受德国物权法的过程中的盲目性、过分依赖和不太加以取舍的态度。而在百余年后的今日中国物权法中，这种对于德国物权法的态度已完全不复存在了。无疑，这说明今天中国的物权立法已不再具有盲目性和对西方法律不加以取舍的态度。而事实上，这一点正好反映了中国物权立法对于以德国为代表的西方物权法的创新、选择乃至反拨。

值得指出的是，在中国清末的财产法制变革中，日本民法与日本法学家做出了很大的贡献。事实上，中国清末民法立法中使用"物权"一词，除了直接来源于《德国民法典》第3编"物权"的编名外，也是直接来源于《日本民法》第2编的编名，这主要是通过当时协助中国编制民律草案的日本学者松冈义正、志田钾太郎的帮助而实现的。这两位学者兼法官除了建议中国民法中采取物权法的名称外，更是推动中国采取了物权法中非常重要的不动产物权变动登记生效、动产物权变动交付生效的物权变动规则。这一规则是德国、瑞士物权法中最具风格的物权规则。采取德国、瑞士的这一物权变动规则可以避免源自于法国民法的日本民法中的物权变动制度的不确定性及适用中的困难。[2] 两位日本学者的这一做法，

1　参见孙宪忠："中国民法继受潘德克顿法学：引进、衰落和复兴"，《中国社会科学》2008年第2期。

2　《日本民法》第175、176、177条为关于物权变动的规定，由于其采取法国的意思主义，加之这些条文规定的模糊性，造成学者出现了对这些条文的不同的解释意见，而且日本司法实践中在适用这些条文时也出现了困难。学者围绕这些条文而发表的解释论著作，可谓非常多，比如［日］铃木禄弥：《物权变动与对抗问题》，创文社1997年版；［日］滝沢聿代：《物权变动的理论Ⅰ》，有斐阁1987年版；［日］滝沢聿代：《物权变动的理论Ⅱ》，有斐阁2009年版；［日］鹰巢信孝：《物权变动论的法理检讨》，九州大学出版会1994年版。

实际上表现了他们"放弃狭隘民族主义的学术勇气"。[1]不过，1911 年 10 月，辛亥革命爆发，清王朝被推翻。由此，在日本人的帮助下完成的这一民律草案未能正式颁布生效。1912 年中华民国成立，其后不久又开始第二次民律起草工作。[2]

发生在民国时期的第二次民律起草，其起草者们首先对《大清民律草案》过分仿效德、日立法成例，尤其是过分移植西方法，规定土地债务、不动产质权以及物权行为等纯粹属于德国日耳曼民族固有法和习惯法上的制度进行了检视、反省，认为应对中华民族习惯法上的物权制度，如老佃、典和先买等，予以吸纳、规定。[3]1925 年，民律第二草案完成起草。在该草案中，物权编共计 9 章，未设"担保物权"的章名，而将抵押权、质权分开，各占一章，另外再追加规定典权。应该指出的是，增加规定典权，以及将典权作为担保物权对待，[4]构成了民律第二草案的特色。不过，与《大清民律草案》相同，该民律草案也未正式颁行而成为法律。[5]

此后经过数年的立法研究和准备，中国终于在 1929 年完整地颁布了自己的民法典中的物权编。在此之前，国民党中央执行委员会政治会议曾规定物权编 14 条立法原则，包括实行物权法定主义、所有权社会化、不动产物权变动采登记要件主义，规定所有权时效取得、动产善意取得和典权等。从立法的形式和内容看，1929 年的民法典物权编主要参考了德国、瑞士和日本民法中的物权立法与体系设计，但同时也有基于对本土的社会资源的调查而确立的典权制度等。

值得指出的是，中国 1929 年的民法典物权编，是当时的立法者运用"取法乎

---

[1] 参见孙宪忠："中国民法继受潘德克顿法学：引进、衰落和复兴"，载《中国社会科学》2008 年第 2 期。

[2] 对于民国时期的民法编纂，中国法制史学者杨鸿烈指出："民国时代编纂法典，不过完成清代未竟之业而已"。参见杨鸿烈：《中国法律发达史》（下册），上海书店 1990 年版，第 1032 页。

[3] 谢在全：《民法物权论》（上册），文太印刷有限公司 2004 年版，第 4 页。

[4] 关于典权的性质主要有三说：用益物权说、担保物权说和折中说。此三说中，以用益物权为通说。1925 年的民律第二草案采取的是担保物权说。

[5] 谢在全：《民法物权论》（上册），文太印刷有限公司 2004 年版，第 5 页。

上""得乎其中"的立法方法，经过严谨严肃的比较研究后获得的成果。在当时，德国、瑞士、日本等已有成熟、现成的物权法制度及体系构建的成例，而且属于最先进的"上"者，而中国当时的物权法等民法尚处于初级阶段，"取法乎上"总比"取法乎中"或"取法乎下"要强得多。中国今日包括物权法在内的民事立法与物权法学等民法学研究的繁荣昌盛，其实正是得益于改革开放以来中国新时期民法立法与民法科学不断借镜国际及一些先进国家的经验（即所谓"取法乎上"）而结出的硕果。"只有通过取法乎上，才能自己有所创造，达到更高的水平"。[1] 正因为如此，1929 年的民法典物权编在内容设计和编制体系等方面，都是一点也不逊色于其他国家的物权法的，是先进的。而关于这一点，新中国成立以后的中国民法学界基本上忽视了，或者避而不谈。

1929 年的民法典物权编从立法技术的角度看，也是先进的。尽管它"采德国立法例者十之六七，瑞士立法例者十之三四，法日苏联之成规，亦尝撷取一二"，[2] 但它的"条文辞句，简洁通俗，且避去翻译式的语气，为纯粹的国语"。尤其是它很具有瑞士物权法的长处，且避免了此前各民律草案的日本语的口气，由此足见当时的立法者独具只眼，堪为立法技术上的重大进步。[3]

三、中国 1949—1956 年对物权法的基本肯定与之后至 80 年代末对物权法的否定

1949 年新中国成立后，因废除国民党政府的"六法"，《中华民国民法》也就被废止了，从此也就没有了适用于全国的民法典上的物权法。

但是，应该注意的是，自新中国成立到 1956 年生产资料私有制的社会主义改造的基本完成，中国尽管没有通过制定施行于全国范围内的民法典来建立所有权、用益物权、担保物权以及占有制度，但散见于当时地方立法中的民事法律文

1　参见梅仲协：《民法要义》，中国政法大学出版社 1998 年版，谢怀栻所作"谢序"第 3 页。

2　参见梅仲协：《民法要义》，中国政法大学出版社 1998 年版，谢怀栻所作"谢序"第 2 页。

3　参见梅仲协：《民法要义》，中国政法大学出版社 1998 年版，第 19 页。

献，以及当时最高人民法院和司法部就民事问题所作的一些"批复"或"解释"，均表明这一时期中国是肯定物权法的。

不过，这一时期并不长久。1956 年以后，由于实行生产资料的社会主义公有制，此前曾一度存在的私人土地所有权便不复存在。与之有联系或以之为标的物的物权性质的权利，如地上权、地役权等也随之消灭。加之在这一时期，中国民法全盘移植、继受了苏联民法理论与制度，中国社会于是认为，所有权以外的他物权是资本主义私有制经济关系的产物，在中国，由于已经建立起社会主义的生产资料公有制经济制度（尤其是土地公有制制度），所有权以外的土地用益物权等自不应当继续存在 [1]。反映在立法上，中国当时的民法立法也就只承认了所有权，而未承认用益物权；至于担保物权，因那时基本上不存在私人之间的融资，所以也就当然不发生以担保物权来担保债权人的债权实现的问题，从而也就没有担保物权制度。这种情况一直持续到 1986 年《民法通则》的颁布。

尤其值得指出的是，在 1956—1986 年这 30 年期间，物权法的教学与研究大多停滞。据笔者的检索，这一时期没有一篇法学论文涉及物权法的；同时，物权概念与 1929 年国民政府颁布的民法典物权编受到极大的批判。这一点可以从 1958 年中央政法干部学校民法教研室编著的《中华人民共和国民法基本问题》中清晰地看到。该书十分尖锐地指出："国民党物权法是资本主义和帝国主义国家反动民事立法的翻版，同时又保留着旧中国封建性的物权观念"，是"半封建半殖民地的产物"，所以物权这一概念应当被摒弃。[2]应该注意的是，这一观点的影响十分深远，20 世纪 90 年代中国物权法制定之初，有一种观点就认为，物权概念和知识体系不科学，它不如英美法的财产法，因为物权法无法包括财产权利的

---

[1] 《法学研究》编辑部编著：《新中国民法学研究综述》，中国社会科学出版社 1990 年版，第 216 页。

[2] 中央政法干部学校民法教研室编著：《中华人民共和国民法基本问题》，法律出版社 1958 年版，第 118 页。

全部，而且中国人难以接受物权这个外来词和制度。[1]

中国自 1978 年起实行改革开放的基本国策，至 20 世纪 80 年代中期，经济体制改革已成功地由农村转移到城市。这一时期，反映经济体制改革取得的成果及规范社会主义有计划商品经济的发展的需要，中国在 1986 年颁布了《民法通则》。但十分遗憾的是，由于中国社会长期排斥、批判物权概念及其知识系统，该法没有启用物权的概念，而是使用了"财产所有权和与财产所有权有关的财产权"（第 5 章第 1 节）这一名称。在这一名称下，除了规定所有权外，还规定了国有企业财产经营权、国有自然资源使用权等用益物权；而对于担保物权，立法者并没有在体例上将它规定于其中，而是将抵押权、留置权与保证、定金担保一并规定于债权中。在此，我们可以清晰地看到，这种立法编制体例是中国长期拒绝认可物权概念及其制度体系的结果。也就是说，抵押权、留置权既然不是民法总则上的制度，也不是亲属法和继承法上的制度，就只能是债法上的制度。从而，将这两种制度一并规定于债权中也就是顺理成章的。

总之，在 1956—1986 年期间，中国的民法立法与法教义学否定来自于西方法律中的物权概念的正当性，物权法的教学、研究及立法活动处于停滞状态。在这种情形下，包括所有权、用益物权、担保物权以及占有在内的完整而系统的物权法对于中国社会已完全变得没有必要。对于这一时期物权法受到冷落的特殊的万马齐喑的历史，中国民法学界长期以来同样基本上忽视了。在笔者的阅读范围内，除笔者外，中国民法学界基本上无人提及或省思这一段历史。[2]

1　郑成思："关于制定'财产法'而不是'物权法'的建议"，载《中国社会科学院要报：信息专版》第 41 期；孙宪忠："中国民法继受潘德克顿法学：引进、衰落和复兴"，《中国社会科学》2008 年第 2 期。另外，值得提到的是，在 1998 年 3 月民法起草工作小组第一次会议上，江平教授认为"物权"概念不通俗，建议以"财产权"概念取代之。在 2001 年 5 月的物权法草案专家讨论会上，江平教授声明"不再坚持"这一意见。在 2002 年 4 月 19 日的民法典草案专家讨论会上，江平教授明确表示赞同设物权编。对此请参见梁慧星：《中国民事立法评说：民法典、物权法、侵权责任法》，法律出版社 2010 年版，第 12 页注释 2。

2　关于笔者对这一段历史的检视、省思，请参见陈华彬：《物权法》，法律出版社 2004 年版，第 56 页以下。

四、20 世纪 90 年代初期开始的物权法的复兴

起于 1978 年的改革开放，到 1992 年时，使中国国家和社会的面貌焕然一新。中国的普通民众通过自己的劳动业已积聚了相当的财产，而且已经认识到保护私有财产的重要性和积极价值。由此，在 1992 年，中国即宣布实行社会主义的市场经济体制。从此，中国的经济改革进入了建立社会主义市场经济体制的崭新时期。

从国际社会和各先进国家经济与社会发展的经验看，实行市场经济体制，也就意味着要建立规范财产的物权关系与交易和流转的法律体系。这是因为，市场经济就是法治经济。其中，民商法体系的建立尤其具有决定性意义。而民商法体系中，物权法体系和债法体系占据着基础地位。

关于债法体系，中国当时已经有三个合同法（《经济合同法》《技术合同法》和《涉外经济合同法》），已经有了规范财产的交易关系的法律基础，所以当时面临的任务是：消除这三个合同法之间的龃龉，建立适应社会主义市场经济发展的统一的合同法制度及其体系。从 1992 年起，经过数年的努力，中国终于在 1999 年结束了合同法"三足鼎立"的局面，完成了统一合同法的颁布，建立起了规范财产的交易与流转的基本法律规则。

但另一方面，规范财产的归属与利用的完整而系统的物权法规则却尚付阙如。因为物权既是财产交易的起点，也是财产交易、流转的归宿。如果从事交易的民事主体对用于交易的财产没有物权，则交易行为（如买卖行为等）会变成无效抑或不能实现，而且买受人也不能取得买卖标的物的物权。由此，首先确定市场交易的标的物的权利归属，就显得十分必要。为此，就需要建立包括所有权、用益物权、担保物权以及占有制度在内的完整而系统的物权法体系。也就是说，在这一时期，中国社会已不能回避对于物权法的迫切需要。正是大体从这一时期开始，中国的物权法进入了编纂阶段。

在中国物权法的制定中，最初提出立法方案（草案）的是中国社会科学院法学研究所的课题组，其所提立法方案坚持了以下立法指导思想：（1）贯彻个人利

益与社会公益协调发展的所有权思想；（2）坚持对合法财产的一体保护原则；（3）严格限定公益目的，重构国家征收制度；（4）总结农村改革的经验，实现农地使用权的物权化。从起草物权法的这些指导思想可以看出，中国民法理论在新时期摆脱苏联民法理论的羁绊后，力求将继受而来的西方物权制度与知识体系与中国改革开放和发展社会主义市场经济的生动实践相结合，用于除旧布新、推动中国社会进步、维护公平正义及创建新的物权制度与物权理论。[1]

但是，这些正确的立法指导思想却遭到中国法学界一些学者的质疑。2005 年末，他们将反对的浪潮提升到物权法草案违反宪法层面。他们认为，物权法草案对国家、集体和私人财产实行平等保护，违反宪法基本原则，并且该草案有利于富人而不利于穷人，因此是决然无法被接受的。这些反对的声音使得全国人大常委会于 2006 年 8 月对物权法草案进行第五次审议，同年 10 月进行第六次审议，并在说明中特别解释称，规定对国家的、集体的和私人的物权予以平等保护，符合社会主义市场经济的本质要求和现行宪法的基本精神。尽管如此，它还是使得颁布物权法的计划推后到 2007 年才得以实现。[2]

不过，《物权法》最终还是在十届全国人大第五次大会上以高票通过。最后颁布的《物权法》明确规定国家、集体及私有财产一体保护，并无高下之分。这一点的意义十分重要。另外，《物权法》在编制体例上，采取 5 编制（第 1 编"总则"，第 2 编"所有权"，第 3 编"用益物权"，第 4 编"担保物权"，第 5 编"占有"），这一点反映了其对德国、瑞士、日本及中国台湾地区相关制度的继受；但同时，《物权法》又立基于国情而摒弃了西方物权法中的一些不合时宜的理论或制度，并且还创建和发展了一些新制度。

尤其值得指出的是，在对西方国家物权法理论与制度的摒弃中，具有代表意义的，无疑是德国民法的物权行为理论。这一理论被认为是德国民法最具风格的

1　梁慧星：《中国民事立法评说：民法典、物权法、侵权责任法》，法律出版社 2010 年版，第 43—44 页。

2　关于《物权法》的颁布过程及其困难，参见苏永通："中国物权立法历程：从未如此曲折从未如此坚定"，载《南方周末》2007 年 3 月 22 日。

特征。如前述,《大清民律草案》与国民政府 1929 年颁布的民法典物权编将这一理论移植过来,主要是认为德国民法上的多半是好的,不加怀疑,不敢怀疑。但现在不同了,中国民法学者在研究起草物权法的过程中,对德国民法的理论和制度敢于怀疑,就是否采用物权行为理论进行了热烈讨论。[1]通过讨论既加深了对这一理论的认识,也加深了对中国国情的认识,最终决定不采物权行为理论,从而完全自主地建立了自己的物权变动理论,这就是以债权形式主义为主,债权意思主义为辅的混合物权变动模式。由此可见,《物权法》并不"幼稚",而是"比我们的先人们前进了一大步"[2]。[3]

五、《物权法》对中国国家与社会的效果

在《物权法》颁布、生效之前,中国的改革开放业已走过了近 30 年的历程。而在这一过程中,中国的改革开放大多是在"摸着石头过河"的情形下进行的。直至 2007 年时,业已进行的近 30 年的改革开放使中国人民的面貌、社会主义中国的面貌发生了历史性变化。在改革开放于政治、经济、社会建设及意识形态等方面取得重大进步、获得巨大成功的同时,对于改革开放在这些方面所取得的成果又急需以立法的形式予以厘定、巩固或加以回应、认可。具体来说,对于近 30

---

[1] 对此,笔者于 1997 年发表于《民商法论丛》第 6 卷上的论文 "论基于法律行为的物权变动"对德国物权行为理论的源起、形成及遭遇的困难等进行了全面梳理,明确指出中国物权法不宜采取此理论。与笔者相同的观点,还有梁慧星:"我国民法是否承认物权行为理论",载《法学研究》1989年第 6 期;王利明:"物权行为若干问题探讨",载《中国法学》1997 年第 3 期,等等。坚持中国物权法要采纳德国物权行为理论的,则主要见于孙宪忠所撰写的以下论文中:"物权行为理论探源及其意义""再谈物权行为理论""物权行为理论中的若干问题"等［载其所著《论物权法》(修订版),法律出版社 2008 年版]。

[2] 谢怀栻:《谢怀栻法学文选》,中国法制出版社 2002 年版,第 374 页。谢怀栻先生在谈及继受外国法律时曾指出:不论哪个国家,都有自己的特点,没有特点的国家和民族是没有的。因而在继受外国法律时,辨别自己的特点也是一个重要问题。机械地、盲目地照搬外国法律,当然不一定好;强调甚至借口自己的特点,而拒绝接受先进的外国法律,也是不对的。要敢于接受,善于研究,不断修改,这是继受外国法律很重要的原则。又请参见谢怀栻:《谢怀栻法学文选》,中国法制出版社 2002 年版,第 451 页。

[3] 梁慧星:《中国民事立法评说:民法典、物权法、侵权责任法》,法律出版社 2010 年版,第44—45 页。

年改革开放取得的成果，对公众要求平等保护国家财产、集体财产和私有财产的
要求，对公有制为主体、多种所有制经济共同发展的中国社会主义基本经济制
度，以及中国近 30 年经济发展中的效率取向等，在法律上应给出回答，即给不给
法律上的地位。这一点是厘定中国社会现实状态与未来发展的关键抉择。另一方
面，在国际上，西方一些国家的政治体制、民主制度对中国的影响有所渗透，中
国需要回答为什么只有中国特色的社会主义民主、政治道路在中国是唯一可行
的，而决然不能选择西方一些国家的民主、政治道路等重大问题。对于中国社会
发展进程中的这些紧要问题，《物权法》尝试做出了回答。

就《物权法》对中国国家和社会的效果，我们可以指明如下几个方面的
内容。

（一）《物权法》与中国特色社会主义

胡锦涛同志在十七大报告中指出，"改革开放以来我们取得一切成绩和进步的
根本原因，归结起来就是：开辟了中国特色社会主义道路"，"高举中国特色社会
主义伟大旗帜，最根本的就是要坚持这条道路"。从国际共产主义运动的理论和
实践来看，中国特色社会主义与此前的苏联、东欧等的社会主义的根本区别就在
于对待私有财产的态度不同。经历过近 30 年改革开放以后的中国，是肯定私有财
产与非公有制经济即私营经济的正当性、合法性的；而苏联、东欧等的社会主义
则是以消灭私有财产为目标，视私有财产为"万恶之源"。正是在这一逻辑思维
下，1922 年的《苏俄民法典》与 20 世纪 60 年代的《苏俄民法典》《苏联民事立
法纲要》，以及《捷克斯洛伐克民法典》《匈牙利民法典》《蒙古民法典》等，均
不规定物权概念，物权法在民法典中不占有一席之地。在这一点上，如前所述，
中国改革开放前历次起草的民法草案也都相同，即不规定物权概念，物权法受到
严厉批判。[1]

为了适应改革开放的发展，为了实行社会主义市场经济体制，尤其是为了以

---

[1] 梁慧星：《中国民事立法评说：民法典、物权法、侵权责任法》，法律出版社 2010 年版，第
44—92 页。

法律的形式确立和巩固中国特色社会主义的伟大道路，经过数年的艰苦努力，中国建成了中国特色社会主义法律体系的基本框架，而《物权法》是"中国特色社会主义法律体系中起支架作用、不可或缺的重要法律"。[1]这一颇具意味的表述，其深层次的意义系在于强调《物权法》与中国特色社会主义之间的本质联系。其背后隐含的旨趣是：中国肯定私有财产的合法性，在公有制和非公有制经济并存基础上实行社会主义市场经济体制。胡锦涛同志在十七大报告中还指出，要"毫不动摇地巩固和发展公有制经济，毫不动摇地鼓励、支持、引导非公有制经济发展，坚持平等保护物权"。从这一表述中，同样可以看到以平等保护为基本原则的《物权法》与中国特色社会主义之间的本质联系。

总之，《物权法》颁布和实施五年来的效果表明，其事关高举中国特色社会主义的伟大旗帜，事关坚持中国特色社会主义的伟大道路，事关全面建设小康社会的伟大目标和中华民族伟大复兴历史使命的实现，对中国国家和社会所具有的意义重大，不容小觑。[2]

（二）《物权法》着重界定财产的归属关系，以巩固改革开放的成果

基于确认和巩固改革开放 30 年的成果的要求，与反映人民认可的对于私有财产予以保护的价值理念，《物权法》着重确认和界定了各种财产的归属关系，以实现定分止争，明确物的归属，巩固社会主义市场经济制度下的各项财产秩序，尤其是改革开放 30 年以来所形成的新的社会财产关系秩序。

比如，《物权法》第 5 章"国家所有权和集体所有权、私人所有权"以 25 个条文的内容详细地列举规定了哪些财产属于国家所有，哪些财产属于集体所有，以及哪些财产属于私人（含自然人和法人）所有。在第 6 章中，为中国改革开放以来城市居民通过进行住宅的商品化改革而取得的住宅所有权赋予名正言顺的

---

[1] 王兆国 2007 年 3 月 8 日在第十届全国人民代表大会第五次会议上"关于《中华人民共和国物权法（草案）》的说明"，载全国人大常委会法制工作委员会民法室编著：《中华人民共和国物权法解读》，中国法制出版社 2007 年版，第 565 页。

[2] 梁慧星：《中国民事立法评说：民法典、物权法、侵权责任法》，法律出版社 2010 年版，第44—92 页。

"名分"——业主的建筑物区分所有权。于第 3 编"用益物权"中，将土地承包经营权、宅基地使用权明确规定为两种用益物权，这实际上是以法律的形式规定农民对集体所有的土地的两项最重要的权利，即土地承包经营权和宅基地使用权。前者是维持农民的基本生计必不可少的权利，后者则是农民安身立命之所在的权利，二者均十分重要，不可或缺。

　　按照物权法制定之初确立的立法方针，尽管农民对自己耕种的土地不能享有所有权，但物权法应当赋予其相当于所有权的权利。[1] 2007 年最终颁布的《物权法》实现了这一目的。该法第 126 条规定："耕地的承包期为三十年。草地的承包期为三十年至五十年。林地的承包期为三十年至七十年；特殊林木的林地承包期，经国务院林业行政主管部门批准可以延长。前款规定的承包期届满，由土地承包经营权人按照国家有关规定继续承包。"这样的规定，实际上已经使农民的土地承包经营权具有了一定程度上的相当于所有权的权能。这种稳定、清晰的规定会引导农民对土地进行长期的筹划和打算（如对土地进行投入、改良土壤或兴修水利等），从而可以改变在权利归属不确定的情形下过度开发土地或在土地上进行短期行为的现象。尤其具有价值的是，这种权利归属的确定，可以为农村社会的长期稳定奠定财产法律基础。

　　（三）创设具有中国特色的用益物权、担保物权制度，巩固改革开放的成果

　　1. 土地承包经营权

　　中国 1978 年起航的经济改革是从农村实行家庭联产承包责任制开始的。在《物权法》颁行之前，此种农户耕种集体土地的行为的性质比较模糊，实践中主要将它理解为民法中的一种合同行为，即属于一种债权债务关系。但是，这种理解在实践中造成了农户的利益受到很大的损害。最典型的例子就是：作为发包方的农村集体在土地承包期限届满前就撕毁合同而将土地转包给第三人。这种做法

　　1　这是 1998 年 4 月全国人大常委会法制工作委员会在北京前门饭店召开的首次物权法专家讨论会上确定的方针。笔者参加了此次会议并在会议上积极支持这一方针。

从民法法理的角度看并无不当，因为既然发包方与农户是承包合同关系，享有土地所有权的发包方将自己的土地转包给第三人也就在法理上站得住脚。但这样做的社会效果却是，农户不愿在土地上作长期的耕作计划和打算，不愿对土地进行投入，不愿兴修水利，以及不愿改良土壤等。特别应该指出的是，它还造成了农村社会的不稳定，使农村社会的各种矛盾（如干群矛盾等）因此而凸显、紧张。

为了改变上述局面，《物权法》采取的对策就是使土地承包经营权物权化，也就是将农户对集体土地的承包经营权明确规定为一种用益物权，并规定期满后该土地承包经营权自动延长（第126条第2款）。由此，农户对承包土地的权利由原先的债权性权利转变为物权性权利。此权利在法律上具有排除他人干涉的效力。通过这样的法律定位，农户对土地的权利被强化，农村经济的长期稳定发展有了财产权的保障。

2. 建设用地使用权

在改革开放前，中国城镇国有土地实行无偿、无期限及完全的行政划拨的使用制度。这种制度使城镇土地使用变成一种福利性的制度，结果造成了城镇土地资源的闲置和浪费。20世纪90年代，国务院发布《城镇国有土地使用权出让和转让暂行条例》，开启城镇国有土地使用制度改革的航程。这一改革的关键在于，按照所有权与使用权分离的原则，实行城镇国有土地使用权有偿出让和转让制度，改变以往城镇国有土地无偿、无期限使用的局面。1994年颁布的《城市房地产管理法》和1998年修订的《土地管理法》基本确立了国有土地使用权的有偿出让和无偿划拨两种方式。往后的实践证明，这一改革是成功的。

为了巩固这一改革成果，《物权法》总结实践的经验，明确规定了建设用地使用权制度（第12章）。按照这一制度的目的，以划拨方式设立建设用地使用权受到严格限制，而在较大范围内采取以有偿出让方式设定建设用地使用权。而这种有偿出让方式，就是作为出让人的国家将一定期限的建设用地使用权出让给建设用地使用权人使用，建设用地使用权人向作为出让人的国家支付一定的出让金，其主要方式包括拍卖、招标和协议等。究其实质，它是作为土地所有权人的国家与建设用地使用权人之间的一种民事平等有偿交易。

3. 担保物权

在 1992 年实行社会主义市场经济体制以前，无论是在完全的计划经济时期，还是在有计划的商品经济时期，中国社会总资本的循环和周转主要是通过国家来管控的。1992 年以后进行的金融改革，就是将由原来的国家无偿拨款改变为通过银行发放贷款，即采取融资的方式。针对资金融通使用关系的这一变革，中国民法立法在 1999 年颁布的《合同法》中采取了借款合同制度。但是，《合同法》不能解决融资的风险问题，规避融资风险必须有赖于物权法中的担保物权制度。《物权法》在总结 1995 年《担保法》及 2000 年《担保法解释》的基础上，参考发达国家和地区的经验，规定了较为完善的担保物权规则（第 4 编）。[1]

尤其应该指出的是，《物权法》规定的担保物权规则具有中国自己的特色。比如，该法关于抵押财产范围的广泛性（第 180 条），建筑物抵押（第 182 条），建设用地使用权抵押，债券质权（第 223 条），基金份额质权（第 226 条），存款单质权（第 223 条），仓单、提单质权（第 223 条），应收账款质权（第 228 条）以及可分物的留置（第 233 条）等的规定，均体现了中国自己的特色，显示了《物权法》的制度创新。

此外，《物权法》也有对比较法的借镜。这一点可以从该法规定的动产浮动抵押制度清晰地看出。浮动抵押（floating charge）是英美法中苏格兰的制度，大陆法系国家的传统中并无这一制度。这一制度的特点就是抵押物始终处于不确定状态，必须到权利人行使抵押权时，通过法院发布抵押权实行公告，查封、扣押、冻结抵押人全部财产，抵押物才能确定。[2] 它是为了解决中小企业、个体工商户、农业生产经营者贷款难而引进的一项崭新的抵押制度。正是因此，它具有区

1　参见梁慧星：《中国民事立法评说：民法典、物权法、侵权责任法》，法律出版社 2010 年版，第 95 页。

2　参见梁慧星：《中国民事立法评说：民法典、物权法、侵权责任法》，法律出版社 2010 年版，第 102 页。

别于《物权法》颁布之前《担保法》中规定的固定抵押的特点。[1]

（四）引进建筑物区分所有权规则，巩固住宅商品化改革的成果

建筑物区分所有权是关于城市居民对自己居住的房屋享有物权法上的所有权的制度。《物权法》专设一章（第 6 章）就该制度予以明文规定。从立法初衷来看，中国引进大陆法系与英美法系中有关建筑物区分所有权立法的成功经验，其旨趣在于巩固中国自 1978 年开始的城市住宅商品化改革的成果。

众所周知，从 1949 年新中国成立迄至 1978 年之前，中国的住宅政策和制度是一种公有化、福利型的住宅政策和制度。在传统的高度集中的计划经济体制下，它是一个以供给制为核心，以实物分配为特征的，几乎完全排斥商品经济运行机制的住宅制度体系。从住宅的生产、流通到分配、消费，它都有自己独特的运行机制，即国家单一投资建设住宅，然后由政府单向流通到职工，并采用实物分配的形式，最后由职工无偿消费（因为房租连维修费都不够）。这种住宅政策和制度形成了按权力、关系、人情等分配住宅的分配机制，破坏了社会主义的按劳分配原则，而且它还加剧了住宅占有中的两极分化，破坏了社会主义的公平正义原则。[2]

1978 年，中国开始住宅政策和制度的改革，其目的就是要将此前的公有化、福利型住宅政策和制度转变为有偿的多元主体的住宅商品化制度。经过改革，将城市居民住宅的生产、交换、取得均纳入市场经济轨道，以从根本上改善居民的居住条件，满足人们日益增长的住房需求。

自 1992 年起，中国开始全面推进住宅商品化改革，将住房的生产、交换、取得纳入社会主义市场经济轨道。在大量的多层和高层建筑物按居住单元被出售后，产生了对居住于同一栋建筑物上的若干单元的所有权人之间的相互关系予以规范、调整的必要，而这就需要建立建筑物区分所有权规则。从国际比较住宅法

　　1　参见全国人大常委会法制工作委员会民法室编著：《中华人民共和国物权法解读》，中国法制出版社 2007 年版，第 408 页。

　　2　参见刘少波："浅议住房的商品化与福利政策——兼与杨业成同志商榷"，载《中国房地产》1991 年第 11 期。

的经验来看，德国、日本、法国、瑞士等大陆法系国家与美国等英美法系国家无不以建筑物区分所有权制度来厘定城市小区中的多层和高层建筑物按专有部分单元出售后各所有权人之间的法律关系。在这种背景下，基于巩固住宅商品化改革的成果的需要，《物权法》建立起了基本上与国际社会相通的业主的建筑物区分所有权制度。

(五)《物权法》为中国进一步的深化改革奠定基础

胡锦涛同志在十七大报告中指出："新时期最鲜明的特点是改革开放"，"改革开放是决定中国当代命运的关键抉择，是发展中国特色社会主义、实现中华民族伟大复兴的必由之路"，"只有改革开放才能发展中国、发展社会主义"。在2012年全国人民代表大会闭幕后的记者见面会上，温家宝进一步指出：改革开放是中国人民的正确抉择，如果不继续进行改革开放，已经取得的成果将会得而复失。

前文已述，《物权法》是关于财产的归属与物权性质的利用的法律，它已经以法律的形式确认了改革开放取得的成果，厘定了改革开放以来所产生和形成的各种新的社会财产秩序。今后的改革开放将在《物权法》所作的各项厘定的基础上开展。

应该指出的是，《物权法》其实在一些问题上也为进一步的改革预留了空间，特别是对一些有较大争议或社会公众还未形成基本共识的问题就仅仅做了原则、模糊的规定。这样的立法目的是，等待将来进一步的改革成功，人们形成基本共识后再做出明确、清晰的规定。比如，现行《物权法》关于集体土地所有权的主体究竟是乡还是村或组，其第60条的规定就很特殊、很模糊；此外，第61条关于城镇集体所有权的主体的规定也是如此。

特别值得指出的是，《物权法》关于农村宅基地使用权的规定，就只规定了简单的4个条文。这其中的主要因由是，中国各地区关于宅基地使用权存在不同的做法，在很多方面还未形成基本一致的做法。具体言之，有的地区在尝试进行宅基地使用权的收费的有偿使用，有的地区规定取得宅基地使用权必须进行登记，有的地区也在尝试宅基地使用权的抵押或转让。各种情形不一而足，较为复杂。由此，《物权法》就只能等待在这些方面的进一步的改革取得成功，社会公众形成基本共识后，再就宅基地使用权制度做出统一的清晰、明确的规定。

（六）《物权法》为中国的人权保障提供财产法律基础

人权是人之为人所应享有的基本权利，包括生存权、发展权及追求幸福的权利等。改革开放以来，中国的人权保护取得了有目共睹的巨大成就，社会公众享有多方面的人权权利。但是，二战结束以来，包括中国在内的各国人权事业的发展表明，社会公众享有充分的人权的前提和基础是财产权。没有必要的财产权作为保障，所谓人权将会成为一句空话。

《宪法》第33条第2款规定："国家尊重和保障人权"。1949年新中国成立以来，尤其是1978年改革开放以来，中国的人权保护事业获得极大发展，人民享有的各项人权获得实现。但是，由于各种各样的原因，在中国的实际生活中，侵害人权的现象、对男女进行差别对待的现象、对残疾人施以歧视的现象等还是偶有存在。这需要我们在未来的人权保护中加以消除。另外，应该指出的是，中国今日人权保护的种类和层次还有待进一步丰富。也就是说，应该在强调保护生存权、发展权的同时，提倡和保护人民的追求幸福的权利等。

从当代世界民法发展的潮流看，21世纪的民法指向和追求的重要目标之一就是人权。民法关于人格权保护的规定是人权的起点和基石，它们构成人权的最根本、最基础的内容。在今天我们生活的这个地球上，由于各种各样的原因而剥夺他人的人权，使他人遭受不幸的现象还大量存在。比如，各种各样的内战、武装斗争、恐怖袭击、饥饿、贫困、政治压迫、社会的及宗教的差别歧视、灾害、环境污染等，均使相关人的生活处于悲惨的境地。21世纪是人权和人格权保护的世纪，作为权利宣言和权利宪章的包括物权法在内的民法，理当以保护人权、维护人权、尊重人权为其主旨和使命。

《物权法》实施五年以来的社会效果证明，物权就是人权，物权法就是人权法。中国的人权保障事业在这五年间也取得了突出的进步，具体表现为，社会公众的权利意识、主体意识不断增强，公众生活的幸福感和幸福指数不断提升等。

（七）《物权法》为中国未来制定民法典铺平道路

民法的法典化是世界各国民法自近代以来的基本趋势，至今已有 200 余年的时间。在这期间，以法国、德国、瑞士、日本等为代表的大陆法系国家大多实现了民法的法典化。不过，物极必反，器满则倾。在当代世界，出现了所谓的"法典化解构"（de-codification）的声音。但是从中国的情况来看，中国民法发展所走过的道路与西方各国不同：在中国，民法的发展不是走得过头了，而是还有很大的不足。由此，中国民法的发展不应当是解构，而是建构。这就是今天中国的大多数民法学者仍然坚持中国应当走民法法典化道路的因由之所在。

从世界各国编纂民法典的历史与经验看，无论采用法国还是德国，抑或采取新近荷兰民法典的模式编纂中国的民法典，其中一项重要内容均会涉及物权法。物权法由此成为中国编纂民法典的过程中一道绕不过去的关口。尽管在当代世界，财产的范围发生了极大的扩张和延伸，但关于不动产和有体动产的物权都是最重要、最核心的组成部分。

值得我们探讨的问题是，除物权法调整的有形财产应纳入民法典中予以规定外，其他无形财产（知识财产、信用财产）与集合财产（企业、遗产）是否也需要纳入民法典中予以规定？从新近中国民法学者提出的思路来看，理论上似应对此作出肯定的回答。[1]但是，当我们把这两种财产也一并纳入民法典中予以规定时，将会面临如何与有形财产的规则相协调的问题。所以，笔者的观点是，中国未来民法典仍应坚持选择德国民法的道路，同时吸纳包括荷兰在内的新近世界各国民法立法的优点，仅在这部法典中规定不动产和动产等有形财产制度，对于知识财产、信用财产等无形财产，企业、遗产等集合财产，则可通过完善和颁布知

---

[1] 王卫国教授新近主张无形财产与集合财产应一并纳入未来的民法典中予以规定。参见王卫国："现代财产法的理论建构"，载《中国社会科学》2012 年第 1 期。

识产权法、金融商品（交易）法，以及完善公司法、企业法或者继承法等加以解决、规范。

六、《物权法》的时代特征

中国物权法的起草工作始于1993年，从那时起到2007年中国最终颁布《物权法》共经历了14年的时间。尤其是在2005年末以后，中国物权法的制定陷入了困难局面，受到了来自于理论界和实务界的一些人士的干扰。[1]尽管这些干扰或质疑最终未能阻止物权法顺利通过的步伐，但还是对该部法律的制定产生了一些影响。另外，物权法制定之时中国民法学界对物权理论研究的某些滞后，以及立法过程中在立法思想和立法技术方面的不成熟，均使其在一些内容的规定上打上了时代的烙印，带有较明显的时代特征。

就《物权法》在具体内容的规定中所留下的遗憾与不足等问题，我们可以简要介绍如下几个方面的内容。

（一）将所有权的类型区分为三类

中国《物权法》沿袭苏联和东欧社会主义国家民法立法的做法，将所有权区分为国家所有权、集体所有权与私人所有权三类（第5章）。这种三分法的立法规定，其实反映的是如何看待市场经济体制与国家、集体和社会公众的财产所有权的平等对待的问题。最初提出中国物权法立法方案的中国社会科学院法学研究所的课题组，坚持在物权法上不区分这三种所有权类型，坚持行为立法，反对身份立法，对这三种财产采取平等保护原则。该课题组特别指出，财产的分类只有动产和不动产，只有根据财产本身的属性的分类，而不存在根据权利人身份的分类。[2]

但是，这一观点却受到一些人的质疑。提出质疑的人认为，中国是一个以公

1　这些质疑包括：物权法（草案）是否违反宪法原则，是否只保护富人而不保护穷人等。

2　尹田："《物权法》的得与失"，载孙宪忠等：《物权法名家讲座》，中国社会科学出版社2008年版，第86—87页。

有制为主体的国家，不这样区分，立法本身就不能反映中国国情。2005 年末中国物权立法遭遇是否违反宪法的诘问后，反对制定物权法的人所依据的一个重要"例证"就是该法不对国家所有权、集体所有权和私人所有权予以区别对待，而是进行一体保护。这一问题十分重要，因为它触动了社会主义制度关于"公"与"私"所有权的地位问题的敏感神经。[1] 正是因此，由立法机关编制、于 2007 年最终通过的中国《物权法》在所有权问题上仍然采取了区分国家所有权、集体所有权和私人所有权的三分法。立基于民法理论与所有权制度的统一性的基本法理，这样的三分法规定今天看来无疑是值得检视、省思的。

（二）对建筑物区分所有权的规定较为原则

前文已述，建筑物区分所有权是关于居住于同一栋区分所有建筑物上的各业主之间的财产关系与管理关系的制度。《物权法》第 6 章设其规定，具有巩固中国自 1978 年以来在住宅商品化改革方面所取得的成果的意味。

但是，从全部规定来看，它只规定了 14 个条文，对于一些十分重要的问题均未予涉及。例如，业主管理团体、业主大会及业主委员会是否具有法人资格，即所谓业主管理团体的法人化问题，它涉及对业主的权利保护，对业主具有重要意义，但是该法未做出规定。又比如，业主管理规约，它是业主团体对区分所有建筑物实行自治管理的基本依据，在业主管理团体中具有相当于公司的章程的效力。对于业主管理规约的制定、业主管理规约应规范的事项、业主管理规约的法律效力等，该法也未做出规定。该法仅在第 6 章中简单地提及业主管理规约这一概念。

区分所有建筑物（商品房住宅）自建成后经过相当年月，必会老朽、损坏。中国自进行住宅商品化改革以来，区分所有建筑物的建设已然经过了二十余年，区分所有建筑物的重建在不远的将来将成为不能回避的重大社会问题。而对于这样的重大问题，《物权法》仅做了简单的规定（第 76 条第 1 款中的第 6 项和第 2

1　孙宪忠："中国民法继受潘德克顿法学：引进、衰落和复兴"，载《中国社会科学》2008 年第 2 期。

款），远不足以应对实际的需要。

另外，当区分所有建筑物因地震、火灾、风灾、水灾、泥石流、煤气爆炸、飞机坠落以及机动车的冲撞等偶发性灾害导致其一部灭失时如何予以修复（或复旧），乃系区分所有建筑物管理中的重大问题之一。《物权法》对此也只有简略的规定，同样不足以应对实际的需要。当代建筑物区分所有权比较法中，日本、德国、法国等的建筑物区分所有权法对此作了翔实、完善的规定，其将区分所有建筑物一部灭失界分为小规模一部灭失和大规模一部灭失并据此规定不同的修复程序、费用负担及权益调整的手段和方法。中国将来修改《物权法》或制定民法典，抑或制定单行的建筑物区分所有权法时，这些国家的经验应该说具有很大的参考价值。

最后，还应该指出的是，《物权法》第 6 章关于建筑物区分所有权的规定，很大程度上是"急就章"。它是为了解决当时面临的必须做出应对的问题的立法，这一点尤其体现在该法第 74 条关于车位、车库的归属及使用的规定上。在《物权法》制定之时，这一问题成为社会公众最为关心的重大问题之一。如何对开发商、建筑商、小区业主等各方面的利害关系予以平衡，成为物权立法必须作出回答的问题。

（三）对典权的废止

典权是中华民族的固有制度，各国物权法中仅 1958 年制定的《韩国民法典》中规定有与之相似的制度（传贳权）。依据这一制度，典物的所有人将自己的不动产出典于典权人使用、收益，以获得相当于卖价的金额，待日后有能力时可以原价赎回，其不仅获得资金以应急需，也可避免因变卖祖产而受人耻笑。典权人则以支付低于买价的典价取得典物的使用、收益权，且日后还有取得典物所有权的可能。由此，出典人与典权人两全其美，各得其所。[1]

在中国物权法编纂之初，由中国社会科学院法学研究所的课题组提出的中国

---

[1] 中国物权法研究课题组：《中国物权法草案建议稿附理由》（第 2 版），社会科学文献出版社 2007 年版，第 503 页。

物权法立法方案，明文规定了典权。其理由是：中国社会中，典、当铺等还有相当多的存在，为向人民提供更多的可以选择的融资渠道和方式，这一制度不宜轻易废除，而是备而用之。

但是，这一观点受到了来自于主张废除典权的人的批判。他们认为：其一，典权为中国固有制度，而今国际贸易的发展导致民法物权制度的趋同，为适应物权国际化趋势，典权宜予废止；其二，中国实行土地公有制，就土地设定典权已不可能，就房屋设定典权虽无统计数字，但实务中出典房屋的实例也应当极少，所以保留典权的价值不大。[1]

法律是社会生活的调整器。中国物权法的立法目的之一，就是要对社会生活中的社会现象做出应对，予以规范和调整。其实，主张废止典权的观点中立基于物权法国际化的理由，这一点是站不住脚的。诚然，今日各国民法制度的趋同已有所显现，但在物权法领域，主要是担保物权的趋同乃至国际化。而所有权、用益物权，则仍然是民法中最反映各国自己的特色，最反映物权法这一"土著法""固有法"的领域。因此，以物权法的国际化为理由来否定典权制度是很轻率的，它是一种对物权法国际化趋势的误解。

（四）未规定取得时效

民法自罗马法以来，就有时效制度。[2]其中，取得时效是无权利的人以一定的状态占有他人的财产或行使他人的财产权利，经过法律规定的期间，即依法取得其所有权或其他财产权的制度。在世界各国的传统民法中，它是引起物权变动的一种重要方法。由此，在立法编制上通常将其规定于物权法中。对于时效制度中的消灭时效，中国1986年颁布的《民法通则》予以了较为翔实的规定。但是，

---

1 中国物权法研究课题组：《中国物权法草案建议稿附理由》（第2版），社会科学文献出版社2007年版，第504页。

2 取得时效与消灭时效均起源于罗马法。前者发生在前，后者发生在后。惟此二者仅为后世注释家所创造，罗马法正文则无。《十二表法》有usucapio，其由usus和capere二词组成。usus为使用之意，capere为攫取之意，合起来意指"因使用而取得"。取得时效发源于《十二表法》，消灭时效起于裁判官的命令。至中世纪，注释法学派与教会法才将二者合称为时效。参见李太正："取得时效与消灭时效"，载苏永钦主编：《民法物权争议问题研究》，五南图书出版公司1999年版，第93—94页。

对于取得时效，2007 年颁布的《物权法》却并未予以认可。

在中国法制史上，作为取得所有权的一种方法的取得时效于 1929—1930 年《中华民国民法》颁布前始终没有形成为一项系统的、完善的制度，仅零星地有其踪迹。例如，北魏孝文帝时期，李世安上疏建议："所争之田，宜限年断，事久难明，悉属今主。"[1]此即类如今日的取得时效。又如，据宋朝《宋刑统》记载："土地陲界纠纷案件，儒家长与证人亡殁，契载亦不明暸者，其出诉期间为二十年。"[2]此同样属于时效取得。至 1929—1930 年国民政府颁布《中华民国民法》时，中国建立起了近现代意义上的取得时效规则。

新中国成立后，对于应否在民法中建立取得时效制度，其争论至 20 世纪 80 年代中期达到高峰，形成了三种观点：否定取得时效制度的观点、建立有限的取得时效制度的观点以及建立完整的取得时效制度的观点。在物权法的制定过程中，先期的学者草案建议稿曾明确规定了此制度。2002 年 12 月，九届全国人大常委会第三十一次会议审议的中国民法草案曾在第 1 编"总则"中专设"时效"一章，将取得时效与诉讼时效并立规定，确立了动产物权和不动产物权的取得时效。但是，2007 年最终通过的中国《物权法》因强调社会主义公有制的特殊性，尤其是立法者对取得时效怀有惕怵之心，担心通过占有他人的物而经过一定的期间即取得其财产权的做法会鼓励人们不劳而获，有悖于社会主义道德风尚，并有可能使企业职工占有国有资产合法化，造成国有企业财产大量流失，最终没有承认取得时效制度。现在看来，反对确立取得时效制度的这些理由已很难站得住脚。由此，我们有理由相信，中国将来制定民法典或修改《物权法》时，将对取得时效制度作出明文规定。

（五）未规定添附的规则

附合、混合与加工，统称为添附，系传统民法上动产所有权取得、丧失的一种原因，均有添加、结合的关系。其中，附合、混合为不同所有人之间物与物的

1　参见戴炎辉：《中国法制史》，三民书局 1979 年版，第 209 页。
2　参见戴炎辉：《中国法制史》，三民书局 1979 年版，第 209 页。

结合，加工为劳力与他人的所有物的结合。因添附的结果而形成的物如允许请求恢复原状，或事所不能，或对社会经济不利。由此，当代各国物权法，通常规定由一人取得添附物的所有权，或共有添附物的所有权。之所以这样，系在于不允许恢复原状，以便从总体上有利于社会经济。

《物权法》未对添附的规则作出规定，从立法论的角度看，无疑应作出否定性评价。其实，在中国的现实社会生活中已经发生了大量涉及附合、混合及加工的问题，并不时诉到法院要求裁判，法院大多借口《物权法》并无规定而拒绝裁判。这样就使法律对社会关系的调整留下了相当大的空白。因此，我们认为，鉴于作为所有权取得方式的添附是其他规则所不能取代的，将来的立法宜明确对添附的规则作出具体规定。在此种立法规定出台之前，司法实践应以通说性的学理规则作为法源来处理案件。[1]

（六）未规定无主物的先占制度

无主物的先占，是指以所有的意思，先于他人占有无主的动产而取得其所有权的事实，为各国法律中所有权取得的一种方法。中国《物权法》由于担心承认先占制度会导致国有财产的流失及鼓励不劳而获的情况发生而未规定之。对此，也同样应在立法论上给予否定性评价。

实际上，中国之有无主物的先占制度，迄今已有悠久的历史。据记载，早在《唐律·杂律》中就有关于先占取得无主动产的规定。往后，《唐律·杂律》中的这些规定，为宋代和元代法律所承袭。[2]明清时代，先占取得无主物的所有权的规定得到进一步完善。其特点是：强调先占原则，保护先占人的利益。清末和民国时期起草的民律草案，将先占作为取得动产所有权的一种特殊方法规定下来。以此为基础并参考欧陆国家的做法，1929—1930年的《中华民国民法》正式规定了无主物的先占规则（第802条）。

新中国成立后，随着《中华民国民法》被废止，中国民法立法中的先占制度

1　刘家安：《物权法论》，中国政法大学出版社2009年版，第109页。

2　叶孝信主编：《中国民法史》，上海人民出版社1993年版，第334、463页。

不复存在。这种状况一直延续到现今。尽管如此，在实际生活中，无主物的先占却是得到认可和保护的。除法律明文保护的野生动植物外，我国历来允许个人进入国家或集体所有的森林、荒原、滩涂、水面打猎、捕鱼、砍柴伐薪、采集野生植物、果实乃至名贵中药材，并取得猎获物、采集物的所有权，拾垃圾者更是可以取得被人抛弃的废弃物的所有权。从这些方面看，通过先占而取得无主物的所有权是作为习惯法规则而存在于我国的社会生活中的。但是，从完善民法立法的角度看，中国将来制定民法典或修改《物权法》时，仍宜明文规定无主物的先占规则。

（七）担保物权的种类较少

担保物权是关于债的担保的制度，它旨在担保债权的实现，防止不良债权的发生或将其降到最少。从民法的发展历史看，自近代以来，担保物权始终是物权法中一项十分重要的制度。

值得指出的是，当代各国物权法上的担保物权较近代、现代民法时期的担保物权类型已有了极大增加，主要表现为在传统民法的典型担保之外，复产生了非典型担保，如让与担保、临时登记担保（假登记担保）、所有权保留以及企业担保等。而且，这种类型的担保在民间的资金融通中有着不可取代的功用。中国《物权法》第4编"担保物权"所规定者，系典型担保，即抵押权、质权和留置权。对于非典型担保，其未作规定。从发展社会主义市场经济需要强化担保以实现社会资本的顺利融通的角度看，这样的规定是不够的。

其实，最初提出中国物权法立法方案的中国社会科学院法学研究所的课题组，基于社会主义市场经济体制和保护资本信用关系的一般要求，在担保物权的种类设计上，提出了规定非典型担保即让与担保和企业担保的立法主张。但是，2005年末以后，有些学者认为这一观点过于激进，不太适合中国国情，而且认为若将它们一并规定，也会发生与典型担保是否协调、是否和谐的问题。由于这样的争论，立法机关编制的立法方案最后在担保物权的种类设计上采取了保守的做法。这就是，它只承认了典型担保，即抵押权、质权和留置权，而未认可非典型担保，如让与担保以及作为抵押权的一种特殊形态的企业担保等。

在当代中国社会主义市场经济体制下，资本信用关系、消费信用关系以及流通信用关系均离不开以物权予以担保。由此，担保物权具有保障债权得以实现的效果，并因此而具有国际化的趋势。让与担保、企业担保乃至临时登记担保在各国（如德国、日本）民间实务中具有独特的不可替代的价值。中国借鉴国际经验和做法，认可这些非典型担保类型，是适宜的、可行的。

（八）占有制度的规定较为简略

占有是人对物予以控制、支配、管领的事实状态，它是物权、债权等权利的"外衣"，是动产物权的公示方法，并因此具有公信力。为了维持社会的和平与秩序，近代以来的民法立法与法理认为，任何人不能以私力改变占有的现状；要改变占有的现状，只有通过占有之诉或本权之诉方能实现。

从占有在物权法中的地位和社会功用看，中国《物权法》仅仅用5个简单的条文来规定占有规则（第5编），应该肯定地说是不够的，它不能应对实务中的需要。比如，它只规定了有权占有（第241条）、恶意占有人的损害赔偿责任（第242条）、善意管理人的保管费用（第243条）、占有物毁损灭失的处理（第244条）以及占有保护（第245条）。从立法技术和内容看，这些规定很粗疏，存在诸多遗漏。中国将来制定民法典或修改《物权法》时，宜补充规定占有的分类、占有状态的推定、占有状态的变更、占有的效力、占有人的自力救济权、占有人的物上请求权、占有的消灭及准占有等若干基础性规则。

（九）《物权法》中有些规范的效率取向不够

改革开放以来，中国社会最显著的特征之一就是坚持效率取向，由此推进中国社会经济快速发展。《物权法》反映中国社会发展进程中公众的这一共同认识而明确将"发挥物的效用"确定为该法的立法目的之一（第1条）。也就是说，《物权法》在着力确认和巩固改革开放所形成的新的财产关系秩序的同时，也追求社会财富利用的效率取向。

但是，恰恰在这一点上，《物权法》做得还不够，不太彻底。比如，对于抵押物的转让，允许抵押人自由转让抵押物（抵押人转让抵押物时仅需向债权人即抵押权人负通知义务），同时通过抵押权作为一种物权而具有的追及效力来保护抵押权人的利益，应是最能发挥物的效用的制度设计。而《物权法》却规定，"抵押期间，抵押人未经抵押权人同意，不得转让抵押财产"（第 191 条第 2 款）。此外，立基于对中国社会各种情况的考量、权衡，《物权法》对土地承包经营权、宅基地使用权等规定原则上不允许流转。这也在事实上限制了此等土地资源效用的发挥。所有这些表明，《物权法》中的某些规定在效率取向上还不够。

七、结语

从清朝末年中国进行法律变革而于《大清民律草案》中规定物权法到现在刚好百年多一点，其间国民政府于 1929 年正式颁布了民法典的物权编。2007 年在中国共产党的领导下，新中国也最终颁布了自己的《物权法》。回望在中国的土地上已经存在了百余年的物权法，虽然其历经引进、否定、转向、曲折，最终实现复兴，但它始终向着实现中国的民富国强这一方向前进。1978 年开始的改革开放和 1992 年以后的发展社会主义市场经济的历史机遇，使中国物权法受到社会的广泛关注和重视，堪称中国物权法发展的新的春天，中国物权法学、中国民法学也因此成为一门"显学"。

在《物权法》颁布五周年之际，我们必须承认一个基本的法律原理，即物权法是一个国家和社会的基础性法律制度，也是国家经济体制的基石。中国 2007 年颁布的《物权法》在中国社会的历史发展进程中已经并将继续发挥其里程碑式的功用。在未来中国社会不断发展的进程中，我们应当积极通过发挥包括物权法在内的民商法制度体系的作用来促进和推动中国特色社会主义道路的巩固、中国改革开放事业的更深层次的发展、中国人权保护事业的进步以及中国民法法典化的最终实现。正是基于这一认识，笔者谨提出如下三点，以对本文做出总结。

第一，在中国历史上，一个王朝开始后，常常要做两件大事：一是为前朝修史，二是为本朝制律。这两件事的意义都很重大。[1]经历了 30 余年的改革开放后的中国社会可谓是一个新的时代，一个新的"王朝"。正是因此，以颁布《物权法》为新时代"制律"也就是应有之义。从这一角度看，中国颁布《物权法》是中国人民的选择、中国新时代的选择，其意涵深刻、隽永。它表明中国人民明智而正确地选择了坚持社会主义市场经济体制，坚持走中国特色社会主义的伟大道路，以及坚持 1978 年中国共产党第十一届三中全会确定的思想政治路线。[2]这一"在中国特色社会主义法律体系中起支架作用、不可或缺的重要法律"的成功颁布，为中国的改革开放、人权保护、民法典的制定乃至于中国特色社会主义道路的新的启程与继往开来奠定了基本和切实的法律基础。

第二，中国颁布《物权法》不仅意味着中国特色社会主义法律体系的完善，也意味着民法、物权法理论的革新。中国在 1993—2007 年期间制定物权法，其所处的时代、经济基础、人文因素等诸多方面均已不同于清末及民国时期。这场新中国物权法的立法运动，在相当程度上革新了中国的包括物权法在内的民法理论。比如，对于基于法律行为的物权变动，它采取混合继受的态度，勇敢地摒弃了德国法上的物权行为概念、物权行为独立性、物权行为无因性理论及制度；此外，它将不动产和动产的善意取得规则予以统一规定（第 106 条）；它将土地的空间确定为物权的客体（第 136 条），以及取英美法系国家的经验而规定动产浮动抵押（第 181 条）等。这些均彰显了该法的创新之处。这种财产法理论与制度的革新将为 21 世纪的中国民法理论与物权法理论提供新的思路和契机，也会给世界各国未来财产法领域的制度设计带来新的灵感。特别应该指出的是，这种革新表明，今天的中国《物权法》与中国物权法学乃至中国民法学已并不"幼稚"，而是比清末、民国时期前进了一大步，并且是中国历史上最兴盛、最昌明的物权法、物权法学及民法学。

1　谢怀栻：《谢怀栻法学文选》，中国法制出版社 2002 年版，第 380 页。

2　梁慧星：《中国民事立法评说：民法典、物权法、侵权责任法》，法律出版社 2010 年版，第 94 页。

第三，中国颁布《物权法》是新中国历史上的一个创举，就是在国际共产主义运动的实践中也是一个"前无古人"的创新举动。由于人们思想认识的差异，由于人们对各种利益的不同考量，以及受苏联及东欧社会主义国家传统法学思想的影响，加之中国民法与物权法理论在某些方面的研究的滞后，特别是立法机关受其眼界的限制等，《物权法》的某些规定明显带有时代的印记。对此，我们今天不必过分强调它。因为，《物权法》的积极效果和历史进步的取向是最主要的。对于该法中落后的规定或未作规定的事项，我们可以通过将来制定民法典、修改《物权法》或制定司法解释予以补充、克服和完善。

基于法律行为的物权变动*

——物权行为与无因性理论研究

一、引言

按照当代民法物权理论，所谓物权变动，系指物权发生、变更及消灭的运动状态。就物权主体方面观察，为物权的取得、丧失及变更。究其实质，系为人与人之间对于权利客体之支配和归属关系的"法的关系"的变革。一如世界万物之生息均各有其固有的推动力一样，物权变动也当然有其固有的推动力，学说谓为物权变动的原因。依罗马法以降近现代及当代各国家和地区民事立法及实践，作为物权变动推动力的原因大抵有如下三类：其一，法律行为原因，如合同和单独行为；其二，法律行为以外的其他原因，如取得时效、先占、遗失物拾得、埋藏物发现、附合、混合、加工及混同；其三，某些公法上的原因，如公用征收及没收等。此三类物权变动的原因于法律效果上并无不同，即均可发生物权变动的直接效果，但就于物权变动中的地位及发生变动的要件而言，则有显著差异。本文着重研究于物权变动中居于重要地位的所谓因法律行为而生的物权变动问题。其中，基于合同这一双方法律行为所生物权变动将是本文研究的逻辑起点与重心。需特别指出的是，后文非有特别说明，所称物权变动，皆以合同为其变动原因。

---

* 本文曾发表于梁慧星主编《民商法论丛》（第 6 卷，法律出版社 1997 年版），今收入本书个别内容作了增删与更易。

英美法有关不动产权利变动系采契据交付主义。按照美国法，不动产权利 [1] 之变动除让与人和受让人缔结买卖契约外，仅需作成契据（deed）交付给买受人，即可发生不动产权利变动的效力。受让人虽然可将"契据"拿去登记，但依大多数州法及其实践，该登记非为不动产权利变动的生效要件，而仅是对抗要件，[2] 虽然具有公示机能，却无公信力。[3] 依英国法，不动产土地权利的变动需有两项要件方可发生，即"契约阶段的要件"与"严格证书"之必要性。[4] 所谓"严格证书"，与美国法所指称的契据具有同一涵义。由此可见，无论美国法、英国法，对于涵括不动产物权在内的一切不动产权利之变动，都不要求有专门的物权变动之意思表示（物权的合意、物权契约、物权的单独行为），登记一般系物权变动的对抗要件，物权行为概念、物权行为独立性及无因性无从谈起，对于后述德国民法所谓物权行为独立性与无因性制度，学说斥之为荒诞无稽。[5]

19 世纪以降大陆法系民法立法对于物权变动之规制，其源流可上溯至公元前 753 年至公元 565 年的罗马法。中经专制的封建时代、漫长的中世纪及 19 世纪初期开始的近代民法立法，迄至 20 世纪初期，大陆法系民法立法就物权如何发生变动业已形成"三足鼎立"之规制格局。此即以德国为代表的物权形式主义，以奥地利、瑞士 [6] 及韩国为代表的债权形式主义，以及以法国、日本为代表的债权合意主义（意思主义）规制模式。现当代各国家和地区民法立法对于物权变动之规制未再创造新的模式，要么跟随物权形式主义（1929—1930 年国民政府制定的《中华民国民法》主要于解释和判例上采德国物权形式主义），要么跟随债权形式主义（如 1958 年《韩国民法典》）。二者之中，债权形式主义为二战以后的各国家和地区民事立法所广泛采用，居于有力和支配地位，代表物权变动立法规制模

1　依美国法，涵括租赁权在内的诸种不动产权利皆属于财产法（property law）的范围，无不动产物权性权利与不动产债权性权利之区分。

2　［日］木下毅：《美国私法》，有斐阁 1988 年版，第 245 页。

3　［日］木下毅：《美国私法》，有斐阁 1988 年版，第 245 页。

4　［日］国生一彦：《现代英国不动产法》，有斐阁 1988 年版，第 158 页。

5　［日］铃木禄弥等：《不动产法》，有斐阁 1973 年版，第 157 页。

6　瑞士的情况稍微有些特殊，但总体上看，仍旧应当归为债权形式主义。

式的基本潮流和趋向。除现今欧陆中的奥地利、瑞士等国采取此种立法主义外，拉丁美洲各国、苏联及现当代东欧各国，以丹麦为首的北欧各国及远东各国（如我国《物权法》及 1958 年《韩国民法典》）皆系采取此种模式。这些情形表明，债权形式主义已在当代世界民法立法中占据压倒性的有力支配地位，成为物权变动立法规制模式的基本潮流。

我国作为大陆法系之一重要成员国，自 1998 年 3 月迄至 2007 年 3 月 16 日，完成了史无前例的《物权法》的制定。其中对于物权变动所采取的规制模式，虽然在表述上有些变化（如《物权法》第 15 条规定所谓区分原则），但其坚持债权形式主义的总体立场，不承认物权行为无因性，仍未见有任何变化。鉴于此问题的重要性，本文拟由物权变动立法规制模式的分析入手，尔后对诸立法规制模式的优劣予以衡量、分析与比较，在此基础上，着力考察和研究德国民法物权行为理论尤其是物权行为之无因构成问题，最后表明笔者对于这些问题的基本见解。

二、基本立法规制模式考

（一）罗马法

公元前 753 年至公元 565 年的罗马法为近现代及当代西方文明之肇端及大陆法系民法制度与学说的发祥地，现当代大陆法系诸民法制度大都可以从这里找到其雏形和胚胎。关于物权变动的法的规制也不例外。

依罗马法，所有权之移转必须遵循严格的方式，无论动产或不动产，如果仅有当事人双方单纯的债权合意，则所有权根本不生移转。在历史上，罗马法关于所有权的移转首先存在着所谓 mancipatio [1] 和 in jure cessio 两种特殊形式。所谓 mancipatio，又称要式买卖 [2]、曼兮帕蓄或握取行为 [3]（握手行为），为罗马市民法上移转所有权的最古老的方式。mancipatio 一词本身由 manu（手）与 capere（攫

1　［日］舟桥谆一编集：《注释民法》（6），有斐阁 1967 年版，第 110 页。

2　周枏：《罗马法原论》（上册），商务印书馆 1994 年版，第 314 页。

3　［日］松坂佐一：《物权法》（第 4 版），有斐阁 1980 年版，第 24 页。

取）二词构成，意为"以手取手"或"以手攫取"，反映原始社会后期渔猎民族确定所有权归属的方式：谁最先用手拿到渔猎物，该物所有权便归谁所有。当此之时，权利与强力之界限模糊不清，人们以为一切权利非以实力加以支配即不足以证明其对物享有权利。其后法律思想进步，mancipatio 演变为移转所有权的要式行为。[1]据盖尤斯与乌尔披亚努斯记载，采用要式买卖时，当事人必须亲自到场（但买受人可由家子或奴隶代替，出卖人则不允许之），另需有五个证人和一个司秤参加。五个证人以一人为首，称首席证人（antestatas），负召集其他证人和司秤参与之责。买卖由司秤主持，买受人一手持标的物或其象征物，一手持铜块说："按罗马法律，此物为我所有，我以此铜块与秤买得之。"言毕，即以铜块击秤并将铜块交与出卖人，买卖遂告完成[2]。所谓 in jure cessio，即拟诉弃权，为罗马市民法中继 mancipatio 之后极其重要的所有权移转方式，其晚于《十二铜表法》产生，为罗马共和国社会生活迅速发展的产物之一。依 in jure cessio，买卖当事人双方假装对所有权发生争执，携带标的物或标志到长官处争讼，长官发问时，受让人（原告）以手触及该物，主张"依罗马法律，此物为我所有"，出让人（被告）则表示同意或默许，于是长官就把该物"判归"原告，从而完成交易。[3]

自优士丁尼帝以还，所有权移转的繁杂手续趋于缓和，至优士丁尼法即被消灭。虽然如此，traditio（交付）却成为替代上述两种交易方式的新的交易制度。[4]按照此种制度，当事人双方的单纯的合意仅止于发生债权关系，而并不发生物权移转的效力，[5]物的所有权买卖，买主基于契约并不能成为所有权人，仅可成为卖主的债权人。[6]要使所有权发生移转，必须履行物的交付行为。此即所谓"经由交付与取得时效可使物的所有权发生转移，而基于单纯的合意则不能有此效力"的

1　周枏：《罗马法原论》（上册），商务印书馆 1994 年版，第 315 页。
2　江平、米健：《罗马法基础》（修订本），中国政法大学出版社 1991 年版，第 137 页。
3　周枏：《罗马法原论》（上册），商务印书馆 1994 年版，第 318 页。
4　［日］松坂佐一：《物权法》（第 4 版），有斐阁 1980 年版，第 23 页。
5　［日］松坂佐一：《物权法》（第 4 版），有斐阁 1980 年版，第 24 页。
6　［日］松坂佐一：《物权法》（第 4 版），有斐阁 1980 年版，第 24 页。

罗马法物权变动原则。[1]迄至罗马帝国后期，于现实的所有权移转必须转移对标的物的占有方可发生物权变动的效力外，占有改定、简易交付等物权变动的便捷交易形式产生并受到注目。按照这些交易形式，即使标的物不发生"非现实的移转占有"——交付，物权变动的效力也依然可以发生。即使如此，在此时期，交付作为所有权移转发生效力的要件却未有任何变化，[2]没有交付，所有权移转即不能实际发生。

这里有必要涉及罗马法对于所有权移转所要求的 mancipatio、in jure cessio 及 traditio 等形式要件所蕴含和表征的意义问题。首先，可以肯定，罗马法对于物权变动（所有权移转）所要求的这些"行为形式"，显示了世界各国古代法所具有的一般特征，即如果不存在代表某些事实的象征性的东西，则当事人之间重新形成的利益关系不能获得法律的充分保护。[3]其次，由于物权关系的特殊性，物权变动非加以公示不可，因此，罗马法对于物权变动的形式要件的要求具有谋求物权交易的安全的功能。此二点无疑是罗马法关于物权变动之形式要件所蕴含和表征的本来意义。

但近代以来，学说在对罗马法物权变动的上述形式要件予以诠释时，有学者却指出：罗马法上业已存在与原因行为（债权行为）相阻隔的独立的物权变动行为（物权行为）。因为罗马法要求所有权的让与必须采取 mancipatio、in jure cessio 及 traditio 等形式主义。[4]对此见解，不应予以赞同。诚然，罗马法对于所有权的让与确实有行为形式上的要求，但无论如何绝不能将此种行为形式与德国近代民法所谓无因的物权行为加以同视或相提并论。[5]因为德国近代民法所谓无因的物权

1　［日］松坂佐一：《物权法》（第 4 版），有斐阁 1980 年版，第 23 页。

2　［日］松坂佐一：《物权法》（第 4 版），有斐阁 1980 年版，第 24 页。

3　［日］舟桥谆一编集：《注释民法》（6），有斐阁 1967 年版，第 110 页。

4　川岛武宜《所有权法的理论》（岩波书店 1987 年版）第 196 页以下对此观点作介绍，但其本人并不同意此种意见。德国学者黑克指出，近代德国物权行为无因性理论正是因对罗马法所有物让与过程中的形式要素所蕴含的本来意义的误解而生。

5　［日］川岛武宜：《所有权法的理论》，岩波书店 1987 年版，第 198 页。

行为乃是以债权行为的独立存在为前提，并与其相对立而存在的。[1]事实上，在罗马法上，物权交易受"实质的原因"（即现今所谓债权契约）之约束，该原因经由现实的物的支配的移转——交付——而获得实现。所有权因交付而发生移转，原因（causa）也同时因该交付而实现其效力。[2]在这里，从契约的缔结至标的物交付完毕的全部过程乃是作为一个现实的行为而存在，同时也只有作为一个现实的行为，其存在才有意义。质言之，所有权让与行为与作为原因的契约并非作为两个不同的行为而独立存在，它们只是一个完整买卖的一个"部分"，二者之结合方构成一个现实的买卖。[3]像这样将物权的交易过程统一为一个整体，不承认债权行为之外另有独立的物权行为的时机与社会经济基础正在于当时的"物的支配的现实性"。因为于罗马法上，如果权利主体不能以某种形式现实地对某物予以支配，其对该物即不拥有权利。因而，在移转物权权利时，必然要求必须移转对于标的物的现实占有。[4]在这种构造下，观念的债权关系的独立存在必然为不可能，从而在标的物占有的移转过程中，作为原因的契约关系对于物权移转行为而言也是不可能独立存在的。由此，在整个物权交易中也就仅存在一个统一的、不能对其加以分离的"现实的行为"[5]。因此，我们可以肯定地说，后世所谓的物权行为独立性与无因性于罗马法上始终是不存在的。

（二）德国法

1. 德国固有法（日耳曼法）与德国普通法

如所周知，德国于15世纪广泛继受罗马法之前，曾长期适用其固有法——日耳曼法。按照日耳曼法，不动产物权移转，须有物权移转契约（sale，sala）及双方当事人于证人面前履行严格的标的物的现实占有（Gewere）的移转行为（investitura）。虽然具有物权移转契约，但如果未履行标的物的现实占有的移转行为，

1　[日]川岛武宜：《所有权法的理论》，岩波书店1987年版，第199页。
2　[日]川岛武宜：《所有权法的理论》，岩波书店1987年版，第195页。
3　[日]川岛武宜：《所有权法的理论》，岩波书店1987年版，第195页。
4　[日]川岛武宜：《所有权法的理论》，岩波书店1987年版，第196页。
5　[日]川岛武宜：《所有权法的理论》，岩波书店1987年版，第195页。

则所有权不生移转的效力。迄至法兰克时代，"现实占有之移转"的所有权让与要件趋于缓和，作为替代行为的"表象行为"（如树枝、土块、手袋等的给予）开始出现并日渐蔓延开来。至中世纪时期，不动产土地的让与制度一分为二："封地的让与"与"非封地的让与"制度。"封地的让与"，依"封建法"为之：让与人将土地交与领主，领主对受让人不为让与的占有移转行为（investitara），而仅宣言"授封"的意思即可完成"让与行为"。[1]于非封地场合，则仍依日耳曼法让与制度为之。不过，日耳曼法让与制度至此已获得相当发展：让与土地所有权时，于证人面前不仅要缔结让与契约，而且必须为物的移转行为的"表象行为"（即将象征标的物的物交付给受让人）。此两个行为均为土地让与行为（Auflassung）。[2]其后以文书代替象征物及记载当事人让与合意的要旨并交付于买受人，交付行为始获完成。此文书的发达，遂演变为登记制度。[3]另外，大抵于日耳曼法让与制度获得发展的同时，德国一些地方产生了于法院进行土地所有权移转的习惯。11世纪时，此种习惯变得普遍化，以至于实务上开始形成如下规则：进行不动产让与时，须在法院缔结要式的让与契约（Auflassung），现实的交付并不必要。[4]法院办理此种让与时，向双方当事人"宣言"让与之要旨及有关诸事宜并加以确认，办毕即将交易过程记入"账簿"。经过一定期间后，社会第三人即使对双方当事人的此项交易提出"异议"，也丝毫不对该交易的有效性产生影响（此为近代法上登记簿册的记载具有公信力的肇端）。由于在法院进行不动产交易具有这些优点，这种方式不久便被广泛推行，即使所有权以外的其他物权的设定、移转也利用之。自12世纪以降，权利的取得、丧失开始直接记入此种"账簿"，并产生同等效力。这样一来，即使法院以外的机构、公署也纷纷设计此种"账簿"，结果使裁判上的此种"让与契约"逐渐变得有名无实。[5]

1　［日］舟桥谆一编集：《注释民法》（6），有斐阁1967年版，第111页。

2　［日］舟桥谆一编集：《注释民法》（6），有斐阁1967年版，第111页。

3　史尚宽："论物权行为之独立性与无因性"，载郑玉波主编：《民法物权论文选辑》（上册），五南图书出版公司1984年版，第7页。

4　［日］舟桥谆一编集：《注释民法》（6），有斐阁1967年版，第110—111页。

5　［日］舟桥谆一编集：《注释民法》（6），有斐阁1967年版，第111页。

历史上，罗马帝国以后的德意志帝国通常被认为是罗马帝国的继续，[1]结果使德意志帝国将罗马帝国的法律作为"自己的法律"加以承认和使用。经由 13 世纪勃兴起来的德国后期注释法学派（Postglossatora）之诠释及设立于德国各地的大学讲坛的传播，罗马法知识日渐在德国各地普及开来。此即所谓德国的"罗马法继受运动"。被继受的罗马法一跃成为适用于德国全境的法，史称德国普通法（Gemeines Recht）。由于罗马法的继受，一时间所有权让与的交付主义制度流行开来。但在另外一些地方，历来的旧有交易方式仍旧维持。这样，不动产的交易方式一时间遂呈现出十分"芜杂"的状态。罗马法的交付主义，其方式简易，但交易保护的安全机能却因之丧失，源于德国固有法的 Auflassung 交易方式由此复活。尤其是 1872 年的《普鲁士土地所有权取得法》，其承认了公示的另一种最发达的制度——登记。登记制度由此被确立，并在其后不久获得广泛推行。

关于动产让与，依日耳曼法，其程序及规则均较不动产的让与更简便和单纯：仅须有所有权让与的合意（对合意的方式并无要求）——债权契约，与"现实占有之移转"——交付，即可发生。所谓"现实占有之移转"，仅指"从手到手"的交付，而不像土地所有权让与场合的移转行为那样必须履行繁琐的形式。另外，对于动产让与场合的现实占有的"交付"，受让人只要有对标的物予以支配的"表象"证据，即可表明其已然取得了标的物的所有权。此种日耳曼法动产让与规则与罗马法交付主义（让与的合意与占有的移转）在外形上颇为酷似，因而罗马法的继受对于日耳曼法的动产交易制度并未产生较大的影响。[2]

2.《德国民法典》

《德国民法典》公布于 1896 年 8 月 8 日，自 1900 年 1 月 1 日起施行。关于因法律行为所生物权变动，其明定采取物权形式主义。[3]第 873 条规定，为了移转土地所有权，或为了在土地上设定某项物权或移转此项权利，或为了在此项物权上

1　[日] 山田晟：《德国法概论》，有斐阁 1987 年版，第 6 页。

2　[日] 舟桥谆一编集：《注释民法》(6)，有斐阁 1967 年版，第 112 页。

3　[日] 舟桥谆一编集：《注释民法》(6)，有斐阁 1967 年版，第 112 页。

更设定某项物权，除法律另有规定外，必须由权利人及相对人对于此种权利变更成立合意，并必须将此种权利变更之事实登记于土地登记簿内。第 929 条规定，动产所有权之出让，必须由所有人将物交付于取得人，而且双方就所有权之移转，必须成立合意。如取得人已经占有该物，仅须就所有权之移转成立合意。按照这些规定，对德国民法所谓物权变动的物权形式主义，可作如下归纳：

第一，产生物权变动的契约称为物权的合意 [1]。该物权的合意与发生债权债务关系的债权契约儼然不同。其中，关于不动产物权变动的物权的合意称为 Auflassung，动产物权变动的物权的合意称为 Einigung。[2] 而所谓 Auflassung，则指契约双方当事人于登记官吏面前，同时为要式行为，附条件或附期限则不允许。

第二，物权的变动除需有债权契约（普通契约，Vertrag）与物权的合意外，尚需具备一定的形式，即不动产需有登记（Eintragung，《德国民法典》第 873、925 条），动产须有交付（Übergabe）。如果未有登记或交付，即使有债权契约与"物权的合意"，物权变动也不会实际发生。[3] 可见，登记或交付等公示方法，系物权变动的生效要件，而非对抗第三人的对抗要件。

第三，物权变动中的债权契约只能发生债权法上的权利义务关系，物权的实际变动并不因之而发生。要使物权变动成为现实，必须还要有物权的意思表示。此即所谓物权行为的独立性。[4]

第四，由于物权行为独立存在，故其效力不受作为原因关系的债权契约的影响。换言之，所有权移转行为系作为与债权契约无任何关系的绝缘体而存在。债权契约无效、被撤销，物权行为的效力也不受影响。此即物权行为的无因性。[5]

自《德国民法典》就物权变动的物权形式主义作出规定以来，迄今已有百余年。百余年来，《德国民法典》的此种规定曾激起各国学者们的热烈讨论甚至批

1　[日] 舟桥谆一编集：《注释民法》(6)，有斐阁 1967 年版，第 112 页。

2　[日] 舟桥谆一编集：《注释民法》(6)，有斐阁 1967 年版，第 112 页。

3　[日] 松坂佐一：《物权法》(第 4 版)，有斐阁 1980 年版，第 25 页。

4　[日] 三和一博、平井一雄：《物权法要论》，青林书院 1989 年版，第 25 页。

5　[日] 三和一博、平井一雄：《物权法要论》，青林书院 1989 年版，第 28 页。

判，即使今天，学者对于它的批判和怀疑也依然未有止息。事实上，《德国民法典》关于物权变动之采物权形式主义，并未有什么深奥的理论存在于其间，它只是德国民法传统以及当时德国民法学发展的结晶。概言之，它是德国历史的产物，因而深深地烙上了德国历史发展进程的鲜明印迹。对于这一点，下文将会进一步论及。

3.《德国民法典》物权形式主义所蕴含的历史性格

第一，物权形式主义，其谱系上乃来源于日耳曼法的"形式的支配的物权"（与其相对的为"观念的支配的物权"）。无论动产所有权移转需以交付为要件，还是不动产所有权移转需有移转的合意（Auflassung）与登记，皆与日耳曼法存在密切的历史关联。[1]但在日耳曼法时代，十分清楚的是，Auflassung并不是一个独立的物权契约，而仅仅是作为债权契约的方式加以考量，[2]即近代以前，德国系为如下的法的社会意识所支配：如果权利主体不对权利客体予以"形式上的支配"，那么其对该客体即未有权利。物权形式主义的来源和起点正在于此。但是，德国民法又于新的条件下赋予建立在前近代土壤基础上的传统制度以全新的功能与构造，登记与交付于是成为"观念的所有权"得以成立的基础。而使观念的、不能看到与触及的权利有形化，正是公示制度于近代社会所肩负的重大使命。[3]德国民法通过将当事人之间的物权变动的生效要件转换成对第三人的公示手段，统一了物权变动中当事人之间的对内关系与对外关系，创立了"物权变动如未能依一定公示方法表现其变动的内容，则物权变动的法律效果即无从发生"的近代物权制度原则。[4]同时，就将传统制度原封不动地移植到近代法的土壤上而言，德国民法的立法技术具有极端的巧妙性。[5]故此，德国民法规定的物权变动的"现实性"，绝不能与德国古代法——日耳曼法——之同类制度相提并论。之所以如此，乃是

1　[日] 川岛武宜：《所有权法的理论》，岩波书店1987年版，第203页。

2　[日] 川岛武宜：《所有权法的理论》，岩波书店1987年版，第204页。

3　[日] 川岛武宜：《所有权法的理论》，岩波书店1987年版，第204页。

4　[日] 川岛武宜：《所有权法的理论》，岩波书店1987年版，第204页。

5　[日] 川岛武宜：《所有权法的理论》，岩波书店1987年版，第205页。

因为，日耳曼法物权变动之"现实性"在经由近代所有权的观念性否定与"冶炼"后已获"纯化"，以至于蜕变为新的"现实性"。现今德国民法所谓物权变动的"现实性"乃是"观念的所有权"与现实的"公示"的统一。

第二，在物权变动上，德国民法使旧有制度转换为近代制度的另一要点是，物权行为（尤其是 Auflassung）"无因性"或"抽象性"制度之确立。不动产所有权是否有效移转，仅判定 Auflassung 是否有效即可。即使作为 Auflassung 的"实质原因"的债权契约无效、被撤销，不动产所有权之移转的效力也不受任何影响。[1] Auflassung 与债权契约完全绝缘了！于日耳曼法上，Auflassung 与债权契约并未发生分裂而成为一个独立的行为。而历史上，真正使 Auflassung 成为一个独立的行为并与原因行为（债权契约）相隔断，使仅有 Auflassung 的意思表示即可发生所有权移转的民事立法是 1872 年的《普鲁士土地所有权取得法》。这个立法开启了德国民法承认和确立物权行为无因性的先河。1896 年《德国民法典》原原本本地承袭了该法关于物权行为及其无因性的基本规定与规范意旨。可见，德国民法之规定物权行为无因性制度，这全然不是民法典起草者与立法者的独创，而是德国民法传统和民法学发展的自然结果与归结。从日耳曼法到《普鲁士土地所有权取得法》，再到《德国民法典》，其间关于物权变动规则的历史变迁及运行轨迹，正表明了涵括法制史在内的人类全部历史发展的不可分割性、继起性和连续性。可见，物权行为无因性完全是德国法学史与民法物权制度（当然主要是不动产交易制度）长期发展的产物，是一个历史的范畴。

（三）法国法

1. 法国古法与《法国民法典》制定前的立法与学说

自法兰克时代以降的封建时代起，法国在物权交易上采取了与德国同一时期大抵相同的交易形式。其后因继受罗马法，动产所有权一般按罗马法规则移转。

---

[1] 《德国民法典》对此未作明文规定，本来于《德国民法典第一草案》上，系将此置于第 829 条加以规定，但在草案审议时的第二"读会"上，该明文规定被剔除了。理由为：物权行为无因性从第 873 条的规定上已非常清楚、明确，故无特别加以规定的必要。参见［日］川岛武宜：《所有权法的理论》，岩波书店 1987 年版，第 209 页。

而在不动产，即使在继受罗马法以后的一个较长时期内，也仍然是按法国"封建法"规则移转之：让与人将土地交与领主，再由领主授予受让人，称为 ensaisinement [1]。但是，随着封建制度日趋式微，土地让与也发生了重大变化，即不再经由领主"授封"，而仅依当事人之间的契约即可完成。16 世纪时，此种交易方式变成一般化而蔓延开来。大约与此同时，法国一些地方则尝试采用不以标的物的实际交付为必要的新的所有权交易方式。"假装的占有改定"（dessaisinesaisine）与交付（traditio feinte）的约款方式由此登场。按照这些方式，交易证书通常载明如下约款："卖主于现在向买主为物的交付，买主基此事实而取得占有。"[2] 不久，该约款日渐演绎为"惯例性"条款而普遍订入所有权移转契约中，最后乃干脆将其省略而默认为当然条款。[3] 此种交易及其发展趋向之后受到 18 世纪推崇个人主义与自由主义的格劳秀斯和普芬道夫等人的鼓吹与欢迎。他们指出，应对所有权与占有两种制度加以明确区别。占有为一种事实，因而其移转必须要求有交付这一有形的事实，否则不得发生。所有权则与此不同，其本身因是一种纯粹的观念性质的东西，故在进行所有权移转时，无须像占有那样必须履行有形的交付行为，而只要有单纯的、诺成性的合意这一观念的形式，所有权移转即可发生。[4] 这些思想引起了当时大多数自然法学者的共鸣，迎合了当时法国社会正在广泛兴起的"自由与平等"的社会思潮与社会意识。如此一来，关于物权交易的支配性见解不久得以形成：产生物权变动的意思表示与产生债权的意思表示相同，即均不要求以某种形式为必要，而仅基于当事人之间的债权契约的意思表示即获满足。[5] 随后的事实表明，1804 年《法国民法典》对于物权变动的规定，完全是以这种支配性见解为基础而形成的。这就是，《法国民法典》就物权变动采取了纯粹的意思主义（债权合意主义）。

1　[日] 舟桥谆一编集：《注释民法》（6），有斐阁 1967 年版，第 112 页。

2　[日] 松坂佐一：《物权法》（第 4 版），有斐阁 1980 年版，第 24 页。

3　[日] 松坂佐一：《物权法》（第 4 版），有斐阁 1980 年版，第 24 页。

4　[日] 舟桥谆一：《物权法》，有斐阁 1960 年版，第 113 页。

5　[日] 舟桥谆一编集：《注释民法》（6），有斐阁 1967 年版，第 113 页。

2. 《法国民法典》

1804 年《法国民法典》对于物权变动采取了与德国民法迥然不同的立法主义，学说谓为债权合意主义 [1] 或意思主义 [2]。按照该民法典的规定，意思主义的内容涵括如下基本要点。

第一，物权变动仅依当事人之间的债权合意（债权契约）即能实现。不动产物权移转所为的登记，系对抗要件，而非成立或生效要件。

第二，不存在独立于债权合意（Convention）之外的"物权的合意"。物权变动只是债权契约的当然结果，无物权行为独立性之可言。

第三，物权变动不存在物权行为独立性，因而物权变动的效果自然受原因行为（债权行为）的影响。物权行为无因性无从谈起。至于受如何影响，则依法律行为一般原则予以决定。交易安全的保护，委诸公示与公信原则。

第四，基于双方当事人缔结的债权契约，债权债务关系及物权变动的双重效果即可发生，即所有权系由于"债权的效力"而发生移转（《法国民法典》第711 条）。"应为物的给付的债务，仅依当事人的合意即获完成，债权人因此而成为所有人"。[3] 换言之，当事人就标的物及其价金相互同意时，即使标的物尚未交付，买卖亦告成立，标的物所有权也于此时由出卖人移转给买受人。《法国民法典》对于物权变动的此种规定，可以表示为：买卖契约→所有权转移。

这里有必要涉及法国法关于不动产物权变动之公示方法的登记问题。早在1804 年《法国民法典》制定时，这一问题即引起了人们的注意。这一时期，物权变动仅依当事人双方的债权合意即可发生，除此之外并无任何公示方法。此种交易习惯肇致对标的物有利害关系的第三人以深切不安，痛感有加以改善的必要。受 1794 年《普鲁士抵押权法》的刺激和影响，1798 年 11 月 1 日，法国颁行法律，决定在全国范围内实行所谓登记制度（transcription，in Scription）。但是按照

1　谢在全：《民法物权论》（上册），文太印刷有限公司 1994 年版，第 64 页。

2　[日] 星野英一：《民法概论 2·物权》，良书普及会 1977 年版，第 26 页。

3　[日] 松坂佐一：《物权法》（第 4 版），有斐阁 1980 年版，第 25 页。

该法律，登记制度之适用范围极其有限。《法国民法典》制定时，对于应如何把握和处理此登记制度，曾发生激烈争论。结果立法规定：不动产的赠与（《法国民法典》第839条以下、第1069条以下）、先取特权（《法国民法典》第2106条以下）及抵押权（《法国民法典》第2134条以下）等物权变动方可适用登记制度，而买卖等有偿让与原则上不应采取登记制度，仅依当事人双方的债权契约即可发生物权变动的效力。其后，随着法国社会经济的发展与物权交易的日渐频繁，该登记制度的狭隘适用范围对交易安全的深刻弊害逐渐显现，1806年《法国民事诉讼法》乃在第834条和第835条间接地承认登记制度对于所有权的让与实为一项必要的制度。[1] 往后历时近50年，登记制度对于不动产物权变动之必要性才为立法所明文确定，此即所谓1855年3月23日法律。按照该法律，举凡不动产物权的设定、移转，如果未经登记，将不能对抗第三人（同法第3条）。而关于动产，立法未作此种规定。

3.《法国民法典》物权变动的意思主义所蕴含的历史性格

与《德国民法典》相同，《法国民法典》物权变动之采意思主义，仍然是其历史发展的产物，具有浓厚的历史主义性格。

第一，按照《法国民法典》，物权移转不以交付为必要，仅依当事人之间单纯的合意即可发生所有权移转的效力。毫无疑义，此种立法规定反映了近代以降所有权的观念性，为近代社会本身的产物。本来，在此以前，法国民法系受罗马法支配，关于物权变动，受罗马法交付主义规则之左右。但是，伴随法国资本主义的发展，所有权的观念性不断崛起与成长，交付本身因此被拟制化，公证人制作的"交易证书"通常记载"交付完备"的条款，《法国民法典》对此从正面加以确认。结果产生了所有权移转行为被观念的债权契约吸收并使之单纯作为其效果而构成的意识。如此一来，《法国民法典》也就不存在与债权契约相区别的独立存在的另一个法律行为——物权行为。

第二，就《法国民法典》对于物权变动的规定而言，如下二点表现了此种构

1　[日] 舟桥谆一编集：《注释民法》(6)，有斐阁1967年版，第113页。

成具有并不充分的"近代性"。其一，严格而言，在法国民法上，所谓所有权让与的意思主义乃仅限于不动产，而动产则系受具有权利表彰效力的"占有法"系统的支配。[1] 故此，这里并不存在动产所有权的物权的请求权与占有诉权的界分。虽然《法国民法典》第 2179 条往后在结果上变成了实现动产交易的占有公信力保护的手段，但其本身则完全是以这种"占有法"的构成体系为基础而建立起来的。故而它仍然是动产所有权的观念性权利的未完成状态。[2] 此表明，《法国民法典》规定的物权变动制度未实现充分的近代性。其二，《法国民法典》对于不动产交易中的所有权如何具体移转、近代交易法的最大理想的"交易安全"如何实现、物权交易对于第三人的效力以及第三人的保护等问题均未作详尽考虑，只是好不容易才将抵押权的登记规定为"对抗第三人的要件"[3]。毫无疑义，此显示了《法国民法典》在物权变动上具有并不充分的"近代性"。

（四）日本法

1. 现行《日本民法》施行前的状况

（1）近代登记制度施行前物权（尤其是不动产物权）变动的所谓地券制度与公证制度

日本现行物权变动制度（以《日本民法》第 176 条为中心而构成）系以明治初年不动产交易中采行的地券制度及户长公证制度为其滥觞。明治初年，日本政府为了进行地租改革，允许土地进入市场流通、交易，同时创设了所谓地券制度。按照这一制度，土地的买卖、让与必须对地券加以"改写"，若不履行这一手续，则被视为"密买卖"，有关之人会被处以征收捐税的处罚。自此意义看，地券制度与其说是为私法的交易而设，毋宁说是为税收上的目的而设。但是，地租改革施行后，地券的"改写"即成为所有权移转发生效力的要件，地券的私法的物权法要素由此显现出来。但是，此一明治政府的新制度由于不是建立在幕藩时代以降民众传统的

1　[日] 川岛武宜：《所有权法的理论》，岩波书店 1987 年版，第 200 页。

2　[日] 川岛武宜：《所有权法的理论》，岩波书店 1987 年版，第 200 页。

3　[日] 川岛武宜：《所有权法的理论》，岩波书店 1987 年版，第 200 页。

交易习惯基础之上，故并未受到民众的亲近与喜好。民众仍然按过去的习惯，以买卖证书等方式进行土地的买卖、让与［以此种方式为土地交易被明治 7 年（1874年）发布的"布告"宣布为无效］，特别是在当时的农村，由于推行非永久性买卖的"年限买卖"，作为近代永久性买卖的地券制度乃与农村的此种（买卖）情形发生龃龉。不仅如此，作为买卖的确定性记录的"地券"，也不适用于担保权的设定。明治 13 年（1880 年）11 月，明治政府认可土地买卖的一般的公证制度，如此，地券制度完全丧失了其私法的功能。时至日本登记法（旧登记法）制定时，登记制度取代公证制度而成为物权交易的新方式。[1]

（2）日本旧登记法和日本旧民法

由于以上情况，公证制度被近代登记制度（旧登记制度）取代。而促使物权交易由公证制度进到登记制度的因由，是公证过程中欺诈情形的不断发生等。[2]亦即，由于土地交易的日渐频繁，公证制度并不能完全保障交易的安全，为了完善所有权变动的公示制度，有必要确立能满足近代化交易要求的公示制度。而与此同时，从财政上考虑，日本政府也急于实现近代化的国家登记制度。基此背景，明治 19 年（1886 年）8 月 12 日，日本政府公布了其最初的登记法律，此即所谓旧登记法。依此法律，登记系国家的事务，原则上由治安法院管辖。仅在离治安法院较远的地区，于国家的监督下，由户长役场管辖。如此，登记改变了此前的公证由户长把持的局面，而系由国家掌管，因此使物权交易的法律构造发生了很大的变化。依旧登记法第 6 条的规定，物权变动并不必须要求公证，只是为了使物权变动有对抗第三人的效力，才以登记为必要。另外，依旧登记法，土地所有权及担保物权的享有也不要求非对证书、地券加以占有不可，而仅需于国家管理的登记簿上作相应的登记与记载即可。学者指出，这个意义上的所有权已不是"现实性"的东西了，而是发生了向"观念性"的转化。[3]但是，当事人之间的所

1　［日］川岛武宜：《所有权法的理论》，岩波书店 1987 年版，第 209 页以下。
2　［日］川岛武宜：《所有权法的理论》，岩波书店 1987 年版，第 215 页。
3　［日］川岛武宜：《所有权法的理论》，岩波书店 1987 年版，第 215 页。

有权是否仅依单纯的意思表示即可完成移转，从旧登记法的条文上看则并不明确、清楚。

明治 3 年（1870 年）8 月，日本政府在太政官下设制度局，由江藤新平任局长，着手翻译《法国民法典》，同时聘请法国学者波伦索那得起草民法典，明治 23 年（1890 年）公布，此即所谓旧民法。作为旧登记法的延续物的旧民法如何解决当事人之间的所有权移转问题？按照旧民法财产编第 331、332 条的规定，其乃是直接仿效和继受了《法国民法典》的相关规定。作为起草者的法国学者波伦索那得于说明这些规定时指出，这些规定旨在将土地交易自封建时代以来的诸种繁琐方式中解放出来，从而实现仅依意思表示即可发生所有权移转的效力。[1]

2. 日本现行民法

法史上，现行《日本民法》系作为 1890 年旧民法的否定物而存在。1890 年公布的旧民法因家族法部分完全因袭法国民法制度，社会舆论反映强烈，由此遭到反对派的激烈反对。结果日本政府不得不于 1893 年设置新的法典编纂委员会，任命穗积陈重等人为起草委员，重新起草民法典，分别于 1896 年与 1898 年予以公布，史称新民法。新民法不仅在法典的结构上采取了潘德克吞体系，而且于内容上也着重参考、仿效了《德国民法典第一草案》的诸多规定，然在物权变动上却一改此种立场，未仿效《德国民法典》的规定，而是原原本本地将旧登记法及旧民法的规定加以承继，坚持其已然采取的《法国民法典》的立法主义。《日本民法》第 176 条规定："物权的设定及移转，只因当事人的意思表示而发生效力"，不需要任何形式。此种模式被称为债权合意主义或纯粹意思主义。只是为了对抗第三人，不动产以登记、动产以交付为必要（《日本民法》第 177、178 条）。质言之，登记或交付系物权变动的对抗要件，而非物权实际发生变动的成

1　波伦索那得指出："日本民法在此规定（旧民法第 331 条）上具近代性而应予关注，进而应承认其为法的一种进步。一切的原始的法制，对于所有权由此向彼的移转常常要求必须依繁琐的'行为'而移转，即不仅要求当事人有意思表示，而且要求为一种人的眼睛所能看见的、外部的、至少是有形的可以表明所有权确实发生了交换的'外部行为'，……本条抛弃了既往的旧有法理，此虽然并不绝对，但至少在特定物领域获得实现。"参见〔日〕川岛武宜：《所有权法的理论》，岩波书店 1987 年版，第 216 页以下。

立要件或生效要件。[1] 但是，作为此种规定的例外，质权的设定则以交付为成立要件（《日本民法》第 344 条，另外，矿业权与租矿权的变动及特许权的变动则以在矿业原簿或特许原簿上进行登录为其成立要件 [2]）。由此可见，日本在物权变动的立法上，除规定动产以交付为对抗要件而区别于《法国民法典》外，其他方面皆与《法国民法典》相同，即不承认因法律行为所生物权变动有所谓物权行为独立性与无因性，认为仅依债权契约的效力即得产生物权变动。

这里有必要涉及日本民法学理围绕《日本民法》第 176 条而展开的关于《日本民法》是否承认物权行为独立性的法解释论争。此一论争就其实质而言，乃是学者对于《日本民法》第 176 条的"意思表示"的涵义及该条与《日本民法》第 555、533 条的关系于解释和理解上所发生的分歧：以物权变动为目的的物权契约和以债权之发生为目的的债权契约得否截然区别，以及物权行为得否具有独立性。《日本民法》制定当时，按照这些规定的母法——法国法——进行意思主义解释，即否定物权行为的独立性。之后，民法学中德国法学的潮流和倾向成为压倒性的东西，故依德国法所作的解释遂成为支配性的见解。然从大正末年起，依法国法进行解释再度成为有力的见解。之后，折中的见解也产生出来，于是，学界出现了混沌的现象。[3]

第一，物权行为独立性否认说，也称意思主义说。该说从解释《日本民法》第 176 条规定的"意思主义"的涵义出发，认为《日本民法》对于物权行为与债权行为并未加以区别，或者认为物权行为虽然在观念上应予承认，但现实上则应使物权行为与买卖契约结为一体。买卖契约生效的同时，也就发生了物权的变动，故不存在所谓物权行为独立性，当然更无所谓物权行为有因或无因问题。[4]

此说从《日本民法》制定当时迄至明治末年，于日本民法学界处于支配地位而成为有力说，之后一度衰落。二战结束后，民法学者我妻荣继承和发扬了该

1　[日] 松坂佐一：《物权法》（第 4 版），有斐阁 1980 年版，第 27 页。
2　参见日本《矿业法》第 59、60、84、85 条，《特许权法》第 27 条。
3　[日] 铃木禄弥：《物权法讲义》（第 4 版），创文社 1994 年版，第 96 页。
4　[日] 铃木禄弥：《物权法讲义》（第 4 版），创文社 1994 年版，第 98 页。

说。该说关于物权变动的时间采所谓债权契约说，[1]认为所有权移转只需依当事人的意思表示（债权契约）即可发生，而不需要特定形式或方式，因而物权行为与债权行为一样，都属于非要式行为，它们可以成为"合体行为"，于缔结特定物买卖契约的同时，标的物的所有权也就由卖方转移至买方。概言之，基于债权契约的效力而发生了物权变动的效果。

第二，物权行为独立性肯定说。此为少数说。该说仿效德国法，将《日本民法》第 176 条的"意思表示"解为与债权契约有别的专以物权变动为目的的物权的合意，基此物权的合意而发生物权的实际变动。此物权的合意被进一步解为物权行为。基此立论，该学说进一步主张物权行为无因性，认为债权行为因某些原因失去效力时，物权变动作为原则仍然有效。[2]

第三，折中说。[3]该说诞生于二战结束初期，倡导者为川岛武宜，后又得到舟桥谆一等人的赞同。该说以物权行为独立性否认理论为立论前提，一方面认为以特定物为标的物的买卖契约是债权行为，另一方面又从契约的有偿性原理出发（参见《日本民法》第 533 条），认为只要完成支付价金、特定物登记或特定物转让行为中的任何一种行为，即意味着同时履行抗辩权的消灭，因而于完成任何一种行为的同时，所有权也就自卖方转移至了买方。[4]

日本民法学界对于是否存在物权行为独立性及由此而引发的有关物权变动的时间的诸学说的对立，其因由是多方面的。其中，最重要的学理原因是，《日本民法》关于物权变动采用法国民法的意思主义，但同时又仿效德国民法的体系，使整部民法由总则、物权、债权、亲属和继承五编构成，尤其严格区分物权行为与债权行为，从而导致学说之间于法解释上的冲突。多数学说认为，于德国对发

1　在主张物权行为独立性否认说的学者中，对于物权变动，有学者提出了"所有权移转时期无须确定说"，即认为在特定物买卖的全过程中，所有权的各种机能已通过缔结契约、支付现金及进行不动产让与的登记等不同阶段而移转，因此，具体确定所有权移转的时期不仅未有实益，理论上也不可能。参见［日］铃木禄弥：《物权法讲义》（第 4 版），创文社 1994 年版，第 98 页。

2　［日］铃木禄弥：《物权法讲义》（第 4 版），创文社 1994 年版，第 97 页。

3　［日］铃木禄弥：《物权法讲义》（第 4 版），创文社 1994 年版，第 97 页对此见解作有介绍。

4　邓曾甲：《日本民法概论》，法律出版社 1995 年版，第 153 页以下。

生物权变动的法律行为的成立要求履行登记或交付这一必要形式的法制下，如果说存在必须承认物权行为独立性的必要的话，则于日本关于发生物权变动的法律行为之成立并不要求任何形式的法制下，基于一个意思表示（债权契约）而同时发生债权关系与物权变动，乃是一点也无妨碍的。故此，不仅没有承认物权行为独立性的必要，且即使承认它的存在，也不会带来德国民法的那些实益，相反还必须采取与当事人意思相悖的无因性的理论构成。[1]正是因此，以上物权行为独立性否认说遂成现今日本学界的通说。由此推论，所谓物权行为无因性也就当然被否定和抛弃了。

于《日本民法》下，物权变动采债权合意主义或意思主义，登记或交付为物权变动的对抗要件，不发生物权行为独立性与无因性问题。另外，判例在此问题上的立场和态度也大体一致，认为经由买卖、赠与、交换等方式发生物权变动时，于当事人未有特别的意思表示情形下，物权变动仅以当事人之间有意思表示为必要，而不需要有某种特别的合意（物权的合意）。[2]

（五）奥地利法、瑞士法及韩国法

自历史传统看，奥地利与瑞士均属于德意志法系国家。但是，这种地缘上的近邻关系非但没有促成奥地利与瑞士二国于物权变动的立法规定上走与德国相同的道路，反而使其于对德国关于物权变动的立法规定有深刻理解与知悉后毅然决然地走上了另外的新的道路，即与德国的物权形式主义分道扬镳的债权形式主义道路。

按照奥地利、瑞士民法，物权因法律行为发生变动时，除当事人之间需有债权合意外，仅需另外践行登记或交付的法定方式，即发生物权变动的效力。此种立法例以《奥地利普通民法典》为其典范，故又称"奥国主义"[3]。按照 1811 年

---

[1] ［日］高岛平藏：《物权法制的基础理论》，敬文堂 1986 年版，第 69 页以下；［日］松坂佐一：《物权法》（第 4 版），有斐阁 1980 年版，第 27 页。

[2] ［日］舟桥谆一编集：《注释民法》（6），有斐阁 1967 年版，第 121 页；［日］松坂佐一：《物权法》（第 4 版），有斐阁 1980 年版，第 27 页。

[3] 谢在全：《民法物权论》（上册），文太印刷有限公司 1994 年版，第 65 页。

6 月 1 日公布的《奥地利普通民法典》，此一主义涵括如下基本要点：其一，发生债权的意思表示即为物权变动的意思表示，二者合一，并无区别，此与债权意思主义相同，而与物权形式主义相异。其二，发生物权变动的法律行为，仅有当事人之间的债权的意思表示尚有未足，仍须履行登记或交付的法定方式，始足当之。因此，公示原则所需的登记或交付，系物权变动的成立或生效要件。其三，物权的变动，仅须在债权的意思表示之外加上登记或交付即为已足，不需另有物权的合意，故无所谓物权行为独立性。其四，物权行为既无独立性，则物权行为的效力自然受其原因关系及债权行为的影响，故也无物权行为无因性可言。[1]

1907 年 12 月 10 日制定的《瑞士民法典》于解释上系采与奥地利民法相同的债权形式主义立场，规定以原因行为、登记承诺与登记相结合而发生物权变动的效力。其第 657 条第 1 项规定，以土地所有权移转为目的的契约，为使其发生法律效力，应以公证书为之。此所谓契约，通说解为发生移转义务的债务契约（买卖、交换及赠与等）。所谓发生物权变动的登记承诺，指所有人就标的物所有权同意予以无保留的移转而作的同意登记的表示。此登记承诺有二重意义：一方面为登记本身的形式要件，另一方面为物权成立的实质要件。同时，《瑞士民法典》第 974 条第 2 项规定，凡无法律原因，或依无约束力的法律行为而完成的登记，为不正当。可见原因行为无效时，所有权移转行为原则上无效。此表明《瑞士民法典》对于基于法律行为而生的不动产物权变动并不适用物权行为无因性理论。《瑞士民法典》第 714 条规定：动产所有权移转，应移转占有。对于是否应有物权的合意及该合意是否为无因，立法者态度故意暧昧，学者见解不一，但 1929 年的联邦法院判例采否定说。由此可见，《瑞士民法典》对于土地所有权及动产所有权的让与，并不适用物权行为无因性理论。[2] 此与《德国民法典》是不同的。

《韩国民法典》制定于 1958 年。该民法典是二战后现当代民事立法的一项重要成果。对于基于法律行为的物权变动，其采取了与奥地利、瑞士民法相同的立

1　谢在全：《民法物权论》（上册），文太印刷有限公司 1994 年版，第 65—66 页。

2　梁慧星：《民法学说判例与立法研究》，中国政法大学出版社 1993 年版，第 120—121 页。

场，即其第188条规定："在不动产场合，基于法律行为的不动产物权的取得、丧失及变更，非经登记，不生效力。关于动产物权的让与，非将动产交付，不生效力。"韩国在此以前，对于物权变动系采所谓纯粹意思主义。[1] 现今民法立法改采登记或交付的生效要件主义，学说称为"从意思主义到形式主义的转换"[2]。《韩国民法典》制定之际，关于物权变动之采此种形式主义，曾有强烈反对意见。此种意见指出，由于韩国人民长久以来一直生活在意思主义之下，登记之习惯并未于韩国各地定着下来，故此形式主义势将引起社会混乱，还不如采《日本民法》的意思主义更称优良和妥洽。[3] 立法者最终采取了以奥地利、瑞士民法为代表的债权形式主义模式，使物权基于债权契约、交付或登记而发生变动。其立法理由书就此指出了两点因由：使物权变动的存在与否获得明确，以期保护交易安全；避免因当事人间的关系与第三人关系的不同而产生法律关系上的复杂状态。

至此，可将奥地利、瑞士及韩国民法对于物权变动的债权形式主义立场归并、概括如下：

物权变动=契约（法律行为）+登记或交付。登记或交付系效力要件。

三、对诸立法规制模式的比较、考量及分析

以上德国法、法国法、日本法、奥地利法、瑞士法及韩国法对于因法律行为而生物权变动的立法规制，得概括为三种类型：物权形式主义（德国法）、债权形式主义（奥地利法、瑞士法及韩国法）及意思主义（法国法、日本法）。此三种类型反映了近代以降大陆法系民法立法对于物权变动的基本立法规制状况。其中，物权形式主义与意思主义是两种显著对立的不同立法主义，债权形式主义介于其间，因而被称为折中主义。如下乃对此三种立法主义的差异作一比较分析。

1　［韩］郑钟休：《韩国民法典的比较法的研究》，创文社1989年版，第210页。

2　［韩］郑钟休：《韩国民法典的比较法的研究》，创文社1989年版，第210页。

3　日本民事法研究会：《民法草案意见书》（1957年），第67页；［韩］郑钟休：《韩国民法典的比较法的研究》，创文社1989年版，第210页。

（一）物权形式主义与意思主义

此两种立法模式为近代以降各国家和地区关于物权变动的对立的规制模式。这两种模式即使今天也依然深刻地影响着各国家和地区民事立法尤其是物权立法运动及其实践。于民法学术领域，此两种对立的规制模式曾广泛引起学者们的研究兴趣，学者纷纷对其进行研究、释明、论证。为说明之便，如下试将此两种规制模式的构成概要及其差异表解如下。[1]

物权形式主义与意思主义之比较

内容	物权形式主义（德国法）	意思主义（法国法、日本法）
债权行为与物权移转行为分离的有无	物权行为独立性；基于原因行为（例如买卖契约），仅在当事人之间发生所有权移转、价金支付等债权性义务；要发生物权变动（例如所有权移转、价金支付），需有与原因行为分离的另一法律行为即物权行为	基于原因行为（例如买卖契约），当事人之间不仅发生标的物移转的债权性义务，而且物权变动自身也作为债权契约的效力而发生，即不存在物权行为的独立性
物权变动的要件	物权的合意与形式主义（登记或交付）：物权变动自身因独立的物权行为（物权的合意）加上登记或交付而发生	意思主义：物权变动系基于原因行为而发生，不要求物权变动必须采取一定形式
登记或交付所具有的意义	成立或生效要件主义：作为公示手段的登记或交付不仅在对第三人关系上有其意义，且即使于当事人之间，也系使物权变动实际发生的要件	对抗要件：作为公示手段的登记或交付（日本法）与当事人之间的物权变动并无直接关系，而仅具对抗第三人的效力
原因行为的瑕疵对物权变动的影响	无因主义：原因行为因某些理由（如无效、被撤销）而失去效力时，物权变动本身不因此而受影响；当事人之间根据不当得利规则回复（原）物权关系	物权行为独立性并不存在；物权变动系基于债权的效力而发生；原因行为因某些理由（如无效、被撤销）而失去效力时，物权变动也当然失去效力；无因、有因的问题无从谈起

1　［日］铃木禄弥：《物权法讲义》（第4版），创文社1994年版，第95页。

　　如前述，物权形式主义与意思主义作为两种截然不同而显著对立的立法成例，其本身具有相当的历史性格，它们分别为不同的历史传统、物权交易习惯以及民法立法史不断演进的结果。近代以前，某人对于某物之有支配权（物权）关系，通常必须表现为某人对某物予以事实上的实际占有。物权的移转因而乃是物的实际占有与支配力的移转。迄至近代，物权日渐作为与对物的事实上的支配相分离的观念性权利而存在，物权交易也因此逐渐从物的实际占有和支配的移转中脱离出来，物权变动仅基于当事人之间的意思表示即可实际发生。意思主义所反映的首先正是此种实际物权关系的基本情形。此外，《法国民法典》之采意思主义也有如下意识形态方面的背景：《法国民法典》制定之前，个人主义、自由主义思潮早已弥漫并浸透了整个法国社会，个人尊严及人存在的价值高于一切，个人的意思应受绝对尊重的思潮被社会大众广泛接受，认为个人意思之所至，物权关系即应因此而变动。结果，物权变动当然不存在所谓独立的物权行为。物权交易的繁琐方式被荡涤，物权变动的纯粹意思主义获得确立。但在《法国民法典》制定、公布之后，欧洲大陆自由资本主义经济获得迅速发展，种类物买卖、信用交易兴盛，作为原因的债权行为与发生物权移转的物权行为，无论在时间还是外形上都显示出"分离"的迹象，并产生了使当事人之间的物权变动关系与对第三人的公示手段直接联系起来加以统一处理和把握的必要。《德国民法典》首先反映的正是此种社会经济关系的客观要求。其次，在德国资本主义的高度化发展过程中，由于物权行为性质上属于中性、无色透明的行为，不发生因违反公序良俗而无效的问题，因此大企业的横暴和为所欲为完全变得合法化。[1]《德国民法典》的物权形式主义也反映了这一重要经济背景及其要求。

　　虽然物权形式主义发生于意思主义之后，但是这并不意味着其绝对优于债权合意主义。事实上，如果理性地分析和考量，则可发现，二者乃是"一长一短"[2]。

---

　　[1] ［日］铃木禄弥等：《不动产法》，有斐阁1973年版，第157页。
　　[2] ［日］高岛平藏：《物权法制的基础理论》，敬文堂1986年版，第74页；［日］甲斐道太郎：《物权法》，日本评论社1979年版，第103页。

首先考察法国法、日本法的意思主义。这种模式使物权交易当事人的自主意思获得淋漓尽致地表现，排除了国家权力对于物权交易的介入和干涉，避免了国家干预个人意志和人格尊严的弊害。在此方面，意思主义无疑具有重大的历史意义，这一点我们决不应该忘记。[1]其次，由于意思主义是完全建立在当事人意思自由的尊重基础之上的，以物权变动为债权行为的当然结果，不需要任何形式，因而避免了此前物权交易的繁琐形式。[2]此种作为"对形式主义的反动而存在的意思自由主义"，[3]有使交易获得便捷、迅速的优点。同时，从辩证的另一方面看，这种模式也存在着缺陷与不足，即由于其是以当事人之间的法律关系为中心而成立起来的立法主义，故而物权变动仅依当事人之间债权行为的意思表示即足生效力。如此就使社会第三人不能从外部认识当事人之间物权变动的时间及物权变动之有无，从而使物权变动法律关系不能获得明确化。其结果乃不得不以登记或交付作为对抗第三人的要件，但由此却产生了当事人之间的内部关系与对第三人的外部关系不一致的问题。

德国法的物权形式主义以登记或交付作为物权变动的生效要件，不仅有保障交易安全及使法律关系明确化、客观化的功能，也使当事人之间的物权变动关系与对第三人的法律关系一元化，物权变动关系之存否及变动时间因此而明确化，当事人之间的内部关系与对第三人的外部关系完全一致，避免了意思主义下物权变动法律关系被分裂为对内关系与对外关系的复杂问题。但是，较之于这些优点，该模式更存在如下严重缺点：其一，就物权变动中当事人的意思尊重而言，较之于法国法、日本法的意思主义，物权形式主义乃是大大退步。此种模式与其说是以交易双方的法律关系为中心而构成，毋宁说是以交易秩序之保护为中心而构成。[4]其二，虚构物权变动中的物权的合意并使之具有独立性与无因性，此不仅徒增物权变动之际的法律关系的混乱，而且与社会生活的实际状况不符，进而使

1　［日］铃木禄弥：《物权法讲义》（第4版），创文社1994年版，第96页。

2　［日］铃木禄弥：《物权法讲义》（第4版），创文社1994年版，第96页。

3　［日］舟桥谆一编集：《注释民法》（6），有斐阁1967年版，第176页。

4　［日］舟桥谆一编集：《注释民法》（6），有斐阁1967年版，第176页。

法律对财产的静的安全之保护失之不周。盖物权变动关系的明确化、客观化，严格而言系来自于物权变动的公示方法——登记或交付——本身所具有的功能，而非由于交付或登记的形式主义本身所使然。其三，这种模式由于采取物权变动的无因构成，将产生重大弊端，此为该模式所具有的最大缺点。对此，后文将作翔实分析。

（二）意思主义、物权形式主义与债权形式主义

此三种关于物权变动的立法主义，反映了近现代及当代大陆法系民法立法对于物权变动的基本规制立场。此三种模式中，就物权变动采取登记或交付的"形式主义"而言，德国法的物权形式主义与奥地利、瑞士及韩国法的债权形式主义完全相同，[1] 而这正好区别于法国法、日本法的意思主义。就意思主义与债权形式主义而言，其皆不存在和发生物权行为独立性与无因性问题，债权契约成为物权变动的决定性动力（法国法与日本法）抑或基本动力（奥地利、瑞士及韩国法）。另外，在此两种模式下，虽然存在着登记或交付这些公示手段，但其所具有的功能与特性却并不相同，即意思主义下的登记或交付为物权变动之际对抗第三人的要件，而债权形式主义下的登记或交付则为发生物权变动之债权契约的生效要件，即所谓物权变动的登记或交付的"生效要件主义"。

至此，可以知悉，债权形式主义既具有意思主义与物权形式主义所具有的优点，同时也克服和避免了其他两种模式所具有的缺点。换言之，债权形式主义既有使物权交易敏捷、当事人意思表示受尊重的优点，同时也使当事人之间的内部关系与对第三人的外部关系完全一致，保障了物权交易的安全，并平衡了当事人之间于物权变动上的利益关系。债权形式主义因为具有此等优点，近代以来普遍受到各国家和地区民事立法的肯定和接受，并引起了各国家和地区实务与学理的广泛注目。某些此前采取物权形式主义与意思主义的国家和地区纷纷检视既有立

1　在此有必要指出，长期以来，学说理论正是因此而简单地将德国法的物权形式主义与奥地利法、瑞士法的债权形式主义予以同等对待，以致给人造成一种假象：凡提及形式主义就是指德国法的物权形式生义。事实上，二者虽然均属形式主义，但于构成上却是迥乎不同的，此点需予注意。

法规定，试图通过法解释学途径变更立法规定，进而采行物权变动的债权形式主义。于意思主义与物权形式主义的"原产地"法国与德国，新近判例实务与学理不仅主张对这些立法主义之适用予以限制，而且有学理干脆主张废弃既有立法主义，改采债权形式主义，抑或主张于立法论上舍弃独立的物权行为，而将物权变动的意思表示纳入买卖或赠与等债权行为之内。德、法二国中，尤其以德国的情况最值注目，学理也最为活跃，尤其对于无因性理论的批判最为严厉。[1]需特别提及的是，不仅德国学者，日本及我国学者也对无因性理论加以批判，这一情况无疑值得我们注目。我国 2007 年 3 月 16 日通过的《物权法》采债权形式主义，不采物权行为无因性，这一立场无疑为正确的立场，将来应继续坚持此立场不变。尽管如此，这丝毫也不妨碍和影响我们对物权行为及无因性理论进行研究。盖此种研究，自学术的旨趣与立场看，乃是具有积极价值与意义的。

四、物权行为概念诸问题分析

(一) 物权行为概念的源起、背景及基本评价

如所周知，自《德国民法典》施行以来，物权行为即成为大陆法系中的德国民法及受德国民法影响的某些民法的一项重要概念。[2]这一概念及有关理论是法律抽象思维的产物，其本身令人难以理解。欲深刻理解和把握物权行为概念及与此有关的理论（如物权行为的独立性与无因性理论），需从法律行为概念的提出说起。

自法史上看，距今约 3000 年的古罗马契约法及遗嘱法虽然存在着现今所谓法律行为的诸多具体类型，如"适法行为""一方行为""双方行为""有偿行为""无偿行为""要式行为""略式行为""死因行为"以及"生前行为"，但囿于当

1　以德国民法学者拉伦茨为代表的学者即是典型代表。拉伦茨本人主张变更德国民法现行立法主义（物权形式主义），而改采意思主义与登记或交付的混合制度。参见王泽鉴：《民法学说与判例研究》（第 1 册），中国政法大学出版社 1998 年版，第 272 页。

2　英美法系并无与此相当的概念，物权行为概念为大陆法系民法所特有。

时的立法技术与法学理论水平，立法与学理都始终未建立起对一切表意行为普遍适用的统一的法律行为概念，当然更无所谓物权行为概念。1805 年德国理性法学派及其承前启后的著名学者胡果于其出版的《日耳曼普通法》中首先提出法律行为（Rechtsgeschäft）概念，[1]用以解释罗马法上"适法行为"概念的内涵。依其解释，所谓法律行为，是指具有法律意义的一切合法行为。然历史上，以类似涵义使用法律行为这一概念的时间还要早些，至少德国启蒙时期的理性法学派就已经使用了法律行为（actusiuridicus）和自愿表示（declratio voluntatis）等概念。但是，赋予法律行为概念以意思表示的本质，从而真正建立起近现代及当代民法学意义上的法律行为概念理论的，乃是德国海得堡大学的民法学者及法官海泽。于广泛采用了海泽关于法律行为的一般意义、类型及成立要件的基础上，德国历史法学派创始人、著名的罗马法学者萨维尼在《当代罗马法体系》中进一步将法律行为概念和理论予以精致化。[2]正是在这里，他创立了与法律行为概念有种属关系的物权契约（物权行为）概念。

早在 1820 年代的大学讲座活动中，萨维尼已经谈到，为履行买卖契约或其他以转移所有权为目的的契约而践行的交付，并不是一种单纯的事实行为，而是包含一项以转移所有权为目的的物权契约。其后，在 1840 年出版的《当代罗马法体系》（第 3 卷）中，他进一步阐述了物权契约的概念。他写道："私法上的契约，以各种不同制度或形态出现，甚为繁杂。首先是基于债权关系而成立的债权契约，其次是物权契约，并有广泛之适用。交付（tradition）具有一切契约的特征，是一个真正的契约，一方面包括占有的现实交付，他方面也包括移转所有权的意思表示。此项物权契约常被忽视，例如在买卖契约，一般人只想到债权契约，但却忘记 tradition 之中也包括一项与买卖契约完全分离，而以转移所有权为目的的

1　关于法律行为概念的产生，有学者指出，罗马法时代的法学家即已创造了这一概念。参见何勤华：《西方法学史》，中国政法大学出版社 1996 年版，第 57 页。本书作者从通说。

2　转引自董安生：《民事法律行为——合同、遗嘱和婚姻行为的一般规律》，中国人民大学出版社 1994 年版，第 30 页。

物权契约。"[1]

按照萨维尼的主张，在基于买卖契约而发生的物权交易中，同时包含两个法律行为——债权行为与物权行为（物权契约），而且后者的效力不受前者的影响。萨维尼的这一思想极大地影响了其后的继承者，[2] 以至于这一思想在《德国民法典》制定当时即完全风靡于德国学术界。《德国民法典》的制定因此而受影响。立法者认为，在财产法领域，确立债权契约与物权契约这一显著对立的概念应是德国民法的基本原则。因为"此前的立法，特别是普鲁士普通邦法及法国民法，常常将债权法上的规定与物权法上的规定相混淆……此种方法未能符合债权行为与物权行为在概念上的不同，增加对法律关系本质认识的困惑，并威胁法律的正确适用"[3]。1896 年《德国民法典》正式采纳了物权契约概念及其理论。至此，与债权行为显著对立的物权行为概念遂在德国民法上完全定着下来，以此为基础，德国民法进一步确立了百余年来一直遭受学者非议的所谓物权行为的独立性与无因性制度。

深究德国民法之严格界分债权行为与物权行为的因由，除了上述缘由外，更重要的因由是：近代以降的德国社会经济基础以及直接表现这一基础的法律制度中，业已发生了财产关系被区分为物权关系与债权关系的普遍情形，财产关系领域形成了物权关系与债权关系相互独立存在的法秩序。如前述，近代以前的德国，对物予以现实支配的占有法体系一直处于支配地位，对于物的支配权，一般采取占有的形式。在此形式下，占有与本权系不可分的结合体，由占有之角度观察自然为占有，但就另一面观察则为本权。[4] 故在日耳曼法体系下，与现实支配相分离的本权并不存在。[5] 质言之，某人对某物之支配关系要获社会承认，常常必须

1　王泽鉴：《民法学说与判例研究》（1），中国政法大学出版社 1998 年版，第 263 页。

2　[日] 广濑稔："无因性理论的考察：以德国普通法学的所有权让与理论为中心"，载《法学论丛》第 77 卷第 2 号，第 48 页。

3　刘得宽：《民法诸问题与新展望》，五南图书出版公司 1995 年版，第 468 页。

4　史尚宽：《物权法论》，荣泰印书馆股份有限公司 1979 年版，第 3 页。

5　温丰文：《现代社会与土地所有权理论之发展》，五南图书出版公司 1984 年版，第 35 页。

以该人对该物进行事实上的现实的支配为必要，而不存在与现实性支配相分离的观念性权利（如"观念的所有权"）[1]。之后，由于继受罗马法和受自然法思想的影响，所有权概念获得确立，占有法体系因此而被止扬。与物的现实性支配相分离的观念性权利崛起并成长起来，物权蜕变为观念性权利。此观念性的物权的成立过程同时也是与物权关系决裂的债权关系的独立化过程。[2]这样一来，对于财产关系，人们也就从物权关系与债权关系相对独立的区别上加以把握，即某人对于某物的观念性支配权，从与该物有关的种种的人的拘束下解放出来而径直以物自身为标的，形成完结的物的秩序。同时，债权关系在自由人格者之间也形成不受物的拘束的独立的秩序。[3]财产关系于客观上被分裂为物权关系与债权关系，进而形成两种独立的法秩序（物权关系秩序与债权关系秩序），是德国民法立法严格界分物权行为与债权行为之不同，从而赋予其各自不同的法律效力的基本因由。

如果说近现代及当代民法中的法律行为概念和系统的法律行为理论之创立是19世纪德国民法学最辉煌的成就，则物权行为概念的创立可谓是德国民法立法与学说理论于法律行为上取得的另一辉煌成就。这一概念毋庸置疑是法律拟制和极端形式主义的产物，但这一概念本身的提出和创立则具重要意义。这就是：将财产行为进一步区分为物权行为与债权行为，使法律行为概念更趋精致与科学，法

1　前资本主义的封建时代，是以物权为中心的静态生活时代，物的利用关系与所有权关系原则上系属一致，劳动者既是生产手段，又是劳动生产物的所有权人。即使需利用他人从事生产，所有权人与被利用人也是建立在身份关系的结合基础之上的，即所有权人以家长、领主、主人、师傅的身份，分别对其家属、属民、农奴、学徒予以支配，家属等人同属支配客体，经济上属于自给自足形态。因而在此时代，债权不过是获取物权的手段，生产者与消费者之间的短短架桥，臣服于物权之下，故属于"物权君临"时代。但自近代始，随着身份关系的解体与资本主义的发达，财产的分配与交易日趋频繁，已非自给自足所能因应，经济上必须分工合作。此时，各个人的结合与分工惟有依据自由意思而成立的契约方可，在此背景下，债权关系独立出来。参见谢在全：《民法物权论》（上册），文太印刷有限公司1994年版，第11—12页。

2　[日] 广濑稔："无因性理论的考察：以德国普通法学的所有权让与理论为中心"，载《法学论丛》第77卷第2号，第48页。

3　[日] 广濑稔："无因性理论的考察：以德国普通法学的所有权让与理论为中心"，载《法学论丛》第77卷第2号，第48页以下。

律行为概念的内核由此更加充实与丰满，法律行为的分类由此更加完善。同时，该概念的创立解决了民法上尤其是物权法领域某些以物权变动为直接目的的法律行为的性质问题，譬如地上权、抵押权之设定及物权的抛弃等行为的性质问题。这些行为本身或者这些行为发生之际，即意味着权利的实现，无所谓履行问题，此与债权行为完全不同。因而试图用债法上的概念如债权契约解释这类行为将显然未尽科学和精确，从而也必然使债权行为尤其是债权法的制度体系遭到破坏。至此可以肯定，物权行为概念的创立于民法尤其是在物权法领域具有重大意义。自此以后，民法物权法理论及制度体系完成了其科学化与近代化进程，法律行为的分类趋于精确与完善。这一点，正是物权行为概念之创立所具有的重要意义，也是我们对物权行为概念本身所应作出的基本评价。

（二）物权行为概念的理论构成

作为法律拟制与极端抽象主义的结果，物权行为概念成为近现代及当代民法学上最难理解与最令人困惑的概念之一。一方面，该概念为法律抽象思维的产物，其本身不易理解；另一方面，学说理论关于法律行为的论述，往往偏重债权行为概念的论述，而忽略物权行为。在我国，如所周知，民法学界对于物权行为问题的研究仍是不足，这就更有对物权行为概念本身的理论构成加以研究的必要。

1. 物权行为的涵义

自德国法儒萨维尼创立物权契约概念以来，迄今已有百余年。岁月的沧桑非但未能统一学者关于物权行为概念是什么的歧见，反而更固化了学者于各自立场上的不同见解。关于物权行为概念，《德国民法典第一草案》曾使用 Dinglicher Vertrag（物权契约）概念，[1] 但受到批判，认为未臻精确。第二次委员会决定不采 Dinglicher Vertrag，而以 Dingliche Einigung（物权合意）代之，并表示 Dingliche Einigung 是否为物权契约，是一项法律理论构成（juristische Konstruktion）问题，

1　参见《德国民法典第一草案》第 828、868、874、983 条。

应由学说决之。[1]发生此争论的关键和实质在于，物权合意本身是否即为物权契约？质言之，物权行为的涵义究竟是什么？对此，德国学说中存在着两种显著对立的见解：其一，认为物权的合意本身即是物权行为。学者鲍尔（F. Baur）、韦斯特曼（Harry Westermann）及施瓦布（Lent Schwab）等均持此种观点。[2]其二，认为物权的意思表示与外部的变动象征（登记或交付）相结合而构成物权行为，德国学者罗森贝格（L. Rosenberg）、赖扎（Wolff Raiser）及尼佩代（Enneccerus Nipperdey）等采之。他们指出："就法律行为概念而言，以发生一定法律效果为必要，物权变动需以物权的合意（意思的要素）与登记或交付相结合为要件。物权的合意由于尚不足以引起物权变动，故非法律行为。"[3]

我国台湾地区"民法"解释上系采物权变动的物权形式主义，但是其对物权行为概念未设定义性规定，故何谓物权行为遂发生疑问，学者之间见解不一。施启扬谓：物权行为乃以发生物权直接变动为目的之法律行为，如移转动产或不动产所有权、抛弃动产所有权、设定抵押权等，即属之。[4]胡长清指出，所谓物权行为，指"发生物权法上的效果的法律行为。有为单独行为者，如所有权、地上权之抛弃是。有为契约者，如抵押权之设定是。其契约则称为物权契约"[5]。其他学者多采与此相类似的定义。但是，具备何等要件的法律行为方足生物权法上的效力或可达物权变动的直接目的，依此定义难获释明。于是学者自新的角度尝试作新的定义，此即以姚瑞光和王泽鉴为代表的见解。姚瑞光指出：物权行为"指由物权的意思表示与登记或交付相结合而成之要式行为"。因为"惟有完成此项方式后的物权行为，始能发生物权的取得、丧失及变更的效力，始能不残留所谓履行问题，也即物权行为一经成立即生效力。不可认为物权行为因意思表示而成

1　王泽鉴：《民法学说与判例研究》（5），1992 年自版，第 46 页。

2　王泽鉴：《民法学说与判例研究》（5），1992 年自版，第 46 页。

3　王泽鉴：《民法学说与判例研究》（5），1992 年自版，第 46 页。

4　施启扬：《民法总则》，三民书局 2007 年版，第 248 页。

5　胡长清：《中国民法总论》，中国政法大学出版社 1997 年版，第 212 页。

立，交付或登记不过其生效要件而已"。[1]王泽鉴认为，对于何谓物权行为，应作如下定义：物权的意思表示（包括物权的合意）本身即为物权行为（单独行为与物权契约），登记或交付则为其生效要件。[2]可见姚、王二人之见解大体上分别相当于前述德国学者罗森贝格与鲍尔等人的见解。有必要指出的是，在我国台湾地区，以姚瑞光为代表的关于物权行为定义的见解现今处于有力的支配地位，成为事实上的通说。

日本民法、学者通说及司法判例虽不承认物权行为独立性与无因性理论，但关于物权行为的概念本身，学者通说及判例实务则从未予以否定。对于物权行为的涵义是什么，学者之间见解歧异，未获统一。我妻荣谓：物权行为，即可生物权之发生、变更或消灭之法律行为。地上权、抵押权之设定契约，是其适例。就其不残留所谓履行问题之点，与债权行为有异。[3]石田文次郎谓：物权行为或称为物权的法律行为，指以物权的设定、移转、变更及消灭为目的的法律行为。所谓物权的设定，指设定他物权的情形，如设定地上权或抵押权等；所谓物权的转移，指占有权、所有权或既存的他物权之转移。[4]松坂佐一谓：物权行为乃是以物权的变动为直接目的的行为，在不残留履行问题上，其区别于债权行为。[5]其他学者如铃木禄弥、高岛平藏及川岛武宜等多采与此相类似的定义。[6]但学者三和一博与平井一雄则认为，物权行为在内容上应由发生物权变动的意思表示（物权的意思表示）与形式（登记或交付）相结合而构成。[7]至此可以知悉，日本学理对于何谓物权行为，其见解依然分歧，未获一致。

1　姚瑞光：《民法物权论》，吉锋彩色印刷股份有限公司2011年版，第17页。

2　王泽鉴：《民法学说与判例研究》（5），1992年自版，第47页。

3　［日］我妻荣：《民法总则》，岩波书店1983年版，第246页。

4　［日］石田文次郎：《物权法论》，有斐阁1937年版，第46页。

5　［日］松坂佐一：《民法提要》（第3版），有斐阁1974年版，第23页。

6　［日］铃木禄弥：《民法总则讲义》，创文社1989年版，第356页；［日］高岛平藏：《民法制度的基础理论》，敬文堂1989年版，第198页；［日］川岛武宜：《民法总则》，有斐阁1978年版，第162页。

7　［日］三和一博、平井一雄：《物权法要论》，青林书院1989年版，第27页。

上述德国与我国台湾地区学者关于物权行为意义的见解约可归并为两类：其一，物权的意思表示说，认为物权的意思表示本身即为物权行为（单独行为与物权契约）；其二，认为物权的意思表示与形式（登记或交付）相结合构成物权行为。比较分析并衡量此两类见解，笔者认为，应以第二种见解最为恰当，可资采取。盖所谓物权的意思表示，乃是仅指直接以物权的取得、丧失及变更为目的的合意，而不是旨在使物权的取得、丧失及变更实际发生的合意。由于仅依物权的意思表示通常不能发生物权变动的效果，故此物权的意思表示本身并非法律行为，而只有物权的合意与登记或交付相结合方可构成一个法律行为，即物权的法律行为，涵括单独行为与物权契约。故此，第二种见解最为恰当。

2. 物权行为与处分行为

为深入理解物权行为概念，这里有必要涉及与物权行为概念有密切关联的处分行为概念。所谓处分行为，系德文 Verfügungsgeschäft 一词的移译。按照德国法，权利的丧失（Verlust）或权利的单纯的改变（Rechtsahderung）系因意思表示而引起的，即谓为处分或处分行为。因而处分行为系指产生如下后果的法律行为：立刻移转权利、权利内容的改变或缩小、于权利上设定物权负担（belastet）及使权利消灭等行为。[1]可见处分行为囊括了所有的物权行为（亦即凡物权行为皆为处分行为）。但并非所有的处分行为皆系物权行为，譬如诸多涉及债权债务关系的处分行为——债务免除、抵销、债权让与及解除双务合同等——即非属物权行为。此类涉及债权债务关系的处分行为虽不以发生物权变动为其效果，但基于行为本身也将发生权利之变动，颇与物权行为类似，故学理谓为准物权行为或债法上的处分行为。行文至此，有必要将处分行为与物权行为的关系图解如下：

---

[1] 沈达明、梁仁洁编著：《德意志法上的法律行为》，对外贸易教育出版社 1992 年版，第56—57 页。

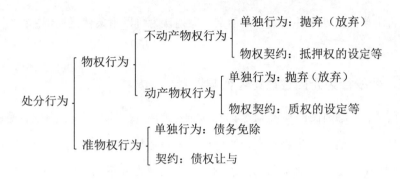

3. 物权行为的成立、生效与附条件、附期限问题

物权行为既然为法律行为之一种，法律行为的一般成立要件对于物权行为当有其适用余地，即物权行为的成立需有当事人、意思表示及标的。物权行为的生效也需具备法律行为的一般生效要件，即物权行为的当事人需有行为能力，物权标的需适当（包括标的可能、标的确定及标的合法），意思表示需健全（意思表示须无瑕疵、无欠缺）。物权行为若不具备这些要件，应以民法总则的有关规定确定其效果。例如，物权行为得因当事人行为能力之受限制而受影响，因通谋虚伪意思表示而无效，因错误、被诈欺或胁迫而被撤销。另外，这里尚有必要涉及物权行为可否附条件或附期限问题。《德国民法典》第 925 条第 2 项规定："附条件或附期限而达成的关于土地所有权转移的合意，不生效力。"可见德国民法就不动产所有权的让与合意，明令禁止附条件或附期限。《德国民法典》作此规定的因由在于，其第 873 条已就不动产让与合意设有需以一定方式（例如由法院或公证人作成证书）为之的规定，这就使物权行为更趋明确化和显形化。[1] 丁此情形下，如允许附条件或附期限，则显有不妥。另外，此种规定还在于使当事人无从以债权行为之有效成立作为物权行为的条件，以便更能贯彻所有权移转的物权行为无因性。[2] 但在此外的其他不动产或动产物权行为场合，因立法未设明文禁止规定，故学理通说认为仍可附条件或期限。另外，我国台湾地区"民法"对物权

1　谢在全：《民法物权论》（上册），文太印刷有限公司 1994 年版，第 73 页。
2　谢在全：《民法物权论》（上册），文太印刷有限公司 1994 年版，第 73 页。

行为可否附条件或期限并无禁止的明文，通说认为可以附条件或期限。[1]

五、物权行为无因性理论考察与评释

如前述，《德国民法典》对于因买卖而生的物权变动，系采物权合意主义。按照此种主义，直接发生物权变动的物权行为乃是与作为原因的原因行为（债权契约）相对立的另一个独立行为。该物权行为的效力并不因原因行为的无效或被撤销而受影响，此即物权行为无因性或"无因构成"[2]。这一理论是德国民法创立物权行为概念，尔后又进一步肯定物权行为独立存在的必然逻辑结论。因为债权行为与物权行为（物权契约）既然是一个物权变动中的两个不同行为，物权行为本身不因瑕疵而成为无效时，该物权契约当然有效，物权变动的效果由此发生，其后发现债权契约因有瑕疵而无效时，丧失标的物的原所有权人仅能依不当得利规则请求返还。[3]

德国民法的这一物权行为无因性制度引起了涵括德国学者在内的世界各国家和地区学者的积极讨论。在我国，也曾有学者对这一制度进行研究，但仍然不够。更重要的是，我国《物权法》毅然决然地否定了这一制度，应该说这是正确的立场。但对于这样做的因由，仍旧有必要于对该理论进行理性和缜密的研究后作出回答。

（一）无因性理论的源起

德国自 15 世纪开始全面继受罗马法后，罗马法便成为适用于德意志全国的一般法，称为德国普通法，该普通法成为日后德意志法学理论的先驱。物权行为无因性或抽象性理论正是在德国普通法时期的普通法理论上形成的。

1　张龙文："论物权契约"，载郑玉波编：《民法物权论文选辑》（上册），五南图书出版公司 1984 年版，第 17 页。

2　［日］广濑稔："无因性理论的考察：以德国普通法学的所有权让与理论为中心"，载《法学论丛》第 77 卷第 2 号，第 44 页。

3　［日］山田晟：《德国法概论》（2），有斐阁 1987 年版，第 197 页。

随着罗马法的继受与欧陆自然法思想的影响，长期支配德国社会的占有法体系日趋式微。以所有权概念的确立为端绪，与物的现实支配相分离的观念性权利——物权——得以形成。此物权的成立过程同时即是财产关系被分裂为物权关系与债权关系以及二者各自独立的过程。其结果，对所谓财产关系，学理及社会观念也就从物权关系与债权关系的分离及相对独立上予以理解和把握。

于德国普通法学上，使物权关系与债权关系分离开来的考量方式进一步被贯彻到所有权的让与过程中，由此形成抽象的或无因的物权契约理论，[1]其始祖即是历史法学派创始人、著名的罗马法学家萨维尼。[2]法史上，萨维尼最早提出抽象的物权行为理论乃是在 1820 年于柏林大学的讲学过程中，因此该理论被称为他"最重要的教义学的创见之一"[3]。他在讲学中指出：为履行买卖契约或其他以转移所有权为目的的契约而践行的交付，并不是一种单纯的事实行为，而是一项以移转所有权为目的的物权契约。1840 年和 1853 年，他分别出版了《当代罗马法体系》（第 3 卷）和《债权法》（第 2 卷）。在这些著作中，抽象的物权契约理论思想得到全面阐释。

他首先将物权和债权从体系上明确分离，指出"罗马法即开始区别物权与债权之不同，并将双方置于不同领域加以独立把握：作为独立的物上支配的所有权（作为物权的媒介物或前阶段而起作用的债务不予考虑）与对他人的行为加以独立支配的债务"[4]。其后，他区别了作为原因的债权行为与作为结果的物权行为之不同，指出"私法上的契约常常以各种不同制度或形态出现，甚为繁杂：首先

1　"abstrakter dinglicher Vertrag"中的"abstrakt"一词，有"抽象"与"无因"两种意义。为了准确说明问题，本文论及所有权让与行为从全过程中独立出来而成为无色的出捐行为时，使用"抽象"一语，论及所有权让与行为的效果不受原因关系之是否有效存在的影响时使用"无因"一语。

2　对此，有学者指出，这个理论乃最早萌芽于启蒙时期的自然法。言外之意，是不承认萨维尼为该理论的始祖。参见［日］广濑稔："无因性理论的考察：以德国普通法学的所有权让与理论为中心"，载《法学论丛》第 77 卷第 2 号，第 48 页。但是，19 世纪末期以来的通说皆认萨维尼为该理论的始祖。本文从通说。

3　［日］有川哲夫："物权契约理论的轨迹：萨维尼以后一世纪间"，载［日］原岛重义编：《近代私法学的形成与现代法理论》，九州大学出版会 1987 年版，第 317 页。

4　［日］广濑稔："无因性理论的考察：以德国普通法学的所有权让与理论为中心"，载《法学论丛》第 77 卷第 2 号，第 48 页。

是基于债之关系而成立的债权契约，其次是物权契约"。"交付（traditio）本身是一个真正的契约：它不是债权契约而是物权契约。它必须与作为其存在基础的在此以前实际上业已先行存在的债权契约（如买卖、赠与）区别开来"[1]。"对于所有权让与的'交付'这一物权契约，作为原因的债权行为只不过是该物权契约的动机"[2]。在对债权行为与物权行为作了如此的区分后，萨维尼更进一步主张物权行为必须抽象化（无因化），使之与作为基础的债权行为相分离，认为一方当事人本为履行买卖契约而交付某物，但对方当事人却误为赠与而受领时，这种错误对物权契约的效力不生影响，因而不影响所有权已然发生的移转。萨维尼就此写道："基于错误的买卖契约乃是不可撤销的买卖契约，基于错误的交付也是完全有效的"[3]，丧失所有权的人仅能依不当得利规定请求返还。

至此可以看到，萨维尼关于物权行为的无因性理论乃是仅从原因行为（债权行为）"错误"的场合展开与讨论的，而对于原因行为"无效"或"不成立"的情形，物权行为的效力是否受影响的问题，则全然未有涉及。但往后不久，这一无因性理论遂立刻扩张到原因关系的"不合意"（Dissens）场合：即使原因关系无效或不成立，物权契约的效力也不受影响，仅因原因的欠缺，让与人享有不当得利请求权。[4]

自物权与债权关系的分离上考察，抽象的物权行为理论首先是潘德克吞法学体系形成的体现。[5]其次，这一理论在不当得利请求权与所有物返还请求权既对立又统一的普通法学上，乃与不当得利请求权的理论体系具有完全的整合性。[6]此理

1　王泽鉴：《民法学说与判例研究》（第1册），中国政法大学出版社1998年版，第263页。

2　［日］广濑稔："无因性理论的考察：以德国普通法学的所有权让与理论为中心"，载《法学论丛》第77卷第2号，第48页。

3　［日］广濑稔："无因性理论的考察：以德国普通法学的所有权让与理论为中心"，载《法学论丛》第77卷第2号，第52页。

4　［日］广濑稔："无因性理论的考察：以德国普通法学的所有权让与理论为中心"，载《法学论丛》第77卷第2号，第50页。

5　［日］好美清光："Jus ad remとその発展の消滅：特定物債権の保護強化の一断面"，载一桥大学研究年报《法学研究3》（1961年），第348、357及367页特别强调了这一点。

6　［日］广濑稔："无因性理论的考察：以德国普通法学的所有权让与理论为中心"，载《法学论丛》第77卷第2号，第50页。

论虽然受到当时一部分普通法学者的坚决反对，但因萨维尼的强大影响力，并受到温德沙伊得、贝尔、耶林等人的鼓吹，最终成为德国普通法学的通说 [1]、一个原理 [2]，进而产生日益广泛的影响。一些熟悉潘德克吞法学的法学家将这一理论移植到 1794 年《普鲁士普通邦法》和 1811 年《奥地利普通民法典》上，并从法的构成和解释论上说明这些法律上的所有权让与制度的规范意旨。[3]例如，斯卓纳（E. Stronal）指出，对于一般民法典上的所有权让与制度，于动产场合，应使交付构成物权契约，在不动产场合，应将买受人的登记申请与出卖人的登记许诺（登记承诺）予以结合，径直使用物权契约概念加以说明。[4]另外，这一学说的影响不仅及于这些民法典，而且影响到德意志法圈诸国自 19 世纪中期开始的民事立法计划。[5]1888 年以五卷的宏大篇幅公开的《德国民法典第一草案立法理由书》更使该理论的影响达到了顶峰。在这种情事下，无因性理论也就传播开来了，乃至其直接影响到了 1872 年《普鲁士土地所有权取得法》及《德国民法典》的制定。

（二）1872 年《普鲁士土地所有权取得法》与无因性理论

法史上，现行《德国民法典》第 873 条与第 925 条所规定的物权行为无因性制度，乃是直接继受 1872 年《普鲁士土地所有权取得法》的规定而来。因此，欲深刻理解现行《德国民法典》确立物权行为无因性的意义，乃有必要探求 1872 年《普鲁士土地所有权取得法》确立物权行为无因性制度时的诸情事及确立该制度前的背景。毫无疑义，此系理解《德国民法典》确立物权行为无因性制度的根

1　[日]广濑稔："无因性理论的考察：以德国普通法学的所有权让与理论为中心"，载《法学论丛》第 77 卷第 2 号，第 50 页。

2　[日]广濑稔："无因性理论的考察：以德国普通法学的所有权让与理论为中心"，载《法学论丛》第 77 卷第 2 号，第 50 页。

3　[日]有川哲夫："物权契约理论的轨迹：萨维尼以后一世纪间"，载［日］原岛重义编：《近代私法学的形成与现代法理论》，九州大学出版会 1987 年版，第 317 页。

4　E. Strohal, Zur lehre vom Eigentum an immobilien, S. 30—33；[日]有川哲夫："物权契约理论的轨迹：萨维尼以后一世纪间"，载［日］原岛重义编：《近代私法学的形成与现代法理论》，九州大学出版会 1987 年版，第 317 页。

5　[日]有川哲夫："物权契约理论的轨迹：萨维尼以后一世纪间"，载［日］原岛重义编：《近代私法学的形成与现代法理论》，九州大学出版会 1987 年版，第 317 页。

本路径。

1. 1783 年《普鲁士一般抵押令》、1794 年《普鲁士普通邦法》与登记的实质审查主义制度

从法制史的因果锁链上看，1872 年《普鲁士土地所有权取得法》与 1794 年《普鲁士普通邦法》具有密切关联，前者系对后者的直接否定。因此，欲深刻把握和理解 1872 年《普鲁士土地所有权取得法》的立法目的及规范意旨，非首先理解 1783 年《普鲁士一般抵押令》和 1794 年《普鲁士普通邦法》的规定及其精神不可，而要达到这一目的，则又必须首先理解和把握后两者的立法前史。

（1）1783 年《普鲁士一般抵押令》与 1794 年《普鲁士普通邦法》制定的前史

如所周知，19 世纪初期，普鲁士发生了农民解放运动。根据 1807 年 "十月令"（Oktoberedikt）、1811 年 "调整令"（Regulierungedikt）及 1816 年关于该调整令的 "布告"，普鲁士王国的农民获得了人身自由，得到了解放。在此过程中，作为解放的代价，农民所保有的土地的一部不仅被贵族的直辖领地合并，而且土地所有贵族还利用所谓贵族金融组合制度，买取周边属于农民的所有地（直辖土地因解放的结果而成为农民的自由地）。他们日益扩大经营，不久即摇身一变，成为带有几分封建贵族色彩的农业资本家，即所谓容克贵族。[1] 这一时期，作为封建制度存在基础的专制的封建支配权依旧存在，各种各样的特权，如容克贵族地主的领主裁判权、警察权、地租免除的特权，仍旧保留着。农民自给自足的自然经济小生产被卷入资本主义商品经济的漩涡中。同时，容克贵族对农民的榨取也采取了带有资本主义因素的新形态，即工业劳动雇佣与小生产者的劳动地租的形态。[2] 总之，这一时期，普鲁士的土地所有关系与农业经营状况发生了根本变革。

随着普鲁士农业的日渐资本主义化，立足于自由的私的土地所有权与土地利用权基础上，进行与农业资本主义发展相适应的土地立法的必要性变得日益迫

1　[日] 铃木禄弥：《抵押制度研究》，一粒社 1968 年版，第 18 页。

2　[日] 原岛重义："无因性确立的意义"，载《法政研究》第 24 卷第 1 号，第 71 页以下。

切，其中尤其要求整备登记制度和抵押权制度。[1]盖"因农业的资本主义的土地不仅是生产手段，而且是商业经营者及工业资本家利用和经营大企业的信用手段。家族的繁荣与幸福的大部分，都要求保障资本所有者抵押投资的安全及所投资本的确实收回"。[2]但是，当时广泛继受的罗马法的抵押权法，却丝毫不能满足此种要求。而且，这一时期欠缺公示的默示抵押制度、抵押权效力及于未公示的债务人的总财产的一般抵押制度，且该时期存在所谓优先于其他抵押权的特殊抵押权——法定抵押权（Legalhypothek）制度，这些皆给土地的信用发展带来了极大障碍，利害关系人强烈要求加以改革。1783年《普鲁士一般抵押令》与1794年《普鲁士普通邦法》因应此种情事而终于出台，由此满足了实践上的迫切要求并促进了普鲁士不动产交易法——抵押权法与登记法——的飞跃发展。

（2）1783年《普鲁士一般抵押令》、1794年《普鲁士普通邦法》与登记的实质审查主义

1783年《普鲁士一般抵押令》和1794年《普鲁士普通邦法》为德国18世纪制定法上最值得注目的两项法律。尤其关于不动产物权变动，二者采取的实质审查主义登记制度曾长期影响了德国物权交易实务，以至最终成为普鲁士物权交易进一步发展的障碍，人民的私的生活也因此受到干涉。如下首先考量此两部法律规定的所谓实质审查主义登记制度。

1）1783年《普鲁士一般抵押令》（第2节）

第11条：专任官吏及委员会对于当事人提出的申请书及附件，必须从形式和内容两方面加以缜密地审查。

第58条：欲订正抵押权登记簿的所有名义的人，对备有登记簿的登记委员会，应提交买卖契约书、赠与证书、遗言书、判决书及取得证书的原本。

第59条：委员会必须依本"法令"第一章第一节以下的总则的规定，对当事人提出的申请加以审查，并必须对如下事项加以检视，即有关当事人对标的物

1　［日］原岛重义："无因性确立的意义"，载《法政研究》第24卷第1号，第71页。

2　［日］原岛重义："无因性确立的意义"，载《法政研究》第24卷第1号，第74页。

在形式上有无处分权、这些人自身的所有名义是否被订正、交易本身是否依法存在着向新的所有人进行所有权让与时所必须具备的原因关系，以及最后作成的证书是否具备适法的要件等。

2）1794 年《普鲁士普通邦法》

1794 年《普鲁士普通邦法》第 427 条规定：抵押权取得的登记，依 1783 年《普鲁士一般抵押令》的有关规定处理。可见 1794 年《普鲁士普通邦法》首先将1783 年《普鲁士一般抵押令》所规定的实质审查主义登记制度承继了下来。不仅如此，该法对于实质审查主义登记制度还进一步作了补充性规定：管理登记簿的官厅（机关），若登记上存在着"法定方式"的欠缺，必须承担责任。

此种实质审查主义登记制度，显然是一种审查范围无所不及的全面的审查主义制度。在此制度下，登记官吏的审查义务不仅及于引起物权变动的物权行为本身，而且及于作为基础的债权关系（债权契约）。关于审查的方式，不仅要审查申请书是否符合一定的形式要求，而且对申请书背后的事实关系也要加以稽查。登记官吏因审查不周而作成"不正登记"时，登记官吏必须负损害赔偿责任。[1]这种严格的审查主义，如果从谋求交易安全的真的权利关系与登记的一致性上看，毋庸置疑是恰当的。但是，它因此而引起的弊害更是显而易见的。首先，由于国家对引起物权变动的原因关系也加以审查，使得审查的时间必定延长，审查手续也必然因此而繁杂，物权交易本身对便捷的要求必然受到影响。其次，由于登记官吏对于自己所为的"不正登记"需负损害赔偿责任，登记官吏为避免承担责任，必须时刻注意登记审查的全过程乃至每一个细节，如此，登记官吏的审查范围不断扩大，即使与不动产交易未有直接关系的当事人的私事也要审查。其结果，经由登记之际的"审查"而发生了对个人私生活的侵害、干涉现象。[2]无疑，对于此种严重的不正常状况，必须予以改善。

1　[日] 铃木禄弥：《抵押制度研究》，一粒社 1968 年版，第 19 页。
2　[日] 铃木禄弥：《抵押制度研究》，一粒社 1968 年版，第 100 页。

2. 1872 年《普鲁士土地所有权取得法》与无因的物权行为理论

历史的车轮驶入 19 世纪初期后，随着普鲁士不动产交易的日益频繁，农业领域对资本投入要求的不断增强，实质审查主义登记制度的繁杂程序对于不动产交易的拘束（限制）显得愈益深刻。特别是自 19 世纪肇端以降，由于市民的自由精神的次第发达，此种缜密的审查对于私的生活的侵扰与市民自由的不当干涉越来越不能再容忍下去。[1]

在这种形势下，改革登记制度，尤其限制登记官吏的审查范围，也就为社会大众所期盼。但是，奠基于容克贵族地主之上并以之为社会基础而构筑起来的普鲁士政府并未轻易接受此种改革的要求。[2] 1848 年，欧洲大陆先后爆发了资产阶级革命，由此引起了欧洲一般政治势力对比状况的深刻变化。莱茵地区与西德意志地区的合并，导致普鲁士整体的封建土地所有贵族的势力相对衰退，资本主义因此变得相对发达，加之随后土地所有贵族本身的日渐资本主义化等，最终促成普鲁士政府转到进行改革的立场上来。[3] 如此，对实质审查主义登记制度加以改革的政治条件就成熟了。

在理论上，萨维尼倡导的物权行为无因性理论则直接成为这一改革的理论基础和启动力。经由物权行为无因性理论，物权变动之际的登记程序简便化，不动产交易的障碍与登记官吏对私的交易的过分介入被排除与摒弃。因为，依物权行为理论，物权变动的效力应与发生变动的基础关系（债权关系）相分离，不动产变动之际，登记官吏的审查范围也就仅限于直接发生物权变动的物权行为。

1872 年，直接利用物权行为无因性理论而制定的《普鲁士土地所有权取得法》于千呼万唤中出台了。由于采用物权行为无因性理论，登记的实质审查主义被排除。该法立法理由书就摒弃实质审查主义而改采新的以物权变动的无因构成为基础的形式审查主义的因由作了如下释明："自 19 世纪 20 年代尤其是 50、60

1　［日］铃木禄弥：《物权法讲义》（第 4 版），创文社 1994 年版，第 101—102 页。

2　［日］铃木禄弥：《物权法讲义》（第 4 版），创文社 1994 年版，第 101 页。

3　［日］铃木禄弥：《物权法讲义》（第 4 版），创文社 1994 年版，第 102 页。

年代以降，土地所有与资本所有的社会及法律关系次第发生了急剧变化，土地所有人和土地本身因农业立法而逐渐从人格的制约与残留负担的束缚下解放出来，土地的闭锁性（Abgesehlossenheit）逐渐向日益变得频繁的土地的分割与结合的变动让步。因此，既有不动产立法也就不能满足土地的迅速与可动性的要求，加之对法律行为适法性的严密审查，致审查过程极其缓慢并由此阻碍交易的便捷，因而有加以改正的必要。"[1]

1872 年《普鲁士土地所有权取得法》第 1 条规定：在自由让与场合，土地所有权基于 Auflassung（让与土地所有权的物权合意）而转移，受让人仅于土地登记簿上为所有权转移登记即可取得。第 2 条规定：土地的 Auflassung 在有管辖权的登记官吏面前以口头方式进行，登记由取得人的意思表示、登记申请及出让人同意登记的意思而为之。[2] 亦即，土地所有权的让与依包含意思表示的 Auflassung 即可发生转移，可见明示采物权行为无因性理论。如此一来，审查的对象也就仅限于 Auflassung，作为原因的债权行为则不属于审查范围。《土地登记法》第 46 条就此规定：登记法官就 Auflassung 中的登记申请与同意注销登记的适法性，仅需自形式与内容上加以审查。审查之际发现登记申请或注销有不正当事由时，登记法官需将此情况通知申请人。这样，因采用物权行为无因性理论，阻碍不动产信用交易进一步发展的最后障碍实质审查主义被排除和摒弃了。此系经由启用特殊的法律理论（物权行为无因性理论），为完成改革所创造的法律制度。[3] 因此，所谓物权行为无因构成的保护交易安全的功能于这里始终未能显现。1872 年《普鲁士土地所有权取得法》的此种法律构成被 1896 年《德国民法典》第 873 条及第 925 条原原本本地加以承继。[4] 至此，我们不难看到物权行为无因性这一德意志社会的特殊法概念是如何于制定法上登场的——它是为排除登记的实质审查主义带来的弊害而得以登场的。这是今人研习物权行为无因性理论时应予特别注意的。

1　[日]原岛重义："无因性确立的意义"，载《法政研究》第 24 卷第 1 号，第 88 页。

2　[日]原岛重义："无因性确立的意义"，载《法政研究》第 24 卷第 1 号，第 88 页。

3　[日]原岛重义："无因性确立的意义"，载《法政研究》第 24 卷第 1 号，第 92 页。

4　[日]原岛重义："无因性确立的意义"，载《法政研究》第 24 卷第 1 号，第 99 页。

3. 小结

综上所言，可以明了，物权行为无因性理论，乃是肩负排除与摒弃不动产登记的实质审查主义的使命，方于制定法上定着下来的。由此产生的直接后果是：普鲁士完备的不动产登记制度获得确立，并使登记制度的近代化得以最终完成。此种奠基于物权行为无因性理论基础之上的不动产形式主义登记制度得以成立的社会基础是：土地所有人要求对自己的土地进行资本主义式的农业经营。[1]实质审查主义的排除，意即这些阶级与之前曾是其盟友的旧的生存基础的决裂。德国民法史上，物权行为的无因性正是在如此的背景下于制定法上得以确立的。

（三）《德国民法典》与无因性理论

如所周知，自法律渊源上看，《德国民法典》是19世纪德国法尤其是德意志同盟时代的立法发展的归结，就学理基础而言，则是潘德克吞法学的法典化。该法典采用了物权让与的无因构成理论，从而使抽象的物权行为理论正式于近代民法典上定着下来。

为全面把握和理解《德国民法典》确立的抽象物权行为制度，这里有必要从《德国民法典》的制定谈起。法史上，《德国民法典》的制定系以1871年德意志第二帝国的成立为肇端。但是，按照1871年第二帝国宪法，必须等到帝国立法权扩大到全部民法后，民法典的编纂才能真正开始。1873年，帝国立法权扩大到全部民法。1874年产生了民法典第一委员会，由其负责民法典起草工作。3年后的1887年末，民法典草案的起草得以完成，史称《德国民法典第一草案》。此草案其后因遭受各方批判而复产生出《德国民法典第二草案》和《德国民法典第三草案》，但是《德国民法典第一草案》规定的若干重要制度，如物权行为的无因性制度，于各草案上沿袭了下来，直至为1896年《德国民法典》正式确立。因此，考察《德国民法典第一草案》对物权变动的无因构成的确立过程，乃是理解《德国民法典》确立无因性制度的关键所在。

1873年德意志帝国的立法权扩大到民法全体后，德国联邦参议院即设置了

1　［日］原岛重义：“无因性确立的意义”，载《法政研究》第24卷第1号，第79页以下。

"预备委员会"，准备起草民法典。该委员会确立了关于德意志帝国统一民法典之制定的下述指导方针：为了满足德意志国民的希望、一切被统治地区的利益及学问与法的惯行，应维持帝国内既存各民事法体系的共同的确凿有力的制度及法规。[1]

1874 年，民法典第一委员会成立。在作为《德国民法典第一草案》基础的各编的"准备草案"制成前，民法典第一委员会规定了拟定一些重要制度时应遵循的"准据性基本方针"。[2]较之动产而言，物权法中的土地法制度应当怎样形成更成为一个重大的难题。[3]该委员会检讨了业已存在而可供借鉴的关于不动产物权变动的两项立法成例：交付主义的普通法体系与法国法的登记制度体系（对抗要件主义）。就设计登记簿制度而言，又有两类情形：一是，关于土地所有权和土地上的其他物权的取得的土地登记簿制度；二是，抵押权、土地负担等的变动采登记主义的抵押登记簿制度。其中，就土地登记簿制度而言，又有如下两种情形的区别：以 1872 年《普鲁士土地所有权法》为代表的合意与登记主义，以及与有效的原因行为、物权契约的存在无关系，而只要于土地登记簿中为所有权转移的登记，即发生所有权转移的效果的效力主义。由于这些不同的土地制度的存在，试图要将他们"统一"起来形成"统一"的制度，显然是不可能的。[4]于此情形下，民法典第一委员会不得不决定：应按照以土地登记簿制度为前提的 1872 年《普鲁士土地所有权取得法》的规定加以解决。而关于动产所有权的取得，民法典第一委员会决定不采法国民法的契约主义（意思主义），而采德国普通法与各

1　[日] 有川哲夫："物权契约理论的轨迹：萨维尼以后一世纪间"，载 [日] 原岛重义编：《近代私法学的形成与现代法理论》，九州大学出版会 1987 年版，第 318 页。

2　[日] 有川哲夫："物权契约理论的轨迹：萨维尼以后一世纪间"，载 [日] 原岛重义编：《近代私法学的形成与现代法理论》，九州大学出版会 1987 年版，第 318 页。

3　[日] 有川哲夫："物权契约理论的轨迹：萨维尼以后一世纪间"，载 [日] 原岛重义编：《近代私法学的形成与现代法理论》，九州大学出版会 1987 年版，第 318 页。

4　[日] 有川哲夫："物权契约理论的轨迹：萨维尼以后一世纪间"，载 [日] 原岛重义编：《近代私法学的形成与现代法理论》，九州大学出版会 1987 年版，第 318 页。

邦法的交付主义。[1]

1880 年，莱茵霍尔德（Rheinhold Johow）完成了物权法的"准备草案"[2]。按照该草案第 132 条和第 133 条，在"让与"的场合，动产所有权因完成"让与意图"的交付而完成所有权的移转过程。让与原因即使有"误会、误解"，也对受让人取得所有权无丝毫影响。民法典第一委员会对草案予以审议时，认为"所有权移转的意图"一语未臻精确，决定由"物权契约"一语取代之，并同时表示，以意思表示为核心的物权契约的成立和生效，民法典总则编有关契约的规定对其有适用的余地。[3]对于温德沙伊得将交付解为物权契约的形式（Form）的见解，委员会认为这是一项纯粹的理论问题，其妥当与否，应完全委由学说决之，然无论如何，至少应将交付解为物权契约的必要条件。[4]另外，关于土地所有权的让与，根据莱茵霍尔德的意见，土地所有权制度系依 Auflassung 与在土地登记簿为登记而取得。所谓 Auflassung，系指由出让人同意登记的承诺与取得人的登记申请的意思，而以口头方式作出的同时表示（第 117 条、第 118 条第 1 项）。[5]

至此可以看到，《德国民法典第一草案》对于由萨维尼倡导，贝尔和温德沙伊得继受并予以传播的物权行为无因性理论忠实地加以了法律条文化。[6]1888 年初公布的《德国民法典第一草案立法理由书》在解释物权变动之采无因构成的理由时指出：这首先是基于体系上的理由，因为与债权契约独立的物权行为必然具有无因的性质；其次是对 1872 年《普鲁士土地所有权取得法》予以继受的结果

1　[日] 有川哲夫："物权契约理论的轨迹：萨维尼以后一世纪间"，载 [日] 原岛重义编：《近代私法学的形成与现代法理论》，九州大学出版会 1987 年版，第 318 页。

2　[日] 有川哲夫："物权契约理论的轨迹：萨维尼以后一世纪间"，载 [日] 原岛重义编：《近代私法学的形成与现代法理论》，九州大学出版会 1987 年版，第 318 页。

3　[日] 有川哲夫："物权契约理论的轨迹：萨维尼以后一世纪间"，载 [日] 原岛重义编：《近代私法学的形成与现代法理论》，九州大学出版会 1987 年版，第 318 页。

4　[日] 有川哲夫："物权契约理论的轨迹：萨维尼以后一世纪间"，载 [日] 原岛重义编：《近代私法学的形成与现代法理论》，九州大学出版会 1987 年版，第 319 页。

5　[日] 有川哲夫："物权契约理论的轨迹：萨维尼以后一世纪间"，载 [日] 原岛重义编：《近代私法学的形成与现代法理论》，九州大学出版会 1987 年版，第 319 页。

6　[日] 广濑稔："无因性理论的考察：以德国普通法学的所有权让与理论为中心"，载《法学论丛》第 77 卷第 2 号，第 68 页以下。

以及保护交易安全的需要。[1]《德国民法典第一草案》关于物权变动的此种无因构成被其后的第二草案及第三草案继承，1896 年《德国民法典》公布时，物权变动的无因构成遂在民法典上正式确立下来。《德国民法典立法理由书》对于确立此制度的因由的说明大抵与《德国民法典第一草案立法理由书》的说明相同。《德国民法典立法理由书》于叙述了将债权行为和物权行为（尤其将债权契约与物权契约）予以分离所具有的极大意义后，指出作为原因行为的债权契约无效而物权契约依旧有效的法律构成，对于遏制国家对不动产交易的迅速进行产生的阻碍和过分干涉具有重要意义。[2]学者指出，这是德国资产阶级为达成其自身目的而觅到的一种法律构成，在这种构成下，作为基础的社会关系被完全掩盖和隐蔽了。[3]

六、物权变动无因构成的所谓交易安全保护功能考察

自萨维尼 1820 年代首倡物权行为无因性理论，尔后分别为 1872 年《普鲁士土地所有权取得法》与 1896 年《德国民法典》确立，迄今已历时百余年。百余年来，对于该理论的功能是什么、《德国民法典》何以确立此制度等，涵括德国学者在内的世界各国家和地区学者曾展开了广泛的讨论，并由此引出了是接受、肯定还是摒弃、拒绝该理论的重大论争。论争的焦点集中于：萨维尼为何建立此物权行为无因性理论、《德国民法典》何以接受此理论并采为立法基本原则，以及物权变动的无因构成与善意取得制度有何关联等。毫无疑义，对于这些问题的解明将极大地有助于理解和把握物权行为无因性之本旨，进而窥测该理论的未来发展趋向等。

如果从 1820 年代算起，萨维尼创立的物权行为无因性理论迄今已承载了近

1　［日］加藤一郎："无因主义的历史的制约"（评介），载《法学协会杂志》第 72 卷第 3 号，第 297 页。

2　［日］加藤一郎："无因主义的历史的制约"（评介），载《法学协会杂志》第 72 卷第 3 号，第 288 页以下。

3　［日］原岛重义："无因性确立的意义"，载《法政研究》第 24 卷第 1 号，第 84 页以下有翔实论述。

200 年的历史沧桑。此间，经过学者长时期的激烈论争，物权交易的安全保护功能被认为是该理论最重要的功能，而正是此功能决定了该理论有其根本的存在价值。换言之，在无因性论者看来，物权交易的安全保护功能是物权行为无因性理论应该被保留和继续存在的最重要的因由。事情果真如此？于近代以降的民法立法已然确立起善意取得制度（涵括《德国民法典》本身）的情形下，物权变动无因构成的交易安全保护功能是充分的吗？抑或已经被大大减杀甚至被抵消？自利益衡量角度看，物权变动的无因构成对即使因恶意而取得标的物所有权的人也加以保护，这与当代人类文明下一个国家的人民的法感情、法意识及社会伦理的基本理念是否相合？于如下篇幅，对于这些疑问，笔者将围绕所谓物权变动无因构成的交易安全保护功能而展开并尝试作出回答。

（一）德国普通法时期物权变动无因构成的交易安全保护功能考察

1. 德国普通法时期学理对萨维尼物权行为无因性理论的交易安全保护功能的释明

如前述，自中世纪以降，德国在继受罗马法、教会法的基础上，逐渐形成一种在全国范围内适用的法，称为普通法。自此，德国法制史迈入所谓普通法时期。这一时期，"无论何人均不能将大于自己的权利让与他人"的罗马法原则严格地支配着物权的交易实践活动，"从无权利人处取得"（善意取得）制度并不为交易实务所承认。于此背景下，这一时期的大部分学者遂将物权行为无因性理论的功能解为交易安全的保护，或至少从主观上期待该理论有此功能。

抽象物权行为理论的始祖萨维尼于《当代罗马法体系》（第 3 卷）一书中指出："基于错误的买卖契约是不得撤销的买卖契约，基于错误的交付也是完全有效的，此'错误原则'对交易的无影响性，是对无边无际的不安定与恣意的交易的唯一保护。"[1] 萨维尼的这一话语是否表明了其创立物权行为无因性理论的"目的衡量"，即交易安全的保护？德国普通法时期的学者围绕此一话语进行了各种

1　[日]广濑稔："无因性理论的考察：以德国普通法学的所有权让与理论为中心"，载《法学论丛》第 77 卷第 2 号，第 52 页。

不同的解释，并由此展开了物权行为无因性理论的功能是什么的论争。

学者费尔根特雷格（Wilhelm Felgentrager）认为，萨维尼的这段话表现了其创立物权行为无因性理论的"目的衡量"——交易安全的保护，但学者富克斯（Ernst Fuchs）则持否定见解。[1]他解释道："这一话语并不能表明萨维尼将交易安全置于第一次性的地位加以考量，交易安全的保护充其量只是这一理论所期盼得到的附随性结果，'基于错误的交付也是完全有效的'乃是这个理论所带来的福祉。但是，由于这是将动机错误与一般情形联系起来加以把握，故而实难断言萨维尼在此业已表达了他的这一理论所期望达到的目的。"[2]贝尔（Bähr，Anerkennung，1855，S. 14）对萨维尼的这一话语作了如下解释：使所有权的让与与其原因分离、独立的因由，若与债务的设定对比，则是由于"所有权就本质而言乃是属于从手到手的移行，于达到的任何一个地方即开始其新的生活而定着下来的缘故，假若所有权因其让与原因的瑕疵而受影响，则所有权将不能完成这一使命"。[3]学者施莱辛格（Schlesinger，Formalcontract，1858，S. 11）从交易对方安全且容易地取得标的物所有权的角度解释了萨维尼的上述话语。他指出，必须将作为原因的当事人的意思与所有权让与的"构成部分"加以分离，否则新的所有人必"附着"于前取得人，并必须时刻悬念因原因关系的瑕疵而丧失权利的可能性，如此交易遭受妨碍也就难以避免。[4]

在德国普通法学上，耶林是将物权变动的无因性理论从交易安全保护的论理构造上清楚地加以展开的第一人。他在《罗马法的精神》中指出，使所有权让与的原因关系与物权行为分离开来而产生的利益至少有二：其一，所有物返还请求权的证明变得单纯化；其二，基于此种构成，原权利人的原因关系上的权利主

1　［日］广濑稔："无因性理论的考察：以德国普通法学的所有权让与理论为中心"，载《法学论丛》第77卷第2号，第52页。

2　［日］村上淳一：《德国的近代法学》，东京大学出版会1984年版，第21页。

3　［日］广濑稔："无因性理论的考察：以德国普通法学的所有权让与理论为中心"，载《法学论丛》第77卷第2号，第53页。

4　［日］广濑稔："无因性理论的考察：以德国普通法学的所有权让与理论为中心"，载《法学论丛》第77卷第2号，第53页。

张，仅限定于对第一受让人行使，而不得对自第一受让人（前主）处转而取得标的物的第二受让人（第三人）行使。如此，第三人获得保护。耶林的此见解与前述施莱辛格的见解既有区别，也有关联性。在施莱辛格看来，物权变动无因构成，使取得人对交易对方的检查范围缩小，因而交易对方对标的物的取得也变得非常容易，进而使交易本身获得安全与便捷。[1]施莱辛格从事前的立场论述如何使标的物的取得容易化，而耶林则是从事后排斥原权利人的权利主张而保护第三取得人利益的立场加以论述的。二者的共通点在于实现交易的容易化与安全性。因此，通常认为，于论及物权变动无因构成的交易安全保护功能时，并无对二者予以特别区分的必要。[2]

耶林和施莱辛格指陈萨维尼的物权行为无因性论理论具有交易安全的保护功能时，正值并不承认"从无权利人处取得"（善意取得）制度的德国普通法时期。于这样的法制背景下，对前主的权利加以限制乃是非常必要的。物权变动无因构成是保护从前主那里转而取得标的物的第三人，就此而言，它是善意取得制度的代用物。[3]另外，物权变动无因构成对于所有权让与以"占有让与"方式进行的场合，也有"目的适合性"。[4]因为，取得原因有瑕疵的前主既然对标的物予以占有，从外形上看该人即是标的物的所有人（此为占有本身所具有的公信力所使然）。于这样的场合，经由物权变动无因构成而应获保护的人，当然应当是从所有人那里取得标的物的人。但是，前主并未像所有人那样基于"所有权权利"而对标的物予以占有（譬如只是基于租赁权对标的物予以占有）时，无论怎样采用

1　［日］广濑稔："无因性理论的考察：以德国普通法学的所有权让与理论为中心"，载《法学论丛》第77卷第2号，第54页。

2　［日］广濑稔："无因性理论的考察：以德国普通法学的所有权让与理论为中心"，载《法学论丛》第77卷第2号，第54页。

3　［日］广濑稔："无因性理论的考察：以德国普通法学的所有权让与理论为中心"，载《法学论丛》第77卷第2号，第54页。

4　［日］广濑稔："无因性理论的考察：以德国普通法学的所有权让与理论为中心"，载《法学论丛》第77卷第2号，第54页。

物权变动无因构成，前主也都是无权利人（即非所有权人）。[1] 于此情形，只有通过善意取得制度才可保护第三人的权利。可见，即使以物权变动无因构成对交易安全加以保护也不具有完全性和彻底性。但是，于不知善意取得制度为何物的法制下，物权变动无因构成的确可以除去市场交易中交易危险的相当大的部分，这一点乃是毫无疑义的。[2]

耶林对于物权变动无因构成具有保护交易安全的功能的论述逐渐浸透和弥漫到了普通法学者中，斯特罗尔（R. Strohal）、库伦贝克（L. Kuhlenbeck）、布沃（Buhl）等即是将无因构成解为具有保护交易安全的功能的著名代表。学者库伦贝克在《从潘德克吞到民法典》这一著作中，引用其老师耶林关于无因构成的交易安全保护功能的长篇论述，进一步释明了这一时期物权变动的无因构成对于交易安全所起到的保护功用。[3] 学者斯特罗尔的叙述也颇为引人注目，因为他首次触及并叙述了物权变动的无因构成与善意取得制度的关联性。其指出，罗马法上并不存在善意取得制度，这也影响到德国普通法。于这种法状态下，使所有权让与效果的发生与原因行为的瑕疵尽可能独立存在，是交易利益的要求所在。[4] 此外，在德国普通法时期，德恩堡、阿恩茨等人依据潘德克吞法学理论，也对物权行为无因性理论的这种功能作了论述。[5]

至此可见，在普通法时期的代表性学者中，萨维尼倡导的物权行为无因性理论的功能几乎被一致解为系在于实现交易安全的保护，或者至少期待该理论应有如此功能。事实上，在不知善意取得制度为何物的德国普通法时期，物权变动的

1　[日] 广濑稔："无因性理论的考察：以德国普通法学的所有权让与理论为中心"，载《法学论丛》第77卷第2号，第54页。

2　[日] 广濑稔："无因性理论的考察：以德国普通法学的所有权让与理论为中心"，载《法学论丛》第77卷第2号，第54页。

3　[日] 广濑稔："无因性理论的考察：以德国普通法学的所有权让与理论为中心"，载《法学论丛》第77卷第2号，第54页。

4　[日] 广濑稔："无因性理论的考察：以德国普通法学的所有权让与理论为中心"，载《法学论丛》第77卷第2号，第54页。

5　参见 [日] 广濑稔："无因性理论的考察：以德国普通法学的所有权让与理论为中心"，载《法学论丛》第77卷第2号，第54—56页。

无因构成确有保护交易安全的功能。至此也就可以得出结论：物权行为无因性理论在普通法上的存在是"妥当的"、合理的、无可指责的。当然也有必要提及，在此时期，积极否认该理论有此功能的学者也并不是没有的。莱斯特（Leist）即是持反对意见的著名代表。他指出，"按照罗马法的交付方式进行所有权让与，无疑具有实际的合目的性与理论上的清晰性，因此，专门依照物的自由让与性（即物权移转不受原因关系的影响——笔者注）思想而构筑的新见解并不正确……生活中最频繁进行的因买卖而发生的所有权让与，其原因是必须有的"[1]。但是，很显然，这一反对立场的根据和立论并非有力，故此在德国普通法学上，物权变动的无因构成具有保护交易安全的功能也就成为通说。

2. 德国普通法时期物权变动无因构成的交易安全保护功能的实效性及受到的限制

如前述，在不承认善意取得制度的德国普通法上，物权变动的无因构成确有保护交易安全的功能，但是，其又发挥了多大程度的实际的交易安全保护功能呢？这不能不说是另一个值得探讨的问题。事实上，即便在德国普通法上，遏制物权变动无因构成之交易安全保护功能发挥的因素也始终是存在的。这就向我们提出，在德国普通法上，物权变动的无因构成对于交易安全的保护究竟产生了多少"实有"的实效性？对此，乃有必要加以考量。

首先，应该指出，在德国普通法学上，从很早开始即存在着所有权让与行为的效果应以原因关系的有效存在为前提的见解，此即所谓相对的无因说。《德国民法典》制定初期，温德沙伊得鉴于物权变动的无因构成所带来的严重弊害，于是提出了破坏当时居于支配立场的物权变动的无因构成的所谓"前提理论"。他将所有权让与的原因关系称为"前提"（Vorausset zung），指出为了强调所有权让与的原因关系的重要性，需将"前提"作为意思表示的内容而以"条件"加以把握。此种"条件"第三人也可主张，因此所有权让与后，假如原因行为未有效

---

[1]　［日］广濑稔："无因性理论的考察：以德国普通法学的所有权让与理论为中心"，载《法学论丛》第77卷第2号，第57页。

（解除条件的成就）成立，则原所有人即未溯及性地让与权利（解除条件的效力），从而对第三人也可行使所有物返还请求权。另外，所有权让与附有原因行为有效成立这一停止条件时，即使有物的交付，如果原因关系未有效成立，所有权也不能转移，从附停止条件的取得人那里转而取得的人则须"屈服"于原所有人的所有物返还请求权主张。像这样，基于当事人的意思而使所有权让与的效果与原因关系之有效存在相关联，即使物权变动的无因构成的交易安全保护功能发生了大步的后退。[1]

其次，这一时期，因交付而生的所有权变动，如发生在买卖契约场合，于买卖价金未给付或担保未设定时，所有权不得移转（法定条件）的见解也是居于支配地位的。按照该见解，即使进行了交付，所有权也不发生移转的情形明显增多，如此，物权变动的无因构成对于交易安全保护功能的实现程度不得不大打折扣。[2]莱斯特基此而断定，"认为物权变动的无因构成具有交易保护功能的见解是错误的"，[3]进而根本否认因买卖而生的所有权变动具有无因性。

再其次，这一时期出现了颇值注目的如下情形：作为原因的债权契约存在瑕疵时，该瑕疵也及于物权契约，从而使物权契约与债权契约具有同一瑕疵。

最后，在德国普通法上，于某些特定场合，所有权让与行为乃是被完全禁止的。例如，妻的作为嫁资的土地、父母所管理的子女的特有财产、夫妇间赠与的某些家庭财产等，在法律上即禁止予以让与。违反此种禁止而进行让与的，让与本身不生效力。法院禁止让与的，违反者，也依然无效。[4]如此的状态对于交易本身来说无疑意味着一种危险，此危险即使依物权变动的无因构成也不能排除。所

1　［日］广濑稔："无因性理论的考察：以德国普通法学的所有权让与理论为中心"，载《法学论丛》第 77 卷第 2 号，第 60 页。

2　［日］广濑稔："无因性理论的考察：以德国普通法学的所有权让与理论为中心"，载《法学论丛》第 77 卷第 2 号，第 61—62 页。

3　［日］广濑稔："无因性理论的考察：以德国普通法学的所有权让与理论为中心"，载《法学论丛》第 77 卷第 2 号，第 52 页以下。

4　［日］广濑稔："无因性理论的考察：以德国普通法学的所有权让与理论为中心"，载《法学论丛》第 77 卷第 2 号，第 62 页。

有权让与的禁止，即使依当事人之间的合意也可发生。但是，其却与物权让与的无因性没有直接关系。另外，若法律行为的内容违反伦理规范，该行为即属无效，此一般原则即使于德国普通法上也是存在的。但是，以违反伦理内容的债权契约为原因而进行所有权让与时，债权契约的无效是否也及于所有权让与行为，对此，德国普通法学的立场并不明确。惟通常认为，所有权让与因为是作为抽象的契约而存在，且仅以所有权移转为内容，故其自身在伦理上系属中性，原则上并不具有反伦理性，所有权让与行为依然有效。[1]

3. 小结

至此，可以对物权变动的无因构成于德国普通法时期所具有的"功能"做一小结。在此时期，物权变动的无因构成对于物权交易安全的保护功能是存在的，抑或至少是可以期待的。但是，这一功能就其实效性而言，又不可避免地遭遇到各种障碍，受到各方面的限制。物权契约的"法的原因"（债权契约）的错误不对物权契约的效力发生影响，立基于无效或不成立的债权契约之上的物权契约原则上仍然有效，以及物权契约自身因不具有反伦理的性质，于这些场合及基于这些理论，无因性理论得发挥保护交易安全的功能，此点是比较明确和清楚的。

（二）18 世纪后半叶法典编纂蓬勃时期

自 18 世纪后半期开始，德意志兴起了蓬勃的法典编纂运动。1759 年《巴伐利亚民法典》、1794 年《普鲁士普通邦法》、1803 年《萨克森民法典》及 1811 年《奥地利普通民法典》相继问世。在这些法典中，以当时已然形成的所有权概念为基础，罗马法和普通法的所有权"回复主义"（Vindicationsprinzip）与"无论何人不得将大于自己的权利让与他人"的原则依旧占据支配地位。这些法律为了适应资本主义商品经济和土地金融的发达对物权交易安全的急迫要求，而逐渐对这两项原则于动产、不动产领域的适用予以种种修正。例如，关于动产，依 1794 年《普鲁士普通邦法》，以善意且有偿方式取得标的物的人，虽然应当"屈服"于原

1　［日］广濑稔："无因性理论的考察：以德国普通法学的所有权让与理论为中心"，载《法学论丛》第 77 卷第 2 号，第 62—63 页。

所有人的"回复请求"主张，但要求返还标的物的人必须支付"赎金"。在此基础上的更进一步的发展，是取得人以善意方式而从国库或竞买场所，抑或从享有基尔特（或同业行会）的成员资格的商人处买得标的物时，原所有人的所有物返还请求权被彻底排除。迄至 19 世纪中期，德国交易法统一运动因 1848 年《普通票据法》的制定而获成功。1861 年，作为更大成果的《德国普通商法典》颁行。按照该商法典，物权变动虽然应当首先适用普通法确立的一般原则，但就善意取得人而言，某物从商人那里的营业范围内被让与时，如果取得人系善意且该物非属盗品或遗失物，则作为例外，将承认从"无权利人处"取得标的物的人享有标的物的所有权。[1]

关于不动产，这一时期登记簿制度逐渐获得建立，保护对登记簿记载内容的信赖制度（登记的公信力制度）得以确立。譬如，按照《普鲁士普通邦法》，虽然基于单纯的交付也可取得所有权，但从登记簿上被记载为"所有人"的人那里接受抵押权设定的人，其善意取得的抵押权也是获得承认的。由此，至 1872 年《普鲁士土地所有权取得法》颁行时，善意取得制度开始向土地所有权取得场合扩张。由于实际不动产交易的此种运作状态，再以无因构成来保护交易安全根本没有必要。另外，即使于《普鲁士普通邦法》上，所有人的所有物回复请求权也被极大地加以了限制，因而也不至于对交易的顺利及便捷运行产生障碍。此外，在承认土地所有权的善意取得的《普鲁士土地所有权取得法》颁行后，普鲁士社会对交易的保护也是充分的。[2] 可见在承认了善意取得制度后，不经由物权变动的无因构成也可使物权交易的安全获得根本性保障。

（三）《德国民法典》制定前后

《德国民法典》乃是以潘德克吞法学为基础而编纂的近代民法典。该民法典首先基于体系上的理由而采用了物权变动的无因构成，《德国民法典第一草案立

1　［日］广濑稔："无因性理论的考察：以德国普通法学的所有权让与理论为中心"，载《法学论丛》第 77 卷第 2 号，第 68 页以下。

2　［日］广濑稔："无因性理论的考察：以德国普通法学的所有权让与理论为中心"，载《法学论丛》第 77 卷第 2 号，第 68 页以下。

法理由书》曾谓：与债权契约对立的物权行为必然具有"无因"的性质。但是，在被认为是德国普通法学原理之一的物权行为无因性被采为正式立法条文时，立法理由书对于这一"原理"的存在根据并未明确指出。即使如此，从各草案立法理由书（尤其是第一草案立法理由书）的叙述中，我们仍然可以推知如下两项情况是促成《德国民法典》采用物权变动的无因构成的最重要的因由：其一，排除不动产让与之际，登记官吏连同原因关系也要审查的实质审查主义，避免不动产交易的便捷遭受妨碍。其二，交易安全的考量。《德国民法典第一草案立法理由书》写道：物权变动的无因构成如果无助于法律关系的明确，则必然危及交易安全。第二"读会"议事录写道："即使原因行为无效，所有权让与的效力也是正当存续，但是，前权利者依不当得利规则可要求取得者为所有权变动。只是被回复的取得者（第一受让人）一直是正当的所有者。如果该人将标的物让与第三人，则该第三人的权利应是正当存续的。"[1] 此后，由帝国议会提出的"觉书"指出：关于物权变动的无因构成，"如果因当事人之间的原因关系的瑕疵，登记的所有权及以之为根据的权利被撤销的话，……土地交易将欠缺必要的安全性"。[2]从这些叙述可以看到，《德国民法典》之采用物权变动的无因构成，在立法者的脑海中，"交易安全"这一"目的衡量"是存在的（关于动产让与的无因性也大抵与此相同）。换言之，立法者之采用物权变动的无因性，交易安全的保护是其基本因由。由于立法者于立法之际所表明的这种立场，自《德国民法典》制定迄至1920年，物权变动无因构成之存在因由乃在于保障交易安全的见解遂一直占据支配地位，并成为事实上的通说。

《德国民法典》在规定物权变动的无因构成后，同时又将作为德国"领邦法"的产物的"从无权利人处取得"的善意取得制度导入其中。这里有必要指出的是：在这种情况下，物权变动的无因构成究竟能于多大程度上起到交易安全的保

1　［日］广濑稔："无因性理论的考察：以德国普通法学的所有权让与理论为中心"，载《法学论丛》第77卷第2号，第73页以下。

2　［日］广濑稔："无因性理论的考察：以德国普通法学的所有权让与理论为中心"，载《法学论丛》第77卷第2号，第73页以下。

护功用？研究表明，于承认善意取得制度后，物权变动的无因构成的交易安全保护功能绝大部分即被善意取得制度吸收。只是，因"重过失"而未发现前主取得原因有瑕疵而取得动产的人，可基于物权变动的无因构成而得到保护。同时，从对取得者（第一受让人）的调查范围减少、交易容易化上考虑，善意取得制度不可弥补物权变动的无因构成的功能，因为善意取得之成立，以对前主取得原因的调查为必要，此种调查不能免除。但是，经由物权变动的无因构成对交易加以保护却不以"善意"为其构成要件，即便明知前主的取得原因有瑕疵而仍取得了标的物的"恶意取得者"，也完全获得保护，原权利者的权利主张不予支持。最后，在没有"原因"而取得标的物的受让人受到强制执行、破产时，让与人将无"异议权"乃至"取回权"，而仅享有一般债权人的权利。[1] 毫无疑义，物权变动的无因构成所产生的这些后果，从利益衡量角度加以考察，乃是与近现代及当代人类文明下人民的法感情、法意识及社会道德的基本理念相悖的。正是有鉴于此，学者通说乃极力倡导废止立法论上的物权行为无因性，或者对其持相当大的怀疑态度。

（四）小结

至此，我们可以对德国普通法时期物权变动的无因构成所具有的功能作一小结。如果从抽象性上看，该理论及其构成确实"应该"具有交易安全的保护功能（可称为"应有功能"），但是，当从体系的关联上考察时，这种功能乃被大大减杀，甚至被吸收。退一步论，即使物权变动的无因构成还有一点点交易保护的功能，它也仅限于在一定的范围内始可发挥。而这一点点的功能如果从"利益衡量"上审查，则无存在的余地。可见，物权变动的无因构成在交易保护的"应有功能"与"实有功能"之间产生了极大的分离，"实有功能"被善意取得制度的功能与"利益衡量"的结果湮没、吸收与排斥，其交易保护功能几乎被抽空。德国学者黑克从"利益衡量"的角度对物权变动的无因构成所作的致命一击，更能

---

[1] ［日］广濑稔："无因性理论的考察：以德国普通法学的所有权让与理论为中心"，载《法学论丛》第77卷第2号，第75页以下。

清楚地证明这一点。

七、物权变动无因构成批判与无因构成的相对化

(一) 对物权变动无因构成的批判：以黑克"利益衡量"批判为中心

如前述，早在萨维尼倡导物权行为无因性理论的普通法时期，涵括无因性理论在内的全部物权行为理论即受到了一部分普通法学者的反对和质疑，其典型代表即是莱斯特。《德国民法典》制定时，对物权行为理论尤其是无因性理论的批判变得愈发强烈。学者指出这完全是一个不顾人民生活感情而由法学家拟制出来的"技术的概念"（Kunstbegriff）。著名学者基尔克的批判被认为是这一时期对无因性理论最猛烈的开火。他指出，"如果我们勉强将单纯的动产让与分解为相互完全独立的三个现象时，的确会变为学说对实际生活的凌辱。到商店购买一副手套，当场付款取回标的物者，今后也应当考虑到会发生三件事情：其一，债权契约，基此契约发生当事人双方的债权债务关系；其二，与此法律原因完全分离的物权契约，纯为所有权的让与而缔结；其三，交付的行为完全是人为的拟制，实际上只不过是对于单一的法律行为有两个相异的观察方式而已。今捏造两种互为独立的契约，不仅会混乱现实的法律过程，实定法也会因极端的形式思考而受到妨碍。"[1]《德国民法典》制定、公布后，学说对物权行为无因性理论的批判非但未因《德国民法典》明文确立物权行为无因性制度而偃旗息鼓，相反，学者之批判却变得更加有力和深刻，并由此引起了更加广泛的影响。20世纪30年代中期，著名学者黑克基于利益衡量方法论对物权行为无因性所作的批判，被认为是对无因性理论所作的最具决定意义的批判，这一批判于反对无因性理论的学说史上占有重要地位，自那以后，力倡无因性理论的学者未再提出更深刻的理由予以反击。鉴于此批判的重要性，有必要对黑克所作批判的要点介绍如下。[2]

---

[1] 刘得宽：《民法诸问题与新展望》，五南图书出版公司1995年版，第468页。

[2] 以下内容非有特别说明，皆出自于［日］我妻荣："Heck无因的物权行为理论"（评介），载《法学协会杂志》第56卷第3号。

1937 年，黑克出版了《无因的物权行为论》(Das Abstrakte dingliche Rechtsgeschäft，1937，S. 68) 一书。在书中，他首先阐明了无因性的意义，对赞成与反对该理论的学界情况予以概观。之后他指出，是承认、维持，还是否定、废止无因性理论和制度，完全应该对其所具有的利益加以考量后而予决定。换言之，对这个理论和制度作"利益衡量"乃是判定其应否存在的"审判者"。于是，他基于利益法学的方法衡量了"无因论者"声称的物权变动无因构成所具有的三种"利益"：使对方或第三者获得保护的交易上的利益（Verkehrsinteresse），简称交易上的利益；使物权的概念与物权的法律关系容易识别及使确定的法律关系获得明了的利益（Klarheitsinteresse），简称使法律关系明了的利益，或者明确性利益；举证责任减轻（Beweisinteresse）的利益或举证的利益。为了说明问题，黑克设定了如下的例子：A 将被继承人遗赠的特定不动产和一幅名画的所有权移转于 B，并完成对 B 的所有权移转行为，其后发现遗赠无效。在此例中，如果以物权变动的有因性为前提，则所有权不能从 A 移转至 B，A 可以自动受到保护。相反，如果以无因性为前提，则所有权发生移转，A 仅可依不当得利的规定而受到债权保护。如下分析此三种"利益"。

1. 关于交易上的利益

此又分两种情形，首先以最初的第一受让人 B 的立场为中心，其次以"转得者"即第二受让人 C 的立场为中心。

（1）对第一受让人 B 与让与人 A 的利害予以较量，其结果是，肯定无因性未有任何理由。

1）在无因性下，受让人对其取得的权利极容易加以证明，这仅是诉讼法上的利益。如果从私法的立场考量，对 B 而言，无论有因性还是无因性，都不会产生大的差异，即均应返还标的物，返还请求权的基础是物权抑或债权也几乎未有差别。当然，在德国民法下，如所周知，在基于所有权的返还请求权与基于不当得利的返还请求权之间，对于孳息、费用所应返还的范围乃是不同的。黑克指出，这种规定未尽合理，将来立法或修法时应予剔除。

2）B 明知原因（债权契约）存在"欠缺"（瑕疵）而仍将标的物出让给第三人时，在有因性下即构成"侵占罪"。此构成"侵占罪"乃与社会观念、伦理及人民的法感情完全相符，并且也符合 A 的利益。

3）如果将 B 的债权人与 A 的利害加以对比，则产生强烈而明显的差异。有因性下，债权人即使被查封，A 仍然享有异议权，B 即使破产，A 也有取回权。与此相反，无因性下，标的物成为债权人的一般担保，A 也仅仅立于债权人的地位。较量此种利害，采取有因性乃是绝对为优。

（2）对让与人 A 与从受让人 B 那里转而取得标的物的人 C 或 B 的债权人 D 的利害予以较量。首先将它们的关系图示如下：

A（让与人）——B（第一受让人）——C（第二受让人）

↓

D（B 的债权人）

在这里，是采取物权变动的无因性还是有因性，差异显著。如果对差异所产生的利害加以判定，则显然以有因性为优。当然，这个较量是以德国民法承认不动产交易的登记簿具有公信力为立论前提的。

1）在罗马法"无论何人不得将大于自己的权利让与他人"的法制下，受让人 C 如想获得交易的安全、确实，则必须审查让与人 B 有无真实的权利。而且，与无因性下仅审查 A 与 B 的物权行为有无瑕疵即获满足相反，有因性下则必须审查原因关系有无瑕疵。正如无因性的激进拥护者耶林所谓：这种交易如果从不动产信用交易的迅速、安全的理想上看乃显然不妥，因此，在既欲实现不动产担保确实化这一伟大理想，而又未建立起公信力制度的 19 世纪法制上，无因性是最接近并可实现这一理想的极好手段。但是，在《德国民法典》确立起不动产和动产的公信力制度后，再以无因性作为达成这个理想的手段乃全然没有意义。盖基于公信原则，交易的迅速、安全及确实的理想的确可以合理地达成而受到保护。

2）虽然依公信原则也有不可能依无因性而达到的保护领域，但如果仔细考察，则可发现，这是无因性保护的不当扩大。公信力完全可以达到的而由无因性加以保护的领域有三：转得者 C 是受让人 B 的继承人的场合；C 作为 B 的债权人而对标的物取得了法律上的物权（法定抵押权或法定质权）的场合；C 因为恶意（关于不动产）或重过失（关于动产），不能受到公信原则保护的场合。在这三种场合，最值得检讨的是第三种场合。

首先考察不动产的情形。C 如果是善意，那么依公信原则其可以受到保护（《德国民法典》第 892 条）。产生差异的是 C 有恶意的场合，即在无因性下，C 即使有恶意也可取得所有权，而在有因性下，C 不能取得所有权。黑克指出，若比较这两种结果的差异，难道我们不能看到有因性更贴近于人民的感情吗？同时，他进一步指出，"如果按照正当的见解，违反公序良俗的行为将被认定为无效"，因此，基于恶意而取得标的物的 C 的物权行为也是无效的。如此，即使在无因性下，C 也不能取得所有权，这就实际上与有因性没有什么差异。如果不这样考虑而退一步说，由于恶意的 C 的行为在多数场合皆要构成侵权行为（《德国民法典》第 826 条），故此 C 负有损害赔偿义务，其结果是 C 应返还标的物（因为按照《德国民法典》，回复原状是损害赔偿的基本原则）。如此考量和观察，可以发现，无因性仍然不是 C 的"朋友"。换言之，无因性仍然不能保护 C。

其次考察动产的情形。在此场合，C 仅是善意且未有重过失时，依《德国民法典》第 932 条可以受到公信原则的保护。因此，不仅 C 有恶意的场合，而且 C 有重过失的场合，也产生差异，即与无因性下 C 即使有重过失也可取得所有权相反，在有因性下，C 不能取得所有权。不仅如此，因为 C 的重过失尚不足以构成公序良俗违反行为，故其行为不能被认为是无效的。另外，按照德国学者通说，由于不承认该行为可适用《德国民法典》第 823 条的规定，故其也不是侵权行为。而在无因性下，C 尽管有重大过失，也仍然可以取得动产所有权，且不负任何债法上的责任。对于这个结果，无因性的急先锋齐特勒曼说，"这一点因为确保了动产交易的安全，所以系为肯定无因性的一个重要因由"。但是黑克指出，交易之时应该避免犯这样的重大过失，这正好是交易法原则的基本要求与应有之义。违反此种原则的基本要求来谈谋求动产交易的安全则完全没有必要。

2. 关于"使法律关系明了的利益"

黑克首先指出，认为无因性有这种"利益"的人是从两个立场上加以说明的，即法律概念的立场与立法政策的立场。

第一，认为无因性有使法律概念的关系明了的优点的典型代表是《德国民法典立法理由书》，其谓：民法既然将债权与物权作为全然不同的权利体系加以把握，也就必须承认它们在各自体系上的独自的变动原因。换言之，在民法的体系中，物权既然被赋予了与债权不同的独立地位，其变动原因当然不应依存于债权，而这正是民法的论理体系的要求所在。对此，黑克指出，有因性、无因性并不是一个论理上的问题，也不是自然事实上的问题，而完全是一个立法政策上的问题。《德国民法典立法理由书》在决定采用一个制度之时，与其说是考虑了该制度所具有的社会功用，毋宁说只是期待其论理体系的协调与"正确"，这就赤裸裸地暴露了概念法学的态度是什么。

第二，近世学者中，同意《德国民法典立法理由书》所称无因性有助于在理论上使概念明确的人并不多。更多的学者则认为，基于无因性，"物权具有了极度明了的法律事实的实益"。黑克指出，此见解在方法论上当然是正确的，因为法律关系变得明了，法官和当事人容易明确识别，而这正是社会的要求所在。但是，有疑问的是，采用无因性后，这些实益是否就具备了呢？黑克指出，遗憾得很，无因性并不能带来这些实益。

3. 关于举证责任减轻的利益

无因性理论的拥护者从两点出发，认为物权变动的无因性制度可以产生使物权取得者的举证责任减轻的利益。此两点是：物权存在的主张与登记手续。

第一，由于无因性，主张有物权权利的人可因此而减轻举证责任。而这又是基于如下两个前提：A 权利的主张常常以对权利取得的举证为必要；B 举证取得权利，需举证取得权利的实质要件，涵括积极要件与消极要件。但是，黑克指出，无论哪个前提，皆是与法理及立法相悖的。

就第一个前提而言，如果在普通法时代，则另当别论，但于今日乃不通用。

在现今，依《德国民法典》第891、1006条，有登记或对标的物加以占有的人即被推定为物权人，而不需要再举证什么。

关于第二个前提。在无因性下，如果要对权利的取得加以举证，则必须证明物权行为的有效存在。但是，如果进行这样的举证，与之相伴随的法律原因也应推定为存在。这正是经验法则的教导。因此，与物权行为相伴的原因行为如果不存在，则物权取得的实质要件正是消极要件。故此，主张物权取得时，如果也要举证这个消极要件存在，则是非常悖理的。

第二，考察无因性使登记手续简易这一点。黑克指出，这只不过是一种误解。在办理登记手续时，申请登记者应证明什么、登记官吏应审查什么，与物权取得的有因、无因全然未有关系，而是一个立法政策上的问题。在德国现行法制下，登记的进行仅需登记义务者一方的意思表示即为已足（德国《土地登记法》第19条）。与此相反，在德国各州法上，以物权的意思表示以外的要件为必要也是可能的（德国《土地登记法》第98条）。同样，即使在有因性下，也可以规定登记手续的必要要件是什么。另外，自近代以降，保障登记真实的理想与使登记手续简易、迅速的理想发生了众所周知的冲突。立法例于此二者之间作了种种不同的处置，从而出现了两种极为对立的基本模式：法国的登记主义与贯彻实质审查主义的"普鲁士主义"。另外，在此两极之间还出现了其他形态。但是，无论出现的是哪一种形态，皆是两种理想较量的结果，而与有因、无因没有丝毫联系。

在作了以上分析后，黑克修正了长期以来学说关于无因性的渊源与形成史的谬误。他指出，《德国民法典》制定时，人们关于无因性渊源与历史的最初肇端的几乎一致的见解是："罗马法始终一贯地承认无因性，德国继受罗马法之际，因误解而将其解为有因性，这当然是受德国地方立法影响的结果。然而，历史法学派修正了这一谬误，恢复了罗马法关于这一问题的本来面目，从而使从《普鲁士土地所有权取得法》到《德国民法典》的民法立法运动在此问题上沿着正确的轨道前进。"黑克指出，对此应作两点修正：其一，认为罗马法始终承认无因性的见解是错误乃至荒诞无稽的。对罗马法的研究表明，罗马法不承认所谓无因性，而是采用了有因性。这一点是很明确的。其二，德国地方法按照有因性进行立法，这不是盲信德国普通法的结果，而是得到了德国当时社会观念的支持，此点不能遗漏。

4. 简短的小结

黑克基于利益衡量方法论对无因性理论及其制度所作的批判即使今天也有极大的说服力。并且，即令是激进的无因论者，面对黑克的这种批判，也不能复提出更强有力的反击主张。黑克的这些见解对于我们现今正确认识及明了德国无因性理论和制度，具有积极的意义与价值。

（二）物权变动无因构成的相对化

鉴于学说批判及为了减轻物权行为无因性所带来的弊害，德国判例实务及学说理论（使物权行为无因性相对化的理论自德国普通法时期就出现了）想尽办法，不得不于若干情形尽量限制物权行为无因性的适用范围，使物权行为与债权行为同其命运，即在坚持无因性的前提下，承认其例外。其方法大抵如下：

第一，共同瑕疵（Gemeinsame Fehlerquelle），即使物权行为与债权行为得因共同的瑕疵而致无效或被撤销。例如，因当事人无行为能力或限制行为能力，因欺诈、胁迫、错误、显失公平及公序良俗违反，使物权行为与债权行为皆为无效或一并撤销。

第二，债权行为如果是暴利行为，其效力也必然对物权行为产生影响。《德国民法典》第138条第2项规定：“法律行为系利用他人急迫情形、无经验、欠缺判断能力，或明显意志薄弱，使其对自己或第三人为财产利益给付之承诺或其给付显失公平者，该法律行为无效。”但是，债权行为即使违反该条第1项所定的“善良风俗”的，也不得使物权行为无效。[1]

第三，法律上的禁止。《德国民法典》第134条规定：“违反法律禁止规定之法律行为，除法律另有规定外，无效。”

1　[日]圆谷峻：《比较财产法讲义：德国不动产交易的理论与判例》，学阳书房1992年版，第15页。

第四，判例上，因欺诈、胁迫致债权行为撤销时，此撤销的效果及于物权行为。另外，因受欺诈或被胁迫而为意思表示的人，得撤销意思表示（《德国民法典》第 123 条"因受欺诈或被胁迫的撤销"），法律行为自始无效（《德国民法典》第 142 条对"撤销的效力"的规定）[1]。

事实上，早在德国帝国法院时代的 1908 年 11 月 24 日的判决中，德国法院即明示：因欺诈而引起的意思表示的撤销应当然及于物权行为（RGZ70，55）。该案概要如下：A 与 Y 缔结买卖若干毛皮的契约，约定以票据买进毛皮。数日后，毛皮送交于 A。其后不久，A 遭破产。就在 A 即将破产之前，Y 获悉 A 有破产的可能，于是以欺诈为理由撤销了买卖契约，收回了置留于 A 处的大部分毛皮。A 的破产管理人 X 对 Y 的回收行为行使破产法上的否认权，诉请 Y 返还毛皮。结果第一审认许了 X 的请求。Y 上告，指出以欺诈为理由而撤销债权行为时，所有权的让与也应被撤销，进而主张该毛皮系自己的所有物。帝国法院推翻原判，发回重审。同法院指出，民法虽然使作为让与的具体法律原因的债权行为和与该原因行为完全分离而有独立性效力的无因的物权行为明确界分并赋予不同效力，但是基于欺诈而缔结买卖契约时，物权行为虽然并不存在瑕疵，但如果债权行为系因欺诈事由而被撤销时，物权的所有权让与行为亦即变得无效。[2]

第五，其他因原因行为的瑕疵而使物权行为受到同样影响的场合。此即《德国民法典》第 119 条第 2 项："关于人或物之性质，交易上认为重要者，其错误视为意思表示内容之错误。"债权行为如果出现本条所称"错误"，物权行为也当然因此而受影响。[3]

第六，条件关联。亦即，债权行为与物权行为虽为两个行为，但可解释第三人的意思，使物权行为的效力系于债权行为的存在，债权行为有效存在时，物权

1　[日]圆谷峻：《比较财产法讲义：德国不动产交易的理论与判例》，学阳书房 1992 年版，第 15 页。

2　[日]圆谷峻：《比较财产法讲义：德国不动产交易的理论与判例》，学阳书房 1992 年版，第 15—16 页。

3　[日]圆谷峻：《比较财产法讲义：德国不动产交易的理论与判例》，学阳书房 1992 年版，第 16 页。

行为方能生效。

第七，法律行为一体性。亦即，将物权行为与债权行为合为一个整体的法律行为，债权行为无效，物权行为也归于无效。

在德国法上，物权行为无因性是物权行为独立性的必然结果，一方面主张独立性，另一方面又主张无因性相对化，此不仅在论理上存在矛盾，在适用上也有相当困难。按照共同瑕疵说，债权行为所存在的瑕疵也会反射到物权行为上。如此，凡有债权行为的场合，物权行为即和债权行为同其命运，故无承认物权行为独立性之必要，因为物权行为系以履行债权行为所生的债务为目的，如果采共同瑕疵说，则只有物权行为与债权行为不发生关系时，才能使物权行为独立存在，物权行为独立性的存在价值由此大为降低。条件关联说的弊端大抵与此相同。另外，法律行为一体说乃是完全抵触债权行为与物权行为是两个独立法律行为的见解的。此说实质上是否认了物权行为是独立的法律行为，物权行为与债权行为既然连为一体，当然也就无所谓物权行为有因与无因的问题。[1]

鉴于无因性理论及制度有其弱点，同时无因性相对化又使该理论更趋复杂，使普通人民更加不易了解，习法者更是深感困惑。为此，学者乃主张改弦易辙，干脆否定物权行为无因性，简化法律关系，使法律与社会生活之体认相结合，于物权变动上，改采意思主义与登记或交付之混合制度。此项混合制度的内容计有四点：[2] 其一，基于法律行为而生的物权变动，无须另有一个独立的物权行为；其二，使物权发生变动的意思表示，在观念上虽有独立存在价值，但可纳入债权行为之中，与成立债之关系的意思一并表示，而不必使其独立化，自成一体；其三，为使物权变动具有外部的表征，以达公示的原则，应以交付为动产物权变动的要件，登记为不动产物权变动的要件；其四，既然不承认独立的物权行为于物权变动中的存在，也就不存在所谓物权行为无因性。

---

[1] 自此视角所作的批判，参见谢哲胜："物权行为独立性之检讨"，载《政大法学评论》1994 年总第 52 期，第 345 页以下。

[2] 王泽鉴：《民法学说与判例研究》（第 1 册），中国政法大学出版社 1998 年版，第 270—273 页，尤其是第 272—273 页。

八、我国《物权法》对物权变动规制模式的选择及对物权行为无因性的态度

（一）两项基本物权理论问题的澄清

1. 物权行为无因性理论与物权行为理论

由萨维尼于 1820 年代所倡导，贝尔及耶林等学者继承并发扬光大，尔后为 1872 年《普鲁士土地所有权取得法》和 1896 年《德国民法典》所规定下来的物权行为制度或物权行为理论，乃是一个涵括物权行为概念本身的创立、物权行为独立性及物权行为无因性在内的一个完整理论系统。在此理论系统中，物权契约（物权行为）概念的创立是基础，没有物权行为概念本身，物权行为的独立性与无因性当然也就无从谈起，而以此为基础，物权行为独立性与无因性理论获得建立。这样，承认物权行为无因性，当然也就意味着承认了物权行为的独立性及物权行为概念本身，即承认了物权行为理论的全部。但反过来却并不必如此。亦即，虽然承认物权行为概念本身，但并不一定必须承认物权行为独立性与无因性，抑或虽然承认物权行为概念及物权行为的独立性，但并不一定必须承认物权行为的无因性。换言之，承认物权行为理论即意味着承认物权行为概念本身、物权行为独立性与无因性。但不承认物权行为理论全部，而只承认其中一项的情形也是存在或可以的。物权行为独立性与无因性通常同时表现于物权变动的同一过程中，而尤以物权行为的无因性因与交易各方当事人的利益关系最为密切且最称重要。正是因此，物权行为无因性遂被认为是德国普通法学的"一个原理"，为德国法系"最具风格的特征"。故此，自一定意义上而言，物权行为无因性乃是物权行为理论的核心，物权行为概念的实践意义主要在于实现无因性原则。鉴于物权行为无因性与物权行为理论的此种"部分"与"整体"的辩证关系，否定物权行为无因性这一"部分"，也就必然不表明否定物权行为理论这一"整体"。反之，则是成立的。如下着重讨论我国应否继受物权行为无因性问题。而对于物权行为的独立性问题，笔者拟另设专文研究。

2. 物权变动的登记或交付的形式主义与是否承认物权行为制度或物权行为理论的关系

如前述，自近代以降迄至今日，各国家和地区关于物权变动的立法规制模式大抵可类别为意思主义（法国与日本）、物权形式主义（德国）及债权形式主义（奥地利、瑞士和韩国）。此三种立法例皆规定登记和交付为物权变动的公示方法，就此而言，此三种立法例具有"同一性"。所不同者，是物权变动的登记或交付所具有的效力。在法国、日本民法的意思主义下，登记或交付系物权变动得对抗第三人的要件（简称"对抗要件"）；德国与奥地利、瑞士民法则以登记或交付作为物权变动的生效要件。奥地利、瑞士及韩国民法虽采与德国民法相同的登记或交付的生效要件的形式主义，但这些国家的法律并不承认物权变动过程中存在所谓物权的合意（物权契约、物权行为）。质言之，是否承认和采取物权契约（物权行为）的独立性与无因性与是否采取以登记或交付作为物权变动的生效要件的形式主义并无必然联系，甚至是风马牛不相及。问题的关键在于，债权契约之外，是否还采取和承认与之相对立的物权契约（物权行为）？如以所有权移转为例，奥地利和瑞士民法除要求有债权契约外，尚要求有交付或登记的形式要件，物权变动才会实际发生。而依德国民法，除债权契约和交付或登记的形式要件外，还需有与债权契约相对立的另一个行为，即物权行为，并由此产生物权行为独立性与无因性问题。至此可知，是否承认物权契约（物权行为），与形式主义立法论并无直接关系，而是否采取和承认物权的合意主义（物权契约主义），则为问题的关键。故此，认为只要存在以登记或交付作为物权变动的生效要件的立法即承认了所谓物权行为理论的见解，显然是一项重大误解，应予澄清。

（二）我国《物权法》对物权变动规制模式的选择及对无因性的摒弃

1. 我国《物权法》对物权变动规制模式的选择

如所周知，我国在 1986 年制定《民法通则》前，立法关于物权变动（例如财产所有权移转）问题未有明文规定。民法理论与实务所持立场是允许双方当事人在买卖合同中就标的物所有权的移转作出约定。当事人无约定时，所有权移转时间依标的物是特定物或种类物而分别确定：标的物为特定物的，所有权在契约成立时移转于买受人；标的物为种类物的，所有权移转时间以标的物实际交付时间为准。这是采纳了 1922 年《苏俄民法典》第 66 条的立场。从 1979 年起，我国开始第三次民法起草工作，着重参考 1964 年《苏俄民法典》、1964 年《捷克民法典》、1975 年《德意志民主共和国民法典》及 1979 年经修订而重新颁布的《匈牙利民法典》，注意到这些民法典关于所有权移转立法方针的改变，并采纳了 1964 年《苏俄民法典》第 135 条的新规定。1981 年 4 月《民法草案（征求意见二稿）》第 73 条规定：依照合同或其他合法方式取得财产的，除法律另有规定或当事人另有约定外，财产所有权从财产交付时起转移。1986 年 4 月正式颁布的《民法通则》第 72 条第 2 款与此相同。

《民法通则》第 72 条第 2 款规定："按照合同或者其他合法方式取得财产的，财产所有权从财产交付时起转移，法律另有规定或者当事人另有约定的除外。"从这一规定可以窥知：其一，基于买卖合同、赠与合同、互易合同而发生的所有权转移以交付为准。因此，当事人就某项财产的买卖达成了协议（债权契约），而尚未交付，仍不发生所有权移转。交付为动产物权变动的生效要件。其二，所有权移转不要求另须有移转所有权的合意（物权的合意），系以所有权移转作为债权契约的当然结果。其三，交付的规定属于任意性规范，当事人可以通过特别约定而排除适用这一规定。可见，我国《民法通则》关于物权变动的立法主义，非采德国民法物权形式主义，不要求所有权的移转须同时具备债权契约加物权合意或登记，也不是法国、日本民法的意思主义，以交付或登记为对抗第三人的要件，而是采取奥地利、瑞士及苏联、捷克、匈牙利等东欧国家民法的债权形式主义。虽然允许当事人就所有权转移期间作另外的约定，但这种约定属于债权行为的合同内容之一部，并不构成独立于债权契约之外的物权的合意。

我国现今不动产物权变动（主要是不动产所有权的转移）被规定于若干单行民事法律中。根据这些法律的规定，我国有关不动产所有权移转的立法规定，非采物权形式主义，而是采债权形式主义，以登记作为不动产物权变动的生效要件，不承认于此之外尚存在所谓物权的合意，当然也就更无所谓物权变动的无因构成了。1983 年颁布的《城市私有房屋管理条例》第 6 条第 1 款规定："……房屋所有权转移或房屋现状变更时，须到房屋所在地房管机关办理所有权转移或房屋现状变更登记手续。"1990 年《城镇国有土地使用权出让和转让暂行条例》规定：土地使用权的转让除须有转让协议（债权契约）外，尚须依法进行登记，否则不生物权变动的效力。1994 年《城市房地产管理法》是我国迄今为止关于土地使用权出让、房地产交易及房地产权属登记管理的最系统的一项重要立法。该法第 40 条及第 60 条规定：房地产转让，应当签订书面转让合同（债权合同），并向房产管理部门申请房产变更登记，否则转让依法不生效力。1989 年 10 月国家土地管理局发布《土地登记规则》，第 25 条规定国有土地使用权、集体土地所有权、集体土地建设用地使用权、他项权利及土地的主要用途发生变更的，土地使用者、所有者及他项权利拥有者，必须及时申请变更登记。不经变更登记的，土地使用权、所有权及他项权利的转移，属于非法转让，不具有法律效力。至此可见，我国关于不动产物权变动系采"债权契约与登记生效"的立法主义，不要求另有不动产物权变动的物权的合意，系与奥地利、瑞士、韩国、苏联及东欧各国民法立法的立场完全一致，不承认所谓物权变动的无因构成。

2007 年 3 月 16 日通过的《物权法》于《民法通则》及其他民事单行法关于动产物权变动和不动产物权变动采债权合同与交付或登记之结合的债权形式主义的经验和基础上，又作了"发展"。此即《物权法》第 15 条所谓区分原则。该条规定："当事人之间订立有关设立、变更、转让和消灭不动产物权的合同，除法律另有规定或者合同另有约定外，自合同成立时生效；未办理物权登记的，不影响合同效力。"

这里讲的区分原则，是指"区分"原因行为和物权变动的"生效时间和生效条件"。作为原因行为的买卖合同，应当按照《合同法》的规定，自合同成立时生效；而作为物权变动的标的物所有权移转，应当按照《物权法》规定办理产权过户登记，自记载于不动产登记簿之时生效。作为原因行为的抵押合同，亦应按照《合同法》的规定，自合同成立时生效；而作为物权变动的抵押权设立，则应依照《物权法》的规定办理抵押登记，自记载于不动产登记簿之时生效。订立房屋买卖合同，没有办理产权过户登记的，只是不发生产权过户的效果，买卖合同的效力不受影响；订立抵押合同，没有办理抵押登记的，只是不发生抵押权设立的效果，抵押合同的效力不受影响。总之，《物权法》规定区分原则的重要意义就在于，要纠正混淆原因行为生效和物权变动生效的错误做法和原《担保法》的错误规定。在原因行为有效，因未办理登记而未发生物权变动的情形，应当执行原因行为。按照《合同法》第 135 条和第 110 条的规定，强制出卖人办理产权过户登记（或者抵押登记）；如果标的物已经被第三人合法取得，不可能办理产权过户登记（或者抵押登记），则应当按照《合同法》关于违约责任的规定，追究出卖人（或者抵押人）的违约责任。[1]可见，该条规定进一步宣示我国物权变动中的不动产物权变动采债权形式主义。至于动产物权变动，依《物权法》第 23 条，也同样采债权形式主义。

综上所言，我国关于物权变动系采债权形式主义，不承认有独立物权行为（物权契约），当然也就更不承认物权变动的所谓无因构成。需特别提及的是，在现行法下，立法关于物权变动虽然采取了交付或登记的生效要件的形式主义，但并不要求另有物权的合意，因而在立法主义上系与奥地利等民法的"债权契约与登记或交付的生效要件主义"的规定完全一致。此种债权形式主义与现当代民法判例、学说之最新发展趋势正相吻合。正是因此，我国未来无疑应继续坚持此一主义。那种因我国民法立法（尤其是《物权法》）规定了不动产物权的设立和移转必须移转占有，而且行为自占有转移时生效以及《物权法》第 15 条规定了所谓区分原则，就断言这些规定正是物权行为理论的表现，并由此称这是我国立法承认物权行为理论的标志的见解，无疑是重大误解，应予以摒弃和澄清。

---

[1] 梁慧星："《物权法》基本条文讲解"，载孙宪忠等：《物权法名家讲座》，中国社会科学出版社 2008 年版，第 16—21 页。

2. 我国《物权法》对物权行为无因性的基本立场

我国《物权法》对于物权变动未采德国民法所谓无因性理论及制度，毫无疑义，此为正确立场。《物权法》之摒弃物权行为无因性的因由，可进一步概括为如下四点：

第一，《德国民法典》确立的物权行为无因性制度乃是德国普通法时期的学说和 18 至 19 世纪德国民法立法史发展的"历史的归结"。因此，这项制度所包含的规则都是早已适用过的、确定了的社会的法律的概念，这一概念属于 20 世纪以前行将结束的 19 世纪，而不是针对 20 世纪以后的社会发展。它是"19 世纪的成果，而不是 20 世纪的先驱"，当然更不是 21 世纪物权变动立法的"引领者"。它只能是"法学的成果而绝不是法学的种子"。从法史上看，它首先是为排除和摒弃不动产登记的实质审查主义而于德国制定法上登场的。因而它是而且只能是德国法制史的产物，是一个法史的范畴。概言之，这一概念所包含的一切规则都只属于德国自己，而绝不是"放之四海而皆准"。此种物权变动的"无因构成"对于英美法系各国及其他绝大多数大陆法系国家和地区而言，也是没有的。《德国民法典》之确立物权行为无因性制度，完全是对德国 15 世纪以来尤其是 18、19 世纪以来的普通法学和有关不动产物权变动制度的立法史的"总结"，表现了德国在物权变动立法规制上的历史的继起性、连续性及不可分割性。对这一属于德国历史本身（尤其是民法史）的发展归结的制度，我国《物权法》作为 21 世纪的物权法，理应予以拒绝。

第二，在现当代物权法确立起物权变动的特殊的善意取得制度与物权变动的公示、公信及登记的推定力制度后，物权变动的无因构成的作用空间几已丧失殆尽，其所谓"交易安全保护的功能"几已被这些制度抽空。如果从"利益衡量"上审视无因构成对交易安全保护的后果，可发现，物权变动的无因构成乃是与近现代及当代文明社会的人类的法感情、法意识及一个国家社会伦理的基本观念相悖的。概言之，在现当代物权法制度下，物权变动的所谓无因构成已被湮没于善意取得制度、公示公信制度、登记的推定力制度及"利益衡量"结果的汪洋大海之中，于我国《物权法》已然完整或基本确立起这些制度的情形下，物权变动的无因性已无存在余地。此点是明确的、肯定的。

第三，从比较法上观察，《物权法》也完全没有采纳物权行为无因性之必要。如果从《德国民法典》确立物权行为无因性算起，迄今已有百余年。百余年来，真正明文采纳和承继《德国民法典》这种无因性制度的只有《德国民法典》本身（我国台湾地区现行"民法"主要只是在"解释"和"法院判决"上采取了这一制度）。

其一，英国法与法国法（法国法的情况前已述及）始终不承认无因性，而是坚持有因性，物权变动采意思主义或契约主义，无需物权行为这一特别方式。这种立法态度被西班牙、意大利、拉丁美洲各国及东方国家（涵括苏联、现今东欧国家、中国、韩国、日本等）继受和采取。两大法系具有不同发达史的绝大多数国家始终坚持有因性，这一点颇值注目。另外，在英国法与法国法上，尽管公信原则被承认的范围非常狭窄甚至为零，但是它们仍然采用了有因性。对此，黑克指出："交易上的利益，即使欠缺公信原则，也无采用无因性的必要。"[1]

其二，更值得提及的是，《德国民法典》制定后，即使是将其奉为蓝本的立法，也未秉承物权行为无因性。第一个例证是 1907 年制定的《瑞士民法典》。按照该民法典条文，不动产物权变动采有因性乃是不争的事实。关于动产虽多少有点争议，但大势的压倒性见解仍是解为有因性。第二个例证是 1926 年丹麦的《不动产登记法》。在此以前，德国无因性学说曾一度风靡丹麦，但之后有因性学说逐渐取得支配地位。著名学者克鲁泽（Vinding Kruse）在所著《所有权论》（Das Eigentumsrecht）中详尽检讨了德国民法后，最终得出物权变动应坚持无因性否认说的结论。丹麦立法因此而受到影响。1926 年由克鲁泽提出的《不动产登记法草案》完成，依该草案，物权变动系以有因性学说加以构成。往后，丹麦的这种立法态度也影响到了挪威的立法。此外，即使北欧其他国家，如芬兰、瑞典，其关

1　[日] 我妻荣："Heck 无因的物权行为理论"（评介），载《法学协会杂志》第 56 卷第 3 号，第 99 页。

于物权变动的立法也拒绝采行无因性。

作了比较法上的这种考察后，可以看到，物权行为无因性仅仅是德国的制度，它属于德国自己。在法史上，德国人齐特勒曼于《德国民法典》制定后不久即傲慢地宣称：一切的民法在不久的将来都将采用无因性。但百余年后的今天，他的预想并没有变成现实。世界各国家和地区物权立法的实践摧毁了他的期望和预想。事实是，无因性并未逾越德国国界，而影响到各国家和地区的物权立法运动。盖因无因性，乃是以错误的学说为基因的错误的法制（黑克语）！

第四，法律之通俗化、本土化及明了化是现当代法治建设的基石。物权行为独立性与无因性不仅困扰学术界，而且对普通人民而言更如不可捉摸的技巧魔术，而奥地利、瑞士及韩国民法之债权形式主义将相关问题单纯化，并符合一般社会生活之体认，普通人民易于了解，这将有助于法律的通俗化、本土化及明了化。[1] 两相比较，无疑债权形式主义更适合我国。

---

[1] 对此，我国台湾地区学者谢哲胜也表明了类似的见解，参见其所著："物权行为独立性之检讨"，载《政大法学评论》1994 年总第 52 期，第 363 页。

债权形式主义下合同效力对所有权归属的影响[*]

一、据以评析的案例

（一）案情简介 [1]

2002 年 4 月 6 日，被告张志国将其名下位于长春市双阳区松泰小区 4 号楼 2 单元 304 室，面积为 59.11 平方米的房屋卖给（案外人）韦志光。2006 年 4 月 16 日，韦志光又将涉案房屋卖给原告郭满红。上述两次交易均由双方签订房屋买卖合同，并交付使用，但均未到房产管理部门办理房屋权属变更手续。2006 年 8 月，郭满红与被告韩再夺的父亲韩来武未登记而开始同居生活。2010 年 8 月，韩来武为提取住房公积金，在郭满红不知情的情况下，经出示韩来武与其原配妻子的离婚证书、张志国与韦志光签订的房屋买卖合同及韦志光与郭满红的买卖合同，与张志国签订标的物为涉案房屋的房屋买卖合同（落款为"2004 年 2 月 16 日"），伪造张志国直接将涉案房屋出售给韩来武的事实。随后，韩来武持其与张志国签订的房屋买卖合同到房产管理部门进行了变更登记，将涉案房屋的所有权登记到自己名下。2010 年 10 月 21 日，韩来武提取了住房公积金 16 000 元（涉案房屋产权证中注明）。郭满红得知涉案房屋所有权人变更为韩来武的事实后，曾要求韩来武将涉案房屋的所有权变更至郭满红名下，后因韩来武母亲病重而一

---

* 本文曾发表于《月旦民商法杂志》2016 年第 5 期，系与李欣合作。

1 参见"郭满红与张志国、韩再夺、韩同山房屋确权纠纷案"，载 http://www.court.gov.cn/zgcpwsw/jl/jlszcszjrmfy/ms/201406/t20140626_ 1740657.htm，最后访问时间：2015 年 11 月 25 日。

直未办理变更手续。2011 年 8 月 29 日，韩来武因交通事故死亡，其子韩再夺以涉案房屋为其父韩来武的遗产而要求继承。原告郭满红认为，涉案房屋为其实际出资购买，所有权应归属原告郭满红。双方就涉案房屋所有权归属产生纠纷，诉至法院。

（二）争议焦点

本案的案件性质为房屋确权纠纷，综观全案，本案涉及的合同有：张志国与韦志光于 2002 年 4 月 6 日签订的《房屋交易契约》、韦志光与郭满红于 2006 年 4 月 16 日签订的《房屋买卖契约》以及张志国与韩来武于 2010 年 8 月签订的房屋买卖合同（落款为"2004 年 2 月 16 日"）。其中，张志国与韦志光、韦志光与郭满红均未办理房屋所有权变更手续；后韩来武以领取住房公积金为由，且在未支付购房款的情况下，在与张志国签订购房合同后，将涉案房屋登记到自己名下，进而引起郭满红与韩来武继承人韩再夺之间的房屋确权纠纷。故归纳案件的争议焦点为：涉案合同的效力问题；因合同效力而引起的房屋所有权归属认定问题。

（三）裁判要旨

关于本案，一审判决、二审判决、再审判决均透过分析合同效力，认定涉案房屋的所有权归属。

一审法院认为，原告郭满红因实际出资购买涉案房屋，签订房屋买卖合同并实际居住，应为涉案房屋的所有权人。被告韩再夺的父亲韩来武不因与原告郭满红之间未经登记而同居生活的事实，形成共有而享有涉案房屋的所有权；韩来武为骗取涉案房屋所有权与张志国签订的涉案房屋买卖合同为虚假合同，因此，韩来武取得的产权证无效。

二审法院认为，张志国作为涉案房屋的所有权人，将涉案房屋出售给韩来武系有权处分，双方签订的房屋买卖合同不具有法律规定的无效事由，应属有效。张志国未于法定除斥期间内提起撤销合同之诉的情况下，应根据涉案房屋权属证书上的记载，确认韩来武为涉案房屋的所有权人。

再审认为，张志国与韦志光、韦志光与郭满红签订的房屋买卖合同，均系当事人的真实意思表示，在合同已实际履行的情况下，不应因未办理所有权变更手续而认定无效。而韩来武与张志国签订的房屋买卖合同因非基于双方的真实意思表示，且侵害涉案房屋实际所有权人郭满红的利益，应属无效。

二、基于法律行为的物权变动理论与规则

就涉案合同行为的实质而言，其为当事人之间对于涉案房屋所有权的支配、归属关系的变更行为，即属《物权法》第 2 章"物权的设立、变更、转让和消灭"规定的物权的变动。物权是权利人直接支配标的物的权利，具有绝对性（对世性）和排他效力。

（一）物权变动原因与结果的区分原则

《物权法》第 14 条规定："不动产物权的设立、变更、转让与消灭，依照法律规定应当进行登记的，自记载于不动产登记簿时发生效力。"第 15 条规定："当事人之间订立有关设立、变更、转让和消灭不动产物权的合同，除法律另有规定或者合同另有约定外，自合同成立时生效；未办理物权登记的，不影响合同效力。"该条文规定了不动产物权变动的原因行为与结果行为，即合同行为与登记行为。同时，明确区分了不动产物权的变动行为与不动产物权变动的本身，即不动产物权变动自载于不动产登记簿时发生效力；而有关不动产物权变动的合同，除法律另有规定或者合同另有约定外，自合同成立时生效。由此，我国立法关于不动产物权变动的原因与结果之间的关系采区分原则，用以解决原因行为的效力与结果的效力分别对待的问题。[1]这是立法确定物权变动规则首要考虑的问题之一。

我国立法未采取德国强调物权行为独立性与无因性的物权行为理论，但重视厘清基于法律行为的物权变动的原因行为与结果行为之间的关系，表现为：根据

1　江平主编：《物权法》，法律出版社 2009 年版，第 83 页。

买卖合同本身可以直接产生一项债权，即请求权，而买卖合同的目的是实现物权变动，因此，在买卖合同中同时涉及债权与物权两项基本民事权利。依据合同产生的债权债务关系立基于当事人的意思表示，意思表示达成一致时，合同成立。根据我国《合同法》的规定，买卖合同一般于成立时生效，合同生效后，当事人享有债法上的请求权。而物权变动则须于完成公示后始生效力。由此，在物权移转的行为中，原因行为与结果行为是明确被区分开来的，其实践价值在于在合同生效而物权变动未成就的情况下，保护合同当事人的债权请求权。[1]具体而言，不动产登记被视为履行相关合同义务的事实行为，如果合同因瑕疵被认定无效或者被撤销，则合同自始不发生效力，依据合同已经履行的不动产登记，自始不能产生不动产物权变动的效果，当事人有权请求对方返还所有物。[2]

（二）债权形式主义模式下的物权变动规则

在引起物权变动的法律事实中，最重要的莫过于法律行为。所谓法律行为，指以意思表示为要素的、以发生私法上的效果为目的的法律事实。意思表示作为法律行为的基础，是说明法律行为拘束力的根据：为没有瑕疵的意思表示的人，得受成立的法律行为的拘束。不可混淆的是，使法律效果发生的是法律行为，而意思表示只不过是使法律行为的拘束力正当化的要件。换言之，基于意思表示，并不能直接产生直接的法律效果，而只有基于法律行为才能产生。[3]

关于物权如何依法律行为而变动，主要有三种规范模式：债权意思主义、物权形式主义、债权形式主义。鉴于债权形式主义既有使物权变动的交易获得便捷，当事人的意思受到尊重的优点，也有使物权变动的当事人之间的内部关系与对第三人的外部关系相一致，而切实保障物权交易安全的优点，我国法律原则上采二战以后多数国家和地区民事立法所采取的债权形式主义，例外地采债权意思主义。债权形式主义，也称意思主义与登记或交付的结合，依此模式，物权因法

1　孙宪忠：《论物权法》（修订版），法律出版社 2008 年版，第 37—38 页。

2　尹田：《物权法》，北京大学出版社 2013 年版，第 84 页。

3　陈华彬：《民法总论》，中国法制出版社 2011 年版，第 358—359 页。

律行为而变动时，除须当事人之间的债权合意（如买卖合同）外，仅须践行登记或交付的法定形式，即生物权变动的效力。具体而言，基于法律行为的物权变动有如下要点：其一，引起债权债务关系发生的意思表示。其二，要使物权实际发生变动，仅有当事人之间的债权的意思表示尚有不足，还须履行登记或交付的法定形式。其三，物权变动，无须另有物权合意，故无独立的物权行为。这一点不同于物权形式主义的主张。其四，物权变动的效力受原因关系——债权行为（如买卖合同）——的影响。[1]

三、合同效力的判定考量

在社会生活中，每个人都可以自由地从事民事活动，缔结合同等法律行为，但所缔结的合同等法律行为是否有效、是否受保护，须看其是否符合国家（法律）规定的法律行为的生效要件。如果符合，即加以保护，使之生效；如果不符合，则不予保护，不使之生效。相互对立的两个或两个以上的意思表示趋向于一致而成立的合同行为，要使其产生相应的法律后果，须具备相应的生效要件。[2]《民法通则》第 55 条规定："民事法律行为应当具备下列条件：（一）行为人具有相应的民事行为能力；（二）意思表示真实；（三）不违反法律或者社会公共利益。"亦即，有效的合同行为，一般须同时具备当事人相应的行为能力，健全、无瑕疵的意思表示以及合法、可能、确定和妥当的标的。本案中，涉案当事人张志国、韦志光、郭满红以及韩来武等均为完全民事行为能力人，且涉案房屋合法、可能实现、确定以及不违背公共秩序或善良风俗，故分析涉案合同的关键在于涉案合同各当事人的意思表示是否真实。

（一）意思表示与合同效力的关系

表意人将其内心期望发生一定私法上效果的意思表示于外部的行为即为意思表示，其构成要素包括效果意思、表示意思及表示行为。效果意思是表意人内心

1　陈华彬：《民法物权论》，中国法制出版社 2010 年版，第 109 页。
2　陈华彬：《民法总论》，中国法制出版社 2011 年版，第 375 页。

的主观意思，其目的在于引起私法上一定效果的发生，是意思表示的基础。效果意思促使意思表示的形成，最后实现法律行为的效果。表示意思是表意人欲使其效果意思表达于外部的意思。仅内心已有效果意思，而无表示意思的，则无从发生表示行为。表示行为是表意人将内部的效果意思表达于外部的行为。[1]

一般认为，意思表示的过程为：其一，先有某种动机（如买受人想在某地购置一处房产，以便安居）；其二，基于该动机产生意欲发生一定私法上效果的意思，即效果意思（在该区购置一套房产的意思）；其三，有将该效果意思向外部公开的意思，即表示意思（打算向该区的特定出卖人表示购买其房产的效果意思的意思）；其四，向外部表示该效果意思的行为，即表示行为（向该区的特定出卖人表示，我要购买你位于该区的房产）。值得注意的是，在该过程中，动机是引起效果意思的最初的心理状态，本身不具有法律上的意义，故不构成意思表示的构成要素。表意人内心的效果意思与外部的表示行为一致，法律才赋予其期望的法律效力；当二者因某种原因不一致时，即为有瑕疵的意思表示，影响法律行为的效力。[2]

（二）真实意思表示下的合同效力分析

本案中，张志国与韦志光以及韦志光与郭满红签订房屋买卖合同时，均具有买卖房屋的意思表示，故合同不存在因当事人意思表示瑕疵而无效的情形。首先，张志国与韦志光以及韦志光与郭满红签订房屋买卖合同时，买受人韦志光、郭满红均有购买涉案房屋为己所有之意思，并将该意思分别向出卖人张志国、韦志光作出表示行为，意思表示真实、一致。其次，合同订立之后，韦志光与郭满红依约支付购房款，张志国与韦志光依据最高人民法院《关于审理商品房买卖合同纠纷案件适用法律若干问题的解释》第11条第1款的规定，按约转移涉案房屋占有，完成涉案房屋的交付使用，该一系列行为进一步证实了张志国与韦志光以及韦志光与郭满红之间买卖房屋的真实意思表示。再者，《物权法》第15条规定：

1　陈华彬：《民法总论》，中国法制出版社2011年版，第380页。

2　陈华彬：《民法总论》，中国法制出版社2011年版，第379页。

"当事人之间订立有关设立、变更、转让和消灭不动产物权的合同，除法律另有规定或者合同另有约定外，自合同成立时生效；未办理物权登记的，不影响合同效力。"换言之，是否办理房屋所有权变更登记，不影响房屋买卖合同的效力。故应认定张志国与韦志光以及韦志光与郭满红之间签订的房屋买卖合同合法、有效。需要说明的是，韦志光与郭满红之间的合同虽恐因（案外人）韦志光并非登记的所有权人，构成对涉案房屋的无权处分而致合同无效，但根据《合同法》第51条"无处分权的人处分他人财产，经权利人追认或者无处分权的人订立合同后取得处分权的，该合同有效"之规定，结合案情来看，涉案房屋的所有权人张志国完全认可韦志光将涉案房屋出卖于郭满红的法律行为，应认为韦志光与郭满红之间的合同因所有权人张志国的追认而属合法、有效。

（三）瑕疵意思表示对合同效力的影响

关于真正的意思与表示的意思不一致时，其意思表示的效力应如何认定，主要有意思主义、表示主义及折中主义三种观点。简言之，意思主义以内心的效果意思为标准，欠缺内心上的效果意思即为无效；表示主义以外表上的效果意思为标准，效果意思的认定取决于表示行为；折中主义对意思主义与表示主义均有所偏重，兼顾表意人的利益与交易安全。《民法通则》第58条对存在欺诈、胁迫、恶意串通、以合法形式掩盖非法目的等情形而订立的合同，皆规定无效，系采意思主义。但《民法通则》对真意保留未作规定，而理论和实务采表示主义。由此看来，我国民法关于意思表示内容的确定，系采折中主义。[1]

有瑕疵的意思表示，又称不健全的意思表示，包括意思表示不真实和意思表示不自由。前者又分为故意的不真实和无意的不真实。本案涉及的瑕疵意思表示为故意的不真实意思表示中的虚伪表示。虚伪表示，又称通谋虚伪表示，通常基于不良动机。具体表现为，不仅双方当事人欠缺内心的效果意思（非真意），且表意人此非真意的意思表示为对方所明知，并进一步相互故意为非真实的"合意"表示。为保护交易安全，通谋虚伪表示原则上无效，但不得以其无效对抗善

---

[1]　梁慧星：《民法总论》（第3版），法律出版社2007年版，第172页。

意第三人。值得注意的是，该善意第三人应为双方当事人及其概括继受人以外的第三人。[1]换言之，因继承而取得被继承人的权利义务的继承人应属可得对抗之第三人范围。

由此分析本案，张志国与韩来武签订的房屋买卖合同因存在意思表示瑕疵而被认定无效。其一，张志国与韩来武签订房屋买卖合同时，张志国明知与韩来武签订该合同的真实目的是为帮助韩来武提取住房公积金，而无将涉案房屋出卖于韩来武所有之目的，甚至其后变更房屋登记的行为亦为张志国为韩来武骗取住房公积金而实施的辅助行为，该事实亦经张志国与韩来武父亲韩同山承认，且韩来武事实上未实际交付购房款，亦无经张志国真实意愿而实际占有涉案房屋的事实。因此，应认定张志国与韩来武签订房屋买卖合同的真实意思为辅助韩来武取得住房公积金，而非买卖房屋之意思，据此，不仅双方皆欠缺内心的效果意思（非真意），且表意人非真意的意思表示为对方所明知，并进一步相互故意为非真意的"合意"表示，构成通谋虚伪表示，原则上应认定无效。[2]其二，从张志国与韩来武签订房屋买卖合同的真实目的——骗取住房公积金——本身来看，行为性质符合《合同法》第52条第2项规定的情形，即恶意串通，损害国家、集体或者第三人利益，合同无效。综上，认为张志国与韩来武签订的房屋买卖合同无效，应属妥当。

四、不动产物权发生变动效果的法定公示形式

依据物权变动所采的债权形式主义，《民法通则》第72条及《物权法》第6、9、23条系关于物权因法律行为而变动的原则性规定，即采公示生效主义。据此规定，物权变动须完成法定的公示形式，即动产的交付与不动产的登记，始生物权变动效果。

1　陈华彬：《民法总论》，中国法制出版社2011年版，第390页。
2　陈华彬：《民法总论》，中国法制出版社2011年版，第390页。

（一）未经登记，不生不动产物权变动的效果

物权的变动，尤其是由法律行为引起的物权变动，体现当事人的意思自治，但是因物权变动的效果不仅与交易关系的直接当事人相关，而且还潜在地对所有的民事主体产生影响，故法律必须将一定的公示方法规定为物权变动效果发生的要件，从而使第三人能够从外部认识到物权变动的法律现象，并以此外在的法律现象为基础，安排其法律生活。[1]为此，《物权法》第 6 条规定："不动产物权的设立、变更、转让和消灭，应当依照法律规定登记。动产物权的设立和转让，应当依照法律规定交付。"第 14 条规定："不动产物权的设立、变更、转让和消灭，依照法律规定应当登记的，自记载于不动产登记簿时发生效力。"据此，作为不动产物权公示方法的登记，是房屋所有权变动的生效要件。换言之，不动产物权因法律行为而变动时，除须当事人之间的债权合意（买卖合同）外，还须践行登记的法定形式，方生不动产物权变动的效果。

鉴于不动产占有关系的复杂性，与不动产占有关系动辄涉及社会的公共利益或第三人的利益，加强不动产占有关系的法律调整，使设定在不动产上的各种物权可以一目了然，以登记作为不动产物权享有和变动的公示方法即十分必要。所谓登记，指将土地及其定着物的所有权或他项权利（用益物权与担保物权）的取得、丧失与变更，依法定程序记载于专职机关所掌管的专门的登记簿册上。[2]2015年 3 月 1 日，我国《不动产登记暂行条例》正式施行，其强调实行不动产统一登记规则，改变了不动产登记机构在设置上多年存在的"多头登记"的状况，规定了不动产物权享有与变动的登记的基本规则。

（二）不动产物权变更须经变更登记方生变更效果

据此分析本案中的有效合同，要使涉案房屋所有权实际发生变动，仅有当事人之间买卖房屋的意思表示，尚有不足，还须履行登记的法定形式。故张志国与韦志光之间以及韦志光与郭满红之间签订房屋买卖合同后虽早已将涉案房屋交付

1　陈华彬：《民法物权论》，中国法制出版社 2010 年版，第 113—114 页。
2　陈华彬：《民法物权论》，中国法制出版社 2010 年版，第 117—118 页。

使用并已付清购房款，但因涉案房屋两次转移占有均未办理所有权变更登记手续，故涉案房屋所有权自始未转移，即张志国仍为涉案房屋的所有权人。

至于涉案房屋的所有权已实际登记到韩来武名下的问题，据上文分析，张志国与韩来武之间的房屋买卖合同因欠缺双方真实的意思表示而在法律上确定、当然、自始、完全不发生法律效力。[1] 故韩来武自始未取得涉案房屋的所有权。《民法通则》第 61 条规定："民事行为被确认为无效或者被撤销后，当事人因该行为取得的财产，应当返还给受损失的一方。有过错的一方应当赔偿对方因此所受的损失，双方都有过错的，应当各自承担相应的责任。"《合同法》第 58 条规定："合同无效或者被撤销后，因该合同取得的财产，应当予以返还；不能返还或者没有必要返还的，应当折价补偿。有过错的一方应当赔偿对方因此所受到的损失，双方都有过错的，应当各自承担相应的责任。"据此，张志国与韩来武之间的房屋买卖合同无效，二者之间应产生恢复原状的法律效果，即房屋所有权应恢复原状，登记到张志国名下。具体而言，根据《房屋登记办法》第 20、35、80 条以及《不动产登记暂行条例》第 14 条的规定，在人民法院做出的确权判决生效的前提下，房屋登记机构可依张志国的单方申请或者人民法院协助执行通知书，将张志国登记为涉案房屋的所有权人。

综据上述，根据物权变动的债权形式主义，不动产物权的变动必须以不动产的登记为必要条件，合同的成立、生效仅能够发生债法上的效果，不动产物权变动效力的发生必须是不动产登记完成之时。如果合同生效而未发生不动产登记，权利取得人就仅享有请求交付的权利，即债法上的权利，而没有取得对不动产的支配权。[2] 因此，本案中，鉴于所有权人张志国与韦志光以及韦志光与郭满红之间的房屋买卖合同合法、有效，且韦志光、郭满红已分别付清购房款并实际占有、使用涉案房屋，故韦志光、郭满红获得请求交付的债权，涉案房屋的所有权人张志国及韦志光有义务协助郭满红完成涉案房屋的所有权变更登记。

1　陈华彬：《民法总论》，中国法制出版社 2011 年版，第 414 页。

2　孙宪忠：《论物权法》（修订版），法律出版社 2008 年版，第 40 页。

围绕所有权移转的法言解释 *

一、围绕所有权移转的法言解释的基本状况

19 世纪近代民法学尤其是德国普通法学者围绕所有权的移转而对尤里安的法言（D. 41. 1. 36）和乌尔比安的法言（D. 12. 1. 18）进行了有因性解读或无因性解读。学者们的这些解读，尤其是所谓无因性解读，对于德国民法无因性理论和制度的确立，产生了直接影响。

围绕尤里安和乌尔比安的这两项法言，19 世纪的德国普通法学者作出了不同的解读。大约在 1860 年代之前，多数学者认为，尤里安的法言是主张无因说的，而乌尔比安的法言则主张有因说。如学者格鲁克（Christian Friedrich Glück）即认为，乌尔比安的法言是主张所有权移转的有因说的。

对于尤里安和乌尔比安的法言，萨维尼并没有从这两个人对立的法言中进行自己的正当化调和作业。他认为对尤里安的法言应作这样的理解：让与人怀抱赠与的目的赠与金钱，而受领人却怀抱消费借贷的目的受领金钱，此际，尽管赠与和消费借贷皆不成立，但金钱的所有权仍然要移转。当然，正因为赠与和消费借贷不成立，所有权的移转才是无因的。可见萨维尼是进行无因性解释。

但是，自 1860 年代起，出现了对尤里安的法言是否真的如萨维尼等人所声言

———

  * 本文曾发表于 2009 年 11 月 7 日《中央财经大学校报》，今收入本书，为阅读方便，对正文的内容结构作了标明。

的那样为无因性举行了奠基礼表示怀疑的声音。一般认为，自 19 世纪中期以来，对尤里安的法言作有因性解读的学者，乃以莫里茨·福格特（Moritz Voigt）为代表。此外，赫尔曼·维特（Hermann Witte）和奥托·卡洛娃（Otto Karlowa），也是把尤里安的法言从无因性论的框架中解放出来，并从有因性的视角进行解读的人。值得提及的是，随着时间的推移，积极主张尤里安的法言是有因主义的法律文献也陆续面世了。其中，基于这样的立场而作了积极的论证的学者还有弗里多林·艾泽勒（Fridolin Eisele）。该人在 1855 年《耶林年报》的"私法学杂稿"（Civilistische Kleinigkeiten）第三部里依"大的东西包括小的东西"的逻辑，认为赠与的意图内蕴了使用供与（消费借贷）的意图，从而认为尤里安并不是站在无因说的立场上的人。值得注意的是，弗里多林·艾泽勒的这一见解，在《德国民法典》颁行后立足于历史的认识而对其采无因主义进行批判时，曾作为重要的论据之一而被援用。而且，这种对于尤里安的法言的有因性理解，在《德国民法典》颁行以后的作为历史认识的罗马法史学上也被维系了下来。例如，恩斯特·拉贝尔（Ernst Rabel）于《罗马私法纲要》（Grüundzuge des romischen Privatrechts，1915 年）里谈到"正当的原因"（justa causa）时即重申了尤里安的法言为有因说的立场。尤其值得注意的是，这种有因性理解，也为现代罗马法史学所继受。例如，1963 年《萨维尼杂志》（Zeitschrift der Savigny–Stiftung für Rechtsgeschichte，RomanistischeAbteilung）刊载的学者京特·雅尔（Güunther Jahr）的论文《关于交付的正当的原因》（Zuriusta causa traditionis），提出"外部的无因性"和"内部的无因性"，实质上仍然是主张尤里安的法言是站在有因说的立场上的。需要特别指出的是，关于对尤里安的法言作这样的有因性解释，是否真的合于法史学的认识，这里无从论及。但应当提到的是，对尤里安的法言的无因说这一所谓通说的解释进行批判的有因说解读，实质上在当代的罗马法史学中受到了相当的重视。这只能说明，作有因说解读的学者们是更加紧扣法言的文意的。与此不同，作为通说的无因性的解读，则是远离法言的文意而进行的自由主义的解读。在这一意义上，我们可以说，德国民法无因的所有权移转理论和制度的确立，应当归功于萨维尼。

二、简短的评析与展望

关于所有权移转的"取得权源（titulus adquirendi）和取得方式"理论，因合于人类对于所有权交易的感性与理性认识，且植根于罗马法这一近现代及当代民法之法源的深厚土壤中，而为19世纪开始以后制定的民法典，如1804年《法国民法典》、1811年《奥地利普通民法典》、1898年《日本民法》、1907年《瑞士民法典》、1922年《苏俄民法典》，以及1945年以后诞生的民法典，如1964年《苏俄民法典》、1992年开始施行的新《荷兰民法典》和1996年的《俄罗斯民法典》，所采取。中国自1949年以来的民事立法，如1986年的《民法通则》、2007年的《物权法》，也采取此种模式，称为债权合同与交付或登记之结合，不承认有所谓物权行为无因性。可以预料，不但现在，而且将来，中国关于所有权移转的立法论与解释论，也将继续沿着这一道路而前行！

物权名称的缘起与德国、日本的物权制度[*]

物权是权利人支配特定物、享受其利益并排除他人干涉的权利。民法自罗马法以来，物权就始终是各国民法上的一项重要概念。自 19 世纪以降迄至今日，大陆法系各国大都在"物权编"或"物权法"的名称下建立起了自己的物权制度及其体系。本文拟先介绍物权这一名称的缘起，之后介绍大陆法系代表性国家——德国和日本——的物权制度及其系统。

一、物权名称的缘起

人类社会之有真正的物权观念，大抵肇始于罗马法时代。但是，限于当时的人们尤其是法律学者对于物权关系的认知程度，以及受抽象思维水平的限制，于罗马法的全部法律文献中始终未见"物权"一词，散见于罗马法史料的只是一些具体的物权类型概念，譬如所有权、用益权、役权、永借权、地上权、永佃权、抵押、质押及占有等。正因如此，日本研究罗马法的资深学者船田享二在《罗马私法提要》（有斐阁 1985 年版）中说："罗马法时期没有物权一语，同一用语在罗马法时期毋宁说是在对他人的物的权利，即后世所称的他物权（iura in re aliena）的意义上被使用的。"

不过，在罗马法时期，其诉讼法上存在着物的诉权（actio in rem）与人的诉

　＊ 本文曾发表于《上海城市管理》（上海城市管理职业技术学院学报）2007 年第 2 期，今收入本书乃作有更动。

权（actio in personam）这两个概念。物的诉权，是所有权、役权和其他权利的保护手段，人的诉权是债权的保护手段，二者形成对峙的局面。也就是说，罗马法的物权观念，是通过对物本身的诉讼来表现的权利人对于特定物的追及性。进言之，通过诉讼来确认权利人对于特定物的追及性，正是罗马法的物权的中心观念。

据考正，以"ius in re"来表述"物权"这一术语，是在欧洲的中世纪时期。也就是说，"物权"这个术语，是中世纪时期的学者创造的。另外，欧洲中世纪时期的教会法、封建法也创立了"对物的权利"（jus ad rem）这一名称。但无论如何，对"物权"这一名称，在欧洲的中世纪时期是由一人创造还是由数人创造，或是由一个集体创造，根据现有的史料还不能确定。不过，大体上可以说，它可能是由11世纪至13世纪的欧洲前期注释法学派，抑或13世纪后半期至15世纪后半期的后期注释法学派（注解法学派、疏证法学派）的学者们，如伊尔内留斯、阿佐、F. 阿库修斯、奇诺、巴尔多鲁等人，在对优士丁尼《民法大全》进行文字注释、分析各法律文献的结构，致力于使罗马法和实际生活相结合的过程中提出的。

往后经过近400年的时间，"物权"一语正式见于民法典上，这就是1811年《奥地利普通民法典》对物权的规定。该法典第307条规定："物权，是属于个人的财产上的权利，可以对抗任何人。"之后又经过85年的时间，在德国的普通法学、潘德克吞法学对物权和债权的概念有了深刻的理性研究的基础上，1896年公布的《德国民法典》遂把财产权区分为物权和债权，并在"物权"（第三编）这一编名下，规定了443个条文（第854—1296条）的物权内容。此为物权法发展上的里程碑，标志着从罗马法以来，物权法已然完成了它的立法化。于民法典上设立专门的物权编来规定物权制度及其体系，这一点对后来制定民法典或物权法的国家产生了直接影响。效仿这样的做法，于民法典中设立专门的物权编来规定物权制度，即成为大陆法系的一些国家，如日本、瑞士、苏维埃俄国（1922年）、希腊、土耳其、韩国等的普遍做法。我国因采取"零售方式"制定民法典，所以是采取制定单独的物权法的方式来建立物权制度及其系统。待制定民法典时，物权法将被纳入民法典中，作为民法典的一编而存在。

二、德国的物权制度

德国是近现代及当代大陆法系国家物权制度的策源地或鼻祖，其关于物权制度的规定主要见于《德国民法典》。此外，某些单行法，譬如德国《住宅所有权法》也规定了某些特殊的物权制度，如建筑物区分所有权（住宅所有权）制度等。《德国民法典》规定的物权制度及其体系是：所有权、用益物权、担保物权及占有。本文仅论述前三者，对于占有拟设专题论及。

（一）所有权

《德国民法典》并未像中国《物权法》那样将所有权区分为国家所有权、集体所有权和私人所有权，而只是规定一个单独的所有权。此种规定较中国《物权法》的规定来看，更科学、更能涵盖所有权的方方面面，不啻为一种成熟的、理性的立法模式。

《德国民法典》关于所有权的规定共包括 5 节：第 1 节规定所有权的内容，第 2 节规定土地所有权的取得和丧失，第 3 节规定动产所有权的取得和丧失，第 4 节规定基于所有权的请求权，第 5 节规定共同所有。第 3 节又分 6 个小节，分别规定动产所有权的转让，取得时效，附合、混合、加工，物的出产物和其他组成部分的取得，先占，拾得遗失物。《德国民法典》对所有权的这些规定具典范意义，值得我们认真地研究它。

（二）用益物权

《德国民法典》规定的用益物权，包括该法典第 3 编"物权"（编）的第 4 章至第 7 章所规定的地上权、役权、先买权和物上负担。另依学者通说，德国《住宅所有权法》规定的永久居住权、永久利用权，以及《德国民法典施行法》和各州州法规定的永佃权等，也属于用益物权的体系范畴。

1. 地上权

《德国民法典》第 1012 条（该条已被废止）和《地上权条例》第 1 条规定：

土地得为他人的利益而设定负担，使之取得在土地的上下保有建筑物的权利，并可将之让与和由被继承人继承。据此可知，《德国民法典》的地上权，乃是指在他人土地的上（地表）下（地下）保有建筑物、构筑物等工作物的、可让与（转让）和可继承的权利。

2. 役权

《德国民法典》将役权规定于物权编的第 5 章，章名径定为役权，包括 3 节：第 1 节"地役权"，第 2 节"用益权"，第 3 节"限制人役权"。其中，第 2 节"用益权"设有 3 目：第 1 目"物上用益权"，第 2 目"权利用益权"及第 3 目"财产用益权"。

按照《德国民法典》的规定，所谓役权，系指就他人之物，为土地或人的利益而设定的用益权。亦即，对于他人之物或权利直接地加以利用的权利，即是役权，涵括地役权、用益权及限制人役权三种。

3. 永佃权

德国民法的永佃权，系指支付佃租而利用他人农地的、可以让与和继承的物权。1896 年通过的《德国民法典》虽未把永佃权作为正式的用益物权规定下来，但依《德国民法典施行法》和各州的州法，在一些州（譬如梅克伦堡），此永佃权仍有人采用。二战结束后，依其 1947 年 2 月 20 日的《世袭农场法的废止和对农业、林业土地的新规定施行法》，此永佃权被废弃不用。

4. 先买权

《德国民法典》物权编第 6 章设有先买权的规定，凡 11 个条文。依规定，先买权，是指对土地所有人保有的优先购买其土地所有权的不动产物权。先买权人在土地所有人让与其土地于第三人时，可通过行使此权利，而使土地所有人将土地的所有权移转给自己。先买权，是依权利人一方的行为而使土地所有权的取得成为可能的权利，故性质上属于一种物权的取得权。

5. 物上负担

按照《德国民法典》的规定，所谓物上负担，系指由土地受定期性给付的权利，属于不动产物权之一种。按照《德国民法典》的规定，由土地受领定期的给付中的给付的对象，既可以是现物，也可以是行为，但无论何者，均须有定期的给付的特性。所谓定期的给付，即二次或二次以上的给付。

6. 永久居住权、永久利用权

永久居住权、永久利用权，为德国《住宅所有权法》上的用益物权。永久居住权，即得居住于建构在土地上的建筑物中的物权。与此相对，永久利用权，则指可利用土地上的建筑物中的住宅以外的场所（如营业所、车库等）的物权。依德国学者解释，可以建筑物全体为标的物而设定永久居住权和永久利用权。

（三）担保物权制度

1. 不动产担保权

《德国民法典》物权编规定的担保物权制度具浓烈的特色，反映了其物权法的"固有法""土著法"特性。其首先规定的是不动产担保权，又称土地担保权，涵括抵押权、土地债务和定期土地债务。尤其是后二者，对于中国人而言乃系十分难以理解。这些制度中很多是德国日耳曼法时期遗留下来的。抵押权，包括流通抵押权和保全抵押权两种。流通抵押权又涵括证券抵押和登记抵押，保全抵押又涵括普通保全抵押、指示抵押、无记名抵押和最高额抵押。土地债务涵括证券土地债务和登记土地债务，其中，证券土地债务又包括指名证券土地债务和无记名土地债务。定期土地债务包括证券定期土地债务和登记定期土地债务。

与中国《物权法》规定的不动产担保权相铰，德国法的规定十分复杂，一般人难以理解和把握。中国《物权法》规定的不动产担保权，如抵押权，乃是一种保全抵押权，其相对来说十分简单，容易理解、把握。

2. 特殊的不动产担保权

此包括住居所有权担保、地上权担保、船舶抵押及飞机抵押等。

3. 质权

《德国民法典》物权编第 9 章规定了质权，包括动产质权和权利质权。中国《物权法》关于质权的规定，与《德国民法典》物权编的规定大体相当，理解起来不会发生很大困难。当然，德国还规定了特殊的动产质权，涵括法定质权、代位质权、扣押质权、所有人质权、共有份额上的质权、总括质权及农业用动产质权。这些特殊的动产质权，运用和操作起来也较复杂。中国从自己的实际出发而未规定这些特殊的动产质权，应当说是恰当的。

三、日本的物权制度

日本关于物权制度的规定，主要见于《日本民法》第 2 编，即物权编，内容涵括所有权、用益物权和担保物权及占有（权）。

（一）所有权

《日本民法》将所有权规定在物权编的第 3 章，涵括 3 节：第 1 节"所有权的界限"，第 2 节"所有权的取得"，第 3 节"共有"。与德国相同，日本对所有权的规定也是只规定统一的所有权，而不将所有权区分为国家所有权、集体所有权和私人所有权。《日本民法》第 206 条规定：所有人于法令限制的范围内，有自由使用、收益及处分所有物的权利。这是关于所有权的一个总的规定，接着规定土地所有权的范围和不动产相邻关系等。

（二）用益物权

《日本民法》物权编对于用益物权规定了三种，即地上权、永佃权和地役权，其内容与《德国民法典》物权编的三种用益物权大体相同，差异仅在于表述上。除民法典物权编规定的这三种用益物权外，日本还有所谓习惯法上的用益物权，包括入会权、温泉权与水利权。此等习惯法上的用益物权，是在德川时代村落共同体总有的支配背景下产生的。自明治时代以降、近代民法产生之后，便将其作为习惯法上的权利对待。此等权利的内容，与近现代及当代民法的用益物权有较大差异，故《日本民法》制定之际，乃将这些权利（尤其是后两种）作为习惯法上的用益物权对待。与中国《物权法》规定的用益物权和《德国民法典》物权编规定的用益物权相较，《日本民法》的规定相对简单，容易理解、把握。

（三）担保物权

担保物权是担保债权得以实现的制度。《日本民法》物权编规定了四种担保物权，即留置权、先取特权（优先权）、质权和抵押权。与《德国民法典》物权编规定的担保物权类型相较，《日本民法》的规定简单明了；与中国《物权法》规定的担保物权相较，二者的内容差异不大，主要在于中国《物权法》未规定先取特权（优先权）。中国《物权法》关于担保物权的规定，可以说更多的是参考、借鉴了日本的担保物权规则。

四、结语

中国《物权法》的制定，是中国民法发展史上的一件大事，而"物权"一语系中国对外国法的继受，其缘起与形成经历了一个漫长的过程。德国物权法为近现代及当代各国物权法的端绪或滥觞，其各项制度与体系独树一帜，具有强烈的"固有法""土著法"色彩。东方的日本在立法编制上采纳了德国法的模式，接纳了"物权"这一名称（术语）。然日本物权法走的是另一条路，即简单明了、易于操作和掌握的进路。德国、日本的物权法是当代大陆法系内部两种不同风格、不同内容的物权法。中国《物权法》于名称上借鉴、参考了德国物权法，但内容上则更多的是参考、借鉴了日本物权法。所有这些，应是我们今天解读中国《物权法》时需要注意的。

德国与瑞士的登记制度[*]

一、概　要

近现代及当代民法有所谓登记制度。登记制度，在形式上，是为不动产交易，尤其是为不动产所有权交易而设的程序性质的制度。法制史上，于大多数国家，登记制度是伴随抵押权的发达而逐渐兴起的。至少，登记制度最初的发轫，是主要为抵押权服务的。盖抵押权的存在，如果无由外部认知的途径，则必然会使第三人遭受不测的损害。为发挥抵押权的功用，遂不得不借助于登记制度。登记，因而成为一项重要的制度。

德国与瑞士的登记制度，因地缘与法律传统上的关系，既有共通之处，也有差异。而且，这两个国家的登记制度，与英美法系乃至法国法系的登记制度也有不同。作为规律登记制度的法源的，两国皆为民法典（《德国民法典》《瑞士民法典》）和《土地登记法》[1]（德国，Grundbuchordnung GBO vom 24. 3. 1897）抑或《土地登记条例》（瑞士，Verordnung über die Grundbuch vom 22. 2. 1910）。

---

　*　本文曾发表于刘云生主编《中国不动产法研究》（第 3 卷，法律出版社 2009 年版）。主要依据［日］铃木禄弥：《抵押制度研究》，一粒社 1968 年版，第 326 页以下。此外尚参考了［日］於保不二雄著，高木多喜男补遗：《德国民法Ⅲ》（物权法），有斐阁 1955 年版，第 32 页以下；［日］山田晟：《德国法概论》，有斐阁 1987 年版，第 198 页以下；［日］藤本秀磨："德国法系不动产登记簿的公信力"，载《法学协会杂志》第 53 卷第 4 号，第 6 页以下。

　1　德国《土地登记法》又称《土地登记条例》，最初公布于 1897 年 3 月 24 日，1993 年曾作重大修改，修改后的文本于 1994 年 5 月 26 日公布。

惟《德国民法典》未设专章、专节规定登记制度，仅在第三编"物权"的第二章"土地物权通则"中，从与实体权利的关联上，设立登记制度的明文。《德国民法典》对于登记的这些规定，被谓为实体的登记法。至于登记簿册的构成、登记业务与登记的要件等，则置于总共124条的《土地登记法》中规定。德国《土地登记法》对于登记的规定，学说谓为形式的登记法。

与德国法不同，《瑞士民法典》除在第四编"物权"的各处零星、个别地设有实体的登记规定外，尚特别于该编第三部分（即第三分编）"占有和不动产登记簿"的第二十五章"不动产登记簿"中，设有36个条文的规定（第942—977条）。这些规定，不独涵括了实体的登记制度的内容，且也包括了形式的登记制度的内容。不过，瑞士《土地登记条例》尽管对登记设有总共117条的规定，但皆属于对民法典的形式的登记制度的补充。除这些外，德、瑞二国尚有关于登记制度的若干施行细则。尤其是在德国，继1935年纳粹政权对《土地登记法》进行修改后，其尚颁布了一些施行命令。[1]

按照德国法与瑞士法，登记业务系由土地登记所为之，即属于土地登记所（Grundbuchamt）的权限，具体由土地"登记簿管理人"（Grundbuchverwalter）（瑞士）与"土地登记法官"（Grundbuchrichter）（德国，以下统称二者的场合，称为"登记官吏"）掌管。土地登记机关，在德国为区法院（简易法院），于每一"管区"（瑞士，Kreise；德国，Bezirke）设立。在德国，原则上以一个市镇村为一"管区"；在瑞士，则通常以一个州（Kanton）为一"管区"。[2]

对于土地登记机关的决定、登记官吏执行职务的行为（如驳回登记申请或拒绝阅览登记簿册），[3]申请人可以提起"上诉"。但一旦登记完成，则不得以"上诉"而撤销之。[4]盖若允许撤销已然完成的登记，则会危及登记的公信力。此时，

1　举其荦荦大者，有1935年8月8日的《土地登记法的施行法》与《土地登记设施法与施行法》，1936年2月25日的《土地登记官责任条例》，1951年8月1日的《以土地登记规则处理住宅所有权事宜的法律》等。

2　［日］铃木禄弥：《抵押制度研究》，一粒社1968年版，第329页。

3　德国《土地登记法》第71条第1项，瑞士《土地登记条例》第102、103条。

4　德国《土地登记法》第71条第2项。

仅可依更正登记、异议登记或预告登记予以解决。[1]关于更正登记、异议登记及预告登记，后文将要述及，兹不赘述。另外，德国法与瑞士法皆规定，因登记而致利害关系人于损害时，国家应负赔偿责任。此规定，因与承认登记簿册的记载具有公信力有直接的关联，故拟于后文论及。

登记簿册的编制，无论德国法抑或瑞士法，皆采物的编成主义（System des Realfoliums），此与法国法系采取人的编成主义恰成对照。物的编成主义，即登记簿册的编制以不动产（土地的地号、建筑物的建号）为准，依登记的先后而编成。人的编成主义，即登记簿册的编制非以不动产为准，而是以土地权利人登记的先后为准。[2]德国法、瑞士法与法国法系立法对于登记簿册的编制之所以存在如此差异，其因由尽管可以举出多种，但最重要者莫过于：在德国，早在中世纪末期，为统制城市的土地而采取的城市账簿（Stadtbuch）制度，即已在相当程度上实行了物的编成主义。迄至近代，伴随不动产交易的日渐频繁，这一制度遂被转用来公示不动产物权的变动，以维系不动产物权交易的安全，近现代及当代法意义上的登记制度于是形成。于法技术的渊源上，因从那时起迄至现今并未出现历史的中断（即保持了连续性），故而，自中世纪以降，物的编成主义一直维持至今于不坠。

与此不同，在法国，不仅未有像德国那样根深蒂固的城市账簿制度的传统，而且在1789年资产阶级大革命以后，登记制度变成了对土地所有人的自由的束缚，并因使人们背负沉重的负担而被唾弃，且当时的人民特别不愿意采行大革命前封建的物的编成主义。不过，伴随往后不动产交易的急剧增加，创设公示物权的存在的方法的必要性与日俱增，于历经各种风雨之后，在19世纪中期，法国终于建立起了妥协的人的编成主义的登记制度。

从法律技术看，可以肯定，物的编成主义实较人的编成主义为优。然于法制

1　《德国民法典》第894—898条，《瑞士民法典》第977条，瑞士《土地登记条例》第98—101条，《德国民法典》第892、899条，《瑞士民法典》第961条及瑞士《土地登记条例》第76条。

2　［日］铃木禄弥：《抵押制度研究》，一粒社1968年版，第329—330页。

史上，前者是继受和转用中世纪的遗产而形成、发展起来的，而后者则是近代个人主义与自由主义思潮激荡的产物。不过，需要注意的是，尽管德国、瑞士（甚至日本）皆采物的编成主义，但因有沿革上的不同，故而它们于具体的操作上仍有较大的差异，以下分别论述德国、瑞士法上的物的编成主义。

二、德国与瑞士登记簿册的物的编成主义

（一）德国的物的编成主义

1. 土地的概念

物的编成主义，即登记簿册的编制以土地为准，依其登记的先后而编成。故于考察德国的物的编成主义之前，有必要先解明作为编制对象的土地究竟指的是什么。对此，需要回眸一下该问题自普鲁士时代以来的演变脉络。

土地，于物理和自然性质上异于动产，是不能被切断的各个独立体。但多数场合，土地可根据其用途、地势、形状、自然的以至人为的界址，而构成一个"经济的统一体"，并与其周边的土地相甄别。土地的交易，通常即以该"统一体"为单位而进行。近世德国的登记制度，最初即是以该"统一体"为一宗土地的。在登记中，为了使土地得以"特定"，是把土地的名称（例如某农场）、土地的沿革及使用情况等，一并加以表示。并且，因当时的登记簿册仅以公示土地上的担保权为内容，故关于土地所有权的买卖，仍然是依交付而为之。

时至 19 世纪后半期，伴随土地交易的普遍化，产生了土地所有权本身的变动（即土地买卖）应当通过于登记簿册加以记载而为之的必要性，所谓土地登记簿主义（Grundbuchsystem）于是形成。结果，土地所有权的变动，仅依登记便可完成，称为登记主义（Eintragungsprinzip）。与此同时，登记簿册对于土地的表示，也由此前暧昧、模糊的表示方法，转到以地理学的测量的"租税台账"（Katasterbuch）为基础的表示方法。如此，土地的概念，即变成了以登记簿册的记载为

基准的观念性的概念。[1]也就是说，所谓土地，乃指登记簿册上的土地
（Grundbuchsgrundstück），即在登记簿册中被授予（派定）了一个特别的位置的地
表（Bodenfläche）。[2]

所谓以"租税台账"为基础而确定土地，准确言之，是以"租税台账"的构
成单位笔地（Flurstück）为土地的构成单位。因而，笔地的一部，即当然不得构
成为一宗土地。相反，一宗土地则可由数个笔地构成。一宗土地的一部，只要符
合一个笔地的要件，便可以之成立物权。并且，为了构成一宗土地，作为其构成
要素的数个笔地，不以空间上存在相互接续为必要，进而，一宗土地可以由数个
空间上分离的笔地构成。[3]

2. 土地台账（Grundkataster）与房屋台账（Gebäudekataster）

土地台账与房屋台账，最初本为与登记簿册相异的制度，其目的在于明确土
地或者房屋的状况，而将一定的事项（如土地的位置、土地的号数、土地种类、
土地面积及所有人的住所、姓名，房屋的坐落、号数、种类、构造、室内面积及
所有人的住所、姓名等）加以记载，并由土地或房屋所在地的登记机关予以掌
管。[4]土地台账与房屋台账，使土地和建筑物的状态得以明朗化，登记簿册则登录
这些明朗化的事实，以达到向社会公示的目的。[5]

在德国，涵括土地台账与房屋台账的台账制度，迟至 19 世纪肇端时，始终是
一个不完善的制度。仅以普鲁士的情况而论，普鲁士各地即因历史传统的不同而
有迥乎不同的做法，此种局面一直延续到 1870 年 2 月 11 日法律对此予以统一。
另外，作为台账的基础的基于对土地的实地测量而作成的地籍图，于 1820 年左
右，先在莱因—威斯特法伦地区推行，尔后根据 1861 年 5 月 21 日法律，乃逐渐
推行至普鲁士全境。进入 20 世纪以后，德国的台账制度依然未获统一，特别是不

1　德国《土地登记法》第 2 条第 2 项。

2　[日]铃木禄弥：《抵押制度研究》，一粒社 1968 年版，第 332 页。

3　[日]铃木禄弥：《抵押制度研究》，一粒社 1968 年版，第 332 页。

4　土地台账与房屋台账的掌管，最初系出于课税的旨趣而由征税机关为之。

5　[日]我妻荣著，有泉亨补订：《物权法》（民法讲义 2），岩波书店 1983 年版，1997 年 4 月
第 18 刷发行，第 75 页以下。

少地方并未基于实地测量而作成地籍图。法西斯时代以降，作为政府的集权政策的一环，德国尽管试图制定统一的台账制度，但未获成功。

1871 年德意志帝国成立以后的台账制度，大抵以普鲁士的台账制度为原型而作成，由地籍图（Flurkarte）、地籍簿（Flurbuch）、土地簿（Liegenschaftsbuch）及建筑物簿（Gebäudebuch）构成。地籍图，即通过施测各个征税区域内的土地而对各个笔地加以区分、分割，并在地图上表示各笔地的界标（界址）；地籍簿，即依天然的地形，表示征税区域内的土地；土地簿，即基于地籍簿，将属于同一所有人的同一区域内的土地记载为一个项目。依地籍簿与土地簿，即可明了征税区域的名称、地图番号、土地编号、所有人的名称与住所、土地状况以及地目等。

3. 分地、合地与分笔、合笔

对应于土地、笔地的概念，有所谓合地、分地及合笔、分笔的概念。将数宗土地合并为一宗土地的，称为合地；将一宗土地分割为数宗土地的，称为分地；将数个笔地合并为一个笔地的，称为合笔；将一个笔地分割为数个笔地的，称为分笔。前两者为登记法上的概念，后两者为台账法上的概念。

（1）分地（Grundstücksteilung）

《德国民法典》并无关于分割土地的明文，但依对第 903 条第 1 句"物的所有人，于不违反法律或第三人权利的限度内，得自由处理其物，并排除他人的一切干涉"的解释，所谓所有人"得自由处理其物"，当涵括了任意分割土地的权能。分地，多发生于让与一宗土地的一部分的场合。对土地进行分割（分地），除要求符合登记的要件外，尚要求由台账机关取得土地台账的抄本，并受地籍图的交付，且把它们提交给登记机关。

（2）合地

《德国民法典》第 890 条规定："数土地得因所有人视之为一土地，登记于土地登记簿，而合并为一土地；一土地得因所有人于土地登记簿上将其记入于他土地而成为他土地的成分。"依此，土地的合并乃涵括两种情形：一是，将数个土地合并为一个土地，谓为 Vereinigung；二是，使一土地作为他土地的构成部分，谓为附加（Zuschreibung）。二者的差异主要见于被合并的土地上有抵押权的情形。

土地的合并或附加，以合并或附加的土地属于同一人为必要，但不以各土地存在地理上的毗邻关系为前提。合并或附加的登记，虽依所有人的申请而发动，但土地登记机关认为由此有产生登记的技术上的混乱的危险时，得拒绝之。

（3）分笔（Flurstücksteilung）与合笔（Flurstücksverschmelzung）

分笔与合笔，皆为台账法上的概念。要使台账事务简便、易于为人们所阅览，并实现征税上的便捷，需尽可能使土地的笔数减至最少。如此，便发生了抑制土地的分笔，而促成土地的合笔的必要性。分笔，作为分地乃至合地的前提，通常根据所有人的申请为之。土地的合笔，因主要在于谋求台账事务处理上的便捷，故通常依职权为之。[1]

4. 一土地一用纸原则

所谓一土地一用纸原则，系指每一宗土地，原则上各占登记簿册中的一份登记用纸。在此原则下，登记簿册系按各宗土地的地号顺序编排，称为物的编成主义。惟根据德国法，此原则存在如下例外。

（1）共同用纸（Das gemeinschaftliche Grundbuchblatt）

登记机关为处理事务上的便利，将两宗以上的土地一并登载于同一份登记用纸上，该登记用纸即被称为共同用纸。采共同用纸，需符合下列条件：一是，需两宗以上的土地属于同一人所有；二是，这些土地由同一土地登记机关管辖；三是，需不因采共同用纸致生登记上的混乱。

值得指出的是，共同用纸的制作（Zusammenschreibung）完全是登记的技术上的手段，不影响实体的权利关系，惟因把属于同一所有人的土地包含于一份登记用纸中，故染有浓烈的人的编成主义的色彩。[2]另外，采共同用纸，也有损害登记簿册的明了性的危险。[3]故此，是否采共同用纸，通常由土地登记机关依职权定

1　[日] 铃木禄弥：《抵押制度研究》，一粒社 1968 年版，第 337 页。

2　共同用纸，从演变脉络上看，乃是与西德意志各州的人的编成主义相妥协的产物。

3　[日] 铃木禄弥：《抵押制度研究》，一粒社 1968 年版，第 340 页。

之。[1]

（2）在土地上设定地上权的情形

在土地上设定地上权的，即使之占一份独立的登记用纸。[2]之所以如此，盖因在德国，自一开始即于法律上把地上权与土地作相同的对待，进而在土地上设定地上权而占一份独立的登记用纸时，即被谓为一土地一用纸原则的例外。从实务看，由于地上权的流转、让与、及以之设定负担与担保的情形经常发生，为了不使地上权的登记过于繁杂，也有使地上权的登记采单独用纸的必要。土地登记机关遇到地上权设定的登记申请时，可依职权开设新的登记用纸。此登记用纸，被谓为地上权登记簿（Erbbaugrundbuch）。

此外，设定永佃权（Erbpachtrecht）的登记，也与地上权大致相同。但依德国《土地登记法》第118条第2项，永佃权登记用纸的开设，非依职权，而是依当事人的申请为之。

（二）瑞士的物的编成主义

如前述，瑞士法对于土地的登记，也采物的编成主义，即一宗土地各占一份登记用纸，[3]此点与德国法无异。但是，确定一宗土地的范围的地图（Plan），与德国法上的地图则有不同，即它不是为"课税台账"的目的，而是专为登记簿册本身的目的创制的。故而在瑞士法上，地图上的一个区划，即是一宗土地，此成为登记簿册编制的基准。

土地的分割、合并，根据所有人的申请为之。土地分割或数地合并应遵守的程序，由联邦委员会以命令定之。[4]在瑞士法上，作为一土地一用纸原则的第一个例外的，是"对土地的独立且继续的权利"，及对矿山（Bergwerk）的登记。[5]此大体相当于德国法的地上权登记簿与永佃权登记簿。根据瑞士法，可以占一份独

1　德国《土地登记法》第4条第1项。

2　德国《土地登记法》第8条。

3　《瑞士民法典》第945条第1项规定："土地登记簿就每一土地设其固有的卡片与号码。"

4　《瑞士民法典》第945条第2项。

5　《瑞士民法典》第943条第1项第2、3号。

立的登记用纸的权利有：

第一，建筑权（Baurecht）。所谓建筑权，即在他人土地上建构并保有建筑物等工作物的权利。依建筑权而建构建筑物等工作物的人，即是该建筑物等工作物的所有人。"建筑物及其他设备，系掘建或筑墙而附着于他人土地，或以其他方法永久地在地上或地下与该土地连接者，如在土地登记簿上将其登记为役权，可为特殊所有人所有。"[1]《瑞士民法典》第 779 条第 1 项规定："土地得负担役权，而使权利人享有在地上或地下建造或保有建筑物的权利。"第 3 项规定："地上权为独立且有继续性者，得于土地登记簿登记为土地权利。"

第二，水泉权（Quellenrecht）。《瑞士民法典》第 704 条规定："水泉为土地的部分，仅与其所由涌出的土地一并所有之。对于他人土地上水泉的权利（使用他人土地上的水泉的权利），可经由登记于土地登记簿而设定役权的方式而取得。"

第三，矿山权（Bergwerk）。此所谓矿山，系作为土地的一部。但采矿的矿床，无矿业权（Lagerstätte）的涵义。矿山的所有人，非地表的所有人的，矿山得占一份独立的登记用纸。如此，即可将矿山作为与地表相独立的一宗土地加以对待或把握。

需注意的是，为以上权利而开设独立的登记用纸时，系依权利人的申请为之，而无须征得土地所有人的同意。于让与这些权利，抑或在其上设定抵押权或其他负担时，为不使登记簿册上的记载过于繁杂，登记官吏可依职权开设新的用纸。

作为一土地一用纸原则的第二个例外的，是共同用纸（Kollektivblatt）制度。此与德国法大抵相同，即把属于同一人的两宗以上的土地登录于一份用纸上。但与德国法的差异在于，所有人不同意的，则不能为之。[2]

（三）德国与瑞士土地登记簿的构成

土地登记簿的构成，根据德国法，是由各份登记用纸（狭义的登记簿）汇集而形成广义的登记簿（登记总簿）。每一登记用纸，由构成目录（Bestands-

---

1　《瑞士民法典》第 675 条第 1 项。

2　《瑞士民法典》第 947 条第 1 项规定："数土地纵未互有连接关系，仍得经所有人同意，记载于单一卡片。"

verzeichnis）（部）、第一区（所有权部）、第二区（负担与限制部）以及第三区
（担保权部）组成。

在瑞士，土地登记簿系由主簿（Hauptbuch）、土地记述书（Liegenschaftsbe-
schreibung）、日记簿（Tagebuch）、平面图以及土地表示书构成。主簿，是构成土
地登记簿的主体。每一主簿，分为所有权部、役权和土地负担（Grundlast）部及
担保权部，此外尚有预告登记和建筑物部，其大体相当于德国登记用纸上的第一
区至第三区。土地权利的变动，原则上皆应记载于这些"部"中。土地记述书，
相当于德国的构成目录（部）及日本《不动产登记法》中的"标识部"。至于登
记的申请，不能立刻记入主簿的，则应暂依受理顺序，记入日记簿。[1]《瑞士民法
典》第 972 条第 2 项规定："登记的申请，附具法定证明书，或暂为预告登记的，
事后适时提出证明书文件的，登记溯及记载于日记簿时，发生效力。"平面图，
是基于测量土地的结果，用来表示土地的状况与界址，并进而使于地表上确定土
地成为可能的东西。[2]于尚未进行土地测量的地区，作为平面图的替代物的，是土
地表示书。土地表示书，顾名思义，表示土地的状况与界址。最后，因于主簿上
仅可作简单的记载，故为了补其不足，乃启用原因证书。原因证书，即应当进行
登记的原因的文书，如买卖证书、判决书等。土地登记机关应妥善保管原因证书
的原本或誊本，以便可以查考原因行为的内容、条件。[3]

以上各账簿，构成土地登记簿的一部，与主簿共同担负登记的效力。此外，
尚有不能构成土地登记簿之一部的所谓补助簿，即所有权人表示簿（Eigen-
tumerverzeichnis）、扣押目录（Pfändungsregister）、更正簿（Berichtigungsbuch）、
通告目录（Register für Korrespondenz）、人名表示簿（Verzeichnis aller in Grundbuch

---

1　《瑞士民法典》第 948 条第 1 项规定："土地登记簿登记的申请，应依时间的前后顺位，立即
记入日记簿，并载明申请人及其请求。"

2　《瑞士民法典》第 950 条第 1 项规定："于土地登记簿记入各土地及作成其地图，依官方测量
而作成的图面为之。"第 2 项规定："联邦委员会规定作成图面的原则。"

3　《瑞士民法典》第 948 条第 2 项规定："契据须经提出，方得办理土地登记簿的登记的，应做
合适的整理并予保存。"

genanten Personen）以及役权目录（Reigister für Dienstbarkeiten）[1]等。

三、登记的种类：以异议登记和预告登记为中心

德国法与瑞士法中的登记的种类，大抵可以区分为正式登记（终局登记）与预告登记。正式登记为登记制度的重心，土地物权的发生（取得）、移转、变更乃至消灭，原则上皆应为此登记。需要注意的是，与抵押权登记簿主义（Hypot-hekenbuchsystem）[2]仅于设定抵押权时进行登记相对应，现今德国、瑞士的登记制度，皆为登记土地所有权及由土地所有权所衍生的其他物权的变动。易言之，登记土地物权的变动的，即是土地登记簿主义（Grundbuchsystem）。另外，德国法、瑞士法原则上不允许对债权关系为正式登记。在这一点上，与允许对债权关系为正式登记的日本法、法国法不同。[3]

（一）德国法的临时登记（预记登记）：异议登记和预告登记

德国法有所谓临时登记制度。临时登记，又称预记登记，涵括异议登记（Widerspruch）和预告登记（Vormerkung）两种。异议登记，是保全物权的临时登记；预告登记，是保全债权的临时登记。此一界分，是德国《土地登记法》于其发展过程中逐渐形成的，故二者被统称为 Protestatior 或 Vormerkung。于《德国民法典第一草案》中，登记制度的此种区别格局尚未形成，有之，则是自 1896 年的《德国民法典》始。[4]

1. 异议登记

登记簿册记载的权利关系与真实的权利状态不一致时，因登记簿册的记载具有公信力，故有损害真正权利人的利益的危险。此时，真正的权利人可以请求更正登记簿册的记载，称为更正登记。[5]但实施更正登记，因需要获得利害关系人的

1　瑞士《土地登记条例》第 100 条第 2 项与第 108 条。
2　普鲁士迄至 1872 年前，一直采行此种主义。另外，瑞士的若干州也于其民法典施行前，采此主义。
3　［日］铃木禄弥：《抵押制度研究》，一粒社 1968 年版，第 348 页。
4　［日］铃木禄弥：《抵押制度研究》，一粒社 1968 年版，第 349 页。
5　《德国民法典》第 894 条以下。

同意，或有替代该同意的法院的判决文书，故更正登记的完成，往往需要较长的时间。而在此之前，为了防止真正的权利人遭受损害，德国法遂定有击破登记簿册的记载的公信力的异议登记。[1]

《德国民法典》第899条第2项规定："异议登记，应基于假处分，或基于因更正登记簿册的记载而使其权利受影响之人的承诺为之。"可见，异议登记是依利害关系人的承诺[2]与依假处分（die einstweilige Verfügung）[3]而实施的。另外，申请更正登记时，如申请有轻微的瑕疵，则登记机关（土地登记所）可以命令申请人于一定期间内弥补，于所定期间内未为弥补的，如又有他人提出对于同一权利的申请的，则应依职权，对最先的申请为异议登记，尔后方可对后面的申请进行登记。[4]

异议登记，尽管无阻止登记簿册上的权利人（登记名义人）处分权利的效力，但可以击破登记簿册的记载的公信力，故有防止真正的权利人丧失权利的功用。[5]譬如，A所有的土地，于登记簿册上被记载为B的所有地时，A纵就其所有权为异议登记，B照旧可以让与该土地的所有权于第三人C。但在A的异议登记为正当时，C即不能复援引登记簿册的记载的公信力而要求保护自己的利益。依A的请求，其需要向A为所有人名义的返还登记。

应当注意的是，异议登记本身不得适用公信原则。即在前举之例，信赖A的异议登记，而与A为交易的人，如异议登记为不正当，则其不得对B或C提出任何权利主张。另外，异议登记尚有阻止登记取得时效进行的效力。

2. 预告登记

预告登记（日文汉字：假登记），系指为保全对于他人土地或建筑物的权利的取得、丧失及变更的请求权所作的登记，旨在防止登记名义人对其土地或建筑

---

[1] 《德国民法典》第899条。

[2] 依此方法，只要利害关系人不表承诺，即需获得可以替代该项承诺的法院的判决，故而缺乏便捷性。

[3] 需注意的是，申请假处分时，申请人对权利是否遭受过危险，并无释明的必要（《德国民法典》第899条第2句）。盖此可由登记（公信原则本身）而当然推知。

[4] 德国《土地登记法》第18条第2项。

[5] 《德国民法典》第892条前句但书。

物有妨碍保全请求权所为的处分，以保护请求权人的权益。[1] 易言之，预告登记旨在保全不动产物权变动的债权请求权。

如所周知，于存在可以请求的、应使特定的物权变动得以发生的债权时，在作为该债权的目的的物权变动实际发生前，若发生与该物权变动势不两立的物权变动的，债权即不能达成其目的。为防止此一危险，此时债权人可以进行预告登记。因而，预告登记的债权的范围，仅限于以物权变动为目的的债权，此外的其他债权，如租赁权，通常不能为预告登记。

对于预告登记的本旨，于《德国民法典》之前，曾有激烈争论，并有各种学说，如经由预告登记，独立的限制物权便获产生的学说等。时至现今，预告登记的债权的性质尽管未有变化，[2] 但其已被赋予了可对抗之后意欲发生物权变动的第三人的特别效力。易言之，预告登记不具任何实体权利性质的效力，充其量是一种登记法上的制度。

需要指出的是，因预告登记性质上属于保全以物权变动为目的的债权请求权的制度，故纵有预告登记，也不能阻止债务人处分登记簿册上的物权。其着眼点在于，实施预告登记后的物权变动，不能侵害预告登记的债权。例如，A 签订了把自己的土地所有权让与给 B 的契约，B 基于该契约而进行了移转所有权的请求权的预告登记。之后，A 把土地的所有权让与给 C，并完成了所有权的移转登记的，B 的权利并不因此而受影响，即 B 仍然可以取得土地所有权。

对于预告登记，《德国民法典》采取的法律构成是："在预告登记后，就土地或权利所为的处分，致使请求权罹于无效或蒙受损害的，其处分不生效力。依强制执行，或假扣押的实施，或由破产管理人所为的处分，亦同。"（第 883 条第 2 项）预告登记后实施的处分，如害及预告登记权利人的权利的，属于无效，学说

---

[1] 许仁举：《土地登记法规及实务》，长乐书局 1980 年版，第 27 页；温丰文：《土地法》，洪记印刷有限公司 2015 年版，第 215 页。

[2] 进而，尽管该债权进行了预告登记，但其让与仍依债权让与的一般方法为之。另外，该债权的受让人，对债权的瑕疵，不能援用登记簿册的记载的公信力。

称为相对无效。[1]

根据德国法，为预告登记所需的实质要件，是存在以物权变动为目的的债权请求权。[2]至于形式要件，根据《德国民法典》第 885 条第 1 项第 1 句，是应依假处分或基于其土地或权利因预告登记而受影响之人的承诺为之。

（二）瑞士法的预记登记（Vormerkung）：预告登记和异议登记

瑞士法的预记登记，大抵相当于德国法的预告登记和异议登记。依《瑞士民法典》，预记登记被区分为三种：第一种是关于人的权利的预记登记，即债权的预记登记（第 959 条）；第二种是限制处分权的预记登记（第 960 条）；第三种是暂时的登记（第 961 条）。其中，第一种、第二种相当于德国法的预告登记，第三种则相当于德国法的异议登记。[3]

1　也就是说，不动产权利经预告登记后，不动产登记名义人所为的处分行为即受到限制。于预告登记被注销前，登记名义人就其不动产所为的处分，对于所登记的请求权有妨碍的，无效。兹所谓处分，指处分行为（物权行为），如所有权的移转、抵押权的设定等，负担行为（债权行为）不包括在内。此所谓无效，应解为相对无效。所谓相对无效，乃特定人或对于特定人不得主张无效。譬如，甲出卖土地于乙，而为移转请求权的预告登记后，仍得将其所有权让与于丙。丙得对抗任何人，但不得对抗乙。保全的请求权实现时，乙得向甲请求移转所有权登记，向丙请求注销所有权移转登记。惟若甲、乙间的买卖无效，或乙的预告登记原因消灭（如乙同意甲让与丙），则甲、丙间所有权的让与仍为有效。另外，不动产权利为预告登记后，登记名义人纵受破产宣告，仍无碍于已为预告登记请求权的行使，预告登记的权利人得向破产管理人行使其请求权。惟应注意的是，通常认为，预告登记对于因征收、法院判决或强制执行而为的新登记，并无排除的效力。盖预告登记系基于请求权人与登记名义人间的私法行为，故无排除因征收、法院判决或强制执行所为的新登记的效力。易言之，纵有预告登记的存在，依征收、法院判决或强制执行所为的登记，也仍然有效。惟此所谓法院判决，应解为仅以具有形成力（也称创效力）的形成判决为限，给付判决与确认判决不涵括在内。对此，请参见温丰文：《土地法》，洪记印刷有限公司 2015 年版，第 217—218 页。

2　通常认为，为预告登记所需具备的其他条件还有：其一，需以他人已登记的土地（不动产）权利为对象，即预告登记的标的以办竣登记的土地或建筑物的所有权或他项权利为限。且申请预告登记的土地，需以他人所有的土地权利为对象。如土地权利属于申请人所有，则其处分权可自由为之，自无申请预告登记以保全其权利的必要。其二，需经土地（不动产）权利登记名义人的同意。也就是说，申请预告登记，应由请求权人检附登记名义人的同意书。登记名义人的同意，为单独行为，而非契约，具有处分物权的性质（温丰文：《土地法》，洪记印刷有限公司 2015 年版，第 216 页）。当然，因预告登记具有从属性，与被保全的债权请求权同其命运，故如买卖契约无效致债权不存在，预告登记也就丧失其依据，进而应予注销。

3　[日] 铃木禄弥：《抵押制度研究》，一粒社 1968 年版，第 353 页。

1. 人的权利（即债权）的预记登记（Vormerkung persönlicher Rechte）

此种登记，相当于德国法的预告登记。但《瑞士民法典》第 959 条第 1 项规定："对人的权利，以法律有其预告登记的明文规定者，如先买权、买回权、买受权、用益承租权及使用承租权等，得于土地登记簿为预告登记。"从而，与德国法不同，一方面，瑞士法把可以为预记登记的对象限制为法定的特定权利；另一方面，像承租权等与物权变动未有直接关联的债权，也被规定为预记登记的对象。

在瑞士法中，人的权利的预记登记，被解为赋予债权以对抗新所有人的效力的特殊的登记制度。《瑞士民法典》第 959 条第 2 项规定："先买权等权利，因预告登记而对于事后取得的一切权利，有对抗的效力。"譬如，如果完成承租权的预记登记，则对往后取得该土地所有权的人也可主张承租权。但依预记登记，因承租权无论如何不能变质为物权，故而于第三人不法侵占租赁地时，承租权人即不得依租赁权而请求排除侵害。[1]

对人的权利为预记登记应具备的实质要件，通常认为，除需有特定的对人的权利外，尚需有就该权利为预记登记的当事人的约定。形式要件，则需有债务人（预记登记义务人）的申请与登记承诺。如预记登记义务人不为此行为，则债权人（预记登记权利人）可依应为预记登记的约定，而提出应为预记登记之旨的诉求，并于获得胜诉判决后径为预记登记。依《瑞士民法典》，得为预记登记的人的权利（债权）有如下一些。

（1）先买权（Vorkaufsrecht）

先买权，又称优先购买权，即特定人依约定或法律规定，于所有人出卖其财产权时，有根据出卖人（所有人）与买受人（第三人）所约定的同一条件，优先承购买卖标的物的权利，其性质为一种期待权。[2]《瑞士民法典》第 681 条规定："法定先买权，在强制拍卖之情形，亦得行使之，但仅对拍卖本身，且须以土地拍定人的竞价为购买条件，行使之；在其他情形，法定先买权，得以与约定先买

1　［日］铃木禄弥：《抵押制度研究》，一粒社 1968 年版，第 355 页。
2　此例取自［日］铃木禄弥：《抵押制度研究》，一粒社 1968 年版，第 354 页。

权相同的购买条件，行使之。土地被出卖于相同顺位或优先顺位的先买权人者，其他人的先买权消灭。法定先买权，不得继承或让与。法定先买权优先于约定先买权。"[1]顺便提及，《瑞士民法典》之所以设此先买权，其目的在于防止土地所有权人将土地转让给第三人。

（2）买回权（Rückkaufsrecht）、买卖预约完结权（Kaufsrecht）

买回权，即土地的让与人可依自己单方面的意思买回某块土地；买卖预约完结权，即权利人可依单方面的意思并依一定的价格买取某特定的土地。《瑞士民法典》的买回权，主要适用于如下情形：譬如某市镇村以兴建劳动者的住宅为条件，把自己的土地让与给某乙。在某乙于特定期间内不履行约定的条件（不兴建劳动者住宅）时，市镇村即可依买回权而买回土地。[2]

（3）赠与复归权（Schenkungsrückfallsrecht）

亦即，为赠与行为时，如受赠人较赠与人先死亡的，赠与人得请求使赠与物"复归"于自己的权利。[3]《瑞士债务法》第 247 条第 1 项规定："赠与人得与受赠人约定，受赠人如先于赠与人死亡，赠与人有权取回赠与物。"第 2 项规定："所赠与者为不动产或不动产物权时，其取回权得预告登记于土地登记簿。"

（4）不动产担保权人的顺位升进权（Nachrückungsrecht）

于存在顺位不同的两个以上的不动产担保权时，先顺位担保权消灭，后顺位的担保权原则上不得升进，称为顺位固定。[4]惟依《瑞士民法典》，所有权人与后顺位抵押权人，可就顺位的升进缔结特别的约定。于进行了顺位升进的约定时，后顺位担保权人，于先顺位担保权消灭时，即可请求升进自己的担保权顺位。惟"关于不动产担保权人间顺位递升的约定，仅在其登记于土地登记簿时，始具有物权的效力"。[5]

1　此被规定于《瑞士债务法》第 216 条第 3 项。

2　［日］铃木禄弥：《抵押制度研究》，一粒社 1968 年版，第 354 页。

3　《瑞士债务法》第 247 条第 1 项。

4　《瑞士民法典》第 814 条第 1 项。

5　《瑞士民法典》第 814 条第 3 项。

（5）用益承租权与使用承租权（Pacht und Miete）

亦即，用益承租权与使用承租权也属于得为预记登记的债权。

2. 限制处分权的预记登记

依《瑞士民法典》，限制处分权的预记登记，对于无过失而不知其限制的第三人，也属有效。处分权的限制，主要有下列两种情形。

（1）直接的处分权的限制 1

此种处分权的限制，无须为任何公示，受让人即受其拘束。易言之，无需进行登记，即可以对抗一切第三人，且不问第三人为善意抑或恶意。此种形态的处分权的限制，涵括公法上的处分权的限制（如《瑞士民法典》第664条的取得公共物、无主物的限制）与基于私法上的因由，而由法律直接规定的处分权的限制。

（2）间接的处分权的限制（die mittelbare Verfugungsbeschränkung）

此种处分权的限制，仅可对抗恶意的第三人，即不知有处分权的限制而取得其物的人，得依旧取得该物的所有权。然对于善意的第三人，则无此效力。进而，为了使此种限制的效力确实、可靠，乃有于登记簿册加以公示的必要，而这正为限制处分权的预记登记。2 根据《瑞士民法典》第960条第1项的规定，有下列原因之一的，得对土地为限制处分权的预记登记：为保全有争执或可执行的请求权，而由公权力机关发布的命令；扣押；依法得为预告（预记）登记的法律行为，例如为确保后位继承人之期待权而实施的法律行为。此外，《瑞士民法典》第960条第2项规定："处分权的限制，经预告（预记）登记后，对于嗣后任何人取得的权利，有对抗效力。"

3. 暂时登记（die vorläufige Eintragung）

如前述，瑞士民法与德国民法的异议登记相当的制度，乃是暂时登记。根据《瑞士民法典》第961条第1项的规定，有下列情形之一者，得以预告登记的方式，为暂时登记：为保全所主张的物权者；3 欠缺登记所必要的证书但法律许可日

1　所谓直接的处分权的限制，系指基于公法、私法的原因，而由法律直接规定的对处分权的限制。

2　［日］铃木禄弥：《抵押制度研究》，一粒社1968年版，第356页。

3　此以防止现实的物权遭受登记上的损害为旨趣。

后补充者。另外，《瑞士民法典》第965条第1项规定，土地登记簿上的处分，例如登记、变更、涂销等，无论情形如何，仅须依处分权证书和法律原因证书为之。最后，暂时登记，根据利害关系人的承诺（同意）抑或法院的命令为之。

（三）德国与瑞士登记制度的差异（兼及日本的登记制度）

至此，我们有必要对德国与瑞士的登记制度的差异作一比较。从总体上看，德国与瑞士的登记制度，皆属于大陆法系的德国法系支流的登记制度，因而与法国法系支流的登记制度恰成对照。[1] 日本的登记制度，属于法国法系的支流，并可代表这一支流的特色。故此，以下于比较德国和瑞士的登记制度时，也一并涉及日本的登记制度。根据日本学者铃木禄弥之说，德国、瑞士及日本登记制度的差异，可以表解如下。[2]

名称	日本	德国	瑞士
物权	正式登记	正式登记	正式登记
独立的债权	正式登记	—	人的权利的预记登记
为了击破公信力	预记登记	异议登记｛普通的异议登记《土地登记法》第18条	暂时登记｛《瑞士民法典》第961条第1项，《瑞士民法典》第961条第2项
申请登记的程序有瑕疵时	假（临时）登记｛《不动产登记法》第2条第1项，《不动产登记法》第2条第2项	假（临时）登记｛《土地登记法》第18条，普通的预告登记	限制处分登记的｛《瑞士民法典》第960条第1项，《瑞士民法典》第960条第2项
物权变动的请求权的保全			
处分权的限制	各种嘱托登记	限制处分权的登记	

1　自法律传统与民法立法对世界各国的影响看，大陆法系内部得进一步区分为两条支流：以德国民法为代表的德国法系支流与以法国民法为代表的法国法系支流。

2　［日］铃木禄弥：《抵押制度研究》，一粒社1968年版，第358页。

兹对上表的内容予以说明。在物权法上，公示物权本身的状况，系登记制度的中心目的。故此，物权的公示本身，应当通过终局登记（本登记）来完成。关于某些特殊的债权，如承租权、买回权，日本法规定为正式登记（本登记、终局登记）的对象，惟德国法与瑞士法上，则明示不得为正式登记的对象。于德国法与瑞士法，因物权变动采登记的生效要件主义，故而专以正式登记（终局登记、本登记）一语表示物权的变动，而不以债权为正式登记（本登记）的对象。无疑，此种局面系由德国法与瑞士法采取不同的法律体制所造成、所使然。

虽然德国法不认某些独立的债权得依登记簿册而加以公示，但依瑞士法，对于人的权利（即债权），则可为预记登记。登记簿册的记载与真正的物权关系不一致时，因登记簿册的记载具有公信力，故使真正的权利人有遭受损害的危险。此时，阻止登记簿册的记载的公信力而保全真正的物权人的手段，于德国法是进行异议登记，而在瑞士法则是为暂时登记。日本法因不认登记簿册的记载具有公信力，故而严格言之，并无与德国和瑞士法相类似的制度。然于实务上，日本法的预告登记大体具有与德国法和瑞士法的异议登记相当的功能。在申请登记的程序有轻微的瑕疵而于补充完备前，为防止不发生损及申请人的权利的物权变动的登记，于日本，其《不动产登记法》第 2 条第 1 项设有假登记，[1] 于德国，其《土地登记法》第 18 条设有异议登记和预告登记，而于瑞士，其民法典第 966 条第 2 项规定："有法律原因证书，但须补充处分权证书时，经所有人同意，或者依法院判决，得为暂时登记。"另外，为保全以物权变动为目的的债权的登记，于德国是所谓预告登记，而在瑞士，则是限制处分权的预记登记。[2] 最后，对于强制拍卖、强制管理、假扣押、假处分及破产登记，于日本是依法院的命令为之。德国的做法与此大抵相同。而依瑞士法，则以之为一种预记登记。

1　日本《不动产登记法》第 2 条第 1 项规定："未具备登记的申请程序的条件的，可以进行预告登记。"

2　［日］铃木禄弥：《抵押制度研究》，一粒社 1968 年版，第 358—359 页。

四、物权变动要件的登记（登记簿册的设权效力）

（一）概要

按照德国法与瑞士法，基于法律行为的物权变动，原则上需要进行登记。[1] 对应于法国法、日本法依法律行为的物权变动只需有意思表示即可的意思主义，德国法与瑞士法的此种立场被谓为登记主义（Eintragungsprinzip）；对应于法国法、日本法的登记不过是物权变动得以对抗第三人的手段的对抗要件主义，德国法与瑞士法的此种主义可谓是成立要件主义。[2]

自登记的效力看，以登记为物权变动的要件的，称为登记簿册的设权效力（die konstitutive Kraft des Grundbuchs，登记的设权效力），其与登记的推定力、公信力并立。由不进行登记，纵有其他要件，物权也不得发生（成立），而论该登记的设权效力时，可以谓为登记簿册的消极的效力（die negative Grundbuchwirkung）。由如果进行了登记，纵无实质的权利，也依旧要发生一定的效果看，可称登记簿册的公信力为登记簿册的积极的效力（die positive Grundbuchwirkung）。

1. 登记主义的内容

于法史上，非常彻底地贯彻了登记主义乃至成立要件主义的，是《德国民法典》公布前汉堡、吕贝克、梅克伦堡等北德意志各地实行的形式的效力主义（Prinzip der formellen Rechtskraft des Grundbuchs）。依此主义，一旦实施了登记，即不问当事人的真意如何（即使实施了违法的登记），皆要发生物权变动的效力。故而，此一主义有使登记簿册的记载与真实的权利关系相一致的优点，但其反面则可能忽视真正的权利人的利益，并过分保护交易的安全。因而这一主义于现今的德国、瑞士几已销声匿迹，不复为人们所乐于采取。[3]

1　《德国民法典》第 873 条第 1 项、《瑞士民法典》第 971 条第 1 项。

2　［日］铃木禄弥：《抵押制度研究》，一粒社 1968 年版，第 360 页。

3　另外，根据瑞士民法，尚须为善意。惟德国民法并无此要求。值得提及的是，界分善意与恶意的不同而分别规定不同的时效期间，也为日本民法的做法。

如前述，根据德国、瑞士的现行法律，作为物权变动的要件，除需有登记外，尚需有物权变动的受动的当事人（如让与土地所有权的让与人——出让人）就同意物权变动而为的意思表示。惟德国法与瑞士法对于此点的法律构成仍有细微的差异。

根据德国法，除要求为登记外，尚要求有当事人双方的合意（Einigung）。此二者合二为一，形成一个无因的物权契约。基此契约，物权发生变动，作为基础的原因关系纵不成立，已然发生的物权变动也不受其影响，而仅生不当得利的返还请求权。需注意的是，此关于物权变动，要求当事人须有合意的规定，学说谓为实质的合意主义（das materielle Konsensprinzip）。[1] 故而在德国法中，作为物权变动的要件，即当然要求非有物权契约不可。原因行为无效或被撤销后，对业已发生的物权变动并无影响。

依照瑞士法，依法律行为的物权变动，除需有登记外，尚需有原因关系与登记承诺。登记承诺，不仅是登记的形式上的要件，而且是物权变动的要件，其相当于德国民法的物权的合意。另外，原因关系的存在，因被解为是物权变动的要件，故而，若原因关系不成立，物权变动即不能发生。[2]

1　实质的合意主义，为德国民法不动产物权变动上的概念。如所周知，德国民法于不动产物权领域采登记主义（Eintragungsprinzip）。所谓登记主义，系指依法律行为而生物权的取得、丧失和变更，原则上皆以登记为必要，此又涵括两种主义：一是，物权的取得、丧失与变更仅有登记即获满足的形式的效力主义（Prinzip der fomalen Rechtskraft des Grundbuchs）；二是，除为登记外，尚需有（物权的）合意的实质的合意主义。不言自明，此实质的合意主义与要发生物权变动，仅有登记即获满足，而无需有（物权的）合意的形式的效力主义适成对照，且也与德国登记制度的形式的合意主义（das formelle Konsensprinzip）相对应。形式的合意主义于1900年《德国民法典》施行前仅于吕贝克等地采行。依此主义，违反受动的当事人的意思而实施了登记时，尽管予物权取得人以不当利益，而予受动的当事人以损害，但于不承认登记簿册的记载具有公信力的法制下，具有保护交易安全的功用。然《德国民法典》颁行后，因承认登记簿册的记载具有公信力，交易的安全籍此可以受到保护，并无再采用形式的合意主义的必要，故现行《德国民法典》系采实质的合意主义。对此，请参见［日］山田晟：《德国物权法》（上册），弘文堂书房1944年版，第152—153页。另外，日本学者铃木禄弥也指出了这一点。其谓：实质的合意主义不仅与物权变动的发生只要有登记即获满足而无须另有物权的合意的形式的效力主义相对立，且也与登记法上的形式的合意主义形成对照。对此，请参见该氏所著《抵押制度研究》，一粒社1968年版，第361页注释3。

2　［日］铃木禄弥：《抵押制度研究》，一粒社1968年版，第361页。

2. 原因关系对物权变动的效力的影响

对于作为原因的债权关系无效或被撤销后，物权变动的效力得否受其影响，德国法与瑞士法的立场并不相同。依德国法，此种场合，只要存在物权变动的要件，物权的变动即完全有效。惟取得物权的人依不当得利的规定，负有返还所取得的物权的义务。而根据瑞士法，作为原因的债权契约不成立抑或消灭，即意味着并无引起物权变动的原因关系，从而物权变动也就无从发生。此时，尽管土地物权已于登记簿册被登记为取得人（如土地所有权的买受人）享有，但物权本身仍属于原来的权利人。如此，物权变动的效力是否受作为原因的债权关系效力的影响，即作为有因主义与无因主义的问题，而于物权法理论史上演绎为一个重要的问题。此两种主义孰优孰劣，进而引起争论。

无因主义使物权变动的效力与原因关系相分离，通常被认为有保障交易的安全的功用。惟因德国法与瑞士法赋予登记簿册的记载以完全的公信力，故对于交易中第三人的安全的保护，依此即可获得充分实现。可以肯定，无原因关系也要发生物权变动的法律构成，对于为交易的当事人乃有相当的不便。正因如此，新近以降，学理多认为，有因主义系为先进的、优越的主义。事实上，德国法采取无因主义的真正因由，乃是与限制登记官吏的审查权限相关联的。而登记官吏的审查权限的大小于现今已不复具有多大的实益，且因承认与明定登记的公信力规则，故而直可以说，无因主义的功用与价值正变得越来越小。

3. 非依法律行为的物权变动与登记

登记主义主要对依法律行为的物权变动有其价值与意义。然对于非依法律行为的物权变动，也尽可能地贯彻登记主义，或者至少于物权变动发生后进行登记，以实现登记与真实的权利关系的一致，此无疑系登记制度的客观要求与固有旨趣。基于如此的考量，德国法与瑞士法乃设立了这方面的规定。

根据《德国民法典》的立法旨趣，登记原本适用于依法律行为的物权变动。但非依法律行为的物权变动，要发生变动的效力，也非进行登记不可的，根据《德国民法典》也是为数不少的。譬如，强制抵押、假扣押抵押（Arresthypothek）

的成立 [1]，取得根据除权判决而变成无主物的土地的所有权，[2] 以及公库（国库）取得无主物的土地所有权等，皆需进行登记。[3]

与此不同，《瑞士民法典》第 971 条第 1 项规定："依规定，物权的设定，非经登记于土地登记簿，不生效力者，仅在该物权被登记于土地登记簿时，始作为物权而存在。"并且，对于非依法律行为的物权变动，明示需以登记为生效要件者也不少。譬如，对于因相邻关系中的通行权（Wegrecht）而生的权利 [4]，设定独立且具有继续性的权利，[5] 以及设定土地用益权，[6] 尽管属于非依法律行为的物权变动，但仍然需要进行登记。[7] 此外，德国法与瑞士法尚规定，尽管物权人已经取得物权，但仅于完成登记后，方可处分该物权。也就是说，物权人不于土地登记簿登记自己的物权的，即不能处分之 [8]。[9]

4. 物权的顺位与登记

因物权有排他性，故此，同一土地上有复数的物权时，各权利人的顺位便需要确定。对此，原则上是先成立的权利优先于后成立的权利（Prior tempore prior jure）。也就是说，物权的变动以登记为要件的，先登记的权利优先于后登记的权利。对于此点，德国法与瑞士法的规定存在些许差异。

根据德国法，记载于登记簿册的同一部（区）的各权利间的顺位，系依登记的先后而定。如权利登记于登记簿册的不同部（区），各权利的顺位则依登

1　《德国民事诉讼法》第 866 条、第 923 条。

2　《德国民法典》第 927 条。

3　《德国民法典》第 928 条第 2 项规定："被放弃的土地，属于该土地所在的邦的公库所有。公库以所有人的名义登记于土地登记簿而取得其所有权。"

4　《瑞士民法典》第 699 条。

5　《瑞士民法典》第 779 条规定："土地得负担役权，而使权利人享有于地上或地下建造或保有建筑物的权利。前项权利，除另有约定者外，得让与、继承之。地上权为独立且有继续性者，得于土地登记簿登记为土地权利。"

6　《瑞士民法典》第 746 条。

7　［日］铃木禄弥：《抵押制度研究》，一粒社 1968 年版，第 364 页。

8　德国《土地登记法》第 39 条第 1 项、《瑞士民法典》第 656 条第 2 项。

9　从而不发生所谓"中间省略登记"的问题。另外，于瑞士法，称此规定为相对的登记主义，与此相应，称登记为物权变动的要件的规定为绝对的登记主义。

记期日的先后确定，登记期日相同的，顺位相同。[1]登记官吏为登记时，需注明日期。[2]对于同一土地，如有复数的申请，则未完成在先（前）的申请的登记的，即不能办理在后的申请的登记。[3]如在前（先）的申请有问题时，于就该申请为预告登记或异议登记后，可以办理在后的申请的登记。[4]

《瑞士民法典》第 972 条规定："物权因其登记于土地登记簿的主簿而设定，并依该登记确定其顺位及设定日期。物权的效力，溯及至土地登记簿之日记簿中所记载的日期，但申报时未附法定证书者，或者暂时登记后未及时补充法定证书者，不在此限。依州法规定，公证书得由土地登记簿管理人记载于证书备忘录者，其记载得代替在日记簿中的记载。"也就是说，当事人的申请，需首先记入土地登记机关备置的日记簿，自记入日记簿到正式登录于土地登记簿，通常需要一定的时日，故此，物权的顺位的先后，以日记簿记载的日期为准。

（二）德国法与瑞士法的各种登记考量

以上考量了登记与物权变动的关系，如下将分析诸种具体的登记形态及其与物权变动的关联。

1. 基于法律行为而移转标的物所有权

基于法律行为而移转标的物所有权，为物权变动的典型形态。不言而喻，其效力的发生，需具备前述各项要件，即在德国法，需有物权的合意与登记，在瑞士法，需有原因行为与登记。但因标的物所有权的移转具有重要意义，故两国法尚规定了其他要件。德国法规定，让与土地所有权 [5]的物权的合意，需采特别的方式，称为 Auflassung。[6]依此方式，双方当事人，需同时出席于主管机关［土地登记机关、公证人、区法院（简易法院）］，并在其面前为此项合意。法史上，

1　《德国民法典》第 879 条第 1 项。

2　德国《土地登记法》第 44 条。

3　德国《土地登记法》第 17 条。

4　德国《土地登记法》第 18 条。

5　根据《德国民法典》，地上权，应准用关于土地所有权的规定。然 1922 年 1 月 22 日以后设定的地上权，则不得准用《德国民法典》第 925 条的规定。对此，请参见德国《地上权条例》第 11 条。

6　《德国民法典》第 925 条第 1 项。

此系滥觞于日耳曼法的让与土地的所有权需有特定的仪式的习惯。通说认为，它具有使土地所有权关系变得明了，及使当事人的意思获得确实的功能。但由于无须当事人亲自出席，当事人委托他人代替出席也无不可，尤其允许双方代理，故而，该制度的功用与合理性颇受质疑。另外，依《德国民法典》，此让与土地所有权的物权的合意，不得附条件或期限（如附价款付清之前保留不动产所有权的条件，或附不动产所有权移转的期限的条件），如附条件或期限的，无效。

《瑞士民法典》第657条第1项规定，让与土地所有权的债权的合意（如债权契约）具有拘束力，需由公的机构对之进行公证[1]。[2]如不采此方式（即进行公证），作为原因的债权的合意（债权行为）即属无效，从而所有权的移转也就当然无从发生。此一规定的立法旨趣，一方面系在于防止当事人缔结不当的、违反其真意的移转所有权的契约；另一方面也在于阻止以该不当的契约为据而为登记，进而使所有权仓促地发生移转。[3]需指出的是，此规定，也准用于设定、移转土地负担[4]及设定土地担保权的契约。

2. 继承、遗赠

《瑞士民法典》第560条第1项规定："继承人在被继承人死亡时依法概括承受其遗产。"据此，继承的情形，属于继承财产的土地物权，自被继承人死亡时起，即当然归属于继承人，[5]也就是说，无须登记即可取得继承财产中的土地物权。惟继承人在以自己的名义将继承财产登录于土地登记簿前，不得处分该财产。

1　《瑞士民法典》第657条第1项规定："让与所有权的契约，非经公证，无拘束力。"

2　《瑞士民法典》第657条第1项规定，所有权转让契约，须经公证，始生拘束力。于这里，立法对移转（让与）土地所有权的契约特别要求进行公证，显然是把它与其他债权契约区别对待。此点与德国民法关于移转（让与）土地所有权的债权契约为要式契约，应由法院或公证人作成公证证书相同。瑞士法上的此项公证，由郡书记（Bezirksschreiber）、市镇村书记（Gemeinsdeschreiber）或登记官吏为之。对此，请参见［日］铃木禄弥：《抵押制度研究》，一粒社1968年版，第368页注释3。

3　另外，《德国民法典》第311b条也规定：缔结以让与土地所有权为内容的债权契约，须采公证证书的形式。其意旨与瑞士法相同，即在于防止出现所谓不当契约。但德国法采无因主义，故该第311b条仅是一个纯粹的债法上的问题，其对物权变动的效力并无影响。对此，请参见［日］铃木禄弥：《抵押制度研究》，一粒社1968年版，第368页注释4。

4　《瑞士民法典》第873条第3项。

5　《瑞士民法典》第560条第1项。

共同继承的情形，要经由分割继承财产，而使继承财产中的特定的土地物权归属于特定的继承人，此不仅需要该人与其他继承人对该物权的归属缔结物权的合意（德国法）或债权的合意（瑞士法），而且需要对该物权的归属进行登记。于为登记前，物权由各共同继承人共有，该继承人仅对其他的继承人享有（保有）债权。

遗赠的情形，遗赠人死亡，物权并不当然移转于受遗赠人，受遗赠人对于继承人仅有债权性质的请求权。故此，要使特定的物权归属于特定的受遗赠人，需有继承人与受遗赠人间的物权的合意（德国法）与债权的合意（瑞士法），并进行登记。

3. 时效

（1）取得时效

对于取得时效，德国法与瑞士法皆设有登记取得时效（Tabularersitzung, Buchersitzung）及非登记取得时效两种制度，以下先分析登记取得时效。

登记取得时效，即以登记为要件的时效。《德国民法典》第 900 条第 1 项第 1 句规定："未取得土地所有权，而在土地登记簿登记为所有人，其登记持续至 30 年，且于此期间内就土地为自主占有者，取得其所有权。"[1]《瑞士民法典》第 661 条规定："不正当地在土地登记簿中被登记为所有人者，善意，十年间，未中断且无争议地占有不动产时，其所有权不得再被撤销。"[2]

另外，德国法与瑞士法尚定有未登记的土地的取得时效，适用于真正的土地所有人未以所有人的名义进行登记的情形。[3]《德国民法典》第 927 条第 1 项第 1 句规定："土地经他人自主占有达 30 年者，得依公示催告程序排除土地所有人之权利。"《瑞士民法典》第 662 条第 1 项规定："以所有人之地位，三十年间，未

1　值得提及的是，德国民法未界分善意与恶意，认为皆可成立取得时效。这里即未规定善意的要件。

2　值得提及的是，作为取得的要件，瑞士法要求需有善意。于此点上，日本民法的立场稍有不同，即它系区分善意、恶意的不同而定不同的时效期间。

3　另外，所有人死亡，或受失踪宣告的，也适用之。

中断且无争议地占有尚未登记于土地登记簿之不动产者，得请求登记为所有人。"

根据以上规定取得土地物权的，法院得首先依占有土地的人的申请为公示催告（Aufgebot, Auskündigung），于公示催告期间，若无人提出异议，或提出的异议被驳回的，经由法院的除权判决（德国法）或"处分"（瑞士法），占有人即可登记为土地的所有权人。可见，就该制度的沿革而论，[1]其实具有强烈的消灭时效的特性。

（2）消灭时效

所有权为物权，其不罹于消灭时效，为一项由来已久的原则。于德国法和瑞士法，限制物权只要进行了登记，原则上也不罹于消灭时效。不过，对于未登记的限制物权，德国法与瑞士法的规定则未尽相同。

于瑞士法，登记更正的请求权不罹于消灭时效，[2]故此，只要他人的取得时效未完成，即使限制物权人未进行登记，其权利也不丧失。与此不同，德国法则认为，此种情形，由该限制物权所生的请求权得于一定条件下消灭，且此时限制物权本身也消灭[3]。[4]

4. 土地所有权的放弃（抛弃）与先占

无论德国法抑或瑞士法，放弃（抛弃）土地所有权，性质上皆为一个法律行为，需向土地登记机关为放弃（抛弃）的意思并进行登记。[5]被放弃的土地，由此变成无主物。值得指出的是，对于此点，德国法与瑞士法也贯彻了登记主义。

对于被放弃的土地的处理，德国法与瑞士法的规定不一。德国法规定，对于因放弃（抛弃）而成为无主物的土地，国家有排他的先占权，换言之，国家可以通过把该土地登记于土地登记簿而取得其所有权。[6]与此相左，瑞士法则委由州法

1　所有人怠于主张其权利时即丧失其所有权的日耳曼法的缄默（Verschweigung）制度，便属之。

2　《瑞士民法典》第 975 条。

3　《德国民法典》第 901 条。

4　按照德国民法，原则上，请求权得罹于消灭时效，但作为其基础的权利本身则不罹于消灭时效。以上情况即属于该原则的例外。

5　《德国民法典》第 928 条第 1 项、《瑞士民法典》第 666 条第 1 项。

6　《德国民法典》第 928 条第 2 项。

规定。根据多数州法的规定，州或市镇村，就存在于该州或市镇村的无主土地，有先占权，即在土地被放弃（抛弃）而成为无主物时，州或市镇村于法律上即当然取得其所有权。若州法未规定先占权人，则一般的私人得依先占而取得之。易言之，此时以取得所有权的意思而先占该无主土地者，得取得其所有权。[1]可见，于瑞士法，登记主义并未适用于先占领域。[2]

5. 德国法的住宅所有权（Wohnungseigentum）

德国民法中有所谓住宅所有权。根据规定，住宅所有权的创设，有两种途径：一是，土地的共有人依相互间的契约而创设；二是，土地的单独所有人先创设住宅所有权，尔后再出卖、让与于各受让人。惟无论依何种方式，皆需进行登记，即采登记主义。

（1）根据相互间的契约而创设的，住宅所有权的成立，需有共有人间的物权的合意与登记。登记，根据申请与其他共有人的登记承诺而为之。

（2）以上第二种情形，根据土地所有人对土地登记机关表示设定住宅所有权的意思及进行登记而生效力。[3]

（三）抵押权变动与登记

按照德国物权法，土地（不动产）担保权的形态有抵押权、土地债务及定期土地债务三种。其中，抵押权系从属于债权而存在，土地债务与定期土地债务则非从属于债权而存在。抵押权得进一步分为保全抵押权与流通抵押权。保全抵押权，就债权并无公信力，而流诵抵押权，纵就债权也有公信力。抵押权中，发行证券的抵押，为证券抵押（Briefhypothek）；不发行证券的抵押，为登记抵押（Buchhypothek）。保全抵押，通常为登记抵押。流通抵押，既可以登记抵押，也可以证券抵押的形式存在。[4]

瑞士民法的不动产担保权，涵括土地抵押证券（登记担保权，Grundpfandver-

1　《瑞士民法典》第658条第1项。

2　［日］铃木禄弥：《抵押制度研究》，一粒社1968年版，第372页。

3　德国《住宅所有权法》第8条。

4　［日］山田晟：《德国法概论》，有斐阁1987年版，第88页以下。

schreibung)、抵押债务证券（Schuldbrief）及地租证券（Gült）三种，大致分别与德国民法的保全抵押、流通抵押及定期土地债务相当。然抵押债务证券，通常为证券抵押。

需注意的是，抵押权的物权变动，采登记主义的例外，亦即不采登记主义的，系为数不少。此一方面是由于抵押权具有附随性、随伴性所使然，另一方面也是因发行抵押证券的结果所造成。故以下分别自抵押权的设定、移转及消灭等予以考量、释明。

1. 抵押权的设定、登记

抵押权的设定，原则上与设定一般的不动产物权同，即依当事人双方的物权的合意与登记而设定。[1]惟设定所有人抵押权（Eigentümerhypothek）时，则只需有土地所有权人的单方面的意思（表示）及进行登记即可。[2]发行抵押证券时，抵押权本身也依设定登记、物权的合意（德国法）或债权的合意（瑞士法）而成立。然对于该抵押权的归属，两国法的规定不一。根据瑞士法，发行抵押证券前（即把证券交付给债权人前），抵押权即已成立，且已归债权人享有（保有）。[3]与此不同，在德国法，于抵押权成立（即完成抵押权设定的登记）后、将抵押证券交付给债权人前，该抵押权得由土地所有人享有，[4]称为所有人抵押（权）。[5]债权人要取得抵押权，需受抵押证券的交付。[6]

2. 抵押权的移转（让与）与登记

对于被担保的债权而言，抵押权具有附从性（Akzessorietät，Abhängigkeit），即附随于被担保债权的移转而移转。那么，被担保债权系如何实现其移转？于此

1　《德国民法典》第 873 条第 1 项，《瑞士民法典》第 799 条第 1 项。

2　《德国民法典》第 1196 条，《瑞士民法典》第 859 条第 2 项。

3　《瑞士民法典》第 856 条第 2 项规定："债务证券或地租证券一经登记，不待作成抵押证券，即生效力。"

4　参见《德国民法典》第 1163 条第 3 项。之所以如此，盖因抵押债务人如于受取金钱前即让债权人享有抵押权，则有受不测损害的危险。

5　因此时债权尚未成立，故准确而言，应称为所有人土地债务。

6　实务上，通常是授信人交付借款，受信人交付抵押证券，即授信人以交付借款为代价而换取受信人的交付抵押证券。

点上，登记抵押与证券抵押存有差异。

（1）登记抵押

《瑞士民法典》第835条规定："债权，已为其设定不动产抵押者，其让与，不以登记于土地登记簿为生效要件。"易言之，此种情形，系依债权让与的通常的方法为之。当然，与之不可分离的土地抵押证券，也随之让与。土地抵押证券的让与（移转），不仅无须登记，且法律也未设关于登记的方法。[1] 与此不同，于德国法，抵押债权的让与，并不适用债权让与的一般规则，而系准用有关移转（让与）土地物权的规定。[2] 也就是说，抵押债权依债权让与的合意与登记而为之。

（2）证券抵押

于德国法和瑞士法，让与基于证券抵押的担保债权时，需交付抵押证券（德国，Hypothekenbrief；瑞士，Pfandtitel）。另外，根据德国法，除需交付抵押证券外，尚需以书面为让与的意思表示及进行登记。[3]

以上依证券的交付的物权变动，被认为是登记主义的例外，即无须进行登记。但若以抵押证券为登记簿册的延长，则可认为依旧实行了登记主义。

3. 抵押权的消灭与登记

在德国法，被担保债权不成立或消灭时，抵押权本身并不因此而消灭，此时抵押权由所有人享有（保有），[4] 称为所有人抵押权。如前述，此时因无被担保债权，故而严格言之，应谓为所有人土地债务。[5]

1　瑞士《土地登记条例》第66条第1项。于瑞士法上，土地抵押证券的移转，依债权让与的一般规定为之；抵押债务证券与地租证券的移转，依证券的交付为之。

2　《德国民法典》第1154条第3项。

3　《德国民法典》第1154条第1、2项。另外，《德国民法典》第1154条第1项第1句规定："债权之让与应以书面为让与之表示，并将抵押权证券交付之。"第2项规定："让与表示之书面，得以土地登记簿上之让与登记代之。"

4　《德国民法典》第1163条第1项。

5　《德国民法典》第1177条第1项第2句。［日］山田晟：《德国法概论》，有斐阁1987年版，第104页。

4. 所有人抵押权

抵押权与土地所有权归属于同一人时，抵押权得因混同而消灭，系罗马法以来的一项原则。但是，若严格贯彻此原则，则会产生诸多弊端。[1] 有鉴于此，德国民法与瑞士民法遂规定了以土地所有人本身为权利人的抵押权，称为所有人抵押权。所有人抵押权，通常于下列情形得以成立：

（1）设定证券抵押后，于将抵押证券交付给债权人前，所有人土地债务成立。[2] 于瑞士，此种情形，他主抵押权成立。

（2）土地所有人自一开始，即为自己设定土地债务（《德国民法典》第1196条），或发行抵押债务证券（《瑞士民法典》第859条）。[3]

（3）被担保债权不成立或消灭时，抵押权不消灭，所有人抵押权成立。[4]

5. 顺位确定的原则

所有人土地债务与不伴有债权的所有人抵押权，根据学者通说乃有三项功用：一是，所有人以自己为权利人而设定先顺位的抵押权，往后遇到好的融资机会时复利用之；二是，设定抵押权时，所有人保留之后设定优先于该抵押权的抵押权之权利；三是，先顺位的抵押权担保的债权不成立或消灭时，可以防止后顺位的抵押权的顺位升进。如下首先考量为实现第二项功用，德国法与瑞士法所采取的手段。

在德国法，土地所有人设定某物权（如甲物权）时，可以保留设定（登记）优先于该物权（甲物权）的顺位与范围的其他物权（如乙物权）的权利，是为顺位保留（Rangvorbehalt）。[5]《瑞士民法典》第813条第2项规定："为前顺位不动产担保权保留其所登记的金额后，得设定第二顺位或更后顺位的不动产担保权。"

1　举其要者，譬如抵押权无论因何种原因而归属于所有人，若皆认抵押权消灭，则往后所有人要获取新的融资，即不得不重新为抵押权设定的繁杂程序。并且，于存在后顺位的担保权时，因为后顺位的担保权要递升其顺位，故重新设定的抵押权不得不位于其后的顺位。

2　《德国民法典》第1163条第2项。

3　《德国民法典》第1196条、《瑞士民法典》第859条第2项。

4　《德国民法典》第1163条第1项、《瑞士民法典》第863条第1项。

5　《德国民法典》第881条。

德国法与瑞士法关于以上问题的法律构成相当近似。尽管如此，两国法的规定仍有差异。具体而言，德国法的法律构成是：土地所有人行使基于顺位保留的权利而设定先顺位的权利时，最初设定的权利的顺位退后。与此相左，瑞士法则认为：先设定的担保权，从一开始便处于后顺位。先顺位，直至嗣后被实际设定前，是一个"空位"（空位担保位置，die offene Pfandstelle）。[1]此两种法律构成的差异，于最初的权利（物权）被设定后、优先于该权利（物权）的权利被设定前，而设定第三个物权时见之。譬如，A 权利被保留，应优先于其他权利，于设定 C 权利后，设定 B 权利，往后，依保留而设定 A 权利即属之。此种情形，根据瑞士法，各权利的先后顺位是 A、C、B，但依德国法，则并不如此简单。[2]由结果上看，此两种模式中，当以瑞士法为优。[3]

如下考量为实现以上第三项功用，德国法与瑞士法所采取的方法。为实现该第三项功用，德国法设有专门的所有人土地债务与所有人抵押权。然依瑞士法，如前述，被担保债权不成立或消灭时，即会使抵押权本身不成立或消灭。不动产担保权（抵押权），"限定于登记时所载明的担保顺位"。[4]先顺位的抵押权消灭，后顺位的抵押权人不得递升其顺位。[5]此种情形，先顺位以"空位"的形式继续存在。然土地所有人与后顺位的抵押权人，可以订立顺位递升的约定，此约定一经预告（预记）登记，即有物权的效力。

五、登记的公信力

（一）概 要

德国民法与瑞士民法一方面规定，对于当事人的登记申请，登记官吏需依一

1　［日］铃木禄弥：《抵押制度研究》，一粒社 1968 年版，第 381 页。

2　［日］山田晟："德国法的顺位保留及其批判"，载《法学协会杂志》第 54 卷第 9 号，第 9 页以下。

3　［日］山田晟："德国法的顺位保留及其批判"，载《法学协会杂志》第 54 卷第 9 号，第 29 页以下。

4　《瑞士民法典》第 813 条第 1 项。

5　《瑞士民法典》第 841 条第 1 项。

定的程序予以审查；另一方面也明定，如不登记，即不生物权变动的效力。之所以如此，盖在于防止登记簿册的记载与真实的权利关系发生龃龉。

尽管如此，实务上要消弭如此的龃龉乃系不易。故此，为保护信赖登记簿册的记载而与登记簿册上的登记名义人为交易的第三人的利益，尤其是为谋求交易的安全，乃规定登记具有公信力。也就是说，为了保护信赖登记簿册的记载而进行交易的第三人的利益，登记簿册的记载被视为正当。[1]如此，善意信赖登记簿册的记载的第三人的利益，即可因此受到保护，[2]学说谓为公信原则。[3]登记簿册的记载所具有的此效力，称为登记簿册的积极的效力。[4]

自法史上看，登记制度发轫时，登记并无实体法上的意义，仅作为证明权利关系的手段而被使用，也就是登记具有推定力。然之后不久，乃认登记具有引起物权变动的效力。发展到顶峰，是着眼于保护不动产交易的安全，而赋予登记簿册的记载以公信力。易言之，公信力是登记制度发展的最后阶段。

当然，于法史上，类似的制度也并不是没有。据考疏，中世纪时期的所谓缄默制度，即是与之类似的制度。据此制度，让与土地所有权时，需依一定的程序为公示催告（Aufgebot）。于所定的期间（Jahr und Tag）内，如无人提出异议，则纵让与人非土地的真正所有人，受让人也可取得土地的所有权。此制度与近现代及当代公信力制度的效果，并无二致。

不过，一望即知，此缄默制度，与其说是在保护受让人的信赖，毋宁说是真正的权利人怠于主张其权利时即要丧失权利，且不能对抗受让人的制度。进而，与其说它是由日耳曼法的占有所化出的制度，毋宁说乃是与现当代的由于消灭时

1　《德国民法典》第 892 条第 1 项第 1 句。

2　即该第三人取得的权得受保护。《瑞士民法典》第 973 条规定："善意信赖土地登记簿上的登记并因而取得其所有权或其他物权的，其取得的权利应受保护。"

3　法史上曾有描述不动产物权的登记的公信力的法谚："有登记之处，即有所有。"据此法谚，一方面，登记具有绝对的可信性，是真实的、正确的；另一方面，它也意指即使出现不实的登记，凭借法的强力，不实登记也会被拟制为真实。前者称为公信力的静的侧面，后者称为公信力的动的侧面。对此，请参见顾祝轩："论不动产物权变动公信原则的立法模式——绝对的公信与相对的公信的选择"，载《21 世纪物权法国际研讨会论文集》（2000 年 10 月），第 114 页。

4　［日］铃木禄弥：《抵押制度研究》，一粒社 1968 年版，第 383 页。

效或除权判决而丧失权利的"失权制度"相类似。并且，此制度的旨趣，与其说系在于保护交易的安全，毋宁说是在谋求权利关系的确定。另外，自法史上看，保留了该缄默制度的国家（如奥地利等），该制度也未当然演变为近现代及当代法上的公信原则，而是阻止了近现代及当代法上的公信原则确立的步伐。

至此可以肯定，近现代及当代物权法的公信力制度，归根结底乃是现当代法上的制度，而绝非完全由来于日耳曼法。近现代及当代公信力制度确立的背景，是 19 世纪肇始以后的东德意志特别是普鲁士的土地交易的日渐频繁，普鲁士的土地所有人经由土地银行而获取（抵押）贷款的融资活动日盛一日，并将抵押权作成证券而于市场上辗转流通。需指出的是，此普鲁士的公信力制度，乃为德国民法公信力制度的胚芽。[1]

与此相对，于当时的西德意志，由于土地所有的规模零碎、细小，大规模的抵押权的利用，特别是抵押权的流通、让与，未有展开，故至《德国民法典》施行前，并未实际采用公信力制度的州乃不在少数。另外，于"小土地所有"相当多的法国，迄今也未采取公信力制度。由此可见，土地所有的规模乃至性质，与对公信力的需求，可谓有着千丝万缕的联系。惟无论如何，几可断言，近现代及当代民法采取公信力制度，乃为土地（不动产）登记制度长期发展的结果。自纯粹的法技术的立场看，认可登记簿册的记载具有公信力，应认为是进步的登记制

1　十《德国民法典》制定前，据考疏，在德国的东部和北部地区的领邦法上流行一种形式效力主义（System der formalen Rechtskraft）的法理。依此法理，只要标志物权变动的完成的登记成立，不问当事人的真意如何，即使进行了不法登记，也依旧发生物权变动的效力。登记簿册的记载，具有绝对的真实的效力。于东部的普鲁士，因当时盛行抵押贷款制度的利用，抵押权流通频繁，急需创制一种可信的不动产物权秩序。于是，1872 年的《普鲁士土地所有权取得法》（EEG）乃导入了近代不动产物权的登记系统，该法因此成为后来《德国民法典》公信原则的母胎。需注意的是，《德国民法典》于导入普鲁士不动产登记系统的同时，尚从 EEG 上承继了不动产物权法上的所谓"基本三原则"，即登记主义（Eintragungsprinzip）、物权的合意主义（Abstraktionsprinip）及公信主义（Publizitatsprinzip）。因形式效力主义过分偏重于交易的保护，故未为《德国民法典第一草案》所采，而代之以公信原则为民法典起草作业的基本方针。对此，请参见顾祝轩："论不动产物权变动公信原则的立法模式——绝对的公信与相对的公信的选择"，载《21 世纪物权法国际研讨会论文集》（2000 年 10 月），第 114 页。此外，对于《德国民法典》制定过程中的公信原则，也就是《德国民法典第一草案》（1888 年）与公信原则，及《德国民法典第二草案》（1895 年）和公信原则的情况，也可参见该氏前揭文。

度的重要表征之一。

（二）采取公信力的前提

如前述，公信力制度是旨在保护信赖登记簿册的记载而为交易的第三人的利益的，系登记簿册的记载被视为"正确"的制度。然此制度的负面的效果，则是真正的、未登录于土地登记簿的权利人，将有因之而丧失权利的危险。概言之，该制度虽有保障交易的动的安全的功用，但也有损害所有权的静的安全的危险。

为了防止损害所有权的静的安全，第一，应尽可能减少甚至杜绝登记簿册的记载与真实的权利关系之间的不一致；第二，对于因该制度而使所有权的静的安全受到损害的受害人（真正的权利人），需经由一定的程序而予补偿。于此点上，德国法与瑞士法采取了以下措施：

（1）完善登记制度的机构、设备，尤其是制作正确的地图（德国，台账附图；瑞士，登记簿册附图），以尽可能地消除登记程序的龃龉。[1]

（2）采取以登记为物权变动的生效要件的立法。于登记的对抗要件主义的法制下，由于物权变动系与登记无关联地发生，故此，登记与真正的权利关系发生龃龉，实属难免。于登记的对抗要件主义法制下采公信力，尽管理论上有其可能，但因会严重损及财产的静的安全，故而实际上是不可取的。

（3）要进行登记，需具备一定的要件。明定登记官吏有审查是否具备登记的要件，及于不具备所定的要件时，有驳回申请的权限与义务。

（4）因适用公信力的结果而致真正的权利人的利益受到损害时，除对不法侵害人得提起债权的损害赔偿请求外，尚可基于国家赔偿法而请求赔偿。

（三）登记官吏的审查义务（德国，Prüfungspflicht des Grundbuchbeamten；瑞士，Od. des Grundbuchverwalters）：登记的实质审查主义与形式审查主义

1. 概要

如前述，登记官吏要于登记簿册上为处分行为，需具备一定的要件。这些要

---

[1] 此点为日本采用公信力的最大障碍，尤其是建筑物的图面，要指望其正确，不无困难。

件，对于登记官吏而言，具有"训示规定"的特性。登记官吏为登记时应审查者，为管辖范围、登记能力及登记法上的处分权，[1]尤其是申请（Antrag）与登记承诺（Eintragungsbewilligung）。此为德国法与瑞士法的共同点。[2]所谓申请，即打算为登记的、当事人对于土地登记机关的意思表示。申请权，根据德国法，存在于受动的与能动的当事人双方，而依瑞士法，则仅属于受动的当事人一方。申请，德国法要求以文书的形式提出，而依瑞士法，采口头方式也系可以。

登记承诺，即受动的当事人，对土地登记机关承诺（同意）为登记的单方面的意思表示。以之为登记的要件，则权利人违反其本意的、使自己登记簿册上的权利受到损害的危险，即可得到防止或避免。登记承诺，因具有重要价值，故应采特定的方式为之。[3]

以上各点，大致为两国法所共有。然对作为物权变动的基础的债权关系，登记官吏有无审查权，两国法的规定则未尽一致。对此，瑞士法采肯定立场，登记官吏的审查权限，即使作为物权变动的原因的"实质"的关系，也涵括在内；与此相左，德国法则认为，审查应仅限于形式法上的事项。瑞士法的立场，被谓为实质审查主义，德国法的立场则被谓为形式审查主义。于法史上，实质的乃至形式的审查主义的概念或术语，乃来源于德国法"das materielle Od. formelle Legali-tatsprinzip"的移译。因该概念或术语的内容与德国《土地登记法》特殊的发展历程相关联，故以下先概述德国登记官吏的审查权限的历史变迁，之后考量瑞士登记官吏的审查权限，最后作一小结。

2. 德国登记官吏的审查权限的变迁

现行德国登记制度，乃与德国多数民法制度一样，其法史上的渊源，系主要由来于普鲁士法，此点对于登记制度也不例外。普鲁士登记制度，远在17世纪时

---

[1] 需注意的是，所谓审查登记法上的处分权，即审查处分自己的权利（如让与不动产所有权）的人与登记簿册上被登记为权利人的人（登记名义人）是否一致。若一致，即有登记法上的处分权，否则无之。

[2] 《瑞士民法典》第 963 条，德国《土地登记法》第 13、19 条。

[3] 根据瑞士民法，需采书面形式，而依德国民法，则可以口头表示而由登记（法官）记录。

即已萌芽。自法制史的演变脉络看，普鲁士登记制度，依通说乃系发端于德国中世纪时期的城市账簿制度。然与近代不动产登记制度系以公示不动产物权的状态，及保障交易的安全的旨趣不同，中世纪时期的城市账簿制度乃系着重于城市当局对于土地的私有、对土地所有人的更换等进行管理、干预的警察目的与征收"登录税"的财政目的。据考疏，普鲁士初期的登记制度，染有此方面的浓烈色彩。

应当肯定，公示不动产交易这一私法目的的近现代及当代登记制度的诞生，乃为18世纪之事。其时，伴随普鲁士农业向资本主义方向急剧发展，客观上要求向土地投入资金，结果促成抵押权与登记制度的飞速发展。惟这一时期的登记制度，仍带有强烈的国家对于私的交易予以监管、干预的色彩。

按照18世纪时的普鲁士登记制度，登记官吏对于登记的审查范围相当广泛，纵设定、移转抵押权及让与不动产所有权的基础的原因关系（债权关系），也涵括在内，且不仅要审查申请书的制作是否符合所定的形式，而且要稽查提出申请的背后的事实关系。如因审查不周而作出了"不正登记"，登记官吏需负损害赔偿责任。

不言自明，课予登记官吏如此严厉的审查义务，实际上表现了当时的普鲁士专制政府对于土地交易的监管与怵惕之心。一方面，为了提高农业生产力，非设法使资本流向土地不可，而要达成这一目的，又非以先行完善抵押权法与登记制度不为功。另一方面，也要防止城市有产者的资本过分流向农业，进而导致作为普鲁士的国家支柱的大贵族们的政治、经济地位下降。于此两方面的背景下，乃由国家对资本流向土地加以监管与统制。[1]

因对登记的申请实行苛细的审查，故此，投资时约定高额利息的，即要驳回为担保债权而提出的设定抵押权的登记申请。如此，不仅取缔了高利率的投资，

---

[1]　基此考量，为保障大的土地所有贵族获取融资，及防止新兴的资本主义势力（即容克势力）渗入农地，普鲁士政府乃创设了一种特殊的金融机构——普鲁士土地银行。参见［日］铃木禄弥：《抵押制度研究》，一粒社1968年版，第103页注释3。

而且因登记程序相当烦琐，也使土地的流动受到影响。此点可由登记为抵押权的成立要件（登记主义，Eintragungsprinzip），只要不履行复杂的审查程序，抵押权即不能设定这一点得到证明。[1]

毋庸置疑，申请登记时，对于物权变动的基础的原因关系（债权关系）也要审查的做法，是费时费力，极不经济的。尤其是登记官吏因惧怕作成错误登记而承担责任，故使审查的程序变得十分繁杂：申请登记，应向登记机关提出并附上日期，接着连同"文件"一并交给（登记的）专任官员。因担心负担损害赔偿责任，于是该专任官员便花大量的时间对"文件"进行缜密审查。认为将来有负损害赔偿的危险的，即不把申请的"文件"提交给最近召开的登记委员会会议；认为并无危险，或该登记案于登记委员会会议上可以获得通过的，即发出登记的通知。该通知与申请的"文件"，被一并报送给法院院长。法院院长负与专任的登记官吏相同的责任，并应审查此登记案。于花了大量的时间进行缜密审查后，若发现该登记案并无丝毫的危险的，则指定副专任官员审查专任官员起草的登记通知，尔后复报请其审核。该副专任官员也负与专任官员、法院院长相同的责任。至此，审查宣告结束，登记的通知（指令）与申请"文件"被送回（登记）事务局，并置于被指定的抵押权登记簿册。继之，拟定抵押权证书与公证证书的草案。该草案需先由直接责任人校阅，尔后由法院院长校阅。若无问题，方作成正式的文书。

由上可见，自提出登记的申请至登记的完成，需要相当多的时间乃至人力。尤其是登记官吏为了使自己不承担责任，乃不得不顾及登记的后果，其结局上乃使审查的范围不断扩大，造成对与不动产交易无关的当事人的私事也进行审查，由此发生了登记中妨碍人民的私生活的情况。

但是，伴随不动产交易的日渐频繁，以及农业领域吸收的资本急剧增加，以

---

[1] 登记主义，自不动产物权制度的内在性看，显然要比对抗要件主义进步，但自把它作为登记制度的层面看，则至少于历史上，它是作为国家对于私的土地交易进行干涉的手段而形成、发展起来的。故于自由主义意识异常炽烈的《法国民法典》颁行前后，此主义几无存在的余地。

上繁琐的登记程序演变成为土地交易进一步向前发展的障碍。另外，进入 19 世纪以后，普鲁士自由主义思潮蔓延、激荡，并发展成为一种流行的社会思潮，普鲁士人民的自由主义意识由此高涨。此种背景下，登记官吏对于申请人的私生活的审查，遂被认为是对人民的自由的不当干涉。[1] 进而，改革登记制度，尤其是限制登记官吏的审查权限，即为普鲁士人民所热烈期盼。

对此改革的呼声，民法理论给予了支持，此即物权行为无因性理论。依此理论，引起物权变动的物权行为具有独立性，物权变动的效力与作为变动的基础的原因关系（causa）无涉。由于采此理论，乃使登记的程序简单化，并排除了不动产交易的障碍与登记官吏对人民的私生活的干涉。[2] 如所周知，此于立法上乃是首先由 1872 年的《普鲁士土地所有权取得法》规定下来的。[3] 按照该法，让与土地所有权的登记，需在法院为"让与土地所有权的物权的合意"（Auflassung）。与此相应，其《土地登记条例》规定，登记官吏的审查权限，以物权行为（让与土地所有权的场合为 Auflassung）为限，对于引起物权变动的基础的原因关系并无审查权限。[4] 如此，因仅审查引起物权变动的物权行为，故登记官吏仅需于窗口加以审查也就可以了。其结果，重新颁布的普鲁士《土地登记条例》即把审查的范围限定于物权行为，并将审查的方式由此前的"审判式审查"变更为"窗口式审查"。此种审查方式与审查的范围，为《德国民法典》与德国《土地登记法》所

　　1　莱茵兰地区，因拿破仑的入侵而实行《法国民法典》，于拿破仑败北，该地区回归普鲁士后，也与普鲁士本地不同，即莱茵兰地区封建贵族势力衰微，人民的自由意识已然觉醒并日渐高涨。普鲁士政府曾试图将普鲁士地区的登记制度推行于该地区，但遭到强烈反对，未获成功。其结果，《法国民法典》便原原本本地保留下来。对此，请参见［日］铃木禄弥：《抵押制度研究》，一粒社 1968 年版，第 104 页。

　　2　日本学者山田晟谓：如认物权行为无因性具有保障交易安全的功用，则它与登记簿册的记载的公信力便要发生"叠床架屋"的效果。故新近以来，学者多认物权行为无因性为无用的"无稽之谈"。惟物权行为无因性于历史上却具有如上功能，此点不应忽视。对此，请参见［日］川岛武宜：《所有权法的理论》，岩波书店 1987 年版，第 227 页以下。

　　3　1872 年以前，登记官吏对于原因关系也要审查的规定，见于 1783 年的《普鲁士抵押权令》，1794 年《普鲁士普通邦法》进一步确认了该抵押权令的规定。

　　4　［日］铃木禄弥：《抵押制度研究》，一粒社 1968 年版，第 104 页注释 8。

承继，并维持至今于不坠。[1]

3. 瑞士法的实质审查主义

在瑞士法，登记的要件，除需有申请与登记承诺外，尚需证明有"登记簿册的处分权的法律原因（Rechtsgrund）"。[2] 所谓法律原因，即使物权变动得以发生的、以权利义务为内容的原因关系。该法律原因之所以被确定为登记的要件，乃系因为原因关系的有效被明确为物权变动的效力要件，也就是采有因主义。就此而言，瑞士民法可以说是采实质审查主义的。易言之，根据瑞士民法，只要具备登记申请、登记承诺及存在原因关系的证明文件，即可进行登记。

然对于审查的方式，瑞士法并不采 18 世纪时德国法的"审判式审查"。登记官吏对于原因关系的审查，其重点是确定原因关系是否践行了必要的形式，[3] 也就是说，是进行"窗口式审查"。于不具备规定的形式，及由提出的文件不能证明存在原因关系时，登记官吏应当驳回申请。[4] 惟所规定的应当采取的形式，则因原因关系的不同而有差异。

（1）移转土地所有权（《瑞士民法典》第 657 条），设定、移转独立且继续性的权利，[5] 设定用益权（Nutznießung）、居住权（Wohnrecht）、土地负担（Grundlasten）、[6] 土地担保权[7] 等的债权的法律行为，皆需进行公证。[8] 需注意的是，原因行为的公证，不仅是登记的要件，而且是该行为（如买卖契约）具有约束力的要

---

1 学说史上，通常把 1872 年以前推行的登记主义称为实质审查主义，而把 1872 年及其以后的立法（如 1896 年《德国民法典》与德国《土地登记法》）所采的登记主义称为形式审查主义。故而，典型的实质审查主义的特征，是审查的范围要及于原因关系，审查的方式采"审判式审查"。与此相左，于形式审查主义下，审查的范围则不及于原因关系，审查的方式为"窗口式审查"。

2 《瑞士民法典》第 965 条第 1 项规定："土地登记簿上的处分，例如登记、变更、涂销，无论情形如何，仅需依处分权证书和法律原因证书，为之。"

3 《瑞士民法典》第 965 条第 3 项规定："法律原因证书，系证明法律原因有效所应具备的形式要件已具备的文书。"

4 [日] 铃木禄弥：《抵押制度研究》，一粒社 1968 年版，第 108 页。

5 《瑞士民法典》第 655 条。

6 《瑞士民法典》第 783 条第 3 项。

7 《瑞士民法典》第 799 条第 2 项。

8 瑞士《土地登记条例》第 18 条第 1 项。

件，故性质上乃属于物权变动的效力要件。

为公证的权限，委由各州法规定，故实务上未尽统一。公证人（Notar）、市镇村书记、郡书记等，皆有为公证的权限。公证，作为采用公信力的前提，是为了防止为无效的登记，从而要求进行严格的审查，及为了登记程序与土地登记机关的审查应尽量便捷而采取的。由熟练的公证人作了充分的审查并作成了公证证书后，土地登记机关按照简单的程序即可迅速完成登记。

（2）依法律行为设定物权，除需进行登记外，尚需证明有原因行为。原因行为的证明，只需单纯证明作成了书面即可。[1] 盖此等物权变动，未具多大重要性。

（3）继承的情形，法定继承人、指定继承人为取得土地所有权的登记，需有证明是唯一的继承人的、由主管机关（Erbschaftsbehörde）所颁发的证明书（Bescheinigung）。[2] 受遗赠人，为了取得权利的登记，作为证明原因的书面文件，需有"终意处分书"（die letztwillige）的誊本（当然尚需有作为遗赠义务人的继承人的登记承诺）。[3]

（4）依判决书而登记的情形，登记官吏仅于审查判决书的形式的效力后，即可为之。根据政府机关的嘱托而为登记（嘱托登记）的，也与此同。

4. 德国法的形式审查主义

在德国法，登记官吏并无审查原因关系的权限。如前述，此为德国法的物权变动，系与原因关系的有效、无效并无粘连，即采无因主义所导致、所使然。但于登记官吏有疑问时，可主动审查原因行为，并将所发现的疑点告知当事人，惟不能以存在这些疑点为由而驳回申请。登记承诺，由登记义务人向土地登记机关表示并由登记官吏记录，抑或以公证证书的形式作成。前一场合由登记官吏，后一场合由证书作成人（Urkundenperson）（如公证人）确认受动的当事人同意（承

1　瑞士《土地登记条例》第19条第2项。
2　《瑞士民法典》第559条。
3　瑞士《土地登记条例》第18条第2项。

诺）为登记的意思（表示）。需注意的是，前者的场合，登记官吏所着重审查的，是登记义务人同意为登记的承诺；后者的场合，因仅单纯审查同意为登记的"文件"是否进行了适当的公证，故不会延缓不动产交易的进程。[1]

以上是物权变动的登记的一般情况。惟让与土地所有权的登记，因具重要性，故采慎重的程序。也就是说，要进行登记，除需有登记的通常的要件外，尚需当事人间缔结物权的合意。此种场合，是把实体法上的实质的合意主义，例外性地导入到登记法中。而且，对于土地所有权的移转，其实体法上的效力要件，也与一般的物权变动不同。具体而言，双方当事人必须同时出席于土地登记机关为"让与土地所有权的物权的合意"。其结果，此要式的让与行为的存在，便被认为系登记的当然的要件。以下让我们先考量基于法律行为的物权变动的登记。

德国《土地登记法》第 19 条规定，登记义务人的登记承诺（Eintragungsbe-willigung），是登记的要件。登记官吏，须对登记承诺进行审查。

登记承诺，即登记义务人出席于土地登记机关，自己陈述而由登记官吏记录，抑或以公证证书证明有登记承诺。前一场合，由登记官吏，后一场合，由证书作成人（即公证人），确认登记义务人有意欲实施登记的意思。登记程序上，前一场合，登记官吏仅为形式法上的审查，后一场合，也仅审查所提出的文件的形式。故而无论何种场合，审查都不会延缓土地交易的进程。

由于土地所有权的移转的登记具重要性，故而乃采十分缜密的程序。具体而言，进行登记时，除需具备通常的要件外，尚需有双方当事人之间的物权的合意[2]。而且，实体法上，土地所有权的移转也与一般的物权变动不同。作为其效力要件，并非是单纯的无方式的物权的合意，而是必须出席于土地登记机关为让与的意思表示（Auflassung）。[3]故而于结局上，须存在该要式的让与行为，也就成为登记的要件。此外，地上权的设定、内容的变更及让与，也作与此相同的对待和处理。[4]

---

1 ［日］铃木禄弥：《抵押制度研究》，一粒社 1968 年版，第 105 页。
2 德国《土地登记法》第 20 条。
3 《德国民法典》第 925 条第 1 项。
4 德国《土地登记法》第 20 条。

再考量继承的情形。依继承，继承财产中的土地物权，便移转于继承人。但要为取得该物权的登记，则需证明有继承的事实。[1]法定继承的情形，该证明仅依遗产法院（Nachlaßgericht）发行的继承证书（Erbschein）[2]即可。此继承证书，记载被继承人与继承人的姓名，若有复数的继承人，则记载各该继承人的应继份额。登记官吏仅对该继承证书进行形式的审查，即为已足。如继承系出于死因行为，则需提出死因处分书（die Verfügung von Todes wegen），也就是"遗言书或继承契约书及关于其开封的调书"（Protokoll über der Veröffnung der Verfugüng），[3]抑或遗产法院所发行的继承证书。[4]

5. 小结

行文至此，我们可对以上所论作出小结如下。

（1）形式审查主义与实质审查主义的概念或术语，是表示登记官吏的审查权限的，二者的区别在于登记官吏的审查权限是否及于原因关系：及于原因关系的，为实质审查主义，反之则为形式审查主义。于瑞士法，审查的对象是"实质的"（原因关系也要审查），但审查的方法则是"窗口（形式）的"。故而，实质的乃至形式的审查主义的概念或术语，系专门用来表示审查对象的范围的概念与术语。

（2）审查范围的实质与形式审查主义，是分别与实体法上的物权变动采取有因主义或无因主义相关联的。盖若把审查的主要目的厘定或规定为极力防止实体的物权变动与登记簿册的记载发生龃龉，则对影响物权变动效力的因素加以审查也就是必需的。

（3）作为审查的方法的"审判式审查"，于强调不动产交易便捷与私的交易自治的现今，几乎已不复被采取。[5]

1　德国《土地登记法》第 29 条第 1 项后句。

2　《德国民法典》第 2353 条。

3　《德国民法典》第 2260 条第 3 项、第 2300 条。

4　德国《土地登记法》第 35 条第 1 项。

5　当然，于大陆法系和英美法系的一些国家，在就不动产物权进行保存登记（初始登记）时，登记官吏仍需对各项内容详加审查，是采所谓实质审查主义。英美法的这方面情况，请参见［日］幾代通："英国登记法"，载《法律时报》第 24 卷第 3 号，第 19 页。

（4）因采单纯的"窗口式审查"易危及交易安全，并使交易流于简单化，故于德国法和瑞士法，作为采取"窗口式审查"的前提，乃是实行了公证制度。也就是以无因主义为前提而采取形式审查主义的德国法，于登记承诺并非于土地登记机关作成时，即须非有登记承诺的公证不可。于瑞士法，则要求对作为原因关系的债权行为进行公证。[1]如此，公证人便首先对内容进行了审查。由于有此审查，登记官吏即便只作形式的审查，也可保障登记的正确性。如此，即使登记程序的迅速、简便与登记的确实性得到了巧妙的调和、兼顾。

（四）国家赔偿制度

由于德国法与瑞士法赋予登记簿册的记载以公信力，故真正的权利人纵无过失，也有丧失权利的危险。作为其丧失权利的补偿，真正的权利人对于登记簿册的权利人（登记名义人），不仅可依不当得利的规定请求返还不当得利、依债务不履行的规定请求损害赔偿，[2]而且真正的权利人的损害如因登记官吏的故意、过失而造成，国家（在德国为联邦，于瑞士为州）尚需负损害赔偿责任。[3]国家进行损害赔偿后，仅于登记官吏有重大过失时，方得对登记官吏进行追偿（也就是国家是"先赔后追"）。[4]

（五）受公信力保护的条件

根据德国法与瑞士法，受登记簿册的公信力的保护，须具备的条件如下。

第一，受保护的人须为善意。所谓善意，系指第三人并不知悉登记簿册记载的内容与真实的权利关系不一致的事实。[5]善意的准据时点，为权利自登记名义人移转于第三人时，即第三人取得权利时。至于第三人取得权利后是否知道原登记

---

[1] 法国法也同样要求对移转所有权的契约（法国法并无物权行为与债权行为的分别）进行公证。参见［日］关口晃："法国登记法"，载《法律时报》第24卷第3号，第15页以下。

[2] 《瑞士民法典》第975条第3项。

[3] 在德国，国家负此项损害赔偿义务的根据，是1910年5月22日命令第1条第1项与1933年6月30日法律第4条。于瑞士则为其民法典第955条第1项。

[4] 《瑞士民法典》第955条第2项。

[5] 在德国，也有学者指出，登记内容的不真实可由登记簿册判明的情况下，权利的取得人即便是善意，也不应受到保护。

错误，则在所不问。另外，明知有瑕疵，或可得而知者，德国法认为应解为善意，惟瑞士法明定应以恶意处理。[1]

第二，受公信力保护的人，须为下列情形中的各种人：

其一，取得登记簿册上的物权或该物权上的权利的人。[2]因而，受让被预告登记的"人的权利"（债权）的人，不受公信力的保护。

其二，向登记簿册的登记名义人（权利人）履行给付义务的人（如向登记簿册的抵押权人为履行的人）。也就是说，登记名义人并非真正的权利人，但第三人基于登记而信其有此权利并向其履行给付义务，第三人所作的履行有效，真正的权利人不得复请求该第三人履行，而只能请求登记名义人返还不当得利。

其三，与登记簿册的权利人就该权利为让与以外的处分行为的人。[3]譬如，与登记簿册的地上权人为变更地上权的内容的土地所有人。[4]

第三，根据德国法，受公信力保护的第三人，需与登记簿册的权利人就该权利为法律行为。[5]也就是说，第三人与登记簿册的权利人之间需基于法律行为而取得权利。盖公信力是保护交易安全的制度，而交易安全主要于法律行为的场合发生问题。不过，瑞士法未设此种限定，其立法旨趣乃在于扩大善意保护的范围，使非依法律行为而取得物权，例如依强制执行、征收而取得物权者，也可有公信力的适用。然无论德国法抑或瑞士法，对于依概括继受而取得物权的人，皆明示不受公信力的保护。

第四，依法律行为取得物权的人，不问取得物权的行为系有偿抑或无偿，皆受保护。

第五，对于登记簿册的正当性，须无异议登记（德国法）或暂时的登记（瑞士法）。盖异议登记或暂时的登记，具有击破登记簿册的记载的公信力的效力。

---

1 《瑞士民法典》第 974 条第 1 项。

2 《德国民法典》第 892 条第 1 项前句、《瑞士民法典》第 973 条。

3 《德国民法典》第 893 条。

4 对于后两项，瑞士法未设规定，但于解释上，应作与德国法相同的解释。

5 《德国民法典》第 892 条第 1 项、第 893 条。

（六）公信力的效果

对此，兹说明以下几点：

第一，登记簿册的记载有公信力，即登记簿册的内容纵不真实，为了保护信赖它的人的利益，也视为真实。譬如，A 所有的土地，于登记簿册被登记为 B 的（所有）土地时，C 由 B 受让该土地的所有权，或受地上权的设定的，C 即取得所有权或地上权。另外，在 D 的所有地上，E 有抵押权，但该抵押权的登记被错误注销时，F 由 D 受让土地的所有权的，其取得的土地所有权为无负担的土地所有权（土地上并无负担）。另外，在 G 所有的土地上，H 有抵押权，但登记簿册误将 K 登录为抵押权人的，G 如向 K 履行，则该履行有效。

第二，登记簿册的何种内容具有公信力。亦即，为了善意第三人的利益，登记簿册的哪些内容方被视为"真实"？依照德国法与瑞士法，赋予登记簿册的记载以公信力的，仅限于对于权利的记载。纯粹的事实的记载，[1]不认有之。盖对于事实，纵将错误的记载视为真实，也无意义。具体而言，登记簿册有关权属的记载、权属范围的记载有公信力，而登记簿册除土地编号、界址的标明等所谓"构成的记载"（Bestandsangabe）外，其他如土地用途、面积、价格、所在的地理位置等有关不动产的物理的形状、性质的记载（Eigenschaftsangabe），皆无公信力。依 1999 年德国新公布的《土地登记法》第 12a 条，土地登记机关对自身向登记簿册阅览者提供的目录，即"所有者目录"与"土地目录"，不负维持最新状态的义务，且对不正确的信息也不承担责任。[2]

第三，公信力的效果是，登记簿册的记载被视为"正当"（真实）。换言之，因有登记的存在，故对于登记簿册上的权利人而言，权利不存在的瑕疵即被该登记"掩盖"或弥补。

第四，公信力，仅为善意人的利益而起作用，如对善意人不利，则不起作

1　所谓事实的记载，譬如关于地目、地积等的记载。另于瑞士法，对于土地上的建筑物的记载，也属于事实的记载。

2　顾祝轩："论不动产物权变动公信原则的立法模式——绝对的公信与相对的公信的选择"，载《21 世纪物权法国际研讨会论文集》（2000 年 10 月），第 116 页。

用。譬如，登记簿册错误地登记了一项无效的地上权时，对于相信登记簿册的记载，以该地上权的存在为前提而受让土地所有权的人，登记簿册的地上权人不得主张该地上权有效，新土地所有权人可以请求注销该地上权的登记。

（七）抵押权与公信力

1. 因抵押权的附随性所衍生的特殊规定

（1）保全抵押（德国法）、土地抵押证券（瑞士法）与公信力

此等抵押权，因以担保特定人的债权为目的，而不期其流通，故对债权有强烈的附随性（随伴性），从而让与被担保的债权时，抵押权也随而被让与，并无赋予债权以公信力而谋求流通的安全的必要。惟在此点上，德国法与瑞士法的规定存在细微差异。

于德国法，有关登记的公信力及于抵押债权的规定，[1]并不适用于保全抵押权。[2]故而，"抵押权之设定，得明定债权人基于抵押权所具之权利，仅得依其债权定之，且债权人不得援用登记，以证明其债权（保全抵押权）"。[3]譬如，真的债权人（抵押权人）为 A，但登记簿册误将 B 登录为债权人（抵押权人），则由 B 受让附抵押权的债权的善意第三人即不能取得债权，从而也不能取得抵押权。

在瑞士法，让与土地抵押证券所担保的债权的，因完全依债权让与的一般规定为之，[4]故而，信赖登记而受让附抵押权的债权的善意第三人，于债权不成立时，也就不能善意取得债权（和抵押权）。与德国法不同，于瑞士法，土地抵押证券本身，不得适用公信力原则。故信赖登记簿册的记载而受让附抵押权的债权的善意第三人，仅债权有效存在，而抵押权无效时，不生抵押权的善意取得的

1　《德国民法典》第 1138 条。

2　保全抵押权，系须经登记但关于债权不具备公信力及推定力的抵押权。如登记的债权人以外尚有真正债权人的，则以真正债权人为抵押权人。但关于抵押权的成立，其登记则具有公信力。债权成立后，即使因土地所有人无行为能力，而致抵押权的设定无效，信赖登记的受让人仍取得该抵押权。保全抵押权不适于流通，专为担保债权，故不得交付抵押证券（《德国民法典》第 1185 条第 1 项）。对此，请参见台湾大学法律学院、财团法人台大法学基金会编译：《德国民法（总则编、债编、物权编）》（上册，第 2 版），元照出版有限公司 2016 年版，第 1031 页。

3　《德国民法典》第 1184 条第 1 项。

4　《瑞士民法典》第 835 条。

问题。

（2）流通抵押（德国法）与抵押债务证券（瑞士法）

此等制度主要用来为大规模的不动产金融服务。这些场合，因大多使抵押债权辗转流通，故要求它们应有保障交易安全的功能。[1]不过，在此点上，德国法与瑞士法的做法未尽相同。

于瑞士法，对于抵押债务证券的被担保债权，登记簿册的记载被认为有公信力。故而，信赖登记簿册的记载而受让附抵押权的债权的人，即使该债权未有效存在，也一并善意取得债权和抵押权。[2]也就是说，于不清偿债务时，受让人不仅可以实行抵押权，而且对于债务人的一般财产也可强制执行。

在德国法，对于流通抵押的被担保债权的登记簿册的公信力，并不像瑞士法那样未设限制。也就是说，善意第三人善意取得被担保债权，仅于其善意取得了抵押权时方有其可能。盖抵押权具有附随性，如不能取得债权，也就当然不能取得抵押权。进而，善意取得人于未获清偿时，虽可实行抵押权，但不允许以债权为据而执行债务人的一般财产。概言之，根据德国法，公信力，尽管流通抵押的被担保债权也要及之，但善意第三人实质上并不能取得债权，其所取得的抵押权，实际上是无担保债权的抵押权，称为土地债务。[3]

2. 证券抵押与公信力

对抵押权发行抵押证券时，让与（或以之设定质权）附抵押权的债权，因无须进行登记，而是以交付证券的方式为之，故其现实的权利人通常不被登录于登记簿册。进而，实施附证券抵押的债权的交易时，抵押证券本身即为判定的标准。概言之，为了保护交易的安全，一方面，于具备一定的要件时，需赋予抵押证券的记载以公信力；另一方面，于一定条件下，又要求排除登记的公信力。

证券抵押的交易，通常的情况是，人们信赖证券的记载而为交易。故此，为

---

[1] 毋庸置疑，登记的公信力与流通性的抵押权，系相互粘连而一道发展起来的。

[2] 《瑞士民法典》第 865 条。

[3] 对于应称之为抵押权抑或土地债务，学说向来存有争论。对此，请参见［日］山田晟："土地债务的抽象性"，载《法学协会杂志》第 53 卷第 1 号，第 49 页注释 5。

了交易的安全，德国法与瑞士法皆保护人们对证券的记载的信赖。但于具体的规定上，两国法又未尽一致。

按照瑞士法，抵押证券于法律上系作与票据相同的对待，以之为附抵押权的债权的"化体"。[1]也就是说，附抵押权的债权，无记名证券的情形，根据证券的交付，指名证券的情形，根据背书而移转（让与）。易言之，对于抵押债务证券，不仅赋予登记以公信力，[2]且也赋予证券本身以公信力。此种情形，证券被认为系登记的"替代物"（Representant）。[3]

但是，于证券的记载与登记不一致时，则以登记为准。纵善意受让人也只能于登记的文义的限度内取得权利。譬如，登记簿册记载的抵押金额为 10 000 欧元，而证券却记载为 15 000 欧元时，受让人便只能取得 10 000 欧元的抵押权。5 000欧元之差，纵因登记官吏的过失而发生，也作相同的处理。然证券记载的抵押金额为 10 000 欧元，而登记簿册记载为 15 000 欧元时，则以证券的记载为准，善意受让人仅能取得 10 000 欧元的抵押权。

于德国法，仅赋予登记以公信力，抵押证券本身不认有公信力。然为了确保证券的流通，《德国民法典》第 1155 条规定："抵押权证券占有人之债权性质权利，有曾经公证之让与表示可资依据，而就连续多次之让与表示考之，可溯及经登记之债权人者，该证券占有人视同土地登记簿上已为登记之债权人，适用第八百九十一条至第八百九十九条规定。法院之债权移转命令，及经公证认定之法定债权让与，与公证之让与表示同。"譬如，A 为登记中的附抵押权的债权人。A 将该附抵押权的债权移转于 B，B 移转于 C，于该附抵押权的债权非因登记而移转时，如 A 对于 B 的让与附抵押权的债权的意思表示，及 B 对于 C 的让与附抵押权的债权的意思表示，皆经过认证的，[4]即作与 C 自身在登记簿册作为债权人（抵

---

1 《瑞士民法典》第 855 条。

2 《瑞士民法典》第 865 条。

3 ［日］铃木禄弥：《抵押制度研究》，一粒社 1968 年版，第 404 页。

4 此所谓认证，通常依让与人的申请，由区法院（简易法院）或公证人为之。确认让与的意思表示的署名具有完全性，乃为其目的。参见［日］铃木禄弥：《抵押制度研究》，一粒社 1968 年版，第 406 页注释 5。

押权人）而进行了登记相同的对待。也就是说，由 C 受让附抵押权的债权的善意的 D，纵 C 真的未有权利，也得成为完全的债权人（抵押权人）。进而于结局上，乃与瑞士法的规定并无大异。

另外，值得提及的是，保护善意受让附抵押权的债权的人的规定，与通常的公信原则并不相同。也就是说，"法院之债权移转命令，及经公证认定之法定债权让与，与公证之让与表示同"。[1]

综上所言，为证券抵押的交易时，证券即为交易的基准，此与通常的物权变动不同。由于非依登记而生交易的效果，故而赋予登记以全面的公信力乃属不妥。由此，德国民法遂明确：登记簿册的记载有欠准确，由抵押证券或证券上的附记可得而知的，不得适用关于公信力的规定。[2] 譬如，登记簿册上记载了 10 000 欧元的附抵押权的债权，且 5 000 欧元已经清偿，如在抵押证券上作了记载，而未于登记簿册上作记载的，登记簿册的不真实根据抵押证券上的附记即可明了。从而，受让附抵押权的债权的人，纵误信有 10 000 欧元的债权并受让之，也不受公信力的保护，而只能取得 5 000 欧元的附抵押权的债权。瑞士法对此虽无规定，但其学理系作与德国法相同的解释。

1　《德国民法典》第 1155 条后句。
2　《德国民法典》第 892 条、第 893 条及第 1140 条前句。

所有权

法所有权理论的检视与重构[*]

一、楔子

旨在维系社会财富本体静态完整性的所有权理论自罗马法首创以来，一直为各国民法学家们所推崇。然而，我国商品经济发展缓慢与经济体制改革受阻的现实，使我们不得不就如何改造与完善现存的法所有权理论，重构与我国现实经济基础相适宜的所有权理论，进行思考。本着探索的精神，我们就此问题直陈管见，以期就教于民法学界。

二、对传统法所有权理论的检视与重新构造

所有权是所有制在法律上的表现，有什么样的所有制就有什么样的所有权，所有权必须与所有制相适应，这是马克思主义法学关于所有权问题的基本观点。然而，也正是由于所有权现象根源于对所有制具体表现形态的社会财富的法律界定和法律保护，近 3000 年以来的全部法所有权理论学说无不设定于对社会财富存在状态及行使过程的严格规范和保护。自罗马法到《苏俄民法典》，直至我国《民法通则》，无不以下述内容为要素对所有权的绝对性作了严格的确认：所有权是"一物一权一体"的单一结构，一物之上只能有一个所有权，且权利主体只能

---

[*] 本文曾发表于《法律科学》1989 年第 5 期，系与冯明岗合作。今收入本书乃对原标题稍有改动，对注释作了补充，并为阅读方便计对正文的结构加以标明。

是唯一的；所有权是所有人对特定物享有占有、使用、收益及处分的最充分的权利；所有权是独立的非依附于他人之物（他物权）而可自由行使的权利（自物权）；所有权四权能中的处分权最终只能由所有人享有，任何非所有人均不得行使。

上述以所有权绝对性为基点构建的法所有权理论体系已在实际经济运行中表现出其致命的缺陷，这就是它对资源优化配置和充分利用的制约性。

马克思在《资本论》第 2 卷中对资本流通过程的精辟分析表明：社会财富的增殖程度是同社会财富本身的运动速度及优化配置状况紧密相连的。财富的加速运动，一方面可以消除社会财富因占有主体不同而带来的闲置和浪费的弊端，从而实现"物尽其用"的经济机理；另一方面也可为社会财富本身按照最科学、最优化的方式利用创造更多的机会。但是，法所有权理论在赋予所有人对社会财富以实物形态的静态控制时，又在很大程度上表现出对财富于社会经济运动中客观上要求加速其自身运动的莫大限制。这就致使法所有权理论所确认的对社会财富实物形态予以绝对保护的原则在维系社会财富存量与增量的选择中陷入两难境地。因为，依照传统法所有权理论，某一社会财富的处分权能是非所有人自身莫属的决定财富命运的权利。只要财富所有者没有作出放弃处分权的意思表示，该财富最终就只能依该所有者的愿望，在其自身素质的制约下运动并实现其经济利益。这就筑起了社会财富运动和利用的藩篱，致使社会财富的优化配置因之落空。

另外，我们注意到，按照"两权分离"理论，国家对交由国有企业的财产享有所有权，企业享有经营权。究其实质，它"蕴含着使企业摆脱国家对企业内国有资产静态控制的意向"。[1]然而，无论学者们对经营权的内涵作何种程度的宽泛解释，企业对自己经营的财产终究不能享有处分权。这种使企业对国有财产不享有处分权的经营权，使国有企业的"法人"资格名存实亡，并且企业仍旧处于无权的地位，商品经济客观上要求企业成为独立主体的必然性为之落空。正因如此，在苏联，该理论的首创者 A. B. 维尼吉克托夫不得不指出："经营权是一种行

1　顾培东、刘西荣："国有企业股份制问题研究"，载《中国社会科学》1988 年第 3 期。

政权利"。[1]另一著名民法学家莫左林也认为，"国家财产的经营管理权的范畴主要也是为行政手段的应用而塑造出来的"[2]。"两权分离"理论面临的困惑也证明了奠基这个理论的传统所有权理论的困惑。

最后，我们还更深切地看到，从既定的法所有权理论出发，我们无法对目前社会经济运行中出现的方兴未艾的企业产权转让现象从理论上予以圆满阐释。北京、上海、武汉、重庆等市的实践充分证明：企业产权转让是深化企业改革实践中涌现的又一次新浪潮，是生产力发展及其高效原则的必然选择。然而，现存的国家对国有财产予以"统一"和"唯一"的实物形态的静态控制状况，必然导致企业产权转让因企业产权混沌不清、主体资格难以确立而丧失转让的前提条件，并致产权有偿转让的费用归属难以确定以及产权转让中新增资产所有权难以落实；同时，因转让企业的主体资格不确定而致产权转让发生严重扭曲，进而导致产权转让的流产。我们看到，虽然学界不少有识之士在不悖传统所有权核心内容的前提下为除此弊端而设计了"产权逆向转让""产权内向转让""产权横向转让"[3]等数种方案，但这些方案在补济上述弊端中所表现出的无所作为终究使学者们的良好愿望落空。

通过上述由法所有权理论本质缺陷而导致其与现实经济运行龃龉的理性反思，我们不难看出，法所有权理论始终设定于对物质本体所有权静态完整性的无懈可击的保护是这一理论"反叛"和"背弃"现实经济生活的决定性原因。找出事物潜伏的问题的症结所在，并进而探寻根绝这一症结的方案是科学研究的完整过程。因此，研究并从而发现根治法所有权理论与现实经济生活方枘圆凿的方案成为我们刻不容缓的工作。

反思与重构法所有权理论与其说是源于我们补济这一理论固有缺陷的良好初

1　转引自［苏］B.B. 拉普捷夫：《经济法理论问题》，中国人民大学法律系民法教研室译，中国人民大学出版社 1981 年版，第 109 页。

2　［苏］B.И. 莫佐林："民法与经济机制"，陈汉章译，载《法学译丛》（环球法律评论）1985年第 3 期。

3　参见方凡："企业产权转让理论概述"，载《学术研究动态》1989 年第 1 期。

衷，毋宁说是对我国经济改革严重受阻和商品经济发展步履维艰的现实的深切关注。因为无论是重新构造我国商品经济发展所需要的市场机制等微观运行基础，抑或是重塑商品经济发展所要求的政府对宏观经济的调控机制，都现实地遇到了极大的困难，而这又主要根源于传统法所有权理论无法反映同一财富中与实现形态所有权并存不悖的价值形态所有权的极大缺陷。

对法所有权理论的重构，最重要、最具决定意义的乃是对所有权客体范围狭隘性的根本突破，即创立价值形态所有权理论。这样是否违背所有权理论本身的科学性？是否违背经典作家有关所有权理论的论述？否恰恰相反，在同一财富中并存实物形态所有权和价值形态所有权的有关理论早已见诸马克思主义的经典著作中了。

马克思创立的劳动二重性理论是我们重构价值形态所有权理论的理论基石。商品是由具体劳动和抽象劳动创造的使用价值和价值的有机统一。商品具有的"能满足人们需要的有用性"，是商品的使用价值；[1]内存于商品中的"无差别的人类劳动的单位凝结"是商品的价值。[2]在商品经济条件下，某一财富只有兼具使用价值和价值的属性才成为商品。同一商品体既具有使用价值的属性，也具有价值的属性，这就决定了人们对同一商品的占有（这里的占有等同于法律"所有权"）存在两种形态，即使用价值形态占有和价值形态占有。商品使用价值是价值的物质载体，内存于商品体中的使用价值和价值的矛盾，使商品生产者只能占有自己生产的商品的交换价值（依照劳动二重性理论，交换价值是价值的表现形式，因此，究其实质，商品生产者占有的仍是商品的价值）。换言之，商品生产者在价值形态上占有自己生产的商品，而商品购买者为能占有商品的使用价值，就必须支付等同于生产该使用价值时所耗费的抽象劳动量度的等价物。货币是商品的一般等价物，成为商品一般的、独立的存在形式。内在于商品中的使用价值和价值的矛盾便外化为商品和货币的矛盾。于是，人们享有的商品所有权，或表

1　参见《资本论》（节选本），中共中央党校出版社 1983 年版，第 3 页。
2　参见《资本论》（节选本），中共中央党校出版社 1983 年版，第 3 页。

现为在使用价值形态上享有商品所有权，或表现为在价值形态——货币形态——上享有商品所有权。同一商品体中便有两种形态的所有权。

同一商品体既存实物形态所有权，也存价值形态所有权，从形式上看，它是有悖于罗马法"一物一权"的古训的，但是，这种形式上的对立并不否定他们在实质上所具有的同一性。马克思指出："每一种有用物，……都可从质和量两个角度来考察。"[1] 并存于同一商品体中的实物形态所有权和价值形态所有权也正是从商品的质（使用价值）和量（价值）两个角度做不同考察后得出的结论。二者在质上属"等同"范畴。因为"一定的使用价值量，……就必须用一定的价值量间接地表现出来；一定的价值量也代表着财富实体的一定的使用价值量"，[2]"价值必须在一个物的形态上通过一个等价物表现出来"。[3] 因此，商品实物形态所有权和价值形态所有权，乃是从商品二重性出发，对商品体的最终归属所作的所有权界定。无论是实物形态所有权还是价值形态所有权，均可表现商品所有权本身。亦即"商品所有权＝商品使用价值形态所有权（实物形态所有权）"，或"商品所有权＝商品价值形态所有权"。

传统法所有权理论之所以设定于对财富实物形态静态完整性予以充分保护上，是有其深厚的经济原因的。众所周知，现今世界大陆法系各国的民法所有权理论无不渊源于古罗马法。虽然恩格斯在揭示罗马法的本质属性时曾经指出，"罗马法是简单商品生产即资本主义前的商品生产的完善的立法"，[4] 但在古罗马全部发展历史中作为社会经济支柱的却是土地耕作和农牧经营。土地是罗马社会的主要物质财富，对土地的自然占有便成为人们对社会财富予以控制的主要形式。但土地在当时尚未进入"商品"范畴。因此，人们虚幻地认为，对土地的占有就是对其"有用性"（使用价值）的占有。这在客观上为人们透过土地使用价值的重重迷雾而认识其背后蕴含的土地价值设置了迷障。这样，以"土地所有权＝

1　参见《马克思恩格斯全集》（第23卷），人民出版社1972年版，第48页。

2　参见李秉濬："价值论与经济学"，载《马克思主义研究》1986年第4期。

3　参见应军："对商品价值量决定的探讨"，载《兰州学刊》1986年第4期。

4　参见《马克思恩格斯全集》（第36卷），人民出版社1972年版，第169页。

土地使用价值形态所有权"为模式的维护财富实物形态静态完整性的法所有权理论就应运而生了。在长达近三千年的漫长岁月中，中经《法国民法典》《德国民法典》的传承，最后于《苏俄民法典》中得以完善，从而最终形成现存的法所有权理论体系。

在当代的商品经济社会中，社会财富表现为庞大的商品堆积，因此，奠基于土地使用价值基础上的传统"财富"实物形态所有权理论已远远地过时了。人们一改过去对实物形态所有权理论推崇至极的热情，转而尊崇价值形态所有权。尤其在资本主义进入垄断阶段后，伴随商品实物形态所有权和价值形态所有权分离的进一步加剧，人们尊崇商品价值形态所有权的热情达到了空前的地步。资本主义商业信用中有价证券的广泛运用就充分地证明了这一点。苏联法学家 E. A. 弗列依希茨在《美国民法（商业流转法）》一书中指出："从美国所建立的民法叙述体系的观点来看，……起首要作用的不是物品所有权，而是有价证券所有权，是各种股票和债券的所有权。公司利用这些证券控制大量资金以获取和剥削所有权的'物质'客体——土地、工厂、生产资料。"[1]

可见，在资本存量运动（实物形态运动）与流量运动（价值形态运动）并行不悖的现代经济生活中，人们对资本价值形态所有权的器重以及对其在社会经济生活中产生的作用的认识已从根本上打破了传统法所有权理论仅含实物形态所有权的旧框框。

三、确立价值形态与实物形态所有权理论对于我国的意义

确立价值形态所有权和实物形态所有权理论（以下简称"'两种形态所有权'理论"）对我国的国有企业改革和发展社会主义商品经济均具有重大的现实指导意义。

在社会主义商品经济条件下，全民所有生产资料既然是商品，也是价值形态

---

[1] 参见法学教材编辑部《民法原理》资料组选编：《外国民法资料选编》，法律出版社 1983 年版，第 104 页。

和实物形态的双重存在。那么，全民所有生产资料的价值形态所有权和实物形态所有权也就必然是可以分离的。因而，那种把生产资料价值形态所有权、实物形态所有权和经营权都集中于政府的做法是错误的。我们应当根据"两种形态所有权"理论，在确保国家对国有企业财产享有价值形态所有权的同时，把国有企业财产的实物形态所有权明确地交给国有企业享有。在国有企业享有实物形态所有权的前提下，再从实物形态所有权中分离出经营权来。此种经营权，已经不再是"两权分离"理论下的经营权，它是一种真正意义上的、实实在在的、企业对自己的财产进行自主经营管理的权利。这样就从根本上赋予企业以活力。全民所有生产资料价值形态所有权和实物形态所有权分离后，国有企业的收入将明确地分割为三块：税收、利息和利润。税收是国家作为宏观经济管理者所征收的收入；利润是企业作为全民生产资料实物形态所有者的合法收入，理所当然归企业所有；而利息则是作为全民所有生产资料价值形态所有者的国家所获得的收益，而且同时也是价值形态所有权赖以体现和保证的方式。因此，对国家来说最重要的莫过于国有资产最大程度上的增殖。而能否把准投资方向，选好国有资产的实物形态所有者，就成了国有资产的市场风险。

产权转让的实践已经取得了明显的成效，但产权转让的理论却遇到了难点，即在"两权分离"理论指导下，国有企业的生产资料所有权都是国家的，这些企业兼并后所有权并没有转移，国家仍可予以行政调拨。如何解释产权转让？实行"两种形态所有权"理论，国有企业之间的产权转让的理论难点就可基本得到解决。根据此理论，国有企业有了实物形态所有权，同时也就取得了产权转让的主体资格，从而为产权转让的实现创造了前提条件。在企业兼并时，被兼并企业的实物形态所有权就转移给了兼并企业，而其价值形态所有权仍然为国家所有。而且，承认企业享有实物形态所有权，也避免了"两权分离"理论下由于企业经营权范围不尽一致而导致在企业兼并时出现的混乱状态。这样就保证了产权转让最终得以顺利进行，以更好地发挥企业兼并（产权转让）对发展社会主义商品经济的积极作用。

　　有人曾设想把全民所有制企业改造为股份制企业，以明确企业财产关系。其实，股份制不是明确产权关系的前提，相反，它以产权关系明确为前提。"两种形态所有权"理论使国有企业获得了实物形态所有权。在发展横向经济联合中，企业就能以其享有实物形态所有权的财产入股，从而摆脱行政干预，发挥股份制迅速积聚资本，增强企业竞争能力，分散企业经营风险的积极作用。

　　此外，实行"两种形态所有权"理论有利于建立真正的企业破产制度。在国有企业无所有权的情况下，必然形成国家破国家产的连环套。这样，破产法对企业的威慑力不大。如果实行"两种形态所有权"理论，在企业经营不善、资不抵债时就有产可破，企业破产制度方可真正建立。

　　这里需要说明的是，公用企业和与国计民生有重大关系的企业不实行实物形态所有权和价值形态所有权的分离，仍由国家统一经营。

我国民法典物权编所有权规则立法[*]

一、引言

按照物权法法理与学理，所有权是权利主体（即所有权人）于法律限制的范围内，对于所有物实施完整、全面、永久与整体支配（管领）的物权。[1]其具下列特性[2]：（1）完全性，即于法律限制的范围内，所有权人得对所有物为全面、概括的占有、管理、使用、收益及处分。也就是说，所有权为一切其他物权的基础，其他物权，如建设用地使用权、地役权（不动产役权）、土地承包经营权、宅基地使用权、抵押权、质权与留置权等，权利人仅限于某一方面或某数方面对于标的物为支配，而不能如同所有权人，得对所有物实施全面的支配。故此，所有权为全面的支配权（Totalherrschaft），其他物权（限制物权）则为一面的支配权（Teilherrschaft）。（2）整体性，所有权（人）尽管系在法律限制范围内，对所有物为占有、使用、收益及处分的权利，但此并不意即集合占有、使用、收益及处分等各种权能，即成为所有权。换言之，所有权为整体的，而并非占有、使用、收益及处分等各种权能的总和。故此，所有权与其他物权归属于一人时，其他物

---

* 本文曾发表于《政治与法律》2018 年第 10 期，今收入本书乃略有改动。

1　参见谢在全：《民法物权论》（上册），新学林出版股份有限公司 2014 年版，第 115 页；姚瑞光：《民法物权论》，吉锋彩色印刷股份有限公司 2011 年版，第 40 页；陈华彬：《物权法论》，中国政法大学出版社 2018 年版，第 173—174 页。

2　参见姚瑞光：《民法物权论》，吉锋彩色印刷股份有限公司 2011 年版，第 41—43 页。

权因混同而消灭，不生由两个不完整的所有权相加，合成一个完整所有权的问题。(3) 弹力性。所有权上若设定建设用地使用权、地役权（不动产役权）、土地承包经营权、宅基地使用权，抑或抵押权、质权、留置权，甚或将所有的不动产出租时，所有权人全面支配所有物的权利大为减弱。此时的所有权虚有其名，而无其实，学理称为所有权的虚有化。惟此等限制物权或不动产租赁权一旦消灭，所有权即立刻回复到全面的支配状态。此即所有权的弹力性（Elastizität）。由此，合同的内容违反所有权的弹力性的，其约定无效。譬如，于房屋赠与合同中约定永远禁止对因受赠而取得所有权的房屋进行处分的，该禁止的约定即为无效。(4) 恒久性，即所有权并不罹于时效而消灭，也不得预定其存续期间。[1]

　　我国现阶段正在推进民法典物权编的立法，这其中，所有权制度及其规则的厘定、建构、丰富、扩展乃至完善，实系一道绕不过去的关口。并且，所有权制度及其规则如何予以厘定、丰富、拓展、改定、建构抑或完善，不独对民法典物权编，且对全部民法典立法也具关键和特殊影响。之所以如此，盖因所有权系全部民法制度及其规则的基础和根基，无所有权制度及其规则，也就无所谓有债法、婚姻家庭法乃至继承法等制度及其规则。有鉴于此，笔者不揣浅陋，拟对我国编纂民法典物权编时如何对所有权制度及其规则予以厘定、丰富、扩展、完善抑或建构提出建言或提供助力，而于此之前，笔者拟对所有权制度及其规则于民法典物权编中的地位、价值、功用及立法体例予以考量、分析，以使我国民法典物权编的所有权制度及其规则得以建立于坚实的所有权法理、学理乃至所有权制度及其规则的比较立法成例的基础之上。

---

[1]　应值得提及的是，谢在全著《民法物权论》（上册）（新学林出版股份有限公司 2014 年版，第 115 页以下）谓，所有权的定义或概念乃蕴含了下列 5 点意义与特性：(1) 所有权是所有权人对于标的物实施全面支配的物权；(2) 所有权为整体内容的物权；(3) 所有权为具有弹力性的物权；(4) 所有权为永久支配标的物的物权；(5) 所有权为于法律限制的范围内支配标的物的物权。另外，郑玉波著，黄宗乐修订《民法物权》（修订 15 版，三民书局 2007 年版，第 66 页以下）则认为所有权一词具有下列意义：(1) 所有权乃一般的、全面地支配其客体的物权；(2) 所有权乃具有浑然一体的内容的物权；(3) 所有权具有弹力性的物权；(4) 所有权系具有永久性的物权；(5) 所有权系以物为客体的权利。

二、所有权制度的意涵及于民法典物权编（法）中的地位、价值、功用、立法体例

（一）所有权制度的意涵

如前述，所有权制度及其规则于全部民法典，尤其是于民法典物权编中具关键和特殊地位。所有权系人民生活的基础，系"物权之王"和物权制度的基本形态，为近现代及当代各国家和地区民法典物权编所认可。所有权的存在根据或正当性基础尽管有"神授说"（The theistic conception of property）、"法定说"（The legal theory）、"自然权说"（The natural rights theory）、"先占说"（The occupancy theory）、"劳力说"（The labour theory）、"社会说"（the social theory）、"社会契约说"、"人格说"以及"掠夺说"等，[1] 惟各说于所有权的发展演变过程中相互影响，而各具时代价值与功用。其中，"自然权说"对近现代乃至当代民主国家、民主社会的立法尤具重要影响。法国《人权宣言》（第 17 条）与美国《独立宣言》皆明定所有权为神圣不可侵犯的绝对性权利。之后，所有权的绝对性原则作为民法立法的最高指导原则而为近现代及当代大陆法国家的民法（如《日本民法》等）所吸纳。根据所有权的绝对性原则，所有权本旨上系为不可限制的权利，不独国家对于个人的所有权不得侵犯或剥夺，且个人也可自由地占有、使用、收益、处分其所有物与所有权，他人不得干涉，否则即赋予物权（所有权）请求权加以保障或救济。应当指出的是，此所有权的绝对性原则，对于近现代及当代社会与个人财富的形成、经济的发展具有重要的功用与价值，且其也系现今民主与法治社会的主要经济架构。[2]

惟于现今，以上所有权的绝对性原则已稍有变易或缓和。盖因在当代，若社会的财富可任由个人绝对地加以支配，则势必会损害国家、社会与人民的整

---

[1] 关于此等学说的翔实内容，请参见郑玉波著，黄宗乐修订：《民法物权》（修订 15 版），三民书局 2007 年版，第 64 页以下。

[2] 参见谢在全：《民法物权论》（上册），新学林出版股份有限公司 2014 年版，第 111 页。

体利益。故此，立基于全体人民的公共利益的维护的考量，乃使所有权受到某些限制，而这即是所有权的社会化。但是，若完全废除所有权，则违反人性，且在人民毫无所有欲而不思积蓄时，国家与社会财富反而会无形减少。故此，于不损害国家与社会公共利益的前提下，仍承认所有权的存在并加以保护。[1]

概言之，所有权迄今虽历经以上发展、演变过程，[2]但于现今，作为基本人权的所有权系为宪法及其他法律所保护，此点不独无丝毫改变，且更是有增无已。譬如，1948年《世界人权宣言》第17条、1953年生效的《欧洲保障人权与基本自由公约》第1项议定书对于所有权予以保护的规定，以及欧洲人权法院1982年之后作出的诸多强化所有权保护的判决，即系这方面的明证。[3]在我国，情况也复如此。具体而言，自1978年开始至今的40年改革进程，自一定意义上而言，即系一个不断强化个体意识与个人利益的过程。尽管《物权法》第39条对所有权的定义中突出了所有权的享有需"依法"进行，第42条认可为了公共利益的需要国家可以进行征收，惟应清醒地看到，相对于以往的法律而言，《物权法》明显地强化了对所有权及其他物权的保护。譬如，《物权法》设专章（第3章）规定了物权的保护，并对物权请求权与其他保护物权行使的方式作出了较完善的规定。此外，即便是授权得因公共利益的需要而进行征收的规范中，《物权法》也强化了对被征收者的补偿保护措施。最后，尤其值得指出的是，自总体上而言，整部《物权法》实际上主要还是围绕物权（尤其是对所有权）的保护而展开其规

1　参见姚瑞光：《民法物权论》，吉锋彩色印刷股份有限公司2011年版，第40页。

2　值得提及的是，所有权制度及其观念迄今为止的发展、演变乃经历了三个阶段：一是，罗马法与近代法的个人主义的所有权制度及其观念；二是，日耳曼法与20世纪肇始以后的现代法的团体主义的所有权制度及其观念；三是，当代法的个人与社会协调发展的所有权制度及其观念。对此，请参见温丰文：《现代社会与土地所有权理论之发展》，五南图书出版公司1984年版，第9页以下。

3　关于此等方面的详情，请参见［日］平野裕之译："法国有关所有权的大潮流"，载《民商法杂志》第141期，第422页；陈丽娟："欧洲联盟基本权利宪章财产权保障之研究"，欧美研究所2009年版，（欧盟人权政策）第173页；谢在全：《民法物权论》（上册），新学林出版股份有限公司2014年版，第115页。

范的。[1]

（二）所有权制度于民法典物权编中的地位、价值、功用及立法体例

于民法典物权编中，所有权制度居于核心、关键和枢纽地位。民法典物权编的全部内容可谓是围绕所有权而展开的。正是因此，如前述，所有权又被称为"物权之王"，也就是最主要、最根本、最重要的物权。具体而言，用益物权与担保物权，皆系由所有权派生或衍生。前者即用益物权，系权利人（即用益物权人）支配所有物的使用价值的制度；后者即担保物权，系权利人（即担保物权人）支配所有物的交换价值的制度。[2]至于占有，其也存立于所有权之上，系所有权这一本权权利的"外衣"抑或公示方法。社会生活的常态是，对物予以占有的背后，通常皆有所有权、用益物权、担保物权及债权等本权的权源。[3]一言以蔽之，民法典物权编的全部规则系统，皆系围绕所有权而展开，也就是由所有权所

1　参见刘家安：《物权法论》，中国政法大学出版社 2009 年版，第 12 页。应值得提及的是，新中国成立后，我国建立了社会主义的公有经济制度，此本身无可厚非，惟由于诸多不恰当因素的影响，我国人民的私人所有权相当程度上被公有制否定或限制。加之新中国成立后于民主法治建设上走过一段弯路，尤其是从反右斗争到"文化大革命"这一段，片面强调国家利益和社会利益，否定个人利益和权利，近乎彻底的社会本位，故使一个相当长的时期，权利及权利保护观念不甚发达。如今，我国实行社会主义公有制的同时，又确立和实行社会主义市场经济体制，如此即应将私人所有权置于突出地位，于强调国家所有权、集体所有权的保护的同时，也应平等地对待和保护私人所有权。并且，于一定意义上，现今更应着力强调和保护私人所有权。在此基础上，方强调私人所有权的社会义务，强调私人所有权应合于公共利益。《物权法》第 5 章将国家所有权、集体所有权及私人所有权并立规定，立法论上虽着重于彰显对三者的平等保护，惟将来一个相当长的时期，解释论上更宜强调私人所有权的优越性，于此基础上方强调公共利益的维护与兼顾。对此，请参见陈华彬：《物权法论》，中国政法大学出版社 2018 年版，第 190 页。

2　值得提及的是，在当代，所有权逐渐趋于观念化，即将使用、收益权能（利用价值）化为用益权，而归属于用益权人，将处分权能（交换价值）化为担保权，而归属于担保权人。所有权人不过自用益权人取得对价，自担保权人取得融资。易言之，当代所有权已离开其对物直接支配的固有形态，而化为用益与担保对价的请求权，即以债权的形态出现，这也就是所有权（物权）的债权化。进而也就从另一个侧面表明，用益权（含物权的用益物权与债权的用益权，如租赁权、借用权）与担保（物）权，皆系由所有权所衍生，所有权系为最根本、具枢纽和关键地位的制度。对此，请参见谢在全：《民法物权论》（上册），新学林出版股份有限公司 2014 年版，第 116 页。

3　参见陈华彬：《物权法论》，中国政法大学出版社 2018 年版，第 685 页。

化出。所有权由此成为民法典物权编的根干、枢纽。[1]

如前述，所有权系一个国家政治、经济体制及社会存立的（财产）基础，是人民生活的保障，为一种根本性的财产权，并关涉个人的自由，由此使单个的个人得以负责任的姿态生活于世间。[2] 自然人、法人及非法人组织得拥有不动产、动产（含生产资料），并可以此等财产从事生产及进行消费，由此增加社会财富、累积资本及保障自由。[3] 同时，所有权制度也是一个国家或社会的法律秩序的重要基础或前提。盖法律秩序的基础系财产法律制度的定型化，土地、房屋、水流、矿藏、森林、企业等财产的所有权一经确定，一个国家或社会的基本结构就得以形成，国家和社会的其他秩序的建立和发展也就有其可能。[4] 另外，社会成员形成、实现及发展自己的独立人格，也以拥有可得自由支配、管领的财产为前提。若无可以独立支配的财产，也就无独立人格。财产所有权尚系个人经济自主的必要前提。个人只有拥有私有财产，方可使自己的生存获得切实保障。而拥有私有财产，也会使社会成员对家庭、社会和国家承担责任。并且，私有财产通常系经由劳动而获得，故此，保护或保障私有财产所有权也就具有伦理的价值与意蕴。[5] 此外，财产所有权制度旨在保障个人对财富的拥有，其结果更可激发个人对财富的追求，由此促进整个社会财富总量的增长与国家的富强；个人财富的拥有与增长，反过来又将促进个人的全面发展与进步，进而最终促成民主社会的形成。[6] 一

1　英国法学家威廉·布莱克斯通（William Blackstone）于其名著《英格兰法释义》（*Commentaries on the Laws of England*）中谓："没有任何事物像所有权一样，如此普遍地激发想象力而又触动人的情怀；也没有任何事物像所有权一样，让一个人对世界外在之物得为主张与行使独且专断的支配，并完全排除其他个人的权利。然而却只有极少数人愿花费心力，去思考此项权利的起源与基础。"对此，请参见 William Blackstone, *Commentaries on the Laws of England*, Bk. Ⅱ, Ch. 1, p. 2（1765—69）。

2　参见德国联邦宪法法院判决 BVerfGE24, 367, 389。

3　参见王泽鉴：《民法物权 1》（通则·所有权），中国政法大学出版社 2001 年版，第 152 页。

4　参见陈华彬：《物权法论》，中国政法大学出版社 2018 年版，第 178 页。

5　参见王泽鉴：《民法物权 1》（通则·所有权），中国政法大学出版社 2001 年版，第 15 页。

6　参见［日］戒能通孝：《所有权》（6），日本评论社 1977 年版，第 250 页以下。另外，斯陶达（Lothrop Stoddard）的名著《对文明的反叛》（*The Revolt against Civilization*）也谓：私有财产为人类文明的基础。有了私有财产的制度，然后人类生活形态，包括家庭的、社会的、政治的、经济的各方面，才逐渐地发展而成为文明。

言以蔽之，确认并切实保障财产所有权（尤其是私人财产所有权），实具重要价值、意义与功用。[1]

有鉴于所有权制度的核心和关键地位，自 1896 年《德国民法典》肇开明定物权编之先河以降，所有权制度及其规则于民法典物权编中的体例安排就始终处于彰显和突出的位置。《德国民法典》第 3 编"物权"，将所有权制度及其规则置于该编第 3 章规定，共分 4 节：第 1 节"所有权之内容"（第 903—924 条）、第 2 节"土地所有权之取得与丧失"（第 925—928 条）、第 3 节"动产所有权之取得及丧失"（第 929—984 条）、第 4 节"所有权请求权"（第 985—1007 条）及第 5 节"共有"（第 1008—1011 条）。[2]《日本民法》第 2 编规定物权，该编的第 3 章规定所有权，涵括 3 节：第 1 节"所有权的限度"（含第 1 款"所有权的内容及范围"与第 2 款"相邻关系"）、第 2 节"所有权的取得"及第 3 节"共有"。[3] 1907 年《瑞士民法典》第 4 编规定物权，所有权被规定于该编的第 1 分编，涵括 3 章：第 18 章"通则"、第 19 章"土地所有权"（含第 1 节"土地所有权的客体、取得与丧失"、第 2 节"土地所有权的内容与限制"及第 3 节"楼层所有权"）及第 20 章"动产所有权"。[4] 1958 年《韩国民法典》第 2 编规定物权，该编第 3 章规定所有权，涵括 3 节：第 1 节"所有权的界限"、第 2 节"所有权的取得"及第 3 节"共同所有"。[5] 我国台湾地区"民法"将物权规定于第 3 编，该编第 2 章规定所有权，涵括 4 节：第 1 节"（所有权）通则"、第 2 节"不动产所有权"、第 3 节"动产所有权"及第 4 节"共有"。[6] 我国 2007 年颁行的《物权法》则将所有权规定于第 2 编，涵括 6 章：第 4 章"（所有权的）一般规定"、第 5 章"国

1　关于此的翔实分析，请参见陈华彬：《物权法论》，中国政法大学出版社 2018 年版，第 179 页。

2　参见台湾大学法律学院、财团法人台大法学基金会编译：《德国民法（总则编、债编、物权编）》（上册，第 2 版），元照出版有限公司 2016 年版，第 865 页以下。

3　参见渠涛编译：《最新日本民法》，法律出版社 2006 年版，第 48 页以下。

4　参见戴永盛译：《瑞士民法典》，中国政法大学出版社 2016 年版，第 229 页以下。

5　参见崔吉子译：《韩国最新民法典》，北京大学出版社 2010 年版，第 161 页以下。

6　参见陈聪富主编：《月旦小六法》（第 16 版），元照出版有限公司 2014 年版，第叁—86 页以下。

家所有权和集体所有权、私人所有权"、第6章"业主的建筑物区分所有权"、第
7章"相邻关系"、第8章"共有"及第9章"所有权取得的特别规定"。

以上各国家和地区的民法典物权编对所有权的体例安排，应可反映和彰示当
今世界各国家和地区，尤其是大陆法系国家和地区的民法典物权编对所有权制度
的体例安排与具体内容的厘定的基本状况。此等体例编排与内容厘定（设计）的
情况表明，所有权制度及其规则于物权编系统中实居于核心、关键及凸显的地位。

三、我国编纂民法典物权编对所有权制度及其规则的厘定、丰富、扩展、完善抑或建构

按照我国民法典编纂的原则，我国民法典各分编的编纂并非另起炉灶制定全
新的法律，而系以现行诸民事单行法为基础，对各民事单行法如《物权法》等予
以修改、丰富、扩展、完善抑或建构。据此，民法典物权编编纂的基本任务或工
作，也就是对《物权法》及其他相关物权法规范予以整合、修改、扩展、完善抑
或建构。对此，我们可以举出如下一些方面的内容，以供立法机关编纂民法典物
权编时参考、借镜及酌定。

（一）界分所有权的涵义（定义、概念）与所有权的权能（内容）

如前述，所有权系所有权人对于所有物，于法律限制的范围内，实施完整、
全面、永久与整体支配（管领）的权利。此为所有权的涵义、定义抑或所有权概
念的本旨。也就是说，所有权乃系权利主体对所有物（标的物）为全面支配的权
利，又称为全权，其具有整体性、弹力性、永久性及社会性。[1] 而所有权人本于其
所有权，得自由占有、使用、收益、处分其所有物。而对所有物的占有、使用、
收益及处分，即为所有权的内容抑或权能。我国《物权法》第39条的规定，即
系对所有权的权能抑或内容的厘定。建议我国编纂民法典物权编时，于此之外，
复依现今大陆法系国家和地区对于所有权的定义或概念的前述共通认识，而明定

---

[1] 参见郑冠宇：《民法物权》（第5版），新学林出版股份有限公司2015年版，第196—197页。

所有权的定义或概念。

于现今民法上，对于所有权的定义或概念的厘定，尤以德国法的规定最值得借镜与重视。[1]《德国民法典》第903条前句规定："物之所有人于不抵触法律，或第三人权利之限度内，得自由处理其物，并排除他人一切之干涉。"另外，我国台湾地区"民法"第765条规定："所有人，于法令限制之范围内，得自由使用、收益、处分其所有物，并排除他人之干涉。"此规定也具参考、借镜价值。总之，在我国现今，财产权的尊重与保护，为民主、法治国家与法治社会的重要课题，而财产权的内容、形态多种多样，其中又以所有权为重中之重，故此，将所有权厘定或确立为对标的物（所有物）的全面支配的权利（全权），乃具重要价值、意义与功用。

（二）厘定统一的所有权制度而不对所有权作类型区分

如前述，所有权系自然人、法人及非法人组织于法律限制的范围内，对所有物实施永久、全面、完整与整体支配（管领）的权利。对所有物的占有、使用、收益及处分，系所有权权利得以实现的途径或手段。按照物权法法理与学理，无论自然人、法人抑或非法人组织的所有权，其权能或内容皆未有差异，法律对其的保护也皆系相同，且此等所有权的法律效果也未有二致。故此，宜借我国民法典物权编立法的契机，将《物权法》对于所有权的类型化界分予以更张、变易，以因应所有权的类型已然多种多样，而不适宜再作列举式、类型化规定的现状。另外，《物权法》列举规定国家所有权、集体所有权及私人所有权，存在按"身份"进行所有权立法的弊端，与今日的现实情形也不相合。于现今，应坚持行为立法，反对身份立法。"在民事领域看得见的是财产权利，看不见什么主体身份"，所以"财产的分类只有动产和不动产，只有根据财产本身的属性的分类，而不存在根据权利人身份的分类"。[2]职是之故，建议立法机关编纂民法典物权编

1　参见陈华彬："我国民法典物权编立法研究"，载《政法论坛》2017年第5期，第31—32页。

2　参见尹田："《物权法》的得与失"，载孙宪忠等：《物权法名家讲座》，中国社会科学出版社2008年版，第86—87页。

时，对所有权按统一的方式与尺度进行立法。具体而言，仅根据财产本身的属性，而分为不动产所有权与动产所有权。

（三）建筑物区分所有权中诸规则的厘定、完善、扩展与改定

建筑物区分所有权系我国现今城市与城镇居民取得房屋所有权的一种基本形态，也是我国解决城市与城镇居民的居住问题的一种基本法律途径或手段。2007年制定《物权法》时，我国效仿有关先进国家和地区的建筑物区分所有权的立法成例与规则，而于第6章明定了业主的建筑物区分所有权制度及其规则（第70—83条），共计14个条文。如今，我国编纂民法典物权编，宜根据新的社会情况与实务的需求而对《物权法》第6章的业主的建筑物区分所有权制度及其规则予以厘定、完善、扩展抑或改定。对此，笔者谨提出以下一些方面，以供立法机关酌定。

1. 明确或厘定区分所有建筑物管理团体中的业主大会与业主委员会的成立方式、定位及业主委员会的诉讼主体资格

区分所有建筑物管理团体系由具体的机关组成，这些机关涵括业主大会与业主委员会等。对于业主大会，《物业管理条例》（2018年修订）第9条要求以一个小区为单位而成立，且其不具有诉讼主体资格。惟实务中，以一个小区为单位而成立业主大会面临诸多困难与问题，实际上较难做到。为此，笔者建议明确业主大会可以一栋或数栋建筑物为单位而予成立。至于业主大会不具有诉讼主体资格，则应当认为系恰当的，应继续予以维持。

业主委员会系业主大会的执行机构与常设机构，其具体执行业主大会通过的决议、决定等，且于平时作为常设机构而存在。按照我国《民法总则》第102条的规定，建议将之明确为一种非法人组织。同时，有鉴于我国近年来实务中业已认可业主委员会不仅可以起诉，且也可以被诉，[1] 故而建议明确认可或厘定业主委

---

[1] 参见（2005）海民初字第19540号民事判决书，已生效；（2009）海民初字第5425号、（2009）京一中民终字第14000号民事裁定书，已生效。此等裁判文书皆认可业主委员会具有诉讼主体资格。

员会具有诉讼主体资格。

2. 厘定与增定区分所有建筑物的修缮规则

区分所有建筑物的修缮系区分所有建筑物平时管理中的一项多发性行为，系区分所有建筑物因朽坏、破损而不堪使用或影响其美观，抑或减损其价值时实施的管理行为。《物权法》尽管业已提及建筑物的改建、重建（第 76 条第 1 款第 6 项和该条第 2 款），但未涉及建筑物的修缮。而区分所有建筑物管理的实务中，修缮如何得以进行，各相关业主之间的权益如何予以调整，由谁来实施修缮，修缮费用的来源以及业主之间如何分担修缮费用等，皆需由立法给出回答。故此，建议我国立法机关借编纂民法典物权编的契机，取现今各相关国家和地区的立法与实证经验，对区分所有建筑物的修缮及其规则作出厘定与增定。[1]

3. 构建、增定区分所有建筑物的修复规则

区分所有建筑物的修复与修缮不同，其系因天灾人祸（如海啸、风灾、地震、水灾、煤气爆炸、汽车的冲撞乃至飞机坠落等）而引起区分所有建筑物毁损时所实施的修理、复旧（复原）行为。区分所有建筑物的修缮，如前述，则是一种平时的、常见的对区分所有建筑物的日常管理行为。《物权法》第 76 条尽管业已涉及区分所有建筑物的修复，但其因过于简略、难以适用，而不能应对或因应实务的需要。

日本法、法国法乃至我国台湾地区"法"与实证经验，已有有关区分所有建筑物修复的诸多规定与经验累积，[2]尤其是日本《建筑物区分所有权法》及其实务，更有值得我国借鉴的有益规定与经验。[3]笔者建议，我国编纂民法典物权编时，宜取日本等国家和地区的立法与实务经验，构建、增定区分所有建筑物的修复规则。

1　对此的翔实分析，参见陈华彬："区分所有建筑物修缮的法律问题"，载《中国法学》2014 年第 4 期，第 217 页以下。

2　参见陈华彬：《现代建筑物区分所有权制度研究》，法律出版社 1995 年版，第 185 页以下。

3　对此的翔实、具体分析，参见陈华彬："日本区分所有建筑物修复制度的考察分析与启示"，载《环球法律评论》2013 年第 2 期。

4. 对区分所有建筑物的重建规则予以增定、完善

区分所有建筑物的重建，即当区分所有建筑物因老朽、损坏或因其他原因而不堪使用时，将原区分所有建筑物拆除而建造新的区分所有建筑物，其与区分所有建筑物的再建、改建、增建皆不相同。[1]通过重建区分所有建筑物，业主可以重新取得建筑物区分所有权，故而重建系业主的原建筑物区分所有权的再生（重生）。我国自 1978 年实行住宅制度的商品化改革以来，如今正值 40 周年。这 40 来年，区分所有建筑物的建设已然取得重大进步，但同时不能回避的是区分所有建筑物的老朽化问题。于不远的将来，此问题会凸显出来而成为社会问题。《物权法》第 76 条尽管业已提及区分所有建筑物的重建，但因其过于简略而难以适用，故而不能应对现今实务中区分所有建筑物的重建的需要。编纂民法典物权编时，宜对区分所有建筑物重建及其规则予以完善并作增加规定。[2]

按照区分所有建筑物重建的比较法与实证经验，区分所有建筑物的重建几乎涉及公法、私法及社会法（"公私混合法"）的各个领域，其情形较为复杂。[3]尽管如此，因业主的建筑物区分所有权系为私权，重建系使私权获得再生，故此，首先于民法典物权编中厘清、厘定重建的各项问题，建构各相关规则，可以消弭重建的私法上的障碍，进而为重建的进行确立与奠定私法基础。由此之故，编纂民法典物权编时，完善并增定区分所有建筑物的重建规则，当具积极价值与功用。

5. 构建转让请求或拍卖严重违反共同利益的业主的建筑物区分所有权的规则

生活在一个小区，尤其是生活于一栋或数栋区分所有建筑物上的业主，其相互之间系形成紧密的共同体关系。此共同体关系的舒适、安全、安宁、便捷等关涉每个业主的生活品质。故此，现今比较建筑物区分所有权法的规定及其解释论，皆认为某一单个的业主不得违反其他全体业主的共同利益而实施危害行为，

---

[1]　关于这几个概念与区分所有建筑物的重建的界分或差异，请参见陈华彬："区分所有建筑物的重建"，载《法学研究》2011 年第 3 期，第 67 页以下。

[2]　对此的翔实分析，请参见陈华彬："区分所有建筑物的重建"，载《法学研究》2011 年第 3 期，第 67 页以下。

[3]　参见温丰文："公寓大厦重建法律问题之研究"，载《法学丛刊》2000 年第 45 卷第 1 期，第 27 页；陈华彬：《物权法论》，中国政法大学出版社 2018 年版，第 374 页。

否则其他业主得透过业主大会，经由法院的判决，而将违反共同利益的业主自建筑物区分所有权共同体关系中驱逐。现今德国、日本、奥地利及我国台湾地区，皆定有此转让请求或拍卖违反共同利益的业主的建筑物区分所有权的制度及其规则。[1]

我国现今的商品房即区分所有建筑物管理的实践中，业已产生了引进以上国家和地区的转让请求或拍卖严重违反共同利益的业主的建筑物区分所有权制度及其规则的需要。我国如今的小区生活中，不时存在所谓"恶质的业主"，当其行为违反其他全体业主的共同利益，而其他全体业主难以期待继续与之维持共同体关系时，即有必要透过业主大会的决议，并经由法院的判决，请求其将自己的建筑物区分所有权予以转让或将之强制拍卖，由此实现将该"恶质的业主"自建筑物区分所有权共同体关系中驱逐的目的。不过，请求严重违反共同利益的业主转让自己的建筑物区分所有权抑或强制拍卖其建筑物区分所有权，乃系不得已而采取的最后措施，故此，其适用应受到严格限制。于采取该措施前的最后时刻，皆应为不采取该措施而做出努力。[2]

6. 充实、完善管理规约制度及其规则

管理规约系小区生活中业主之间经由业主大会而订立的自治规则，于小区的区分所有建筑物的管理实务中，其具有很强的效力。业主委员会、物业服务企业及管理人的行为等，皆不得抵触或违反管理规约，否则所实施的行为无效。另外，业主及其特定继受人，与专有部分的占有人（物业使用人），如承租人、借用人等，管理规约的效力原则上也得及之。由此足见管理规约制度及其规则具有重要价值与功用。《物权法》第76、77、83条仅提及管理规约，而未对管理规约应规范的事项（内容、范围）、效力（含对人的效力、时间效力与原始管理规约——业主临时公约——的效力）以及标准管理规约等作出进一步规范或安排。立基于

---

[1] 对此的翔实论述与分析，请参见陈华彬："论建筑物区分所有权的剥夺——基于对德国法和日本法的分析"，载《法商研究》2011年第6期，第140页以下。

[2] 对此点的翔实分析，请参见陈华彬："论建筑物区分所有权的剥夺——基于对德国法和日本法的分析"，载《法商研究》2011年第6期，第146页。

有效并高质量地管理小区的区分所有建筑物的实际需要，建议立法机关于编纂民法典物权编时，对管理规约的此等方面加以充实、完善。[1]

7. 明确以专有部分占建筑物专有部分总面积的比例来确定业主共有部分份额（应有部分）的大小

区分所有建筑物的物权部分涵括专有部分与共有部分。而自其他国家与地区的立法与实证经验看，业主对共有部分份额（应有部分）的大小，则应以业主自己的专有部分占建筑物专有部分总面积的比例来确定，而非根据自己的专有部分占建筑物总面积的比例来确定共有部分份额（应有部分）的大小。[2]故此，编纂民法典物权编时，建议对此予以明确，以实现对《物权法》第 76 条第 2 款确定业主共有部分份额大小的专有部分占建筑物总面积的比例的计算基础的变易、更张。

（四）扩展、充实相邻关系的新内容

相邻关系是两个或两个以上的不动产相邻近而当然发生的，限制一方的权利而相应地扩张另一方的权利的制度，究其本旨，系对相邻不动产所有权或利用权的限制或扩张。自比较相邻关系制度的发展脉络看，其经历了由土地的平面的相邻关系（土地相邻关系）到建筑物相邻关系，再到自律法（建筑物区分所有权法）的相邻关系的演进过程。在现今，于传统的土地的平面的相邻关系之外，更加凸显的是建筑物与建筑物之间、建筑物与土地之间以及小区（社区）一栋区分所有建筑物或数栋区分所有建筑物中的各业主之间的上下左右的相邻关系。[3]

《物权法》第七章对于相邻关系的规范，其重点系在于土地的平面的相邻关系，故而其规范的相邻关系的类型较为有限。而如今，建筑物与建筑物，及建筑物与土地之间的不可量物（Immission，譬如煤气、臭气、振动、噪声、空调水滴、恶臭、通风妨害、风害、光的反射）侵入的相邻关系，系新类型的相邻关系

1　对此的翔实分析，请参见陈华彬："论区分所有建筑物的管理规约"，载《现代法学》2011 年第 4 期，第 49 页以下。

2　参见陈华彬：《建筑物区分所有权》，中国法制出版社 2011 年版，第 134—135 页。

3　参见陈华彬：《物权法论》，中国政法大学出版社 2018 年版，第 380 页以下。

侵害的形态。另外，眺望妨害、电磁妨害、日照（采光）妨害及铁道旁边为防止铁道（铁路）发出过大的噪声而设置的屏障等，也应纳入新相邻关系的内容中。有鉴于此，建议立法机关于编纂民法典物权编时，将此等新相邻关系的形态（内容）予以纳入，以便实务中可以有效地加以应对及予以解决。[1]

（五）厘定某些占有脱离物（盗赃物）可善意取得

善意取得系德国日耳曼固有法上的"应以手护手"（Hand muss Hand wahren）原则，[2] 与罗马法"无论何人，不能以大于自己所有的权利，让与他人"（Nemo plus iuris ad alium transferre potest quam ipse habet），以及"于发现我物之处，我取回之"（Ubi rem meam invenio ibi vindico）的原则，完全抵触。[3] 故此，现今各国家和地区的善意取得制度系源起于日耳曼法。[4] 惟各国家和地区善意取得制度及其规则的建构前提，乃系将让与人（出让人）占有的物界分为占有委托物与占有脱离物，由此而分别定其可否抑或于多大程度上得发生善意取得的效果。加工物、借用物及保管物等占有委托物，原则上得发生善意取得，而遗失物、误取物、遗忘物及盗赃物等，原则上不得基于善意而取得。尤其对于盗赃物，我国历来强调"一追到底"，由此并无发生善意取得的余地。[5] 惟在现今，对于由公开市场或经由拍卖而买得的盗赃物，若不允许其发生善意取得，则未免过苛，且如此也有违交易安全的保护，并对善意的买受人不利。故此，建议编纂民法典物权编时，明确买受人经由拍卖或公开市场买得的盗赃物可善意取得。[6]

1　参见陈华彬："我国民法典物权编立法研究"，载《政法论坛》2017 年第 5 期，第 34 页。

2　在应"以手护手"中，其受词的"手"（Hand），为受交付者的"手"，甚为明显。其主词的"手"（Hand），究为交付者的"手"，抑或受交付者的"手"，虽不甚明显，但就善意取得的内容与该格言的整体（全体）意义而言，应为：让与并交付动产者，应保护受让与者（即受交付者）。对此，请参见姚瑞光：《民法物权论》，吉锋彩色印刷股份有限公司 2011 年版，第 111 页注释 2。

3　参见姚瑞光：《民法物权论》，吉锋彩色印刷股份有限公司 2011 年版，第 106 页。

4　参见谢在全：《民法物权论》（上册），新学林出版股份有限公司 2014 年版，第 290 页。

5　譬如最高人民法院、最高人民检察院、公安部和原国家工商行政管理总局联合发布的《关于依法查处盗窃、抢劫机动车案件的规定》第 12 条规定，对明知是赃车而购买的，应将车辆无偿追缴；对违反国家规定购买车辆，经查证是赃车的，公安机关可依《刑事诉讼法》的规定进行追缴、扣押。

6　《物权法》第 107 条已对遗失物的善意取得作出例外、特殊规定。对此，请参见陈华彬：《物权法论》，中国政法大学出版社 2018 年版，第 410—411 页。

（六）重构遗失物、埋藏物、漂流物、沉没物（品）与隐藏物的归属与报酬请求（权）规则

按照物权法法理与学理，遗失物系指非基于占有人的意思而丧失占有，现非他人占有，且未成为无主物的动产。[1]占有的物品或动物，偶至他人土地内的，不能认为丧失占有，进而并非为遗失物。所谓拾得遗失物，系指发现他人遗失物而予以占有。仅发现而未占有其物的，不得认为业已拾得遗失物。另外，拾得遗失物性质上为无因管理的一种情形，系属于事实行为，故而，无完全意思能力的人也得为拾得人。至于受他人的指示而拾得的，则仅该他人为拾得人。[2]

按照《物权法》第 113 条等的规定，拾得人拾得遗失物后经 6 个月的公告而无人认领的，由国家取得遗失物的所有权，且并不认可拾得人有报酬请求权。笔者认为，此规定应予变易、更张。取其他国家和地区的立法成例与共通经验，拾得的物价值甚小或较小的，应认可拾得人立即取得其所有权；价值较大或甚大的，则应在进行公告后无人认领时，由拾得人取得其所有权。如此，一方面可以顾及市民社会中的人的利益的要求，另一方面也可避免国家与民争利（尤其是争小利）。此外，若公告后有人认领遗失物的，尚应认可拾得人享有报酬请求权。惟有如此，方称公允。[3]

拾得漂流于水面的漂流物，或沉没于水下的沉没物（品），抑或其他因自然力而脱离占有的物的，其情形与拾得一般的遗失物相同，仅其拾得地点有水、陆之分，故而，根据《物权法》第 114 条的规定，得准用有关拾得遗失物的规则。至于埋藏物，则系指隐藏于他物中的动产，不知其属于何人所有的物。根《唐律》的规定，宿藏物需系藏于他人土地之内。[4]而于现今，埋藏物并不以隐藏于土地之内为限，隐藏于建筑物（如墙壁）或动产（如旧衣袍）中的，也无不可。就其不知属于何人所有这点而言，埋藏物并非无主物，仅不知其所有人而已。还

1　参见姚瑞光：《民法物权论》，吉锋彩色印刷股份有限公司 2011 年版，第 114 页。

2　参见姚瑞光：《民法物权论》，吉锋彩色印刷股份有限公司 2011 年版，第 114 页。

3　参见陈华彬："我国民法典物权编立法研究"，载《政法论坛》2017 年第 5 期，第 35 页。

4　参见姚瑞光：《民法物权论》，吉锋彩色印刷股份有限公司 2011 年版，第 119 页。

有，埋藏物虽以埋藏日久为常，但不以埋藏日久为必要。祖先埋金银宝物于地下，而为其后人所明知的，并不属于埋藏物。[1]按照埋藏物也得准用《物权法》第114条的规定，埋藏物无人认领的，也归国家所有。惟若类推笔者前述关于拾得遗失物的所有权归属与得请求报酬的新思路，则应重构新规则如下：发现价值较小或甚小的埋藏物的，发现人可立即取得其所有权，惟发现的埋藏物价值较大或巨大的，则于公告后无人认领时，方由发现人取得其所有权。公告后有人认领埋藏物的，认领人应向发现人支付报酬。至于漂流物、沉没物（品）及隐藏物，也宜依此新思路而重构其所有权归属与报酬请求（权）规则。[2]

（七）构建取得时效规则

按照物权法法理与学理，取得时效系依法律规定而取得权利，其仅以占有或事实上行使一定的财产权及经过一定的期间为必要，性质上为普通（一般）法律事实，而非法律行为。故而，取得人无须有为法律行为取得权利的意思，也不必有完全的行为能力，而系仅有为事实行为的意识即可。因时效而取得权利，并非继受取得前权利人的权利，故而为原始取得。[3]

在我国，根据《民法总则》第9章（诉讼时效）的规定，仅有诉讼时效（消灭时效）而无取得时效。《物权法》制定时，对于应否规定取得时效曾有肯定与否定两种意见，[4]而于现今，于民法典物权编中明定取得时效及其规则，已为学界

1　参见姚瑞光：《民法物权论》，吉锋彩色印刷股份有限公司2011年版，第118—119页。应指出的是，埋藏物因并不以埋藏于地下为必要，故有时与遗失物不易区别。惟二者的界分仍见于下列各点：（1）遗失物系非基于占有人的意思而丧失占有，而埋藏物的埋藏，未必由于丧失占有所致，且多为有意埋藏。（2）遗失物不必隐藏于他物中，而埋藏物必隐藏于他物之内。（3）遗失物可能在众人易见之处，而埋藏物本质上不可能在众人易见之处。（4）遗失物不以遗失日久为必要，埋藏物通常为埋藏日久，立法成例上并有以之为要件的。（5）于其他国家和地区法上，拾得遗失物，依法定程序处理后，可能全归己得；发现埋藏物，无需经任何程序，除在他人所有的动产或不动产中发现，各取得埋藏之半，或其所有权归属应依特别法规定者外，当然全归己有。对此，又请参见姚瑞光：《民法物权论》，吉锋彩色印刷股份有限公司2011年版，第119—120页。

2　参见陈华彬："我国民法典物权编立法研究"，载《政法论坛》2017年第5期，第35页；陈华彬：《物权法论》，中国政法大学出版社2018年版，第737—738页。

3　参见姚瑞光：《民法物权论》，吉锋彩色印刷股份有限公司2011年版，第59页。

4　参见陈华彬："我国民法典物权编立法研究"，载《政法论坛》2017年第5期，第35页。

的共识。故此，笔者有理由相信，我国立法机关会借民法典物权编编纂的契机而建构取得时效规则。

（八）厘定并建构无主物的先占规则

根据物权法法理与学理，先占系指以所有的意思占有无主的动产，而取得其所有权的制度。构成无主物的先占，须具备如下要件：（1）须以所有的意思（即"自主占有"的意思）而占有无主物；（2）须占有的物为无主物；（3）须占有的物为动产。[1]具备此三项要件，即取得无主动产的所有权。根据先占而取得所有权，系非基于他人既存的权利而取得，故为原始取得。[2]

在我国现今，先占系作为一种习惯法上的制度或规则而存在于民间社会中。譬如拾垃圾的人得取得垃圾的所有权，于山中发现兰花而采撷之，抑或于溪中捕捉泥鳅、螃蟹等，皆可取得其所有权。此种存在于我国民间的习惯法制度或规则，于编纂民法典物权编时，实有必要将其上升为物权法上的制度或规则，由此发挥其调节和稳定社会关系的功用与价值。有鉴于此，笔者相信，我国立法机关会于民法典物权编的编纂中完成此任务。

（九）完善并建构附合、混合及加工的添附规则

按照近现代及当代大陆法系国家和地区的立法成例与法理和学理，附合、混合及加工统称为添附。因添附而成的物，若允许请求回复原状，或客观上不能，或对社会经济不利。故法律通常明定由一人取得添附物的所有权，抑或共有合成物。[3]至于因丧失权利而请求价额的，则与社会公益无关，当事人可以经由特别约定而予改变、更易。[4]

《担保法解释》第 62 条针对抵押物因附合、混合或加工而发生归属变化对抵

---

[1] 应指出的是，在罗马法上，先占的物并不以动产为限，不动产也得先占。惟近现代及当代民法（如德国民法与我国台湾地区"民法"）仅认可占有无主的动产的，得取得其所有权。至于不动产，则不能依先占而取得其所有权。易言之，不动产系由国家先占而取得其所有权。对此，请参见陈华彬：《物权法论》，中国政法大学出版社 2018 年版，第 412 页。

[2] 参见姚瑞光：《民法物权论》，吉锋彩色印刷股份有限公司 2011 年版，第 112—113 页。

[3] 参见姚瑞光：《民法物权论》，吉锋彩色印刷股份有限公司 2011 年版，第 121 页。

[4] 参见姚瑞光：《民法物权论》，吉锋彩色印刷股份有限公司 2011 年版，第 121 页。

押权所生影响的规定，系我国现行有关添附的基本规则。惟此规则的适用范围较为狭窄，难以独立作为一项规范特殊物权变动的规则而存在并发挥其功用。此外，附合、混合及加工规则于现今的实务中有较大的适用空间，[1]且明定此等规则也有利于鼓励人民发挥主观能动性而创造经济价值。故而，建议立法机关于民法典物权编中明定附合、混合及加工的添附规则。[2]

四、结语

所有权系典型的物权，或物权的原型，[3]其于民法（私法）、公法、社会法乃至政治制度、经济制度中占据核心和关键地位，系人民、社会与国家本身不可或缺的根本财产制度。而这其中，民法典物权编对所有权制度及其规则的厘定、建构、充实、丰富及完善又具有基础地位。我国1978年起航迄于现今的40年的改革开放，正是人民富裕、国家富强、社会富足，财产所有权制度得到完善、充实、保障的40年。2007年《物权法》的颁行，又系这一进程中的里程碑。该法的根本旨趣，就是反映新时代人民的共同意志而确认和平等保护改革开放后人民取得的生产资料与生活资料等的（财产）所有权，由此推动我国社会的进步与变革。[4]

在现今，我国国家、社会与人民又处于新的历史起点，尤其是时值涵括所有

---

[1] 参见陈华彬：“我国民法典物权编立法研究”，载《政法论坛》2017年第5期，第36页。

[2] 值得指出的是，2018年3月15日全国人大常委会法制工作委员会办公室印发的《中华人民共和国民法典各分编（草案）（征求意见稿）》中的民法典《物权编（草案）》第117条已对添附作出如下规定："因加工、附合、混合而产生的物的归属，有约定的，按照约定；没有约定或者约定不明确的，依照法律规定；法律没有规定的，按照充分发挥物的效用以及保护无过错的当事人的原则确定。因一方当事人的过错或者确定物的归属给另一方当事人造成损失的，应当给予赔偿或者补偿。"应当指出的是，该条的内容设计，一方面依循了传统民法的添附法理与学理，另一方面也注入了我国对此问题理解的特色。概言之，该条规定的内容更多的是自我国的实际情形而做出的。对此，请参见陈华彬："论我国民法典《物权编（草案）》的构造、创新与完善"，载《比较法研究》2018年第2期，第45页。

[3] 参见王泽鉴：《民法物权1》（通则·所有权），中国政法大学出版社2001年版，第149页。

[4] 对此的翔实分析与论述，请参见陈华彬："中国物权法的意涵与时代特征"，载《现代法学》2012年第6期，第76页以下。

权制度及其规则在内的民法典物权编的编纂，为此，经由厘定、建构、丰富、完善及充实财产所有权制度及其规则来保障（或保护）人民通过劳动而积聚的财产，其意涵依然深刻、隽永，并具重大意蕴与价值。笔者期冀，在民法典物权编的编纂进程中，我国的所有权制度及其规则定能圆满地得以确立。

财产所有权的二种基本实现形式[*]

财产所有权系民法物权体系中一类至为重要的基本私法制度。依各国民法理论之一致见解，它包含占有、使用、收益及处分四项权能。所谓财产所有权之实现，则指权能的行使，亦即所有人对其所有物实施占有、使用、收益及处分的单独行为或一系列行为。由于社会经济生活的复杂性，所有权人通过行使权能这种形式来实现其财产所有权也呈现出多样化的特征。其中，所有权人通过自己行使权能实现财产所有权与所有权人通过他人行使权能实现财产所有权乃是二类最为基本的实现形式。鉴于此二类实现形式，尤其是后一类实现形式在当代社会生活中业已显现的愈发重要的作用，我们拟对此作一研析，以期就教于民法学界。

一、所有权人通过自己行使权能实现其财产所有权

此种所有权之实现形式，系指财产所有权人直接以自己的行为，行使占有、使用、收益和处分四权能，从而满足自身生产和生活等方面的需要。在古代及其以远的自然经济条件下，由于商品经济的非发达性，社会生产活动基本上是在孤立、彼此隔绝的封闭环境中实现其必需的循环过程的。因而，所有人通过自己行使所有权权能，也就成为所有权实现的主要形式。同时，此种财产所有权之实现形式在当代高度发达的商品经济条件下于一定程度上也是必需的，这主要体现在生活资料所有权的实现上。在这里，所有人是为了自身的需要支配其所有物，独

＊ 本文曾发表于《河北法学》1992 年第 1 期，系与梁绯娟合作，今收入本书，基本未作改动。

立行使所有权之四项权能，以满足自身的物质和文化生活需要。

二、所有权人通过他人行使权能实现其财产所有权

依民法理论，所有权与其权能的分离，不仅不导致所有权人于财产上所体现的意志和利益的丧失，还更能完整地、全面地实现财产所有权人的意志和利益。因此，在二战结束以来迄今为止的近半个世纪的历史时期内，此种所有权之实现形式已被广泛地运用于社会经济生活之中，并日益显示出其越来越重要的作用。

事实上，所有权人通过他人行使占有、使用、收益、处分四权能来实现其财产所有权，在当代高度发达的商品经济条件下尤其重要。众所周知，当代社会之财产所有权观念已由过去单纯抽象支配其使用价值，转向充分利用其使用价值来不断增殖其价值。亦即，由对物之抽象的支配使用，转向对物之具体的利用。同时，面对当代世界资源的不断枯竭，如何最为有效地利用现有世界资源为人类谋求福利，早已成为世界各国民法学家与经济学家们所共同关心的课题。在民法领域，解决这一问题的根本途径乃是必须创设各种机制，改变过去财产所有权仅由所有人独占使用的状况，而使之转向有充分利用该项财产所有权能力的使用者，进而实现社会财富的最优利用。在实现此项目的的诸多机制中，我们认为，首要而又最为重要的乃是应当通过所有权之债权化或所有权之价值形态化来实现财产所有权的最优利用，进而达到资源的优化配置。

依据上述财产所有权之价值形态化或债权化理论，在我国现实条件下，悉心研讨国家财产所有权的充分利用与实现问题具有非常重要的意义。

众所周知，我国经济制度的基本特征是社会主义的生产资料公有制。实行此项制度，是中国人民的正确选择，具有历史的必然性。但是，如何创设各种机制，充分挖掘公有生产资料的潜力，进而创造出更为丰富的社会财富，则是我们必须认真加以研究的课题。我们认为，我们应当根据民法有关财产所有权与其权能可以分离的理论，在坚持社会主义公有制的前提条件下，将国有财产债权化或价值形态化，即在确保国家对国有企业财产享有债权或价值形态所有权的同时，

把国有企业财产的实物形态所有权明确交由国有企业占有、使用、收益及处分。在国有企业享有实物形态所有权的前提下，再从实物形态所有权中分离出经营权来。此种经营权已经不再是"两权分离"理论下的经营权，它是一种真正意义上的、实实在在的、企业对自己的财产进行自主经营管理的权利。这样就能从根本上赋予企业以活力。国家公有生产资料实物形态所有权和价值形态所有权分离后，国有企业的收入将明确地分割为三块：税收、利润和利息。税收是国家作为宏观经济管理者所征收的收入；利润是企业作为全民生产资料实物形态所有者的合法收入，理所当然归企业所有；而利息则是作为国家公有生产资料价值形态所有者的国家所获得的收益，而且也是价值形态所有权赖以体现和保证的方式。因此，对国家来说，最重要的就莫过于国有生产资料最大程度上的增殖。而能否把握准投向方向，选好国有资产的实物形态所有者，就成了国有资产的市场风险。可以预料，我国现实正在向纵深发展的经济体制改革必将于实践中证明上述见解的合理性及正确性。提出这一见解，也正是我们撰写本文的主旨之所在。

所有权人的物上请求权[*]

一、引言

按照近现代与当代物权法法理及学理，所有权人的物上请求权（Dinglicher Anspruch），也称所有权人的物权请求权[1]抑或对物诉权（action in rem）[2]，其狭义上系指所有权人的物权请求权，广义上则还兼指占有请求权。此两种请求权均涵括所有权人的返还请求权、妨害除去（排除）请求权与妨害防止（预防）请求权。[3]其中，后二者，即所有权人的妨害除去（排除）请求权与妨害防止（预防）请求权，又合称为保全请求权。[4]应值指出的是，因占有请求权并非物权的一般效力，而仅物的占有人有其适用，且不仅限于物权（譬如所有权）的占有人，其他的占有人皆得适用，[5]故此，本文乃主要研议所有权人的物上请求权，而对占有请

　　[*]　本文曾发表于《比较法研究》2020年第1期，今收入本书略有改易。
　　[1]　参见［日］滝沢聿代：《物权法》，三省堂2013年版，第29页；［日］松坂佐一：《民法提要（物权法）》（第4版），有斐阁1980年版，第8页；王泽鉴：《民法物权》，2014年自版，第149页。
　　[2]　参见谢哲胜：《民法物权》（增订4版），三民书局2016年版，第71页。
　　[3]　应值指出的是，现今其他国家（譬如日本）学理与判例实务也皆认可基于所有权而得发生或享有所有物返还请求权、妨害除去（排除）请求权与妨害防止（预防）请求权，且认为其他的用益物权、担保物权于必要的范围内，也应有同样的请求权。对此，请参见［日］滝沢聿代：《物权法》，三省堂2013年版，第29页。
　　[4]　参见陈荣隆："物权之一般效力"，载《法制现代化之回顾与前瞻：杨建华教授七秩诞辰祝寿论文集》，月旦出版社股份有限公司1997年版，第446页。
　　[5]　参见陈荣隆："物权之一般效力"，载《法制现代化之回顾与前瞻：杨建华教授七秩诞辰祝寿论文集》，月旦出版社股份有限公司1997年版，第447页。

求权仅于论及相关问题时方予涉及。

有鉴于所有权人的物上请求权系现今学理、法理乃至实务中的一项重要制度或规则，具积极价值与功用，并特别虑及我国民法典物权编并未对之予以明定或做系统化的建构，故而实有必要自学理与法理的视角对之予以厘清和厘定，由此期冀可裨益于我国民法上对于该制度或规则的解释（"注释""评注"）论。

二、所有权人物上请求权的涵义厘定、制度（规范）旨趣、行使、法律特性与让与（性）

按照物权法法理与学理，所有权人的物上请求权系指所有权人的所有权遭受侵害或有遭受侵害之虞时，法律认可所有权人有权将其回复到所有权被侵害或未有遭受侵害之虞的状态前的权利。譬如所有权人的所有物不当置放于他人的房屋内时，该所有权人得对该他人请求返还，抑或自己所有的停车位上有妨害物，得请求将之除去（排除），即属之。[1]之所以如此，盖因物权（譬如所有权）为具有对世性的权利（即物权具有绝对性），物权人（譬如所有权人）权利内容的实现遭受他人妨害时，即必须将之除去（排除）。另外，物权（譬如所有权）的观念的特性，[2]也使权利人（譬如所有权人）对标的物的支配受到妨害时，得要求将受到的妨害而予除去（排除）。[3]这其中，所有权人对自己的所有物丧失占有时，

---

[1] 参见［日］滝沢聿代：《物权法》，三省堂2013年版，第29页。

[2] 应值注意的是，近现代及当代物权法的所有权，乃是以与对标的物的现实支配乃至利用无关（系）的支配可能性（即作为观念的关系）而得以存在或成立的。也就是说，所有权并不以对标的物的现实支配作为权源、基础抑或前提。以所有权为代表或典型的物权所具有的此种特性，被称为物权或所有权的观念性。由物权的此种观念性（乃至绝对性）而导出的制度或规则，即系物上请求权（物权请求权）。对此，请参见［日］田山辉明：《物权法》，三省堂1993年第3刷发行，第39页。

[3] 值得指出的是，现今学理对于所有权人的物上请求权的实质根据（理论根据）主要有四说：（1）以权利的不可侵（犯）性为根据的学说，（2）以物权的绝对性为根据的学说，（3）以物权的直接支配性为根据的学说，以及（4）以物权的排他性为根据的学说。如前述，物权系对物的直接的支配权（物权的直接性），此直接的支配（权）被侵害或有被侵害之虞时，受侵害的人即可要求除去（排除）侵害或防止（预防）侵害，由此确保权利人对于物的直接的支配功能，而这即是物上请求权。对此，请参见［日］松井宏兴：《抵押制度的基础理论》，法律文化社1997年版，第23页。

得基于所有权而请求返还，即为其典型。[1]

如前述，根据所有权人的物上请求权，所有权人对于无权占有或侵夺其所有物的，得请求返还，对于妨害其所有权的，得请求除去，对于有妨害其所有权之虞的，得请求防止（预防）。[2]应当指出的是，此所有权人的物上请求权，仅具防御的功用，而只于所有权遭受他人侵夺或妨害时方得行使。易言之，所有权人于其所有权未遭受妨害时，乃不得主动行使该权利，盖因此等权利系被动的存在，所有权人仅能消极地享有之。[3]另外，物上请求权因系以维护所有权人的权利为旨趣，故而无论被请求人是否可归责，只要对物权标的物（譬如所有物）有无权占有、妨害或妨害之虞，物权人（譬如所有权人）即可主张之。[4]还有，物上请求权的旨趣因并不在于填补损害，且不以物权人（譬如所有权人）有损害为必要，故而即使有损害，也不得立基于该请求权（所有权人的物上请求权）请求损害赔偿，而仅于符合或满足侵权行为的（构成）要件时，可依侵权行为而对无权占有或实施妨害的加害人请求损害赔偿。[5]

值得指出的是，尽管近现代与当代民法大多设有所有权人的物上请求权的明文[6]，然对于所有权人的物上请求权的特性，现今比较法学理、法理及实务仍存

---

[1]　参见［日］田山辉明：《物权法》，三省堂1993年第3刷发行，第39—40页。

[2]　参见姚瑞光：《民法物权论》，吉锋彩色印刷股份有限公司2011年版，第50页。惟姚瑞光先生认为，所有权人基于所有权而生的请求权，不限于所有权有之，其他物权也有之，应属于物权的请求权（也称物上请求权）的范围。此点对《日本民法》固可如此解释，然我国台湾地区"民法"第767、858、962条已分别设有专门条文，故自无作如此解释的必要。这其中，第767条所定的请求权有三：一为所有物返还请求权，二为除去（排除）妨害请求权，三为防止（预防）妨害请求权。对此，请参见姚瑞光：《民法物权论》，吉锋彩色印刷股份有限公司2011年版，第50—51页。

[3]　参见郑冠宇：《民法物权》（第8版），新学林出版股份有限公司2018年版，第204页。

[4]　参见郑冠宇：《民法物权》（第8版），新学林出版股份有限公司2018年版，第207页。

[5]　参见我国台湾地区"最高法院"2004年度台上字第2064号民事判决；郑冠宇：《民法物权》（第8版），新学林出版股份有限公司2018年版，第207页。

[6]　值得指出的是，《日本民法》并无关于物上请求权的一般性明文规定。但是，基于其对物权中较为薄弱的占有权、占有诉权（第198—200条）也认可采取最重要的物权的保护手段，故而较占有权、占有诉权效力更强的他物权（用益物权与担保物权），也应当然认可以物上请求权而予保护。立基于此种解释并以物权的绝对性与观念性为前提，物上请求权于日本立法、学理及实务中即当然得到认可。对此，请参见［日］田山辉明：《物权法》，三省堂1993年第3刷发行，第40页；［日］松坂佐一：《民法提要（物权法）》（第4版），有斐阁1980年版，第8页。

在争议，归纳言之，主要有三说[1]：第一说认为，物上请求权仅系作为直接的支配权的物权的一种作用，而并非一种独立的权利；[2]第二说认为，物上请求权乃系一种债权或与债权相类似的权利；第三说认为，物上请求权虽然系一种独立的请求权，然并非纯粹的债权。对此三说，笔者认为，因物上请求权系物权人甲对特定人乙的请求权，故此，自物权系权利人对于（特定）物的直接的支配权而论，物上请求权乃系物权的一种作用，系物上请求权的发生契机乃至过程，此应系第一说（即"物权的一种作用说"）的优点。然该说的不足在于，其并不能释明物上请求权的权利内容与得向谁行使该权利。至于第二说（即"独立的请求权说"），其尽管强调所有权人的物上请求权乃系一种对人的请求权，但对此种独立的权利与物权的密切关联性（粘连性）则未涉及（或言明）。易言之，该说并不能释明所有权人的物上请求权乃具有从属性（从属于物权）的特性，故而该说也未尽充分与周全。排除前述第一说与第二说，乃不难看到第三说，即认为所有权人的物上请求权系一种独立的请求权，但并非纯粹的债权（其乃与物权共命运，

1　参见［日］我妻荣著，有泉亨补订：《物权法》，岩波书店1997年第18刷发行，第23页；［日］舟桥谆一：《物权法》，有斐阁1970年第20刷发行，第39—40页；［日］田山辉明：《物权法》，三省堂1993年第3刷发行，第40页；

2　应值注意的是，对于物上请求权是否为物权的一般效力，我国台湾地区实务系采否定见解。惟也有折中见解认为，物上请求权仅适用于所有权和用益物权，担保物权并无此适用。不过，现今我国台湾地区学理通说乃认为物上请求权系为物权的一般效力，其理由主要如下：（1）所有权以外的各种物权，也皆为以直接支配标的物（或物的价值）而享受利益为内容的权利，对此等物权应赋予物上请求权以资保护，此乃系不言自明，无须明文规定。譬如《日本民法》对所有权及他物权（用益物权与担保物权）皆未设肯定的明文的物上请求权，然判例、学说莫不肯认之。（2）作为事实的对物的占有得基于占有法律关系而受保护，作为权利的本权更应基于本权的物上请求权而受保护。尤其于《日本民法》中，其对占有权的侵害规定了占有保持之诉（第198条）、占有保全之诉（第199条）及占有回收之诉（第200条）三种诉权（请求权）而予保护，对所有权与其他物权（用益物权与担保物权）则未作如是的规定，然学理认为，较占有权更具强力的物权——譬如所有权、他物权（用益物权与担保物权）——更应当然认可具有相同的权利。对此，请参见陈荣隆："物权之一般效力"，载《法制现代化之回顾与前瞻：杨建华教授七秩诞辰祝寿论文集》，月旦出版社股份有限公司1997年版，第449页以下；［日］滝沢聿代：《物权法》，三省堂2013年版，第29页；［日］松井宏兴：《抵押制度的基础理论》，法律文化社1997年版，第23页；［日］松坂佐一：《民法提要（物权法）》（第4版），有斐阁1980年版，第8页。

并由物权所派生）的主张，应当说乃系恰当的、适宜的。[1]一言以蔽之，所有权人的物上请求权作为一种对人的请求权乃系与债权相近，然其并非债权，而是一种依存于物权且准用债权规则的独立的请求权。[2]

另外，因物上请求权系为实现物权的内容而认可的权利，故而物权（譬如建设用地使用权）消灭，物上请求权也消灭。[3]换言之，物上请求权若与物权分离，即变得没有意义，盖其系与物权共命运，物权移转，物上请求权也移转，[4]物权消灭，物上请求权也消灭。[5]还有，物上请求权得分为产生物上请求权的基本权（譬如物权）的物上请求权，与发生特定的侵害时而生的具体的物上请求权（支分权的物上请求权）[6]。前者因系与物权自身不可分离，故而当然与物权共命运；后者，即支分权的物上请求权，其特性上也与物权共命运，故此也应解为与支分权的物权（譬如所有权）共命运。也就是说，此两种物上请求权皆应解为不得独立加以让与。[7]进言之，物上请求权并非独立的权利，其目的在于实现物权（譬如所有权等）。将所有权等物权让与的，其效力自应涵括物上请求权，受让人于取得

1　参见［日］田山辉明：《物权法》，三省堂 1993 年第 3 刷发行，第 40—41 页；［日］我妻荣著，有泉亨补订：《物权法》，岩波书店 1997 年第 18 刷发行，第 23 页；［日］松井宏兴：《抵押制度的基础理论》，法律文化社 1997 年版，第 24 页。

2　参见［日］舟桥谆一：《物权法》，有斐阁 1970 年初版第 20 刷发行，第 40 页；［日］滝沢聿代：《物权法》，三省堂 2013 年版，第 30 页。值得提及的是，我国台湾地区学者郑冠宇自所有权的权能出发而倾向于物权作用说。其谓：物上请求权仅为所有权的权能，为所有权必须具备的内容，所有权人得本于此请求权对任何人为主张，其可追及至物的所在地行使请求权，但其并非独立的权利，所有权人可自己行使该权能，也可委由他人行使。另外，如同行使债权请求权系在于实现债权一样，行使物上请求权乃在于实现物权，故而物上请求权并非债权。对此，请参见郑冠宇：《民法物权》（第 8 版），新学林出版股份有限公司 2018 年版，第 205—206 页。

3　参见日本大判 1928 年 11 月 8 日民集 7 卷 970 页。

4　参见日本大判 1928 年 11 月 8 日民集 7 卷 970 页；［日］松坂佐一：《民法提要（物权法）》（第 4 版），有斐阁 1980 年版，第 9 页。

5　参见［日］松井宏兴：《抵押制度的基础理论》，法律文化社 1997 年版，第 24 页。

6　此支分权的物上请求权乃与基本物上请求权相对。譬如，根据物权产生的物上请求权为基本物上请求权，根据作为支分物权的所有权而产生的物上请求权为支分权的物上请求权。对此，请参见华夏主编：《简明日汉法律辞典》，人民法院出版社 2003 年版，第 112 页。

7　参见［日］田山辉明：《物权法》，三省堂 1993 年第 3 刷发行，第 41 页。

所有权等物权后，自可立基于所有权等物权而行使其物上请求权。[1]之所以如此，盖因若许可单独让与物上请求权，则将使得其与所有权等物权分离，所有权等物权的内容即不复包含物上请求权。[2]然不具物上请求权内容的物权（如所有权等），已类似于空洞的权利，所有权等物权人对他人的侵夺或无权占有无从请求，对于他人的妨害也无从排除或要求防止（预防），进而所有权等物权即不复成为所有权，且物权（譬如所有权）也不复被厘定为系对标的物的全部加以占有、使用、收益及处分的权利。[3]

三、所有权人的物上请求权的形态、内容与其他相关问题

如前述，按照近现代与当代比较物权法立法成例、法理或学理，所有权人的物上请求权乃涵括三种类型或形态：对所有物的占有被侵夺时的标的物的返还请求权（所有物返还请求权），对所有物的支配受到妨害时的妨害除去（排除）请求权［所有物妨害除去（排除）请求权］，及对所有物的支配有被妨害之虞时的妨害防止（预防）请求权［所有物妨害防止（预防）请求权］。如下乃首先对此三种形态或类型的所有权人的物上请求权逐一予以分述、考量，之后比较、评议及分析其与我国法中的所有权等物权的（物上请求权）保护方法的差异。

（一）所有物返还请求权的涵义厘定、内容、构成（要件）、诉讼时效与其他相关问题

按照法理与学理，丧失所有物的占有的所有权人，得对无权源的占有人请求返还所有物（占有的回复）的权利，即为所有物返还请求权（rei vindicatio）[4]，

---

[1] 并且，受让人取得所有权等物权后得行使的物上请求权乃系属于新发生的物上请求权，而非由让与人转让而受让取得的物上请求权。惟应指出的是，物上请求权虽不可让与，但可授权他人行使（Ermächtigung）。另外，应值提及的是，现今德国学理通说也认为物上请求权不得为让与（转让、交易）的客体。对此，请参见郑冠宇：《民法物权》（第 8 版），新学林出版股份有限公司 2018 年版，第 206 页及该页注释 8。

[2] 参见郑冠宇：《民法物权》（第 8 版），新学林出版股份有限公司 2018 年版，第 206 页。

[3] 参见郑冠宇：《民法物权》（第 8 版），新学林出版股份有限公司 2018 年版，第 206 页。

[4] 参见 ［日］松井宏兴：《抵押制度的基础理论》，法律文化社 1997 年版，第 28 页。

或所有人的回复请求权。[1] 易言之，对标的物享有所有权的人于其标的物被侵夺（占有的侵夺）时，得请求侵夺人返还对标的物的占有，[2] 且不问标的物的占有被侵夺的因由为何，皆得为之。[3] 所有物返还请求的内容，乃系请求移转标的物的占有。具体而言，于标的物为动产时，系提出"交付请求"，于标的物为不动产时，则系"明渡请求"（基于明示确认方式公示的不动产物权变动[4]）。[5] 至于行使所有物返还请求权的要件，则涵括如下六个方面。

（1）所有权人丧失对所有物的占有，即存在占有的丧失。所谓所有权人丧失占有，其无论系丧失自己占有或代理占有，皆属之。后者即所有权人丧失代理占有的情形，譬如所有权人甲将自己的房屋出借给丙，乙因不法占有该房屋，致使丙丧失自己占有的即是。而且，也不问所有权人丧失占有的原因为何。也就是说，所有权人对物的占有被侵夺（占有侵夺）抑或被诈取的，其皆得行使返还请求权。[6]

（2）占有人的占有系非基于法律上正当权源的不法的占有，且此不法的占有并不以占有人有故意或过失为必要。另外，承租人丙未获得所有人（出租人）甲的同意而将租赁物转租给乙，因乙的占有对于甲而言乃系不法占有，故甲对乙得行使返还请求权。且此种情形，新近比较判例实务认为，甲可请求乙直接向自己返还租赁物。[7]

1　参见王泽鉴：《民法物权》，2014年自版，第149页。

2　值得提及的是，我国台湾地区学者陈荣传谓：所有权人对于无权占有或侵夺其所有物者，得请求返还其物的权利，即是所有物返还请求权。无权占有系指无占有的本权而仍占有其物，无论自始无权占有（譬如甲窃用乙的汽车，仍占有使用中），或嗣后无权占有，即最初为有权占有，占有权源消灭后仍继续占有的情形，譬如租赁合同终止后承租人仍继续占有，出租人除得本于租赁物返还请求权请求返还租赁物外，若出租人为租赁物的所有权人的，并得立基于所有权的作用（效力），根据无权占有的法律关系，请求返还租赁物。至于所谓侵夺，则是指违反所有权人的意思而强行取得其物，譬如甲对乙的汽车无论以强盗、抢夺、窃盗或侵占的方法取得，皆属侵夺。此时乙皆得主张所有物返还请求权。对此，请参见陈荣传：《民法物权实用要义》，五南图书出版公司2014年版，第22页。

3　参见［日］田山辉明：《物权法》，三省堂1993年第3刷发行，第44页。

4　参见冷罗生主编：《日汉法律词典》，法律出版社2018年版，第1311页。

5　参见［日］田山辉明：《物权法》，三省堂1993年第3刷发行，第44页。

6　参见［日］松井宏兴：《抵押制度的基础理论》，法律文化社1997年版，第29页。

7　参见日本最判1951年4月27日民集5卷5号第325页；参见［日］松井宏兴：《抵押制度的基础理论》，法律文化社1997年版，第29页。

（3）行使所有物返还请求权的主体需为所有权人或依法得行使所有权的人。也就是说，所有物返还请求权的行使主体需为不占有所有物的所有权人。因物上请求权系以物的支配为根据而保护本权（所有权），故此，所有权人之前对物是否有占有乃并无关系。[1] 另外，因所有物返还请求权并非具有专属权的特性，故而，不独标的物所有权人本人得行使该请求权，且标的物所有权人的代理人、有代位权的债权人、破产管理人与遗产管理人，也皆可行使。[2] 另外，共有人也可行使该请求权。[3]

（4）所有物返还请求权的相对人（行使对象）——被请求人——需为无权占有人或侵夺所有权人的标的物（所有物）的人。也就是说，所有物返还请求权的相对人（被请求人）需为无权占有或侵夺其所有物的人，且并不限于现在直接占有人。[4] 此所称无权占有所有物，系指被请求返还所有物时，已无正当理由而继续占有他人的所有物；而所谓侵夺所有物，则系指以非法的手段侵夺所有权人的所有物。[5]

（5）需标的物具有适于返还的特性。也就是说，若标的物具有不适于返还的特性，则不能请求返还。概言之，仅对特定物方得发生返还请求权。[6]

（6）所有物返还请求权的效力系请求返还占有物。也就是说，本于所有物返还请求权，所有权人得请求返还的，为直接占有的物，而非所有权。[7] 之所以如此，盖因此种场合请求权人（所有物返还请求权的主体）并未丧失所有权，故而返还的方法系其所有物由他人占有而移转至由自己占有，而非系所有权的移转。

1　参见［日］松井宏兴：《抵押制度的基础理论》，法律文化社 1997 年版，第 30 页。

2　参见［日］松坂佐一：《民法提要（物权法）》（第 4 版），有斐阁 1980 年版，第 9 页。

3　参见吴光明：《新物权法论》，三民书局 2009 年版，第 64 页。

4　参见吴光明：《新物权法论》，三民书局 2009 年版，第 65 页。惟我国台湾地区实务认为，请求返还所有物之诉，应以现在占有该物的人为被告。若非现在占有该物的人，即使所有权人的占有系因其人的行为而丧失，所有权人也仅于此行为具备侵权行为的要件时，得向其请求损害赔偿，而不得基于物上请求权对之请求返还所有物。对此，请参见我国台湾地区"最高法院"1969 年度台上字第 565 号民事判决；蔡明诚："地上权人与物上请求权"，载谢哲胜等：《地上权法制之研究》，元照出版有限公司 2018 年版，第 287 页。

5　参见吴光明：《新物权法论》，三民书局 2009 年版，第 65 页。

6　参见吴光明：《新物权法论》，三民书局 2009 年版，第 65 页。

7　参见郑冠宇：《民法物权》（第 8 版），新学林出版股份有限公司 2018 年版，第 215 页。

进而就占有物的返还而言，其与不当得利的返还请求权具相同的效果。[1]另外，占有物原则上应向所有权人返还，惟若所有权人已将该（某）地块出租或为他人设定建设用地使用权而为间接占有人的，则仅可请求无权占有人对承租人或建设用地使用权人返还占有物。[2]

所有物返还请求权的效力既然为占有物的返还，则请求权人与相对人间的权利义务关系，即应根据民法有关占有回复请求权与占有人间的关系的规定，依侵权行为、无因管理与不当得利规则，请求占有人返还因占有物（所有物）而获得的利益。该财产（占有物）若有损毁、灭失，占有人（相对人）无论对毁损、灭失有无过失，皆应负损害赔偿责任。[3]至于所有物返还请求权是否得罹于诉讼时效，学理存在肯定与否定两说。其中，肯定说认为，涵括所有物返还请求权在内的请求权，应因于法定诉讼时效期间不行使而消灭。否定说则认为，所有物返还请求权与所有权系同时存在，于所有权存续期间内随时不断发生，故该请求权不应罹于时效而消灭。[4]对此二说，现今学理通说系采否定说，即认为所有物返还请求权并不因罹于时效而消灭。[5]惟依我国民法的有关规定，不动产物权和登记的动产物权的权利人请求返还财产，不适用诉讼时效。[6]易言之，我国诉讼时效对所有

1　参见郑冠宇：《民法物权》（第 8 版），新学林出版股份有限公司 2018 年版，第 215—216 页。

2　参见郑冠宇：《民法物权》（第 8 版），新学林出版股份有限公司 2018 年版，第 216 页。

3　参见吴光明：《新物权法论》，三民书局 2009 年版，第 65 页及该页注释 11。

4　参见吴光明：《新物权法论》，三民书局 2009 年版，第 65 页。

5　值得指出的是，日本学者滝沢聿代认为，物上请求权系与物权本身不同的独立的权利，且只要物权存在，就会不断派生出此权利。故此，所有权乃系并不罹于诉讼时效的权利（即所有权具永久性），只要所有权存在，基于所有权的物上请求权就不会因时效而消灭，且日本判例实务也采此见解。惟于日本法中，用益物权、担保物权因系会罹于诉讼时效（参见《日本民法》第 167 条第 2 项）的权利，故而其物上请求权也应会罹于时效而消灭。不过在德国民法中，有学说系仅认可物上请求权罹于诉讼时效，而认为物权这一实体权利并不罹于时效而消灭。也就是说，其乃系分别对待和把握物权与其物上请求权。参见［日］舟桥谆一编集：《注释民法》（6）（新版），有斐阁 1997 年版，第 119 页以下，日本学者好美清光执笔。另外，根据日本新近的判例，基于抵押权的妨害排除请求权，乃被认可为一种新的权利（参见日本最大判 1999 年 11 月 24 日民集 53 卷 8 号 1899 页，《判时》第 1695 号第 40 页及《判夕》1019 号第 78 页）。对此，请参见［日］滝沢聿代：《物权法》，三省堂 2013 年版，第 29—30 页。

6　参见《民法总则》第 196 条第 2 项。

物返还请求权的适用范围仅限于未登记的动产物权的所有物返还请求权，不动产物权如房屋、土地、矿藏、水资源的所有权人或用益物权人请求无权占有人返还房屋、土地、矿藏、水资源的权利，以及国家或农村集体组织请求无权占有人返还土地、矿藏、水资源的权利，皆不适用诉讼时效。[1]

另外，根据现今学理通说与立法成例，无权占有的标的物尚未灭失，所有权人请求返还该占有物，然占有人未能及时返还，致标的物毁损或灭失而造成所有权人损害的，为加重无权占有人的责任，使其对不可抗力也应负责，乃应类推适用债务人给付迟延的规定而予处理；[2] 至于标的物并未灭失，而系由第三人占有的，所有权人则仅得向现占有人请求返还其物，惟因返还请求权并非债权，故而所有权人向原占有人请求返还时，原占有人仅得抗辩其并非现占有人，而不得援引给付不能而抗辩。[3]

此外，按照现今比较民法立法成例、法理或学理，继承回复请求权 [4] 系与物上返还请求权独立而并存的权利，为保护真正继承人的利益，学理认为，于继承回复请求权罹于诉讼时效后，真正继承人仍得行使物上返还请求权。[5]

（二）所有物妨害除去（排除）请求权的涵义厘定、内容、制度（规范）旨趣、构成（要件）、诉讼时效与其他相关问题

所有物妨害除去请求权又称所有物妨害排除请求权（actio negatoria）或所有物保全请求权，[6] 系指享有所有权的人于其对所有物的支配现实遭受占有侵夺以外的方式的阻碍、侵害或侵夺时，其对妨害人得请求除去（排除）阻碍、侵害或侵

1　参见陈华彬：《民法总则》，中国政法大学出版社 2017 年版，第 669 页。

2　德国系明文规定应适用迟延给付的规则，对此请参见《德国民法典》第 990 条第 2 项："占有人有迟延时，仍应负因迟延而生的其他责任。"另参见郑冠宇：《民法物权》（第 8 版），新学林出版股份有限公司 2018 年版，第 218 页及该页注释 50。

3　参见郑冠宇：《民法物权》（第 8 版），新学林出版股份有限公司 2018 年版，第 218 页。

4　关于继承回复请求权，请参见我国台湾地区"民法"第 1146 条："继承权被侵害者，被害人或其法定代理人得请求回复之。前项回复请求权，自知悉被侵害之时起，二年间不行使而消灭。自继承开始时起逾十年者，亦同。"

5　参见林秀雄：《继承法讲义》，元照出版有限公司 2009 年版，第 59 页以下；郑冠宇：《民法物权》（第 8 版），新学林出版股份有限公司 2018 年版，第 219 页。

6　参见王泽鉴：《民法物权》，2014 年自版，第 163 页。

夺。[1]譬如邻地的树木因大风而倒入自己的庭园时，庭园的所有人对树木的所有人得行使妨害除去（排除）请求权，请求其搬离（撤去）树木。[2]现今比较实务中，所有物妨害除去（排除）请求权，乃多于不动产尤其是于土地的情形被采用（适用）。值得指出的是，所谓妨害，系指违反所有权的应有状态的妨害，且该妨害需有继续性。譬如相邻人增建的建筑物的部分逾越相邻的境界线，抑或建筑材料逾越境界而放置，皆属之。[3]

应当注意的是，所有物妨害除去（排除）请求权的内容因侵害的多样性而有不同。[4]譬如甲的土地较相邻的乙的土地低2米，因台风带来的大雨致乙地的庭园点景石、庭园铺石滚落于甲地时，甲对乙即得请求除去（排除）庭园点景石、庭园铺石。[5]另外，若此种情形中乙地的庭园点景石、庭园铺石崩塌主要系由甲挖掘（相邻）境界线周围的泥土而导致，乙由此而对甲请求损害赔偿的，也并不影响甲请求行使将（乙地的）庭园点景石、庭园铺石的妨害予以除去（排除）的权

1　也就是说，所有权人对于妨害其所有权者得请求除去其妨害的权利，即是所有物妨害除去（排除）请求权。妨害系指以占有以外的方法侵害所有权或阻碍所有权人圆满行使其所有权的行为或事实，譬如以伪造的证件主张自己是所有权人，对于因承办人员的疏失登记在自己名下的他人不动产，主张系自己所有，无正当理由将户籍登记在他人房屋所在地而拒不办理迁出登记，以及于他人土地上建构建筑模型抑或堆置石块等杂物，所有权人皆得请求排除其妨害。对此，请参见陈荣传：《民法物权实用要义》，五南图书出版股份有限公司2014年版，第24页。另外，根据我国台湾地区学者王泽鉴的见解，妨害系指以占有以外的方法阻碍或侵害所有权的支配可能性，其主要涵括如下情形：（1）对物的实体的侵害，如无权占有他人土地兴建房屋；（2）可量物的侵入，如丢弃废料或垃圾于他人庭院；（3）无权使用他人的物，如在他人墙壁悬挂招牌，或为营业的目的而拍摄他人的物（如特殊造型的建筑物或室内设计）；（4）妨碍所有权的行使，如停车于他人车库；（5）否认他人对物的所有权。此尽管并非对所有权的直接侵害，仅得以确认之诉确认其所有权的存在，以除去其不安的状态，然确认所有权之后，他人继续声称某物为其所有时，应肯定妨害除去请求权方可足以保护所有权人的利益；（6）不动产登记的错误、遗漏或不实。譬如冒名将他人不动产登记为己有，或基于通谋虚伪意思表示等无效事由而为所有权的移转登记。对此，请参见王泽鉴：《民法物权》，2014年自版，第163页。

2　参见［日］松井宏兴：《抵押制度的基础理论》，法律文化社1997年版，第31页。

3　参见［日］田山辉明：《物权法》，三省堂1993年第3刷发行，第43页。

4　值得提及的是，近现代及当代物权法并未对所有权人的物上请求权的内容作出厘定，故此，谁对谁具体应为如何的请求，乃自较远的时期（于日本乃自古代）即开始讨论了。对此，请参见［日］滝沢聿代：《物权法》，三省堂2013年版，第30页。

5　参见［日］田山辉明：《物权法》，三省堂1993年第3刷发行，第43页。

利。此种情形中乙地的庭园点景石、庭园铺石的崩塌若系因大雨等不可抗力而导致（或引起）的，根据比较判例实务，因此种妨害系由不可抗力而引起，故其并不发生物上请求权。[1]惟学理通说认为，因物上请求权乃以真正回复（或消除）现实的客观违法状态为其本旨，故而违法状态无论基于何种因由而发生，皆无关系。易言之，只要有违法状态造成的妨害，受害人即应除去（排除）该妨害。[2]还有，如前述，对于无权占有的排除，系以所有物返还请求权为主张依据，而对于以占有以外的方法对所有权为阻碍或侵害抑或侵夺的，则乃以妨害除去（排除）请求权为主张依据。[3]惟所有权人仍可同时主张除去（排除）妨害请求权与所有物返还请求权。譬如对于无权占有土地所有权人的土地，并于该土地上擅自建筑房屋的人，土地所有权人得请求其拆除建筑物（所有物妨害除去请求权），并将土地返还于自己（所有物返还请求权）。[4]按照比较物权法立法成例、法理或学理，所有物妨害除去（排除）请求权的构成需以符合或满足如下要件为必要。

（1）需对所有权为妨害（需有妨碍所有权行使的行为）[5]。也就是说，妨害人（相对人）系以占有以外的方法阻碍或妨害所有权内容的圆满实现抑或支配可能性。[6]譬如甲在乙的土地上建构围墙与堆置石块，即系甲妨害乙的土地所有权，或如于他人土地上倾倒废土，抑或违背他人的意思擅自将广告印刷品丢入他人信箱，乃皆系对所有权的妨害。[7]至于承租人于租期届满丢弃于该承租不动产的物，

1　参见日本大判 1937 年 11 月 19 日民集 16—1881。

2　参见［日］田山辉明：《物权法》，三省堂 1993 年第 3 刷发行，第 44 页。

3　参见郑冠宇：《民法物权》（第 8 版），新学林出版股份有限公司 2018 年版，第 219 页。

4　参见我国台湾地区"最高法院"2014 年度台上字第 2219 号民事判决；郑冠宇：《民法物权》（第 8 版），新学林出版股份有限公司 2018 年版，第 219—220 页。

5　参见吴光明：《新物权法论》，三民书局 2009 年版，第 65 页。

6　参见吴光明：《新物权法论》，三民书局 2009 年版，第 65 页。

7　参见郑冠宇：《民法物权》（第 8 版），新学林出版股份有限公司 2018 年版，第 220 页。应值注意的是，我国台湾地区学者吴光明认为，此时并需考虑行为人（相对人）是否出于故意或过失。对此，请参见其所著《新物权法论》，三民书局 2009 年版，第 65 页。然日本学理认为，物上请求权系立基于物权的排他性效果而导出的制度或规则，故其原则上并不追问妨害者的故意、过失而皆可提出请求。对此，请参见［日］滝沢聿代：《物权法》，三省堂 2013 年版，第 29 页。

则系对出租人所有权行使的妨害，出租人自可请求承租人（妨害人）除去，且承租人不得借口以抛弃（放弃、丢弃）物的所有权为由而拒绝除去。[1] 之所以如此，盖因原承租人的物存于不动产上时妨害即已存在，所有权人的妨害除去（排除）请求权也即得以产生，该请求除去（排除）妨害的权利自不应受原承租人事后抛弃（放弃）所有权的影响。原承租人不为除去（排除）妨害而出租人自行除去（排除）妨害的，则系无因管理，之后不动产所有权人（出租人）自可依无因管理的规定而请求妨害人（原承租人）偿还费用。[2]

（2）妨害需为现实的不法。亦即，于所有权人请求除去（排除）妨害时，妨害仍在持续中。若妨害虽已成为过去，但将来仍有妨害的可能的，则为后述的妨害防止（预防）请求权。[3] 至于妨害发生的原因为何则无关系，其系由于人的行为（譬如他人无权源地将木材置放于自己所有的庭园）或自然力（譬如邻地的树木因大风而倒入自己的庭园），皆不影响妨害除去（排除）请求权的成立。[4] 而所谓"不法"，系指所有权人对于行为人（相对人）的妨害并无容忍的义务。基于社会共同生活与相邻关系负有容忍他人妨害的义务的，不成立妨害除去（排除）请求权。[5] 实务中，合法的妨害系出于所有权人的同意的，所有权人自可随时撤回其同意，撤回后发生的妨害，即为不法。[6]

（3）妨害状态的发生并非基于妨害人的正当的权源，也就是说，若基于正当的权源而发生对所有权人的物的妨害的，乃并不成立所有物妨害除去（排除）请

1　参见郑冠宇：《民法物权》（第 8 版），新学林出版股份有限公司 2018 年版，第 220 页。

2　参见郑冠宇：《民法物权》（第 8 版），新学林出版股份有限公司 2018 年版，第 220 页。

3　参见郑冠宇：《民法物权》（第 8 版），新学林出版股份有限公司 2018 年版，第 221 页。

4　参见 ［日］松井宏兴：《抵押制度的基础理论》，法律文化社 1997 年版，第 32 页。

5　参见吴光明：《新物权法论》，三民书局 2009 年版，第 65—66 页。另外，也有必要值得提及的是，所有权人对于妨害其所有权者，固然得请求除去其妨害，但妨害的除去往往涉及另一标的物的破坏。譬如甲的 A 房屋有一部分坐落于乙的 B 地，对乙而言，该部分的坐落构成对 B 地所有权的妨害（侵害）。为除去其妨害（侵害），乙得请求甲拆屋还地，然拆除 A 房屋该部分对甲造成的损害与 B 地的妨害除去使乙获得的利益也有适度平衡的必要。对此，请参见陈荣传：《民法物权实用要义》，五南图书出版股份有限公司 2014 年版，第 24—25 页。

6　参见郑冠宇：《民法物权》（第 8 版），新学林出版股份有限公司 2018 年版，第 221 页。

求权。并且，妨害状态的发生，也不以妨害人有故意或过失为必要。[1]

另外，按照法理与实务，所有物妨害除去（排除）请求权的行使主体乃仅限于所有权人（即妨害对物的直接支配的所有权人），[2] 共有人于其权限范围内，也可行使所有物妨害除去（排除）请求权。被请求的人除涵括以自己的行为对他人所有权为妨害的行为妨害人（Handlungsstörer）[3] 外，持有或经营某种妨害他人所有权的物或设施的状态妨害人（Zustandstörer）[4]，也包括在内。[5] 进而言之，于所有权人对物的支配被物妨害的情形，妨害物的现实所有权人系为妨害除去（排除）请求权的相对人。譬如住宅的承租人丙自乙处借得其所有的机械置放于住宅中，于租房终了立即搬离之后未将机械撤去的，住宅的出租人（所有权人）甲即得对机械的现实所有权人乙请求撤去机械。此外，于妨害物让渡于第三人时，第三人（受让人）为妨害排除请求权的相对人，且不以该第三人（受让人）是否知晓妨害的事实为必要。[6]

最后，因妨害除去（排除）请求权的效力系在于法院依法强制妨害行为人负担费用以除去（排除）妨害的后果，故此，现今比较物权法立法、学理或法理认为，已登记的不动产所有人的妨害除去（排除）请求权，依其特性并无诉讼时效

1　参见〔日〕松井宏兴：《抵押制度的基础理论》，法律文化社 1997 年版，第 32 页；参见〔日〕松坂佐一：《民法提要（物权法）》（第 4 版），有斐阁 1980 年版，第 9 页。

2　参见〔日〕松井宏兴：《抵押制度的基础理论》，法律文化社 1997 年版，第 32 页。

3　此所谓妨害行为人，系指依自己的行为对他人所有权妨害的人，譬如停车于他人的车库，放置广告招牌于他人的屋顶即属之。妨害行为系基于雇主的指示时（如倒废料于他人的土地），雇主为妨害人。妨害人有无过失，并不追问。对此，请参见王泽鉴：《民法物权》，2014 年自版，第 165 页。

4　此所谓状态妨害人，系指持有或经营某种妨害他人所有权的物或设施的人，其不限于所有权人，占有人也涵括在内。凡对造成妨害的物或设施有事实上的支配力的人皆谓之。譬如甲于其房屋后院植树，被强风吹落于乙地，甲为妨害人。又设甲出租该房屋于丙时，该树于丙可支配的范围，丙对该树倒入邻地仍应负责，也属妨害人。另外，妨害人为数人的，也不时有之。譬如甲出租 KTV 给乙经营，乙违反规定通宵营业而妨害邻居安宁。此种情形，乙系行为妨害人，甲得终止租赁，排除妨害，乃状态妨害人。数妨害人各负除去其妨害的义务，所有权人得对其中的一人、数人或全部提出请求而予排除（妨害）。对此，请参见王泽鉴：《民法物权》，2014 年自版，第 165 页。

5　参见郑冠宇：《民法物权》（第 8 版），新学林出版股份有限公司 2018 年版，第 221 页。

6　参见〔日〕松井宏兴：《抵押制度的基础理论》，法律文化社 1997 年版，第 32 页。

规则的适用。[1]另外，依我国台湾地区"最高法院"的裁判见解，于相当期间内未行使妨害除去（排除）请求权，除有特别情事足以引起他人的正当信任，以为其已不欲行使权利外，乃不宜仅因其久未行使权利，而认为之后行使权利系违反诚信原则。[2]大陆学理通说也认为，所有人的除去（排除）妨害请求权并不适用诉讼时效。[3]

（三）所有物妨害防止（预防）请求权的涵义确定、制度（规范）旨趣与内容

所有物妨害防止请求权又称所有物妨害预防请求权或所有物保全请求权[4]，系指所有权人将来对物的直接支配有受侵害、妨害之虞[5]时，其依法对产生妨害之虞的人享有请求防止妨害发生的权利。[6]也就是说，此所有物妨害防止（预防）请求权的效力乃系在于由法院判决侵害人消除妨害的因由。[7]

所有物妨害防止（预防）请求权的成立，首先需所有人的所有物存在客观的有受妨害之虞，且其并不以现实发生过一次妨害为必要。其次，妨害之虞并非基于妨害人的正当的权源而引起。得行使所有物妨害防止（预防）请求权的人，系自己对物的支配有受到妨害之虞的所有权人。至于请求防止（预防）妨害行为发

1　参见吴光明：《新物权法论》，三民书局 2009 年版，第 66 页。

2　参见我国台湾地区"最高法院"1997 年度台上字第 3751 号民事判决；郑冠宇：《民法物权》（第 8 版），新学林出版股份有限公司 2018 年版，第 222 页。

3　参见李开国：《民法总则研究》，法律出版社 2003 年版，第 413—414 页；陈华彬：《民法总则》，中国政法大学出版社 2017 年版，第 670 页。

4　参见王泽鉴：《民法物权》，2014 年自版，第 167 页。

5　应值注意的是，是否有妨害之虞，应就具体案件而予认定，并不以曾发生而有继续被妨害之虞为必要。譬如，（1）甲所有的老屋年久失修，有倾倒的危险，邻居乙备受威胁，得请求甲自己出费而予防止（预防）；（2）甲兴建大厦，依其公开的设计图样逾越乙所有的土地时，乙得请求予以防止（预防）。对此，请参见王泽鉴：《民法物权》，2014 年自版，第 167 页。

6　参见［日］松井宏兴：《抵押制度的基础理论》，法律文化社 1997 年版，第 32 页。也就是说，所有权人对于有妨害其所有权之虞者，得请求防止其妨害的权利，即是所有物妨害防止（预防）请求权。有妨害之虞，系指妨害虽未发生，但依一般社会观念判断有可能发生妨害的情形。譬如甲的房屋年久失修，已有向乙的土地倾斜的现象，随时有可能倾倒于乙的土地，乙即得请求甲为一定的支撑或补强，以免自己的土地所有权或利用权将来受（到）妨害。对此，请参见陈荣传：《民法物权实用要义》，五南图书出版股份有限公司 2014 年版，第 25 页。

7　参见吴光明：《新物权法论》，三民书局 2009 年版，第 66 页。

生的相对人，则为现在并无正当的权源而使妨害有发生之虞的人。[1]

所有物妨害防止（预防）请求权的旨趣，系在于阻却将来发生的妨害，故此，对于业已存在的妨害除可主张妨害除去（排除）请求权外，也有主张妨害防止（预防）请求权的可能，惟妨害防止（预防）请求权的主张，并不以曾经发生妨害所有权，且有继续发生的可能为必要。[2]之所以如此，盖因所有物妨害防止（预防）请求权乃系防患于未然而对可能发生的侵害加以预防的保护措施。[3]

如前述，所有物妨害防止（预防）请求权的内容，系所有权人请求除去妨害可能发生的因由，以防止或预防妨害发生。[4]具体而言，其涵括对行为人（相对人）要求不为一定的行为（不作为，譬如要求行为人不建构危险的工事），与要求行为人为一定的行为（作为，譬如要求行为人为防止悬崖崩坏而设置石垣等阻碍设施）两种情形。[5]实务中，于妨害实际发生后方请求行为人（相对人）除去（排除）妨害，往往对物权的保护并不充分、及时，故而，尽管只要有一定的妨害危险即请求行为人（相对人）加以预防（防止）未必适切、妥当，然根据一般的基准（标准）或情形，妨害发生的危险性或可能性系明确、清楚之时，即应解为所有权人得行使妨害防止（预防）请求权。[6]

（四）我国法中的所有权等物权的保护方法：与传统法中的所有权等物权人的物上请求权的差异、特色及我国未来的完善、建构、充实和实务解释、适用的路向

我国法对于所有权等物权的保护并未采取所有权或物权的物上请求权的称谓

1　参见［日］松井宏兴：《抵押制度的基础理论》，法律文化社 1997 年版，第 33 页。

2　参见郑冠宇：《民法物权》（第 8 版），新学林出版股份有限公司 2018 年版，第 222 页。

3　参见郑冠宇：《民法物权》（第 8 版），新学林出版股份有限公司 2018 年版，第 222 页。

4　参见［日］田山辉明：《物权法》，三省堂 1993 年第 3 刷发行，第 45 页。

5　参见［日］田山辉明：《物权法》，三省堂 1993 年第 3 刷发行，第 45 页。也就是说，作为防止（预防）妨害而得请求的内容，乃包括请求不对物的直接支配加以妨害，与请求为不对物的支配产生妨害而采取积极的措施。前者系请求不为一定行为（不作为），后者系请求为一定行为（作为）。对此，请参见［日］松井宏兴：《抵押制度的基础理论》，法律文化社 1997 年版，第 33 页。

6　参见日本大判 1937 年 11 月 19 日民集 16 卷第 1881 页的"危险预防设备请求事件（案件）"；参见［日］田山辉明：《物权法》，三省堂 1993 年第 3 刷发行，第 45 页。

或立法表达，而是径直启用"物权的保护"这一名称。[1]在此名称下，立法规定了较前述传统法中的所有权等物权人的物上请求权更宽泛的内容，譬如它规定所有权等物权人可以透过诉讼、仲裁、调解与和解方式保护自己的物权。而对无权占有所有权等物权人的不动产或动产的，权利人可以请求返还原物；对于所有权等物权人的物权发生妨害或可能发生妨害的，权利人可以请求排除妨害或消除危险。此等方面的规定或内容，实大抵与前述传统法中的物权尤其是所有权人的物上请求权制度或规则的内容相同。另外，我国法中还厘定（规定）了所有权等物权权利的合同法与侵权责任法保护方法或救济途径。譬如它明确了物权尤其是所有权人可以透过请求修理、重作、更换或者恢复原状来保护自己遭到毁损的不动产或动产权利。[2]还有，它也规定了所有权等物权权利人可以经由请求损害赔偿抑或请求承担其他民事责任来保护或救济自己遭受侵害且造成了损害的所有权等物权权利。[3]

尤其值得提及的是，我国法借镜《意大利民法典》第 950 条等的规定，而明定了所有权等物权的确认请求权制度或规则。[4]此可谓系我国法于所有权等物权的物上请求权的形态或类型厘定上的颇具特色的规定，应值肯定与赞赏。据此所有权等物权的确认请求权制度或规则，若所有权等物权的内容或归属发生争议或纠纷，所有权等物权人即可请求人民法院或有关行政机关对发生争议或纠纷的所有权等物权的内容或归属予以确认。[5]

综据以上分析，笔者认为，对于我国法厘定（规定）的所有权等物权的传统

1　参见全国人民代表大会常务委员会法制工作委员会编：《中华人民共和国物权法释义》，法律出版社 2007 年版，第 84 页。

2　参见全国人民代表大会常务委员会法制工作委员会编：《中华人民共和国物权法释义》，法律出版社 2007 年版，第 88—89 页。

3　参见全国人民代表大会常务委员会法制工作委员会编：《中华人民共和国物权法释义》，法律出版社 2007 年版，第 84 页以下。

4　参见全国人民代表大会常务委员会法制工作委员会编：《中华人民共和国物权法释义》，法律出版社 2007 年版，第 84 页。

5　参见全国人民代表大会常务委员会法制工作委员会编：《中华人民共和国物权法释义》，法律出版社 2007 年版，第 85 页。

法的保护方法（亦即所有权等物权的物上请求权保护），我国应依前文所述而予完善、建构或充实，对于我国法中的所有权等物权的确认请求权制度或规则，我国宜使之得以继续保留，并应使其功用与价值于实务中得到进一步发挥或彰显。特别需要指出的是，我国实务中对于所有权等物权的物上请求权各种具体形态或类型的适用、解释，乃宜依本文如前所作的厘清、厘定及释明而为之。如此，方为科学、妥当及适宜。

四、所有权人物上请求权的竞合与物上请求权和费用问题

如前述，所有权人的各物上请求权之间有时会发生行使上的竞合，譬如前述所有物返还请求权与所有物妨害除去（排除）请求权的行使的竞合即属之。而对于所有权人的各物上请求权的竞合，学理乃存在如下三说：（1）请求权竞合说。按照该说，所有物返还请求权成立时，原则上对于被请求人（相对人）的妨害除去（排除）请求权也得成立。譬如前述乙的土地的庭园点景石、庭园铺石滚落于甲地的情形，甲对乙得请求除去（排除）庭园点景石、庭园铺石，惟同时乙对甲也有庭园点景石、庭园铺石的返还请求权。主张此说的学者认为，认可如此的法律状态乃可望迅速地使原状得以回复。然依此说，乃是难以确定行使各物上请求权的费用应如何负担的。[1]（2）请求权非竞合说。此为新近的有力说，认为实务中并不实际发生或存在所有权人的物上请求权的竞合。譬如于前述乙的土地的庭园点景石、庭园铺石滚落于甲地的情形，由于甲对乙的庭园点景石、庭园铺石应解为并不占有（支配），故而乙对甲并无庭园点景石、庭园铺石返还请求权，而仅存在甲对乙的庭园点景石、庭园铺石的妨害除去（排除）请求权。[2]（3）取回容忍请求权竞合说。此说与第二说相同，即并不认为甲对标的物（庭园点景石、庭园铺石）有占有（支配），故此，乃不应认可乙的返还请求权，但同时宜认为乙有另

1　参见［日］田山辉明：《物权法》，三省堂1993年第3刷发行，第46页。

2　参见［日］舟桥谆一编集：《注释民法》（6），有斐阁1967年版，第70页（日本学者好美清光执笔）；［日］田山辉明：《物权法》，三省堂1993年第3刷发行，第46页。

外的物上请求权的权限。具体而言，乙的动产（庭园点景石、庭园铺石）滚落至甲的土地（基地）内，应当然不得解为甲对该动产（庭园点景石、庭园铺石）取得（或保有）占有，故而甲宜容忍乙取回其动产（庭园点景石、庭园铺石）。[1]

对于所有权人的物上请求权的行使与费用负担，根据新近的比较判例实务，乃系不问实施侵害的行为人（相对人）有无责任，通常由其负担费用，返还原物或除去（排除）妨害，抑或采取防止（预防）措施。[2]并且，于因不可抗力导致侵害而所有权人的物上请求权并不成立时，新近比较判例实务也认为相对人应负担费用，由此以回复原状。[3]另外，按照新近的学理通说，因不可抗力导致侵害的情形，也宜认可所有权人的物上请求权成立，且所有权人行使物上请求权的费用应由相对人负担。[4]还有，于比较物权法学理、法理上，新近于该学理通说之外还出现了请求人费用负担说与支配和责任区分说。按照请求人费用负担说，自立基于谋求与过失责任原则的调和的考量，妨害除去（排除）所需的必要的劳务与费用应由物上请求权人负担，于相对人有可归责的事由时，可请求侵权行为的损害赔偿。[5]而依支配与责任区分说，乃依所有权人的物上请求权的内容，而分别、单个地对相对人请求标的物的返还、妨害除去（排除）抑或采取防止（预防）妨害

1　参见［日］田山辉明：《物权法》，三省堂 1993 年第 3 刷发行，第 47 页。

2　应当提及的是，日本学者松井宏兴认为，所有权人行使物上请求权以除去（排除）或防止（预防）侵害、妨害而需要的费用，究系由作为请求权人的所有权人负担抑或由相对人负担，乃与所有权人的物上请求权的内容系行为请求权抑或容忍请求权相关联。具体而言，所有权人的物上请求权的内容系行为请求权抑或容忍请求权，其费用的负担者乃是不同的：所有权人对相对人请求除去（排除）妨害或防止（预防）妨害的物上请求权若系行为请求权，则除去（排除）妨害与防止（预防）妨害的必要费用应由相对人负担，而所有权人对相对人请求除去（排除）正在进行的妨害行为抑或预防妨害发生的行为若系容忍请求权的，则其费用乃由所有权人负担。对此，请参见［日］松井宏兴：《抵押制度的基础理论》，法律文化社 1997 年版，第 36—37 页。

3　参见［日］田山辉明：《物权法》，三省堂 1993 年第 3 刷发行，第 47 页。

4　参见［日］渡边洋三：《物的返还请求权与妨害排除请求权》（民法演习 2 旧版），有斐阁 1958 年版，第 98 页。

5　参见［日］铃木禄弥：《物权法讲义》（第 4 版），创文社 1994 年版，第 17—18 页。惟对此说也有批评意见，认为根据此说，于请求除去越界建筑物的情形乃系不妥当的，且于损害赔偿的举证责任这一点上对于物上请求权人也系不利。对此，请参见［日］舟桥谆一编集：《注释民法》（6），有斐阁 1967 年版，第 70 页（日本学者好美清光执笔）。

发生的措施。至于具体可以采取何种请求，乃系由"责任原理"而决定。换言之，此说的根据乃系物权请求权的支配与责任的分化。这就是界分或区隔作为支配权的物权得除去（排除）其客观的违法状态的问题，与由此而所需的费用由谁负担的问题。此所谓"责任原理"虽也涵括侵权行为法、合同法领域的责任规则与法理，然若物上请求权发生于相邻的不动产权利人之间（即以相邻不动产权利人作为请求对象），也应包含或导入相邻关系的"责任原理"。[1] 于根据此等"责任原理"或规则还不能确定费用负担时，除去（排除）行为由请求权人为之，其所需费用则作为共同费用[2]而由请求权人与相对人各负担一半。[3]

五、所有权人物上请求权与其他请求权的竞合

实务中，所有权人的物上请求权成立时，其他的请求权也同时成立的，并不在少数。如下即对基于合同、侵权行为及不当得利的请求权与所有权人的物上请求权的关联加以考量。

所有物返还请求权与基于合同的返还请求权得发生竞合。譬如不动产的租赁合同终止后，作为不动产所有人的出租人得请求承租人返还标的物（租赁物），此种情形出租人既可以合同终止为由请求返还，也可以行使基于所有权的物上请求权而要求返还。[4] 于此点上，存在出租人可行使任一权利的见解（前述作为通说的请求权竞合说），与出租人仅可基于合同而行使权利的见解（法条竞合说）。按照请求权竞合说，乃系认可出租人得主张、举证对自己最有利的要件，而依法条竞合说，出租人因系基于租赁合同而立于与承租人之间的特别关系，故而关于该特别关系的规范（合同终止后的原状回复请求权）应优先于一般的规范（物上

1　参见 ［日］川岛武宜：《所有权法的理论》，岩波书店 1949 年版，第 127 页。

2　此系参照适用《日本民法》第 223、226 条。

3　参见 ［日］渡边洋三：《物权的返还请求权与妨害排除请求权》（民法演习 2 旧版），有斐阁 1958 年版，第 101 页。

4　参见 ［日］泷沢聿代：《物权法》，三省堂 2013 年版，第 30 页；［日］田山辉明：《物权法》，三省堂 1993 年第 3 刷发行，第 49 页。

请求权）而适用。[1]

按照实务，物上请求权人（被侵害人）虽对侵害人有基于侵权行为的损害赔偿请求权，然仅据此却通常未必可使原状得以回复。也就是说，以侵权行为为请求权基础时，原则上仅可请求损害赔偿，而不得要求回复原状。若要回复原状，即必须行使物上请求权。然若涉及费用负担，则与基于侵权行为的损害赔偿请求权的竞合就成为问题。需要负担费用而行使物上请求权，且之后仍留下不能填补的损害的，尽管可立基于侵权行为而提出损害赔偿请求，然通常还是宜作为费用的问题而予处理。[2]

因甲、乙间的合同无效，甲对乙给付某物的情形，甲对乙得立基于欠缺法律上的原因（不当得利）而请求返还其所为的给付。同时，给付物的所有权因合同无效而仍为甲所有，故而甲得基于其所有权而请求返还给付物。应值注意的是，此种情形，若无效的因由系公序良俗违反的，则成为不法原因给付，甲对乙不得请求返还给付的物。[3]一言以蔽之，于此情形，不独基于不当得利的返还请求权的行使被否定，且也不得行使物上请求权。[4]

六、准物权权利与物上请求权及物上请求权与权利滥用

按照现今物权法法理与学理，所有权人的物上请求权不独对于物权，且对于视为物权的权利及准物权权利，譬如矿业权、探矿权、渔业权、水权及域外法

1　参见［日］田山辉明：《物权法》，三省堂1993年第3刷发行，第49页。

2　参见［日］田山辉明：《物权法》，三省堂1993年第3刷发行，第50页。

3　参见《日本民法》第708条："因不法原因而作出给付之人，不得请求返还其给付。但不法原因仅就受益人而存在时，不在此限。"陈华彬：《债法通论》，中国政法大学出版社2018年版，第156页。也就是说，此种情形犹如法谚云："任何人不得以自己不法为理由（Verbot der Berufung auf eignes Unrecht），而请求回复损失。"也即英美法谚所谓"入衡平法院者，应有洁净之手"（He who comes into equity must come with clean hands）。应指出的是，给付出于不法原因的，系指违反公序良俗的行为，譬如以同居为条件的赠与。对此，请参见郑冠宇：《民法债编总论》（第2版），新学林出版股份有限公司2017年版，第468—469页。

4　参见［日］田山辉明：《物权法》，三省堂1993年第3刷发行，第50页。

（如日本法）上的采石权，乃至习惯法上的物权，譬如流水权、温泉权，也皆有适用的余地。另外，根据域外（譬如日本）的判例实务，具备对抗要件的土地租赁权也仍然认为有物上请求权的适用。[1]

在晚近的比较物权法实务（譬如日本）中，所有权人物上请求权的行使构成权利滥用的，主要系对土地的利用（方式）造成了近邻很大的困扰的情形。惟其中的多数乃根据民法的相邻关系规则而予调整，故而也就通常认为，超出相邻关系的规范框架或范围时，就可能构成权利滥用。并且，行使物上请求权有时也会构成权利滥用。譬如日本法院于著名的宇奈月温泉案件（事件）中针对购买了涵括有温泉导水管无权限地通过的用地（2平方米）在内的土地的人，预见到强迫侵害人除去导水管乃系困难的，故而强制地要求其以昂贵的价格购买导水管的用地及其邻接地，而判示（判决）此并非系所有权的妥当（正当）行使，乃是为获取不当利益的行为，故构成权利的滥用。[2] 另外，于比较判例实务中，对于电气公司擅自于他人所有地的地下建构发电用水路的隧道，[3] 以及铁道公司擅自于他人的所有地铺设线路，[4] 而土地所有人行使妨害除去（排除）请求权的，法院皆认

1　参见日本最判 1953 年 12 月 18 日民集 7 卷 12 号第 1515 页；［日］田山辉明：《物权法》，三省堂 1993 年第 3 刷发行，第 46 页。应提及的是，于日本学理与实务中，具备对抗要件的租赁权也认可有妨害除去（排除）请求权，由此之故，也就给物上请求权乃系由单纯的排他性效果而导出投下了疑问。也就是说，此乃系自宽阔的视角，譬如以权利的不可侵（犯）性为根据而认可物上请求权。当然，此应与对权利的侵害构成侵权行为的情形相区别或加以界分。之所以如此，盖因物上请求权乃并不以相对人（行为人）的故意或过失为必要而方可主张的权利，其特性上乃为一种物权的权利。对此，请参见「日」滝沢聿代；《物权法》，三省堂 2013 年版，第 30 页。

2　参见［日］田山辉明：《物权法》，三省堂 1993 年第 3 刷发行，第 51 页。参见日本大判 1935 年 10 月 5 日民集 14 卷第 1965 页。该判决的主旨内容如下："所有权受侵害或所有权上存在危险时，所有权人为除去或禁止该状态而请求裁判上的保护乃属当然。所有权因该侵害受有损失，但除去该侵害存在显著困难，纵令得为却要求莫大费用的情形，第三人以此事实作为奇货，图谋不当得利，故意买卖与侵害相关的不动产。第三人一方面对侵害者要求除去侵害状态，另一方面要求对方提供不相当的巨额价款买入该不动产，并主张不满足其他一切协调。全体观之，上述行为归结于专以获取不当利益为目的，而以所有权供作其手段。此与社会观念上所有权的目的相悖，超脱其功能所允许的范围，无疑构成权利滥用。因此，在裁判上对侵害人请求除去相关侵害状态并请求禁止将来侵害，以此诉求作为追逐不当目的的手段，该诉讼上的请求无论其外观上如何，实体上皆欠缺给予其正当利益的保护。"对此，请参见王融擎编译：《日本民法条文与判例》（上册），中国法制出版社 2018 年版，第 11 页。

3　参见日本大判 1936 年 7 月 17 日民集 15 卷第 1481 页。

4　参见日本大判 1938 年 10 月 26 日民集 17 卷第 2057 页。

为系权利滥用的行为。[1]

七、结语

涵括所有物返还请求权、所有物妨害除去（排除）请求权及所有物妨害防止（预防）请求权在内的所有权人物上请求权，乃系一个缜密而谨严的所有权人物上请求权抑或物权请求权系统。各项请求权制度或规则的内容通常涵括其涵义、制度（规范）旨趣、构成（要件）、费用负担及是否因时效的经过而消灭。如前所述，尽管我国民法典物权编中并无如本文所述的完整而系统的所有权人物上请求权制度或规则体系，但自学理与法理的层面对之予以厘清和厘定，实具积极价值与必要。

尤其值得指出的是，有鉴于本文前述的近现代及当代比较所有权人物上请求权制度与规则系统的立法成例、法理或学理的可借鉴性，我国的民法物权法法理或学理乃宜以如前所述的思路、内容抑或依归来建构我国的所有权人物上请求权制度或规则系统。如是，我国民法典物权编或能更加切实并应付裕如地作用于我们的国家、社会与人民，并同时发挥与彰显所有权人物上请求权制度及其规则系统的固有功用与价值。

1　参见［日］松井宏兴:《抵押制度的基础理论》，法律文化社 1997 年版，第 33 页。

土地所有权理论发展的趋向[*]

——以空间权法理的生成与运用为中心

一、引言

土地系当代人类最珍贵的自然资源，是人类赖以生产、生活及发展开拓的根基。人类生活所需之衣、食、住、行，无不仰赖于土地，故谓土地为万物之本源，诸生的根源，实不为过。美国社会改革家亨利·乔治（Henry George）在1882年出版的《进步与贫困》一书中写道：土地是住所，系人类通过利用取得全部需要的仓库。就此而言，一部人类社会的历史，就是一部人类通过对土地的利用而不断改造自己、获得进化、走向文明的历史。因此，人类对土地利用的状况如何，大抵可以反映出人类社会文明和进步的程度。

从人类对土地利用形态的发展史看，迄今为止，人类经历了两个时代，即土地地表的平面利用时代与土地地表上下的空中及地中的空间利用时代。其中，土地地表的平面利用时代长达数百万年，大约始于迄今二三百万年前人类社会肇始之初。迄至19世纪下半叶，欧陆诸国的工业革命及城市化等一系列变革，致使人口开始集中于都市，城市由此地价暴涨。加之此间建筑技术进步，促成土地利用立体化。此种状况之发展，最终促成人类往昔对土地地表的平面利用转换为对土

* 本文曾发表于梁慧星主编《民商法论丛》（第3卷，法律出版社1995年版），今收入本书乃作有改易、变动。

地地表的平面利用外尚对土地空中及地中的利用。建筑物区分所有式高楼、地下铁道、空中走廊、高架铁路、上下水道、地下通道及地下街等空间建筑物与工作物纷纷兴建，极大地解决了伴随城市化和工业革命的城市住宅缺乏、城市环境过密化、通勤交通拥挤、环境污染及城市地价高昂等诸多重大社会问题，促进了近现代及当代城市的发展，推动了人类的文明与进步。

不动产土地由土地地表的所有与利用，朝着对土地空中与地中的所有与利用的转换，解决19世纪中期第二次工业革命以来，人类因城市化所产生的诸多严峻问题，其不仅显示了重大机能，同时也带来了土地所有权（或土地的私权）理念的变革。传统的以土地地表为中心而成立的个人土地所有权理念，以及为配合此种理念而建立的对土地地表的利用权理念及法制度，将面临前所未有的挑战。有关土地的空中与地中的所有与利用问题，如果仍然拘守传统民法所谓土地所有权效力"上达天宇，下及地心"原则，毫无疑义将不能有效因应此类新的重大社会问题。故此，从19世纪下半叶、20世纪初以来，各国家和地区先后于民法典中，或经由制定特别法，或透过司法判例，抑或通过制定其他相关法律，正式确立了土地空中与地中的所有与利用的法律制度，比如德国（1896年）、美国（19世纪中叶）、法国（1924年）、英国（1934年）、日本（1966年）及我国台湾地区（1985年）。

自1949年新中国成立以来，我国坚持实行社会主义的土地公有制，即土地的国家所有制和劳动群众集体所有制。在1987年以前的较长历史时期内，系将土地视为自然资源，而非财产。国有土地通常交由非土地所有人的公民、法人及其他非法人组织予以无偿、无期限、无流动（即禁止土地转让）使用。这种土地使用制度无疑是旧经济体制中最集权、最僵化、最无视经济规律的土地制度，[1]土地利用效益的最大化未被重视。进入20世纪80年代中期，随着城市经济体制改革的纵深发展，国有土地的有效利用与合理配置问题亟待解决。1990年5月19日，国务院发布《中华人民共和国城镇国有土地使用权出让和转让暂行条例》。此条

1 　李尚杰主编：《土地出让和转让的理论与实务》，科学技术文献出版社1992年版，第3页。

例之发布，使我国城镇国有土地的有效利用步入了法治轨道，标志着我国国有土地，尤其是城镇国有土地有效利用，进入了一个新的时期。

伴随我国国有土地有效利用制度的实施及城镇国有土地使用权的出让和转让，不仅土地的地表，而且土地的空中及地中作为独立财产权利客体所具有的重大经济价值，开始受到人们注目，将地表之上的空中及地表之下的地中的一定范围的空间予以让渡、租赁的情形陆续出现。同时，因对土地空间予以所有和利用所产生的诸多问题也开始被提出。1994 年 11 月，《法制日报》分两期报道我国城市立交桥空间开发利用现状，"桥下空间归谁家"问题引起社会关注。[1]而对于此类问题，我国现实既无相应立法可资因应，也未形成判例规则，甚至学术理论的研究也仅开始。此种状况不仅不利于我国国有土地尤其是城镇国有土地的空中及地中的充分有效利用，且也使法院等面临诸如"桥下空间归谁家"的争议时，无所依循。有鉴于此，笔者特根据其他国家和地区立法、学说及判例，从土地所有权含义的界定入手，对土地所有权理论的发展，尤其是土地空间权法理的生成、运用等若干重要法律问题予以研究，期能为我国立法、司法及实务解决相关问题提供参考。

二、土地所有权的涵义与原始形态

（一）土地所有权的涵义

土地所有权的涵义，可从历史、经济及法律角度予以不同观察，从而作出不同解释。

从历史角度而言，土地所有权的概念系历史范畴，其涵义常因社会背景而有不同，尤其是随时代变迁而有差异。比较法制史上，土地所有权历来就有两种相对立的意义，即罗马法与日耳曼法的土地所有权意义。按照罗马法，土地所有权系指由土地所有人享有的对土地予以排他使用、收益及处分的权利。而日耳曼法

1　柯宏胜："桥下空间归谁家"，载《法制日报》1994 年 11 月 9 日第 6 版。

的土地所有权则与此不同，按照解释，其系一种与其他物权同种类的管领权利，具有强烈的团体主义色彩。[1]

就经济角度而言，土地所有权是权利（不动产物权）之一种。而所谓权利，通说认为系指得享受特定利益的法律上之力。[2]基此，土地所有权的内涵一定附着某种利益，因而保障土地所有权实质上也即借法律上之力，以保障某种利益。但是，由法律上之力所保护的此种土地所有权的利益，就抽象而言，大都属于"经济利益"。[3]就具体而言，则各式各样，种类甚多，例如，农民对耕地的经营使用利益（耕作利益）与对自用宅基地的居住利益，出租土地的地主对出租地享有的收取租金的利益等。土地所有权内部隐含的此等不同的具体利益，构成土地所有权的实体。从而，从经济角度对土地所有权的此类实体予以考察，极为重要。尤其土地所有权所内含的各种具体利益发生对立时，如何予以权衡，以求相互间的妥适调整，颇有探讨的价值。[4]

就法律角度而言，土地所有权系一跨越公法与私法领域的权利。例如现代各国宪法上，土地所有权大多作为国家构成的三大要素之一。但民法上，则称土地为不动产，土地所有权则谓不动产权。[5]因此，欲确切地把握土地所有权的法特性与理论发展，应从公法与私法两方面作综合考察，也即应从土地所有权与国家的关系、土地所有权与土地利用权的关系以及土地所有权相互间的关系作综合研究，方能竟其功。[6]

综上可知，土地所有权非属必然的、确定不移的逻辑上的概念。对其涵义的完整理解，须从历史、经济及法律角度，并配合时空条件予以多方考察。此乃把握土地所有权理论及其发展的根本途径。

1　温丰文：《现代社会与土地所有权理论之发展》，五南图书出版公司 1984 年版，第 3 页。

2　王泽鉴：《民法实例研习丛书（2）·民法总则》，1983 年自版，第 40 页。

3　[日] 篠塚昭次：《土地所有权与现代》，日本放送出版协会 1974 年版，第 17 页。

4　温丰文：《现代社会与土地所有权理论之发展》，五南图书出版公司 1984 年版，第 4 页。

5　朱章宝：《土地法理论与诠解》，商务印书馆 1936 年版，第 2 页。

6　温丰文：《现代社会与土地所有权理论之发展》，五南图书出版公司 1984 年版，第 5 页。

（二）土地所有权的原始形态

从历史上看，土地所有权有二类原始形态，即罗马型土地所有权与日耳曼型土地所有权。对此二类土地所有权的原始形态予以考察，是完整把握和理解当代土地所有权理论的进路。

1. 罗马型土地所有权

在罗马法体系中，个人主义思想居于绝对的支配地位。个人既是法律的出发点，也是法律的归着点。因而，保护个人利益（尤其是所有权）乃私法制度的中心，公法仅为其附庸而已。[1] 反映于土地所有权，公元前 2 世纪至公元 5 世纪产生的土地所有权理念及法制度认为，土地所有权的行使可"上达天宇，下及地心"，是一种排他的绝对性权利。此即其时法谚所谓："行使自己权利者，对任何人均不构成违法。"易言之，在罗马型土地所有权下，土地所有权的行使有绝对自由。此种具有完全支配性的观念，在一物一权原则下，当然不允许一土地之上并存两个以上所有权。至于用益物权的设定，不过是所有权权能的一时分离，用益物权一经消灭，所有权即立刻回复其本来的完全支配状态。就此而言，罗马型土地所有权又被称为个人的土地所有权。在此个人的土地所有权下，土地所有权完全成为私权，个人对自己所有的土地得自由买卖交易并转为金钱资本。由此之故，罗马人对土地"交换价值"较为重视，罗马法有关土地交易的法技术也因此发达。[2]

2. 日耳曼型土地所有权

此种形态的土地所有权产生于中世纪的日耳曼，认为同一土地上并存着上级所有权与下级所有权。所谓上级所有权，又称管领所有权，系指领主或地主对其土地直接享有管领、处分的权利（支配权能）。所谓下级所有权，又称利用所有权，系指家臣向领主或地主缴纳一定地租，而对土地享有使用与收益权（经济权

1　郑玉波：《民法总则》，三民书局 1979 年版，第 6 页。

2　温丰文：《现代社会与土地所有权理论之发展》，五南图书出版公司 1984 年版，第 10—11 页。

能)。[1]由于此种上级所有权与下级所有权系上下重叠的相对应关系,因此其又被称为分割所有权。此种分割所有权常须透过身份关系的媒介方得形成,即欲为家臣者,对领主须先宣誓忠诚,尔后领主方基于此种人格上的从属关系,将土地赐给家臣使用、收益。故此,日耳曼型土地所有权带有浓厚的封建色彩。同时,由于此种形态的土地利用原则上是以领主为首的村落共同体作为单元而进行,故又具有强烈的团体主义色彩。[2]这种强烈的团体主义色彩下,成员间的团体关系受到重视,单个的个人被认为是全体的一肢,个人的权利乃为全体的利益而存在。[3]因而,相对于罗马型土地所有权,日耳曼型土地所有权属于"超个人"主义的团体主义的所有权。即土地被视为全体成员人格赖以依存之所在,土地"利用价值"得到重视,从而有关土地利用尤其是共同利用的法技术较为突出。[4]

三、近代土地所有权理念的产生、形成及其特性

(一) 近代土地所有权理念的产生

欧陆诸国在经历漫长而黑暗的中世纪后,以英国1688年资产阶级革命的结束为标志,进入了近代历史时期。在此时期,为从封建中世纪的束缚下解放出来,近代国家公法与私法对于土地所有权理念及法制度,均主张神圣不可侵犯及完全的绝对排他性。此即所谓罗马型土地所有权理念与法制度在近代法上的复苏与扩张。

法史上,罗马型土地所有权在5世纪中叶西罗马帝国灭亡后进入暗淡时期。此后,经过相当长时期的冬眠,迄至17、18世纪,因受自然法思想影响,渐告复苏。其中,在自然法思想中,对罗马型土地所有权的复苏最具影响的,当推英国哲学家洛克(John Locke)的思想。其认为:"人本有生存的权利,并有依劳动以

1　温丰文:《现代社会与土地所有权理论之发展》,五南图书出版公司1984年版,第10—11页。
2　温丰文:《现代社会与土地所有权理论之发展》,五南图书出版公司1984年版,第10—11页。
3　郑玉波:《民法总则》,三民书局1979年版,第7页。
4　温丰文:《现代社会与土地所有权理论之发展》,五南图书出版公司1984年版,第12页。

谋生的权利，是以对自然界的自然资源当然可一体支配，无所谓厚此而薄彼，祇以自然资源非直接可供人类生活之需，犹须有开发加工的行为而后始可以享用，是则各人就其劳力开发所获的成果，自应保有，毋许他人侵夺。可知私有财产权的形成，也属自然之理，不待有国家组织，个人即享有如此权利。基此理由，人类究应如何劳动，如何利用其财产，也必有其自由决定之权。"[1] 此即"个人主义的自然法论"。之后，这种自然法理论经法国学者卢梭的阐释与发扬，终成为 17、18 世纪欧陆社会的主要法律思潮。由此一来，罗马型土地所有权理念遂在自然法理论冲击下开始复苏，使当时一般人莫不认为，个人本其天赋独立、自由、平等的人格，对自己所有之物享有不受他人干涉的绝对权利。表现于土地所有权，即农民完全脱离封建领主支配，从土地中获得解放，进而成为土地的绝对支配者。[2]

（二）近代土地所有权理念的形成

近代法制上，对个人的土地所有权理念及法制度的确立贡献最巨者，系法国 1789 年《人权宣言》。

如所周知，1789 年至 1799 年法国资产阶级大革命是一场具有市民革命诸要素的重大革命。它完全打破了封建专制，而创立出以人的基本自由即权利的确认为基础的新型国家。在法所有权上，这场革命除去了妨害近代所有权成立的封建遗制，而以自由论乃至人权论为新基石，立足于议会主义与法律优位的公权力的新展开，迅速建立起新的所有权思想。[3] 1789 年 8 月 26 日，法国国民议会在吸收 1776 年《美国弗吉尼亚权利宪章》及 1780 年美国《马萨诸塞州宪法》有关所有权思想基础上，审议并发布了共计 17 个条文的《人及市民的权利宣言》，此即《人权宣言》。关于所有权，第 17 条规定："所有权为神圣不可侵犯之权利，非显然基于法律，为公共之必要，并在给付正当补偿条件下，任何人均不得侵夺。"此后，迄至 1804 年，《法国民法典》制定，由于该法典系完全继承和忠实于法国

1　韩忠谟：《法学绪论》，1962 年自版，第 212 页。

2　温丰文：《现代社会与土地所有权理论之发展》，五南图书出版公司 1984 年版，第 12—13 页。

3　[日] 甲斐道太郎等：《所有权思想的历史》，有斐阁 1979 年版，第 84 页。

市民革命之反封建改革成果的近代民法典，因此关于所有权，其也完全继受了《人权宣言》第 17 条的规定，并予以绝对化。按照《法国民法典》第 544 条的规定，所有权系以"最绝对之方法"对所有物予以使用、收益及处分的权利。毫无疑义，此显然系罗马型个人土地所有权思想于《法国民法典》上的再现。

在德国，近代法意义的土地所有权理念最早滥觞于 15 世纪。15 世纪末叶以后，罗马法渐由意大利传播至德国。学者于是致力钻研，法官据以定谳。其结果，德国近代普通法的内容，除间略掺杂寺院法规以外，罗马法竟占十分之九，日耳曼法的固有精神反而所存无几。[1] 这种背景下，罗马型个人土地所有权思想开始萌芽成长。一些激进的启蒙思想家提出，所有权为一种"好的旧的权利"或"既得权"，一国法律最重要的目标即在于保护所有权。[2] 1888 年《德国民法典第一草案》规定，所有权为"恣意"使用、收益、处分物的权利，至于"土地所有人的权利，扩至地表的上空及地中"（草案第 849 条）。虽然此一草案之后因受德国法学派批判而成废案，但 1896 年正式公布的《德国民法典》物权编有关土地所有权的规定，仍以该草案为蓝本，而未脱离个人的土地所有权理念的范畴。[3]

在日本，罗马型土地所有权理念及法制度的确立，较法国及德国均晚，仅为近百年之事。1868 年，日本太政官发布《封建土地解放令》，宣布个人所持有的土地为私有。1871 年，大藏省布告《田畑自由耕作令》，承认单个个人有自由使用、收益土地之自由。1872 年，太政官进一步布告《土地永世买卖解禁令》，宣布个人有处分土地之自由。至此，绝对的土地私有制终在日本确立。惟明治初期，日本政府实施土地改革，确立私有制的主要目的，在于确定土地纳税义务人，借以增加国家税收。因此，其财政意义大于保障私有权的意义。迄于明治中期，日本为变法图强，更加积极仿效德、法二国从事法典编纂。其中，旧民法

1　［日］山田晟：《德意志法概论》（Ⅱ），有斐阁 1973 年版，第 7 页。转引自温丰文：《现代社会与土地所有权理论之发展》，五南图书出版公司 1984 年版，第 14 页。

2　［日］村上淳一："近代所有权概念的确立"，载《我妻荣先生追悼论文集》（1972 年），第 209 页。

3　温丰文：《现代社会与土地所有权理论之发展》，五南图书出版公司 1984 年版，第 14 页。

（1890 年公布）系模仿《法国民法典》，新民法（1896 年公布）则系继受《德国民法典第一草案》，因此，有关土地所有权的规定均以个人主义所有权理念为根基。至于明治宪法（即大日本帝国宪法），则系仿法国《人权宣言》，于第 27 条明文规定"所有权不可侵之原则"。至此，个人的土地所有权理念于明治中期即在日本法典内表现无遗。[1]

综上可见，近代法上的个人的土地所有权理念及法制度，系滥觞于 17、18 世纪的自然法思想，而最终为 18、19 世纪欧陆各国私法立法（主要是民法）及公法（主要是宪法）所确立。盖此时期，政治上，个人主义极占优势，经济上，资本主义正攀高峰，罗马型个人土地所有权理念恰与此种潮流相迎合，故能独步世界。

（三）近代土地所有权理念的特性

如前述，近代法的土地所有权理念系罗马型个人土地所有权理念在近代法上的复苏与扩张。但是，罗马法时代，此种个人的土地所有权理念的本旨却并未获得抽象概括与揭示。其后，迄至 1804 年《法国民法典》颁行时，此项工作方由法国学者完成。

《法国民法典》第 544 条规定："所有权为对物完全按个人意愿使用及处分的权利，但法律及规定所禁止使用的不在此限。"由此定义，学者遂认为，所有权乃有三项属性，即绝对性、排他性及永久性。[2]排他性与永久性系由绝对性所生，因此，此三项属性可概括归结为绝对性一项属性。此绝对性属性后经私法学者阐释，进一步被概括为与契约自由、过失责任相并列的近代民法三大原则之一。[3]并且，尤其值得提及的是，此种所有权的绝对性，系将土地所有权从封建专制的支配下解放出来，成为自由与人权的物的保障的胚胎，具有重要的历史意

1　以上参见温丰文：《现代社会与土地所有权理论之发展》，五南图书出版公司 1984 年版，第 14—15 页。

2　［日］甲斐道太郎等：《所有权思想的历史》，有斐阁 1979 年版，第 103 页。

3　［日］奥田昌道等编集：《物权的重要问题》，有斐阁 1975 年版，第 200 页。

义。[1]

但是，绝对性这一概念并非一个无内容的空壳概念。虽然"绝对"一语通常作为对某一特定对象予以特别强调所使用的概念，诸如"绝对的强大""绝对的正确""绝对的真理"等，但是近代法的土地所有权绝对性意义，其本身乃具三项涵义，此即土地所有权的不可侵性、自由性及优越性或强大性。此三者构成近代土地所有权理念的特性。

（1）不可侵性。所谓土地所有权的不可侵性，系指土地所有权为绝对不可侵夺的权利，也即土地所有权具排他的、唯我独尊的性质。此不可侵性最早由1789年法国《人权宣言》所宣示。

（2）自由性。所谓土地所有权的自由性，系指土地所有人对自己所有的土地可任凭己意自由使用、收益及处分。此种自由性，从根本上而言，系源于摆脱封建时代因耕作强制而对土地利用程度所施予的拘束，从而以对其予以解放的面目而表现出来。[2]

（3）优越性或强大性。所谓土地所有权的优越性或强大性，系指土地所有权因透过契约关系（即设定用益物权契约或缔结租赁契约）而与土地利用权形成对立时，所有权人处于绝对优越的地位。[3]

综上可知，近代法的土地所有权理念之本旨系土地所有权的绝对性，而其内容上又包括不可侵性、自由性及优越性或强大性。但是，时至19世纪末叶，极端的个人主义与资本主义的弊端陆续出现，为顾个人生计利益而不惜毁损社会生存进化及不惜破坏社会公益的现象不断出现。于此背景下，近代法个人的土地所有权理念于团体主义、社会主义理念崛起后，即日趋式微，逐渐为社会的土地所有权理念所替代。

1　［日］奥田昌道等编集：《物权的重要问题》，有斐阁1979年版，第200页。

2　［日］奥田昌道等编集：《物权的重要问题》，有斐阁1979年版，第201页。

3　［日］奥田昌道等编集：《物权的重要问题》，有斐阁1979年版，第201页。

四、19 世纪末叶至第二次世界大战结束前的土地所有权理念

(一) 社会的土地所有权理念的产生

19 世纪末叶以后，世界资本主义由自由竞争进入垄断时期。在此时期，土地所有权绝对性理念已显不适应新的变化了的社会，权利滥用现象纷纷登场。在此背景下，学者积极倡导社会的和团体主义的土地所有权理念，以谋求取代既有的土地所有权绝对性理念。

各国学者中，以德国自由法学派学者耶林倡导社会的土地所有权理念为最积极。基于对罗马型土地所有权理念及法制度的批判，其指出，不可侵性的观念，乃系个人"恣意""刚愎""利己"思想作祟所致，并认为罗马法时代的法律学者与一般庶民咸以所有权为所有人对物具有无限制的支配力，系一项"根本错误的见解"。其后，耶林在《法律目的论》一书中进一步特别强调所有权行使的目的，不应当仅为"个人利益"，同时也应为"社会利益"。基此立论，其主张应以"社会的所有权"替代"个人的所有权"。[1]与耶林相同，德国另一著名学者基尔克基于日耳曼固有法的传统精神，更加力倡社会的土地所有权理念。他在《德意志私法论》（第 2 卷）一书中写道：所有权并非与外界对立而毫无限制的绝对权利，其行使应依照"法律秩序"，且"顾及各个财货的性质与目的"。[2]

于法国，以学者狄骥（Léon Duguit）为代表，也积极主张社会的土地所有权思想。与耶林和基尔克不同，狄骥一反天赋人权学说，倡导社会连带学说，认为财产权之所以被尊重，乃在于促进个人利益的发达，但同时权利人也应负相应的社会义务。1912 年，狄骥出版《法国民法典以后的私法变迁》一书，提倡"权利否定说"，根本否认所有权为一种权利及一种权力的思想，认为"人在社会并无自由，为尽一己之职责，只有依社会行动之义务"。关于土地所有权，他指出，"土地所有权并非为土地所有人之利益而存在，仅为增进人类之共同需要而赋予

1　温丰文：《现代社会与土地所有权理论之发展》，五南图书出版公司 1984 年版，第 17 页。

2　温丰文：《现代社会与土地所有权理论之发展》，五南图书出版公司 1984 年版，第 17 页。

保有土地者之社会机能而已"。这些见解于发表之初，虽曾受到激烈反对，然而为时不久，学者大多受其影响而予响应。因而，在学者积极倡导下，从19世纪末叶起，社会的土地所有权思想乃逐渐取代个人的土地所有权思想，并渐趋成为社会的主流。[1]

（二）社会的土地所有权理念的形成

社会的土地所有权理念的形成，在19世纪末叶以后的各国无不以私法领域的权利滥用禁止原则及公法领域（如宪法）的公共福利原则之登场为契机。在法国，早在狄骥倡导社会连带说之前，法院即在司法实务上作出了修正土地所有权权利行使的绝对性的判决。1855年，在法国科玛尔（Colmar）地方，有素不和睦的甲乙邻居，甲故意在乙之窗户旁搭建烟囱，遮挡乙屋的日照与通风，乙不甘受害而诉请法院救济。诉讼中，甲虽以对土地使用有绝对的自由权为由予以抗辩，但法院认为搭建烟囱系超越使用土地正当界限的行为，因而判决甲方败诉，并令其限期拆除烟囱。[2]1856年，里昂法院也作出类似判决。以这些判决的作成为契机，法国学说开始对权利滥用禁止理论加以体系化，并进而使之成为行使私权所应遵循的一般指导原则。个人的土地所有权思想在此原则匡正下，逐渐向社会的土地所有权思想靠近。但由于《人权宣言》与既有民法典颇受挚爱，法国人不愿对之任意改动，因此在二战结束前，始终止于以判决方法对个人的土地所有权加以修正。1946年第四共和国成立，立法机关遂于宪法中一方面声明对1789年《人权宣言》重新加以确认，另一方面列举若干社会权，表明"凡具有国家劳役性格或独占性质的财产，应成为国民共同体所有"。至此，社会的土地所有权理念在法国法典中正式形成。[3]

在德国，其民法典物权编有关土地所有权的规定，系以个人的土地所有权理

1　以上参见温丰文：《现代社会与土地所有权理论之发展》，五南图书出版公司1984年版，第18页。

2　温丰文：《现代社会与土地所有权理论之发展》，五南图书出版公司1984年版，第19页。

3　以上引自温丰文：《现代社会与土地所有权理论之发展》，五南图书出版公司1984年版，第18—19页。

念为其基柱。此种个人的土地所有权理念，虽因该法第 226 条设有权利滥用禁止原则而略被修正，但离社会的土地所有权理念仍有一段距离。1919 年《魏玛宪法》公布，第 153 条第 3 项规定："所有权负有义务，对其行使应同时有益于公共福利。"至此，社会的土地所有权理念始在德国法典上被正式确立。但之后不久，社会的土地所有权理念却与纳粹思想结合，转化为法西斯式的绝对全体主义的思想。其以此种思想为根据，高唱所有权之内在限制，并借"公共利益"之名，对个人土地所有权任意无补征用，结果使个人的财产权被剥夺殆尽，并使本来以匡正个人土地所有权的缺陷为目的的社会的土地所有权也因之变质。此一现象，直至二战后，西德政府在"基本法"上重建真正的社会的土地所有权制度，方告终结。[1]

与法国相似，日本有关社会的土地所有权理念之形成，也是经由判例确立起权利滥用禁止原则后开始的。1919 年 3 月 8 日，日本大审院在关于"信玄公旗挂松事件"案中，首次基于权利滥用禁止理论作出修正个人的土地所有权理念的判决。之后，于"宇奈月温泉事件"案中，法院再次表明了相同立场。但是，对个人的土地所有权理念予以立法上的修正，直至 1947 年修订《日本民法》时，方告完成。此即现行《日本民法》第 1 条第 3 项"不许可权利滥用"的规定，以及该条第 1 项"私权应服从公共福利"的规定。

这里有必要提及日本的社会的土地所有权理念被军阀利用而趋于极端的事实。约于"信玄公旗挂松事件"案判决后不久，德国《魏玛宪法》有关所有权社会性理念即传入日本。不久，其即与以天皇为中心的"国家全体主义"思想相结合，转化为"国家全体主义的所有权"思想。此后，这种思想受到军阀利用而趋于极端。其结果，个人土地所有权的自由悉被剥夺，并遭受了与纳粹统治下的土地所有权相同的命运。[2]鉴此教训，战后日本本于民法修正案增列"私权应为公共福利存在"，但由于表现强烈，惟恐再度导致"国家全体主义的所有权"思想，

1　温丰文：《现代社会与土地所有权理论之发展》，五南图书出版公司 1984 年版，第 20 页。

2　[日]水本浩：《土地问题与所有权》，有斐阁 1973 年版，第 59 页。

于是修正为上述民法第 1 条第 1 项 "私权应符合公共福利" 的规定。[1]

（三）小结

由上可知，自 19 世纪末叶迄至二战结束前，为克服个人的土地所有权理念及法制度的局限性与不足，经各国学者极力鼓吹与司法判例的协力，社会的、团体主义的土地所有权理念开始登场，并在 20 世纪初期的各国法典上获得表现。在此种新的土地所有权理念下，土地所有权或土地的私权的绝对性被否定，代之以土地所有权或土地的私权的社会性、团体性，即权利是为社会而存在的，权利的行使不得 "滥用"，并应顾及公共福利。这样一来，在立法上经由确立权利滥用禁止与公共福利原则，最终生成了对土地所有权乃至土地的私权的绝对性予以限制的法制度，进而为社会的、团体主义的土地所有权理念的确立奠定基石。但是，此种社会的、团体主义的土地所有权，其本身犹如带有两面锋刃的利剑，用之得当，固可匡正个人的土地所有权的缺失，用之不当，则足以抹杀私人财产权，损及个人自由。像二战时的德国纳粹、日本军阀，借 "社会公益" 之名，发动侵略战争，完全抹杀个人私益，殷鉴不远，不得不应有所警惕。[2]

五、现代土地问题的背景及其基本理念

（一）现代土地问题的背景

二战后，世界进入了一个相对稳定的和平发展时期，各国先后进入了经济恢复、重建与发展的现代历史时期。在新的历史条件下，尤其是从 20 世纪 60 年代以降，由于各国战后经济恢复与初步发展，土地所有权（土地的私权）问题发生急剧变化，呈现出与 18、19 世纪及二战前迥然不同的形态。[3] 此即所谓现代土地问题。

---

1 温丰文：《现代社会与土地所有权理论之发展》，五南图书出版公司 1984 年版，第 20—21 页。
2 温丰文：《现代社会与土地所有权理论之发展》，五南图书出版公司 1984 年版，第 21 页；[日] 奥田昌道等编集：《物权的重要问题》，有斐阁 1979 年版，第 203—206 页。
3 [日] 奥田昌道等编集：《物权的重要问题》，有斐阁 1979 年版，第 207 页。

现代土地问题，首先是都市问题，诸如住宅问题、通勤交通问题、过密化问题、防灾问题、都市再开发问题、高层建筑物及地下街问题、新市街地开发问题、都市水资源利用问题等。其次，现代土地问题在规模上还扩及于全国。此包括高速道路（高速公路、高速铁路）问题，航空港等公共用地的取得及此类工作物所生噪音、震动问题，公有水平面的填平问题，工厂所致大气污染及水质污染问题，核工业寄泊地及核发电所的用地问题等。所有这些问题，大都系以技术或产业的发达为直接起因所生的土地问题。但是，也有因间接起因而生的土地问题，例如有关因荒地、空地之开发而生的诸种纷争，包括自然破坏与自然保护的纷争，地下水利用权纷争以及水质污染的纷争。[1]

上述情况表明，现代土地问题，一方面，在量上不仅扩及于全国，而且在种类上更呈现出前所未有的多样性；另一方面，在质上其也包容了与此前土地问题迥然相异的内容。此等土地问题的特质归结起来，无非有二：其一，对立利益乃至价值的多元化；其二，以资本对土地投资以取得投机利益。此即所谓投机的土地所有与利用。此种所有与利用乃与土地投资不同。土地投资系增进社会生产能量的活动，举凡兴建公私房屋、开辟道路、桥梁等均属之。而土地投机则系购入土地，借买卖价格的差异以获利益，其因只谋私利，对生产并无贡献。另外，尤值注意的是，由于土地投机的目的仅在牟利，其存在以地价的上涨为前提，因此，此类型土地利用的广泛存在是造成城市地价上涨的主要原因，从而对国计民生与土地利用均发生不利影响。

（二）现代土地所有权（土地的私权）的基本理念

我们已经看到，现代土地问题在量和质上均较18、19世纪及二战结束前的土地问题更为复杂。此种复杂土地问题，虽因土地投资者以资本对土地投资而取得投机利益，对社会发生不利影响，但根本上，对立利益乃至价值的多元化则系现代土地问题的本旨。亦即，现代一切土地问题的基础，莫不从土地所有（土地私有）的社会的利益与私的利益的对立与调适上展开。因此，对如此多样化的现代

1　［日］奥田昌道等编集：《物权的重要问题》，有斐阁1979年版，第207页。

土地问题，如仅赖 19 世纪末叶以来的权利滥用禁止与公共福利理论，或以 18、19 世纪土地所有权（土地私权）的绝对性理念予以因应，显然将不可能且不具现实适宜性。[1] 盖因在现代社会，土地所有的私的独占性格与土地的高度的社会公共性格之间的矛盾被激发出来。同时，社会经济、产业及技术的发达，更使同种土地利用或异种土地利用之间的竞争与对立深刻化。如此一来，一方面，土地私的支配的独占性格在不断加剧；另一方面，土地的社会的公共性格也在相应强化。另外，如前述，现代社会各种各样的社会问题，如交通问题、住宅问题等，大多起于土地问题。这些问题的解决毋宁说对土地的所有与利用方式将产生根本的影响，且更重要的将产生有关土地所有与利用的社会的利益与私的利益之间的对立。此种对立于现今不仅已在全国规模上表现出来，而且因其呈现相当多样的形态而深刻化。在此背景下，如仅赖个人的土地所有权理念或社会的土地所有权理念，将显然不能因应，而只有将二者有机结合，以"个人与社会"相调和的土地所有权（土地私权）理念替代单纯的个人的土地所有权理念或社会的土地所有权理念，方能有效因应。在此相互调和的新的理念下，个人行使土地所有权固应顾及社会公益，但同时也只有让个人享有行使土地所有权的适度自由，社会全体的文明与发展方能健全。毫无疑义，此种既符合社会的、团体主义的土地所有权理念，也符合于个人自由的土地所有权理念，不仅系现代土地所有权的基本理念，且也必将成为 21 世纪土地所有权理念的主流。易言之，现代乃至将来一个较长的历史时期，有关土地所有权（土地的私权）的理念，势将沿着调和社会的利益（社会公益）与私的利益（个人私益）的轨道而展开。

六、从土地法到空间法的转换：空间权法理的生成

（一）问题所在

如前述，就土地所有权的理念而言，土地所有权迄今业已经历了三种变迁，

1　［日］奥田昌道等编集：《物权的重要问题》，有斐阁 1975 年版，第 208 页。

即首先由个人的土地所有权变迁为社会的土地所有权，再由社会的土地所有权变迁为个人与社会相调和的土地所有权。大体与此变迁轨迹基本相应，自 19 世纪末叶开始，尤其是从 20 世纪 50 年代中期以来，土地立法方向也发生了显著变化。这种变化即所谓由平面的土地立法朝向立体的土地立法，或谓由土地法向空间法的转换。对罗马法、日耳曼法以来的土地所有权理念的变迁予以考察后，有必要对与此变迁基本相应的土地所有权立法方向的变迁予以分析。

自罗马法迄至近代，尤其是 19 世纪工业革命以前，人类对于土地的利用，一般以地表的平面利用为主。土地所有权的行使及于土地的上下，土地所有权的范围包括地表、地上、地下三部分。也即土地所有权人对自己所有的土地以地表为中心而有上下垂直的支配力。立法（主要是民法）之所以赋予土地所有人如此权利范围，乃在于认为，土地所有人欲遂行土地所有权的支配目的，自不能仅以地表为限，否则土地所有人既不能建屋掘井，也不能挺身于地面，他人反得于地上架屋，于其地下掘井，则土地所有人不独无以利用其土地，也无以保土地所有权的安全。[1]此种土地利用方式下，法律有关土地的权利关系也配合此而规定，且对于土地的物权的支配或利用关系，也完全采用一物一权原则，将土地纵割为数笔，一笔土地之上仅得有一个所有权与一个利用权。此种近代以前，立法与学说关于土地地表的平面利用，即对土地地表的上下垂直性的土地所有与利用的不动产法理，即学说所谓土地法 [2]

现代空间权概念的确立，是在人类土地立法由平面转向立体，即由土地法转向空间法过程中产生的。于近代，尤其是自 19 世纪中期第二次工业革命以后，人类社会生产力获得重大发展，工商业兴旺繁荣，由此导致城市生活环境过密化与近代化，城市地价高涨，于此情形下，高楼大厦、高架铁路、地下铁道、空中走廊、地下街、地下停车场、高压电线、上下水道或排水沟等土地立体化利用情形陆续出现。此等高层大厦、高架铁路等，有各自的经济价值，并且因系离开地

---

[1]　李肇伟：《民法物权》，1979 年自版，第 124 页。
[2]　刘得宽：《民法诸问题与新展望》，五南图书出版公司 1995 年版，第 63 页。

表，于地上的空中或地下的地中的空间里有独立的支配力，从而显然与传统土地所有权之以地表为中心而有上下垂直的支配力不同。因而，此种以土地空中或地中为对象的所有、利用形态，又称为"水平的所有、利用形态"。从而，有关在地表的上空或地下横切区分空间，予以水平断层性所有与利用的法理即学者所谓空间法，而有关水平所有与利用形态的权源即为空间权。[1]

（二）关于空间权的立法、判例及学说状况分析

1. 美国

美国是现代各国中较早产生土地空间权理念，并进而建立起相应制度的国家。有学者认为，甚至空中权（Air Rights，Air Space Rights）这一概念也是在 20 世纪初叶才于美国正式产生的。[2] 即使如此，美国土地空间权理念的确立，也并非一蹴而就，而是经历了一个较为复杂的历程。

美国法虽属英美法系，但是传统的包括土地不动产在内的财产法制度却继受了罗马法，认为土地所有权的范围"上达天宇，下及地心"，"谁拥有了土地，谁也就拥有了天空和地下"，且不承认土地上的建筑物为单一的不动产，其依不动产附合原则，乃当然成为土地的成分。[3] 但是，迄于 19 世纪末、20 世纪初叶，于飞机发明并飞行之后，美国法律界即开始承认于土地所有权外，人类尚有于空中飞行的权利。自此，考虑到空中旅行的社会效益，法律在保护土地所有权的同时，开始承认在不干扰土地所有人安宁的限度内，飞机等有于他人土地上空飞行的权利。自此，土地所有权"上达天宇，下及地心"的罗马法原则被打破，土地所有权有限性原则获得确立。从而，这就于理论上为美国此后都市土地的立体开发奠定了基础。

迈入 1920 年代，伴随美国工业的飞速发展，都市人口急剧增加，美国社会进

1　[日] 筱塚昭次："从土地法到空间法"，载《论争民法学 3》，成文堂 1974 年版，第 174 页。

2　参见 [日] 野村好弘等："被移转的未利用容积的权利的性质"，载《法律时报》第 64 卷第 3 号，第 14 页。

3　W. Barton Leach，"Property Law"，in Harold J. Berman（ed.），*Talks on American law*，2rd rev.，Random House，Inc.，1971，pp. 237–249.

入了前所未有的都市土地的立体开发时期。[1] 这一时期，将地上空间和地中的利用从土地自身分离出来，于一定高度水平性地予以分割，规定其上下范围，进而以该一定范围为客体予以让渡、租赁的情形陆续产生。此种以土地上空或地中一定范围为客体而成立的不动产权利，学者谓之空间权，其因系于都市立体的开发过程中产生，因而又被称为开发权（Development Rights）。[2] 此种空间权乃至开发权的包括让渡、租赁在内的权利变动问题，于美国现今实务上已成重要问题。[3]

法律渊源上，美国法由于属英美法系，因此，以判例法为法源的判例法主义居于主导地位，而以制定法为法源的成文法主义则居于次要和补充地位。关于空间权，其首先系由判例法予以确立。美国法坚持罗马法所谓"所有土地的人，也所有空中及地中"的法原则，依照该原则并经由判例，美国早在 1800 年代中期即确立起土地所有者可将其空间予以租赁或让渡的法理。此类重要判例有：空中权可得分离所有的 1857 年艾奥瓦州判决；地表可被别除而仅以空中为所有对象的1898 年伊利诺伊州判决。[4]

成文法上，1927 年伊利诺伊州关于铁道上空的让渡与租赁的空间权立法，是美国历史上关于空间权问题的第一部成文法。1938 年，新泽西州也进行了类似立法。其后，于其他各州，承认空间权的立法及有关规制公共设施上空的空间权活用的立法也陆续出台。1958 年，由于议会认可州际高速道路（Inter State High Way）的上部空间与下部空间可作为停车空间而予以利用，以此为契机，空间权概念开始获得美国社会普遍承认。1962 年，联邦住宅局制定《国家住宅法》，空间权得成为抵押权的标的，即在该法上被明文确立。[5] 时至 1970 年代，以"空间

1　参见［日］野村好弘等："被移转的未利用容积的权利的性质"，载《法律时报》第 64 卷第3 号，第 14 页。

2　参见［日］野村好弘等："被移转的未利用容积的权利的性质"，载《法律时报》第 64 卷第3 号，第 14 页。

3　参见［日］野村好弘等："被移转的未利用容积的权利的性质"，载《法律时报》第 64 卷第3 号，第 14 页。

4　日本建设省空中权调查研究会编：《空中权》（1985 年），第 4 页。

5　日本建设省空中权调查研究会编：《空中权》（1985 年），第 32 页。

法"名称在各州制定统一的空间权法律的提案开始被提出来。1973 年，俄克拉荷马州完成立法，此即著名的《俄克拉荷马州空间法》（Oklahoma Air Space Act）。这个州法系对此前判例与学说关于空间权法律问题基本立场的总结。因此，与其说该法是在创设新的空中权法律制度，毋宁说是对过去普通法上已然获得认可的空中权以制定法形式予以确立和补充。即使如此，该法一定程度上仍反映并表明了美国各州关于空间权法律制度的基本立法状况，由此而引人关注。[1]按照该法，空间系一种不动产，其与一般不动产相同，得成为所有、让渡、租赁、担保、继承的标的，并且在课税及公用征收上也与一般不动产相同，依相同原则予以处理。[2]

2. 日本

日本是一个国土面积相对狭小的国家。二战后迄至 20 世纪 50 年代末、60 年代初，现代土地问题，诸如住宅问题、环境问题、通勤交通问题、新市街地开发问题，首先在都市中显现出来，城市地价由此暴涨。以东京为例，1961 年该市都区商业地的地价比 1960 年平均上升了 23%，1962 年比 1960 年平均上升了 76%，部分地区上升了 140%。[3]同时，这一时期，国家进行城市交通设施整备及调整产业结构，这也在客观上促使了城市土地向立体化利用方向发展。及至 60 年代中期，在东京、大阪等大都市及周边都市，中高层及超高层建筑物陆续出现，并且将下层作为店铺、办公用，上层作为住宅用的复合性、多目的性建筑物也日渐增多。[4]如此一来，都市的立体构筑乃至再开发迅速发展，"都市上都市"（a city upon a city）情形开始出现。[5]其结果，都市的土地利用也即发生了由平面的利用朝向立体利用的大转换。[6]

从 20 世纪 50 年代末期开始，日本着手进行都市土地立体开发的探索，但因

1　日本建设省空中权调查研究会编：《空中权》（1985 年），第 5 页。
2　日本建设省空中权调查研究会编：《空中权》（1985 年），第 5 页。
3　［日］丸山英气：《现代不动产法论》，清文社 1989 年版，第 6 页。
4　日本建设省空中权调查研究会编：《空中权》（1985 年），第 1 页。
5　日本建设省空中权调查研究会编：《空中权》（1985 年），第 1 页。
6　日本建设省空中权调查研究会编：《空中权》（1985 年），第 1 页。

未接受美国空间权制度，尤其是移转可能的开发权（Transferable Development Rights, TDR）制度的影响，有关容积率割增的措施系通过都市计划法、建筑物基准法所规定的特定街区制度与综合设计制度而予实现。[1]但因其在更加广泛的都市立体开发上有相当的局限性，故实际实施中遭到困难。鉴于此种状况以及之后都市立体开发利用的日益迫切性，20 世纪 60 年代初期，学者遂开始了对美国空间权制度的积极调查与介绍，以探求其在日本都市土地立体开发过程中得以运用的可能性。[2]

昭和 31 年（1956 年），日本私法学会第 18 次专题讨论会集中讨论了"借地借家法的改正问题"这一主题。会后散发的《关于借地借家法改正的主要问题点》的报告中提出了如下问题：以地下、空中为客体而设定的借地权与以地表为客体而设定的普通借地权应予以分别，但认可其作为限制性借地权的特别借地权类型是否妥当，乃值得讨论。时至昭和 41 年（1966 年），在日本对其民法予以一部修改时，空间权即以区分地上权而予立法化，规定于该法第 269 条之二。此规定系日本迄今有关空间权法律问题的唯一实定法的立法。

第 269 条之二规定：地下或空间，得因工作物之所有，确定上下范围而成为地上权之标的。于此情形，为行使地上权，得以设定行为对其土地的使用加以限制。依此规定，所谓区分地上权，系指以一笔土地的平面的一部的上空或下空的某一断层为客体而设定的特别地上权。[3]如此，日本民法的地上权，除传统的普通地上权外，尚有区分地上权这一特别地上权。此种区分地上权即空间地上权。[4]另外，为配合该区分地上权的规定，日本《不动产登记法》专门规定了有关的登记程序。其规定，区分地上权的登记，除须登记设定目的、存续期间、地租额外，尚须登记空中或地中的上下范围及有关土地使用的限制性规定。此登记既为区分

1　参见［日］野村好弘等："被移转的未利用容积的权利的性质"，载《法律时报》第 64 卷第 3 号，第 14 页。

2　参见［日］野村好弘等："被移转的未利用容积的权利的性质"，载《法律时报》第 64 卷第 3 号，第 14 页。

3　日本建设省空中权调查研究会编：《空中权》（1985 年），第 185 页。

4　［日］筱塚昭次："从土地法到空间法"，载《论争民法学 3》，成文堂 1974 年版，第 180 页以下。

地上权设定的生效要件，也为对抗第三人的要件。

3. 德国

德国系现当代大陆法系主要国家之一。关于空间权，早在 1896 年制定、1900 年施行的《德国民法典》第 1012 条上即设有规定。该条规定："土地得以此种方式（地上权方式——笔者注）设定其他权利，使因设定权利而享有利益的人，享有在土地的地上或地下设置工作物的可转让或可继承的权利。"但是，由于《德国民法典》于涵括普通地上权、空间地上权在内的规定上仅设有 6 个条文，适用中发生困惑。为补其不足，遂于 1919 年 1 月 15 日制定共计 39 个条文的《地上权条例》，并同时赋予该条例与法律同等的效力。[1]按照此条例，所谓地上权乃包括普通地上权与空间地上权，其涵义系指以在他人土地地表、上空及下空保有工作物为目的而使用他人土地与空间的权利。

这里有必要提及德国普通地上权和空间地上权于立法上被确立前的情况。由于德国民法继受罗马法，坚持地上物属于土地的原则，认为地上物（如建物）系土地的构成部分，不得单独成为权利的客体，因此，若未设定地上权而于他人土地上设置建筑物，则建筑物将依附合原则而成为该土地的成分，由土地所有人所有；但若先设定地上权，尔后才设置建筑物的，则该建筑物成为地上权的构成部分，归属于地上权人所有。由此以观，德国普通地上权和空间地上权制度之设，究其实质，系在确立地上物属于土地原则的例外，以使在他人土地上建筑房屋的人，可借房屋与地上权的结合，而将房屋独立于土地之外，进而享有其所有权。

4. 我国台湾地区

我国台湾地区对于空间权制度的确立，较美国、日本及德国均晚。20 世纪 70 年代以来，尤其是最近二十余年间，我国台湾地区经济的增长、生活式样的转变，导致人口迅速增加并集中于都市，城市地价由此上涨。为解决城市居民的居住问题，从台北、高雄等大都市到地方都市，多层区分所有集合住宅急速兴建。其数量多，且规模也向超高层化发展。此种情形乃促成了判例、立法及学说对土

1　刘得宽：《民法诸问题与新展望》，五南图书出版公司 1995 年版，第 409 页。

地空间权的重视和关注。

1985 年 2 月 14 日，我国台湾地区"最高法院"为解决实务中一项具体问题，于台上字第 379 号判决中首先以判例形式表明了认可空间地上权的基本立场。其指出："地上权固以在他人土地上有建筑物或其他工作物为目的而使用土地之权，但所谓在他人土地上有建筑物，并非单指建筑物与土地直接接触者而言。凡以在他人土地上有以建筑物为目的而使用其土地者，不论建筑物系直接或间接与土地接触，均可设定地上权。尤以现今二层以上房屋，各房屋所有权多为数人所有，虽对房屋之基地多为共有，然上层房屋则在底层房屋之上，与土地并无直接占有关系，但对土地所有权之行使并无任何影响。同理，房地为一人所有，就房屋基地上之空间为第三人设定地上权，由其在顶层上建筑房屋使用，也自非法所不许。"[1] 此涉及土地空间权的判决，受到学者的批判。学者认为，经由判例认可土地空间权无疑值得赞赏，但此种依赖"法官造法"方式而解决土地空间权问题的做法所暴露的弊端也是明显的，即它仅具个案性和尝试性，终非解决问题的长久之计，且"法官造法"有时还会造成一波未平、一波又起的状况，故而有必要予以立法化。[2]

1988 年，我国台湾地区制定"大众捷运法"，其第 19 条第 1 项规定："大众捷运系统之主管机关因路线工程上之必要，可穿越公、私有土地之上空或地下，其土地所有人、占有人或使用人不得拒绝，必要时可就其需用之空间范围协议取得地上权。"此即空间地上权。

七、空间权的意义、客体及分类

(一) 空间权的意义

1. 土地所有权效力范围的判定标准

土地所有权的效力范围，近现代及当代民法最初均无不忠实于罗马法所谓土

---

1 参见杨与龄："论分层地上权"，载《法令月刊》1987 年第 38 卷第 6 期，第 5 页。

2 温丰文："空间权之法理"，载《法令月刊》1988 年第 39 卷第 3 期，第 33 页。

地所有权"上达天宇，下及地心"原则。1888 年公布的《德国民法典第一草案》与 1895 年公布的《德国民法典第二草案》乃直接将罗马法这一原则规定于其中，分别见于两个草案的第 849 条与第 819 条。但是，此后正式颁行的 1896 年《德国民法典》却对此种土地所有权的无限制性规定作了修正，其第 905 条规定，土地所有人的权利虽扩及于地面上的空间及地面下的地层，但其不得禁止他人在与土地所有人无利害关系的高空和地层中所为的"干涉"（妨害、侵入）。此条规定的进步性在于，其顾及到了工业革命以来土地不动产由平面的所有与利用朝向立体的所有与利用的实际情况，并配合《德国民法典》第 1012 条有关空间地上权的规定，解决了德国当时社会生活中对土地上空和下空予以所有和利用的法律根据，立法论上具重要的积极意义。迄至 20 世纪初期，《瑞士民法典》开始制定。关于土地所有权效力所及的范围，其着重参考《德国民法典》第 905 条规定的基础上，于第 667 条规定："土地所有权，其行使于利益存在的限度内及于土地的空中及地中。"此条规定，经由学说阐释，成为判定土地所有权效力范围的一般标准，即土地所有权的效力范围，依土地所有权人行使其权利的"利益存在限度"而确定。

但是，于单个具体情形，判定是否在利益存在的限度内，乃具有相当的困难。飞机在不妨碍土地及定着物相当的使用的高度飞行，将不致使土地所有权人提出妨害排除请求权。此盖因航空器的飞行空间对土地所有权人而言通常均在其"利益存在限度"外。但架设高压送电线的空间，其是否也在"利益存在限度"外，则有疑义。于此场合，若被判定在"利益存在限度"内，则土地所有人即可要求撤去高压送电线并要求赔偿损害；相反，若被判定在"利益存在限度"外，则土地所有人提出的此等请求即被拒绝。[1]

为解决"利益存在限度"的具体判定标准问题，日本学者柚木馨提出，应依个别具体场合的情事、妨害形态，并顾及土地的位置、形状以及通常的交易观念而具体认定，不可对一切土地作出统一的抽象性规定，譬如都市和农村土地就截

1　［日］奥田昌道等编集：《物权的重要问题》，有斐阁 1979 年版，第 229 页。

然不同，且即使是农村土地，也有都市近郊土地与乡间农地的分别。[1]具体而言，应依下述情形而予判定。[2]

其一，所谓"利益存在限度"中的"利益"，并非仅指财产利益，即使是学术利益、审美利益也涵括在内。

其二，此种"利益"是指与土地的利用相关联的所有人的利益，而非作为竞争企业的企业所有人的利益，然个人的特殊利益仍包括在内。譬如经营航空公司者不准他人的飞机通过，即属之。

其三，利益的存在与否，不仅应从现实予以判定，还须考虑将来的情况，即斟酌将来的利益。因此，自己现在不能支配的空间，将来有利用的概然性时，也足当之。由此可见，有利益范围的标准，将因科学发达、建筑技术的进步而有所变化，绝不能一概而论。尤其在人类注重采光、日照等生态环境的现今，有利益的范围，应较往昔有过之而无不及。[3]

2. 关于空间权的涵义

空间权的涵义，现今立法、学说与判例见解未获一致，有予以整理的必要。综合立法、判例及学说见解，笔者认为，所谓空间权，乃系指以土地地表的空中或地表之下的地中的一定范围为客体而成立的不动产权。对此概念，需作如下说明。

其一，空间权的客体系离开土地地表的空中或地中的一定范围的空间。此种以空中或地中的一定范围为客体而成立的权利，法特性上系属一种不动产权。

其二，作为财产权利的特定客体的土地，其物理上包括地表、空中及地中三部分。在传统的土地法理念及制度下，土地所有权效力的范围系以地表为中心而有上下垂直的支配力。亦即，土地所有人除对地表有支配力外，尚对空中及地中有支配力。但是，此种对空中及地中的空间所享有的支配力并非现代意义的空间

---

1 [日] 奥田昌道等编集：《物权的重要问题》，有斐阁 1979 年版，第 229 页。

2 [日] 奥田昌道等编集：《物权的重要问题》，有斐阁 1979 年版，第 229 页。

3 谢在全：《民法物权论》（上册），文太印刷有限公司 1989 年版，第 24 页。

权概念。盖因此一时期，作为财产权利客体的土地在物理性质上虽可区分为地表、空中及地中三部分，但法律理念与制度上，系将此三者结为一体而以地表为中心予以所有和利用。换言之，在社会需求上，此一时期尚未产生将地表、空中及地中予以分离而作为独立权利客体加以让渡、租赁的必要，进而法律理论与立法也就未能产生出以空中或地中为客体而成立的空间权概念、学说及法制度。

其三，现当代意义的空间权概念滥觞于 19 世纪末、20 世纪初，其产生的直接的重大因素（直接推动力）是社会必要性。这一时期的社会经济生活中，于土地上空空间及下空空间兴建空中走廊、地下通道、架设高架桥和高压电线等陆续出现，此等工作物具独立经济价值，且系在离开地表的空中或地中独立存在，其权利性质若何，权源何在，亟须解明，以便廓清诸利益关系。此种社会必要性下，将空中、地中从土地中分离出来，规定其上下范围，而以其一定范围为独立客体设定权利，即是所谓空间权。自此，作为一种权利，空间权开始获得学说、判例与立法的认可。

（二）空间权的客体

由上述可知，现当代土地空间权系以空间为其客体，但空间得否成为权利客体，不无疑义，有必要予以释明。

民法自罗马法以来，对于物的概念皆认为，系指人体以外，人力所能支配，且能满足人类社会生活需要的有体物及自然力。但随着 19 世纪末期以来由土地法向空间法的转换，以日本为代表的大陆法系民法学说遂逐渐发展出一种通说，认为学说对于物的概念应予扩张，不应以物理学上的物为限，除有体物外，凡具法律上排他支配可能性或管理可能性者，皆可涵括在内。[1] 立基于此，离开地表的空中或地中由于占有位置，故而只要具有独立经济价值，并能对位置加以排他的支配，即得成为物。易言之，离开地表的空中或地中的空间，若具备独立经济价值与排他的支配可能性二要件，即得成为空间权的客体。

1　［日］我妻荣：《民法总则》（讲义 1），岩波书店 1973 年版，第 202 页。

（三）空间权的分类

现当代意义的空间权，可依不同标准而作出不同分类，具体如下。

其一，按照在地表之上（空中）或之下（地中）的不同，空间权得分为地上空间权（即空中权）与地下空间权（即地中权）。二者产生的时期不同，从历史看，系从空中权到地中权，前者的产生较后者为早。另外，从运用程度看，空中权的运用较地中权的运用更为普遍。

其二，按照权利性质的不同，空间权可分为空间所有权与空间利用权。此系对空间权的基本分类。对此，后文将要述及。

其三，按是否可以移转，空间权可分为可移转性空间权与不可移转性空间权。其中前者又包括可移转性空间所有权与可移转性空间利用权。现当代社会生活的发展，已极大地扩张了可移转性空间权的范围，使大多数空间权成为可移转性空间权。

其四，按存续期间的长短，空间权可分为无期限性空间权与有期限性空间权。通常而言，空间权有无期限限制，系由法律规定或由空间权设定当事人双方自由确定。

八、空间权的体系构成

空间权的体系构成，系指空间权的基本结构系统。按空间权权利性质的不同，空间权的结构系统可作如下图示。[1]

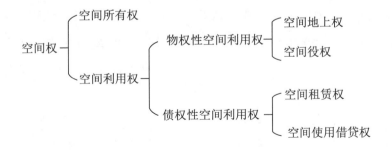

1　温丰文："空间权之法理"，载《法令月刊》1988 年第 39 卷第 3 期，第 35 页。

（一）空间所有权

1. 空间所有权与一物一权主义

空间所有权乃于离开地表的空中或地中横切一断层而享有其所有权之谓，建筑物区分所有权即为适例。但需注意的是，当代民法制度下，对离开地表的空中或地中，直接地承认其具有排他的独立的空间所有权，理论上首先面临与一物一权主义的关系问题。

所谓一物一权主义，又称物权客体特定主义，系罗马法以来物权法的一项基本原则。[1] 其涵义系指物权的标的（物）仅以一物为限，以及一物之上不能并存两种内容相同或相互排斥的物权。按此原则，一笔土地仅得成立一个所有权，且该所有权的范围及于土地的上下。但空间权概念确立后，一笔土地除地表上的所有权外，尚得于其地上或地下成立数个甚至数十个立体叠设的所有权。如此一来，空间所有权的确立似与一物一权主义相违。但事实上，若仔细分析所有权的客体，可发现空间所有权的成立并不违背一物一权主义。[2] 虽然所有权的客体限于特定的独立物，而所谓特定的独立物，在动产时，固然取决于自然的观察，在不动产时，则颇难利用自然的观察而予决定。盖不动产中的土地，其物理上几乎是接连不断。[3] 一丘块的土地，有时候之所以是数个不等的物而同时存在着数个所有权，有时之所以仅为一物而只存在着一个所有权，乃由于人为的区分（学者称为土地的一物性纯粹由人为加以决定）[4]，于土地登记簿中登记为数笔或一笔之故。换言之，土地或建筑物等不动产的一物性，均系透过法技术的运作，借登记簿上所登记的笔数、个数而予以表现。[5] 故此，理论上，离开地表的空间（空中和地中），若具备独立的经济价值，且有排他的可能性，即可依不动产的公示方法——登记——而表现其独立的所有权。由此，空间所有权的确立与一物一权主义并不

1　王泽鉴：《民法物权》（第 1 册），1992 年自版，第 43 页。

2　温丰文："空间权之法理"，载《法令月刊》1988 年第 39 卷第 3 期，第 34 页。

3　温丰文："空间权之法理"，载《法令月刊》1988 年第 39 卷第 3 期，第 34 页。

4　[日] 奥田昌道等编集：《物权的重要问题》，有斐阁 1975 年版，第 235 页。

5　温丰文："空间权之法理"，载《法令月刊》1988 年第 39 卷第 3 期，第 34 页。

相违。

2. 空间所有权的公示

按民法理论，不动产物权的得、丧、变更系以登记为公示方法。空间所有权为不动产物权之一种，当然也须透过登记予以公示，以维护交易安全。通常而言，有关空间所有权的登记方法，除须测绘水平面积予以登记外，尚应进一步测量其空间体积（三度空间），于土地登记簿上记明空间的上下范围，例如海拔几米至几米或从地平面起几米至几米。惟基于事实需要，仅登记其上限或下限，甚或登记曲线形、斜形乃至球形的空间所有权，皆无不可。[1]

（二）空间利用权

空间利用权可大别为物权性空间利用权与债权性空间利用权，此二者于权利设定方式、权利性质及效力上皆有差异。

1. 物权性空间利用权

此包括空间地上权与空间役权两种类型。惟不论是空间地上权，抑或空间役权，将同样面临一物一权主义与公示问题。由于其内涵与前述空间所有权相同，故不赘述。以下仅就空间地上权和空间役权中的若干重要问题予以探讨。

（1）空间地上权

如前述，在当代日本、德国与我国台湾地区，空间地上权已获明文确立。其内容前已述及，这里仅就空间地上权与传统民法的普通地上权的关系作一考量。

如所周知，按照罗马法以来的民法理论及其实务，地上权人一经于土地所有权人的土地获得使用其土地的地上权，其对土地的使用、收益范围，即与土地所有人相同，不以地表为限，尚及于土地的上空及地下。换言之，普通地上权，乃系以土地地表的上下范围为客体而成立的定限物权。而空间地上权，其虽与此种以及于土地地表的上下为利用对象的普通地上权本质上未有差异，但其用益范围，却有量的差别。亦即，空间地上权系以地表上空或下空的一定范围的空间为客体而成立。另外，由于享有普通地上权的人不得对土地施加可致永久损害的变

1　温丰文：《现代社会与土地所有权理论之发展》，五南图书出版公司1984年版，第73页。

更，这样一来，土地所有权人也大多经由设定空间地上权，以便空间地上权人得于其土地地表的空中或地中的一定范围内兴建工作物。就此而言，空间地上权与普通地上权并无明显差异。虽然如此，我们也应看到，二者于如下场合的区别仍是明显的：空间地上权，其并非既有的传统民法的地上权，而是具有新的权利内容的空间法上的地上权。亦即，空间地上权系着眼于土地的立体利用而成立和设定，其不以在土地各断层有权利设置的可能性为已足，尚须使设定权利的土地（空间）各断层得以充分利用。故此，空间地上权的效力并非仅及于其直接的客体范围，尚及于立体的、多面的且超出直接客体的必要部分。由此，其显示出相当活跃的特性。[1]

值得指出的是，空间地上权虽与普通地上权具有差异，但这并不意味着业已设定普通地上权或其他用益权的土地将完全不能再设定空间地上权。事实上，为谋地尽其利，应当然允许设定。惟须注意的是，此种情形下，空间地上权人与普通地上权人相互间，以及其与土地所有权人或其他用益权人间，乃发生平面或立体的相邻关系。盖因土地空中或地中的利用，复需直接或间接与土地地表接触，故而新设定的空间地上权，为达其设定目的，对于其他用益权人的使用、收益势必有所影响，为避免损害其他用益权人的利益，土地所有人为他人新设定空间地上权时，自需获得业已取得该土地的使用、收益权人的同意，如此，方足以保护其利益。[2]

（2）空间役权

所谓空间役权，系指以他人土地的特定空间供自己或自己土地或空间的方便和适宜之用的权利，其存在形式相当复杂。[3]就空间役权的性质而言，空间法体系中的役权，除有地役权性质者外，尚有人役权性质者存在。所谓地役权性质的空间役权，系指以他人的空间供自己土地（或空间）方便和适宜之用的权利，而人

1　[日]奥田昌道等编集：《物权的重要问题》，有斐阁1979年版，第234页。
2　杨与龄："论分层地上权"，载《法令月刊》1987年第38卷第6期，第5页。
3　温丰文："空间权之法理"，载《法令月刊》1988年第39卷第3期，第33页。

役权性质的空间役权，则指为特定人的利益而使用他人空间的权利。[1] 就空间役权的关系而言，空间役权不仅成立于横的关系上，上下关系上也可发生。[2] 例如，地铁系统行经的地下空间，其地表若建造超重量建筑物或施予重压，将致空间隧道陷落，故而需有限制或禁止地表上建造一定限度以上重量的工作物的役权存在。反之，地铁系统若在地下不断发出噪音或震动，将有碍地表的正常使用，故地表上的权利人，需有抑制地下发出一定分贝以上噪音或一定限度以上的震动的役权存在。[3] 就空间役权的内容而言，空间役权对供役空间，有课予不作为义务者，有课予作为义务者，也有课予容忍义务者。课供役空间不作为义务者，如禁止某一高度以上的空间建筑房屋，以免妨碍日照、眺望，或禁止高压电线所通过空间的周边建造工作物，以免妨碍输电安全；课供役空间作为义务者，如在某一水平空间设置水管供汲水或排水之用；课供役空间容忍义务者，如忍受排烟或震动的义务。[4]

2. 债权性空间利用权

债权性空间利用权，系指依合同自由原则所设定的空间利用权，其包括空间租赁权与空间使用借贷权（空间借用权）二种。需注意的是，此类权利因系通过合同方式设定，故设定人获得的空间利用权有其缺陷，主要是未有登记请求权、让渡的自由，以及存续期间短暂，解约容易，更新困难。[5]

（1）空间租赁权

以某一特定空间为标的（物）所设定的租赁权称为空间租赁权。依租赁关系取得空间利用权时，空间出租人与承租人之间的权利义务关系，按合同自由原则，由当事人双方订定，其约定水平空间、倾斜空间乃至球形空间的租赁关系，

1　温丰文："空间权之法理"，载《法令月刊》1988 年第 39 卷第 3 期，第 33 页。
2　温丰文："空间权之法理"，载《法令月刊》1988 年第 39 卷第 3 期，第 33 页。
3　[日] 筱塚昭次："空中权·地中权之法理"，载《法学家》第 476 号，第 127 页。
4　温丰文："空间权之法理"，载《法令月刊》1988 年第 39 卷第 3 期，第 32 页。
5　[日] 奥田昌道等编集：《物权的重要问题》，有斐阁 1979 年版，第 231 页。

均无不可。[1]惟因空间租赁权的法律地位较空间地上权弱，故而为保障空间承租人利益起见，若租用空间建筑房屋，解释上，应申请为空间地上权登记。尤其是在公寓大厦的区分所有关系中，不能将对该基地的租赁权视为单纯的空间租赁权，而应解为空间地上权。尽管合同书记明为租赁权，但无须拘泥于所用的文句。[2]

（2）空间使用借贷权

空间也得为使用借贷的客体。[3]惟此空间使用借贷权的法律地位与空间租赁权相较，更为薄弱。借用人既不能像承租人那样，主张买卖不被租赁，也不得申请准空间地上权登记。故此，实务上，利用使用借贷关系取得空间利用权者乃很少。[4]

（三）小结

综上所述，我们看到，空间权的产生是近代尤其是 19 世纪中期第二次工业革命实践的重大结果。在农业社会中，人们使用土地主要是为了从事种植业、养殖业，人们占有、使用土地也就是占有、使用土地地表，土地的纵向范围于土地的财产性中显示不出重要性。而在近现代及当代工业社会，人类所从事的事业不断地向土地之上或之下的空间发展，地上数百米的建筑物屡见不鲜，地下成为闹市也早属现实。[5]正是因此，空间权应运而生。

本来，"有社会斯有法律"（*Ubi societas ibi jus*），法律上的诸制度应反映各时代的政治背景、经济结构及社会需要。在立法之初固应如此，立法之后亦然。但在成文法国家，由于外形的法典与社会上各种制度的交互作用，有时难免脱节。这就有赖于学说的发展、习惯法的承认、判例的变化乃至法典的修改等方法，尽量使其与社会相近。此即所谓"活法"。而"活法"（Lebendiges Recht），乃反映现实社会的具有"生命"的实质的法律制度。空间法即是一种"活法"。由于此

1　温丰文："空间权之法理"，载《法令月刊》1988 年第 39 卷第 3 期，第 32 页。

2　[日]筱塚昭次："空中权·地中极之法理"，载《法学家》第 476 号，第 123 页。

3　温丰文："空间权之法理"，载《法令月刊》1988 年第 39 卷第 3 期，第 32 页。

4　温丰文："空间权之法理"，载《法令月刊》1988 年第 39 卷第 3 期。

5　孙宪忠："土地在财产法中的概念"，载《法律科学》1992 年第 3 期，第 51 页。

"活法"——空间法——的生成，传统的土地法、不动产物权法、相邻关系法等，均非作调整不可，从而整个不动产法系统，为因应空间权法理的生成与展开，也需重新予以检视。[1]

九、空中权的若干重要问题分析：以美国、日本的比较分析为中心

（一）空中权的涵义、成立及类型

如前述，从权利性质看，空间权可分为空中权与地中权。其中，空中权概念正式形成于 20 世纪初美国都市广泛进行的土地的立体开发过程中，较地下空间的地中权概念的形成为早。即便如此，空中权的涵义于现当代各国，尤其是在日本与美国理论与实务上仍未获得一致。以下篇幅中，笔者试对此作比较法考察。

1. 美国

（1）土地价值的构成体系与空中权于该体系中的地位

按照美国现行制度，空中权与地下矿物相同，其作为土地所有权的构成要素，普通法上被认为是一种当然的财产权。并且，不仅在私有地的上部空间，且在公有地的上部空间，空中权的设定与取得均属可能。[2]

于 20 世纪初期的美国法律理论与实务上，空中权的涵义尚未与开发权区分，而系将其直接等同于开发权。因此，《布莱克法律词典》写道：利用土地之上的空间的全部或一部的权利，即为空中权。并且，此种权利可依 Fee Simple（世袭地、无条件继承的不动产、世袭不动产物权）与租赁或其他方式予以转让。时至 20 世纪 50 年代，伴随城市分区规划的软化，空中权乃与开发权相分离，形成既有联系又相区别的有关空中利用的两种制度，即空中权制度与移转可能的开发权制度。但历史上，后者系由前者发展而来，并作为土地所有权的开发价值与土地所有权相分离而形成的制度。故此，较之空中权，移转可能的开发权制度系为一

1　温丰文："空间权之法理"，载《法令月刊》1988 年第 39 卷第 3 期，第 14 页。
2　日本建设省空中权调查研究会编：《空中权》（1985 年），第 4 页。

种新制度。[1]

在美国，如前述，土地所有权的效力乃继受了罗马法原则，认为得当然及于土地的上下。但是，矿业权和空中权与土地所有权相分离，单独成为权利的对象则于普通法中获得一致认可。与此相同，移转可能的开发权由于系作为开发价值而从土地所有权中分离出来，故也可单独作为权利的对象。如此，在美国，按照新泽西州罗格斯大学（Rutgers University）皮特（Peter J. Pizor）教授的见解，土地价值可作如下四种分割，每一价值可由不同的人分别保有。图示如下即是[2]：

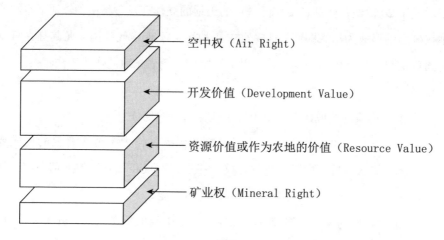

空中权（Air Right）

开发价值（Development Value）

资源价值或作为农地的价值（Resource Value）

矿业权（Mineral Right）

图 1

上图所示四种价值，首先是作为农地的价值，或作为自然状态予以保有的价值，其次是开发价值，最后是矿业权、空中权。[3]皮特教授将土地的价值作如此区分，有重要意义，尤其是将土地地表的空中的价值区别为空中权与开发价值二类，颇具价值。但地表以下，除矿业权外，尚存在一种与空中权相对应的地中权，其未能作出此种区分，系为缺憾。

1　日本建设省空中权调查研究会编：《空中权》（1985 年），第 7、79 页。

2　日本建设省空中权调查研究会编：《空中权》（1985 年），第 80 页。

3　日本建设省空中权调查研究会编：《空中权》（1985 年），第 40 页。

（2）空中权的涵义、成立

空中权，系指将土地在一定高度予以水平性分割，规定其上下范围，而以该一定范围为客体成立的不动产权。[1]换言之，将土地的上部空间作水平性区划而予以建筑性利用的权利，即为空中权。[2]空中权的成立，可追溯至英国15世纪的普通法时代。

英国普通法上，土地上空空间得单独作为所有权的客体，最初是在1587年根据"所有土地的人，也所有土地的上空"的原则，于伯里诉波普（Bury v. Pope）一案中得以确立的。[3]之后，在1610年贝特案件（Baten's Case），1815年与1870年案件中，法院再次表明了承认土地上空空间（空中）得单独作为权利客体的立场，并进一步指明，"土地所有人与所有土地的地表相同，得所有土地的上部空间"（Corbett v. Hill）。[4]

英国普通法的这些原则，被美国完全继受下来。1906年纽约高等法院（Court of Appeals）在巴特勒诉边境电话公司（Butler v. Frontier Telephone Co.）一案判决中写道：土地的空间，与土地相同，均系不动产，土地的所有人也是上部空间的所有人，并且其尚享有将上部空间作为土地的一部予以独占支配的权利。[5]1946年，联邦最高法院（The United States Supreme Court）在美国诉卡斯伯（United States v. Causby）一案中进一步表明了承认土地上空空间具有权利利益，并得单独成为权利客体的立场。该案判决写道，飞机在私有土地上空通过而致私有土地所有者对土地的利用受到妨害时，将根据联邦宪法被认为是未经正当补偿而剥夺财产权。[6]1962年，其议会作出飞机航行可能达到的空间，将作为不动产予以征用的决定。[7]如此，土地所有人将土地上部空间予以水平面切离并加以让渡、租赁的

1　日本建设省空中权调查研究会编：《空中权》（1985年），第40页。

2　日本建设省空中权调查研究会编：《空中权》（1985年），第4页。

3　日本建设省空中权调查研究会编：《空中权》（1985年），第31页。

4　日本建设省空中权调查研究会编：《空中权》（1985年），第31页。

5　日本建设省空中权调查研究会编：《空中权》（1985年），第31页。

6　日本建设省空中权调查研究会编：《空中权》（1985年），第31页。

7　日本建设省空中权调查研究会编：《空中权》（1985年），第31页。

情形乃日渐增多。

美国空中权成立的实例上，20 世纪初纽约 Grand Center 火车站的情形有必要提及。20 世纪初，鉴于纽约 Grand Center 火车站输送力急需增强，乃将火车站上空空间租赁给开发者（Developmenter），而在其下建设两层的停车场。受其影响，纽约市多数土地所有者开始将上部空间予以让渡、租赁。于此基础上，1927 年美国铁道公司接受通商委员会（Commerce Commission）的建议，承诺着手进行租赁、让渡铁道上部空间的立法。同年，伊利诺伊州关于铁道上空的让渡与租赁的空间权立法即是此类立法中的一个。

（3）移转可能的开发权制度

移转可能的开发权，系指在某一土地所定的容积率等开发容许限度内，将其未利用部分移转于别的土地，从而与移转前既有的开发容许限度合在一起而予实现的权利。故此，此种移转可能的开发权表面上是将某一土地的上部未利用空间移转至近邻的土地而利用，实际上乃是在某一土地所定的容积率等开发容许限度内有未利用部分时，将此未利用部分移转于别的土地而利用。[1]至于开发容许限度，则依容积率（建筑物总面积与基地面积的比率）、户数密度（相应于土地面积的户数密度）而确定。[2]

在历史经纬上，移转可能的开发权制度源于城市分区规划的"柔软化""弹力化"。作为都市计划的手段或路径，美国自 20 世纪初期以来一直采行分区规划制度（Zoning），即将各地方自治体的地域予以划分，之后对各区域内的诸基地加以统一规制。1916 年，纽约市率先适用此制度。1924 年，作为供各州制定此类法律的模型，联邦政府拟定了《标准分区规划授权法》（Standard State Zoning Enabling Act）。大多数州以此模型而制定了《城市分区规划授权法》。基于州的授权，各郡（County）、市（City）也大多制定了《城市分区规划条例》（Zoning Or-

---

[1] 日本建设省空中权调查研究会编：《空中权》（1985 年），第 7 页。
[2] 日本建设省空中权调查研究会编：《空中权》（1985 年），第 19 页。

dinance)。[1]并且，为了保护公众健康、安全、道德及一般福利，授权政府通过行使警察权（Police Power）而强制实施此制度。过去属于州的警察权限，依照各州授权法，委让给地方自治团体而行使，以确保城市分区规划制度的实施。[2]但是，从 1950 年代（尤其是从 1960 年代）开始，此种划一的强制性制度被认为是"僵硬"的而受到批判，于是人们开始探索一种柔软而灵活的具创造性的分区规划制度。移转可能的开发权制度，正是在此背景下，特别是从 1960 年代至 1970 年代大幅度地被予以检视后，而一部导入获得采行的。[3]故此，移转可能的开发权制度与空中权制度并不尽相同，其虽名为开发权，但历史上，其系以历史建造物、农地、自然环境的保护及保全为目的，因而并非纯粹以促进开发乃至再开发为目的而形成的制度。由此，其实际适用上获得实施的事例并不多。但是，此制度是旨在对过去土地上部空间予以征用（Taking）或行使警察权这一选择性制度的局限性予以克服的，作为一项单纯以保全、开发乃至再开发为旨趣的制度，具重要意义。

（4）空中权与移转可能的开发权的权利性质的差异

综上分析可以知悉，空中权与移转可能的开发权的产生时期、权利内容、权利设定、权利利用及实施等均不相同。不仅如此，二者的权利性质也存在差异。空中权系一种为普通法所当然认可的财产权，但移转可能的开发权，大多数场合，其移转受地域限制（近邻与否），且须获得行政许可，故不能谓具自由交易的特性。由此，与空中权相较，移转可能的开发权乃为一种不完全的财产权。

2. 日本

（1）学者对于空中权涵义的诸见解

对于空中权的涵义，日本学说从来具多种见解。有学者认为，能够建造建筑物的权利，即为空中权。也有学者认为，将空间作上下区分而设定的区分地上权

1　日本建设省空中权调查研究会编：《空中权》（1985 年），第 22 页。

2　日本建设省空中权调查研究会编：《空中权》（1985 年），第 22 页。

3　日本建设省空中权调查研究会编：《空中权》（1985 年），第 77 页。

即为空中权。1968 年学者我妻荣编著的《新版新法律学辞典》就空中权写道，其系指"仅利用土地上的空间的权利的俗称"[1]。迄至 1980 年代中期，为进一步推进都市土地的高度利用与空间的有效活用，日本建设省空中权调查研究会广泛调查并介绍了美国空中权理论及其制度。在此基础上，学者开始接受空中权概念，认为空中权系指将土地的上部未利用空间的一部或全部，从其下的土地地表分离出来而作为单独的权利客体，且不移转其物理位置而由他人以所有建筑物及其他工作物为目的而予利用的权利。[2]之后，学者进一步认为，此空中权概念尚不能涵盖容积率移转的情形，故应予修正，即所谓空中权，系指将土地上部的未利用空间与其下部的土地地表相分离，使之作为独立的权利客体，从而可在上部空间上建造建筑物的权利，或将某一土地的上部未利用空间移转至别的近邻土地予以利用的权利。[3]由此定义可知，日本学说所谓空中权于内容上乃涵盖了美国空中权及移转可能的开发权两种权利。所不同的是，在美国，系将二者予以明确区别，尤其是将转移可能的开发权称为开发权，而不称为空中权。而于日本，则系将二者合二为一，不作区别。

（2）《日本民法》第 269 条之二的区分地上权分析

如前述，日本对于空间权的立法系以昭和 31 年（1956 年）借地借家法改正问题的提起为契机。之后，学说、实务部门开始对美国空中权制度予以广泛介绍。昭和 41 年（1966 年）修订其民法时，区分地上权即作为空间权制度而予以立法化，追加规定于第 269 条之二。因此，该规定系日本现今实定法对空间权的基本法律规定。

第 269 条之二第 1 项规定："地下或空间，因定上下范围及有工作物，可以以之作为地上权的标的。于此情形，为行使地上权，可以以设定行为对土地的使用加以限制。"此规定由于在日本现今空中权理论与实务上占据重要地位，故而有

1　［日］我妻荣编：《新版新法律学辞典》，有斐阁 1968 年版，第 260 页。

2　参见［日］野村好弘等："被移转的未利用容积的权利的性质"，载《法律时报》第 64 卷第 3 号，第 15 页。

3　日本建设省空中权调查研究会编：《空中权》（1985 年），第 17 页。

必要予以分析。

其一，区分地上权的客体。按照解释，区分地上权的客体，乃仅限定于土地的某一断层。[1]

其二，工作物的种类。依解释，其系指建筑物。此外，隧道、道路、单钢轨铁路、送电线也包括在内。

第269条之二的区分地上权，虽被认为是与空中权相当的制度，但在本来意义上，区分地上权除可在空中设定外，尚可在地中设定。因而严格言之，与空中权相当的仅是于土地的上部空间设定的空中区分地上权。[2]这样一来，区分地上权无论如何均与美国的空中权存在差异。并且登记实务上，于区分地上权，其也仅承认因人工地基方式而对空中加以利用的情形，而不承认以"嫁接"方式对空中利用的情形。[3]另外，权利处理方法上，《日本民法》第269条之二的区分地上权，作为主要方面，乃适用于有关私有地的空中利用，而对公有地的空中利用并不当然适用。由此以观，在日本，其空中地上权与美国空中权于权利处理方法上也有差异。在美国，不仅私有土地上空，且公有土地上空皆可取得空中权。而在日本，却并非采取与美国相同的一元化处理方法，而系采取复杂的处理方法。例如，取得私有土地上空的空中地上权可依《日本民法》第269条之二的规定，但取得道路上空的空中利用则须依照《道路法施行令》第7条第7号的规定，以获得道路占有许可为必要。[4]

（3）与美国移转可能的开发权相类似的制度

日本固有法上虽然并无美国移转可能的开发权制度，但自20世纪60年代以来，尤其是在参酌、吸收美国移转可能的开发权制度的经验后，日本《都市计划法》与《建筑基准法》中产生了与美国移转可能的开发权类似的诸制度。这就是，其一，特定街区制度；其二，一团地认定制度；其三，关于宽阔的公园、广

1　日本建设省空中权调查研究会编：《空中权》（1985年），第184页。
2　[日]宇都宫充夫：《空间所有权的实现形态》，大成出版社1987年版，第55页。
3　日本建设省空中权调查研究会编：《空中权》（1985年），第8页。
4　日本建设省空中权调查研究会编：《空中权》（1985年），第9页。

场、道路等周围的建筑物的特例；其四，综合设计制度及市街地住宅综合设计制度。

（4）对空中权诸问题的建议

鉴于日本都市土地的多目的、多层次利用，进入 20 世纪 80 年代，土地的有效利用问题再度被提起。日本各政党、经济对策阁僚会议、经济企划厅、国土厅及建筑省纷纷发表了改善空中权制度的建议。自民党在《空中权问题的委员会报告》中指出，应对空中权活用的诸问题进行着重检讨。经济对策阁僚会议指出，为了实现都市空间的立体的有效活用，除须对现行制度予以活用外，更应对空中权制度继续进行检讨（1983 年 10 月 21 日）。公明党在 1983 年 12 月 8 日《关于住宅、都市整备的紧急建议》中提出应对空中权的法体系予以整备。该建议指出，都市空间的立体的有效利用须优先满足国民生活。并且，由于都市再开发的不断推进，错综复杂的权利关系不断产生，故建议设置公共调整机关予以因应。另外，经济企划厅提出了容积率移转活用及分割空中利用权以实现空间活用的对策。毫无疑义，这些建议对促进日本空中权乃至地中权制度与理论的革新，以及立法政策的转变，皆具重要意义。

3. 小结

通过以上对空中权涵义的比较分析、考察，可以看到，自 20 世纪 60 年代以来，通过对美国空中权制度的介绍与调查，美国空中权尤其是移转可能的开发权制度已在日本都市开发上得到活用，进而形成为具有新内容的特定街区制度、综合设计制度等新的都市开发制度。但同时也应看到，由于日、美之间的法律体制与法律理念的差异，二国在空中权涵义的涵盖范围上也有明显不同。在美国，空中权与移转可能的开发权被明确区分，而在日本则不作区分，一律以空中权处理。比较日、美二国空中权的涵义及与此相关的诸制度，毫无疑义，当以美国现行制度最具灵活性，且也较日本同类制度更为完善。故此，笔者认为，我国因应有关空中权问题时，乃应着重参考、借鉴美国经验，辅之以参考、借鉴日本现行制度及其经验。

（二）空中权的取得方式

空中权的取得，日、美二国实务上大都一致，即经由设定私法上的权利而取得。在日本，空中权可经由如下途径而取得：其一，经由设定物权性权利而取得，包括设定区分地上权和设定空间役权两种情形。其二，经由设定债权性权利而取得，包括由双方当事人依意思自由主义设定空间租赁权及空间使用借贷权两种情形。这两类取得空中权的方式中，日本现今实务系以第一类，即经由设定物权性权利而取得空中权为最普遍。[1]

美国实务上，空中权的取得大体与日本相同，也系经由设定私法上的权利而取得。但经长时期的发展，美国现今实务上业已形成如下五种取得方式[2]：

其一，租赁方式（The lease method）。此系最单纯的空中权取得方式。依此方式，土地上部空间及支撑上部空间的支柱、空间，均自土地所有人一方被租赁出去。

其二，地役权方式（Transfer of easement）。此种方式多适用于建筑高架道路的场合。依此方式，即在他人所有地的上空设定地役权以筑通道路。

其三，附地役权保留的所有权移转方式（Sale of a fee interest and reservation of an easement）。为建设大规模的永久构造物而进行的空中权交易，即通常运用此方式。例如，铁道公司为自己保留列车运行的可能范围内的地役权，而将土地所有权全体出让给开发公司，即属之。

其四，空中权、支柱地役权移转方式（Transfer of a fee interest plus an easement of support）。按此方式，开发者取得土地上部空间的空中权的同时，尚取得由土地所有者所有的下部空间及土地表面的支柱、基础部分的地役权。

其五，空中权、支柱基地所有权移转方式（Transfer of a fee interest covering air space and support space）。此为一种最大限度地移转权利的方式。按此方式，开发

1 　参见［日］野村好弘等："被移转的未利用容积的权利的性质"，载《法律时报》第 64 卷第 3 号，第 1—22 页；［日］丸山英气："空中权论"，载《法律时报》第 64 卷第 3 号，第 15—20 页。

2 　日本建设省空中权调查研究会编：《空中权》（1985 年），第 44 页。

者对土地上部空间、支柱等必要的基地和有关空间，取得完全的所有权。

（三）空中权价格及其算定标准

空中权价格及其算定标准，为一项涉及诸多因素的问题。通常，空中权价格的确定，应依具体情况，考虑诸相关因素而算定。因不同场合涉及因素不一，空中权价格也必然不同。通常而言，高密度发展地域，空中权价格与土地价格的比率往往高于具有比较高密度发展地域的空中权价格与土地价格的比率。[1] 即使如此，实务上仍大多确定一个基本的价格算定标准，尔后根据若干具体情况而算定。如下介绍美国采行的基本做法。

美国关于空中权的鉴定评价及其方式，系由全美不动产协会（National Association of Real Estate）的直属机构全美不动产鉴定人协会（American Institute of Real Estateappraisers）予以直接处理。空中权价格的算定标准，则采用凯恩勒（Keuhnle）的如下公式而算定 [2]：

$$V-(X+Y)-I=A \qquad V-A=R$$

上述公式中，A 表示空中权价格，V 表示空中权设定前的土地价格，X 表示因空中权设定而产生的功能面的损失，例如出入的不便等，Y 表示因空中权的活用而需建造建筑物的其余部分所需的费用，譬如建造支撑上部构造物的支柱所需的建设费，I 表示因空中权的活用而为建筑建造物所产生的与工事期间的延长部分相应的投资利息，R 表示空中权设定后的土地的残余价格。[3]

由上可知，该公式的作出乃是对在更地（未有加工、整理的土地）上建造建筑物的场合，与在空中建造相同建筑物的场合予以比较的结果。两相比较，后者功能面低劣（如出入的不便等），建设费由此上升，于是将其从素地（从未耕种过的土地，也称生荒地）价格中扣除，于此基础上算定空中权的价格。至于 X、Y 及 I 等数值，无论大都市抑或地方都市，差异微小。[4]

1　日本建设省空中权调查研究会编：《空中权》（1985 年），第 45 页。
2　日本建设省空中权调查研究会编：《空中权》（1985 年），第 45 页。
3　日本建设省空中权调查研究会编：《空中权》（1985 年），第 45—46 页。
4　日本建设省空中权调查研究会编：《空中权》（1985 年），第 45—46 页。

十、空中权的活用及其形态：基于对日本与美国的考察

（一）日本

日本空中权的活用，除一般意义的空中权活用形态外，尚包括未利用容积的移转。此未利用容积的移转即与美国移转可能的开发权相类似的特定街区制度、一团地认定制度及综合设计制度。如下分别讨论。

1. 空中权利用的基本形态及其分析

（1）一体型

此种形态的利用系空中权利用的非典型形态。[1] 所谓一体型，系指在独立存在的下空空间建筑物及其他构筑物上，建造使之与下空空间建筑物成为一体的建筑物等工作物的情形。

一体型最简单的形态如图 2 所示，于 A 所有地基上，将由 A 所有的建筑物上空转让于 C 利用的情形。从现象看，此种情形既可以是在由 A 所有的建筑物上增筑由 C 所有的建筑物，也可以是撤毁由 A 所有的建筑物而建造新建筑物供 A、C 区分所有。在此二类情形，均以 A、C 之间有合意为必要。其次，是在 A 租赁的地基上起造建筑物的情形（图 3）。在此情形，按照《日本民法》第 207 条的规定，未有特别限制的借地权，其效力应及于上空。因此，在此情形，C 欲在上空空间增筑建筑物，除需从借地权人 A 处取得借地权一部的让渡外，尚须以获得土地所有人 D 的承诺（同意）为必要。最后，如图 4 所示，在既有的 A、B 之间区分所有一栋建筑物。于 A、B 共有的地基上建筑由 A、B 区分所有的建筑物，该区分所有建筑物的上空增筑由 C 所有的建筑物的，A、B 间需有两个合意，即将未利用空间让与 C 利用的合意（包括未利用空间利用方法的合意与共有持分让渡的合意）以及共有部分变更的合意。[2]

1　[日] 丸山英气："空中权论"，载《法律时报》第 64 卷第 3 号，第 16 页。
2　[日] 丸山英气："空中权论"，载《法律时报》第 64 卷第 3 号，第 16 页。

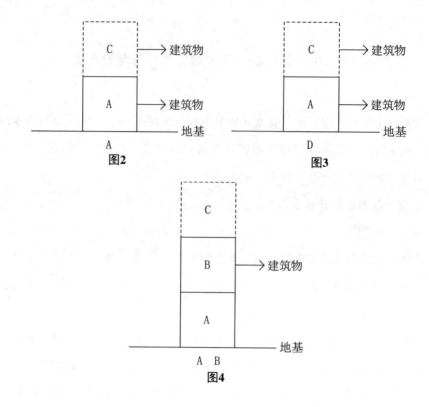

（2）人工地基型

此种利用形态系典型的空中权利用形态。[1] 所谓人工地基型，系指通过设定人工地基而于上空空间建造建筑物并予所有的形态。此类形态包括下述情形。[2]

第一，如图 5 所示，A 在自己地基上建筑由 A 自己所有的建筑物，N 通过人工地基在 A 建筑物上空建筑 N 建筑物。

1　［日］丸山英气：“空中权论”，载《法律时报》第 64 卷第 3 号，第 16—18 页。

2　［日］丸山英气：“空中权论”，载《法律时报》第 64 卷第 3 号，第 16—18 页。

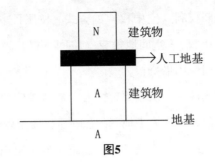

图5

第二，如图6所示，A在其地基上建筑停车场，N_1、N_2通过设置人工地基于停车场上空建造建筑物。

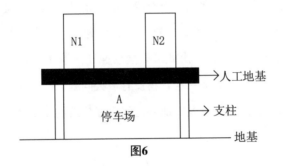

图6

第三，如图7所示，A、B、C分有土地，且下空空间A、B、C的利用形态也不相同，在人工地基上筑造由N_1、N_2、N_3所有的建筑物。

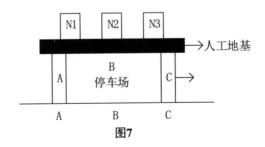

图7

以上人工地基型的诸利用情形，归结起来，如下问题需予解明。

第一，取得上空空间权利（空中权）的方式。按照日本现行实务，此主要包括区分地上权（空间地上权）、空间地役权（空间役权）及空间租赁权三种。此外，少数场合还包括空间使用借贷权。

第二，人工地基的法性质。从表象看，人工地基既非建筑物，也非土地，因而无须登记。但即使如此，对于人工地基的法性质仍需予以解明。

关于人工地基的土地性。人工地基上，建筑物虽被构筑，但其并不因此成为土地。按照土地的概念，其不仅包括地表，而且尚包括地表的上下一定空间（空中及地中）。因此，未有此种特性的人工地基显然不是土地。那么，人工地基又可否是建筑物，即是否具有"建筑性"？所谓建筑物，系指有屋顶及围壁的土地上的定着物。[1]就此而言，通常完全没有隔壁的人工地基也不是建筑物。人工地基既非建筑物，也非土地，其究竟为何物？学者认为，可从定着物予以考量。所谓定着物，系指因附着于土地，并由此可以继续性地附着于一定土地而得被使用的物。[2]由此定义考量，人工地基系定着物没有多大问题，但其又与通常的定着物不同。[3]在人工地基情形，地表与人工地基之间存在建筑物。由此，人工地基的法性质，准确言之，乃系一种特殊的定着物。

第三，人工地基的登记可能性。按不动产登记制度及其理论，不动产登记的对象乃是土地与建筑物。人工地基在法性质上既非土地，也非建筑物，依传统不动产登记制度及其理论，显然不具登记能力。但是，由人工地基的功能看，其系供建造建筑物及其他工作物而存在，故又具有土地性。就此而言，人工地基仍具登记能力。[4]

第四，关于支柱存立的权源问题。支柱存立的权源，日本现今实务大都通过当事人双方设定私法上的权利义务关系而解决。此类私法上的权利主要包括地役权、地上权。

1　参见大判 1935 年 10 月 1 日民集 14 卷，第 1671 页。

2　［日］我妻荣：《民法总则》，岩波书店 1973 年版，第 212 页。

3　［日］丸山英气："空中权论"，载《法律时报》第 64 卷第 3 号，第 19—20 页。

4　［日］丸山英气："空中权论"，载《法律时报》第 64 卷第 3 号，第 20 页。

2. 未利用容积的利用权制度

按日本现行法制，未利用容积的利用权制度被称为公法上的空中权制度，包括特定街区制度、一团地认定制度、综合设计制度及市街地住宅综合设计制度，另外还有关于宽阔公园、广场、道路等周围的建筑物的特例。[1]

日本现行《都市计划法》制定于昭和 43 年（1968 年），迄今经过数十次修改，最近一次修改是平成 4 年（1992 年）6 月 26 日。[2]于该法，按照用途地域的种类的不同，规定了不同的容积率。而所谓容积率，系指某一特定地块内全部建筑面积的总和与地块面积的比率。法律规定此容积率制度，旨在创造良好的都市环境。至于容积率的大小，系依用途地域的种类予以确定。值得注意的是，近时以来，对于此容积率制度，人们并非将其理解为一种简单的规制方法，而是从都市开发方法上把握，以致新近以来，开发权概念获得广泛提倡。[3]

按照《都市计划法》，所谓容积率制度，系包括容积率增额与转让的制度。前者被认为是容积率规制缓和的结果，导源于民间建设活动对都市整备的诱导，具强烈的追求额外利益的性质。后者系指将特定土地的上部未利用空间移转于近邻的别的土地之上予以利用的情形，其乃具强烈的土地有效利用的特性。惟须注意的是，此种容积率的移转需受诸多条件限制，主要是：其一，容积率的移转需在两个或两个以上相邻接的土地间进行；其二，建筑物的数量规定为一栋。[4]如下着重讨论特定街区、一团地认定及综合设计制度。

（1）特定街区制度

特定街区系《都市计划法》上地域地区的一种。按照《都市计划法》第 8 条第 2 项规定，所谓特定街区，系指为谋求市街地的整备改善，对于整备或造成街

1　［日］野村好弘等："被移转的未利用容积权利的性质"，载《法律时报》第 64 卷第 3 号，第 22—24 页。

2　［日］稻本洋之助："都市计划制度的再构筑"，载《法律时报》第 66 卷第 3 号，第 32 页。

3　［日］野村好弘等："被移转的未利用容积的权利的性质"，载《法律时报》第 64 卷第 3 号，第 22 页。

4　［日］野村好弘等："被移转的未利用容积的权利的性质"，载《法律时报》第 64 卷第 3 号，第 22 页。

道的地区，规定其街道区内建筑物总面积与基地面积的比率（容积率）、建筑物的最高限度、壁面位置的限制的街道区。法律设立特定街区制度，旨在创造有良好环境、健全形态的建筑物及充足空地的街区。但需指出的是，此特定街区制度于设定的最初考量上，无论如何都不以容积率的移转为目的，而仅是由于该制度的运用，方使容积率的移转成为可能。[1]

于特定街区，容积率的最高限度、建筑物的最高限度、壁面位置的限制均在《都市计划法》中有特别规定，由此，用途地域内的容积率、建蔽率、高度、斜线限制等一般性规制不得适用日本《建筑基准法》第 60 条第 3 项。如此一来，在特定街区，通过规定街区单位的建筑物计划与排除《建筑基准法》上有关容积率、建蔽率等一般规制的适用，形成街区内高层利用部分与低层利用部分状况，其间容积率的交易得以进行，由此实现基地的高度利用。[2] 对此，又可类型化为两种情形。[3]

第一，同一街区进行的未利用容积的融通。在图 8 中，同一街区内邻接的所有者 A、B 之间进行的未利用容积的融通。

第二，将邻接的诸街区作特定街区指定，街区相互间进行的容积的移转。此如图 9 所示，甲、乙本系由道路相间隔的相邻接街区，后经指定为特定街区，于是发生邻接街区相互间的未利用容积移转。

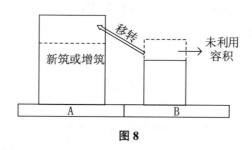

图8

1　日本建设省空中权调查研究会编：《空中权》（1985 年），第 222 页。

2　［日］野村好弘等："被移转的未利用容积权利的性质"，载《法律时报》第 64 卷第 3 号，第 32 页。

3　［日］大浜启吉："空中权的公法的问题"，载《法律时报》第 64 卷第 3 号，第 33 页。

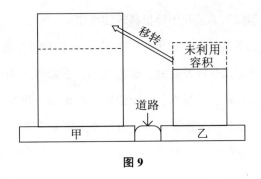

图 9

日本特定街区制度，有与美国实务上的基地并合（Lot Merger）制度相类似之处。在基地并合场合，依邻接的各地权人的合意予以并合，并以该并合基地为基础计算容积率。但在特定街区制度，其在需依《都市计划法》的规定予以并合上乃与基地并合有别，而在基地内未利用容积的移转方式上则没有差异。本来，日本创设特定街区制度，系因受容积率增额这一经济因素的刺激，旨在确保都市环境上有充分的空地及实现市街地的整备和改善。[1] 但此后，由于中曾根内阁推行所谓"民活路线"，都市的再开发受到刺激。[2] 作为土地高度利用的对策之一，美国的空中权制度受到关注，既有的特定街区制度日渐变化，而促成其变化的重要契机乃是昭和 59 年（1984 年）6 月日本建设省都市计划局《关于特定街区制度的运用方针》的发布。根据这个方针，首先，容积率的增额对象扩大；其次，有关特定街区的"要件"得到缓和，即特定街区制度由此前单纯的以确保都市环境有充分的空地及实现市街地的整备改善为目的，转变为都市基地的整备及优良都市环境的保全这一更加广泛的政策上的目的。这样一来，特定街区制度也就具有与美国移转可能的开发权制度相类似的性质。[3]

（2）一团地认定制度

一团地认定制度与特定街区制度相同，其创设本不以未利用容积的移转为目

1　［日］大浜启吉："空中权的公法的问题"，载《法律时报》第 64 卷第 3 号，第 32 页。

2　［日］大浜启吉："空中权的公法的问题"，载《法律时报》第 64 卷第 3 号，第 32 页。

3　［日］大浜启吉："空中权的公法的问题"，载《法律时报》第 64 卷第 3 号，第 32 页。

的，但实际实施上却发生了未利用容积移转的可能。

按照日本《建筑基准法》，为安全、防卫及卫生上的考虑，对建筑物用途、形态、构造、设备等均设有种种规制。这些规制，系以每一基地为单位而适用于每一建筑物。而所谓基地，系指承载一个建筑物或承载有用途上不可分关系的两个以上建筑物的一团土地（《建筑基准法施行令》第1条第1号）。但是，在宽阔的基地建造复数建筑物的场合，与其规定各个建筑物基地的计划，尚不如将该宽阔的基地作为一个基地予以综合计划并加以调和，由此创造出更为良好的计划。于此场合，特定行政机关认可各个建筑物的位置、构造、安全、防火、卫生并无相互妨碍，且适用《建筑基准法》的有关用地与道路的关系、容积率、建蔽率等规定时，此诸多复数的建筑物即被认定为在同一基地内。此即因综合性设计的一团地认定制度。

本来，一团地认定制度旨在创造良好的住宅环境，但正因如此，其才未能适应市街地高度利用的需要。迄至中曾根内阁推行"民活路线"时，其空中权的性格开始受到关注。其结果是，建设省住宅局局长于昭和60年（1985年）2月8日发布《促进基地共同利用的建筑基准法第86条第1项的运用通告》。依此通告，既有制度得到极大缓和。[1]邻接的甲、乙土地在被作了一团地认定后，该邻接土地所有人之间的未利用容积在更地（未加工、整理的土地）场合或建筑新建筑物场合即得移转。[2]由此可见，该一团地认定制度，经由基地并合而使未利用容积的移转成为可能，以及承认因私人间的合意而发生未利用容积移转，这些皆与美国基地并合制度相类似。[3]

（3）综合设计制度

该制度又称综合设计制度及市街地住宅综合设计制度，包括综合设计制度及市街地住宅综合设计制度二类。前者系于昭和44年（1969年）修订《建筑基准

1　［日］大浜启吉："空中权的公法的问题"，载《法律时报》第64卷第3号，第34页。

2　［日］大浜启吉："空中权的公法的问题"，载《法律时报》第64卷第3号，第34页。

3　［日］大浜启吉："空中权的公法的问题"，载《法律时报》第64卷第3号，第34页。

法》时增设，旨在克服特定街区制度程序上的难点。后者创设于昭和 59 年（1984 年）。按规定，基地规模庞大，且为确保基地内一定比例以上的宽阔空地，并起到市街地环境整备改善作用的建筑物，依《建筑基准法》，有关容积率、高度等规制将得到一部缓和。[1] 基于此，将建筑物总面积 2/3 以上供作住宅时所适用的综合设计制度被称为市街地住宅综合设计制度。由此可知，综合设计制度及市街地住宅综合设计制度尽管未必是有关未利用容积移转的专门制度，但其与一团地认定制度并用，使容积率的有效利用或活用成为可能，进而成为空中权活用上的重要一环。

3. 小结

综上，我们看到，日本现实有关空中权的活用已相当灵活，其活用形态也多种多样。除基于空中权的一般法理，设定私法上的权利义务关系予以一体型和人工地基型活用外，尚通过公法，诸如《建筑基准法》及《都市计划法》上的特定街区制度、综合设计制度及一团地认定制度等进一步对空中权予以活用，由此形成未利用容积的移转制度。毫无疑义，日本通过此类空中权活用的双轨制制度，极大地实现了城市土地利用的效率化和立体化，解决了 20 世纪 60 年代以来由于经济高速发展所产生的诸多社会问题，促进了都市的发展和进步。

（二）美国

1. 空中权利用的具体事例

关于空中权，美国业已形成诸多典型利用事例，主要包括：其一，铁道上空的利用例；其二，道路上空的利用例；其三，学校上空的利用例；其四，美术馆上空的利用例。[2] 如下着重分析铁道与道路上空的利用例。

（1）铁道上空的利用例

如前述，美国历史上关于铁道上空的空中权利用的最初立法，系 1927 年的伊利诺伊州法。由于该法，将铁道上部空间予以让渡、租赁的情形陆续出现，并且

1　［日］大浜启吉："空中权的公法的问题"，载《法律时报》第 64 卷第 3 号，第 36 页。

2　日本建设省空中权调查研究会编：《空中权》（1985 年），第 47—72 页。

在铁道线路基、铁道站上空空间建造建筑物的情形为最多。[1]历史上，铁道上空利用的第一事例系 20 世纪初纽约市 Grand Center 火车站上部空间的利用。此外，较为有名的还有宾夕法尼亚火车站及铁道线路基上空的空中权利用。[2]

在芝加哥，由于其系美国第二大都市与物资流通中心地，东西南北方向的铁路线汇聚于此。由此一来，火车站、铁道线路基上空的利用相当活跃。例如，伊利诺伊火车站上空的伊利诺伊中心，尤宁（Union）火车站上空的 IBM 建筑物，均是有关铁道上空利用的有名实例。值得提及的是，由于美国铁道事业系由私企业经营，因此铁道公司从增加收入计，乃积极推动并促成空中权的处分，如此，铁道线路基及火车站上空的利用于美国实务上极为活跃与普遍。[3]

（2）道路上空的利用例

道路上空的利用例，在美国实务上也较多，例如纽约市高速道路上空建造的 Wash Bridge House 及穿过芝加哥中央邮电局而兴建的公共汽车道路，均为有名的道路上空的利用实例。[4]但是，值得注意的是，与铁道上空的利用例相较，有关道路上空的利用例仍系少数。因为，与铁道权利属私企业不同，有关道路的权利系属于公共主体，因而很难有通过处分空中权而获得收入的动机。[5]并且，即使处分空中权，也需要较长时间的意思决定方能完成。但 20 世纪 80 年代以来，例如在纽约市的曼哈顿区，情况开始有所变化。1980 年该市发表《有关曼哈顿区所有地上空的空中权让渡的构想》。就该构想的内容而言，其旨在通过积极推进公共主体所有的街路、公园、学校等资产上空的空中权的活用增加财政收入。[6]

1　日本建设省空中权调查研究会编：《空中权》（1985 年），第 47—72 页。
2　日本建设省空中权调查研究会编：《空中权》（1985 年），第 47—72 页。
3　日本建设省空中权调查研究会编：《空中权》（1985 年），第 55 页。
4　日本建设省空中权调查研究会编：《空中权》（1985 年），第 57 页。
5　日本建设省空中权调查研究会编：《空中权》（1985 年），第 58 页。
6　日本建设省空中权调查研究会编：《空中权》（1985 年），第 58 页。

2. 移转可能的开发权的活用

如前述，在美国法上，所谓不动产权，系指以不动产的使用、收益、处分为内容的"诸权利之束"（bundle of rights）。而在此不动产"诸权利之束"中，土地利用权又可大别为继续性地进行土地利用的权利，与现实进行的土地利用界限内，实现较现实土地更高程度的土地利用的权利。后者即是通常所谓的开发权。通常而言，开发权被认为是空中权的"次元"概念。因为开发权并非像空中权系以空中的一定范围作为直接客体，而是以城市分区规划制度所定的可能的经济利益为客体。美国现今实务上，移转可能的开发权被认为是一种最重要的开发权权利类型。

如前述，移转可能的开发权历史上系以历史建造物、农地、自然环境的保护及保全为目的而创设出来。1961 年劳埃得（Gerald D. Lloyd）提案系有关移转可能的开发权制度的最初提案（多称为"劳埃得提案"）。此提案提出"密度规制内的开发可能的密度"（Transferable Density In Connection With Density Zoning）。[1] 之后不久，在社会强烈要求保护环境的背景下，作为以历史建造物与宽阔空间的保全为目的的一种对策，移转可能的开发权制度开始被广泛研究并获得运用。

按照美国联邦住宅都市局（HUD）的说明，时至 20 世纪 80 年代中期，全美已有 5 至 6 个州的地方自治体将移转可能的开发权制度予以导入。这些州大多制定了移转可能的开发权授权法，以规制并促进移转可能的开发权制度的活用。依照各州实务中活用移转可能的开发权的状况，移转可能的开发权可分为容积率移转型与户数密度移转型二类。前者运用于既成市街地区，又称为既成市街地型，后者运用于郊外地，因此又称为郊外地型。容积率移转型在华盛顿特区、旧金山市、纽约市以及洛杉矶市等得到利用的实例极为普遍，[2] 而密度移转型在南安普敦（Southampton Township）、埃登市（Eden City）等利用的实例较多。

1　日本建设省空中权调查研究会编：《空中权》（1985 年），第 81 页。

2　日本建设省空中权调查研究会编：《空中权》（1985 年），第 105—159 页。

十一、地下空间的土地所有权效力与运用状态分析

（一）地下空间的土地所有权效力分析

1. 英国法与美国法

英国与美国是世界各国中较早于地中埋设上下水道、暖气管及电话线的国家。在地铁建设上，伦敦地铁是各国中最早建成的地铁。在当代，由于都市土地的高度利用并使快适的生活更有活力，于对空中予以充分利用的同时，地下空间的利用也在迅速展开。就英美二国而言，美国地下空间的利用较英国更为发达与充分。

（1）土地所有权的范围

如前述，英美法上，土地所有权的范围不仅及于土地的地表，且也及于土地的上空及下空。至 19 世纪末，伴随第二次工业革命的结束，火车及蒸汽机出现，英美二国开始进入城市化时代。此间，隧道、地铁的建设于地下何种深度方不致构成对土地所有人权利的侵害，以及对土地上空的不法侵害行为应如何界定，即发生问题。此类问题的提出，引发了对土地所有权的范围以制定法予以限制的立法运动。

在英国，通过立法，首先确立了一定种类的地下矿物属于国王所有的法律制度。1934 年制定《石油生产法》。按照该法，以天然状态存在的原油及天然气体属国王所有。依 1938 年制定的《煤炭法》（Coal Act，1938）与 1946 年制定的《煤炭产业国有化法》规定，煤炭属国王所有，其采掘权利由煤炭企业厅行使。与英国几乎相同，美国也通过相关判例及立法对土地所有权的地下空间效力作了限制。如此，也就为地下空间的开发利用作出了准备。

（2）地下空间的开发

按照英美法，地下空间的开发首先需要取得都市农村计划法（Town and County Planning Act）规定的计划许可。而所谓"开发"，系指于地中实施建筑工事、土木工事、采掘，或者实施建筑物或土地用途重大变更的活动。有关机关在

授予计划许可时，必须考量该地域内的开发计划（基本计划与地方实施计划），以及其他重要事项。

2. 法国法

（1）私土地所有权

《法国民法典》制定于 1804 年，其中第 552 条系关于土地所有权范围的规定。按照该条规定，土地所有权包括该土地的上空与下空的所有权。该条规定排除了此前封建专制统治下有关土地的领主与国王双重支配的上级所有权与下级所有权的土地所有权架构，而单纯承认单一的绝对土地所有权，从而极大地表现了大革命的思想。即使如此，对于与地下空间具有重要关系的矿山问题，该法典仍采取了弹性立场。之后，通过 1810 年 4 月 21 日制定的特别法，乃正式将矿业权由土地所有权中剔除，作为单独的一项权利对待。时至 20 世纪初，经过 1919 年立法，又至 1946 年，有关矿物燃料的开发方被国有化，地中炭坑的所有权也相应地归属于国家所有（1946 年 5 月 17 日法律）。

（2）公土地所有权与行政财产的扩张

按照法国法制，公有财产被区分为行政财产与普通财产二类。[1] 行政财产，系指专供公务性使用的属于国家或公共团体的财产。此类财产一般不具让渡性。所谓普通财产，系指行政财产以外的国家或公共团体的私有财产，其适用私法的规定，即关于其所有权，适用《法国民法典》第 552 条的规定。但行政财产系属一项独立的所有权概念。[2]

依解释，所谓行政财产的扩张，系指行政财产以外的财产，于功能或单纯的物理性质上与行政财产结合时，使该被结合的财产具行政财产性目的。[3] 此概念最初一直依民法附合理论而解释，之后约于 19 世纪开始逐渐形成为一项独立的概念。适用范围上，其最初仅适用于解决平面的附合问题，之后不久，垂直性的较

1　日本现代不动产法研究会：“地下空间利用的法律问题”，载《法学家》第 856 号。

2　日本现代不动产法研究会：“地下空间利用的法律问题”，载《法学家》第 856 号。

3　日本现代不动产法研究会：“地下空间利用的法律问题”，载《法学家》第 856 号。

大范围的空间也被适用。其结果是，公共道路的垂直下方的地下空间，下水渠的垂直上方的地表，即作为行政财产的范围。如此，行政财产的扩张概念产生了明显的不公正情况。为解决此问题，通过判例与解释开始导入"不可分的从属性""用途的差异"以及"密切的物理关系"等指标，以对行政财产效力的垂直性扩张予以限制。但是，长期以来，其扩张的适法性业已由判例与多数学说予以认可，故而私土地所有权于通常情形，其上下范围逐渐发生被限制的倾向。与此相应，行政财产作为公的所有权乃有扩大的现象。[1]

3. 德国法

（1）《德国民法典》第 905 条与判例

《德国民法典》第 905 条系关于土地所有权效力范围的规定。按规定，土地所有人的权利虽扩及于地面上的空中与地面下的地层，但所有人不得禁止他人在与所有人无利害关系的高空和地中所为的干涉（妨害、侵害）。对此规定，德国实务作有大量判例，如下试举二例。

其一，德国最高法院 1912 年 5 月 12 日判决（JZ1912，S. 869）。案件事实是：原告所有的建筑物下约 23 米深处，由于修铁路隧道致建筑物陷落。其结果是，最高法院认可无过失损害赔偿责任，维持原审判决，驳回上诉。[2]

其二，联邦普通法院 1980 年 10 月 31 日判决（NJW1981，S. 573）。案件事实是：在甲方所有的约 370 米与约 7800 米的土地之间，修筑有由乙方所有的道路。甲方遂在乙方所有道路下 1.5 米深处挖掘地道，由此通过皮带运输机搬运硫化矿。乙方对此提出反对意见。地方法院判决认为，乙方负有忍受甲方挖掘地道的义务，判令乙方败诉。但至联邦普通法院，其坚持与地方法院相反态度，认为与地表距离相隔较近且有产生震动、陷落的危险时，土地所有人得禁止第三人对地下空间的利用。[3]

1　日本现代不动产法研究会："地下空间利用的法律问题"，载《法学家》第 856 号。

2　日本现代不动产法研究会："地下空间利用的法律问题"，载《法学家》第 856 号，第 16 页。

3　日本现代不动产法研究会："地下空间利用的法律问题"，载《法学家》第 856 号，第 16 页。

（2）地役权、人役权的设定

近现代与当代民法上，对于役权制度，计有二种立法例。德国、奥地利、法国等国民法继受罗马法，其所谓役权不仅包括地役权，且涵括人役权。而日本民法与我国台湾地区"民法"，则仅设地役权。在德国，为因应地下空间的土地所有权效力问题，通常经由物权契约设定地役权与人役权。其中，人役权的设定，主要适用于征用的情形。例如，1982 年 2 月 1 日德国联邦普通法院所作判决（BGH283，S. 61）即是征用情形因人役权设定费用而生纠纷的判决。[1]

（二）地下空间利用的诸形态

现当代民法实务上，地下空间的利用呈现出多种多样的形态，归纳起来，主要有如下 6 种。

第一，生活设施。此种利用形态较为普遍，例如住宅的地下室及将地下室作为住宅利用。

第二，都市设施。此包括：（1）地下街。地下街建设与利用情形，乃以日本最称典型，但自其静冈车站前地下街爆炸事故发生以来，地下街的建设步伐较此前稍缓。（2）地下停车场。（3）地铁。（4）能源供给设施，主要包括于地下埋设送电线、地下建设变电所等。此外，电话线也大多于地下空间埋设。（5）上下水道设备。

第三，贮藏设施，主要包括石油、LNG、LPG 等地下贮藏设施。

第四，生产设施，主要包括工场设施与电力供给设施。

第五，输送设施，主要包括铁路隧道、道路隧道，煤气、石油输送用的输油管。

第六，防灾设施，主要指为了防止河川洪水而于地下空间建设的地下放水、地下蓄水池、雨水浸透贮留设施以及紧急时使用的饮料、食料贮藏设施。

1　日本现代不动产法研究会："地下空间利用的法律问题"，载《法学家》第 856 号，第 16 页。

十二、我国土地所有权与空间权的制度、理论与理念：历史、现状、建议及展望

（一）我国的土地所有权制度、理念与展望

1. 中华民国成立前的土地所有权制度与理念

自有历史记载以来，时至 1949 年，我国历代土地所有权制度约可大别为六个时期：（1）夏代以前的土地共有制度时期；（2）夏代至战国中期的土地公有制度时期；（3）战国中期至南北朝北魏太和年间的土地私有制度时期；（4）南北朝北魏太和年间至唐末安史之乱时期的均田制时期；（5）唐末安史之乱至民国时期的土地私有制恢复时期；（6）中华民国成立以后的平均地权时期。[1]此漫长而错综复杂的土地所有权历史，尤其是从夏代至中华民国成立前，土地所有权的公有与国有、国有与私有、限田与授田、占有与所有，呈现着复杂的状态。但是，无论土地所有权的形式、性质有多少变化，始终没有改变我国奴隶社会的土地国有制和封建社会土地所有制的基本状况：封建国家直接占有一部分土地，大小地主占有大量土地，广大农民占有少量土地或者根本没有土地。随着土地私有制的发展，土地所有权的总的趋势开始表现出向摆脱传统附属物的方向发展。[2]但是，即使如此，时至清末，我国的土地私有权制度始终没有形成为近代法的完全自由运动的绝对所有权。

2. 中华民国成立至新中国成立前的土地所有权制度与理念

1912 年中华民国成立，之后，土地所有权制度发生重大变革，孙中山倡导的"均权制土地所有权"得到实施。这种土地所有权制度，按解释，乃是由国家（国民全体）与个人平均分配土地所有权，也即"土地的上级所有权由国家保持，下级所有权归个人享有。上级所有权归国家，可用以防止土地私有权的过分膨胀，借以改进土地分配，增进土地利用，并使土地的社会收益归公；下级所有权

1　王文甲：《中国土地制度史》，台湾编译馆 1977 年版，第 1—2 页。

2　李志敏：《中国古代民法》，法律出版社 1988 年版，第 83 页。

予国民，可使个人充分利用土地并享受自身劳力所得的公平收益"。[1]时至今日，此种"均权制土地所有权"于我国台湾地区得到实施，并于"土地法"中被确定为基本的土地制度。[2]这种土地所有权系一种调和个人私益与社会公益的土地所有权，与现当代土地所有权理念乃相吻合。[3]

3. 新中国成立以后的土地所有权制度与理念

1949 年 10 月 1 日，新中国成立。不久，中央人民政府领导人民进行了新中国成立以来土地制度的第一次重大变革。1950 年 6 月，中央人民政府颁布《中华人民共和国土地改革法》，规定没收地主土地，征收祠堂、庙宇、寺院、学校和团体在农村中的土地及其他公地，按行政区域平均分配给少地和无地的农民，以变封建土地所有制为农民的小土地私有制，废除封建剥削。[4]之后，经由组建"初级社"和"高级社"，农民的小土地私有制转化为集体所有权的成分，劳动群众集体土地所有权制度由此形成。时至 20 世纪 50 年代中期，随着 1956 年我国农业社会主义改造的基本完成，土地制度实现了公有化，即土地的国家所有权和集体所有权。这种公有的土地所有权制度的理念系着眼于土地所有权的"公"的性质与"公的利益"，故此属于一种社会的土地所有权。此"公"的社会的土地所有权，于国有土地所有权方面，至 1987 年的较长时期内，一直受到国家法律的特殊保护，并实行无偿、无期限的使用。并且，国家土地所有权与国有土地使用权相较时，其始终处于绝对优越的地位，国有土地使用权人的利益并未得到应有的重视。集体土地所有权方面，自 1956 年至 1978 年的 22 年间，基本上是集体所有、集体经营，属两权合一的经营状态，农民对集体土地所有权的利益未能充分体现，农民经由土地创造社会财富，发展集体经济的积极性受到严重挫伤。这些情形表明，实行"公"的社会的土地所有权制度，必须顾及国有土地使用权人与农

1　温丰文：《现代社会与土地所有权理论之发展》，五南图书出版公司 1984 年版，第 22—23 页。
2　史尚宽：《土地法原论》，正中书局 1964 年版，第 24 页。
3　温丰文：《现代社会与土地所有权理论之发展》，五南图书出版公司 1984 年版，第 22 页。
4　马炳全、张小华编著：《商品经济下的土地使用制度》，中国农业科技出版社 1990 年版，第 1 页。

民自身因对土地的使用而享有的利益。亦即，国有土地和劳动群众集体所有权在表现"公的利益"的同时，尚应虑及每个个体的"私的利益"。

劳动群众集体土地所有权方面，1978 年以后农村推行的家庭联产承包责任制，以及国有土地所有权方面，1987 年以后国家推行的国有土地使用权的有偿出让、转让制度，乃正是沿着调和土地所有权的"公的利益"与"私的利益"的方向而进行的改革。换言之，我国现今所实施的国有土地所有权与劳动群众集体所有权制度，其理念已由 1987 年和 1978 年之前单纯强调土地所有权的"公的利益"而进到于强调"公的利益"的同时，尚强调土地所有权的"私的利益"。无疑，此种"公的利益"与"私的利益"相调和的土地所有权理念，不仅是我国现今土地所有权的基本理念，也是我国往后土地所有权思想的主流。

（二）我国的空间权理论与制度：现状与展望

如前述，空间权系 19 世纪末、20 世纪初以来判例、学说以及立法上产生的一项崭新的权利类型。时至今日，它已为多数国家和地区的立法、判例所确立，并于学说上获得相当繁荣的研究。反观我国，虽然在地表之上的空中与地表之下的地中建设的高楼、空中走廊、地下街、地铁以及地下通道等已俯拾皆是，但尚未有相应的立法与学术研究，且也未形成任何判例规则。无疑，此种状况与我国现实有关空中、地中的利用情况极不相适应，亟待改善。我国民法、公法学者有义务研究实践中正在发生的新现象、新课题，并参考、借镜其他国家和地区最新立法、判例、学说，结合我国实际情况作出理论概括、解释，由此推动我国空间权理论与制度的研究与进步。

民法体系的新展开

陈 华 彬 著

THE

NEW PERSPECTIVE ON

CIVIL LAW SYSTEM

陈华彬作品系列

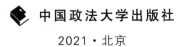

中国政法大学出版社

2021·北京

图书在版编目（CIP）数据

民法体系的新展开/陈华彬著. —北京:中国政法大学出版社,2021.10
ISBN 978-7-5764-0118-9

Ⅰ.①民…　Ⅱ.①陈…　Ⅲ.①民法－研究－中国　Ⅳ.①D923.04

中国版本图书馆CIP数据核字(2021)第200637号

出 版 者	中国政法大学出版社
地　　址	北京市海淀区西土城路 25 号
邮寄地址	北京 100088 信箱 8034 分箱　邮编 100088
网　　址	http://www.cuplpress.com (网络实名：中国政法大学出版社)
电　　话	010-58908441(编辑室)　58908334(邮购部)
承　　印	北京中科印刷有限公司
开　　本	720mm×960mm　1/16
印　　张	84.25
字　　数	1300 千字
版　　次	2021 年 10 月第 1 版
印　　次	2021 年 10 月第 1 次印刷
定　　价	399.00 元

目 录
CONTENTS

访谈摘录 1253

建筑物区分所有权的涵义及其厘定[*]

一、引言

我国《物权法》第 6 章规定了建筑物区分所有权，其标志着我国民事立法正式承认了近现代及当代民法上的这一重要制度，从而实现了与国际民事立法的接轨。《物权法》第 6 章共 14 个条文，自第 70 条至第 83 条。其中，第 70 条为一概括性条文，是以条文的形式规定建筑物区分所有权的法律构成，因而该条于全部 14 个条文中具举足轻重的意义，是对第 71 条至第 83 条进行解释的起点和依据。比较法与学说史上，对于建筑物区分所有权的涵义或曰法律构成，存在不同的认识。本文拟对此加以梳理，并指明我国《物权法》第 70 条关于建筑物区分所有权的涵义或定义系采何种立场。

二、建筑物区分所有权构成的诸学说分析

自 1804 年《法国民法典》颁行以来，对于何为建筑物区分所有权，学说与立法成例上主要有一元论说（涵括专有权说与共有权说）、二元论说、新一元论说及三元论说。

＊ 本文曾发表于《法治研究》2010 年第 7 期，今收入本书，作有诸多更动、改易。

1. 一元论说

又称一元主义（monisme）或一元论（théorie unitaire，conception unitaire）。该说又分为专有权说和共有权说两种主张。

（1）专有权说

该说最早为法国学者解释《法国民法典》第 664 条关于楼层所有权的规定时提出，[1]认为建筑物区分所有权即指区分所有权人于区分所有建筑物的专有部分上享有的权利：专有权（专有所有权）。故此，该说认为建筑物区分所有权乃是若干单独的"个人所有权的堆积"[2]。至 20 世纪六七十年代，随着日本 1962 年《建筑物区分所有权法》的制定，该说进一步得到日本学者的阐释，学者我妻荣于其《物权法》（民法讲义Ⅱ）中谓，建筑物区分所有权是在专有部分上成立的所有权，其法特性与一般所有权并无本质差异，然其使用、收益、处分受区分所有权的制约，且专有所有权与共用部分上成立的共有持分权紧密结为一体。[3]学者玉田弘毅认为，"称区分所有权者，谓在建筑物专有部分上成立的所有权"[4]。另在我国台湾地区，学者史尚宽、刘得宽也持同样见解。史尚宽认为，"数人区分一建筑物而各有其一部者，谓之区分所有。其区分之各部分，为独立的权利客体，于此部分成立单独的所有权"[5]。刘得宽于其所著《民法诸问题与新展望》中也指出，区分所有建筑物得区分为专有部分与共用部分，专有部分上成立的所有权即为区分所有权。[6]

实定法上，专有权说为立法所肯定，首先肇始于 1804 年《法国民法典》第 664 条"建筑物的各楼层属于不同的所有人"的规定。而该条系直接承袭法国

1　［日］小沼进一：《建筑物区分所有之法理》，法律文化社 1992 年版，第 261 页。

2　［日］小沼进一：《建筑物区分所有之法理》，法律文化社 1992 年版，第 262 页。

3　［日］我妻荣：《物权法》（民法讲义Ⅱ），旧版 19 刷，岩波书店 1963 年版，第 362—363 页；有泉亨补订新版，岩波书店 1983 年版，第 524、526 页。

4　［日］玉田弘毅：《公寓的法律纷争》，有斐阁 1984 年版，第 3 页。

5　史尚宽：《物权法论》，史吴仲芳、史光华发行 1979 年版，第 109 页。

6　刘得宽：《民法诸问题与新展望》，1980 年自版，第 27 页。

1561 年欧塞尔（Auxerre）地方所编纂的习惯法第 116 条而来。[1]学者认为，《法国民法典》第 664 条的此一规定，系其制定当时流行的社会思潮极力倡导所有权的绝对性，强调对个人财产予以绝对保护的结果。[2]

《法国民法典》第 664 条肯定专有权说后，至 1962 年日本制定《建筑物区分所有权法》时，该说又于实定法上获得认可。日本《建筑物区分所有权法》第 2 条规定："本法所称区分所有权，系指以建筑物的专有部分为标的物而成立的所有权。"另外，在我国台湾地区，其"土地登记规则"第 71 条规定："区分所有建筑物，区分所有权人得就其区分所有部分之权利，单独申请登记。"显然，此所称"区分所有部分之权利"，也系采专有权说。

（2）共有权说

该说最早为法国学者普鲁东（Pierre-Joseph Proudhon）与拉贝（Labbé）在解释《法国民法典》第 664 条的规定时，针对前述法国学者的专有权说而提出的对立主张。该说以集团性、共同性为立论基础，将区分所有建筑物整体视为全体区分所有权人共有。究其实质，是将区分所有权作为一种共有所有权加以理解和把握。[3]但是，该说未为法国大多数学者所接受，《法国民法典》第 664 条事实上也拒绝承认该说，而采专有权说。尽管如此，共有权说却并未因此而湮灭，其于日本得到积极发展，受到一些学者的阐发。

第一，加藤一郎指出，在分割区分所有建筑物而形成的专有部分上，只不过是承认区分所有权人的排他性使用权。虽然专有部分实际上和"专用部分"相同，准用所有权的有关支配权能的规定，但它与普通所有权并不相同，即它必须受共同所有的制约，进而建筑物区分所有权即为共同所有的一种特殊形态。[4]

第二，星野英一认为，区分所有，实际上是将区分所有权人个人享有的单独

1　[日]小沼进一：《建筑物区分所有之法理》，法律文化社 1992 年版，第 259 页。

2　[日]小沼进一：《建筑物区分所有之法理》，法律文化社 1992 年版，第 261 页。

3　[日]小沼进一：《建筑物区分所有之法理》，法律文化社 1992 年版，第 263 页。

4　[日]加藤一郎等：《区分所有建筑物的管理与法律》，日本区分所有建筑物管理问题研究会 1984 年版，第 19 页。

所有权予以集合，使之成为整体建筑物而由全体构成员的组织享有，单个构成员享有相应持分的权利。[1]

第三，石田喜久夫谓，区分所有建筑物上的专有部分，归根结底只不过是建筑物之一区域。由于其受建筑物整体物理性的制约，故而区分所有权的内容也不得不受其制约。并且，大多数情形下，由于住宅及生活场所也不得不服从于各种社会性的制约，实质上，无论建筑物区分所有权的构成如何，也不论专有部分、共用部分的区别，皆应将建筑物区分所有权解为由全体区分所有权人共同所有。并且，着眼于社会性制约的考量，尚应将区分所有权理解为"合有"。[2]

第四，稻本洋之助认为，原则上应确立区分所有建筑物整体为共同所有这一一元论认识。但作为私的集合关系的法处理技术，则应认可建筑物全体的共有持分与特定区分部分（专有部分）的专属使用权的二元结构，并承认专属使用权与共有持分不可分的关系。[3]

学术研究的状况与国家立法的进步乃系互为因果关系。以上学者于将区分所有建筑物整体作为共同所有的基本前提下阐发的见解，成为日本 1983 年修改其1962 年《建筑物区分所有权法》的最初动力，并成为此次修改的指导思想。修改之后的《建筑物区分所有权法》，由 1962 年之强调专有部分并以其为立法基础，转而强调共同所有。此时虽然从立法表象上仍采专有权说，但实质上已改采共有权说。[4]正如学者青山正明指出的那样："现在虽然作为基本的仍然是区分所有权人对专有部分享有所有权，但实质上应认为是由全体区分所有权人以共同方式所有一栋建筑物。"[5]如此，作为通说或支配说的专有权说的地位，迟早会被共有权

　　1　［日］星野英一等："区分所有建筑物的管理与立法的课题"（1—9），载《NBL》（1980 年），第 38 页。

　　2　［日］石田喜久夫："建替"，载《法律时报》第 55 卷第 9 号，第 29—30 页。

　　3　［日］稻本洋之助："集合住宅的法理"，载《法律时报》第 53 卷第 11 号，第 14—15 页。

　　4　［日］玉田弘毅："区分所有权的法律构成"，载《法学家》增刊《民法的争点》（Ⅰ），第 147 页。

　　5　［日］青山正明：《改正区分所有关系法的解说》，金融财政事情研究会 1983 年版，第 12—13 页。

说取代。[1]

另外，关于建筑物区分所有权涵义的共有权说，也被 1963 年 2 月 19 日瑞士修改其民法典而追加规定建筑物区分所有权时所认可。按其规定，区分所有建筑物上的共有财产的范围扩及于土地、住宅及附属空间，区分所有建筑物关系中仅有共有关系可言，故此所谓区分所有权，即指分层建筑物所有权（建筑物区分所有权）。[2]

2. 二元论说

该说最早为法国学者针对前述一元论说自理论、实践两方面予以批判后提出，受到学者郑玉波、黄越钦及陈甦等的赞同，认为建筑物区分所有权系由区分所有建筑物专有部分所有权与共用部分持分权构成。郑玉波谓："区分所有，不论其区分为纵为横，其所有权之行使仅能及于区分所有之部分，而不能达于全部，此点与独有同而与共有异；但区分所有不无共用部分，例如楼梯、墙壁、隔壁、走廊、厕所等，在法律上推定其为共有，从而即为各区分所有权人权利义务之所及，此点与独有异与共有同。"[3] 其中，所称"区分所有不无共用部分"，是认为区分所有权系由专有部分所有权与共用部分持分权构成的权利。黄越钦认为，区分所有权为一种对住宅的管理权，其权利客体一方面是公寓中部分所有人唯一有使用管理权的一部分（专有部分），另一方面则为全栋公寓中全体所有人均有使用管理权的部分（共用部分）。[4] 陈甦认为，所谓建筑物区分所有权，系指根据使用功能，将一栋建筑物于构造上区分为由各个所有人独自使用的专有部分和由多个所有人共同使用的共用部分时，每一所有人享有的对其专有部分的专有

1　［日］玉田弘毅："区分所有权的法律构成"，载《法学家》增刊《民法的争点》（Ⅰ），第147 页。

2　黄越钦："住宅分层所有权之比较法研究"，载郑玉波主编：《民法物权论文选辑》（上），五南图书出版公司 1984 年版，第 439 页。

3　郑玉波：《民法物权》，三民书局 1980 年版，第 76 页。

4　黄越钦："住宅分层所有权之比较法研究"，载郑玉波主编：《民法物权论文选辑》（上），五南图书出版公司 1984 年版，第 437 页。

权与对共用部分的共有权的结合。[1]

在法国，二元论说的勃兴绝非偶然，而系有其深刻的原因。随着建筑技术日新月异的进步，建筑物上的各种设施得到充实，房屋的舒适程度骤然提高。这种居住状况变化的结果，使此前仅认区分所有权为若干单个所有权的简单堆积的观念与现实日益抵触。[2]譬如，建筑物规模的扩大，以及由此而形成的复杂结构，导致整个建筑物的构造部分结为一体而不可分割；建筑物的内部，有关纵横走向水管、燃气管、电线等，以及铺设的中央暖房、电梯等各种设施，也不可分离而成为一体。无疑，对这样的建筑物自功能上加以分割变得十分困难。于是，区分所有权人的相互依存，即成为十分重要之事。并且，全体区分所有权人，无论直接或间接，皆受建筑物各种设施的恩惠。进而，各区分所有权人依其自身所受恩惠的程度而必须负担诸设备的设置与维持费用。此种现实，使有关建筑物与设备的共同体观念获得强调。并且，由于此"共同持分"对一切区分所有权人皆属有益，且须靠维持方可存在，乃将其作为集团所有权的对象物而予考虑。此即所谓共用部分。此共用部分归属于全体区分所有权人的同时，也被认为是对作为一区分所有权人所有物的专有部分于观念上附加的形式。如此，建筑物区分所有权遂被解为于专有部分上的个人权利与在共用部分上的集团性权利的结合。二元论说由此诞生。[3]

实定法上，二元论说被法国 1938 年《有关区分各阶层不动产之共有的法律》（以下简称"1938 年法律"）和 1965 年制定的现行《住宅分层所有权法》采纳。依 1938 年法律第 5 条的规定，建筑物区分所有权系成立于专有部分的专有权与共用部分的共有权的结合。1965 年《住宅分层所有权法》第 2、3 条也就区分所有权的专有部分和共用部分作了规定，从而确立了关于建筑物区分所有权涵义的、与 1938 年法律相同的认识：建筑物区分所有权为专有所有权与共用部分持分权的

1　陈甦："论建筑物区分所有权"，载《法学研究》1990 年第 5 期。

2　[日] 小沼进一：《建筑物区分所有之法理》，法律文化社 1992 年版，第 261 页。

3　[日] 小沼进一：《建筑物区分所有之法理》，法律文化社 1992 年版，第 266 页。

结合。

另外，我国台湾地区"民法"第 799 条第 1 项规定："称区分所有建筑物者，谓数人区分一建筑物而各专有其一部，就专有部分有单独所有权，并就该建筑物及其附属物之共同部分共有之建筑物。"该规定也采二元论说。美国《加利福尼亚州民法典》第 783 条规定："区分所有权系由涵括一个不动产整体中的共用部分的不可分所有权与其他部分的独立所有权构成的不动产所有权。"显然，此规定也系采二元论说。

3. 新一元论说（享益部分说）

该说最早为法国学者舍瓦利耶（Chevallier）针对法国 1938 年法律采行二元论说提出的主张。[1] 至 1965 年法国修改 1938 年法律而制定《住宅分层所有权法》时，该说受到重视。迄至新近，因该说理论上更加明晰化而获得学者阿祖莱（Azoulay）、蒂比耶日（Thibierge）、皮埃德列弗（Piedelièvre）、吉沃尔（Givord）、吉沃登（Giverdon）等人的积极支持与发扬，成为新说。[2] 该说抛弃二元论说关于专有部分、共用部分的区别，而径将此二者予以并合形成享益部分，以该享益部分为单位（客体）设定的权利即为区分所有权，[3] 法特性上属于一种全新的物权。[4]

新一元论说的出台，肇端于对二元论说的批判。该说的主张者认为，二元论说的专有部分，其存在仅是"抽象空间"而非物质性的对象物。[5] 而对共用部分，其批判道：如依二元论说，即将共用部分作为专有部分的从物而把握，且肯定共用部分的永续性，则专有部分与共用部分的差异将由此不存在。[6] 如此一来，乃与区分所有的实际状况不合。基于此判断，新一元论说尝试以"单一权利"作为基础来构筑区分所有权。也就是认可区分所有权为自各区分所有权人认许的诸权能

1　［日］小沼进一：《建筑物区分所有之法理》，法律文化社 1992 年版，第 266 页。
2　［日］小沼进一：《建筑物区分所有之法理》，法律文化社 1992 年版，第 282 页。
3　［日］小沼进一：《建筑物区分所有之法理》，法律文化社 1992 年版，第 282、286 页。
4　［日］小沼进一：《建筑物区分所有之法理》，法律文化社 1992 年版，第 257 页。
5　［日］小沼进一：《建筑物区分所有之法理》，法律文化社 1992 年版，第 286 页。
6　［日］小沼进一：《建筑物区分所有之法理》，法律文化社 1992 年版，第 283 页。

中派生出来的"唯一权利"（droit unique）[1]。但是，对于此"唯一权利"的内容如何，学说乃经历了两个阶段的认识。[2]

按照学者吉沃尔之说，由于以区分所有权人的所有关系为基础的此项"唯一权利"，各区分所有权人不能予以排他性地行使，所以，它不能被认为是区分所有权人的个人所有权，而仅可认为是一种共同所有权（droitde copropriété）。然因此种共同所有权具不能分割的属性，故又不能不是一种特殊的共同所有权。其特殊性起因于区分一栋建筑物为共同使用而产生的集团性利益（intérêt collectif）。并且，此集团性利益与建筑物的共同管理营运紧密相连，故而使区分所有权人的个人权能受限制。换言之，由于集团性利益的观念，个人拥有的权利必须立足于集团的视点而予行使。故此，此观念与传统的个人主义所有权观念也不吻合，强烈地彰示出多数人间的人际关系上的相互尊重的特性。进而，所谓区分所有权，即指"立足于对集团性利益予以调整的人际关系很浓的一种物权"[3]。

尽管如此，新一元论说于如下方面仍面临困惑：如何在法国法中找到该说所称的此种"唯一权利"的根据，以及如何调整区分所有建筑物中的个人权利与集团利益间的关系。[4]

此问题的提出进一步推动新一元论说的发展，学说由此进入第二阶段。学者吉沃尔说：法国1965年《住宅分层所有权法》业已涵括了对区分所有权人的诸权能予以法的分析的可能的新观念。[5]此新观念即所谓享益部分（lot）。对此享益部分，1965年《住宅分层所有权法》48个条文中有15个条文予以接受。这些规定为《住宅分层所有权法》的适用奠定了基础，成为区分所有权人各种权利的根据。进而，区分所有权人权利的法特性，也须从此享益部分的观念出发而决定。

1　[日] 小沼进一：《建筑物区分所有之法理》，法律文化社1992年版，第283页。
2　[日] 小沼进一：《建筑物区分所有之法理》，法律文化社1992年版，第286页。
3　[日] 小沼进一：《建筑物区分所有之法理》，法律文化社1992年版，第286页。
4　[日] 小沼进一：《建筑物区分所有之法理》，法律文化社1992年版，第286页。
5　[日] 小沼进一：《建筑物区分所有之法理》，法律文化社1992年版，第284页。

如此，区分所有权人的权利即完全成为区分所有权人于享益部分上享有的权利。[1]
由此，"区分部分的区分所有权人"的表述已不确切，而应改称为"享益部分的
名义人"。[2]

至此，关于区分所有权涵义的新一元论说，经学者吉沃尔的极力阐释而得以
形成。这就是：建筑物区分所有权系指区分所有权人就区分所有建筑物享益部分
享有的权利，由被分割的建筑物专有部分上成立的排他性所有权与共用部分上成
立的受限制的共有的享有权构成。[3]然此权利是成立于享益部分的单一权利，它虽
由具互不可分关系的专有部分、共用部分构成，但享益部分为其成立基础，进而
它仅为一个权利。享益部分上成立的这一权利，作为法国民法的财产权，乃是一
项全新的"新型物权"（droit reel de type nouveau）。[4]

4. 三元论说

此说为德国美因兹（Mainz）大学贝尔曼（J. Bärmann）倡导，又称最广义区
分所有权说，认为建筑物区分所有权系由区分所有建筑物专有部分所有权、共用
部分持分权以及因共同关系所生的成员权构成。其中，专有部分所有权（专有
权）又称特别所有权（Sondereigentum），共用部分持分权又称共有权（Miteigen-
tumsanteil am gemeinschaftlichen Eigentum），因共同关系所生的成员权（Mitglied-
schaft）又称社员权（Mitgliedschaftsrecht）。此三者形成一不可分离而具物权法性
（Sachenrechtlich）和人法性（Personalrechtlich）的特别权利——共同的空间所有
权（Gemeines Raumeigentum）。[5]

三元论说得到日本学者丸山英气、我国台湾地区学者戴东雄等的积极支持。
丸山英气于其所著《现代不动产法论》与《区分所有权的构成》中谓，作为制度

1　［日］小沼进一：《建筑物区分所有之法理》，法律文化社1992年版，第284页。
2　［日］小沼进一：《建筑物区分所有之法理》，法律文化社1992年版，第284页。
3　［日］小沼进一：《建筑物区分所有之法理》，法律文化社1992年版，第284页。
4　［日］小沼进一：《建筑物区分所有之法理》，法律文化社1992年版，第284页。
5　［德］贝尔曼："德国住宅所有权法"，戴东雄译，载《法学论丛》1983年第13卷第1期，第
166页。

的区分所有，应解为对专有部分的所有权、对共用部分的共有持分（包含对基地的共有持分）以及成员权的三位一体的复合物权。而且，该成员权自身也具物权效力。[1]另外，值得一提的是，丸山英气赞同的此三元论说，在 1983 年日本修改《建筑物区分所有权法》前后的较长时期，一直被作为立法论和解释论而提倡。[2]戴东雄认为，欲有效处理区分所有权人间的复杂关系，只有将建筑物区分所有权的意义界定为专有所有权、共有所有权及成员权，方能竟其功。[3]

实定法上，三元论说为德国《住宅所有权法》全盘采纳。依该法，区分所有权乃由三部分构成：供居住或供其他用途（尤其是供营业或办公用途）的建筑物空间上设立的专有所有权；共用部分上成立的共有所有权；基于专有部分与共用部分不可分离而产生的共同所有人的成员权。由此三部分构成的住宅所有权为一种特别权利，其虽可为处分或继承的标的，然应将专有所有权、共有所有权及成员权三者视为一体而为之。区分所有权人不得保留专有部分所有权而抵押其共有所有权持分，也不得保留成员权而转让专有所有权及共有所有权持分。受让区分所有权时，须同时取得专有部分所有权、共有所有权持分及成员权三种权利。[4]

三、对各说的考量与评析

（一）关于一元论说中的专有权说

该说将建筑物区分所有权解为区分所有权人对专有部分享有的所有权，其不足可由以下三点而予释明。

1　［日］远藤厚之助："西德的住宅所有权"，载《东洋法学》创刊号；［日］筱塚昭次："建筑物的区分所有"，载［日］谷口知平、加藤一郎编：《新民法演习》（2），有斐阁 1975 年初版第 14 刷发行，第 142 页。

2　［日］丸山英气：《现代不动产法论》，清文社 1989 年版，第 109—110 页。

3　戴东雄："论建筑物区分所有权之理论基础（Ⅰ）"，载《法学丛刊》1984 年第 29 卷第 2 期，第 28 页。

4　戴东雄："论建筑物区分所有权之理论基础（Ⅰ）"，载《法学丛刊》1984 年第 29 卷第 2 期，第 28 页。

1. 利益衡量与价值判断

近现代及当代民法解释学，于各种解释学方法之外辅之以利益衡量和价值判断。对各区分所有权人的利益予以衡量和价值判断，可以断言，将建筑物区分所有权解为专有所有权（专有权），对各区分所有权人将系不利。盖因若区分所有权人仅享有专有部分的专有所有权，其就无权使用建筑物的共用部分，无权参与建筑物的管理、维护，以及建筑物毁损时的修缮、重建等与其有利害关系的各种管理活动。由于区分所有建筑物专有部分与共用部分的一体不可分割性，无权使用共用部分，必然导致无法使用专有部分。而区分所有权人无权参与区分所有建筑物的修缮、维护等管理活动，则必然导致由区分所有权人以外的人或组织进行管理。毫无疑义，此显然不如由区分所有权人组成管理团体，自区分所有权人自身的利益出发实施管理而更有利于区分所有权人。

2. 性质解明上的困难

将建筑物区分所有权把握为专有所有权，其性质的解明发生困难。前已指明，建筑物区分所有权由其固有特性决定，其本质为一种复合形态的权利，即不仅包括专有所有权，且也涵括共用部分持分权，以及因共同关系所生的成员权。故此，将建筑物区分所有权仅解为专有所有权显不能释明该权利的固有法特性。

3. 易混淆与一般所有权的界限

依民法理论，所谓一般所有权，系指所有权人于法律限制的范围内，得自由使用、收益、处分其所有物，并排除他人干涉的权利。而专有权则是区分所有权人独立、自由地对专有部分予以占有、使用、收益和处分的权利。如此，所谓区分所有也就成为一般所有权。由此也就混淆了建筑物区分所有权与一般所有权，不能彰示建筑物区分所有权之区别于一般所有权的特性。

（二）关于一元论说中的共有权说

共有权说以集团性、共同性为立论基础，将区分所有建筑物整体视为由全体区分所有权人之共有。此说之不足，可由以下几点得到说明。

1. 不能反映建筑物区分所有权固有的专有权特性

按照各国家和地区建筑物区分所有权法的规定，得成为区分所有权对象的建筑物，首先必须依使用功能划分为专有部分与共用部分。否则，该建筑物即不得成为区分所有建筑物，从而也就不得成为区分所有权的客体。换言之，所谓建筑物区分所有权，乃是以将一栋建筑物区分为专有部分与共用部分为基础，尔后于其上成立的一种特殊类型的不动产所有权。该专有部分所有权与共用部分持分权共同构成区分所有权的两个灵魂：单独性灵魂与共同性灵魂。[1]进而，建筑物区分所有权的涵义无疑应当对此两部分上分别设定的专有所有权、共用部分持分权予以反映。共有所有权说将区分所有权界定为共有，虽对共用部分上成立的共用部分持分权予以反映，但专有所有权则被排除，失之过窄。

2. 建筑物区分所有权与共有之不同

建筑物区分所有权的形成与发展史表明：为近现代及当代各国家和地区立法所发展起来的建筑物区分所有权，究其实质，乃是一种复合形态的所有权，涵括专有所有权、共用部分持分权及因共同关系所生的成员权。每一区分所有权人由此具有三种不同的身份：专有所有权人、共用部分持分权人（共有权人）及区分所有权人管理团体的构成员。而所谓共有，依民法理论，系指两个或两个以上的人（自然人或法人）对同一财产共同享有所有权。主体方面，共有财产所有权的权利主体并非一人，而是两个或两个以上的人；客体方面，共有人对同一财产享有所有权；权利义务方面，共有人之间按法律规定或约定对共有财产行使占有、使用和处分的权利。且共有关系中，个人的应有部分系抽象地存在于共有物上，共有物的每一微小点均有应有部分之存在，故而共有人按其应有部分，对于共有物的全部有使用、收益之权，而非仅限于共有物的某一特定部分。故此，将建筑物区分所有权解为共有，显系不妥。

3. 理论上的困惑

将建筑物区分所有权解为由全体区分所有权人共有，面临理论上的困惑。自

1　温丰文："区分所有权之客体"，载《东海大学法学研究》1985 年第 1 期，第 57 页。

共有所有权的基点出发，阐释并解决即使是建筑物区分所有权法技术上的问题也相当困难。[1] 故而，即使主张该说的日本学者加藤一郎也认为，以专有部分独立性为重心的建筑物区分所有权法律原则仍应大体维持。[2] 铃木禄弥认为，虽然一栋建筑物作为整体而由区分所有权人全体共有，但该共有物的利用方法则是：各区分所有权人对于各自的专有部分享有排他性的利用权，对共用部分享有共同利用权和共有持分权。[3] 另一日本学者柚木馨则一针见血地指出了共有权说之不当。他说，将区分所有建筑物解为由全体区分所有权人共有，究其实质，不过是为了区分所有权人实际利益的需要，以专有部分替代共有制度中的共有持分，所以将建筑物构造上必需的梁柱、外墙、楼之地板、地基、屋顶等建筑物基本构成部分，加上专有部分与共用部分相通的走廊、楼梯和区分境界的分间墙等，全部作为共用部分看待，结果专有部分最终不过是一个由共用部分围成的空间。[4] 可见，将建筑物区分所有权解为共有所有权面临困惑。

（三）关于二元论说

二元论说将建筑物区分所有权解为由专有所有权与共用部分持分权构成。该说基本反映了建筑物区分所有权的固有特性，较之单纯的专有权说或共有权说无疑系一重大进步。然该说仍有不足，即不承认因区分所有权人共同关系所生的成员权为建筑物区分所有权的构成要素。

如前述，建筑物区分所有权系一种不同于一般不动产所有权的特殊所有权形态。区分所有建筑物上，因各区分所有权人相互间的关系极为密切，各区分所有权人为管理相互间的共同事务而不得不组成一团体组织，并借该团体组织的力量管理共同事务，以维持区分所有权人共同关系的存在。故此，若仅依民法一般共

1　［日］加藤一郎等：《区分所有建筑物的管理与法律》，日本区分所有建筑物管理问题研究会1984年版，第109—110页。

2　［日］加藤一郎等：《区分所有建筑物的管理与法律》，日本区分所有建筑物管理问题研究会1984年版，第184页。

3　［日］铃木禄弥等："建筑物区分所有权法的修改"，载《私法》第43号（1984年）。

4　［日］柚木馨："比较法上的建筑物区分所有权"，载《民商法杂志》第44卷第1号，第28页。

有的法理处理此类复杂关系，乃远不足以应对。譬如一般共有关系中，其最为重要者是共有物的分割请求权。然建筑物区分所有权的共用部分持分权，只要专有所有权继续存在，即不能请求分割。可见，不可依一般共有法理来处理区分所有权人间的相互关系。另外，就区分所有建筑物引起的实际问题而言，一栋建筑物上各区分所有权人的财力不一，有的资力雄厚，大楼中央系统的冷气或暖气即使24小时开放也毫不在乎；而有的财力有限，即使楼道间的电费也斤斤计较。此外，就大楼居住者的心态而言，也不一致。长久居住的人期待管理方法尽善尽美，而仅暂时落脚的人则认为管理方法越简单越好。显然，如此复杂的一栋区分所有建筑物上，要统一各居住者的意思乃颇为困难。如此，各区分所有权人即有必要组成一管理团体，并借该管理团体的力量组成一意思机关，妥订管理规约与纷争的解决方法。[1]此即区分所有权人作为管理团体的构成员享有的成员权。该成员权，连同专有权和共用部分持分权而共同构成建筑物区分所有权的完整内容。此正如台湾地区学者戴东雄所言，区分所有权人复杂的相互关系中，维护全体区分所有权人的共同利益将是第一位的。而要维护全体区分所有权人的共同利益，莫过于管理方法的健全合理；要管理方法健全合理，即应将专有所有权、共用部分持分权及成员权结为一体，方能竟其功。[2]二元论说不认可建筑物区分所有权的成员权要素，无疑为其重要不足。

（四）关于新一元论说（享益部分说）

新一元论说是现当代各国家和地区关于建筑物区分所有权涵义或定义的最新说，它产生于对二元论说的批判过程中，然事实上却未能越出二元论说的框框，系属于二元论说的另一翻版或变形。此表现在它将二元论说中的专有权和共用部分持分权的客体——专有部分和共用部分——予以并合，抽象为一个单一的享益部分，进而将区分所有权解为于此享益部分上成立的权利。此外，新一元论说将

---

[1]　戴东雄："论建筑物区分所有权之理论基础（Ⅱ）"，载《法学丛刊》1984年第29卷第3期，第16页。

[2]　戴东雄："论建筑物区分所有权之理论基础（Ⅱ）"，载《法学丛刊》1984年第29卷第3期，第16页。

建筑物区分所有权的客体把握为享益部分，其根本目的在于使建筑物区分所有权的客体物质化，以避免因专有部分的空间成为建筑物区分所有权的客体而面临的理论困惑。而事实上，自近代以来尤其是19世纪第二次工业革命以降，空间可为物，得成为权利的客体已为多数国家和地区的立法、判例及学说所认可，并由此成为现当代不动产法发展的潮流。故此，奠基于批判二元论说的专有部分仅系"抽象空间"基础上的新一元论说乃有其理论上的缺陷。进而也就可以认为，对新一元论说倡导的建筑物区分所有权的享益部分权利观，现阶段对其作出肯定评价，乃为不妥。

（五）关于三元论说

三元论说将建筑物区分所有权解为三部分，即专有所有权、共有所有权和成员权。该说为晚近以来各国家和地区关于建筑物区分所有权的最新说，具有以下优势。

（1）将建筑物区分所有权解为由专有所有权、共有所有权及成员权构成，可以克服前述各说之不足。

（2）三元论说根本上反映了建筑物区分所有权的本质属性，表明建筑物区分所有权为一种特殊的不动产所有权，以及此种特殊的不动产所有权具若干特殊性。

（3）三元论说涵盖了因区分所有建筑物所生的一切法律关系，较前述各说仅能涵盖某　方面或某两方面的法律关系乃更为妥当、可取。

（4）三元论说有助于调整区分所有者个人与区分所有者团体之间的矛盾、龃龉。回溯近代以来各国家和地区关于建筑物区分所有权的立法进程，可以看到，立法的发展变化始终是围绕如何有效调节区分所有者个人和区分所有者团体之间的利益矛盾而展开的。立法之初，各国家和地区大多强调对区分所有者个人的专有部分所有权的保护，强调区分所有者个人于区分所有建筑物共同体关系中的地位和权利，然由此发生了区分所有者个人权利的膨胀及对区分所有权人全体利益的损害。为维持建筑物区分所有权人共同体关系的存在，各国家和地区立法遂修正以往以区分所有者个人权利为立法旨趣的做法，转而强调对区分所有权人个人权利的制约及对团体利益的重视。这就是广泛认可各区分所有权人作为管理团体的成员权，加强区分所有权人的集会功能，并借管理团体的力量妥订管理规约，以管理区分所有权人间的共同利益事项。三元论说将成员权解为区分所有权的构成要素，其对调节区分所有者个人和区分所有者团体的利害关系，乃具积极价值与裨益。[1]

（5）三元论说对解决今日区分所有建筑物的实务纷争，乃有极大的助益。近年来，由于建筑技术的进步，城市的高楼大厦如雨后春笋般兴起，一栋大楼住进数十户、数百户甚至上千户者不时有之。其人际关系之复杂，公共设施之繁多，皆非往昔的一般区分所有建筑物可以比拟。这其中，专有部分固由个人单独使用收益，然共用部分有的由全体区分所有权人共同使用收益，有的则由部分区分所有权人共同使用收益，如此复杂的区分所有关系中，维护全体区分所有权人的利益，乃系第一要务。

（六）小结

综据上述，笔者认为，建筑物区分所有权的涵义可厘定如下：建筑物区分所有权系指多个区分所有权人共同拥有一栋区分所有建筑物时，各区分所有权人对建筑物专有部分享有的专有所有权，对建筑物共用部分享有的共用部分持分权（共有所有权），以及因区分所有权人间的共同关系所生的成员权的总和。据此，建筑物区分所有权乃由专有所有权、共用部分持分权及成员权三者构成。

四、我国《物权法》第 70 条系采三元论说

我国《物权法》第 70 条规定："业主对建筑物内的住宅、经营性用房等专有部分享有所有权，对专有部分以外的共有部分享有共有和共同管理的权利。"依此，我国对于建筑物区分所有权的涵义之界定系采三元论说，即建筑物区分所有

1　陈华彬：《建筑物区分所有权研究》，法律出版社 2007 年版，第 98—99 页。

权乃由专有权、共有权及共同管理权构成。此所称共同管理权，即成员权。无疑，《物权法》第 70 条采取的此三元论说符合现当代建筑物区分所有权法发展的潮流，系先进的。

建筑物区分所有权的构成与对《物权法》第 70 条的释明[*]

一、引言

建筑物区分所有权系民法一项十分重要的制度。大陆法系的德国、法国、日本、瑞士、奥地利及我国台湾地区，英美法系的美国（50 个州）及我国香港特别行政区等，均制定了成文的建筑物区分所有权法。其他未以单行法方式确立建筑物区分所有权制度的国家和地区，则大多在自己的民法典中规定这一制度。[1] 导致各国家和地区纷纷规定建筑物区分所有权的原因，是近现代及当代社会中，钢筋高层建筑物激增，区分所有建筑物及公寓大厦盛行。

2007 年 3 月 16 日通过的《物权法》第 6 章正式规定了建筑物区分所有权，标志着我国民事立法正式确立了近现代及当代民法中的这一重要制度，从而实现与国际民事立法的接轨。故此，无论如何估量其意义，皆不为过。《物权法》第 6 章共 14 个条文，自第 70 条至第 83 条。其中，第 70 条为一概括性条文，是以条文的形式规定建筑物区分所有权的法律构成，故而该条于全部 14 个条文中具举足轻重的地位，系 2007 年 10 月 1 日以后实施《物权法》的过程中对第 71 条至第 83

---

[*] 本文曾发表于《清华法学》2008 年第 2 期，今收入本书乃对原标题作有改动并删减、改易原文诸多内容，仅保留与本书其他部分未重复者。

[1] 大陆法系与英美法系各国家和地区制定建筑物区分所有权法抑或于民法典中规定的详情，参见陈华彬：《建筑物区分所有权》，中国法制出版社 2011 年版，第 12—153 页。

条予以解释的依据和指向。

比较法与学说史上，对于建筑物区分所有权的涵义或曰法律构成是什么，存在各种不同的认识。也就是说，自1804年《法国民法典》第664条之首开规定建筑物区分所有权的先河以来，对于建筑物区分所有权的法律构成，理论上存在各种不同的主张，各国家和地区依据不同的主张而于实定法上做出了不同的规定，由此形成了各种不同的立法成例。我国《物权法》第70条对于建筑物区分所有权的法律构成，系采何种主张，立法上属于何者，是否为先进的立法，乃至是否与当代建筑物区分所有权法的发展潮流相合，皆有必要予以解明并作出回答。

二、《物权法》第70条系采三元论说

《物权法》第70条规定："业主对建筑物内的住宅、经营性用房等专有部分享有所有权，对专有部分以外的共有部分享有共有和共同管理的权利。"该条系规定建筑物区分所有权的含义或曰法律构成。尽管我国向来无制作和发表立法理由书的制度，由此无疑给法律解释探求立法本意增添了困难，但是，我们仍可自如下四方面来探明本条的立法本意乃系采三元论说。

（一）决定《物权法》第70条采三元论说的背景

众所周知，我国自20世纪90年代进行住房制度改革以来，私人拥有的房屋即变成商品房，一栋楼房即成为数个区分所有权人（业主）的集合体。这个集合体中，全体区分所有权人组成业主大会。晚近以来，各地的小区管理中，出现了物业管理公司与区分所有权人之间的不正常关系，即物业管理公司凌驾于业主之上。物业管理公司与业主之间，系以物业管理公司为中心，而本应占主导地位的业主反而居于次位。此种不正常关系，使物业管理公司无所不能，对小区的一切事务均纳入管理范围。尤其是物业管理公司对小区物业的管理出现重大瑕疵时，业主事实上也不能解聘物业管理公司。此种情况导致各地小区管理中产生各种纠纷，有些甚至酿成严重群体事件，甚或导致业主集体游行、上访。为解决此一社会问题，一个重要的法律手段就是在法律上采取三元论说，即不仅承认业主对建

筑物内的住宅、经营性用房等专有部分享有所有权，对专有部分以外的共用部分享有共有权，且要摆正业主与物业管理公司的关系及明确赋予业主有通过业主大会、业主委员会等对自己的物业予以管理的成员权（管理权）。据此成员权，由业主组成的业主大会有权解聘物业管理公司，由此建立起业主与物业管理公司之间的以业主为中心，以物业管理公司为次位的正常法律关系。2007 年 3 月 16 日通过的《物权法》实现了此一目标，其第 76 条第 1 款规定："下列事项由业主共同决定：……（四）选聘和解聘物业服务企业或者其他管理人……"第 81 条规定："业主可以自行管理建筑物及其附属设施，也可以委托物业服务企业或者其他管理人管理。对建设单位聘请的物业服务企业或者其他管理人，业主有权依法更换。"第 82 条规定："物业服务企业或者其他管理人根据业主的委托管理建筑区划内的建筑物及其附属设施，并接受业主的监督。"这些规定，乃于专有所有权、共有所有权之外，进一步赋予了业主成员权（管理权），进而建立起以业主为中心的法律关系，并将物业服务企业的法律地位确定为服务者，其仅依业主的委托而对业主的住宅、经营性用房等进行管理，二者之间为一种委托合同关系与服务关系。[1]

（二）《物权法》参考的学者草案

如所周知，《物权法》是在学者先行起草的物权法草案的基础上完成的。对于建筑物区分所有权，其主要参考了中国社会科学院梁慧星等人起草的《中国物权法草案建议稿》。[2] 按照该草案，建筑物区分所有权被规定于第 2 章 "所有权"的第 3 节，节名径称为 "建筑物区分所有权"，自第 90 条至第 113 条。其中第 90

---

[1] 2007 年 3 月 16 日《物权法》通过之前，我国小区物业管理中，称管理方为 "物业管理公司"，而正式通过的《物权法》则称为 "物业服务企业"。前者有 "管理" 二字，意即 "管理方" 与业主的 "物业" 之间具有 "管理" 与 "被管理" 的非平等关系，且这种关系中，是以管理者 "物业管理公司" 为中心、为主导。后者，即 "物业服务企业"，则将二者的关系厘定为 "服务" 关系，意即 "物业服务企业" 是以服务者的身份对业主的 "物业" 予以 "服务"。此种界定，将业主确定为双方关系中的主动方或主导方，亦即 "物业服务企业" 是为业主的利益服务的。由 "物业管理公司" 而 "物业服务企业"，乃反映了物业管理实践与物业管理立法观念的重要转变。

[2] 参见中国物权法研究课题组：《中国物权法草案建议稿：条文、说明、理由与参考立法例》，社会科学文献出版社 2000 年版，第 274 页以下。

条规定建筑物区分所有权的定义。尽管"该条采关于建筑物区分所有权的二元论说，明确规定建筑物区分所有权系由专有部分所有权与共有部分所有权构成的一项复合性权利，但解释论上当认为建筑物区分所有权的内容尚包括所谓'成员权'"[1]。也就是说，该草案关于建筑物区分所有权的涵义或法律构成，尽管名义上采二元论说，然实际上却系采取三元论说。

梁慧星等人起草的《中国物权法草案建议稿》完成于 1999 年，其关于建筑物区分所有权的规定，以及实际上采三元论说，均为当时中国学者对建筑物区分所有权的最新、最先进的认识。之后，全国人大常委会法制工作委员会起草的中国民法（草案）对于建筑物区分所有权的规定也受其影响。2005 年全国人大常委会法制工作委员会向社会公布的物权法草案也系如此，即明示建筑物区分所有权的涵义或法律构成系采三元论说。此种影响直至 2007 年 3 月 16 日《物权法》的正式通过。其结果，就是前文业已指出的，《物权法》第 70 条对于建筑物区分所有权的涵义或法律构成乃系采三元论说。

（三）参与《物权法》起草人的释明

2007 年 3 月 16 日《物权法》通过后，全国人大常委会法制工作委员会出版了诸多有关《物权法》立法背景及条文解读的著作。撰写这些著作的人要么是参加《物权法》立法工作的最终负责人，要么是实际撰写各条文的立法者。毫无疑义，他们的解释和说明乃系符合立法之本意。

全国人大常委会法制工作委员会民法室编著的《中华人民共和国物权法解读》于解读《物权法》第 70 条的规定时指出："根据本条规定，业主的建筑物区分所有权包括对其专有部分的所有权，对建筑区划内的共有部分享有的共有权和共同管理的权利。"这就是三元论说[2]。另外，由全国人大常委会法制工作委员会

1　参见中国物权法研究课题组：《中国物权法草案建议稿：条文、说明、理由与参考立法例》，社会科学文献出版社 2000 年版，第 275 页。

2　全国人大常委会法制工作委员会民法室编著：《中华人民共和国物权法解读》，中国法制出版社 2007 年版，第 152 页。

民法室编著的《物权法及其相关规定对照手册》，[1]于释明《物权法》第70条的相关立法成例时，开宗明义即举出德国《住宅所有权法》，而该法关于建筑物区分所有权的构成乃系采三元论说。

本文前面业已指出，《物权法》第70条的立法本意是关于建筑物区分所有权的构成采三元论说，以加强对业主的保护并符合现当代建筑物区分所有权法的发展趋向和潮流，以上参与《物权法》起草人的解读乃更加证实了这一点。

（四）《物权法》第70条采三元论说符合现当代建筑物区分所有权法的最新发展趋向

如所周知，关于建筑物区分所有权涵义的三元论说，乃是德国民法思想与德国建筑物区分所有权法的创造。三元论说的最早表述，见于20世纪50年代德国学者贝尔曼之提倡。[2]此说一经提出，即越出德国的国界而影响到各国家和地区建筑物区分所有权的立法论与解释论。譬如，日本1983年修订的《建筑物区分所有权法》对于建筑物区分所有权的构成本采一元论说中的专有权说，但于深入研究德国的三元论说后，研究建筑物区分所有权法的著名学者丸山英气乃果断地指出，日本《建筑物区分所有权法》的解释论应采三元论说，也就是将日本的建筑物区分所有权解为由专有所有权、共有所有权及成员权构成。[3]这一倡导极大地影响了日本的司法实务与立法，不久日本法院于裁判建筑物区分所有权案件时即以三元论说作为解释当事人权利的基准和根据。2002年，日本再度修改其《建筑物区分所有权法》时，乃正式改弦更张，以三元论说作为修法的指导方针。[4]

在我国台湾地区，早在20世纪80年代中期，学者即积极倡导德国的三元论说，并主张用来解释其"民法"第799条有关建筑物区分所有权之涵义的规定。

1　全国人大常委会法制工作委员会民法室编著：《物权法及其相关规定对照手册》，法律出版社2007年版，第94页。

2　Bärmann／Pick，Wohnungseigentumsgesetz，München 1981，第46页。

3　［日］丸山英气编：《区分所有权法》，大成出版社1984年版，第14页以下。

4　［日］水本浩、远藤浩、丸山英气编：《建筑物区分所有权法》，日本评论社2006年版，第8页。

譬如学者戴东雄这一时期于《法学丛刊》第 114、115 期发表论文《论建筑物区分所有权之理论基础》（Ⅰ、Ⅱ），翔实阐释建筑物区分所有权基础理论的同时，乃极力倡导我国台湾地区应采德国的三元论说。其明确地指出："欲有效处理区分所有权人间的复杂关系，只有将建筑物区分所有权的意义界定为专有所有权、共有所有权及成员权之结合，始能竟其功。"[1] 受其影响，我国台湾地区这一时期公寓大厦管理的民间实务于处理区分所有权人的权利问题时即向三元论说靠拢。迈入 1990 年代后，我国台湾地区研究建筑物区分所有权的著名学者温丰文也极力倡导三元论说，认为该说符合现代建筑物区分所有权法的最新发展趋势。其于这一期间出版的《建筑物区分所有权之研究》一书中谓："三元论说自德国学者贝尔曼提倡以来，有成为通说之趋势。"[2]

以上德国、日本及我国台湾地区的建筑物区分所有权法制与学说理论，足以反映现当代建筑物区分所有权法及其学说理论的概况。我国 1998 年起草物权法时，着重参考了以上建筑物区分所有权法与学说理论。2007 年 3 月 16 日通过的《物权法》第 70 条立足于我国社会生活的实际情况，吸收各国家和地区成功的立法经验、判例成果及学说理论，采纳三元论说，乃完全符合现当代建筑物区分所有权法的发展趋向与潮流。

三、对《物权法》第 70 条若干概念与用语的解释

法谚云，任何完善之法律条文，不经解释均难以适用。《物权法》第 70 条虽不失为当代先进立法例，但条文简略，且有的措辞欠当，增加了法院与人民理解的困难，故此有解释之必要。

（一）关于业主概念

《物权法》第六章的章名为"业主的建筑物区分所有权"，于建筑物区分所有

1　戴东雄："论建筑物区分所有权之理论基础（Ⅰ）"，载《法学丛刊》1984 年第 29 卷第 2 期，第 28 页。

2　温丰文：《建筑物区分所有权之研究》，三民书局 1992 年版，第 16 页。

权的前面添加了"业主的"三个字。这一添加，为我国《物权法》之创造，但其是否妥当，值得研究。相应地，作为规定建筑物区分所有权之含义或法律构成的第70条自然也就将建筑物区分所有权的权利人称为业主，但比较法上，各国家和地区建筑物区分所有权法则不作如是的称呼，而系径称为建筑物区分所有权人或住宅所有权人。

在中国语境下，若依文义解释，所谓业主，即是指"产业或企业的所有者"以及经营油条店和烟草买卖的老板等。[1]若作如此广泛的解释，乃显然违背建筑物区分所有权制度的本旨。故此，对《物权法》第70条"业主"一语应作限缩解释，其首先应指"产业的所有者"，又因"产业"一词指土地、房屋、工厂等财产，[2]建筑物区分所有权之前的"业主"一词的涵义显然并非指土地、工厂等财产，而系仅指房屋。又所谓房屋，非指一切房屋，而是指区分所有建筑物的专有部分。至此，最后可归结为，本条所谓业主，乃系指"区分所有建筑物专有部分的所有人"。

"业主"一词既然系指区分所有建筑物专有部分的所有人，则建筑物区分所有权人也就是指区分所有建筑物专有部分的所有权人。然建筑物区分所有权制度中，除区分所有建筑物专有部分的所有权人外，尚有区分所有权人将专有部分出租、出借给他人使用的情况，此时房屋的使用人称为专有部分占有人，而专有部分占有人并非所有权人，而为非所有权人，故此不能称为业主。2018年修订的《物业管理条例》称为"物业使用人"。至此，建议将"业主的"三字删除，而径称为建筑物区分所有权。

（二）关于专有部分

区分所有建筑物的实体系由专有部分与共用部分构成。故此，这两个概念遂成为各国家和地区建筑物区分所有权法上的通用术语。《物权法》第70条反映各

1　参见《现代汉语词典》，商务印书馆1991年版，第1349页；陈华彬："业主的建筑物区分所有权：评《物权法草案》第六章"，载《中外法学》2006年第1期。

2　参见《现代汉语词典》，商务印书馆1991年版，第137页。

国家和地区成功的立法经验与新近以来学说理论的最新成果，也启用了这两个概念。然对二者的涵义，《物权法》与《物业管理条例》未予明示，导致法院判案与人民理解发生困难，故而有必要予以解释。

《物权法》第 70 条所称专有部分，应解为：构造上能明确区分，具排他性且可独立使用的建筑物部分。一栋建筑物须区分为数部分，且被区分的各部分具备构造上的独立性与利用上的独立性，方可成立区分所有。反面言之，一栋建筑物若无构造与利用上独立的专有部分，则仅能单独所有或共有，不得成立区分所有。故此，专有部分为构成区分所有建筑物的基础。[1]以专有部分为客体成立的所有权，即为专有部分所有权，其为建筑物区分所有权这一复合型权利中的单独所有权要素，系建筑物区分所有权的单独性灵魂。专有部分所有权于建筑物区分所有权三权利结构中，实居于主导地位。各国家和地区建筑物区分所有权实务对于建筑物区分所有权物权变动的登记，也系登记此专有部分所有权。

关于专有部分的范围，也就是专有部分相互间或与共用部分相互间的分隔部分究竟至何处界线为止，主要有四说：中心说、空间说、最后粉刷表层说及壁心和最后粉刷表层说。通说为第四说，也就是壁心和最后粉刷表层说。[2]《物权法》第 70 条所谓专有部分的范围，应采此通说而为解释。具体而言，专有部分的范围应分内部与外部关系分别而论：区分所有权人相互间，尤其是有关建筑物的维持、管理关系，专有部分仅包含至壁、柱、地板、天花板等境界部分表层粉刷的部分，但外部关系上，尤其是对第三人（如买卖、保险、税费等）的关系上，专有部分则涵括至壁、柱、地板、天花板等境界部分厚度的中心线。

另外，专有部分的范围，除以上所论建筑物的结构部分外，尚涵括建筑物的附属物与附属建筑物。而所谓建筑物的附属物，系指配置于建筑物内部的水管、瓦斯管、电线、电话线等附属设备。其中，专供专有部分使用的管线应属于专有

1　温丰文：《建筑物区分所有权之研究》，三民书局 1992 年版，第 31 页。

2　关于此四说的详情，参见陈华彬：《建筑物区分所有权》，中国法制出版社 2011 年版，第 96—100 页。

部分的范围。至于供各户共同使用的管线，则属共用部分。附属建筑物，则指仓库、车库等居于从属地位的建筑物。附属建筑物一方面应依管理规约成为约定共用部分，另一方面也可成为某专有部分的附属建筑物。于车库、仓库等附属建筑物从属于某专有部分时，专有部分的范围乃涵括该附属建筑物。根据主物的处分及于从物的法理和规则，该专有部分移转或设定负担时，其效力也自应及之。[1]

（三）关于共有部分

各国家和地区建筑物区分所有权法通用共用部分或共有部分二概念。前者系从管理的角度，后者系从产权（权属）的角度而予启用。

共用部分或共有部分具二项特性：（1）从属性。共用部分为附随于专有部分的附属物或从物。因区分所有建筑物的专有部分与共用部分于物理上具有整体不可分的完整结构体关系，且区分所有权人取得区分所有权，也须附带取得共用部分持分权，故而各国家和地区建筑物区分所有权法均强制明文规定共用部分对专有部分具从属性。[2]（2）不可分割性。亦即，共用部分不得被分割。美国各州法及《联邦公寓所有权示范法》规定，区分所有建筑物的共用部分禁止分割。其例外情形是，区分所有建筑物业已完成区分所有权人的使用目的的，乃可以分割。[3]我国《物权法》对共用部分的此二项特性未予明示，然解释上应取美国法经验，认为共用部分有此二项特性。

按照日本《建筑物区分所有权法》第2条第4项的规定，共用部分是指"专有部分以外的建筑物部分，及不属于专有部分的建筑物附属物和约定为共用部分的附属建筑物"；按法国《住宅分层所有权法》第3条第1项的规定，共用部分是指"供区分所有权人全体或数个区分所有权人予以使用或对其具有有用性的建筑物部分与土地"；按我国台湾地区"民法"第799条的规定，共用部分是指建

1　温丰文："论区分所有建筑物之专有部分"，载《法令月刊》1991年第42卷第7期，第277页。

2　譬如美国《加利福尼亚州民法典》第1352条规定，除了另有明白的反对表示外，任何移转公寓或区分所有单位的行为，均推定其移转整个区分所有权。盖因共用部分与专有部分具从属关系。

3　Cal. Civ. Proc. Code § 752（B）.

筑物及其附属物的共同部分。概言之，共用部分是指专有部分以外的建筑物，及不属于专有部分的建筑物附属物和地基等。

根据《物权法》第 73、74 条的规定，共用部分应解为涵括：（1）建筑区划内的道路（但属于城镇公共道路的除外）；（2）建筑区划内的绿地（但属于城镇公共绿地或者明示属于个人的除外）；（3）建筑区划内的其他公共场所、公用设施和物业服务用房；（4）占用业主共用的道路或者其他场地用于停放汽车的车位。另外，综合考虑日本、法国及我国台湾地区的规定并根据我国实际情况，地基、电梯、屋顶平台等也应一并解为属于共用部分。

（四）关于共同管理

所谓共同管理，应解为建筑物区分所有权人的管理权（成员权）。也就是说，建筑物区分所有权人基于一栋建筑物的构造、权利归属及使用上的不可分离的共同体关系而产生的，作为建筑物的团体组织成员享有的权利与承担的义务。

区分所有权人的成员权具四项特性：（1）它是独立于专有所有权与共有所有权之外的权利。成员权主要是对全体区分所有权人的共同事务享有的权利、承担的义务，主要是一种管理关系，具有人法——管理制度——的特性。[1] 也就是说，成员权为区分所有权中的"人法性要素"，而专有所有权与共有所有权则为"物法性"要素。（2）成员权是基于区分所有权人间的共同关系产生的权利。（3）成员权是一种具有永续性的权利。它是基于区分所有权人于一栋建筑物的构造、权利归属及使用上的不可分离而形成的共同关系所产生的，故只要建筑物存在，区分所有权人间的团体关系就会存续，且原则上不得解散，尤其不得以区分所有权人之一的单独行为解散。基于共同关系而生的成员权与共同关系共始终，具永续性。（4）成员权是一项与专有所有权、共有所有权紧密结合而不可分的权利，三者共同构成区分所有权的完整内容。任一区分所有权人（业主）皆同时享有此三项权利。

《物权法》第 70 条区分所有权人的成员权的内容，应解为涵括两方面：区分

1　［日］丸山英气编：《区分所有权法》，大成出版社 1984 年版，第 61 页。

所有权人作为成员权人享有的权利与区分所有权人作为成员权人承担的义务。综合各国家和地区建筑物区分所有权法的规定并依我国《物权法》的规定，区分所有权人作为成员权人应解为享有如下权利：（1）表决权。区分所有权人参加区分所有权人大会（业主大会），对大会讨论的事项享有投票表决权。（2）参与订立管理规约权。区分所有权人有权制定和修改建筑物及其附属设施的管理规约。（3）选举及解任管理人的权利。此又涵括：1）选举业主委员会或更换业主委员会成员的权利；2）选聘和解聘物业服务企业或其他管理人的权利。（4）请求权。区分所有权人对公共管理事项与公共利益的应得份额享有的请求权主要涵括：1）请求召集区分所有权人大会（业主大会）的权利。2）请求正当管理共同关系事务的权利。区分所有权人有权要求正当管理共同关系事务，尤其有权要求公平衡量区分所有权人的共同利益。3）请求收取共用部分应得的利益。区分所有权人对共用部分的收益享有分配请求权。4）请求停止违反共同利益的行为。5）监督物业服务企业或其他管理人的管理行为的权利。6）其他请求权。

区分所有权人作为成员权人承担的义务应解为涵括：（1）执行区分所有权人大会（业主大会）或业主委员会作出的决定的义务；（2）遵守管理规约的义务；（3）接受物业服务企业或其他管理人的管理的义务。

业主的建筑物区分所有权

——评物权法草案第六章*

一、引言

建筑物区分所有权本质上属于一种重要的物权类型，但并非新生的物权概念，远在古代的埃及、巴比伦、希腊的法律中即已有其踪迹。[1] 近现代大陆法系、英美法系各国家和地区，如法国、德国、日本、瑞士、美国、我国台湾地区及香港特别行政区等，都制定了有关建筑物区分所有权的法律。[2] 导致各国家和地区纷纷制定建筑物区分所有权法的原因，是在近现代及当代社会里，钢筋高层建筑物激增，公寓大厦盛行。

自 1998 年我国开始启动物权立法进程迄至现今，无论是学者起草的物权法草案建议稿还是由官方制定公布的物权法草案，皆有关于建筑物区分所有权的规定，这说明我国民法学界及立法机关已经认识到建筑物区分所有权的重要价值及其意义，值得赞赏。所不同的是，在 2005 年 7 月 10 日以前历次由官方制定公布和由学者起草的物权法草案建议稿中，均直接称建筑物区分所有权，而 2005 年 7 月 10 日由官方公布的《中华人民共和国物权法草案（第三次审议稿）》（以下简

---

* 本文曾发表于《中外法学》2006 年第 1 期，今收入本书乃稍有改动。

1　黄越钦："住宅分层所有权之比较法研究"，载郑玉波编：《民法物权论文选辑》（上），五南图书出版公司 1984 年版，第 433 页。

2　陈华彬：《现代建筑物区分所有权制度研究》，法律出版社 1995 年版，第 15—63 页。

称"物权法草案")却峰回路转，在名称上不再称为建筑物区分所有权，而是在建筑物区分所有权的名称前加上了"业主的"三个字，变为"业主的建筑物区分所有权"。这一添加是否妥当，值得研究，此其一。其二，2005 年 7 月 10 日向全社会公布的物权法草案对建筑物区分所有权设有 15 个条文（第 73—87 条）的规定，从表面上看似乎规定得比较翔实，但实际上，它所规定的内容还很粗糙、很简单、很原则，不足以因应实践的需要，并且还遗漏了一些应当规定的重要内容。此外，更值得注意的是，这些规定中存在着对建筑物区分所有权的基本法理有所误解的内容。凡此种种情况表明，立法者在规定建筑物区分所有权方面能力尚有不够。

建筑物区分所有权是一项复合型权利，系由专有所有权、共有所有权及区分所有权人对建筑物及居住于建筑物上的人的行为的管理权所构成。与此相对应，建筑物区分所有权领域存在着三个重要概念，即专有部分、共用部分和管理组织。这三个概念是建筑物区分所有权的灵魂之所在，任何国家和地区的建筑物区分所有权立法都是围绕这三个方面加以展开的。有鉴于此，笔者对物权法草案关于业主的建筑物区分所有权规定的分析也由此三个方面加以展开。在所作分析的基础上，于文章的最后，笔者谨提出自己起草的建筑物区分所有权条文，供立法机关审议、修改物权法草案时参考、借鉴。

二、关于业主的建筑物区分所有权的名称

前已述及，2005 年 7 月 10 日官方制定公布的物权法草案称建筑物区分所有权为"业主的建筑物区分所有权"（第六章），在建筑物区分所有权的名称前加上了"业主的"三个字。这一添加是立法者考虑到我国的实际情况作出的，即在我国，商品房的所有权人习惯上称为业主，业主的财产——房屋，称为物业，这方面的立法有国务院颁布的《物业管理条例》和《房地产统计指标解释（试行）》。这两部法规规定，业主是物业的所有权人或者房屋的所有权人。[1] 但问题在于，作

---

[1]　全国人大常委会法制工作委员会民法室编著：《物权法（草案）参考》，中国民主法制出版社 2005 年版，第 212 页。

为一项民法制度，添加上"业主的"三个字，建筑物区分所有权就变成了其他的东西，就不妥了。理由主要是：

其一，查《现代汉语词典》（商务印书馆 1991 年版）第 1349 页"业主"一词，所谓"业主"，指"产业或企业的所有者"。建筑物区分所有权前面的"业主"一词的意义显然是指"产业的所有者"。这样一来，"业主的建筑物区分所有权"即变成了产业的所有者的建筑物区分所有权。这样的称谓虽然从内容上说没有什么问题，但它过于冗长，不符合法律概念明确性、简洁性的要求，不如直接称为建筑物区分所有权简洁、明快。

其二，用"业主的"三个字这一定语来限定建筑物区分所有权不符合建筑物区分所有权法理。既然"业主"是指"产业的所有者"，"业主的建筑物区分所有权"也就是指区分所有建筑物专有部分的所有权人，但在建筑物区分所有权制度里，除了区分所有建筑物专有部分的所有权人外，还有区分所有权人将专有部分出租、出借给他人使用的情况，此时房屋的使用人称为专有部分占有人，而专有部分占有人并不是所有权人，而是非所有权人，因此不能称为业主。可见，在建筑物区分所有权的前面添加"业主的"三个字是违反建筑物区分所有权基本法理的，它不能囊括专有部分所有权人以外的非专有部分所有人即专有部分占有人的情况。

其三，尽管《现代汉语词典》将"业主"解为"产业或企业的所有者"，但从我国民间习惯来看，"业主"一词的外延比这还大。例如，经营油条店及烟草买卖的老板等在我国也都可以称为业主，因此从这个意义上说，在建筑物区分所有权的前面加上"业主的"三个字，建筑物区分所有权本身的意义将变得不明确，不如不加为好。

其四，关于建筑物区分所有权的名称，近现代各国家和地区尽管有不同的称谓，例如法国 1938 年法律称为"区分各阶层不动产之共有"，德国、奥地利称为"住宅所有权"，日本称为"建筑物区分所有权"，意大利和我国台湾地区称为"公寓所有权"，在美国，其名称更是未尽一致，有的州称为"公寓所有权"

（condominium ownership），有的州称为"单位所有权"（unit ownership），还有的州称为"水平所有权"（horizontal property），等等，各种称谓不一而足。[1]尽管如此，它们在实质内容上却是相同的，即均是对以建筑物的某一特定部分（专有部分）为客体而成立的不动产所有权形式的抽象概括，并且更为重要的是，它们并没有在这些名称前添加限定性词语。这样就使这些名称显得简洁、明快，一看即知它所表示的意义是什么。需要说明的是，在这些林林总总的称谓中，以日本的"建筑物区分所有权"一语最为妥当，可以直接为我国所采用。对于这一名称，我国民法学界事实上早已予以接受，[2]而且我国立法者实际上也接受了这一概念。[3]

综上所述，应对物权法草案使用"业主的建筑物区分所有权"一语给予否定性评价，建议取法日本的立法名称，将物权法草案中"业主的"三个字删去，而直接称为"建筑物区分所有权"。

三、专有部分

区分所有建筑物的实体系由专有部分与共用部分所构成。所谓专有部分，指在构造上能够明确区分，具有排他性且可独立使用的建筑物部分。一栋建筑物必须区分为数部分，而且被区分的各部分必须具备构造上的独立性与利用上的独立性，始可成立区分所有。一栋建筑物，若无构造上与利用上独立的专有部分，仅能单独所有或共有，不得成立区分所有。因此，专有部分可以说是构成区分所有

1　陈华彬：《现代建筑物区分所有权制度研究》，法律出版社 1995 年版，第 63 页以下。

2　段启武："建筑物区分所有权之研究"，载梁慧星主编：《民商法论丛》（第 1 卷），法律出版社 1994 年版；陈甦："论建筑物区分所有权"，载《法学研究》1990 年第 5 期；陈华彬：《现代建筑物区分所有权制度研究》，法律出版社 1995 年版，第 15—63 页。

3　2002 年 12 月的《中国民法（草案）》物权法编设专章规定了建筑物区分所有权，随后由官方制定公布的物权法草案一次审议稿、第二次审议稿也都同样以专章规定了建筑物区分所有权。物权法草案第三次审议稿只不过为了使未来的物权法更加大众化、更易于为人民大众所理解，而在建筑物区分所有权的前面加上了"业主的"三个字，但仍然是接受了建筑物区分所有权这一概念的。

建筑物的基础。[1]于专有部分上成立的所有权即为专有所有权。专有部分的问题，有专有部分的范围、专有部分的分类及专有部分的相互关系三个方面。在区分所有权立法中不规定专有部分的范围，而由学说去决定，为各国家和地区立法的通例，我国区分所有权立法亦应采同样立场。[2]同时，区分所有权的种类亦无必要于立法中加以规定，此也同样为各国家和地区立法的通例。我国物权法草案未就专有部分的范围和种类设立规定无疑为正确的做法，值得肯定。问题在于，专有部分的相互关系是区分所有权立法中的一个重点，我国区分所有权立法无疑应当对此予以重视。而遗憾的是，物权法草案关于区分所有权的规定涉及专有部分的相互关系者仅在一个条文的两个短句中可以看到，此即第74条但书："业主对其专有部分享有占有、使用、收益和处分的权利，但不得危及建筑物的安全，不得损害其他业主的合法权益。"[3]可见，我国区分所有权立法在专有部分的相互关系的规定上是存在遗漏的。[4]这一点仍然是我国立法者缺乏对专有部分相互关系的有关理论知识所使然。正因如此，我们才有必要对专有部分的相互关系从法理上予以说明，以供立法机关制定这方面的条文时参考、借鉴。

区分所有建筑物专有部分的所有关系与一般建筑物一样，区分所有权人于法律限制的范围内，得自由使用、收益、处分并排除他人的干涉。专有部分的物权变动也与一般不动产物权变动无异，原则上以登记为生效要件。惟区分所有建筑物的各专有部分在物理上相互连接，彼此间的用役面紧密地结合在一起，形成一密切的立体的相邻关系。此一密切的立体的相邻关系，仅赖民法上相邻关系的法理，将不足以调整彼此间的权利义务关系，因为区分所有关系除存在相邻关系的

1　温丰文：《建筑物区分所有权之研究》，三民书局1992年版，第31页。

2　陈华彬：《现代建筑物区分所有权制度研究》，法律出版社1995年版，第104页以下。

3　其实，该条但书所规定者，严格意义上说也不纯粹是专有部分相互关系的规定。因为，"不得损害其他业主的合法权益"，是一个普通的宣示性的无害条款。如此看来，我国物权法立法者对专有部分的相互关系的知识几乎为零。

4　也就是说，对专有部分，立法除了应当规定区分所有权人对专有部分有独立的占有、使用、收益和处分，并排除他人干涉的权利外，还应当规定违反共同利益行为的禁止，及对他人专有部分的使用权。官方公布的物权法草案做到了第一方面（第74条），但对第二方面却未做到。

因素外，还存在共用部分的因素与人法（管理制度）的因素。因而各区分所有权人对自己所属专有部分的使用、收益或处分应受彼此间的强力约束。亦即，专有部分相互间具有制约性关系。而表现区分所有权相互制约性的具体内容主要有二：一是，禁止区分所有权人实施违反共同利益的行为；二是，区分所有权人彼此间对他人的专有部分于必要范围内可以行使请求权。[1]

（一）违反共同利益行为的禁止

在区分所有建筑物上，各区分所有权人的专有部分犹如火柴盒一般，紧密地堆砌在同一栋建筑物上，因而各区分所有权人对整栋区分所有建筑物的安全与维护，具有共同利益关系。区分所有权人若有违反共同利益所为有害建筑物适当管理或正常使用的行为，即便形式上属于行使其专有部分所有权权能范围内的行为，也不容许。日本《建筑物区分所有权法》第6条第1项规定"区分所有权人不得为对建筑物保存有害的行为，或其他有关建筑物的管理或使用违反区分所有权人共同利益的行为"，即在明揭斯旨。我国台湾地区"公寓大厦管理条例"第5条也规定，"区分所有权人对专有部分的利用不得有妨害建筑物的正当使用及区分所有权人共同利益的行为"，其旨趣相同。惟区分所有权人所为的行为到达何种程度，才足以认为违反共同利益，犹如权利滥用与诚信原则等不确定法律概念，颇难明示其一般的抽象的判断标准。大体而言，判断区分所有权人的使用行为有无违反共同利益，应就各个具体事件，依社会一般观念确定，亦即应就行为本身的必要性、行为人所受利益以及其他区分所有权人所受不利益的程度等各种情事，作通盘考量。[2]一般而言，下列行为属于违反共同利益的行为：

其一，建筑物的不当毁损行为。区分所有权人就自己的专有部分加以增建或改建而需要拆除其内部梁柱或墙壁的全部或一部时，该梁柱或墙壁纵然属于其专有部分的范围，然若因而有危及整栋建筑物的安全之虞或影响整栋建筑物的外观时，即属违反共同利益的行为。

1　温丰文：《建筑物区分所有权之研究》，三民书局1992年版，第38页。
2　温丰文：《建筑物区分所有权之研究》，三民书局1992年版，第36页。

其二，建筑物的不当使用行为。区分所有权人得自由使用自己的专有部分，惟其使用若有不当，如搬入危险物（易燃物、爆炸物或放射物）或一定吨数以上的重量物危及建筑物安全，或在纯住家的公寓里经营卡拉 OK 店等，有碍居家安宁时，即属违反共同利益的行为。[1]

对违反共同利益的行为可以采取何种禁止措施？对此，日本川岛一郎认为有三：（1）对违反共同利益者给予警告或劝告；（2）遇有紧急情况时，得不经同意紧急进入违反共同利益者的专有部分内，作适当的处置，即所谓享有紧急进入权；[2]（3）请求违反共同利益者停止其行为。[3]在立法上，日本现行《建筑物区分所有权法》所规定的禁止措施有四：（1）对违反共同利益者，得请求停止其行为、除去其行为的结果或请求其采取必要的措施以防止该行为继续发生（第57条第1项）。（2）违反共同利益者的行为对区分所有权人的共同生活有显著妨害，依前述方法仍难确保共用部分的利用与维持他区分所有权人的共同生活时，他区分所有权人全体或管理委员会可以提起诉讼，请求在相当期间内禁止违反共同利益者使用其专有部分。但此一诉讼请求，应经住户集会全体区分所有权人和表决权各四分之三以上的特别决议（第58条第1、2项）。（3）依前述或其他方法，仍难发生禁止的效果时，他区分所有权人全体或管理委员会得提起诉讼，请求拍卖违反共同利益者的区分所有权（专有部分所有权）及其基地利用权，以解除其区分所有权关系。[4]此一诉讼请求，也需经住户集会全体区分所有权人及表决权各四分之三以上的特别决议（第59条第1、2项）。（4）违反义务者，若非专有部分的所有人，而是承租人、借用人等占有人时，区分所有权人全体或管理委员会

1　有学者认为，区分所有权人的行为有无违反共同利益，不应仅从财产管理的侧面加以考量，更应从共同生活的侧面予以权衡。换言之，生活在同一屋檐下的区分所有权人所为的行为损及建筑物的安全、管理、使用者，固不待言，其有害及共同生活秩序者，也属违反共同利益的行为。参见[日]玉田弘毅："建筑物区分所有权法逐条研究（11）"，载《判例时报》第353号，第100页。

2　例如当某一区分所有权人外出旅游时，因其专有部分内水龙头未关好，致自来水溢出时，他区分所有权人即可紧急进入其内关闭水龙头。

3　[日]川岛一郎："关于建筑物区分所有权等法律的要纲案"，载《法学家》第244号，第30页。

4　[日]青山正明：《改正区分所有关系法的解说》，金融财政事情研究会1983年版，第69页。

可以通过住户集会的决议，以诉讼解除占有人使用、收益该专有部分的契约，并得请求交换该专有部分（第 60 条）。[1]

以上所述日本学者的意见及日本《建筑物区分所有权法》所采取的禁止措施，可供我国立法者修改物权法草案时参考。

（二）对他人专有部分的使用请求权

一般建筑物通常须作适当的维护或修缮，始能保持其使用功能，区分所有建筑物的专有部分也不例外。不过，当区分所有权人为维护或修缮自己的专有部分时，有时非使用他区分所有权人的专有或专用部分不可。例如，一楼的天花板漏水，非从二楼的地板着手即无从修理，即为适例。于此情形，区分所有权人基于区分所有权相互制约关系，应互负容忍义务，亦即彼此间应容忍他人利用自己的专有部分从事建筑物的维护或修缮。[2]

不过，使用他区分所有权人的专有部分以维护或修缮自己的专有部分时，应限于必要的范围内方可为之。关于此点，日本《建筑物区分所有权法》第 6 条第 2 项前句规定："区分所有权人因保存或改良其专有部分或共用部分，在必要范围内，得请求使用其他区分所有权人的专有部分或不属于自己所有的共用部分。"该项规定值得我国参考、借鉴。另外，需要注意的是，依区分所有权法理，对他人专有部分行使使用请求权时，其相对人不以专有部分的所有人（区分所有权人）为限。若区分所有权人已将其专有部分出租或出借，也可向承租人或借用人等占有人行使。[3] 又，使用请求权行使的对象，不以物理上前后左右或上下相邻接的专有部分为限，于物理上即使未邻接，只要是建筑物维护或修缮的必要范围内，也得对之行使。[4] 另外，为了确保当事人之间权益的平衡，使用他人专有部分

1　温丰文：《建筑物区分所有权之研究》，三民书局 1992 年版，第 42 页。

2　温丰文："论区分所有建筑物的专有部分"，载《法令月刊》1991 年第 42 卷第 7 期，第 279 页。

3　［日］原田纯孝："区分所有建筑物的承租人的权利义务"，载《法律时报》第 55 卷第 9 号，第 35 页；日本高松高等裁判所 1974 年 11 月 28 日判决，载《判例时报》第 771 号，第 53 页。

4　参见［日］玉田弘毅："建筑物区分所有权法逐条研究（11）"，载《判例时报》第 353 号，第 53 页。

以维护或修缮自己的专有部分时，若因此致他区分所有权人受有损害，应负恢复原状或支付补偿金的义务。惟其因此所生的损害并非基于违法行为，而是基于适法行为，所以不以归责于行为人的故意或过失为必要，只需被害人（他区分所有权人）证明损害的发生即为已足。[1]

我国物权法草案关于对他人专有部分的使用请求权无丝毫规定，如前所述，此为立法者缺乏对这方面的研究所使然。建议依以上所述及日本立法成例，设立专门条文规定对他人专有部分的使用请求权。

四、共用部分

共用部分是供区分所有权人共同使用的部分。我国物权法草案仅有 3 条提到了"共用部分"一语（参见该草案第 75、76、83 条）。依区分所有权法理，共用部分包括：（1）专有部分以外的其他部分，如公共电梯、走廊等；（2）非属专有的附属建筑物，如停车棚等。如果说专有部分是构成区分所有建筑物的基础，那么共用部分则是结合各个专有部分的纽带，可见其法律地位十分重要。共用部分可以分为法定共用部分与约定共用部分，全体共用部分与一部共用部分。共用部分具有不可分割性和从属性。共用部分之所以具有不可分割性，是因为若允许共用部分分割，则有悖共用的目的，区分所有权人必互蒙不利。[2]共用部分的从属性，包括共用部分应随同专有部分移转，以及共用部分应随同专有部分设定负担两个方面。也就是说，共用部分从属于专有部分，不得与专有部分分离而处分，应与专有部分同其命运。

于共用部分上成立的所有权即为共用部分所有权。因共用部分系由区分所有权人所共有，其使用、收益、处分除了应受区分所有权法的限制外，还须受管理规约的约束。具体而言，（1）共用部分的使用，是指住户应按共用部分的本来用途而使用。所谓本来用途，又称固有用途，指依共用部分的种类、位置、构造、

1　温丰文：《建筑物区分所有权之研究》，三民书局 1992 年版，第 44 页。
2　郑玉波：《民法物权》，三民书局 1996 年版，第 126 页。

性质等使用共用部分，例如，在地下室停车、在庭院散步、乘用电梯等是。住户若违反本来用途使用共用部分，管理人或管理委员会应予以制止，并得按其性质请求主管机关或诉请法院为必要的处置，如有损害，并可请求损害赔偿。[1]（2）共用部分的收益，指收取共用部分的天然孳息与法定孳息，如在区分所有建筑物本身所占地面以外的法定空地上，栽种果树所生的果实（天然孳息），以及将共用部分的地下室设置停车场出租收取租金（法定孳息）。此等孳息的收取，除管理规约另有约定或区分所有权人会议另有决议外，应由区分所有权人按其应有部分的比例收取。（3）共用部分的处分，包括事实上的处分与法律上的处分。事实上的处分，指变更或拆除共用部分；法律上的处分，指变更、限制或消灭共用部分的权利。[2]

这里还有必要提到共用部分的专用使用权（简称“专用权”）。此为区分所有权法上的一项重要制度，我国物权法草案未设规定，属于立法上的重要遗漏，应属无疑。区分所有建筑物的共用部分依区分所有权法理，本来属于区分所有权人全体共有，由各区分所有权人按其共有的应有部分比例享有使用、收益之权。但实际上，应由各区分所有权人依本来用途共同使用的共用部分，设定专用权，由特定人（特定区分所有权人或特定第三人）专属地独占使用的情况在实践中为数不少，例如，由特定人在楼顶加盖房屋，在外墙悬挂招牌等均属之。此等专用权的主体、客体及设定方式有必要予以说明，以供我国立法机关参考。

专用权的主体，为特定区分所有权人或特定第三人。专用权的客体有二：（1）区分所有建筑物所占地面以外的空地，如将其设置专用停车场属之；（2）区分所有建筑物的共用部分，如在楼顶上设置广告塔，在外壁上悬挂霓虹灯招牌等属之。需要注意的是，并非所有的共用部分均可设定专用权。在构造上，若有固定的使用方法，而且属于区分所有权人生活利用上不可或缺的共用部分，如公共楼梯、公共走廊等，不得设定专用权。盖此等共用部分如设定专用权，将影响区

1　我国台湾地区“公寓大厦管理条例”第 9 条第 4 项。

2　尹章华等：《公寓大厦管理条例解读》，月旦出版社股份有限公司 1995 年版，第 60—61 页。

分所有权人的居住品质，甚至妨碍区分所有权人的居住权。[1]专用权的设定方式主要有三：（1）出让合同，即依区分所有建筑物出让合同设定专用权。（2）依管理规约设定。（3）依共有法理设定。前文谈到，区分所有建筑物的共用部分性质上属于区分所有权人共有，而专用权的设定，乃变更或处分共有物（共用部分）的一种方式，故区分所有权人可依共有物变更或处分方式，亦即依共有法理，于共用部分上为特定人设定专用权。

对于以上所述共用部分的基本法理，前文已述，我国物权法草案仅有三条有所涉及。此即第75条："业主转让其建筑物专有部分所有权的，其对建筑物共有部分享有的共有和共同管理的权利视为一并转让。"第76条："建筑区划内的绿地、道路以及物业管理用房，属于业主共有，但属于市政建设的除外。会所、车库的归属，有约定的，按照约定；没有约定或者约定不明确的，除建设单位等能够证明其享有所有权外，属于业主共有。"第83条："建筑物共有部分及其附属设施的费用分摊、收益分配等事项，有约定的，按照约定；没有约定或者约定不明确的，按照业主专有部分所占比例确定。"此三条中，第75条是规定共用部分与专有部分乃至对区分所有建筑物的管理权的一体处分，第76条是规定共用部分的范围以及约定不明或者没有约定时共用部分的归属，第83条是规定共用部分及其附属设施的费用分摊与收益分配等事项。至于共用部分所有权的内容（尤其是其使用、收益和处分），共用部分专用权的设定主体、专用权的客体及设定方式等，草案均未涉及，是为立法上的重要遗漏，有必要依前述基本法理予以追加规定和补充。

五、区分所有建筑物的管理

区分所有建筑物的管理，是建筑物区分所有权法上的一项重要内容，其含义指为维持区分所有建筑物的物理的机能，并充分发挥其社会的、经济的机能，而

1　［日］桑本繁："公寓共用部分的专用使用权"，载《NBL》第34号，第9页。

对之所为的一切经营活动。[1]举凡有关建筑物的保存、改良、利用、处分，乃至区分所有权人共同生活秩序之维持等，均属之。所谓保存，指以防止建筑物灭失、毁损或其权利丧失、限制等为目的，维持建筑物现状的行为，例如建筑物的简易修缮，门窗、玻璃破碎时的换修等即是。所谓改良行为，指不变更物的性质，而增加其效用或价值的行为，如将污墙刷成粉壁，将地板加贴瓷砖，以增加美观等属之。所谓利用行为，指为满足区分所有权人共同需要，不变更物的性质，而对共用部分或基地所为的使用、收益行为，如将地下室辟作停车场等即是。至于处分行为，则是指发生权利变动的行为，如将共用部分设定专用权，由特定区分所有权人或第三人专属地排他性使用等。[2]

需要指出的是，对区分所有建筑物的管理，通常包括两个层面：（1）行政机关本于行政权的作用，对建筑物所为的行政管理；（2）区分所有权人自行订立管理规约，设立管理组织所为的自治性管理。前者一般规定于建筑物基准法、城市计划法等法规中，属于公法范畴；后者则由民法或建筑物区分所有权法规定，属于私法范畴。本文着重讨论后者，即私法范畴的区分所有建筑物管理。在此领域有三方面的问题值得提出：（1）管理内容；（2）管理机构；（3）管理规约。在论及这三方面的问题时，将一并论及物权法草案关于这三方面的规定情况。

（一）管理内容

依区分所有权法理，区分所有建筑物的管理内容依其性质可以分为物的管理与人的管理。

其一，物的管理，指对建筑物与基地的保存、改良、利用乃至处分等所为的物理的管理，其对象原则上限于建筑物的共用部分及建筑物所坐落的基地部分，专有部分不包括在内。盖专有部分属于各区分所有权人的私有财产，其管理应由各区分所有权人自行承担。物的管理，依世界卫生组织设定的居住环境标准——

1　陈俊樵：“论区分所有建筑物之管理组织”，载《中兴法学》1987年总第24期，第191页。

2　谢在全：《民法物权论》（上册），三民书局1989年版，第349—350页；温丰文：“论区分所有建筑物之管理”，载《法学丛刊》1992年第37卷第3期。

安全、健康、便利、舒适，其内容包括：火警防范，如加强消防设备、防火措施；清洁维护，如定期清除垃圾、清理水沟、洗刷外墙、擦拭玻璃等；维修公共设施，如维护水电机械、公共电梯等；整理花木，如修剪花草树木等。[1]

其二，人的管理，即对区分所有权人群居生活关系进行的管理，其对象不仅包括居住在区分所有建筑物内的区分所有权人的行为，而且也包括出入区分所有建筑物的人的行为。具体内容可以分为对建筑物不当毁损行为的管理、对建筑物不当使用行为的管理以及对生活妨害行为的管理等。[2]

我国物权法草案关于区分所有建筑物管理内容的规定见于第86条第2、3款。第2款规定："业主会议和业主委员会，对任意弃置垃圾、侵占通道、排放大气污染物、施放噪声、违反规定饲养动物、违章搭建、拒付物业费等损害他人合法权益的行为，有权按照法律、法规以及管理规约，要求行为人停止侵害、消除影响、排除妨害、赔偿损失。"第3款规定："建设规划、环境卫生、公安等行政主管部门应当依照有关法律、法规，对建筑区划内损害他人合法权益的行为予以处理。"值得注意的是，此两款规定中，第2款的内容基本上属于对人的管理中的生活妨害行为的管理规定，至于对建筑物不当毁损行为、对建筑物不当使用行为的管理，以及对区分所有建筑物的物的管理等，则全然未有涉及，这些俱属于立法上的重要遗漏，应予补充。至于第3款规定的内容，如前所述，属于行政机关本于行政权的作用，对建筑物所为的行政管理。此行政管理的规定，建议将其删除。

（二）管理机构

1. 意思机构——区分所有权人大会

区分所有权人大会由全体区分所有权人组成，其性质有如股份有限公司的股东大会，是区分所有权人团体的最高意思决定机构。有关区分所有建筑物共同事务的管理，例如管理规约的订立、变更或废止，共用部分的变更，管理人的选

1　陈华彬：《现代建筑物区分所有权制度研究》，法律出版社1995年版，第209页。

2　温丰文："论区分所有建筑物之管理"，载《法学丛刊》1992年第37卷第3期，第27页。

任、解任，建筑物一部毁损的修建，乃至对违反共同生活秩序者提起诉讼等，除法律或规约另有规定外，均可通过区分所有权人大会的决议为之。区分所有权人借区分所有权人大会参与共同事务的管理，系成员权的具体表现，同时也是当事人自治的表现。[1]我国物权法草案第77条第1款规定："业主可以设立业主会议，选举业主委员会。"此所谓业主会议，即指区分所有权人大会。

因区分所有权人大会系区分所有权人团体的最高意思决定机构，故每年至少宜召集一次。[2]对此，我国物权法草案未设规定，建议予以补充。不过，对区分所有权人大会决议的计算方式，草案却设有规定，此即第78条第2款和第79条。[3]应当肯定，第78条第2款和第79条规定区分所有权人大会决议的计算方式是正确的，值得赞赏。

区分所有权人大会的决议有一致决与多数决两种方法。多数决又可分为特别决议与普通决议两种。哪些事项应经一致决或多数决，应经多数决的事项中，哪些应经特别决议或普通决议，立法应当予以明文规定。我国物权法草案第78条第2款规定："决定前款事项，应当经专有部分占建筑物总面积二分之一以上的业主且占总人数二分之一以上的业主同意。法律另有规定的除外。"第79条规定："业主决定本法第78条第1款第5项和第6项规定的事项，应当经专有部分占建筑物总面积三分之二以上的业主且占总人数三分之二以上的业主同意。"这些规

1　温丰文：《建筑物区分所有权之研究》，三民书局1992年版，第140页。

2　此为现代多数国家和地区的立法规定，值得借鉴。

3　区分所有权人大会决议的计算方式，在立法例上有二：（1）以人头数为准，如德国、瑞士。依德国法与瑞士法，区分所有权人大会决议的计算系以区分所有建筑物住户的人头数为准（德国《住宅所有权法》第25条第2项、《瑞士民法典》第712o条），即一人有一表决权，即使一人持有两个专有部分，也只能算一人头，但如二人共有一专有部分，则只能算一人头。（2）以专有部分比例为准，如日本。依日本《建筑物区分所有法》，区分所有权人大会决议的计算系以专有部分楼地板面积比例为准（第38条），而专有部分楼地板面积则以墙壁及其他区划的内侧线所围成部分的水平投影面积为依据（第14条）。此两种立法例，以后者为妥。盖区分所有权虽具有人法的要素，但其本质仍不失为物权（财产权）之一种，因而集会的决议，若单纯以人头数为准，很可能造成专有部分较少的多数人支配专有部分较多的少数人，而有失理之公平。因此，德国、瑞士虽规定，集会的决议以计算人头数为准，但除须投票人过半数外，尚须所有权部分合计过半数，才算有效（德国《住宅所有权法》第23—25条，《瑞士民法典》第712p条），以济其弊。参见温丰文：《建筑物区分所有权之研究》，三民书局1992年版，第141页。

定中，第 78 条第 2 款所规定者，属于多数决中的普通决议，第 79 条所规定者属于多数决中的特别决议。此外，物权法草案第 80 条还规定了一致决："将住宅改变为餐饮、娱乐等商业用房的，应当经有利害关系的全体业主同意。"

关于区分所有权人大会决议的效力，依区分所有权法理，它不仅对区分所有权人具有约束力，而且对区分所有权人的继受人也有约束力。所谓区分所有权人的继受人，依其性质可以分为概括继受人与特定继受人，特定继受人又可分为移转继受人与设定继受人。概括继受人，如继承人、营业合并人或财产概括承受人，因这些人系权利义务的概括承受人，故应受区分所有权人大会决议的约束。至于特定继受人，如区分所有权（专有部分）的买受人、受赠人等移转继受人，或区分所有权（专有部分）的承租人、借用人等设定继受人，是否也受区分所有权人大会决议的约束，则有肯定与否定两说。但通说采肯定说，建议我国区分所有权立法及其解释论也采肯定说。[1]

我国物权法草案关于区分所有权人大会决议的效力的规定未尽周全。第 81 条规定："业主会议或者业主委员会的决定，对业主具有约束力。"依此规定，区分所有权人大会的决议仅对区分所有权人具有约束力，而对此外的区分所有权人的继受人（包括特定继受人、概括继受人、设定继受人及移转继受人等）是否也有约束力并不明确，属于立法上的不周延，建议明确规定区分所有权人大会决议对于此等人也具有约束力。另外，上述第 81 条有一重要错误，即它规定："业主会议或者业主委员会的决定，对业主具有约束力。"在这里，业主会议（即区分所有权人大会）对区分所有权人具有约束力自不待言，问题在于，与之并列者并不应当是业主委员会（管理委员会）的决定，而应是管理规约。业主委员会的决定系根据区分所有权人大会的决议和管理规约而做出，并不得与此二者相抵触，否则无效。况且，业主委员会是一执行机构，即执行区分所有权人大会决议和管理规约的机构，它无权作出什么决定，故此种规定不妥。该条的准确表述应当是："区分所有权人大会的决议及管理规约对区分所有权人及其继受人，具有约

---

[1] 绝大多数国家的区分所有权法对此均采肯定说。

束力。"

2. 执行机构——管理人和管理委员会

在区分所有权法上，管理人和管理委员会是执行管理规约所规定的事项以及区分所有权人大会决议事项的管理机构。在管理委员会，设委员若干人，由区分所有权人互选，并设主任委员一人，由委员互选。一般而言，区分所有权人人数众多，管理事务较复杂者，可采管理委员会方式，以分担工作；而户数少的区分所有建筑物则可采用管理人方式，以精简事权。

我国物权法草案未将管理人规定为执行机构，属于不当，不言自明，应予以追加规定。而对管理委员会（业主委员会），草案第 77 条只规定："业主可以设立业主会议，选举业主委员会。县级以上地方人民政府有关部门应当对设立业主会议或者选举业主委员会，给予指导和协助。"至于管理委员会的产生方式、管理委员会的职责等，则未设规定，属于立法上的缺漏，依区分所有权法理同样应予追加规定。需要说明的是，这些遗漏规定的内容不仅应当追加规定，而且更应当设立详尽条文加以规定，尤其是管理委员会的职责，非设立详尽条文予以规定不可。[1]

（三）管理规约

管理规约，或简称为规约，指区分所有权人为增进共同利益，确保良好生活环境，经区分所有权人大会决议的共同遵守事项。[2]在区分所有权法领域，规约如同公司的章程、国家的宪法，具有区分所有权人团体根本自治法规的性质，系区分所有权人团体的最高自治规则。规约的性质，通说认为属于法律行为中的共同行为。[3]

物权法草案对规约的制定、修改及效力设有规定，此即第 78 条第 1 款第 2 项与第 86 条第 1 款，但对规约应规范的事项未设规定，因此有必要依区分所有权法

---

[1] 采此同一见解者，参见温丰文：《建筑物区分所有权之研究》，三民书局 1992 年版，第 150页。

[2] 我国台湾地区"公寓大厦管理条例"第 3 条第 12 项。

[3] 尹章华等：《公寓大厦管理条例解读》，月旦出版社股份有限公司 1995 年版，第 112 页。

理对这方面的问题予以说明。

一般认为，规约所应规范的事项，主要有以下四类：

（1）区分所有权人间的基础法律关系（或所有关系）的事项，如构造上属于专有部分及附属建筑物的共用部分（规约共用部分）；建筑物所坐落基地范围的扩大；共用部分的所有关系（全体共用部分、一部共用部分）；共用部分的份额比例；各专有部分分配基地利用权的比例等。

（2）关于区分所有权人间共同事务的事项，包括：管理委员会委员的人数、任期及执行事务的方法；管理人的选任、解任与权限；区分所有权人大会的召集之通知、表决权比例与法定人数的变更；管理规约的订立、变更及废止的方法；管理费的缴纳方法（如缴费日、迟延利息、存放）。

（3）关于区分所有权人间利害调节的事项，包括：共用部分的负担与利益归属的比例；共用部分的使用方法；专有部分的使用限制（如禁止带入危险物或饲养动物）。

（4）对违反义务者处置的事项，如对违反使用限制的区分所有权人予以劝告等。[1]

对于上述规约所应规范的事项，建议以条文的形式予以明文规定。

六、笔者提出的建筑物区分所有权条文

遵循建筑物区分所有权的基本法理并参照各国家和地区成熟的立法成例，谨提出以下条文，供立法机关修改物权法草案关于建筑物区分所有权的规定时参考、借鉴。

第 条（建筑物区分所有权的定义）

建筑物区分所有权，是指业主（区分所有权人）对建筑物内的住宅、商业用房等专有部分享有所有权，对专有部分以外的共用部分享有共有所有权，和对建

1　温丰文：《建筑物区分所有权之研究》，三民书局 1992 年版，第 154 页以下。

筑物及居住在建筑物上的人的行为享有管理的权利。

第 条（区分所有权人对专有部分的权利）

除法律另有限制外，区分所有权人对其专有部分，可以自由使用、收益、处分，并排除他人的干涉。

专有部分不得与建筑物共用部分的应有部分及基地使用权的应有部分分离而为移转或设定负担。

第 条（专有部分的正当使用及共同利益违反的禁止）

区分所有权人对专有部分的利用，不得妨碍建筑物的正常使用及违反区分所有权人的共同利益。

前款规定，准用于区分所有权人以外的专有部分占有人。

第 条（区分所有权人和专有部分占有人应遵守的事项）

（一）维护、修缮专有部分或行使其权利时，不得妨碍其他区分所有权人的安宁、安全及卫生；

（二）他区分所有权人因维护、修缮共用部分或设置管线，必须进入其专有部分时，无正当理由不得拒绝；

（三）管理人或管理委员会因维护、修缮共用部分或设置管线，必须进入或使用其专有部分时，无正当理由不得拒绝；

（四）其他法律或规约规定的事项。

前款第（二）项及第（三）项所称进入或使用，应选择其损害最少的处所及方法，并应补偿因此所生的损害。

区分所有权人或专有部分占有人违反第（一）项规定，经请求仍不停止的，管理人或管理委员会可以请求人民法院为必要的处置。

第 条（共用部分任意变更的禁止）

区分所有建筑物周围上下及防空避难室等，非依法律规定并经区分所有权人会议决议，区分所有权人或专有部分占有人不得变更其构造、颜色、使用目的及设置广告物。

区分所有权人或专有部分占有人违反前款规定，管理人或管理委员会应予制止，制止无效的，可以请求人民法院责令停止其行为或恢复原状；造成损害的，由该区分所有权人或专有部分占有人负赔偿责任。

第 条（区分所有权人对建筑物共用部分及基地的使用收益权）

各区分所有权人按其共有的应有部分比例，对建筑物的共用部分及其基地有使用收益的权利。但另有约定者，从其约定。

区分所有权人和专有部分占有人应依设置目的与通常的使用方法使用共用部分。但另有约定且不违反城市规划法与建筑法的有关规定的，从其约定。

区分所有权人和专有部分占有人违反本条第二款规定，管理人或管理委员会应予制止，并可请求人民法院为必要的处置。如有损害，并可请求损害赔偿。

第 条（专有部分、共用部分等的管理、修缮、维护及其费用负担）

专有部分的修缮、管理、维护，由各区分所有权人承担，并负担其费用。共用部分的修缮、管理、维护，由管理人或管理委员会承担，其费用由区分所有权人按其共有的应有部分的比例分担，但修缮费系因可归责于区分所有权人的事由所发生时，由该区分所有权人负担。

第 条（共用部分及其相关设施的拆除、重大修缮或改良）

共用部分及其相关设施的拆除、重大修缮或改良，应依区分所有权人会议的决议为之。

依前款所生费用，由各区分所有权人分担。

第 条（一部共用部分的修缮及其费用负担）

专有部分的共同壁、楼地板及专有部分内的管线，其维修费用由该共同壁双方或楼地板上下双方的区分所有权人共同负担。但修缮费系因可归责于区分所有权人的事由所发生时，由该区分所有权人负担。

第 条（共用部分专用使用权的设定主体、设定方式）

依出让合同、管理规约及共有法理，区分所有建筑物的共用部分可以设定给特定区分所有权人或特定第三人专属使用。

第 条（区分所有建筑物的重建）

因破旧、损坏、倾颓、一部灭失致维持或回复区分所有建筑物需费过巨，或因地震、水灾、风灾、火灾或其他重大事变致区分所有建筑物有危害公共安全的危险时，可以重建区分所有建筑物。

区分所有建筑物的重建，须经区分所有权人会议，并应有区分所有权人三分之二以上及其区分所有权比例合计三分之二以上出席，以出席人数四分之三以上及其区分所有权比例占出席人数区分所有权四分之三以上的同意为之。

第 条（区分所有权的出让）

区分所有建筑物经区分所有权人会议决议重建时，区分所有权人不同意决议又不出让区分所有权，或同意后不依决议履行其义务的，管理人或管理委员会可以诉请人民法院责令区分所有权人出让其区分所有权。

前款的受让人视为同意重建。

第 条（区分所有权人和专有部分占有人的义务）

区分所有权人和专有部分占有人不得任意弃置垃圾、排放各种污染物、恶臭物或制造喧嚣、振动及其他类似行为。

区分所有权人和专有部分占有人不得于楼梯间、共同走廊、消防设备及防空设施等地堆放杂物、设置栅栏，或违规设置广告物或私设路障及停车位，侵占通道、妨碍出入。

区分所有权人和专有部分占有人饲养动物，不得妨碍公共卫生、公共安宁及公共安全。但法律或规约另有禁止饲养动物的规定的，从其规定。

区分所有权人或专有部分占有人违反前三款规定时，管理人或管理委员会应予制止或按规约处理，必要时可以请求人民法院处理。

第 条（管理基金的设立）

区分所有权人的人数达二十人以上的，应当设立管理基金。管理基金的来源如下：

（一）区分所有权人依区分所有权人会议决议所缴纳的款项；

（二）本基金的孳息；

（三）其他收入。

管理基金应设专门的账户予以储存，并由管理人或管理委员会负责管理。

管理基金应依区分所有权人会议的决议使用。

第 条（应负担或应分担费用的强制缴纳）

区分所有权人或专有部分占有人积欠应负担或应分担的费用已逾一月或达相当金额的，经定相当期间催告仍不给付的，管理人或管理委员会可以请求人民法院责令其给付应缴纳的金额及迟延利息。

第 条（强制停止其行为）

有下列情形之一的，由管理人或管理委员会促请其改正，于两个月内仍未改正的，管理人或管理委员会可依区分所有权人会议的决议，请求人民法院强制停止其行为：

（一）对专有部分的利用，妨碍建筑物的正常使用及违反区分所有权人的共同利益，经制止而不停止的；

（二）擅自变更共用部分的构造、颜色、使用目的、设置广告物或其他类似行为，经制止而不停止的；

（三）其他违反法律或管理规约的行为情节重大的。

前款的当事人为区分所有权人时，管理人或管理委员会可依区分所有权人会议的决议，诉请人民法院命区分所有权人出让其区分所有权；于判决确定后三个月内不自行出让并完成所有权移转登记手续的，管理人或管理委员会可以申请人民法院拍卖。

第 条（管理规约）

除法律另有规定外，管理规约应规定下列事项：

（一）区分所有权人间的基础法律关系（或所有关系）的事项；

（二）关于区分所有权人间共同事务的事项；

（三）关于区分所有权人间利害调节的事项；

（四）对违反义务者处置的事项。

第 条（权利义务的继受）

区分所有权的继受人应继受原区分所有权人依本法或管理规约所规定的一切权利义务。

第 条（区分所有权人会议、临时会议及其召集人）

区分所有权人会议，由全体区分所有权人组成，每年至少应召开定期会议一次。

有下列情形之一的，应召开临时会议：

（一）发生重大事故须即时处理而经管理人或管理委员会请求的；

（二）经区分所有权人五分之一以上及其区分所有权比例合计五分之一以上，以书面载明会议目的及理由请求召集的。

区分所有权人会议由管理人召集。

第 条（区分所有权人会议的召集方式及期间）

区分所有权人会议，应由召集人于开会前十五日以书面载明开会内容，通知各区分所有权人。但因急迫情事须召开临时会议的，可以公告方式通知区分所有权人，公告期间不得少于二日。

第 条（普通事项的决议方法）

区分所有权人会议的决议，除本法或管理规约另有规定外，应有区分所有权人过半数出席，并于获得出席人数过半数的同意后行之。

各专有部分的区分所有权人有一表决权。数人共有一专有部分的，该表决权由专有部分共有人推选一人行使。

区分所有权人因故无法出席区分所有权人会议时，可以委托他人代理出席。

第 条（特别事项的决议方法）

区分所有权人会议的决议，关于下列事项，应有区分所有权人三分之二以上及其区分所有权比例合计三分之二以上出席，以出席人数四分之三以上及其区分所有权比例占出席人数区分所有权四分之三以上的同意行之：

（一）管理规约的订立和变更；

（二）区分所有建筑物的重大修缮或改良；

（三）区分所有建筑物的重建；

（四）区分所有权的强制出让；

（五）约定专用部分或共用部分的事项。

第 条（管理委员会、管理人的选任和任期）

区分所有建筑物应成立管理委员会，或推选管理人或委托管理人。

区分所有建筑物成立管理委员会的，应由管理委员会选举或推选一人为主任委员。主任委员对外代表管理委员会。管理委员会的组织及管理委员的选任应于管理规约中规定。

管理委员、管理主任委员及管理人任期一年，连选可以连任。

第 条（管理委员会、管理人的职责）

管理委员会和管理人的职责如下：

（一）共用部分的清洁、维护、修缮及一般改良；

（二）区分所有权人共同事务的建议；

（三）区分所有权人和专有部分占有人违规行为的制止；

（四）区分所有建筑物及其周围环境的维护；

（五）收益及其他经费的收支、保管与使用；

（六）区分所有权人会议决议的执行；

（七）管理规约、会议记录等文件的保管；

（八）管理服务人的委任、雇用及其监督；

（九）会计报告、结算报告及其他管理事项的提出与公告；

（十）管理规约规定的其他事项。

第 条（管理委员会的诉讼主体资格）

管理委员会和管理人具有当事人能力，可以独立充任。

建筑物区分所有权：
学者草案的立场与《物权法》 的规定*

一、引言

我国自 1998 年正式启动物权立法进程起，无论是由梁慧星负责起草的《中国物权法草案建议稿》（以下简称"梁稿"），抑或由全国人大常委会法制工作委员会起草的历次物权法草案，乃至最终于 2007 年 3 月 16 日通过的《物权法》，均有关于建筑物区分所有权的规定。尤其是随着 2007 年 3 月 16 日《物权法》之通过，更标志着我国有了成文的建筑物区分所有权制度及其规则，是我国民事立法获得重要进步的表现，故而无论如何估量其意义，皆不过分。

惟值得注意的是，在我国物权立法的进程中，最早对建筑物区分所有权予以规定的，是由梁慧星负责的中国物权法研究课题组于 1999 年完成起草并于 2000 年由社会科学文献出版社出版的《中国物权法草案建议稿：条文、说明、理由与参考立法例》。这部建议稿开启了中国物权立法之规定建筑物区分所有权的先河，具开创性意义与价值。尤其是负责起草该建议稿中建筑物区分所有权部分的，是我国较早研究建筑物区分所有权制度并做过系统理论研究的学者。鉴于这些方面的原因，本文拟对 "梁稿" 中的建筑物区分所有权规定与 2007 年 3 月 16 日最终

---

* 本文曾发表于《甘肃政法学院学报》2011 年第 3 期，今收入本书对原正文与注释乃作有诸多改易、增删。

通过的《物权法》对于业主的建筑物区分所有权的规定进行比较分析。透过这样的工作，可以为我国《物权法》中的"业主的建筑物区分所有权"规定提供解释论，并为将来制定单行的建筑物区分所有权法提供立法论参考。

二、编排体例

"梁稿"共12章，其中，建筑物区分所有权在立法方针上被认为是所有权之一种类型，因此被规定在第2章"所有权"的第3节中。其前一节，即第2节，为"土地所有权"，后一节，即第4节，为"不动产相邻关系"。这种体例安排，是将建筑物区分所有权把握为一种不动产所有权，逻辑思路十分清晰，符合现当代民法对建筑物区分所有权制度本旨之认识，为一种妥当的体例安排。不足之处是它仅用一节来规定内容庞大的建筑物区分所有权，使建筑物区分所有权制度的内容挂一漏万；并且，建筑物区分所有权制度为现当代民法之一项重要制度，于节的名义下规定其内容，与该制度的范围及重要性也有不合。

反观《物权法》，其将建筑物区分所有权规定于第2编"所有权"的独立一章（第6章），这种以专门的一章来规定建筑物区分所有权的做法，符合该制度的本旨及制度内容的大小，值得赞赏。但是，《物权法》第6章"业主的建筑物区分所有权"前面的第5章为"国家所有权和集体所有权、私人所有权"，未如"梁稿"那样系规定"土地所有权"；其后的第7章为"相邻关系"。

从总体上看，"梁稿"与《物权法》对建筑物区分所有权的体例安排都没有重大差异。应当肯定，二者对建筑物区分所有权的这种体例编排，均反映了对这一制度的正确认识，立法认识上是妥当的，且也符合建筑物区分所有权制度之本旨。当然，应当指出，《物权法》对建筑物区分所有权的此种体例安排，一定程度上乃是受到了"梁稿"的体例安排之影响的结果。我国将来制定单行的建筑物区分所有权法时，如何安排其结构，无疑值得研究和重视。对此，笔者提出如下几点思路：（1）坚持建筑物区分所有权构成的三元论说，按专有权、共有权和成员权（共同管理权）的顺序进行结构编排。（2）因建筑物区分所有权涵括"物法性的部分"与"人法性的部分",所以宜先规定"物法性"（专有权、共有权）制度，后规定"人法性"（成员权、共同管理权）制度。（3）参考日本、德国、法国等国家和我国台湾地区的经验，可考虑做如下的体例设计：第 1 章"建筑物的区分所有"，包括第 1 节"总则"，第 2 节"专有部分"，第 3 节"共有部分"，第 4 节"（基地）建设用地使用权"，第 5 节"业主管理团体"，第 6 节"业主大会"，第 7 节"业主委员会"，第 8 节"管理人"，第 9 节"业主管理团体法人"，第 10 节"管理规约"，第 11 节"对违反义务者的措施"，第 12 节"区分所有建筑物的修缮和重建"；第 2 章"社区"，主要规定"有关建筑物区分所有的规定对社区的准用""社区共有部分""管理规约对社区的准用"；第 3 章"罚则"，主要规定对区分所有建筑物进行管理的管理人、管理规约保管人、业主大会和业主委员会负责人、管理人等违反有关规定时的处罚措施；[1]第 4 章"附则"，主要规定本法的实施时间与实施后《物权法》对于建筑物区分所有权的规定自动失效等。

三、建筑物区分所有权的构成

关于建筑物区分所有权的构成或曰含义，理论上存在着一元论说、二元论说和三元论说等不同的主张与立法例。"梁稿"第 90 条第 1 款规定："建筑物区分所有权，是指数人区分一建筑物而各专有其一部，就专有部分有单独所有权，并就该建筑物及其附属物的共同部分，除另有约定外，按其专有部分比例共有的建筑物所有权。"直观该规定，可知是采二元论说，认为建筑物区分所有权由专有权与共有权构成。然该条的立法理由又谓："当然于解释论上当认为建筑物区分所有权的内容尚包括所谓'成员权'。"[2]可见"梁稿"实质上是采取三元论说。

---

    1   中国物权法研究课题组：《中国物权法草案建议稿：条文、说明、理由与参考立法例》，社会科学文献出版社 2000 年版，第 275 页。

    2   中国物权法研究课题组：《中国物权法草案建议稿：条文、说明、理由与参考立法例》，社会科学文献出版社 2000 年版，第 275 页。

《物权法》将建筑物区分所有权的涵义或构成规定于第 70 条："业主对建筑物内的住宅、经营性用房等专有部分享有所有权，对专有部分以外的共有部分享有共有和共同管理的权利。"该条规定的学理基础即为三元论说。

四、专有权

专有权，系指于专有部分上成立的所有权。而所谓专有部分，系指构造上能够明确区分，具排他性且可独立使用的建筑物部分。一栋建筑物须区分为数部分，且被区分的各部分必须具备构造和利用上的独立性方可成立区分所有。一栋建筑物若无构造与利用上独立的专有部分，仅能单独所有或共有，不得成立区分所有。故此，专有部分乃是构成区分所有建筑物的基础。[1]

专有权领域，有专有部分的范围、专有部分的种类及专有部分的相互关系等三方面的问题。建筑物区分所有权立法中不规定专有部分的范围而由学说决之，系为各国家和地区立法的通例，这一点上，"梁稿"与《物权法》系采同样立场。同时，区分所有权的种类也无必要于立法中规定，此点也为各国家和地区立法的通例。"梁稿"和《物权法》未就专有部分的种类设立规定无疑为正确做法。然问题在于，专有部分的相互关系系区分所有权立法中的一个重点，应对之作出规定。

《物权法》涉及专有部分的相互关系的规定仅有第 71 条，其规定："业主对其建筑物专有部分享有占有、使用、收益和处分的权利。业主行使权利不得危及建筑物的安全，不得损害其他业主的合法权益。"其实，《物权法》该条规定的内容，严格意义上言之，也不纯粹属于专有部分相互关系的规定。因为，"不得损害其他业主的合法权益"是一句一般的宣示性规定。如此就表明，《物权法》的最终立法者对专有部分相互关系的认识尚不充分。

反观"梁稿"，其第 92 条规定："区分所有权人对专有部分的利用，不得妨

1　温丰文：《建筑物区分所有权之研究》，三民书局 1992 年版，第 131 页。

碍建筑物的正常使用及违反区分所有权人的共同利益。前款规定，准用于区分所有权人以外的专有部分占有人。""梁稿"的这一规定，有比较法上的依据，因此为一项先进的规定，尤其是规定了业主行使专有权时不得违反全体业主的"共同利益"，如有违反，则可能受到剥夺区分所有权（将业主自建筑物区分所有权共同体关系中驱逐）等方面的处罚。

如所周知，对区分所有建筑物专有部分的所有关系与对一般建筑物的所有关系一样，业主于法律限制的范围内，可自由占有、使用、收益、处分自己的专有部分并排除他人的干涉；专有部分的物权变动也与一般不动产物权变动无异，以登记为生效要件。惟区分所有建筑物的各专有部分在物理上相互连接，彼此间的用役面紧密地结合在一起，形成一密切的立体的相邻关系。此一密切的立体的相邻关系，如仅依据《物权法》中的相邻关系规则，将不足以调整彼此间的权利义务关系。盖区分所有关系除存在相邻关系的因素外，还存在共有部分的因素与人法（管理制度）的因素，因而各业主对自己的专有部分的使用、收益或处分应受彼此间的强力约束。也就是说，各业主的专有部分相互间具有制约性关系，而表现区分所有权相互制约性的具体内容主要有二：（1）业主不得实施违反共同利益的行为；（2）业主彼此间对他人的专有部分于必要范围内可行使使用请求权。[1]

尤其值得提及的是，对他人专有部分的使用请求权。此系专有权中的重要问题，《物权法》对此未设任何规定。与此不同，"梁稿"第93条第1条第2项则明文规定，业主因维护、修缮共用部分或设置管线，必须进入或使用其他业主的专有部分时，其他业主无正当理由不得拒绝。应当认为，"梁稿"的这一规定系属恰当。

一般建筑物通常须作适当的维护或修缮方能保持其使用功能，区分所有建筑物的专有部分也不例外。不过，当业主维护或修缮自己的专有部分时，有时非使用其他业主的专有或专用部分不可。譬如一楼的天花板漏水，非从二楼的地板着手即无从修理，即为适例。于此情形，业主基于区分所有权相互制约关系，应互

1　温丰文：《建筑物区分所有权之研究》，三民书局1992年版，第38页。

负容忍义务。也就是说，业主彼此间应容忍他人利用自己的专有部分从事建筑物的维护或修缮。[1]此系自然之理，实属当然。

不过，应注意的是，业主使用其他业主的专有部分以维护或修缮自己的专有部分时，应在必要的范围内为之。对此，日本《建筑物区分所有权法》第 6 条第 2 项前句规定："区分所有权人因保存或改良其专有部分或共用部分，在必要范围内，得请求使用其他区分所有权人的专有部分或不属于自己所有的共用部分。"此一规定值得我国《物权法》建筑物区分所有权规定的解释论参考。另外，须指出的是，依建筑物区分所有权法理，对他人专有部分行使使用请求权时，其相对人不以专有部分的所有人（即业主）为限。若业主已将其专有部分出租或出借，则也可向承租人或借用人行使。[2]还有，使用请求权行使的对象，不以物理上前后左右或上下相邻接的专有部分为限，物理上即使没有邻接，只要是建筑物维护或修缮的必要范围内，也可对之行使。[3]最后，为了确保当事人之间的权益平衡，使用其他业主的专有部分以维护或修缮自己的专有部分时，若因此致其他业主遭受损害，应负恢复原状或予以赔偿的义务。不过，因此种场合致其他业主遭受的损害并非基于违法行为，而系基于适法行为，所以不以归责于行为人的故意或过失为必要，只需被害人（其他业主）证明损害业已发生即可。[4]

如前述，我国《物权法》对于对他人专有部分的使用请求权问题未作任何规定，建议将来制定单行的建筑物区分所有权法时参考"梁稿"的规定及日本的立法成例，设专门条文对他人专有部分的使用请求权问题作出规定。

五、共有权

共有部分上成立的所有权即为共有权。该共有权，系建筑物区分所有权的另

1　温丰文："论区分所有建筑物之专有部分"，载《法令月刊》1991 年第 42 卷第 7 期，第 279 页。

2　[日] 原田纯孝："区分所有建筑物的承租人的权利义务"，载《法律时报》第 55 卷第 9 号，第 35 页；日本高松高等裁判所 1974 年 11 月 28 日判决，载《判例时报》第 771 号，第 53 页。

3　[日] 玉田弘毅："建筑物区分所有法逐条研究"（12），载《判例时报》771 号，第 53 页。

4　温丰文：《建筑物区分所有权之研究》，三民书局 1992 年版，第 44 页。

一个物权要素，被称为共同性灵魂。共有权的基础系在于共有部分。如果说专有部分是构成区分所有建筑物的基础，那么共有部分则是结合各个专有部分的纽带，故此其法律地位十分重要。共有部分可以分为法定共有部分、天然共有部分与约定共有部分，全体共有部分与一部共有部分。共有部分具有不可分割性和从属性。之所以具有不可分割性，系因为若允许分割共有部分，则将有悖于共有的目的，业主必互蒙不利。[1]共有部分的从属性，涵括共有部分应随同专有部分移转，以及共有部分应随同专有部分设定负担两个方面。也就是说，共有部分系从属于专有部分而存在，其不得与专有部分分离而单独处分，为与专有部分共命运。

因共有部分系由业主共有，其使用、收益、处分除了应受建筑物区分所有权法的限制外，还须受管理规约的约束。具体而言，（1）共有部分的使用，业主应按共有部分的本来用途而为之。所谓本来用途，又称固有用途，指依共有部分的种类、位置、构造、性质等使用共有部分，譬如于地下室停车、绿地散步、乘用电梯等即是。业主若违反共有部分的本来用途使用共有部分，业主委员会应予以制止，并可按其性质做必要的处置；如造成损害，并可请求损害赔偿。[2]（2）共有部分的收益，指收取共有部分的天然孳息和法定孳息，如在区分所有建筑物本身所占地面以外的绿地上栽种果树所生的果实（天然孳息），以及将作为共有部分的地下室设置停车场出租收取租金（法定孳息）。此等孳息的收取，除管理规约另有约定或业主大会另有决议外，应由业主按其专有部分占建筑物总面积的比例收取（《物权法》第80条）。（3）共有部分的处分，包括事实与法律上的处分。事实上的处分，指变更或拆除共用部分；法律上的处分，指变更、限制或消灭共用部分的权利。[3]

对共有权的客体——共有部分——的规定，"梁稿"与《物权法》的做法并不相同。"梁稿"在第94、95、96、97、98条分别规定："共有部分任意变更的

1　郑玉波：《民法物权》，三民书局1996年版，第126页。

2　参见我国台湾地区"公寓大厦管理条例"第9条第4项。

3　尹章华等：《公寓大厦管理条例解读》，月旦出版社股份有限公司1995年版，第60—61页。

禁止""区分所有权人对建筑物共用部分及基地的使用、收益权""专有部分、共用部分等的管理、修缮、维护及其费用负担""共用部分及其相关设施的拆除、重大修缮或改良"及"一部共用部分的修缮及其费用负担"。"梁稿"的这些规定是参考新近以来的立法成例而作出的，符合建筑物区分所有权法发展的趋势。《物权法》对于共有部分的规定，则带有一些应急的因素，系为解决当下面临的问题而作出的，譬如它主要解决实务中具极大争议的小区车库、车位等共有部分的归属、设置等。

这里尚有必要提及共有部分的专用使用权（以下简称"专用权"）问题。此为建筑物区分所有权法的重要制度，《物权法》和"梁稿"均未作规定，属于明显的疏漏。区分所有建筑物的共有部分本来属于全体业主共有，由各业主按共有的应有部分（份额）比例享有使用、收益之权。但实务上，将本应由各业主依本来用途共同使用的共有部分设定专用权交由特定人（特定业主或第三人）专属地独占使用的情况屡见不鲜，譬如允许特定业主于楼顶加盖房屋，于外墙悬挂招牌即是。专用权的主体为特定的业主或第三人。专用权的客体有二：（1）区分所有建筑物所占地面以外的空地，如将之设置专用停车场即是；（2）区分所有建筑物的共有部分，如于楼顶设置广告塔，于外壁悬挂霓虹灯招牌等，即属之。须注意的是，并非所有的共有部分皆可设定专用权。构造上若有固定的使用方法，且属于业主生活利用上不可或缺的共有部分，譬如公共楼梯、公共走廊，即不得设定专用权。盖因此等共有部分如设定专用权，会影响业主的居住品质，甚至妨碍业主的居住权。[1]专用权的设定方式有三：（1）依出让合同设定，即依区分所有建筑物出让合同设定专用权；（2）依管理规约设定；（3）依《物权法》的共有规则设定。如前述，区分所有建筑物的共有部分系属于业主共有，而专用权的设定，乃属于变更或处分共有物（共有部分）的一种方式，故此，业主可依共有物变更或处分的方式，也就是依共有规则，于共有部分上为特定人设定专用权。对于共有部分的专用权，我国制定单行的建筑物区分所有权法时宜作明定。

1　[日]桑本繁："公寓共用部分的专用使用权"，载《NBL》第34号，第9页。

六、成员权

成员权，又称为对区分所有建筑物的共同管理权，系指为维持区分所有建筑物的物理的机能，并充分发挥其社会的、经济的机能而对区分所有建筑物所为的一切经营活动。[1] 凡建筑物的保存、改良、利用、处分乃至业主共同生活秩序的维持，皆属之。所谓保存，指以防止建筑物灭失、毁损或其权利丧失、限制为目的，维持建筑物的现状的行为，譬如对建筑物进行简易修缮，于建筑物的门窗、玻璃破碎时进行换修即是。所谓改良，指不变更物的特性而增加其效用或价值的行为，譬如将污墙刷成粉壁，将地板加贴瓷砖，以增加美观即是。所谓利用，指为满足业主的共同需要，不变更物的特性而对共有部分或基地所为的使用、收益行为，譬如将地下室用作停车场即是。至于处分，则是指发生权利变动的行为，譬如将共有部分设定专用权而由特定业主或第三人专属地排他性使用，即属之。[2]

（一）管理内容

区分所有建筑物的管理内容，依其特性可分为物的管理与人的管理。物的管理，即对建筑物与基地的保存、改良、利用乃至处分所进行的物理的管理。其对象原则上限于建筑物的共有部分和建筑物所坐落的基地部分，专有部分不涵括在内。盖因专有部分属于各业主的私有财产，其管理宜由各业主自行承担。物的管理的内容，依世界卫生组织制定的居住环境标准——安全、健康、便利、舒适，其内容应涵括：（1）火警防范，如加强消防设备、防火措施；（2）清洁维护，如定期清除垃圾、清理水沟、洗刷外墙、擦拭玻璃；（3）维修公共设施，如维护水电机械、公共电梯；（4）整理花木，如修剪花草树木。[3] 人的管理，即对业主群居生活关系进行的管理，其对象既包括居住于区分所有建筑物内的业主的行为，也涵括出入区分所有建筑物的其他人的行为，具体包括对建筑物不当毁损行为的

1　陈俊樵："论区分所有建筑物之管理组织"，载《中兴法学》1987 年总第 24 期，第 191 页

2　温丰文："论区分所有建筑物之管理"，载《法学丛刊》1992 年第 37 卷第 3 期，第 27 页。

3　陈华彬：《建筑物区分所有权研究》，法律出版社 2007 年版，第 249 页。

管理、对建筑物不当使用行为的管理以及对生活妨害行为的管理。[1]

《物权法》之涉及区分所有建筑物管理内容的规定，系第83条第2款第1句："业主大会和业主委员会，对任意弃置垃圾、排放污染物或者噪声，违反规定饲养动物、违章搭建、侵占通道、拒付物业费等损害他人合法权益的行为，有权依照法律、法规以及管理规约，要求行为人停止侵害、消除危险、排除妨害、赔偿损失。"须注意的是，该规定的内容基本属于对人的管理中的生活妨害行为的管理。至于对建筑物的不当毁损行为、不当使用行为的管理，以及对区分所有物的物的管理，则未涉及，制定单行的建筑物区分所有权法时宜予追加规定。

"梁稿"涉及区分所有建筑物的管理的规定，系其第103、104条。第103条规定"应负担或应分担费用的强制缴纳"，第104条规定"强制停止其行为"。其中，第104条的规定主要是参考德国、奥地利和我国台湾地区的相关规定而设计，反映了建筑物区分所有权制度的基本发展趋向。该条规定的内容如下："有下列情形之一的，由管理人或管理委员会促请其改正，于二个月内仍未改正的，管理人或管理委员会可依区分所有权人大会的决议，请求人民法院强制停止其行为：（一）对专有部分的利用，妨碍建筑物的正常使用及违反区分所有权人的共同利益，经制止而不停止的；（二）擅自变更共用部分的构造、颜色、使用目的、设置广告物或其他类似行为，经制止而不停止的；（三）其他违反法律或管理规约的行为情节重大的。前款的当事人如为区分所有权人时，管理人或管理委员会可依区分所有权人大会的决议，诉请人民法院命区分所有权人出让其区分所有权；于判决确定后三个月内不自行出让并完成所有权移转登记手续的，管理人或管理委员会可以申请人民法院拍卖。"应当认为，"梁稿"的这些规定，较之《物权法》的规定乃系更为具体，故而值得重视。

（二）业主管理团体

区分所有建筑物的业主管理团体包括业主大会（区分所有权人会议）和业主

1　温丰文："论区分所有建筑物之管理"，载《法学丛刊》1992年第37卷第3期，第27页。

委员会，一些国家和地区（如德国、日本及我国台湾地区）的建筑物区分所有权法中还涵括管理人。以下就这些业主管理团体而比较分析《物权法》与"梁稿"的规定。

1. 业主大会

业主大会系由全体业主组成，其性质如同股份公司的股东大会，为业主团体的最高意思决定机构。凡有关区分所有建筑物共同事务的管理，如管理规约的订立、变更或废止，共有部分的变更，管理人的选任、解任，建筑物一部毁损时的修建乃至对违反共同生活秩序的业主提起诉讼，除法律或管理规约另有规定外，均得通过业主大会的决议而为之。业主借业主大会参与区分所有建筑物共同事务的管理，系其享有成员权（共同管理权）的具体表现，且也是业主自治的表现。[1]《物权法》第75条第1款规定："业主可以设立业主大会，选举业主委员会。"

因业主大会系业主管理团体的最高意思决定机构，故每年至少应召开一次会议。而对此，《物权法》未作规定。不过，该法对业主大会决议的计算方式设有规定，此即第76条第2款。应当认为，此系正确的，应值肯定。

比较法上，业主大会的决议有一致决和多数决两种方法。多数决又可分为特别决议与普通决议两种。哪些事项应经一致决或多数决，应经多数决的事项中，哪些应经特别决议或普通决议，应予明定。《物权法》第76条第2款规定："决定前款第五项和第六项规定的事项，应当经专有部分占建筑物总面积三分之二以上的业主且占总人数三分之二以上的业主同意。决定前款其他事项，应当经专有部分占建筑物总面积过半数的业主且占总人数过半数的业主同意。"此规定，属于多数决中的普通决议和多数决中的特别决议。

"梁稿"第107条第1款规定："区分所有权人会议，由全体区分所有权人组成，每年至少应召开定期会议一次。"如前述，此规定为我国《物权法》之所无。另外，"梁稿"第109条、第110条还规定了"普通事项的决议方法"与"特别事项的决议方法"。对于前者，第109条规定："区分所有权人会议的决议，除本

1　温丰文：《建筑物区分所有权之研究》，三民书局1992年版，第140页。

法或管理规约另有规定外，应有区分所有权人过半数出席，并于获得出席人数过半数的同意后行之。各专有部分的区分所有权人有一表决权。数人共有一专有部分的，该表决权由专有部分共有人推选一人行使。区分所有权人因故无法出席区分所有权人会议时，可以委托他人代理出席。"对于后者，第110条规定："区分所有权人会议的决议，关于下列事项，应有区分所有权人三分之二以上及其区分所有权比例合计三分之二以上出席，以出席人数四分之三以上及其区分所有权比例占全部区分所有权四分之三以上的同意：（一）管理规约的订立和变更；（二）区分所有建筑物的重大修缮或改良；（三）区分所有建筑物的重建；（四）区分所有权的强制出让；（五）约定专用部分或共用部分的事项。"应指出的是，"梁稿"的这些规定乃系具体、明确、清晰。

业主大会决议的效力，根据建筑物区分所有权法法理，其不仅对业主具约束力，且对业主的继受人也有约束力。所谓业主的继受人，包括概括继受人与特定继受人。特定继受人又涵括移转继受人与设定继受人。概括继受人，如继承人、营业合并人或财产概括承受人。这些人因系权利义务的概括承受人，故应受业主大会决议的约束；至于特定继受人，如专有部分的买受人、受赠人等移转继受人，或专有部分的承租人、借用人等设定继受人，是否也受业主大会决议的约束，则有肯定与否定两说，但通说采肯定说。最高人民法院《关于审理建筑物区分所有权纠纷案件具体应用法律若干问题的解释》第16条总体上也采肯定说。

2. 业主委员会或管理人

业主委员会、管理人系执行业主大会决议的事项与管理规约的执行机构。根据《物权法》的规定，业主委员会是业主大会的事务执行机构，受业主大会的委托管理全体业主的共有部分和共同事务。也就是说，业主委员会基于业主大会的授权，具体执行业主大会通过的管理规约和决定，不得独立于业主大会而存在和活动，故此是业主大会的事务执行机构。业主大会闭会期间，业主委员会具体执行业主大会通过的管理规约和决定，故而也为业主大会的常设机构。此外，我国《物业管理条例》规定，业主委员会须由业主大会经过一定的民主程序选举产生；

业主委员会主任、副主任在业主委员会成员中推选产生，且业主委员会本身应当自选举产生之日起 30 日内，向物业所在地的区、县人民政府房地产行政主管部门和街道办事处、乡镇人民政府备案。应指出的是，《物权法》未将管理人确定为业主管理事务的执行机构，将来制定单行的建筑物区分所有权法时宜追加规定。"梁稿"则设有业主委员会与管理人的规定。

（三）管理规约

管理规约，简称"规约"，指业主之间为增进共同利益以确保良好生活环境，经业主大会决议的共同遵守事项。管理规约如同公司的章程、国家的宪法，具业主团体根本自治法规的性质，系业主团体的最高自治规则。其性质，通说认为属于法律行为中的共同行为。[1]

《物权法》仅提及管理规约的概念，此即该法第 76 条第 1 款第 2 项和第 77 条、第 83 条，对管理规约的设定、管理规约应规范的事项及其效力等均未作出规定；反观"梁稿"，其第 105 条就管理规约作如下规定："有关区分所有建筑物、基地和附属设施的管理、使用，以及区分所有权人等的相互关系，除法律另有规定外，应以管理规约规定。"制定单行的建筑物区分所有权法宜对管理规约应规范的如下事项予以明文。

第一，业主间的基础法律关系（或所有关系）的事项，包括专有部分和共有部分的界定，建筑物所坐落基地的范围的界定，共有部分（包括全部共有部分、一部共有部分）的共同所有关系的厘定，各业主对共有部分的份额（应有部分）比例的确定，各专有部分所能分配到的基地使用权的比例。

第二，关于业主间共同事务的事项，包括业主委员会委员的人数、任期及执行管理事务的方法，管理人的选任、解任及权限，业主大会召集的通知，表决权比例与法定人数的计算，管理规约的订立、变更及废止的方法，管理费的缴纳方法（如缴费日、迟延利息、存放等）。

第三，对业主间的利害关系进行调节的事项，包括共有部分费用的分摊与利

1　尹章华等：《公寓大厦管理条例解读》，月旦出版社股份有限公司 1995 年版，第 112 页。

益归属的比例、分配，共有部分的使用方法，对专有部分的使用限制（如禁止将危险物带入专有部分或禁止饲养动物等）。

第四，对违反义务者予以处置的事项，包括对违反专有部分和共有部分的使用限制的业主进行劝告、处罚等。[1]

七、结语

2007 年我国《物权法》之通过是民事立法发展中的一件大事，系民事立法的重大进步，并为民法典的最终出台铺平坚实道路。而该法之规定建筑物区分所有权，自源流看，又渊源于梁慧星等人负责起草的《中国物权法草案建议稿》。正是受到该建议稿关于建筑物区分所有权规定的影响并以其为参照，最终通过的《物权法》方将建筑物区分所有权规定下来。前文分析表明，《物权法》的建筑物区分所有权规定与梁慧星等人提供的《中国物权法草案建议稿》对建筑物区分所有权的规定尽管存在一些差异，但《物权法》认可建筑物区分所有权，并采日本建筑物区分所有权的名称，及吸纳一些国家和地区于此领域的先进经验，皆在表明，中国的民事立法在进步，在逐步与世界接轨并逐步迈向民法典。以《物权法》的业主的建筑物区分所有权为基础，同时吸纳"梁稿"中的有益规定，不远的将来，我国当制定单行的建筑物区分所有权法，由此实现对建筑物区分所有权法律关系的全面调整，并使我国的建筑物区分所有权制度及其规则现代化。

1　温丰文：《建筑物区分所有权之研究》，三民书局 1992 年版，第 154 页以下。

业主大会法律制度探微 *

一、引言

2007 年颁布的《物权法》和同年修订通过的《物业管理条例》，对于区分所有建筑物的管理设置了业主大会和业主委员会的组织结构和形式。它们是区分所有建筑物自治管理的两大支柱机构。其中，业主大会犹如公司的股东会，是业主团体的意思决定机构，系业主为共同事务和涉及权利义务的有关事项，召集全体业主所举行的会议；业主委员会犹如公司的董事会，是为执行业主大会的决议事项及区分所有建筑物的维护工作，由业主大会经过一定的民主程序选举产生的组织。业主委员会系业主大会的事务执行机构，受业主大会的委托管理全体业主的共有财产和共同事务。本文拟对其中的业主大会的诸多问题予以论述。

二、业主大会的性质与业主的权利和义务

（一）业主大会的性质

业主大会由物业管理区域内的全体业主组成，[1] 是小区业主的议事机构，代表和维护物业管理区域内全体业主在物业管理活动中的合法权益，[2] 其系管理建筑区

---

* 本文曾发表于《法学》2011 年第 3 期，今收入本书乃稍有改动。

1　参见《物业管理条例》第 8 条第 1 款。

2　参见《物业管理条例》第 8 条第 2 款。

划内建筑物及其附属设施的共有部分和共同事务的自治组织。[1]其法律性质如下：

1. 业主大会是一个自治组织

业主大会由物业管理区域内的全体业主组成，是全体业主作为成员的所有权人联合体，其不是国家机关，也不是事业单位，更不是营利性机构，因此不得为居民委员会所替代。同时，其也不等同于企业法人，而是一个自治性质的组织。[2]

2. 业主大会是独立的社会组织

由于社会条件、传统习惯的不同，各国法律对于业主大会法律性质的规定未尽相同。归纳起来，关于业主大会的立法例有三种模式，即法人式的业主大会模式、非法人式的业主大会模式和折中式的业主大会模式。在法国、新加坡、我国香港特别行政区建筑物区分所有权法以及 2007 年 3 月 26 日新修订的德国《住宅所有权法》上，业主大会为一法人，具有法人人格。尤其是根据新修订的德国《住宅所有权法》第 10 条第 6 项规定，其住宅所有权人共同体（业主大会）甚至可以使用独立的名称，这在实质上承认了住宅所有权人共同体（业主大会）的法律人格。只是基于其存在目的，这一新设的法人类型在其设立、能力范围和责任方式上都与传统的社团法人有所区别。尽管如此，德国法的这一项新规定还是鲜明地突出了其住宅所有权人共同体（业主大会）作为法人所具有的以下几项标志：一是它可以独立地作为法律关系的主体，即以住宅所有权人共同体（业主大会）的名义参与法律活动，并独自作为利益归属的主体；二是作为主体参与诉讼。[3]自发展趋势看，业主管理团体向法人化方向发展乃是各国家和地区立法与实务的基本潮流。

如前述，我国《物权法》《物业管理条例》和最高人民法院《关于审理建筑物区分所有权纠纷案件具体应用法律若干问题的解释》（以下简称《建筑物区分所有权解释》）均未对业主大会的民事主体资格和诉讼主体资格问题作出明确规

1　崔建远：《物权法》，中国人民大学出版社 2009 年版，第 220 页。

2　崔建远：《物权法》，中国人民大学出版社 2009 年版，第 220 页。

3　唐晓晴：《分层建筑物管理的私法自治与公权介入》，2009 年 12 月澳门大学法学院"第二届《全球化背景下之澳门法律改革》国际研讨会"资料，第 4 页；张双根、田士永、王洪亮主编：《中德私法研究》（2009 年第 1 卷，总第 5 卷），北京大学出版社 2009 年版，第 167 页。

定。《物权法》第 83 条规定了业主大会的管理权能，同时明确规定了业主对侵害自身合法权益的行为，可以依法向人民法院提起诉讼。在《物权法》的制定过程中，其第三次、第四次审议稿曾对业主大会的诉讼地位问题作出过规定，但自第五次审议稿后被删去。另外，依《物业管理条例》的规定，由于业主大会履行职责的形式是召开会议，其只是业主团体的内部议事、决策机构或者议事、决策程序，不直接对外从事民事活动，且其并非常设机构，也没有自己独立的财产，因此它不符合我国法律规定的民事诉讼主体的成立条件。因此，业主大会不具有诉讼主体资格，在诉讼中不应列为诉讼当事人。如果将业主团体比作公司，则业主大会就相当于股东大会。显然，公司对外发生债权债务关系时，股东大会不得被视为权利义务关系的主体或者诉讼当事人。可见，在没有成立业主委员会的情况下，应由业主以代表人诉讼的方式提起诉讼；在有业主委员会的情况下，可以业主委员会的名义提起诉讼。[1]

尽管《物权法》《物业管理条例》和《建筑物区分所有权解释》并未赋予业主大会以法人人格，但这并不妨碍其系一个独立的社会组织。这主要系因为，业主大会不只是全体业主汇集在一起参加某个会议，也不是业主之间的松散联合，它有自己的章程，也有自己的执行机构——业主委员会，可以按照章程和议事规则形成自己的决定，可以自己的名义开立账户，以自己的名义享有权利和承担义务。在对外关系上，它可以以自己的名义与物业服务企业签订物业服务合同，也可以授权业主委员会从事这些行为。[2]

3. 业主大会是管理全体业主共有财产和共同事务的自治组织

业主大会的职能较为专一，根据《物权法》第 75、76 条等规定，以及《物

---

[1] 北京市第一中级人民法院：《关于建筑物区分所有权类案件的调研报告》（2009 年 5 月），第 22 页。实务中已有相当多的业主委员会作为原告参加诉讼，比如最高人民法院《关于金湖新村业主委员会是否具备民事诉讼主体资格请示一案的复函》（〔2002〕民立他字第 46 号）规定，对房地产开发单位未向业主委员会移交住宅规划图等资料，未提供配套公用设施、公用设施专项费、共用部位维护费及物业管理用房、商业用房的，可以自己的名义提起诉讼。

[2] 崔建远：《物权法》，中国人民大学出版社 2009 年版，第 221 页；王利明、尹飞、程啸：《中国物权法教程》，人民法院出版社 2007 年版，第 237—238 页。

业管理条例》第8、9、10、11、19条等规定，业主大会只是管理全体业主的共有财产和共同事务，不得作出与物业管理无关的决定，不得从事与物业管理无关的活动。业主大会作出了与物业管理无关的决定，或从事了与物业管理无关的活动的，属于违反强制性规定的情形，按照《合同法》第52条第5项的规定，其行为自始就不具有法律效力，对业主不具有约束力。[1]

4. 业主大会是区分所有建筑物业主管理团体的机关，也是全体业主管理共有财产和共同事务时的议事机构

需特别注意的是，当我们将业主大会与国家机关、事业单位、营利性机构、企业法人乃至居民委员会相比较而论时，业主大会当系一个自治组织，应无疑义；但是，当我们将业主大会作为业主管理团体内部的一个机关而论时，它则犹如公司的股东会，乃系一个议事机构。具体而言，根据《物权法》第75、76条等规定，以及《物业管理条例》第8、9、10、11、19条等规定，业主大会应就管理全体业主的共有财产和共同事务的事项进行讨论、议决，然后做出决定。

（二）全体业主和单个业主对于业主大会的权利义务

《物权法》第76条对全体业主作为一个整体享有的权利和承担的义务作了明确规定，其规定下列事项由业主共同决定：制定和修改业主大会议事规则；制定和修改建筑物及其附属设施的管理规约；选举业主委员会或者更换业主委员会成员；选聘和解聘物业服务企业或者其他管理人；筹集和使用建筑物及其附属设施的维修资金；改建、重建建筑物及其附属设施；有关共有和共同管理权利的其他重大事项。其中，决定上述第5项和第6项事项，应当经专有部分占建筑物总面积三分之二以上的业主且占总人数三分之二以上的业主同意；决定上述其他事项，应当经专有部分占建筑物总面积过半数的业主且占总人数过半数的业主同意。

此外，根据《物业管理条例》第6条和第7条的规定，作为单个业主，其还享有其他一些权利和承担其他一些义务。根据《物业管理条例》第6条第2款的

---

[1] 崔建远：《物权法》，中国人民大学出版社2009年版，第221—222页；黄松有主编：《〈中华人民共和国物权法〉条文理解与适用》，人民法院出版社2007年版，第253页。

规定，业主在物业管理活动中，享有下列权利：按照物业服务合同的约定，接受物业服务企业提供的服务；提议召开业主大会会议，并就物业管理的有关事项提出建议；提出制定和修改管理规约、业主大会议事规则的建议；参加业主大会会议，行使投票权；选举业主委员会成员，并享有被选举权；监督业主委员会的工作；监督物业服务企业履行物业服务合同；对物业共用部位、共用设施设备和相关场地使用情况享有知情权和监督权；监督物业共用部位、共用设施设备专项维修资金的管理和使用；法律、法规规定的其他权利。根据《物业管理条例》第7条的规定，业主在物业管理活动中，履行下列义务：遵守管理规约、业主大会议事规则；遵守物业管理区域内物业共用部位和共用设施设备的使用、公共秩序和环境卫生的维护等方面的规章制度；执行业主大会的决定和业主大会授权业主委员会作出的决定；按照国家有关规定交纳专项维修资金；按时交纳物业服务费用；法律、法规规定的其他义务。

三、业主大会会议的形式、召集与表决权计算

（一）业主大会会议的形式

业主大会会议由全体业主组成，有定期会议和临时会议两种。

1. 定期会议

定期会议，即全体业主于一定时期必须集合而召开的会议。《物业管理条例》第13条第2款规定，定期会议应当按照业主大会议事规则的规定召开。一般而言，每年至少应召开一次业主大会的定期会议。

2. 临时会议

临时会议，指因特殊情况或为处理紧急事务而临时召开的会议。《物业管理条例》第13条第2款同时规定，经20%以上的业主提议，业主委员会应当组织召开业主大会临时会议。我国台湾地区"公寓大厦管理条例"（2006年修订，下同）第25条第2项规定："有下列情形之一者，应召开临时会议：一、发生重大事故有及时处理之必要，经管理负责人或管理委员会请求者。二、经区分所有权

人五分之一以上及其区分所有权比例合计五分之一以上，以书面载明召集之目的及理由请求召集者。"据此可知，可请求召开临时会议者有二，一为管理负责人或管理委员会，二为少数区分所有权人（业主）。由管理负责人或管理委员会请求召集临时会议的目的，在于发生紧急事故时可以掌握时效，尽速处理。由少数区分所有权人（业主）请求召集临时会议的目的，在于维护少数业主的权益。也就是说，当少数业主认为其权益受到忽视，而定期会议不及处理，或管理负责人、管理委员会不予重视时，可以请求召开临时会议，以维护自身的权益。[1]我国台湾地区的此种考量和规定，可以作为《物业管理条例》第 13 条第 2 款有关召开临时会议的规定的立法解释论，并建议将来修改《物业管理条例》时对其予以借鉴和吸纳，以对其作出明文规定。

（二）业主大会会议的召集

业主大会会议，不论是定期会议还是临时会议，皆须经一定程序由有权召集人召集，其所作的决议方才发生法律上的效力。若未经召集人依法定程序召集，而只是业主偶然的集会，即便与会人数已达到法定人数，也不得称为业主大会，其因此所为的决议自然不发生法律上的效力。[2]

1. 召集人

《物业管理条例》第 15 条第 1 项规定，业主委员会召集业主大会会议。此规定适用于平常业主大会会议的召集人的场合，而对业主大会第一次会议的召集人，该条例则未作规定。故此，有必要依比较法上的经验进行解释，并在将来修改《物业管理条例》时予以吸纳，作出明确规定。

在比较建筑物区分所有法上，业主大会第一次会议的召集人通常由起造人（建设单位）担任。例如，前述我国台湾地区"公寓大厦管理条例"第 28 条第 1 项、第 2 项规定："公寓大厦建筑物所有权登记之区分所有权人达半数以上及其区分所有权比例合计半数以上时，起造人应于 3 个月内召集区分所有权人召开区

---

[1] 温丰文："论区分所有权人会议"，载《法令月刊》1999 年第 50 卷第 11 期。

[2] 温丰文："论区分所有权人会议"，载《法令月刊》1999 年第 50 卷第 11 期。

分所有权人会议,成立管理委员或推选管理负责人。前项起造人为数人时,应互推一人为之。……"据此可知,在我国台湾地区,起造人系业主大会第一次会议的召集人,其担任会议召集人通常只有一次,而非常态或多次。而所谓起造人,系指建筑物在申请建造许可时,依建筑法的规定申请建筑之人。在先建后售或先售后建的情形,系以买卖合同的卖方(一般为建筑业者)为起造人。[1]也就是说,我国台湾地区的起造人,系指《物业管理条例》中所称物业的建设单位。由于《物业管理条例》并没有对业主大会第一次会议的召集人作出规定,因此建议借鉴我国台湾地区的做法,将《物业管理条例》中所称物业的建设单位作为召集人。

2. 召集程序

根据《物业管理条例》第14条第1款、第2款的规定,业主大会会议召开前15日应当通知全体业主,且住宅小区的业主大会会议应当同时告知相关的居民委员会。此所谓通知或告知,并未明确是书面的通知、告知,抑或口头或其他方式的通知或告知,但在解释上应认为系以书面通知或告知为原则。此外,因急迫情事召开临时会议时,解释上应认为可以公告方式进行通知或告知。例如,我国台湾地区"公寓大厦管理条例"第30条第1项即规定:"区分所有权人会议,应由召集人于开会前十日以书面载明开会内容,通知各区分所有权人。但有急迫情事须召开临时会议者,得以公告为之。公告期间不得少于二日。"此规定值得借鉴。

(三)业主大会会议表决权及表决能力

关于业主大会会议表决权的表决能力及表决权计算标准,在比较法上有两种立法成例:其一,以人头数为准,如德国、瑞士。按照德国法与瑞士法,业主大会会议表决权的计算系以区分所有建筑物住户的人头数为准,[2]一人享有一份表决权,即使一人持有两个专有部分也只能算作一个人头数。其二,以专有部分面积比例为准,如日本。日本《建筑物区分所有权法》第38条规定,业主大会会议

---

1 温丰文:"论区分所有权人会议",载《法令月刊》1999年第50卷第11期。
2 德国《住宅所有权法》第25条第2项、《瑞士民法典》第712o条。

表决权的计算系以专有部分楼地板面积比例为准，而根据该法第 14 条第 3 项规定，专有部分楼地板面积则以墙壁或其他区划的内测线所围成部分的水平投影面积为依据。[1]

我国台湾地区"公寓大厦管理条例"系采德国、瑞士立法例，即以人头数为准。也就是说，各专有部分的业主有一份表决权，数人共有一专有部分的，该表决权应推由一人行使。不过，我国台湾地区"法"又同时认为，若业主大会会议表决权单纯以人头数为准，很可能造成专有部分面积较少的多数人支配专有部分面积较多的少数人的不合理现象。故此又规定，业主大会会议表决权的计算方式，除计算专有部分的业主的人数外，还须计算区分所有权比例。所谓区分所有权比例，指业主的专有部分与区分所有建筑物专有部分全部面积总和之比。同一业主有数专有部分的，其区分所有权比例应予累计。此外，为避免少数"大户"操纵会议，损及多数"小户"的权益，我国台湾地区"公寓大厦管理条例"还规定，任一业主的区分所有权占全部区分所有权五分之一以上者，其超过部分不予计算。[2]换言之，每个业主所拥有的投票权最多不超过全部投票权的五分之一。同时，如果业主书面委托他人代理出席业主大会会议的，受托人接受委托的表决权也不能超过全部业主人数的五分之一，超过部分也不予计算。一言以蔽之，每个受托人接受委托的投票权不得超过全部专有部分数量的五分之一，否则仅按五分之一的数量计算。[3]

我国《物权法》第 76 条和《物业管理条例》第 12 条采取了与我国台湾地区"公寓大厦管理条例"和日本法相似的办法，其基本规则是，业主表决权按照专有部分的面积与建筑物专有部分总面积的比例确定。具体而言，对于一般事项，要求专有部分占建筑物专有部分总面积过半数的业主同意；对于特别事项，要求专有部分占建筑物专有部分总面积三分之二以上的业主同意。可以看出，各个业

1　温丰文："论区分所有权人会议"，载《法令月刊》1999 年第 50 卷第 11 期。

2　温丰文："论区分所有权人会议"，载《法令月刊》1999 年第 50 卷第 11 期。

3　最高人民法院民事审判第一庭编著：《最高人民法院建筑物区分所有权、物业服务司法解释理解与适用》，人民法院出版社 2009 年版，第 138 页。

主的表决权虽然仍然是一人一票，但是由于决议的通过不仅要求一定比例的业主同意，而且要求同意的业主的专有部分面积达到一定比例，因此表决权的表决能力即存在差别。[1]根据《物权法》第76条和《物业管理条例》第12条，《建筑物区分所有权解释》第9条明确规定："……（一）业主人数，按照专有部分的数量计算，一个专有部分按一人计算。但建设单位尚未出售和虽已出售但尚未交付的部分，以及同一买受人拥有一个以上专有部分的，按一人计算；（二）总人数，按照前项的统计总和计算。"按此规定，业主人数原则上应当按照专有部分的数量计算，但在一人（包括建设单位）拥有数个专有部分的情况中，如果同时复计人数，将导致该人享有双重优势。因此，《建筑物区分所有权解释》特别规定，建设单位尚未出售和虽已出售但尚未交付的部分，以及同一买受人拥有一个以上专有部分的，按一人计算。该规定并不会对这类权利人行使管理权造成影响，因为其专有部分面积在建筑物专有部分总面积中的比例未被改变。[2]

四、业主大会会议的决议方法与决议效力

在比较法上，业主大会会议的决议有一致决与多数决两种方法。多数决又可分为特别决议与普通决议两种。德国、法国、瑞士、日本（尤其是其1962年制定的旧《建筑物区分所有权法》）均规定有一致决。例如，根据德国《住宅所有权法》的规定，处分行为须实行一致决。具体而言，下列情形须采一致决：住宅所有权（区分所有权）的再区分；住宅所有权的合并；新增建筑物的结构；改变、增加、减少共有权的份额；改变专有所有权部分；改变专用使用权部分；改变共同关系公约；修改建筑计划；改变共有部分与附属设施；重建建筑物。另外，根

1　杜万华、辛正郁、杨永清："最高人民法院《关于审理建筑物区分所有权纠纷案件具体应用法律若干问题的解释》、《关于审理物业服务纠纷案件具体应用法律若干问题的解释》的理解与适用"，载《法律适用》2009年第7期。

2　杜万华、辛正郁、杨永清："最高人民法院《关于审理建筑物区分所有权纠纷案件具体应用法律若干问题的解释》、《关于审理物业服务纠纷案件具体应用法律若干问题的解释》的理解与适用"，载《法律适用》2009年第7期。

据法国《建筑物区分所有权法》的规定，在管理规约有错误时，于准许修改管理规约的期间经过之后，欲变更管理规约所规定的管理费用的分摊规定的，就应适用一致决。

需注意的是，我国《物权法》《物业管理条例》及《建筑物区分所有权解释》并未规定适用一致决的情形。依这些法律、行政法规及司法解释的规定，我国只承认多数决。所谓多数决，指经业主人数和区分所有权比例过半数同意的决议。其中，仅单纯过半数同意的为普通决议，提高其同意比例的为特别决议。分述之如下。

1. 特别决议

根据《物权法》第76条、《物业管理条例》第12条的规定，下列事项应经特别决议：筹集和使用建筑物及其附属设施的维修资金；改建、重建建筑物及其附属设施。此两项事项，因将对业主的权益产生重大影响，所以采特别决议。也就是应当经专有部分占建筑物专有部分总面积三分之二以上的业主且占总人数三分之二以上的业主同意。

2. 普通决议

根据《物权法》第76条、《物业管理条例》第12条的规定，下列事项应实行普通决议：制定和修改业主大会议事规则；制定和修改建筑物及其附属设施的管理规约；选举业主委员会或者更换业主委员会成员；选聘和解聘物业服务企业或者其他管理人。此四项事项，因对业主的权益影响较小且不具重大性，故此只要经专有部分占建筑物专有部分总面积过半数的业主且占总人数过半数的业主同意即可。

业主大会会议所作出的决议的效力，则包括决议的效力的位阶、决议的效力的范围以及决议违法的撤销三个方面的问题。

（1）决议效力的位阶

业主大会尽管是业主团体的最高意思机关，但其所作出的决议不得违反管理规约。所谓管理规约，如前述，指业主为增进共同利益，确保良好生活环境，经业主大会决议的共同遵守事项，[1] 即业主对有关物业的使用、维护、管理，业主的共同利益，业主应当履行的义务，违反义务时应当承担的责任等事项依法作出的约定。[2] 其如同国家的宪法或公司的章程，具有业主团体自治法则的性质，是业主团体的最高自治规则。因此，业主大会会议的决议不得与之相抵触。[3]《物业管理条例》第 17 条第 2 款规定："管理规约应当尊重社会公德，不得违反法律、法规或者损害社会公共利益。"据此，业主大会会议的决议也不得违反国家法律、法规或者损害社会公共利益。另外，由于业主委员会系业主大会的常设机构和执行机构，执行业主大会的决定事项，[4] 因此，业主大会的决议不但可以约束业主，而且对业主委员会也有约束力。换言之，业主委员会所作出的有关共同事务的管理或决议，不得与业主大会会议的决议相抵触。[5] 由此可见，业主团体的构成员，其所遵守的规定，以国家法律、行政法规的效力位阶最高，管理规约次之，业主大会会议的决议再次之，最后为业主委员会的决议。[6]

（2）决议的效力范围

《物权法》第 78 条第 1 款规定："业主大会或者业主委员会的决定，对业主具有约束力。"须注意的是，对业主具有约束力的业主大会的决定，必须是依法设立的业主大会作出的，且必须是业主大会依据法定程序作出的，同时应符合法律、法规及规章的规定，不违背社会公德，不损害社会公共利益、国家利益和他人的合法权益。此三点必须同时具备，才对全体业主具有约束力，否则没有约束力。[7] 另外，须探讨的是，业主大会的决议是否对业主的继受人也有约束力。

1　温丰文："论区分所有权人会议"，载《法令月刊》1999 年第 50 卷第 11 期。

2　参见《物业管理条例》第 17 条第 1 项。

3　温丰文："论区分所有权人会议"，载《法令月刊》1999 年第 50 卷第 11 期。

4　参见《物业管理条例》第 15 条。

5　温丰文："论区分所有权人会议"，载《法令月刊》1999 年第 50 卷第 11 期。

6　温丰文："论区分所有权人会议"，载《法令月刊》1999 年第 50 卷第 11 期。

7　全国人大常委会法制工作委员会民法室编：《中华人民共和国物权法条文说明、立法理由及相关规定》，北京大学出版社 2007 年版，第 342 页。

业主的继受人，包括概括继受人与特定继受人。前者如继承人、营业合并人或财产概括承受人，由于这些人系权利义务的概括承受人，因此应受业主大会决定的约束，自不待言。后者则包括区分所有权的买受人、受赠人等移转继受人，以及区分所有建筑物的承租人、借用人等设定继受人。这些特定继受人是否也受业主大会决定的约束，理论上有否定说与肯定说两种意见。否定说认为，一般合意的商定、达成，仅能约束合意的当事人，业主大会的决定在性质上为业主间的合意，因此不能对抗特定继受人，即对特定继受人并无约束力。肯定说则认为，业主大会为业主团体的意思决定机关，按照团体法的规则和法理，其所作出的决定对于特定继受人应有约束力。[1]

日本《建筑物区分所有权法》采肯定说，其第46条规定："管理规约和集会的决议，对区分所有权人的特定继受人也生效力"，"占有人关于建筑物或其基地或附属设施的使用方法，负与区分所有权人基于管理规约或集会决议所负义务相同的义务"。我国台湾地区"公寓大厦管理条例"对此虽无明文规定，但在解释上也采肯定说。我国台湾地区学者温丰文就此特别指明，区分所有建筑物的法律关系具有三重构造，除因专有部分而发生相邻关系和因共有部分而发生共有关系外，还因为维持共同生活秩序，促进共同利益，形成团体（共同体）关系；而业主大会既然为业主团体的最高意思决定机关，其所作的决定系为业主的共同利益，从而只要是业主团体的构成员，不问其在决议前加入，抑或于决议后加入，均有遵守业主大会所作出的决议的义务。也就是说，业主大会的决议对特定继受人也有约束力。[2]

我国理论界与实务界的通说均采肯定说，即认为业主大会或业主委员会的决定，不仅约束业主，而且约束区分所有权的买受人、互易人和受赠人，业主死亡

---

[1] 温丰文："论区分所有权人会议"，载《法令月刊》1999年第50卷第11期。另外，日本学者玉田弘毅从团体法的规则和法理出发，认为业主大会是业主团体的意思机关，其所作出的决定，效力应及于特定继受人（参见［日］玉田弘毅：《建筑物区分所有法的现代的课题》，商事法务研究会1984年版，第223页）。

[2] 温丰文："论区分所有权人会议"，载《法令月刊》1999年第50卷第11期。

后的继承人、受遗赠人，区分所有建筑物的承租人、借用人。[1]《建筑物区分所有权解释》第16条第2款也采肯定说，其规定："专有部分的承租人、借用人等物业使用人，根据法律、法规、管理规约、业主大会或者业主委员会依法作出的决定，以及其与业主的约定，享有相应权利，承担相应义务。"我国的此种立场与各国家和地区在此问题上的立场是一致的。

(3) 决议违法的撤销

业主大会所作出的决议违法，包括程序违法和内容违法。在比较法上，业主大会的召集程序或决议的方法违反法律、行政法规或管理规约时，业主得于决议后一定期间内请求法院撤销其决议（决定）。此项诉讼为形成诉讼，提起撤销决议的诉讼，经法院判决确定者，该次业主大会会议如系召集程序违法的，撤销其全部决议（决定）；如系决议方法违法的，则只撤销该特定决议的事项。至于业主大会会议决议的内容违反法律、行政法规或管理规约的，则系无效，此无效系不待法院判决而当然的无效。不过对于决议的内容是否违法有争议时，仍须提起确认之诉，而由法院判决确认之。[2]

我国《物权法》和《物业管理条例》并未将业主大会的决议违法区分为程序违法和内容违法两种类型，但根据《物权法》第76条的立法精神，《建筑物区分所有权解释》第12条将《物权法》第78条第2款规定的"侵害业主合法权益"解释为不仅包括侵害业主的实体权利，也包括作出决定的程序违反法律规定。[3]业主大会作出的决议违法的，《物权法》和《物业管理条例》规定了下列两种撤销制度。

第一，行政撤销。《物业管理条例》第19条第2款规定，业主大会作出的决定违反法律、法规的，"物业所在地的区、县人民政府房地产行政主管部门或者

1　黄松有主编：《〈中华人民共和国物权法〉条文理解与适用》，人民法院出版社2007年版，第253页。

2　温丰文："论区分所有权人会议"，载《法令月刊》1999年第50卷第11期。

3　杜万华、辛正郁、杨永清："最高人民法院《关于审理建筑物区分所有权纠纷案件具体应用法律若干问题的解释》、《关于审理物业服务纠纷案件具体应用法律若干问题的解释》的理解与适用"，载《法律适用》2009年第7期。

街道办事处、乡镇人民政府，应当责令限期改正或者撤销其决定，并通告全体业主"。此所谓撤销系行政法上的撤销，其撤销权力人是作为行政机关的物业所在地的区、县人民政府房地产行政主管部门或者街道办事处、乡镇人民政府。

第二，请求人民法院撤销。《物权法》第 78 条第 2 款、《物业管理条例》第 12 条第 5 款规定："业主大会或者业主委员会作出的决定侵害业主合法权益的，受侵害的业主可以请求人民法院予以撤销。"此在理论上称为请求法院撤销。需注意的是，业主行使此撤销权须符合下列条件：业主大会的决定违法，如没有按照法定程序作出决定；业主大会的决定侵害了业主合法权益，如决定将明确属于某特定业主的绿地作为全体业主共有的停车位；此类撤销权属于受侵害的业主，未受侵害的业主不享有此项权利；此类撤销权的行使须通过诉讼的方式，即受侵害的业主请求人民法院予以撤销业主大会的决定。[1]

另外，为弥补《物权法》的立法漏洞，《建筑物区分所有权解释》第 12 条就此项撤销权的行使期限作了明确规定："业主以业主大会或者业主委员会作出的决定侵害其合法权益或者违反了法律规定的程序为由，依据物权法第七十八条第二款的规定请求人民法院撤销该决定的，应当在知道或者应当知道业主大会或者业主委员会作出决定之日起一年内行使。"应注意的是，此处行使撤销权的一年的期间性质上为除斥期间，其不存在中止、中断和延长的问题，系不变的固定期间。

---

[1] 王利明、尹飞、程啸：《中国物权法教程》，人民法院出版社 2007 年版，第 240—241 页；崔建远：《物权法》，中国人民大学出版社 2009 年版，第 224 页。

区分所有建筑物的管理规约[*]

一、引言

　　管理规约又称业主公约、业主规约或简称为规约，是规范区分所有建筑物（商品房住宅、公寓）的管理、使用乃至所有关系的自治规则。基于私法自治原则所衍生的规约自治主义，管理规约的订立与内容，只要不违反强制、禁止规定，不违背公序良俗或排除、变更区分所有权的实质，业主可自由为之。[1]《物权法》第76、77、83条规定：制定和修改建筑物及其附属设施的管理规约，应当经专有部分占建筑物总面积过半数的业主且占总人数过半数的业主同意；业主不得违反法律、法规以及管理规约，将住宅改变为经营性用房，业主应当遵守法律、法规以及管理规约。同时，《物业管理条例》第7、17条除重述《物权法》的这些规定外，还特别明定：管理规约应当对有关物业的使用、维护、管理，业主的共同利益、业主应当履行的义务，违反管理规约应当承担的责任等事项，依法做出约定；管理规约应当尊重社会公德，不得违反法律、法规或者损害社会公共利益；管理规约对全体业主具有约束力。

　　依据上述规定，可知区分所有建筑物的管理规约，是业主为谋共同利益，确保良好的生活环境，由全体业主透过业主大会而就物业的管理、使用、维护与所

---

　　[*]　本文曾发表于《现代法学》2011年第4期，今收入本书乃稍有改动。

　　1　参见温丰文：《建筑物区分所有权之研究》，三民书局1992年版，第150—151页。

有关系等制定的规则。管理规约的存在，是业主为了明确相互之间的权利义务关系，维持小区的公共秩序、公共利益，而对应当享有的权利、应当履行的义务、违反管理规约应当承担的责任以及物业的管理、使用和维护所作出的约定。它如同公司的章程、国家的宪法，具有业主团体（共同体）根本自治法规的性质，系业主团体（共同体）的最高自治规则和业主基于意思自治精神而对小区物业管理所作出的自律约定。[1]其性质，通说认为，系法律行为中的共同行为。[2]

在比较法上，管理规约的设立、变更或废止，管理规约应规范的事项，管理规约的效力，系管理规约制度中的基本问题，对于这些问题，均有必要结合实务的经验而从理论上予以厘清。需注意的是，我国《物权法》和《物业管理条例》虽就管理规约的设立、变更与效力设有规定，但对于管理规约应规范的事项，则无规定。比较建筑物区分所有权法的经验表明，共有部分、专有部分、业主间的基础法律关系、业主间的共同事务的事项、业主间利害的调节事项、对违反义务者的处置事项等，均应以条文明确规定。另外，我国的管理规约实际上也是由商品房住宅（或公寓）的开发商或销售商于出售商品房住宅（或公寓）时制定的。尽管法律上基本上是拟定于区分所有关系成立后在业主大会上订立之，但从实务的情况看，由商品房住宅（或公寓）的开发商或销售商设定的管理规约（原始管理规约、业主临时公约）中，开发商、销售商保留建筑区划内占用业主共有道路或者其他场地增设的停车场（车位）的专用使用权，尔后再将其出租给他人获取利益，于商品房住宅（或公寓）中设置广告牌（广告塔）而获取利益，以及对区分所有建筑物的管理费等做出不公平的规定，从而侵害了业主利益的情况，是不时存在的。由此，原始管理规约（业主临时公约）的公平性问题即凸现出来。而在比较法上，德国法、日本法对于这些问题的解决乃设有明确的解决之道或方法。由此，本文也拟借助于对德国法、日本法处理这些问题的措施或方法的分

1　最高人民法院民事审判第一庭编著：《最高人民法院建筑物区分所有权、物业服务司法解释理解与适用》，人民法院出版社 2009 年版，第 222—223 页。

2　[韩] 权承文："中国建筑物区分所有权法的考察"，载千叶大学《法学论集》第 25 卷第 2号，第 212 页。

析，来为我国解决同类问题提供借镜或参照。

二、管理规约的订立、变更或废止

管理规约既然如同公司的章程，系全体业主必须共同遵守的自治规约，其订立、变更或废止于程序上即须经业主大会的议决。惟此所谓议决，比较法上有一致决和多数决两种模式。具体而言，德国法原则上采取一致决，日本法采取多数决，我国也采多数决。惟我国的多数决与日本的多数决于议决比例上存在差异。分述如下。

（一）德国法

1. 基本概要

德国称建筑物区分所有权为住宅所有权，其规范建筑物区分所有权关系的《住宅所有权法》制定于 1951 年 3 月 15 日，最近的一次修订是 2007 年 3 月 26 日。在德国法上，管理规约（Vereinbarung）的功用非常强大，它可以变更业主间的相互关系，补充德国《住宅所有权法》所定的内容（德国《住宅所有权法》第 10 条第 2 项、第 3 项）。并且，在德国法上，管理规约的订立、变更或废止，须有全体业主的同意（合意），亦即系将管理规约视为契约，管理规约的设定、变更或废止系采一致决。业主团体（共同体）的多数决决议这一团体的拘束不被认可。之所以如此，系与德国法对于管理规约的法律性质的理解和认识有关。[1]

德国通说将管理规约与契约同等看待，管理规约不受团体法上的规制。管理规约的法律性质被认为系业主为规律相互间的关系而透过为意思表示成立的契约。只要不违反德国民法的一般原则，对于管理规约而言，契约自由的原则就是妥当的，其内容自由订立，管理规约的设定、变更或废止须有作为订立契约者的业主全体的合意（同意）。不过，在德国，将住宅所有权理解为团体所有权的团体法的进路的主张者，乃将管理规约与团体中的（公司）章程同样对待，试图认

1　［日］伊藤荣寿："对业主的团体的拘束的根据与界限（2）——区分所有中的所有权法与团体法的交错"，载爱知学院大学论丛《法学研究》第 51 卷第 2 号，第 310 页。

可管理规约的设定、变更或废止可依特别多数决决议而为之。此种观点认为，原始管理规约中规定了不公平的内容时，对其予以变更是困难的，从而也就不能顺畅地对区分所有建筑物进行管理，由此就有必要采取解决的措施。但是，从德国《住宅所有权法》的规定来看，业主相互间的关系很难说是法律上的团体（Ge-sellschaft）。另外，根据这样的将住宅所有权理解为团体所有权的团体法的观点，因可对业主处分自己的住宅所有权的权利等进行强大的规制（限制），所以有可能使对一部分业主的住宅所有权的侵害变得容易化，由此德国的一般性见解认为，不能以多数决决议为管理规约的设立、变更或废止。但如此一来，则系不能解决实务中的原始管理规约的不公平性问题。而为了解决此问题，2007 年 3 月 26 日德国修改其《住宅所有权法》时，乃对某些事项，认可得依事实上的多数决决议而变更（原始）管理规约的规定。[1]

2. 2007 年德国《住宅所有权法》的新规定

2007 年 3 月 26 日，德国经修改的《住宅所有权法》作为解决存在不公平的内容规定的原始管理规约的手段，亦即作为谋求（原始）管理规约的衡平性（公平性）的措施之一，引入了崭新的团体法的规制。[2]具体而言，关于排除住宅所有权的让与限制的规定，[3]超过通常的维持或修缮的建筑上的变更、出费以及现代化措施的费用分担标准的决定，于原始管理规约存在规定时，认可得经由业主大会的决议（多数决决议）来决定、变更、改变之，该业主大会的决议的效力优先于（原始）管理规约。也就是说，关于这些事项，业主大会的决议的效力系优先于

1　［日］伊藤荣寿："对业主的团体的拘束的根据与界限（2）——区分所有中的所有权法与团体法的交错"，载爱知学院大学论丛《法学研究》第 51 卷第 2 号，第 310—311 页。

2　［日］伊藤荣寿："对业主的团体的拘束的根据与界限（2）——区分所有中的所有权法与团体法的交错"，载爱知学院大学论丛《法学研究》第 51 卷第 2 号，第 311 页。

3　德国《住宅所有权法》第 12 条第 1 项规定："可以作为特别所有权的内容约定，一个业主要让与其住宅所有权，需要其他的业主或第三人的同意。"此规定，作为防止人的或经济上不被期望加入到业主共同关系中来的手段是必要的、必需的。但是，此让与限制的规定，在中规模、大规模的区分所有住宅中，并未发挥充分的功用，毋宁说乃存在着弊害。首先，在业主的人数很多的住宅上，取得人（即买受人）应把握为怎样的人是很困难的，由此实际上这一规定不能被适用。其次，在管理规约中规定，让与住宅所有权时，须获得其他的业主或第三人的同意，对于取得人（买受人）而言，是要浪费金钱和时间的。

作为契约的（原始）管理规约。进而言之，业主大会的决议事实上可以变更或废止原始管理规约的规定。从而业主大会的决议就具有作为谋求（原始）管理规约的公平性的手段的功用。这样，2007 年 3 月 26 日德国经修改后的《住宅所有权法》尽管仍然将管理规约视为契约，对其设立、变更或废止不认可得依多数决决议而为之，依旧维持全体一致的原则，从而维持了一贯的原则，但同时，对于原始管理规约中作为不公平的内容而成为问题的事项，又透过使业主大会的决议（多数决决议）优先，来改变原始管理规约中的规定，借以实现原始管理规约的公平化。依德国《住宅所有权法》的规定，得优先于原始管理规约的业主大会的多数决决议可以决定、改变的事项如下 [1]。

（1）共有部分、特别所有权的经费及管理费。2007 年 3 月 26 日德国修改其《住宅所有权法》之前，关于涉及业主共同体关系的管理费用的分担标准，系按共有份额的比例定之。[2] 但是，因此规定系任意规定，[3] 故于原始管理规约中定有与此不同的管理费用的分担标准时，即使原始管理规约所定的管理费用的分担标准不公平，也要采用并实行之。而要变更原始管理规约的费用分担标准的规定，须经全体业主的同意。因为管理规约系契约，要变更之，依契约法的原则，须作为契约当事人的全体业主同意。2007 年 3 月 26 日经修改后的德国《住宅所有权法》为了消弭原始管理规约的不公平性问题，于第 16 条第 3 项规定：关于共有部分、特别所有权的经费及管理费，只要是符合通常的一般的管理，业主可以透过业主大会的多数决方式作出决议，按照利用或原因的标准，或者依其他的标准而负担。

（2）对于一般性的管理费用的分担标准，2007 年 3 月 26 日德国经修改的《住宅所有权法》认可依多数决决议而定之。具体而言，关于个别的情况下，与

1　［日］伊藤荣寿："对业主的团体的拘束的根据与界限（2）——区分所有中的所有权法与团体法的交错"，载爱知学院大学论丛《法学研究》第 51 卷第 2 号，第 313—314 页。

2　德国《住宅所有权法》第 16 条第 2 项规定："每一个业主对其他业主负有义务按照其份额比例（第 1 项第 2 句）承受共有财产的负担并承担养护、维修、其他管理以及共有财产的共同使用所产生的费用。"

3　参见德国《住宅所有权法》第 16 条第 3 项的规定。

共有部分的维持、修缮、建筑上的变更、出费、现代化措施有关的费用的分担，要考虑业主的使用或使用的可能性，由有表决权的业主的四分之三以上的多数且共有份额的过半数定之（德国《住宅所有权法》第16条第4项）。第16条第5项规定：关于管理费用的分担标准的德国《住宅所有权法》第16条第3项和第4项，不得通过管理规约而限制或排除之。由此，业主大会的（多数决）决议就具有优先于作为契约的原始管理规约的效力。

（二）日本法

1. 基本概要

在日本法上，管理规约的设立、变更或废止，由业主及表决权的各四分之三以上的特别多数决议为之（日本《建筑物区分所有权法》第31条第1项），此与德国法将管理规约置于契约的地位，其设立、变更或废止须有全体业主的同意不同。需注意的是，现今的日本法系将管理规约置于团体法的规律的位置。但是，日本1962年旧《建筑物区分所有权法》与德国法相同，也系将管理规约置于契约的位置，即认为管理规约的设立、变更或废止须有全体业主的合意。[1]需注意的是，在1962年的日本，因其管理规约主要规定关于业主的权利义务关系的比较重要的事项（内容），故其时认为管理规约的设立、变更或废止须全体业主的合意（同意）是必要的。[2]

日本于1962年制定建筑物区分所有权法后，为了适切和正当化地管理区分所有建筑物，乃有必要使管理规约的设立、变更变得顺畅化及圆润进行。由此，1983年日本经修改后的《建筑物区分所有权法》规定，管理规约的设立、变更或废止由业主及表决权的各四分之三以上的多数，以业主大会的决议为之（日本《建筑物区分所有权法》第31条第1项），即对管理规约引入了多数决决议这一团体的拘束。自1983年至今，在日本，其管理规约始终被置于团体法的规律的位

1　日本1962年旧《建筑物区分所有权法》第24条。

2　［日］川岛一郎：《关于建筑物区分所有等法律的解说》，日本法曹会1989年版，第586页以下。

置而加以理解。[1]

2. 日本现行法关于管理规约的设立、变更或废止的规定

日本现行《建筑物区分所有权法》第 31 条规定："管理规约的设定、变更或废止，以业主及表决权各四分之三以上多数的业主大会的决议为之。于此情形，管理规约的设定、变更或废止对一部分业主的权利有特别影响时，应得其承诺；关于前条第 2 项 [2] 规定的业主全体的管理规约的设定、变更或废止，有共享该一部共享部分业主逾四分之一者或其表决权逾四分之一者反对时，不得为之。"兹将该条的立法旨趣、议决要件、业主大会的决议、对少数人的利益的保护及关于一部共有部分的管理规约的情形分述如下。

（1）立法旨趣。依本条的规定，管理规约的设定、变更或废止，原则上须依业主大会的特别多数决的决议而为之。如前述，1962 年旧《建筑物区分所有权法》关于此点系要求以全体业主的书面的合意（同意）而为之。但是，其结果，对原始管理规约设定后产生的诸多问题，业主于管理规约上进行灵活的、有效果性的对应处理就往往变得很困难，因此日本 1983 年即决定对之予以修改，引入多数决的原则。此项修改，是为了谋求业主团体自治的圆滑化、灵活化而进行的重要修改之一。并且，本条的规定系强行规定，若以全体业主的合意而为与此不同的规定的，系不允许。业已设定的管理规约中，定有与本条抵触的内容的，所抵触的部分当然归于无效 [3]。

（2）议决要件。为上述管理规约的设定、变更或废止，须依业主及表决权的各四分之三以上的多数决而为之，即需要二重的议决要件。之所以如此，系因为考虑到：区分所有关系一方面是与各业主的份额（专有部分）的大小成比例的财

1　[日]伊藤荣寿："对业主的团体的拘束的根据与界限（2）——区分所有中的所有权法与团体法的交错"，载爱知学院大学论丛《法学研究》第 51 卷第 2 号，第 320—321 页。

2　日本《建筑物区分所有权法》第 30 条第 2 项："关于一部共享部分的事项，无关区分所有权人全体的利害者，除区分所有权人全体的规约有订定的情形外，得以共享该部分的区分所有权人的规约定之。"

3　[日]水本浩、远藤浩、丸山英气编：《公寓法》（第 3 版），日本评论社 2006 年版，第 68 页。

产法的、经济的利害关系（譬如，关于共有部分的负担比例、关于业主对第三人的责任的负担比例等），另一方面它也是一种共同生活体乃至伴有地域社会的性质的具有团体法的因素的东西。[1]

（3）业主大会的决议。依多数决而为管理规约的设立、变更或废止，必须透过业主大会的议决（或决议）而为之。以多数决方式决定这样的重要事项，当然也包含了持有反对意见的业主可以自由发表其意见。由此，日本的通说认为，全体业主于进行了充分的讨论后，达成一定的结论的业主大会的决议这一方法，是最适当、最合理的。单纯依书面的方式以轮流征求意见的表决法而集合了四分之三以上的赞成的，并不能成为本条所称的业主大会的决议。不过，表决权除直接出席集会而行使外，也可以书面方式行使。另外，2002 年日本修改其《建筑物区分所有权法》后，若管理规约或业主大会的决议认可，也可以通过网络行使表决权（日本《建筑物区分所有权法》第 39 条第 2 项）。由此，实际的出席业主大会的业主未必是多的业主大会上，也当然可以为管理规约的设定、变更或废止的决议。不过即使在此种场合，也系以作为业主大会的决议的程序要件而获得满足为当然前提。[2]

（4）对少数人的利益的保护。满足业主大会的多数决的要件时，管理规约的设立、变更或废止，对一部业主的权利有特别影响的，应获得其承诺。因为，依多数人的意思可能发生侵害少数人权利的情况，为了消弭此弊害，就须对业主间的利害进行调整。例如，共有部分的管理费等的负担比例、表决权的比例，或者关于专有部分、共有部分的使用方法等是否对特定的业主或一部分业主作了不利益、不公平的规定，抑或打算变更或废止原始管理规约中认可的一部分业主的专用使用权等，均有很大的可能适用该规定。[3]

1　［日］滨崎恭生："关于建筑物区分所有等的法律及修改不动产登记法的一部的法律的概要"，载《NBL》第 12 号，第 17 页；［日］原田纯孝："判批"，载《判例时报》第 786 号，第 59 页。

2　［日］水本浩、远藤浩、丸山英气编：《公寓法》（第 3 版），日本评论社 2006 年版，第 68—69 页。

3　［日］水本浩、远藤浩、丸山英气编：《公寓法》（第 3 版），日本评论社 2006 年版，第 69 页。

需注意的是，所谓特别影响，系指"尽管没有合理的理由，但特定的业主受到了超过其应忍受的限度的不利益"。特别影响之有无的判断，系比较衡量管理规约的设立、变更等的必要性、合理性，与由此而使该业主受到的不利益，以该不利益是否超过了应忍受的限度作为标准。[1]

（5）关于一部共有部分的管理规约。关于仅供一部分业主共享的一部共有部分的管理事项，当其关系到全体业主的利害时，应当然的以全体业主的管理规约（即全体管理规约）定之；但其仅关涉一部分业主的利害时，则仅由该一部分业主自治，即仅由共享该部分的业主为之（日本《建筑物区分所有权法》第16条）。

（三）比较评议分析与我国法的应有立场

综据以上所言，可知德国法的管理规约系不被作为团体法看待，而系被把握为契约，其设立、变更或废止须有全体业主的合意（同意）；日本法的管理规约，于1962年制定旧《建筑物区分所有权法》时虽然作为契约，但在1983年经修改后的《建筑物区分所有权法》上即作为团体法的制度而看待，其设立、变更或废止系依业主大会的特别多数决决议而为之。

德国法和日本法之所以存在上述差异，乃由两国法的建筑物区分所有权（住宅所有权）的权利构造不同而引起。在德国法上，土地的共有系其住宅所有权的中心的权利构造，建筑物系属于土地，因此系在共有法的架构内考虑团体的拘束；而于日本法上，业主享有对专有部分的所有权、对共有部分的共有份额权、对基地利用权的共有份额权这样的三项权利，且此三项权利互相不被包含，故与德国法不同，其仅在共有法的架构内来把握团体的拘束是困难的，或者说在共有法的架构内并不存在拘束。[2]

另外，在日本法上，管理规约的对象并不限于共有部分，而是及于建筑物的

---

[1] ［日］滨崎恭生："关于建筑物区分所有等的法律及修改不动产登记法的一部的法律的概要"，载《NBL》第12号，第29页。

[2] ［日］伊藤荣寿："对业主的团体的拘束的根据与界限（2）——区分所有中的所有权法与团体法的交错"，载爱知学院大学论丛《法学研究》第51卷第2号，第326页。

全体和基地。亦即，即使作为区分所有权的对象的专有部分也为管理规约的规范范围。对区分所有权本身予以团体的拘束，在学理上是困难的。为此，日本 1983 年修改其《建筑物区分所有权法》时，即创制出业主团体（共同体），并尝试使该业主团体（共同体）的决议之拘束少数业主得以正当化。但是，这个业主团体（共同体）的意义、内容是不明确的，作为团体的拘束的正当化根据是不充分的。[1]

最后，在德国法上，对于不公平的管理规约，认可得透过业主大会的多数决决议而将之改易；于日本法上，对于管理、共有部分的轻微变更等得以业主大会的多数决决议而为之的措施，若管理规约先期有规定，则管理规约的规定是优先的。[2]

如前述，我国《物权法》第 76 条、《物业管理条例》第 12 条第 3 款规定：制定和修改建筑物及其附属设施的管理规约，应当经专有部分占建筑物总面积过半数的业主且占总人数过半数的业主同意。可见我国关于管理规约的制定和修改系采普通多数决。这一规定表明，立法者系将管理规约的制定和修改作为建筑区划内的一般性、常规性事务。以普通多数同意的方式制定和修改管理规约，须同时符合下列两个条件：一是，必须获得专有部分占建筑物总面积过半数的业主的同意；二是，必须获得占总人数过半数的业主同意。[3]需指明的是，我国《物权法》的此种规定，与德国法之采一致决、日本法采特别多数决，以及我国《公司法》（2005 年修订）第 44 条第 2 款所定公司章程的变更应经股东会的特别决议相较，乃失之过宽。之所以如此，系因为管理规约是业主团体（共同体）的最高自治规则，而非一般性、常规性事务，其设立、变更或废止攸关各业主的重大利害，采普通多数决是不够的。建议我国编纂民法典物权编抑或制定单行的建筑物

1　［日］伊藤荣寿："对业主的团体的拘束的根据与界限（2）——区分所有中的所有权法与团体法的交错"，载爱知学院大学论丛《法学研究》第 51 卷第 2 号，第 326 页。

2　［日］伊藤荣寿："对业主的团体的拘束的根据与界限（2）——区分所有中的所有权法与团体法的交错"，载爱知学院大学论丛《法学研究》第 51 卷第 2 号，第 327 页。

3　全国人大常委会法制工作委员会民法室编：《中华人民共和国物权法：条文说明、立法理由及相关规定》，北京大学出版社 2007 年版，第 118 页。

区分所有权法时，变更现行立场，而改采多数决中的特别多数决来为管理规约的制定、修改或废止。

三、管理规约应规范的事项

如前所述，于比较法上，管理规约系业主间为确保良好的居住环境而依一致决（德国法）或多数决（日本法、中国法）共同订立的业主团体（共同体）的最高自治规范。故此，其应规范的事项，原则上并无限制。也就是说，管理规约作为业主相互间的规范，得规律区分所有建筑物的使用、管理的各种各样的事项，其不仅对共享部分、基地予以规范，也可对专有部分予以规范。不过，在比较法上，德国法与日本法除关于管理规约的设立、变更或废止的议决要件不同外，关于管理规约应规范的事项的范围也是不同的。亦即，在德国法上，应于管理规约中规范的事项并没有特别的限制。但是，是否应认可不公平的原始管理规约的效力系一大问题，此点德、日两国法具有共通点。不过一般而言，管理规约应规范的事项，应主要分为如下四类[1]：关于业主间基础法律关系的事项；关于业主间共同事务的事项；关于业主间利害关系调节的事项；对违反义务者的处置事项。

我国《物业管理条例》第 17 条第 1 款规定了管理规约应当规定的内容范围，其规定："管理规约应当对有关物业的使用、维护、管理，业主的共同利益，业主应当履行的义务，违反管理规约应当承担的责任等事项依法作出约定。"实务中，我国城镇小区住宅物业管理的管理规约规范的事项一般包括如下三方面：其一，物业的使用，包括规定业主的权利义务、相邻关系、物业的使用原则、物业的装饰装修、物业转让、出租的相关事项、物业的用途、物业使用的其它约定、物业的维修养护、业主提交通信方式的义务、利用物业共有部分获利的归属、未按规定交付有关费用的责任、业主损害他人合法权益的处

---

[1] 参见温丰文：《建筑物区分所有权之研究》，三民书局 1992 年版，第 153—154 页。

理以及业主违反物业使用禁止行为的处理等；其二，物业服务企业的选聘，包括启动选聘程序、表决选聘方式、表决选聘标准、作出选聘决定、实施选聘工作、不能及时选聘的处理；其三，附则，规定业主间矛盾纠纷的调处。业主违反管理规约的约定，业主委员会有权责令行为人改正，行为人拒不改正的，业主委员会可以向人民法院提起诉讼；物业使用人违反管理规约的，相关业主承担连带责任等。

另外，需注意的是，我国现今住宅物业管理实务中的管理规约所规范的事项，常常因区分所有建筑物（商品房住宅、公寓）的规模、用途以及业主的生活水平、文化程度等的不同而有差异。但无论如何，如前述，管理规约的内容不得违反强行法规与违背公序良俗，也不得变更或排除业主间的区分所有权的实质。[1]关于前者，《物业管理条例》第 17 条第 2 款定有明文，即它规定了管理规约的制定应遵循的基本原则："管理规约应当尊重社会公德，不得违反法律、法规或者损害社会公共利益。"至于后者，解释上应当然认为如此。

四、管理规约的效力

管理规约因系业主团体（共同体）的最高自治规则，其犹如公司的章程、国家的宪法，故业主大会、业主委员会的决议乃至管理人的行为等，均不得与之抵触，否则归于无效。至于管理规约的时间效力和对人的效力，则有待释明。

通常而言，管理规约的时间效力，管理规约本身定有生效时间的，自应依其规定（如上海市某住宅小区的管理规约规定："本管理规约经业主大会会议通过之日起生效"），未定生效时间的，则应解为自管理规约订立之日起生效。惟在管理规约的效力发生前，业主的既存利益（既得权等）不得被侵害。关于管理规约对人的效力，在比较法上，德国法与日本法均规定，管理规约的效力除及于设

---

[1]　温丰文：《建筑物区分所有权之研究》，三民书局 1992 年版，第 155 页。

定的当事人外，还及于业主的特定继受人，[1] 涵括移转继受人和设定继受人。业主的受让人即为移转的继受人，因其为决定管理规约的变更、废止的当事人，故为管理规约的效力所及。至于区分所有权（专有部分）的承租人或借用人等设定的继受人，因其非管理规约的订立、变更或废止的当事人，故仅受管理规约事项中有关使用事项（内容）的拘束。换言之，承租人、借用人等区分所有建筑物的占有人，依管理规约对建筑物、基地或附属设施的使用方法，承担与业主相同的义务。[2]

我国 2007 年颁布的《物权法》对于管理规约的效力未作规定，但同年经修订的《物业管理条例》第 17 条第 3 款就管理规约对人的效力范围定有明文，其规定："管理规约对全体业主具有约束力。"但其对区分所有权（专有部分）的承租人、借用人等区分所有建筑物的占有人是否具有效力并未作出规定。实务中，不少城镇小区住宅物业的管理规约规定：管理规约对本物业管理区域内的各业主和使用人具有约束力。[3] 此规定不区分业主与承租人、借用人等物业使用人在区分所有关系和管理规约中的不同法律地位，应系不妥。本文认为，对此应借鉴日本法的经验而予厘定。即管理规约的效力虽然原则上应及于业主及其特定继受人，但承租人、借用人等区分所有建筑物的占有人（设定的继受人、物业使用人），应仅受管理规约事项中有关使用事项（内容）的拘束。也就是说，依管理规约对建筑物、基地或附属设施的使用方法，负与业主相同的义务。进而言之，管理规约所定的所有义务并不都能约束物业使用人，物业使用人承担的义务只能是专属于业主之外的、与物业使用人的身份紧密相连的、尊重其他业主物权的义务。譬如，必须遵守本物业区域内物业共享部位和公用设备设施的使用规定、公共秩序，维护环境卫生；必须按有关规定合理使用水、电、气、暖等设施设备，不擅

1　依德国《住宅所有权法》第 10 条第 2 项的规定，管理规约的效力对特定继受人发生效力的，须登记于登记簿，以进行公示；而依日本《建筑物区分所有权法》第 46 条，则无须登记，即对特定继受人发生效力。

2　温丰文：《建筑物区分所有权之研究》，三民书局 1992 年版，第 155—156 页；参见日本《建筑物区分所有权法》第 46 条第 2 项。

3　譬如上海市闵行区某住宅小区的管理规约即如此规定。

自拆改等。至于管理规约中所定的与使用物业并不直接相关的义务，则不能约束物业使用人。譬如按规定交纳、管理与使用专项维修资金的义务，参加业主大会并予以表决的义务等，即不能由物业使用人履行或承担。[1]

五、原始管理规约（业主临时公约）的公平性及其效力

原始管理规约，又称业主临时公约，指房屋的开发商或销售商于将区分所有（商品房、公寓）住宅分别让与给单个的业主时制定的规约。此种原始管理规约，由于大多包含了对商品房住宅（或公寓）的开发商或销售商有利而对业主不利的规定，故其公平性和效力问题就需要加以考虑。需注意的是，关于原始管理规约的设立、成立、登记及得规范的事项，日本《建筑物区分所有权法》设有专门的明文规定；关于原始管理规约的效力、撤销（变更），德国《住宅所有权法》除了对于前述某些事项，认可业主大会的多数决决议具有优先于原始管理规约的效力外，尚认可业主享有变更原始管理规约的不公平内容（事项）的变更请求权。分述之如下。

（一）日本法

日本《建筑物区分所有权法》第32条系关于依公证证书而设立原始管理规约的各项问题的规定。其规定："最初所有建筑物专有部分全部的人，得依公证证书设定第4条第2项、第5条第1项与第22条第1项但书及第2项但书（包含此等规定于同条第3项准用的情形）的管理规约。"兹将该条规定的立法旨趣、原始管理规约的设立程序与成立、原始管理规约应规范的事项及登记程序分述如下。

1. 立法旨趣

在日本法上，管理规约本来是于复数的业主存在区分所有关系时，为规定他们相互间的共同事项而订立的规则，商品房的开发商、销售商在将商品房住宅

---

[1] 最高人民法院民事审判第一庭编著：《最高人民法院建筑物区分所有权、物业服务司法解释理解与适用》，人民法院出版社2009年版，第225—226页。

（或公寓）销售给业主前单独设立管理规约原则上系不允许。但是，对于一些基础性的法律关系，如规约共有部分、关于基地的权利关系等，在商品房住宅（或公寓）的开发商、销售商向单个的业主销售商品房住宅（或公寓）前，其有无及内容的确定，对于作为商品房住宅（或公寓）买受人的业主而言，也系十分重要从而很期望的。例如，在区分所有建筑物内存在管理人室、业主的集会室（集会场所）等的场合，此等管理人室、业主的集会室系共有部分还是作为特定的专有部分而被开发商、销售商保留权利，对买受人而言乃是不安的，往后往往会变成纠纷或麻烦。另外，作为区分所有建筑物的直接的基地的土地以外的花园、道路、停车场等的土地存在的情形，它们是否仍然被作为建筑物的基地而处理、对待，也往往会变成纠纷或麻烦。由此，日本《建筑物区分所有权法》第 32 条规定：关于规约共有部分和基地的权利关系的四项事项，最初所有建筑物专有部分全部的人，得依公证证书单独设定原始管理规约。[1]

2. 原始管理规约的设立程序与成立

所谓最初所有建筑物专有部分全部的人，系指建筑物的区分所有虽然成立，但其任一专有部分都还未分属于单个的业主的阶段，对区分所有建筑物的专有部分的全部享有所有权的人。在日本实务中，其绝大多数情形系指建成销售的商品房住宅（或公寓）后、销售开始前的商品房住宅（或公寓）的开发商、销售商。另外，数人共同建筑区分所有建筑物，而共有其专有部分之全部的共有者也属之。[2]

应当指出的是，日本法之所以依公证证书而为此种管理规约的设立，是因为此种管理规约系依无对象方的单独行为而设立，且为了能确实的证明其内容。被设立的管理规约，经由商品房住宅（或公寓）的开发商、销售商而完成日本《不动产登记法》所定的登记程序，其内容即可拘束将来的业主（商品房住宅

1　［日］水本浩、远藤浩、丸山英气编：《公寓法》（第 3 版），日本评论社 2006 年版，第 75 页。
2　［日］水本浩、远藤浩、丸山英气编：《公寓法》（第 3 版），日本评论社 2006 年版，第 75 页。

或公寓的买受人）及其特定继受人。[1]另外，此种管理规约于依公证证书合法地作成的时点而成立，登记系对抗第三人的要件。并且，此（原始）管理规约由于也是商品房住宅（或公寓）被销售后业主（买受人）团体（共同体）的管理规约，所以其变更或废止，一般的管理规约的变更或废止的程序对其是当然适用的。[2]

3. 原始管理规约的规范事项与登记程序

依日本法，原始管理规约所规范的事项被限定为4项，即关于规约共有部分的规定和关于基地的权利关系的3项事项。

（1）日本《建筑物区分所有权法》第4条第2项的关于规约共有部分的规定，例如作为区分所有建筑物内的管理人室、集会室或者管理人事务所、集会所、仓库而被建筑的附属设施等，为了使它们成为共有部分，即可以原始管理规约而明定。此等附属设施自构造、性质上看虽然也可成为（作为）专有部分，但在建筑商、开发商出售而其用途被特定化时，毋宁说期望它们从一开始就明确作为共有部分的人是更多的。[3]需注意的是，为了使该关于规约共有部分的规定具有对抗第三人的效力，须进行必要的登记。此即日本《建筑物区分所有权法》第4条第2项规定："第1条规定的建筑物部分及附属建筑物，得依规约当成共有部分（规约共有部分）。于此情形，非登记其意旨者，不得以之对抗第三人。"

（2）日本《建筑物区分所有权法》第5条第1项规定："区分所有权人得将建筑物及与建筑物所坐落的土地成为一体管理或使用的庭院、通路或其他土地，依管理规约当成建筑物的基地。"也就是说，原始管理规约可在建筑物所坐落的土地（底地）以外，将应与该土地（底地）成为一体管理、使用的土地（庭院、通路、停车场等）作为建筑物的基地。这样的基地范围的扩张，为维持区分所有

1　［日］水本浩、远藤浩、丸山英气编:《公寓法》（第3版），日本评论社2006年版，第75—76页。

2　［日］水本浩、远藤浩、丸山英气编:《公寓法》（第3版），日本评论社2006年版，第76页。

3　［日］水本浩、远藤浩、丸山英气编:《公寓法》（第3版），日本评论社2006年版，第76页。

建筑物的全体的使用价值而系必要的场合乃是不少的，其对于商品房住宅（或公寓）的买受人（业主）而言，具有重大的利害关系。[1]

（3）日本《建筑物区分所有权法》第22条第1项规定：基地利用权为数人有所有权或其他权利时，业主不得将其所有的专有部分和与该专有部分有关的基地利用权分离而处分。但是，原始管理规约可以设立此一规定的例外，亦即原始管理规约另有订定时，不在此限。

（4）日本《建筑物区分所有权法》第22条第2项规定：业主有数个专有部分时，有关各专有部分的基地利用权的比例，按第14条第1项至第3项所定的比例。但是，原始管理规约可以订立与此比例相异的比例。

最后应指出的是，买受人于确认上述各点后，因为系当然买受商品房住宅（公寓）的各专有部分，所以日本法的依公证证书而设立原始管理规约的做法一般不会损害买受人（业主）的利益，不过此种原始管理规约的设立者应充分确保该管理规约的内容系适切、正当及合理。[2]

（二）德国法

如前述，德国为确保原始管理规约的公平性，除规定业主大会对于某些事项所作出的多数决议具有优先于原始管理规约的效力外，尚认可业主享有变更原始管理规约的规范事项的变更请求权。所谓原始管理规约的变更请求权，指业主打算变更具有不公平的内容的原始管理规约时，基于诚实信用原则（《德国民法典》第242条），对反对变更原始管理规约的人，得请求其予以同意的权利。[3]于德国，对于是否认可原始管理规约的变更请求权而发生争论的大多数案件中，多数系涉及管理费用的分担比例。德国《住宅所有权法》规定：按共有份额的比例来分担管理费用。但是，由于此规定系任意规定，所以原始管理规约可以规定与共有份额比例完全不同的费用分担标准。德国2007年3月26日之前的裁判实务

---

[1] ［日］水本浩、远藤浩、丸山英气编：《公寓法》（第3版），日本评论社2006年版，第76页。

[2] ［日］水本浩、远藤浩、丸山英气编：《公寓法》（第3版），日本评论社2006年版，第76页。

[3] ［日］伊藤荣寿："对业主的团体的拘束的根据与界限（2）——区分所有中的所有权法与团体法的交错"，载爱知学院大学论丛《法学研究》第51卷第2号，第317页。

对于费用负担严重不均衡的异常情形，认可了业主的变更原始管理规约的请求权。[1]

确实，在德国，管理规约因具有契约的拘束力，所以自保护权利的观点看，应当说是不宜轻易认可变更管理规约的内容（事项）的。但实务中，原始管理规约大多由商品房住宅（或公寓）的开发商、销售商单方面作成，于这样的场合，即有保护取得住宅所有权的业主的必要。由此，2007 年 3 月 26 日德国修改其《住宅所有权法》时，以较以往法院判例所认定的承认原始管理规约的变更请求权的要件更缓和的要件而认可了原始管理规约变更请求权，并认为该 2007 年的修改法设定关于原始管理规约的变更请求权的明文规定是必要的。[2]于是，2007 年经修改的德国《住宅所有权法》即基于使原始管理规约的变更请求权的要件明确化及缓和以往法院判例的较严格的要件这样两个目的，而对原始管理规约的变更请求权作了如下规定："各业主只要考虑个案的所有情形，特别是考虑其他的业主的权利及利益，维持现在的规定而欠缺基于重大的理由的衡平性时，都可请求达成与法律不同的管理规约或变更管理规约"（德国《住宅所有权法》第 10 条第 2 项第 3 句）。这样，2007 年 3 月 26 日经修改的德国《住宅所有权法》，作为对原始管理规约的有针对性的另一种处理手段（措施），即是使变更原始管理规约的请求权得以明文化。

（三）我国法应采取的立场

我国《物权法》和《物业管理条例》对于原始管理规约的设立、公平性及效力等并无规定，但如前述，在我国房地产实务中，由开发商、销售商于分别让与商品房住宅（或公寓）时设定业主临时公约的情形并不少见，而且实际上我国现今小区物业管理中的大多数管理规约系由开发商或销售商制定。由此，关于原始管理规约的设立（制定）程序、登记、效力，以及确保其公平性等，以上日本法

1　［日］伊藤荣寿："对业主的团体的拘束的根据与界限（2）——区分所有中的所有权法与团体法的交错"，载爱知学院大学论丛《法学研究》第 51 卷第 2 号，第 317 页。

2　［日］伊藤荣寿："对业主的团体的拘束的根据与界限（2）——区分所有中的所有权法与团体法的交错"，载爱知学院大学论丛《法学研究》第 51 卷第 2 号，第 318 页。

依公证证书而设立原始管理规约的经验很值得我国借鉴、取法。至于德国法为了确保原始管理规约的公平性而规定对于某些事项，业主大会的多数决决议有优先于原始管理规约的效力，以及认可业主享有变更原始管理规约的请求权，均可供我国借镜、参照，并可作为我国编纂民法典物权编抑或制定单行的建筑物区分所有权法时对于此等问题的立法解释论。

六、结语

对区分所有建筑物而言，管理系最重要的。日本《建筑物区分所有权法》为了谋求实现管理的充实化、适正化，曾于1983年、2002年进行过两次修改；德国《住宅所有权法》自1951年制定至今，也进行过多次修改。日本和德国对于区分所有建筑物的管理系贯彻实行业主大会和规约自治主义。在我国，居住于同一栋区分所有建筑物上的业主的文化水平、经济能力的差异等远远比日本、德国为大。另外，德国人和日本人中，日本人尤其具有很强的集体（团体）观念或意识，而在我国社会中，改革开放40余年以来，人们的个人主义的倾向变得较强。但是，由于在区分所有建筑物中，业主团体（共同体）的优位是首要的、必需的，因此在我国，为了使业主的个人主义（个别性）与业主的团体性能同时成立，保障团体性的具体的管理制度的建立就是必要的、必需的。从当代比较建筑物区分所有权法的理论与实务的经验来看，在区分所有建筑物的管理中，必须重视管理规约的功用。之所以如此，盖因区分所有建筑物的管理的根本、骨骼的东西就是管理规约。另外，为了实际管理区分所有建筑物，除特殊的情况（如仅由极少数的业主所有区分所有建筑物）外，管理规约的订立（设定）都应认为是必需的、不可或缺的。[1]

我国自20世纪90年代初进行住房的商品化改革以来，商品房住宅（或公寓）等获得大量兴建，迄今已然经过了20余年。而所谓商品房住宅（或公寓），

---

[1] ［韩］权承文："中国建筑物区分所有权法的考察"，载千叶大学《法学论集》第25卷第2号，第212页。

即是由若干个复数的业主区分所有一栋建筑物的各专有部分、共同所有共有部分的区分所有建筑物。此种区分所有建筑物的权利关系、管理运营的基本规则，系由物权法中的建筑物区分所有权法规定。惟在实际的各个商品房住宅（或公寓）中，为了有组织及合理地进行管理，维持良好的共同生活秩序，按照每栋或每小区商品房住宅（或公寓）的实际情况而订立（制定）管理规则则是必要的。此所谓管理规则，主要指的即是管理规约。我国《物权法》第6章关于建筑物区分所有权制度的规定，重视全体业主为管理商品房住宅（或公寓）而构成的业主共同体（团体）本身，并明定由全体业主构成管理团体，依业主大会的多数决决议，就商品房住宅（或公寓）的管理、使用及业主相互间的共同事项以管理规约定之。应指明的是，《物权法》尽管未将管理规约的订立规定为业主团体（共同体）必须履行的义务，但实务中大多数的商品房住宅（或公寓）都订立了管理规约。此重视管理规约的做法系值得肯定、倡导。另外，在比较法上，日本还存在供业主设立管理规约时参照的模范的"商品房住宅（公寓）标准管理规约"。笔者认为，我国也应引入此制度，建议我国政府的有关部门根据我国实务上的已有经验或做法，创制出供业主设定管理规约时参照的标准管理规约。

建筑物区分所有权的剥夺[*]

——基于对德国法和日本法的分析

一、问题的提出

建筑物区分所有权的剥夺，又称建筑物区分所有权的拍卖请求或建筑物区分所有权的转让（让与）请求，其本质上系将业主从建筑物区分所有权共同体关系中予以驱逐，为建筑物区分所有权法上的一项特殊制度。剥夺建筑物区分所有权系现代各国建筑物区分所有权法中对违反义务的业主所采取的最为严厉的制裁措施。由于业主间形成的共同体关系不只是单纯的财产共同关系，而且也包含了相当程度的生活共同关系，因此如何维护业主间的此种共同体关系便成为各国家和地区建筑物区分所有权立法中的一项重要课题。为此，一些国家和地区的立法设立了建筑物区分所有权的剥夺，即将业主从建筑物区分所有权共同体关系（或专有部分）中予以驱逐的制度。

在比较法上，自 1948 年奥地利《住宅所有权法》最先设立建筑物区分所有权剥夺的明文规定以来，[1] 1951 年德国《住宅所有权法》和 1983 年日本《建筑物

　＊　本文曾发表于《法商研究》2011 年第 6 期，今收入本书乃稍有改动。

　　1　奥地利《住宅所有权法》第 10 条规定："住宅所有权人有下列情事时，得由其他住宅所有权人以诉请求将该住宅所有权人从共同关系中驱逐：（1）未履行对共同关系的义务并且对自己的支付义务未于法院第一次直接先行审理的裁判终结前履行。（2）在自己的住宅所有权（专有部分）或供共同利用的不动产部分（共有部分），对其他的住宅所有权人为重大的损害。（3）因疏忽、粗野或其他重大的不正行为使共同居住的人产生厌恶，或于自己的单独所有权内为应受处罚的行为，情节重大的。判决效力发生后满三个月时，原告得依强制拍卖不动产执行法令的规定，请求拍卖违反义务的业主的

区分所有权法》均就该制度定有明文。我国 2007 年《物权法》并未规定此制度，其因由何在及是否正当，值得反思。在我国，自 20 世纪 90 年代进行住房的商品化改革以来，区分所有建筑物（商品房住宅）在实务中也出现了业主严重违反义务的情形：（1）业主对自己专有部分的利用，妨碍建筑物的正常使用，尤其是违反全体业主的共同利益，经管理人或业主委员会制止其行为仍然不停止；（2）擅自变更共有部分的构造、使用目的及为其他类似的行为，经管理人或业主委员会制止其行为仍然不停止；（3）其他严重违反法律或管理规约的行为等。[1]尤其值得注意的是，在实践中甚至有业主任意变更自己专有部分的构造，从而对建筑物造成不当毁损，如将阳台或庭院扩充为内室、擅自添设铁窗栅栏、改变建筑物的外貌，或为整修内部、抽梁换柱以致影响建筑物的安全结构等，或随意改变建筑物中铺设的管线致使危及整栋建筑物的安全和便捷利用等。毫无疑义，这些行为均严重违反了业主所负有的确保建筑物安全和完整的基本义务，有必要经由一定程序，提请法院通过判决而剥夺其建筑物区分所有权。惟有如此，方能遏制此等恶劣的业主损害其他全体业主共同利益的行为，维系安全、舒适、安宁的居住环境。由于建筑物区分所有权剥夺制度于建筑物区分所有权法上的特殊地位，笔者拟对认可该制度的典型国家——德国和日本——法律上的建筑物区分所有权剥夺制度予以分析、考量，期冀借他山之石，以从解释论和立法论角度完善《物权法》的相关规定。

二、建筑物区分所有权剥夺的比较法考察（一）：以德国法上的转让请求制度为中心

（一）基本概要

德国法称建筑物区分所有权为住宅所有权。1951 年德国《住宅所有权法》即

（接上页）共有部分的应有份额及与其相结合的住宅所有权。"

　　1　参见齐恩平、徐腾飞："论成员权的限制与剥夺"，载《河北大学学报》（哲学社会科学版）2009 年第 6 期。

为规范建筑物区分所有关系的专门性法律，并于 2007 年作了最新修改。2007 年德国《住宅所有权法》仍然维持了 1951 年德国《住宅所有权法》有关剥夺严重违反义务业主的住宅所有权的规定。

根据 2007 年德国《住宅所有权法》第 18 条的规定，一个住宅所有权人严重违反对其他住宅所有权人的义务致使其他住宅所有权人无法继续与其维持共同体关系时，其他住宅所有权人可以请求转让（让与）违反义务的住宅所有权人的住宅所有权；此转让请求，得由业主的过半数以决议为之。根据 2007 年德国《住宅所有权法》第 19 条第 1 项的规定，要求（请求）严重违反义务的业主转让其住宅所有权的判决使每个其他业主均有权依据德国《强制拍卖和强制管理法》第 1 章的规定请求强制执行。要求转让的请求被认可时，违反义务业主的住宅所有权即被剥夺。因此，在德国法上，住宅所有权转让请求制度又被称为剥夺制度或没收制度。[1]

依据 2007 年德国《住宅所有权法》第 18 条的规定及审判实务，在德国构成建筑物区分所有权剥夺的主要原因为：业主对自己所负的义务有重大违反，以致无法期待继续与其维持共同体关系。具体而言，业主如果不听劝阻，继续严重违反法律所课加的义务，或业主对应分担的费用迟延给付达 3 个月以上且数额超过其住宅整体价值的 3% 时，即视为违反义务，且无法期待继续与其维持共同体关系。[2] 剥夺的方法是，根据有表决权的业主的半数以上的多数决为之。被选定的住宅所有权的受让人可请求违反义务的业主将其住宅所有权转让。该业主不为转让时，被选定的受让人可以诉讼方式，请求管辖法院将该业主的住宅所有权拍卖。[3]

1　参见［日］伊藤荣寿："对业主的团体的拘束的根据与界限（2）——区分所有中的所有权法与团体法的交错"，载爱知学院大学论丛《法学研究》第 51 卷第 2 号，第 291 页。

2　参见［日］丸山英气："住宅所有权的剥夺"，载《横滨市立大学论丛》第 31 卷 2、3 合并号，第 50 页。

3　参见［日］远藤厚之助："楼层的区分所有权的系谱"，载《东洋法学》第 4 卷第 2 号（1961年），第 69 页；德国《住宅所有权法》第 18 条第 1—4 项。该法的最新译本参见胡晓静译："德国住宅所有权与长期居住权法"，载张双根、田士永、王洪亮主编：《中德私法研究》（2009 年第 1 卷，总第 5 卷），北京大学出版社 2009 年版，第 163—164 页。

至于剥夺原因是否以当事人的主观过错为要件，德国理论界和实务界皆认为不以可归责于义务人的原因为限。业主因为酒精或药物中毒而丧失自主意思致有引起火灾的危险，或罹患恶性疾病，或有侵害他人的精神病等，均可构成剥夺的理由。[1]此外，德国实务界还认为，业主使用自己的专有部分卖淫时，也可构成剥夺的理由。[2]

须指明的是，住宅所有权转让请求制度在德国较早的法制中是不予认可的。具体而言，1896年《德国民法典》主要是针对旧时代的楼层所有权制度的，并不认可这样的权利剥夺。也正因如此，它成为很多纷争产生的根源。德国现今占据支配地位的民法理论认为，由于某业主实施了重大的违反义务行为，其他业主不能容忍与其继续维持共同体关系的情况发生时，将不能被其他业主所容忍的业主自共同体关系中驱逐出去就是必需的、必要的，并应为法律所支持。由此，在业主共同体关系中存在纷争和对立时，作为对大多数业主进行法律救济的手段或措施，德国法上的住宅所有权转让请求制度遂得以被认可。[3]

（二）要件

关于住宅所有权转让请求制度，2007年德国《住宅所有权法》第18条第1项规定了一般性的要件，第2项规定了要件被满足的具体情形。其中，规定一般性要件的第18条第1项规定，认可住宅所有权转让请求须符合两个要件：（1）业主严重违反对其他业主所负有的义务；（2）由此使其他业主难以期待以后继续与其维持因建筑物区分所有权所产生的共同体关系。[4]

1　参见［日］丸山英气："住宅所有权的剥夺"，载《横滨市立大学论丛》第31卷2、3合并号，第51页。惟对此点存在不同的解释意见，即认为上述违反义务，须以有过失为必要。所谓过失，系指一般性的生活态度的责任。例如，某住宅所有权人由于酒精或麻药中毒而导致的无责任能力，属于有引起火灾的危险的情形，应认为有过失。参见［日］伊藤荣寿："对业主的团体的拘束的根据与界限（2）——区分所有中的所有权法与团体法的交错"，载爱知学院大学论丛《法学研究》第51卷第2号，第296页。

2　参见何明桢："建筑物区分所有之研究"，台湾政治大学1983年硕士学位论文，第104页。

3　参见［日］伊藤荣寿："对业主的团体的拘束的根据与界限（2）——区分所有中的所有权法与团体法的交错"，载爱知学院大学论丛《法学研究》第51卷第2号，第291—292页。

4　参见［日］伊藤荣寿："对业主的团体的拘束的根据与界限（2）——区分所有中的所有权法与团体法的交错"，载爱知学院大学论丛《法学研究》第51卷第2号，第292页。

须注意的是，上述第一个要件所述的严重违反义务，其无论系经济上的还是其他种类的，皆属之。违反义务的业主尽管违反的是对业主共同体的义务，但就具体情形而言，并不限于违反者以外的其他所有业主。也就是说，即使对业主共同体中的任何一个业主违反义务，住宅所有权转让请求也是被认可的。并且，所谓违反义务，必须是严重违反义务。违反义务是否严重，应在考虑具体事例的所有情况后作出判定。[1]至于第二个要件，须是其他业主以后不能继续期待与违反义务的业主维持共同体关系，此即"期待不可能性"要件。换言之，若有继续期待与其维持共同体关系的现实可能性，像存在期待可以解决存在问题的措施时，住宅所有权转让请求是不被认可的。之所以如此，主要是因为住宅所有权转让请求是对业主住宅所有权的重大干涉，是在使用其他所有手段仍然不能解决问题时，最后不得已所采取的措施。对"期待不可能性"要件进行判断时必须考虑的是，如果通过排除妨害就可以使其他的业主不受妨碍（或侵害），则违反义务的业主就应继续保有自己的住宅所有权，即其住宅所有权不得被请求转让、不得被拍卖，进而不得被剥夺。[2]

（三）住宅所有权被剥夺的业主受业主大会团体决议（决定）拘束的根据和界限

在德国，认为住宅所有权系一种团体性权利的所谓"团体法的进路"的主张者认为，应将住宅所有权转让请求制度与团体的除名制度同等把握。所谓团体的除名制度，即依《德国民法典》第737条的规定，于存在重大理由时可以将团体成员除名。也就是说，依德国团体法的规则和法理，当构成团体的成员之间的相互信赖关系发生问题时，将破坏成员之间信赖关系的人予以除名被认为是必要的。团体的除名制度是排除破坏信赖关系的人的手段，而德国《住宅所有权法》之所以认可剥夺住宅所有权制度，其法理基础正在于此。但是，此一见解的主张

1　Vgl. Heinrich Kreuzer, in: Staudingers Kommentar zum Bürgerlichen Gesetzbuch, WEG Band 1, Bear 13. Aufl., 2005., §18 Rdnr. 13 (S. 52lf).

2　参见［日］伊藤荣寿："对业主的团体的拘束的根据与界限（2）——区分所有中的所有权法与团体法的交错"，载爱知学院大学论丛《法学研究》第51卷第2号，第292—293页。

者因全面认可对住宅所有权的使用、收益及处分的自由予以团体的拘束，将住宅所有权不是作为所有权而是作为团体性权利而构造，故在理论上受到强烈批判。在今日之德国学界，对于住宅所有权转让请求制度，多数学者不再将其与团体的除名制度作同等看待和把握。[1]

此外，在德国，将住宅所有权理解为共有权的所谓"共有法的进路"的主张者认为，住宅所有权中的特别所有权在经济上姑且不论，于法律上只不过是作为土地的共有份额权的某住宅所有权的附属物，住宅所有权的核心权利始终是土地的共有份额权。与《德国民法典》中的一般共有不同，住宅所有权系土地和建筑物的共有份额权，是一种不能解除各业主之间的共有关系的共有。[2]正因为它是一种不能解除的共有关系，依共有人应受共有关系拘束这一一般原则，设立保护其他共有人免遭违反义务人的妨碍（或侵害）的规则也就非常必要了。可见，住宅所有权转让请求制度是基于不能解除业主之间的共有关系而作为解决纷争手段存在的。此见解由于有助于防止对多数业主住宅所有权行使自由的侵害，因此被认为是剥夺违反义务业主的住宅所有权的必要理由。对违反义务者住宅所有权的剥夺，由于不可能获得其本人（被剥夺者）的同意，因此只能采取多数决的方式决定。[3]

综上所述，对于住宅所有权转让请求制度，在德国采"团体法的进路"的见解者认为应与除名制度作同样的考量，而采"共有法的进路"的见解者认为它是解决纷争的手段。可见，两种进路在寻求住宅所有权转让请求制度的根据上是完全不同的。尽管两者存在不同，惟两种进路的主张者皆认为，业主共同体关系是持续性的、不能被解除的，因此，住宅所有权转让请求制度作为其他业主防止自己住宅所有权的使用、收益及处分的自由被侵害的手段乃是必要的。[4]

1　参见［日］伊藤荣寿："对业主的团体的拘束的根据与界限（2）——区分所有中的所有权法与团体法的交错"，载爱知学院大学论丛《法学研究》第 51 卷第 2 号，第 293—294 页。

2　参见德国《住宅所有权法》第 11 条。

3　参见［日］伊藤荣寿："对业主的团体的拘束的根据与界限（2）——区分所有中的所有权法与团体法的交错"，载爱知学院大学论丛《法学研究》第 51 卷第 2 号，第 294—295 页。

4　参见［日］伊藤荣寿："对业主的团体的拘束的根据与界限（2）——区分所有中的所有权法与团体法的交错"，载爱知学院大学论丛《法学研究》第 51 卷第 2 号，第 294—295 页。

须指明的是，德国住宅所有权转让请求制度不能认为得依多数决的方式而无限制地加以适用。理论界和实务界均认为，对之须作如下必要的限制：[1]

第一，住宅所有权被剥夺的业主须严重违反对其他业主所负有的义务，以至于共同体关系继续维系对其他业主来说已经不能忍受。没有严重违反义务就剥夺业主住宅所有权的行为，是不会被认可的。是否严重违反义务，对有关业主来说，系依与妨害人（违反义务的业主）的共同体关系之继续维系是否已经不能忍受而判定。此种判定，应就具体案件情况作综合考虑后确定。由于违反义务须以"严重"为要件，因此可以说，严重违反义务之业主的权利就不再值得保护。总结德国的司法判例，可以把业主违反义务之行为概括为以下几种情形：其一，出租的房屋被作为卖淫的房间使用，而出租人予以默认，其他业主持续地毁损出租人的名誉，该出租人对其他业主实施暴力的情形，可经业主大会过半数决议而剥夺其住宅所有权。[2]其二，业主无视警告，反复、严重地违反 2007 年德国《住宅所有权法》第 14 条规定的义务，经业主大会过半数的决议而剥夺其住宅所有权。其三，业主违反 2007 年德国《住宅所有权法》第 16 条第 2 项和第 18 条第 2 项第 2 句的规定，超过 3 个月不履行费用分担义务且数额超过住宅所有权总价值的 3% 的，经业主大会过半数决议而剥夺其住宅所有权。

第二，住宅所有权的转让请求，以在业主大会上经多数决议而定之为必要。法律设有反对决议的少数业主之表明意见的机会的制度，由此正当的程序得以保障，从而满足了保障正当程序的要件。

第三，由于将引起违反义务业主的住宅所有权被剥夺这一重大后果，因此业主大会议决的生效不是以过半数的出席者同意为条件，而需以过半数的有表决权的业主同意为条件。也就是说，较之关于其他管理措施的议决，其生效要件被严格化了。并且，根据 2007 年德国《住宅所有权法》第 18 条的规定，请求严重违

1　参见［日］伊藤荣寿："对业主的团体的拘束的根据与界限（2）——区分所有中的所有权法与团体法的交错"，载爱知学院大学论丛《法学研究》第 51 卷第 2 号，第 295—296 页。

2　Vgl. Bärmann/Pick, Wohnungseigentumsgesetz Kommentar, 18. Aufl., 2007, § 18 Rdnr. 2（S. 349）.

反义务的业主转让其住宅所有权，须以提起诉讼并获得法院的支持为必要。也就是说，是否剥夺，最终须由法院来判定。经由此种程序上的严格化，以贯彻保障所有权自由原则。

综上所述，在德国法上，由于贯彻了保障所有权自由原则和正当程序原则，关于住宅所有权转让之请求受业主大会团体决议贯彻（决定）的拘束，自然也就被认为是正当的。

三、建筑物区分所有权剥夺的比较法考察（二）：以日本法上的拍卖请求制度为中心

1983 年日本《建筑物区分所有权法》规定了建筑物区分所有权的拍卖请求制度。根据 1983 年日本《建筑物区分所有权法》第 59 条第 1 项的规定，业主为对建筑物的保存有害的行为，或其他有关建筑物的管理或使用违反业主共同利益的行为致业主的共同生活发生显著障碍，而难依其他方法除去障碍，以谋共用部分的持续利用或其他业主共同生活的维持时，其他业主全体或管理团体法人得基于业主大会的决议，以诉讼方式请求拍卖与该行为有关业主的建筑物区分所有权和基地利用权。现具体分析如下。

（一）立法旨趣

如前所述，1983 年日本《建筑物区分所有权法》第 59 条第 1 项规定，业主严重违反义务，业主间维持共同生活发生困难而并无其他的方法加以救济时，其他业主得以诉讼方式请求拍卖该违反义务业主的建筑物区分所有权和基地利用权。此即对违反义务者的建筑物区分所有权的剥夺制度。[1] 1962 年日本《建筑物区分所有权法》对此曾持观望态度并最终未作规定。

1962 年日本《建筑物区分所有权法》第 5 条第 1 项规定："区分所有权人不

1　参见［日］水本浩、远藤浩、丸山英气编：《公寓法》（第 3 版），日本评论社 2006 年版，第 106 页。

得为对建筑物的保存有害的行为，或其他关于建筑物的管理或使用不得为违反区分所有权人的共同利益的行为。"这是对业主间权利义务的规定。当时的立法者认为，由于日本此前并无关于这一点的明文规定，而建筑物区分所有权人的权利受该法第5条第1项的限制乃是建筑物区分所有权在性质上的当然之事，因此无须透过明文规定使之明确化。根据此项规定，业主中的一人为违反第5条第1项的行为且不能被阻止时，其他业主即可以诉讼方式请求停止该行为，在紧急情况下，也可请求法院作出命令其停止行为的假处分。[1]

与上述第5条第1项的规定相关联，1962年日本《建筑物区分所有权法》在制定过程中对于是否允许拍卖违反义务业主的建筑物区分所有权，是否规定强制性地使违反义务者从专有部分中退出的措施存在争议。经过讨论，立法者最终放弃了在立法中设立明文规定的主张，[2]因为在日本的风土人情之下，法律界担心该制度会被滥用，从而造成大量建筑物区分所有权被剥夺的后果。由于当时存在尽管是少数但是强烈的反对意见，加之设立此制度的必要性还主要停留在观念层面，1962年日本《建筑物区分所有权法》最终并未规定剥夺建筑物区分所有权的拍卖请求制度。[3]

然而，随着日本区分所有建筑物的广泛建造，随之而来的恶劣的义务违反者逐渐增加，要求剥夺建筑物区分所有权的呼声变得日益强烈。在这样的动向和背景下，1983年日本《建筑物区分所有权法》第59条从日本社会的现实需要和必要性出发确立了建筑物区分所有权的拍卖请求制度，该制度被认为是维持业主之间圆满、持续的共同生活的最后手段，因而具有重要意义。

---

1 参见［日］伊藤荣寿："对业主的团体的拘束的根据与界限（2）——区分所有中的所有权法与团体法的交错"，载爱知学院大学论丛《法学研究》第51卷第2号，第297页。

2 参见［日］末川博、石田喜久夫等："建筑物区分所有的法律"，载《民商法杂志》第46卷2号，第50页；［日］我妻荣、星野英一等："建筑物的区分所有"，载《法学家》第46号，第6页。

3 参见［日］伊藤荣寿："对业主的团体的拘束的根据与界限（2）——区分所有中的所有权法与团体法的交错"，载爱知学院大学论丛《法学研究》第51卷第2号，第298页。

（二）拍卖之诉的要件

1. 实体要件

对违反义务的业主提起拍卖其建筑物区分所有权诉讼的实体要件包括三项：（1）业主为对建筑物的保存有害的行为，或其他有关建筑物的管理或使用违反业主共同利益的行为，或者有为这些行为之虞；（2）由于前述行为致使业主间的共同生活关系的维系发生显著障碍；（3）难以依其他方法除去此种障碍，以谋共用部分的持续利用或其他业主共同生活关系的维持。须注意的是，日本法上建筑物区分所有权的拍卖请求制度，仅在为了维持业主间的共同生活而无其他的方法可以实现时，才作为所能采取的最后手段或措施。[1]

2. 程序要件

请求拍卖建筑物区分所有权的权利，属于除违反义务者以外的其他全体业主，即属于团体。同时，拍卖请求权是以诉讼的方式（即必须通过裁判）行使，且以业主大会先期作出决议为必要。也就是说，管理人或于业主大会被指定的业主，得依业主大会的（拍卖）决议为其他全体业主提起拍卖的诉讼。并且，考虑到永久将违反义务者从业主共同体中排除后果的重大性，1983 年日本《建筑物区分所有权法》第 59 条第 2 项同时规定，若没有业主及表决权的各 3/4 以上的多数赞成，不得向法院提起诉讼，而且还应给予违反义务者辩明自己主张的机会。关于得提起诉讼的人，业主管理团体具有法人资格时，由管理团体法人提起诉讼；业主管理团体未取得法人资格时，考虑到诉讼上的方便，由管理人或业主大会指定的业主为除违反义务者以外的全体业主提起诉讼。

3. 拍卖请求权的性质和内容

拍卖请求权具备实体要件后，须以诉讼的方式行使，即该请求权属于须通过裁判行使的形成权，并且原告的胜诉判决一旦确定，即产生《日本民事执行法》上的拍卖请求权。拍卖请求权的内容，是在法庭上请求拍卖违反义务者的建筑物

1　参见［日］水本浩、远藤浩、丸山英气编：《公寓法》（第 3 版），日本评论社 2006 年版，第 106—107 页。

区分所有权和基地利用权。[1]

(三) 法律效果

1. 拍卖请求权的发生

基于 1983 年日本《建筑物区分所有权法》第 59 条而作出的判决，是宣告原告（其他全体业主）有拍卖违反义务者的建筑物区分所有权和基地利用权之请求权的判决。由于此判决的确定，原告即享有拍卖请求权，得依《日本民事执行法》的规定向法院申请拍卖。[2]

2. 拍卖的实行和买受人的限制

依据《日本民事执行法》第 44 条的规定，原告应向执行法院提出拍卖申请。又依据 1983 年日本《建筑物区分所有权法》第 59 条之规定，此项申请须于拍卖判决确定之日起 6 个月内为之。此拍卖制度是以全面排除违反义务者为目的，因此，被申请拍卖的业主或为其利益而欲承买的人不得申请承购，即不能成为拍卖中的买受人。1983 年日本《建筑物区分所有权法》第 59 条第 4 项对此作了规定。

3. 拍卖价金的交付

从拍卖所得的价金中扣除拍卖本身所需的费用后，剩余部分交付给违反义务的业主（被申请拍卖的业主）。[3]

(四) 建筑物区分所有权被拍卖的业主受业主大会决议（决定）拘束的根据和界限

一般认为，区分所有关系是非常密切的、多数人的共同生活关系，违反 1983 年日本《建筑物区分所有权法》第 59 条规定的行为影响是重大的。为谋求业主之间圆满的共同生活的维系，作为法律上的手段，拍卖请求制度就是必要的。另

1　参见［日］水本浩、远藤浩、丸山英气编：《公寓法》（第 3 版），日本评论社 2006 年版，第 107 页。

2　参见［日］水本浩、远藤浩、丸山英气编：《公寓法》（第 3 版），日本评论社 2006 年版，第 107—108 页。

3　参见［日］水本浩、远藤浩、丸山英气编：《公寓法》（第 3 版），日本评论社 2006 年版，第 108 页。

外，从理论上看，作为对建筑物区分所有权这一具有特殊性制度的内在性制约，应当容许拍卖请求制度。[1]在日本法上，从在建筑物区分所有权法上被规定的体系位置来看，认可拍卖请求本身的根据应该是义务违反行为无法制止时的一种替代手段。与德国法相同，在日本法上，业主也是共同所有区分所有建筑物共有部分和基地利用权的，在不能解除（废除）存在共有关系的区分所有关系上，为保有其他业主对建筑物区分所有权乃至共有份额权侵害的妨害排除手段，拍卖请求方式就尤为必要。也就是说，拍卖请求制度作为防止违反义务业主对其他业主所有权侵害的手段，乃是必要的，也是必需的。[2]

另外，在日本法上，拍卖请求权是在违反义务业主的行为对其他业主共同生活造成严重侵害而又没有其他方法加以排除时才产生的。此时，由于赞成拍卖请求的多数业主的所有权被侵害，反对者以自己的所有权被剥夺为由进行反对是不成立的。也就是说，拍卖请求制度满足了保障所有权自由的要求。而拍卖请求须在业主大会上通过多数决决议为之，由此也满足了保障正当程序的要求。并且，建筑物区分所有权是否被拍卖须由法院作出的判决来决定，此与德国法的要求相同，从而对所有权自由的保障也是周全的。概言之，在日本法上，建筑物区分所有权被拍卖的业主受业主大会决议（决定）拘束的根据是正当的。[3]

从司法实践来看，日本法院拍卖违反义务业主的建筑物区分所有权的案件主要包括如下三类：（1）涉及暴力团而认可拍卖请求的案件。[4]例如，暴力团头目将自己享有所有权的公寓作为暴力团事务所使用，大多数暴力团成员出入此房间，与其他暴力团之间发生争斗时造成公寓中的其他业主受到惊恐和不安。（2）涉及管

1　参见［日］伊藤荣寿："对业主的团体的拘束的根据与界限（2）——区分所有中的所有权法与团体法的交错"，载爱知学院大学论丛《法学研究》第51卷第2号，第300页。

2　参见［日］伊藤荣寿："对业主的团体的拘束的根据与界限（2）——区分所有中的所有权法与团体法的交错"，载爱知学院大学论丛《法学研究》第51卷第2号，第301页。

3　参见［日］伊藤荣寿："对业主的团体的拘束的根据与界限（2）——区分所有中的所有权法与团体法的交错"，载爱知学院大学论丛《法学研究》第51卷第2号，第308页。

4　参见日本札幌地方法院判决1986年2月18日，载《判例时报》第1180号，第3页；日本名古屋地方法院判决1987年7月27日，载《判例时报》第1251号，第122页。

理费的滞纳而认可拍卖请求的案件。（3）因噪音、振动、恶息等"安居妨害"而认可拍卖请求的案件。[1]

四、建筑物区分所有权剥夺的比较法总结：寻求共识

综上所述，我们不难看到，德国法和日本法上的建筑物区分所有权剥夺制度在基本点上是相同的，或者说日本的建筑物区分所有权剥夺采取了与德国的住宅所有权剥夺相同的步调。[2]但是，为了使剥夺的基准或要件更加明确，2007 年德国《住宅所有权法》第 18 条的规定尤其值得参考。2007 年德国《住宅所有权法》第 18 条第 1 项尽管系有关得请求转让住宅所有权的一般规定，但在紧接着的该条第 2 项中列举了剥夺住宅所有权的具体情形：第一，某一业主不顾其他业主的提醒仍然多次严重违反该法第 14 条规定的义务；[3]第二，业主超过 3 个月迟延履行其负担和费用，并且数额超过其住宅整体价值的 3%。此外，除前文所述外，德国理论界和司法实务界还认为，业主向第三人中伤住宅所有权共同体中的其他成员，或者对管理人采取的措施并无根据地持续反对、抵制，或者对其他业主、管理人持续性地表示不信任、侮辱、暴行，或者对业主为持续性的名誉毁损，或者因获有罪判决而使自己的名誉丧失抑或有不道德的态度等，均可构成住宅所有权剥夺的理由。[4]

反观日本法，尽管其建筑物区分所有权法也定有建筑物区分所有权剥夺的实

1　一般而言，不能因为违反义务的业主侵害了其他业主的建筑物区分所有权和共有份额权的使用、收益及处分的自由，就当然认可拍卖请求具有正当性。参见［日］伊藤荣寿："对业主的团体的拘束的根据与界限（2）——区分所有中的所有权法与团体法的交错"，载爱知学院大学论丛《法学研究》第 51 卷第 2 号，第 291 页。

2　参见［日］水本浩、远藤浩、丸山英气编：《公寓法》（第 3 版），日本评论社 2006 年版，第 107 页。

3　德国《住宅所有权法》第 14 条第 1 句规定："每一个住宅所有权人有义务：对特别所有权范围内的建筑物部分保养、使用以及对共有财产进行使用，但不得超出在正常的共同生活中不可避免的限度给任何其他住宅所有权人造成不利影响。"

4　参见［日］丸山英气："住宅所有权的剥夺"，载《横滨市立大学论丛》第 31 卷 2、3 合并号，第 49 页以下。

体要件和程序要件，且也有一些建筑物区分所有权剥夺的类型化整理，但与德国的情况相较还有待于进一步加强。因此，应对法院认可剥夺建筑物区分所有权的判决进行类型化整理，找出每种案件类型下剥夺建筑物区分所有权的裁判标准。但是，对于德国法上的住宅所有权剥夺不考虑违反义务者是否具有可归责性而一律加以剥夺的立场，日本是否需要加以借鉴，采取类似措施，应持谨慎态度，因为将业主共同体中的违反义务者予以"驱逐"的决定必须慎重。[1]

另外，对建筑物区分所有权的所有和处分自由进行重大限制的拍卖请求，根据业主大会的多数决决议为之的根据就成为一项问题。德国学界认为，基于业主共同体关系是持续性的、不能被解除的，拍卖请求作为其他业主防止其住宅所有权的使用、收益及处分的自由被侵害的手段乃是必要的。日本学界现今的主流学说认为，拍卖请求的根据，应该是在义务违反行为对建筑物不当毁损、不当使用，请求禁止实施这些行为无果时的一种替代手段。尽管存在这样的差异性理解，但德国和日本学界均认为，拍卖请求作为防止违反义务的业主对其他业主所有权侵害的手段，乃是必要的。此点系两国学界的共同认识，值得注意。

德国法和日本法均认为，由于满足了保障所有权自由的要件和正当程序的要件，关于拍卖请求的业主大会团体的决议（决定）可拘束违反义务者的根据就是正当的。

五、建筑物区分所有权剥夺制度对我国的借鉴：检讨和建构

建筑物区分所有权的剥夺，是区分所有建筑物管理中重大问题之一，涉及被剥夺业主的切身和最重要的财产利益——建筑物区分所有权，因此必须慎重。环视当今世界，尽管还有一些国家的建筑物区分所有权法并未明确认可这一制度，[2]

---

[1] 参见［日］丸山英气："住宅所有权的剥夺"，载《横滨市立大学论丛》第31卷2、3合并号，第70页以下；［日］丸山英气："修改的区分所有权法的秩序维持"，载《法律时报》第55卷第9号，第26页以下。

[2] 例如，法国即否定区分所有权的剥夺。参见日本土地法学会编：《集合住宅与区分所有法、固定资产税违宪诉讼》（土地问题双书19），第68页。

但德国法和日本法的肯定立场不容小觑，值得我们认真对待和重视。[1]

在《物权法》于 1998 年起草之初，由梁慧星研究员主持起草的《中国物权法草案建议稿》第 104 条第 2 款曾设有建筑物区分所有权剥夺的规定，该条款的规定系来源于 1983 年日本《建筑物区分所有权法》第 59 条和我国台湾地区"公寓大厦管理条例"第 22 条。[2]但是，该条建议最终未为《物权法》所采纳，以至于我国现今法律体系中并无建筑物区分所有权的剥夺制度。此种局面无疑值得反思、检视。

其实，在区分所有建筑物上，各业主的专有部分均通过共同墙壁、地板、天花板等共有部分相互连接，结构上像火柴盒一样，密不可分。各业主为实现使用专有部分的目的而必须使用共有部分；各业主在行使专有部分权利时，不得妨碍其他业主对其专有部分的使用，不得违反全体业主的共同利益。此种在建筑物的构造和权利归属乃至使用上的不可分割的相互关系，使各业主在事实上"总有"一栋建筑物共同使用的建筑空间，[3]进而使全体业主之间形成一种共同体关系。为维持该共同体关系的存续，尤其为管理相互间共同事务及共有部分的使用、收益，乃不得不结成一团体组织，并借该团体组织的力量共同管理共用设施等共有部分及其他共同事务，维持区分所有关系的持续存在。并且，业主之间的共同关系，除基于建筑物的构造和权利归属以及使用上的不可分割而形成的相互关系外，还更多地渗入了业主在整体生活中必须履行的建筑物存在和生活秩序维持的义务。从现今各国家和地区建筑物区分所有权制度的发展状况来看，此种义务有进一步强化的趋势。需特别指明的是，对区分所有建筑物而言，管理是最重要的。[4]在今日，强调对区分所有建筑物的管理以维系全体业主的共同体关系并建构

---

[1] 除德国、日本外，奥地利及我国台湾地区也都认可建筑物区分所有权的剥夺。

[2] 参见中国物权法研究课题组：《中国物权法草案建议稿：条文、说明、理由与参考立法例》，社会科学文献出版社 2000 年版，第 297—299 页。

[3] 参见戴东雄："论建筑物区分所有权之理论基础（Ⅱ）"，载《法学丛刊》1984 年第 29 卷第 3 期。

[4] 参见［韩］权承文："中国建筑物区分所有权法的考察"，载千叶大学《法学论集》第 25 卷第 2 号，第 211 页。

安全、舒适、安宁的生活品质，系建筑物区分所有权制度所彰显的一个重要趋势。[1]

综上所述，笔者认为，我国编纂民法典抑或制定单行的建筑物区分所有权法时，宜明文认可建筑物区分所有权之剥夺。其剥夺的实体要件和程序要件的厘定则应借鉴前述德国法和日本法的经验而为之，即当业主严重违反所负的义务而无其他方法排除因违反义务所造成的障碍（或侵害）时，其他业主全体得经由业主大会的多数决决议而提请法院作出拍卖严重违反义务业主的建筑物区分所有权的判决。同时，鉴于剥夺业主的建筑物区分所有权系区分所有建筑物管理中最为严厉的制裁措施，违反义务的业主在感情上很难接受，因此应当十分慎重。仅在业主严重违反其负的义务且没有排除因业主违反义务而造成的妨碍（或侵害）乃至没有恢复原状的其他方法时，方能经由业主大会的多数决决议，并向法院提起以严重违反义务的业主为被告的诉讼，于获得法院允许拍卖的判决后，由法院执行拍卖。并且，拍卖请求作为最后不得已而采取的措施，直到采取该措施前的最后时刻，都应冷静、客观地为解决纷争作出必要的努力。此在比较法上采取的方法是：邀请法律专家、相关业主、有经验的人士以及有关组织（如居委会、人民调解委员会）等参与，并由这些人和组织组成调处严重违反义务的业主与其他全体业主之间纷争的临时机构。[2]这种尽可能限制适用建筑物区分所有权剥夺的方法很值得我们重视。至于我国将来的立法之认可拍卖请求的根据和界限，从严谨性和科学性而论，应解释为与前述德国学界和日本学界对建筑物区分所有权剥夺的根据与界限的考量相同。

1　例如，为了实现对区分所有建筑物的管理的充实化、适当化，日本《建筑物区分所有权法》曾于1983年和2002年两次进行修改。德国的情况也大抵与此相同。

2　参见［日］水本浩、远藤浩、丸山英气编：《公寓法》（第3版），日本评论社2006年版，第108页。

区分所有建筑物修缮的法律问题[*]

一、引言

区分所有建筑物的修缮是区分所有建筑物管理中经常发生的问题。实际生活中，区分所有建筑物的修缮在特定情形是十分必要的。这些情形大致有：其一，尽管建筑技术与建筑材料的进步使今日的区分所有建筑物更为坚固，但因自然腐朽、日晒雨淋，区分所有建筑物本体仍会逐渐毁损，由此发生外壁污损脱落，墙壁龟裂，水管生锈、堵塞、破裂，抑或防水层破裂漏水等；其二，因地震、火灾、风灾、水灾、泥石流、煤气爆炸、飞机坠落以及机动车的冲撞等偶发性灾害导致区分所有建筑物（如因地震、煤气爆炸造成建筑物外墙龟裂）或地基（如因水灾、泥石流灾害造成地基塌陷）损害时，需实施补强措施；其三，区分所有建筑物自建成后经过一定的年限（如3年、5年或10年等），即往往有修缮（定期修缮）的必要，比如，此时墙壁剥落、管线腐蚀、屋顶龟裂、窗户破旧、朽坏等，需要重新粉刷外墙、更换各种排水管线、修补裂缝及换修共有部分（如楼梯间）的窗户等；其四，区分所有建筑物内设置的共用设施（如电梯、水塔、灯管等）因自然或人为的因素而损坏时，也需要予以修缮。区分所有建筑物本体抑或其他共用设施的毁损、朽坏、倾颓，常常对业主的安全与生活品质产生重大影响。由此，对于区分所有建筑物，平时需加以维护，如有损坏，则需进行修缮，以确保

---

* 本文曾发表于《中国法学》2014年第4期，今收入本书乃稍有改动。

维持其正常功能。[1]

区分所有建筑物的修缮，涉及业主（尤其是相关业主）的切身和重要的财产利益——专有部分所有权与共有部分份额权以及修缮费用的承担等。在《物权法》于 1998 年起草之初，由梁慧星研究员主持起草的《中国物权法草案建议稿》第 96、97、98 条曾设有区分所有建筑物修缮的详细规定，这些条文的规定系主要借镜日本《建筑物区分所有权法》第 61 条和我国台湾地区"公寓大厦管理条例"第 10、11 条而拟定[2]。但是，这些条文建议最终未为《物权法》完全采纳，以至于我国现今法律体系中并无完善、翔实的区分所有建筑物修缮制度[3]。

我国《物权法》第 76 条第 1 款中的第 6 项和该条第 2 款第 1 句只规定"改建、重建建筑物及其附属设施"，"应当经专有部分占建筑物总面积三分之二以上的业主且占总人数三分之二以上的业主同意"。第 79 条规定："建筑物及其附属设施的维修资金，属于业主共有。经业主共同决定，可以用于电梯、水箱等共有部分的维修。维修资金的筹集、使用情况应当公布。"这些规定不足以应对实际的需要，因为区分所有建筑物的修缮除涉及修缮如何得以决定外，还面临如何调整业主之间的权益、由谁进行修缮以及修缮费用的筹集和分担等问题。这些问题如不能妥善解决，业主之间的修缮共识就难以凝聚，进而造成修缮事业无从进行。因此，本文拟从比较法及实证考察的视角，对区分所有建筑物的修缮所包含的上述重要法律问题进行剖析，期借他山之石及实证经验，对我国《物权法》和《物业管理条例》关于区分所有建筑物的修缮制度提出若干建议。

---

[1]　参见廖国宏："区分所有建筑物修缮与重建问题之研究"，台湾东海大学法律研究所 2005 年硕士学位论文，第 53 页。值得指明的是，关于区分所有建筑物的修缮，我国台湾地区学者廖国宏于其硕士论文中作有研究，本文的写作一些地方受惠于其所作研究，谨致谢忱和敬意。

[2]　中国物权法研究课题组：《中国物权法草案建议稿：条文、说明、理由与参考立法例》，社会科学文献出版社 2000 年版，第 285—290 页。

[3]　尽管如此，区分所有建筑物的修缮仍引起了我国实务界人士的积极关注。比如，在"崔江诉汪文海侵犯相邻权案"中，实务界人士对建造、修缮建筑物造成相邻不动产权利人损害的性质等给予了极大的关注。关于此，请参见陈希国、刘晓蕾、纪金洁主编：《民商事典型疑难问题适用指导与参考（物权纠纷卷）》，中国检察出版社 2013 年版，第 103 页。

修缮系指区分所有建筑物的专有部分与共有部分经过一定年限或发生损坏、倾颓、朽坏时，为恢复其原有效用或功能而对之所实施的一切必要行为[1]。因区分所有建筑物的修缮旨在恢复建筑物与基地的物理性能，故性质上属于区分所有建筑物的物的管理范畴。区分所有建筑物包含各业主单独所有的专有部分与共有的共用部分，一专有部分的修缮往往需要使用他人的专有部分或共有部分，共有部分的修缮涉及修缮共识的形成、费用的分担等，且无论专有部分或共有部分的修缮，均涉及对业主间的权益冲突进行调整[2]。

修缮与修复有别。修缮是区分所有建筑物损坏、倾颓或朽坏程度轻微时所进行的一种管理、复原、修理行为；修复亦称复旧，是指区分所有建筑物因天灾人祸（如地震、火灾、风灾、水灾、泥石流、煤气爆炸、飞机坠落以及机动车的冲撞等）而造成一部分灭失或大规模灭失时进行的管理和恢复原状的行为，它是区分所有建筑物遭受损坏、倾颓等的程度较严重时所实施的管理和复旧行为。本文重点研究专有部分（含约定专用部分）与共有部分（含约定共有部分）的修缮，至于修复（复旧），则不涉及，拟另设专文研究[3]。于文末，将涉及与专有部分和共有部分的修缮具有密切关联的修缮费用的来源或取得问题。

二、专有与约定专用部分的修缮

（一）专有与约定专用部分的修缮决定与费用承担

1. 基本概要

依最高人民法院《关于审理建筑物区分所有权纠纷案件具体应用法律若干问

---

[1] 黄江颖："区分所有建筑物修缮与重建之研究"，台湾东海大学法律研究所1993年硕士学位论文，第9页。

[2] 廖国宏："区分所有建筑物修缮与重建问题之研究"，台湾东海大学法律研究所2005年硕士学位论文，第53—54页。

[3] 需说明的是，笔者已对区分所有建筑物的修复自比较法（主要是日本法）的视角作有探讨，对此请参见陈华彬："日本区分所有建筑物修复制度的考察分析与启示"，载《环球法律评论》2013年第2期。

题的解释》（以下简称《建筑物区分所有权解释》）第 2 条的规定，专有部分是指具有构造上和利用上的独立性，能够明确区分，可以排他使用，且能够登记为特定业主所有权的客体。又依建筑物区分所有权法理，约定专用部分系指区分所有建筑物共有部分经约定供特定业主使用的部分。尽管前者为专有部分，后者为共有部分，但在使用形态上它们均是供特定业主或特定使用权人使用。专有部分上系成立专有所有权，享有该专有所有权的业主除法律另有规定外，可对其专有部分予以自由占有、使用、收益、处分，并排除他人的干涉（《物权法》第 39 条）。由此，专有部分修缮的决定应由业主为之，并由业主自身承担其费用。若业主将其专有部分交由承租人、借用人或是其他经其同意的人使用，则关于修缮的决定与费用承担应依双方的约定或依《合同法》第 220、221 条的规定为之。[1]

值得注意的是，本来应由各业主依原来的使用方法共同使用的共有部分，透过业主大会的决议而将其中一部分设定专用使用权由某特定业主或第三人专属地独占使用（例如由某特定人在地下室设置停车场、在楼顶加盖房屋及在外壁上悬挂招牌等）的情形，在今日实务中也较广泛地存在[2]。亦即，约定专用部分性质上与专有部分相同，故其修缮应由该特定业主或特定第三人为之，并自行负担修缮费用。不过，比较法上的通说与实证经验认为，因使用约定专用部分肇致的损坏尽管应由约定专用部分使用权人承担修缮义务与费用，但如损坏系因约定专用部分的结构老旧、朽坏而引起，则应对专用使用权设定时的情形、费用（对价）负担及损坏的状况、程度等予以衡平考量后决定修缮义务与费用的承担，而非一律由专用使用权人负担。[3]

2. 二人或二人以上共有专有或约定专用部分时的修缮决定与费用承担

实务中，专有部分由二人或二人以上共有的情形也不时有之。既然为共有，

---

[1] 参见廖国宏："区分所有建筑物修缮与重建问题之研究"，台湾东海大学法律研究所 2005 年硕士学位论文，第 54—55 页。

[2] 温丰文：《建筑物区分所有权之研究》，三民书局 1992 年版，第 69 页。

[3] ［日］玉田弘毅编：《公寓的法律纷争》，有斐阁 1984 年版，第 139—140 页；廖国宏："区分所有建筑物修缮与重建问题之研究"，台湾东海大学法律研究所 2005 年硕士学位论文，第 55 页。

则其修缮决定与费用承担即应依物权法共有的规定处理。《物权法》第 97 条规定：“处分共有的不动产或者动产以及对共有的不动产或者动产作重大修缮的，应当经占份额三分之二以上的按份共有人或者全体共同共有人同意，但共有人之间另有约定的除外。”据此规定，共有物除简易修缮（如公共楼梯间电灯损坏无法照明或玻璃、窗户碎裂时的换修[1]、共有墙面龟裂时的简单修补[2]）应由共有人自行为之外，其他修缮（如重大修缮）行为除另有约定外，应由占份额三分之二以上的按份共有人或全体共同共有人同意后（共同）为之。此时，修缮费用有约定的按约定负担，没有约定或者约定不明确的，按份共有人按份额负担，共同共有人共同负担（《物权法》第 98 条）。约定专用部分如系约定二个或二个以上使用权人共同使用，此时成立《物权法》第 105 条的准共有，应参照、准用《物权法》第 8 章的上述规定。

3. 其他问题

应指出的是，业主和约定专用部分使用权人修缮其专有或约定专用部分系其自身的权利，若未有业主或约定专用部分使用权人委托，他人不得代替为之。但是，若专有或约定专用部分的损坏程度已对建筑物本身的构造产生重大影响，业主或约定专用部分使用权人不修缮自己的专有或约定专用部分系违反全体业主的共同利益时，其他业主可代替修缮该专有或约定专用部分，由此产生的费用由该专有部分的业主或约定专用部分的使用权人承担[3]。

（二）修缮专有或约定专用部分时的权益调整

要对专有或约定专用部分实施修缮，除由业主或使用权人自行决定是否进行

---

[1] ［日］稻本洋之助、镰野邦树编著：《注释区分所有公寓标准管理规约》，日本评论社 2012 年版，第 79 页。

[2] 廖国宏：“区分所有建筑物修缮与重建问题之研究”，台湾东海大学法律研究所 2005 年硕士学位论文，第 55 页。

[3] ［日］青山正明：《注解不动产法 5 区分所有法》，青林书院 1997 年版，第 326—327 页；［日］稻本洋之助、镰野邦树：《注释建筑物区分所有权法》（第 2 版），日本评论社 2004 年版，第 336 页；廖国宏：“区分所有建筑物修缮与重建问题之研究”，台湾东海大学法律研究所 2005 年硕士学位论文，第 55 页；陈华彬：“日本区分所有建筑物修复制度的考察分析与启示”，载《环球法律评论》2013 年第 2 期，第 86 页。

修缮并承担其费用外，调整业主之间的权益也十分重要。换言之，因修缮专有或约定专用部分时常常需要使用他人的专有部分、约定专用部分或共有部分，且使用时可能损害其他业主或第三人的权益，造成损害，若其他业主或第三人据此加以阻挠，则不利于修缮工程的实施，所以有必要对修缮专有或约定专用部分时涉及的业主或第三人的权益加以调整。在我国今日的区分所有建筑物修缮的实务中，此种情形屡有发生。惟我国《物权法》和《物业管理条例》并无调整业主或第三人权益的规定，是为重要立法缺漏，宜予以补充。

为使专有或约定专用部分的修缮顺利进行，日本《建筑物区分所有权法》与我国台湾地区"公寓大厦管理条例"创设了业主或约定专用部分使用权人可对他人的专有部分、约定专用部分或共有部分在必要范围内予以使用，[1]以及业主和约定专用部分使用权人应对因修缮而造成的损害予以恢复原状和赔偿的制度。

1. 修缮专有或约定专用部分时，业主或约定专用部分使用权人可对他人的专有或约定专用部分在必要范围内予以使用

所谓对他人的专有或约定专用部分的使用，又称对他人的专有部分或约定专用部分的进入或一时的使用[2]，系允许修缮专有或约定专用部分时，业主或约定专用部分使用权人可对他人的专有或约定专用部分于必要范围内予以使用，由此使修缮工程得以顺利进行。此对专有部分等的一时的使用，须是"业主因保存或改良其专有部分或共有部分"，且须限定于在"必要范围"内（日本《建筑物区分所有权法》第6条第2项第1句）。所谓"必要范围"，指业主或约定专用部分使用权人请求使用他人专有部分等时，应尽量在不困扰他业主的时期、方法与最小限度的必要的场所范围内为之。由此，其使用的期间当然是暂时性（临时性）的，长期、永久或随时的使用是不允许的。而且，依日本实务与解释，该请求权为业主之

1　需注意的是，除日本法和我国台湾地区"公寓大厦管理条例"外，德国《住宅所有权法》于第14条第4项也设有类似的规定。限于篇幅，本文重点分析前二者的规定，对于德国法的规定仅于相关部分涉及。

2　［日］稻本洋之助、镰野邦树：《注释建筑物区分所有权法》（第2版），日本评论社2004年版，第49页。

间相互享有的法定请求权，各业主应就使用的范围、方法与时期等订立具体的协议（契约）。未订协议（契约）而使用他人的专有部分等产生损害的，使用人不仅须支付补偿金，且被使用的专有部分等的业主可以权利滥用为由而请求停止该使用。[1]

应指出的是，日本《建筑物区分所有权法》第 6 条第 3 项还规定：上述规定"对业主以外的专有部分占有人准用之"。亦即，对他人专有部分等行使使用请求权时，除可对专有部分的所有人（业主）为之外，若业主已将其专有部分出租或出借，也可向承租人或借用人等专有部分的占有人行使[2]。使用请求权行使的对象，不限于物理上前后左右或上下相邻接的专有部分，物理上即使未邻接，只要是建筑物修缮的必要范围内，亦可对之行使[3]。

如前述，对他人专有部分等的使用请求权，性质上为法定请求权且为强行规定。由此，业主等不得以管理规约或当事人之间的约定（契约）加以排除，且此使用请求权包含了对他业主的专有部分等的进入权。[4]该使用请求权的对象为现在使用专有部分等的业主、承租人或借用人。当此等人拒绝请求人对专有部分等的使用时，请求人可诉请法院依《日本民法》第 414 条第 2 项但书的规定以判决代替其承诺（同意）予以使用。之所以需要获得请求对象的承诺（同意），是因为对他人专有部分等的使用权与《日本民法》的邻地使用权相类似。《日本民法》第 209 条第 1 项规定："土地所有人在境界及其附近建造围墙或建筑物，或者修缮，可以请求在必要的范围内使用邻地。但未经邻人的承诺，不能进入其住宅。"该条的使用邻地的请求，通说与实务见解认为，如果不能获得邻人的承诺（同

1　[日] 稻本洋之助、镰野邦树：《注释建筑物区分所有权法》（第 2 版），日本评论社 2004 年版，第 50 页。

2　[日] 原田纯孝："区分所有建筑物中出租人的权利义务"，载《法律时报》第 55 卷第 9 号，第 35 页；温丰文：《建筑物区分所有权之研究》，三民书局 1992 年版，第 44 页；[日] 丸山英气编：《区分所有法》，大成出版社 1984 年版，第 57 页；[日] 稻本洋之助、镰野邦树：《注释建筑物区分所有权法》（第 2 版），日本评论社 2004 年版，第 52—53 页。

3　[日] 玉田弘毅："建筑物区分所有法逐条研究（12）"，载《判例时报》第 354 号，第 114 页；温丰文：《建筑物区分所有权之研究》，三民书局 1992 年版，第 44 页。

4　[日] 稻本洋之助、镰野邦树：《注释建筑物区分所有权法》（第 2 版），日本评论社 2004 年版，第 51 页。

意），则需获得代替承诺（同意）的判决之后方能使用邻地。考虑到对邻人的人格的尊重与保护，若未获得邻人的承诺（同意），即便有代替承诺（同意）的法院的判决，也不允许进入邻人的住宅。惟区分所有建筑物因具有不同于土地相邻关系的特质，所以应当是：尽管未获得被进入的专有部分等的权利人的承诺（同意），但获得了代替该承诺（同意）的法院的判决的，也是可以进入的。[1]

我国台湾地区"公寓大厦管理条例"第 6 条第 1 项第 2 款规定："他住户因维护、修缮专有部分、约定专用部分或设置管线，必须进入或使用其专有部分或约定专用部分时，不得拒绝。"同条第 2 项还规定："前项第二款至第四款进入或使用，应择其损害最少之处所及方法为之，并应修复或补偿所生损害。"据此，在我国台湾地区，业主修缮专有与约定专用部分时，系以对他人专有部分等的进出权、使用权作为权益调整的手段。

上述进出权、使用权的行使主体为业主或约定专用部分使用权人（即他住户）；其行使的相对人则为因修缮而需进入或使用其专有或约定专用部分的业主、使用权人或占有人；进入或使用，应选择损害最少的处所与方法为之；进出权、使用权的性质，依我国台湾地区学者通说，其为民法相邻关系的特别规定，为一种邻地使用权（相邻关系使用权），而非独立请求权[2]。

为妥善调整业主间的权益并基于科学性和严谨性的考量，应借鉴比较法上的如下经验：

其一，为使修缮顺利进行，日本与我国台湾地区的规定值得借鉴。依日本法，修缮专有或约定专用部分时，业主或约定专用部分使用权人可对他人的专有部分等予以使用；在我国台湾地区，住户因维护、修缮专有部分、约定专用部分或设置管线，必须进入或使用他人的专有或约定专用部分时，该他人不得拒绝，即修缮专有或约定专用部分的业主或使用权人享有进出、使用权。日本与我国台

1　［日］稻本洋之助、镰野邦树：《注释建筑物区分所有权法》（第 2 版），日本评论社 2004 年版，第 51 页。

2　谢在全：《民法物权论》（修订五版，上册），中国政法大学出版社 2011 年版，第 214 页。

湾地区此种明定进出、使用权的做法，较之我国目前以相邻关系规则来调处区分
所有建筑物修缮中对他人专有或约定专用部分的进出和使用，对业主的保护更为
有利，值得借鉴。

其二，日本法规定，对专有部分等的使用只能是"一时（暂时）性"的使
用，即需是"业主因保存或改良其专有部分或共有部分"，于"必要范围"内使
用。对此，我国台湾地区只规定，进入或使用应选择损害最少的处所与方法为
之。两相比较，日本的规定完善、明确，而我国台湾地区的规定则欠周延。另外，
值得提及的是，由梁慧星研究员主持起草的《中国民法典草案建议稿附理由（物
权编）》第 311 条第 2 款也规定，因修缮而进入或者使用他人专有或约定专用部
分时，应选择损害最少的处所及方法为之 [1]。此规定具有积极意义，值得重视。

其三，对他人专有部分等的进出、使用权，其性质依日本通说与实务见解，
为一种强制性的法定请求权，而且对于他业主的专有部分等的进入，即便未获得
该人的承诺（同意），但获得了代替该承诺（同意）的法院的判决也是可以的。
对此，我国台湾地区学说与实务见解认为，对他人专有部分等的进出、使用权属
于相邻关系的特别规定，为一种邻地使用权（相邻关系使用权），而非独立请求
权。值得注意的是，此种认识在我国目前的司法实务中也得到了某种程度的反
映，即现今司法实务与学界倾向于以相邻关系规则作为裁判区分所有建筑物中进
出并使用他人专有或约定专用部分的法律依据或规则。[2] 惟笔者认为，基于此种进
出、使用权的明确性和法定性，进而可以作为一种独立的诉因提起诉讼以周到保
护使用人的考量，我国应取日本法的经验，将对他人专有部分等的进出、使用权
解释为一种法定请求权，而非相邻关系的特别规定，即不属于一种相邻关系使用权。

---

[1]　参见梁慧星主编：《中国民法典草案建议稿附理由（物权编）》（陈华彬执笔），法律出版社
2013 年版，第 165 页。

[2]　比如，朱卫东诉郭有才、广州市商业储运公司物权保护纠纷案中，被告因修缮其房屋漏水部
位而经承租人（原告房屋彼时已出租）同意进入原告所有的住宅，但原告以所有权受到侵犯为由，拒
绝被告进入并使用其住宅，要求恢复原状、赔偿损失并由此诉至法院。经二审，法院认定原被告房屋
上下相邻，构成不动产相邻关系，于是依《物权法》第 88、92 条有关相邻关系的规则进行裁判，以
调整业主间权益。参见（2014）穗中法五终字第 61 号民事判决书。

2. 修缮专有或约定专用部分时，业主或约定专用部分使用权人可使用不属于自己所有的共有部分

修缮专有或约定专用部分时，业主或约定专用部分使用权人除可进出、使用他人的专有或约定专用部分外，也可使用不属于自己所有的共有部分。对此，日本《建筑物区分所有权法》第 6 条第 2 项定有明文。日本法之所以规定可以使用不属于自己所有的共有部分，是因为业主对于自己所有（即业主自身享有共有份额权）的共有部分得当然享有使用权。而所谓不属于自己所有的共有部分，主要指供一部分业主共用的建筑物部分与附属建筑物。[1]

我国台湾地区"公寓大厦管理条例"第 6 条第 1 项第 4 款规定："于维护、修缮专有部分、约定专用部分或设置管线，必须使用共用部分时，应经管理负责人或管理委员会之同意后为之。"应指出的是，该条款为我国台湾地区 2003 年修改其"公寓大厦管理条例"时所新增，2006 年再度修改时维持此规定。于本款被追加规定前，业主修复专有或约定专用部分而需使用共有部分时，是无需经任何人同意的。现行"公寓大厦管理条例"之所以规定修缮专有或约定专用部分而使用共有部分时应经管理负责人或管理委员会的同意后为之，系在避免业主任意使用共有部分而导致公共利益受到侵害。具体言之，其一，共有部分性质上尽管系业主共有而应由住户共同使用，但若住户因修缮而于共有部分上任意置放工作物、材料等，可能造成其他住户使用上的不便[2]；其二，由于性质上的特殊性，某些共有部分（如机房、水塔等）住户不得擅自进入，而应与管理负责人或管理委员会一同进入，以维护其他业主或住户的权益[3]。[4]

1　[日] 稻本洋之助、镰野邦树：《注释建筑物区分所有权法》（第 2 版），日本评论社 2004 年版，第 50—51 页。

2　陈佳文、陈帅正："公寓大厦管理条例修正方向之探讨（一）"，载《现代地政》总第 284 期（2006 年 2 月），第 35 页。

3　戴东雄："公寓大厦管理条例上专有部分与共用部分之理论及屋内漏水之修缮"，载《法学丛刊》1998 年第 43 卷第 1 期，第 14 页。

4　廖国宏："区分所有建筑物修缮与重建问题之研究"，台湾东海大学法律研究所 2005 年硕士学位论文，第 61—62 页。

上述业主或住户因修缮专有或约定专用部分而取得管理负责人或管理委员会的同意后使用共有部分的，应依我国台湾地区"公寓大厦管理条例"第 6 条第 2 项的规定，选择损害最少的处所与方法为之。若业主或住户未经同意使用共有部分，管理负责人或管理委员会应负责协调，若业主或住户置之不理，则应请求主管机关或诉请法院为必要的处置。相反，若管理负责人或管理委员会无正当理由拒绝业主或住户使用共有部分，业主或住户可诉请法院排除妨害而予使用 [1]。

为妥善调整业主间的权益，以下经验值得借鉴：

其一，在使用共有部分方面，日本法的规定值得借鉴。其规定业主或专用部分使用权人修缮专有或约定专用部分时，可使用不属于自己所有的共有部分。所谓不属于自己所有的共有部分，应解释为指供一部分业主共用的建筑物部分与附属建筑物。至于业主自己所有（即业主自身享有共有份额权）的共有部分，其当然有使用权。对此，我国台湾地区并无规定。

其二，在对共有部分使用的管理（同意）方面，我国台湾地区的规定值得取法。其规定，于维护、修缮专有或约定专用部分抑或设置管线必须使用共有部分时，应经管理负责人或管理委员会的同意后为之。其旨趣在于避免业主任意使用共有部分而导致公共利益受到侵害。此规定堪称允当。

其三，在对共有部分使用的限制方面，我国台湾地区规定，业主或住户因修缮专有或约定专用部分而取得管理负责人或管理委员会同意使用共有部分时，应选择损害最少的处所与方法为之。此点值得借鉴。

其四，在对共有部分使用纠纷的调处方面，我国台湾地区的规定与解释论值得借鉴。依其规定和解释，业主未经同意使用共有部分的，管理人应负责协调，业主置之不理仍予使用的，应请求主管机关或诉请法院采取必要的措施；相反，若管理人无正当理由拒绝业主或住户使用共有部分，业主或住户可诉请法院排除妨害而予使用。

1　廖国宏："区分所有建筑物修缮与重建问题之研究"，台湾东海大学法律研究所 2005 年硕士学位论文，第 62 页。

3. 业主或约定专用部分使用权人应对因修缮而造成的损害恢复原状和赔偿

业主或约定专用部分使用权人应对因修缮而造成的损害恢复原状和赔偿，包括使用他人专有或约定专用部分与共有部分所造成的损害，以及修缮工程本身所导致的损害。

所谓使用他人专有或约定专用部分与共有部分所造成的损害，指使用的业主等对于因其使用他人的专有或约定专用部分抑或共有部分所造成的损害，负有恢复原状或支付补偿金的义务。日本《建筑物区分所有权法》第 6 条第 2 项后句与我国台湾地区"公寓大厦管理条例"第 6 条第 2 项对此均定有明文。我国《物权法》与《物业管理条例》未有明文规定，但鉴于以上经验的可借鉴性，笔者认为，在这些方面，我国也应作同样的解释和对待。应注意的是，与侵权行为损害赔偿请求权系基于行为人故意、过失的违法行为不同，此种使用人对他人专有或约定专用部分抑或共有部分所造成的损害系基于适法行为而生，故受害人仅需证明有损害的发生即可请求恢复原状或赔偿损害。另外，此恢复原状与补偿金请求权性质上为债权请求权，故应适用普通消灭时效的规定 [1]。

所谓修缮工程本身所导致的损害，指实施修缮过程中挖断共用管线，毁损、拆除梁柱、墙壁等因故意或过失对他人造成的损害。此因属侵权行为，所以依《侵权责任法》第 15 条责任承担方式的顺序，无论修缮工程系由业主等亲自实施，抑或委托他人为之，该业主均应恢复原状；若不能恢复原状或恢复原状有明显困难时，应予损害赔偿。另外，此侵权行为损害赔偿请求权的消灭时效为 2 年的普通诉讼时效。

三、共有与约定共有部分的修缮

共有部分是指专有部分以外的建筑物部分与不属于专有部分的建筑物附属

---

[1] 温丰文：《建筑物区分所有权之研究》，三民书局 1992 年版，第 44 页；黄江颖："区分所有建筑物修缮与重建之研究"，台湾东海大学法律研究所 1993 年硕士学位论文，第 15 页；廖国宏："区分所有建筑物修缮与重建问题之研究"，台湾东海大学法律研究所 2005 年硕士学位论文，第 62—63 页。

物，以及依管理规约约定为共有部分的附属建筑物。亦即，共有部分可以区分为法定共有部分、天然共有部分及约定共有部分三类。依最高人民法院《建筑物区分所有权解释》，法律、行政法规明确规定属于业主共有的部分，为法定共有部分，其包括：（1）建筑区划内的道路，属于业主共有，但属于城镇公共道路的除外；（2）建筑区划内的绿地，属于业主共有，但属于城镇公共绿地或者明确属于个人的除外；（3）建筑区划内的其他公共场所、公用设施；（4）物业服务用房；（5）占用业主共有的道路或者其他场地用于停放汽车的车位；（6）电梯、水箱。所谓天然共有部分，依《建筑物区分所有权解释》，系指法律没有规定，合同也没有约定，而且一般也不具备登记条件，但从其属性上天然属于共有的部分，包括建筑物的基础、承重结构、外墙、屋顶等基本结构部分，通道、楼梯、大堂等公共通行部分，消防、公共照明等附属设施设备，避难层或者设备间等结构部分。除上述法定共有与天然共有部分外，其他不属于业主专有部分，也不属于市政公用部分或者其他权利人所有的场所和设施等，属于约定共有部分[1]。[2]

共有与约定共有部分的修缮，与专有与约定专用部分的修缮相同，涉及修缮的决定与程序、修缮费用的承担及业主间的权益调整。以下就德国、日本与我国台湾地区有关共有与约定共有部分的修缮决定及其程序的规定予以分析。

（一）共有与约定共有部分的修缮决定及其程序

1. 德国

德国规范区分所有关系的《住宅所有权法》制定于 1951 年，2007 年时进行过最新一次修改。与日本和我国台湾地区相同，于德国，共有部分的修缮被认为

---

[1] 也就是说，约定共有部分是指构造上、利用上具有独立性的专有部分，经业主管理规约的约定而供业主共同使用者。对此，请参见陈华彬：《建筑物区分所有权》，中国法制出版社 2011 年版，第 113—114 页。

[2] 杜万华、辛正郁、杨永清："最高人民法院《关于审理建筑物区分所有权纠纷案件具体应用法律若干问题的解释》、《关于审理物业服务纠纷案件具体应用法律若干问题的解释》的理解与适用"，载《法律适用》2009 年第 7 期。

属于区分所有建筑物共有部分管理的范畴 [1]。依其规定，共有部分管理的决定及其程序分为以下 4 种情形：（1）共有部分通常的使用、管理，由业主共有份额的过半数同意后为之（德国《住宅所有权法》第 15、21 条）；（2）超过共有部分通常的维持、修缮的建筑上的变更，此与共有部分通常的使用、管理相同，由业主共有份额的过半数同意后为之（德国《住宅所有权法》第 22 条第 1 项）；（3）采取使共有部分现代化的措施，此因涉及业主的重大共同利益，所以其决定与程序要求较严，需由业主四分之三以上的多数且共有份额的过半数同意后为之（德国《住宅所有权法》第 22 条第 2 项）；（4）采取使共有部分发生本质（根本）性变更的措施，此因涉及业主的根本、重大利益，所以其决定与程序要求最严，即需获得全体业主的一致同意后方可为之 [2]。据此可知，在德国，区分所有建筑物共有部分修缮的决定及其程序，系分别不同的情形而确定。当涉及对共有部分作本质（根本）性的变更时，需获得全体业主的一致决，即经业主全体同意后为之 [3]。

2. 日本

日本《建筑物区分所有权法》制定于 1962 年，其后于 1983 年和 2002 年曾进行过两次修订。依其规定，区分所有建筑物的修缮与德国法相同，也属于区分所有建筑物管理的范畴。日本 2002 年修订其《建筑物区分所有权法》时根据采取措施的重大性，依次将共有部分的（广义的）管理（修缮等）行为界分为共有部分的狭义的管理（日本《建筑物区分所有权法》第 18 条第 1 项）、共有部分的轻微变更（日本《建筑物区分所有权法》第 18 条第 1 项）、共有部分的变更（日本

1　Wolf - Rüdiger Bub, in Staudingers Kommentar zum Bürgerlichen Gesetzbuch, WEG Band1, 13. Aufl., 2005., §20 Rdnr. 4 (S. 540).

2　［日］伊藤荣寿：《所有权法与团体法的交错：对业主的团体拘束的根据与界限》，成文堂 2011 年版，第 125—155 页。

3　值得指出的是，德国法尤其强调对区分所有建筑物的包括修缮在内的管理，认为对住宅所有权人共同关系（业主共同体关系）而言，包括修缮在内的管理是特别重要的。盖通过这样的管理（修缮），可以延长建筑物的寿命。在德国，建筑物的寿命通常被认为可长达 200 年。参见 Werner Merle, in Bärmann, Wohnungseigentumsgesetz Kommentar, 10. Aufl., 2008., Vor §20 Rdnr. 1 (S. 560).

《建筑物区分所有权法》第 17 条第 1 项）及共有部分的保存行为（日本《建筑物区分所有权法》第 18 条第 1 项）四类[1]。据此四类区分，日本法就共有与约定共有部分的修缮决定与程序作出了不同的规定。

依日本《建筑物区分所有权法》第 17 条第 1 项、第 18 条第 1 项的规定及其解释，所谓共有部分的狭义的管理，系指除共有部分的变更和共有部分的轻微变更外，并不引起共有部分的确定性变更的"对共有部分的单纯修缮改良行为"。例如，改装共同的浴池，规定共有部分的使用方法，指定来客用的停车位置，雇人清扫共有部分等，均属于狭义的管理事项[2]。由于此事项性质较轻微，所以依普通程序（即由业主人数与表决权逾二分之一）的决议予以决定即可，且也可依管理规约而由管理人决定是否对共有部分进行此等狭义的管理行为。所谓共有部分的轻微变更，系指"共有部分的外观或效用无明显的改变"。由于此事项性质上较轻微，所以其在程序上与共有部分的狭义的管理相同。另外，依解释，此轻微变更，在法律上并不是日本《建筑物区分所有权法》第 17 条所定的"变更"，而是将其作为"管理"加以对待和处理[3]。所谓共有部分的变更，系指"共有部分的外观或效用的明显改变"。由于此事项涉及业主的重大共同利益，所以须由业主人数与表决权各四分之三以上的多数决同意后为之，同时仅可依管理规约而将业主的四分之三的法定人数减至过半数。所谓共有部分的保存行为，系指为防止共有部分的毁损、灭失而维持共有部分的现状的行为。此类行为因性质上属于轻微的行为且有利于全体业主，所以无须业主大会作出决议，业主即可单独为之[4]。

1　〔日〕伊藤荣寿：《所有权法与团体法的交错：对业主的团体拘束的根据与界限》，成文堂 2011 年版，第 125 页。

2　〔日〕稻本洋之助、镰野邦树：《注释建筑物区分所有权法》（第 2 版），日本评论社 2004 年版，第 106—107 页。

3　〔日〕稻本洋之助、镰野邦树：《注释建筑物区分所有权法》（第 2 版），日本评论社 2004 年版，第 101 页。

4　〔日〕稻本洋之助、镰野邦树：《注释建筑物区分所有权法》（第 2 版），日本评论社 2004 年版，第 95—107 页。

值得指出的是，上述日本法的共有部分的修缮决定及其程序要求与前述德国法的共有部分的修缮决定及其程序要求十分近似。之所以如此，是因为日本 2002 年修改其《建筑物区分所有权法》而规定共有部分的修缮决定及其程序时着重参考借鉴了德国法 [1]。所不同的是，日本法规定了共有部分的保存行为由各业主单独为之，德国法规定了共有部分的本质（根本）性变更应经全体业主同意后为之。为更加清晰、明确地检视、对照日本法与德国法的共同点与差异，并从中觅到可供我国借镜、取法之处，兹将日本《建筑物区分所有权法》与德国《住宅所有权法》关于共有部分的修缮决定及其程序的规定表解说明如下 [2]：

日本《建筑物区分所有权法》	德国《住宅所有权法》
共有部分的狭义的管理（第 18 条第 1 项） 程序：由业主与表决权的过半数同意后为之	共有部分通常的使用、管理（第 15、21 条） 程序：由业主共有份额过半数同意后为之
共有部分的轻微变更（不伴有外观或效用的明显变更）（第 18 条第 1 项） 程序：由业主与表决权的过半数同意后为之	超过共有部分通常的维持、修缮的建筑上的变更（第 22 条第 1 项） 程序：由业主共有份额的过半数同意后为之
共有部分的变更（外观或效用的明显变更）（第 17 条第 1 项） 程序：由业主与表决权的各四分之三以上的多数同意后为之	采取使共有部分现代化的措施（第 22 条第 2 项） 程序：由业主四分之三以上的多数且共有份额的过半数同意后为之
共有部分的保存行为（第 18 条第 1 项） 程序：由各业主单独为之	共有部分的本质（根本）性变更 程序：由全体业主同意后为之

3. 我国台湾地区

我国台湾地区"公寓大厦管理条例"设有共有部分的修缮决定及其程序的规定，与上述德国法、日本法不同的是，其将共有部分的修缮区分为一般修缮与重

1　［日］伊藤荣寿：《所有权法与团体法的交错：对业主的团体拘束的根据与界限》，成文堂 2011 年版，第 126 页。

2　［日］伊藤荣寿：《所有权法与团体法的交错：对业主的团体拘束的根据与界限》，成文堂 2011 年版，第 126 页；陈华彬：《建筑物区分所有权》，中国法制出版社 2011 年版，第 296—297 页。

大修缮。兹分述如下 [1]：

第一，一般修缮。"公寓大厦管理条例"第 8 条第 1 项、第 11 条第 1 项将共有部分的变更、拆除、改良与修缮并列规定，由此在解释上，变更、拆除与改良行为均非该条例所称的修缮行为。而修缮行为应如何进行，又因一般修缮与重大修缮而有差异 [2]。

"公寓大厦管理条例"第 10 条第 2 项第 1 句规定："共有部分、约定共有部分之修缮、管理、维护，由管理负责人或管理委员会为之。"此所谓修缮，即指一般修缮，具体包括简易修缮（如换修灯泡或玻璃）、通常维修（如修补破裂的防水层）及周期（计划）修缮（如定期维修电梯、修补外墙）等。共有部分的此等修缮由管理负责人或管理委员会为之。尽管如此，我国台湾地区通说认为，业主仍然有权对共有与约定共有部分实施简易修缮和保存行为 [3]。盖简易修缮与保存行为由业主单独为之，既具有迅速便捷的效果，也对其他业主或物业使用人（专有部分占有人）有益无害 [4]。

第二，重大修缮。依"公寓大厦管理条例"第 11 条第 1 项的规定，共有与约定共有部分的重大修缮，应依业主大会的决议为之。所谓业主大会的决议，指业主为共同事务与涉及有关权利义务的事项，召集全体业主所举行的会议。重大修缮的决议，除管理规约另有规定外，应由业主三分之二以上及其区分所有权比例合计三分之二以上出席，以出席人数四分之三以上及其区分所有权比例占出席人数区分所有权四分之三以上的同意后为之（第 31 条）。重大修缮的判定，应依具体情形视工程规模、费用多寡等综合判断。一般言之，翻修区分所有建筑物的

1　廖国宏："区分所有建筑物修缮与重建问题之研究"，台湾东海大学法律研究所 2005 年硕士学位论文，第 64—69 页。

2　廖国宏："区分所有建筑物修缮与重建问题之研究"，台湾东海大学法律研究所 2005 年硕士学位论文，第 64 页。

3　谢在全："区分所有建筑物共有部分之管理"，载《高雄律师会讯》1996 年第 1 卷第 6 期，第 24 页。

4　廖国宏："区分所有建筑物修缮与重建问题之研究"，台湾东海大学法律研究所 2005 年硕士学位论文，第 65 页。

外墙、全面更换管线及改建大门等均属之 [1]。

4. 评议分析

由上可知，各国家和地区关于共有与约定共有部分的修缮决定及其程序的最大差异，在于德国与日本基本相同，而我国台湾地区则区分为一般修缮与重大修缮而异其规定。同时，在表述上，我国台湾地区将共有部分的变更、拆除、改良与修缮并列规定，由此带来各概念解释与适用的困难。此外，我国台湾地区关于业主大会会议的决议，还设有出席门槛的限制（业主与区分所有权比例三分之二以上）。此限制应无必要。盖只要有业主及区分所有权过半数以上同意，决议即可成立，有多少业主与多少区分所有权比例出席应无须加以规范 [2]。德国法与日本法将共有与约定共有部分的修缮类型化为四种情形，并针对每种情形而设立不同的规定，具有清晰明确的优点，堪称允当。如前述，我国《物权法》第 76 条第 1 款第 6 项和该条第 2 款第 1 句只规定"改建、重建建筑物及其附属设施"，"应当经专有部分占建筑物总面积三分之二以上的业主且占总人数三分之二以上的业主同意"。此规定过于笼统、简略，不足以应对实务的需要。我国将来制定单独的建筑物区分所有权法或修改现行《物权法》抑或制定民法典时，宜取德国法与日本法的经验，分不同情形而对共有与约定共有部分的修缮决定及其程序予以明文。

（二）修缮共有与约定共有部分的费用分担

在比较法上，修缮共有与约定共有部分的费用，除业主大会会议的决议或管理规约另有规定外，应由业主按其共有的应有部分（应有份额、共有持份）的比例分担 [3]。共有的应有部分按照业主专有部分占建筑物总面积的比例确定（《物权法》第 80 条第 2 句）。另外，依建筑物区分所有权法理与比较法上的通说，专

---

[1] 廖国宏："区分所有建筑物修缮与重建问题之研究"，台湾东海大学法律研究所 2005 年硕士学位论文，第 65 页。

[2] 廖国宏："区分所有建筑物修缮与重建问题之研究"，台湾东海大学法律研究所 2005 年硕士学位论文，第 68 页。

[3] 对此请参见德国《住宅所有权法》第 16 条第 2 项，日本《建筑物区分所有权法》第 19 条，及我国台湾地区"公寓大厦管理条例"第 10 条第 2 项、第 11 条第 2 项。

有部分的共同壁、楼地板或其内的管线 [1]，其维修费用应由该共同壁双方或楼地板上下方的业主共同承担。惟修缮系因可归责于业主或物业使用人（专有部分占有人）的事由而引起时，其费用应由该业主或物业使用人（专有部分占有人）承担 [2]。鉴于比较法经验的可借鉴性，笔者认为，在这些方面，我国也应作同样的解释和对待。

《物权法》第 80 条规定："建筑物及其附属设施的费用分摊、收益分配等事项，有约定的，按照约定；没有约定或者约定不明确的，按照业主专有部分占建筑物总面积的比例确定。"由此规定可知，我国法关于共有与约定共有部分的修缮费用的分担，系与上述德国、日本及我国台湾地区的做法基本相同，惟我国的规定较为简略。值得提及的是，我国原建设部于 1989 年颁布的《城市异产毗连房屋管理规定》，对异产毗连房屋（含区分所有建筑物）发生自然损坏时的修缮费用的承担自房屋主体结构、共有墙体、楼盖、屋盖、楼梯及楼梯间、房屋共有部分的修饰、房屋共有、共用的设备及附属设施等七个方面作了规定。尽管该规定已被废止，但对于现今处理区分所有建筑物修缮实务中的费用负担问题仍不失其参考价值。另外，我国《物权法》第 79 条规定："建筑物及其附属设施的维修资金，属于业主共有。经业主共同决定，可以用于电梯、水箱等共有部分的维修……"据此规定可知，在我国，经全体业主共同决定，建筑物及其附属设施的维修资金，可以用于修缮电梯、水箱等共有部分 [3]，惟业主如何决定维修资金的使用，则应依《物权法》第 76 条第 1 款第 5 项的规定为之。[4]

---

[1]　此所谓"其内的管线"，仅限于一部共用的管线，全体共用的管线的修缮费用通常应由业主按其共有的应有部分（应有份额、共有持份）的比例分担。对此请参见谢在全："区分所有建筑物共有部分之管理"，载《高雄律师会讯》1996 年第 1 卷 6 期，第 24 页；廖国宏："区分所有建筑物修缮与重建问题之研究"，台湾东海大学法律研究所 2005 年硕士学位论文，第 70 页。

[2]　参见我国台湾地区"公寓大厦管理条例"第 12 条。

[3]　需注意的是，德国、日本并无类似规定，但我国台湾地区有之，对此请参见我国台湾地区"公寓大厦管理条例"第 10 条第 2 项第 2 句。

[4]　全国人大常委会法制工作委员会民法室编：《中华人民共和国物权法条文说明、立法理由及相关规定》，北京大学出版社 2007 年版，第 123 页。

（三）修缮共有与约定共有部分时的权益调整

区分所有建筑物的共有与约定共有部分的修缮，往往可能对某特定专有部分的使用产生特别的影响。比如，由于共有部分的修缮，造成不能自由出入某专有部分，或者造成某专有部分的采光（日照）、通风等受到影响或恶化。为应对此问题，即需对有关业主的权益进行调整。

在比较法上，日本《建筑物区分所有权法》第17条第2项规定："共有部分的变更（修缮）对专有部分的使用有特别影响时，应（必须）获得该专有部分所有权人的同意。"据此规定可知，当共有部分的变更（修缮）对专有部分的使用有特别影响时，尽管业主大会已经依该法第17条第1项以多数决做出了修缮共有部分的决议，但若其未获得该专有部分受到特别影响的业主的同意（承诺），该共有部分的修缮也是不能进行的[1]。盖为避免个别业主因业主大会会议的多数决决议而遭受不利益，保护个别专有部分受到特别影响的业主的利益，于是设此保护规定。所谓特别影响，指因修缮工程的进行导致业主出入不便，或是因修缮的结果而导致专有部分的采光（日照）、通风等受到影响，且其影响已超出一般程度而对其特别不利益。至于影响是否超出一般程度，应就修缮行为的必要性及其利益与个别业主由此所受的不利益加以衡量。但是，当共有部分的修缮对专有部分的影响轻微或暂时不能确定是否产生影响，抑或共有部分变更修缮的施工虽造成其出入不便但时间并不长时，除有特别情事外即不得拒绝同意（承诺），否则应视为违反全体业主共同利益的行为[2]。另外，受特别影响者为已设定专用使用权的共有部分，而该专用使用权的取得系支付了相当的对价时，则业主大会会议的决议关于该专用使用权的废止或该部分的变更，应获得专用使用权人的同意；

---

[1] ［日］稻本洋之助、镰野邦树：《注释建筑物区分所有权法》（第2版），日本评论社2004年版，第105页。

[2] ［日］川岛武宜编集：《注释民法（7）·物权（2）》，有斐阁1981年版，第381页；［日］渡邊晋：《最新区分所有法解说》，住宅新报社2004年版，第46页；［日］稻本洋之助、镰野邦树：《注释建筑物区分所有权法》（第2版），日本评论社2004年版，第105页；廖国宏："区分所有建筑物修缮与重建问题之研究"，台湾东海大学法律研究所2005年硕士学位论文，第70页。

订有契约的，应依契约处理[1]。

除日本外，德国与我国台湾地区对共有与约定共有部分修缮时的权益调整也设有类似规定。德国《住宅所有权法》第 14 条第 4 项规定："在维持或修缮共同财产（共有部分）的必要范围内，业主应容许他人进入及使用其专有部分。"我国台湾地区"公寓大厦管理条例"第 6 条第 1 项第 3 款规定："管理负责人或管理委员会因维护、修缮共有部分或设置管线，必须进入或使用业主的专有部分或约定专用部分时，业主不得拒绝。"值得指出的是，德国与我国台湾地区的这些规定的解释论大体与上述日本法的解释论相同[2]。我国现行法律体系中并无与此相类似的规定，仅《物业管理条例》第 56 条第 1 款（2016 年修正后为第 55 条第 1 款）规定："物业存在安全隐患，危及公共利益及他人合法权益时，责任人应当及时维修养护，有关业主应当给予配合。"此规定过于简略且较偏狭，为妥善应对实务的需要，有关业主在建筑物维护、修缮时提供方便（即"配合"），不应仅限于物业存在安全隐患时，日常的修缮改良也应如此。所谓应当给予配合，解释上应认为包括可以进入他人的专有部分。同时，为使我国实务中顺利应对和处理此类问题并使立法得以完善，将来宜通过立法吸纳以上经验，在立法上创制清晰、明确的规定。

四、区分所有建筑物修缮费用的来源或取得

对于区分所有建筑物的修缮而言，修缮费用的筹措与取得是十分重要的。如前述，专有或约定专用部分的修缮费用由业主或使用权人自己承担，共有或约定共有部分的修缮费用由全体或一部分共有人分担。这些修缮费用的来源或取得途

---

[1] ［日］青山正明编：《区分所有法》，青林书院 1997 年版，第 91 页；廖国宏："区分所有建筑物修缮与重建问题之研究"，台湾东海大学法律研究所 2005 年硕士学位论文，第 71 页。

[2] 关于此方面的德国法的解释论，参见［日］伊藤荣寿：《所有权法与团体法的交错：对业主的团体拘束的根据与界限》，成文堂 2011 年版，第 125 页以下；关于此方面的我国台湾地区"法"的解释论，参见廖国宏："区分所有建筑物修缮与重建问题之研究"，台湾东海大学法律研究所 2005 年硕士学位论文，第 70—71 页。

径主要包括：管理费、专项维修资金、保险金、从政府部门获得的补助、从金融机构获得的贷款及临时收取的费用等[1]。分述如下。

（一）管理费

我国《物权法》与《物业管理条例》并无管理费的规定，但在区分所有建筑物管理的实务上，由管理委员会向业主预先收取维持管理共有部分所需的费用，用以支付日常维护、修缮支出及管理人的薪资的现象并不少见。管理费性质上为管理、维护、修缮共有部分所需的费用，其金额应由业主大会的会议决议确定，同时也可以管理规约明定，具体由管理委员会按时收取[2]。

（二）专项维修资金

在实务与比较法上，关于区分所有建筑物的修缮费用，各国家和地区法设有专项维修资金制度。此制度的设立，系为避免修缮费用一时不易筹措或取得[3]。德国《住宅所有权法》称专项维修资金为"特别费用"（第16条第3项），其主要用于共同财产（共有部分）的重大修缮[4]。依日本法，共有部分的管理费用包括"管理费"与"特别修缮费"，前者是指维护日常管理所需的费用，后者是指将来计划范围内的大规模修缮所需费用的预备金。此预备金即专项维修资金[5]。另外，我国台湾地区"公寓大厦管理条例"称专项维修资金为"公共基金"，并设有该制度的明文规定（第18条）。

根据原建设部、财政部2007年颁发、2008年施行的《住宅专项维修资金管理办法》，我国住宅专项维修资金是指专项用于住宅共用部位、共用设施设备保修

1　参见廖国宏："区分所有建筑物修缮与重建问题之研究"，台湾东海大学法律研究所2005年硕士学位论文，第83页。

2　廖国宏："区分所有建筑物修缮与重建问题之研究"，台湾东海大学法律研究所2005年硕士学位论文，第83—84页。

3　黄江颖："区分所有建筑物修缮与重建之研究"，台湾东海大学法律研究所1993年硕士学位论文，第12页。

4　［日］伊藤荣寿：《所有权法与团体法的交错：对业主的团体拘束的根据与界限》，成文堂2011年版，第260、263页。

5　［日］渡邊晋：《最新区分所有法解说》，住宅新报社2004年版，第241页；［日］稻本洋之助、镰野邦树编著：《注释区分所有公寓标准管理规约》，日本评论社2012年版，第85页。

期满后的维修和更新、改造的资金（第 2 条第 2 款）。其由业主交纳[1]，所有权属于业主，实行专户存储、专款专用、所有权人决策、政府监督的原则（第 4、9条），主要用于住宅共用部位、共用设施设备保修期满后的维修和更新、改造，不得挪作他用（第 18 条）[2]。业主大会成立前使用该专项维修资金的，须经住宅专项维修资金列支范围内专有部分占建筑物总面积三分之二以上的业主且占总人数三分之二以上的业主讨论，通过使用建议后予以使用[3]；业主大会成立后，其使用应由业主大会决定，业主委员会无权决定予以使用。业主委员会违规使用的，业主可以诉请人民法院予以撤销[4]。[5]

在保证住宅专项维修资金正常使用的前提下，业主委员会可按国家有关规定将该资金用于购买国债，但不得利用其从事国债回购、委托理财业务或者将购买的国债用于质押、抵押等担保行为。专项维修资金的收益归业主共有，转入住宅专项维修资金滚存使用，不能取出挪作他用，应用于住宅共用部位、共用设施设备保修期满后的维修、更新、改造。房屋所有权转让时，业主应当向受让人说明专项维修资金交存和结余情况并出具有效证明，该房屋分户账中结余的专项维修资金随房屋所有权同时过户。受让人应当持专项维修资金过户的协议、房屋权属证书、身份证等到专户管理银行办理分户账更名手续[6]。

（三）依建筑物损害保险合同而获得的保险金

为能确保因火灾、风灾、水灾等灾害造成区分所有建筑物毁损或灭失时筹措到修缮费用，预先与保险公司订立建筑物损害保险合同即十分必要[7]。由此，在

1　参见（2004）长中行终字第 168 号行政判决书（龚某某诉某市房屋产权管理局履行房屋权属转让登记法定职责案）。

2　参见（2010）罗刑初字第 46 号刑事判决书（白某某挪用公款案）。

3　参见（2012）二中民终字第 05129 号民事判决书（高某某诉北京某物业管理中心物业服务合同纠纷案）。

4　参见（2011）虹民三（民）初字第 1093 号民事判决书（崔某诉上海某物业管理有限公司、某业主委员会物业服务合同纠纷案）。

5　范君主编：《物业纠纷诉讼指引与实务解答》，法律出版社 2014 年版，第 298、306 页。

6　范君主编：《物业纠纷诉讼指引与实务解答》，法律出版社 2014 年版，第 298、303 页。

7　黄江颖："区分所有建筑物修缮与重建之研究"，台湾东海大学法律研究所 1993 年硕士学位论文，第 45 页。

比较实务上，各国家和地区大多定有依建筑物损害保险合同而获得保险金的制度。与前述专项维修资金制度相同，此也系为避免修缮费用一时不易筹措而设立的制度。依比较法经验，订立区分所有建筑物损害保险合同，宜经业主大会会议的决议为之，保险费由管理费中支付[1]。我国立法与实务上并无此项制度，此无疑为一项重要缺漏，宜借比较法[2]与实证经验予以填补并设明文规定。

需要指出的是，在我国今日的实务中，已经发生了将依建筑物损害保险合同获得的保险金作为建筑物修缮费用的实例。比如，为了解决北京市朱雀门家苑（小区）因漏水等引起的物业纠纷，并为解除业主对家庭财产可能遭受损失的后顾之忧，该小区业主委员会即动用公共资金向保险公司为全体业主投保家庭财产险。最终，该小区业主委员会通过对该保单内容的公示及进行投票，完成投保事宜。

（四）从政府部门获得的补助

在实证经验与比较法上，当区分所有建筑物的修缮除关涉业主与其他物业使用人（专有部分占有人）的利益外，也关乎社会的公共利益时，政府部门通常应给予修缮费用补助。例如，我国台湾地区"公寓大厦管理条例"第10条第3项规定："前项共用部分、约定共用部分，若涉及公共环境清洁卫生之维持、公共消防灭火器材之维护、公共通道沟渠及相关设施之修缮，其费用政府得视情况予以补助。"此规定值得借鉴。值得提及的是，我国的一些地方已经在此方面开始了实践。比如，2011年施行的《宁波市物业专项维修资金管理办法实施意见》中，即对住宅的维修建立了政府补贴机制，也就是说，由政府对特定地区的住宅维修给予一定的补贴[3]。我国将来应在地方实践经验的基础上，建立全国层面的

1　廖国宏："区分所有建筑物修缮与重建问题之研究"，台湾东海大学法律研究所2005年硕士学位论文，第93页。

2　日本法上也定有依建筑物损害保险合同而获得保险金的制度，其做法与经验值得我国重视。对此请参见［日］稻本洋之助、镰野邦树编著：《注释区分所有公寓标准管理规约》，日本评论社2012年版，第84、454页。

3　对此请参见《宁波市物业专项维修资金管理办法实施意见》（甬政办发［2011］222号），其第4条对住宅物业专项维修财政补贴资金的承担方式（业主承担一半维修经费，另一半由市和区人民政府财政补贴）、补贴资金申请方式及程序等做出了具体规定。

从政府部门获得修缮资金补助的制度。

（五）与金融机构融资获得的贷款等

当业主交纳的管理费、专项维修资金、依建筑物损害保险合同而获得的保险金以及由政府部门获得的修缮补助费用不能满足共有或约定共有部分的修缮需要，尤其是区分所有建筑物的共有或约定共有部分遭受重大毁损或灭失时的重大修缮或大规模修缮，此等费用大多无法完全满足修缮之需，此时为避免修缮费用的不足而拖延修缮工程的实施并防止损害的继续扩大[1]，往往即需通过从金融机构融资，获得贷款而予解决。

另外，如前述，在我国，在保证住宅专项维修资金正常使用的前提下，业主委员会可按国家有关规定将住宅专项维修资金用于购买国债（《住宅专项维修资金管理办法》第 26 条第 1 款）。此购买国债所获得的收益，属于因融资而获得的收益，应专款用于共有或约定共有部分的修缮。

（六）临时收取的修缮费用

为了共有或约定共有部分的修缮，可经由业主大会的决议而由业主委员会临时收取修缮费用。一般言之，当共有或约定共有部分的修缮急迫而又无前述各项费用可以使用时，即需采取临时收取修缮费用的措施予以应对。

五、结语

区分所有建筑物自建成后经过相当年月，必会朽坏、倾颓或损坏，此时为对建筑物加以维护、改善以延长其使用寿命，及确保房产价值不致降低和基于确保居住品质、居住安全等的考量，即需进行修缮。[2] 在我国今日区分所有建筑物（商品房住宅）管理的实务中，区分所有建筑物的修缮是一项常见的、多发性的管理

---

[1] 黄江颖："区分所有建筑物修缮与重建之研究"，台湾东海大学法律研究所 1993 年硕士学位论文，第 45 页。

[2] 黄江颖："区分所有建筑物修缮与重建之研究"，台湾东海大学法律研究所 1993 年硕士学位论文，第 6 页。

行为。对于这样的经常性管理行为，对其展开积极而深入的研究，无疑十分必要。

笔者以上自民法等私法制度的视角对区分所有建筑物的专有与约定专用部分、共有与约定共有部分的修缮进行了研究，之后于文末探讨了修缮费用的来源或取得途径。比较法与我国的实务经验表明，此种研究是基础性的、必不可少的。尽管如此，也应指出，这种研究的对象是区分所有建筑物朽坏、倾颓或损坏仅系轻微而加以修缮的情形。当区分所有建筑物因地震、火灾、风灾、水灾、泥石流、煤气爆炸、飞机坠落以及机动车的冲撞等偶发性灾害导致一部灭失或大规模灭失时，即应适用与一般修缮不同的区分所有建筑物修复（复旧）制度予以解决。对此，本文未予探讨和论述，是为本文的研究所余下的课题。无疑，对此余下的课题，也有必要予以重视并作深入研究。

日本区分所有建筑物修复制度的考察分析与启示*

一、问题的提出

区分所有建筑物的修复，又称区分所有建筑物的复旧，是指区分所有建筑物因地震、火灾、风灾、水灾、泥石流、煤气爆炸、飞机坠落以及机动车的冲撞等偶发性灾害导致区分所有建筑物一部灭失所实施的修复（或复旧）的行为。[1] 它是当代各国家和地区建筑物区分所有权法中普遍规定的一项制度。在今日比较法上，尤以日本《建筑物区分所有权法》的规定最为翔实、完善。

日本《建筑物区分所有权法》制定于 1962 年，1983 年曾进行第一次修改，至 2002 年复进行第二次修改，此次修改后的日本《建筑物区分所有权法》一直施行至今。依日本《建筑物区分所有权法》的规定，区分所有建筑物发生一部灭失时，业主若不通过出让处分区分所有权和基地利用权，其可以有两种选择：修复或重建。其中，日本《建筑物区分所有权法》第 61 条规定修复，第 62 条规定重建。[2]

我国自 20 世纪 90 年代进行住房的商品化改革以来，区分所有建筑物（商品房住宅）获得大量兴建。惟实际生活中，我国是一个地震、火灾、风灾、水灾、

---

* 本文曾发表于《环球法律评论》2013 年第 2 期，今收入本书乃略有改动。

1　［日］稻本洋之助、镰野邦树：《注释建筑物区分所有权法》（第 2 版），日本评论社 2004 年版，第 325、330 页。

2　关于日本区分所有建筑物的重建，请参见陈华彬："区分所有建筑物的重建"，载《法学研究》2011 年第 3 期。

泥石流、煤气爆炸及其他灾害频发的国家，区分所有建筑物因此等灾害而一部灭失时如何予以修复，现行法律的规定十分简略，为此乃有必要借鉴比较法的经验予以建构和完善。本文立基于对日本区分所有建筑物修复制度的分析、考量，期借他山之石，从解释论和立法论角度完善《物权法》的相关规定。

二、日本区分所有建筑物小规模一部灭失的修复

日本建筑物区分所有权法将相当于建筑物价格二分之一以下部分的灭失，称为小规模一部灭失。所谓相当于建筑物价格二分之一以下部分的灭失，是以一部灭失的时点为基准，区分所有建筑物灭失的程度是灭失前全体建筑物价格的二分之一以下的情形。亦即，将一部灭失前全体建筑物的价格与一部灭失后全体建筑物的价格进行比较，后者是前者的二分之一以上的情形。例如，全体建筑物的价格灭失前的状态是 10 亿元，在一部灭失后，仍然有超过 5 亿元的价格即属之。[1] 此时对区分所有建筑物进行修复，因修复的对象系专有部分抑或共有部分而有不同的修复程序及费用负担等。分述之如下。

（一）灭失的专有部分的修复

1. 业主可单独修复灭失的专有部分

区分所有建筑物小规模一部灭失时，灭失的建筑物部分中的专有部分的修复，依日本《建筑物区分所有权法》第 61 条第 1、2 项的规定，各业主可自己单独承担费用而予以修复。此无论全体建筑物的灭失程度以及灭失部分中专有部分所占的比率而均如此。并且，即便是一个专有部分全部灭失，业主也可单独承担费用而进行修复。此种情形，对该专有部分享有所有权的人，其尽管仅是形式上享有区分所有权的人，但因其与该专有部分相伴随的共有部分份额并未消灭，所以其仍然被作为业主对待。[2] 业主修复自己的专有部分时，于必要范围内可请求使

1　［日］稻本洋之助、镰野邦树：《注释建筑物区分所有权法》（第 2 版），日本评论社 2004 年版，第 329 页。

2　［日］滨崎恭生：《建筑物区分所有权法的修改》，日本法曹会 1989 年版，第 371 页。

用其他业主的专有部分（第 6 条第 2 项 [1]）。

另外，依日本法，业主单独修复自己的专有部分，即使业主大会就共有部分的修复或重建做出了决议，修复专有部分的业主也不受其拘束。[2] 业主大会的决议涉及专有部分的修复时，仅赞成该决议的业主就自己专有部分的修复受其拘束。[3]

2. 关于业主对灭失专有部分的置之不理

业主可以单独修复其灭失的专有部分却不为修复，而将该专有部分原封不动地置之不理时，其他业主可否请求其予以修复？本来，就专有部分的修复仅该业主有自决权，其他业主不得介入。但是，当该业主对灭失专有部分置之不理的行为被认为违反业主的共同利益，修复该专有部分系保全全体区分所有建筑物而必须采取的措施时，应认可其他业主得请求该业主修复被其置之不理的专有部分（第 6 条第 1 项）。[4]

3. 其他问题

应指出的是，小规模一部灭失的情形，业主修复专有部分的目的在于使专有部分恢复到灭失前的状态，但无须与灭失前完全相同。不过，今日日本学者的通说认为，业主对专有部分的修复有害于区分所有建筑物的保存或有其他违反共同利益（第 6 条第 1 项）的情形时，其他业主或管理人可以加以制止。[5]

此外，因业主修复自己的专有部分系其自身的权利，因此未有业主委托，他人不得代替为之。但是，若专有部分的损坏程度已对建筑物本身的构造产生重大

---

[1]　为行文方便，以下括号内未注明法律名称而只标注条文序号的，代表日本《建筑物区分所有权法》，以下不再说明。

[2]　［日］石田喜久夫："重建"，载《法律时报》第 55 卷第 9 号，第 33 页。

[3]　［日］稻本洋之助、镰野邦树：《注释建筑物区分所有权法》（第 2 版），日本评论社 2004 年版，第 336 页。

[4]　［日］半田正夫："因灭失的修复、再建等"，载玉田弘毅等编：《建筑物区分所有权法》，创文社 1988 版，第 117 页。

[5]　［日］青山正明：《注解不动产法 5 区分所有法》，青林书院 1997 年版，第 327 页；廖国宏："区分所有建筑物修缮与重建问题之研究"，台湾东海大学法律研究所 2005 年硕士学位论文，第 73 页。值得指明的是，关于日本区分所有建筑物的修复（复旧），我国台湾地区学者廖国宏先生于其硕士学位论文"区分所有建筑物修缮与重建问题之研究"中作有介绍，本文的写作一些地方受惠于廖先生在该论文中的介绍，谨致谢忱和敬意。

影响，业主不修复自己的专有部分也系违反全体业主的共同利益，此时为不损害全体业主的共同利益，其他业主可以代替修复专有部分，由此产生的费用由该专有部分的业主承担。[1]

（二）灭失的共有部分的修复

1. 基本概要

日本《建筑物区分所有权法》规定，在区分所有建筑物灭失部分的价格比例在二分之一以下时，各业主即使单独修复共有部分也是可以的（第 61 条第 1 项），其修复费用由进行修复的业主向其他业主依共有部分的份额比例请求偿还（第 61 条第 2 项）。但考虑到承担修复费用的各业主经济能力的差异，应承担修复共有部分费用的业主，就费用的支付可以请求法院给予一定的宽限期限（第 61 条第 13 项）。[2]

不过，在小规模一部灭失的情形，共有部分的修复若允许各业主按照自己个别的判断进行，则会发生修复的方法、修复的程度不一致的问题，且修复费用的承担方式也会变得错综复杂。为避免此等问题，日本《建筑物区分所有权法》第 61 条第 3 项规定，此种情形，应以业主大会的决议来规定共有部分的修复计划。此修复计划原则上应以业主及表决权各过半数而决定之。不过，管理规约有另外的规定时，应从其规定（第 61 条第 4 项）。业主着手修复工程前，若业主大会做出了修复或重建的决议，则业主应受其拘束，即其不能个别、单独地实施修复工程（第 61 条第 1 项但书）。[3]

值得注意的是，如前述，在区分所有建筑物一部灭失的情形，由业主及表决

1　[日] 青山正明：《注解不动产法 5 区分所有法》，青林书院 1997 年版，第 326—327 页；[日] 稻本洋之助、镰野邦树：《注释建筑物区分所有权法》（第 2 版），日本评论社 2004 年版，第 336 页；廖国宏："区分所有建筑物修缮与重建问题之研究"，台湾东海大学法律研究所 2005 年硕士学位论文，第 73—74 页。

2　[日] 水本浩、远藤浩、丸山英气编：《公寓法》（第 3 版），日本评论社 2006 年版，第 113 页。

3　[日] 水本浩、远藤浩、丸山英气编：《公寓法》（第 3 版），日本评论社 2006 年版，第 113 页。

权的各过半数在业主大会上做出修复共有部分的决议。不过，所谓修复共有部分，是指将一部灭失的共有部分恢复原状，所以当修复后的共有部分的构造、用途与原来的共有部分明显不同时，即不能认为是共有部分的修复，而应视为共有部分的变更，此时须由业主及表决权各四分之三以上的多数同意后为之（第 17条）。另外，管理规约做了特别规定时，应依其规定（第 61 条第 4 项、第 17 条第1 项但书）。换言之，此四分之三以上的多数决的业主的法定人数，可以以管理规约减至过半数。应注意的是，若业主大会就修复灭失的共有部分做出了决议，则修复共有部分就成为全体业主这一团体的任务并以团体的名义为之。此时修复的费用由全体业主负担（第 19 条）。业主负担的此项费用，不得请求法院给予相当的宽限期限。[1]另外，与专有部分紧密相连的共有部分（如两个专有部分之间的隔墙），应允许业主于修复自己的专有部分时予以修复，而不受灭失的共有部分的修复决议的拘束。[2]

2. 召集业主大会后业主大会做出决议前对共有部分的修复

如前述，在着手修复工程前业主大会做出了修复或重建决议时，业主应受其拘束，即其不能个别、单独地为修复工程（第 61 条第 1 项但书）。不过，日本学说认为，在召集业主大会后至业主大会做出决议前，若灭失的共有部分的修复对业主而言十分急迫、必要，则应解释为允许其着手为修复工程，但此外的其他情形应解释为不得修复共有部分。[3]

3. 业主着手为共有部分修复后业主大会决议的效力

业主已经着手修复共有部分，但在修复工程完成前业主大会做出了决议，此时该业主是否还能按其原来的意旨完成共有部分的修复？对此，日本学者通说认为，除业主大会做出决议时修复工程已接近完成，或者修复工程依其性质不宜中

---

1 ［日］水本浩、远藤浩、丸山英气编：《公寓法》（第 3 版），日本评论社 2006 年版，第 113—114 页。

2 ［日］青山正明：《注解不动产法 5 区分所有法》，青林书院 1997 年版，第 327 页；廖国宏："区分所有建筑物修缮与重建问题之研究"，台湾东海大学法律研究所 2005 年硕士学位论文，第 75 页。

3 ［日］稻本洋之助、镰野邦树：《注释建筑物区分所有权法》（第 2 版），日本评论社 2004 年版，第 338 页。

断外，应作否定性解释。换言之，业主大会做出了重建决议时，应中止修复工程；业主大会做出了修复决议时，应解释为业主应受该决议中规定的修复方法的拘束。[1]

4. 业主实施共有部分的修复工程后业主大会做出决议时的费用偿还请求

当业主个别地实施共有部分的修复工程后，抑或于修复工程结束后，业主大会就修复或重建做出了决议，该业主是否还能请求其他业主偿还费用？对此，今日日本学者通说认为，已经实施的修复共有部分的工程若效果上违反过半数或五分之四以上业主的意思，则其可能为无用的工程，但实施修复共有部分的工程的业主仍可依日本《建筑物区分所有权法》第61条第2项的规定，请求其他业主偿还费用。[2]

三、日本区分所有建筑物大规模一部灭失的修复

日本《建筑物区分所有权法》将区分所有建筑物一部灭失后剩余部分的价格与毁损前价格的比率小于二分之一的情形，称为大规模一部灭失，例如，区分所有建筑物的价格灭失前是10亿元，灭失后变成不足5亿元的情形即属之。灭失部分中专有部分与共有部分的比率并非界定是否构成大规模一部灭失应予考虑的内容。在大规模一部灭失的情形，业主通常难以原原本本地将灭失的部分作为建筑物维持其效用，该建筑物实际上处于需要修复或重建的状态。对业主而言，此时需要迅速做出是修复还是重建建筑物，抑或原原本本地维持大规模一部灭失的状态的抉择。[3]

在大规模一部灭失的情形，若业主选择对区分所有建筑物予以修复，则其专

---

[1] ［日］滨崎恭生：《建筑物区分所有权法的修改》，日本法曹会1989年版，第372页；［日］稻本洋之助、镰野邦树：《注释建筑物区分所有权法》（第2版），日本评论社2004年版，第338页。

[2] ［日］稻本洋之助、镰野邦树：《注释建筑物区分所有权法》（第2版），日本评论社2004年版，第338页。

[3] ［日］稻本洋之助、镰野邦树：《注释建筑物区分所有权法》（第2版），日本评论社2004年版，第341页。

有部分的修复乃与小规模一部灭失情形对于专有部分的修复相同，业主可以以自己的费用单独为之。[1] 但是，对于大规模一部灭失情形业主对共有部分的修复，日本《建筑物区分所有权法》则作了特别规定。分述之如下。

（一）须依特别多数决议决是否对共有部分予以修复

1. 基本概要

在大规模一部灭失情形，日本《建筑物区分所有权法》并未规定业主大会做出修复决议前业主可自行修复共有部分。由此，日本学者通说认为，在大规模一部灭失情形，无论有无修复决议，业主均不得自行修复共有部分。[2] 换言之，在大规模一部灭失情形，共有部分的修复须经由业主大会而由业主及表决权各四分之三以上的同意后为之（第61条第5项）。之所以需要业主及表决权各四分之三以上的多数同意，是因为日本《建筑物区分所有权法》的立法旨趣与其说是考虑修复的费用负担，毋宁说是更加考虑到希望解除区分所有关系之人的利益。也就是说，希望解除区分所有关系的业主，在由业主及表决权各四分之三以上的多数决定修复共有部分时，其可以通过行使买取请求权而个别、单独地从原来的区分所有关系中脱离。[3]

值得指出的是，因大规模一部灭失对共有部分的修复所需要的费用较小规模灭失对共有部分的修复所需要的费用高，该费用负担对各业主将产生重大影响。由此，日本学说认为，业主及表决权各四分之三以上同意的特别议决的门槛尤其不得以业主之间订立的管理规约予以降低（缓和），[4] 以免侵害少数反对者的权

1　廖国宏："区分所有建筑物修缮与重建问题之研究"，台湾东海大学法律研究所2005年硕士学位论文，第75页。

2　[日]稻本洋之助、镰野邦树：《注释建筑物区分所有权法》（第2版），日本评论社2004年版，第342页。

3　[日]水本浩、远藤浩、丸山英气编：《公寓法》（第3版），日本评论社2006年版，第114页。

4　[日]滨崎恭生：《建筑物区分所有权法的修改》，日本法曹会1989年版，第375页；[日]稻本洋之助、镰野邦树：《注释建筑物区分所有权法》（第2版），日本评论社2004年版，第341—342页；[日]青山正明：《注解不动产法5区分所有法》，青林书院1997年版，第332页；廖国宏："区分所有建筑物修缮与重建问题之研究"，台湾东海大学法律研究所2005年硕士学位论文，第76页。

益；但是，业主愿意缓和团体决议的拘束力而以管理规约提高议决的门槛（如将四分之三提高至五分之四），从而进一步使议决要件严格化的，则应解释为允许。[1]

此外，既然大规模一部灭失情形共有部分的修复体现和反映了业主及表决权各四分之三以上的多数意思，日本学说认为，修复的内容除将共有部分恢复到从前的状态外，变更共有部分的构造或用途也是可以的。[2]

2. 修复工程的实施与费用负担

修复共有部分的工程所需要的费用，依日本《建筑物区分所有权法》第19条的规定，由除为买取请求的人以外的全体业主承担。赞成修复共有部分决议以外的业主，尽管为买取请求但不脱离区分所有关系时，须受修复决议的拘束，因为其此时参加到业主团体修复共有部分的活动中，所以须负担有关费用。至于赞成修复决议以外的业主就所负担的费用的支付是否可以请求法院给予宽限期限，日本《建筑物区分所有权法》并无明文规定。不过，若考量共有部分的修复的团体性质，则应作否定解释。[3]

3. 业主大会未做出修复共有部分决议时业主可否个别、单独地修复共有部分

在大规模灭失情形，业主大会未做出修复决议时，业主个别、单独地修复共有部分所支出的费用，其他业主是否需要分担？对此，依日本《建筑物区分所有权法》第61条第5项的文意应作否定解释。但日本学说认为，因区分所有建筑物大规模一部灭失情形对专有部分的修复各业主可自由为之，而且还可能存在自己的专有部分没有遭受任何损坏的业主，所以不能阻止此等业主为了修复与利用自

1　［日］稻本洋之助、镰野邦树：《注释建筑物区分所有权法》（第2版），日本评论社2004年版，第341—342页；廖国宏："区分所有建筑物修缮与重建问题之研究"，台湾东海大学法律研究所2005年硕士学位论文，第76—77页。

2　［日］水本浩、远藤浩、丸山英气编：《公寓法》（第3版），日本评论社2006年版，第114页；［日］稻本洋之助、镰野邦树：《注释建筑物区分所有权法》（第2版），日本评论社2004年版，第342页。

3　［日］水本浩、远藤浩、丸山英气编：《公寓法》（第3版），日本评论社2006年版，第342页；［日］稻本洋之助、镰野邦树：《注释建筑物区分所有权法》（第2版），日本评论社2004年版，第342页。

己的专有部分而根据其自身判断对共有部分进行修复。[1]业主在修复自己的专有部分时，若有必要，可自己负担费用而同时修复共有部分。[2]此时对于因此而受益的人，可依不当得利或无因管理规则予以解决。[3]

（二）业主大会做出修复决议后的买取请求权

依团体法的规则与法理，业主大会做出的修复共有部分的决议对各业主及其继受人均有拘束力。由此，修复共有部分所需费用也应由全体业主负担。但是，并非所有的业主均有能力或愿意负担修复费用，若要求未赞成修复共有部分决议的人必须承受修复的巨额负担，未免过于严苛。为避免少数业主的权益遭受过度损害，日本《建筑物区分所有权法》规定未赞成修复决议的业主得于决议通过后，向赞成修复决议的人请求买取其专有部分所有权、共有部分份额权及基地份额权，由此脱离区分所有关系。此即日本《建筑物区分所有权法》中的买取请求权制度。[4]兹就该买取请求权的行使主体、对象、性质、效果、买取指定人的指定、再买取请求权以及召集业主大会的人或买取指定人的催告权与买取请求权的消灭等分述如下。

1. 买取请求权的行使主体、对象、性质及效果

依日本《建筑物区分所有权法》第 61 条第 7 项的规定，买取请求权的行使主体为赞成修复决议者以外的业主，包括在业主大会上就修复共有部分投反对票的业主、未参加业主大会行使议决权的业主以及此等人的概括继受人。[5]至于买取

1　廖国宏：“区分所有建筑物修缮与重建问题之研究”，台湾东海大学法律研究所 2005 年硕士学位论文，第 76 页。

2　廖国宏：“区分所有建筑物修缮与重建问题之研究”，台湾东海大学法律研究所 2005 年硕士学位论文，第 76 页。

3　［日］稻本洋之助、镰野邦树：《注释建筑物区分所有权法》（第 2 版），日本评论社 2004 年版，第 3 页；［日］水本浩、远藤浩、丸山英气编：《公寓法》（第 3 版），日本评论社 2006 年版，第 114 页。

4　廖国宏：“区分所有建筑物修缮与重建问题之研究”，台湾东海大学法律研究所 2005 年硕士学位论文，第 77 页。

5　［日］稻本洋之助、镰野邦树：《注释建筑物区分所有权法》（第 2 版），日本评论社 2004 年版，第 344 页。

请求权行使的对象，则为赞成修复决议的业主及其概括继受人和特定继受人，且其不论为一人、一部分人或所有的人，均可。[1]

买取请求权尽管名称上系请求权，但本质上具有形成权的性质。[2]因此，只要合法行使此权利，其请求买取的意思表示到达相对人时，以市价购买其区分所有权和基地利用权的买卖契约即告成立，无须相对人承诺。[3]而且依《日本民法》第176条的规定，不动产物权变动只要当事人意思表示一致即生效力，不待登记。因此，当买卖契约成立（生效）时，请求人的区分所有权和基地利用权即移转于相对人。请求人负有交付专有部分与移转登记的义务，相对人则负有支付价金的义务，此两项义务发生同时履行抗辩关系（《日本民法》第533条）。[4]

2. 买取指定人的指定

应注意的是，若买取请求权行使的对象（相对人）完全由未赞成修复共有部分决议的人决定，则可能造成被请求人（相对人、对象）集中于少数业主，也可能使原本未准备应买的业主遭受突然性质的请求。[5]由此，2002年日本修改其《建筑物区分所有权法》时即增设买取指定制度。依此制度，区分所有建筑物大规模一部灭失时，自业主大会做出修复决议之日起两周内，赞成修复共有部分决议的人以全体合意指定买取指定人，被指定的买取指定人对修复决议赞成者以外的业主以书面通知该指定情况时，接受该通知的业主仅可对买取指定人行使买取请求权。[6]买取指定人无论为赞成修复决议的业主抑或其以外的人，也无论为一人

1　廖国宏："区分所有建筑物修缮与重建问题之研究"，台湾东海大学法律研究所2005年硕士学位论文，第77页。

2　[日] 水本浩、远藤浩、丸山英气编：《公寓法》（第3版），日本评论社2006年版，第117、125页。

3　[日] 伊藤荣寿："对业主的团体的拘束的根据与界限（2）——区分所有中的所有权法与团体法的交错"，载爱知学院大学论丛《法学研究》第51卷第2号，第328页。

4　[日] 水本浩、远藤浩、丸山英气编：《公寓法》（第3版），日本评论社2006年版，第74页。

5　[日] 吉田徹等："建筑物区分所有法一部修改法概要（2）"，载《NBL》第755号，第70页；廖国宏："区分所有建筑物修缮与重建问题之研究"，台湾东海大学法律研究所2005年硕士学位论文，第79页。

6　[日] 水本浩、远藤浩、丸山英气编：《公寓法》（第3版），日本评论社2006年版，第114页。

或数人（例如指定赞成修复决议的全体业主），均可。此外，无论为自然人或法人，也均可。至于所谓赞成修复决议的业主以外的人，例如指定区分所有建筑物的开发商，也是可以的。[1] 但无论为何者，指定时应获得买取指定人本人的承诺（同意）。[2]

此外，日本《建筑物区分所有权法》第 61 条第 9 项还规定，若买取指定人无法清偿买卖价金的全部或一部，除非赞成决议的人能证明买取指定人具有资力且无执行困难，否则其他赞成修复共有部分决议的人应负连带清偿责任。[3] 由此，即使未赞成修复共有部分决议的人无法随意选择买取请求权的行使对象（相对人），其利益实际上也不会受到影响。[4]

3. 再买取请求权

前文已述，在大规模一部灭失情形，于业主大会通过修复共有部分的决议后，赞成决议者以外的业主对于赞成决议的所有人或一部分人可请求以市价买取其专有部分所有权、共有部分份额权及基地份额权。此时，若赞成修复共有部分决议的人未指定买取指定人，则受请求的赞成决议者可于受请求后两个月内对其他全部或一部赞成修复共有部分决议的人，请求按照扣除未赞成决议的业主之专有部分后专有部分楼地板面积比例（第 14 条）以市价买取该专有部分所有权、共有部分份额权及基地份额权，由此确保赞成决议者之间负担的均衡。学说上称之为再买取请求权，其性质与前述买取请求权相同，即为形成权。[5]

1　[日] 水本浩、远藤浩、丸山英气编：《公寓法》（第 3 版），日本评论社 2006 年版，第 114 页。

2　[日] 稻本洋之助、镰野邦树：《注释建筑物区分所有权法》（第 2 版），日本评论社 2004 年版，第 351 页。

3　[日] 水本浩、远藤浩、丸山英气编：《公寓法》（第 3 版），日本评论社 2006 年版，第 116 页。

4　[日] 吉田徹等："建筑物区分所有法一部修改法概要（2）"，载《NBL》第 755 号，第 70 页；廖国宏："区分所有建筑物修缮与重建问题之研究"，台湾东海大学法律研究所 2005 年硕士学位论文，第 79 页。

5　[日] 吉田徹等："建筑物区分所有法一部修改法概要（2）"，载《NBL》第 755 号，第 70 页；廖国宏："区分所有建筑物修缮与重建问题之研究"，台湾东海大学法律研究所 2005 年硕士学位论文，第 78 页。

比如，表决权相等的甲、乙、丙、丁业主中的甲、乙、丙赞成修复、丁反对时修复共有部分的决议成立的情形，丁对甲为买取请求后，甲对乙请求再买取。若甲、乙、丙、丁业主依日本《建筑物区分所有权法》第 14 条规定的共有部分份额的比例相等，则除丁业主外，因算定的甲、乙、丙业主依日本《建筑物区分所有权法》第 14 条所规定的比例各为三分之一（乙也为三分之一），所以甲可请求乙买取丁的专有部分所有权、共有部分份额权及基地权利的三分之一。从而，丁的专有部分所有权、共有部分份额权及基地权利，从丁对甲请求买取的时点即归属于甲；但其后从甲那里，在甲对乙请求再买取的时点，其中的三分之一即归属于乙（三分之二归属于甲）。此前丁的专有部分所有权、共有部分份额权及基地权利，变成由甲、乙共有（或准共有）。[1]

4. 召集业主大会的人或买取指定人的催告权与买取请求权的消灭

值得注意的是，买取请求权的行使期限若不加以限制，则可能会发生修复工程进行到相当程度才行使的情形，此不但将使法律关系长期不安定，也使修复工程由此延滞。[2]因此，日本《建筑物区分所有权法》第 61 条第 10、11 项规定，召集业主大会的人（通常为管理人），或有买取指定人时由该指定人，对赞成决议以外的业主应规定 4 个月以上的期间，以书面催告其行使买取请求权。在此期间经过后，受催告的未赞成决议者即不得再行使买取请求权。换言之，未赞成修复决议的业主的买取请求权因催告期间经过而消灭。[3]

（三）业主大会未做出修复或重建决议时的买取请求权

区分所有建筑物大规模一部灭失时，因不能满足法定表决要件致修复或重建的决议不能做出时，希望修复的业主、希望重建的业主以及修复或重建都不希望

1　[日] 水本浩、远藤浩、丸山英气编：《公寓法》（第 3 版），日本评论社 2006 年版，第 116 页。

2　[日] 吉田徹等："建筑物区分所有法一部修改法概要（2）"，载《NBL》第 755 号，第 70 页；廖国宏："区分所有建筑物修缮与重建问题之研究"，台湾东海大学法律研究所 2005 年硕士学位论文，第 79 页。

3　廖国宏："区分所有建筑物修缮与重建问题之研究"，台湾东海大学法律研究所 2005 年硕士学位论文，第 79 页。

的业主的利害关系就会出现对立。此时，除了认可各业主可个别独立地处分自己的区分所有权外，并无其他方法使业主从此种复杂的对立利害关系中脱身。为此，日本《建筑物区分所有权法》第 61 条第 12 项规定，若从区分所有建筑物大规模一部灭失的原因发生之日起 6 个月内无法做出修复或重建决议，各业主相互之间可以行使买取请求权。[1] 换言之，在此情形，业主无论是赞成或反对修复或重建，均可行使买取请求权，也均可成为被请求的对象。[2]

四、日本区分所有建筑物修复制度对我国的借鉴：检讨、建构及完善

区分所有建筑物的修复，是区分所有建筑物管理中的重大问题之一，涉及业主（尤其是相关业主）的切身和重要的财产利益——专有部分所有权和共有部分份额权以及修复费用的承担等，因此十分重要。前述分析表明，日本法的经验不容小觑，值得我们认真对待和重视。

在《物权法》于 1998 年起草之初，由梁慧星研究员主持起草的《中国物权法草案建议稿》第 96、97、98 条曾设有区分所有建筑物修缮（修复、复旧）的详细规定，这些条文的规定系来源于 1983 年日本《建筑物区分所有权法》第 61 条和我国台湾地区"公寓大厦管理条例"第 10、11 条。[3] 但是，这些条文建议最终未为《物权法》完全采纳，以至于我国现今法律体系中并无完善、翔实的区分所有建筑物修复制度。此种局面无疑值得反思、检视。

《物权法》第 76 条第 1 款第 6 项和该条第 2 款第 1 句只规定"改建、重建建筑物及其附属设施"，"应当经专有部分占建筑物总面积三分之二以上的业主且占总人数三分之二以上的业主同意"。第 79 条规定："建筑物及其附属设施的维修

---

[1]　[日] 水本浩、远藤浩、丸山英气编：《公寓法》（第 3 版），日本评论社 2006 年版，第 116—117 页。

[2]　[日] 青山正明：《注解不动产法 5 区分所有法》，青林书院 1997 年版，第 327 页；廖国宏："区分所有建筑物修缮与重建问题之研究"，台湾东海大学法律研究所 2005 年硕士学位论文，第 80 页。

[3]　中国物权法研究课题组：《中国物权法草案建议稿：条文、说明、理由与参考立法例》，社会科学文献出版社 2000 年版，第 285—290 页。

资金，属于业主共有。经业主共同决定，可以用于电梯、水箱等共有部分的维修。维修资金的筹集、使用情况应当公布。"这些规定不足以应对实际的需要，因为区分所有建筑物的修复除涉及须具备哪些程序要件外，在大规模一部灭失的场合还面临如何调整业主之间的权益、由谁进行修复以及修复费用如何分担等问题。这些问题如不能妥善解决，一方面，业主之间的修复共识难以凝聚，修复事业无从进行；另一方面，也会使修复陷入一团乱麻，无法厘清各方面的法律关系。

为妥善规范我国实务中区分所有建筑物的修复，笔者认为，我国有必要借鉴日本法的经验，并将之作为我国将来修改《物权法》或制定民法典，抑或制定单行的建筑物区分所有权法时的立法论参考；同时，现阶段可将之作为实务中处理因地震、火灾、风灾、水灾、泥石流、煤气爆炸以及机动车的冲撞等偶发性灾害导致区分所有建筑物一部灭失时所实施的修复（或复旧）的解释论参考。

第一，在界分区分所有建筑物小规模一部灭失的修复和大规模一部灭失的修复方面，日本法的经验值得借鉴。日本法规定，区分所有建筑物毁损后的价格与毁损前的价格的比例超过二分之一的为小规模一部灭失，区分所有建筑物毁损后的价格与毁损前的价格的比例少于二分之一的为大规模一部灭失，并据此规定不同的修复程序、费用负担及权益调整等的手段或方法。

第二，对于区分所有建筑物小规模一部灭失，日本法规定，各业主可自己承担费用而单独修复专有部分，此时在必要范围内可请求使用其他业主的专有部分。惟此种情形对共有部分的修复，日本法规定应以业主及表决权各过半数的决议规定修复计划。

第三，对于区分所有建筑物大规模一部灭失，日本法规定，业主可自己承担费用而修复自己的专有部分；但对于共有部分，则须由业主及表决权各四分之三以上的特别多数决议决是否对之予以修复。当特别多数决议决对共有部分予以修复时，希望解除区分所有关系的业主可通过行使买取请求权而个别、单独地从原来的区分所有关系中脱离。

第四，日本法规定业主大会做出修复决议后买取请求权的行使主体为赞成修复决议者以外的业主。此买取请求权具有形成权的性质。当请求买取的意思表示到达相对人时，以市价购买区分所有权和基地利用权的买卖契约即告成立，无须相对人承诺。

第五，日本法规定了买取指定人制度。区分所有建筑物大规模一部灭失情形，自业主大会做出修复决议之日起两周内，赞成修复决议的人以全体的合意指定买取指定人，被指定的买取指定人对修复决议赞成者以外的业主以书面通知指定情况时，接受通知的业主仅可对买取指定人行使买取请求权。日本法的这一经验值得借鉴。

第六，为确保赞成修复共有部分决议者之间的负担的均衡，应认可业主的再买取请求权，其性质与买取请求权相同，为形成权。

第七，业主大会未做出修复或重建决议时，日本法规定，业主无论是赞成或反对修复或重建，均可行使买取请求权，同时也均可成为被请求的对象。日本法的这一经验值得借鉴。

法国建筑物区分所有权制度： 历史与立法[*]

一、法国建筑物区分所有权制度的源起

法国关于建筑物区分所有的制度，有十分悠久的历史。[1]早在 1561 年的欧塞尔（Auxerre）即有一楼归属于一人，而楼上则属于他人的区分住宅的记载。[2]在法国奥尔良（Orléans）地方更有区分所有住宅前的道路铺石费用由区分所有权人共同负担的习惯。[3]大致于同一时期，在法国的蒙塔基（Montargis）、巴黎伯尔（Berry）、波旁内（Bourbonnais）、尼韦内（Nivernais）、布列塔尼（Bretagne）、南特（Nantes）以及克莱蒙费郎（Clermont-Ferrand）等地方也产生了区分所有的习惯。[4]尤其值得注意的是，建筑物的楼层的区分所有特别普及，在法国当时的东南部、南部及西北部俱相当流行。

在科西嘉岛（Corsica），建筑物的楼层的区分所有从非常远古的时代起就被推行了。[5]据说，这个岛受到了当时楼层的区分所有非常普及的意大利城市热那亚的强烈影响。[6]另外，法国的格勒诺布尔（Grenoble），因其属丘陵地带，所以很

---

* 本文曾发表于《法治论丛》（上海政法学院学报）2007 年第 3 期，系与杨文杰合作，今收入本书乃作有诸多更动、改易。

1　[日] 小沼进一：《建筑物区分所有之法理》，法律文化社 1992 年版，第 7 页。

2　何明楷："建筑物区分所有之研究"，台湾政治大学 1983 年硕士学位论文，第 8 页。

3　[日] 小沼进一：《建筑物区分所有之法理》，法律文化社 1992 年版，第 8 页。

4　[日] 小沼进一：《建筑物区分所有之法理》，法律文化社 1992 年版，第 8 页。

5　Jacquier, De la division par etages de Normandie, DCXVII, p. 578.

6　[日] 小沼进一：《建筑物区分所有之法理》，法律文化社 1992 年版，第 8 页。

狭窄、封闭。在这个地方，自古以来，家庭手工业十分发达，随着人口的急剧增长，为了解决城市居民的居住问题，也纷纷兴建区分所有建筑物。

但是，当此之时，有关区分所有权人间义务的分担相当简单，如在雷恩（Rennes）地方，根据当时的习惯，一栋住宅一、二层分属不同的所有人时，一层所有人负有支撑二层建筑物的维持义务，而二层所有人则负有使一层不致坍塌的义务。并且，因当时建筑物共用部分较少，故所生纠纷也较少。从而，一些地方习惯法，如《南特地方习惯法》第11条也就仅规定："一栋住宅分成上下两部分时，下部分所有人负有支撑上部建筑物的维持义务；而上部分所有人，除有相反的约定外，负有从该部分地板到屋顶的建筑物维持义务。"[1]

1720年，于法国雷恩地方发生的悲惨的大火灾，促使了法国区分所有建筑物的飞跃发展。这场火灾在五日间烧毁了城市中心的850栋建筑物，致100人死亡，8000户家庭遭受不幸。[2]此后，新建筑物的建构乃基于新的建筑基准进行，即采行确保城市有充裕的空间、宽阔的道路、广场及街道的建筑规划方针，其结果乃是从地面上新建起了大量的中高层建筑物。不久，于雷恩地方中高层建筑物获得大量兴建的影响下，法国其他地方也纷纷效仿。法国各地大量的区分所有建筑物的出现，为法国民法立法对区分所有权予以规范奠定了基石。

法国建筑物区分所有权立法史上，最早对该权利进行立法确认的，是1804年《法国民法典》第664条。往后，迄至1938年6月28日，该条因无法因应一战后发生的住宅危机而被废止，并由同日公布的《有关区分各楼层不动产共有之法律》予以替代。时至1965年7月10日，立法机关对该法律予以修正，并在1967年3月17日以一项命令对该修正予以补充。此1965年7月10日经修正的法律，连同该命令，共同构成法国现行区分所有权法——《住宅分层所有权法》。

1　［日］小沼进一：《建筑物区分所有之法理》，法律文化社1992年版，第9页。
2　［日］小沼进一：《建筑物区分所有之法理》，法律文化社1992年版，第9页。

二、《法国民法典》第664条分析

《法国民法典》公布于1804年3月21日，其第664条为关于建筑物区分所有权（该条称"楼层所有权"，propriété par étages）的规定，即一建筑物的各楼层属于不同所有人而其所有（权）证书未订定修缮与改建的方法时，依下列方法为之：外壁与屋顶由全体所有人按其所有楼层的价额负担其费用；各楼层所有人建造各自步行的地板；二楼所有人建造登上二楼的楼梯，三楼所有人接续二楼建造登上三楼的楼梯，以下从之。[1]

值得注意的是，1804年《法国民法典》因对团体的所有权采取敌视态度，认为被推翻的封建势力会借此种形式卷土重来，故对建筑物团体性的利用、管理予以限制，从而也无有关共有的通则的规定。尽管《法国民法典》设有第664条关于建筑物区分所有权的规定，但立法者的本意和整部民法典的立法思想，仍是对建筑物区分所有权的独自存在和发展采取反对态度。亦即，不承认建筑物区分所有权独自的存在，和允许其自主发展，[2]故而将建筑物区分所有权规定在第2卷"财产及对于所有权的各种变更"第4编"役权或地役权"第2章"法律规定的役权"中。也就是说，其认为建筑物区分所有权是法律规定的役权——地役权（Servitude）——的一种。[3]另外，第664条于《法国民法典》的最初原案，即1800年12月民法典五人起草委员会提出的草案中并无规定，之后，为处理共同所有权的特殊关系，并根据里昂（Lyon）和格勒诺布尔地方高等法院的意见，该条才被追加进去。[4]由于该条规定并未对区分所有权提供任何理论基础和一般原则，故其适用多委诸判例与学说的协力。并且，依判例和学说的解释，该条规定必须从紧密的相邻关系与个人主义的所有权视角而予展开和把握。另外，依此后

1　[日] 柚木馨："比较法上的建筑物区分所有权：其立法化及其他"，载《民商法杂志》第44卷第1号，第6页。

2　[日] 小沼进一：《建筑物区分所有之法理》，法律文化社1992年版，第17页。

3　[日] 小沼进一：《建筑物区分所有之法理》，法律文化社1992年版，第17页。

4　[日] 小沼进一：《建筑物区分所有之法理》，法律文化社1992年版，第17页。

法国法院所作的判例，该条规定不得适用于《法国民法典》公布前业已存在的区分所有建筑物。可见，《法国民法典》的该条规定，在法国当时的民法体系中所占的地位是微小的，进而也可看到，法国当时的建筑物区分所有权乃未能于法制上占有一席之地。[1]

《法国民法典》第 544 条规定：所有权为对物完全按个人意愿使用及处分的权利。如果说该条规定是其时关于所有权的原则性规定的话，第 664 条则完全是它的特别规定。第 664 条所称的所有人，是指对特定的楼层享有排他性的权利的主体，就建筑物中共同使用的部分，各楼层所有权人为"共有的共同所有"。

在《法国民法典》刚诞生不久的时代，建筑物的区分所有形态是同 19 世纪的个人主义精神之潮流完全背道而驰的，故该法典的起草者认为，它是一种很快就会消亡的暂时的法律现象。起草者虽然将这种所有权形态规定在民法典中，但并未将之同个人的所有权形态并列规定，然其立法理念还是努力向个人的所有权靠拢。此表现在尽可能地限制共有物的存在，权利的行使上，尽可能地认可各所有人的广泛的自主性。譬如，在进行意思表决时采取全员一致原则，只要有一人表示反对，决议即不能获得通过。

但是，与立法者的意愿相反，社会的实际情况却是越来越需要区分所有这一新的所有权形态。对此，除了有人口向城市的集中、城市地价的飞涨、独门独院式建筑物于城市中心的取得变得不可能等因由外，还由于城市的中心地区客观上已经新建起了诸多一栋建筑物上存在多数房间的中高层建筑物。同时，随着雇用女佣人（bonne）变得困难，居住于很大的房屋里变得不易，人们遂倾向于居住在一些小的、舒适的房屋中。但是，这一居住理念的转变也并非一朝一夕可以完成和实现，其主要的因由是法制的不适当。《法国民法典》并未完全认可建筑物区分所有权制度，故而导致区分所有建筑物的建筑失去生气和活力，且也使业已存在的区分所有建筑物的管理面临诸多困难。[2]此种背景下，即产生了制定区分所

1　何明桢："建筑物区分所有之研究"，台湾政治大学 1983 年硕士学位论文，第 9 页。

2　［日］小沼进一：《建筑物区分所有之法理》，法律文化社 1992 年版，第 27 页。

有权法的必要性和紧迫性。作为其成果，乃是 1938 年 6 月 28 日，法国颁布了《有关区分各阶层不动产共有之法律》。

三、《有关区分各阶层不动产共有之法律》

（一）基本内容

法国 1938 年 6 月 28 日《有关区分各阶层不动产共有之法律》共包括两个部分，第一部分为规范建筑公司的诸规定，计 4 个条文；第二部分为规范不动产的区分所有的诸规定，共 10 个条文。

关于区分所有权人团体关系，该法规定，于区分所有权人团体的构成员不履行其义务时，即发生团体解散、退出的效果。关于共用物和互有物，第 5 条规定，在未有特别规定时，土地、庭院、篱笆、地板、天花板、楼梯、电梯、通路、走廊、暖房设备及导管、烟囱、排气孔等均推定为共有。关于区分所有权人的权利义务，第 6 条规定：（1）依共用部分（共有物）的用途，于不害及他区分所有权人利益的限度内予以自由使用收益；（2）共用部分与专有部分不得分离处分；（3）区分所有权人应负担共用部分的保存费、维持费及管理费。此类费用的具体分担，根据区分所有权人所有部分面积与位置而折算的价格比例确定，已支付此类费用的人对未支付的人的专有部分、共用部分的持分（份额）有优先受偿权（第 11 条）。关于区分所有权人的管理组织与管理人，第 7 条规定，各区分所有权人法律上当然为管理团体的构成员。该管理团体的组织机构为区分所有权人会议与管理人，前者为集会决议机关，主要权限为有关共用部分的利用与管理措施的议决与订定（第 9 条）。区分所有权人得自己或委托他人出席集会，实行表决权过半数的议决方法。关于区分所有规约，第 8 条规定，规约的订定、追加或修改，由区分所有权人过半数及表决权的四分之三而决定。关于管理人，按照第 7 条的规定，其为管理团体的代理人，诉讼上代管理团体为原告或被告，其选任依表决权的多数决或由区分所有权人申请法院任命，其任务为执行集会的决议、保全共用部分、管理共用部分及维持共用部分，并督促各区分所有权人履行义务

（第 10 条）。此外，该法第 12 条还就建筑物的损毁、再建等作了规定。[1]

（二）评析

法国 1938 年 6 月 28 日《有关区分各阶层不动产共有之法律》虽只有 14 个条文，但其在法国建筑物区分所有权立法史上却居于重要地位。它是 1804 年《法国民法典》第 664 条对建筑物区分所有权的规定全然无力因应法国社会日益严峻的住宅危机的情形下应运而生的重要法律，系《法国民法典》第 664 条颁行以来有关区分所有的司法裁判经验的蓄积及学说理论成果的结晶。[2] 更具价值的是，其以单行特别法的方式对建筑物区分所有权予以确认，标志着法国由民法典对建筑物区分所有权予以确认的旧时代的结束，由单行特别法对区分所有法律关系予以确认的崭新时代之来临。并且，该法赋予法国历来的既有的区分所有习惯与判例法制化的地位，无疑具重要意义。

但是，该法因当时历史、政治、经济、文化等多方面因素的制约，其局限性也是明显的。此主要表现在，该法的精神仍然具强烈的个人主义色彩，对团体关系的必要性与适用的弹性甚少顾及。此最显著的例子，是关于区分所有建筑物的改良须得全体区分所有权人同意的规定。此规定肇致旧、老建筑物的改良十分困难。[3] 另外，该法缺乏强制性规定，各利害关系人可以契约方法规避或曲解法条的诸多规定，从而极大地削弱了该法的规范效力。

四、法国《住宅分层所有权法》

（一）基本内容

法国《住宅分层所有权法》为现行调整有关建筑物区分所有关系的基本法律。

1　[日] 小沼进一：《建筑物区分所有之法理》，法律文化社 1992 年版，第 309—314 页。

2　Kischinewsky-Broguisse, Statut de la copyopyiete desimmeubles et sociétés de construction, Librairies techniques, n. 24.

3　何明桢："建筑物区分所有之研究"，台湾政治大学 1983 年硕士学位论文，第 10 页。

1965 年，法国立法机关鉴于 1938 年 6 月 28 日《有关区分各阶层不动产共有之法律》诸多不合时宜的规定及区分所有建筑物自 1938 年以来所显露的诸多新问题，遂对之作出修正。修正后的法律条文增至 48 条。1966 年 12 月 8 日再度修正，迄至 1967 年 3 月 17 日又以行政命令补充该特别法。修正后的法律称为《住宅分层所有权法》，全法共计 113 条，其主要方面有三：（1）加强区分所有权人集会的功能，并由通常多数决管理普通共同事务，以三分之二特殊多数决决定特别重要共同事务；（2）加强保护各区分所有权人的权利；（3）为避免区分所有权人的纷争与疏灭讼源，对定义性的条款予以明确规定。[1]

1. 1965 年 7 月 10 日法律（5 章 48 条）

第 1 章，建筑物区分所有权（该法称"住宅所有权"）的定义与机构（第1—16 条）。主要内容涵括：本法的适用对象，专有部分、共用部分及其比例，共用部分及其附属权利对专有部分的从属性，不包括建筑物主干的建筑物的界壁与外壁的互有性的推定，区分所有规约，区分所有权人对专有部分及共用部分的权利，有关享益部分及共用部分的诸负担与区分所有权人的参加义务，区分所有权人负担义务的变更，因区分所有权人修正负担份额而引起的诉讼，区分所有规约对特定继受人的对抗力，管理团体，管理团体与区分所有权人的诉讼能力以及管理团体的权限。

第 2 章，建筑物区分所有权的管理（第 17—29 条）。主要内容包括：管理团体的决定，管理者的指名，管理团体参事会的设置，管理者的义务与责任，暂时管理监督人的指定，管理团体的债权确保、有偿让与，管理团体参事会，区分所有权人会议（总会）、投票权、投票代理等，所有公司社员的投票权，关于一享益部分的共同代理人，总会依出席者投票权的过半数的决定，根据全体区分所有权人投票权过半数决定的事项，依三分之二以上多数决定的事项，依全体一致决定的事项，管理团体以及管理团体的联合。

第 3 章，专有场所的改良、增设以及在专有部分行使增建权利（第 30—37

---

[1]　戴东雄："论建筑物区分所有权之理论基础（I）"，载《法学丛刊》1984 年第 29 卷第 2 期。

条）。主要内容涵括：共用部分、共用设备的改良、增设，工事妨害的禁止（已经 1985 年法律而删除），区分所有权人的费用负担义务与支付方法，建筑物的一部分改良、增设的决定不得对抗提出异议者，专有部分的增建，对因增建而遭受损害的区分所有权人的补偿，附属权利行使的保留。

第 4 章，再建筑（第 38—41 条）。主要内容涵括：损坏建筑物的再建筑（重建）、修缮，超过回复原状的改良，损坏建筑物的赔偿金，对再建筑的优先补偿以及不进行原状回复时的权利的清算及损害补偿。

第 5 章，杂则（第 42—48 条）。主要内容包括：提起诉讼的时效性，具强制性的诸规定，以及管理团体协会变更为管理团体的联合。[1]

2. 1967 年 3 月 17 日行政命令

如前述，此行政命令系对 1965 年法律所作的补充，共 12 节 66 条。各节主要内容如下：第 1 节（第 1—6 条），规定建筑物不动产区分所有权的设定与法律构成；第 2 节（第 7—21 条），规定区分所有权人会议诸问题，包括会议的召集、次数、召集书的记载事项、时期、召集地、审议事项、出席簿、主席、投票权数、议事记录的作成以及议事经过的记录和对决定提出异议的时期；第 3 节，管理团体诸事会诸问题；第 4 节（第 28—39 条），规定管理人事项，包括任期、报酬、任务执行的代理，管理团体职员的雇用与解雇、区分所有权人名簿的作成，各种记录的保存，会议记录誊本抄本的发行，会计与预算，各项负担的强制征收与对未支付缴纳金利息的收取，为保护不动产而进行工事行为及其他管理活动；第 5 节（第 40—42 条），协同管理团体的特别规则；第 6 节（第 43—45 条），区分所有权人管理团体的联合、构成、加入；第 7 节（第 47—62 条），规定诉讼程序，包括法院对管理人、临时监督人、管理团体参事会构成员的指定，无管理团体参事会时区分所有权人对会议的召集，对过重、过轻负担部分提起修正诉讼的相对人的确定，管理团体出庭的义务，管理人在诉讼上的权限与义务，管理人对区分所有权人的诉讼通知义务，共同代理人的指定，管辖法院等；第 8 节（第 63—66

1　［日］小沼进一：《建筑物区分所有之法理》，法律文化社 1992 年版，第 315—338 页。

条)，规定各项准则。

(二) 小结

综据上述，可以看到，法国 1965 年 7 月 10 日法律及 1967 年 3 月 17 日行政命令，具下列特点：(1) 定义明确，规定精准；(2) 对个人的权利与区分所有权人的保护较为周延、彻底，对于团体利益的重视及过分强调个人特权的有害性予以改善；(3) 加强区分所有权人集会的功能，并由通常多数决管理普通共同事务，以三分之二特别多数决决定特别重要共同事项；(4) 团体法的精神深植于建筑物区分所有权制度中；(5) 规定的各种程序简明容易，并具弹性；(6) 建筑物的重建与修缮较为容易；(7) 涵盖范围不仅包括传统意义的区分所有住宅，且也涵括建筑物聚合群 (社区)。

五、结语

透过以上分析，可以看到，法国建筑物区分所有权制度的确立乃经历了一个漫长的过程，即从最初各地的习惯法到 1804 年《法国民法典》第 664 条，由该条到 1938 年 6 月 28 日《有关区分各阶层不动产共有之法律》，又由该法律到 1965 年 7 月 10 日法律和 1967 年 3 月 17 日行政命令，其间实经历了不断演变、推陈出新、不断进步的过程。此点对中国未来制定单行的建筑物区分所有权法仍有他山之石可以借鉴的价值。笔者认为，对建筑物区分所有权规则的规定，最初可以简单些，但至往后则是应详尽规定，最终形成完善的建筑物区分所有权规则系统。

区分所有建筑物的重建[*]

一、引言

区分所有建筑物的重建是区分所有建筑物管理的最后手段或措施，[1] 系最难解决的问题。造成重建困难的原因很多，其中最主要者有如下 5 个方面：其一，传统所有权观念的束缚。区分所有权中的专有部分，系分属于各业主所有，其与一般的单独所有权无异。业主基于对其专有部分的所有权，于法律限制的范围内，得自由使用、收益、处分其所有物，并排除他人的干涉（《物权法》第 71 条）。因此，欲对整栋区分所有建筑物拆除而予以重建，原则上必须经全体业主的同意方可为之，但实践中要做到这一点乃有相当的困难。其二，重建所需费用筹措不易。我国今日的区分所有建筑物的住户，少则数十户，多则数百户甚至上千户，重建区分所有建筑物时，可预见其意见的分歧，且每个业主的经济能力不同，生活习惯、文化程度有别，价值判断互异，对于重建费用的负担能力也有差别，欲取得重建共识并非易事。这一点会影响到有关业主是否会赞成重建，并成为重建事业进行的最大阻力。其三，重建工程进行期间迁居的问题也使重建面临困难。

---

* 本文曾发表于《法学研究》2011 年第 3 期，今收入本书的是该文的原始、未有缩减的版本。

1　[日] 伊藤荣寿："对业主的团体的拘束的根据与界限（2）——区分所有中的所有权法与团体法的交错"，载爱知学院大学论丛《法学研究》第 51 卷第 2 号，第 332、366 页。须指明的是，在当代比较法上，区分所有建筑物的重建通常被置于广义的管理的位置，由此使对业主进行团体的拘束得以正当化。也就是说，重建是为了使区分所有权再生，只不过是一时的消灭权利，所以是一种管理手段。

重建工程进行期间，区分所有建筑物的住户势必暂时搬离，而另觅临时住所。此临时住处的觅得及其费用（如租金等）的支出等，也系影响重建能否顺利进行的重要因素。其四，利害关系人权益调整的困难。欲实现重建区分所有建筑物，除非全体业主一致同意，否则都有可能存在多数人对少数人的强制问题。专有部分设有抵押权或出租他人时，要进行重建，必先对这些人的权益做一调整，否则将妨碍重建的进行。另外，我国区分所有建筑物所坐落的基地的使用权为建设用地使用权，重建时对于该项权利的调整（如申请适当延长该建设用地使用权的期限）也有必要，而这也必须经较复杂的行政程序方可实现。其五，建筑物完成后容积率等规定的严格化。建筑物完成后，容积率、建蔽率[1]等条件变化而较以前更严格时，也不利于重建的进行。一般而言，若容积率、建蔽率相当宽裕，重建时可将原业主分配剩余的专有部分出卖以作为重建费用的一部分，而这有利于重建的进行；反之，建筑物建筑后容积率等较严格时，将有碍于业主意思的统一，而妨碍重建的进行[2]。

即使重建面临上述困难，实务中，区分所有建筑物的重建有时也是十分必要的，甚至是急迫之事。引起区分所有建筑物重建必要性的因素有：其一，区分所有建筑物有其耐用年限，因自然腐朽、灾害（如地震、火灾、水灾、风灾）毁损或其他原因（如某些重大事故发生），业主基于自身安全的考量，即有必要重建建筑物；其二，区分所有建筑物的修缮费用过高时，业主可考虑重建，以符合经济效率；其二，因业主家庭人口的增加，为改善、增大必要的生活空间，可考虑重建区分所有建筑物；其四，建筑物坐落基地附近的土地利用情况发生改变时，只有重建区分所有建筑物方能增加土地的有效利用，此时即有必要重建区分所有

---

[1] 所谓建蔽率，指建筑面积占基地面积的比率。土地利用固然应当力求充分利用与集约利用，但建筑面积与基地面积若不保持一定比率，而将基地所有的面积完全作建筑使用，不留丝毫空间，不仅妨碍通风、采光，影响居民健康，而且一旦发生灾害，居民的生命安全也堪忧。因此，建筑面积与基地面积应保持一定的比率。温丰文：《现代社会与土地所有权理论之发展》，五南图书出版公司1984年版，第92页。

[2] 黄江颖："区分所有建筑物修缮与重建之研究"，台湾东海大学法律研究所1993年硕士学位论文，第49—50页。

建筑物 [1]。

我国 2007 年颁布的《物权法》设有一个条文规范区分所有建筑物的重建 [2]，即第 76 条第 1 款中的第 6 项和该条第 2 款第 1 句，其内容十分简略，只规定"改建、重建建筑物及其附属设施"，"应当经专有部分占建筑物总面积三分之二以上的业主且占总人数三分之二以上的业主同意"，不足以因应实际的需要。因为，区分所有建筑物的重建除涉及要具备哪些程序要件外，还面临如何调整业主之间的权益、由谁进行重建、由数栋建筑物构成的小区内的特定栋区分所有建筑物的重建、区分所有建筑物一部灭失的复旧（修复）与重建的关系以及区分所有建筑物罹受灾害全部灭失时的再建与重建的关系等问题。这些问题如不予以妥善解决，一方面会使业主之间的重建共识即难以凝聚，重建事业无从进行；另一方面也会使重建陷入一团乱麻，无法厘清各方面的法律关系。因此，本文拟从比较法的视角，对区分所有建筑物的重建所蕴含的这些重要法律问题进行分析，期冀借他山之石，对我国《物权法》和《物业管理条例》关于区分所有建筑物的重建制度提出若干建议。这或许可以作为有关机关解释《物权法》和《物业管理条例》的上述规定，以及将来修改《物权法》和《物业管理条例》或民法典或于制定单行的建筑物区分所有权法时全面规定区分所有建筑物重建制度的参考，从而有利于我国区分所有建筑物的重建，推进我国建筑物区分所有权制度的完善。

---

[1]　黄江颖："区分所有建筑物修缮与重建之研究"，台湾东海大学法律研究所 1993 年硕士学位论文，第 8 页。

[2]　值得注意的是，当区分所有的集合住宅老朽化而不适合于居住时，在今日比较法上，各国家和地区的立法定有如下三种供业主采取的对应措施：全体业主经由一致决或多数决而重建区分所有建筑物；每个业主将自己的居住房间（专有部分）出售而买取替代的住宅；将全体区分所有建筑物一并出售而向每个业主分配卖得的价款，业主再以分配所得的价款买取其他的住宅。其中，第三种对应措施由美国《统一公寓（区分所有权）法》（Uniform Condominium Act）第 2—120 条所采取，第二种和第一种对应措施为多数国家和地区所采取，尤其是第一种对应措施与现今多数国家和地区人民的观念相合，即通过重建老朽的建筑物而实现旧建筑物的更新。我国《物权法》和《物业管理条例》系采与多数国家和地区同样立场，因此定有区分所有建筑物重建制度。参见〔日〕水本浩、远藤浩、丸山英气编：《公寓法》（第 3 版），日本评论社 2006 年版，第 118 页。

二、重建的概念及与其他类似概念的区分

重建系指将既存的区分所有建筑物全部拆除，而在建筑物的基地上重新建造建筑物 [1]。该概念与增建、改建不同。增建指于建筑物上增加其面积或高度；改建则系将建筑物的一部分拆除，于原建筑物基地范围内改造，而不增加其面积或高度。增建与改建均属于物权客体的变更，而非物权的取得或消灭。换言之，增建、改建后的建筑物与原建筑物仍然为同一物。此与重建前和重建后的建筑物系属两个不同之物，截然不同。具体而言，重建前的原建筑物既经拆除，其所有权即归消灭（绝对消灭），而重建后的新建筑物，则为新生所有权的取得（原始取得，《物权法》第 30 条）。因此，重建前与重建后的建筑物系两个不同之物。正因如此，重建前的建筑物设有抵押权的，其抵押权会因原建筑物的拆除而消灭（《物权法》第 30 条）。也就是说，存在于原建筑物上的抵押权，其效力不及于重建后的新建筑物；反之，增建、改建前的建筑物设有抵押权的，其效力会及于增建、改建后的建筑物 [2]。

重建的概念也与再建的概念存在区别。如前述，重建系指新建筑物的基地上原来有旧建筑物存在，将之拆除后重为建筑而言。再建则指新建筑物基地上的旧建筑物因灾害毁损或全部朽坏而不存在，其后再为建筑而言。因此，在重建的场合，因基地上还有旧建筑物存在，旧建筑物的区分所有关系在决定重建之时并未消灭；反之，在再建的场合，因基地上的旧建筑物已不存在，旧建筑物的区分所有关系在决定再建之时已然消灭。此乃二者的不同之点。不过，无论重建或再建，其前后两个建筑物，均是各自独立不同的物，此为二者的相同之点 [3]。本文

---

[1] ［日］水本浩、远藤浩、丸山英气编：《公寓法》（第 3 版），日本评论社 2006 年版，第 119 页。

[2] 温丰文："公寓大厦重建法律问题之研究"，载《法学丛刊》2000 年第 45 卷第 1 期，第 38 页。值得指明的是，温丰文先生是我国台湾地区研究建筑物区分所有权制度的资深学者，本文的写作一些地方受惠于温先生这篇文章和其他相关著述的启迪和导引（参见各有关注释），谨致谢忱和敬意。

[3] 温丰文："公寓大厦重建法律问题之研究"，载《法学丛刊》2000 年第 45 卷第 1 期，第 38 页。

重点研究区分所有建筑物的重建，于文末也会涉及重建与再建的关系，此点于此一并加以说明。

三、重建的要件

区分所有建筑物的重建，须具备一定的要件方可为之。我国《物权法》对此设有简略的（程序）要件的规定，但十分不完善。因此，如下就德国、日本及我国台湾地区有关重建所应具备的要件予以分析，期冀借他山之石，完善我国关于重建要件的立法规定及其解释论。

（一）德国

德国称建筑物区分所有权为住宅所有权，其规范区分所有关系的《住宅所有权法》（WEG）制定于1951年3月15日，最近一次修改是2007年3月26日。该法关于重建仅设有第22条一个条文。根据该条第1项的规定，超过通常保存或修缮的建筑上的变更与使用，不得依第21条第3项所规定的多数决为之，而应经全体业主同意。也就是说，一般区分所有建筑物的重建，应经一致决方可为之。建筑物因灾害而毁损时，该法规定原则上应予以复旧（修复）。依该法第21条第3项的规定，建筑物毁损时，应以过半数的多数决为复旧决议。同时，各业主也可请求复旧（第21条第4项）。不过，为防止复旧所需费用过大以保护业主权益，第22条第4项对复旧设有限制规定：建筑物毁损超过其价值的二分之一，即"大规模灭失"[1]，且无法以保险或其他方法填补其损害时，不得依第21条第3项为复旧决议，或依第21条第4项请求复旧。此时，如要复旧，须经全体业主同意方可为之。不过，业主也可决议重建，只是此项重建决议也须经全体业主一致决。可见，在德国，区分所有建筑物的重建，无论是一般建筑物还是毁损建筑物，均

---

[1] 在德国法上，当建筑物的毁损超过其价值的二分之一时，称为"大规模灭失"，未超过二分之一时，称为"小规模灭失"。参见［日］伊藤荣寿："对业主的团体的拘束的根据与界限（2）——区分所有中的所有权法与团体法的交错"，载爱知学院大学论丛《法学研究》第51卷第2号，第283页、第287页。

采一致决，也就是说应经全体业主同意 ¹。

（二）日本

1. 基本概要

日本 1962 年制定的旧《建筑物区分所有权法》对重建并无直接的明文规定，其因由是：日本制定该法时，作为其参考、比较的对象的德国法和法国法均不存在重建制度，并且当时认可该制度的必要性也不怎么存在。其结果，有关区分所有建筑物的重建，依该法第 12 条第 1 项前句及第 35 条第 3 项的立法精神与《日本民法》第 251 条的规定，须经全体业主同意，方可为之。之所以如此，系因认为，为区分所有建筑物的重建时，为了建筑新的区分所有建筑物，须拆除现存的区分所有建筑物，而由于业主对各自的区分所有权保有处分权，所以就需要获得全体业主的同意。但是，一致决的重建决议几近不可能，因为只要有一业主反对，重建即无从进行 ²。

1962 年旧《建筑物区分所有权法》制定后，区分所有建筑物急速增加。此时，重建的必要性虽然还未成为现实的问题，但是将来老朽化的区分所有建筑物将会成为社会问题。对于老朽化的区分所有建筑物，若重建须获得全体业主的同意方可为之，则即使一人反对，重建也不能进行，这样区分所有建筑物就可能"贫民窟"化，此无疑有碍于社区（小区）的更新、发展。为消除此种不合理现象，1983 年修订《建筑物区分所有权法》时，摒弃一致决，改采并明文规定多数决的重建制度 ³。

1983 年《建筑物区分所有权法》第 62 条第 1 项规定："因老朽、毁损、一部灭失或其他事由，参酌建筑物的价格或其他情形，致维持建筑物效用或回复需费

1　参见温丰文："公寓大厦重建法律问题之研究"，载《法学丛刊》2000 年第 45 卷第 1 期，第 39—40 页；［日］伊藤荣寿："对业主的团体的拘束的根据与界限（2）——区分所有中的所有权法与团体法的交错"，载爱知学院大学论丛《法学研究》第 51 卷第 2 号，第 283 页、第 287 页。

2　［日］伊藤荣寿："对业主的团体的拘束的根据与界限（2）——区分所有中的所有权法与团体法的交错"，载爱知学院大学论丛《法学研究》第 51 卷第 2 号，第 331 页。

3　［日］伊藤荣寿："对业主的团体的拘束的根据与界限（2）——区分所有中的所有权法与团体法的交错"，载爱知学院大学论丛《法学研究》第 51 卷第 2 号，第 331—332 页。

过大时，得于集会以区分所有权人及表决权各五分之四以上的多数，作以拆除建筑物，且在建筑物基地上重新建筑同一主要使用目的的建筑物为主旨的决议。"对于此项规定，日本于 2002 年修改《建筑物区分所有权法》时进一步作了修改："得于集会（业主大会——笔者注），以区分所有权人及表决权各五分之四以上的多数，作以拆除建筑物，且在该建筑物的基地或其一部的土地上或者包含该建筑物的基地的全部或一部的土地上重新建筑建筑物为主旨的决议。"须注意的是，2002 年经修改的《建筑物区分所有权法》第 62 条第 1 项旨在使重建能够顺利、圆滑地进行，它与 1983 年《建筑物区分所有权法》第 62 条第 1 项关于重建的规定相较，具有下列特色：

（1）规定重建决议只需在业主大会上得到业主及表决权各五分之四以上的多数同意即可作出。此多数决之外的 1983 年《建筑物区分所有权法》第 62 条第 1项规定的其他客观要件并不需要，而是被剔除了。具体言之，1983 年《建筑物区分所有权法》规定的重建须因建筑物老朽、毁损、一部灭失或其他事由，参酌建筑物价格或其他情形，使维持建筑物的效用或回复建筑物原状需费过大的客观要件被摒弃。须特别指出的是，这些客观要件在 1983 年《建筑物区分所有权法》上是必须具备的，否则业主大会所作出的重建决议无效 [1]。

（2）1983 年《建筑物区分所有权法》规定，基于重建决议建构建筑物时，新建建筑物须坐落在原拆除建筑物的基地上，也就是说，新建建筑物所坐落的基地与原拆除建筑物所坐落的基地必须具有同一性。若将基地范围扩大，也就是说购买原拆除建筑物所坐落基地的邻地，与原基地合并后而为重建，不认为具有基地的同一性，不得视为重建。而 2002 年《建筑物区分所有权法》则将此基地的同一性要件予以缓和，认为第 62 条第 1 项规定的重新建造的建筑物的基地只要符合下列情形之一即可：其一，原拆除建筑物所坐落的基地（即拆除原建筑物的基地）。其二，原拆除建筑物的基地的一部分土地。例如，将原拆除建筑物的基地的一部分出卖，而在剩余的土地上建构建筑物即是。其三，包含原拆除建筑物所

———————————

1　[日] 水本浩、远藤浩、丸山英气编：《公寓法》（第 3 版），日本评论社 2006 年版，第 120 页。

坐落基地的全部的土地。例如，购买或借用原拆除建筑物的基地的邻地或者其周围的土地而扩大基地，于此被扩大的基地上建构建筑物的情形即是。其四，包含原拆除建筑物所坐落基地的一部分的土地。例如，将原拆除建筑物所坐落基地的一部分出卖，同时又购买或借用原拆除建筑物所坐落基地的邻地，于包含原拆除建筑物所坐落基地的一部分的新的基地上建构新建筑物的情形即属之。另外，将原一栋区分所有建筑物重建为二栋区分所有建筑物，或者将原共有基地的二栋建筑物重建为一栋建筑物，均无不可 [1]。

（3）根据 2002 年《建筑物区分所有权法》，依重建决议建筑新的建筑物时，新建筑物的使用目的不再有特别的限制。而在 1983 年《建筑物区分所有权法》上，重新建筑的建筑物的主要使用目的须与原拆除建筑物相同。例如，原属住家专用的建筑物，若全部改作商业用或办公用，即违反使用目的的同一性，自不得谓为重建。2002 年《建筑物区分所有权法》将此使用目的的同一性完全废除。据此，作出将居住用的区分所有建筑物重建为商业用或商业与居住合用的重建决议，或者将商业用的区分所有建筑物重建为居住用的区分所有建筑物或者二者合用的重建决议，均无不可 [2]。

（4）1983 年《建筑物区分所有权法》对于重建决议仅设有第 62 条共计 4 项规定，而 2002 年修改后的第 62 条则设有共计 8 项规定，尤其对重建决议的程序做了完善的规定。

需注意的是，根据 2002 年修改的现行《建筑物区分所有权法》，重建须以区分所有建筑物现在存在为必要。也就是说，重建的基地上须有建筑物存在，且将其全部拆除为前提，若基地上的建筑物已全部灭失或朽坏而不存在，之后在其上重为建筑，应属再建，而非重建，从而不得适用第 62 条以下的规定 [3]。区分所有建筑物的再建，原则上应依《日本民法》第 251 条的规定，经基地共有人全体同意方

1　［日］水本浩、远藤浩、丸山英气编：《公寓法》（第 3 版），日本评论社 2006 年版，第 119 页。
2　［日］水本浩、远藤浩、丸山英气编：《公寓法》（第 3 版），日本评论社 2006 年版，第 120 页。
3　［日］水本浩、远藤浩、丸山英气编：《公寓法》（第 3 版），日本评论社 2006 年版，第 119 页。

可为之 [1]；至于遭受灾害区分所有建筑物的再建，则应依 1995 年制定、2002 年修改的《关于罹受灾害区分所有建筑物的再建等的特别措施法》为之。另外，重建须将建筑物全部拆除重为建筑，若仅拆除一部分，于原建筑物基地范围内改造，系属于改建，也非重建。最后，既存建筑物的一部分灭失或朽坏而成为现行《建筑物区分所有权法》第 61 条所定的复旧（修复）的对象时，也可使之成为重建的对象 [2]。

2. 程序要件（重建决议）

重建的程序要件是指重建须经业主大会的重建决议而为之。也就是说，区分所有建筑物的重建，需于业主大会会议上，经业主及表决权各五分之四以上的多数决，方可为之。因为重建决议而召开业主大会时，其程序原则上与一般业主大会相同。不过，因重建决议对每一业主的权益影响很大，所以现行《建筑物区分所有权法》第 62 条第 2—8 项对决议方式、决议内容、会议记录的记载、召集通知等设有特别规定，用以调整业主权益的依据。分述之如下。

（1）决议方式。前文已述，1983 年日本修订《建筑物区分所有权法》引入了团体法规则，对重建决议摒弃了 1962 年旧法的一致决，改采特别多数决。2002年再度修订《建筑物区分所有权法》时仍然如此，即坚守了 1983 年修订法的立场。依现行《建筑物区分所有权法》的规定，重建决议只要有业主及表决权各五分之四以上的多数决即可。应注意的是，此五分之四为强制规定，不得以管理规约或依其他的合意而提高（如改成十分之九或全体）或降低（如改成十分之七或半数）比率。也就是说，不得以管理规约变更决议方式，因为提高决议比例的门槛对希望重建者的利益有损，而降低决议比例的门槛对不希望重建者的利益有害 [3]。

1　［日］北川善太郎："地震与区分所有建筑物再兴模式——区分所有权的契约原理"，载《民商法杂志》第 112 卷第 4、5 号，第 628 页。

2　［日］水本浩、远藤浩、丸山英气编：《公寓法》（第 3 版），日本评论社 2006 年版，第 119 页。

3　温丰文："公寓大厦重建法律问题之研究"，载《法学丛刊》2000 年第 45 卷第 1 期，第 42页；［日］石田喜久夫："重建"，载《法律时报》第 55 卷第 9 号，第 34 页。不过须注意的是，对此也有反对意见，关于其反对意见，请参见［日］水本浩、远藤浩、丸山英气编：《公寓法》（第 3 版），日本评论社 2006 年版，第 120 页。

（2）决议内容。业主大会为重建决议时，其内容应有重建计划的概要，该概要应包括下列四项内容（日本《建筑物区分所有权法》第 62 条第 2 项），缺一不可。

①重新建筑建筑物的设计概要。重新建筑建筑物的设计概要应包括整栋建筑物的设计及每一专有部分如何区分的设计。换言之，除整栋建筑物的用途、建筑材料、楼层、楼地板总面积、各层楼面积应在重建决议中决定外，每一专有部分的配置、用途、建筑面积等，也应在重建决议中议定之[1]。

②重建费用的概算额。重建费用包括拆除原建筑物及建筑新建筑物所需的费用，其数额应于为重建决议时估定之，并以在为重建决议的时点所估计的概算额即足[2]。

③有关重建费用分担的事项。此包括重建费用的分担方法与标准。为重建决议时，参加重建者的人数还未完全确定，每人应分担的重建费用尚难估计，因此每一参加重建者的分担额无须于为重建决议时确定。但重建费用的分担方法和标准，则应事先决定，以便依循。在决定重建费用的分担方法与标准时，不得危害各业主的衡平（日本《建筑物区分所有权法》第 62 条第 3 项）。若违背衡平原则，重建决议归于无效。一般而言，重建费用的分担，如无特别情事，应依取得重新建筑建筑物专有部分的楼地板面积的比例定之[3]。

④有关重新建筑建筑物区分所有权归属的事项。此即重新建筑建筑物各专有部分的分配方法。重新建筑建筑物的专有部分，究竟是按原专有部分面积比例分配，还是依原有价值分配，或者依抽签方式分配等应明确定之。惟无论采取何种方式，也不得违背衡平原则（日本《建筑物区分所有权法》第 62 条第 3 项）。另外，因建筑物的容积增加，致专有部分经分配后还有剩余时，如何定其归属，系

1　温丰文："公寓大厦重建法律问题之研究"，载《法学丛刊》2000 年第 45 卷第 1 期，第 42 页；[日] 稻本洋之助、镰野邦树：《注释公寓区分所有法》，日本评论社 1997 年版，第 333 页。

2　[日] 水本浩、远藤浩、丸山英气编：《公寓法》（第 3 版），日本评论社 2006 年版，第 120—121 页。

3　温丰文："公寓大厦重建法律问题之研究"，载《法学丛刊》2000 年第 45 卷第 1 期，第 42 页；[日] 滨崎恭生："关于建筑物区分所有法律的修改"，载《法曹时报》第 38 卷第 6 号，第 25 页。

出售还是归全体业主共有（约定共用部分），也应于为重建决议时明确决定 [1]。

（3）会议记录的记载。有关重建决议的业主大会会议应作成会议记录。该会议记录除应记载一般业主大会所应记载的事项外，还应记载每一业主是否赞成重建的情况，以作为确定日本《建筑物区分所有权法》第 63 条所定卖渡请求权人及其相对人的依据。会议记录若未记载各业主赞成与否的情况，虽不影响决议的效力，但在进行日本《建筑物区分所有权法》第 63 条所定程序（即由召集人以书面催告不赞成重建决议的业主回答是否参加重建）之前，应先补正 [2]。

（4）为重建决议的业主大会的召集程序。须注意的是，为重建决议的业主大会的召集程序与一般的业主大会会议的召集程序不同，须按日本《建筑物区分所有权法》第 62 条第 4—7 项规定的程序为之。而此 4 项规定，系 2002 年修改时新设。如果缺少这 4 项规定中的任何一项程序，即使依据本条（第 62 条）第 1 项的特别多数决做出了重建决议，该决议也系无效 [3]。可见 4 项程序十分重要。

①至少应于该为重建决议的业主大会开会日期两个月前，向各业主发业主大会的召集通知 [4]。

②在向各业主发业主大会的召集通知时，除议案要点外，还必须通知下列事项：以重建为必要的理由，不重建建筑物时该建筑物效用的维持或回复（包括确保建筑物通常应当有的效用）所需要费用的数额及其明细，确定了该建筑物的修缮计划时该计划的内容，以及作为建筑物的修缮积攒金而积攒的数额等。

③因为重建决议而召集业主大会的召集人，至少应于该业主大会的开会日一个月之前，就关于召开该业主大会应通知的事项，对业主召开有关情况的说明会（日本《建筑物区分所有权法》第 62 条第 8 项）[5]。

1　温丰文："公寓大厦重建法律问题之研究"，载《法学丛刊》2000 年第 45 卷第 1 期，第 42 页。

2　温丰文："公寓大厦重建法律问题之研究"，载《法学丛刊》2000 年第 45 卷第 1 期，第 42—43 页；[日] 稻本洋之助、镰野邦树：《注释公寓区分所有法》，日本评论社 1997 年版，第 337 页。

3　[日] 水本浩、远藤浩、丸山英气编：《公寓法》（第 3 版），日本评论社 2006 年版，第 121 页。

4　日本《建筑物区分所有权法》第 62 条第 4 项。

5　[日] 水本浩、远藤浩、丸山英气编：《公寓法》（第 3 版），日本评论社 2006 年版，第 121 页。

（5）召集业主大会时的通知事项。召集为重建决议的业主大会时的通知事项包括：会议的目的事项（比如重建）；业主大会要讨论的议案的要点，包括《建筑物区分所有权法》第62条第2项所定的重建决议的内容等；2002年修订的《建筑物区分所有权法》第62条第5项所定的事项。其中，议案的要点中所包括的重建决议的内容，是实施重建情形下的信息，而第62条第5项规定的必须通知的事项中，除以重建为必要的理由外，其余的则是不实施建筑物的重建而仍然维持原建筑物的现状（日本《建筑物区分所有权法》第62条第5项第2、3、4款）的信息。业主在接到第62条第5项中所定事项的通知后，可自更加广阔的视角来判断是否应当进行重建[1]。

（6）说明会的召开。前文已述，以为重建决议为目的的业主大会的召集人，至少应于该业主大会的开会日一个月之前，就关于召开该业主大会应通知的事项，对业主召开有关情况的说明会。该说明会的目的，是就召开以为重建决议为目的的业主大会应向业主通知的事项向业主进行情况说明；所谓应通知的事项，如前述，包括关于重建决议的内容的议案要点及日本《建筑物区分所有权法》第62条第5项第1—4款所定的事项。

召开上述说明会的程序，应准用一般的业主大会的召集程序的规定（日本《建筑物区分所有权法》第35、36条），即说明会的召集者（管理者等）至少应于开会日期一周前附会议目的事项发通知给各业主（日本《建筑物区分所有权法》第35条第1项）。但是，此种场合，该期间可以管理规约予以延长。

（7）违反重建要件的法律效果。重建决议不符合前述有关基地的要件或决议方法的要件而作出的，无效。另外，不符合前述决议内容、业主大会的召集程序、通知事项及说明会的召开的规定而作出的"决议"，不得作为重建决议发生效力。最后，如前述，有关重建费用的分担及建筑物区分所有权的归属事项的衡平条款（日本《建筑物区分所有权法》第62条第3项）系效力规定，而非训

1　［日］水本浩、远藤浩、丸山英气编：《公寓法》（第3版），日本评论社2006年版，第121页。

示规定，违反者，重建决议也为无效 [1]。

（三）我国台湾地区

我国台湾地区"公寓大厦管理条例"（2006 年修订）定有重建制度，其原则上采一致决，例外采多数决。分述之如下。

1. 一致决重建的要件

我国台湾地区"公寓大厦管理条例"第 13 条第 1 句规定："公寓大厦之重建，应经全体区分所有权人及基地所有权人、地上权人或典权人之同意。"据此规定，可知一致决重建的要件有二：一是，全体业主的同意；二是，基地所有权人、地上权人或典权人的同意。须注意的是，在我国台湾地区，建筑物与其坐落的基地属于两个各自独立的不动产，因而公寓大厦所坐落的基地若属于业主共有，只要经业主全体同意，即可重建；但若基地非属于业主共有，而系业主经由承租或设定地上权、典权等方式取得基地的准共有权，则欲为重建，还须经基地所有权人的同意，方可为之；至若公寓大厦及其所坐落的基地另有地上权或典权存在，则还须经地上权人或典权人的同意，方才符合重建的要件 [2]。

2. 多数决重建的要件

依我国台湾地区"公寓大厦管理条例"第 13 条但书及第 31 条"特殊事项之议决比例"的规定，公寓大厦因配合城市更新计划，或因严重毁损、倾颓或朽坏，有危害公共安全之虞，或因地震、水灾、火灾、风灾或其他重大事变，致危害公共安全而须实施重建的，于业主大会会议中，除管理规约另有规定外，应有业主三分之二以上及其区分所有权比例合计三分之二以上出席，以出席人数四分之三以上及其区分所有权比例占出席人数区分所有权四分之三以上的同意行之。据此可知，我国台湾地区区分所有建筑物采多数决重建的客观要件须为下列情形之一：配合城市更新计划而实施重建；严重毁损、倾颓或朽坏，有危害公共安

1　［日］水本浩、远藤浩、丸山英气编：《公寓法》（第 3 版），日本评论社 2006 年版，第 122 页。

2　参见温丰文："公寓大厦重建法律问题之研究"，载《法学丛刊》2000 年第 45 卷第 1 期，第 43—44 页。

全之虞；因地震、水灾、火灾、风灾或其他重大事变，致危害公共安全。此所谓"其他重大事变"，指类似于地震等原因而可能对建筑物造成重大破坏者，如煤气爆炸、飞机坠落、暴力破坏等。必须因上述地震等原因造成危害公共安全的，才符合多数决重建的客观要件，若只是有危害公共安全之虞，还不足以构成 [1]。

公寓大厦具备上述客观要件时，得经业主大会的多数决实施重建。业主大会为重建决议时，应有业主三分之二以上及其区分所有权比例合计三分之二以上出席，以出席人数四分之三以上及其区分所有权比例占出席人数区分所有权四分之三以上的同意。因三分之二的四分之三是二分之一，因此实际上只要全体业主二分之一以上及全部区分所有权比例二分之一以上的同意，即可决议重建 [2]。

（四）我国《物权法》和《物业管理条例》

前文已述，《物权法》关于区分所有建筑物的重建仅在第 76 条第 1 款第 6 项和该条第 2 款第 1 句设有简略规定，即只规定"改建、重建建筑物及其附属设施"，"应当经专有部分占建筑物总面积三分之二以上的业主且占总人数三分之二以上的业主同意"。此关于重建的规定，过于简陋，不言自明。它实际上只是解决了为重建决议的决议方式问题。依此规定，重建建筑物及其附属设施，必须同时具备两个条件，业主大会所作出的重建决议方为有效：一是，必须获得专有部分占建筑物总面积三分之二以上的业主同意；二是，必须获得占业主总人数的三分之二以上的业主同意。假如一栋大楼的建筑物总面积（专有部分总面积）总计为 9 999 平方米，专有部分占建筑物总面积三分之二以上的业主是指建筑物总面积之和达到 6 666 平方米以上的若干个业主。如果某一建筑区划内共有 99 户业主，占总人数三分之二以上的业主是指业主数要达到 66 户以上 [3]。显然地，《物

1　参见温丰文："公寓大厦重建法律问题之研究"，载《法学丛刊》2000 年第 45 卷第 1 期，第 44 页。

2　温丰文："公寓大厦重建法律问题之研究"，载《法学丛刊》2000 年第 45 卷第 1 期，第 44 页。

3　全国人大常委会法制工作委员会民法室编：《中华人民共和国物权法条文说明、立法理由及相关规定》，北京大学出版社 2007 年版，第 118 页。

权法》关于重建，系采多数决。

众所周知，《物权法》是在学者先期起草的中国物权法草案（建议稿）的基础上完成制定，并于 2007 年 3 月 16 日获得颁布的。其中，由梁慧星研究员率领的中国物权法研究课题组起草的《中国物权法草案建议稿》第 99 条设有区分所有建筑物重建的规定。不过，该条关于重建的规定由来有自，系参考 1995 年我国台湾地区"公寓大厦管理条例"第 13 条第 1 项第 1 句及第 31 条第 1 项第 3 款而拟定。这一物权法草案建议稿的第 99 条未被 2007 年正式颁布的《物权法》所采纳。如前文所述，正式通过的《物权法》仅于第 76 条第 1 款第 6 项及该条第 2 款中规定了重建决议的决议方式；另外，2007 年修订的《物业管理条例》第 11 条第 6 项及第 12 条第 3 款，也进一步重述了《物权法》关于重建决议的决议方式的规定。

（五）评议分析

由上述分析可知，各国家和地区关于重建的最大差异，在于德国采一致决，日本采多数决，我国台湾地区原则采一致决，例外采多数决，我国《物权法》和《物业管理条例》采多数决。须指明的是，我国现行法对于重建采多数决而不采一致决，此点颇值赞赏，因为一致决事实上难以实行，其立法规定形同虚设。不过，我国台湾地区规定须因配合城市更新计划，或因严重毁损、倾颓或朽坏，有危害公共安全之虞，或因地震、水灾、火灾、风灾或其他重大事变，致危害公共安全者，方可经由重建决议，实施重建；而《物权法》和《物业管理条例》则未设这些限制。我国法的这一立场与日本 2002 年经修订的现行《建筑物区分所有权法》的立场相同。在程序要件上，日本要求须有全体业主及全部表决权各五分之四以上的同意方可为重建决议，在我国台湾地区实质上只要有全体业主及全部区分所有权比例半数以上的同意即可为重建决议，而《物权法》和《物业管理条例》则规定只要经专有部分占建筑物总面积三分之二以上的业主且占总人数三分之二以上的业主同意，即可为重建决议。

上述有关多数决重建程序要件的宽严问题，系由多种因素所造成，实质上乃属于一个国家或地区的立法政策问题，颇难做出孰优孰劣的统一评价 [1]。我国《物权法》和《物业管理条例》经由多数决（而不是一致决），以决定区分所有建筑物重建与否，系符合当代业主共同体（团体）关系的本质和实际，应值肯定。至于日本 2002 年经修订的现行《建筑物区分所有权法》所定的其他重建要件，例如在客观要件上，须在原建筑物的基地、其一部的土地或者包含该建筑物的基地的全部或一部的土地上重新建筑建筑物，在程序要件上，决议内容须有重建计划概要、履行严格的召集程序、为完善的通知事项以及为此而召开说明会等，我国《物权法》与《物业管理条例》则未明定。从重建的谨严性和重建实施的可行性考量，日本法所定的这些要件，在我国法上也应具备之。我国将来制定单独的建筑物区分所有权法或修改现行《物权法》抑或制定民法典时，宜取日本法的经验，将这些程序要件明文化。

四、业主间权益的调整

区分所有建筑物要实现重建，除须符合前述重建要件外，对业主之间的权益进行调整也十分重要。在德国，如前述，由于重建采一致决，每一业主对重建决议均有否决权，只有充分调整彼此间的权益，直到每一业主满意为止，才有通过重建决议的可能，故该国《住宅所有权法》对业主间权益的调整并无条文规定。但在采多数决重建制度的日本，因只要达到法定比例的表决权即可通过重建决议，为保护少数不参加重建者的权益，该国《建筑物区分所有权法》对权益调整设有详细规定 [2]。另外，我国台湾地区"公寓大厦管理条例"所定重建制度中的

---

[1] 不过在日本，有一种观点认为，重建决议须业主及表决权的各五分之四以上赞成，乃系非常严格的议决要件，它意味着对反对重建决议的业主的区分所有权的使用、收益及处分自由的侵害盖然性是低的，由此建议将其改变为业主及表决权的各四分之三以上赞成即可。参见〔日〕伊藤荣寿："对业主的团体的拘束的根据与界限（2）——区分所有中的所有权法与团体法的交错"，载爱知学院大学论丛《法学研究》第 51 卷第 2 号，第 365 页。

[2] 温丰文："公寓大厦重建法律问题之研究"，载《法学丛刊》2000 年第 45 卷第 1 期，第 45—46 页。

多数决部分，也设有权益调整的规定。我国《物权法》和《物业管理条例》虽采多数决，但并无对业主权益调整的规定，是为重要立法缺漏。如下先对日本和我国台湾地区的相关规定分别予以分析，之后阐明我国法应有的立场。

（一）日本

为保护少数不参加重建者的权益，于区分所有建筑物重建时，日本《建筑物区分所有权法》创设了卖渡请求权和买回请求权两种制度。分述之如下。

1. 卖渡请求权

实行重建决议时，反对重建决议而不参加重建事业的业主的区分所有权和基地利用权，并不基于重建决议而立即消灭。实行重建决议后，重建事业的参加者得对不参加重建事业的人请求行使卖渡请求权 [1]。因此，所谓卖渡请求权，指参加重建者于一定期间内，对于不参加重建的业主及其继受人请求以市价卖渡其所有权及基地利用权的权利。因为依团体法的规则，重建决议对于不赞成重建决议的业主也有拘束力，反对重建者原可自行出售其区分所有权或向参加重建者请求收买其自己保有的区分所有权，以脱离区分所有关系。但若反对重建的业主不愿为上述行为，重建工作即难以进行，为打破此一僵局，于是设立卖渡请求权制度 [2]。

需注意的是，卖渡请求权行使之前，要先区分业主中何人参加重建，何人不参加重建，并确定之。依日本《建筑物区分所有权法》第 62 条第 1 项、第 2 项、第 3 项的规定，于重建决议后，业主大会召集人应立即对未赞成重建决议的业主（包括其继受人）以书面催告其回答是否依重建决议内容参加重建。受催告的业主应自催告之日起两个月内回答参加与否。若于两个月内未为回答，视为不参加

1　［日］伊藤荣寿：“对业主的团体的拘束的根据与界限（2）——区分所有中的所有权法与团体法的交错”，载爱知学院大学论丛《法学研究》第 51 卷第 2 号，第 328 页。应注意的是，在日本法上，此卖渡请求权具有极为重要的功用，重建事业成否，从一定意义上说乃完全依赖于该卖渡请求权的行使。经由行使卖渡请求权而达到如下目的：排除反对重建决议的少数业主，并由此将从前的业主团体（区分所有权人团体）消灭，再进而将参加重建的多数业主组织成以从事重建事业为目的的“参加重建者团体”，该团体为重建事业的主体。

2　温丰文：“公寓大厦重建法律问题之研究”，载《法学丛刊》2000 年第 45 卷第 1 期，第 46 页；日本法务省民事局参事官室编：《新公寓法》，商事法务研究会 1983 年版，第 346 页。

重建。进而言之，通过此程序，将业主区分为参加重建者与不参加重建者两类。其中，参加重建者包括：重建决议的赞成者；未赞成重建决议，但经催告后，回答参加重建者。不参加重建者则包括：未赞成重建决议，经催告后，仍回答不参加重建者；未赞成重建决议，经催告后，未于两个月期间内回答是否参加重建者 [1]。

上述卖渡请求权尽管名称上系请求权，本质上却具有形成权的性质 [2]。因此只要合法行使此项权利，其请求的意思表示到达对方时，以市价购买对方的区分所有权和基地利用权的卖渡（买卖）契约即告成立，无须相对人承诺 [3]。而且依《日本民法》第 176 条的规定，不动产物权变动只要当事人意思表示一致即生效力，不待登记。因此，当卖渡（买卖）契约成立（生效）时，相对人的区分所有权和基地利用权就移转于请求权人。相对人负有交付专有部分与移转登记的义务，请求权人则负有支付价金的义务，此二项义务发生同时履行抗辩的关系（《日本民法》第 533 条）[4]。不过，日本《建筑物区分所有权法》为顾及相对人于一时之间无法觅得代替住处，致生活发生显著困难的情况，特设建筑物让出（专有部分交付）的犹豫期限，以资保护 [5]。

1　温丰文："公寓大厦重建法律问题之研究"，载《法学丛刊》2000 年第 45 卷第 1 期，第 46 页；[日] 水本浩、远藤浩、丸山英气编：《公寓法》（第 3 版），日本评论社 2006 年版，第 124 页。

2　[日] 水本浩、远藤浩、丸山英气编：《公寓法》（第 3 版），日本评论社 2006 年版，第 117 页、第 125 页。

3　[日] 伊藤荣寿："对业主的团体的拘束的根据与界限（2）——区分所有中的所有权法与团体法的交错"，载爱知学院大学论丛《法学研究》第 51 卷第 2 号，第 328 页。

4　[日] 水本浩、远藤浩、丸山英气编：《公寓法》（第 3 版），日本评论社 2006 年版，第 125 页。

5　温丰文："公寓大厦重建法律问题之研究"，载《法学丛刊》2000 年第 45 卷第 1 期，第 47 页。日本《建筑物区分所有权法》第 63 条第 5 项规定：因卖渡请求权的行使，回答不参加重建的区分所有权人因让出建筑物，致其生活有发生显著困难之虞，且对重建决议的实行认为不致有太大影响的显著理由时，法院得依该人的请求，于价款交付或提存之日起不超过一年的范围内，对建筑物的让出给予相当的犹豫期限。据此规定，可请求暂缓让出建筑物的，为于催告期间内回答不参加重建的业主及其概括继受人。此项请求应以诉讼为之，法院于斟酌各种因素后，得为给予一年以内犹豫期限的判决。此项判决属形成判决，于判决确定后，卖渡请求权人须先支付价金，而相对人得于犹豫期限内暂不交付专有部分。至于移转登记，则不在犹豫期限的范围内。又请参见温丰文："公寓大厦重建法律问题之研究"，载《法学丛刊》2000 年第 45 卷第 1 期，第 47 页。

另外，须指明的是，上述卖渡请求权行使后，区分所有建筑物全体即变成重建事业参加者的所有权（区分所有权和共有部分的应有部分权）的对象（客体），由此就可以拆除区分所有建筑物。因此，重建决议并不是对不参加重建的人强制参加重建的决议，而是为了创造出附期限的卖渡请求权得以成立这一法律状态的决议 1。

2. 买回请求权（再卖渡请求权）

所谓买回请求权，又称再卖渡请求权 2，系允许相对人于一定条件下，买回其业已丧失的区分所有权，借以保护其权益。前述卖渡请求权制度主要是为使重建事业能够顺利进行而设。卖渡请求权人于行使权利后，若对建筑物置之不顾，长期不实施重建，则与创设此项制度的目的相悖，因此日本又同时设立此买回请求权制度，以加以制衡 3。不过，依日本《建筑物区分所有权法》第 63 条第 6、7 项的规定，有关买回请求权的行使，视参加重建者未着手建筑物拆除工事的原因是否有正当理由而不同，即无正当理由的，得行使买回请求权；有正当理由的，原则上不发生买回请求权问题。

上述买回请求权也具有形成权的性质，于意思表示到达相对人时即生效力。买回请求权行使后，买回请求权人不再受重建决议效力的拘束，因而，参加重建者若要完成或实现原重建计划，必须以其他方法取得其同意，方能进行 4。

（二）我国台湾地区

我国台湾地区"公寓大厦管理条例"第 14 条第 1 项规定："公寓大厦有前条第二款或第三款所定情形之一，经区分所有权人会议决议重建时，区分所有权人

1　［日］稻本洋之助、镰野邦树：《注释公寓区分所有法》，日本评论社 1997 年版，第 380 页以下。此外，在日本也有观点认为，重建决议乃是通过对参加重建事业的人授予卖渡请求权，来违反反对重建决议的业主的意思而剥夺其区分所有权和基地利用权。

2　［日］水本浩、远藤浩、丸山英气编：《公寓法》（第 3 版），日本评论社 2006 年版，第 125 页。

3　温丰文："公寓大厦重建法律问题之研究"，载《法学丛刊》2000 年第 45 卷第 1 期，第 47 页；［日］滨崎恭生："关于建筑物区分所有法律的修改"，载《法曹时报》第 38 卷第 6 号，第 40 页。

4　温丰文："公寓大厦重建法律问题之研究"，载《法学丛刊》2000 年第 45 卷第 1 期，第 48 页；［日］滨崎恭生："关于建筑物区分所有法律的修改"，载《法曹时报》第 38 卷第 6 号，第 42 页。

不同意决议又不出让区分所有权或同意后不依决议履行其义务者，管理负责人或管理委员会得诉请法院命区分所有权人出让其区分所有权及其基地所有权应有部分。"据此可知，在我国台湾地区，区分所有建筑物经由多数决实施重建时，系以出让请求权作为权益调整的手段。

须注意的是，上述出让请求权的行使主体为管理委员会或管理负责人，其行使的相对人则为不同意重建决议又不出让区分所有权，或同意后不依决议履行其义务的业主及此等人的继受人。出让请求权行使的客体为相对人的区分所有权及基地所有权等的应有部分。出让请求权的行使，应以诉讼方式为之。此诉讼的性质，为形成之诉。也就是说，只要向法院诉请而主张，经法院判决确定，即直接创设相对人出让其区分所有权及基地所有权等的应有部分的义务，无须相对人承诺。由于系形成之诉，因此相对人的区分所有权及基地所有权等的应有部分，于判决确定时，即移转于受让人，不待登记[1]。

（三）我国法应采取的立场

我国《物权法》与《物业管理条例》未有关于业主间权益调整的规定，此为我国现行重建制度的最大不足，如前文所述，将来修改《物权法》或制定单行的建筑物区分所有权法抑或制定民法典时，应对此作出追加规定，明定卖渡请求权和买回请求权两种制度。以上对日本与我国台湾地区有关业主间权益调整规定的分析表明，日本的规定相当翔实，我国台湾地区的规定则较粗陋，其借鉴、参考的余地较小。笔者认为，为了能够妥善调整业主间的权益，日本的如下做法值得我国借鉴。

第一，在区分参加重建者与不参加重建者方面，日本的规定值得借鉴。依日本法的规定，于重建决议后，业主大会召集人应及时对未赞成重建决议的业主以书面催告其回答是否依重建决议内容参加重建，受催告的业主自催告之日起两个月内回答参加重建的，则与业主大会会议上赞成重建决议者，列入参加重建者之

1　参见温丰文："公寓大厦重建法律问题之研究"，载《法学丛刊》2000 年第 45 卷第 1 期，第 48—49 页。

一类；若回答不参加重建或未为回答，则列入不参加重建者之一类。对此，我国台湾地区的规定欠缺周延性，不宜借鉴 [1]。

第二，日本对卖渡请求权定有行使期间，我国台湾地区对出让请求权则未定行使期间，应系不妥。因为卖渡请求权具有形成权的性质，其行使会使相对人的区分所有权及基地利用权丧失，因而不宜久悬不决。也就是说，对卖渡请求权的行使期间（除斥期间）应予明定，以便使当事人之间的法律关系尽早确定 [2]。

第三，对卖渡请求权的对价，日本规定应按照市价。我国台湾地区对出让请求权则未定对价。两相比较，应采日本的立场而规定按市价办理 [3]。卖渡请求权是违反相对人的意思，强制其出让区分所有权及基地利用权，但不能因之就完全否定相对人本来的权利，因此对相对人请求其出让区分所有权及基地利用权时，应支付对价，以实现均衡 [4]。

第四，日本规定了买回请求权，而我国台湾地区则未定有之，为妥善、公平地顾及少数业主的权益，应采日本的做法，认可少数业主的这一买回请求权。

五、重建与第三人权益关系的调整

要顺利进行区分所有建筑物的重建，除了须对业主间的权益予以调整外，还须对因重建引起的与第三人的权益关系进行调整。在比较法上，重建决议仅对该栋建筑物的业主及其承继人产生拘束力，而对第三人并无拘束力 [5]。不过，比较

---

[1]　参见温丰文："公寓大厦重建法律问题之研究"，载《法学丛刊》2000 年第 45 卷第 1 期，第 49 页。

[2]　参见温丰文："公寓大厦重建法律问题之研究"，载《法学丛刊》2000 年第 45 卷第 1 期，第 49 页。

[3]　尽管如此，但须提到的是，在日本，于参加重建的人与不参加重建的人之间发生激烈的对立时，关于卖渡请求权的市价的确定或计算，于诉讼中发生争论的情形是很多的。因此，为了实现重建，对于此市价的确定、计算和评价，有必要于早期进行周到的准备。参见 ［日］ 太田知行、村辻义信、田村诚邦：《公寓重建的法律与实务》，有斐阁 2005 年版，第 181 页。

[4]　温丰文："公寓大厦重建法律问题之研究"，载《法学丛刊》2000 年第 45 卷第 1 期，第 49 页。

[5]　［日］ 水本浩、远藤浩、丸山英气编：《公寓法》（第 3 版），日本评论社 2006 年版，第 123 页。

法的经验表明，在重建与专有部分承租人的关系上，一旦业主大会作出重建决议，该重建决议即得作为更新租赁契约或解除租赁契约的"正当事由"[1]，因此，第三人对专有部分的租赁关系一般不会影响到区分所有建筑物的重建。

在我国现阶段，许多房产都是通过按揭贷款的方式购买的，因此，区分所有建筑物设定了抵押权的情形也不在少数。在此场合，会成为法律上的问题的有：在专有部分上有抵押权的人可否请求禁止拆除原建筑物、可否要求增加担保以及在新建建筑物上取得的专有部分是否属于原抵押权客体的代位物，从而适用抵押权的代位法理。对于这些问题，现今比较法上的通说认为，自理论上而言，不能排除抵押权人禁止拆除原建筑物的请求，此时实务上可以通过提供"增加担保"来避免之；参加重建的业主，既然重建决议中已经规定了其对新建建筑物的特定专有部分保有区分所有权，则原抵押物与在新建建筑物中取得的专有部分存在明确的牵连关系，从而应认为后者系原抵押权客体的代位物；至于不参加重建的业主，因参加重建的业主向其行使卖渡请求权而取得了出让自己的区分所有权和基地利用权的价金债权，此价金债权无疑应认为是原抵押权客体的代位物[2]。鉴于比较法经验的可借鉴性，笔者认为，在这些方面，我国也应作同样的解释和对待。

六、重建合意的成立

由上述分析可知，区分所有建筑物的重建，是由参加重建者依卖渡请求权而购买不参加重建者的区分所有权和基地利用权后，依重建决议内容而实行。惟参加重建者之间，实际上并不存在重建契约的约束，因此并不当然负有依重建决议的内容而为重建的义务。为了解决这一问题，日本法上设有重建合意的成立的规定。

日本《建筑物区分所有权法》第64条规定："赞成重建决议的各区分所有权人，依重建决议内容回答参加重建的各区分所有权人及购买区分所有权或基地利

1　［日］水本浩、远藤浩、丸山英气编：《公寓法》（第3版），日本评论社2006年版，第123页。

2　［日］水本浩、远藤浩、丸山英气编：《公寓法》（第3版），日本评论社2006年版，第123页。

用权的各承买指定人（包括此等人的继受人），视为依重建决议内容为实施重建的合意。"依此规定，重建合意的当事人包括：（1）赞成重建决议的业主（依业主大会会议的记录而认定）[1]；（2）业主大会会议时对重建决议反对、保留或未出席会议的业主，经催告后，回答依重建决议内容参加重建的人；（3）经前述（1）（2）全体的同意指定购买区分所有权和基地利用权的承买指定人；（4）前述（1）（2）（3）的继受人，包括概括继受人与特定继受人[2]。

须注意的是，上述重建合意的当事人形成"参加重建者团体"[3]，成为重建事业的主体（详见后述）。另外，依日本《建筑物区分所有权法》第 64 条后句的规定，当事人间所成立的合意的内容为："依重建决议内容实施重建"。也就是说，重建决议的内容，参加重建者均应受其拘束。既然依重建决议内容而为重建系合意事项，当事人间也就互相负有依重建决议内容而为重建的义务[4]。

七、重建主体的厘定

区分所有建筑物具备重建要件，且经由卖渡请求权购买（从而排除）少数反对重建决议的业主的区分所有权和基地利用权后，就只有参加重建者系区分所有建筑物和基地利用权的权利人，此时于参加重建者之间，基于上述重建合意的（拟制）成立，"参加重建者团体"即必然地视为得以成立，重建的实施即由该"参加重建者团体"为之[5]。

1　［日］水本浩、远藤浩、丸山英气编：《公寓法》（第 3 版），日本评论社 2006 年版，第 127 页。

2　温丰文："日本建筑物区分所有法之重建制度"，载《商事法及财经法论文集——王仁宏教授六十岁生日祝贺论文集》，元照出版有限公司 1999 年版，第 117—118 页；［日］水本浩、远藤浩、丸山英气编：《公寓法》（第 3 版），日本评论社 2006 年版，第 127 页。

3　［日］水本浩、远藤浩、丸山英气编：《公寓法》（第 3 版），日本评论社 2006 年版，第 127 页。

4　温丰文："日本建筑物区分所有法之重建制度"，载《商事法及财经法论文集——王仁宏教授六十岁生日祝贺论文集》，元照出版有限公司 1999 年版，第 118 页；［日］玉田弘毅：《新公寓法》，文久书林 1984 年版，第 256 页。另外，重建合意的成立即不参加重建者的排除的法律效果是：区分所有关系消灭，合伙关系成立。对此的详细分析，参见［日］水本浩、远藤浩、丸山英气编：《公寓法》（第 3 版），日本评论社 2006 年版，第 127—128 页。

5　［日］水本浩、远藤浩、丸山英气编：《公寓法》（第 3 版），日本评论社 2006 年版，第 127 页。

上述"参见重建者团体"与原来的业主团体（区分所有权人团体）系两个不同的主体，二者有如下三点不同[1]：其一，构成员不同。业主团体系由全体业主组成；"参加重建者团体"则由同意重建的业主及因卖渡请求权的行使而受让区分所有权和基地利用权的受让人组成。其二，成立目的不同。业主团体的成立目的在于对建筑物及其附属设施进行管理，维护共同生活秩序；"参加重建者团体"的成立目的则在于为重建事业。其三，消灭时点不同。业主团体于不参加重建者的区分所有权和基地利用权全部出让时即归于消灭[2]，而"参加重建者团体"则于新建区分所有建筑物完成时归于消灭。

须注意的是，如前文所述，由于原业主团体自参加重建的业主行使卖渡请求权而将不参加重建的业主予以排除时消灭，因此自将赞成重建的人集合在一起的角度而论，上述"参加重建者团体"属于一种任意团体[3]。其法律性质，通说认为系一种类似合伙契约的关系。也就是说，"参加重建者团体"的构成员共同从事区分所有建筑物的重建。并且，由于"参加重建者团体"的构成员之间不是基于区分所有关系，而是基于类似合伙契约的关系，因此不再适用《物权法》和《物业管理条例》有关业主大会、管理规约等的规定，而是在不违反重建决议的前提下，类推适用《民法通则》有关合伙的规定，以调整彼此间的权利义务关系。具体而言，在为重建事业时，有关重建决议内容的变更或追加，应经参加重建者全体同意。至于有关业务的执行，如动工日期的决定、拆除工事合同的订立等，则一般经参加重建者过半数同意即可。当重建完成时，应另成立新的业主团体，而于重建确定不能完成时，则应解散"参加重建者团体"，办理清算[4]。

1　温丰文："公寓大厦重建法律问题之研究"，载《法学丛刊》2000 年第 45 卷第 1 期，第 49 页。

2　在日本，区分所有建筑物重建时，原区分所有关系何时消灭，学说有二：一为以参加重建者行使卖渡请求权，将不参加重建者的区分所有权排除时消灭；二为建筑物拆毁时消灭。通说系采前者。

3　[日] 水本浩、远藤浩、丸山英气编：《公寓法》（第 3 版），日本评论社 2006 年版，第 127 页。

4　温丰文："日本建筑物区分所有法之重建制度"，载《商事法及财经法论文集——王仁宏教授六十岁生日祝贺论文集》，元照出版有限公司 1999 年版，第 119—120 页。

八、小区内区分所有建筑物的重建

当区分所有建筑物所坐落的基地不在一小区内而系单独存在时，业主可依《物权法》第76条第6项和该条第2款第1句，以及《物业管理条例》第11条第6项及第12条第3款，召开业主大会决定进行重建。但是，我国城市住宅多以小区的形式出现，在一个小区内往往存在数栋区分所有建筑物。此时欲为重建应如何处理，则有疑问。基于一小区的整体不可分割性，当特定栋区分所有建筑物的业主已依《物权法》和《物业管理条例》上述规定决定为建筑物的重建时，是否需要再得到小区内其他栋区分所有建筑物的业主的同意？对此，在比较法上系分为如下两种情况予以处理。

第一，小区内各区分所有建筑物的基地各自分割、基地利用权分属各区分所有建筑物所有人单独所有或共有的情形。此种情形，依基地利用权的单独性，小区内他栋区分所有建筑物的业主并无任何理由可以介入 [1]，因此在小区内各区分所有建筑物的基地利用权分属各栋建筑物的业主单独所有或共有时，其中一栋区分所有建筑物的重建，无须得到他栋建筑物的业主的同意。

第二，小区内基地利用权属于小区内的全体区分所有建筑物的业主共有的情形。此种情形，小区内其中一栋建筑物欲重建时，除须获得该栋建筑物的业主的多数决重建决议外，还须获得该小区内其他栋区分所有建筑物的多数业主的同意。日本于2002年修订其《建筑物区分所有权法》时增订第69条，专门规定"小区内的建筑物的重建承认决议"，共计7项，内容十分翔实。

按照日本《建筑物区分所有权法》的规定，在A、B、C、D四栋区分所有建筑物共有基地而组成小区时，其中的A栋区分所有建筑物打算重建，必须履行下列程序：首先，依日本《建筑物区分所有权法》第62条的规定，获得就A栋建筑物实施重建的重建决议，即以A栋建筑物的业主及表决权各五分之四以上的多

1　日本法务省民事局参事官室编：《新公寓法》，商事法务研究会1983年版，第336页。

数决，依日本《建筑物区分所有权法》第 62 条所定的程序取得重建决议。其次，在以 A、B、C、D 栋区分所有建筑物的业主为构成员的小区业主大会上，按照日本《建筑物区分所有权法》第 69 条的程序，由表决权四分之三以上的多数认可（或承认）该 A 栋建筑物的重建。最后，因小区业主大会认可（或承认）A 栋建筑物的重建而给他栋建筑物（如 B 栋建筑物）以特别的影响时，必须获得 B 栋建筑物的业主表决权四分之三以上的赞成。须特别注意的是，依对日本《建筑物区分所有权法》第 69 条的解释，此种场合，特定栋（如 A 栋）建筑物的重建决议，必须先于小区业主大会认可（承认）特定栋（如 A 栋）建筑物的重建认可（或承认）决议[1]。这样至少可以避免特定栋（如 A 栋）建筑物的业主并不想重建却被其他栋建筑物的业主"强制重建"的情形发生。另外，如果是拆除小区内的全部建筑物而进行"一揽子"重建，则在小区集会上获得小区建筑物所有人及表决权各五分之四以上的赞成的同时，还须获得每栋建筑物的业主及表决权各三分之二以上的赞成，方可为之[2]。

　　我国《物业管理条例》第 9 条第 1 款规定："一个物业管理区域成立一个业主大会。"也就是说，无论小区内建筑物的栋数，一个小区成立一个业主大会。而依《物权法》第 76 条第 6 项和该条第 2 款第 1 句，以及《物业管理条例》第 11 条第 6 项和第 12 条第 3 款的规定，业主大会决定重建建筑物，应当经专有部分占建筑物总面积三分之二以上的业主且占总人数三分之二以上的业主同意。这一规定与日本现行法的做法基本相同。所谓基本相同，意即二者仍有不同，即在前例由 A、B、C、D 四栋建筑物组成的小区中，为了防止 A 栋建筑物的业主不想重建，而业主大会却通过了重建决定的情况发生，我国现行法律并没有设立前置性的规定，即小区业主大会认可 A 栋建筑物的重建的"认可（承认）决议"必须建立在 A 栋建筑物业主业已作出了重建决议的基础上。在这一点上，日本《建筑物

---

　　[1]　[日] 水本浩、远藤浩、丸山英气编：《公寓法》（第 3 版），日本评论社 2006 年版，第 141 页。

　　[2]　日本《建筑物区分所有权法》第 70 条；[日] 伊藤荣寿："对业主的团体的拘束的根据与界限（2）——区分所有中的所有权法与团体法的交错"，载爱知学院大学论丛《法学研究》第 51 卷第 2 号，第 371 页。

区分所有权法》第 69 条定有之。毋庸置疑，日本的这一经验很值得我国取法和借鉴。

九、区分所有建筑物一部灭失的复旧（修复）与重建

区分所有建筑物一部灭失时的复旧（修复），《物权法》和《物业管理条例》均未设立规定，应借鉴比较法的经验对此予以厘清。区分所有建筑物一部灭失的复旧（修复）与重建的关系，主要可从如下几方面予以廓清。

第一，区分所有建筑物的一部灭失，通常为"复旧"（修复）与"重建"的共同原因，且二者均为避免建筑物因一部灭失所带来的不便与危害，进而实现对建筑物及其所坐落基地的更有效的利用。但是，一部灭失的复旧，是在保留原建筑物的前提下，对于建筑物所为的修复，而重建则必须拆除原建筑物，重新建筑一新建筑物[1]。

第二，在比较法上，日本《建筑物区分所有权法》将建筑物的一部灭失区分为建筑物的价格的二分之一以下的灭失（即小规模一部灭失）与超过二分之一的灭失（即大规模一部灭失）两种情形。对于专有部分，无论其为小规模一部灭失抑或大规模一部灭失，其复旧（修复）均可由专有部分的所有权人自行决定，且以自己承担复旧（修复）费用的方式为之。共有部分的复旧（修复）或关于整栋建筑物已有重建决议时，专有部分的复旧（修复）也不受其拘束[2]。于业主大会的决议涉及专有部分的复旧（修复）时，仅赞成该决议的业主就自己专有部分的复旧（修复）受其拘束。关于灭失的专有部分的原所有权人不欲复旧（修复）时，其他业主可否请求其复旧（修复），学说认为，此原则上不可，仅在保全整栋建筑物的必要限度内，方能例外地认可[3]。另外，进行专有部分的复旧（修复）工事

---

[1] 黄江颖："区分所有建筑物修缮与重建之研究"，台湾东海大学法律研究所 1993 年硕士学位论文，第 138 页。

[2] ［日］石田喜久夫："重建"，载《法律时报》第 55 卷第 9 号，第 33 页。

[3] ［日］半田正夫："灭失的复旧、再建等"，载［日］玉田弘毅等编：《建筑物区分所有权法》，一粒社 1988 年版，第 117 页。

时，可于必要时，使用其他业主的专有部分（日本《建筑物区分所有权法》第 6 条第 2 项）[1]。

共有部分一部灭失时，若灭失部分的价格比例在二分之一以下（即小规模一部灭失），其复旧（修复）可由各业主单独为之，实施复旧（修复）的业主得对其他业主按照共有部分的共有份额追偿复旧（修复）所需的费用（日本《建筑物区分所有权法》第 61 条第 2 项）。但已为复旧（修复）决议时，业主即不得再自行为共有部分的复旧（修复），此时复旧（修复）系管理人的职责之一（日本《建筑物区分所有权法》第 61 条第 1、3 项，第 26 条第 1 项）。若共有部分灭失的价格超过二分之一（即大规模一部灭失），其复旧（修复）的决定，须经业主及表决权各四分之三以上的多数决（日本《建筑物区分所有权法》第 61 条第 5 项）。日本之所以规定此种情形须四分之三以上的特别多数决，是更多地考虑到希望解除区分所有关系本身的业主的立场，即由于这一规定，希望解除区分所有关系的业主可以透过该法规定的请求赞成复旧（修复）决议的人买取自己的区分所有权及基地利用权而个别、单独地从全体区分所有关系中脱离出来[2]。

第三，在比较法上，建筑物一部灭失（小规模一部灭失）时的复旧（修复）决议，对于全体业主均有拘束力，但于大规模一部灭失的复旧（修复）决议通过后，如前文所述，不赞成决议的业主得对赞成决议的业主行使买取请求权，借以脱离区分所有关系；因建筑物一部灭失而符合重建决议的要件，且已为重建决议时，对于全体业主均有拘束力，但不赞成或不参加的业主得借由卖渡请求权制度，以脱离区分所有关系。重建决议的效力虽对业主以外的人并无拘束力，但因重建的实施，得将原建筑物拆除，因此须对与该原建筑物有利害关系的第三人的权益进行调整。此点系与复旧（修复）不同[3]。

第四，建筑物一部灭失的复旧（修复），依日本《建筑物区分所有权法》，其

1　[日] 水本浩、远藤浩、丸山英气编：《公寓法》（第 3 版），日本评论社 2006 年版，第 113 页。

2　[日] 水本浩、远藤浩、丸山英气编：《公寓法》（第 3 版），日本评论社 2006 年版，第 114 页。

3　黄江颖："区分所有建筑物修缮与重建之研究"，台湾东海大学法律研究所 1993 年硕士学位论文，第 139—140 页。

实施主体系业主个人或管理人，区分所有建筑物重建的主体则为"参加重建者团体"[1]。

第五，区分所有建筑物共有部分一部灭失的复旧（修复），应与重建成排斥关系，即若有重建决议，即不得再为复旧（修复）[2]。关于专有部分一部灭失的复旧（修复）是否须受重建决议的限制，如前文所述，有人认为不受限制，有人认为赞成重建决议的业主方受限制[3]。可见对此问题存在分歧意见[4]。

十、区分所有建筑物遭受灾害全部灭失时的再建与重建

由前文分析可知，在当代各国家和地区法上，区分所有建筑物只要具备一定要件，经由多数决或一致决即可实施重建。但是，当区分所有建筑物全部灭失时，并不存在专有部分与共有部分，区分所有权及共有部分的共有份额权由此而消灭，业主之间仅共有基地。此时，为了再建区分所有建筑物，基地的变更就成为必要。为对共有物的基地进行变更，依当代比较民法的原则，须以全体的同意为之。但实际上要获得全体的同意系十分困难的。为了解决这一问题，在比较法上，日本于1995年1月17日阪神、淡路大地震后不久即制定了《关于罹受灾害区分所有建筑物的再建等的特别措施法》，即《罹受灾害公寓法》（以下简称《特别措施法》）。依此法律，与日本《建筑物区分所有权法》中的重建决议一样，区分所有建筑物全部灭失时的再建，也须依基地共有人等的表决权五分之四以上的多数决而为之（《特别措施法》第3条）。对于《特别措施法》，日本于2002年对之进行修改，并自2003年6月1日起施行。值得说明的是，《特别措施法》系

1　黄江颖："区分所有建筑物修缮与重建之研究"，台湾东海大学法律研究所1993年硕士学位论文，第140页。

2　参照日本《建筑物区分所有权法》第61条第1项的意旨。

3　[日] 远藤浩编：《公寓：建筑、买卖、管理、租赁》，青林书院1988年版，第508页。

4　黄江颖："区分所有建筑物修缮与重建之研究"，台湾东海大学法律研究所1993年硕士学位论文，第141页。

日本《建筑物区分所有权法》的特别法 [1]，其主要内容和特色有如下几点。

第一，该法以使因大规模的火灾、地震灾害及其他的灾害而灭失的区分所有建筑物的再建容易化，进而支援罹受灾害地区的健全的复兴为目的。

第二，该法第一次使用再建的概念，适用于区分所有建筑物因政令指定的灾害而全部灭失的情形。此种情形，基地共有人通过为再建决议，于从前的基地上建筑新的建筑物。此再建决议，须在基地共有人的集会上作出。《特别措施法》第 1 条规定了该集会的召集程序和集会中议事的程序。

第三，在该法中，中心概念是有基地利用权的人；而在《建筑物区分所有权法》中，中心概念则是区分所有权人（业主）。另外，该法有关期间的计算具有特殊性。

第四，再建的要件。建筑物因大规模的火灾、地震及其他的灾害全部毁损时，如前述，业主间的区分所有关系消灭，只存在基地共有关系，基地共有人或准共有人得自规定适用《特别措施法》的政令施行之日起三年内，经共有人集会，以基地共有者等的表决权五分之四以上的多数决，决定在原建筑物的基地或其一部的土地或包含其一部的土地上再建建筑物（《特别措施法》第 2、3 条）。此规定排除了《日本民法》第 251 条有关共有物的变更应经共有人全体同意的规

1　此外，日本于 2000 年 12 月 8 日还制定了《公寓管理适正化法》，于 2002 年 6 月 19 日制定了《公寓重建圆滑化法》，自同年 12 月 18 日施行。这些法律都是日本《建筑物区分所有权法》的特别法。其中，《公寓重建圆滑化法》是对基于日本《建筑物区分所有权法》的重建决议在其实施阶段的程序、规则的规定，也就是说，是日本《建筑物区分所有权法》第 62 条规定的重建决议成立后，关于重建事业实施阶段的程序、规则。关于向反对重建决议的人行使卖渡请求权，该法和日本《建筑物区分所有权法》作了一些共同规定。但《建筑物区分所有权法》是私法，《公寓重建圆滑化法》则是以作为行政处分的权利变换为中心的开发法乃至事业法，两法具有完全不同的性质。按照《公寓重建圆滑化法》，并非所有的区分所有建筑物都适用该法，该法只适用于区分所有建筑物中的公寓的重建。而所谓公寓，该法将其定义为：在存在两个以上的业主的建筑物中，供人居住的专有部分。从而，与此定义不合的店铺、事务所的区分所有建筑物，即不能成为该法所定的重建事业的对象。对于该法，有人批判它是偏重于重建的住宅政策的具体体现，会助长不必要的重建。但是，更多的人认为，该法毕竟是以重建决议的先期成立为前提的，是规定圆滑实施该重建决议的内容的措施，此系其首要目的，因此它对重建决议的形成、重建事业的展开，一般不会助长、促进。参见［日］水本浩、远藤浩、丸山英气编：《公寓法》（第 3 版），日本评论社 2006 年版，第 217 页。

定[1]。

第五，基地分割请求的禁止。建筑物因灾害全部毁损时，基地共有人等自规定适用《特别措施法》的政令施行之日起经过一个月之次日起，至该政令施行后经过三年止的期间内，不得请求分割基地及有关基地的权利（《特别措施法》第4条）。此规定排除了《日本民法》第256条共有人可以随时请求分割共有物的规定[2]。

第六，买取请求权期间的延长。建筑物因灾害一部毁损时，各业主对他业主可请求以市价买取其建筑物及基地权利的期间，为自规定适用《特别措施法》的政令施行之日起一年内（《特别措施法》第5条）。此规定排除了日本《建筑物区分所有权法》第61条第12项有关买取请求权的期间为自灭失之日起六个月内的规定[3]。

我国是一个地震灾害、火灾灾害、风灾灾害及其他灾害频发的国家，区分所有建筑物因此等灾害而全部灭失时如何予以再建，现行法律并无规定，有学者虽然已有探讨[4]，但还并不充分且仅止于理论层面的解释，更务实的做法是要进行这方面的立法。2008年以来发生的汶川地震、玉树地震、舟曲泥石流灾害、上海"11·15"特大火灾和盈江地震等，使无数区分所有建筑物灭失，造成生命和财产的巨大损失，如何在法律层面厘清灾后区分所有建筑物的再建问题，无疑是十分紧迫、重大的课题。在这方面，上述日本《特别措施法》的经验很值得我们借鉴或取法。

1　［日］水本浩、远藤浩、丸山英气编：《公寓法》（第3版），日本评论社2006年版，第180页。

2　温丰文："公寓大厦重建法律问题之研究"，载《法学丛刊》2000年第45卷第1期，第43页；［日］水本浩、远藤浩、丸山英气编：《公寓法》（第3版），日本评论社2006年版，第181—182页。

3　温丰文："公寓大厦重建法律问题之研究"，载《法学丛刊》2000年第45卷第1期，第43页；［日］水本浩、远藤浩、丸山英气编：《公寓法》（第3版），日本评论社2006年版，第183页。

4　周江洪："区分所有建筑物的灾后重建"，载《中国社会科学》2008年第5期。

十一、结 语

区分所有建筑物自被建筑而经过相当长的年月后必会老朽、损坏、破旧，尽管人们（尤其是业主）尽可能延长其寿命，但对其予以重建这一问题最终还是会不可避免地发生。在我国，自 20 世纪 90 年代进行住房的商品化改革以来，区分所有建筑物（商品房住宅）的建设迄今已然经过了 20 年。据国家有关权威部门报道，我国商品房住宅的寿命通常被认为只有 30 年左右，加之各种缺陷商品住宅，如所谓的"豆腐渣住宅""楼歪歪""楼摇摇""楼晃晃"住宅等在实务中不时存在，区分所有建筑物的重建不独于现今，而且于不远的将来都是一项不能回避的重大社会问题 [1]。对于这样的重大问题，现今对其展开积极而深入的研究，是十分必要的紧迫之事。

以上笔者对区分所有建筑物的重建自民法等私法制度的视角进行了研究。当代比较法的经验表明，此种研究是基础性的、决定性的，因而是必不可少的。尽管如此，我们也应看到，区分所有建筑物的重建所牵涉的法律问题事实上非常复杂，在我国现今的法律体系下，要顺利进行重建，除了需要依《物权法》和《物业管理条例》就重建所作的规定而为之外，还涉及《民法通则》《合同法》《侵权责任法》《城乡规划法》《房地产管理法》《土地管理法》及建筑标准法、建筑法甚至行政法、经济法等领域。毫无疑义，对于这些相关领域，我们也有必要予以重视并作深入研究。

---

[1] 类似意见也请参见［韩］权承文："中国建筑物区分所有权法的考察"，载千叶大学《法学论集》第 25 卷第 2 号，第 213 页。

原房主能否在已出卖二层楼顶加盖第三层[*]

——由一起典型案例谈民法建筑物区分所有权理论

一、案例背景

冯某打算盖一座三层小楼，经申请，于2000年2月获得城建部门批准并领取了相关建筑许可证。同年3月，冯某开始建楼。由于资金不足，冯某盖了两层就封顶了，准备以后有钱再加盖第三层。不料，此后冯某经营的小饭店亏本，欠债1万多元。为了还债，冯某只好将楼房的第二层出卖。孙某买下了此楼的第二层，双方订立书面协议并办理了房屋过户手续。冯某在出卖第二层楼房时并没有说明将来要加盖第三层楼房。双方居住期间，都利用二层楼顶堆放了些杂物，双方对此均无意见。2002年，冯某积攒下一笔钱，打算将楼房的第三层盖起来。孙某表示反对，认为自己买了第二层，楼顶当然属于自己所有，冯某无权加盖第三层。冯某则认为自己盖三层楼已经城建部门批准，当然有权加盖。双方相持不下，冯某诉到法院，要求维护自己的合法权益。

在本案的审理过程中，法院有两种不同的意见：第一种意见认为，尽管冯某领取了建造三层楼房的许可证，但在其出卖第二层楼房时，应当在合同中明确规定加盖第三层的权利属于自己。在本案中，冯某并未作出这种声明，而房屋买卖

---

　　[*] 本文曾发表于《检察日报》2003年9月16日第3版，中国人民大学复印资料《民商法学》2003年第11期转载，今收入本书乃有改动。

合同成立后，楼顶已经归孙某所有，加盖第三层的权利当然应转归孙某，他对楼
顶上的空间有利用的权利，其他人无权干涉。第二种意见认为，本案属于建筑物
区分所有权的纠纷，冯某享有该楼房第一层的所有权，孙某享有第二层的所有
权，同时他们对共同的墙壁、楼梯等享有共有权，楼顶的空间利用也应属共有
权。这样，冯某在加盖第三层时必须征得孙某的同意，不得擅自加盖，否则就侵
犯了孙某的权利。

笔者认为，本案是一起建筑物区分所有权纠纷案件，要对本案作出正确评
释，需从建筑物区分所有权的基本理论谈起。

二、建筑物区分所有权的特性及其内容

建筑物区分所有权是一种什么样的权利呢？建筑物区分所有权是一种社员
权，是一种复合型的权利，它由三种权利构成：区分所有权人对专有部分的专有
所有权，对共用部分的共有所有权，以及对区分所有建筑物加以管理的成员权。
这三种权利中，对专有部分的单独所有权具有主导性，其他两项权利是从属于该
权利存在的。具体而言：第一，区分所有权人只要取得了专有所有权，就意味着
取得了对共用部分的共有所有权和管理区分所有建筑物的成员权。反之，如果区
分所有权人丧失了专有所有权，也就意味着丧失了对建筑物的共用部分的共有所
有权和管理区分所有建筑物的成员权。第二，区分所有权人的专有所有权的大
小，决定共用部分份额权和成员权（如表决权）的大小。第三，取得区分所有权
时，只登记专有所有权，不登记对共用部分的份额权和成员权。

三、区分所有权人对建筑物专有部分与共有部分的权利

所谓专有部分，指区分所有权人取得的供自己居住的特定的单元或楼层。建
筑物区分所有权法一般规定，专有部分的成立应具备两项要件：一是，构造上的
独立性；二是，使用上的独立性，包括可以单独使用和具有独立的经济效用。区

分所有权人对专有部分享有的权利，与一般所有权人对所有物享有的权利相同，具有自由性、永久性、排他性。也就是说，区分所有权人在法律限制的范围内，可以自由使用、收益、处分自己的专有部分，对于他人的干涉，可以行使物上请求权加以排除。区分所有权人可以直接占有、使用专有部分，以实现其居住、营业等目的，也可以转让专有部分或将它出租，或以专有部分设定抵押权来获取融资等。

所谓共用部分，指供全体区分所有权人或部分区分所有权人共同使用的专有部分以外的部分，如公用电梯、走廊、地基、墙壁、屋顶平台、庭院、地下停车场等，均属于共用部分。如果说专有部分是构成区分所有建筑物的基础，那么共用部分便是联系各个专有部分的纽带。区分所有权人相互之间因共用部分而成立共有关系。只要存在专有部分，相应地也就存在共用部分。

共用部分包括：第一，法定共用部分与约定共用部分。法定共用部分又称为当然共用部分，指构造上只能供区分所有权人共同使用，各区分所有权人不得以协议加以变更的部分。一般所称的共用部分，指法定共用部分，如地基、屋顶平台、庭院、公用电梯等均为法定共用部分。约定共用部分，又称规约共用部分，指本来应属于专有部分的建筑物部分，依管理规约或区分所有权人的合意，变更、转换为共用部分。第二，全体共用部分与一部共用部分。供全体区分所有权人使用者，为全体共用部分，仅供部分区分所有权人使用者，为一部共用部分。一般所称的共用部分，指全体共用部分。各区分所有权人对于共用部分有占有、使用、收益的权利，例如在庭院散步、乘用电梯、在屋顶晾晒衣服、堆放杂物以及在地下停车场停车等。当然，对于共用部分，区分所有权人应按照共用部分的用法加以使用。例如，公用电梯、走廊，依其性质可以共同使用，而公用电话、公用洗衣机等因使用具有排他性，则只可轮流使用。

区分所有权人的成员权，又称对区分所有建筑物的管理权。生活在同一栋建筑物上的各区分所有权人，在经济条件、生活方式、喜怒哀乐等方面均有所不同，有的人喜欢养犬，有的人则否；有的人要改变建筑物的原有构造，而重新布置一个新的构造；有的人把供作居住的专有部分用来开设小卖部等。为了维护生活在同一栋建筑物上的各区分所有权人的共同利益，确保居住品质，就需要对区分所有建筑物加以管理。此所称管理，包括对区分所有建筑物本身的管理和对区分所有权人的行为的管理。管理的方式有二：一是，各区分所有权人结成一个管理团体加以管理，称为自主管理；二是，各区分所有权人召开大会，以决议的方式委托专门的物业公司管理，称为委托管理。从现今的管理实践看，通常采取委托管理的方式。

总之，建筑物区分所有权是一个综合型的、复合型的权利，由对专有部分的专有所有权，对共用部分的共有所有权和对建筑物进行管理的成员权构成。其中，专有所有权是核心，取得了专有所有权也就意味着有后面两项权利，丧失了专有所有权也就意味着丧失了后面两项权利。区分所有权人可以占有、使用共用部分。区分所有权人可以自己管理区分所有建筑物，也可以委托物业公司管理，前者称为自主管理，后者称为委托管理。

四、本案中，一层房主基于在先的许可权有权加盖三层，但二层房主对三层楼顶仍有共有权

在本案中，2000 年，冯某向城建部门申请盖一座三层小楼，后获得批准并领取了相关建筑许可证。因建筑过程中缺乏资金，冯某只盖了两层就封了顶，准备以后有钱再加盖第三层。冯某把盖好的第二层楼房出卖给孙某，双方订有书面协议并办理了房屋过户手续，因此该买卖合法、有效，应受到保护。这样一来，孙某买下的第二层楼房便与冯某的第一层楼房之间形成了区分所有关系，即对于同一栋二层楼房，冯某对第一层楼房（专有部分）享有单独的区分所有权，孙某对第二层楼房（专有部分）享有单独的区分所有权。冯某的第一层楼房下的地基，与孙某的第二层楼房上的楼顶等属于共用部分，应由双方共同占有、使用，如利用它堆放杂物等，均无不可。

两年后，冯某打算把楼房的第三层盖起来，通知孙某把堆放在二层楼顶的杂

物清除，对此，应认为冯某的要求是正当的，法院应予支持。二层楼顶不属于孙某所有，于冯某加盖第三层之前，属于共用部分，应为冯某、孙某二人享有共有所有权，共同占有、使用。根据建筑物区分所有权理论，冯某基于在先的行政许可有权在二层楼顶加盖第三层楼房。因为，在孙某购买第二层楼房前，冯某已经取得了盖三层小楼的行政许可，且冯某把第二层楼房出卖给孙某时，双方签订的买卖合同中也没有约定冯某不得加盖第三层楼房。第三层楼房盖好后，对于该第三层楼房（专有部分），冯某享有单独的专有所有权，但三层楼顶则属于共用部分，应由冯、孙二人共同占有、使用。也就是说，孙某有权将其杂物堆放在该楼顶上。但冯某卖给孙某楼房前没有取得三层楼的建筑许可，而后来又想盖第三层的，则首先必须征得孙某的同意，若孙某不同意，冯某也就无权申请加盖第三层。

法国近邻妨害的法律问题*

——兼析中国的近邻（相邻）妨害制度及其完善

一、引言

自有人类史以来，当代人类早已走过了仅仅作为生物存在的时代。于今之时，人的精神的自由与快适，生活环境的安宁与洁净，已成为单个的个人维系其自身生存、健康和全面发展的基础，须臾不可或缺。自一定意义上说，一个国家对作为其构成员的人的这些权利或利益之满足和保障程度如何，直可表明这个国家的现行政策和法律制度对于人的关怀尊重的程度，并由此进一步成为判断这个国家人权发展状况的一个标志。

自 19 世纪后半叶至 20 世纪 60 年代，伴随第二次工业革命完成和电子时代的到来，诸多以科技为中心的近现代工业活动在给人类生活带来福利的同时，也带来了严重的喧嚣、烦扰及侵害。正是在这种背景下，各国普遍发生了汹涌澎湃的旨在保护和改善地球环境、生态环境，以确保人类持续生存和发展的"住民运动"和"环保运动"。科技悲观主义（Technological Pessimism）此间也达到高峰。[1]

　＊　本文曾发表于梁慧星主编《民商法论丛》（第 5 卷，法律出版社 1996 年版），今收入本书乃作有诸多改动、更易及剔除。

　1　据调查，20 世纪 50 年代，美国民众对科技的信任达到 88％，乃科技乐观主义的高峰；到了 70 年代中期，信任度降至 52％，乃科技悲观主义的高峰；到了 80 年代早期，信任度回升至 85％。造成科技悲观主义的社会背景可归纳为：科技危害"太空船地球"（Spaceship earth）的说法甚嚣尘上；物许多以唤起大众对其周遭环境的关切为目的的论著不断出现。[1]在此种社会形势下，各国纷纷建立起了以公法（行政立法与刑事立法）为中心的公害的公法救济与私法救济体系。

近现代以降，大抵于人类遭受工业经营活动所带来的污染侵害的同时，人类的单个个体或私人团体之间也发生了较严重的侵害。这就是他们在从事一般生活活动、无需经许可的营业活动及其他活动时对其邻人产生的侵害，大抵包括：不可量物侵害及类似侵害（如噪音、震动、煤、烟、光、电、热等侵害），日照侵害，眺望、通风阻害，观念侵害（如娼家营业对其近邻者的心理侵害），挖掘侵害及排水侵害等。这些侵害，德国法谓为不可量物侵害，英美法谓为私益妨害（Private Nuisance），而法国法则将其纳入近邻妨害中加以解决。各国法律传统和立法背景的差异，决定了他们处理这些问题时所采用的法律手段也有不同。这主要表现在处理这些问题的法律构成和法律要件存在明显差异。此种差异不仅显现于英美法系与大陆法系之间，而且即便是在大陆法系内部，如德国法、日本法与法国法之间，差异也是非常明显的。正是这种差异，决定了我们对此问题的系统的比较法研究具重要价值与意义。囿于篇幅，本文着重研究法国近邻妨害问题。

法国法所谓近邻妨害，其含义因使用场合的不同而有差别。其一，于一般场合，近邻妨害系表示邻接的土地所有者或利用者之间所发生的一种被害状况，亦即认近邻妨害为加害形态之一种。其二，于学说理论场合，近邻妨害更多地于如下意义上被使用：土地利用者未违反法规规定，并为获正当利益使用其土地，在

（接上页）质主义与个人文明的弊端使人联想到科技的危害；对科学垄断真理的怀疑导致青年追求禅道与其他东方宗教。参见 Yankelorich, "Science and the Public Process: why the Gap Must Close", *Issue in Science and Technology*, Fall 1984, pp. 6, 9–10。

1 举其要者，例如生物学家蕾切尔·卡逊女士（Rachell Carson）于1962年发表旷世名著《寂静的春天》（*Silent Spring*），警告美国人肆无忌惮地使用DDT等合成农药将导致生态的浩劫。1965年，美国消费者保护之父拉尔夫·内德（Ralph Nader）发表《任何速度都不安全》（*Unsafe at any speed*），揭露美国通用汽车公司对汽车的安全设计并不在意的事实，其目的是对付大企业与政府不负责任的措施。另外，罗马俱乐部也于1972年支持发表了《增长的极限》　（D. H. Meadows, D. L. Meadows, J. Randers and W. W. Behrens, *The Limits To Growth*），强调人口与工业生产的持续增长终将超越地球所能承受的极限，造成全球人民的福利灾难式地下降。

加损害于近邻时，即便其主观上未有过错，也应承担责任。此种意义上的近邻妨害又被称为狭义的近邻妨害，究其实质，系一种包含责任类型的加害行为类型。此二种意义上的近邻妨害，以下研究中均要涉及。于研究顺序上，我们拟首先对罗马法、法国古法及《法国民法典》编纂过程中对于近邻妨害问题的基本立场予以追溯，以探明《法国民法典》之不设不可量物侵害的缘由。于此基础上，考察《法国民法典》施行以来迄今为止的判例、学说对于近邻妨害的构成和要件的诸议论。其中，有关近邻妨害之禁止的构成与要件的诸议论也将成为重要考察对象。最后，探讨法国近邻妨害制度对于我国的借鉴意义。惟需说明的是，对于法国近邻妨害问题，有不少学者系从"环境法"或"公害法"的视角予以考察和把握。本文的研究与此相反，即不是从公法角度而是从私法角度予以理解和把握，抑或说是从私法角度探寻法国近邻妨害问题对于完善我国近邻妨害制度的意义和可能性。此点谨予说明。

二、法国近邻妨害的构成与要件

如所周知，《法国民法典》未如《德国民法典》那样就不可量物侵害设置特别规定。正是因此，对于社会生活中的近邻妨害，譬如烟雾、音响、震动、声、光、电、热、辐射、粉尘等不可量物侵入邻地造成的干扰性妨害，对于邻地的日照、通风、电波障害（电波干扰），以及因挖掘、排水致邻人侵害等，应依何种法律构成与法律要件加以赔偿和禁止等，即成疑难问题。围绕此问题，法国长期（迄今已逾 100 年）以来的司法判例与学说理论曾进行了不间断的探索与积极的议论，以致时至今日，基于判例形成、学说构筑的近邻妨害法理业已成为较成熟的制度，实现并发挥着与德国的不可量物侵害制度类似的调整功能。二者的差异，主要在于法律构成与法律要件上的不同。

但是，从法史学视角看，罗马法上既已存在且法国古法上继续存在的不可量物侵害制度缘何于《法国民法典》中销声匿迹？试图回答此问题无疑是颇为不易的。但无论如何，我们有必要对罗马法与法国古法的不可量物侵害制度的基本状况加以考察，于此基础上进一步分析对于《法国民法典》的制定曾产生重要影响的学者间的论争。惟有如此，我们方能对法国的近邻妨害责任的法律构成与法律要件有完整的认识。

（一）罗马法、法国古法的不可量物侵害与近邻妨害制度

1. 罗马法的不可量物侵害制度

据考证，罗马法对于不可量物侵入他人邻地所生问题的记述最早见于优士丁尼《学说汇纂》第 8 编第 5 章第 8 条第 5 款第 7 项的役权诉讼中，即"筒子纱工场的烟尘可从其上前方的建筑物上排除吗?"对此问题，法学家阿里斯多（Aristo）提出了一个有名的定则加以否定，即"人在不侵入他人土地的限度内可于自己土地上为任何事"。反面解释这一定则，即是：无论不可量物侵入他人邻地的程度如何，受害的他人都可请求予以禁止。另外，阿里斯多尚认为，源于上前方建筑物的水及其他非不可量物也不得流入和排放至下方的建筑物上。[1]

但是，另一学者乌尔比安由于深恐阿里斯多的上述定则获得完全适用，乃传授起另一学者彭波尼（Pomponius）的见解来。彭波尼认为，对于从炉灶发出的烟尘侵害，其程度轻微者，邻人无权请求加以禁止。但浴场的蒸气经由地下管道而流入他人土地时，则认为当然应当适用阿里斯多定则。[2] 可见，古罗马法对于不可量物侵入的禁止问题并存着两种见解，即凡达于邻地的不可量物侵入均应一般性地加以禁止的阿里斯多的见解，与不可量物侵入须达到一定限度方可被禁止的彭波尼的见解。罗马时代，前者虽被认为是处于主流地位的见解，但多数的罗马法学者认为后者是一种有着远大前程的见解。[3] 对此问题，试图考证罗马法当时的实态而加以检验，无疑是困难的。但是，若与后述的法国法的考量方式相较，阿里

1　[日] 大塚直："关于生活妨害禁止的基础的考察（3）"，载《法学协会杂志》第 103 卷第 8 号，第 163 页。

2　[日] 大塚直："关于生活妨害禁止的基础的考察（3）"，载《法学协会杂志》第 103 卷第 8 号，第 163 页。

3　[日] 大塚直："关于生活妨害禁止的基础的考察（3）"，载《法学协会杂志》第 103 卷第 8 号，第 163 页。

斯多定则于罗马法中乃成为特有的现象。[1]

行文至此，尚有必要涉及罗马法中非不可量物侵害的禁止问题。依罗马法，邻地树木的根枝遮挡自己土地采光时，受害人可请求妨害人除去其树木的根枝直到距地面有 15 步（约 4 米）的高度。妨害人不为此行为时，受害土地的所有人可径行剪除之。另外，依敕法，土地所有人改造建筑物时，不得遮挡邻地的眺望、日照。新筑建筑物时，距邻地至少须有 12 步的距离。并且，即使在此距离外，土地所有人也不得兴建高度甚高的建筑物而妨害邻地对大海的眺望。关于通风妨害，敕法规定：打麦场的邻地所有人，不得建造遮挡通风的建筑物，以致打麦人不能将麦壳与麦粒区分开来。[2]

2. 法国古法中的近邻妨害：不可量物与非不可量物侵害制度

法国古法对于不可量物与非不可量物侵害问题存在怎样的习惯？根据考证，有名的成文法化的《奥尔良习惯法》（1509 年制定，1583 年修改）与《巴黎习惯法》（1510 年制定，1580 年修改）即存在有关不可量物与非不可量物侵害问题的规定。

（1）污水、湿气、酸、水等的浸透问题

1）于共有壁的附近设置水井、便所时的厚度问题（《奥尔良习惯法》第 243 条、《巴黎习惯法》第 191 条）。于此场合，水井的水、便所粪便的湿气及腐蚀性的酸浸透共有壁时，即成为纠纷问题。

2）水井、便所及竹制导水管接近的场合，其间应有的距离与壁的厚度问题（《奥尔良习惯法》第 246 条、《巴黎习惯法》第 191 条）。于此场合，便所与导水管的污水向水井的浸透即成问题。

3）导水管、排水沟、污水沟的污水与尘埃等排放入邻家的水井、地下室时将被禁止。此即导水管与邻人的墙壁之间应有何种距离方为适宜的问题（《奥尔

1　[日] 大塚直："关于生活妨害禁止的基础的考察（3）"，载《法学协会杂志》第 103 卷第 8 号，第 163 页。

2　[日] 大塚直："关于生活妨害禁止的基础的考察（3）"，载《法学协会杂志》第 103 卷第 8 号，第 163 页。

良习惯法》第 248 条、《巴黎习惯法》第 217 条)。

(2) 热与火的粉末

1) 于共有壁附近设置炉灶、锻工炉时,其共有壁的厚度问题(《奥尔良习惯法》第 247 条、《巴黎习惯法》第 190 条)。

2) 于共有壁附近设置烟囱、火床时,副壁的厚度问题(《巴黎习惯法》第 189 条)。

归纳言之,法国古法中的近邻妨害问题具如下特色:其一,举凡一切不可量物的侵入均应被禁止。这与罗马法上的阿里斯多定则大抵一致。但是,其二,有关《巴黎习惯法》第 189 条的火床与《奥尔良习惯法》第 247 条、《巴黎习惯法》第 190 条的炉灶等的规定,并不限于火灾,即便像单纯的热的传导也被禁止。并且,从成文的习惯法的条文看,不可量物的种类也不限于有体物,对于噪音、恶臭等也适用。其三,以上习惯法条文的绝大多数乃是有关境界壁的厚度、不可量物侵害的发生源与被害场所的距离的规定,而有关不可量物侵入之禁止的规定则仅有《奥尔良习惯法》第 248 条。其四,对于某些细微点,譬如关于烟囱问题,仅《巴黎习惯法》第 189 条设有规定。[1]

对法国古法近邻妨害问题的规定予以考察后,尚有必要就其古法时代的判决录对于近邻妨害的判决状况作一考察。

经考,迄今残存下来的法国 15、16 世纪以前的裁判例大多数乃是有关职人(工匠、木匠、石匠及手艺人)加损害于邻人的判决。这些判决中,法院都对作为加害人的职人课予相当严厉的责任。时至 17 世纪,法院的立场方有改善,即未再如从前那样课职人以严厉责任。[2]

对法国古习惯法与 15、16 世纪以前的判例对于近邻妨害问题的基本立场进行考察后,有必要考察其古法时代的学者对此问题的议论状况。

---

1 [日]大塚直:"关于生活妨害禁止的基础的考察(3)",载《法学协会杂志》第 103 卷第 8 号,第 163 页。

2 譬如 1670 年判决认为,对于铁匠或铁匠铺的营业,禁止的是夜间作业与使用石灰。参见 M. c. p. Yocas, Les troubles de voisinage, 1966, p. 10.

首先，让我们看看法国古法时代最著名的学者多玛（J. Domat）在此问题上的基本见解。多玛在其论文《住居与其他建筑物的役权》中作了如下叙述：所有人于自己土地上虽可为自己所意欲为之事，但不得因此而剥夺邻人可得享受的自由，不得建造任何有损于邻人利益的建筑物。当然，所有人于邻人未设定役权的界限内，因自己建造建筑物而剥夺邻人的日照则是允许的。于此情形，受害的邻人不得对加害建筑物施予任何变更。另外，皮鞋工、染色业者等进行作业活动而产生的烟、恶臭及其他不可量物侵入致邻人损害时，未有役权负担关系的情形，邻人应忍受此种不可量物侵害，不得对之加以禁止。具体而言，乃应依"地域性、不快适的性质，或根据警察规则、习惯规则"而予决定。[1]

多玛以上叙述中的最后部分事实上引用了优士丁尼《学说汇纂》第 8 编第 5 章第 8 条第 5 款作为其议论根据。但无论怎样，其内容仍与阿里斯多定则不同，即认为对于侵入他人土地的不可量物仅于一定情形下方可禁止。另外，在罗马法时期，虽然立法规定所有人于自己土地上建造建筑物时，不得剥夺邻人此前已经获得的日照，但多玛对此表示质疑。此点颇值注目。

其次，让我们将视角移至法国古法时代的另一著名学者波蒂埃（J. Pothier），考察其如何考量近邻妨害问题。

波蒂埃引用优士丁尼《学说汇纂》第 8 编第 5 章第 8 条第 5 款，对近邻关系作了如下定义："所谓近邻关系，指各人不得以加损害于邻人的方法而使用自己不动产的义务。"亦即，"邻人虽有依其意欲随意使用自己的不动产的权利，但不得因此以排泄出'物'的方式致邻人不动产于损害"。[2]为方便理解此近邻妨害的原则，其以下述实例而予说明。

第一，雨水阻止诉权（actio aquae pluviae arcendae）。上方土地所有者、占有者于其土地上建造工作物而集结雨水，其流向下方的雨水较自然情形为多量且属

1　J. Domat, Les lois Civiles dans leur ordre naturel. Liv. I, tit. XII, Sec. Z, n°s 8-10, éd, Rémy, t. I, 1835, pp. 90, 333 et 334.

2　Pothier, Traité du Contrat de société, Second appendice, Du Voisinage, n°235, in; Oeuvres dé Pothier, éd, Buqnet.

激流状态时，无论是否对下方土地所有者、占有者肇致损害，受害人的该项雨水阻止诉权都应获得承认。[1]

第二，令人不快适的烟尘（雾），像从炉灶排泄出的烧烤石灰、酒糟等物质，非常热，因而不得将其排泄至邻地。

第三，境界线附近的植树。在距离邻地境界线 1.62 米内的距离内植树将被禁止，因为如果于此距离内植树，树木的根枝将有加损害于邻地之虞。

第四，境界线附近的建筑。建造建筑物时，须于距邻地 0.648 米以外为之，建造屏障墙时须于距邻地 0.324 米以外为之，方属恰当。此旨在防止从该建筑物、屏障上掉落碎片（废物、废料）于邻地致生损害。

第五，日照妨害。土地所有人不得以排泄出"物"的方式加损害于邻地，其于自己土地上剥夺邻人在自己土地上可望获得的快适，则并不受到禁止。譬如，土地所有人于自己土地上起造建筑物，从而致邻人所能获得的日照遭受剥夺的，并不违法。

综上可知，波蒂埃所谓"近邻关系的义务的原则"仍大抵以优士丁尼《学说汇纂》第 8 编第 5 章第 8 条第 5 款为根据而予议论。但是，波蒂埃认为，烟雾（尘）仅在属"非常热且极不快适"情形时，方可被禁止。而对于雨水，其是"多量"且以"激流"状态流至下方土地时，无论是否产生损害，皆应被禁止。

综据上述考察，可对法国古法时代的近邻妨害问题作如下归纳：

第一，由于继受罗马法，法国古法当然承袭了其有关不可量物侵害问题的规定，这一点具重要意义。此从《奥尔良习惯法》、《巴黎习惯法》、多玛与波蒂埃的论述中可以窥见。

第二，法国古法上，像德国普通法中的以优士丁尼《学说汇纂》第 8 编第 5 章第 8 条第 5 款为根据的有体物不可量物侵害（immissio Corporel）理论未有出现。亦即，将不可量物限定于有体物的观念及有体物不可量物侵害当然应予禁止的观念并不存在。无论罗马法对于此类问题的实况究竟如何，它都显示了德国法

---

[1]　此场合，原则上应命被告以自己的费用拆毁或停止创造工作物。

与法国法处理同一问题的相当大的差异。[1]

第三，土地所有人剥夺邻人日照，使邻人水源干涸，依法国古法为适法行为。此点，法国古法与罗马法存在明显差异。

第四，无论是多玛还是波蒂埃，对于应否禁止侵入皆仅提出了相当模糊的标准，而对于立于衡平原则的更为详尽的标准，则未提出。依学者瑞贝特（G. Ripert）的意见，法国古法对于应赔偿的损害与不应赔偿而应忍受的损害，未提供确定和精细化的界分标准。对此，其因由乃有如下三点：其一，当时大型的工场尚不存在，损害的发生并非很频繁；其二，习惯法对于预防手段的规定甚多（较《法国民法典》还多），故而损害的大部分可被事前预防；其三，此间法院拥有相当大的权限，裁判中存在未有充分的根据也令加害人承担责任的判决（情形）。

（二）《法国民法典》编纂过程中的近邻妨害问题

从《法国民法典》看，近邻妨害，尤其是其一般的构成与要件，并不清楚。但是，如果求诸其民法典起草者的解释，可知近邻妨害关系问题乃系作为所有权的限制而被考量。此点从当时在法国立法府（Corps législatif）任职的波塔利斯（Jean-Etienne-Marie Portalis）与洛林（Savoie Rollin）的发言记录即可知悉。波塔利斯指出，关于所有权，伴随法国社会交换的必要性的与日俱增，"在役权及其名称下，义务（devoirs）、债务（obligations）、役务（services）发生了。所有人如果对此等闲视之，其行为将成为不当行为而破坏共同关系"。[2]洛林谓："各个人虽然依法律规定而拥有属于自己所有的财产，但为了公共安全（la súreté publique），对所有人的权利须不断课予限制，并相应地将之作为某一所有权受到威胁时对其

1　有学者指出，法国并未发生对罗马法的"继受"运动，故而法国适用的仅是罗马法中的习惯法之一部。在德国，因有罗马法的"继受"运动，故而产生了对罗马法予以解释的必要。可能正是因此，才造成了二者处理该问题的差异。参见［日］山口俊夫："法国法学"，载［日］碧海纯一、伊藤正己、村上淳一编：《法学史》，东京大学出版会 1981 年版，第 186 页。

2　P. A. Fenet, Recueil Complet des travaux Préparatoires du Code Civil, t. XI, 1827, p. 124.

予以保护的根据。"[1]

所有人于自己土地上可依其意欲行事，但不得因此加损害于他人这一原则，早在康巴塞雷斯（Cambacérès）草案上即获得承认。对此予以明文确认的是康巴塞雷斯第二草案第 80 条第 2 项："所有人行使其权利时，不得侵害他人的所有权。"之后，康巴塞雷斯第三草案虽然对此未作规定，但认为："无论何人，其行使自己权利时，都不能侵害他人的所有权。"[2]此点引人注目。《法国民法典》的起草者也是基此而考量。波塔利斯于说明有关所有权规定的理由时即指出："我们即使在自己土地上，也不得为害及于邻人及其他人的既得权的行为。"[3]博利亚（Berlier）于谈及有关役权规定的立法理由时也谓："依照衡平原则所衍生的一般原理，某个所有人的权利开始致邻人以损害时，即意味着其权利的停止（Cesser），此为不言自明。"[4]

那么，草案中有无更加具体明确的对不可量物侵害的规定？答案是肯定的。康巴塞雷斯第三草案第 453 条规定："无论何人，对于他人的土地，都不得为任何利用自己土地以外的或者是非日常的不可量物侵害。"与该条规定相关联的问题有如下三项[5]：其一，正式颁行的《法国民法典》虽然未设置有关不可量物侵害的一般性规定，但在康巴塞雷斯第三草案中业已设有此种规定。其二，优士丁尼《学说汇纂》第 8 编第 5 章第 8 条第 5 款的阿里斯多定则以极其纯粹的形式被导入进来。此点系清晰可见。并且，由于该草案第 458 条、第 459 条及第 464 条系分别对应于现行《法国民法典》第 674 条、第 681 条及第 662 条，这样现行《法国民法典》事实上也设计了与不可量物侵入有关的规定。这些规定，对于禁止的要

1　P. A. Fenet, Recueil Complet des travaux Préparatoires du Code civil, t. XI, p. 54.

2　P. A. Fenet. t, I. P. 162; Cambacérès（J. J. R.），Projet de Code Civil, 1796 réimprimé, 1977, p. 43.

3　[日] 大塚直："关于生活妨害禁止的基础的考察（3）"，载《法学协会杂志》第 103 卷第 8 号，第 2201—2202 页。

4　[日] 大塚直："关于生活妨害禁止的基础的考察（3）"，载《法学协会杂志》第 103 卷第 8 号，第 2201—2202 页。

5　[日] 大塚直："关于生活妨害禁止的基础的考察（3）"，载《法学协会杂志》第 103 卷第 8 号，第 2202 页。

件，系以施加了损害于邻人为前提。但是，康巴塞雷斯第三草案第 453 条规定，作为不可量物侵入的禁止的要件，至少从被害人方面看是不以有损害的发生为必要的。其三，凡不可量物侵入他人邻地，即意味着加害人未以适法的方式行使其所有权。

对《法国民法典》颁行前的草案之对不可量物侵害的立法状况作了考察后，有必要看看现行《法国民法典》涉及近邻关系的诸规定。

囿于观念上的原因，《法国民法典》未以"相邻关系"的名义规定不动产的所有人或占有人之间的近邻（相邻）关系，但仍然存在与此相当的制度，此即《法国民法典》第二卷第四编中的役权或地役权制度（其中大部分又规定于该编第二章"法律规定的役权"第一节"共有分界墙与分界沟"与第二节"某些建筑物所需的距离与中间的设施物"中）。波蒂埃将此作为近邻义务而构成，然学者多玛则认为应依役权而处理。其结果是《法国民法典》的起草者采纳了多玛的见解，将近邻关系看作对所有权予以限制的一种役权而构成。

《法国民法典》制定过程中，罗马法、多玛及波蒂埃对于不可量物侵入问题的思想与考量曾极大地影响了其起草者。基于罗马法阿里斯多定则与波蒂埃的"近邻关系的义务的原则"而产生的不问不可量物侵入的程度，凡有此侵入，受害人即应加以禁止的个别性规定，于《法国民法典》中得到发展。《法国民法典》第 640 条第 3 项、第 674 条、第 681 条后段均为此类规定。

总之，《法国民法典》采纳了阿里斯多与波蒂埃有关不得以排放出"物"（质）的方式侵害邻地的见解，且即便是对于消极侵害的规定，也极大地受到了他们思想的影响。尽管如此，于最终制定的民法典条文中则始终未出现不可量物侵害的明文规定，而是通过规定妨害源与被害地之间应该有的距离来对所有人之间的权利加以调整（《法国民法典》第 640 条第 3 项除外）。这就是使不可量物侵害自役权的角度而构成，如此乃就使成文的习惯法中所显现的特色即便在这里也得以承袭下来。概言之，正是由于《法国民法典》的不可量物侵害责任是仅作为妨害源与被害地之间的距离而把握，才显示出法国古法与《法国民法典》乃有相当大的历史局限性。学说认为，造成此种状况的原因实有如下三点。

第一，对于不可量物侵害问题，19 世纪工业发达之前未引起人们的特别关注。故而，《法国民法典》第 652 条第 1 项干脆规定："此种义务（法律规定的役权人之间的义务——笔者注）之一部由乡村治安法规定。"此规定显示了《法国民法典》的起草者们仅对农地所有权问题给予了注目。而在他们看来，工场散发出的不可量物侵害问题仅为附随性的问题，只要适用有关农地间的相邻关系的规定即可解决。[1]

第二，如前述，因为以役权制度规范不可量物侵害，故而必须就防止损害发生的方式予以规定。但是，无论多玛抑或波蒂埃，均未对有关工场散发出的不可量物侵害问题予以接触，起草者们也未充分注意到此问题。如此，工业散发出的恶臭等不可量物侵害当然也就不可能被明定。

第三，有起草者认为，对于工场散发出的不可量物侵害问题只要适用《法国民法典》第 544 条规定即可解决。并指出，第 544 条虽然仅就所有权的能动的一面设立规定，但也对所有人不得逾越自己所有地的境界而侵入邻地予以了注意。[2]故此，即无于此之外另行规定工场所生不可量物侵害的责任的必要。

（三）民法典编纂后迄今：法国近邻妨害的要件、救济方法与构成问题

1. 近邻妨害责任成立的要件

近邻妨害的责任问题，概言之，主要是如下问题：土地的利用者尽一切可能地注意使用自己的土地，尽管如此，当引起对近邻者的损害时，该土地利用者是否尚应对近邻者承担责任？从受害人方面看，即是于此情形下其应否受到法律保护的问题。如下篇幅，笔者拟从属于民事法院的管辖事项与属于行政法院的管辖事项的划分视角来探讨其各自的要件。

1　即使从《法国民法典》第 652 条的立法过程看，对于工业也未给予任何考虑。参见前引 P. A. Fenet, t. XI, pp. 332；Locré, La Législation Civile, Commerciale et Criminelle de la France, t. VIII, pp. 401–402.

2　P. Leyat, La responsabilité dans les rapports de voisinage, thèse, 1936, p. 181.

（1）民事法院的管辖事项

对于因近邻妨害所生的损害，法国判例通常将其区分为二类：其一，认定加害人责任的损害；其二，否定加害人责任的损害。[1] 当加害人引起了超过以相邻关系为基础的通常（忍受）义务的损害（即过度的损害）[2] 时，即要认定该加害人的责任，如果不是如此，则要否定其责任。换言之，关于近邻妨害责任的成立，1844 年 11 月 27 日以来之判例所要求的唯一的实质性要件是：发生损害的"异常性"（或"过度性"）。[3] 此所谓"异常性"或"过度性"，即学者所谓"损害超越了因近邻关系所产生的通常的义务的限度"。判例之所以仅以"异常性"作为近邻妨害责任成立的唯一的实质性要件，其理由大抵谓：为了社会生活之营运，邻人之间应忍受一定的行为自属合理，而此也是社会生活得以存续的必要条件。那么，损害于怎样的情形方可谓为"超越了因近邻关系所产生的通常的义务的限度"？法国最高法院认为，此非属法律问题，而属事实问题。故此，损害之有否"异常性"的判断，乃属于事实审裁判官的专门权利，作为法律审的上诉法院不能介入。[4] 同时，19 世纪中期以降，认定加害人责任时，涉及其有无过失的情形也较为多见。这些情形归纳起来大致如下。

1）以过失作为加害人承担责任的基础的判例。此即于判决中指出加害人有过失，进而通过适用《法国民法典》第 1382 条与第 1383 条对加害人课以责任。惟值注意的是，如果认为此类判例均是以过往通常意义上的过失为基础而使加害人承担责任，则系不妥。事实上，即便是在这样的判例中也存在两种情形：（1）指出加害人有"疏忽"（"不注意""无思虑"，imprudence）或"懈怠"（négligence）的判例。属于此类型的判例一般而言是对加害人非难的可能性甚强的案件。[5] 譬

1　［日］加藤一郎编：《外国的公害法》（下），岩波书店 1978 年版，第 10 页。

2　［日］加藤一郎编：《外国的公害法》（下），岩波书店 1978 年版，第 10 页。

3　［日］大塚直："关于生活妨害禁止的基础的考察（3）"，载《法学协会杂志》第 103 卷第 8号，第 2211 页。

4　［日］大塚直："关于生活妨害禁止的基础的考察（3）"，载《法学协会杂志》第 103 卷第 8号，第 2211 页。

5　［日］加藤一郎编：《外国的公害法》（下），岩波书店 1978 年版，第 17 页。

如，在土质松软的场所堆积大量石头致使邻人房屋发生龟裂的案件（Req. 23 mars 1927，D. P. 1928，Ⅰ.730），若使用了有效的除尘装置就可以防止损害发生，但因怠惰而仅使用了不完全的装置的案件（Req. 13 déc. 1932，D. H. 1933.37），即属之。当然，此类判例中也存在加害人造成了过度损害（即超过了近邻关系的通常损害）的情形。(ii) 经营工厂的人为避免发生损害而怠懈采取应采取的必要措施时，即认为有过失。譬如，炼瓦厂的煤烟和恶臭所生侵害的案件（专家指出尚有其他防止损害的适当方法，并明确指出了此种方法）（Civ. 18 fév. 1907，D. P. 1907，1.385），因榨油厂以花生皮为锅炉燃料而产生了燃烧气体和含有油分的烟尘，致使近邻的服装制造厂受到损失的案件（判决指出，被告使用的燃料较通常燃料更易产生损害）（Req. 17 nov. 1931，D. H. 1932.1），马棚里产生噪音的案件（Civ. 4 déc.1935，D. H. 1936.70），糕点制造厂产生烟尘和噪声的案件（Civ. 30 nov. 1961，D. 1962.168），即属之。这些案件中，法院大都指明如下二点：（i）被害人蒙受了超过近邻关系的通常义务的损害；（ii）加害人未采取防止其侵害的必要措施。法院通过认定这些事实而认定加害人有过失。显然，此种过失并非是"疏忽"或"懈怠"意义上的过失，其含义通常与"给相邻者造成了过度的损害"的意义相同。并且，依判例，若上述（ii）要件满足，则（i）要件也会满足（符合）。亦即，若加害人采取了适当措施，就可以防止损害。于此情形，仅依此事实即可认为损害超过了近邻关系通常应忍受义务的限度。

2）未有指出加害人的过失即课以责任的判例（或者不是以完全的形式指出过失的判例）。此即全然不顾《法国民法典》第 1382 条的过失规定而径直认可加害人有责任的判例。迄至最近，此责任的性质问题获得明确。同时，上诉法院于某些判例中也指出，加害人即使证明自己对于损害的发生未有过失或损害行为系通常的行为，也不得免除其责任。

除以上情形外，其他情形是否皆不会对加害人承担法律责任产生影响？此所谓其他情形，依判例主要有：（i）加害人的建筑物（例如工厂）系先建起来，接着被害人又建起了自己的建筑物（例如住宅）。此即所谓相邻建筑物建设时间先后对加害人法律责任的影响问题。（ii）行政许可是否影响加害人法律责任的问题。（iii）或多或少是以被害人的个人感受性（例如，特别神经质的人，从事特殊职业的人，如作曲家）为起因的损害，加害人是否应给予赔偿？此即所谓被害人个人的感受性（情况）问题。如下对此三类问题予以分析。

1）相邻建筑物建设时间先后对加害人法律责任的影响

实质上，此问题又可进一步区分为两种情形：建设加害建筑物时，被害人已经是相邻土地的所有人了，或加害建筑物建设后（或企业活动开始后），被害人才开始成为相邻土地的所有人。

不区分此两种情况，而在任何情况下都否认加害人责任的，是被称为注释学派之王的德莫伦布（Demolombe）的主张。其指出，以某种一定的方式开始利用自己土地者即产生先住权（droit de la préoccupation）。之后开始利用土地的近邻者，乃当然知道前者所产生的妨害。像这样于其后破坏了近邻土地利用关系的均衡性的人，当然应承担责任。[1]惟须提及的是，虽然不承认德莫伦布主张的此种"先住权"理论，但得出了与德莫伦布一致结论的学者，乃是从"承受危险""制造危险"或"被害人的过失"等各种视角予以说明。[2]

不过，大多数学者是不承认德莫伦布等的解决办法的，而是主张前述被区分的第一种情形下，加害人应向被害人赔偿损失。这是因为，相邻土地所有者明显地蒙受了由于工厂等的建设而不可能在通常的状态下建设能够居住的那种住宅的损害，以及不可能再按与过去相同价格出售自己土地的损害。[3]第二种情形下，学说认为不应认定被害人的赔偿请求。换言之，加害建筑物建设的当时，相邻土地的所有者（即之后的卖主）即可对加害人请求赔偿。此后，从卖主手里取得土地的人因为是以低廉的价格取得（明知可能引起近邻妨害的建筑物存在，但尚以通常的价格购买了相邻土地的买主，没有必要予以保护，当然，如果卖主隐瞒了这

1　［日］加藤一郎编：《外国的公害法》（下），岩波书店 1978 年版，第 21 页。
2　［日］加藤一郎编：《外国的公害法》（下），岩波书店 1978 年版，第 21 页。
3　［日］加藤一郎编：《外国的公害法》（下），岩波书店 1978 年版，第 21 页。

些事实，则买主应向卖主请求赔偿）的，故而不能认定其可向加害人请求赔偿。

19 世纪中期以来的判例对这些问题的立场又是怎样的？通常而言，学说的发展与判例的状况是互为因果的。上述第一种情形下，判例肯定了"先住权"见解，认为被害人应予救济。此种判例立场迄未改变。但是，法国上诉法院对第二种情形的态度却不明朗。另在行政判例中，也有否定加害建筑物建成后，取得相邻土地的买主的赔偿请求的。

2）行政许可是否影响加害人法律责任

法国近邻妨害领域，近邻妨害通常是由取得行政许可的企业活动引起的。[1] 在此情形，加害人是否会把领取许可证作为抗辩的理由？通常而言，法国法的行政许可无法免除获得许可者的民事责任。亦即，法国法上的行政许可并不是免除加害人民事责任的"凭据"。其理由是：行政许可在许多情形下都是考虑受侵害以外的人的利益而发给的。判例也支持此理由，并进一步认为："行政许可是在保留第三者权利的基础上发给的。"基于判例与学说的这些见解，法国 1917 年 12 月 19 日法即明文规定："行政许可要在保留第三者权利的基础上发给。"这一立场迄今仍坚如磐石，而未有动摇。

3）被害人个人的感受性问题

此问题的实质在于，裁判官在判定被害人所受损害是否超过近邻者通常应忍受的义务的范围时，是否应考虑被害人个人感受本身的利益？学说对此有两种见解：（i）认为在判定损害的过度性时，仅考虑时间和场所，而不应考虑被害人个人的情况；（ii）认为应区别被害人对于这种特别状况的感受是否正常，非正常的情况下不应考虑，而正常的情况下则应考虑（即不能免除加害人的责任）。笔者认为，对此二说，应采后说。但在法国，此二说对于实际的结论能产生多大程度的差异（影响）并不清楚。盖前说中，如果对个人情况作狭义理解，则结论是不

1　根据法国 1917 年 12 月 19 日法的规定，危险的、不方便的、不卫生的企业，以及根据法律而禁止的妓院、铁道公司、电车公司、汽车公司以及电力公司等，皆需获得行政许可方可设立及营业。另外，对于该法，近藤昭三的"法国公害规制立法"（载《法学家》第 328 号）一文作有较详细介绍。

会有多大差异的。

（2）行政法院的管辖事项

法国行政法院受理的近邻妨害案件中，绝大部分是因公共土木事业（travaux Publics）而产生的恶臭、噪音纷争。行政法院对于这些纠纷的解决与民事法院对于近邻妨害案件的解决，共同形成了法国法应对有关生活妨害问题的司法救济体系。

在法国行政法院看来，因从事公共土木事业而发生的下述损害应予赔偿：从损害的性质或严重性看，凡超过近邻关系通常的忍受程度的妨害，且是危害某些特定人的损害，均应赔偿。反之，由于公共事业（Services Publics）的存在或活动而不可避免地产生一点妨害是不应赔偿的。因从事公共土木事业所生纠纷而形成的判例，类型上大致有：地下铁道噪声判例、扩建铁路工程噪声判例、铁路运输噪声判例、电力公司噪声判例、机场噪声判例，因排水引起的恶臭、生活垃圾处理场的恶臭、用于铺设道路工程的煤焦油恶臭以及受排水污染的河流所生恶臭的判例等。这些判例中，是依何种理由命令产生噪声和恶臭侵害的加害人承担责任？学者认为其在于危险理论（théorie du risque）。[1]基此理论，被害人主张赔偿损失，无须证明控制并掌管加害原因（travaux Publics）的行政机关有过失。[2]这样一来，行政法院通过判例很好地形成了以危险理论为基础的责任体系，从而与民事法院的近邻妨害案件适成对照。

2. 近邻妨害的救济方式

长期以来，法国判例对于近邻妨害责任，系专门作为侵权行为责任而构成和处理。此在学说上也为多数说。尤值注意的是，就法国民法对于禁止侵害也依侵权行为而构成言之，其与以物权请求权或人格权处理同类问题的德国民法、日本民法乃有相当大的差异。学说认为，民法中物权请求权和人格权的构成与内容的

1　法国公共事业有关的案件领域，相当长的时间中，行政权力机关不担责的观点乃占据了支配地位。参见［日］加藤一郎编：《外国的公害法》（下），岩波书店1978年版，第26页。

2　［日］加藤一郎编：《外国的公害法》（下），岩波书店1978年版，第26页。

不同，导致了侵权行为责任的效果的不同。法国民法的物权请求权的构成和内容异常复杂，笔者拟另设专题研究。另外，就侵权行为责任的效果而言，日本民法之侵权行为责任系以金钱赔偿为原则（《日本民法》第722条、第417条），而法国民法的侵权行为责任则以恢复原状为原则（《法国民法典》第1382条）。正是因此，在法国，近邻妨害的侵权行为责任的形式乃有二种：恢复原状与金钱赔偿。

（1）恢复原状（réparation en nature）（包含侵害的禁止）

法国民法中，侵权行为责任的第一性（首要）效果（责任承担方式）乃是恢复原状。此所谓恢复原状，有学者依《法国民法典》第1382条的规定又谓为"现实赔偿"。依判例，于如下两个条件满足时，裁判官必须命令恢复原状：恢复原状具可能性；被害人提出请求，或加害人主动提出申请。此场合外，是恢复原状还是赔偿损失，则委之裁判官的自由决定。但学者指出，就实际而言，近邻妨害的判例并未将此原则贯彻到底。加害人无过错的场合自不用说，即便是加害人有过错的场合，该原则试图反映裁判的实际状况也是困难的。命令恢复原状的判例较命令金钱赔偿的判例远远为少。

实务上，裁判官不仅对过去或现在继续发生损害的场合，且认为将来损害的发生有高度概然性时，为防止损害发生，消灭损害发生的因由，也可命令恢复原状。就近邻妨害而言，对于恢复原状的方式，法律赋予裁判官向近邻妨害的加害人发布如下命令。[1]

1）改善工事（aménagement）命令，即为了防止妨害，命令加害人采取必要的措施，如命令在机器上装配噪声防治装置，在炉窑上装配完全燃烧装置。这种命令通常是在罚金强制（astreinte）的威吓下下达的。就危险的、不方便的和不卫生的企业（1917年12月19日法许可的企业）而言，裁判官可以下达改善命令的限度须不与行政许可发生矛盾，且还应不使获得许可的企业的经营活动受到威胁或损害。另外，以改善工事手段仍不能防止现在继续发生的损害及将来有发生

---

[1] 学者莱图尔诺（Le Tourneau）认为，应将措施区分为被告方面进行的措施与原告方面进行的措施，前者有改善工事、限制活动及停止活动措施，后者则仅有改善工事措施。

之虞的重大损害时，裁判官乃应命令停止该加害活动的全部或一部。此即所谓发布禁止命令。

2）命令禁止。当改善工事命令已不能防止现在继续发生的损害或将来确有可能发生的损害时，裁判官可以命令该企业关闭。另外，就危险的、不方便的和不卫生的企业而言，学说并不认为法院可以发布关闭命令。对于公共土木事业，行政法院也系如此。总之，上述情形下，命令企业关闭，已属于行政领域之事，因而已逸出了司法权的界限。但是，对被害人来说则不同，即根据有关危险的、不方便的、不卫生的企业的 1917 年 12 月 19 日法，诉讼权是被认可的，受害人可据此方面的途径获得救济。

（2）金钱赔偿

近邻妨害事件中，对被害人予以救济的最普通的方式是给予受害人以金钱赔偿（indemnité，dommages-intérèts），也有学者谓为损害赔偿。[1] 可得成为赔偿对象的损害，不仅包括物的损害，且包含精神损害（例如生活乐趣的剥夺等）。民事法院从来都承认精神损害赔偿。行政法院也逐步向广泛承认精神损害赔偿的方向迈进。另外，金钱赔偿的支付方法通常有二：临时金支付（capital）与年金支付（rente）。裁判官可以选择自己认为更适合于弥补被害人的损害的方法，且可对年金支付附加必要的条件。继续损害的情况下，可责令停止损害前定期赔偿。[2]

3. 近邻妨害责任的法律构成

上述考察业已指明，法国近邻妨害问题乃是专门以侵权行为责任而构成。判例上，加害人虽采取了尽可能的预防措施，但仍然对他人造成了损害的，其近邻妨害责任不得被免除。然而，问题并非在这里即获圆满解决。其因由是，《法国民法典》中的侵权行为责任系以过失为基础而成立，亦即"任何行为使他人受损害时，因自己的过失而致使损害发生之人，对该他人负赔偿的责任"（第1382条）。这样一来，近邻妨害的法律构成遂出现争议。而此主要围绕过失的定义，

1　［日］加藤一郎编：《外国的公害法》（下），岩波书店 1978 年版，第 28 页。

2　［日］加藤一郎编：《外国的公害法》（下），岩波书店 1978 年版，第 29 页。

尤其是围绕《法国民法典》第 1382 条中过失概念的确定而展开。为深入理解论争，有必要分析有关过失的各种定义。

（1）过失的定义

如前述，法国法上，对于过失的理念与学说，乃有不同认识或见解，长期未获一致。学说史上，把过失的定义作为民事责任的重要问题加以考量，最初是学术界提出来的，试图确定其内涵的，是学者普劳尼奥尔（M. Planiol）。该氏在论文《关于民事责任的研究》中概述了大量判例，分析了所谓过失行为的本质，得出了"一切过失都是对先存义务的违反"的结论。这个结论从主观性上把握过失概念，从而使过失与个人的意思自治原理适成对应。但是，从 19 世纪末期开始，伴随产业资本主义的飞跃发展，基于社会的必要，对于过失渐趋从客观上理解。但无论如何，普劳尼奥尔的这些观点都对之后的学说产生了很大影响，即无论是之后的过失主义者还是危险主义者，都以普劳尼奥尔的这一过失定义为基础而展开自己的学说。

普劳尼奥尔以后的学说，为适应社会的需要，遂将过失的观念分裂为两个方向：一是，将过失的观念客观化，形成民事责任只要有过失即可构成的一元论主义；二是，使过失的观念从主观性、客观性两要素加以构成，导入新的其他观念（例如危险责任观念），进而使民事责任从二元论主义加以构成。有学者认为，如果把这些问题置于过失主义的焦点而说明，则前者只是使过失通过客观要素形成概念，而后者则是通过客观要素和主观要素形成概念。[1] 其中，代表前者的是法国民法学泰斗马诺欧（H. Mareaud）的见解。

马诺欧于其著作《民事责任论》中首先介绍和批判了其他学者提出的过失定义，接着介绍了其自身对过失问题的研究并得出如下结论：所谓过失，即意味着"如果处于与引起损害的人相同外部状况的通常人（personne avisée）能引起，那大概就是一种没有达到侵害程度的行为不当（erreur de conduite）"。依此定义，加害人是否可以预见损害发生的问题（即加害人的主观性要素）被全然抛开，而

1　［日］加藤一郎编：《外国的公害法》（下），岩波书店 1978 年版，第 30 页。

是以抽象的"通常人"的行为为标准判定有否过失。[1]换言之，在其看来，所谓过失，乃是指违反义务所引起的行为不当，并非指行为人心理状态上有非难可能的情况。[2]至于行为有无不当乃至是否违反义务，则以一般人之能力及注意义务为标准，且以外在状况作为判断依据。从而，只要在同一外在状况下，一般人并不违反注意义务，而行为人之行为却违反者，其过失即告成立，不必再问其主观个性或意思能力是否欠缺。马诺欧之所以持此见解，其理论根据在于：举凡参与社会活动之人，对于其活动即负有不得侵害他人权益的"谨慎与注意的义务"（obligation de prudence et diligence），如果引起损害，即属违反社会生活上所应承受的义务。如该义务为一般人所常遵守，则该行为人即有过失，自不能不负赔偿责任。基此论点，马诺欧乃进一步主张，纵使行为者系心神丧失人或精神未成熟人，也应依同一状况下一般无能力人的注意程度，决定其是否有过失。[3]

与马诺欧见解相对应的是萨瓦蒂厄（Savatier）和艾斯曼（Esmein）对过失所下的定义。萨瓦蒂厄谓，"所谓过失，包含二项要素：一是作为客观要素的义务违反（devoir），二是作为主观要素的对加害人的可归责性（imputabilité）。"而所谓可归责性，指"行为者遵守其义务的可能性，即预见可能性（préevisibilité）与回避可能性（évitabilité）"。艾斯曼谓："过失是因完成了被禁止的行为（不作为义务的违反）或有完成应该完成的行为（作为义务的违反）而成立的。因此，过失只能作为违反义务而获得定义。但是，过失也不是仅根据这一点即能成立。因为，有过失，就需要进一步把责任归于行为者。"换言之，在艾斯曼看来，除违反义务这一客观要素外，可归责性这一主观要素对于过失的成立也是必要的。[4]

---

[1]　［日］大塚直："关于生活妨害禁止的基础的考察（3）"，载《法学协会杂志》第103卷第8号，第2223页。

[2]　H. Mazeaud et Tune, Traité theorique et pratique de la responsabilité civile, 5e éd, 1957, n°437ff.

[3]　邱聪智："法国无生物责任法则之发展"（上），载《法学丛刊》1983年第28卷第3期，第67页。

[4]　此外，采与萨瓦蒂厄和艾斯曼相同见解而对立于马濡兄弟（H. et L. Mazeaud）的见解的，尚有学者慕葛（Demogue）与瑞贝特等。

（2）判例关于近邻妨害责任的构成状况

近邻妨害案件中，加害人大都是因怠于采取应该采取的不使近邻者遭受妨害的必要措施而发生了民事责任。因怠于采取必要措施这一事实而指出加害人有过失是很容易的。此外，还有一种情形是，尽管加害人采取了必要的措施，但最终还是发生了损害。在此场合，法律构成的困难就显露出来。

近邻妨害案件的判例中，法院判决理由并非一致。虽然判例对加害人课以责任的条文上的根据是《法国民法典》第 1382 条，但是，对于此责任是否基于过失而生，判例未作说明。换言之，《法国民法典》第 1382 条对基于过失的责任虽规定得十分清楚，但对判例而言，其一方面引用该第 1382 条，另一方面又避免使用过失这一判词。这一点上，毫无疑义，问题的困难性就暴露出来。

（3）学说关于近邻妨害责任的构成

对近邻妨害的受害者予以法律救济的问题上，学说一致支持判例的解决办法。但是焦点一旦在法律构成的侧面重合，学说的解释就会出现很多分歧。这种分歧，不仅是基于对近邻妨害的法律评价不同，且也是由于作为价值判断规范的过失概念构成的不同而产生，其中包含了相当复杂的因素。

以侵权行为责任解决近邻妨害责任的法律构成问题。法国古法上，自波蒂埃开始，近邻妨害的禁止与赔偿即被解为基于"邻人之间所发生的相互的义务的准契约"的效果而当然发生。亦即，近邻各方不得彼此加损害于对方这一"一般性义务"的存在根据乃是准契约。有学者认为，《法国民法典》第 1370 条、第 651 条正是采用了这样的考量方法。[1]但是，所谓准契约，依《法国民法典》第 1371 条，系指"为个人纯属自愿的行为而对第三人所发生的义务"。近邻关系并非由于"纯属自愿的行为"而发生，其属一种客观存在。《法国民法典》第 1370 条将义务区分为基于准契约（即负债务之人的个人行为所生的义务）与基于法律规定所生的义务二种。此二者中，将近邻义务界定为后一种义务更称妥当。但有学者

---

1   A. Noyelle, Des restrictions apportées au droit de propriété dans l'intérêtprivé, thèse, 1902, pp. 163 ets.

又指出，《法国民法典》第651条的义务虽由第625条予以细化和列举，但立法者并未明确谓之为近邻义务。[1] 迄至今日，波蒂埃倡导的准契约说虽仍具某种程度的影响，但进入19世纪之后，学说更多的是在与《法国民法典》第1382条相联系的基础上展开讨论。20世纪以降，对于应否在侵权行为责任领域考察此问题，学者曾发生肯定与否定之争。

1）反对依侵权行为责任处理近邻妨害责任的法律构成的见解

学者卡皮当（Capitant）在1901年发表的论文中，对波蒂埃的准契约说加以修正、发展，将近邻妨害责任从法定的近邻义务而构成。其认为如此的理由有三：（i）此系历史的沿革；（ii）此也是《法国民法典》的规定（第651条、第671条、第674条及第1370条）；（iii）求之于"超越通常的近邻义务的限度的损害"这一判例的理由定式，也应如此。其认为，在第1382条的限度内，不能说明判例为何对加害人即使未有过错也要课其责任。故此，为了对判例的情况加以说明，乃有另外创设新的一般性义务的必要。关于第1382条的适用范围与近邻关系，其作了如下叙述：应区别法律上的权利者、义务者的关系（Situation）与未有权利的人之间的关系，近邻关系属于前者，而第1382条的适用领域则被限定于后者。卡皮当的此见解受到学说的严厉批判，其所谓近邻义务被学者讥为"只不过全是他主观想象的产物"。[2] 正是因此，之后的学说直接承袭此考量的并不多见。但是，从此以后，避开侵权行为责任而另外找寻近邻妨害责任的法律构成的学说却大量存在。

学者普哈克斯（Prax）在1933年发表的论文中，受（德国）学者耶林的影响，将近邻妨害作为是对所有权的侵害加以构成，进而将之解为占有诉讼的问题。其认为，致邻人于损害的所有者（加害所有者）负担责任的根据可从被害所有者所享有的"不遭受妨害的权利"（实质上此权利包涵于所有权的内容中）中

1　Planiol, Traité élémentaire de droit civil, 12e éd, t. I, 1935, n°s 2366 et 2367.

2　［日］大塚直："关于生活妨害禁止的基础的考察（3）"，载《法学协会杂志》第103卷第8号，第2226页。

找到，即在他看来，无论基于契约、准契约、过错还是法律，加害所有者都不负任何义务。责任的唯一根据在于被害所有者的权利，因为有对此权利加以尊重的必要，故产生了加害所有者的义务。[1]另外，其尚指出，此种场合，被害所有者所提起之诉，究其性质，乃与占有诉讼并无不同。普哈克斯的这些见解被之后的斯特凡尼（Stefani）（1941 年）、尤卡斯（Yocas）（1966 年）承袭下来。

此外，与普哈克斯的见解类似，尚有以法定地役权作为近邻妨害责任的法律构成的见解。此即学者布莱塞勒（Blaisele）在 1965 年与卡赫伯尼（Carbonnier）在 1957 年表达的见解。对此，后文有较详细的论述。

1）将近邻妨害责任的法律构成置于侵权行为责任领域予以理解和处理的见解。这里的情况较为复杂，但大体上可细分为两种：以危险的观念为中心，以过失以外的各种观念为基础的立场；以过失为基础的立场。此两种立场，学者又概称为：无过失责任说（无过错责任说）立场与过失责任说（过错责任说）立场。

A. 无过失责任说立场

a. 瑞贝特的主张

按照通说，在近邻妨害领域，首先让无过失责任说登场的是学者瑞贝特。1902 年，其发表了论文《论与相邻所有权关系中的所有权的实施》。此时，可以说正迫近 19 世纪的个人主义、自由主义观念大改观时代。在论文中，其指出，所有权的绝对性观念只不过是一个教条，盖非常明确的是，无论是所有权的绝对性还是无限制性，都有一定的界限。特别是"所有人在以自己之物进行一般性经济利用时，须与社会的一般的利益相合。同时，所有人赔偿自己引起的损害也应与社会一般的利益相当。向被害人赔偿损害是应该的，但问题在于必须确定责任的范围"。接着，其批判了所谓"行使所有权和无责任性的教条"，指出这是荒谬的，并表示，人在行使其所有权时必须承担责任。那么，人在行使所有权时负担

1　从实质看，普哈克斯的此见解乃是在阐释所有权的绝对性（对世性），即所有人以外的任何人均不得对所有人的所有物实施任何侵害或妨害，否则所有人可依物上请求权而保护。然应注意的是，普哈克斯这里反复谈及义务而不涉及责任，是否表明此间法律、学说对于义务与责任尚未完全予以界分？

责任的场合又有哪些？对此，其提出了如下公式："不动产的所有人不于该不动产所处的时代、场所的通常状态下行使所有权的，必须赔偿由此而引起的损害。"依此，近邻妨害乃由所有权的"例外的"（exceptionnel）或"异常的"（anormal）行使而构成，此场合无论加害人有无过错，均应担责。瑞贝特进一步指出，所谓所有权的"例外的"行使或"异常的"行使，主要是指：（i）违反法令的行为；（ii）故意引起损害的行为；（iii）缺乏考虑或懈怠的行为；（iv）所有权人本身的"例外的"所有权行使行为。对于第（i）种情形，其谓："古典理论认为，当所有人违反了法令时，此种违反法令本身即可构成过失，所以便产生了责任。然而我们在此则是基于不同的理由而得出了相同的结论，即将上述的主观要素由客观要素而替换，所有人的行为非在行使权利，故要承担责任。""在第（ii）种情形下，困难就发生了。在这里我们于一定程度上乃不得不把主观要素考虑进去。我们认为，作为以责任为基础的违法行为，乃有探求所有人意思的必要。意思的探求不是责任的原则，而是行为的异常性（例外性）的特征。""在第（iii）种场合，对必要的注意采取怠惰态度的行为，是通常的例外行为，而这样的行为即会引起责任。之所以要把这种行为作为异常的行为，原因在于该行为本身即是一种特别的状况。""至于第（iv）种情形，由于这样的行为本身绝对不是一种通常的行为，因而经常产生责任。"[1] 此外，瑞贝特在论文中还指出，将近邻妨害责任作为过错责任的扩张而以权利滥用理论加以说明属于过去的尝试，尊重过失的必要性与矛盾性，最终导致这种尝试的失败。因而有必要转换思考方式，综合考量"行使自己的权利的人不得害及于他人"这一罗马法原则、社会的利益、衡平以及当时的立法、判例情况等诸多因素，之后从正面得出结论：权利人正确行使权利之际也负有责任。[2]

由上可知，瑞贝特的学说构成是以引起包括相邻妨害行为在内的一切责任行为为基础，并在实施此种行为的时间和场所中，根据行为的例外性或异常性，形

1　G. Ripert, De l'exercice du droit de propriété, 1902, pp. 428-433.

2　G. Ripert, De l'exercise du droit de propriété, 1902, pp. 321-389.

成了客观的一元化学说。

b. 约瑟兰德（T. Josserand）的主张

学者约瑟兰德在 1927 年出版的著作中，把所有人（尤其是土地所有人）的产生法的责任的行为界分为三类：（i）违法的行为——法令被违反的行为；（ii）有过错的行为；（iii）过度的行为（les actes excessifs）。其中，属于第（i）类的行为是"在他人土地上，或者不遵守法定距离而于自己土地上修建建筑物或种植（农作）物的行为。由于实施了这样的行为，所有人超出了他的权利的客观界限。此情况下，责任乃是由于实施了违法行为这一事实而被课予的"。"在第（ii）类行为中，所有人乃是行使了属于他的权利，但没有超越其客观界限。若抛开实施行为的意图和决心实施这一行为的动机去评价，其行为是合法的，未有非难的余地。但裁判官有追溯其动机的义务。非难其动机虽与法的终极目的存在一定矛盾，但若有恶意的话，就要对所有人课予责任。""第（iii）类所谓过度的行为，是具有正当的目的而行使明显权利的行为，其性质上可以说是一种对他人引起过度损害的行为。这种行为因为会造成危险，故其行为人将产生责任。"此第（iii）类行为，在其看来即是近邻妨害行为。

约瑟兰德的见解，究其实质，仍是采取无过失责任说的立场。其指出，近邻妨害的加害人的责任，如归于过失、违法或应予非难的动机，则显然是没有基石的。事实上，这个责任乃是由于客观的秩序（而非由于权利的错误行使或不正当的行为）及被引起的损害的重大性而产生的。就企业而言，企业主为了自身利益，显然不存在与被害人地位的互换性（réciprocité）和平等性，由此，源于企业活动的特别危险即发生。该危险显然不由不能从该危险中获得利益的第三人承担，而须由创造危险的人以及因此而受利益的人负担。[1]

c. 皮卡第（M. Picard）的见解

1952 年，学者皮卡第改订了皮阿尼勒（Pianiol）与瑞贝特的教科书的第 2版，将近邻妨害的加害人责任从土地所有权的"例外的"或"异常的"行使的观

---

[1] T. Josserand, De l'esprit des droits, lre éd, 2e éd, n°s 16, 25 et 26.

念上解释，其主张与前述瑞贝特的主张类似，但又有重要差异。皮卡第将所有人的责任区分为二元构成：因所有人的过失而生的责任与因所有权的"例外的"或"异常的"行使而生的特殊的责任。第一种责任包括因违反法令的行为、无思虑或懈怠的行为及恶意的行为而生的责任；第二种责任即指狭义的近邻妨害责任。皮卡第指出："人之所以要对自己的土地进行例外使用，系旨在增加其利益。与这种利益的增加相对应的是相邻者损害的增大。受益者赔偿伴随此种利益而生的损害，堪称允当。支配判例的，显然正是这种正义的观念。"[1]

有学者指出，在皮卡第的说明中，似乎包含着与过失有关的某些疑问之点。譬如，其指出："判例的基本点是把对近邻者造成例外妨害，并且没有对其进行赔偿的加害所有者的行为视为过失。此情形下，过失不是由于有害行为（acte nocif）而成立（因为其行为本身是合法的），而是因为拒绝必然伴随其行为而来的损害的赔偿而成立。但问题正在于赔偿为什么会伴随其行为而来这一点上。"对此，其解释曰：近邻妨害行为具有社会的有益性（如大工场营业活动所生妨害乃是增进社会利益的附带行为），因而应该容许。但之所以会发生损害赔偿义务，乃是由于结果上发生了对于他人权利的"征用"（"剥夺"）。[2]可见，皮卡第的思想具二重性：前一段话里，其似乎要表明以过失为基础构成加害人的责任，但后一段话则反映出以无过失责任构成加害人责任的意向。[3]

d. 利亚（P. Leyat）的见解

1936 年，学者利亚发表关于近邻妨害责任的论义。在该论义中，其将过错与民事责任分为两类：一是，通常的过失及因此而生的责任；二是，近邻妨害中特殊的"有体物不可量物的过失"及基此而生的责任。第二种情形是"从自己的不动产上向他人不动产排放了物质"，[4]本身即有过错。有学者据此认为，此实质上

1　[日] 加藤一郎编：《外国的公害法》（下），岩波书店 1978 年版，第 37 页。

2　此点即日本我妻荣等倡导的"基于适法行为的不法行为"的见解。

3　P. Leyat, La responsabilité dans les rapports de voisinage. 1956, pp. 91–92.

4　[日] 大塚直："关于生活妨害禁止的基础的考察（3）"，载《法学协会杂志》第 103 卷第 8 号，第 2228 页。

乃是主张无过错责任。但其本人指出，这是一种关于过错责任说与无过错责任说的折中说，且承认此种"新的过错"的根据乃是《学说汇纂》、法国古法时代的多玛及波蒂埃等人的有关见解。另外，其认为即便是噪音、光、恶臭等不可量物，也有适用余地。其结果，是对不可量物也认可了无过错责任。[1]

e. 丹克（A. Tunc）的见解

1957 年，学者丹克对马濡的著作《责任论》第 5 版予以修订。其指出：发生近邻妨害的企业通常对社会有相当的效用，且对于国家经济又是必要而不可欠缺的。因而，对于这类企业课以责任的根据，乃是"无过错赔偿义务观念"，即其产生了社会生活中为一般人所认可的某种程度以上的妨害事实的。此种观念究其实质又是一种衡平观念，其来源于行政法领域普遍适用的"公共负担，人人平等"（principe de légalité des individus devant les charges publiques）理念，以及"过错行为因一定情事被正当化时，因该正当化的行为而蒙受损失的人，对于因该行为而获得利益的人有补偿请求权"这一通常的法律原则。[2]

f. 斯塔克（Starck）的见解

学者斯塔克于 1947 年发表关于"保障理论"的论文，倡导"担保责任理论"。[3] 其断言近邻妨害与所有权的侵害之间未有关系，故而主张适用自己提出的"保障理论"。其认为企业活动本身虽一律有其适法性，但产生一定程度以上的损害时，则具违法性。

B. 过错责任说立场

过错责任说立场中，最具代表性的是马濡兄弟的学说和贝森（Andre Basen）的学说。将《法国民法典》第 1382 条的过错作为近邻妨害责任的根据的代表性见解，是由马濡兄弟明确表达的。他们在 1931 年初出版的教科书中叙述道："近

1　［日］大塚直："关于生活妨害禁止的基础的考察（3）"，载《法学协会杂志》第 103 卷第 8 号，第 2228 页。

2　［日］大塚直："关于生活妨害禁止的基础的考察（3）"，载《法学协会杂志》第 103 卷第 8 号，第 2229 页；另外，对于丹克的这些见解，加藤一郎编《外国的公害法》（下）（岩波书店 1978 年版）第 39—41 页有较详细介绍，可以参考。

3　斯塔克的这一学说迄今仍对各国侵权行为法的发展具重要影响。限于篇幅，此不赘述。

邻妨害责任将无条件地适用第 1382 条的规定。"他们与判例的立场完全一致，认为所谓过错，是指超越了通常的近邻义务的忍受限度或损害的重大性逾越了一定的界限。[1]另外，他们还指出，如果工厂的营业对邻人产生了过度的损害，则必须停止其营业。[2]对此见解，有学者批判曰：这混同了过错与损害两个概念的不同或差异。[3]

较之于马濡兄弟的见解而言，贝森的见解也有特别值得注目之处。这就是他认为，近邻妨害责任应基于《法国民法典》第 1384 条第 1 项的责任而构成。而该条第 1 项的责任即是著名的所谓"无生物责任"。[4]对此责任，本文不作详论，只就其要点提示如下：1927 年贝森发表论文《物的责任中的保管的概念》。在论文中其明确指出，近邻妨害的加害人的责任，实际上就是《法国民法典》第 1384 条第 1 项的保管人责任，即他将《法国民法典》第 1384 条第 1 项规定的物的责任首先予以客观化，然后运用"保管的过错"这一概念解决近邻妨害责任问题。[5]其基本思想主要有：（i）由于"无生物的行为"而造成损害的问题是不可避免的。"无生物"在判例上有极其广泛的解释。即便是通过人的手而实施动作的行为（如汽车肇致他人损害的行为），也不妨视为"无生物的行为"。（ii）承担责任的主体是"无生物的保管人"。所有人被推定为保管人。（iii）"无生物责任"下，保管人被"推定为有责任"。当然，如果没有不可抗力及其他外部原因的证明，保管人不得被免责。（iv）工场主为不使其营业活动对邻人产生损害，必须采取特别的预防措施。如果工场散发出了有害于农耕地的瓦斯、烟及其他难以忍受

1　［日］大塚直："关于生活妨害禁止的基础的考察（3）"，载《法学协会杂志》第 103 卷第 8 号，第 2229 页。

2　［日］大塚直："关于生活妨害禁止的基础的考察（3）"，载《法学协会杂志》第 103 卷第 8 号，第 2229 页。

3　［日］大塚直："关于生活妨害禁止的基础的考察（3）"，载《法学协会杂志》第 103 卷第 8 号，第 2230 页。

4　对于此责任的产生、发展与构造，邱聪智"法国无生物责任法则之发展"一文（载《法学丛刊》1983 年第 28 卷第 3 期）中有翔实分析。

5　有学者指出，在此之前，H. 马濡曾显示了将近邻妨害责任以"保管人的过错"为根据而构成的倾向。但其本人并不主张和支持此见解。参见 H. Mazeaud, La faute dans la parole, Rer. trim. dr. civ., 1925, pp. 793 ets.

的恶臭，制造了过度的噪音，工场主便是违反了保管义务，丧失了对物件的控制（Contrôle）。此时，他为了继续经营工场，必须对其行为所产生的损害予以填补。

C. 小结

在法国，长期以来，对于近邻妨害责任的构成基础虽一直存在争论（甚至是相当激烈的争论），但从上述考察中已可窥见，于现今的法国学界，将近邻妨害责任作为无过错的侵权行为责任而构成的见解事实上乃居于有力地位，并获得了大多数学者支持。概言之，此种无过错的侵权行为责任业已成为众多见解中的支配性主张，实际上乃是处于通说的地位。

三、法国近邻妨害的禁止的构成与要件

（一）法国判例对此问题的学说概况

由近邻妨害的特性决定，近邻妨害往往有其继续性。正是因此，有关近邻妨害诉讼的目的也不仅限于对过去的损害予以赔偿，现实的妨害停止与妨害除去也涵括在内。但如前述，实务中命令加害人停止营业活动的判例乃是非常少的。根据学者的研究，全部近邻妨害案件中，大约有三分之一的判例认可"现实赔偿"（恢复原状、命令禁止等）。近年来，法国学界对有关近邻妨害的判例作了较为深入的分析、研究，其中最引人注目的乃是埃尔克利（Elkholy）与尼古拉斯（Nicolas）于专题论文中所作的分析。

埃尔克利首先认为，应当区别如下两种现实赔偿的措施：（i）超越通常的近邻义务的限度而引起损害的人，于未采取避免发生损害的预防措施时，命令其现实赔偿的措施；（ii）超越通常的近邻义务的限度而引起损害的人，虽然采取了可能的预防措施，但由于损害的发生与营业活动有密不可分的关系，仍发生了（必然的）损害时，命令予以现实赔偿的措施。第一种措施乃是未有变更营业活动而使损害停止的措施（损害的停止措施），第二种措施乃是使发生损害的营业活动自身在时间或空间上予以全面或部分性停止的措施（损害活动的停止措施）。

上述第一种场合，通常要求加害人予以现实赔偿。但采取的此项措施是否适

当，至为重要。对于因采取该措施而仅避免了部分损害发生的，或者加害人采取此行为而导致与被害人蒙受的损失失去"均衡"的，法院即不应作出此种命令。第二种场合，加害人有害意时，一般责令其停止活动，而对此外的其他场合则以金钱赔偿为原则，命令停止营业活动仅为"少有"。所谓"少有"，大抵包括"限制活动的时间"、"场所的移动"（此二者又被称为"时间的、空间的部分的停止"）、"活动的无条件的停止"（譬如关闭企业）。另外，从权力分立的必要性看，命令受到行政机关许可的设施关闭的判例颇为少见。可见，在埃尔克利看来，"损害的停止"与"损害活动的停止"乃是最重要的区分，对有无"过错"的注意，乃是第二次性（次要）的。

尼古拉斯的考量与埃尔克利有所不同，其将裁判官裁判的有关妨害除去的纷争类型化为三类：（i）纯粹的私人利益间的纷争。在此情形，其认为裁判官为"停止"妨害而采取何种措施均全凭其自由，即除了令其改善工事、停止妨害活动及一般的金钱赔偿外，于妨害强度有无限的继续性时，尚应赔偿被害人转居他处而支付的金钱。进行这些赔偿方法的选择时，裁判官考虑的因素有加害人和被害人的过错、加害活动的有用性、命令现实赔偿时所需要的费用以及由此而生的不妥当性。若这些费用与不妥当性逾越了邻人蒙受的损害，法院通常不得认可现实赔偿，而仅可命令金钱赔偿。[1]（ii）受到行政机关许可的私的利益之间的纷争。（iii）个人的利益与集团利益之间的纷争。在此场合，裁判官的权限被缩小，即裁判官不能自由选择赔偿方法。理由是：（i）生态学的损害赔偿手段已被引入近邻妨害的诉讼领域，裁判官不得回避此手段而另搞一套；（ii）产业（生产力）的发展与所有权冲突时，裁判官应当然选择重视产业发展进步的解决方式。总之，尼古拉斯的这些见解（即认为裁判官选择赔偿方法时，应考量被害人、加害人双方的过错，加害活动的有用性，现实赔偿所需要的费用以及由此而生的不妥当性等因素）具重要意义。另外，个人的利益与集团的利益发生冲突时，其认为裁判

1　［日］大塚直："关于生活妨害禁止的基础的考察（3）"，载《法学协会杂志》第 103 卷第 8 号，第 2241 页。

官不得自由选择赔偿方法，这一点也值得注目。

以上是对法国判例的状况所作的学说分析与概括。以下篇幅，笔者将依近邻妨害的被害类型[1]，对有关近邻妨害之禁止的实际的判例予以介绍，以供我国应对同类问题时参考。

（二）近邻妨害的禁止的判例实际状况素描

1. 噪音

（1）禁止工场等的营业活动的裁判例[2]

X 夫妻与 Y（果子制造业者）各自（分别）所有同一栋公寓的一、二层，并分别供作居住使用。X 夫妻夜间因受 Y 制造果子而发出的噪音的重大妨害，提起要求金钱赔偿与禁止妨害的诉讼。原判决对 X 夫妻此种主张加以肯定，禁止 Y 在公寓里进行果子制造的营业活动，并同时命令 Y 迁往他处居住。Y 不服，以命令迁居非属法院权限及侵害 Y 的所有权为由向上级法院提出申告。上诉法院认为，Y 制造果子而发出"夜间噪音"，超过了近邻关系的通常的义务限度，致使 X 夫妻不能入眠，后果严重。原判正确，应予维持。

该案中，法院全面禁止果子制造业者的营业活动，此点颇值注目。

（2）对于工场的营业活动在一定时间内禁止[3]

Y 设置制材所，于建筑物的第一层设置了 3 马力的电动机，以便在地下层进行带锯作业。另外，Y 同时设置木工钻平削盘等机具从事制材作业。其结果，无论一层或地下层，均常常发出噪音，致 X 遭受难以忍受的妨害。尤其是在夜间及生病期间家人特别需要获得良好休息时，所受妨害更甚。经交涉未果，X 遂向法院提起诉讼，要求 Y 进行金钱赔偿及停止营业。一审判决如下：命令 Y 向 X 支付 1 000 法郎的金钱赔偿，同时停止其营业活动。对此判决，Y 提起控诉。上诉法院

---

1 法国学者卡巴耶罗（Caballero）将此分为：污染（pollutions，大气、水、土壤）、噪音、不动产侵害（因震动所生的龟裂、湿气、地盘下沉等），空间的近邻侵害（nuisances spatiales，通行妨害、日照妨害、眺望侵害、绿的剥夺），快适的（agrément）侵害（火事爆发的危险、电视受信妨害、光的侵害）等。此种分类具借鉴价值。

2 Civ. 30 mai 1969, Ball, Civ. Ⅱ. 122, J. C. P. 1969, Ⅱ 1609 (2e esp.).

3 Montpellier 24 juill. 1933, D. H. 1933. 566.

认为：Y 在控诉书中提出的要求，即从上午 8 时至正午及从午后 2 时至 6 时期间进行营业，应予许可。但即便是进行了这样的营业活动的时间限制，X 显然仍将遭受永续性的一定时间的噪音妨害。考虑到此情况，Y 应向 X 支付 10 000 法郎的赔偿金。另外，如果 Y 违反上述时间限制，则须向 X 支付 50 法郎的赔偿金。

该判决的理由虽颇为简单，但对工场营业的一定时间加以限制这一点上具积极意义。另外，对于将来的损害也认为应予赔偿，此点也有意义。

（3）命令撤除妨害源（机械）的裁判例 [1]

Y 系自动车的车体制造业者，因使用机械与铁床从事作业活动，致邻地所有人的租地人遭受持续性的超过忍受限度的噪音的损害。租地人为此不得不搬家。于是，邻地所有人以 Y 为被告提起诉讼，请求 Y 撤去其机械、铁床并予金钱赔偿。上诉法院认为，Y 进行作业所生噪音超越了近邻关系的通常的义务限度，邻地所有人提出的主张应予支持。

（4）舞厅所生噪音问题 [2]

在 X 建造自己的建筑物并供作住居 4 年后，Y 以 X 建筑物的一面墙壁为基础而建筑自己的建筑物，并作为舞厅使用，由此而演奏乐器（演奏者为 5 人）。为此，X 因受激烈的噪音与震动的影响难以入眠。X 虽欲将该建筑物出租他人，但因有此妨害而未找到承租人。X 于是提起诉讼，要求 Y 闭锁其舞厅并予金钱赔偿。原审认为，X 的请求不能获得全部支持。对 Y 而言，其舞厅规模及噪音程度应以现状为限，在此现状下，其必须每年向 X 支付 300 法郎的赔偿金。X 提出要求关闭 Y 的舞厅，此在法律上未有理由。Y 不服，向上诉法院提出申告，认为：第一，原判对于只不过是行使所有权的正当行为课以支付损害赔偿金责任，此系明显违背《法国民法典》第 544 条的规定；第二，原判要求向 X 每年支付 300 法郎的赔偿金，此系以将来不确定事实为基础而作出的。上诉法院驳回 Y 的申告，认为就第一点而言，Y 的行为已超越了近邻义务的限度，其虽然未必具有故意，

1　Paris 17 déc. 1908, S. 1909. 2. Somm. 19.

2　Rouen 7 déc. 1869 et Req. 17 avr. 1872, S. 1872. 1. 76.

但事实上确实引起了 X 的损害，故此命令金钱赔偿显然不与《法国民法典》第544 条的规定相抵触。关于第二点，即要求 Y 每年支付 300 法郎的赔偿金，此在Y 未进行改善工事以缓和噪音的情况下是恰当的。

(5) 关于噪音、烟的案例（1961 年 11 月 30 日）

甲经营面包、糕点制造业。乙等是其近邻者，经营旅馆业务。乙等主张，甲经营的面包工厂所产生的噪音和烟尘使他们蒙受重大妨害，对甲提出如下要求：(i) 改善装置以停止侵害；(ii) 赔偿造成的损害。并且，就 (i) 请求而言，尚要求法院宣告强制罚金（astreinte）。经查实，原审认定了如下事实：首先，关于噪音。按照各种证据和专家的鉴定书，乙等经营的旅馆是在一个肃静的地区，夜间从甲的面包厂发出的噪音是仅有的噪音源。夏夜里，此种噪音造成了特别重大的妨害。原因是，甲工厂里劳动的工人都开着窗户干活，对面，乙等的旅馆顾客也都开着窗户睡觉，直接承受着甲工厂的噪音侵害，结果致使乙等的顾客日渐减少。其次，关于烟尘，事实是，乙旅馆的墙壁被甲的面包厂冒出的烟尘弄脏了。

依上述事实，原审认可了乙等的请求事项。甲不服，提出申告，理由是：(i) 依鉴定，乙申诉的噪音是甲从事通常职业所不可避免的；(ii) 乙的旅馆是在甲开始经营面包工厂数年后才开业的，因而乙是自动置身险境（自甘冒险）。上诉法院驳回申告，指出：因工厂活动而引起超过近邻者通常忍受义务范围的侵害者，不论当事人开始经营的时间如何，侵害者都有过失。原审中，专家指出了几种有效防止损害的方法。本来通过适当措施就能减少的侵害，超过了相邻（近邻）关系的通常的忍受义务范围，故此，甲应承担法律责任。

2. 震动

蹄铁工 Y 在自己的工作场所设置了落锤等机械。此等机械发生的震动肇致邻人 X 的建筑物的墙壁龟裂与墙壁的灰泥脱落。X 提起诉讼，要求 Y 进行防止类似震动的工事并赔偿损失。上诉法院支持此主张。[1]

Y 经营的橡胶工场的机械所生震动，致邻人 X 的工场的测微器（micrometer）

1　Montpellier ler fév. 1933, D. H. 1933. 212.

制造工程的精密作业不能顺利进行。X 于是对 Y 提出如下要求：第一，赔偿因此而生的损失；第二，请求除去妨害源。原审命令 Y 赔偿金钱 17 000 法郎，并于 3 个月内设置防震装置。X 不服，认为赔偿数额太低，向上诉法院提出申告。上诉法院认为，加害人即使较被害人先设置设备，对于超越近邻义务的限度而施加的损害，加害人也必须予以赔偿。故此，应对 X 控诉内容之一部予以支持，即将赔偿金额增加为 30 000 法郎。另外，防震装置的设置必须于 2 个月内完成。[1]

3. 煤烟、恶臭

甲自 1888 年以来就经营肥料制造工厂。乙$_1$、乙$_2$、医生乙$_3$分别自 1888 年、1890 年及 1899 年以来，即在甲的工厂附近拥有自己的房屋并居住在那里。有关机关于 1894 年、1902 年两次对甲经营的肥料制造工厂进行审查，其结果是，由于甲的工厂不卫生，而认定其为危险企业，拒绝对其发给行政许可执照。之后，甲继续制造肥料，但因采用了某种"工艺手段"，有关机关于 1903 年发给了行政许可执照。乙$_1$等人随之提出，甲工厂产生的令人作呕的发散物和有害蒸气已使他们蒙受了重大损害，故请求给予赔偿。一审作出如下判决：甲对乙$_1$支付 1 800 法郎（从 1888 年起至 1906 年 12 月 16 日止），对乙$_2$支付 1 300 法郎（从 1890 年起至判决之日止），对医生乙$_3$支付 500 法郎（从 1899 年起至判决之日止）的赔偿金。二审支持一审判决。甲于是提出上诉，并陈述如下主张：原审在没有向领有许可证的企业所有者（甲）指明其是如何发生了过失或怎样违反了许可条件的情况下就命令赔偿，于法律上乃系不妥。上诉法院驳回甲的上诉，认为危险的和不卫生的企业的所有人，即便是领取了许可证，当其给毗邻者造成的损害超过了以近邻关系为基础的通常的忍受范围时，就应对损害承担责任。

4. 粉尘（1905 年 4 月 19 日判决）

被告甲是经营租船业和经纪（业）的公司。甲公司的煤炭仓库设在比塞大（Bizerte）市外的运河沿岸，乙居住在该仓库附近。乙认为，甲公司的土地上堆积的煤炭飞散着粉尘，致使自己的房屋不适于居住，且使庭院内的草木也受到了损

1　　Riom 19 déc. 1967, D. S. 1968, 666.

害。原审认为，乙申诉的损害超越了近邻者通常义务的范围，应获得支持。甲不服，提起上诉。上诉法院维持原审判决，驳回上诉。

5. 光害

Y 机动车公司在与邻地相接近的境界处安装了一个霓虹灯广告招牌（共 6 个字，招牌本体与地面垂直，霓虹灯发出的光为橙色，格外耀眼）。正是因此，其邻地的居住者 X_1 等，在该招牌的霓虹灯被接通电源时起，即必须马上把窗帘等遮蔽物拉上。同时，因在窗户旁边有如此强烈的光，致使此窗户旁边进行工作及居住都成问题（尤其是三、四层的住户遭受的损害更大）。为此，X_1 等提起诉讼（其提出的请求事项不明）。上诉法院维持原审判决，指出：以霓虹灯作广告活动，即使其与国家的有关公共道路的行政规则相合，也不得对近邻不动产的居住者的平稳生活与他们日常进行的通常的业务活动施予重大妨害。故此，命令 Y 撤去其霓虹灯广告招牌（于判决送达后 1 个月内完成），并赔偿损失 25 000 法郎。[1]

6. 落叶侵害

Y（法国银行）于自己办公的庭院内平均约 4 米处即种植有一棵悬铃木属树木（含法国梧桐、美国梧桐等）。一到秋天，这些树木之叶即纷纷散落至与其相毗邻的 X_1 等房屋的屋顶上堆积起来，有些树叶还堵塞了漏水管。X_1 等为扫除这些树叶，每年都花去一笔相当大的费用。为此，他们向法院提起诉讼。上诉法院（一审判决的情形不明）指出，该妨害确实超越了近邻关系的通常的义务的限度。而对于 Y 来说，该结果又确实是可以预料到的（即加害人 Y 有过错）。故此，依《法国民法典》第 1382、1384 条的规定，命令 Y 予以金钱赔偿（X_1 等各自为 50 法郎）。同时，尚命令 Y 对于将来可能发生的继续性妨害采取有效措施。[2]

7. 娼家的营业（观念侵害）

X 居住附近，Y 从事娼家（妓院）经营活动。X 以其受到精神损害为由提起诉讼，要求 Y 关闭其营业活动。X 的主张获得承认。此场合，加害人被认为有

1　Paris 24 mars 1936, Gaz. Pal. 1936. 1. 757.

2　Limoges 20 juin 1921, D. 1922. 2. 49.

过错。

8. 收音机、电视机的受信妨害（电波干扰）

（1）被告甲是在亚眠（Amiens）市开业的医生，原告乙是在其近邻经营无线电器修理业务的商人。乙主张，甲所有的透热电气疗法（radiothérapie）的医疗器具使其受到了两年的妨害。原审认定了如下事实：甲使用的本案医疗器具引起了电波干扰，妨害了乙为其顾客测试无线电器。甲不仅未满足乙提出的每天停止使用其医疗器具数小时的请求，且也未采取必要的措施。甲在此点上有过失，原审认定了其赔偿责任。甲提出上诉，主张使用本案中的医疗器具对开业医生来说是极其普通的事情。上诉法院判决驳回甲的上诉，指出：即使是正当地行使所有权，于给第三人造成的妨害超过相邻关系通常义务的范围时，也产生所有人的责任。原审一方面认定了妨害的事实，另一方面又明确指出甲未采取消除其妨害的必要措施，且认定甲在这一点上具有过失，故而原审判决是正当的。

（2）X夫妻与Y分别是租赁合同中的出租人与承租人。在将其店铺出租于Y时，X夫妻正在从事贩卖收音机的活动。Y不久即在X夫妻正对面的店铺旁设置霓虹灯广告招牌，其高周波的电流致X夫妻所贩卖的收音机的受信（接受信息）受到妨害，生意也因此显著冷落下来。X夫妻要求Y采取必要的预防措施，Y置之不理。于是，X夫妻提起诉讼，要求赔偿50 000法郎的损失及撤除霓虹灯广告招牌。法院认为，X夫妻与Y之间虽有租赁契约关系，但Y的行为妨害了X夫妻通常的营业活动的顺利完成，大大超出了近邻关系的通常义务的限度，故而X夫妻的主张应获支持。[1]

（3）因受邻人Y（商人）的电铃影响，X的收音机的受信受到妨害。为此，X提出改善Y电铃的诉讼请求。原审认为，依通常的方法并依固有用途使用物时，不得强制物的所有人变更其所有物，故而，X提出的Y应撤除其作为安全装置的电铃的主张不应支持。X不服，以Y的行为系权利滥用而申告到上诉法院。上诉法院认为，通常而言，所有权的行使致他人于损害时，即应发生《法国民法

---

[1] Trib Comm. Seine 8 fév. 1932, S, 1932. 2. 119.

典》第 1382 条规定的责任。故此，原判不当至为明显，应予撤销，X 的请求应获
支持。当然，本案中电铃的改善所需费用，此负担若有必要，也可由 X 承担。[1]

9. 日照、通风、眺望的侵害

（1）面向大街且与 X 房屋邻接的咖啡店（附带设有旅客住宿店）的所有者
Y，在行政机关许可下，将自己房屋前的人行道（宽 3.7 米）整备成露台。为此，
Y 使自己房屋的屋檐向外伸出，置放桌子、椅子，种植灌木，并在屋檐下将这些
东西圈围起来。其结果是，人行道的三分之二的宽度被占用，附近居民的通行自
由受到损害。同时，X 房屋里头（正厅、正屋、内部）成为封闭形态，观望被遮
挡，建筑物价格、出租房屋的租金显著减少。经交涉未果，X 遂向法院提起诉讼，
请求 Y 撤去其设置的一切工作物并赔偿损失。一审判决承认 X 的请求（认为命令
撤去工作物与金钱赔偿的根据在于 Y 有侵权行为）。Y 不服，以如下理由向上诉
法院提起申告：对于受到行政机关许可而设置的工作物，民事法院没有权限命令
撤除。上诉法院认为，对于 X 提出的金钱赔偿要求应予支持。对于工作物的撤
去，与一审相同，应肯定这与受到行政机关的许可没有关系。本案终审判决的内
容于如下两方面具有意义：其一，命令发生损害的活动本体应无条件地停止；其
二，即使对于受到行政机关许可而设置的工作物，民事法院也有权命令撤除。[2]

（2）Y 与 X 系近邻。Y 因加高其境界壁致邻人 X 对于周围风景的观望、日照
等受到侵害。同时，邻人 X 的庭院因被 Y 过高的境界壁围绕，其"美感"显著降
低，由此导致 X 心理上的极度不快。X 提起诉讼。法院认为，Y 所为的此种妨害
业已超越了近邻关系通常的"不方便"程度，应赔偿 X 由此蒙受的损失，并撤除
该墙壁（或将该墙壁高度减至"适宜"程度）。[3]

（3）X 所有一栋 4 层高的建筑物。Y 同时于该建筑物附近建筑 12 层高的建筑
物。这样，Y 的建筑物即阻害了 X 所有的建筑物的通风，且也使 X 不能再使用其

---

1   Civ. 29 mai 1937, S. 1937. 1. 243.

2   Douai 13 fév. 1897, D. 1897. 2. 351.

3   Civ. 27 nov. 1979, J. C. P. 1980. Ⅳ. 61.

烟囱。X 为了生活，遂不得不增加烟囱的高度，为此需要高昂的工事费用。经交涉未果，X 向法院提起诉讼，要求 Y 支付工事所需费用 20 000 法郎。法院最后认可了 X 的主张。[1]

（4）Y 与 X 系近邻。Y 在自己所有土地之一部堆积起了约 4 米高的厚板，由此全部遮挡了邻人 X 的观望（视界）。不仅如此，邻人 X 的通风、日照也显著地受到了阻害，以致其居住环境成为"极度不卫生的环境"。鉴于此，X 向 Y 请求金钱赔偿。法院认为，Y 的妨害行为系一种超越近邻关系通常的忍受义务而给予了邻人不方便的行为，故应命令 Y 予以金钱赔偿。[2]

（5）Y 与 X 系近邻。Y 所有的 5 层建筑物所生的日照妨害致 X 生活上失去了快适感，土地价格下跌。法院认为，Y 的建筑物所生妨害超越了近邻关系通常的妨害限度，故而命令 Y 予以金钱赔偿。[3]

10. 因汲取自己水井的水、矿泉而致邻人的损害

Y 所有的矿泉距离 X 所有的圣加尔米耶（Saint-Galmier）的波多（Badoit）矿泉仅有 3 米。Y 在带有害意的动机下，于自己矿泉的水井旁安装抽水机将矿水打了上来，由此致 X 的波多矿泉干涸（仅存 1/3 的水量）。同时，Y 让自己打上来的矿泉水流入河里。控诉院指出，这是显然的权利滥用行为，应适用《法国民法典》第 1382 条的规定而予解决。对于将来可能发生的类似损害，X 保有索赔的权利。但目前仅命令 Y 给予金钱赔偿（2 000 法郎）而不得要求 Y 采取防止损害复发生的防止措施。该判决于加害人有害意时也不命令其现实赔偿（采取防止措施），此点受到学说批判。[4]

（三）近邻妨害禁止的构成与要件的诸学说

近邻妨害须被禁止，此种观念最早系由法国 19 世纪的判例所提出。迈入 20 世纪后，学说方正式开始此研究。最初，判例与学说的通常做法是，将近邻妨害

1　Civ. 3 dec. 1964, D. S. 1965. 321.

2　Civ. 13 oct. 1965, Bull. civ. I. 413, D. S. 1966, Somm. 50.

3　Civ. 18 juill. 1972, D. S. 1974. 73, J. C. P. 1972. Ⅱ. 17203.

4　Lyon 18 arv. 1856, D. 1856, 2. 199.

的禁止作为权利滥用之禁止而解释（甚至将近邻妨害等同于权利滥用）。之后，随着权利滥用观念尤其是权利滥用理论的发展，二者方开始被区分。即使如此，迄今仍存在将权利滥用作为与近邻妨害相关联者予以解释的学说，不过这并非是有力的学说，大多数学者已转移其视角。如下即对这些新见解予以概览。

1. 权利行使说

该说认为，近邻妨害只不过是妨害者行使自己权利的结果，因此原则上不应禁止。亦即，除所有人的行为逾越法律认可的范围与权利的界限外，所有的近邻妨害均不得被命令禁止。但若加害人实施了有害意的行为，因此时已非属"权利的行使"，故应予禁止。

前述瑞贝特于1902年发表的论文中曾谓：所有人即使行使自己的权利也负有责任，此责任乃系因所有人对其所有权的"例外的"或"异常的"的行使而生。其进一步谓，所有人正确行使其权利之际所负的责任，以金钱赔偿为限，而实施禁止（即对所有权的一定的行使方法予以禁止）则不得允许。盖若作出禁止命令，则发生司法权对个人权利的侵害。

瑞贝特的见解受到学者批判。有学者认为，依其见解，所有人（妨害者）即不必采取必要的预防措施，即使由于过错发生近邻妨害而侵害他人权利，也不应禁止。也许正是考虑到学者的批判，瑞贝特于1906年发表的论文中遂将其上述见解"精细化"，把妨害者应承担的责任分为三种：（i）因逾越法律的界限所生的违法行为责任；（ii）虽然是法律界限内的"通常的行为"，但因该行为获得利益的同时也发生了危险责任；（iii）从表象看似乎是通常的行为，但实质是在有害意的动机下实施的权利滥用行为。因此而生的责任也应由妨害人承担。此三种责任中，其认为仅可对第一种场合所生的违法行为予以禁止，而于第二、三种场合则仅能认可金钱赔偿。

2. 所有权侵害说

依该说，近邻妨害系对所有权的侵害，故而原则上应予禁止。倡导此见解的代表性学者是利亚与尤卡斯。

利亚在 1936 年发表的论文中详尽研究了近邻妨害责任。其首先将此责任纳入民事责任领域而考察，将加害行为的禁止作为与所有权密切相关的问题而予解释，进而认为所谓加害行为的禁止乃是对所有权予以侵害所生的必然结果。利亚的这些见解显然受到了古罗马有关同类问题的学者见解的极为深刻的影响。另外，其还明确指出，不可量物侵害者承担加害责任，此点从古罗马时代迄至法国古法时代均获肯定，但在《法国民法典》中却发生了转变。如此一来，就只能依《法国民法典》的规定，并根据具体情形予以灵活处理：（i）加害人若存在通常意义上的过错，应适用《法国民法典》第 1382 条的规定，命令加害人停止其加害行为（即加害行为的禁止）；（ii）虽然发生了向邻地的单纯的不可量物侵害，但加害人未有过错，此时依然发生了逾越近邻关系通常的忍受义务的损害的，加害人要承担责任。此种场合，法院原则上不得命令"关闭"加害设施，然命令加害人设置最良好设备以使其营业所生损害不逾越近邻义务的忍受限度，则是应该的。此种方式不能奏效时，作为"最终的手段"，乃是命令加害人关闭其设施。

学者尤卡斯在 1965 年出版的著作中，提出了与前述丹克相类的见解。其受到学者夏布斯（Chapus）的影响，将公法上的"公的负担面前一律平等"的观念导入私法中，并将《法国民法典》第 544 条的基本精神——所有权平等——作为近邻妨害责任的根据。其认为，对于过度的近邻妨害的补偿不是侵权行为法的"损害的赔偿"，而是"回复被破坏了的、平等的所有权之间的均衡的补偿"。为了回复此种所有权之间的均衡，并不要求被害所有人对其遭受的损害予以举证。需指出的是，尤卡斯的这些主张全然未被采纳。其重要因由是，依所有权的本旨、近邻关系的负担的平等性，对于所有权的限制乃必然发生，而并不是尤卡斯认为的"这是一般性利益"。

综上，可将所有权侵害说的主张归纳如下：（i）此系一种将近邻妨害责任从物权构成上予以把握的见解。亦即，加害人承担近邻妨害责任，系其侵害受害人的所有权的必然结果。（ii）加害人实施了超过近邻义务忍受限度的行为时，原则上加害行为应被禁止。另外，需指出的是，此种将近邻妨害作为对所有权的侵害而构成的见解，如今遭到了批判。学者对其批判的第一点是，从实际情形看，承租人、无权利的占有人都成了近邻妨害诉讼的原告或被告，可见其并不限于该说所称的所有权人。此系理论与实际情形的矛盾。批判的第二点是，上述理论构成也与判例的实际结果（情形）不符。判例极少采纳该说。

3. 过错说

依该说，近邻妨害责任被视为侵权行为责任而构成，根据加害人有无古典意义上的过错来决定应否对近邻妨害予以禁止。如今，该说成为支配性的见解。

较早提倡过错说的学者是慕葛和约瑟兰德。慕葛在 1924 年出版的著作《债务一般论》（第 4 卷）中论及了近邻妨害责任。其指出，金钱赔偿应适用于无过错责任，禁止加害行为则应适用于过错责任，并认为此过错责任及其理论击破了《法国民法典》第 544 条的所有权绝对原则，从而使近邻妨害被纳入民事责任领域而考察。同时，在其看来，不动产的所有人、占有人，于自己土地上的工场营业可能致邻人于损害时，至少应为使损失减少到最小限度而采取必要的预防措施。若未为如此的行为，即存在过错，其营业行为由此成为违法行为。从而，法院依《法国民法典》第 1382 条的规定，即可命令所有人、占有人予以现实赔偿（含禁止）。需指出的是，慕葛的这些见解虽也受到不少异议，但其将过错作为命令加害人停止加害行为的根据的见解，由于具常识性、明快性而赢得了很多的支持者。

约瑟兰德在 1927 年出版的著述中表示了如下见解：不仅是违法行为，权利滥用行为也应加以禁止。对于权利滥用行为，其认为仅在加害人有过错时方可命令禁止。对于狭义的近邻妨害（即未有过错的妨害行为），其认为应仅给予金钱赔偿。

以上慕葛、约瑟兰德的见解，均是将近邻关系所生责任作为侵权责任的一环而构成。此种学说立场的"根干"如今已被继受下来，形成多数说。如下试对持该立场并独具特色的萨瓦蒂厄等人的见解予以概览。

萨瓦蒂厄在 1939 年初刊行的《民事责任论》（第 1 卷）中写道：对引起近邻

妨害的人加以禁止的是该人（妨害人）有过错的场合。但禁止再发生同类损害所需费用较被害人蒙受的损失显著为大时，则不得加以禁止。另一学者斯塔克于1947 年发表的论文中，从被害人的权利这一视点提出了崭新的"保障理论"。其在对学者有关近邻妨害之制裁的过往学说予以批判性检讨后，遂将近邻妨害产生的损害区别如下：（i）适法的损害与违法的损害。其中，违法的损害又可分为因过错和因违法行为所生的损害。适法的损害指未逾越通常的近邻义务的忍受限度所生的损害。（ii）邻人因故意或过失而为妨害行为时，该行为本身与行为所生损害均具违法性。此场合，损害即使未超越通常的近邻义务的忍受限度，也应被认定为违法的损害。（iii）行为自身虽然是适法的，但由于损害逾越了近邻义务的忍受限度，仍然应当判定为违法的损害。此三种损害中，其认为，对于第二种场合的损害，法院应命令加害人将损害原因除去；而对第三种场合，因行为具适法性，故仅可命令金钱赔偿。

行文至此，试对过错说的基本立场予以小结。将加害人有过错作为近邻妨害禁止的要件和前提（基础），在如今法国学界与实务上业已成为一般性的见解。但同时，主张仅以对立利益的衡量作为标准，并由此决定是予以禁止抑或应予金钱赔偿的见懈也有相当市场或影响。当然，对于过错说而言，最成问题的是过错的涵义的确定。

4. 衡平说（利益说、有用性说）

此即比较衡量妨害人与被害人之间的对立利益的社会有用性，之后自衡平立场决定是否禁止的学说。

如前述，考虑衡平的观念以决定是否进行金钱赔偿的立场早在 20 世纪初就存在了。但是，从对社会的有用性和衡平观念决定命令禁止、回复原状抑或赔偿损失的见解的发轫则乃是 20 世纪 20 年代以降的事。

学者萨瓦蒂厄指出，《法国民法典》未有明文规定近邻关系的条文（《法国民法典》的相邻关系乃作为役权而构成），如此就使裁判官承担了作为当事人的法的调停者的任务。一方面，裁判官应以过错之有无作为判定应否禁止加害行为的标准；另一方面，"衡平、社会的有用性"也是判定的重要因素，即在妨害人未有过错时，若停止营业活动有损于社会的利益，则不应加以禁止。由此可见，该见解具有融合过错说与有用性说（利益说）的特征。此外，依其见解，加害人的活动是维持其生存不可或缺的活动，以及社会本身将因该活动的持续进行而获得利益时，该加害人的营业活动即系正当的。尤其是该加害活动"与社会的不可欠缺的利益有关联"时，法院更不得命令加害人停止其营业活动。

另一学者坎皮恩（Campion）在1925年刊行的论文中表达了如下见解：无论加害人有无古典意义上的过错，法院都可命令营业活动停止或令其回复原状。但是，法院选择具体措施时，须考虑对立的诸利益的有用性。此外，其还认为，如果停止妨害原因不如维持妨害原因对社会更有用，受害人仅可请求金钱赔偿或请求加害人修筑避免将来复发生类似损害的工事。仅在维持妨害原因对"社会的有用性"甚小时，被害人才可请求除去妨害发生的原因。譬如，专门以剥夺邻人的日照为目的而修建的建筑物对于社会即无任何有用性，受害人可请求除去之。

衡平说（有用性说、利益说）于今日的法国学界乃有较大影响。此种将考量近邻妨害的加害人与被害人的活动对于社会是否有用，以及有用性的大，进而决定是否予以禁止、回复原状抑或金钱赔偿的立场，显然具积极意义。于利益衡量和价值判断成为民法解释学与法官裁判案件时应着重考量的重要因素的当代，该等见解更彰显其重要价值。

5. 环境权的人格权说

迈入20世纪60年代后，法国的公害问题成为深刻的社会问题。1968年，"环境法"一语正式使用于其立法文献中。学说认为，对于自然的保护乃最具迫切性，且也是保护人类健康的前提。基此考量，学说提出如下新主张：损害赔偿请求权的成立应以环境权的人格权而构成。其理论基础是，生活中的个人均有享受大自然赋予的"清净"的权利，一切污染、过度的噪音由此也都是对权利的侵害。也正是此点决定了加害人具有过错。无疑，该说即便以人格权而构成，也显示了其具浓厚的环境权的色彩。

6. 小结

通过以上考察，可对法国学说对于近邻妨害的禁止的构成、要件归纳如下。

第一，《法国民法典》对近邻妨害的禁止的构成与要件未作明定，故而学说提出多种见解予以应对。这些学说见解系从不同角度而对同一问题进行观察，故而各自有其相当的合理性。惟在今日的法国学界，处于支配地位和有较大影响的有力学说，则是过错说与衡平说（利益说、有用性说）。

第二，按照过错说，近邻妨害责任系由侵权行为责任而构成，但近邻妨害的禁止，则以加害人有过错为必要，未有过错时，受害人仅能请求金钱赔偿。

第三，按照衡平说（利益说、有用性说），近邻妨害是否禁止，须考虑对立的诸利益对社会是否有用，以及有用性的大小。若停止妨害原因（禁止营业活动）不如维持妨害原因（营业活动）对社会更有用，受害人仅可请求金钱赔偿或请求改善工事，而不得请求禁止营业活动。

第四，将近邻妨害作为所有权侵害而构成的见解（所有权侵害说），不仅是少数说，且就是在判例实务中也极少获得认可或采纳。

四、法国近邻妨害（法理）对于完善我国近邻妨害制度的意义与价值

（一）我国近邻妨害问题的基本状况

如所周知，我国现今立法与实务未使用"近邻妨害"一语。但从学说解释与判例实务看，我国相邻关系制度中的"相邻环保关系""相邻防险关系""相邻用水关系""相邻通风、采光关系"所指称的内容，即与法国近邻妨害制度所统摄的内容大抵相当。之所以说是大抵相当，是由于法国近邻妨害尚涵括观念的侵害、光害、电波干扰、落叶侵害等，而这些于我国法上并不存在。

20 世纪 70 年代末我国开始的经济体制改革，促成以科技为驱动力的工业活动迅速发展，城市人口激增，建筑技术提升，最终导致城市人口的大多数不得不聚居于一栋拥有数层乃至数十层的中高层建筑物上。这在给社会与个人带来福祉

的同时，也产生了严重的问题。不仅噪音、震动、煤、烟、恶臭等侵害于一栋建筑物的上下左右邻人间发生，且在此栋建筑物与彼栋建筑物之间也发生了较为普遍的通风阻害、观望阻害、日照侵害、电波干扰及观念的侵害。有关部门所作的调查显示，我国现今生活中的废气、废水、废渣（即"三废"）、恶臭、震动、煤、烟、尘埃等已经给相当多的民众造成了损害。邻居生活中不注意社会公德，影响他人的安宁，也已成为一个比较突出的问题。[1]公民的居住安宁权由于得不到完全保障而引起了民众的不满。[2]这种背景下，如何经由立法、判例及学说解释而完善我国相邻关系法中的近邻妨害规则，已是我国面临的重要任务。

（二）我国的近邻妨害学理、制度或规则

1. 学说

我国民法理论一直肯定不动产所有人或使用人之间的相邻妨害责任问题，即认为不动产所有人或使用人从事工农业生产，应遵守环境保护法的有关规定，注意保护环境，防止污染。超过国家规定标准排放废水、废气、废渣、粉尘、油污和放射性物质污染环境，造成邻人损害的，邻人有权要求治理并请求赔偿。邻人不得以噪音、震动、喧嚣影响他人的日常生活和工作。对超过一定程度，依社会一般观念认为不应忍受的噪音与震动，邻人有权提出异议，请求采取防止侵入的措施。不动产的所有人或使用人修建厕所、粪池、污水池，堆放腐朽物、有毒物、恶臭物及垃圾等，应当与邻人生活居住的建筑物保持一定的距离，采取防止污染的措施。厕所、粪池及腐朽物等恶臭侵入邻人不动产影响邻人生产和生活的，邻人有权提出异议，请求采取防止侵入的措施。另外，关于通风、采光，学说一般认为相邻各方在修建建筑物时，应与邻居的房屋保持适当的距离，不得妨碍邻居的通风、采光。于有妨碍邻居通风、采光之虞时，邻居有权提出异议，请求采取

1　夏勇主编：《走向权利的时代：中国公民权利发展研究》，中国政法大学出版社1995年版，第425页。

2　夏勇主编：《走向权利的时代：中国公民权利发展研究》，中国政法大学出版社1995年版，第424页。

避免阻风、遮光的措施。[1]

试将我国近邻妨害的学说见解与法国近邻妨害制度相比较，可知我国在此方面具有如下特色：（i）将近邻妨害责任作为所有权的物上请求权（物权的请求权之一种）而构成。责任形式单一，受害方仅可请求加害人采取防止侵害的措施（妨害防止与妨害预防措施），而不得要求金钱赔偿。（ii）将近邻妨害与环境污染侵害并列规定，显示了对二者的差异不予区别的倾向。由于将本属于近邻妨害的责任作为环境污染的责任而处理，结果使相当多的近邻妨害中的受害人得不到保护。盖从反面解释我国现行法（如《民法通则》第124条）可以知悉，对于未超过国家规定标准排放废水、废气、废渣、粉尘等物质污染环境，造成邻人损害的，加害人不承担责任（这些规定是否妥当，颇值研究）。（iii）所谓电波障害、落叶侵害、光害及观念的侵害等不构成近邻妨害的内容。（iv）这些学说对于近邻妨害的论述，实际上是受到20世纪80年代以降两次起草的民法草案（即第三稿与第四稿）的影响。

2. 立法草案的规定

（1）民法草案第三稿（1981年7月31日）

我国20世纪80年代初第三次民法起草共产生了4个草案，其中第三稿与第四稿对理论与实践均有一定影响。尤其需要说明的是，《民法通则》正是在第三稿相应编章的基础上制定的。可见第三稿在我国民法思想发展史以及对现行制度进行解释上具重要价值。第三稿反映改革开放和保障公民、法人民事权益不受侵害的要求和需要，对近邻妨害问题有较完善的如下规定。

第117条：相邻的一方不得使自己的建筑物滴水，直接注泻于邻人的建筑物上。

第118条：修建厕所、堆放腐烂物、放射性物、有毒物和垃圾等，应当注意与邻人生活居住的建筑物保持适当的距离，或者采取相应的防护措施。挖坑、埋

1　彭万林主编：《民法学》，中国政法大学出版社1994年版，第327页以下。

设管道等不得危害邻人的建筑物。

第 119 条：企业、事业单位排放废水、废渣、废气影响邻人生产、生活的，邻人有权提请环境保护机关或者有关机关依法处理。受到损失的，有权请求赔偿。

第 120 条：建筑施工、地质勘探、科学实验等单位，在进行临时作业过程中，应当尽可能地减少对周围邻人生产、生活的影响。作业完毕后，应当对原来的道路、场地、水源、树木等，负责整修、平复、重新栽培；造成损失的，应当给予赔偿。

第 121 条：相邻的一方以高音、喧嚣、震动妨碍邻人的工作、生活、休息，经劝阻不听的，视为侵犯他人合法权益的行为。

试将上述近邻妨害的要点归纳如下：（i）所谓近邻妨害，主要指不可量物侵害、非不可量物侵害及行为侵害。其中，不可量物侵害涵括放射性物、噪音、喧嚣、震动、废气侵害。非不可量物侵害包括滴水侵害、腐烂物侵害、垃圾侵害、废水及废渣侵害。其他为行为侵害，涵括进行挖坑、埋设管道、建筑施工、地质勘探、科学实验时对邻人的侵害。（ii）不区别近邻妨害与环境污染侵害的不同，而是将二者一并规定。此与学说立场完全一致。（iii）责任形式，除规定排放"三废"及进行建筑施工、地质勘探、科学实验活动致邻人损失时，受害人可请求加害人予以赔偿外，对于其他场合致邻人于妨害的，受害人可提起何种要求，加害人应承担何种责任，并不清楚。（iv）将近邻妨害规定于第三编"财产所有权"的第六章"相邻关系"中，此表明近邻妨害实质上是对所有权的妨害。换言之，是将近邻妨害作为物权而构成。

（2）民法草案第四稿（1982 年 5 月）

民法草案第四稿虽未正式成为法律，但与第三稿一样，在中国民法史上也占有重要地位。但是，由于当时经济体制改革才刚刚在农村展开，社会主义商品经济关系远未成熟。尤其是法学研究在经历长期法律虚无主义和停滞之后刚刚恢复和发展，民法学说来不及对民法理论进行深入研究。这就使第四稿受到很大局限，存在诸多缺点。其表现于相邻关系立法中的近邻妨害上即是：（i）基本维持第三稿近邻妨害的规定，但某些方面尚表现出退步的倾向。譬如第三稿对近邻妨害设有 5 个条文，而第四稿则减为 4 个。（ii）近邻妨害的类型很少，不包括日照侵害、观望和通风阻害以及观念的侵害。（iii）加害人应承担的责任形式并不明确，仅规定进行建筑施工、地质勘探、科学实验活动造成损害的，邻人有权要求赔偿。概言之，相较于第三稿，第四稿有关近邻妨害的规定存在更大的局限与缺憾。

3. 我国现行法中的近邻妨害制度评析

（1）《民法通则》第 83 条

我国对于相邻关系问题的基本规定见于《民法通则》第 83 条。该条规定也是作为我国民事基本法的《民法通则》对于相邻关系所作的唯一规定。其规定："不动产的相邻各方，应当按照有利生产、方便生活、团结互助、公平合理的精神，正确处理截水、排水、通行、通风、采光等方面的相邻关系。给相邻方造成妨碍或者损失的，应当停止侵害，排除妨碍，赔偿损失。"该条规定虽称简陋和原则，但较之民法草案第三稿和第四稿而言，仍表现出相当大的进步性，至少它对处理我国的近邻妨害问题提供了如下线索：（i）近邻妨害之禁止依相邻关系制度而解决，其法律构成是物权请求权和侵权行为请求权。（ii）处理近邻妨害问题的基本原则是：有利生产、方便生活、团结互助和公平合理。该原则为法官裁判活动提供了相当的准绳，不认可法官于此点上有绝对的自由裁量权。（iii）责任形式是停止侵害、排除妨碍及赔偿损失。其中排除妨碍主要适用于近邻妨害仅造成妨碍的场合，而近邻妨害致邻人于损失时，则适用赔偿损失的救济手段。另外，排除妨碍的适用完全不以妨害人有过错（故意过失）为必要，只要有妨害事实，受害人即可基于物权请求权或占有人的物上请求权提出请求，以确保其所有权或占有的圆满状态。赔偿损失是否以妨害人有过错为必要，则涉及近邻妨害的归责原则，即我国近邻妨害责任是采过错责任原则还是无过错责任原则。从法国法及其他国家近邻妨害责任的现状与发展趋向看，笔者认为，我国相邻关系中的近邻妨害责任（主要是赔偿损失的责任）应坚持无过错责任原则，即不考虑加害人有无过错，只要有侵害行为、损害及二者之间的因果关系，加害人即应向作为近邻的受害人负损害赔偿责任。

由上可知，《民法通则》第83条解决了因应近邻妨害的归责原则、责任形式，无论如何均较民法草案第三稿和第四稿的相关规定为先进，但该条规定过于简略且不完善，故而有解释之必要。

（2）最高人民法院《关于贯彻执行〈中华人民共和国民法通则〉若干问题的意见（试行）》第97—103条

鉴于《民法通则》第83条的规定过分简略，致司法实务裁判案件发生困难，最高人民法院基于裁判实务的需要，发布了对于第83条的解释意见。这就是最高人民法院《关于贯彻执行〈中华人民共和国民法通则〉若干问题的意见（试行）》第97—103条。这些解释中完全涉及近邻妨害的，是第98、102、103条。依这些条文的内容，可以知悉我国各级法院处理近邻妨害的如下立场：（i）将近邻妨害之禁止作为物权请求权与侵权行为请求权而构成。此与《民法通则》第83条的立场完全一致。但所不同的是，此乃进一步扩大了《民法通则》第83条中有关妨害者（加害人）的责任形式，即由停止侵害、排除妨碍、赔偿损失三种责任形式扩大到停止侵害、排除妨碍、消除危险、恢复原状及赔偿损失五种责任形式。（ii）对于邻人之间房屋滴水所生的损害是否赔偿，依加害人有无过错而定，即实行过错责任原则。（iii）所谓近邻妨害，主要是行为妨害（如通行妨害及挖水沟、地窖时所生妨害）和排水、滴水所生妨害。对于是否认可噪音、震动、恶臭、煤烟、落叶侵害、电波障害及观念的侵害属于近邻妨害（近邻妨害为相邻关系的下位概念），以及应依何种构成、要件与救济方式而解决，并未表示任何立场。概言之，最高人民法院的这些解释完全未涉及不可量物侵害问题。

（3）小结

由上可知，我国现行法的近邻妨害制度或规则具有局限与缺憾。要特别提出的是，我国近邻妨害制度或规则的状况是与我国社会生活中的诸多因素相关联的，譬如经济基础的因素、民众权利观念淡薄的因素、民众权利受到保障的程度不高以及学说理论的研究不充足等。

（三）完善我国近邻妨害制度或规则的基础与前提：近邻妨害与环境污染的界分

完善我国的近邻妨害制度或规则，最为重要的是区分近邻妨害与环境污染的不同。笔者认为，二者的界分主要有如下几点。

第一，外延不同。环境污染的外延较近邻妨害的外延要大。所谓环境污染，又称公害（日本用语），系指由于工业或人类其他活动造成的相当范围的大气污染、水质污染、土壤污染、地面下沉、恶臭气味、噪声、震动等危害人类健康和生活环境的现象；而近邻妨害所着重强调的则是噪音、震动、煤、烟、日照侵害、电波障害、通风及观望阻害。

第二，环境污染场合，加害主体与被害主体之间通常不具地位上的平等性和互换性（置换性），即加害主体通常是获得国家行政机关许可而从事营业活动的工业企业，受害主体大多是经济能力和经济地位较低或甚低（相对于工业企业而言）的单个个人或多数人。然近邻妨害则不同，它通常发生于单个个体彼此之间或无需经许可而从事营业活动的组织（如非法人组织）与单个个人之间，加害主体与受害主体地位上具置换性和平等性。

第三，就发生侵害的基础而言，近邻妨害发生的基础（或前提）是不动产的所有人或使用人因土地或建筑物相邻接。亦即，近邻妨害的成立以加害主体与被害主体之间存在不动产的近邻（相邻）关系为前提，否则根本不发生此类妨害。对此，无论英美的安居妨害、德国的不可量物侵害、日本的生活妨害抑或我国的相邻妨害，莫不如此。环境污染的发生则不仅限于受害主体与加害主体相邻接的情形，即使不相邻接，也可发生。

第四，就产生侵害的范围和影响而言，环境污染产生危害的地域往往相当广泛，由此决定其受害人通常是相当地域范围内的不特定的多数人或物，而近邻妨害"危害"的地域一般较为狭窄，其受害主体大多是单个的个人。

第五，环境污染中，加害主体的行为通常具适法性。亦即，排放煤油、倾倒废物、流放废水等，其本身通常是大工业创造社会财富，增进公共福利活动过程中的附带行为。基此理由，此种活动开始之际，国家通常给予许可。而一般生活活动及从事无需经许可的营业活动所生侵害则未有此特性，加害行为本身即具违法性（侵害他人权利或合法利益的行为是违法行为，盖因权利皆具不可侵性）。

第六，就适用的法域而言，环境污染主要受公法（行政立法与刑事立法）的调整，而近邻妨害通常系由私法（主要是民法）因应。

（四）由法国近邻妨害（法理）的视点分析完善我国近邻妨害制度或规则的路径

考法国近邻妨害的立法、学说与判例的内容，从我国近邻妨害的实际出发，笔者认为，法国近邻妨害的如下学说与判例立场对于完善我国近邻妨害制度或规则，提升裁判机关判案的水平、质量，皆具积极意义与价值。

第一，除承认挖掘、排水等行为侵害为近邻妨害外，将近邻之间的不可量物侵害和类似侵害（如噪音、震动、恶臭、煤烟、灰屑、蒸气、电流、火光侵害）、落叶侵害、光害、观望与通风阻害、日照侵害及观念侵害等一并纳入近邻妨害中予以解释、对待和处理。

第二，近邻妨害责任成立的唯一实质要件是发生损害的"异常性"或"过度性"。所谓"异常性"或"过度性"，系指损害超越了近邻关系的通常的（忍受）义务的限度。凡有此损害的"异常性"或"过度性"，即应课予加害人责任，而不问造成此种"异常性"或"过度性"损害的加害人主观上有无过错。换言之，是使加害人承担无过错的近邻妨害责任（但通常认为，命令禁止责任的承担应以加害人主观上有过错为要件）。

第三，相邻建筑物的建设时间先后对加害人法律责任的影响。若被害建筑物存在于加害建筑物之前，加害人应向被害人赔偿所造成的损害；若加害建筑物建设后（或企业活动开始后），被害人才成为毗邻土地的所有人的，通常而言，被害人的赔偿请求不予认可。

第四，行政许可不是免除近邻妨害的加害人民事责任的依据。"因为许可是在保留第三者权利的基础上发给的"，即取得行政许可（我国企业的设立须获得有关主管机关的批准）的企业排放的"三废"（废水、废气、废渣）即使未超过"国家规定的排放标准"，也要对所生污染造成的损害承担赔偿责任。

第五，判定近邻妨害责任的成立要件——损害的"异常性"或"过度性"时，是否应当考虑被害人个人的"感受性"。对此，法国存在两种意见。笔者认为，应区别被害人的此种特别感受（性）是否正常，正常情况下应予考虑，非正常情况（如特别神经质）下则不应考虑，此时得免除加害人的责任。

第六，法国近邻妨害责任是以侵权行为责任而构成，这有其深刻的历史背景。其责任形式表现为恢复原状——改善工事、命令禁止及金钱赔偿。其中，命令改善工事和金钱赔偿不以加害人主观上有过错为要件，只要符合侵权行为的其他构成要件，即可成立。而命令禁止（关闭、闭锁加害设施）则以加害人有过错为要件（当然，此所谓过错，其涵义远不是古典意义的故意、过失含义，其大抵已被客观化，且不同场合尚有不同解释，显示了过错、过失概念的模糊性）。从立法及其走向看，我国近邻妨害之禁止宜以物权请求权与侵权行为请求权而构成。由此，其责任形式主要有排除妨害（含恢复原状和通常场合下的停止侵害）、预防妨害、改善工事、命令禁止（关闭）及金钱赔偿。其中，排除妨害、预防妨害乃至改善工事属于物权请求权范围，受害人行使这些请求权当然不以加害人有过错为要件，依物权请求权的性质，只要有妨害事实，受妨害的人即可行使此请求权。命令禁止与金钱赔偿归入侵权行为请求权范围。其中，加害人进行金钱赔偿实行无过错原则。而命令禁止（关闭）则以加害人主观有过错为前提，并考量受害人与加害人双方活动的存在对于社会公共利益的有用性以及大小（此系采法国学者提出的社会有用性说、衡平说），于此基础上综合判定应否命令加害行为的禁止（关闭）。当然，此所谓过错乃应自客观上而解释，其要点涵括："义务违反"引起的"行为不当"，怠惰采取应采取的不使近邻者遭受妨害或遭受最少妨害的措施，以及存在违法行为，即违法视为过失。

附本文主要参考文献

1. ［日］大塚直："关于生活妨害禁止的基础的考察（3）"，载《法学协会杂志》第 103 卷第 8 号。

2. ［日］加藤一郎编：《外国的公害法》（下），岩波书店 1978 年版。

3. ［日］望月礼二郎：《英美法》，青林书院新社 1980 年版。

4. ［日］奥田昌道等编集：《请求权概念的生成与展开》，创文社 1979 年版。

5. 邱聪智：《公害法原理》，三民书局 1984 年版。

6. 丛选功编著：《外国环境保护法》，中国政法大学出版社 1989 年版。

7. 杨芳玲：《环境保护的法律手段》，载《法学丛刊》1993 年第 38 卷第 4 期。

德国相邻关系制度*

——以《德国民法典》不可量物侵害规则为中心

一、引言

德国于《法国民法典》颁布将近百年后，方基于潘德克吞法学而制定自己的民法典。正是因此，才使得《德国民法典》于内容与编纂技术上较《法国民法典》有重大进步。迄今虽已历时百余年，但《德国民法典》的若干重要制度依旧对各国家和地区民事立法（尤其是民法法典化）具深刻影响。毫无疑义，对《德国民法典》的诸多重要内容予以研究，将极大地裨益于我国重要民事立法的科学、进步乃至完善。限于篇幅，本文着重研究《德国民法典》的相邻关系制度，尤其是其中的不可量物（Immission）侵害规则。

二、德国相邻关系制度概览

1900 年《德国民法典》施行以来，德国判例学说遂将相邻关系作为以利用为目的的"相邻共同体关系"（das nachbarliche Gemeinschaftsverhältnis）而认识和理解，进而基于支配此"相邻共同体关系"的诚实信用原则，谋求实现"冲突之际

---

* 本文曾发表于梁慧星主编《民商法论丛》（第 4 卷，法律出版社 1996 年版），今收入本书乃作有诸多改易、变动。

的利害的衡平调整（Ausgleich）"。[1]本文中，笔者拟首先对德国相邻关系制度的基础理论予以考察，尔后着重对构成德国相邻关系制度中心内容的不可量物侵害规则予以分析。

（一）德国相邻关系制度形式上的特性

如所周知，《德国民法典》是在德国各"邦"（州）法的基础上制定而成的。因此，就相邻关系制度而言，其尊重了各"邦"（州）民众长期的传统习惯，进而于具体的各个场合，乃并存数种规范。[2]对此，黑德曼（Hedemann）以简洁含蓄的方式予以了叙明。其写道："邻人之间喜好吵嘴，此乃远古以来即有的现象。这大多源于对有关狭窄的境界地带归属的争执。对相邻的邻人的树木、灌木的嫉妒，对相邻的建筑物的墙垣、壁、家畜饲养棚以及通风窗设置的不容忍而表现出的农民意识的顽固，不仅单单演出了民间无数话剧、喜剧，且无论于何世纪，也均使裁判官颇为烦恼。为防止此种状况，首先是居民的习惯，其次是法的记录文书（法书）与国家法典，它们共同构成无数固定而详细的规则。"[3]

德国相邻关系制度具有的此种传统，即使今日也未有多大变革。《德国民法典》在此领域也必须放弃其自诩的所谓一般的抽象的表现方法，且对于细目事项更不得不委之于保有世代相传的惯行的详细多样的州法去解决。法律形式上若干具体的法规并列，而理论上则以判例作为其发展契机，这就是德国相邻关系制度具有的特性。由此之故，论述德国的相邻关系制度时，与其从总体理论加以把握，毋宁对各个判例予以研究更称重要。[4]

（二）《德国民法典》中的相邻关系制度

相邻关系制度，究其本旨，乃是对一方的利用权与他方的排除权于发生冲突

1　［日］沢井裕："德国相邻法的基础理论"，载《法学论集》（关西）第9卷第5—6号，第614页。

2　［日］沢井裕："德国相邻法的基础理论"，载《法学论集》（关西）第9卷第5—6号，第616页。

3　转引自［日］沢井裕："德国相邻法的基础理论"，载《法学论集》（关西）第9卷第5—6号，第616页。

4　转引自［日］沢井裕："德国相邻法的基础理论"，载《法学论集》（关西）第9卷第5—6号，第617页。

之际而作调整的制度。依《德国民法典》，来自他方的侵害及煤气、噪音、震动的侵入，均为妨害排除请求权的对象。但某种条件下，作为例外又对该种排除请求权予以限制，由此使被害人负忍受义务。如下乃对《德国民法典》的妨害排除请求权与对之予以限制的立法规定进行分析。

1. 相邻关系制度的基础的妨害排除请求权

《德国民法典》第903条、第858条第1项分别对所有权的内容及对占有的一般性保护作了规定。第903条规定："以不违反法律和第三人的权利为限，物的所有人得随意处分其物，并排除他人的干涉。"第858条第1项规定："违反占有人的意思而侵夺其占有或妨害其占有的人，以法律不准许其侵夺或妨害者为限，其行为构成违法。"为确保所有权人与占有人的权利得以行使，《德国民法典》规定了如下妨害排除制度。

其一，现实妨害排除请求权，包括基于所有权的妨害排除请求与基于占有的妨害排除请求权。前者规定于第1004条："所有人受到剥夺或扣留占有以外方式的侵害时，得请求侵害人除去侵害，所有权有继续受侵害之虞者，得提出停止侵害之诉。但所有人有应容许侵害的义务的，不享有此二项请求权。"后者规定于第862条第1项前段："以禁止的擅自行为侵占占有人的占有时，占有人得向妨害人请求除去其妨害。"

其二，将来妨害预防请求权。此包括基于所有权的妨害工作物的禁止请求权与基于占有的妨害停止请求权。前者规定于第907条第1项前段："土地所有人确实可以预见邻地上的设备因其存在或利用，对自己的土地会造成不能允许的干涉时，得请求邻地上不得制造或保存该项设备。"后者规定于第862条后段："占有有继续受妨害之虞时，占有人得请求法院发布禁令。"

2. 对妨害排除请求权予以限制的相邻法规

其一，所谓不可量物侵害。此规定于第906条。对于依此对妨害排除请求权予以限制，后文会详尽论述。

其二，危险工作物设置与保持的禁止。此规定于第907条中。

其三，对危险工作物的危险的预防。此规定于第 908 条："因与邻地相关的建筑物或其他工作物有倒塌的危险，或因建筑物或工作物的一部分有崩离的危险，致土地有受损害之虞时，所有人对于依第 836 条第 1 项或第 837 条、第 838 条的规定，对发生的损害可能应负责的人，得请求采取为防止危险发生所必要的措施。"

其四，有使邻地发生危险的土地的开掘的禁止。对此，第 909 条规定，"不得以将使邻地失去必要支撑的方法开掘土地"。

其五，越界根枝得被除去。此规定于第 910 条第 1 项："土地所有人得刈除和留下从邻地侵入的树木或灌木的根。对越界的树枝，土地所有人对邻地所有人得规定相当期限去除之，而在规定期限内未去除者，适用相同规定。"

其六，越界自落果实归土地所有人享有（所有权）。此规定于第 911 条。

其七，针对非故意或过失的越界建筑物，邻人必须忍受，然得请求"金钱定期金"。此规定于第 912—916 条。

其八，袋地（围绕地）通行权。对此，《德国民法典》设有二个条文，即第 917 条、第 918 条。

其九，相邻境界（线）确定的诸关系。《德国民法典》将之规定于第 919—923 条，内容翔实。

其十，时效。根据第 924 条的规定，除金钱定期金外，其他均无时效问题。

3. 小结

综上对《德国民法典》相邻关系内容的考察，可以知悉，其相邻关系制度，乃是作为所有权的内容（即对所有权形式上予以限制）而规定，亦即并未从对利用权与排除权冲突的调整这一正面视角而作规定。然实际上，感到对遭受的损害有必要排除的，非为观念的所有权人，而是实际利用的占有人。

事实上，《德国民法典》以所有人名义规范相邻关系，是长久以来的历史事实留下的痕迹。从消极方面论，作为权利的最高层次的所有权负有忍受义务，则较所有权层次为低的占有也当然在其范围内负有相同义务。同时，从积极方面论，所有人既然享有妨害排除请求权，则占有人至少也得有此相同权利。由此以观，以所有人的名义规定相邻关系并未有不妥。只是根据德国法，承租人基于租赁权不得享有相邻权则存在疑问。

（三）特别法对相邻权的限制

《德国民法典》与德国州（"邦"）法上的相邻权大抵均受数量众多的特别法的限制，如下乃分析其中的几部重要的特别法。

1. 《德国产业法》（德国营业法，Gewerbeordnung，1869 年）

该法律为德国法史上最早有关无过失赔偿责任的联邦立法，为德国公害救济立法的依据，且为现今的《德国联邦公害防治法》的前身。对相邻权的限制，该法第 26 条的规定颇为引人注目。作为被害人忍受侵害的对价，其肯定加害人应承担无过失的补偿责任，故此，该法第 26 条具积极价值。第 26 条规定："土地所有人或占有人，对于因邻地所生的有害侵入，依现行法虽准许其提起排除侵害的民事诉讼（Privatklage），但对经政府许可设立的产业设备，则仅可请求设置防害设备，而不得请求停止营业；其不能为此设备，且又与产业的适当经营不能并存的，乃准许其请求损害补偿（Schodloshaltung）。"本条所谓"经政府许可设立的产业设备"，其具体内容规定于该法第 16 条。根据该条的规定，依场所的状态或经营地的特性，对邻地的占有人、居住人乃至一般公众，发生显著的不利益、危险或不（愉）快时，该设施的设置即应获得州法规定的有关主管当局的认可。此等"产业设备"包括火药工场、火化工场及一切可燃性物质制造工场，瓦斯制造供给设施，有关石油工程的设施，一切化学工场、屠宰场等。另外，该法第 26 条依《德国民法典施行法》尚扩大适用于铁道、船舶及相类（似）的交通企业。还有，依判例，生活上重要的公益事业也适用该第 26 条的规定。

2. 《对国民锻炼具特别意义的产业的相邻权的限制的法律》（1933 年）

该法第 1 条规定，凡对国民锻炼有特别意义的、受到内务大臣认可的产业，有关相邻权上的请求权受到限制，即因产业的侵入而受到侵害的土地所有人或占有人不得请求停止产业，也不得请求排除不利益的侵害或请求减少产业设备的设置。但基于特别的民法权利，尤其是基于契约或侵权行为而产生的请求权并不由此受到影响。该法第 2 条规定，作出决定前，须对该产业是否会对公众、邻地所有人或占有人造成危险、显著不利益或不（愉）快等实施调查。

3.《对国民保健具特别意义的产业的相邻权的限制的法律》（1935 年）

该法对相邻权的限制主要规定于第 1 条，内容大抵与《对国民锻炼具特别意义的产业的相邻权的限制的法律》第 1 条相同，此不赘述。

4.《电信装置法》（das Gesetz über die Fernmeldenanlagen，1928 年）

该法对相邻权的限制，主要规定于第 23 条。该条虽未直接以规范相邻关系为目的，但对于相邻权的限制乃有相当功用。[1]

三、不可量物侵害制度

（一）概要

从法史看，对于他人土地权利的享有或使用发生排他性侵害（亦即妨害）的情形，德国自中世纪始即以概括性名词 Immission 称之，由此形成独立的 Immission 制度。大抵 13 世纪，该制度乃成为德国法制上的一项重要制度，并受到相当重视。

按照大多数学者见解，所谓 Immission，其含义系指不可量物侵害，而有关 Immission 的立法规定则构成不可量物侵害制度或不可量物侵害法。按照现今德国法制，此不可量物侵害制度乃涵括三方面：（i）因获得许可的产业活动所生的不可量物侵害，即所谓"产业活动的不可量物侵害"；（ii）因一般生活活动所生的不可量物侵害；（iii）无需经许可而从事产业活动所生的不可量物侵害。此三种不可量物侵害的法特性并不相同，其中，（i）系公法制度，（ii）（iii）则为私法制度。法律适用上，（i）适用《德国联邦大气污染防治法》（其前身即为《德国产业法》）的规定，而（ii）（iii）则适用《德国民法典》第 906 条的规定。本

1　本部分所参考的基本文献是［日］沢井裕："德国相邻法的基础理论"，载《法学论集》（关西）第 9 卷第 5—6 号，第 615—623 页。

文着重讨论该第906条的不可量物侵害规则。

（二）不可量物侵害的概念

不可量物侵害，按《德国民法典》第906条的规定，乃系指煤气、蒸气、臭气、烟气、煤烟、热气、噪音、震动及其他来自于他人土地的类似干涉的侵入。立法史上，对于何谓不可量物的判定，曾有从《德国民法典第一草案理由书》所称的"不可计量物"标准向"知觉可能性"标准的变化。[1]另依判例，所谓类似干涉的侵入，主要包括下述物质所生的侵入：尘埃、砂、采石的粉、灰、火花、湿气、真菌类、雪、铳弹、电流、落叶及"光的有意图的侵入"。此外，仅有较小体积且其侵入的防止发生困难的某些动物，如蜜蜂、鸠、鼠所生侵入，也属之。但是，依《德国民法典第一草案立法理由书》，固体、液体不得适用该第906条的规定。[2]

对于不可量物侵害的概念，值得着重讨论的是，非逾越土地境界所生的侵害，而是害及邻地价值的消极的侵害与观念的侵害是否适用该第906条的规定。

按德国判例与学说，消极的侵害大抵包括日照、通风妨害，地下水的剥夺，观望妨害，因建筑物的高层化而生的电视受信妨害，以及对于土地本应受到的来自于自然界的作用的阻止等。依判例与学者通说，此类侵害无论解为《德国民法典》第1004条所称"侵害"，还是第906条所称"侵入"，均不发生妨害除去和不作为请求权问题。其理由是：第1004条对于消极的侵害并不含有予以"特别处理"的规范意旨，且消极的侵害通常系由妨害地建造建筑物而生。于此场合，通常情形是，妨害人对于未有逾越自己土地境界线的消极侵害是否会致他人土地利益受损大多未有考虑的必要。第906条第1项未将消极的侵害作为被害人应忍受的一定程度的侵害的理由，系在于《德国民法典》第903条、第905条规定：所有人在自己的土地限度内得随意利用其土地。据此，被害人对于消极的侵害当然

1　［日］大塚直："关于生活妨害禁止的基础的考察（6）"，载《法学协会杂志》第104卷第9号，第1264页。

2　［日］大塚直："关于生活妨害禁止的基础的考察（6）"，载《法学协会杂志》第104卷第9号，第1264页。

也就必须忍受。但是，加害人的权利行使有恶意的场合，以及被害人享有不得蒙受此类侵害的权利的场合，则依第1004条而当然得请求排除妨害。后一场合，除被害人的邻人有地役权情形外，有关水、电气等的供给，一定情形的对土地的通行权利，被害人的邻人也均享有。[1]

对上述通说见解及其理由，有学者提出了相反的意见。此种见解毋宁说是被害人本位的学说。[2]该学说指出，从第1004条的文义看，消极的侵害未被纳入本条所谓"侵害"中，同时也未提供另外的根据。但作为该条的例外规定的第906条第1项，无论如何也未涉及通说所谓的上述状况，故此，对于消极的侵害予以禁止的可能性不应受到丝毫影响。此种见解，究其实质乃是认为，对于消极的侵害应适用第906条的规定。值得提及的是，20世纪50年代以降支持此见解的学说在日渐增多。

学说对于消极的侵害应予以禁止的见解也影响到了德国法院的裁判立场。但是，对于根据何种规范对消极的侵害而予禁止，法院却未采纳学者意见适用第906条而裁判，而是依所谓"相邻共同体关系"理论予以解决，此在1953年4月10日德国联邦法院判决中获得显著表现。该案中，土地所有人甲在接近邻地的境界处新建建筑物，致邻地住户的窗户极大地被遮蔽。新建建筑物对邻人而言业已超越了通常的程度而肇致邻地显著被害。法院未适用第906条，而是认为甲违反了"相邻共同体关系"所生的当事人双方间的相互顾虑（"照顾"）的义务，明示其对自己土地所为的加害性利用应予禁止。[3]

最后，有必要提及所谓观念的侵害。依判例与通说，观念的侵害系指被害地之外的、给予被害地以影响并使其价值减少的未有"美的感受"的情形。具体而言，娼家、野外水浴场、性用品商店（Sexshop）、尸体停置场、住宅周边的卡拉

1　［日］大塚直："关于生活妨害禁止的基础的考察（6）"，载《法学协会杂志》第104卷第9号，第1265页。

2　［日］加藤一郎编：《外国的公害法》（下），岩波书店1978年版，第121页。

3　［日］大塚直："关于生活妨害禁止的基础的考察（6）"，载《法学协会杂志》第104卷第9号，第1266页。

OK、废铁、铁屑、垃圾、建筑资材贮藏场等均涵括在内。凡此等等，大抵有给予邻人羞耻心等心理侵害的可能性，或至少有给予身体上的非快适的侵害。依照判例，在"精神的感受性"被侵害时，除个别例外，通常应适用第 1004 条。然健康或身体的良好性未产生异常性损害时，则不得适用该条。对此，学者通说也表示赞成。[1]

这里有必要涉及另一些学者提出的消极的侵害应适用第 1004 条或第 906 条的与上述主张不同的新见解。这些新主张虽是少数说，但迄今已作为有力的对立学说而存在。学者福克尔（Forkel）指出，观念的侵害当然应适用第 906 条、第 1004 条。另外，也有相当多的学者认为，基于对被害人的一般人格权的保护，对观念的侵害予以禁止无疑具有可能性。尤其值得提及的是，迄至 20 世纪 30 年代，产生了如下主张：无论对消极的侵害抑或观念的侵害，均应适用第 906 条。1938年 2 月 11 日至 12 日，执行德国纳粹党的民法典改造事业的德国法协会的土地法委员会更将此主张推向极端，其发表的统一主张指出：消极的侵害将来应作为不可量物的对象而考虑。[2]

综上，我们看到，德国的不可量物侵害所涵括的范围乃在不断扩大，显现出从"有体"的不可量物侵害到"无形"的不可量物侵害的变化。此种变化的社会基础系在于人类科技的进步与建筑技术的飞跃发展，以及由此而引发的人类对自己权利免遭非法侵害的关注。此点若从德国最初将不可量物仅限定于有体物的视角看，尤能得到证明。

德国普通法时代之初，由于承袭其母法的罗马法《学说汇纂》，故而表现出将不可量物限定于有体物的极大趋向。此趋向得到其时学者施潘根贝格（Spangenberg）、韦伦贝格（Werenberg）、帕根施特歇尔（Pagenstecher）及黑塞（Hesse）等人的支持。受他们的影响，《萨克森民法典》第 358 条列举的不可量物类型即被

1　参见 BGHZ51，396。转引自 ［日］大塚直："关于生活妨害禁止的基础的考察（6）"，载《法学协会杂志》第 104 卷第 9 号，第 1266 页。

2　Zeitschrift der Akademie für Deutsches Recht, 1938, S. 206.

限定为有体物。不过，当时法院的立场却未出现一边倒，而是将震动等也作为不可量物而处理和对待。学说上，将不可量物限定于有体物的立场迄至 19 世纪后半期开始受到学者耶林的强烈批判。其指出，将不可量物限定于有体物的学说于以下情形存在弊端：像噪音、恶臭、光等，即使为非有体物不可量物，对其所生侵害，也应予以赔偿，就此而言，将不可量物限定于有体物的学说乃是狭隘的。而同时，像通常的烟、落叶、动物所生损害，即使这些物质为有体物不可量物，也有对受害人的赔偿请求不予认可的合理且必要的情形，就此而言，将不可量物限定于有体物的学说乃不免失于宽泛。耶林的此见解对之后德国不可量物侵害法的发展具重要影响，以致德国民法典草案未复将不可量物限定为有体物。[1]

（三）《德国民法典》第 906 条的形成 [2]

1. 历次德国民法典草案中的不可量物侵害（规则）条文

如所周知，1896 年《德国民法典》正式公布前，曾有若干民法典草案。这些草案均设有不可量物侵害条文。对这些条文展开分析，具重要意义。

1880 年德国民法典"部分草案"（Teilentwurf）将不可量物侵害规定于第 105 条："土地所有人因邻人煤气、蒸气、煤烟、尘埃、臭气等的侵入及噪音、震动、热气的传播而产生诸侵害但未引起损失、未侵害及未影响所有人土地利用的快适性，抑或因为场所的惯行性的利用，未逾越过往所忍受的限度的，必须予以忍受。"

1888 年《德国民法典第一草案》第 850 条规定："土地所有人非通过特殊管道而使煤气、蒸气、煤烟、臭气、热气、震动发生侵入或传播，若此类侵入未对土地的通常的利用产生重大程度的侵害，或未逾越场所的惯行的界限，则必须忍受。"

1892 年《德国民法典第二草案》第 820 条规定："煤气、蒸气、臭气、煤烟、热气、噪音、震动的侵入，以及其他来自于他人土地的类似的诸侵入未侵害所有

1　［日］大塚直："关于生活妨害禁止的基础的考察（6）"，载《法学协会杂志》第 104 卷第 9号，第 1272 页。

2　以下内容非有特别说明，皆出自［日］大塚直："关于生活妨害禁止的基础的考察（6）"，载《法学协会杂志》第 104 卷第 9 号。

人对自己土地的利用，或者仅是非本质的侵害，抑或从该土地的场所的关系看乃是由于通常的土地利用所引起的，土地所有人不得禁止之。然通过特殊管道产生的侵入则不允许。"

1896 年《德国民法典第三草案》第 890 条规定："土地的所有人对于煤气、蒸气、臭气、煤烟、煤、热气、噪音、震动的侵入以及从他人土地传来的类似的诸种侵入，于未对所有人的土地利用产生侵害时，或仅是非本质的侵害，或从该土地的位置看乃是由于通常的土地利用所引起的，不得对侵入予以禁止。但通过特殊管道所产生的侵入则不允许。"

试将现行《德国民法典》第 906 条与《德国民法典第三草案》第 890 条相对照，可以看到，二者的内容完全相同。另外，《德国民法典第二草案》第 820 条与《德国民法典第三草案》第 890 条相较，也仅有词句上的差异，内容则完全未有变化。据此可知，《德国民法典》第 906 条的规定乃是直接源于《德国民法典第二草案》第 820 条。如下乃对各草案的不可量物侵害制度的根据、不可量物侵害的立法原则以及不可量物侵害的要件展开讨论。

2. 不可量物侵害制度的根据

如所周知，罗马法《学说汇纂》中的否认诉权（actio negcotoria）乃是作为地役权而构成的。但德国普通法上，否认诉权乃是作为物权请求权而构成的。对土地所有权人间的相互冲突，是作为土地所有权的限制及作为相邻法的问题而把握的。无疑，诸德国民法典草案乃至《德国民法典》第 906 条的不可量物侵害制度皆是据此而构成。

3. 德国民法典"部分草案"中作为不可量物的"噪音"

德国民法典"部分草案"将噪音作为不可量物规定后，继之产生了一些问题。如前述，《德国民法典第一草案》将 Immission 限定于不可量物，而所谓 Immission，除该草案第 830 条所明示的内容外，虽有委诸实务而予解决的意向，对作为不可量物的噪音，因有委之"警察立法"的意图，故而未纳入使之作为规范的对象或内容。迄至《德国民法典第二草案》，因顾及基尔克（Gierke）、施图尔姆（Sturm）等人的批判，乃将噪音作为不可量物的一种而纳入规定。其立法理由书就此写道：（1）"警察立法"难以救济私的利益；（2）区分把握并解释因空气震动所生噪音与因土地震动所生噪音乃系可疑，甚至是可笑的。

4. 不可量物侵害制度的立法原则

不可量物侵害制度的立法原则，系指立法者的指导思想，是坚持不可量物侵害的原则自由，还是坚持不可量物侵害的原则禁止。亦即，是着眼于"自由本位"，还是着眼于"禁止本位"。学者认为，对此问题的议论乃具很强的理念性。对德国普通法 1860 年以前的判例系将何者作为原则尽管难以做出归结，但 1860 年制定的《萨克森民法典》第 358 条乃是以不可量物侵入的禁止作为原则。之后，无论是德国法院做出的判例，还是德国学者的学说，均逐渐理解了该原则，进而使之居于有力地位。但《德国民法典》制定之际，学者德恩堡则主张以不可量物侵入的自由为原则，此与另一学者温德沙伊得主张的不可量物侵入的原则禁止适成对立。

由前述各草案的不可量物侵害条文可以知悉，德国民法典"部分草案"乃是以不可量物侵入的禁止为原则，其立法理由书为此写道："越界显应获得邻人的许可"，否则即被视为违法。但之后的《德国民法典第一草案》却采取相左态度，坚持不可量物侵入的原则自由。其立法理由书引用《法国民法典》第 674 条与当时学者对该问题的一些学说，明确指出采取不可量物侵入的原则自由系为妥洽。然而，立法者的本意是将对此问题的根本解决委诸往后的判例、学说，进而条文对不可量物侵入的原则自由也就未明确表达出来。

值得指出的是，不可量物侵入之采原则自由还是原则禁止，反映的乃系举证责任分配的不同。遭受不可量物侵害的所有人请求除去妨害乃至不为妨害时，若采原则禁止，则只要举证有越界侵害即获满足；反之，若采原则自由，则除证明有特定的越界情形外，尚须证明因此越界而产生了过度的侵害。应提及的是，《德国民法典第一草案》采原则自由遭到了学者施图尔姆的强烈批判，其主张该草案第 850 条应从对"所有权的例外的限制"角度考量。

立基于对学者批判的重视，《德国民法典第二草案》乃将不可量物侵害的立法立场转回到原来的"部分草案"上。其立法理由书与学者解释该草案第 820 条的立法意旨时指出，该条规定的不可量物侵害乃是对所有权的侵害，对之予以禁止无疑为一项基本原则。

5. 不可量物侵害的要件

对不可量物侵害的构成要件，如下试作扼要说明。

根据学者研究，迄至 1860 年的德国普通法判例，不可量物侵入被判定为违法的情形大致有如下一些：其一，由于异常的设备产生的不可量物侵入，导致以通常方法利用土地者遭受相当大的损害；其二，因不可量物侵入而使被害人受到相当大的损害；其三，因人为的设施、管道而导入不可量物产生侵害或侵害他人权益的场合；其四，加害地的利用违反法律、命令的场合。

上述四种场合中，1860 年《萨克森民法典》第 358 条的规定乃与第二种场合接近，即仅在不可量物发生了异常程度的侵入时，方被认为违法。但是，此时代的判例，在倾向上，与其说是着重于不可量物侵入的被害（受害）的重大性，不如说是倾向于加害地利用的异常性。学说上，有学者认为，如将 Immission 限定为有体物不可量物，则即可不问不可量物侵入的程度而直认其具违法性。但此见解毕竟为少数说。通常而言，加害地的异常性利用与被害的重大性乃是不可量物侵入构成违法的要件。对此，即使温德沙伊得与德恩堡也持相同意见。前者指出，不可量物侵入是否构成违法的判定，乃是依加害地的通常利用结果而为之。而对此，德恩堡乃将之从不可量物侵入是否逾越了通常的程度而释明。另外，加害地利用的通常性观念，自德国帝国法院 1888 年 3 月 3 日以判决形式确定以后即开始向场所的惯行性观念转变。此场所的惯行性被《德国民法典》承袭下来。

最后，尚有必要就《德国产业法》中不可量物侵入的禁止的立法状况予以说明。对此，早在 1861 年 10 月 15 日施行的《萨克森产业令》第 30 条中即设有规定："虽以土地受到侵扰及土地的有益性被侵害为理由，但对遵守了行政规则的产业设施所生的损害，则仅能提起损害赔偿诉讼，而不得要求除去其设施或变更其设施。"即使如此，学说上，对于私法的不可量物侵害的救济，最初并未受到此规定的影响，而系完全基于独立的法律原则而判断。但是，迄至19世纪末，情况却发生变化。1869年6月21日施行的《德国产业法》第26条作出如下规定："土地所有人或占有人，对于因邻地所生的有害作用，依现行法虽许其提起排除侵害的民事诉讼，但对于经政府许可设立的产业设备，则仅可请求设置防害设备，不得请求停止产业；其不能为此设备，又与产业的适当经营不能并存的，则许其请求损害补偿（Schadloshaltung）。"如此一来，无论判例抑或学说，均认为，对于受行政机关认可的产业不得请求产业停止意义上的禁止。

6. 小结

综上可见，《德国民法典》第906条的规定系长期发展的产物。不可量物侵入的立法原则，《德国民法典第一草案》采原则自由，此在当时条件下不足为奇。盖因此时期正值萨维尼等人推崇的古典权利论的全盛时代。这样，对于不可量物侵入原则上应予禁止无论如何皆难以获得认可也就不言自明。

另外，不可量物侵入的禁止要件，乃首先使被害人负一定程度的忍受义务，此点应值注意。尤其值得提及的是，德国对不可量物侵入的诸种不同立法规定，其深刻的重大经济基础背景系在于工业和农业的对立。如所周知，由于1834年关税同盟的缔结，德国社会即进入产业革命阶段。自1860年德意志帝国成立到1870年代初期，德国自由资本主义的发展达到了顶峰。故而，从1860年代逐渐出现的不可量物侵害的立法、学说乃与此经济状况具相当大的关联性。同时，法院判决也从过去重视农业转向重视工业。亦即，从重视加害地的利用形态的立场，向重视不可量物侵入的效果的立场转变。此外，不可量物侵入的立法原则，也伴随德国民法典历次草案的推移而变化，此种变化反映了某种混乱性。然无论如何，《德国民法典》第906条自"部分草案"以降即是以工业保护为目的而设立规定，乃并无疑义。

（四）《德国民法典》第906条的演进与发展

《德国民法典》第906条自1896年颁布以来，迄今已有较大发展。其发展的驱动力有司法判例的实践，也有学说理论的推陈出新，此外尚有德国国家的立法活动。其发展历程大致涵括四个时期。

1. 1900 年《德国民法典》的施行至 1932 年判决

（1）1904 年 5 月 11 日德国法院依《德国产业法》第 26 条对《德国民法典》第 906 条的修正

《德国民法典》第 906 条施行后不久，德国法院即在有关判决中对其作了修正。具体而言，此修正是德国法院于 1904 年 5 月 11 日的判决中依《德国产业法》第 26 条作出的。法院在该判决中表明了如下意见：与《德国产业法》第 26 条类似的场合，所有权人虽然基于《德国民法典》第 1004 条的规定而享有提起妨害除去和不作为之诉的权利，但"例外"地应忍受对此种权利予以剥夺。此所谓"例外"的情形乃包括：其一，加害行为的公共性被考量时；其二，受到国家认可的铁道经营事业；其三，德国邮递行政事业；其四，高速公路事业；其五，地铁工程施工。这些事业活动所生的不可量物侵害乃是基于公共利益而生，或者是完成国家权力赋予的义务，且这些事业对人们而言至少是不可或缺的"生活上的重要事业"。基于此等理由，对遭受损害的被害人提起的妨害除去和不作为之诉的请求即被限制。不过，于不引起产业本质变更的限度内，受害人可请求设置预防的设备，或逾越《德国民法典》第 906 条规定的容许限度的情形，被害人可提起代替妨害除去和不作为之诉的与加害人的故意、过失并无关系的补偿请求之诉。提起此种诉讼的根据系于 1794 年制定的《晋鲁士一般（普通）邦法》"序章"第 75 条与《德国产业法》第 26 条中所涵盖或体现的法思想。此法思想即是著名的牺牲补偿请求权理论，而此种牺牲补偿请求权又与"相邻共同体关系"理论存在密切关联。

另外，如前述，德国于 20 世纪 30 年代进入纳粹时代后，还制定了两个对被害人提出妨害除去的权利予以限制的法律，其内容已如前述，此不赘述。

（2）德国法院于 1910 年判决中所持的立场

于《德国民法典》施行 10 年之际，德国帝国法院适用第 906 条，成功解决了对于"发生冲突的利害的衡平调整"。该判决的重大价值不仅在于实现个案的实质正义，且法院判决所持的理由对于之后有重要影响，判决本身对《德国民法典》第906条乃至整个德国相邻关系规则具有发展推动功用。

该判决指出，德国相邻关系法乃是以不可量物侵害制度为中心而构成。所谓相邻，指存在"必要且不可欠缺的利用共同关系"。"就生活而言，法秩序被提起的问题乃是一切对立的利害的比较、考量的问题。一方面存在被害人的排除侵害的利益，另一方面也存在侵害人追求自己生活目的的利益"。[1]此种关系即是相邻关系中的"利用共同关系"。[2]此判决不以对当事人行为的非难（故意过失及违法性）为标准，而专以利害冲突的衡平调整为目的。虽然判决并未变更法条的内容，也未创设新制度，但至少可以说，公平合理的血液已然注入法条的骨骼之中。此无疑对德国相邻关系制度的发展具重要促进价值。但此种考量即使是先进的，也存在相当大的问题，此即学者所谓与《德国民法典》第906条本身的规范目的相悖。[3]

2. 1932年至1937年判决："相邻共同体关系"理论的形成

（1）"相邻共同体关系"理论的提出与内容

如前述，《德国民法典》施行初期，德国法院依第906条的文义，认为虽有不可量物的侵害，但该侵害基于场所的惯行性而发生时，被害人即使蒙受重大损害，也不得请求金钱赔偿，而是必须忍受之。但是，大规模的产业活动的发展引起不可量物侵害范围的扩大，各种侵害现象甚为普遍而严重，加强受害人的保护由此显得特别必要。于此背景下，德国判例遂倾斜到保护被害人的立场上，其根

---

[1] ［日］沢井裕："德国相邻法的基础理论"，载《法学论集》（关西）第9卷第5—6号，第624—625页。

[2] ［日］沢井裕："德国相邻法的基础理论"，载《法学论集》（关西）第9卷第5—6号，第624—625页。

[3] ［日］沢井裕："德国相邻法的基础理论"，载《法学论集》（关西）第9卷第5—6号，第624—625页。

据或正当性基础即是著名的"相邻共同体关系"理论。[1]

"相邻共同体关系"这一概念最早系由学者席费尔（Schiffer）经过长时间的研究后提出。另一学者克劳泽金（Klausing）继其大成。其指出，此前零星的判例将场所的惯行性观念加以缓和的尝试是远不能对被害人施予相当的保护的。于是，1937 年至 1938 年，其二度撰文指出，近时所有权的观念业已出现向"共同体"方向发展的变化，由此即有使企业或住民等结为一体而彻底实现"共同体"功能的必要。也就是说，应认可加害人与被害人双方共同处于附有义务的"相邻共同体关系"中。换言之，加害人在期待可能的限度内应尽量采取有效的预防措施，于加害人负有支付损害赔偿金的义务时，被害人则负有将之所接受的赔偿金用于防止不可量物侵害的义务。当然，被害人于不可量物的侵入已经威胁到其生存时，则不负忍受义务。此理论概言之即是："对立的当事人之间的积极的协力义务与转换义务"（die aktiven Mitwirkung und Umstellungspflichten）。

"相邻共同体关系"理论较之前述 1910 年德国帝国法院的判决表示的见解而言，乃有新的发展。该"相邻共同体关系"理论不仅将相邻双方的相互请求权的内容及其利害公平地予以调整，且使双方当事人之间的"积极的协力义务与转换义务"这一"独立的特殊的法的义务"的确认成为可能和必要。换言之，在"相邻共同体关系"下，相邻双方的共同体关系并非单纯为请求权的关系，更重要的还是当事人间互负积极协助义务与置换义务。并且，此"相邻共同体关系"显示了专以相邻双方当事人的利害冲突的调整为目标的倾向，此倾向被赋予了诉之于"健全的国民感情"的纳粹主义的可能性，故而于之后的历史时期乃获得发展。

（2）法院对于"相邻共同体关系"理论的基本立场：1937 年 3 月 10 日判决分析

席费尔与克劳泽金的"相邻共同体关系"理论一经提出，德国法院即表示支持。德国帝国法院于 1937 年 3 月 10 日的判决中明确表达了依此理论裁判当事人

1　以下内容着重参考［日］沢井裕："德国相邻法的基础理论"，载《法学论集》（关西）第 9 卷第 5—6 号。

双方利害关系的基本立场。该案是：作为原告的农夫，因经营矿山事业的被告的工场散发的烟、煤等不可量物的侵入致其农作物收成减少，于是提起损害赔偿诉讼。虽然大规模产业地区（被告经营的矿山正是在德国大规模产业地区）的被害人（原告农夫）遭受的损害是否为通常程度的损害尚有争议，但法院全然不顾此争议，而认为即使被告经营的工场有场所上的惯行性，也系导致了作为维持被害人生存手段的农业的破坏，自"相邻共同体关系"乃至"民族共同体"的观念看，具违法性。矿场经营人基于不得加损害于邻人的原则，即负有设置技术上具可能性的最良好的设备的义务。同时，作为被害人的农业经营者则必须最大限度地减少并控制其遭受的损害。若被害人对此有怠慢或疏忽，应适用过失相抵，减轻加害人的责任。

此判决以明确的形式极大地提升了"相邻共同体关系"理论的意义。自此以降迄至今日，它仍具有重要案例（leading case，指导性案例）的价值。与强调加害人的侵害的防止义务相反，过失相抵于此得以强调和适用，由此对受害人也课以强力的损害防止义务。此义务即前述"独立的特殊的法的义务"，且于被害人尽了损害防止义务但仍然产生损害时，即应由双方当事人按比例分担损失。

社会效果上，上述判决于当时获得了全面的同意，且被之后的相关判决反复引用，以致现今的德国学说仍同意该结论。德国法协会的土地法委员会认为，《德国民法典》第906条的场所的惯行性即应依该判决而解释。当然，值得指出的是，德国帝国法院判决所采用的"相邻共同体关系"理论尽管具纳粹主义的色彩，但其不以抑制受害人的妨害除去及不作为请求权为目的而使用，而通常是作为对被害人予以保护的道具而使用。此点无疑具重要意义。另外，加害人的活动即使与场所的惯行性相适应，对于威胁到被害人生存的重大侵害，依此"相邻共同体关系"，乃应使加害人承担无过失的金钱赔偿责任。毋庸置疑，此点与前述牺牲补偿请求权存在密切关联。

（3）作为诚实信用原则的"相邻共同体关系"的内容

如前述，席费尔与克劳泽金的"相邻共同体关系"理论一经提出，即为德国

帝国法院所采，并获得德国社会全面同意。但学说上，学者乃是将"相邻共同体
关系"作为法律关系的共同体而考量，且也是基此而对 1937 年 3 月 10 日判决予
以确认，认为此"相邻共同体关系"即是法律关系，其在《德国民法典》中的根
据乃是第 741 条"按其应有部分的共有"的规定。这实质上是将"相邻共同体关
系"作为物权法的按份共有关系而解释。但学者指出，判决本身并非将其作为法
律关系对待，而是作为生活关系予以显示。将"相邻共同体关系"作为权利、义
务的法律关系而对待，此在构成要件上并无独立的根据。仅在该构成要件的结构
内，以"相邻共同体关系"为根据，即产生法律上未有明确规定的权利、义务。
德国帝国法院在 1941 年判决中对此进一步指出，"相邻共同体关系""根本上乃
是着眼于相邻共同生活这一特殊事件，而终究只不过是适用诚实信用原则的结
果"。[1]

另外，我们看到，"相邻共同体关系"理论正好与纳粹主义的兴盛同时进行。
即便从判决理由看，纳粹主义对其施加的影响也不容否定。例如，戈尔茨
（Goltz）认为，1933 年以后的判例应以"明显的时代的局限"为理由而予排除，
并应重新回到 1932 年判决的立场上。但是，如果真正又回到 1932 年的判决，则
被害农民即遭受冤屈。故此，"相邻共同体关系"理论即使受到了纳粹主义的直
接影响，甚或带有纳粹主义的浓厚色彩，但若从判决的具体结论看，其重大功能
乃是防止和避免了大工业的横暴，起到了保护被害人的作用。此点无疑值得我们
特别注意。

3. 德国联邦法院成立迄至 1960 年

（1）德国联邦法院对"相邻共同体关系"理论的确认

德国帝国法院于 1945 年第二次世界大战结束时，对该法院进行了改革，称为
联邦法院（Bundesgerichtshof）。关于相邻关系制度，其首先继承了帝国法院的原
则。按照施陶丁格（Staudinger）的叙述，英国地域最高法院（OGH）在其判例集

---

[1]　［日］沢井裕："德国相邻法的基础理论"，载《法学论集》（关西）第 9 卷第 5—6 号，第
629 页。

（OGHZ）第 2 卷第 181 页中指出，对于不可量物侵入事件应使用"相邻共同体关系"这一"公式"而予解决，并强调其对利害冲突调整必要且不可欠缺的功能。接着，联邦法院在 1951 年《德国法月报》（MOR）第 14 页中"强调之前帝国法院确立的原则，尤其是 RG2167，14 判决确立的原则"不容变更。同时，学者发表的学说与有关杂志对联邦法院的此立场也表达了肯定意见。

（2）判例对"相邻共同体关系"理论的飞跃扩张

联邦法院成立后，其不仅明示承袭帝国法院关于"相邻共同体关系"理论的立场，且尚根据新的社会形势而通过个案极大地扩张该理论。于对此扩张予以研究前，有必要就 1958 年联邦法院所作的两个划时代判决予以分析。

1）1958 年 7 月 9 日联邦法院判决（BGHZ28，110 = JZ59，165 = NJW58，1580）

[事实]：原告于 1953 年取得了被战争破坏的土地（N 市 G 马路 12 号地）。被告产业（营业）所的某块邻地 G 马路 16 号地虽在战争中受到损害，但建筑物本身仍大体获得维持。其面临原告的土地，并于境界处直接建造有一个防火壁。此壁由 G 马路 12 号地的现今所有权人登记为"共同使用权"。

原告欲在自己土地上再起造建筑物，为此目的即将自己的建筑物设计书寄送给作为被告的邻人，并获得了其署名。1953 年，双方当事人交换信物（件）。信件中，被告通知原告：自己的防火壁表面"异常"，该壁与将来原告起造的邻接壁之间，可能产生"空洞"或"轻度的间隙"。同时提出，原告需确实保障自己的防火壁可靠、"空洞"或"间隙"中不得侵入湿气、不应因此而发生损害，并要求两防火壁的连接做到绝对防水。但是，原告对于被告提出的要求和期望并未以文书发出"义务接受"的通知。之后，原告于自己土地上建造汽车库。于进行预备测量时乃清楚发现，邻地的防火壁不仅"异常"，且有硬的坚挺状况明显的部分于原告土地上空突出来。原告将此情况通知被告，要求将其防火壁拉回到土地的境界线，或承担原告建筑施工时因防火壁突出而增加的费用及由此而产生的一切损害。被告拒绝。原告于是在离境界约 24 厘米处建造自己的防火壁。为防止湿气和害虫的侵入，原告乃在两壁中间部分用浮石混凝土予以充填。由此使其多支出 337 德国马克。本案诉被告的费用连同该增加费用及其利息，原告主张由被告负担。地方法院驳回起诉。上级法院支持原告主张。被告申告未获成功。

[**法院判决理由**]：第一，被告的防火壁突出，此系由于战争这一不可抗力因素所致。故此，原告不得行使所有权的妨害排除请求权。第二，即使原告有妨害排除请求权，为此行为而需要的费用（包括两壁之间用混凝土充填的费用）也不得要求被告给付。被告若有过错（故意或过失），则依侵权行为法规定请求赔偿。本案中被告没有过错。第三，原告所为的对间隙填充的行为违反了被告的意思，故此不构成无因管理（行为）。第四，原告提出被告给付费用的要求，从"相邻共同体关系"的视角看是正当的。此为适用诚实信用原则的当然结果。原告要求的填充费用较被告使防火壁回复原状所需的费用，系为少许。考虑到原告已将自己的土地作了"牺牲"的情况，被告支付费用乃是衡平的。

2）1958 年 10 月 8 日联邦法院判决

[**事实**]：被告使用约 70 名劳动者从事石膏采石场、石膏粉制造业等业务，之后逐渐扩大经营范围。此时原告从市政府手中买受一地（买卖合同中载明：对于因被告爆破所生损害，市政府不负责任）制作精密器具。起初，被告的业务营运未致原告损害。之后，伴随被告经营范围的扩大，因采石爆破所落下的石头致原告发生损害。市政府当局立于中间立场，对被告爆破使用的化学药品的种类、数量及爆破手续、时间（1 日 15 分钟）等予以限制，且也责令原告加强屋顶、窗户等保护设备的设置。原告对此表示不满，认为自己土地上落下了石头，提出要求被告以停止爆破为目的的诉讼。州法院驳回起诉，原告于是控诉至上级法院。上级法院判决：若市政当局的命令被告不予严守，则应立即停止一切爆破，并指出被告另负损害赔偿责任，且确认将来的赔偿义务。被告上告（原告也附带上告）。联邦法院基本肯定上级法院判决结论，而仅对赔偿额的计算标准稍微作变更。

[**法院判决理由**]：第一，体积并不微小的固体，例如因爆破而生的石屑，其

并非《德国民法典》第906条所谓不可量物，从而被害人依法不负有忍受义务。本案中，被告上告时首先提出，依第906条的规定，原告负忍受义务。但德国判例与学说，对于体积并不微小的较大的固体，不认其为不可量物。第二，因该采石场不受《德国产业法》的规范，故而该法不会对被害人提出的妨害排除请求权产生影响。第三，对于侵入系来自于爆破落下的石屑的，应顾虑"相邻共同体关系"，使受害人也负有相当的忍受义务。原告上告书中一再声明自己不负任何忍受义务。第四，原告主张的给付请求权，系依《德国民法典》第1004条的规定而作为妨害排除请求权的代替清偿，然此并非单纯的损害的衡平分配的调整补偿请求权，而是以赔偿全部损害为目的的损害补偿请求权（Anspruchauf Schadloshaltung）。此无论如何皆不以加害人有故意或过失为前提。

3）小结

由上述二判决可以知悉，联邦法院通过判决业已对帝国法院时代所采用的"相邻共同体关系"理论作了相当大的扩张。此二判决中，法院不仅单纯将"相邻共同体关系"作为法解释的修正原理，而且将之作为权利产生的根据，此点尤具意义。依1958年7月9日判决，被害人法律上不仅负有无偿的忍受义务，且从相邻的衡平关系看，被害人被赋予了意味着损害的分配的调整补偿请求权。但依1958年10月8日判决，情形则相反。被害人虽未负法律上的忍受义务，但自"相邻共同体关系"的诚实信用看，则仍须负此义务。并且，为平衡双方利益，作为其忍受的对价，又赋予损害补偿请求权。

4）联邦法院与帝国法院坚持的"相邻共同体关系"的理论差异：联邦法院对帝国法院"相邻共同体关系"理论的扩张

如前述，联邦法院成立后虽对帝国法院坚持的"相邻共同体关系"理论予以维持，但新的历史条件仍使"相邻共同体关系"理论呈现出发展的新的特色。

第一个特色，补偿请求权得到认可的要件。此问题上发生了重要扩张。过去，补偿请求权仅于"被害人的生存被威胁"时获得认可。如今，"经济生活的重大侵害"与"超越了得预料的程度的侵害"场合，皆可发生此补偿请求权。

第二个特色，以"相邻共同体关系"为理由，于经济的期待可能限度内，对邻人的损害应减少到最小，此系加害人的义务，它得到了强调。对于因履行此义务而避免产生"重大损害"所生的对邻人的侵害，被认为具违法性。

第三个特色，由于"相邻共同体关系"理论的采用，对于之前不得适用《德国民法典》第906条规定的非不可量物侵害也认可受害人有妨害除去与不作为（停止）请求权。譬如，遮蔽邻人窗户（采光、通风妨害）的禁止获得认可，采石场爆破落下石片致邻人损害案中，被告由于未严守市政当局命令而应停止爆破。但是，对于判例的此态度，学说有强烈批判，其最重要的乃是认为此会严重损害法的安定性。

（3）《德国民法典》第906条的修正

1）近现代大规模的不可量物侵害：私权与公益的冲突的调整

《德国民法典》虽然诞生于欧陆资本主义工业革命后至19世纪末期，但相邻关系制度乃是建立在德国社会的耕作生活、市民的居住生活之上，或者至多是建立在19世纪的技术水准之上。就不可量物侵害而言，立法者也只是预料到了"小的不可量物侵害"。然而，随着近现代科学技术的飞跃发展与产业规模的次第扩大，乃发生了相当多的特异问题。按照赫舍尔（Herschel）的叙述，主要有：第一，由于不可量物侵入的到达距离的延长，如凡侵入领域均被认为是相邻，则因放射（能）烟的侵入，日本与德国之间也将发生相邻关系。不用说，从作为常识的相邻关系看，此显然是过分和多余的。第二，现今的不可量物，绝非仅源于土地，即使航行或停泊中的船舶、汽车、飞机、火箭等，也显然会散发出不可量物。

赫舍尔提出的"特异"问题，受到学者批判。学说认为，这些疑问相当程度上乃是混淆了"法的概念"与"常识的概念"。亦即，对于放射（能）烟的侵入，日本和德国绝不成立相邻关系。另外，对于不可量物的构成，若未有相当程度的继续性，也会成为问题。"一过性"的汽车、航空机、船舶虽可生不可量物侵入，但其本身并不与被害对象发生相邻关系（而是发生侵权行为关系）。若要发生相邻关系，则必有使此等运输工具继续性存在的道路、飞行场所（通道、航空线）及船舶航行线。

不过，赫舍尔提出的这些"近现代不可量物侵害"是否适用《德国民法典》第906条的疑问则为相当正确。事实上，因这些近现代工业所生的不可量物侵害，应从加害人与被害人地位的互换可能性之丧失而理解和把握。对于因相邻关系所生的受害人的忍受义务，以互换可能性为对价，并使由此而生的"利害"为当事人所认同。大工场与市民之间显无互换可能性，从而也就丧失了应予调整的双方当事人所能认识到的共同利益。基此考量，现代工业所生的不可量物侵害不应适用《德国民法典》第906条乃至以往的传统相邻关系规则。进而，对于因这些不可量物所生的侵害，被害人不得依相邻关系中的诚实信用原则而负忍受义务。如此一来，即意味着赋予了受害人全体对于大工业所生侵害的妨害停止（禁止）（此结果意味着大工场的产业停止）的权利。若如此，则国民经济的基础将丧失。此种背景下，遂产生了被害人为公益而牺牲的必要，而此乃由德国传统的牺牲行为请求权发展而来。

所谓牺牲行为请求权，最初是由德国判例确定的一个命题，之后方被立法确立。1794年《普鲁士一般（普通）邦法》第74条、第75条，《德国民法典》第904条（紧急避难）、《德国产业法》第26条的规定皆是该牺牲行为请求权的体现。这其中，尤以《普鲁士普通（一般）邦法》第74条、第75条的规定最称典型。第74条规定："国家构成员的单个权利与利益，在与旨在促进共同福祉的权利与义务发生现时矛盾时，前者必须立于后者的下位。"第75条规定："国家对于其构成员为了共同体（国家）利益而不得已牺牲的单个的权利与利益，应予补偿。"依此牺牲行为的补偿请求权（牺牲补偿请求权），对于因大工业所生的不可量物侵害，即使有场所的惯行性，若对邻接农地施加了致命的侵害时，也应将之确定为违法，使大工场负担相当比例的赔偿义务。无疑，现今的学说大多同意此点。

3)《德国民法典》第906条修正的直接背景

1950年代中期以降，德国联邦法院完全继受了牺牲补偿请求权观念，并同时积极赋予其理论基础。具体做法是：（i）将之与诚实信用原则结合，以强化加害人的损害防止义务；（ii）承认受害人因社会发展需求而承受较强的忍受侵害的义务，并得请求完全的金钱补偿。金钱补偿的衡量补偿请求权（Ausgleichsanspruch）遂告诞生。之后经长期运用，此衡量思想固定化、常规化的要求日益加强。《德国民法典》第906条的规定，应接受实务的需要而修正，此呼声及行动也告孕育。在此背景下，1959年修改《德国民法典》的工作即得以展开。

4）修改的要点

自1959年起，德国联邦议会、政府认识到对不可量物侵害的扩大的必要性。在此基础上，沿对被害人的忍受义务予以限制的方向，对《德国民法典》第906条进行修改。1959年12月29日，修改法公布，自1960年6月1日起施行。从形式看，经修改的第906条（以下简称"新906条"）有两项特色：（i）忍受侵害的要件，新增加"侵害的不可避免性"；（ii）无过失的调整补偿请求权被明定。此实际上是将帝国法院以来形成的判例法（规则）予以成文法化。另外，直接渊源上，（i）乃是采取了1958年3月22日联邦议会提出的"产业法的变革与民法典之补充的法律草案"第2条的规定。而（ii）则系直接采纳学者韦斯特曼（Westermann）提出的主张。新906条内容如下："土地所有人，对于煤气、蒸气、臭气、烟、煤、热气、音响、震动之侵入，及其他来自邻地的类似影响，并不妨害其土地利用，或其妨害系'非重大'者，或加害地的利用方法，从其场所特性观之，与相同情况的其他土地并无异质的，不得禁止。重大的妨害，系该他土地的惯行使用所引起，且经济上无法期待该土地使用人采取防止措施的，亦同。土地所有人因而忍受其影响的，得请求该土地使用人为'金钱上的相当补偿'，但以自己土地的惯行使用或收益，因影响而产生'超过预期程度'的妨害者为限。当然，通过特殊管道的侵入是不允许的。"如下试对该第906条的要点予以指明。

第一，依修改前的第906条（以下简称"旧906条"），加害行为若有场所的惯行性，即使加害行为业已威胁到被害人的生存，或使被害人经济上蒙受重大损失，受害人也须忍受其侵害。但是，依新906条，对于此种情形，妨害如依经济上期待可能的措施而得防止的，即不得对不可量物的侵入予以禁止。所谓经济上期待可能的措施不能防止，根据联邦议会的议事录，乃指妨害地的所有人为使妨害减至非重大的程度，采取了对于该产业部门的合理（正常）的、平均的经营期待可能的措施。如对此有所怠慢，则构成违法行为。故此，对于即将亏空（入不敷出）的运营企业，也不能以无经济能力这一理由而拒绝采取防止措施。不过，若因采取了被认为是通常的恰当的措施，而该措施从长期性看不仅使企业不能获得收益，且还要付出巨额费用的，则不实施运营停止。如此，所谓经济上期待可能的措施，乃指"相当""必要"且"不与损害失去均衡的措施"。

第二，依旧906条，不允许被害人请求禁止加害行为的，即所谓被害人负有忍受义务的所有情形，皆不认可被害人享有金钱赔偿请求权。盖因基于侵权行为而生的损害赔偿请求权仅于受害人未有忍受义务的情形方可发生。故而依旧906条，不得以侵权行为损害赔偿请求权作为救济手段。如前述，判例（尤其是自帝国法院以来的判例）为克服此规定对受害人保护的重大不利，乃适用"相邻共同体关系"理论，于侵害威胁到被害人生存时，认可无过失的金钱赔偿责任；抑或联邦法院基于"衡平"的理由，于侵害对被害人的经济生活产生"重大妨害"时，认可受害人有补偿请求权。而依新906条，土地所有人的侵入对他人的土地按当地通常的使用，或对土地的收益造成的妨害超出预期的程度时，相当的调整补偿请求权即被认可。可见，认可受害人有调整补偿请求权，此点新906条较旧906条的范围更宽。

此外，关于有无场所的惯行性，或有无经济的期待可能性，其举证责任均由妨害地所有人（加害人）承担。

4. 1960年《德国民法典》第906条修正完成至今

《德国民法典》第906条自1960年修正完成至今，伴随德国社会形势的变迁，不可量物侵害制度也获得积极发展。此发展表现在理论上即是学者对此制度的议论日渐增多，表现于立法上即是作为特别法的《德国联邦大气污染防治法》得以制定。

（1）理论上的议论

1）消极的侵害与观念的侵害适用《德国民法典》第906条的问题

对此，本文前已述及，此不赘述。

2）不可量物侵害的禁止的构成的议论

按照《德国民法典》，对于不可量物侵害的禁止，法律构成上乃是依物权请求权而解决。此在学说上也为通说。但近时以来，伴随不可量物侵害的大规模化，关于此点乃有若干新的议论。无疑，此种议论一定程度上也促成了不可量物侵害制度的发展。

议论始于赫舍尔提出的主张。该人于1959年《德国民法典》第906条修改之际，发表《不可量物法的新形成》一文。该文的实质，在于对旧906条修改的实质指导者的韦斯特曼仍旧将不可量物侵害作为相邻关系制度乃至所有权限制的问题而把握、处理的批判。其指出，依《德国民法典》，不可量物侵害确实是相邻关系的问题，且"相邻"的概念在近现代已被灵活地扩大，但是，与其灵活地扩大解释"相邻"概念，尚不如设定一个界限，如逾越该界限，即不再是"相邻"。进而言之，所谓相邻关系，乃是具有共同体的要素，且与土地相关联。然而，距工场15米远的地方，由于工场所生煤烟而受损害时，依旧依共同体要素处理吗？另外，使人类的生活条件成为问题的情形，难道也仅限于与土地有关系的场合吗？由于这些疑问，赫舍尔对法国法将有关近邻妨害作为侵权行为而构成给予了高度评价。尤其是对于某些特殊侵权行为，其禁止当然不以加害人有过失为必要。对于此点，其尤表赞赏。

1968年，学者福克尔在公开发表的论文中主张将不可量物侵害以一般人格权侵害而构成。尤其在不能依物权请求权获得保护时，更应使用此保护方法。其认为，对于观念的不可量物侵害，不仅有将之从人格权的构成而把握的必要，且该所谓"侵害"也被《德国民法典》第906条所称"类似的诸侵害"与第1004条所称"侵害"涵盖。

按照福克尔的观点，以人格权侵害作为不可量物侵害被禁止的根据，至少具如下实益：（i）因不可量物侵害而遭受损害的范围不再局限于物权的保有人（享有人）；（ii）对受害人的保护由此扩及于精神的不可侵性、行为的自由和感情领域；（iii）对不可量物侵害的禁止与排除依物权法而构成时，乃不得不以一般人所能忍受的侵害为标准，但如依人格权而构成，则可使用个别化的具体标准。人格法益侵害的违法性，依《德国民法典》第 906 条与《德国产业法》第 26 条的规定，乃适用不同的标准。亦即，若根据《德国基本法》（宪法）予以价值判断，人格法益显然较物的法益更高。另外，其认为以人格权侵害作为不可量物侵害被禁止与排除的根据，不会损害法的安定性。

学者罗特（Roth）对福克尔的主张表示支持，认为今日的所有权法益相对于其他法益而言乃具优越的价值秩序，此从《德国基本法》第 1 条、第 14 条第 1 项的规定即可获得证明。以相邻关系制度对不可量物侵害的受害人予以保护，由于必须与不动产相关联，故而从环境保护的见地看，无论如何，均具狭隘性。如此，《德国民法典》第 1004 条的规定应作为一切人格权与人格法益遭受侵害时的保护根据。

此外，学者西米蒂欧（Simitio）与朗（Lang）分别在 1972 年、1974 年发表的论文，将前述学者提出的主张进一步推进，认为不可量物侵害的禁止乃是与不动产无关系的应由侵权行为制度而解决的问题，并主张即使是对《德国民法典》第 823 条第 1 项的人格法益的违法侵害，受害人也可提起准禁止与妨害排除之诉。此当然不以加害人有过失为必要，而只要其客观上有违法的侵害行为即足矣。需提及的是，关于违法性标准，朗与福克尔的见解不同。

综上可见，在现今，即使对于不可量物侵害的禁止有明文规定的德国，既有的规定也正面临挑战。这就是主张依人格权制度保护因不可量物侵害而受到损害的被害人。此见解迄今虽仍为少数说，但为较有力的学说。此点应值注意。

（2）《德国联邦大气污染防治法》的诞生

1）《德国联邦大气污染防治法》的前身——《德国产业法》（最后修订于
1960 年）[1]

按照罗马法以来的大陆法系民法理论，物权，尤其是所有权，乃是权利人直
接支配标的物以享受其利益的排他性权利。惟各个物权主体，若过分强调其对标
的物的排他性支配，则结果只有徒增彼此间的隐存性冲突。果如此，不仅标的物
本身的价值难以尽量显现，且因纠纷时起，也有害法律程序的维持。如此，如何
弹性调和基于物权本身特性所生冲突，乃成为物权法制度或规则面临的重要任
务。物权法迄今为止的发展史，常常发生如下情况：一方面，宣示所有人得自由
使用、收益处分其所有物，并排除他人干涉；另一方面，因基于对共同利益的维
持，却又不得不规定，"如他人之干涉无碍其所有权的行使，不得排除之"，以资
协调。罗马法以来民法有关相邻关系制度的规定，均系基此原理演绎而成，不可
量物侵害不过仅为其中一例。

立基于以上考量，不可量物侵害的救济，"其侵害非重大者，物权人不得请
求排除侵害；反之，其侵害为重大者，物权人得请求排除侵害"的思考模式乃被
认为理所当然。此即《德国民法典》第 906 条原来规定之所由来。但是，迄至 19
世纪后半期，由于科技的发展，工商企业繁荣，诸多以科技活动为主体的产业活
动，往往散发出极为严重的不可量物侵害。这就致使原有相邻关系制度又产生矛
盾冲突现象，难以因应新的社会情况。具体言之，如强调受害人的忍受义务，既
不公平，也非合理；相反，若强调加害人的防害义务，放宽受害人排除侵害的权
利，则因保护受害人价值较小的财产，致社会大众赖以维生的经济营运单位为之
停工。如此，不仅有害经济的进步，也势必造成社会问题。此背景下，如何再调
整相邻关系的规定，以求适应现代社会形势，自为立法亟待解决。立法首先考虑的，
即是注入新的利益衡量因素，创设新型制度——产业法。因产业法所适用的对象限
于应经许可，且经许可的产业，故学说多称为"产业活动的救济制度"。

1　以下内容着重参考邱聪智：《公害法原理》，三民书局 1984 年版，第 170 页以下。

如前述，《德国产业法》最早制定于 1869 年，最后修订是在 1960 年，现今已被废止。但法制史上，了解该产业法自身的演绎过程及重要规定，乃对德国现今的作为公法制度的不可量物侵害防治法（大气污染防治法）具积极意义。

《德国产业法》中，第 26 条的规定系该法的核心和灵魂。但 1869 年的第 26 条与 1960 年经修正的第 26 条于内容上却有重要不同。1869 年的第 26 条系以限制"排除受害人提出禁止侵害"的权利为出发点而规定。亦即，加害人所为不可量物侵害，甚为重大，依《德国民法典》规定，受害人得请求排除侵害，但对于经政府许可而设立的产业设备，则不得请求停止产业，纵其侵害系由特殊管道而引起，或其土地利用未与土地的惯行性的利用相符者亦然。但是，此种情形，受损害人虽不得请求停止产业，但得请求设置防害设备。惟在此时期，一则单个企业的经济能力有限，二则防害技术的开发未见普遍，故而允许受害人提出设置防害设备的请求，乃无异于排除侵害的认可。为确保国家经济发展，法律遂责令受害人扩张忍受义务。于此情形，受侵害人无异为公益而牺牲私益。故此，援用公法上的牺牲补偿请求权制度以弥补受害人遭受的不公平待遇，实属必要。此种背景下，1960 年完成了对 1869 年《德国产业法》的修改。

经修改的第 26 条的核心在于，确立了代替受害人提出"排除"侵害的损害补偿请求权（Schadloshaltungsanspruch）制度，其来源即为公法上的牺牲补偿请求权法理。

依其规定，损害补偿请求权的成立，乃以加害人欠缺防害能力为要件。此所谓防害能力包括技术可能性及经济上的可期待性。易言之，若该侵害根本无法以现时的技术措施予以有效防止，或纵能防止但非其经济能力所能负担的，即本于法律不责不能的原则，均不准许受害人请求侵害的排除。反之，若有防害能力而未为防害措施，则不问加害土地的使用是否具土地利用的惯行性，或是否设有导引设备，受害人皆无忍受义务，而可直接请求侵害的排除。其加害人有故意过失的，并得请求损害赔偿。至于技术乃至经济上的负担可能性，其判断乃以客观标准决定，即以该种类活动的一般经济能力而定，一般能力则以是否发生经济上的

"重大侵害"为标准，而无须以害及产业存在为标准。

2)《德国联邦大气污染法》的诞生（1974 年）

自 1960 年《德国民法典》第 906 条修正后不久，理论与学说对于国家环境问题的讨论日渐活跃。学说认为，环境的保全乃第一次性的国家任务，应通过合法规范而规制。在学说推动下，德国联邦议会遂于 1974 年 3 月 21 日制定了《德国联邦大气污染防治法》（公害防治法、不可量物侵害防治法）。该法的颁布使 1960 年经修正的《德国产业法》同时废止，后者的重要规定（如第 26 条）也为该法的相关条文（第 14 条）所替代。惟值注意的是，该第 14 条于文字上已将产业法所称"损害补偿"改称"损害赔偿"，此文字上的改动乃正式意味着立法已将"产业设备"所生不可量物侵害视为一种特殊侵权行为类型，适用无过错责任原则，进而与《德国民法典》第 906 条排除侵害的规定相衔接。由此可见，《德国联邦大气污染防治法》的颁行，具相当重要的划时代意义。为便于了解，兹将 1960 年产业法第 26 条及 1974 年联邦大气污染防治法第 14 条内容摘录于下。

1960 年《德国产业法》第 26 条："土地所有人或占有人，对于因邻地所生的有害侵入，依现行法虽许其提起排除侵害的民事诉讼，但对于经政府许可设立的产业设备，则仅可请求设置妨害设备，不得请求停止产业；其不能为此设备，又与产业的适当经营不能并存的，则许其请求损害赔偿。" 1974 年《德国联邦大气污染防治法》第 14 条（私法上排除侵害请求权的除外）："未具特别私法权源，不得基于'来自邻近土地的妨害性影响'的理由，对取得确定'许可'的产业设备请求营运停止，而仅得请求其设置除去妨害的除害设备。但其设置，于技术水准无实施可能，或经济上具有困难的，则仅得请求损害赔偿。"

3)《德国民法典》第 906 条与 1974 年《德国联邦大气污染防治法》的差异

如前述，《德国民法典》第 906 条与《德国联邦大气污染防治法》均系德国社会关于不可量物侵害问题的基本立法规定。二者均深受利益衡量法理的影响，且对排除侵害的准许，予以了相当程度的限制。此虽为二者的共同点，但如下方面二者更有重大差异。

第一，法性质不同。前者为私法特性的法制度，后者则为公法特性的法制度。亦即，前者属于私法规定，其发展依据为私法原理；后者属于公法规定，基于公法原理而形成。

第二，适用范围不同。此为二者实质所具的最大不同。前者为"一般活动"的救济制度，具体适用于两个领域：（i）未经许可（含无须许可）的产业活动；（ii）一般人民生活上的活动。而后者则为"产业活动"的救济制度，其适用对象为产业应经许可且经许可方可进行活动的情形，即所谓产业设备活动所造成的不可量物侵害。由此观之，《德国民法典》第906条适用的对象实际仅限于人们的"私"的日常活动引起的小的不可量物侵害，譬如生活妨害。

第三，救济方式的根本点不同。就救济方式的发展而言，其出发点与发展轨迹仍有不同。《德国联邦大气污染防治法》因公益考量，而以禁止侵害的排除为原则，而《德国民法典》第906条则以私权为出发点，排除侵害乃系原则，惟因"恤邻"的考虑，方趋向于排除侵害的禁止。

四、《德国民法典》第906条诸问题分析

（一）《德国民法典》第906条规定的核心

由前述分析可知，《德国民法典》第906条规定的核心主要有三：其一，为维护双方共同发展所必要的绝对容忍义务；其二，规定衡量补偿请求权的救济制度；其三，规定排除请求权制度。其中，其一适用于侵害非属重大的情形；其二适用于虽属重大侵害，但本于利益衡量，令受害人忍受，然以衡量补偿请求权作为代偿，性质上与英国、美国及法国的"代替排除的损害赔偿"相近；其三则适用于损害重大，而侵害活动又不具备补偿请求权成立的要件的场合。

上述三者，尤以衡量补偿请求权的运用最为广泛，此也系数十年来《德国民法典》第906条运用的重心。其结果虽大幅扩张了受害人的忍受义务，且致物权请求权的功能事实上受到抑制，但鉴于现当代生活的需要，此仍被认为有其不得不如此的理由。由此可以断言，衡量补偿请求权乃为《德国民法典》第906条不

可量物侵害制度的核心。

（二）受害人忍受不可量物侵害的要件 [1]

按照《德国民法典》第 906 条，被害人被课以忍受义务的要件是：未有侵害或即使有侵害而系非本质的侵害（同条第 1 项）；虽有本质的侵害，但此侵害乃是在该地域进行通常的土地利用而生（即有场所的惯行性）；加害人对其所造成的损害不能采取经济上得期待的防止措施（同条第 2 项）。但对于通过特殊管道所生的侵害，被害人则不负忍受义务。

对于这些要件，解释论上最值关心的，是何谓本质的侵害、场所的惯行性的利用以及经济上得期待的防止措施。如下篇幅，笔者乃逐一予以分析。

1. 本质的侵害

（1）概要

按照《德国民法典》第 906 条，本质的侵害又称重大的侵害，或实质的侵害。但究竟何种程度的侵害方可构成本质的侵害，迄无定说。有学者认为"本质的"一语乃是语言的实感问题。但大多数学者并未对"本质的"内容作有说明，至多是用"过度的"或"显著的"说明之。由此表明了对何种程度的侵害方系本质的侵害予以确定的困难。其结果是，本质的侵害的确定乃为社会对被害人保护意识的发展程度所左右。

尽管如此，仍有学者对何谓本质的侵害予以定义。其所下的定义为，本质的侵害乃指因超越了与社会性相当的"相邻共同体关系"的妨碍而导致的身体的不快。此定义是否得到多数学者赞同，不得而知，但至少得到了国外学者尤其是日本学者的较广泛引用，此点应值注意。

实践中，逾越德国技术者协会（VDI）准则（以下简称"VDI 准则"）与《德国联邦大气污染防治法》第 66 条第 2 项所定的限界值时，尽管必确定构成本

1　以下（内容）所参考的重要文献是［日］大塚直："关于生活妨碍禁止的基础的考察（6）"，载《法学协会杂志》第 104 卷第 9 号；［日］加藤一郎编：《外国的公害法》（下），岩波书店1978 年版。

质的侵害，但若在限界值以下，则并非必然不能构成本质的侵害。盖因此类限界值仅为一条"线索"，法官应依其"感受"，借助于医师提供的鉴定书，以证明是否确实对人体、人类生活及其他动植物发生了物理的侵害。并且，有关不可量物侵害的技术性测定工作成为困难时，也应如此办理。

同时，在无行政规则性质的限界值的情形，对于是否构成"本质的侵害"虽然通常以客观的、一般人的感觉作为基准而判定，但依被害地的特性，并以该地域上的"一般人"作为判定基准这一点，则带有主观性。此外，"本质的"观念，也将随一般性环境的变化及居民意识的变化而不断变化。另外，不可量物侵害的发生也与特定时间存在某种关联，譬如就噪音而言，夜间较白昼更易成为本质的侵害。

（2）诸不可量物侵害分析

1）关于噪音

A. 一般判定标准

噪音的程度通常以音压表示。根据 VDI 准则第 2058 条第 1 项与《德国联邦大气污染防治法》第 66 条第 2 项所定的"噪音防止的技术指针"，乃系噪音（程度）的一般标准。但此标准仍需根据被害地的特性而有变化。即使该"指针"所定的标准以下的噪音，特定情形也会成为本质的侵害的噪音。

B. 单个事例分析

此主要指应予特殊考虑的如下三种情形：

第一，孩童、学校的噪音，以日常的妨害为限，不构成本质的侵害。盖因此为孩童活动所必然产生，即使在纯粹的居住地域，通常也不构成本质的侵害。

第二，汽车修理厂（汽车库）的汽车发动与停止时的噪音未逾越 VDI 所定的标准时，是否构成本质的侵害，应依发动与停止时汽车的数量、发出噪音的时间的长短而判定。对于道路沿线的土地所有人提出的噪音禁止请求，应依《德国联邦大气污染防治法》第 43 条确定噪音是否构成本质的侵害。但即使发生了超越该标准的侵害，依公法上的牺牲观念，也使土地所有人负忍受义务，惟由此其享有损害补偿请求权。

第三，对于像音乐、体育运动那样不规则的噪音，依音压而适用 VDI 标准，判定是否构成本质的侵害，乃系不妥。故而，应依音的震动数、被害人生活的具体状况，由法官依自己的感受而判定是否构成本质的侵害。

音乐，饮食店的噪音，即使未逾越 VDI 标准，因音的震动数、音的不规则性及反复继续的被预想等（因由），也应认为构成本质的侵害。

体育活动所生噪音，若仅在屋外施予影响的，不构成本质侵害。而构成本质的侵害的标准值之所以较 VDI 的一般标准值低，其因由乃在于 VDI 的标准系以邻人居住空间的保护为目的。

第四，动物的喧叫声。动物的喧叫声有不定期性，故而对动物的喧叫声的程度进行技术测定即变得困难。于是，实务乃一般认为，仅喧叫声对于土地的利用造成了极大妨碍时，方构成本质的侵害。

另外，对于进行工事活动所生噪音、飞机所生噪音，依一般判定标准确定是否构成本质的侵害大多没有问题。对于飞机所生噪音，1970 年 3 月 10 日《德国飞机噪音保护法》已另设标准。

2）关于震动

对于建筑物的侵害的限界值，德国标准化协会（DIN）规则、VDI 准则第2056 条均有明文。对于震动的侵害的限界值，VDI 准则第 2057 条也设有明文。凡逾越此规定的限界值的侵害，一律构成本质的侵害，未逾越的场合则依一般人的感受而定之。

3）关于大气污染

A. 一般判定基准

大气污染的程度，由根据《德国联邦大气污染防治法》第 66 条第 2 项的"大气的清净保持的技术指针"而规定。凡逾越此"指针"规定的限界值的，即构成本质的侵害。另须提及的是，多数场合往往是人类的感受成为标准，"指针"所定的限界值只不过是给出了线索。并且，大气污染之构成本质的侵害尚不以侵害有继续性为必要。

B. 单个事例分析

大气污染是否构成本质的侵害，应作为特殊考虑的情形是恶臭。通常对恶臭侵害是否构成本质的侵害予以判定时，考虑并调查恶臭发生的时间长短、强度是必要的，尤其对于家畜所生恶臭更应如此。另外，对恶臭的程度进行化学测定需较长时间，故而通常以一般人的嗅觉而判定。此对煤气、蒸气也适用。

2. 场所的惯行性的利用

（1）一般情形分析

按照《德国民法典》第906条，被害人对于加害人基于场所的惯行性上的利用所生的不可量物侵害须予忍受。如下试作分析。

1）场所的惯行性上的利用的含义。场所的惯行性上的利用，系指特定地域中的某特定土地以外的土地的多数所有人采取的利用方法。由此利用形态中得发现的该地域的"特性"，即为决定的标准。对场所惯行性的存在与否而予判定时，不仅应考虑加害地利用的种类，且其利用程度与不可量物侵害的程度也应考虑。

2）被害人对于加害人基于场所的惯行性上的利用所生的侵害必须忍受，其根据大致可概括如下。

第一，一定地域上的不同土地所有人，对于土地的利用大抵以同样方法为之，故而对于产生不可量物侵害彼此可以预料。

第二，工业地域，居民的大多数为工场的被录用者，从而，因工业的营运而获利益的也是多数。

3）场所的惯行性，随时间的变化而变化。判例上，农地有新的工厂进入时，即灵活地使用场所的惯行性观念，使作为比较对象的地域不从事实上设定，而是强调其经营上的不可欠缺性，进而使该地域的加害性利用具场所的惯行性。无疑，此系旨在保护工业。学者祖克尔（Sucker）认为，从产业经济的理由看，必须以新的方法利用土地时，即应评价为有场所的惯行性。

4）场所的惯行性的判断，系专门审查加害地的利用方法而不考虑被害地的利用方法。被害地的利用方法是检视侵害的"本质性"时所考量的。

5）场所的惯行性判断的标准时间是法庭口头辩论终结时。

6）"先住性"不应成为是否应禁止的斟酌因素。被告产业开始后，原告才取得土地的场合，甚至被告购入土地时，明知邻地有加害设施的情形，均不影响禁止的成立。

（2）诸不可量物分析

1）噪音

A. 建筑噪音

对于标志某地域特征的纪念性建筑物（譬如大都市的高层建筑物）等的修复、撤毁工事而必然产生的噪音，通常认为于其作业的必要期间内具场所的惯行性。另外，对于道路建设所发生的噪音，以基于其技术水准而必然产生的为限，也认为有场所的惯行性。

B. 飞机噪音

机场与其周边（比较狭隘）的地域存在某种必然联系，故此，对于飞机起飞时的跑道的修复、扩张工事及机场的飞机着陆所生的噪音，判例认为，从 6 时至 22 时所生噪音，乃具场所的惯行性。

C. 孩童的噪音

通常认为，孩童的活动场所生的噪音，即使是在纯粹的居住地域也具场所的惯行性。

D. 汽车及其他交通机械的噪音

通常认为，道路沿线的噪音，即便是对于纯粹的居住地域而言，也有场所的惯行性。亦即，道路交通等设施的场所的惯行性，具相当的特殊性，且不仅因连接地域中心部的道路所生的损害，就是因连接地域之间的道路所生的损害，也被认为是全体人民的经济负担之一，受害人须予忍受。

E. 体育活动所生噪音

此种噪音在场所的惯行性上，可大别为两类情形：

第一，因学校的体育授课而生噪音。此噪音由于系授课（体育知识技能课）活动之一环，故而即便是纯粹的居住地域也认为有场所的惯行性，受害人负有忍受义务。此忍受义务系基于1933年颁行的《对国民锻炼具特别意义的产业的相邻权的限制的法律》而当然发生。

第二，对于一般的体育活动设施，依通常情形而发生了相当大的噪音时，判例认为，若在纯粹的居住地域，不认为有场所的惯行性。

F. 动物的喧叫声

通常认为，住户饲育犬、猫等小的未有致害危险的动物，乃是对住宅地进行的通常使用。但如果发出过度的噪音，则认为未有场所的惯行性。另外，于居住地域，关于犬，尤其是出生后3个月以上的犬，判例认为应限制在五六只的限度内。

2）震动

判例认为，长期的机械震动不能认为有场所的惯行性。

3）大气污染

A. 煤气、蒸气

按照判例，对于煤气所生的侵害，即使仅达到了前述"大气的清净保持的技术指针"所定的几个限界值范围的一部，也认为未有场所的惯行性。而有害蒸气的排出，由于其具有害性，故判例通常乃径直否定其具场所的惯行性。

B. 恶臭

动物、堆肥等所生恶臭，于农业地域通常被认为有场所的惯行性。工业场所产生的如此恶臭，则不认为有场所的惯行性。

C. 煤、烟、尘埃

通常认为，工业地域的工场发出的尘埃等不可量物侵害，原则上具场所的惯行性。

3. 经济上得期待的防止措施

（1）关于防止措施

通常认为，除可阻止危险的产业的不可量物发生的设施、仅能减轻被害程度的技术设备均为防止措施外，产业的转换、产业时间的变更等经济措施也包括在内。当然，这些设施和设备须有实施可能且确有效果。

（2）关于期待可能性

期待可能性，系指加害人采取的防止措施须具经济上的期待性。该防止措施的设置，从加害人的给付能力与经济状态看，期待其实现并无问题。

（三）衡量补偿请求权的成立[1]

1. 衡量补偿请求权的成立要件

衡量补偿请求权又称为调整的补偿请求权，系对被害人予以救济的基本手段。其成立要件包括如下四项：

其一，侵害须属重大。何种情形为重大侵害，学者间用语尚不一致。新近判例常采用"严重妨害"而予说明。但依通说、实务见解，侵害是否重大，应以一般正常人所能忍受的程度而确定。故性质上为客观标准的判断，与受害人的特殊敏感性无关。惟通常认为，所谓忍受程度，应视土地利用情况与社会一般保护意识而定。显然，此在适用上具有弹性。

其二，双方土地的使用，均具土地利用的惯行性。如前述，土地利用的惯行性，究其实质，系指该土地的使用情况适宜于其"场所的特性"。因此，双方土地利用的原来情况，如原为都市地带或农村地带，原为住宅区或工业区，以及该土地利用的社会价值、先住关系、受害人的自甘冒险，均系影响判断成立与否的因素。从而，若权衡结果，受害人的土地使用不符合惯行性条件，即不得要求金钱补偿。反之，若加害人的土地利用不符合惯行性条件，受害人即得请求排除侵

---

[1] 本部分所参考的重要文献是［日］加藤一郎编：《外国的公害法》（下），岩波书店1978年版；邱聪智：《公害法原理》，三民书局1984年版；［日］大塚直："关于生活妨害禁止的基础的考察（6）"，载《法学协会杂志》第104卷第9号。

害；其符合惯行性的，则受害人只能请求衡量的金钱补偿。

其三，须加害地所有人，以现有的技术与经济能力，无法为妨害措施。

其四，侵害的产生须非由特殊管道而生。亦即，若系经特殊管道而生不可量物侵害，则当然无衡量补偿请求权的适用，而得准许受害人行使妨害排除请求权，以阻止该侵害的继续发生。

2. 衡量补偿的数额及其支付方式

衡量补偿的数额，学说之间存在微妙的不同。尽管如此，为求得衡平，乃通常认可法官有自由裁量余地。实务中，对于重大的侵害系来自于加害地的惯行性的利用时，是否使该土地所有人负担一切结果的责任，发生疑问。近时以来，认为此种场合应仅对损害的一部予以赔偿的见解是有力的，即将被害人因场所的惯行性的利用而遭受的损害，与企业因该场所的惯行性的活动而获得的利益相比较，依衡平原则，对受害人的赔偿额予以减少。赔偿的给付方式，通常有二：以每年的收入给付；以"资本赔偿"的形式给付。

（四）妨害除去、不作为（停止）请求权

按照《德国民法典》第906条，受害人不负忍受义务时，受害地所有人有权依《德国民法典》第1004条的物权请求权提出妨害排除、停止请求。如前述，自20世纪70年代以来，学说对于《德国民法典》以物权请求权应对不可量物侵害已有诸多议论。但无论如何，现今的德国学说与实务中处于支配地位的见解仍是对《德国民法典》的此种立场表示肯定。此种所有权的妨害除去、不作为请求权的构成的背景仍存在如下几个问题，于此有必要指出。

其一，妨害除去、不作为请求权乃系由罗马法的 actio negatoria（否认诉权）制度演化而来，仅在德国法系诸国中能见到。譬如《瑞士民法典》（ZGB）第641条第2项与第679条，《奥地利普通民法典》（ABGB）第523条。法国法虽有 actio negatoire 制度，但与德国法系诸国规定的制度于性质上乃完全不同。

其二，与法国法的 réparation en nature 大致相当的原状回复的损害赔偿，《德国民法典》第249条以下虽也予规定，但不适用于不可量物侵害的禁止。

其三，一般的不作为请求权。以下重点论述之。

1. 基于所有权的妨害除去、不作为请求权与基于侵权行为的原状回复请求权

（1）从罗马法的否认诉权制度到所有权的妨害除去、不作为请求权制度

按照学者研究，罗马法的否认诉权观念在德国获得崭新的展开，大抵始于 18 世纪至 19 世纪之间的潘德克吞法学，其发端者是学者海泽。在其看来，过去所坚持的行使否认诉权须有役权行使的外观的传统学说应予缓和，主张即使为了救济"类似役权"（准役权）所受妨害而行使该否认诉权，也是可以的。其进而认为应将此否认诉权与基于所有权的返还请求权并列，一并作为所有权保护制度。如此，对于类似役权的妨害的法律救济手段，多数情形仅考虑否认诉权即可。此见解受到其他学者的支持。例如，胡果、普赫塔、蒂堡均是该见解不同时代的赞成者。并且，即使民法学者温德沙伊得也依此见解，将此处的妨害厘定为：以直接占有侵害之外的方式实施的对所有权的侵害。如此，否认之诉不仅专门成为 actio confessonia（役权确认之诉）的对应制度，且作为所有权自由之诉而与 Reivindicatio（所有权回收之诉）并立存在。

《德国民法典》制定过程中，由约霍夫负责起草的物权法"部分草案"第 205—209 条因袭罗马法的考量，将否认诉权限定适用于因"权利篡夺"而予防御的情形，故而对于事实的妨害则不予适用，或者干脆将之作为单纯的确认之诉而把握。在《德国民法典第一草案》第 943 条中，温德沙伊得的前述见解得到肯定，基于所有权的妨害除去、不作为请求权被视为占有侵害以外的妨害的、对所有权予以保护的一种请求权。《德国民法典第一草案》的此立场被《德国民法典第二草案》第 916 条、《德国民法典第三草案》第 988 条因袭，最后正式颁行的《德国民法典》第 1004 条对之予以确定。该条第 1 项规定："所有人受到以剥夺或扣留占有之外方式的侵害时，得请求侵害人除去侵害；所有人有继续受侵害之虞者，得提出停止侵害之诉。"此条文，可准用于《德国民法典》以外的特别法中的物权类型。如此，妨害除去、不作为请求权与所有物返还请求权并列，共同构成物权请求权规则系统。

值得提及的是，妨害除去、不作为请求权与所有物返还请求权的成立与适用，虽不以妨害人有故意、过失为要件，但涵括占有侵害在内的广义的妨害于未有违法性时，也不得成立。当然，此所谓违法性，其含义与一般意义的违法性乃有相当的不同。若从违法性被阻却的情形看，有占有权源的人得拒绝所有人的返还请求，此在《德国民法典》第 986 条设有明文。而妨害除去与不作为请求权上，对此则未有统一的条文，通常认为一定场合应类推适用《德国民法典》第 986 条第 1 项的规定。

另外，妨害除去、不作为请求与返还请求权之间尚有差异。此点正为德国潘德克吞法学将罗马法上完全不同的基于所有权的返还诉权与作为役权的否认诉权并列规定的因由。

（2）基于侵权行为的原状回复请求权与基于物权的妨害除去请求权的效果的差异

按照《德国民法典》第 249—251 条，损害赔偿无论基于侵权行为抑或债务不履行而生，第一次性的救济手段均是回复原状。仅回复原状不能时，方适用第二次性的救济手段——金钱赔偿。其因由是：以原状的回复予以"赔偿"最称完全和彻底。但对财产以外的损害（非财产损害），则以金钱赔偿居多。此除了主要是执行的困难性上的原因外，法律对于金钱赔偿设定了诸多规定（《德国民法典》第 249 条第 2 项、第 250 条、第 251 条），且保险者支付损害赔偿金（保险金）也限于以金钱支付，此也为一个理由。另外，作为德国联邦司法部的债法修改事业的一环，1981 年公开出版的诸学者《关于债法修改的鉴定意见与诸建议》一书中，学者霍洛赫（Hohloch）谈及《德国民法典》第 249 条时特别指出，由于原状回复是保护被害人的完全利益的最良好手段，故将之作为第一次性的救济手段而使用仍是本条的旨趣所在，不应有任何变更。

如所周知，如何对侵权行为的原状回复请求权与物权的妨害除去请求权予以区别，是《德国民法典》第 1004 条未最终解决的问题。但若从条文看，二者的区别似乎在于，对侵权行为的原状回复以加害人有故意、过失为要件（《德国民法典》第 823 条、第 826 条），而物权的妨害除去请求权则不以妨害人有故意、过失为必要。《德国民法典》的起草者虽欲对二者予以区分，但实质上几乎未给出有关二者界分的标准的任何线索。《德国民法典第一草案立法理由书》（其第 943 条与《德国民法典》第 1004 条相对应）仅指出，不作为请求权的回复请求权必须与基于侵权行为的诸种请求权相界分、相分隔。

判例、学说自过往以来，一直以妨害状态的继续性之有无为标准对二者予以区分。亦即，对于继续性"侵害"的将来的"妨害"，适用妨害除去，而对业已"过去"且"完结"的"妨害"则适用原状回复（含赔偿）。依此标准，妨害所除去的非为妨害的结果，而是产生妨害的原因。由此，即使是单纯的财产的价值减少（例如因洪水暴发致业务停止），也仅能理解为损害赔偿。噪音、震动、煤烟等所谓积极的生活妨害的禁止（即妨害源的除去，含妨害防止设备的设置）适用妨害除去请求权。但是，像日照、眺望等消极的侵害，依现行法，原则上则不得成为妨害除去的对象。按照这些标准，仍使人不明了的是，在妨害的结果进一步成为新的妨害的原因时，是应解为"妨害"还是赔偿的"损害"？例如，因煤烟造成对人体的侵害，其作为继续性的妨害人的活动，受害人无疑可行使妨害除去请求权，但可否进一步请求治疗，则成问题。

对此，判例的态度自二战以来并不一以贯之。二战以前的学说对于原状回复与妨害除去的区分也未进行太多的尝试，而大致止于《德国民法典第一草案立法理由书》的阶段。此期间提出带有一定"特色"的见解的学者是施密德特（Schmidt）。其指出，按照除去请求权的法理，对于物的单纯的毁损、部分的毁坏，以及对人的身体的伤害的修复、回复，均可适用此请求（权）。此与损害赔偿请求权的不同在于，依除去请求权，物于被完全破坏时，不能得到全面保护；而依损害赔偿请求权，则仅为逸失利益的赔偿。无疑，施密德特的这些见解乃是明确表示认可"结果除去请求权"。

二战结束后，将妨害除去的效果仅限定于妨害的停止的见解开始抬头，并占据绝对的支配地位。此见解的实质在于，将妨害除去的效果从最狭义而把握，对于除去请求，仅可请求将妨害源撤去（除去）。此见解的主张者是物权法学者鲍尔（Baur）。其认为，妨害人负有将妨害行为及妨害源除去的责任。亦即，妨害人应"解消"其活动，或必须使之对于将来未有"效力"，但除去作为妨害的结果所生的妨害乃至损害则无必要。此正好与基于所有权的返还请求权的《德国民法典》第 985 条的规定（无过失的占有人仅得返还物，所有人即使于此场合发生了不利益也不得要求赔偿）相对应。具体而言，邻地岩石崩落场合，依妨害除去请求权，仅可请求邻人将岩石撤去，而房屋屋顶的修复则为原状回复的问题。换言之，在其看来，依妨害除去请求权，除可请求撤去妨害源外，侵入物质的堆积的除去也应获得认可。另外，鲍尔之见解未涉及妨害与损害的区别标准，故受到批判。

值得提及的是，学者皮克尔（Picker）虽总体上与鲍尔意见相同，但其认为应采取将除去请求权的效果限定于妨害源的除去这一罗马法的考量。基于对 actio negatoria 的历史的研究，其批判性地指出，判例出现的由除去请求权向损害赔偿请求权的倾斜乃是一个"错误"。由此，其提出如下两项主张：（i）关于妨害与损害的区别。在其看来，以往对此二者难以区别的困难点在于：所进行的区别乃仅从被害人方面而考量、确定。其认为，妨害乃是一个仅从被害所有人与妨害人之间的关系而把握的概念，而损害则是一个仅从被害人方面考量的概念。（ii）所谓妨害，依其意见，乃是权利的"法的完全性"的侵害。妨害除去请求权的效果是妨害人超越了自己的权利领域而侵害他人的权利领域，故应予停止的状态。此即妨害人"权利篡夺地位的放弃"。

另外，有必要提及新近出现的与鲍尔、皮克尔的见解对立的霍洛赫的见解。此见解是霍洛赫在其博士论文中提出的。其认为，"物的状态的回复也当然为妨害除去的效力所及"。对于"否认请求权"（否认之诉），其不仅对它的历史发展与奥地利法、法国法、瑞士法的规定作了比较考察，且对各国判例予以详尽分析。基此而得出的结论正好与皮克尔的见解相左。对于判例显现的除去责任与侵权行为责任的接近（性），其给予积极评价，并指出，从历史看，除去请求权的本来内容被限定于妨害源的撤去范围内，但现当代社会业已将无过失损害赔偿责任导入民事责任领域，故此，"结果除去请求权"即获正当化。换言之，在科学技术发达、损害发生的危险增大的现今，基于证明责任的转换和"社会生活保障义务"的观念，尽管排除损害赔偿责任要件中的有责性的时机尚未成熟，但为此目标即须认可"结果除去请求权"。尤其值得注意的是，对于"结果除去请求权"，其认为也有相当的边界：（i）除去请求权的真正的应有功能乃是对权利与权利的调整。除去请求权能被认可的，乃限于有广义的相邻关系的情形。（ii）"结果除去请求权"虽以自然的原状回复为目的，但也仅限于被侵害物本身的范围，此与以被害人的财产全体的填补为目的的损害赔偿不相同。另外，其关于妨害与损害的区别，除指出妨害应有"继续性"因素外，其他未作说明。

综上可知，德国基于物权的妨害除去请求权与基于侵权行为的原状回复请求权虽在立法上有所区别，但始终未有明确的边界，且无论判例抑或学说，也都存在分歧。"结果除去请求权"，判例予以认可的近来也有不少。

2. 一般的不作为请求权

按照《德国民法典》，妨害除去、妨害预防的效力除及于物权外，姓名权（《德国民法典》第12条）、占有权（《德国民法典》第862条）、商号权（《德国商法典》第37条）、商标权（《德国商标和其他标志保护法》第24条）、特许权（《德国特许法》第47条）、著作权、渔业权、矿业所有权、专卖权等权利也认可有此效力。之后，伴随判例的一般的不作为之诉的形成，妨害除去与妨害预防的效果开始扩大到没有权利的情形，并得到学者的支持。依此而保护的事例，实际上有名誉、信用的侵害，反不正当竞争法并未特别禁止的产业侵害。另外，与直接的生活妨害没有关联的并不包含有权利（绝对权）的利益也属之。如下对一般不作为之诉的代表性学说予以分析。

（1）战前的学说

1）学者埃尔茨鲍尔（Eltzbacher）分别于1901年和1906年发表关于不作为请求权的详细研究成果，从与物权绝对性的结合角度对不作为请求权予以理解。

其主张归纳为一句话即是：一般的不作为请求权是绝对权与其他法益相结合的权利。对此权利的侵害业已发生，或将来有侵害之虞的，通常受害人即可提起此一般的不作为之诉。此法律上的根据是对《德国民法典》第 12 条、第 862 条、第1004 条等个别的不作为之诉的规定的类推解释。显然，埃尔茨鲍尔的见解乃仅以对权利的侵害的不作为之诉的如下传统立场为前提：对应于不作为之诉的乃是不作为请求权。亦即，其认为法律课以他人不作为义务时，相应地给予了另一方不作为请求权。例如，对于妨碍人的快适生活的行为，则是违反了德国刑法的规定，且将来有产生同样侵害之虞时，即可提起私法上的不作为之诉。具体而言，公然的渎神、猥亵行为（《德国刑法》第 183 条）、对动物的虐待而引发的人们的激愤、受犯罪行为的胁迫而产生的不安、对于骚动的喧嚣而给予人的不适的刺激、烦恼（《德国刑法》第 360 条），均可提起私法上的不作为之诉。另外，他还特别指出，不作为之诉不得恣意性地认可。对于这些见解，有学者批判道：将权利与利益（法益）同等看待，乃与《德国民法典》的体系相违和。

2）学者厄尔特曼（Oertmann）于 1904 年发表关于不作为请求权的论文，表达与学者埃尔茨鲍尔相反的立场，认为仅在对绝对权的侵害急迫且有继续性侵害之虞时，方可适用《德国民法典》第 1004 条的规定。在其看来，不作为请求权的存在基础仅是权利（绝对权），依法规而享受利益的人不享有不作为请求权。至于营业权、人格权，虽也应归属于绝对权，但所谓人格权，依《德国民法典》乃是仅限于与姓名、名称、著作物有关的权利，而信用等乃是单纯的法益，对之显然不应认可有不作为请求权。但此并不绝对。有过失的情形，作为侵权行为的损害赔偿（原状回复）请求权的特殊状态，不作为请求权也应予认可。具体而言，自由被剥夺的场合，娼家营业致邻人以妨害的"统一的继续行为"场合，新闻广告的重复性（反复性）威胁到他人信用的场合，继续性钢琴演奏妨碍邻人的场合，为除去其损害，应认可作为损害赔偿的不作为请求权。

可见，学者厄尔特曼所认可的不作为之诉的权利基础，一方面仅限于绝对权，另一方面又承认对于侵权行为的作为原状回复效果的不作为之诉。这一点上，厄尔特曼的理论显示出特色，也正是这一点为另一学者莱塞（Lesser）所继受。

3）学者莱曼（Lehmann）于1906年出版关于不作为之诉的著作，其表明的见解具重要意义。莱曼认为，不作为之诉中的"不作为"乃系"给付"义务的对象，作为不作为基础的实体法，要认可不作为请求权，需"以有权利为必要"，而基于单纯的"法的利益"不得成立不作为请求权。其认可两种不作为请求权：（i）基于绝对权的不作为请求权。于此场合，如客观上有违法行为，即可命令"不作为"。依德国普通法，绝对权的范围系与物权范围一致。《德国民法典》对因此而生的不作为请求权设有明文。然伴随近现代交易的发展，对于个人的人格活动的自由应给予不作为请求权的保护。这就是不作为请求权的扩张。尤其值得提及的是，莱曼对不作为请求权的扩张持慎重立场，即认为不作为请求权的适用不得泛滥，否则将影响到《德国民法典》的安定性。（ii）源于侵权行为的不作为请求权。

4）学者罗森塔尔（Rosenthal）的见解。1916年，学者罗森塔尔公开了其关于不作为之诉的明快的见解。其指出，作为不作为之诉的实体法上的根据的不作为请求权可分为三类：（i）侵权行为的不作为请求权；（ii）准侵权行为的不作为请求权；（iii）物权的不作为请求权。其中，最后一种不作为请求权为最初意义的不作为请求权。《德国民法典》第1004条、第862条、第12条所定的绝对权利受到客观的违法妨害时，受害人就享有此权利。

5）对战前代表性见解的简要总结

综上，德国战前的不作为之诉的争论可归纳如下：（i）对于绝对权之外的法益，均承认应以不作为之诉保护，此点学者见解皆无不同。《德国民法典》虽将不作为之诉的范围限定于绝对权，但实际上此立场已有灵活的改变。（ii）不作为之诉的争议焦点在于，认可绝对权之外的法益也应依不作为之诉而保护时，理论上应如何释明。

（2）战后的学说

战后的德国民法学界通常认为，对于尚未发生侵害，或有侵害之虞的情形，抑或加害人未有责任的情形，通常的不作为之诉大都应予承认。对此，学者间未有异论。同时，提倡基于纯粹的侵权行为而生不作为之诉的见解也不存在。以下篇幅，试对战后德国民法学在此领域的状况作一考察。

1）1959 年，学者尼佩代（Nipperdey）在教科书中表达了关于不作为之诉的如下见解：将不作为之诉与权利结合起来。其指出，不应再像过去那样仅从《德国民法典》第 823 条第 1 项所保护的客体的权利的规定上而考量，对于违反其他侵权行为规定的情形，也应认可不作为之诉的存在。被害人或受到威吓的人，有要求加害人停止侵害的权利，实体法上的不作为请求权乃是此不作为之诉的根据。另外，尼佩代尚认为，绝对权在性质上虽具对世的效果，但也不能无限地予以保护。当然，营业权、人格权系绝对权，基此而有不作为请求权乃不言自明。尼佩代的这些见解，受到与前述学者埃尔茨鲍尔相同的批判，批判者认为其在权利与法益的区别上违反了《德国民法典》的固有逻辑。

2）以黑尔维希（Hellwig）为代表的见解。此见解认为，不得将不作为之诉与权利相结合，而应将不作为之诉解为纯粹的诉讼法上的制度。此见解在 1900 年由黑尔维希首先提出后，随即获得了诉讼法学者的支持，迄至战后重获注目，得到拉伦茨、埃塞尔（Esser）的强力支持。拉伦茨在 1956 年重新出版的民法教科书中着力强调了权利与法益、权利与请求权的区别，将《德国民法典》第 823 条第 1 项所定的生活利益从绝对权上予以把握，由此进一步将不作为之诉与权利侵害相区分，认为不作为之诉系一种旨在保护"法益"的特别的诉讼形态。

另一学者埃塞尔在 1949 年以来重版的教科书中也将不作为之诉作为诉讼法上的制度而解释。他指出如下事实：作为绝对权遭受侵害的保护手段的不作为之诉（actio negatation），与《德国民法典》第 823 条第 2 项以下保护的法益、利益的侵害的不作为之诉（actio quasi negatoria）尽管应予以区分，但结果上，具处理、对待上的相同性。

3）学者克默雷尔（V. Caemmerer）所持见解介乎前述二学说之间。克默雷尔于 1960 年发表的论文中指出，不作为之诉不仅发生在绝对权遭受侵害的场合，且即使违反《德国民法典》第823条第2项、第824条、第826条等的规定时也可发生。如此,某法益是否为绝对权,其判断标准即丧失之。同时,其主张将不作为之诉作为诉讼法上的利益保护的特别形态,而与给付之诉、确认之诉、形成之诉相并列,合称为"妨害禁止诉讼"。另外,其认为权利概念的本旨(核心)乃是"财货的分配内容",故此,有学者主张的将权利概念与其他侵权行为法所保护的诸利益之间的区隔予以抹消,乃是不当的,应予反对。

4)学者赖泽尔(Raiser)的见解。该人的见解与前述诸见解均不同,其将不作为之诉与权利问题分离,作为制度保护的一环而把握。赖泽尔在1963年发表的论文中指出,私法不仅以权利保护的制度保护为目的,且作为制度保护的例外情形尚有占有保护。占有保护非在保护占有权,而是旨在保护占有秩序。在其看来,一般的不作为之诉的根据,不应求诸通说所认为的《德国民法典》第1004条,而须求诸规定占有保护请求权的《德国民法典》第862条。另外,赖泽尔尚将权利区分为支配权与人权。支配权系所有人的处分能力的保障所在,是一种被分配了的个人财产的排他的所有及利用的法的地位。营业权不具此种特性。作为人权之一的人格权也如是。然对于这些法益,应赋予不作为请求权的保护。

5)最近的议论。此主要是立法论的见解,即将不作为之诉的法的根据,从实体法角度,主要是求诸侵权行为法而提倡。

(3)小结

综上,关于不作为之诉可作如下归纳和总结:

1)对于未包含权利的法益的侵害,认可有不作为之诉的存在,此自德国帝国法院以来,无论判例还是学说,均予支持。

2)以上结论虽未有异论而表现出相当的一致性,但该不作为之诉的发展,尤其是对于它和权利的关系如何厘清,学说存在歧见,可概括为如下三类:

第一,以埃尔茨鲍尔、尼佩代等为代表的见解。此见解将作为绝对权的权利概念加以扩张,认为一般的不作为之诉系绝对权遭受侵害时而启用的保护手段(方式)。但正如受到的批判那样,着力强调此点,将使绝对权概念扩张,致其内容模糊，进而使权利与利益区别的价值丧失。

第二，以拉伦茨、埃塞尔、克默雷尔、赖泽尔等人为代表的见解。此见解基本维持所谓权利乃是各个自然人的分配领域的东西这一古典的见解，将一般的不作为之诉作为逾越了权利论的框框，或作为诉讼法的制度而解释。

第三，1901 年德国帝国法院判决与由厄尔特曼、莱曼、罗森塔尔等人主张的见解。这就是将不作为之诉区分为基于绝对权的无过失责任的禁止与基于绝对权之外的法益的作为过失责任的禁止。

五、结语

通过分析，我们看到，德国相邻关系制度具相当大的特性，其重要的特性是将相邻关系中的一些具体的细目事项委诸州法规范和解决，并承认习惯于调整相邻关系中的重要功用。另外，《德国民法典》将相邻关系制度从对所有权内容的限制上而规定，而不从对利用权与排除权的冲突的调整的视角规定，彰显了其立法技术的高超，以及潘德克吞法学在此领域的合理性和逻辑性。

《德国民法典》相邻关系制度的另一个重要成就是对不可量物侵害的规定。前文分析表明，《德国民法典》第 906 条所定的不可量物侵害制度系德国法制长期发展的产物。此制度为 20 世纪 20 年代末我国正式制定民法典时所承袭，规定于《中华民国民法》第 993 条。迄至今日，《德国民法典》第 906 条已经由立法、判例与学说获得重要发展，成为相当完备的制度。

借鉴、参考德国的相邻关系尤其是不可量物侵害制度，我国的相邻关系制度应依下述思路而予解释。

第一，将相邻关系制度解为主要是对所有权的限制，具体从所有权内容的限制角度而规定。

第二，对相邻关系中的某些细目事项，可考虑委诸习惯与具体的民法施行法予以规范。

第三，不可量物侵害制度的适用范围为：一般生活活动所生的不可量物侵害与无需经许可而从事产业活动所生的不可量物侵害。

第四，规定消极的侵害与观念的侵害属于不可量物侵害的范围。

第五，规定受害人忍受不可量物侵害的要件，包括本质的侵害、场所的惯行性的利用与经济上可期待的防止措施的含义或标准（一般标准与单个情形的特殊标准）。

第六，规定衡量补偿请求权的成立要件、补偿数额及给付方式。

第七，规定妨害除去、妨害停止请求权及一般的不作为之诉的适用要件。

附本文主要参考文献

1. ［日］大塚直："关于生活妨害禁止的基础的考察（6）"，载《法学协会杂志》第 104 卷第 9 号。

2. ［日］沢井裕："德国相邻法的基础理论"，载《法学论集》（关西）第 9 卷第 5—6 号。

3. ［日］加藤一郎编：《外国的公害法》（下），岩波书店 1978 年版。

4. 邱聪智：《公害法原理》，三民书局 1984 年版。

5. ［日］小川保弘：《物权法研究》，法律文化社 1985 年版。

6. ［韩］郑钟休：《韩国民法典的比较法研究》（日文），创文社 1989 年版。

7. ［日］奥田昌道等编集：《请求权概念的生成与展开》，创文社 1979 年版。

8. ［日］四宫和夫：《请求权竞合论》，一粒社 1986 年版。

遗失物拾得的若干问题[*]

《民法通则》第 79 条第 2 款规定："拾得遗失物、漂流物或者失散的饲养动物，应当归还失主，因此而支出的费用由失主偿还。"

本款为我国有关拾得物问题的基本法律规定。举凡遗失物、漂流物或者失散的饲养动物的遗失人皆可依据本款请求拾得人予以返还。但因本款文字过于简略，有解释权的机关迄今亦未对其作出圆满阐释，致司法实务各行其见。为着本款的正确适用，有必要对遗失物拾得的若干问题予以研究。

一、基本立法状况分析

（一）罗马法

罗马法是最早规定遗失物（物）所有权归属及其相关问题的立法。依罗马法，无论经过多长时间，拾得人对拾得物不仅不取得所有权，而且遗失人在拾得人不予返还时，将保有对拾得人提起诉讼，以收回遗失物之永久性权利。拾得人须交付其所拾得之原物，以他物代替或变价作赔均不得允许。此即罗马法所谓不取得所有权主义。[1]此外，根据罗马法，拾得人在将遗失物返还遗失人后，可基于无因管理规则要求遗失人偿付因此而支出的费用，但拾得人无权请求遗失人给予报酬。

---

* 本文曾发表于《法学研究》1992 年第 3 期，今收入本书乃有改动。

1 参见黄右昌：《民法诠解》（物权编，上册），台北商务印书馆 1988 年版，第 166 页。

（二）德国法

德国立法有关遗失物拾得的规定，有德国古代法与现行法之别。依德国古代法，拾得人与官署对拾得物在尽了一定程度性义务之后，若遗失人仍未为领取事宜，则该遗失物应为国库、寺院、拾得人三方按一定比例分有。此即德国古代法所谓分别取得所有权主义。[1]其所规定的程序性义务是：（1）拾得人应赴官署报告所拾得之遗失物；（2）官署催告遗失人呈报遗失事宜；（3）遗失人未为领取。如拾得人未尽第 1 项义务，将构成刑法的隐匿遗失物罪。

现行《德国民法典》制定时曾着重参考了德国古代法。有关遗失物的拾得，除在铁道等交通要塞的拾得适用特别法外，一律适用《德国民法典》有关规定。依第 965 条，拾得人拾得并占有遗失物后，负有立即通知遗失人、所有人或其他有权受领人的义务。但拾得物的价值不超过 10 马克者，不在此限。依第 966 条及其以下各条，拾得人对拾得物负有保管、返还义务，并对故意和重大过失承担民事责任。依第 970 条和第 971 条规定，拾得人在履行一切应尽义务后，享有请求遗失人偿还费用及给付报酬的权利。在遗失人未尽此项义务时，拾得人对拾得物有留置权。此外，依第 973 条，拾得人向主管官署报告后经过 6 个月仍未有受领人的，拾得人将取得遗失物所有权。

（三）日本法

日本对遗失物拾得的法律调整，采在民法典外另行制定单行遗失物法的双轨制立法主义。此二项法律中，以《日本遗失物法》最为重要。因为《日本民法》仅以一个条文（第 240 条）就拾得人在依规定进行公告后 6 个月内，遗失人仍不明时，取得遗失物所有权问题作了规定。除此以外之其他若干事项则均由《日本遗失物法》予以规定。

《日本遗失物法》公布于 1899 年 3 月 24 日，同年 4 月 13 日施行，迄今经过 5 次修改，最近一次修改是在 1958 年。该法第 1 条规定，拾得他人遗失物件者，应将该物件返还于遗失人、所有人或其他有物件回复请求权的人，或将该物件提交

1　参见黄右昌：《民法诠解》（物权编，上册），台北商务印书馆 1988 年版，第 166 页。

警察署长。该法还规定了物件的变卖、遗失人的费用负担、拾得人酬劳金及拾得人权利的丧失等事项。

(四) 法国法

法国有关遗失物拾得的立法模式与德国、日本均不同，即不规定于民法典之中，而是由特别法予以调整。依特别法，关于遗失物的拾得，采有限的拾得人取得所有权主义。立法将遗失物明确区分为海上遗失物、湖川遗失物、沿海遗失物以及陆地上遗失物四种。第一、二种，即海上遗失物和湖川遗失物，归国库所有。第三种，即沿海遗失物，拾得人享有三分之一的所有权。第四种，即陆地上遗失物，若遗失人在法定期间内未向拾得人请求返还，则拾得人取得遗失物的全部所有权。[1]

(五) 我国台湾地区 "法"

与德国一样，我国台湾地区将有关遗失物之拾得问题规定于现行 "民法" 中。依第807条规定，遗失物拾得后6个月内，所有人（即遗失人）未得认领者，警署或自治机关应将其物或拍卖所得之价金，交付拾得人所有。此即所谓拾得人附条件取得所有权主义。同时，该 "民法" 在以下各条就拾得物不便保存之拍卖、拾得人之权利及义务等作了规定。关于拾得人请求遗失人给付报酬之数额，依第805条第2项规定，不超过遗失物价值的十分之一。该 "民法" 较前述德国法、日本法、法国法的特色在于，它将拾得人对遗失物的处置分为合法处置与不法处置两种情形，并对两种处置的不同性质、后果以及拾得人的权利、义务与责任等作了规定。

二、若干问题研析

(一) 遗失物的概念与范围

关于遗失物的概念，各国家和地区立法大都未予明定。因此，学者乃不断于

---

1 参见黄右昌：《民法诠解》（物权编，上册），台北商务印书馆1988年版，第166页。

学理上对其予以阐释。依学者一致见解，遗失物须为动产，不动产如土地纵因时间久远致疆界湮灭，也不构成遗失物。除一般动产外，有价证券（票据、股票、奖券、礼券）及银行存折、各种证书（例如身份证、毕业证、结婚证、收据）等亦属于此所称动产范围。[1]关于失散的饲养动物是否为遗失物，在日本，学者通说认为，家畜（即饲养动物）为准遗失物。[2]《德国民法典》第971条规定拾得动物时遗失人应支付3%的报酬。显然，德、日两国立法事实上肯定了动物亦可为遗失物构成要件之动产。这里应着重提及我国台湾地区"民法"，其规定颇具特色，依其第791条规定，逸失之动物，其所有权并不消灭。如遗失人对逸失动物之支配管领力仅仅是一时不能施行，则不得认为遗失人业已丧失对逸失动物的占有。但是，占有人若放弃对逸失动物的追索，则其得成为遗失物，应适用"民法"有关遗失物问题的规定。[3]可见，在我国台湾地区，动物是否为遗失物，以遗失人是否主动追索为判断标准。我国现行《民法通则》在动物是否可为遗失物问题上，采取了明确的肯定立场，第79条第2款将失散的饲养动物与遗失物、漂流物并列规定。

（二）遗失物的构成要件

所谓遗失物的构成要件，系指具备何种条件的动产方可构成遗失物。对此，各国家和地区立法均无明文，因而，学者不断对此作出解释。依民法学者黄右昌先生的见解，称遗失物者须具备二项要件：（1）非出于权利人抛弃之意思；（2）非因他人之夺取。[4]民法学者史尚宽先生则认为，构成遗失物须具备六项要件：（1）遗失物须为非无主物；（2）须有物之占有之丧失；（3）须占有不同时移属于第三人；（4）须非隐藏之物；（5）占有之丧失须非出于占有人己意；（6）占有之丧失须带有确定性。[5]郑玉波先生则称，遗失物除为动产外，尚须为他人之物，

1　郑玉波：《民商法问题研究》（三），1991年自版，第92页。

2　参见黄右昌：《民法诠解》（物权编，上册），台北商务印书馆1988年版，第167页。

3　史尚宽：《物权法论》，荣泰印书馆股份有限公司1979年版，第117、116页。

4　参见黄右昌：《民法诠解》（物权编，上册），台北商务印书馆1988年版，第167页。

5　史尚宽：《物权法论》，荣泰印书馆股份有限公司1979年版，第117、116页。

且于拾得前为无人占有，而其占有之丧失，并非系由权利人之抛弃。[1]

我国《民法通则》第79条第2款未对遗失物的构成要件予以界定，学说迄今亦无界说。我认为，借鉴上述三位先生见解，可对我国《民法通则》所称遗失物的构成要件作如下解释：（1）遗失物须为他人之物；（2）遗失人占有的丧失须非出于占有人己意；（3）须非隐藏之物；（4）须为非无主物。

（三）拾得的要素、性质

遗失物的拾得构成遗失人与拾得人间法律关系的成立。[2]依民法理论，所谓拾得，指拾得人发现且实在占有该遗失物。因此，发现与占有，构成拾得行为二要素，缺一均不构成拾得。惟对拾得的理解，并非一定以拾得人在物理上支配遗失物不可，依社会一般观念，凡有占有遗失物之事实者，例如雇人看守或登报申明，均认为构成拾得。[3]

关于拾得的性质，依民法理论，其属民法所称合法行为的事实行为。因而，拾得人不以具有行为能力为必要。凡遗失物一经为拾得人发现且实在占有，即可构成拾得。

（四）拾得人的权利、义务

1. 拾得人的权利

关于拾得人的权利，各国家和地区立法均有明文，综合其规定，大致包括下述几项：（1）费用偿还请求权。此处所谓费用，依《德国民法典》第970条规定，系指拾得人出于保管或保存拾得物的目的，或出于查明有权受领人的目的，依当时的情况认为有必要支付的费用。在我国台湾地区，依学者解释，所谓费用包括公开招领的费用，如登报费及保管费。保管费中包括维持费。如遗失物为动物，其饲料费也包括在内。[4]在遗失人不尽此项义务时，依《德国民法典》第972条规定，拾得人将享有留置权。我国台湾地区"民法"对此未有明文，但依学者

1　郑玉波：《民商法问题研究》（三），1991年自版，第92页。
2　郑玉波：《民商法问题研究》（三），1991年自版，第92页。
3　郑玉波：《民商法问题研究》（三），1991年自版，第92页。
4　郑玉波：《民商法问题研究》（三），1991年自版，第92页。

解释，拾得人可留置该遗失物，以资担保。[1]（2）报酬请求权。依《德国民法典》第971条第1项规定，拾得人得向有权受领人请求支付报酬。拾得物之价值在500欧元以下者，其报酬为5%；超过500欧元时，为超过部分价值的3%；关于动物，亦为其价值的3%。如拾得物仅对有权受领人有价值，拾得人的报酬应按公平原则衡量确定。我国台湾地区"民法"第805条第2项也规定，遗失人应以不超过其遗失物价值十分之一向拾得人支付报酬。（3）拾得人附条件地取得拾得物所有权。此为德国、法国、日本及我国台湾地区所一致规定，兹不赘述。

2. 拾得人的义务

关于拾得人的义务，各国家和地区立法亦予以明文规定。主要有：（1）通知义务。拾得人拾得遗失物后，应通知遗失人、所有人或其他有权受领人。在不知所有人或所有人所在不明时，应为招领公示或报告主管官署。（2）保管义务。拾得人拾得遗失物后，应负保管遗失物义务。拾得人在报告主管官署并交存其物以后，此项义务即行免除。对易于腐败或保管需费过巨者，依《德国民法典》第966条规定，拾得人应将遗失物交付公开拍卖，以价金代替拾得物。（3）报告义务。此种义务存在于下述两种情形：第一，拾得人拾得遗失物后向主管官署报告；第二，在招领期间届满后仍未有失主认领时，拾得人为决定遗失物所有权的归属而为报告。第二种情形的报告义务具强制性质，若拾得人不为报告并将其物交存，则非但不能取得遗失物所有权，还将成立侵占罪。[2]（4）返还义务。此项义务系指拾得人对所拾得的遗失物在一定期间内须负返还义务。关于"一定期间"，各国家和地区规定各异，依《德国民法典》为6个月，《日本遗失物法》为1年。

三、对《民法通则》第79条第2款的解释

我国《民法通则》是在全国人大前法制委员会民法起草小组的民法草案第四

---

[1] 郑玉波：《民商法同题研究》（三），1991年自版，第97页。

[2] 史尚宽：《物权法论》，荣泰印书馆股份有限公司1979年版，第120页。

稿基础上制定的，而第 79 条第 2 款系渊源于数千年来中国社会生活中风行的良好道德传统——拾金不昧。究其本旨，是将道德规范直接上升为法律规范。但本款文字过简，仅仅规定了拾得物所有权归属问题，而对与此相关之诸多问题均未予规定，致法院判案时发生困难。因此，有必要对本款及相关若干问题予以解释。

（一）拾得人拾得的遗失物、漂流物或者失散的饲养动物的所有权归遗失人

前已述及，世界大多数国家和地区在拾得物归属问题上，均承认拾得人附条件的所有权取得主义。《民法通则》第 79 条第 2 款规定却与此相反，它坚持罗马法之不承认所有权取得主义，规定遗失物、漂流物或者失散的饲养动物，无论经过多长期间，拾得人均不取得其所有权。本款所谓遗失物，应依前述学者一致见解，解为一般动产，有价证券、银行存折、各种证书等均包括在内。所谓漂流物应解为无人占有而漂流于水上或已附着于岸边之物。

（二）关于拾得人的义务

《民法通则》第 79 条第 2 款对拾得人之义务未作出规定，是为缺漏。笔者认为，前述德国、日本及我国台湾地区关于拾得人义务的规定可资借鉴，本款对拾得人所负义务应作同一解释，即拾得人应负通知、保管、报告及返还义务。易于腐坏或其保管需费过巨者，应交付公开拍卖，以价金代替拾得物。

拾得人尽其所负义务后，仍未见受领人（《民法通则》称失主）认领的，经过一定期间即应归国家所有。此处之"一定期间"，可依《民法通则》普通时效期间解释为 2 年。拾得人所负报告义务的地点，应解为公安机关及其派出机构等。

（三）关于拾得人的费用偿还请求权

《民法通则》第 79 条第 2 款对拾得人之费用偿还请求权予以明定，此即本款所谓"因此而支出的费用"由失主偿还。

笔者认为，以前述《德国民法典》的规定与我国台湾地区学者对费用问题的解释来阐明本款的所谓费用是妥当的。依本款，拾得人请求的费用偿还界限是"因此而支出的"费用，即从拾得人拾得遗失物、漂流物或者失散的饲养动物起

至归还失主止所支出的费用。即便在作如此解释后，此期间所支出的费用的具体情形与费用的合理性问题仍不明了，似有作进一步解释的必要。笔者认为，应将《民法通则》第 79 条第 2 款规定的费用解为拾得人出于保管或保存拾得物的目的，或出于查明有权受领人的目的，依当时情况认为有必要支付的费用。具体包括：（1）因公开招领而支出的费用，如登报费；（2）保管费或维持费；（3）遗失物为动物时所支出的饲料费；（4）遗失物为漂流物时所支付的打捞费；（5）拾得人尽报告义务与在某些特定情形下拾得人因寻找失主所支出的费用。关于拾得人支出的费用如果超出拾得物本身价值将何以处理问题，有学者认为也应由失主承担。[1]笔者认为，对此应分别情况予以不同处理：遗失人在此情形下仍愿认领的，拾得人所支出的费用由其承担；遗失人在此情形下不愿认领的，应与前述拾得人尽所负义务后仍未有遗失人认领时归国家所有作同样解释，国家可对拾得人因此而支出的费用予以适当补偿。

（四）关于拾得人的报酬请求权

如前所述，大多数国家和地区一致规定拾得人有权向受领人请求给付报酬。《民法通则》第 79 条第 2 款对此未作规定。笔者认为，为贯彻《民法通则》第 4 条的公平原则，平衡受领人和拾得人的利益，应参考各国家和地区立法的成功经验，在我国民法上规定拾得人有权请求受领人给付报酬。

各国家和地区立法有关受领人给付拾得人报酬数额的规定，大抵有两种立法主义，即统一立法主义和分别立法主义。所谓统一立法主义，指立法不分拾得物价值、种类的差异而规定一个统一的报酬数额。所谓分别立法主义，指立法依拾得物价值、种类的差异而分别规定不同的报酬数额。此以《德国民法典》为其典范。

上述两种立法主义，均可为我国民事立法所借鉴。尤其是《德国民法典》的分别立法主义，依拾得物价值、种类等的不同而规定遗失人应给付数额不等的报酬，于法于理，均称妥当，可为我国立法机关修订本款及现实人民法院判案时

---

[1] 刘克希：《民法通则原理与实务》，重庆出版社 1990 年版，第 202 页。

参考。

（五）关于在车、船、建筑物及非供一般公众通行场所的拾得

《民法通则》第79条第2款未对于车、船、建筑物及非供一般公众通行场所的拾得问题作出规定，是为一项缺漏。为使司法实践有法可依，有必要借鉴其他国家和地区立法经验，对此类问题予以解释，并在将来修改本款时予以增补。

关于在车、船、建筑物及非供一般公众通行场所的拾得物件是否为遗失物，各国家和地区立法大都采取了肯定立场。依《日本遗失物法》第10条，为船只、车辆、建筑物或其他设施的占有人管守设施者，在其管守的场所拾得他人物件时，应速将该物件提交给占有人。在此情形，占有人视为拾得人。同时，在有管守人的车、船、建筑场所及其他本来就非供一般公众通行场所内拾得他人物件者，应速将该物件交付管守人。受交付的管守人应将该物件交付给车、船、建筑物及非供一般公众通行场所的所有人。《瑞士民法典》第720条第3项规定，无论在有人住的房屋或在供公共使用场所或交通营造物所发现之物，其房主、承租人或营造物视为拾得人。

上述二国在解决于车、船、建筑物及非供一般公众通行场所内拾得问题上的立法可资借鉴。尤其是《日本遗失物法》的规定，于法于理，至为妥当，可供我国司法机关于判案时参考。

（六）关于拾得人的不法处置

所谓拾得人的不法处置，依学者一般见解，系指拾得人拾得遗失物后，据为己有，拒不返还，并加以处置的情形。[1]它包括：（1）拾得人据为己有而自行使用收益。对此种不法处置，依《德国民法典》第971条第2项的规定，拾得人将丧失报酬请求权和丧失附条件取得拾得物所有权。我国台湾地区规定了较《德国民法典》更重的责任，拾得人除不能取得拾得物所有权外，还将发生下列后果：第一，构成侵占罪；第二，构成违警；第三，成立侵权行为或不当得利。第一、二两种后果，拾得人将依我国台湾地区"违警罚法"第77条与"刑法"第337

1　郑玉波：《民商法问题研究》（三），1991年自版，第100页。

条的规定承担公法上的责任；而第三种后果，拾得人将负损害赔偿责任，同时，因成立不当得利而负返还责任。[1]（2）拾得人据为己有而加以处置，即拾得人将遗失物予以转让或出质等。[2]于此情形，拾得人虽应负第一种情形的诸种责任，但对受让人与质权人则应依民法善意或恶意受让和出质而决定，以使善意受让人或质权人的利益得以保护。

《民法通则》第79条第2款对上述拾得人不法处置问题全然未有规定，这无疑为一项缺漏。惟值得参考的是最高人民法院《关于贯彻执行〈中华人民共和国民法通则〉若干问题的意见（试行）》第94条对此的解释。该条规定："拾得物灭失、毁损，拾得人没有故意的，不承担民事责任。拾得人将拾得物据为己有，拒不返还而引起诉讼的，按照侵权之诉处理。"此处所谓拾得物灭失、毁损，拾得人没有故意的，不承担民事责任，相当于《德国民法典》第968条规定的拾得人对故意和重大过失负其责任。凡拾得物灭失、毁损非由拾得人的故意或重大过失所致者，拾得人将不负民事责任。所谓拾得人将拾得物据为己有，拒不返还，按照侵权之诉处理，则相当于我国台湾地区所规定的第一种不法处置情形下所产生的第三种后果的前半部，即成立侵权行为，负损害赔偿责任。显然，此较之我国台湾地区又同时规定成立不当得利而应负返还责任而言，实属较轻。笔者认为，我国台湾地区对拾得人予以不法处置时成立侵权行为或不当得利的规定是妥当的，可资借鉴，建议在将来修订《民法通则》时予以补充完善。

1　郑玉波：《民商法问题研究》（三），1991年自版，第100页。

2　郑玉波：《民商法问题研究》（三），1991年自版，第100页。

埋藏物发现的若干问题[*]

《民法通则》第 79 条第 1 款规定："所有人不明的埋藏物、隐藏物，归国家所有。接收单位应当对上缴的单位或者个人，给予表扬或者物质奖励。"

按照现代民法物权理论，民事主体通常可以基于两种原因取得动产所有权：（1）基于法律行为取得动产所有权。例如，因买卖、互易、赠与取得标的物所有权。（2）基于法律行为以外的原因取得动产所有权，包括因埋藏物的发现、遗失物的拾得及先占等事实行为取得标的物所有权。这两种取得所有权的原因，系现当代民法有关动产所有权变动的基本法律事实。其中，基于法律行为而取得动产所有权，系基本方式，为人们所熟悉。而基于法律行为以外的原因，如因埋藏物的发现而取得埋藏物所有权，则是一种较少见的方式。此种取得财产所有权的方式，我国《民法通则》第 79 条第 1 款设有明文。但该款内容上过于简略，难以适用，有必要予以解释。同时，该款规定于立法例选择上亦未臻妥当，致法律的安全价值受到损害，因而有加以检讨的必要。

一、基本立法状况分析

（一）罗马法

于罗马法漫长的历史进程中，关于埋藏物（拉丁语 *thesaurus*）之发现问题，

＊ 本文曾发表于《法学研究》1995 年第 3 期，今收入本书乃作有改动。

伴随社会历史的变迁，曾受不同法律规范的调整。[1]罗马法早期，由于财产大多为特定家族所共有，买卖流通情况极少，社会一般观念均认为地下埋藏物系由祖先所埋藏而成为其土地之附从物，所发现之埋藏物所有权由土地所有人享有，而非归属发现人。[2]至共和末年帝政初期，土地买卖日渐增多，一地往往数易其主。于此社会背景下，社会观念渐生转变，认为埋藏物并非系由最后的土地所有人的祖先所埋藏。[3]同时，法律若仍旧固守此前旧有立场，不给予发现人适当利益，也不利于宝藏的发掘。[4]时至哈德里亚努斯帝时代，关于埋藏物的发现问题，立法即转变立场，重新予以规范：（1）于自己土地上发现的埋藏物完全归发现人自己所有；（2）于他人土地上发现的埋藏物，由发现人与土地所有人各取得埋藏物二分之一所有权，但发现人蓄意于他人土地上发现埋藏物的，则所发现的埋藏物所有权全部归由土地所有人享有；（3）于皇室土地上所发现的埋藏物，其所有权一半归发现人，一半归皇室。[5]此外，依照规定，此类不同场合的埋藏物发现，须以发现人在无意中之"偶然发现"（non data opera）为限。除永租人、地上权人、用益权人外，其他一切人非经所有人同意，均不得于他人土地上挖掘搜索，否则将构成对他人所有权的侵害。[6]

值得提及的是，哈德里亚努斯帝时代所作的有关埋藏物发现的法律规定，在君士坦丁一世时一度被加以修正，但至崔诺帝时又重新适用哈德里亚努斯帝时代所确立的规定。[7]因此，于埋藏物发现问题上，哈德里亚努斯帝时代所确立的规则遂成为全部罗马法有关埋藏物发现问题的基本规定。

（二）法国法与日本法

法国关于埋藏物的发现问题，系由《法国民法典》予以调整，规定于第3卷

1　［意］彼得罗·彭梵得：《罗马法教科书》，黄风译，中国政法大学出版社1992年版，第200页。

2　周枏：《罗马法原论》（上册），商务印书馆1994年版，第335页。

3　周枏：《罗马法原论》（上册），商务印书馆1994年版，第335页。

4　周枏：《罗马法原论》（上册），商务印书馆1994年版，第335页。

5　江平、米健：《罗马法基础》（修订本），中国政法大学出版社1991年版，第146页。

6　周枏：《罗马法原论》（上册），商务印书馆1994年版，第335页。

7　周枏：《罗马法原论》（上册），商务印书馆1994年版，第335页。

"取得财产的各种方法"中，内容上，其完全继受了罗马法之规定。《法国民法典》第716条规定，埋藏物的所有权属于在自己土地内发现之人。埋藏物系于他人土地内发现时，其半数属于发现人，半数属于土地所有人。并且，与罗马法相同，此种对埋藏物的发现，也系仅以纯粹的"偶然发现"为限；出于预定计划所发现的物件，不构成埋藏物。

《日本民法》有关埋藏物发现问题的法律规定系仿效《法国民法典》第716条，因此，其内容与《法国民法典》第716条的规定几乎完全一致。即使如此，日本法于法律调整体制上仍与法国法存有差异，即在日本，关于埋藏物的发现，实行除《日本民法》外另行准用《日本遗失物法》有关规定的双轨制调整主义。但此二项立法规定中，当以《日本民法典》的规定为最重要，则属无疑。

《日本民法》关于埋藏物的发现，规定于物权编的所有权的取得一节中。依该法第241条规定，埋藏物在依特别法进行公告后6个月内，其所有人仍不明时，发现人即取得其所有权。但是，于他人物内发现的埋藏物，发现人与其物之所有人折半取得其所有权。此即《日本民法》关于埋藏物发现的基本法律规定。除此以外的其他事项准用《日本遗失物法》的规定。

《日本遗失物法》公布于1899年3月24日，同年4月13日施行，迄今经过5次修正，最近一次修正是1958年。该法第13条规定，除同法第10条的规定外，埋藏物发现的诸问题，一律准用本法有关规定。这样一来，有关埋藏物发现后的处置，埋藏物发现人的权利的放弃、丧失，发现人的报酬请求权等，均可准用《日本遗失物法》获得解决。

此外，须提及的是，在埋藏物的归属上，日本虽然继受了《法国民法典》的基本规定，但仍与其存有差异。按照日本昭和25年（1950年）颁行的《文化财产保护法》第2条规定，于埋藏物系"文化财产"，且其所有人不能判明时，该文化财产的所有权将归属于国家享有。在此场合，文化财产保护委员会将通告发现人及发现所在地的土地所有人，对其给付相当于埋藏物价格的报偿金。在发现人与土地所有人非属同一人时，发现人与土地所有人各取得报偿金的一半。[1]

（三）德国法

德国立法有关埋藏物发现的规定，有古代法与现行法之别。依德国古代法，埋藏物的发现，其所有权非属发现人所有，而系由国王或诸侯所有。此即德国古代法所谓埋藏物发现的公有主义。[2]

德国现行法关于埋藏物的发现，完全抛弃了古代法的旧有规定，而继受并发展了罗马法的规定。依《德国民法典》第 984 条，发现因长期埋藏而不能查明其所有人的物（埋藏物）及因此而占有此物时，埋藏物所有权的一半归属于发现人，一半归属于埋藏物所埋藏之物（动产或不动产）的所有人。此规定除了文字表述上与罗马法、法国法及日本法有差异外，更重要的差异在于，在罗马法、法国法及日本法，发现人取得埋藏物所有权，仅须有发现事实本身即为已足，而不要求有占有事实。但于德国法，发现人之取得埋藏物所有权，不仅须有发现事实，而且尚需有因发现的结果而占有埋藏物的事实。惟同时具备此二项事实，发现人方可取得埋藏物所有权。

（四）瑞士法

与罗马法、法国法、日本法及德国法关于埋藏物之发现采取发现人有限地取得埋藏物所有权主义均不相同，瑞士法关于埋藏物的发现，采取了一种特殊的立法主义，即发现人取得报酬主义。依此主义，埋藏物所有权由包藏埋藏物的包藏物所有人取得，发现人仅可对之请求埋藏物价值二分之一以下的报酬。《瑞士民法典》第 723 条规定，埋藏物归属于被发现之土地或动产所有人所有，发现人惟于不超过埋藏物价值半数范围内，有报酬请求权。

（五）我国台湾地区"法"

与德国、法国、瑞士一样，我国台湾地区将有关埋藏物之发现问题亦规定于"民法"中。但关于所发现的埋藏物的归属，其与日本法几近一致，即以发现人

1　［日］舟桥谆一：《物权法》，有斐阁 1960 年版，第 363 页。
2　史尚宽：《物权法论》，荣泰印书馆股份有限公司 1979 年版，第 125 页。

取得所有权为原则，而以公有为例外。[1] 依该"民法"第808条规定，发现埋藏物而占有者，即取得其所有权。但埋藏物系于他人所有的动产或不动产中发现者，该动产或不动产所有人与发现人各取得埋藏物所有权之一半。所谓各取得一半，按照我国台湾地区学者解释，系指由所有人与发现人平分，而于该物无从分割时，则予以共有。[2] 另外，依该"民法"第809条规定，发现的埋藏物足供学术、艺术、考古或历史资料使用者，其所有权将依有关特别法的规定，实行公有主义。于此场合，发现人负有报告责任，并有权获得相当奖金。[3] 至此可见，我国台湾地区于承认发现人有限地取得埋藏物所有权上与罗马法、德国法、法国法及日本法均相同，而区别于瑞士法的发现人取得报酬主义。但在对某些足供学术、艺术、考古或历史资料使用的特殊埋藏物实行公有主义上又区别于罗马法、法国法及德国法，而与日本法相同。

二、若干问题研析

（一）埋藏物发现的意义与法律性质

按照现当代民法物权理论，所谓埋藏物的发现，系指发现埋藏物而予以占有的一种法律事实，[4] 于法律性质上与先占、遗失物拾得相同，系属事实行为，不以发现人具有行为能力为要件，即使限制民事行为能力人所为的发现也属有效。另外，按照学者见解，埋藏物的发现不得适用代理理论。[5]

（二）埋藏物的概念

关于埋藏物的概念，依罗马法文献，其含义甚不明确。凡隐藏于他物之中，因时隔多年而不能确定其所有人的动产即为埋藏物。[6] 此类动产，于种类上以高价

1　王泽鉴：《民法物权》（一），1992年自版，第229、231页。
2　王泽鉴：《民法物权》（一），1992年自版，第229、231页。
3　史尚宽：《物权法论》，荣泰印书馆股份有限公司1979年版，第127页。
4　王泽鉴：《民法物权》（一），1992年自版，第229页。
5　史尚宽：《物权法论》，荣泰印书馆股份有限公司1979年版，第126页。
6　周枏：《罗马法原论》（上册），商务印书馆1994年版，第335页。

物品为必要；于性质上，非属无主物，且不适用先占原则[1]

于罗马法以后各国家和地区所制定的民法典中，关于埋藏物的概念，仅有《法国民法典》设有明文规定，其第716条第2项规定，一切埋藏或隐匿的物件，任何人又不能证明其所有权，且其发现纯为偶然者，称为埋藏物。德国、瑞士的民法典虽然未就埋藏物概念设有明文规定，但从其立法理由书可以知悉，所谓埋藏物系指因长期埋藏而不能查明其所有人的物。《日本民法》也未对埋藏物概念设有明文，但学者对此作有通说。依其通说，所谓埋藏物，系指埋藏于土地或他物中，其所有权归谁所属不能判别之物。[2]

由上可知，关于埋藏物概念，各国家和地区立法、学说之界说均未尽一致。在德国、瑞士的民法典上，埋藏物须为长期埋藏之物，非长期埋藏，如遗失物遗失后即被埋藏者，不得成为埋藏物。无疑，此显系继受了罗马法有关埋藏物须为"时隔多年"之物的规定的结果。《法国民法典》关于埋藏物的概念，虽不以长期埋藏为其要件，但认为仅有发现人于偶然场合所发现之物方可成为埋藏物。《日本民法》与我国台湾地区"民法"虽未就埋藏物概念设有明文规定，但其学说的解释几近一致，即认为包藏于他物之中，不易由外部目睹，而其所有人不明之物即为埋藏物。[3]综合比较、衡量这些立法与学说见解，笔者认为，所谓埋藏物是指埋藏于土地及他物中，其所有权归属不能判明的动产。此项概念，须从下述四点加以进一步解明。

其一，埋藏物须为动产。此所谓动产，通常系指金银财宝。古代房屋或城市因地震、火山爆发等事变被埋藏于地下而成为土地的一部者，不构成埋藏物。并且，人类的遗骸也非埋藏物。但是，有考古价值的木乃伊，应认为系埋藏物。另外，埋藏物于罗马法上虽以高价物品为限，但19世纪以来的各国家和地区立法及实务均不以此为必要，我国也应作相同解释，当无疑义。

1　周枏：《罗马法原论》（上册），商务印书馆1994年版，第335页。

2　［日］舟桥谆一：《物权法》，有斐阁1960年版，第362页。

3　史尚宽：《物权法论》，荣泰印书馆股份有限公司1979年版，第125页；王泽鉴：《民法物权》（一），1992年自版，第22页；［日］北川善太郎：《物权》，有斐阁1993年版，第100页。

其二，须为埋藏之物。所谓埋藏，系指包藏（隐藏或埋设）于他物之中，不易由外部窥视或目睹的状态。他物又称为包藏物，主要系指作为不动产的土地。但其他不动产，如建筑物及动产，亦可成为包藏物。例如，墙壁或天花板中隐藏之物，屏风中挟藏之物，衣襟中缝入之物，皆得成为埋藏物。[1] 至于埋藏的原因，究出于人为或自然，在所不问。埋藏时间虽通常为久经年月，但不以此为必要。[2]

其三，须为所有权归属不能判明的物。埋藏物于性质上非为无主物。无论其过去曾为谁所有，抑或现在其仍由继承人继续性所有，均在所不问。但在现实中，该埋藏物所有权于归属上须是不能判明，则是无疑。因此，被发掘的古代人类的坟墓与其中所藏置的物品及古生物化石等，系无主物，而非埋藏物。[3] 至于所谓现实上所有权归属不能判明，则应就物的性质、埋藏的状态、埋藏的时日等客观情形予以认定，而非以发现人的主观认识为判断标准。例如，甲为避盗，将若干金银藏于其屋墙壁，甲死亡后，该房屋被辗转出售。若能辨明金银为甲所藏，则应归其继承人所有，倘不能辨明，则属埋藏物。[4]

其四，埋藏物与遗失物的区别。此二者的主要不同在于，埋藏物必定藏于他物之中，且其所有人不能判明，而遗失物则非以藏于他物为必要，且通常可以知其所有人或所有人所在不明。另外，于遗失物，遗失人丧失占有系非基于占有人的意思，而于埋藏物，埋藏人丧失占有则大多系出于有意。[5]

（三）"发现"的意义

关于"发现"的意义，按照各国家和地区学说一致见解，系指认识埋藏物之所在。[6] 此种认识埋藏物之所在，依《法国民法典》的规定，须以发现人出于偶然为必要。但依德国、日本、瑞士的民法典及我国台湾地区"民法"及学说，则未有此项限制。即无论发现人出于偶然，抑或出于预定计划，均在所不问。值得

1　史尚宽：《物权法论》，荣泰印书馆股份有限公司 1979 年版，第 125 页。

2　王泽鉴：《民法物权》（一），1992 年自版，第 230 页。

3　［日］舟桥谆一：《物权法》，有斐阁 1960 年版，第 362 页。

4　王泽鉴：《民法物权》（一），1992 年自版，第 230 页。

5　谢在全：《民法物权论》（上册），文太印刷有限公司 1989 年版，第 291 页。

6　王泽鉴：《民法物权》（一），1992 年自版，第 230 页。

注意的是，在"发现"的构成要件上，法国、瑞士、日本与德国的规定也存有差异。在法国、瑞士、日本，仅以发现埋藏物行为本身作为"发现"的构成要件，不以同时加以"占有"为必要（《法国民法典》第716条、《瑞士民法典》第723条第1项、《日本民法》第241条）。而于德国，发现埋藏物行为本身并不构成"发现"，尚须基于发现的结果而对埋藏物予以占有。此二种关于"发现"的构成要件的不同立法主义，无疑当以法国、瑞士、日本所采立法主义更为妥当。因为，埋藏物发现这一制度的本旨及核心即在于"发现"行为本身，而与遗失物拾得制度的本旨和核心乃在于"占有"显然不同。亦即，在埋藏物的发现，只要有发现埋藏物的事实即构成"发现"，而在遗失物的拾得，只要有拾得人对遗失物予以占有，即构成拾得。因此，于埋藏物发现场合，发现人与占有人同属一人时，固无问题，而在二者非为同一人时，解释上应认为发现人因"发现"行为本身即取得埋藏物的所有权。若被他人抢占，则可基于所有物的返还请求权，要求返还。例如，甲于拆除沙发家具之际，发现藏有宝物，乙抢先占有。于此场合，乙即侵害甲之埋藏物（宝物）所有权，甲可请求返还。但若甲发现埋藏物后，不欲占有而取得其所有权时，应以其后占有人乙为发现人，当无疑义。[1]

（四）埋藏物发现的法律效果

前已述及，埋藏物的发现系一种基于法律行为以外原因而取得动产所有权的方式。因此，埋藏物的发现于法律效果上就当然发生物权变动，即所谓埋藏物所有权的取得。此种取得即前述罗马法、法国法、德国法、日本法及我国台湾"法"的发现人有限地取得埋藏物所有权主义。综合各国家和地区立法及学说解释，此一主义包含下述内容：（1）发现埋藏物者，取得其所有权。但埋藏物系于他人所有的动产或不动产中发现者，该动产或不动产所有人与发现人各取得埋藏物之一半。（2）发现的埋藏物足供学术、艺术、考古或历史资料使用者，其所有权将依文化资产保存法、国有财产法等特别法的规定，收归国库所有。

---

[1] 王泽鉴：《民法物权》（一），1992年自版，第231页。

三、对《民法通则》第 79 条第 1 款的评释

（一）对《民法通则》第 79 条第 1 款的评析

我国《民法通则》是在全国人大前法制委员会民法起草小组的民法草案第四稿的基础上制定的，而第 79 条第 1 款则系直接继受民法草案第四稿第 76 条的规定而来。此二者在内容及行文上均近乎完全相同，所不同的细小差异是，《民法通则》第 79 条第 1 款规定应当对发现人给予表扬，而民法草案第四稿第 76 条则规定应给予精神奖励。但在立法例上，民法草案第四稿第 76 条与《民法通则》第 79 条第 1 款，既不属于罗马法、法国法、德国法、日本法之发现人有限地取得埋藏物所有权立法例，也不属于瑞士法的发现人取得报酬主义，而是继受并采取了 1964 年《苏俄民法典》有关埋藏物归属国家所有的立法例。

1964 年《苏俄民法典》第 148 条规定，埋藏于地下或以其他方式隐藏起来的货币或贵重物品，其所有人不能确定或者依法已经丧失了所有权时，发现埋藏物的人应当将其交给财政机关，归国家所有。上交的人有权获得所交财物价值的 25% 的奖金。但是发掘和找寻这类埋藏物属于发现人的职责范围内的情形除外。[1] 试将《民法通则》第 79 条第 1 款与 1964 年《苏俄民法典》该条相对照，可以看出：二者在埋藏物发现的法律效果即埋藏物的归属上完全相同，均一律不分情况而归属国家所有。二者仅在下述细微问题上存有差异：（1）关于埋藏物的概念，1964 年《苏俄民法典》第 148 条设有明文，而《民法通则》第 79 条第 1 款则未设丝毫规定。（2）关于上交埋藏物的发现人所应获得的奖励，《苏俄民法典》明定以物质奖励为限，其数额为所上交财物价格的 25%，而《民法通则》第 79 条第 1 款则规定了供作选择的两种奖励形式，即给予表扬或者物质奖励，于排列上，系将给予表扬这一精神奖励置于物质奖励之前，且关于物质奖励的数额未设明文。（3）对于不给予物质奖励的例外情形，1964 年《苏俄民法典》第 148 条作了

---

[1] ［苏］B.T. 斯米尔诺夫等：《苏联民法》（上卷），黄良平、丁文琪译，中国人民大学出版社 1987 年版，第 243 页。

明定，即发掘和找寻埋藏物系发现人的职责范围内的工作时，不支付酬金。我国《民法通则》未设明文。

我国现实正在着手制定物权法，其中埋藏物的发现问题将作为动产所有权的特殊取得方式加以规定，将是毫无疑义。但在埋藏物发现的法律效果上，该法是否仍须坚持不分情况而将埋藏物一律归属国家所有的旧有立法主义，则有疑问。这显然是一项重要的问题，涉及法律对人的思想意识觉悟程度的估量是否切合实际，以及立法应当对人的行为给予何种程度的要求方为适宜的问题。

试将发现人有限地取得埋藏物所有权主义，与我国《民法通则》所采的埋藏物一律归属国家所有的立法主义相比较，可以看到，于发现人有限地取得埋藏物所有权主义下，立法恰当地考量了人的思想意识觉悟程度和水平，并基此而对人的行为提出了适宜的要求。而在我国《民法通则》所采埋藏物一律归属国家所有，不承认发现人有限地取得埋藏物所有权立法下，法律则显然拔高和夸大了现实条件下人的思想意识觉悟程度，过高地估量了人们的自觉性，并由此对人的行为提出了统一的不恰当的法律要求。于现实条件下，要求所有人均将其所发现的埋藏物，即使是一个普通的埋藏物，如硬币，也要上交国家，显然是脱离实际的，而且也是不必要的。至此我们可以看到，我国《民法通则》第 79 条第 1 款在立法主义上是有失妥当的，毫无疑义，应予变更。此种变更，依笔者的见解，即应抛弃现有立法主义，而采发现人有限地取得埋藏物所有权主义。我国所采的此主义的全部内容应作如下解释：其一，埋藏物系由发现人于自己所有或使用的物上所发现的，该埋藏物所有权由其单独享有；其二，埋藏物系于他人所有或使用的物上所发现的，发现人与包藏物所有人或使用人折半取得埋藏物所有权。其三，发现人所发现的埋藏物足供学术、艺术、考古或历史资料使用者，该埋藏物将依国家特别法规定，由国家享有所有权，发现人可获得一定奖金。

（二）对第 79 条第 1 款的解释

《民法通则》第 79 条第 1 款系我国现行有关埋藏物发现问题的基本法律规

定。但由于本款文字过于简略，致司法实务经常产生困难。因此，有必要对本款重要问题予以解释。

1. 发现人所发现的所有人不明的埋藏物，其所有权归国家享有

前已述及，现代大陆法系大多数国家和地区于埋藏物发现问题上，均承认发现人有限地取得埋藏物所有权主义。《民法通则》第79条第1款规定却与此相反，它坚持1964年《苏俄民法典》第148条的基本立场，规定埋藏物、隐藏物的发现，无论于何种情形，发现人均不得取得所有权，而应上缴国家，由国家享有所有权，接收单位仅对上缴者给予表扬或者物质奖励。另外，本款所谓"所有人不明"，系指埋藏物、隐藏物的所有人于现实条件下不能判明，无论其过去曾为谁所有，抑或现在仍由其继承人继续性所有，均在所不问。

2. 关于埋藏物、隐藏物的用语及概念

按照罗马法以来的各国家和地区民事立法，关于埋藏物发现制度，在用语上系通用埋藏物一语。我国《民法通则》于使用埋藏物用语外，另同时使用隐藏物一语，此显系立法用语上的重复与不当，应予删除。关于埋藏物的概念，第79条第1款未设明文，是为漏洞，应予解释与补充。笔者认为，按照前文分析，我国《民法通则》第79条第1款所谓埋藏物，应解为：埋藏于土地及他物中，其所有权归属不能判明的动产。

3. 关于"发现"的意义及其构成要件

关于"发现"的意义及其构成要件，《民法通则》第79条第1款未设明文规定，无疑应依前文分析予以补充与解释。所谓"发现"，应解为系指发现埋藏物的所在。至于"发现"的构成要件，应采法国、瑞士、日本立法例，只要有"发现"行为本身即构成"发现"。因此，于发现人与占有人非同属一人时，应解为发现人因有"发现"行为而取得物之所有权。若被他人抢占，则可基于所有物的返还请求权，要求予以返还。

四、埋藏物发现应注意的若干实际问题

（一）埋藏物所有人于现实中能被判明，且根据现行法律政策该埋藏物又可归其所有的，则埋藏物所有权由其所有人或继承人享有

前文已经指出，所谓埋藏物，系指埋藏于土地或他物中，其所有权归谁所属不能判明的物。因此，《民法通则》第 79 条第 1 款的规定仅可适用于埋藏物、隐藏物的所有人在现实上不能被判明的场合，即埋藏物、隐藏物所有权于现实情形下不能被判明时，该埋藏物、隐藏物的所有权由国家享有。但是，若埋藏物所有权于现实上能够判明，且根据现行法律政策又可归其所有，则埋藏物所有权由其所有人或继承人享有。关于此，我国司法实务曾有判例，为便于问题之分析，如下介绍其大概。

某省村民甲于自己的承包田中挖菜窖时发现 1 只装有 500 枚银圆的坛子。对此银圆，村民乙主张所有权。经查实，甲的承包田原为乙家的祖业地，其祖父丙系清代秀才，家境富足。丙在世时曾与其子丁和戊将银圆埋于自家地内，嗣后丙与丁相继去世。1986 年 2 月，戊去世时对其子留下遗言，说在村西原自家地内埋下过一坛银圆，只因时间久远，地形变化太大，无法找到。此后，乙数次去该地寻找银圆未果。于本案情形，由于银圆所有权归谁所属足以判明，同时根据我国现行法律政策，该银圆又可归乙等兄弟五人所有，人民法院即认定该银圆由乙等兄弟五人取得所有权。[1]

人民法院对该案所作认定的基本依据乃是最高人民法院《关于贯彻执行〈中华人民共和国民法通则〉若干问题的意见（试行）》第 93 条，即公民、法人对于挖掘发现的埋藏物、隐藏物，如果能够证明属其所有，而且根据现行法律、政策又可以归其所有的，应当予以保护。但由于本条意见过于笼统和原则，为其正确适用，应对该条意见的适用要件予以解释。依笔者见解，仅在同时具备下述三

---

[1] 关于本案详情，参见刘克希：《民法通则原理与实务》，重庆出版社 1990 年版，第 201 页。

项要件时，方可适用本条意见：

其一，须能确实提供证据证明埋藏物、隐藏物属其所有。不能提供证据或所提供的证据无法证明埋藏物属其所有的，该埋藏物所有权即由国家取得。

其二，该埋藏物须确实属其所有，即埋藏者、隐藏者须对埋藏财产确实享有所有权，且埋藏、隐藏行为系合法行为。反之，如埋藏、隐藏的财产不属埋藏人、隐藏人所有，或埋藏、隐藏行为为非法行为，则不予保护。如小偷埋藏赃款、赃物，以及土改中地主埋藏应被没收的金、银等，即不予保护，而应返还所有人或归国家所有。[1]

其三，根据现行法律政策，该埋藏物须是可以归其所有的才予保护。例如，埋藏物、隐藏物是金、银、白金等，依现行法律政策可以归其所有，应予保护。但埋藏物是鸦片、枪支或弹药的，依现行法律政策则不能归其所有，从而也不予保护。[2]

（二）关于埋藏物、隐藏物于发现当时所有人不明，而嗣后所有人又获明确时的处理问题

按照前文分析，埋藏物、隐藏物须是发现人在发现时，其所有权归谁所属不能判明的物，否则即非为埋藏物而不适用埋藏物发现问题的立法规定。实践中，埋藏物、隐藏物所有权归谁所属虽然在发现时不能判明，但在嗣后所有人又被判明的情形时有发生，对此应予如何处理无疑是一项重要问题。

值得注意的是，对此问题，我国有学者主张采下述办法予以解决：嗣后被判明的所有人可请求国家予以返还，因为对于所有人不明的埋藏物、隐藏物仅能推定为国家所有，而此种推定若有相反的事实出现，则可予以撤销。[3]笔者认为，此种见解显然不足为采，应予摒弃。

因埋藏物的发现而取得其所有权系罗马法以来大陆法系民法对于一定的事实

1　刘克希：《民法通则原理与实务》，重庆出版社 1990 年版，第 201 页。
2　刘克希：《民法通则原理与实务》，重庆出版社 1990 年版，第 202 页。
3　王利明等：《民法新论》（下），中国政法大学出版社 1988 年版，第 65 页。

行为承认其具有取得所有权效果的制度。因此，埋藏物发现本质上乃是一种关于动产所有权取得的特殊制度，只要具备埋藏物发现的诸要件，即当然发生埋藏物所有权变动的法律效果。这一点正是罗马法以来的近现代大陆法系民法设立埋藏物发现制度的根本要义所在。我国为大陆法系主要国家，《民法通则》的制定曾广泛吸取大陆法系民法之成功经验，《民法通则》第 79 条第 1 款所设埋藏物发现制度也完全是本此要义加以规定，当是毫无疑义。因此，该款所规定的埋藏物、隐藏物归属国家所有的制度乃是一项依法律的直接规定而发生的国家取得动产所有权的特殊制度。只要是所有权在现实上无法判明的埋藏物，即当然归属国家所有，而根本不发生所谓推定的问题。上述学者所持见解，一个重要失误在于未能把握民法立法设立埋藏物发现制度之根本要义及该项制度本身的法性质。如果采取此一见解，客观上必然软化埋藏物发现制度，进而导致其名存实亡。

基于上述分析，笔者主张，埋藏物、隐藏物于发现时所有人不明，而嗣后所有人又获明确时，所有人不得享有返还请求权，请求国家予以返还。不过，为平衡嗣后明确的所有人与国家之间的利益关系，国家在接收埋藏物、隐藏物后，应向社会予以公告，在公告后 6 个月内，所有人获得明确时，国家不取得其所有权；反之，在公告后 6 个月内所有人仍不明确时，国家则确定地取得埋藏物、隐藏物所有权。[1]

（三）关于划清埋藏物与文物保护法所称文物、古墓葬、古文化遗址、石窟寺等之界限问题

在我国，某些具有历史、艺术和科学价值的动产虽亦被埋藏于土地或他物中，但其依法并非所有人不明的埋藏物，而系依《文物保护法》应受保护的文物。我国《文物保护法》（1991 年修正）第 4 条规定，中华人民共和国境内地下、内水和领海中遗存的一切文物，以及古文化遗址、古墓葬、石窟寺，属于国家所有，任何单位或个人都不得私自挖掘。若非法挖掘地下、内水、领海及其他场所

---

[1]　关于埋藏物之向社会公告及其期限，《日本民法》第 241 条设有明文，此处系采《日本民法》该条经验。

中的文物而隐匿不报或不上交国家，公安机关将对其给予警告或者罚款，并一同追缴其非法所得的文物。至于私自挖掘古文化遗址、古墓葬的，则应依法予以制裁。

另外，除古墓葬外，现墓葬是否属所有人不明的埋藏物？所谓现墓葬，通常指近期死亡人所随葬的"装老衣"、首饰等财物。按照我国实务及现行法律政策，现墓葬显然不得解为所有人不明的埋藏物。其中，随葬的"装老衣"等财产所有权非因随葬而丧失，而应归死者家属或扶养人所有。非法挖掘现墓葬不仅侵害了死者或扶养人的财产所有权而须承担民事责任，而且对触犯刑律的，还将依法追究其刑事责任。

我国民法典物权编添附规则立法[*]

按照罗马法以来的近现代及当代物权法，附合（Verbindung）、混合（Vermischung）及加工（Verarbeitung、specification）被总称为添附（accession），[1]其涵括动产与不动产的附合（也称"不动产附合"）、动产与动产的附合（也称"动产附合"）、动产与动产的混合及动产与动产的加工。我国近期经由全国人大常委会审议的《民法典物权编（草案）》于第117条设有添附的规定，惟该条规定的内容主要还是按照合同与侵权责任规则来处理和对待附合、混合与加工问题，而未自物权法的视角，尤其是并未立基于近现代及当代比较添附法的立法成例、法理或学理来厘定因添附而生的物权变动，并调和及维护添附关系发生后的各方利益关系，故而实值检视与慎思。有鉴于此，本文拟透过对添附（附合、混合与加工）的学理、法理乃至比较法立法成例的分析、释明及厘清来为我国《民法典物权编（草案）》中的新设添附规则提供检视、对照及完善的建言，期冀可裨益于我国未来民法典物权编的高质量地出台。

———————————

* 本文曾发表于《法学杂志》2019年第9期。

1 参见［日］松井宏兴：《物权法》，成文堂2017年版，第174页。添附系为取得所有权的一种特殊原因或根据，于数物结合为一个物或因加工而成为新物（抑或价额发生巨额增加）时，回复原状虽非不可能，但自社会经济的立场看乃系甚为不利，故而此时乃不若使合成物（添附物）归属于一人或为共有。对此，请参见吴光明：《新物权法论》，三民书局2009年版，第182页；［日］滝沢聿代：《物权法》，三省堂2013年版，第179页；［日］松坂佐一：《物权法》（第4版），有斐阁1980年版，第159页。

一、添附制度及其规则的旨趣、意蕴与法律构造

根据添附制度的学理与法理，分属于不同的人所有的物，因添附的结果而合成一物时，首要的即是要确定该合成物的归属。[1]为使因添附的结果而相结合的物能从整体上有利于社会经济，并使合成物（添附物）一物化及成立单一的所有权，[2]对于因添附关系发生后若非毁损不能分离或分离需费过巨的动产，其原所有人即不得复请求分离。[3]易言之，只要发生附合、混合，为贯彻一物一权原则，且为维持其经济价值、避免纠纷，法律对于添附物（合成物）所有权单一化或共有的规定，应认为具强制特性，当事人不得请求回复或加以分割。[4]由此之故，法律对添附物所有权权属的厘定，即可能使动产所有人的财产权遭受剥夺，进而内蕴有维系合成物（添附物）的经济效用大于个人财产权的保护的意涵。[5]

1　添附系不同所有人间的物与物的结合，或工作（力）与他人所有物的结合，是一个既成事实。为了维护该既成事实的物（添附物）的价值，甚至鼓励创造物的价值，法律即有必要加以规定。也正因如此，现今各国家和地区民法（典）皆明文规定添附的法律效果。对此，请参见谢哲胜：《民法物权》（增订4版），三民书局2012年版，第196页。

2　［日］松井宏兴：《物权法》，成文堂2017年版，第174页。

3　参见郑冠宇：《民法物权》（第8版），新学林出版股份有限公司2018年版，第143页。应当注意的是，数物既已附合为一物，或因加工而成新物，若仍使各所有权存续，则各物主得请求回复原状，此事实上即使可能，对社会经济也系不利。至于共有关系，其不仅不便，且易滋纠纷，若再分割，益增麻烦，故仅于例外情形而认可合成物（添附物）为当事人共有。对此，请参见王泽鉴：《民法物权》，2014年自版，第250页；郑玉波著，黄宗乐修订：《民法物权》（修订15版），三民书局2007年版，第129页；［日］田山辉明：《物权法》，三省堂1993年第3刷发行，第228页。此外，日本还有学说认为添附（尤其是不动产附合）制度的旨趣系在于维护交易观念乃至交易安全。对此，请参见［日］末弘严太郎："关于不动产的附合"，载《法学协会杂志》第50卷第11号。

4　参见吴光明：《新物权法论》，三民书局2009年版，第182页。

5　参见郑冠宇：《民法物权》（第8版），新学林出版股份有限公司2018年版，第143页。亦即，当事人对于合成物所有权的归属即使有回复原状的特约，也应解为违背公共秩序而无效。至于合成物归属何人所有或是否共有，以及因丧失权利而请求价额的规则，则与社会公益无关，当事人可以特约变更。亦即，当事人可依合同自由原则，变更法律的规定，自行明示或默示约定其所有权的归属。概言之，法律有关添附的规则，乃为任意规定，当事人若有特约，应优先适用。譬如企业根据雇佣合同雇用工人，由工厂供给材料，由加工人加工成产品，此加工而成的产品所有权，应属于工厂即雇用人所有。盖因此种雇佣合同，应解为雇用人与工人之间已有将加工物的所有权归属于工厂的默示合意存在，故而得排除加工物所有权归属规定的适用。对此，请参见［日］铃木禄弥：《物权法讲义》

应当指出的是，因添附关系发生的物权变动系非因法律行为的物权变动，故当事人据此而取得添附物所有权的，乃并不考虑其是否具有民事行为能力、是否有真实意思、是否有使动产物权发生变动的意思、为附合的人系为善意或恶意[1]、不动产所有人有无取得该附合动产所有权的意思，以及添附的发生究系基于自然力或人的行为。[2]之所以如此，盖因添附规范的旨趣系重在维护物的归属与经济价值。[3]也就是说，近现代与当代物权法对于添附物所有权归属的厘定，系为一强行规定，合成物（添附物）的所有权人乃法定原始取得合成物（添附物）所有权。[4]并且，因添附而丧失动产所有权的人，于法律无特别规定时，其上的权利也由此而消灭。[5]另外，于法律厘定合成物（添附物）由一人取得时，对受损害的一方即以债权请求权平衡物权上的变动，据此调和并维护当事人的权益。[6]这也就是说，因

（接上页）（四订版），创文社 1994 年版，第 23 页；姚瑞光：《民法物权论》，吉锋彩色印刷股份有限公司 2011 年版，第 121 页；王泽鉴：《民法物权》，2014 年自版，第 250 页；吴光明：《新物权法论》，三民书局 2009 年版，第 182 页；谢哲胜：《民法物权》（增订 4 版），三民书局 2016 年版，第 196 页；参见［日］濑川信久：《不动产附合法研究》，有斐阁 1997 年版，第 1 页以下；［日］田山辉明：《物权法》，三省堂 1993 年第 3 刷发行，第 227 页（且该氏认为，《日本民法》第 248 条关于偿金的规定也系任意规定）。

1　惟《瑞士民法典》第 726 条第 2 项规定："加工人为非善意者，工作之价值虽高于材料之价值，法院仍应判决新物的所有权属于材料所有人。"此即瑞士法的"恶意不适用添附（加工）"的规则。有必要提及的是我国台湾地区学者谢哲胜的见解，其谓：添附的事实同时构成侵权行为的，于故意添附的情形，并不能仅以价值维持或创造价值为考量，还需考虑强制取得他人权利的行为将使社会由此付出相当的社会成本，而有吓阻其行为的必要性。故此，因添附而丧失权利的人得同时请求侵权行为的损害赔偿。而过失添附的情形，则以价值维持或创造价值为优先考量。为了避免由此妨碍有益的经济行为，不宜以相同的标准来规范过失添附行为，故而因添附而丧失权利之人不得请求侵权行为的损害赔偿，仅使因添附取得权利之人负返还利益的责任，即可平衡丧失权利之人与取得权利之人双方的利益。对此，请参见谢哲胜：《民法物权》（增订 4 版），三民书局 2016 年版，第 200—201 页。

2　参见黄右昌：《民法诠解》（物权编，上册），台北商务印书馆 1977 年版，第 178 页；王泽鉴：《民法物权》，2014 年自版，第 250—251 页、第 255 页；Vgl. Erman/F. Ebbing, 13. Aufl. 2011, § 946, Rn. 3；郑冠宇：《民法物权》（第 8 版），新学林出版股份有限公司 2018 年版，第 143 页；温丰文：《民法物权案例研究》，新学林出版股份有限公司 2017 年版，第 154 页；陈荣传：《民法物权实用要义》，五南图书出版公司 2014 年版，第 60 页。

3　参见王泽鉴：《民法物权》，2014 年自版，第 250—251 页。

4　参见郑冠宇：《民法物权》（第 8 版），新学林出版股份有限公司 2018 年版，第 144 页。

5　参见郑冠宇：《民法物权》（第 8 版），新学林出版股份有限公司 2018 年版，第 144 页。

6　参见王泽鉴：《民法物权》，2014 年自版，第 250 页。

合成物（添附物）所有权的变动而受损害的一方，得依不当得利规则而请求偿还金额（价额）。

二、动产与不动产附合及动产与动产附合的涵义、构成

（一）动产与不动产附合（不动产附合）的涵义厘定与构成

如前述，附合系一种重要的添附类型，其涵括不动产附合与动产附合。前者系指一人的动产附合于他人的不动产，而为其重要成分（本质的构成部分，Wesentliche Bestandteile）的法律事实，后者则指所有人各异的动产互相结合，非毁损不能分离或分离需费过巨的法律事实。[1] 应值注意的是，根据罗马法，因附合（accessio）而生的附合物（添附物）所有权的归属，系依"从物随主物"（accessio cedit principali）或"地上物随土地"（superficies solo cedit）的原则而定之。[2] 其具体情形涵括 [3]：（1）动产附合于不动产（譬如某人于他人的土地上以自己的材料建筑房屋）时，其房屋的所有权即由土地所有人取得；（2）动产附合于他动产时，譬如于他人的布帛上为刺绣，布帛若为主物，则全归他人取得；（3）不动产附合于不动产时，譬如某人所有的土地因水流变迁而附合于他人的土地时，他人的土地即因之而扩张。[4] 如下先分析、考量不动产附合，之后复考量、分析动产附合。根据现今比较添附法制度与学理或法理，不动产附合的成立或构成需以符合

1　参见温丰文：《民法物权案例研究》，新学林出版股份有限公司 2017 年版，第 154 页；郑玉波著，黄宗乐修订：《民法物权》（修订 15 版），三民书局 2007 年版，第 130—131 页、第 134 页。

2　参见［日］柴田光藏：《法学拉丁语纲要》，玄文社 1976 年版，第 286 页。

3　参见郑玉波著，黄宗乐修订：《民法物权》（修订 15 版），三民书局 2007 年版，第 131 页注释 24。

4　值得指出的是，对于不动产与不动产的附合，根据罗马法还有以淤涨地（alluvio）归沿岸人所有，以河中洲（insulanata）及干涸河床（alveus delelictus）归两岸人分有的规定。惟迄至近现代及当代民法，譬如《德国民法典》第 946 条、《瑞士民法典》第 671 条，对于附合物皆明定应仅限于动产。《日本民法》对此并无规定，惟学理解释不一，通说尽管认可不动产与不动产的附合（参见［日］舟桥谆一：《物权法》，有斐阁 1974 年版，第 336 页），但反对意见也系存在的。譬如，末弘严太郎即指出：土地因洪水而变为淤涨地时，其附合物实为动产土砂，而主建筑物附加的增添建筑物，也可认为系各种材料（动产）的附合（参见末弘严太郎：《物权法》上卷第三章第四节第四）。另外，我国台湾地区学者史尚宽也采与末弘氏相同的见解。对此，请参见郑玉波著，黄宗乐修订：《民法物权》（修订 15 版），三民书局 2007 年版，第 131 页注释 25。

或满足如下要件为必要。

1. 需动产附合于不动产

亦即，被附合物为不动产，而附合物需为动产，譬如施肥于他人农田，粉刷油漆于他人的建筑物上即是。[1] 动产与不动产附合，需动产成为不动产的重要成分（部分）。[2] 也就是说，动产与不动产结合后，非经毁损或变更其物的特性而不能分离，且结合并非仅具暂时性。是否已成为重要成分（部分），其判断标准系在于是否能够分离、复旧，譬如以砖、瓦、塑胶板等装修他人的房屋后，砖、瓦、塑胶板即因附合而成为房屋的重要成分（部分），无单独所有权存在。[3] 还有，非基于权利的行使而植树苗于他人的土地，树苗长成，成为土地的成分，或取他人的木材而建筑自己的房屋，成为房屋的重要成分，也属之。[4] 另外，社会观念上有无独立性，也系判断、衡量的因素，[5] 譬如于他人的建筑物上粉刷油漆，即为不动产附合。而于他人的土地上搭建简易蔬菜大棚，由此并未达到不可分离的程度的，则非为土地的重要成分（部分），并不发生不动产附合关系。[6] 此外，装潢的地毯、取他人的电扇安挂于自己的屋内、于他人的土地上搭建牌楼、木板地板、柜台、蝶影片架、圆沙发、壁柜、录影带架、视听小灯、一楼主灯、走道吊灯、

---

[1] 参见温丰文：《民法物权案例研究》，新学林出版股份有限公司 2017 年版，第 154 页。

[2] 按照大陆法系民法立法成例、法理与学理，物的成分得界分为重要成分（Wesentliche Bestandteile）与非重要成分（nicht wesentlich Bestandteile）。日本学理分别称此二者为本质的构成部分与非本质的构成部分。前者（重要成分，本质的构成部分）不得独立为权利的客体，而后者（非重要成分、非本质的构成部分）则否。关于此，请参见郑玉波著，黄宗乐修订：《民法物权》（修订 15 版），三民书局 2007 年版，第 132 页注释 26。参见《德国民法典》第 93 条（物之重要成分）："非毁损物之一部或变更其本质不能分离者，为物之成分（重要成分）。物之成分不得为个别权利之标的。" 第 94 条（土地或建筑物之重要成分）："土地之定着物，特别是建筑物及土地之出产物，尚未分离者，属于土地之重要成分。种子于播种时，植物于栽植时，为土地之重要成分。为建造建筑物而附加之物，为建筑物之重要成分。" 对此，请参见台湾大学法律学院、财团法人台大法学基金会：《德国民法（总则编、债编、物权编）》（上册，第 2 版），元照出版有限公司 2016 年版，第 78—79 页。

[3] 参见陈荣传：《民法物权实用要义》，五南图书出版公司 2014 年版，第 60 页。

[4] 参见姚瑞光：《民法物权论》，吉锋彩色印刷股份有限公司 2011 年版，第 122 页。

[5] 亦即，动产附合于不动产上，需具固定性与连续性，且于社会经济观念上丧失其独立性，与不动产结合成一物，方为不动产的重要成分，而生附合的问题。对此，请参见温丰文：《民法物权案例研究》，新学林出版股份有限公司 2017 年版，第 155 页。

[6] 参见吴光明：《新物权法论》，三民书局 2009 年版，第 183—184 页。

中型吊灯、线路开关及霓虹招牌等设备，若未与房屋结合而失其独立性，且社会观念上也未与房屋结合为一物的，皆不构成动产与不动产的附合。[1]

2. 附合的动产与被附合的不动产不属于同一人所有

动产与不动产附合的规则及其法理因系在于解决合成物所有权的归属，故而以自己的动产与不动产附合并无因附合而取得动产所有权的问题；相反，仅分属于不同的人所有的物相附合，方发生动产与不动产的附合。换言之，以自己的动产附合于自己的不动产，此无论系由自己的行为、他人的行为、共有人的行为抑或是自然的事实所导致，皆属于其所有权内容与范围的扩张，该合成物所有权并无归属的问题。[2] 惟以自己的动产附合于自己的不动产，即使该动产并未成为不动产的重要成分（部分），也可因为结合的结果而本于一物一权原则，使得动产所有权消灭，不动产所有权由此而扩张。亦即，此时所有权的归属并非依添附规则而处理。[3] 概言之，于动产与不动产分属于不同的人所有时，由于其附合后需经毁损方得分离，有损物的整体经济效用，故而应就合成物所有权的归属另以法律规定，由此以利于物的整体经济效用的发挥。[4] 此外，根据比较添附法实务，主建筑

1　参见陈荣传：《民法物权实用要义》，五南图书出版公司 2014 年版，第 60 页；姚瑞光：《民法物权论》，吉锋彩色印刷股份有限公司 2011 年版，第 122 页。另外，我国台湾地区"最高法院"裁判实务还认为，于原建筑物上构筑附属建筑物的，应由原建筑物所有人取得增建建筑物的所有权，原建筑物所有权的范围因此而扩张。而所谓附属建筑物，系指依附于原建筑以助其效用而未具独立性的次要建筑。譬如依附于原建筑而增建的建筑物，缺乏构造与使用上的独立性（如由内部相通的顶楼或厨厕），或仅具构造上的独立性而无使用上的独立性，而常助原建筑的效用（如由外部进出的厨厕），即属之。但于构造和使用上具独立性，而依附于原建筑的增建建筑物（如可独立出入的顶楼加盖房屋），或未依附于原建筑而兴建的独立建筑物，则皆非附属建筑物，原建筑物所有权范围并不扩张及于该等建筑物。对此，请参见陈荣传：《民法物权实用要义》，五南图书出版公司 2014 年版，第 60—61 页。

2　参见我国台湾地区"最高法院" 2013 年度台上字第 2420 号民事判决；郑冠宇：《民法物权》（第 8 版），新学林出版股份有限公司 2018 年版，第 147 页。

3　此时的物究为一物或数物，乃应本于所有权人的意思而定。于该物并未成为交易的客体时并不具实益，惟于其成为交易的对象时，可根据所有人的意思使其成为一物或数物。譬如汽车可整体出售，也可将其零件分解而出售，所有权人的意思不明时，应依交易的习惯而定之。对此，请参见林更盛："物之独立性的判断标准"，载《本土法学》2002 年总第 35 期，第 154 页以下；Vgl. Huber, AT, 2. Aufl. 1996, S. 176.；郑冠宇：《民法物权》（第 8 版），新学林出版股份有限公司 2018 年版，第 147 页注释 118。

4　参见郑冠宇：《民法物权》（第 8 版），新学林出版股份有限公司 2018 年版，第 147 页。

物附加的增建筑物如无独立出入口而不能独立加以使用的，应属主建筑物的附属物而为主建筑物的一部分，强制执行时可一并就该增建物而予执行，且执行法院也应一并评估其价格并予拍卖。也就是说，法院查封时已成为不动产的从物的，该从物也在拍卖的范围内。[1]

3. 需动产经附合而成为不动产的重要成分（部分）

亦即，动产附合为不动产的重要成分后，需具固定性、继续性。易言之，二物附着结合后需毁损或变更其特性方可分离，且其结合后需达丧失独立性的状态的，乃系附合成为不动产的重要成分，譬如建造或修缮房屋所用的水泥、砖块之于房屋，即属之。[2]至于动产附着于他人的不动产而仍保持其独立性，且可随时回复的，因未达于附着结合的状态，故而为附着而非附合。譬如将砖块、家具堆积于土地上，即非属动产与不动产的附合，而为二者的附着。[3]

4. 需不具使用不动产的权利

譬如建设用地使用权人、土地承包经营权人及土地或房屋承租人基于其各自的建设用地使用权、土地承包经营权或土地抑或房屋承租权而得使用不动产（土地或房屋），由此使动产与该不动产（土地或房屋）发生结合的，即不得适用（不动产）附合规则。[4]易言之，此等情形应否定（不动产）附合规则的适用。[5]

（二）动产与动产的附合（动产附合）的构成

如前述，动产与动产的附合，譬如以油漆涂抹他人的座椅，擅自以他人的鞋油擦拭自己的皮鞋，丙的名画与丁的纸附合而装池成画一帧，于金戒指上镶宝石，[6]抑

---

1 参见我国台湾地区"高等法院"2005年度台抗字第250号裁定；吴光明：《新物权法论》，三民书局2009年版，第184页。

2 参见郑冠宇：《民法物权》（第8版），新学林出版股份有限公司2018年版，第151页。

3 参见郑冠宇：《民法物权》（第8版），新学林出版股份有限公司2018年版，第151页。

4 参见温丰文：《民法物权案例研究》，新学林出版股份有限公司2017年版，第156页以下；〔日〕铃木禄弥：《物权法讲义》（四订版），创文社1994年版，第25页；〔日〕舟桥谆一：《物权法》，有斐阁1974年版，第368页。

5 参见吴光明：《新物权法论》，三民书局2009年版，第184页。

6 应指出的是，同为镶宝石的金戒指，若所镶的为人造宝石，则金戒指为主物；若所镶的为名贵钻石，则钻石为主物。对此，请参见姚瑞光：《民法物权论》，吉锋彩色印刷股份有限公司2011年版，第123页。

或擅自用他人的油漆喷涂自己的车身等，即属之。[1]应值指出的是，动产与动产的附合，若同时也有加工的情形发生，则原则上已非单纯的附合关系，而应依加工的规则定其合成物（添附物）当事人之间的法律关系。[2]实务中，尤其是于附合后的合成物（添附物）已成为一新物，而与附合前的物有显著不同（譬如将他人的砖块、水泥及钢筋与自己的材料附合后，所建成的房屋已非单纯的附合所能产生）的，即不得适用（动产）附合的规则，而应适用动产加工后的法律规则。[3]

应当提及的是，动产与动产附合后，该合成物（添附物）所有权的归属乃与不动产附合的情形相同，即仍系以保持合成物（添附物）的整体经济效用为规范旨趣，而非对各动产所有人间的利益所为的公平衡量。[4]质言之，它系针对添附的客观事实而为的所有权归属的厘定（确定）。由此之故，合成物（添附物）所有权的归属与当事人的意思能力（意识能力）抑或当事人善意、恶意皆无关系。[5]

按照现今比较添附法立法成例与添附法法理或学理，动产与动产的附合（动产附合）需以满足或符合下列要件为必要：（1）需为动产与动产附合。动产与动产附合（如以钻石镶入指环）系指二动产附着结合的状态，至于未达附着结合的状态，即使其为互相依附掺混而非有所结合（譬如将砖块与砖块互相堆叠），[6]或将画作加装画框而未达非经毁损不能分离或分离需费过巨的，皆非此所称的（动

---

[1]　参见吴光明：《新物权法论》，三民书局 2009 年版，第 184 页；郑冠宇：《民法物权》（第 8 版），新学林出版股份有限公司 2018 年版，第 154 页。

[2]　参见郑冠宇：《民法物权》（第 8 版），新学林出版股份有限公司 2018 年版，第 154 页。

[3]　参见郑冠宇：《民法物权》（第 8 版），新学林出版股份有限公司 2018 年版，第 154 页。

[4]　亦即，动产与动产附合（所有权变动）规则的旨趣系在于使附合的合成物能继续存在，避免因回复原状而遭受破坏，由此维护社会整体经济利益与所有人的权益。对此，请参见陈荣传：《民法物权实用要义》，五南图书出版公司 2014 年版，第 61 页。

[5]　参见郑冠宇：《民法物权》（第 8 版），新学林出版股份有限公司 2018 年版，第 155 页。

[6]　应值指出的是，动产附合与后述混合的界分在于，附合的各动产虽不易分离，但通常皆能识别。而混合后的动产，不仅不易分离，且难以识别。譬如将不同所有人的东北米与四川米混合在一起，虽尚可识别，但需费过巨。而若系纯度不同的两种气体混合，则不能识别。对此，请参见吴光明：《新物权法论》，三民书局 2009 年版，第 185 页。

产）附合。[1]（2）需非毁损不能分离或分离需费过巨。亦即，动产与动产附合后，附合的动产成为被附合动产的重要成分（部分）。立基于保持合成物（添附物）的整体经济效用的规范旨趣，凡动产需经毁损方得自合成物（添附物）加以分离的，其即为该合成物（添附物）的重要成分（部分），由此也就不许其复由合成物（添附物）加以分离。[2]概言之，动产与动产附合的程度需达非毁损不能分离（譬如丝线绣成鞋花，分离必须毁损），抑或分离需费过巨（譬如纸糊于窗，虽雇裱工可能揭下，但需费较纸价为高），否则虽附合而能随便分离（譬如纽扣附于衣，取下极易）的，并不构成（动产）附合。[3]（3）需为不属于同一人所有的动产。因添附规范的旨趣乃在于维护添附物的整体经济效用，故此，对分属于不同所有人的动产，其因附合而成为一物的，立基于一物一权原则，即有必要对该合成物（添附物）所有权的归属而予厘定。[4]而如前述，同一人之物所生的动产与动产的附合，即使其已结合成一物，也无必要对其所有权的归属另以法律加以明确。由此之故，可知动产与动产附合的法律厘定仅于附合的动产并非同一人所有时，方具意义与价值。[5]

三、混合的涵义厘定、规范旨趣与构成

混合是添附的另一种重要形态，系指物主各异的动产互相混合后不能识别或识别需费过巨的法律事实。[6]应值指出的是，二物相混掺杂后若仍非一物，即使难

1　Vgl. Erman/F. Ebbing, Aufl. 2011, § 947, Rn. 3.；参见郑冠宇：《民法物权》（第 8 版），新学林出版股份有限公司 2018 年版，第 155 页。

2　参见郑冠宇：《民法物权》（第 8 版），新学林出版股份有限公司 2018 年版，第 156 页。

3　参见郑玉波著，黄宗乐修订：《民法物权》（修订 15 版），三民书局 2007 年版，第 134 页。应注意的是，日本实务中曾认为发动机装置于渔船上，乃系动产的附合（日本大判 1937 年 7 月 23 日判决），之后则认为是否构成（动产）附合应比较发动机与渔船的价格及其他情事而予判定。可见，究竟是否为（动产）附合，并不单纯以物理上的标准确定，还应考量社会经济上的观念。对此，请参见谢在全：《民法物权论》（上册），新学林出版股份有限公司 2014 年版，第 336 页注释 16。

4　参见郑冠宇：《民法物权》（第 8 版），新学林出版股份有限公司 2018 年版，第 155 页。

5　参见郑冠宇：《民法物权》（第 8 版），新学林出版股份有限公司 2018 年版，第 155 页。

6　参见郑玉波著，黄宗乐修订：《民法物权》（修订 15 版），三民书局 2007 年版，第 135 页；参见吴光明：《新物权法论》，三民书局 2009 年版，第 185 页。

以识别或识别需费过巨，各物仍为个别独立的物，且存在于各物上的权利并不发生改变。亦即，此种事实与添附制度的规范旨趣并不相同，故而其并非此处所称的混合。[1] 还有，应当注意的是，于前述动产附合的情形，附合的动产虽需达非经毁损不能分离或分离需费过巨的程度，然通常皆能识别哪个动产原本系为何人所有，惟若允许其自合成物（添附物）分离，则将破坏合成物（添附物）的整体经济效用，于是乃立基于维护合成物（添附物）的整体经济效用的考量，而并不允许其分离。[2] 然而，混合后的动产，其已达难以识别或识别需费过巨的程度，实不易自合成物（添附物）分离。[3] 故此，所称不能识别或识别需费过巨的要件，乃系考量自合成物（添附物）无法为事实或经济上分离时，为解决相混合后的动产所有人间由此而生的利益冲突，就合成物（添附物）所有权的归属而予明定。[4] 概言之，混合制度及其规则的规范旨趣并非像动产附合的情形，乃系仅考虑物的整体经济效用。[5]

根据现今比较混合法立法成例、学理或法理，动产与动产的混合以满足如下要件为必要：（1）需动产与动产混合后成为一物。亦即，二物互相掺混拌和的，即为混合。其与附合的差异在于，后者需达到二物相结合的程度。譬如砖块与砖块堆积成一临时的墙垣，其并未达到相结合的程度的，乃并非附合，而为混合。[6] 故而，混合的内容实应涵括物与物的无实体区隔（körperliche Abgrenyung）的混合（Vermischung），以及物与物于数量上相集合（Vermengung）的情形。[7] 至于相

---

[1] 参见郑冠宇：《民法物权》（第 8 版），新学林出版股份有限公司 2018 年版，第 160 页。

[2] 参见郑冠宇：《民法物权》（第 8 版），新学林出版股份有限公司 2018 年版，第 161 页。

[3] 参见郑冠宇：《民法物权》（第 8 版），新学林出版股份有限公司 2018 年版，第 161 页。

[4] 参见郑冠宇：《民法物权》（第 8 版），新学林出版股份有限公司 2018 年版，第 161 页。

[5] Vgl. Westermann/Gursky, Sachenrecht, 8. Aufl. 2011, §52 IIIa, Rn. 16; Staudinger/Wiegand, 12. Aufl., §948, Rn. 1; MükoBGB/Füller, 7. Aufl. 2017, §948, Rn. 1.；参见郑冠宇：《民法物权》（第 8 版），新学林出版股份有限公司 2018 年版，第 161 页。

[6] 参见郑冠宇：《民法物权》（第 8 版），新学林出版股份有限公司 2018 年版，第 162 页。

[7] 参见《德国民法典》第 948 条（混合）第 1 项："动产因相互混合或融合致不能分离的，准用第九百四十七条规定。"此处规定的混合，即涵括混合（Vermischung）与集合（Vermengung）两种情形。对此，请参见郑冠宇：《民法物权》（第 8 版），新学林出版股份有限公司 2018 年版，第 162 页及该页注释 155。

混合的物，究为固体、液体或气体，混合物与相混合的物是否具有相同的形态，皆无关紧要。[1] 实务中，动产与动产的混合，有为固体的，譬如甲米与乙米的混合，学理称为混淆；有为液体的，譬如甲酒与乙酒的混合，学理称为融合或混融。惟动产并不仅限于固体、液体，气体当也涵括在内。故此，近现代与当代添附法立法成例与学理或法理，并未为何种界分（区分），而系一概称为混合。[2] 因混合后已成为一物而难以分辨各物的所有权，故而有必要定其所有权的归属。[3] (2) 需不属于同一人所有的动产。二动产若皆属于同一人所有，即使其相混而不能识别或识别需费过巨，也仅系其物的实体变更，合成的物仍属同一人所有。[4] 由于此为所有权的扩张，故不生所有权归属的问题，进而也无须依据动产与动产混合的规则，确定其所有权的归属。[5] (3) 需不能识别或识别需费过巨。亦即，动产与动产混合后的混合物需达不能识别（譬如纯度相同的两个金戒指熔成金条）或识别需费过巨（譬如甲未作记号的羔羊混入乙的羊群）的程度。[6] 所谓不能识别或识别需费过巨，系指二动产相混后，无法依通常的客观方式辨识何动产原本为何人所有，或其虽得辨识，然其辨识所需的费用已远逾回复原状所得的利益，而不具经济实益。[7] 至于二物相混后未达不能识别或识别需费过巨的程度的，自不应适用混合的规则，各动产所有人得各自请求返还其动产。[8] 实务中，甲氧气与乙氧气混合，即不能识别，[9] 而甲米与乙豆混合，并非不能逐粒检分，然劳费必多，

1　参见郑冠宇：《民法物权》（第 8 版），新学林出版股份有限公司 2018 年版，第 162 页。

2　参见郑玉波著，黄宗乐修订：《民法物权》（修订 15 版），三民书局 2007 年版，第 135 页；吴光明：《新物权法论》，三民书局 2009 年版，第 185 页。

3　参见郑冠宇：《民法物权》（第 8 版），新学林出版股份有限公司 2018 年版，第 162 页。

4　参见郑冠宇：《民法物权》（第 8 版），新学林出版股份有限公司 2018 年版，第 161 页。

5　参见郑冠宇：《民法物权》（第 8 版），新学林出版股份有限公司 2018 年版，第 161 页。

6　参见王泽鉴：《民法物权》，2014 年自版，第 256 页。

7　参见郑冠宇：《民法物权》（第 8 版），新学林出版股份有限公司 2018 年版，第 162 页。

8　参见郑冠宇：《民法物权》（第 8 版），新学林出版股份有限公司 2018 年版，第 162 页。

9　惟实务中，甲、乙二人约定彼此油或酒的数量而暂贮一器，将来能依原有数量分开的，则仍可解为能识别。对此，请参见郑玉波著，黄宗乐修订：《民法物权》（修订 15 版），三民书局 2007 年版，第 136 页。

得不偿失，故属于识别需费过巨。[1]

四、加工的涵义确定与构成

加工系近现代与当代添附制度系统的重要组成部分，为添附的具体形态之一，其涵义系指将他人的动产加以制作或改造，使成新物或使之价值发生巨额增加的法律事实。[2]譬如将他人的棉花制成布匹，将他人的黄豆制成豆腐，以及医治垂死的千里马而使之再展雄风、驰骋疆场等，皆属之。[3]因加工系工作力与材料（动产）的结合，其尽管与前述的附合或混合有所差异，然加工后形成的新物（或价值发生巨额增加的物），已与原材料（动产）有所不同，更何况加工人也常对加工物添附材料，而使其成为新物或价值巨额增加，故此，即有必要对加工物所有权的归属予以厘定。[4]

按照近现代与当代比较加工法的立法成例、法理及学理，加工的构成需满足或符合如下要件：（1）加工的物需为动产。亦即，加工的对象（客体）仅限于动产。譬如对他人的布料加工而制成衣服，对他人的木料雕刻而成为雕刻品，将他人的纸加以印刷或绘画而成为印刷品或美术品，即之。[5]对不动产实施的加工（譬如开垦他人的土地而使生地变熟地），当事人间的法律关系仅适用无因管理或不当得利的规定。惟加工后形成或完成的物，乃并不限于动产。[6]故此，对于材料为动产，而产生的物为不动产，譬如利用他人的建材建成新房屋是否适用加工，

1　参见郑玉波著，黄宗乐修订：《民法物权》（修订15版），三民书局2007年版，第136页。

2　参见谢在全：《民法物权论》（上册），新学林出版股份有限公司2014年版，第339页以下。

3　应值指出的是，加工后的物并不以新物为必要。亦即，立基于鼓励行为人因加工而使原物的价值发生巨额增加或最大化的考量，把将死的马医治成活马，也应认可得发生加工的法律效果。对此，请参见谢哲胜：《民法物权》（增订4版），三民书局2016年版，第198页。惟王泽鉴认为，对动产的修缮，譬如修复艺术品，医治垂死的名驹，于地窖封存好酒而使成陈年佳酿，并未因此而制成新物，即使其价值大增，也不得适用加工规则，而仅发生无因管理或不当得利的问题。对此，请参见王泽鉴：《民法物权》，2014年自版，第258页。

4　参见郑冠宇：《民法物权》（第8版），新学林出版股份有限公司2018年版，第168页。

5　参见姚瑞光：《民法物权论》，吉锋彩色印刷股份有限公司2011年版，第124页。

6　参见郑冠宇：《民法物权》（第8版），新学林出版股份有限公司2018年版，第168—169页。

日本与我国台湾地区学理皆采肯定见解。[1]（2）需加工的材料为他人所有。亦即，加工乃对他人的材料（动产）实施的行为，因加工物乃他人的材料与加工人劳力结合的结果，故而即有对该加工物所有权的归属予以厘定的必要。[2]若加工人对自己的材料为加工，无论其是否成为新物或价值发生巨额增加，皆系加工人自己的物，所有权的归属并不发生变动，进而也就无须以法律加以厘定。[3]至于对他人的物实施加工而添加自己的材料的，则应以该材料是否具有如动产混合情形的主物特性而定。若其非属主物，仍应适用加工规则；若其已具主物的特性，则应适用动产与动产的附合或混合的规则。[4]（3）需因加工行为而制成新物或价值巨额增加。亦即，加工的物成为新物后，即有定其所有权归属的必要；[5]对他人的物为相当的改良、救治或修缮，譬如修缮他人的房屋、医治他人生病的宠物或垂死的千里马等而发生价值巨额增加的，仍有以法律重定其所有权归属的必要。[6]

另外，加工乃系对材料（动产）施以工作力，加工人所为的加工行为系为事实行为，故此，其与加工人是否有行为能力及是否为善意、恶意无关。[7]惟加工需并不本于已存在的法律关系而实施，譬如承揽合同的定作人与承揽人间，即需依该承揽法律关系而定该加工物的所有权归属，亦即其已与加工的情形不同。[8]

1　对于日本学理之采肯定立场，请参见林瑞廷："论建设承揽契约所完成目的物所有权之归属"，载《法学丛刊》1979 年第 24 卷第 4 期，第 42 页。至于我国台湾地区学理之采肯定见解，则请参见郑冠宇：《民法物权》（第 8 版），新学林出版股份有限公司 2018 年版，第 168—169 页。

2　参见郑冠宇：《民法物权》（第 8 版），新学林出版股份有限公司 2018 年版，第 169 页。

3　参见郑冠宇：《民法物权》（第 8 版），新学林出版股份有限公司 2018 年版，第 169 页。

4　参见郑冠宇：《民法物权》（第 8 版），新学林出版股份有限公司 2018 年版，第 169 页。

5　应提及的是，我国台湾地区学者姚瑞光认为，若加工而不成一新物，譬如缝补他人的破衣、擦亮他人的皮鞋，则皆非加工。加工之所以需成一新物，乃盖因加工系动产取得、丧失与变更的原因之一，若不成一新物，即不发生动产所有权的取得或丧失。对此，请参见姚瑞光：《民法物权论》，吉锋彩色印刷股份有限公司 2011 年版，第 122 页。另外，日本学者松井宏兴也采与姚氏相同见解，对此请参见［日］松井宏兴：《物权法》，成文堂 2017 年版，第 181 页。

6　参见谢在全：《民法物权论》（上），新学林出版股份有限公司 2014 年版，第 339 页以下；苏永钦："论动产加工的物权及债权效果"（上），载《政大法学评论》1983 年总第 27 期；吴光明：《新物权法论》，三民书局 2009 年版，第 187 页。

7　参见郑冠宇：《民法物权》（第 8 版），新学林出版股份有限公司 2018 年版，第 169 页。

8　参见郑冠宇：《民法物权》（第 8 版），新学林出版股份有限公司 2018 年版，第 169—170 页。

最后，因加工行为系事实行为，乃为工作力与动产的结合，而所谓工作力涵括劳力、知识、技术与投入时间，故此，加工之后未增加材料（动产）的价值，反而减损其价值或失其原有效用的，即不适用加工规则，而应负侵权行为责任。[1]易言之，加工的旨趣乃在于增加物的价值，然恶意加工的结果反使物的价值减少或失其效用，故恶意加工并不适用加工（规则），相反乃应使行为人负侵权行为的损害赔偿责任。[2]

五、附合、混合与加工（添附）的物权归属效果

符合或满足以上添附（附合、混合与加工）的构成要件时，首要的即是发生物权归属的效果。[3]根据近现代与当代比较添附法立法成例、法理及学理，添附的物权效果，即对添附物的所有权归属的处理，主要采取如下两种方法。

第一，维持添附物的现状，使各物的所有人形成共有关系。[4]惟于此点上当代各国家和地区的立法成例存在些许差异。《德国民法典》第 947 条与《瑞士民法典》第 727 条第 1 项对于附合物所有权的取得的规定乃与《法国民法典》第 573 条、《日本民法》第 243 条及第 244 条的规定未尽相同。[5]根据我国台湾地区"民法"第 812 条的规定，则系动产与动产附合后，原则上由各动产所有人共有合成物，且此为法定共有关系，特性上为按份共有。其应有份额根据附合时各动产的价值计算，惟共有人不得任意请求对共有物作原物分割。[6]另外，动产与动产混合后，混合物上成立一新的所有权，各动产所有人原则上共有合成物。[7]

1　参见吴光明：《新物权法论》，三民书局 2009 年版，第 186 页。

2　参见郑冠宇：《民法物权》（第 8 版），新学林出版股份有限公司 2018 年版，第 170 页。

3　物权归属效果仅系添附的法律效果之一。归纳而言，发生添附后得发生如下法律效果：（1）合成物等的一物化与单一所有权的成立；（2）所有权的归属；（3）所有权丧失的补偿；（4）第三人权利的保护。对此，请参见 ［日］ 松井宏兴：《物权法》，成文堂 2017 年版，第 174 页。

4　参见吴光明：《新物权法论》，三民书局 2009 年版，第 186 页。

5　参见郑玉波著，黄宗乐修订：《民法物权》（修订 15 版），三民书局 2007 年版，第 134 页注释 27。

6　参见郑冠宇：《民法物权》（第 8 版），新学林出版股份有限公司 2018 年版，第 157 页。

7　参见郑冠宇：《民法物权》（第 8 版），新学林出版股份有限公司 2018 年版，第 163 页。

第二，维持现状，使添附物专归某人取得。[1]譬如不动产附合的情形，由不动产所有人取得动产所有权。此取得因系基于添附的事实取得他人的权利，而非因继受取得他人的权利，故而为原始取得。[2]动产附合的情形，譬如甲以乙的油漆喷涂自己的汽车，汽车可视为主物，上漆后的汽车价值虽已增加，但仍由甲取得所有权。又如甲买受汽车的引擎、械件，将乙失窃的车壳改装而附合成汽车的一部分，以车辆的结构看，引擎、械件为汽车的主物，该汽车的所有权应由甲取得。[3]于动产混合的情形，譬如甲的羔羊混入乙的羊群，因乙的羊群于数量上远超过甲的羔羊而可视为主物，故由乙取得羔羊所有权。[4]于加工的情形，加工物的所有权原则上由材料所有人取得，其次方由加工人取得。

还应指出的是，于法律因添附而重定添附物的所有权归属，明定由某人单独取得所有权时，因其原有的他人的动产（标的物）已不复独立存在，故而动产的所有权与该动产上的其他权利皆归消灭。[5]换言之，动产因附合于他人的动产或不动产而致他人取得动产所有权的，原动产所有人即丧失所有权。[6]譬如咖啡与糖混合，咖啡可视为主物，由咖啡所有人取得所有权。[7]

1　参见吴光明：《新物权法论》，三民书局 2009 年版，第 186 页。

2　参见郑冠宇：《民法物权》（第 8 版），新学林出版股份有限公司 2018 年版，第 152 页。

3　参见陈荣传：《民法物权实用要义》，五南图书出版公司 2014 年版，第 61 页。

4　此为德国学理的通说，请参见王泽鉴：《民法物权》，2014 年自版，第 256 页及该页注释 1。

5　譬如以动产为添附，其合成物所有权单独归属于该动产所有人以外的他人的，该动产上原本存在的留置权、动产质权即应消灭。惟主物所有人取得合成物所有权的，原存在于主物上的其他物权，仍应继续存在于添附的合成物上，且其权利因此扩张及于合成物的全部；合成物所有权为共有的，该动产所有人既未丧失所有权，其于合成物上享有的应有份额乃系原物的延续，存在于该动产上的权利，根据担保代位规则，应自动延续于该动产所有人所得享有的应有份额。至于存在于从物上的其他权利，因从物所有权的消灭而消灭，惟担保物权则因担保代位而移存于从物所有人享有的价额偿还请求权上。对此，请参见郑冠宇：《民法物权》（第 8 版），新学林出版股份有限公司 2018 年版，第 172 页；[日]滝沢聿代：《物权法》，三省堂 2013 年版，第 181 页。

6　参见吴光明：《新物权法论》，三民书局 2009 年版，第 186 页；陈荣传：《民法物权实用要义》，五南图书出版公司 2014 年版，第 62 页。

7　参见吴光明：《新物权法论》，三民书局 2009 年版，第 186 页。

六、附合、混合与加工（添附）的债法上不当得利请求权等求偿关系

如前述，按照近现代与当代添附法立法成例、法理及学理，于添附物所有权单一化[1]而由一人取得时，乃系仅为维护经济价值，而非使取得所有权的人独占添附物所有权的利益。故此，为调和因添附而取得添附物所有权的当事人与因此而丧失所有权的当事人间的利益，亦即，为平衡添附物所有权发生的变动，着眼于维护与调和因添附而丧失所有权权利或利益的当事人的考量，乃依债法上的救济方法，允许根据不当得利的规定请求偿还价额。[2]

进言之，因添附而发生的（动产）物权变动，乃应透过债权请求权而予平衡。具体而言，因添附事实的发生而重定添附物所有权的，为平衡由此而引起的物权变动，丧失动产所有权权利或利益的人，得依有关不当得利的规定，请求偿还价额。[3]此请求偿还价额，特性上乃属于不当得利请求权，其成立除因添附而受利益致他人受损害外，还需具备不当得利的构成要件，即除当事人一方受有利益，他方受有损害外，并需当事人间存在无法律上的原因而受利益。[4]概言之，一方因添附取得动产所有权而受益，致他方受损害，需无法律上原因。此种不当得利系为非给付不当得利。譬如甲误取乙的油漆，漆于其车辆上时，甲受有取得油漆所有权的利益，致乙受损害，欠缺法律上的原因，应成立不当得利。[5]

另外，因添附而取得添附物所有权的客观价值不符合受益人主观利益的，学

1　参见吴光明：《动产所有权》，三民书局 2007 年版，第 102 页。

2　参见［日］滝沢聿代：《物权法》，三省堂 2013 年版，第 181 页；吴光明：《新物权法论》，三民书局 2009 年版，第 187 页。值得指出的是，此请求返还价额的规则实系源于古罗马《十二铜表法》："土地所有人以他人的材料建筑时，材料所有人得请求土地所有人偿还材料两倍的价额（actio de tigno iuncto）。"其旨在适用土地所有人取得地上物所有权（地上物属于土地，superficies solo cedit）原则时，调和权利取得人与权利丧失人间的法律关系。对此，请参见［日］三好登：《土地、建筑物间的法构成》，成文堂 2000 年版，第 27 页；谢在全：《民法物权论》，新学林出版股份有限公司 2014 年版，第 346 页注释 1。

3　参见我国台湾地区"民法"第 816 条。

4　参见陈荣传：《民法物权实用要义》，五南图书出版公司 2014 年版，第 62 页。

5　参见吴光明：《新物权法论》，三民书局 2009 年版，第 188 页。

理与实务谓为强迫得利（aufgedrängte Bereicherung）。譬如修缮他人预定拆除的老屋，对他人即将报废的车辆钣金，即属之。[1]实务中对此等强迫得利的处理主要涵括[2]：（1）符合侵权行为[3]或无权占有的构成要件时，受害人可请求除去妨害或回复原状。[4]（2）因受益人取得所有权不符合其主观利益，应认为所受利益不存在，从而并不负返还偿金的义务。也就是说，并不发生不当得利请求权的问题。[5]（3）受损人系为恶意时，其行使不当得利请求权自诚信原则而予衡量显为不当的，受益人得主张恶意抗辩权，拒绝偿还。[6]（4）不法管理人对占有物所为的添附，其因添附而支出的必要费用与有益费用，皆应依不适法的无因管理（规则）而向本人请求返还。[7]

最后，应予提及的是，因添附而丧失权利时，受有损害的一方不独有不当得利请求权，且还有损害赔偿请求权。而支持此两种请求权的法律上的根据（即请求权基础），乃系侵权行为与债务不履行。[8]

七、结语

涵括附合、混合与加工在内的添附制度系统，为一项古老而历久弥新的引起物权发生变动的特殊规则系统，其肇源于罗马法，中经中世纪物权法、近代物权法乃至现代物权法的传承而于当代终底于成，成为民法物权法中的一套与债法的不当得利请求权制度精妙谐配的重要规则体系。我国现今正在编纂的《民法典物

1　参见吴光明：《新物权法论》，三民书局 2009 年版，第 189 页。

2　参见吴光明：《新物权法论》，三民书局 2009 年版，第 189 页。

3　应值注意的是，实务中明知为他人的动产，而仍为附合、混合或加工，致实施所有权的侵害，若出于故意或过失，即构成侵权行为。惟此时受害人是否有价金请求权与损害赔偿请求权的并存，值得慎思。关于此，请参见吴光明：《新物权法论》，三民书局 2009 年版，第 193 页。

4　参见王泽鉴：《民法物权》，2014 年自版，第 263—264 页。

5　参见王泽鉴：《民法物权》，2014 年自版，第 264 页。

6　参见王泽鉴：《民法物权》，2014 年自版，第 264 页；谢哲胜："添附的不当得利返还与侵权行为的损害赔偿请求权的竞合"，载《月旦法学教室》2005 年总第 31 期，第 14 页。

7　参见郑冠宇："不法管理、添附与不当得利"，载《月旦法学》2003 年总第 97 期，第 252 页。

8　参见我国台湾地区"民法"第 215 条；王泽鉴：《民法物权》，2014 年自版，第 264 页。

权编（草案）》将包含附合、混合与加工在内的添附制度及其规则系统予以纳入，此于立法论、法理、学理乃至今日实务的确实需要上皆系妥洽、适当，进而应给予肯定性评价。惟就现今经全国人大常委会第一次审议的《民法典物权编（草案）》对添附制度的规定看，如前述，其更多地渗入与掺杂了传统添附立法成例、法理及学理通说之外的内容，由此导致所作出的厘定（规定）呈现出别扭、尴尬的窘境。

笔者认为，立基于当代比较添附法制度及其规则、法理与学理的可借鉴性，我国正在编纂中的民法典物权编对于附合、混合及加工规则的厘定，乃至这些添附形态的法理与学理的建构，无疑应依本文的论述、分析与考量而为之。具体而言，对于附合、混合与加工的涵义厘定、制度及其规则的旨趣和构成，皆宜采与本文前述分析、考量相同或近似的立场（或认识）。如此，方可使我国未来民法典物权编中的添附制度得以发挥其应有的功用与价值，并由此可以切实、充分地作用于我们的国家、社会与人民。

用益物权

空间建设用地使用权[*]

一、引言

空间建设用地使用权，亦称区分地上权、分层地上权、部分地上权、限制地上权、阶层地上权、空间地上权、分层区分地上权抑或空中权、地中权、土地空间权等，[1]是指在土地的地上或地下的一定空间范围内设立的建设用地使用权，抑或在土地的空中或地中横切一立体空间（断层）而设立的建设用地使用权。我国《物权法》第136条第1句对此作出明确规定："建设用地使用权可以在土地的地表、地上或者地下分别设立。"所谓在地上或地下设立建设用地使用权，即指空间建设用地使用权。在近年制定民法典的热潮中，由梁慧星研究员负责起草的《中国民法典草案建议稿》也明文规定了此制度（空间基地使用权）。[2]由这些立法的规定与学说可知我国肯认空间建设用地使用权制度的基本立场。

空间建设用地使用权属于土地空间权之一种，其性质上系为一种用益物权。在土地空间权体系中，除空间建设用地使用权外，属于物权性质的还有空间役

---

[*] 本文曾发表于《法学》2015年第7期，今收入本书乃稍有改动。

[1] 关于空间建设用地使用权的各种称谓，参见谢在全：《民法物权论》（上册），新学林出版股份有限公司2014年版，第622页注释1；梁慧星、陈华彬：《物权法》（第5版），法律出版社2010年版，第154页；陈华彬："土地所有权发展之趋势研究——以空间权法理的生成与运用为中心"，载刘云生主编：《中国不动产法研究》（第5卷），法律出版社2010年版，第25页。

[2] 参见梁慧星主编：《中国民法典草案建议稿》（第3版），法律出版社2013年版，第90页，第424条。

权。空间建设用地使用权具有如下特性：（1）它是存在于他人土地的上空或地下的定限物权；（2）它是以对土地空间的建筑物、构筑物或其他工作物的所有为目的的用益物权；（3）它是利用土地的上空或地下一定空间范围（断层）的物权。[1] 值得注意的是，空间建设用地使用权尽管为建设用地使用权之一亚种，但其在设立的法理基础、标的（客体）、旨趣、法律效力等方面均有区别于普通建设用地使用权的特殊之处。另外，时至今日，还存在着与空间建设用地使用权相关联的土地空间权的形态，且其利用方式多种多样。由此，笔者拟对空间建设用地使用权的嬗变、功用、其与民法有关规则的关系，以及该权利的设立、其与普通建设用地使用权的主要差异、该权利的标的（空间）与土地的其他部分呈垂直邻接状态的调整及与该权利相关联的其他土地空间权的形态等予以分析，以从解释论和立法论的角度完善我国《物权法》的相关规定。

二、空间建设用地使用权的嬗变与价值

现今包括空间建设用地使用权在内的土地空间权制度体系，是在人类对土地的利用由 19 世纪之前的平面利用转到之后的立体利用，即由所谓土地法（Bodenrecht）转向空间法（Raumrecht）的过程中产生的。尤其是近现代以来，人类的社会生产力获得重大发展，社会经济繁荣，由此使城市（镇）生活环境"过密化"，城市（镇）地价高涨。[2] 加之伴随人类文明的发展而带来的科技的日新月异的进步，人们对土地的利用已不再局限于地面，而是逐渐向空中、地中甚至水中发展，即由平面化利用趋向于立体化利用，土地的分层利用成为现实。[3] 易言之，由于目前建筑材料的更新与建筑技术的进步，于空中、地下及水中建造建筑物、构筑物或工作物等成为可能且变得容易，由此实现土地利用的立体化，其结果是使

---

[1] 参见梁慧星、陈华彬：《物权法》（第 5 版），法律出版社 2010 年版，第 154 页。

[2] 参见陈华彬："土地所有权理论发展之动向"，载梁慧星主编：《民商法论丛》（第 3 卷），法律出版社 1995 年版，第 82 页。

[3] 参见陈荣传：《民法物权实用要义》，五南图书出版公司 2014 年版，第 98 页。

横切土地的上空或地下，并以之为独立的使用、收益的标的（客体）的土地空间权制度得以产生。[1]同一土地不仅可以为其所有人提供安居乐业的场所，也可以为他人设定空间建设用地使用权以建造区分所有高层住宅、高架铁路、高架公路、立交桥、高架电线，或者铺设电线光缆、输油管道、供水排水管道，以及建设地铁、地下商场、地下街、地下停车场等。这些建筑物（住宅）等，系离开地表而独立存在于土地的空中或地中，由此使土地的效用获得最大限度的利用。[2]为了应对土地的这种向上或向下的立体空间利用需求，使土地的传统的平面垂直利用转向立体的空间利用，尤其是认可土地所有人将其土地区分为数个部分而分别就各部分设立不同的建设用地使用权，立法上乃规定空间建设用地使用权无须以土地的全部为标的，而仅可以土地上下的一定空间范围作为其标的而设立。比如，甲享有面积为 1000 平方米的 A 地的所有权，乙因自己车辆通行的需要，拟在 A 地的特定部分修筑供车辆通行的地下通道并取得该通道的所有权。此时，甲、乙双方即可仅就 A 地面积为 200 平方米、其地下 30 米至地下 40 米的空间范围内，设立空间建设用地使用权。[3]

如前所述，空间建设用地使用权为土地空间权的一种形态。而空间建设用地使用权等土地空间权制度的确立，使人们对土地权利的观念发生了根本变革：一方面，它革新了土地所有权上达天宇、下及地心的传统规则；另一方面，它也使土地的上下空间具有财产价值的观念深入人心，由此为人类充分利用土地资源于法律上提供了途径。[4]换言之，空间建设用地使用权等土地空间权制度的创建，反映了人们对于土地利用的新要求、新观念，由此成为人类法律领域的一个重大事件。尤其是它对传统民法拘守的一物一权原则的突破，可为人类多层面、多角度地最大化利用同一土地提供法律前提。[5]

1　参见［日］水本浩、户田修三、下山瑛二：《不动产法制概说》，青林书院 1997 年版，第 68 页。

2　参见梁慧星、陈华彬：《物权法》（第 5 版），法律出版社 2010 年版，第 150 页。

3　参见陈荣传：《民法物权实用要义》，五南图书出版公司 2014 年版，第 98 页。

4　参见梁慧星、陈华彬：《物权法》（第 5 版），法律出版社 2010 年版，第 150、152 页。

5　参见梁慧星、陈华彬：《物权法》（第 5 版），法律出版社 2010 年版，第 150 页。

现今，在土地空间权体系中，空间建设用地使用权成为最重要且被广泛运用的土地空间利用方式。[1] 我国 2007 年颁行的《物权法》为顺应城市（镇）土地上下空间开发、利用的急迫需要而于第 136 条明定的空间建设用地使用权制度，由此具有重大且积极的功用。空间建设用地使用权的此种法制化，使物尽其用及土地立体的发展因此迈上新征程。[2] 另外，该制度的确立，也使我国包括建设用地使用权在内的用益物权制度呈现出盎然的生机，并将我国建设用地使用权制度的发展推向一个新阶段。

值得指出的是，我国《物权法》第 136 条系迄今为止关于空间建设用地使用权的唯一的、基本的规定。依该条第 1 句的规定，当事人可以在国有土地的上空或地下设立属于用益物权性质的空间建设用地使用权，以用于建设区分所有高层住宅、天桥、地铁、地下商场或铺设电缆管线等。而且，对于此等区分所有高层住宅等，空间建设用地使用权人得保有其所有权。另外，依该条第 2 句的规定，当国有土地上业已设立其他用益物权（含普通建设用地使用权）时，之后于同一国有土地的上空或地下设立的空间建设用地使用权即不得对其产生妨害或损害。应注意的是，此两方面的内容系当前我国空间建设用地使用权制度的基本要点。

三、空间建设用地使用权与民法有关规则关系的厘清

如前所述，空间建设用地使用权系建设用地使用权的一种特殊形态，具有一些特性，由此存在其与民法上的一些规则是否相冲突的问题。具体而言，空间建设用地使用权与物权标的物（客体）的特定性规则、一物一权原则及物权公示原则的关系有必要予以厘清，以使该制度立基于坚实的物权法法理之上，并由此证成其具有的独立价值与功用。

（一）空间建设用地使用权与物权标的物（客体）的特定性规则

在我国现行法治体系下，认可于离开地表的空中或地中设立排他的独立的空

1　参见梁慧星、陈华彬：《物权法》（第 5 版），法律出版社 2010 年版，第 154 页。

2　参见谢在全：《民法物权论》（上册），新学林出版股份有限公司 2014 年版，第 614 页。

间建设用地使用权，首先面临的问题是它是否违反物权标的物（客体）的特定性规则。易言之，因空间建设用地使用权系以离开地表的土地上空或地中的一定空间为客体，其能否成立涉及物权标的物的独立性规则，即空间建设用地使用权的客体（空间）是否为独立物而得以成立物权。

对此，通说认为，物并不以有体物为限，正如"人"的概念并不以生理学上的自然人为限，其还应包括法人一样。也就是说，物除有体物外，凡具有排他的支配可能性者，皆包括在内。由此，离开地表的空中或地中等空间，只要具备独立的利用价值并可排他性地予以支配，即可成为独立物而为物权的客体。[1] 如后文所述，一宗（笔）土地的独立性完全系出于人为的技术划分，并借不动产登记簿的登记得以体现。建设用地使用权不仅可于一宗（笔）土地的全部上设立，也可于一宗（笔）土地的一部分而设立。而所谓一宗（笔）土地的一部分，乃系土地的平面的划分，例如于 100 平方米土地的 60 平方米中设立建设用地使用权，即属之。[2] 据此，一宗（笔）土地既然可以平面划分出一部分使其具有独立性而成为建设用地使用权的客体，则一宗（笔）土地上下空间划分出立体的一部分而设立空间建设用地使用权，也并无不可。而且，随着测量技术与登记方法的进步，对一定空间的物权支配予以登记已属可能，由此，空间建设用地使用权的公示方法也并无问题。[3] 概言之，空间建设用地使用权的设立（成立）并不违背物权标的物（客体）的特定性规则。

（二）空间建设用地使用权与一物一权原则

根据物权法法理，一物权的标的物（客体）仅限于一物且一物之上不能并存两个或两个以上相同的物权。对于一宗（笔）土地而言，尽管除地表上的所有权外，还可于其地上或地下空间设立数个立体叠设的空间建设用地使用权，但并不违背一物一权原则。原因是作为空间建设用地使用权的标的（客体）的特定独立

1　参见温丰文：《建筑物区分所有权之研究》，三民书局 1992 年版，第 109 页。

2　参见谢在全：《民法物权论》（上册），新学林出版股份有限公司 2014 年版，第 614 页。

3　参见谢在全：《民法物权论》（上册），新学林出版股份有限公司 2014 年版，第 614 页。

物的要求，对于土地不动产而言，完全系透过人为的技术区分而于不动产登记簿上登记为数笔或一笔的结果。也就是说，土地等不动产的"一物性"，完全是借不动产登记簿上所登记的个数、笔数而获彰示。故此，土地的空中或地中的一定范围的空间，若可排他性地对其予以支配并具备独立的利用价值，即可借助于不动产物权的登记而呈现为独立的空间建设用地使用权。[1]

（三）空间建设用地使用权与物权公示原则

根据我国《物权法》第9条的规定，不动产物权设立、变更、转让及消灭的公示方法为登记。故此，作为一种不动产物权的空间建设用地使用权也须予以登记及公示。如前所述，随着测量技术与登记方法的进步，目前空间建设用地使用权的登记已无问题。惟依我国2015年3月1日起施行的《不动产登记暂行条例》的规定，不动产登记性质上为一种行政程序，[2]登记机构所能实施的裁量权幅度十分有限，而其所规定的不动产土地登记范围实质上仍以平面（地面）的土地登记为限。[3]故此，尽管我国《物权法》第136条业已认可空间建设用地使用权，但将来还应修改《不动产登记暂行条例》，以促成空间建设用地使用权得以登记和公示。[4]

依现今比较法的规定及实证经验，对于空间建设用地使用权除应测绘其水平面积并予以登记外，还应测量其三维空间体积而于不动产登记簿上载明空间的上下范围，例如海拔几米至几米或从地平面起几米至几米等。比如可以以海平面上的20米至50米之间的空间为标的（客体），或以地平面为基准地下的20米至30

1　参见温丰文：《建筑物区分所有权之研究》，三民书局1992年版，第112页；陈华彬：《物权法前沿》，经济科学出版社2012年版，第75—76页。

2　参见《不动产登记暂行条例》第6条。

3　参见《不动产登记暂行条例》第2条、第5条等。

4　值得指出的是，尽管我国1994年颁布施行至今的《城市房地产管理法》和1997年颁布、2001年修改并于2008年被《房屋登记办法》废止的《城市房屋权属登记管理办法》以及2015年3月1日起施行的《不动产登记暂行条例》并没有涉及空中或地中等空间的登记问题，但在实务上，对空中或地中等空间予以确定及登记是可行并在推进中的。比如，2008年原国土资源部、原国家工商行政管理总局发布的《国有建设用地使用权出让合同》示范文本即指出，出让宗地空间范围是以平面界址点所构成的垂直面和上下界限高程平面封闭形成的空间范围。参见马栩生："论城市地下空间权及其物权法构建"，载《法商研究》2010年第3期。

米之间的空间为标的（客体），抑或以地表的某特定点为基准，以土地的北端到南端幅度 20 米的空间范围为标的（客体）而登记设立空间建设用地使用权。[1] 另外，如后文所述，在具体的实务操作中，也可只登记空间的上限或下限，抑或登记曲线形、斜形乃至球形的空间建设用地使用权。[2]

（四）空间建设用地使用权与普通建设用地使用权的根本差异

空间建设用地使用权与普通建设用地使用权在本质上并无差异，即均系不动产用益物权。因此，在肯认空间建设用地使用权的国家和地区，其通常明定，除有特别规定外，空间建设用地使用权原则上得准用普通建设用地使用权的规定。[3]

空间建设用地使用权与普通建设用地使用权的根本差异系在于其标的（客体）仅为他人土地上下的一定空间范围。[4] 易言之，空间建设用地使用权乃以他人土地的空中或地中的一定空间范围为标的，并以对这些空间中的建筑物、构筑物或工作物的所有为目的而设立。[5] 进而言之，空间建设用地使用权的效力范围，仅为土地的上空或地中的一定范围的上下空间。比如，甲拟经过乙土地的上空修建高架道路，此时甲的（空间）建设用地使用权即可仅设立于乙土地上空的一定空间范围（例如上空的 40 米至 60 米），乙不仅对地面仍可予以利用，甚至还可再将其地面或地中的一定范围对他人设立空间建设用地使用权。在本例中，仅土地上空 40 米至 60 米的特定空间为甲取得的空间建设用地使用权的效力范围。[6] 据此可知空间建设用地使用权与以一宗（笔）土地的全体全层为标的（客体）而设立的普通建设用地使用权相较仅有量的不同，盖其系以划分土地上下的一定的断

1　参见［日］铃木禄弥、筱塚昭次编：《不动产法》，有斐阁 1973 年版，第 131 页。

2　参见［日］铃木禄弥、筱塚昭次编：《不动产法》，有斐阁 1973 年版，第 131 页；温丰文：《建筑物区分所有权之研究》，三民书局 1992 年版，第 115 页；陈华彬：《物权法前沿》，经济科学出版社 2012 年版，第 76 页。

3　参见我国台湾地区"民法"第 841 条之 6。陈荣传：《民法物权实用要义》，五南图书出版公司 2014 年版，第 98—99 页。

4　参见陈荣传：《民法物权实用要义》，五南图书出版公司 2014 年版，第 98 页。

5　参见［日］水本浩、户田修三、下山瑛二：《不动产法制概说》，青林书院 1997 年版，第 68 页。

6　参见谢在全：《民法物权论》（上册），新学林出版股份有限公司 2014 年版，第 613 页。

层为标的（客体）而设立。[1]

值得提及的是，2008 年颁行的《深圳市地下空间开发利用暂行办法》第 2 条、第 3 条，2011 年颁行的《温州市地下空间建设用地使用权管理办法（试行）》第 1 条、第 3 条，以及 2013 年颁行的《上海市地下空间规划建设条例》第 3 条等，均将空间建设用地使用权的客体（标的）确定为土地上空或地中的一定断层（空间），并明示其与于土地地表设立的普通建设用地使用权仅有量的差异。

四、空间建设用地使用权的设立

按物权法基本法理，空间建设用地使用权可基于民事法律行为与此外的其他原因两种情形而取得。其中，基于民事法律行为而取得主要包括空间建设用地使用权的设立与转让，基于民事法律行为以外的原因而取得则主要分为因取得时效而取得与因继承而取得。因转让、取得时效及继承而取得空间建设用地使用权，其法理及实务操作与普通建设用地使用权相同，并无特殊之处。与此不同，空间建设用地使用权的设立则系取得权利的主要方式。有鉴于此，笔者拟着重对空间建设用地使用权的设立予以考量与分析。

（一）空间建设用地使用权的设立旨趣与标的（客体）

根据对《物权法》第 135 条的解释，空间建设用地使用权的设立旨趣，应与普通建设用地使用权相同，即在国家所有的土地空间建造并保有建筑物、构筑物及其附属设施。例如，在国家所有的土地上空或地中空间建造并保有区分所有高层住宅、排水管道、电信设施、电缆、天桥或地下商场等，均属之。

值得注意的是，在我国，由于城市和农村的土地分别属于国家或集体所有，所以土地上下空间的所有权也分别属于国家或集体。而且，集体土地需要被征收为国家所有后才能出让（设立）空间建设用地使用权。在实务中，作为出让人的国家只要对空间建筑物的四至、建筑面积、高度和深度作出明确的规定，则该空

1　参见［日］铃木禄弥、筱塚昭次编：《不动产法》，有斐阁 1973 年版，第 131 页。

间建设用地使用权的空间范围即得以确定。[1] 至于所谓土地上下的一定空间范围，则分为如下四种情形：[2]（1）土地上空的上下一定范围，比如土地上空的 30 米至 50 米；（2）土地地下的上下一定范围，比如土地地下 20 米至地下 60 米；（3）以地表为准的上下一定空间，比如土地地表以上的 100 米及地表以下的 50 米；（4）土地上下仅有一端有限制的一定范围，比如土地上空 100 米以下的范围，系就上方有限制，或如土地下方 50 米以上的范围，则系就下方有限制。概言之，在我国，于空间建设用地使用权被分层出让（设立）时，仅不同层次的权利人所占用的空间范围有所区别或差异。[3] 此外，还应注意的是，普通建设用地使用权可以一宗（笔）土地的一部而设立，本于相同理由，空间建设用地使用权也可就一宗（笔）土地的一部的上下一定空间而设立。[4]

（二）空间建设用地使用权与其他用益物权于同一土地上的重叠设立

我国《物权法》第 136 条第 2 句规定："新设立的建设用地使用权，不得损害已设立的用益物权。"据此，在我国，于同一土地上，空间建设用地使用权可与其他用益物权重叠存在，各自发挥效力，以应对土地立体化利用的社会需求及实现土地的物尽其用。[5]

《日本民法》第 269 条之二第 2 项、我国台湾地区 2010 年修改的"民法"物权编第 841 条之 5 与我国《物权法》第 136 条第 2 句的旨趣相同，皆肯认空间建设用地使用权（区分地上权）与其他用益物权重叠存在。而之所以如此，乃系基

1　参见全国人大常委会法制工作委员会民法室编著：《中华人民共和国物权法解读》，中国法制出版社 2007 年版，第 297 页。

2　参见谢在全：《民法物权论》（上册），新学林出版股份有限公司 2014 年版，第 615 页。

3　参见全国人大常委会法制工作委员会民法室编著：《中华人民共和国物权法解读》，中国法制出版社 2007 年版，第 297 页。

4　参见郑国旗与保山医药公司排除妨碍纠纷案民事判决书，云南省保山市隆阳区人民院（2014）隆民初字第 01006 号；值得提及的是，在日本，尽管其学说肯认就一宗（笔）土地的一部设立建设用地使用权（地上权），但日本《不动产登记法》不容许就一宗（笔）土地一定空间范围的一部设立空间建设用地使用权（区分地上权）。参见［日］畿代通：《不动产登记法》，［日］德本伸一补订，有斐阁 1997 年版，第 282、284 页；谢在全：《民法物权论》（上册），新学林出版股份有限公司 2014 年版，第 623 页注释 6。

5　参见谢在全：《民法物权论》（上册），新学林出版股份有限公司 2014 年版，第 616 页。

于空间建设用地使用权系就土地分层利用的特质，为应对土地立体化利用的社会需求及实现土地的物尽其用，于是创设此用益物权排他效力之例外。[1] 值得指出的是，对于空间建设用地使用权与其他用益物权的并存或重叠设立，应注意如下四点：

其一，同一土地上可同时设立空间建设用地使用权与以使用、收益为目的的其他用益物权，例如普通建设用地使用权、土地承包经营权抑或其他空间建设用地使用权等。先设立空间建设用地使用权，再设立其他用益物权的，无须获得在先空间建设用地使用权人的同意，反之亦然。惟此并不排除在后物权应于获得在先物权人的同意后方可设立的情形。担保物权，如抵押权，因支配对象的不同，自可与空间建设用地使用权或其他用益物权于同一土地上并存。[2]

其二，于上述情形，所设立的普通建设用地使用权或其他用益物权，并不因同一土地上同时存在空间建设用地使用权而成为区分用益物权。受限制的用益物权仅系于受限制的范围内处于权利休眠或暂停状态，并非因此而消灭，且若将用益物权解释为区分用益物权，也违反用益物权当事人的意思。[3]

其三，空间建设用地使用权的标的仅为土地上下的一定空间范围，惟为充分利用土地的各部分，就同一空间范围并非仅可设立一个用益物权。换言之，土地所有人于同一土地设立一个空间建设用地使用权后，仍可再设立支配范围及于同一空间范围的用益物权（含空间建设用地使用权）。比如，甲以属于自己的 A 地的一定空间范围 A1 设立空间建设用地使用权给乙后，其仍可就 A 地的全部设立普通建设用地使用权给丙。此时，同一土地（A 地）上即同时存在空间建设用地使用权与其他用益物权（丙的普通建设用地使用权）。[4]

其四，根据我国《物权法》第 136 条第 2 句的规定，同一土地上设立的包括

1　参见谢在全：《民法物权论》（上册），新学林出版股份有限公司 2014 年版，第 615 页。

2　参见"关于空间利用权的确定"，载王利明编：《中国民法案例与学理研究（物权编）》（修订本），法律出版社 2003 年版，张某与吴某、林某建筑物区分所有空间权纠纷案，第 221 页；谢在全：《民法物权论》（上册），新学林出版股份有限公司 2014 年版，第 616 页。

3　参见谢在全：《民法物权论》（上册），新学林出版股份有限公司 2014 年版，第 622 页。

4　参见陈荣传：《民法物权实用要义》，五南图书出版公司 2014 年版，第 100 页。

空间建设用地使用权在内的各用益物权的权利行使，应按"设立在先，效力在先"的规则确定其权利行使的先后顺序；[1] 在先物权人同意在后物权设立的，在先物权人的权利行使应受限制。[2] 另外，当同一土地上既有土地租赁权，又有空间建设用地使用权时，后者应于不妨碍承租人对土地的使用、收益的前提下行使其权利。[3]

五、空间建设用地使用权的标的（空间）与土地的其他部分呈垂直邻接状态的调整

根据物权法的基本法理，土地所有人于自己的土地设立空间建设用地使用权于他人后，其对土地的使用权、收益权在该空间建设用地使用权标的的一定范围内即受到限制，而于该标的范围外，其仍有完全的使用权、收益权。[4] 惟因空间建设用地使用权的标的与土地的其他部分并非呈现为平面相邻关系，而系垂直的邻接状态。[5] 为应对此特殊问题，《日本民法》第 269 条之二第 1 项第 2 句规定，地下或地上空间设立区分地上权（空间建设用地使用权）后，有关当事人可以通过设立行为，为区分地上权（空间建设用地使用权）的行使对该土地的使用加以限制。另外，我国台湾地区于 2010 年修改"民法"物权编时在第 841 条之 2 设有与此类似的规定。

值得注意的是，依据解释，上述日本与我国台湾地区对空间建设用地使用权

1　参见谢在全：《民法物权论》（上册），新学林出版股份有限公司 2014 年版，第 619 页。

2　参见陈荣传：《民法物权实用要义》，五南图书出版公司 2014 年版，第 100 页。

3　参见我国台湾地区"民法"第 426 条（出租人就租赁物设定物权之效力）的规定。

4　参见谢在全：《民法物权论》（上册），新学林出版股份有限公司 2014 年版，第 616—617 页。

5　参见李冠辉与李明开、李炜婉相邻关系纠纷案民事判决书，广东省广州市中级人民法院 (2014) 穗中法民五终字第 3138 号。值得指出的是，传统的土地所有、利用形态为"垂直的所有、利用形态"，以空中或地中为对象的所有、利用形态为"水平的所有、利用形态"。空间建设用地使用权系为因应今日土地的"水平的所有、利用形态"而产生的制度。故此，在学说上，"垂直的邻接状态"又称为"立体垂直的相邻关系"或"横切（横面）的所有权相互间的相邻关系"。参见［日］幾代通：《不动产登记法》，有斐阁 1971 年版，第 251 页；［日］铃木禄弥、筱塚昭次编：《不动产法》，有斐阁 1973 年版，第 132 页；温丰文：《土地法》，洪记印刷有限公司 2008 年版，第 57—58 页。

的标的（空间）与土地的其他部分呈垂直邻接状态的调整的规定，其适用的主体为空间建设用地使用权人与其设立范围外四周上下的土地所有人、用益物权人或其他债权的用益权人（如租赁权人或借用权人）等。[1]约定的内容为对空间建设用地使用权的标的（特定空间）与土地的其他部分间的使用、收益方法或样态的限制。此种限制系对使用、收益的消极限制，包括对用益的范围、方法及可设置的构筑物等的限制。[2]比如，土地下的空间建设用地使用权人与土地所有人约定，后者不得于地面上设置若干吨以上重量的构筑物，或土地上的空间建设用地使用权人与土地所有人约定，前者不得于其空间设置若干吨以上重量的构筑物等。[3]此约定于当事人间具有债的效力，惟若该限制的约定经登记的，则可对抗第三人（如该土地的普通建设用地使用权的受让人或抵押权人）。易言之，该经登记的限制的约定，对空间建设用地使用权的受让人等也可主张，由此具有物权的效力。[4]另外，依解释，若土地所有人未参与约定，也未同意该约定，则该约定对其无拘束力。若参与约定的其他使用权人的使用权、收益权消灭，则无论其为空间建设用地使用权还是普通建设用地使用权，其约定均不得拘束土地所有人。[5]应指出的是，日本与我国台湾地区的前述规定及其此等解释论，对于我国《物权法》第136条所规定的空间建设用地使用权的解释论、现行实务及将来对于它的完善的立法论无疑具有积极的参考价值，不容小觑。

六、与空间建设用地使用权相关联的土地空间权权利形态

如前所述，空间建设用地使用权是当前社会生活中最为广泛、最为重要的土

1　参见谢在全：《民法物权论》（上册），新学林出版股份有限公司2014年版，第617页。

2　参见谢在全：《民法物权论》（上册），新学林出版股份有限公司2014年版，第617页；［日］铃木禄弥、筱塚昭次编：《不动产法》，有斐阁1973年版，第131—132页；［日］水本浩、户田修三、下山瑛二：《不动产法制概说》，青林书院1997年版，第68—69页；陈荣传：《民法物权实用要义》，五南图书出版公司2014年版，第99页。

3　参见陈荣传：《民法物权实用要义》，五南图书出版公司2014年版，第100页。

4　参见谢在全：《民法物权论》（上册），新学林出版股份有限公司2014年版，第618页。

5　参见陈荣传：《民法物权实用要义》，五南图书出版公司2014年版，第100页。

地空间利用形式。尽管如此，空间建设用地使用权并不能代表或涵括土地空间权体系的全部，即在土地空间权的演进与发展进程中，于比较法与实证经验上，还存在与之相关联的空中权、地中权及土地发展权等概念和制度。对于这些概念和制度也有必要予以厘清和作出解释。

（一）空中权

在法制肇源上，空中权（Air Rights 或 Air Space Rights）这一概念系由 20 世纪初美国的判例所创立，其含义系指将土地的上部空间加以水平区分，以供建筑利用的权利，或指利用土地上的全部或一部分空间的权利。易言之，根据美国法，所谓空中权，是指存在于空中的那部分土地空间权，与之相对的则是地中权。[1] 在日本，伴随其都市的立体开发，将地上空间与地表分离而独立加以利用、转让或租赁的情形日增，其法律体系上尽管并未规定空中权的概念，但其判例与学说中却存在此概念。在现今的日本，有关空中权的法律问题系通过法解释论予以处理。[2]

从目前比较法的视角看，空中权是非常现代且具有多义性的概念，主要包括两方面的内容：其一，指对某土地的上部未利用空间不移转其物理位置，通过构筑人工地基而在其上建构建筑物的权利。换言之，其是指利用土地的上空空间的空中权。其二，指将土地的上部未利用空间移转到其近邻的土地上而予以利用的权利。它并非指移转土地的上部未利用空间本身，而系将法律所定的某土地的可以利用的容积中未利用的容积移转到别的土地上加以利用。概言之，其是指利用未利用容积的空中权。[3]

上述空中权的法律性质，即作为民法上权利的空中权系为物权性权利，抑或为债权性权利的问题值得探讨。如前所述，根据比较法与实证经验等，在利用土

---

[1] 梁慧星、陈华彬：《物权法》（第 5 版），法律出版社 2010 年版，第 156 页。

[2] 参见［日］水本浩、户田修三、下山瑛二：《不动产法制概说》，青林书院 1997 年版，第 69 页。

[3] 参见［日］水本浩、户田修三、下山瑛二：《不动产法制概说》，青林书院 1997 年版，第 70 页。

地上空空间的空中权中，最重要的是物权性质的空间建设用地使用权（区分地上权）。此种空中权，系划定土地上空空间的上下范围并以对该空间中的建筑物、构筑物及工作物（如隧道、送电线）等的所有为目的而设立，系空中权最重要的活用形态。[1]另外，在利用土地上空空间的空中权中，空间役权在性质上也属于物权性质的空中权。比如，为使自己的建筑物能有更为良好的眺望视野，设立限制他人空间搭建高层建筑物的空间役权（空中权），以及在高压电线所通过的空间，空间权利人可以通过设立空间役权（空中权）而限制该空间周围的人搭建高层建筑，以防不测等，皆属之。[2]此外，横切土地上空空间的一定上下范围而加以利用的空中权，还可体现为债权性质的空间租赁权的形式，即空中权也有属于债权性质的情形。

应该指出的是，为利用未利用容积空间的空中权，其在美国法上称为移转可能的开发权（Transferable Development Rights，简称 TDR）或土地发展权的移转。如前所述，它并非指土地未利用容积的移转，而是指将法律所定的开发容许限度（未利用容积）移转到其他的土地上予以开发、使用的权利。[3]此种空中权，在日本通常以移转某土地未利用的容积至其他的土地而建设高层建筑物的形式呈现。[4]移转未利用容积而予以利用所采取的法律形式，主要系作为债权性质的未利用容

---

[1] 值得指出的是，于今日实务上，空中权的利用形态主要有两种：其一，"一体型"的利用形态，是指于独立存在的建筑物、构筑物或工作物的上空，建造与下面的建筑物、构筑物或工作物连为一体的建筑物、构筑物或工作物，又称为"接木方式"的利用形态；其二，"人工地基型"的利用形态，是指通过建造"人工地基"而于建筑物、构筑物或工作物的上空建造建筑物、构筑物或工作物，系今日实证经验上利用土地上空空间的典型形态。参见陈华彬：《民法物权论》，中国法制出版社 2010 年版，第 211 页。

[2] 参见陈华彬：《民法物权论》，中国法制出版社 2010 年版，第 208 页；盛丰诉宜兴市茂达装潢工程公司空间利用案民事判决书，江苏省无锡市中级人民法院（2002）锡终字第 704 号。

[3] 需要指出的是，此种移转可能的开发权制度，又称为未利用容积率的利用权制度，其源于 20 世纪初的美国纽约。参见刘强："关于集合住宅的中国不动产法制的整备的研究"，日本千叶大学大学院自然科学研究科 2003 年博士学位论文，第 45 页。

[4] 参见［日］水本浩、户田修三、下山瑛二：《不动产法制概说》，青林书院 1997 年版，第 72 页。

积的买卖与租赁以及作为物权性质的空间役权。[1]

(二) 地中权 (地下空间利用权)

在晚近以来的实务中,除上述以空中权的方式对土地的上空空间予以利用的情形外,还有以地中权的方式对土地的地下空间 (地中) 加以利用的情形,比如地下街、地下停车场、地下送电线、地铁、地下广场、地下商场、地下储水池、地下变电所、地下下水处理场、地下上下水道及地下燃气 (煤气) 线等多形态的地下空间利用方式。[2]

上述地下空间利用权 (地中权) 的性质,也与土地的上空空间的利用权 (空中权) 的性质相同,即物权性质的空间建设用地使用权系其最重要、最广泛的利用形态。与空中权相同,这种利用方式系以划定土地地下空间的上下范围并以对该空间中的建筑物、构筑物及工作物 (如隧道、送电线等) 等的所有为目的。应指出的是,除此种物权性质的地下空间利用外,还有属于物权性质的空间役权形态的利用。比如,可以通过设立限制地表搭建过高、过重建筑物或限制堆积重物的空间役权来防止地铁行经线路上的地表因负担 (重量) 过重而陷落。[3]另外,与空中权包括债权性权利相同,地中权也可采取地下空间租赁的方式设立,换言之,地中权也可以是债权性质的权利。

(三) 土地发展权

土地发展权是土地所有人开发或发展其土地的权利,系在英美国家发展起来

1　参见 [日] 水本浩、户田修三、下山瑛二:《不动产法制概说》,青林书院 1997 年版,第 73 页。

2　参见 [日] 水本浩、户田修三、下山瑛二:《不动产法制概说》,青林书院 1997 年版,第 74 页。在今日实务上,地下空间的利用主要有如下 6 种情形:(1) 生活设施,比如住宅的地下室;(2) 都市 (城市) 设施,包括地下街、地下停车场、地铁、能源供给设施、上下水管设备;(3) 贮藏设施,主要包括石油、煤炭等各种能源的地下贮藏设施;(4) 生产设施,主要包括工场设施和电力供给设施;(5) 输送设施,主要包括铁路 (铁道) 隧洞、公路隧道、煤气、石油输送用的管道等;(6) 防灾设施,主要是指为了防止河川洪水而于地下空间建构的地下放水设施、地下蓄水池、雨水浸透贮留设施以及紧急用饮料和食料贮藏设施等。参见陈华彬:"土地所有权发展之趋势研究——以空间权法理的生成与运用为中心",载刘云生主编:《中国不动产法研究》(第 5 卷),法律出版社 2010 年版,第 61—62 页。

3　参见陈华彬:《民法物权论》,中国法制出版社 2010 年版,第 208 页。

的地权概念和制度。它系一种土地空间容积的移转制度，其旨趣在于使土地的准予开发与限制开发之间保持平衡。[1]

在比较法与实证经验上，英国 1947 年《城乡计划法》规定，国家应向私人征收土地发展税，土地发展权的国有化由此滥觞。土地发展权收归国有后，任何土地所有人欲开发其土地，皆应按照拟开发程度向政府购买对等的土地发展权。在美国，如前所述，土地发展权系一种可与土地所有权分离而单独移转的财产权。在实务与理论上，土地发展权的移转简称 TDR。根据 TDR 制度，让与容积的土地是禁止开发的土地，承受容积的土地则是可以将移转容积加在本来保有的容积上予以开发的土地。例如，在纽约与芝加哥，为保存历史建筑物与文物古迹，依 TDR 制度，即可将应保存这些建筑物与古迹之地的土地发展权移转到其他可实行高密度开发的土地上。在我国台湾地区，其以英国与美国的土地发展权移转制度为理论基础，创设了"送出容积的基地及其可移出容积""接受容积的基地及其可移入容积"等概念，于 1999 年颁行"都市计划容积移转实施办法"，将土地发展权以容积加以量化，由此开启了土地空间容积的开发权移转的实践。[2]

七、结语

空间建设用地使用权是以土地的空中或地中的特定空间（断层）为标的（客体）而设立的权利，其在性质上属于土地空间权的一种形态及普通建设用地使用权的一亚种。在我国，近年来，随着建筑材料的更新与建筑技术的进步，土地的利用日趋向高空化方向发展，于一宗（笔）土地上的空中建造区分所有高层住宅，架设高架桥、高架道路、高架铁路、天桥，在地中修建地铁、地下街、地下广场或地下商店等，业已成为普遍现象。此等于空中或地中以保有建筑物、构筑物或其他附属设施为旨趣而利用国家所有的土地空间所采取的法律形式，其中最广泛、最重要的即是空间建设用地使用权。由此，空间建设用地使用权成为当前

1　参见温丰文：《土地法》，洪记印刷有限公司 2008 年版，第 66 页。
2　参见温丰文：《土地法》，洪记印刷有限公司 2008 年版，第 66—68 页。

我国社会所需要的、不可或缺的利用他人土地空间的权利形式和制度。

在 2007 年之前的相当长的时期内，由于我国相关法律、行政法规未对土地分层出让的问题作出规定，实践中对于专门利用地上或地下空间的权利性质并不明确，土地上下空间中相关设施权利人的权利得不到法律上的确认和保护。[1]有鉴于此，2007 年颁行的我国《物权法》为顺应城市（镇）土地上下空间开发、利用的紧迫需要而于第 136 条规定了空间建设用地使用权制度，此规定实具重大的意义和价值。惟因该条仅系原则性规定，内容过于简略，以致实务中往往难以操作和运用。因此，笔者对空间建设用地使用权的嬗变、功用、其与民法有关规则的关系，以及空间建设用地使用权的设立、其与普通建设用地使用权的基本差异、该权利的标的（空间）与土地的其他部分呈垂直邻接状态的调整及与该权利相关联的其他土地空间权的形态等所作的研究，可谓必不可少的基础性研究，可为我国关于空间建设用地使用权的解释论与将来对其予以完善的立法论提供参考。在我国现今的法律体系下，空间建设用地使用权的实务运用及将来对于它的完善，还涉及城乡规划法、房地产管理法、土地管理法、建筑标准法、建筑法、合同法甚至行政法、经济法等领域。对于这些相关领域，也有必要予以重视并作深入研究。

1　参见全国人大常委会法制工作委员会民法室编著：《中华人民共和国物权法解读》，中国法制出版社 2007 年版，第 296—287 页。

从地役权到不动产役权[*]

——以我国不动产役权的构建为视角

一、引言

地役权，为役权之一种，指根据合同的约定利用他人的土地，以提高自己土地的效益的权利（《物权法》第 156 条第 1 款），[1] 它系现代各国家和地区物权法中一种被普遍认可和规定的制度。依物权法法理，地役权系一种通过利用他人的土地增加自己土地的利用价值的用益物权。其中，享受方便和利益的土地为需役地，提供方便和利益的土地为供役地（《物权法》第 156 条第 2 款）。也就是说，根据我国《物权法》的规定，地役权是为了自己土地的方便和利益而利用他人土地的权利。

在比较法与法制沿革上，大陆法系国家和地区的役权可以分为地役权、人役权及不动产役权。其中，与地役权系为自己土地的利益而利用他人土地的权利不同，人役权系为特定人的利益而利用（使用）他人的物的权利，[2] 不动产役权则

---

* 本文曾发表于《法学评论》2016 年第 3 期，今收入本书乃略有改动。

1 值得注意的是，我国《物权法》第 156 条对地役权的定义使用了不动产的概念，而该条第 2 款又使用了供役地和需役地的概念。从《物权法》第 14 章的总体规定来看，应将该第 156 条所称的不动产理解为土地。由此，在我国实务中，不得在他人建筑物等定着物上设立地役权。对此，请参见梁慧星、陈华彬：《物权法》（第 5 版），法律出版社 2010 年版，第 279 页；全国人大常委会法制工作委员会民法室编著：《中华人民共和国物权法解读》，中国法制出版社 2007 年版，第 337 页；刘家安：《物权法论》，中国政法大学出版社 2009 年版，第 171 页。

2 参见黄右昌：《民法诠解》（物权编，上册），台北商务印书馆 1977 年版，第 267 页。

是以他人不动产供自己不动产通行、通过、取水、排水、通风、采光、眺望、电信、电力或其他以特定方便和利益之用为目的的权利。[1] 19 世纪制定的《法国民法典》（1804 年）、《奥地利普通民法典》（1811 年）、《德国民法典》（1896 年）及 20 世纪初制定的《瑞士民法典》（1907 年）等西方国家民法，皆普遍认可和规定了地役权和人役权两种制度；东方国家的《日本民法》（1896 年）、《中华民国民法》（1929—1930 年陆续公布）、《韩国民法典》（1958 年）则不认可人役权，而仅规定了地役权制度。我国台湾地区于 2010 年修改其"民法"物权编时，废弃"地役权"一语，将供役、需役的客体均扩大为不动产，且增加规定用益权人的不动产役权（第 859 条第 3 项）与自己不动产役权（所有人不动产役权）（第 859 条第 4 项），为使名实相符，于是将原"地役权"一语更名为"不动产役权"。由此，我国台湾地区的原地役权制度实现重大蜕变。[2]

如前所述，《物权法》仅于第 14 章规定了地役权制度，其适用仅限于土地的利用关系，对为特定人的方便和利益而利用（使用）他人的物的人役权则未作规定。自比较法与法制史的沿革上看，《物权法》对人役权所持的否定立场，应无不妥。惟随着社会的变迁与进步，地役权的内容已是各种各样、林林总总，具有多样性，现行《物权法》将其仅限于调整土地的利用关系，已难以满足实务的需要。为充分发挥地役权制度的功用，促进土地与建筑物等定着物的利用价值，有必要借镜我国台湾地区的经验，将《物权法》上的供役地、需役地扩大为不动产，并规定自己不动产役权（所有人不动产役权），由此使《物权法》上的役权制度实现由地役权向不动产役权的转变。[3] 由于不动产役权制度于整个用益物权体系中的

1　参见谢在全：《民法物权论》（下册），新学林出版股份有限公司 2014 年版，第 13 页。

2　参见谢在全：《民法物权论》（下册），新学林出版股份有限公司 2014 年版，第 15—16 页。

3　值得注意的是，将《物权法》上的地役权制度变革为不动产役权制度后，不仅土地之间的利用（使用）关系，而且土地上的建筑物、构筑物及工作物等定着物之间的利用关系，也可以获得调整和实现。比如，当甲的 A 建筑物坐落在乙的 B 建筑物的正后方时，即可通过设立不动产役权而使 B 建筑物不得加盖，以免遮挡 A 建筑物高楼层部分的视野。同时，乙应开放其 B 建筑物的正中宅门及通道，供甲穿越出入。对此，请参见陈荣传：《民法物权实用要义》，五南图书出版公司 2014 年版，第 111 页。

特殊地位，笔者拟对役权制度的流变、不动产役权的功用、特性、分类、取得、效力、建立不动产役权制度的必要性及自己不动产役权（所有人不动产役权）的价值与确立等予以分析、考量，期冀从立法论和解释论角度完善《物权法》的相关规定。

二、役权制度的流变与不动产役权的功用

（一）役权制度的流变

从法制史上看，今日的不动产役权制度系肇源于古罗马的役权（Servitutes）。[1] 而在罗马法上，役权可分为地役权（Servitutes rerum，亦称物役权）与人役权（Servitutes personarum）。[2] 地役权系为特定土地（含建筑物）的利益而使用他人的特定土地（含建筑物）的权利，包括田野地役权与都市地役权。前者亦称农业用地役权，指为特定土地的利益而设定的权利，比如可由供役土地排水的排水权、可由供役土地取水的取水权以及为车辆、家畜、人的通过而设定的通行权等，皆属之；[3] 后者亦称建筑用地役权，系为建筑物的利益而设定，其中支柱、建筑物突出及排水等役权属于积极地役权，采光、眺望等役权属于消极地役权。[4] 至于人役权，如前所述，指为特定人的利益而利用（使用）他人之物的权利，包括可对他人的物为使用、收益的使用权（usus）、用益权（ususfructus），可居住他人房屋的居住权（habitatio），可使用他人家畜或奴隶的劳役权（operae servi vel animalis）。[5] 至近现代，如前所述，西方的法国、奥地利、德国及瑞士民法继受罗马法，对地

1　参见黄风编著：《罗马法词典》，法律出版社 2002 年版，第 228 页。值得提及的是，关于今日不动产役权的起源，日本学者松坂佐一称其肇端于古罗马的不动产役权（Servitus praediorum），即在他看来，罗马法上即有不动产役权的概念及制度。参见［日］松坂佐一：《民法提要（物权法）》（第 4版），有斐阁 1980 年版，第 201 页。对此问题，本文采有力说和多数说，认为其肇源于古罗马的役权（Servitutes）。

2　参见［日］船田享二：《罗马私法提要》，有斐阁 1941 年版，第 136 页。

3　参见谢在全：《民法物权论》（下册），新学林出版股份有限公司 2014 年版，第 15 页。

4　参见郑玉波著，黄宗乐修订：《民法物权》（修订 15 版），三民书局 2007 年版，第 216 页。

5　参见郑玉波著，黄宗乐修订：《民法物权》（修订 15 版），三民书局 2007 年版，第 216 页；谢在全：《民法物权论》（下册），新学林出版股份有限公司 2014 年版，第 15 页。

役权与人役权皆一体认可，东方的日本等以历史上并无人役权的习惯且其阻碍经济流通为由而仅规定了地役权。我国1929—1930年颁行《中华民国民法》时，取日本立法例，仅以土地为供役、需役的对象而规定地役权制度，对人役权则以习惯法上无之而不予采取。[1]新中国成立后，我国2007年《物权法》"考虑到自罗马法以来，大陆法系国家民法中都把地役权作为一项重要的物权加以规定"，"因此采用传统民法'地役权'的概念"[2]而规定了主要适用于土地利用关系的地役权制度。

值得注意的是，英美法系地役权制度也主要以对土地的利用关系加以调节为旨趣，其地役权（easement）系指权利人利用或限制他人的土地的权利。供他人土地方便和利益之用的土地，称为承役地（servient tenement），享有权利的土地称为需役地（dominant tenement）。地役权的成立须以存在两个相互邻接的土地为前提，且需一个土地向另一个土地提供利用上的便利。至于地役权的取得途径，则主要分为依制定法的规定而取得，依明示或默示的转让而取得，及依取得时效而取得。[3]另外，关于地役权的分类，英美法系将其主要分为流水地役权、空气利用（地）役权、采光（地）役权、通行地役权、支撑地役权及围墙地役权等，惟不认可眺望地役权。[4]

由上可知，为大陆法系与英美法系民法所普遍认可和规定的地役权，其共同特征是："因土地与土地之关系而生"，"必有所有人各异之两个土地存在而后有地役权"。[5]惟如前所述，此种将地役权的对象（供役地与需役地）仅局限于土地

1　日本民法未规定人役权的理由主要是认为日本实务上无此习惯。《中华民国民法》未采取的理由大抵与此相同。关于日本民法不采取的理由，参见［日］星野英一：《民法概论2》（物权·担保物权），良书普及会1994年版，第167页；［日］广中俊雄：《物权法》，青林书院1989年版，第478页。又见谢在全：《民法物权论》（下册），新学林出版股份有限公司2014年版，第15页、第17页注释4。

2　参见全国人大常委会法制工作委员会民法室编著：《中华人民共和国物权法解读》，中国法制出版社2007年版，第337页。

3　参见［日］国生一彦：《现代英国不动产法》，商事法务研究会1990年版，第241页以下。

4　参见［日］川岛武宜编集：《注释民法》（7），有斐阁1984年版，第479—480页。

5　参见黄右昌：《民法诠解》（物权编，上册），台北商务印书馆1977年版，第270页；台湾大学法律学研究所编译：《德国民法》，1965年印行，刘甲一执笔，第591页。其谓："所谓地役权，系指专为土地所有人的利益而对他人的土地所设定的役权"。

的做法已难以满足实务的需要。为提升和促进土地及其上的定着物（如建筑物、构筑物及工作物等）的利用价值，将供役、需役的对象扩大为不动产，同时创设自己不动产役权（所有人不动产役权）制度即十分必要。无疑，此为一项正确的立法抉择。我国制定民法典或修改《物权法》时，废弃《物权法》第14章"地役权"的名称而改称"不动产役权"，并将不动产役权的对象（客体）扩及于土地上的建筑物等定着物，是适宜的、妥洽的。

（二）不动产役权的功用

如前所述，不动产役权系利用他人不动产（供役不动产）以实现自己不动产（需役不动产）的采光、眺望、电信、电力、取水、排水、通风、通行、通过或其他方便和利益的权利，因此其内容系多种多样、林林总总。由此，不动产役权制度具有以有限成本提升不动产利用效益的重要社会功能。[1] 易言之，不动产役权的目的，乃在于通过对他人不动产（供役不动产）的利用提升自己不动产（需役不动产）的利用价值和效益。根据民法法理，尽管透过不动产租赁或不动产借用这两种债之关系也可实现此目的，但因不动产役权为一种用益物权，其权利人于法律上的地位和获得的保护较租赁权人或借用人为优，且因不动产役权系与需役不动产权利相结合，故也可提升需役不动产的效益。另外，不动产役权一经设立，供役不动产所有人对供役不动产的使用即仅于设立了不动产役权的特定部分受到限制，至于其对其他部分的使用，则仍一如其旧，甚至在某些情形，供役不动产所有人还可共享需役不动产的不动产役权。比如，供役地所有人可通行于自己土地上为他人设置的道路，即属之。据此可知，不动产役权实具有提升需役不动产的效用，并由此间接促进社会财富获得充分利用的功能。[2]

值得注意的是，不动产役权除具有上述功用外，还可对不动产的利用做最大限度的调节。如所周知，除不动产役权外，民法上的相邻关系制度也具有调节相邻不动产利用的功能。尽管如此，基于相邻关系对不动产的利用予以调节，只能

1　参见谢在全：《民法物权论》（下册），新学林出版股份有限公司2014年版，第16页。

2　参见陈华彬：《物权法》，法律出版社2004年版，第441页。

满足不动产利用人的最低限度的需要，盖其系一种由法律直接规定的对不动产的利用的最小限度的调节，当超过此最低限度的调节而予以较大或最大限度的调节时，它便无能为力。易言之，此时即仅可透过不动产役权的运用而得以实现。[1]并且，因不动产役权系一种约定用益物权，所以只要不违反法律的强制规定或公序良俗，不动产役权的供役、需役双方即可就供役不动产与需役不动产的利用（使用）做充分的最大限度的调节的约定。此点正为不动产役权的优势，系对相邻关系制度仅可对相邻不动产的利用做最低限度的调节的缺陷的克服。概言之，不动产役权经由不动产供役方与不动产需役方的设立（约定）行为，可以实现对供役不动产与需役不动产的利用做较大或最大限度的调节。并且，不动产役权的设定并不以供役不动产与需役不动产相互邻近为必要，即使此两个不动产远隔千里，也可以设定不动产役权，如公共不动产役权即属之。[2]

另外，应指出的是，不动产役权虽系私法上的制度，但如后文所述，不动产权利人通过设立自己不动产役权（所有人不动产役权），将可营造（塑造）居住社区（小区）等的良好风貌和格局，由此，城市规划与生态环境保护等公法方面的目标与功能即可达成和实现。也就是说，将我国《物权法》上的地役权制度变革和转换为不动产役权制度后，若能周到、翔实地加以规划和利用，其将有突破传统，推陈出新的盎然生机。[3]不动产役权的利用由此也将呈现出十分活跃的景象，形成役权制度发展的"第二春"。

1　参见陈华彬：《物权法》，法律出版社2004年版，第441—442页。

2　所谓公共不动产役权，亦称法定不动产役权，系为了公共利益的需要而依法律的直接规定设立的不动产役权。比如，我国的西气东输、南水北调工程，沿途输气管道或输水沟渠所占用的土地，就面临着土地权利人不签订不动产（土地）役权合同的风险。此时若设有公共不动产役权（法定不动产役权）制度，即可获得解决。因为，西气东输、南水北调工程系增进社会公共利益的事业，故无须征得沿途土地所有人或使用人的同意而可直接设立土地不动产役权。惟基于民法对等正义原则，西气东输、南水北调工程的经营者或国家有关部门应给予输气管道或输水沟渠所占用土地的权利人相应的对价。对此，请参见陈华彬：《物权法前沿》，经济科学出版社2012年版，第214页。

3　参见谢在全：《民法物权论》（下册），新学林出版股份有限公司2014年版，第16页。

三、不动产役权的特性、分类、取得、效力与建立我国不动产役权制度的必要性

（一）不动产役权的特性

不动产役权存在于供役不动产与需役不动产之间，其权利人（不动产役权人）系透过对于需役不动产的权利而获得对供役不动产的方便和利益。[1] 由此，其与建设用地使用权、土地承包经营权、宅基地使用权等的权利人系对他人的土地不动产直接支配而加以使用、收益不同。由此，不动产役权具有从属性、不可分性及兼容性（非独占性）。

所谓不动产役权的从属性，又称不动产役权的附从性或随伴性，指不动产役权的存续以需役不动产的存在为前提，与需役不动产物权（需役不动产所有权或其他不动产物权，如土地承包经营权、建设用地使用权等）同其命运，此与抵押权、质权及留置权须从属于主债权而存在相同。[2] 其内容包括不动产役权不得由需役不动产分离而为其他权利的标的与不动产役权不得由需役不动产分离而予以转让两个方面。换言之，不动产役权因系为需役不动产的方便和利益（效益）而设立的权利，故须从属于需役不动产而存在，需役不动产系其存续的前提。[3]

所谓不动产役权的不可分性，指不动产役权的取得（发生）、消灭或享有应涵括需役不动产和供役不动产的全部，不得仅为一部分或分割为数部分而存在。[4] 不动产役权之所以具有不可分性，主要系出于如下原因：其一，不动产役权系为需役不动产的全部的方便和利益而取得，是存在于供役不动产上的不可分的负担。其二，不动产役权与建设用地使用权、土地承包经营权等均属于用益物权，须直接利用他人的不动产，不可能存在于抽象的应有部分上。若允许把一个不动

1　参见陈荣传：《民法物权实用要义》，五南图书出版公司 2014 年版，第 113 页。

2　参见谢在全：《民法物权论》（下册），新学林出版股份有限公司 2014 年版，第 26 页。

3　参见梁慧星、陈华彬：《物权法》（第 5 版），法律出版社 2010 年版，第 282 页；陈华彬：《物权法前沿》，经济科学出版社 2012 年版，第 212 页。

4　王泽鉴：《民法物权》（第 1 册，用益物权·占有），中国政法大学出版社 2001 年版，第 82 页；刘家安：《物权法论》，中国政法大学出版社 2009 年版，第 173 页。

产役权分割为数个部分，则为需役不动产全部的方便和利益（效益）而设定的不动产役权，即无法达到其目的。[1]不动产役权的不可分性，具体包括如下三点：其一，如不动产役权所附属的主权利为多人所享有，则共有人之一既不得按其应有的部分使已存在的不动产役权消灭，也不得仅为自己享有的份额取得不动产役权；其二，若需役不动产发生分割，则不动产役权原则上为分割后各部分的利益继续存在；其三，供役不动产如经分割，则不动产役权原则上仍继续存在于分割后的各部分之上。[2]

所谓不动产役权的兼容性，又称不动产役权的非独占性，指不动产役权对供役不动产不具有排他的独占性。此尤其于消极不动产役权的场合最为彰显。其原因是：不动产役权设定后，供役不动产所有人或其他权利人仅于不动产役权的必要限度和范围内承受容忍或消极不作为的一定义务，于不妨碍不动产役权人行使权利的范围内，供役不动产所有人或其他权利人对该供役不动产的使用、收益仍继续存在。[3]由此，基于物尽其用的考量，于自己的不动产上为他人设定不动产役权后，因不动产役权不具有独占性，所以只要不妨碍需役不动产的设立目的，即可再设立相同或其他的不动产役权或用益物权。[4]并且，如前所述，不动产役权人也可与供役不动产所有人共同利用供役设施，例如，通行不动产役权的道路，供役不动产所有人也可用之通行。[5]

应指出的是，当同一不动产上既存在不动产役权，也存在以使用、收益为目的的其他用益物权时，后设定的用益物权的权利行使，不得妨碍先设定的物权。也就是说，同一不动产上用益物权与不动产役权一并存在时，应依权利的设定时间的先后，定其效力的孰先孰后。另外，若不动产役权（或用益物权）系获得先存在的用益物权（或不动产役权）人的同意而设立的，则后设立的不动产役权

---

1 参见姚瑞光：《民法物权论》，海宇文化事业有限公司1999年版，第183—184页。

2 参见刘家安：《物权法论》，中国政法大学出版社2009年版，第173页。

3 参见谢在全：《民法物权论》（下册），新学林出版股份有限公司2014年版，第29页。

4 参见陈华彬：《民法物权论》，中国法制出版社2010年版，第387页。关于此点的比较法上的立法成例，请参见我国台湾地区2010年新修订的"民法"物权编第851条之1。

5 参见谢在全：《民法物权论》（下册），新学林出版股份有限公司2014年版，第29页。

（或用益物权）应优先于先物权而行使权利。其理由是：先物权既然已同意后物权的设定，则其应因此而受限制。[1]

（二）不动产役权的分类

如前所述，不动产役权系以他人的不动产承受一定的负担，以提高自己不动产利用价值的用益物权，其具有以有限成本提升不动产资源利用效率的重要社会功能。依不同的标准，不动产役权可以做出不同的分类：其一，依不动产役权对象（客体）的不同，可以分为土地不动产役权与建筑物不动产役权。其二，依不动产役权行使样态的不同，可以分为积极与消极不动产役权、继续与非继续不动产役权及表现与不表现不动产役权。其三，依不动产役权方便和利益的内容的不同，可以分为通行不动产役权（设立目的在于通行供役不动产）、取水不动产役权（设立的目的在于使用供役不动产以开凿沟渠、铺设管线、引导水流），采光不动产役权、眺望不动产役权（设立目的在于限制供役不动产的使用，以免挡住需役不动产的视线，而可在需役不动产眺望或观光）[2]，电信、电力不动产役权[3]（设立目的在于限制供役不动产的高度或架构，以免妨碍需役不动产接收各种电信信号，有时也为在供役不动产上设置强化电讯的设备，或禁止供役不动产设置妨碍电讯的设备），及其他以调整相邻关系或其他方便和利益为目的而设立的不动产役权。另外，在我国台湾地区，依不动产役权是否依公法而发生或取得，其还可分为民法上的不动产役权与公用地役关系。[4]

1　参见陈荣传：《民法物权实用要义》，五南图书出版公司 2014 年版，第 113—114 页。

2　参见陈荣传：《民法物权实用要义》，五南图书出版公司 2014 年版，第 111 页。

3　在当代，利用光、电磁系统或其他科技产品发送、传输声音、文字及影像等的电信、电力，其运用日益普遍和重要，为此即需设立电信、电力不动产役权。无疑，此等电信、电力不动产役权的设立系当代电信、电力不动产役权的典型运用。关于此方面的情况，可参见谢在全：《民法物权论》（下册），新学林出版股份有限公司 2014 年版，第 20 页。

4　应注意的是，在我国台湾地区，公用地役关系是指私有的土地成为通路、水道等，继续供不特定公众的必要使用，年代久远而形成具有公共用物性质的法律关系。其成立要件如下：其一，私有土地须为不特定公众使用所必要；其二，于公众通行或其他使用之初，土地所有人无阻止的情事；其三，须年代久远而未曾中断。对此，请参见谢在全：《民法物权论》（下册），新学林出版股份有限公司 2014 年版，第 20—21 页。

（三）不动产役权的取得

不动产役权为一种用益物权，其取得或发生与其他用益物权相同，可分为基于民事法律行为与基于此外的其他原因而取得两种情形。其中，基于民事法律行为取得不动产役权又包括：其一，通过不动产役权合同设立不动产役权。依此种方式设立不动产役权，当事人应采取书面形式，不动产役权合同的内容应包括当事人的姓名（或名称）和住所、供役不动产和需役不动产的位置、利用目的和方法、利用期限、费用及其支付方式等（《物权法》第 157 条）。应注意的是，作为不动产役权的重要内容的利用目的和方法，尤其应当明确约定。不动产役权人仅可在约定范围内行使其对供役不动产的权利，而供役不动产所有人也仅在此范围内负容忍不动产役权人使用的义务。于当事人要求对不动产役权进行登记（《物权法》第 158 条）时，该利用目的和方法须加以登记。其二，因连同需役不动产一并转让而取得不动产役权。不动产役权为用益物权，且为非专属性权利，因此自可将其转让。于土地承包经营权、建设用地使用权及建筑物所有权或用益权等转让时，不动产役权一并转让，受让人因此而取得不动产役权。[1]

基于民事法律行为以外的原因取得不动产役权，也包括两种情形：其一，基于取得时效而取得不动产役权。不动产役权为财产权，故于认可取得时效的国家和地区，不动产役权可因取得时效而取得。我国《物权法》未规定取得时效制度，由此，不动产役权不能因取得时效而取得。我国制定民法典或修改《物权法》时，宜认可取得时效制度，于此基础上，认可不动产役权可因时效的完成而取得。另外，应注意的是，不动产役权多种多样，既有非继续的不动产役权，也有非表现的不动产役权。在其他国家和地区法上，认可因时效而取得的，仅限于继续并表现的不动产役权，如只继续而非表现，或只表现而非继续的不动产役权，皆不能因时效而取得。无疑，我国将来的立法论和解释论也应采此立场。[2]其二，基于继承而取得不动产役权。不动产役权为财产权，且不具有专属性，故当

1　参见我国《物权法》第 164 条。

2　参见梁慧星、陈华彬：《物权法》（第 5 版），法律出版社 2010 年版，第 286 页。

不动产役权人死亡时，其可由继承人取得。[1]具体言之，当需役不动产权利人（需役不动产所有人或其他取得不动产役权的用益权人）死亡时，继承人即继承需役不动产的权利，此时，基于从属性或用益物权的让与性，不动产役权即由继承人予以继承。[2]依我国现行法的规定，自继承开始时，继承人即取得被继承人的不动产役权（《物权法》第29条）。

（四）不动产役权的效力

不动产役权的效力，即不动产役权人的权利与义务和供役不动产所有人的权利与义务。如前所述，因不动产役权系存在于需役不动产与供役不动产之间，不动产役权人实际上是通过对需役不动产的支配而取得权利，故依比较法、我国《物权法》及实证经验，不动产役权人的权利与义务主要包括：（1）对供役不动产的使用权；（2）实施设置与为必要的附随行为的权利；（3）行使基于不动产役权的物权请求权的权利；（4）转让、互易、赠与不动产役权的权利；（5）将不动产役权设立抵押权的权利；（6）维持设施或设置的义务；（7）支付不动产役权费用的义务。值得指出的是，我国台湾地区学说认为，原本无偿设立不动产役权，但之后供役不动产所有人就不动产的负担增加，非设立不动产役权时所能预料的，若仍继续无偿使用供役不动产将显失公平，供役不动产所有人可请求法院酌定其费用；而不动产役权设定后，因供役不动产价值的升降，依原定费用给付显失公平的，不动产役权人可请求法院减少费用。[3]至于供役不动产所有人的权利与义务，则主要包括容忍与不作为义务、使用不动产役权人的设施和分担维持设施的费用、供役不动产使用场所与使用方法的变更请求权、解除不动产役权合同的权利及费用请求权等。[4]

---

[1] 参见陈荣传：《民法物权实用要义》，五南图书出版公司2014年版，第114页。

[2] 参见谢在全：《民法物权论》（下册），新学林出版股份有限公司2014年版，第37页。

[3] 参见陈荣传：《民法物权实用要义》，五南图书出版公司2014年版，第114页；谢在全：《民法物权论》（下册），新学林出版股份有限公司2014年版，第44—45页。

[4] 参见梁慧星、陈华彬：《物权法》（第5版），法律出版社2010年版，第288—289页；参见陈华彬：《物权法前沿》，经济科学出版社2012年版，第218—219页。

（五）建立我国不动产役权制度的必要性

如前所述，不动产役权系以他人的土地或土地上的定着物（建筑物、构筑物及工作物）承受一定的负担，以提升自己的土地或土地上的定着物（建筑物、构筑物及工作物）等不动产利用价值的用益物权，其具有以有限成本提升土地或土地上的定着物（建筑物、构筑物及工作物）等资源的利用效率的重要社会功能。而目前我国《物权法》仅以土地为供役、需役的对象（客体）而设立地役权的规定，无疑是狭窄了。它不能充分地发挥包括土地上的定着物（建筑物、构筑物及工作物）在内的所有不动产的价值和效益，由此，我国即有必要革新现行仅以土地为供役、需役的对象（客体）而设立地役权的规定，构建起将供役、需役的对象（客体）扩张及于土地上的建筑物、构筑物及工作物等定着物的不动产役权制度。需指出的是，在我国，土地之外的定着物（建筑物、构筑物及工作物）的种类繁多，如能使役权的效力涵盖这些林林总总的建筑物、构筑物及工作物，建立起包括这些定着物（建筑物、构筑物及工作物）和土地在内的完整、统一的不动产役权（含自己不动产役权、所有人不动产役权）制度，我国物权法上的役权制度势将实现重大突破与创新，甚至迎来其发展的"第二春"。并且，进行这样的立法规定，尤其是将土地上的定着物（建筑物、构筑物及工作物）纳入役权的调整范围，无疑也是符合物权法的经济效益原理的。

尤其应当指出的是，在现今，随着我国科技的进步与社会的发展，我国利用电磁系统、光或其他科技产品发送、传输声音、文字或影像等的电信、电力事业十分活跃、普遍和日益重要，而这些电信、电力事业之得以运作，作为其基础设施的电信、电力设备或管线基础设施的铺设、架构或设置等无不涉及对土地或其上的定着物（建筑物、构筑物及工作物）的利用。无疑，在这些领域，我国现今亟须设立不动产役权。具体言之，需役不动产上的电信业者或电力事业者，为保持优良的收讯效果，出于利用电磁系统、光或其他科技产品发送、传输声音、文字及影像等的需要，即需于供役不动产上设立电信或电力不动产役权。另外，基于保持需役不动产上优良的收讯效果的目的，需役不动产上的电信、电力的终端使用者，为了不让供役不动产上设置设备或兴建干扰信息传输、发送的建筑物、构筑物或工作物，也只有通过设立电信或电力不动产役权方可获得对其最有利的解决。

值得提及的是，上述需役不动产所有人基于利用电磁系统、光或其他科技产品发送、传输声音、文字或影像等而于供役不动产上设立的电信或电力不动产役权，与现今土地空间权体系中的空间役权存在关联。所谓空间役权，指为了自己土地空间的方便和利益而利用他人土地空间的权利，性质上系属于一种用益物权。在他人土地的定着物（建筑物、构筑物及工作物）上设立空间役权，系利用土地上空空间的一种物权利用形态。比如，在自己的电磁系统、光或其他科技产品发送、传输声音、文字或影像等线路系统所通过的空间，需役不动产所有人（空间权利人）可以通过设立空间役权（土地空间权体系中的空中权）而限制该空间周围的人搭建高层建筑，以防影响需役不动产上优良的收讯效果。另外，也可在土地的地下空间（地中）设立空间役权来确保需役不动产上优良的收讯效果。比如，可以通过设立限制地表搭建过高、过重的建筑物或限制堆积重物的空间役权（土地空间权体系中的地中权）来防止设置于地下空间的电磁系统、光或其他科技产品发送、传输声音、文字或影像等线路因地表负担（重量）过重而损坏或陷落。应指出的是，在上述场合，设立电信或电力不动产役权与设立空间役权尽管于法律效果上并无不同，即均系通过限制一方不动产（空间）权利的行使来使自己利用电磁系统、光或其他科技产品发送、传输声音、文字或影像等获得优良的效果，从而当事人可择一为之，但是，通过设立一种作为独立的不动产役权类型的电信、电力不动产役权来得以实现，似应更有利、更清晰、更明确及更便捷。由此，也就更加证成了我国建构不动产役权制度所具有的价值和意义。

四、自己不动产役权（所有人不动产役权）制度的价值与确立

如前所述，不动产役权是以他人不动产供自己不动产通行、通过、取水、排水、采光、通风、眺望、电信、电力或其他以特定方便和利益之用为目的的权利。

值得注意的是，不动产役权的此定义在今日比较法与实证经验上，并非绝对。也就是说，不动产役权中的供役不动产并不限于"他人"所有，而是就自己的不动产，也可设定不动产役权。此即自己不动产役权或所有人不动产役权。

在法制史与比较法上，罗马法虽禁止设立自己地役权，[1]但《瑞士民法典》第733条、《意大利民法典》第1029条已允许设立自己地役权。[2]在德国，早在德意志普通法时期的法律原则尽管因继受罗马法而恪守"于自己的土地上不成立地役权"（nemini res sua servit），但往后因德意志帝国最高法院以判决方式认可自己不动产役权（所有人不动产役权），其实务乃以类推适用《德国民法典》第1196条有关土地债务的规定而肯认自己不动产役权（所有人不动产役权）。[3]在今日的德国，自己不动产役权（所有人不动产役权）也获得法律学说的支持。[4]基于以上经验的可借鉴性及实务上的需要，我国台湾地区2010年修改其"民法"物权编时于第859条之4明定："不动产役权，亦得就自己的不动产设定之"。此即我国台湾地区的自己不动产役权（所有人不动产役权）制度。该制度的功用和价值不可小觑，其对我国制定民法典或修改《物权法》时变革、完善役权制度具有直接的立法论和解释论上的参考和借镜价值。

根据不动产役权的基本法理，不动产役权的设立需有需役不动产与供役不动产，而此二不动产必属于不同的人所有，方有以他人的不动产（供役不动产）供自己不动产（需役不动产）方便和利益之用的需求。若均为同一人所有，则本于其所有权而自可自动加以调整，并无必要设立自己不动产役权（所有人不动产役权）。但是，由于社会的变迁与进步，为提高不动产的价值，当对土地进行大规

---

[1] 参见［意］彼得罗·彭梵得：《罗马法教科书》，黄风译，中国政法大学出版社1996年版，第251页。

[2] 《瑞士民法典》第733条规定："所有人得以其土地为属于自己所有的其他土地的利益，设定地役权"。《意大利民法典》第1029条规定："允许为确保某块土地将来的利益设立役权。此外，还允许为某一待建建筑或者为某块将要取得的土地的便利设立役权，同样也允许在某一待建建筑上或者在某块将要取得的土地上设立役权"。

[3] 参见［德］鲍尔、施蒂尔纳：《德国物权法》（上册），张双根译，法律出版社2004年版，第723页。

[4] 参见谢在全：《民法物权论》（下册），新学林出版股份有限公司2014年版，第60页。

模的开发经营时，通过设立自己不动产役权的方式而对各宗（笔）土地预先规划、确立不同的使用目的，即可节省往后不动产交易的成本，并维持不动产相互利用关系的稳定。[1] 比如，当建筑商或开发商开发城市（镇）社区（小区）时，其分别将自己的甲、乙、丙、丁四宗（笔）土地规划、确定为花园绿地、游泳池、通行的道路、建筑用地，且房屋的建筑不得超过二层并应为斜顶式时，以这些为内容设立不动产役权，日后分别将其出让后，取得各不动产的人就其利用即须受到拘束。[2] 所以如此，系因为自己不动产役权（所有人不动产役权）的设立，其主要目的系在于拘束日后的各不动产受让人。[3] 换言之，当建筑商或开发商开发城市（镇）社区（小区）时，以设立自己不动产役权（所有人不动产役权）的方式予以呈现，即有重大价值与意义。具体言之，于建筑商或开发商开发城市（镇）社区（小区）时，因鉴于日后必会有多数人相互利用社区（小区）的不动产，即可透过自己不动产役权（所有人不动产役权）的运用而预先设计、确立建筑的风格，完整规划各项公共设施，由此，城市（镇）社区（小区）的特殊风貌即得以形成。[4]

另外，于城市规划的制定、落实和实现中，自己不动产役权（所有人不动产役权）也可发挥其重要功用。所谓城市规划，亦称都市规划、都市计划，指在一定地域内，对有关城市生活的经济、交通、卫生、治安、国防、文教、康乐等重要设施进行有计划的发展，并对土地使用作合理的规划。也就是说，城市规划系为促进城市建设发展的综合性计划，其旨趣在于使整个城市建设能按计划有序进行，以创造安全、便利、舒适、优美的城市生活空间，并改善居民生活环境，促

1　参见谢在全：《民法物权论》（下册），新学林出版股份有限公司 2014 年版，第 59 页。

2　参见谢在全：《民法物权论》（下册），新学林出版股份有限公司 2014 年版，第 59 页。

3　参见谢在全：《民法物权论》（下册），新学林出版股份有限公司 2014 年版，第 60 页。

4　参见［日］水本浩、户田修三、下山瑛二编：《不动产法制概说》，青林书院 1997 年版，第 193 页以下；陈荣传：《民法物权实用要义》，五南图书出版公司 2014 年版，第 112 页。值得注意的是，在属于大陆法系的德国，自己不动产役权（所有人不动产役权）在垦荒企业等将土地划分成小地块时，具有极其重大的意义。盖事先一劳永逸地为各个土地的负担与利益，物权性地确定建筑物的高度、建筑式样、屋顶倾斜度及篱笆等事项。对此，请参见［德］鲍尔、施蒂尔纳：《德国物权法》（上册），张双根译，法律出版社 2004 年版，第 723 页。

进城市各部分的均衡和协调发展。[1]城市规划尽管具有公共管理与"城市行政"[2]的属性，但国家与城市政府借助于私法上的自己不动产役权（所有人不动产役权），并透过对它的灵活运用，即可在城市的开发，城市自然环境的保护，城市住宅环境与格局的形成，城市的土地区划布局、分配、整理，城市的建筑协定等方面达到优良的水准，由此使城市各部分获得均衡、协调发展，最终形成良好的城市风貌。[3]

由上可知，通过对自己不动产役权（所有人不动产役权）制度的运用，城市（镇）社区（小区）的独特风貌、城市各部分的均衡与协调发展等皆可望得以达成和实现。并且，里仁为美的城市（镇）社区（小区）风貌也将由此得以营造（塑造）。正是因此，称自己不动产役权（所有人不动产役权）制度系为传统的役权制度开辟了一条崭新的活路和新路，确属得当。[4]

另外，应指出的是，自己不动产役权（所有人不动产役权）是以自己的不动产供自己的其他不动产的方便和利益而设立。因此，其与一般不动产役权的不同，系在于需役不动产与供役不动产皆属于自己所有。而何者是需役不动产、何者是供役不动产，于进行设立登记时应予以明确。此外，还应注意的是，自己不动产役权（所有人不动产役权）系存在于自己的不动产上，所以其系为物权因混同而消灭规则的例外。[5]

1　参见温丰文：《土地法》，洪记印刷有限公司 2015 年版，第 268 页。

2　参见［日］原田纯孝：《日本的都市法（Ⅰ）：构造与展开》，东京大学出版会 2001 年版，第451 页以下。

3　参见［日］原田纯孝：《日本的都市法（Ⅰ）：构造与展开》，东京大学出版会 2001 年版，第139 页以下、第 209 页以下；［日］原田纯孝、大村谦二郎编：《现代都市法的新展开（法国·德国）》，东京大学社会科学研究所研究系列（NO.16）2004 年印行，第 5 页以下、第 103 页以下；［日］原田纯孝、渡边俊一编著：《美国、英国的现代都市计划与住宅问题》，东京大学社会科学研究所研究系列（NO.18）2005 年印行，第 35 页以下、第 115 页以下。

4　参见谢在全：《民法物权论》（下册），新学林出版股份有限公司 2014 年版，第 59 页。

5　参见谢在全：《民法物权论》（下册），新学林出版股份有限公司 2014 年版，第 59 页。

五、结 语

不动产役权系限制他人不动产（供役不动产）权利的行使，以便利自己不动产（需役不动产）的利用，提升自己不动产价值的权利。[1] 在我国今日的民间实务中，包括土地与建筑物等定着物在内的不动产役权的设立是一项常见的、多发性的法律行为。对于这样的经常性法律行为，对其展开积极而深入的研究，无疑十分必要。

我国 2007 年颁行的《物权法》之规定地役权制度，实为新中国民法发展史上的一个重大进步，系我国当时物权法立法过程中所做出的一项正确抉择。[2] 并且，2007 年《物权法》施行至今的法律实践表明，该制度确为调节我国民间的土地利用关系发挥了很大的作用。但是，随着我国社会的变迁、发展与进步，地役权的内容已变化多端，呈现多种多样的形态，我国《物权法》上的主要适用于调节土地利用关系的地役权规定，已难以满足实际的需要。为发挥役权制度的功用，促进土地及其上的建筑物等定着物的利用价值，我国有必要将仅以土地为供役、需役的对象（客体）而设立地役权，变革和转换为将供役、需役的对象（客体）扩张及于土地上的建筑物等定着物而设立不动产役权，同时基于比较法经验的可借鉴性及我国今日实务上的实际需要，增加规定自己不动产役权（所有人不动产役权），由此实现我国物权法上的地役权制度的重大突破和创新。无疑，我们有理由相信，我国制定民法典或修改现行《物权法》时，将实现和完成这一任

1　参见谢在全：《民法物权论》（下册），新学林出版股份有限公司 2014 年版，第 13 页。

2　在我国 2007 年前后的物权法立法过程中，对物权法是否要规定地役权曾有否定意见。该意见认为，物权法不应规定地役权，其可被不动产相邻关系所涵括，多年来我国没有地役权制度，有关地役权纠纷大多系按不动产相邻关系处理，故地役权并无独立存在的必要。但是，我国的物权法立法者最终没有采取此否定意见，而是认为不动产相邻关系不能替代地役权。盖前者是对不动产的利用做最低限度的调节，而后者（即地役权）则系通过双方当事人的约定来对他人不动产加以利用，由此提高自己不动产的价值。基于此种考量，我国 2007 年颁行的《物权法》于第 14 章规定了地役权制度。对此，请参见全国人大常委会法制工作委员会民法室编：《中华人民共和国物权法：条文说明、立法理由及相关规定》，北京大学出版社 2007 年版，第 285 页。

务和使命。

在我国建构起不动产役权制度后，不动产役权的设立尽管以土地为最常见和多见，但土地上的建筑物等定着物也可为不动产役权的标的物，即也可在他人建筑物等土地定着物上设立不动产役权。笔者认为，我国未来不动产役权制度的理论构成和法律构造，应依前文对不动产役权的特性、分类、取得及效力的论述而予以建构。同时，鉴于自己不动产役权（所有人不动产役权）对于我国城市规划、城市（镇）社区（小区）良好风貌和格局的形成所具有的重要功用，我们应当对其予以积极重视并作深入研究。

为使我国制定民法典而修改完善现行《物权法》时规定不动产役权易于进行立法论上的操作，于借镜梁慧星学部委员主持的《中国民法典草案建议稿附理由（物权编）》（法律出版社 2013 年版）与我国台湾地区"民法"等的有关规定的基础上，笔者谨提出如下不动产役权主要条文的要点以供参考：

（1）不动产役权，是指以他人不动产供自己不动产通行、通过、取水、排水、通风、采光、眺望、电信、电力或其他需要供役不动产所有人负容忍或不作为义务的方便与利益的权利。（2）不动产役权可因继续、表现（公开）且和平地使用而时效取得。（3）同一不动产上有不动产役权与以使用、收益为目的的物权同时存在的，其后设立物权的权利行使，不得妨碍先设立的物权。（4）不动产役权不可由需役不动产分离而加以转让，或为其他权利的标的（客体）。（5）因行使或维持权利的需要，不动产役权人可以实施必要的附属行为、设置附属设施，并排除他人妨害。但应贯彻对供役不动产损害最小的原则，选择对于供役不动产损害最少的处所与方法为之。（6）不动产役权人因行使权利而为设置的，有维持其设置的义务。其设置由供役不动产所有人提供的，亦同。供役不动产所有人于不妨碍不动产役权行使的范围内，可使用前项的设置，但应按其受益的程度，分担维持设置的费用。（7）供役不动产所有人或不动产役权人因行使不动产役权的处所或方法有必要变更，且此变更不过于妨碍不动产役权人或供役不动产所有人的权利行使的，应由自己出费，请求变更。（8）需役不动产经分割的，其不动产役权为各部分的利益仍为存续，但不动产役权的行使依其性质只关涉需役不动产的一部分的，仅就该部分仍为存续。（9）供役不动产经分割的，不动产役权就其各部分仍为存续。但不动产役权的行使依其性质只关涉供役不动产的一部分的，仅对于该部分仍为存续。（10）不动产役权可基于人民法院的宣告而消灭。不动产役权因需役不动产灭失或不堪使用而消灭。不动产役权因国家征收不动产需役地或不动产供役地，致不动产役权成为不必要或者行使不能而消灭。（11）不动产役权也可就自己（所有人）的不动产设定之。

设立居住权可以更好地保护弱势群体利益*

一、楔子

居住权，顾名思义，指居住权人对他人所有的住房以及其他附着物所享有的占有、使用乃至收益的权利。据考证，罗马法的用益权中就已经蕴涵了现今所称的居住权。法国、德国、瑞士、意大利、日本等国的民法典，现在是明确认可居住权的。在德国，居住权主要用来解决男女双方离婚时房屋所有权归属于男方，但女方应对其中的一些房屋享有终身居住权的问题。另外，德国农民生前把自己的农地转让给继承人，但为了终身在该土地上居住，而设定限制的人役权（居住权）的情况也不少。《瑞士民法典》第776条规定："称居住权者，指可以居住于房屋或住宅的一部的权利。居住权不得让与、继承。除法律另有规定外，居住权适用关于用益权的规定。"《意大利民法典》第1022条规定：对房屋享有居住权的人，可以在自己和家庭需要的限度内享用房屋。在日本，学者铃木禄弥教授早在20世纪50年代就撰写了著名的《居住权论》，尽管该书讨论的主题与本文所称的居住权存在差异，但在现在的日本，仍然存在着与法国、德国、瑞士、意大利的居住权相当的制度。[1]我国2002年12月由全国人大制定公布的《中国物权法征求意见稿》（以下简称"征求意见稿"）在用益物权部分也规定了居住权，其第

---

* 本文曾发表于《检察日报》2004年2月9日第3版，今收入本书，为阅读方便，对文章的结构加以标明。

1　2018年修改完成的《日本民法》继承编将配偶居住权予以增加规定。

211 条规定："居住权人对他人的住房以及其他附着物享有占有、使用的权利。"

二、居住权的法特征

居住权是一种独立的用益物权制度。各国法上的居住权大体上具有以下特征：

第一，居住权是在他人的房屋所有权上设立的物权，在自己的房屋上不能设立居住权。设立居住权，既是房屋所有人实现自己的房屋价值的一种手段，也是房屋所有人处理自己财产的一种方式，更是房屋所有人对社会和他人的回馈。

第二，居住权是为特定的自然人的生活用房的需要而设定的权利。居住权人只能把所取得的房屋用于生活需要，而不能挪作他用。在双方当事人有约定和某些特殊情况下，居住权人可以将少量的房屋予以出租以获取收益。

第三，居住权是为特定人设定的。因此，居住权人以外的人一般不能享有居住权。进而言之，居住权的主体范围具有有限性。法人或其他组织（如合伙团体）不能享有居住权。

第四，居住权一般具有无偿性，居住权人无需向房屋的所有人支付对价，所以被称为"恩惠行为"。如果需要居住权人向房屋的所有人支付对价，则就相当于租赁了。总之，居住权从其性质、本质方面看，应当是一种无须支付对价的无偿行为。当然，居住权人应当承担居住房屋的日常维护费用。征求意见稿第 213 条第 2 款还规定："居住权人占有、使用住房以及其他附着物，可以不支付使用费，不承担重大维修费用，不过当事人另有约定的除外。"

第五，居住权一般具有长期性、终身性。这一点是居住权的一项重要特征。居住权因为是为没有房屋的人设立的，所以权利人对房屋的居住权如果没有约定的话，应当理解为与其生命共始终。居住权的长期性、终身性无须在合同、遗嘱、遗赠中规定，应解释为当然如此或解释为是一种当然的默示条款。

第六，居住权因为是一种特殊的用益物权，即为没有房屋的人设立的，是用来确保其生存利益的，所以居住权人享有的居住权不能转让、不能上市让与他人。出租只能是出租房屋的一部分，而不是全部。并且，居住权不得由他人继承。这一点表明了居住权权利主体的特定性。

第七，居住权与其他用益物权如农地使用权、基地使用权、地役权等不同，居住权的效力较这些用益物权的效力弱。在理论上可以把居住权作为一种特殊的用益物权对待。

三、居住权可以更好地保护弱势群体利益

居住权是为生活中的弱者一方所设立的，具有扶助、赡养、关怀的性质。居住权通常是无偿的，不需要居住权人支付对价，最能体现人民之间互相帮助，互通有无，互相接济的道德风尚。所以，目前在我国承认并规定居住权具有积极的意义：一方面，可以满足弱势群体对房屋的需求，有利于解决家庭成员对房屋的需求。比如，房屋的所有人可以通过遗嘱的方式，使房屋由其子女继承，但在遗嘱中却规定由其配偶或其他人享有居住权；家庭在分家析产时，可以把某项财产的所有权分配给某特定的人，但同时为需要房屋的人如保姆设定居住权，等等。另一方面，可以充分尊重财产所有人的意志和心愿，也有利于实现对房屋的最大化利用或使用。房屋所有人可以通过订立遗嘱、遗赠以及订立合同的方式为他人设定居住权，同时将房屋所有权留给其法定继承人继承，这种制度安排可以体现财产所有人的多方面的需要。这就是说，所有人对其死后的财产不仅能够通过处分控制它的归属，而且能够控制它的利用，使所有人的意志贯彻到各个方面，这也是对自然人的财产所有权予以充分尊重的表现。在现代社会，财产以它的价值得到最大化利用为首要原则。也就是说，作为不动产的房屋从经济分析法学的观点来看应该实现它的最大化效用。效用是物权立法、司法以及人们从事物权行为时所必须予以考虑的，设立居住权就可以达到这一目的，使财产所有权与财产利用权的配置达到最优化。

四、居住权的基本分类及其设立

学者一般认为，居住权包括意定居住权和法定居住权两种，这两种居住权的

设立也有所不同。

关于意定居住权，征求意见稿第212条规定："设立居住权，可以根据遗嘱或者遗赠，也可以按照合同约定。"根据遗嘱、遗赠或者按照合同约定设立居住权的，应当向县级以上的登记机构申请居住权登记，居住权自记载于登记簿之时起设立。依遗嘱设立居住权，比如房屋所有人在遗嘱中规定，房屋由法定继承人继承，但必须留出一间房屋由其配偶终身使用。依遗赠的方式设立居住权，如某人在临死前立下遗赠表示，确定其房产由子女继承，但应留出一间房屋由照顾其多年的保姆终身居住。依合同设立居住权，如男女双方离婚时，在离婚协议中规定，离婚后房屋所有权归属于男方，但女方应对其中一间房屋享有终身居住权。

法定居住权是依法律的规定直接产生的居住权。例如，法律可以规定父母作为监护人，对于未成年子女的房屋享有居住权，或未成年子女对其父母的房屋享有居住权。

居住权人一旦取得居住权，就意味着其对房屋享有了占有权和使用权。这是居住权人最重要、最基本的权利。但居住权人应当合理使用住房，并承担居住房屋的日常费用。在某些特殊情形下，特别是和房屋所有人有约定的情况下，居住权人可以把居住的房屋出租。居住权人占有、使用住房以及其他附着物，可以不支付使用费，不承担重大维修费用，但当事人另有约定的除外。居住权人对部分住房享有专用权的，可以使用该住房的共用部分。居住权人有权对房屋进行必要的改良和修缮，但不得对房屋作重大的结构性的改变。居住权人可以对抗房屋的所有人及第三人对自己所居住的房屋的侵害。居住权人应当合理使用住房，不得转让、继承，一般情况下也不允许出租，同时居住权人还要承担居住房屋的日常维护费用，合理保管房屋，不得从事任何有损于房屋的行为。一般认为，有下列情形之一者，居住权消灭：居住权人放弃居住权的；约定的居住期限届满的；约定的居住权解除条件成就的；因不可抗力致使住房灭失的；居住权人死亡的。

人役权制度的构建*

——兼析我国《民法典物权编（草案）》的居住权规定

一、引言

按照罗马法，役权（servitus）是罗马市民法（"罗马民法""罗马私法"）上被认可的唯一的他物权，[1]其涵括不动产役权（servitus praediorum）与优士丁尼（Iustnianus）法所认可的为特定人的利益而利用他人的物的人役权（servitus personarum）。[2]这其中，现今的地役权系由来于罗马法的不动产役权，而人役权则一仍其就，其名称与主旨内容乃维持至今于不堕。至欧陆近代法时期，人役权与地役权被一并规定于其时的各国家的民法典中。[3]惟于东方的各国家和地区，则立基于各种因由或考量仅认可地役权，立法并未确认和规定人役权。

在我国，1929—1930 年制定的《中华民国民法》与其他东方国家（譬如日

---

* 本文曾发表于《比较法研究》2019 年第 2 期。

1　参见［日］原田庆吉：《日本民法典的历史的素描》，创文社 1954 年版，第 115 页；［日］我妻荣：《物权法》（民法讲义 2），岩波书店 1952 年版，第 278 页。

2　参见［日］松坂佐一：《民法提要（物权法）》（第 4 版），有斐阁 1980 年版，第 201 页。

3　参见［日］川岛武宜：《民法 1 总论·物权》，有斐阁 1960 年版，第 244 页。尽管如此，于近代法时期，因所有权具有独占、排他的特性，故此，其对于役权乃是排斥的，也就是说役权的内容乃是受到相当的限制的。对此，请参见［日］松坂佐一：《民法提要（物权法）》（第 4 版），有斐阁 1980 年版，第 202 页。

本、韩国）民法相同，乃系仅认可地役权，而不规定人役权。[1] 1949 年新中国成立后迄至《物权法》颁行前，我国并无立法上的役权制度，2007 年颁行的《物权法》仅首次确认并规定了地役权，而对人役权乃持拒绝态度。如今，时值我国民法典物权编的编纂，作为一种特殊人役权（"限制的人役权"）的居住权[2]系为立法（草案）所肯认和明定。而对于连同居住权在内的人役权制度及其规则、学理与法理，我国学界的研究尚有待于深入与拓展，由此，其一方面堪为我国人役权制度的构建提供支撑，另一方面也有助于为现今正在进行中的居住权立法提供支援，并为未来居住权制度及其规则自学理与法理层面作出解释、适用的指引。

1　经查考，《日本民法》不规定人役权的因由是：在日本并无此"人役"习惯，且其有碍于经济的流通，故而未作规定。《韩国民法典》不规定人役权的考量大体与日本相同，且应系直接受到《日本民法》不规定人役权的影响的结果。在我国，虽并非不存在人役权的习惯（我国旧时各地方有将某土地的收益指定作为嫁奁或养老的费用，便具人役权的特性，且典权也具有罗马法人役权的特性），然 1929—1930 年《中华民国民法》仍参考日本立法成例，着眼于人役权有碍经济的流通，故此也未规定之。其立法理由谓："凡许某土地或某人利用他人之物者，其土地或其人对于他人之物有物权，此物权统谓之役权。而许某土地利用他人土地之物权，谓之地之役权，省称之为地役权。许某人利用他人之物之物权，谓之人之役权。例如为自己土地通行便利起见，于他人土地上修造道路之物权，则为地役权。又如所有人以其所有物，供他人使用或收益之物权，则为人之役权。欧洲诸国民法于地役权及人之役权，（例如用益役权、使用役权及居住权是）皆设有规定。惟东西习惯不同，人之役权为东亚各国所无，日本民法仅规定地役权，而人之役权无明文，中国习惯亦与日本相同，故本法亦只设地役权也。采用法国法系诸国之民法，分地役权为法定地役及人为地役，然法定地役，皆系关于土地所有权界限之事，本法于土地所有权章规定之，不复认法定地役，日德诸国之民法亦然。人为地役者，因法律行为设定之地役权也，为实际上最重要之物权，故特设本章之规定。"对此，请参见杨宏晖："人役权之立法刍议——兼论德国法之介绍"，载《物权法之新思与新为：陈荣隆教授六秩华诞祝寿论文集》，瑞兴图书股份有限公司 2016 年版，第 316—317 页。值得指明的是，关于人役权制度的立法化，我国台湾地区学者杨宏晖在此文中作有研究，本文的写作一些地方受惠于该先生所作的研究或启迪（参见各有关注释），谨致敬意和谢意。另参见郑玉波著，黄宗乐修订：《民法物权》（修订 15 版），三民书局 2007 年版，第 216—217 页；王泽鉴：《民法物权》，2014 年自版，第 413 页。另外，关于我国台湾地区"法"不认可人役权的因由，也可参见吴光明："不动产役权之变革与发展"，载《月旦法学杂志》2013 年总第 218 期，第 74 页。

2　日本学者山田晟于其所著《德国法律用语辞典》（第 3 版，日本大学书林 1994 年版）第 742 页中谓："居住权（Wohnungsrecht）是一种将他人土地上的全体建筑物或其中的一部分作为居住来加以利用的限制的人役权。"

二、人役权的涵义、特性（含与相关用益物权的界分）、分类、设立、消灭、功用与建立我国人役权制度的必要性、可行性和重要性

（一）人役权的涵义、特性及与相关用益物权的界分

按照罗马法以来的近现代与当代物权法法理与学理，人役权系指为特定人的方便或利益而利用他人的动产或不动产的物权。譬如，设定得于他人的湖泊钓鱼，于他人的林野狩猎，于他人的房屋居住的权利，即属之。[1] 又如，甲可为其个人利益而与土地权利人乙设定于其土地上散步、捕鱼、露营、停车的权利，抑或于土地上从事特定的营业（譬如经营加油站或餐厅），也属之。[2] 应值指出的是，于德国、法国、瑞士的实务中，[3] 人役权系主要用来设定商业经营的使用权、管线权、竞争禁止（Wettbewerbsverboten）及于啤酒厂、石油产业中得以运用。[4] 由此，人役权乃具有专属性，即系专为特定人而存在，其不能与权利人分离，进而具有期限性和不可转让的特性。[5] 第三人仅可透过租赁或借用的债权契约而被授权行使权利（《德国民法典》第 1090 条第 1 项第 1 句），且应办理登记。[6] 另外，人役权

---

[1] 参见姚瑞光：《民法物权论》，吉锋彩色印刷股份有限公司 2011 年版，第 190 页注释 1。

[2] 参见王泽鉴：《民法物权》，2014 年自版，第 412—413 页。

[3] 德国、法国、瑞士民法皆沿袭罗马法制，设有关于人役权的规定。如前述，《日本民法》无人役权的规定。我国台湾地区"民法"第 851 条系仿《日本民法》第 280 条的规定，不认可人役权。对此，请参见姚瑞光：《民法物权论》，吉锋彩色印刷股份有限公司 2011 年版，第 190 页注释 1。

[4] 参见杨宏晖："人役权之立法刍议——兼论德国法之介绍"，载《物权法之新思与新为：陈荣隆教授六秩华诞祝寿论文集》，瑞兴图书股份有限公司 2016 年版，第 320 页。

[5] 人役权之所以不能被继承，系因为该权利系为满足特定个人的利益而存在，其继承人不见得有相同的需求。另外，限制人役权转让的正当性基础有二：一是，人役权的利用方式取决于个人需求而与特定个人相关联，系一种信赖关系的呈现；二是，认为永久性人役权的存在会淘空所有权，故将之限制在权利人的生命期间内。对此，请参见杨宏晖："人役权之立法刍议——兼论德国法之介绍"，载《物权法之新思与新为：陈荣隆教授六秩华诞祝寿论文集》，瑞兴图书股份有限公司 2016 年版，第 330 页。

[6] 《德国民法典》第 1092 条第 1 项第 2 句规定："役权之行使，仅经许可，始得让与他人。"据此可知，人役权只有权利享有上的专属性，而无权利行使上的专属性，透过授权，被授权人仅对义务人取得债法上的请求权。另外，基于人役权的权利享有上的专属性，可知债法上的设立（设定）请求权也系不得让与和继承。对此，请参见杨宏晖："人役权之立法刍议——兼论德国法之介绍"，载《物权法之新思与新为：陈荣隆教授六秩华诞祝寿论文集》，瑞兴图书股份有限公司 2016 年版，第 329 页。

也不可设立负担、供作抵押权的客体及由他人继承。[1] 详言之，人役权系以期限届满或权利人的终身为限，且该权利仅得由权利人本人享有，而不可转让给他人由他人享有或由他人继承。[2] 此外，比较物权法学理还认为，人役权具有无偿性，并有恩惠或慈善的特性，[3] 系具有某种恩情或恩义关系的人之间设定的物权利用关系，人役权权利人无需对义务人支付对价。[4] 还有，因人役权为一种用益物权，故而其具有相对独立性，其一旦设定，便可对抗不动产或动产的权利人和第三人。一言以蔽之，人役权的使用或收益权乃系独立于不动产或动产所有权及其他不动产或动产权利的。[5]

人役权因具有以上特性，而与地役权存在主体、客体、期间及内容方面的差异。[6] 具体而言，如前述，人役权是以某一个人作为权利享有的主体，系为特定人的利益而设定，无须像地役权乃以需役地的存在为前提，且未如地役权那样而具有转让（让与）性；[7] 人役权具有期间的限制，通常以人役权权利人的寿命为终期，[8] 而地役权则可为有期限或系永久的权利。另外，人役权的功用乃在于对单一所有权或其他权利进行时间上的切割，但很难对其内容加以切割，由此之故，其

1　参见黄风：《罗马私法导论》，中国政法大学出版社 2003 年版，第 216 页。

2　参见杨宏晖："人役权之立法刍议——兼论德国法之介绍"，载《物权法之新思与新为：陈荣隆教授六秩华诞祝寿论文集》，瑞兴图书股份有限公司 2016 年版，第 320—321 页。

3　参见温世扬、廖焕国："人役权制度与中国物权法"，载《时代法学》2004 年第 5 期，第 6 页；陈华彬："关于居住权确立的几个问题"，载《中国社会科学院院报》2004 年 11 月 23 日第 3 版。

4　参见杨宏晖："人役权之立法刍议——兼论德国法之介绍"，载《物权法之新思与新为：陈荣隆教授六秩华诞祝寿论文集》，瑞兴图书股份有限公司 2016 年版，第 321 页。

5　参见温世扬、廖焕国："人役权制度与中国物权法"，载《时代法学》2004 年第 5 期，第 6—7 页；参见杨宏晖："人役权之立法刍议——兼论德国法之介绍"，载《物权法之新思与新为：陈荣隆教授六秩华诞祝寿论文集》，瑞兴图书股份有限公司 2016 年版，第 320—321 页。

6　对于（限制的）人役权的居住权与租赁权、借用权的界分或区隔，参见陈华彬："关于居住权确立的几个问题"，载《中国社会科学院院报》2004 年 11 月 23 日第 3 版。值得指出的是，《德国民法典》所定的居住权尽管相当于债法上的使用租赁权，但因其居住权并无租金与解除（居住权）的规定，故而，使用租赁制度及其规则系不能替代居住权。对此，请参见［日］山田晟：《德国法概论》，有斐阁 1987 年版，第 231 页。

7　参见陈华彬："关于居住权确立的几个问题"，载《中国社会科学院院报》2004 年 11 月 23 日第 3 版。

8　参见陈华彬："关于居住权确立的几个问题"，载《中国社会科学院院报》2004 年 11 月 23 日第 3 版。

内容上具有丰富性，而地役权的功用则是由某一供役地承受负担，由此使需役地的内容获得加强。[1]

尤其值得指出的是，根据《德国民法典》第 1090 条第 1 项的规定，[2] 人的限制役权的权利人，享有与地役权的内容相同的权利，也就是基于某种关系而得利用不动产。二者的差异，系在于地役权的存在系为特定土地的利益，而限制的人役权的旨趣则系为特定人的利益。[3] 进言之，限制的人役权中不存在所谓的"土地利益"［有利于土地（praedio utilis），《德国民法典》第 1019 条］要求，盖因其仅以特定人的方便和利益为权利的内容。[4] 譬如，于邻人的土地上捕捉蝴蝶的权利，会因该邻地权利人的变更及对捕捉蝴蝶无兴趣而无实益，进而该新的邻地权利人也不能复以捕捉蝴蝶为地役权的内容而主张存在地役权。然可重新设立以捕捉蝴蝶为内容的限制的人役权。[5] 另外，因限制的人役权系为特定的权利人而设定，故此，根据《德国民法典》第 1090 条第 2 项的规定，除某些例外情形外，其原则上不得转让、继承。[6]

人役权与用益权（Niessbrauch）[7] 也存在明确的楚河界限。也就是说，人役权

---

1 参见杨宏晖："人役权之立法刍议——兼论德国法之介绍"，载《物权法之新思与新为：陈荣隆教授六秩华诞祝寿论文集》，瑞兴图书股份有限公司 2016 年版，第 316 页。

2 《德国民法典》第 1090 条第 1 项规定："土地得作为人的限制役权的客体。"

3 参见《德国民法典》第 1090 条 1 项。

4 参见［德］鲍尔、施蒂尔纳：《德国物权法》（上册），张双根译，法律出版社 2006 年版，第 729 页。

5 参见［日］山田晟：《德国法概论》，有斐阁 1987 年版，第 231 页。

6 ［日］山田晟：《德国法概论》，有斐阁 1987 年版，第 231 页。应当指出的是，人役权因是取决于个人主观上的需要，其尽管原则上不得转让，然其范围并非一成不变，而是得随个人需求的提升而调整，抑或顺应经济或科技的变化而变动。譬如因个人通行需求的增加而调整通行权的内容，抑或因科技进步而考虑以车代步，凡此等等，皆可为相应的调整，除非于设定人役权时，已然明确限制于某种特定交通工具上。对此，请参见杨宏晖："人役权之立法刍议——兼论德国法之介绍"，载《物权法之新思与新为：陈荣隆教授六秩华诞祝寿论文集》，瑞兴图书股份有限公司 2016 年版，第 323 页。

7 用益权的拉丁文术语是 ususfructus，来自于 usus（使用）和 fructus（收益）两词的结合，这表明用益权实际上包含着两种权利，即使用权和收益权。公元 3 世纪的罗马法学家保罗（Paolo）曾为用益权下过一个经典的定义："用益权乃在保持物的本质情况下对他人之物使用和收益的权利。"对此，请见 D. 7. 1. 1；米健译：《民法大全·学说汇纂第七卷：用益权》，法律出版社 1999 年版，第 1 页；黄风：《罗马私法导论》，中国政法大学出版社 2003 年版，第 215 页；黄风编著：《罗马法词典》，法律出版社 2002 年版，第 196 页。

的权利人只能就"个别关系"（einzelne Beziehung）行使权能，而用益权的权利人则对标的物享有全面的使用、收益权，且用益权原则上也不得转让、继承。[1]进而，对于权利设定有需求的人，可选择对标的物的个别关系的利用，而保留所有人的利用可能性的人役权模式，抑或选择对标的物的全面性利用，而排除所有人的利用的用益权模式。[2]

值得指出的是，对于用益权进行经典性立法的，乃应系《德国民法典》，其物权编第4章第2节为关于用益权的规定，包括3目：第1目"物上的用益权"（第1030—1067条），[3]第2目"权利上的用益权"（第1068—1084条），[4]第3目"财产上的用益权"（第1085—1089条）。[5]其中，第1030条第1项规定："物上得

1　参见《德国民法典》第1030、1059及1061条；Vgl. Kathrin Filipp, Inhalt und Umfang beschränkter persönlicher Dienstbarkeit am Beispiel von Leitungsrechten, MittBazNot2005, S. 185；杨宏晖："人役权之立法刍议——兼论德国法之介绍"，载《物权法之新思与新为：陈荣隆教授六秩华诞祝寿论文集》，瑞兴图书股份有限公司2016年版，第319页。

2　值得指出的是，人役权与用益权的共同点系权利的享有与特定人相粘连，原则上此两种权利皆不得转让与继承，惟根据《德国民法典》的规定，管线、电信、交通设施等，乃允许人役权的单独转让，此属于对公益性役权所设的例外。对此，请参见杨宏晖："人役权之立法刍议——兼论德国法之介绍"，载《物权法之新思与新为：陈荣隆教授六秩华诞祝寿论文集》，瑞兴图书股份有限公司2016年版，第319页。

3　需指出的是，物上的用益权的标的物，为动产与不动产。为动产的，如该动产为消费物，则用益权人便取得物的所有权，在用益权消灭后应向设定人（消费物的所有人）赔偿消费物的价格。可见，以消费物为标的物设定物上的用益权的，用益权人所取得的，实际上是"附赔偿义务的所有权"，而非本来意义的用益权，学说谓为准用益权（Uneigentlicher Nießbrauch；quasiususfructus）。对此，请参见［日］山田晟：《德国法概论》，有斐阁1987年版，第233页。另外，关于物上的用益权的行使，《德国民法典》第1036条规定："用益权人有占有用益物的权利。用益权人于行使用益权时，应维持用益物原有的经济效用，并按照通常的经营方法处置用益物。"对于用益物的改造，《德国民法典》第1037条规定："用益权人对于用益物，不得加以改造或为重大的变更。土地的用益权人可以为采掘岩石、沙砾、沙土、黏土、陶土、泥灰、泥炭及其他土壤成分而设置新的工作物，但不得因此使土地的经济效用发生重大变更。"对于用益物的保管，《德国民法典》第1041条规定："用益权人应注意保持用益物的经营上的现状。用益权人在属于通常保管的范围内，有修缮及更新用益权的义务。"换言之，修缮与更新，仅在它们属于用益物的通常维持的限度内时，方应由用益权人为之，譬如修复被毁坏的窗户玻璃、除去轻微的屋顶损伤等。对此，请参见陈卫佐译注：《德国民法典》（第2版），法律出版社2006年版，第363页注释37。

4　权利上的用益权（Nießbrauch an Rechten），即以权利为客体的用益权。根据《德国民法典》第1068条第1项、第1069条第2项的规定，凡可转让的权利，皆得为用益权的客体。权利上的用益权的设定，依权利让与的方法为之，不可转让的权利不得设定用益权。另外，《德国民法典》第1068条第2项还规定："除《德国民法典》第1069条至第1084条另有规定外，权利上的用益权，得准用物上的用益权的规定。"对此，请参见陈华彬：《物权法要义》，中国政法大学出版社2018年版，第310页。

设定负担，使因此负担而受利益的人，有收取物的用益的权利（用益权）。"据此规定并依学理，德国民法的用益权，乃系指权利人根据用益权设立契约所确定的内容（目的），独占地使用、收益他人的物，并排除所有人的干涉的权利。[1]且据此可知，用益权人的权利，实际上已接近于所有权。并且，因用益权系为特定人的利益而存在的物权，故于此点上其乃与地役权、限制的人役权相同而属于役权的范畴，并据此与其他物权相界分。惟就用益权为对标的物的全面的支配权而言，其又异于地役权和限制的人役权。[2]

另外，还应指出的是，尽管《德国民法典》的用益权 [3]系一种可以排除所有人的干涉而全面地支配标的物的权利，但基于用益权的役权的属性，用益权人仍不得滥用该权利，而应按通常的规则行使。此外，于用益权存续期间内，物的所

（接上页）5　财产上的用益权（Nießbrauch an einem Vermögen），即对于财产或遗产的用益权，实际上是对属于财产的各个动产、不动产、权利的用益权，即必须就单个的动产、不动产、权利设定用益权。之所以如此，系因为如准许财产所有人以其全部财产设定用益权，则对用益权设定前对设定人有债权的人不利，即有使之不能受债权的清偿的危险，盖因物权的效力优先于债权。于是，为保护用益权设定前对于设定人存在债权的人得由设定人的财产而获清偿，《德国民法典》乃于第1086条至1088条设立保护债权人的规定。其中第1086条规定："设定人的债权人，其债权发生于用益权设定前的，仍得就属于该用益权的标的物，请求清偿而无须顾及用益权的设定。用益权人取得消费物的所有权的，设定人得请求价值的补偿，以替代物的返还。"用益权人对于债权人，负有即时补偿的义务。对此，请参见陈华彬：《物权法要义》，中国政法大学出版社2018年版，第310页；《德国民法典》第1085、1086条。

1　譬如，对于土地有用益权的人，可于土地上种植蔬菜而收取之，或将拥有用益权的土地"用益出租"给他人而收取租金，抑或对拥有用益权的土地为单纯的使用，因《德国民法典》第100条规定，所谓收益，指物或权利的孳息，及因物或权利的使用所生的利益，故此，对土地的使用，对于用益权人实具有利益（Vorteil）——使用利益（Gebrauchsvorteile）。

2　参见陈华彬：《物权法研究》，金桥文化出版（香港）有限公司2001年版，第392—393页。

3　法史上，《德国民法典》的用益权，乃直接由来于罗马法与德国普通法中的用益权（Ususfructus）。夫妻一方死亡前订立遗嘱，指定其子女为继承人，同时也使尚生存的配偶对于继承财产（遗产）享有用益权，此时，用益权即担负着扶养生存配偶的余生的功能。盖借助于它，夫妻一方订立遗嘱时，即可于被继承人（如子女）保有所有权的财产上为生存配偶设定用益权。如此，死亡配偶的原有财产尽管已由作为继承人的子女享有所有权，然依死亡配偶的意志，生存配偶对于原有财产仍有用益权。另外，德国实务上，生前将农地让与给继承人的农民，经由于农地上（接）受用益权的设定，也可由农地受到扶养。并且，为担保债权而设定土地用益权的，也为数不少。德国现今的实务虽罕有以动产设定用益权的，但以遗嘱就继承财产设定用益权时，继承财产中的动产即成为用益权的客体。对此，请参见陈华彬：《物权法研究》，金桥文化出版（香港）有限公司2001年版，第393—394页。

有人的所有权即变成完全的"虚有权"（nuda proprietas）。然因近现代及当代民法思想禁止所有权以如此的状态永久存续，故而，用益权得当然因用益权人的死亡而消灭，系属于不可继承的权利。最后，由设定用益权的经济目的决定，用益权原则上不具让与性（即用益权具有一身专属性），也就是说，用益权的权利人不得将用益权转让给他人。[1]

（二）人役权的分类、设立与消灭

如前述，人役权系为特定人的利益而利用他人的动产或不动产的物权。除前述用益权外，人役权尚涵括使用权（usus）、居住权（habitatio）及劳役权（operae servivel animalis）。其中，使用权系指使用他人的物的权利，其与用益权的不同，系在于仅能使用，而不得收益。惟所谓不得收益，也并非绝对，于某种限度内，仍得收益之。居住权，如后述，系指居住他人房屋的物权，通常依遗嘱等而设立，具有扶养的特性，其效用较用益权为小，较使用权为大，实系居于二者之间的权利。至于劳役权，则是指为自己的利益而役使他人的奴隶或家畜的权利。[2]

按照比较物权法法理、学理及立法规定，人役权主要透过双方当事人为法律行为的合意及于供役不动产上为登记而设立，且合意无须采要式方式。[3]根据德国法，若不动产或动产所有人出卖不动产或动产而预先有个人利益存在，也可透过不动产或动产所有人的单方意思表示而设立不动产或动产所有人人役权（《德国民法典》第 1090 条第 2 项）。[4]另外，根据比较物权法的规定，人役权的设立可以

1　参见《德国民法典》第 1059 条。需注意的是，夫妻财产关系中的收益权与亲权人的收益权，尽管类似于用益权，且法律上也准用用益权的规定，但需将二者予以分隔。盖夫妻财产关系中的收益权与亲权人的收益权，并不单纯是以一定的身份关系为基础的。另外，《德国民法典》委由各州法规定的"僧禄用益权"，也应排除于用益权的范围外。对此，请参见［日］於保不二雄著，高木多喜男补遗：《德国民法Ⅲ》（物权法），有斐阁 1955 年版，第 212—213 页。

2　参见郑玉波著，黄宗乐修订：《民法物权》（修订 15 版），三民书局 2007 年版，第 216 页。

3　参见杨宏晖："人役权之立法刍议——兼论德国法之介绍"，载《物权法之新思与新为：陈荣隆教授六秩华诞祝寿论文集》，瑞兴图书股份有限公司 2016 年版，第 328 页。

4　参见杨宏晖："人役权之立法刍议——兼论德国法之介绍"，载《物权法之新思与新为：陈荣隆教授六秩华诞祝寿论文集》，瑞兴图书股份有限公司 2016 年版，第 328 页。

附条件或期限。[1]通常而言，人役权的设立至少需要符合以下 3 个条件[2]：（1）存在供役不动产、动产或类似的权利。除供役不动产、动产所有权外，建设用地使用权人设立人役权的，其内容必须是在建设用地使用权的内容范围之内。人役权权利人行使人役权的范围，可以是供役不动产或动产的"全部"或"部分"。另外，也可由数个独立的不动产、动产作为供役不动产的整体，而设立一个单一人役权。（2）人役权的权利主体可以是一个或数个自然人或法人（如公司、社团法人、财团法人等），且人役权的权利人必须是个别特定的人，并需登记于不动产登记簿。另外，供役不动产权利人（如供役地所有人等）也可为自己设立人役权，即所有人不动产役权（Eigentümerdienstbarkeit）。也就是说，于供役不动产被转让前，可先为自己的利益而设定人役权。（3）只要符合明确性原则（Bestimmtheitsgrundsatz），当事人即可以合同厘定（确定）人役权的内容。另外，人役权除为个人利益服务外，也可用于促进他人值得保护的经济利益或精神利益。譬如确保某一地区为别墅区，抑或 X 公司捐款 100 万欧元以建造养老院，受赠城市 A 应 X 公司要求，为 X 公司设立一人役权，该养老院禁止接受 A 城市以外的公民。[3]

按照比较物权法法理、学理及立法规定，人役权因如下因由而消灭[4]：（1）因人役权权利人的死亡（《德国民法典》第 1090、1061 条）、法人的解散而消灭；（2）因当事人的合意废除或人役权权利人抛弃（放弃）人役权的意思及进行注销登记而消灭；（3）因人役权的解除条件成就或终期届至而消灭；（4）因供役物（如供役不动产、动产等）灭失或供役物（如供役不动产、动产等）对人役权人失去值得保护的利益，抑或供役物（如供役不动产、动产等）分割，对役权行使

1　参见杨宏晖："人役权之立法刍议——兼论德国法之介绍"，载《物权法之新思与新为：陈荣隆教授六秩华诞祝寿论文集》，瑞兴图书股份有限公司 2016 年版，第 328 页。

2　参见杨宏晖："人役权之立法刍议——兼论德国法之介绍"，载《物权法之新思与新为：陈荣隆教授六秩华诞祝寿论文集》，瑞兴图书股份有限公司 2016 年版，第 321—323 页。

3　BGH NJW 1985, 1025.

4　参见杨宏晖："人役权之立法刍议——兼论德国法之介绍"，载《物权法之新思与新为：陈荣隆教授六秩华诞祝寿论文集》，瑞兴图书股份有限公司 2016 年版，第 331 页。

无关的部分，也会免除负担，而发生消灭的结果；（5）因供役物（如供役不动产、动产等）被征收或是发生持续性的行使障碍，人役权消灭。惟第三人强制执行供役物（如供役不动产、动产等）的，人役权并不受影响，而系继续存在。

（三）人役权的功用与建立我国人役权制度的必要性、可行性和重要性

作为役权的一种重要类型的人役权于现今实务上具有积极价值与功用。通常而言，田产的交付，特别是终老财产的权利行使，渔业、牧业等产业，需要确保必要经营设备或排除竞争的产业，以及公法团体为其成员或公众利益等，皆可采取人役权的利用形态。[1]于如今的德国实务中，城市等公共团体将他人的土地开辟为公园、道路，由他人的山林中采掘石头，[2]以及股份公司、有限责任公司为取得他人土地的"构成部分"（如石头），也大多通过设定限制的人役权而为之。另外，设定居住权（Wohnrecht，Wohnungsrecht）时，也大多经由设定（限制的）人役权而为之。[3]自强化和灵活利用物权的角度看，人役权存在的价值确实不可低估和忽视。具体而言，人役权的物权效力具有稳定对不动产或动产的利用关系的优势。另外，人役权也不像不动产役权的成立需以需役不动产为前提，其仅与特定人发生结合，由此而具有高度的利用弹性。另外，认可人役权还可使役权系统得以完整建立及使役权的类型呈现多样化的状态。[4]最后，作为特殊人役权的居住权因以无偿为原则，故而据此可以使老年照顾（照护）的理念得以落实。[5]

立基于人役权的以上较宽泛的积极功用与价值，即使于东方国家和地区，主

1　参见杨宏晖："人役权之立法刍议——兼论德国法之介绍"，载《物权法之新思与新为：陈荣隆教授六秩华诞祝寿论文集》，瑞兴图书股份有限公司2016年版，第327—328页。

2　[日]村上淳一等编：《德国法讲义》，青林书院新社1974年版，第206页。

3　关于德国民法中的居住权，德国学者鲍尔、施蒂尔纳著，张双根译《德国物权法》（上册，法律出版社2006年版）第655页以下将其类型化为三种：《德国民法典》中的居住权、德国《住宅所有权法》中的长期居住权、长期使用权及住宅地上权。正是后两种居住权的出现，使《德国民法典》中的居住权制度已然丧失其往昔的意义与价值。此点应值注意。对于后两种居住权，请参见陈华彬：《建筑物区分所有权法》，中国政法大学出版社2018年版，第37页以下。

4　参见谢哲胜：《民法物权》（增订4版），三民书局2012年版，第309页。

5　参见杨宏晖："人役权之立法刍议——兼论德国法之介绍"，载《物权法之新思与新为：陈荣隆教授六秩华诞祝寿论文集》，瑞兴图书股份有限公司2016年版，第336页。

张于学理和立法上建构人役权制度的主张也是始终存在的，且在新近变得愈益炽烈。譬如，日本学者我妻荣、末川博、吾妻光俊及川岛武宜指出，伴随资本主义经济的发展，企业财产的所有人与利用人发生分离的情形日益增多，为确保利用人的地位，乃有建构人役权制度的必要。[1] 另外，日本其他学者如舟桥谆一、筱塚昭次等，也皆强调日本立法应确立人役权。[2] 迄至最近，日本在修改其民法的过程中更是明确提出了人役权的立法化应成为日本民法改革的方向之一。由日本民法修改研究会的加藤雅信等编著的《民法修改：国民·法曹·学会有志案》（日本评论社 2009 年版）中提出了如下方案（提案）：电力公司建造铁塔而架构送电线，目前是根据《日本民法》第 269 条之二的规定设立空间地上权，抑或设立以铁塔的基地为需役地的为送电线通过的地役权，此尽管在学理构成上是必要的，然将其作为电力公司的人役权乃是更为简便、适宜的。当然，于当今的民主社会中，导入（引入）为了特权的利益的人役权，则是不恰当的，故而应予摒弃。[3] 值得指出的是，在我国台湾地区，学者温丰文也明确指出，土地空间权法系统中的役权除涵括地役权特性的役权外，也有人役权特性的役权。譬如供电线路所通过的空间，即是役权系统中的一种限制的人役权（beschränkte persönliche Dienstbarkeit）。盖因架设有电线的土地空间，乃是为经营电线设施的电力公司这一特定人的方便和利益的，故而应于立法论上进一步确立人役权制度，以因应当代社会的需要。[4]

我国现今的实务中也产生了如上所述的对人役权的需要，由此使我国于学理

1　参见［日］我妻荣：《物权法》（民法讲义 2），岩波书店 1952 年版，第 279 页；［日］末川博：《物权法》，日本评论社 1956 年版，第 350 页；［日］吾妻光俊：《担保物权法》，青林书院 1957 年版，第 72 页；［日］川岛武宜：《民法 1 总论·物权》，有斐阁 1960 年版，第 244 页。

2　参见［日］舟桥谆一：《物权法》，有斐阁 1974 年版，第 425 页；［日］筱塚昭次：《判例注释·民法 1（总则·物权）》，三省堂 1977 年版，第 753 页。

3　参见［日］滝沢聿代：《物权法》，三省堂 2013 年版，第 215—216 页。

4　参见温丰文：《建筑物区分所有权之研究》，三民书局 1992 年版，第 119—120 页。另外，在我国台湾地区，谢在全、苏永钦等也都主张应当使人役权立法化。对此，请参见苏永钦："重建役权制度——以地役权之重建为中心"，载《月旦法学杂志》2000 年总第 65 期，第 81—91 页；谢在全：《民法物权论》（中册，修订第 3 版），2004 年自版，第 189 页。

与立法上确立人役权制度有其必要性。[1]尤其是作为特殊人役权的居住权制度，其已由我国近期的《民法典物权编（草案）》纳入规定，应当说这是我国的物权法学理与民法典物权编立法肯认和确立人役权制度的主要因由。作为特殊人役权的居住权于新近勃兴的获得"终老财产"、"以房养老"、以遗嘱处理自己的生前房产及于出卖自己的房产前预先为自己设立居住权（利益）等场合具有现实价值与积极功用，由此更证立我国确立涵括特殊人役权的居住权在内的人役权制度及其规则系统，实具有必要性与重要性。我国现今正在经历百年一遇的"民法典时刻"，而物权法制度及其规则一经被规定就会极少被更易，况且基于物权法定原则，也宜于现今编纂民法典物权编之时尽可能确立周到、翔实的物权类型及其系统，以因应当下及未来社会的长远需要。一言以蔽之，借现今编纂民法典物权编的契机建构我国的人役权制度及其规则系统，乃是我国人役权制度之构建的现实选择与可靠进路。

三、作为特殊人役权的居住权的涵义、主体、客体、内容、特性、消灭事由与对我国《民法典物权编（草案）》的居住权规定的评析和完善建议

（一）作为特殊人役权的居住权的涵义、主体、客体、内容、特性与消灭事由

作为特殊人役权的居住权系一项具有悠迈历史的制度。[2]于罗马法上，居住权

1　对我国民法（物权法）确立人役权制度的必要性的分析，请参见温世扬、廖焕国："人役权制度与中国物权法"，载《时代法学》2004年第5期，第6页以下。另外，也请参见陈华彬："关于居住权确立的几个问题"，载《中国社会科学院院报》2004年11月23日第3版，及陈华彬："设立居住权可以更好地保护弱势群体利益"，载《检察日报》2004年2月9日第3版。还有，陈华彬著《物权法》（法律出版社2004年版）第453页以下对于我国民法确立居住权的必要性、重要性及意义等也有论述，可资参考。

2　在法史上，居住权一语有广、狭二义。狭义的居住权即现今德国、法国、瑞士、奥地利及意大利法中的居住权制度及其规则，而广义的，尤其是宏观意义、理想（主义）意义的居住权，则是日本已故民法学家铃木禄弥于其名著《居住权论：租屋法序说》（有斐阁1959年版）一书中所释明的居住权。我国今日立法与学理所称居住权，系为狭义的居住权，即作为一种制度的居住权及其规则系统。铃木先生所论述的居住权是立足于《日本借家法》（租屋法），自较广阔的视角主张应当如何更好地保

（habitatio）系罗马私法中的一种享益物权（他物权），系指对房屋的用益权或使用权。[1]据此居住权，其权利人可以在他人的房子中居住，且其不像通常的用益权会因权利人的人格减等而消灭。也就是说，罗马法中的"居住权并不移转给继承人，但同时既不因不使用（non usus），也不因人格减等而消灭"。[2]迄至近现代及当代，通常而言，居住权为权利人得居住房屋的权利，也就是权利人得因居住的目的而使用房屋，并可排除房屋所有人或第三人对其使用权的妨碍或干涉。[3]概言之，居住权系指居住权利人排除房屋所有人而将建筑物或建筑物的特定部分作为住房使用的权利。[4]因此种权利系居住权利人排除房屋所有人而单独使用建筑物或建筑物的特定部分的权利，故此，如采取一般人役权（Wohnungsdienstbarkeit）与居住权的混合方式，即于房屋所有人生存时有共有权，而于房屋所有人死亡时居住权人有单独使用权，则并不允许。[5]总之，居住权人只能设立单独的居住权，若要与房屋所有人共用空间，则只能设立一般的人役权。[6]

（接上页）护租屋权人等的利益而展开的。其所著《居住权论：租屋法序说》一书共计4章，各章分别为：第1章"对租屋法的特性的基本见解"，第2章"居住权"，第3章"与营业用借屋的场合的比较"，及第4章"与租地的场合的比较"。

1 亦即，罗马法的用益权（ususfructus）中即已蕴含了现今所称的居住权。对此，请参见陈华彬：《物权法》，法律出版社2004年版，第453页。

2 乌尔比安语，见D. 7. 8. 10pr。参见黄风：《罗马私法导论》，中国政法大学出版社2003年版，第221—222页。

3 参见《意大利民法典》第1022条："对房屋享有居住权的人可以在自己和家庭需要的限度内享用房屋。"

4 参见陈华彬：《物权法研究》，金桥文化出版（香港）有限公司2001年版，第392页；陈华彬："我国民法典物权编立法研究"，载《政法论坛》2017年第5期，第38页。另外，值得指出的是，《德国民法典》第1093条第3项规定："居住权仅及于建筑物之一部者，权利人对于为居住人全体共同使用而设之工作物及装备，得为共同之利用。"

5 参见《德国民法典》第1093条第1项；杨宏晖："人役权之立法刍议——兼论德国法之介绍"，载《物权法之新思与新为：陈荣隆教授六秩华诞祝寿论文集》，瑞兴图书股份有限公司2016年版，第331—332页。

6 参见杨宏晖："人役权之立法刍议——兼论德国法之介绍"，载《物权法之新思与新为：陈荣隆教授六秩华诞祝寿论文集》，瑞兴图书股份有限公司2016年版，第331—332页。

居住权的主体为居住权权利人（即居住权人），主要是自然人。[1]另外，房屋的所有人本身也可为居住权人，尤其是房屋所有人之后意欲出让其房屋时，即可预先为自己设立居住权。[2]居住权的客体（即对象）为适于居住的建筑物或建筑物的特定部分，若建筑物或建筑物的特定部分并不存在或尚未建立，则无法设立居住权。[3]居住权的内容，通常仅能是供居住之用，以商业目的等其他方式利用他人的建筑物或建筑物的特定部分的，虽也可作为居住权的内容，但仅能是次要目的。[4]于比较居住权法上，因居住权与前述用益权颇为类似，故而可准用用益权的相关规定，譬如维持房屋（建筑物）的通常费用，即由居住权人负担；[5]对建筑物（房屋）的使用范围，也可及于建筑物（房屋）之外的部分，譬如居住权人需行经的土地，或需利用的排放管道等。[6]还有，居住权的使用人的范围，除居住权人本人外，也涵括与居住权人本人同住的家庭成员，以及其他负有照顾义务的人或系允许共用的人。[7]并且，宠物也涵括在居住权的利用范围内。惟居住权人不得

1　参见陈华彬："设立居住权可以更好地保护弱势群体利益"，载《检察日报》2004 年 2 月 9 日第 3 版。

2　参见杨宏晖："人役权之立法刍议——兼论德国法之介绍"，载《物权法之新思与新为：陈荣隆教授六秩华诞祝寿论文集》，瑞兴图书股份有限公司 2016 年版，第 333 页。

3　参见杨宏晖："人役权之立法刍议——兼论德国法之介绍"，载《物权法之新思与新为：陈荣隆教授六秩华诞祝寿论文集》，瑞兴图书股份有限公司 2016 年版，第 332 页。

4　参见《德国民法典》第 1093 条第 1 项第 1 句（段）。

5　参见《瑞士民法典》第 778 条第 1 项："居住权人享有专属居住权者，应负担通常维护的费用。"

6　参见杨宏晖："人役权之立法刍议——兼论德国法之介绍"，载《物权法之新思与新为：陈荣隆教授六秩华诞祝寿论文集》，瑞兴图书股份有限公司 2016 年版，第 332—333 页。另外，《瑞士民法典》第 777 条第 1 项规定："居住权的范围，一般应依居住权人个人的需要确定之。"第 3 项规定："居住权仅限于部分建筑者，居住权人得使用公用设施。"概言之，居住权系以他人的建筑物（房屋）及其附属设施为通常的使用范围或客体。

7　参见《瑞士民法典》第 777 条第 2 项："居住权未明定仅限于居住权人本人者，应允许其家属或家人同住。"《德国民法典》第 1093 条第 2 项："居住权（利）人得携带其家属及与其身份相当之服役与随从所必需之人员进入住处。"概言之，居住权的受益主体（使用人）的范围，涵括居住权人本身及其家人、近亲属和其他共同居住者。对此，请参见单平基："《民法典》草案之居住权规范的检讨和完善"，载《当代法学》2019 年第 1 期，第 3 页。

将居住权让与给他人而由他人单独使用。[1]还有，居住权人负有以自己的费用维护建筑物或建筑物的特定部分的义务，且对因自己居住而产生的垃圾处理费用及水费等，也应自己承担。[2]然对于建筑物或建筑物的特定部分的重大修缮或重建，居住权人并不负有义务，[3]至多仅有权利而为之。对于正常行使居住权而导致的建筑物或建筑物的特定部分的耗损或变更，居住权人无须负责，也无须以费用而予补偿。[4]

至于居住权的特性，则有如下二项：（1）专属性。居住权具有属人性，仅限于特定人而予利用，[5]第三人仅有得到房屋所有人的同意后方可利用。惟于第三人为居住权人的家属或家庭成员时，乃无须获得房屋所有人的同意。[6]来访客人的暂时停留（通常指 1 个月以上 3 个月以内期间）亦然。然若有其他第三人（譬如单纯的亲戚）长期性地未经房屋所有人同意而居住于建筑物或建筑物的特定部分时，房屋的所有人则得请求其搬离。[7]另外，如前述，居住权因通常系为保障居住权人的晚年生活的"终老财产"，故此，其不得被让与（转让）或继承。[8]即便是

1　参见杨宏晖："人役权之立法刍议——兼论德国法之介绍"，载《物权法之新思与新为：陈荣隆教授六秩华诞祝寿论文集》，瑞兴图书股份有限公司 2016 年版，第 332—333 页。

2　参见杨宏晖："人役权之立法刍议——兼论德国法之介绍"，载《物权法之新思与新为：陈荣隆教授六秩华诞祝寿论文集》，瑞兴图书股份有限公司 2016 年版，第 333 页；陈华彬："关于居住权确立的几个问题"，载《中国社会科学院院报》2004 年 11 月 23 日第 3 版。

3　参见陈华彬："关于居住权确立的几个问题"，载《中国社会科学院院报》2004 年 11 月 23 日第 3 版。

4　参见《德国民法典》第 1093 条第 1 项第 2 句（段）；杨宏晖："人役权之立法刍议——兼论德国法之介绍"，载《物权法之新思与新为：陈荣隆教授六秩华诞祝寿论文集》，瑞兴图书股份有限公司 2016 年版，第 333 页。

5　参见陈华彬："关于居住权确立的几个问题"，载《中国社会科学院院报》2004 年 11 月 23 日第 3 版。

6　参见《德国民法典》第 1093 条第 2 项。

7　参见《德国民法典》第 1004 条；杨宏晖："人役权之立法刍议——兼论德国法之介绍"，载《物权法之新思与新为：陈荣隆教授六秩华诞祝寿论文集》，瑞兴图书股份有限公司 2016 年版，第 333—334 页。

8　参见《瑞士民法典》第 776 条："居住权，指居住全部或部分建筑物的权利。居住权不得让与和继承。对居住权，除本法另有规定外，适用关于用益权的规定。"陈华彬："关于居住权确立的几个问题"，载《中国社会科学院院报》2004 年 11 月 23 日第 3 版。

出租，居住权人也需获得房屋所有人的同意后方可将作为居住权的客体的建筑物或建筑物的特定部分出租给第三人。[1]（2）无偿性。亦即，居住权系以无偿（无对价）为原则。[2]惟于租赁合同中可以约定租金给付，抑或将对价的支付作为居住权成立的条件，于不支付对价时，居住权即消灭。[3]

另外，因居住权系以居住权人的生存期间为存续期间，故此，居住权人死亡的，居住权即应归于消灭。惟若数个权利人中有一人死亡的，则居住权并不消灭，而是由其他生存的人继续享有。[4]此外，居住权还因如下因由而消灭[5]：（1）居住权人抛弃（放弃）居住权。（2）居住权的标的物发生毁损而无法居住时，居住权消灭。此时，建筑物或建筑物的特定部分的所有人对居住权人不负赔偿义务。另外，建筑物或建筑物的特定部分的所有人既无重建义务，也无于重建房屋上重新设立居住权的义务。[6]即便居住权人重建建筑物或建筑物的特定部分，也并不导致居住权继续存在。（3）居住权因事实或法律上的客观因由持续的不能行使时，发生消灭。惟若仅系居住权人主观上的不能行使或是长期的不行使（如居住权人搬出建筑物或建筑物的特定部分），则并不发生消灭。易言之，居住权人搬家时并不当然使居住权发生消灭，建筑物或建筑物特定部分的所有人对于居住权

1　参见《德国民法典》第 1092 条。参见杨宏晖："人役权之立法刍议——兼论德国法之介绍"，载《物权法之新思与新为：陈荣隆教授六秩华诞祝寿论文集》，瑞兴图书股份有限公司 2016 年版，第334 页。

2　参见陈华彬："设立居住权可以更好地保护弱势群体利益"，载《检察日报》2004 年 2 月 9 日第 3 版。

3　参见杨宏晖："人役权之立法刍议——兼论德国法之介绍"，载《物权法之新思与新为：陈荣隆教授六秩华诞祝寿论文集》，瑞兴图书股份有限公司 2016 年版，第 334—335 页。

4　参见杨宏晖："人役权之立法刍议——兼论德国法之介绍"，载《物权法之新思与新为：陈荣隆教授六秩华诞祝寿论文集》，瑞兴图书股份有限公司 2016 年版，第 335 页。

5　参见杨宏晖："人役权之立法刍议——兼论德国法之介绍"，载《物权法之新思与新为：陈荣隆教授六秩华诞祝寿论文集》，瑞兴图书股份有限公司 2016 年版，第 335 页。

6　参见《德国民法典》第 1093 条第 1 项第 2 句（段）居住权得准用该句（段）所定的有关用益权规则的条文。另外，对于《德国民法典》所定的居住权，还可参考该法典的条文涵括：第 535条、第 536 条、第 569 条、第 1061 条、第 1090 条第 2 项、第 1092 条第 1 项第 2 句（段）、第 1018 条、第 1047 条、第 1031 条、第 242 条及第 1027 条。对此，请参见台湾大学法律学院、财团法人台大法学基金会编译：《德国民法（总则编、债编、物权编）》（上册，第 2 版），元照出版有限公司 2016 年版，第 973 页。

人搬离后的空间，不能使用。[1]（4）居住权因居住权人与建筑物或建筑物的特定部分的所有人达成居住权消灭的合意而消灭。（5）居住权因居住空间灭失或严重受损而致之后失去可居住性而消灭。[2]然居住权并不因居住权人不行使居住权利而消灭。如居住权人长期因病住院，居住权即并不消灭。（6）居住权可以附条件或期限，若解除条件成就而使居住权丧失效力，则该条件必须是客观上足以确定的条件。解除条件可以是债法上的合同（如租赁合同）的终止，抑或与对待给付相关者。[3]

（二）对我国《民法典物权编（草案）》的居住权规定的评析与完善建议

我国近期经全国人大常委会第一次审议的《民法典物权编（草案）》于第14章设有居住权的规定，共计4个条文。自该4个条文的内容看，居住权主要限于根据约定或遗嘱方可发生或成立（第159条、第162条），此种居住权设立或成立方式的规定，实较狭窄。如前述，建筑物或建筑物的特定部分的权利人（如所有权人）也可为自己设立居住权，即"所有人自己居住权"。也就是说，于建筑物或建筑物的特定部分被转让前，可先为自己的利益而设立居住权，即实施所谓保留居住权的买卖。[4]还有，居住权也可透过对建筑物（房屋）或建筑物（房屋）的特定部分的遗赠而设立。对此，建议我国立法机关对《民法典物权编（草案）》第14章的居住权规定进行完善时予以追加或作出增补规定。另外，最高人民法院《关于适用〈中华人民共和国婚姻法〉若干问题的解释（一）》第27条所称的夫妻离婚时一方以个人财产中的住房对生活困难者进行帮助的形式，可

1　参见《德国民法典》第1093条第1项第2句（段）居住权得准用该句（段）所定的有关用益权规则的条文。

2　参见《德国民法典》第1093条第1项第2句（段）居住权得准用该句（段）所定的有关用益权规则的条文。

3　参见《德国民法典》第1093条第1项第2句（段）居住权得准用该句（段）所定的有关用益权规则的条文。

4　参见陈华彬："关于居住权确立的几个问题"，载《中国社会科学院院报》2004年11月23日第3版；陈华彬："设立居住权可以更好地保护弱势群体利益"，载《检察日报》2004年2月9日第3版。

以是房屋的居住权，这一点也应予吸纳并建议《民法典物权编（草案）》于居住权取得的方式中加以明定。

另外，笔者认为，我国《民法典物权编（草案）》对居住权规定的完善应依本文前述的分析与论证而为之。具体而言，对于我国《民法典物权编（草案）》第14章的居住权规定，笔者谨提出如下应予完善的建议：（1）对于居住权的涵义的确定，我国应采狭义，而并非采广义的居住权定义，即举凡对他人的房屋享有居住的权利的，皆为居住权。（2）我国的居住权应解为具有慈善与恩惠的特性，居住权人获得居住权后不得转让（让与）其居住权，且其享有的居住权不得由他人继承（即居住权具有专属性）。[1]另外，居住权原则上也不能设立负担及作为抵押权的客体而设立居住权抵押权。[2]（3）居住权的期间为居住权人的终生，亦即以居住权人的生存期限为居住权的期限，居住权人死亡，其享有的居住权即消灭。[3]（4）居住权的设立或成立原则上以无偿为原则，惟如前述，可以约定将对价的支付作为居住权成立的条件，于不支付对价时，居住权即消灭。（5）居住权的享有主体仅为居住权人，此即居住权权利享有上的专属性。然居住权并无权利行使上的专属性，也就是说，居住权人可透过授权而使被授权人取得债法上的（行使）请求权。（6）居住权的消灭原因，应依前述而予确定。也就是说，居住权将因如前所述的各种因由而归于消灭。对此，我国未来民法典物权编对于居住权的消灭因由应予明确。

---

1   参见陈华彬："关于居住权确立的几个问题"，载《中国社会科学院院报》2004年11月23日第3版；陈华彬："设立居住权可以更好地保护弱势群体利益"，载《检察日报》2004年2月9日第3版。

2   参见陈华彬："关于居住权确立的几个问题"，载《中国社会科学院院报》2004年11月23日第3版；陈华彬："设立居住权可以更好地保护弱势群体利益"，载《检察日报》2004年2月9日第3版。

3   参见陈华彬："关于居住权确立的几个问题"，载《中国社会科学院院报》2004年11月23日第3版；陈华彬："设立居住权可以更好地保护弱势群体利益"，载《检察日报》2004年2月9日第3版。

四、结语

人役权系以他人的不动产或动产供特定的人的方便和利益之用，其与不动产役权（如地役权）的界分，系在于人役权的权利人不需以享有需役不动产（如需役地）为必要，故其使用他人的物（如不动产）的目的并不在于增加自己的物（如不动产）的价值，而系纯为个人的方便或利益。[1] 易言之，人役权系为特定人的便利而设定的物权。[2] 如前述，在我国现今的立法与实务中，产生了建构涵括居住权在内的人役权制度及其规则的必要，故而，对包括居住权在内的人役权制度的学理、法理及比较法上的立法、学理及实务状况进行研究，乃是必要的、适当的。

笔者认为，我国囊括居住权在内的人役权制度及其规则系统的构建，应根据前文对人役权的涵义、特性、分类、设立及消灭的论述而为之，对作为人役权的特殊形态的居住权，也应依前文对居住权的涵义、主体、客体、内容、特性及消灭事由等的论述而予构建。尤其是对于后者，即居住权的法理与学理的构建，更是关涉到我国民法典物权编所规定的居住权的解释论基础，故其意义与价值不可谓不重大。笔者希冀，本文的研究能为我国人役权及作为其特殊形态的居住权制度的法理、学理及规则的构建提供裨益，进而对我国整体（全体）役权制度的学理与法理的丰富和完善有所助益。如此，则幸甚。

1　参见郑冠宇："不动产役权之修正与适用"，载《月旦民商法杂志》2010 年总第 28 期，第 94 页。

2　应值指出的是，在德国法上，人役权还涵括长期居住权、长期使用权，其规定于德国《住宅所有权法》中。对此，请参见吴光明：《新物权法论》，三民书局 2009 年版，第 366 页；陈华彬：《建筑物区分所有权法》，中国政法大学出版社 2018 年版，第 37 页。

我国物权法中应保留典权[*]

最近，《物权法草案（第三次审议稿）》已公之于众。在此过程中，对于制定物权法应如何对待我国习惯法上的典权问题，学者们产生意见分歧，主要有两种观点，即典权保留论与典权废止论。

典权保留论的主要理由：其一，典权为我国独特的不动产物权制度，充分体现了中华民族济贫扶弱的道德观念，具有中国特色；其二，典权可以同时满足用益需要和资金需要，典权人可取得不动产之使用收益及典价之担保，出典人可保有典物所有权而获得相当于卖价之资金，以发挥典物的双重经济效用，为抵押权制度所难以完全取代；其三，随着住宅商品化政策之推行，私有房屋大量增加，一些房屋所有人因种种原因长期不使用而又不愿出卖房屋，设定典权可以避免出租或委托他人代管的麻烦。

典权废止论的主要理由：其一，典权之所以产生，在于我国传统观念认为变卖祖产属于败家，受人耻笑，而现今市场经济发达，人们观念改变，于急需资金时出卖不动产或设定抵押，为正常的经济行为，因此典权无保留必要；其二，随着国际贸易的发展，国内市场与国际市场的接轨，民法物权制度逐渐趋同，称为物权法的国际化，典权为我国特有制度，当代各国无与之相同者，为适应物权法国际化趋势，宜予废止。

笔者认为，考虑到我国地域辽阔，各地经济发展不平衡，传统观念与习惯之

---

* 本文曾发表于《北京日报》2005年9月5日第20版，系依据、参考梁慧星先生2005年7月31日作于春实园的《对物权法草案（第三次审议稿）的修改意见》而写成，谨此说明。

转变不可能整齐划一，即使少数人拘于传统习惯设定典权，物权法上也不能没有相应规则予以规范。有学者曾设想废止典权而对于少数人拘于习惯设立的典权关系准用关于附买回权的买卖的规则。但附买回权的买卖为债法制度，其效力较物权弱，一旦买受人将标的物转让他人，买回权势必落空，致使出典人利益遭受损害。而依典权制度，典物所有权仍归出典人，其回赎权不致因典物的转让而落空，如其放弃回赎权，则典权人可取得典物所有权。可见，典权制度确有利于当事人利益之保护，并且较为灵活方便。尤其对于因种种原因长期不使用房屋而又不愿出让房屋所有权的人而言，将该房屋设定典权可以避免出租或委托他人代管的种种不便和麻烦，使典权在当代社会具有生命力。随着住房商品化政策之推行，人民所有不动产将大量增加，物权法规定典权，增加一种交易、融资途径，供人们选择采用，有利于促进经济发展和维护法律秩序。

担保物权

从保全抵押权到流通抵押权[*]

——基于对德国不动产担保权发展轨迹的考察

从抵押权的发展上看，抵押权经历了由保全抵押权进到流通抵押权的发展历程。所谓保全抵押权，指专以债权的担保为目的，而不期其流通的抵押权；所谓流通抵押权，又称投资抵押权，指用作收回投资的手段，以期流通安全与确实的抵押权。一般认为，抵押权之由保全抵押权进到流通抵押权，既是抵押权本身运动的结果，也是人类法律文明在不动产抵押权领域所孜孜追求的抵押权的现代化理想之实现。

在现当代各国，流通抵押权之于立法上得到了完善建立、实务上获得了广泛运用的，是以德国、瑞士为代表的操德语国家，即所谓的德意志法系国家。在这些国家，其不动产担保权历经上百年的发展，如今业已走过了保全抵押权的阶段而建立起了适合于本国市场经济发展的、完善的流通抵押权制度，从而完成了由保全抵押权进到流通抵押权的历程[1]。这一现象引起了各国学者的广泛注意，一些国家的民法学者怀抱借鉴的目的抑或出于纯粹的学术兴趣不遗余力地研究它、解释它、阐发它。在这方面，众所周知，当以日本学者所做出的努力最值称道[2]。

---

[*] 本文曾发表于《法治研究》2012 年第 9 期，今收入本书乃略有改动。

[1] 应当注意的是，所谓由保全抵押权进到流通抵押权，并不是指德国现今的抵押权体系完全摒弃保全抵押权而只规定流通抵押权，而是指建立流通抵押权与保全抵押权并行的抵押权体系。

[2] 日本民法学界对德国流通抵押权制度的研究可谓十分繁荣，成果丰硕，举其荦荦大者，如石田文次郎的《投资抵押权的研究》（有斐阁 1932 年版），我妻荣的《债权在近代法上的优越地位》（有斐阁 1953 年版），铃木禄弥的《抵押权制度研究》（一粒社 1968 年版）、《物的担保制度的分化》（创文社 1992 年版）以及松井宏兴的《抵押制度的基础理论》（法律文化社 1997 年版），皆是这方面的集大成的研究成果。此外还有若干对德国流通抵押权进行翔实研究的论文。所有这些，皆值得我国学界重视。

自 1929—1930 年国民政府颁行《中华民国民法》以来，我国立法上向来只有保全抵押权。1949 年新中国成立至 1986 年代，我国虽未通过制定民法典而建立起完善的抵押权体系，但社会生活中实际存在的抵押权，以及 1986 年通过的《民法通则》、1995 年通过的《担保法》和 2007 年通过的《物权法》所规定的抵押权，性质上也都属于保全抵押权。我国将要制定民法典，关于抵押权，是应当继续坚持保全抵押权的立法方向，还是应当变更现行立法主义而改采流通抵押权，抑或建立保全抵押权与流通抵押权并行的体系，毋庸置疑是一个重要的立法政策问题。鉴于这一问题的重要性，不言而喻，对作为德意志法系的代表的德国的不动产抵押权由保全抵押权进到流通抵押权的演进轨迹加以考察，当有着重要的启迪、思考与比较借鉴的意义。本文依循德国抵押权制度发展与演进的历史脉络，首先考察德国继受罗马法以前的不动产担保权与普通法时期的抵押权（保全抵押权），其次考察德国对保全抵押权的改革与流通抵押权的萌芽，然后考察流通抵押权立法的最终完成，之后分析德国流通抵押权的特质与特征，最后分析德国流通抵押权与所谓"现代抵押权论"的关联，以及德国流通抵押权制度对我国将来民事立法完善抵押权制度的参考与借镜价值。

一、德国不动产担保权的发展史考察（一）：继受罗马法以前的不动产担保权与普通法时期的抵押权

在德国民法上，不动产担保权也称土地担保权（Grundpfandrecht），指由特定的土地受特定金额的支付的权利，性质上属于权利人对土地的非占有担保、物权的换价权和优先权。不动产担保权，《德国民法典》规定了三种类型：抵押权（Hypothek）、土地债务（Grundschuld）和定期土地债务（Rentenschuld）。这些不动产担保权，实行公示、公信原则、特定原则、顺位（次序）确定原则和独立原则，被认为是不动产担保权发展的顶峰。[1]

1　[日] 铃木禄弥：《抵押权制度研究》，一粒社 1968 年版，第 3 页。

但在法史上，德国不动产担保权尤其是不动产抵押权并未从一开始就形成今天这样的格局，而是经历了一个比较悠长的过程。一般认为，13世纪以前，即近代以前的德国不动产担保权，是以支配不动产的使用价值为目的的担保权，称为不动产质；其后，随着商品经济的次第发达，以支配不动产的交换价值为目的的抵押权应运而生，该抵押权因专用于土地所有人之向他人借贷金钱的担保，故被称为保全抵押权（大约在18世纪前）；再往后，随着德国资本主义经济的发展，抵押权的功能开始移向货币所有人的金钱投资（即作为诱导债权成立的一种手段，是资本家投资和不动产所有人获得资金的媒介），学说称为流通抵押权或投资抵押权。这种类型的抵押权，是现今德国不动产担保权的主流，占据重要地位，值得特别提出。

（一）继受罗马法以前的不动产担保权

1. 不动产质（古质）

中世纪末期欧陆城市兴起以前的不动产担保权关系，并不是一种近代私法意义的纯粹的平等主体间的关系，而是以教会为一方当事人的教会法上的关系、授封者和受封者间的封建关系、封建领主与农奴间的庄园法上的关系以及以帝国（Reich）或领邦（Territorium）为一方当事人的国法上的关系。[1]而且中世纪时的法律秩序，也是与近代交易的法律秩序相左的，即它是利用的法律秩序。该利用的法律秩序作用于不动产担保权领域，即形成占有担保（占有质，Besitzpfand）——不动产质。

依不动产质，作为不动产质权人的权利人（债权人）取得对不动产的占有、使用和收益；作为不动产质（权）的标的物的虽然是土地，但它并不单纯指以物理的形式存在的土地，而是也包括用来耕种土地的各个动产，以及从事耕作的依附农民等，合称为"经济的统一体"，不动产质权人虽然名义上是对不动产享有质权，

---

1 Planitz, Das deutsche Pfandrecht, 1936, S. 8ff., 转引自［日］铃木禄弥：《抵押权制度研究》，一粒社1968年版，第4页。

但实际上是对该"经济的统一体"享有质权（支配权），并从中获取利益。[1]

不动产质，又称为古质（ältere Satzung），包括用益质（Nutzungspfand）和实体质（Substanzpfand）两种，是德国在 15 世纪至 16 世纪继受罗马法以前的最初的不动产担保权形态。用益质又分为永久质（Ewigpfand）和死质（Totsatz）[2]。在 14 世纪德国的农村中，大多利用永久质，利用死质的情形较少。

2. 实体质

实体质，即债权的约定清偿期届满前，质权人（债权人）可以使用、收益质物，在清偿期届满后债务人仍不清偿债务的，质物的所有权便归质权人保有的制度。14 世纪以后，由该实体质而衍生出了出卖质（Verkaufspfand），即债权人出卖质物所得的价金超过债务额时，超过部分应返还给债务人，不足部分债务人仍要用其他财产来承担责任的制度[3]。中世纪末期，随着欧洲封建庄园的内部构造的变化，出现了地租质（Rentenpfand）制度。

中世纪西欧各国城市产生初期，用益质和实体质均得到了广泛的利用。其后，随着城市经济的发展，因设定用益质和实体质会剥夺债务人对不动产的占有、使用乃至收益，所以对作为不动产所有人的商人和手工业者来说，将自己的不动产设定担保获取融资是不方便的。因为他们供作担保的土地、住宅等不动产，是他们居住并用来开展营业活动的场所，所以当然不宜由别人占有和使用。在这种背景下，一种不占有不动产的"非占有质"——新质（die neuere Satzung）——应运而生并流行起来。而作为这一制度诞生以前的过渡形态的制度，便是地租质。据考证，地租质早在 12 世纪的科隆地方即已被广泛地利用，13 世纪中叶以后，其他城市也先后流行过这一制度。[4]

1　［日］铃木禄弥：《抵押权制度研究》，一粒社 1968 年版，第 5 页。

2　［日］松井宏兴：《抵押制度的基础理论》，法律文化社 1997 年版，第 28 页；［日］铃木禄弥：《抵押权制度研究》，一粒社 1968 年版，第 5 页。

3　Planitz, Das deutsche Pfandrecht（1936），S. 5.；［日］铃木禄弥：《抵押权制度研究》，一粒社 1968 年版，第 56 页。

4　Planitz, Das deutsche Pfandrecht（1936），S. 30。

　　按照地租质制度，质权人（债权人）并不直接占有和利用作为质权的标的物的不动产，而是由提供不动产的债务人占有、利用不动产，质权人（债权人）仅收取不动产的地租。也就是说，质权人（债权人）获得的是债务人以地租形式支付的租金，并间接取得对不动产的占有（间接占有）。可见地租质本质上仍然属于占有质。而且，从本质上说，它也是一种永久质，即质权人（债权人）取得的地租只能充抵原本债权的利息，在原本债权获清偿前，当事人间的债权债务关系会永久存续[1]。地租质是德国由自然经济向商品经济过渡时期，不动产担保权之由质权向抵押权发展过程中所产生的一种过渡形态[2]。

　　3. 德国中世纪城市中的新质——抵押权——的诞生

　　随着德国商品经济的发展，流行的社会观念在注重把握不动产的使用价值的同时，也开始注重把握不动产的交换价值。适应这种变化，此前需要对土地加以实际占有方可成立的不动产质权也开始发生动摇，而逐渐向不现实占有土地，而是仅支配其交换价值的新质的方向发展。此新质，即抵押权。在中世纪的德国，因商品经济首先在城市中兴起，所以抵押权最早也是在这里萌芽的。往后，随着商品经济次第向农村蔓延，在农村，不动产质也渐次向抵押权的方向转变，惟这一转变的过程较为缓慢。据查考，及至 17 世纪，抵押权仍主要在城市中流行，至18 世纪才终于在农村被普遍采用。

　　应当看到，促成德国"新质"产生的重要经济基础，是中世纪晚期德国城市中的商人为进行商品交易（尤其是同外国商人进行商品交易）而融通资金的需要。在当时的科隆、汉萨等城市，为了同外国商人进行航海贸易，产生了向他人筹措巨额资金的需要，于是商人们一方面想保有对自己的住宅和供作生产经营事业用的建筑物的占有、使用、收益，另一方面又想以之供作担保而筹措资金。并且，这种融资活动一般时间较短，大多在一次航海贸易结束后便可以清偿，所以其采取的担保形式不是在时间上长久存续的用益质，而是以确保债权的清偿为重

1　Planitz，Das deutsche Pfandrecht（1936），S. 30.

2　［日］铃木禄弥：《抵押权制度研究》，一粒社 1968 年版，第 6 页。

心的被称为新质的抵押权 1 。

不过，在当时的背景下，新质的成立，需要具备两项条件：其一，需要有新质成立和存在的公示方法。新质（抵押权）与古质（不动产占有质）不同，新质的债权人并不直接占有不动产，所以存在不能透过外在的表象来表彰新质的弊端，从而需要有公示的方法。所幸的是，登录新质的"公的账簿"——城市账簿（Stadtbuch）——此间应运而生了。通过在城市账簿上进行登记，新质之存在的事实也就可以为他人所了解。2 其二，新质，即抵押权，因抵押权人（债权人）不直接占有抵押不动产，所以在债权清偿期届满，债务人仍不清偿债务时，应有一种强制剥夺债务人对于不动产的占有的强制执行（Zwangsvollstreckung）制度。所幸的是，在中世纪的商业城市中，这一点也同样具备了。3 其结果，科隆在 12 世纪、其他城市在 13 世纪，被称为新质的抵押权便作为主要的担保权形态而流行起来了。

（二）普通法时期的抵押权

1. 种类

如所周知，大约始于 1450 年的罗马法继受运动 4 ，乃是德国民法发展史上的一个极其重大的事件。对罗马法继受的结果，是罗马法作为德国的普通法（Gemeines Recht）而普遍适用于德国全境，这一点标志着德国的民法发展迈入了一个新

1　Planitz, Das deutsche Pfandrecht（1936），S. 31.

2　不过，该城市账簿并不单纯以记载不动产交易为唯一使命，其还记载关于该城市的司法、行政和立法的情况，如判决书、租税账簿和参事会会员的名单等。而且，这一时期，城市账簿的创制，还有征收不动产交易的手续费和国家依此对土地所有权交易进行统制的财政和管理上的目的，故与现今的不动产登记簿系单纯记载私的交易不可同日而语。德国中世纪的城市账簿中，最引人注目的是科隆的 Schreinskarte 和 Schreinsbuch，它们是现今不动产登记簿的前身（［日］铃木禄弥：《抵押权制度研究》，一粒社 1968 年版，第 10 页；［德］Heinrich Mitteis：《德国法制史概说》，［日］世良晃志郎译，创文社 1971 年版，第 419 页）。

3　［日］铃木禄弥：《抵押权制度研究》，一粒社 1968 年版，第 7 页；Planitz, Das deutsche Pfandrecht（1936），S. 31.

4　这一时期，德国继受的罗马法，实际上并不是 6 世纪时东罗马帝国皇帝优士丁尼编纂的《民法大全》，而是意大利波洛尼亚注释法学派（Kommentatoren），特别是助言学派（Konsiliatoren）的法律学说（［日］柴田光藏：《罗马法的基础知识》，有斐阁 1973 年版，第 20 页）。另外，关于注释法学派的详情，佐佐木有司"中世罗马法学"（载碧海纯一等编：《法学史》，东京大学出版会 1976 年版）第 101 页以下有详细介绍，足供参考。

的时期——普通法时期。这一时期，德国的抵押权可根据不同的标准而作出各种分类。

首先，依抵押权成立原因的不同，抵押权可分为约定抵押权（hypothecae conventionales）、法定抵押权（hypothecae legales）和裁判抵押权（hypothecae iudiciales）。依当事人的约定而成立的抵押权，为约定抵押权；依法律的直接规定而成立的抵押权，为法定抵押权；基于法院的判决而成立的抵押权，为裁判抵押权。此外，还有所谓任意抵押权（hypotheca voluntaria）和必要抵押权（hypotheca necessaria）。任意抵押权即约定抵押权，必要抵押权即法定抵押权和裁判抵押权。

其次，依抵押权的客体的不同，可将抵押权区分为一般抵押权和特定抵押权。一般抵押权，即以债务人现在和将来所有的财产为标的物而成立的抵押权；特定抵押权，即以债务人的特定财产或特定的集合物为标的物而成立的抵押权[1]。

2. 成立

约定抵押权，依当事人双方的合意及不移转抵押物的占有而成立，其具有附随性：附随于被担保债权而存在，无被担保债权的，抵押权不成立；被担保债权消灭的，抵押权亦随之消灭[2]。

这一时期，德国几乎全盘采行了罗马法上的法定抵押权制度。这种抵押权主要适用于下列场合：其一，房屋出租人对于承租人置于租赁房屋内的动产，土地出租人对于佃户在土地上的收获物等，有法定抵押权；其二，国家对债务人拖欠赋税的债权，对债务人的财产有法定抵押权；其三，被监护人因受监护人的监护而引起的债权，对监护人的财产有法定抵押权；其四，妻要求夫返还嫁奁和夫管理特有财产所引起的债权，妻对于夫的财产有法定抵押权。

裁判抵押权，即依判决或裁判上的其他行为而成立的抵押权。也就是说，它是为了防止债务人逃避履行债务，经债权人申请，由法院的判决指定把债务人的某项财产或全部财产作为抵押标的物而成立的抵押权。其发生的情形有：某房屋的所有人惧怕相邻一方的危险的房屋倒塌而遭受损害，可依法院的判决取得对于

1　Planitz, Das deutsche Pfandrecht（1936），S. 33.

2　Planitz, Das deutsche Pfandrecht（1936），S. 34.

邻居的房屋或土地的抵押权，以担保将来可能发生的损害；为了担保遗赠的给付，受遗赠人或受益人对于继承人的财产享有抵押权。应注意的是，此等裁判抵押权，是在被告的一般财产（总财产）上成立的（一般）抵押权，被告的所有财产皆为抵押权的效力所及。

3. 效力

依抵押权法律关系，在债权已届清偿期而债务人仍不清偿债务时，抵押权人（债权人）便可出卖抵押物并由卖得价金优先受债权的清偿。抵押物的出卖，如为动产的，通常是由有关当局任命的拍卖人（auctio）按照拍卖程序而出卖；如为不动产的，则依裁判上的拍卖程序（subhastatio）而出卖。之所以这样，是因为当时设定抵押权，一般是在公证人的主持下或基于裁判文书而设定，像这种通过公共权力机构认可或由其亲自创制的文书，按照当时的各领邦法（territoriale Rechte），乃具有与判决相同的执行力。此外，按照当时的规定，出卖抵押物时，抵押权人（债权人）本身不得成为抵押物的买受人 [1]。

二、德国不动产担保权的发展史考察（二）：抵押权的改革时期

（一）德国普通法上的抵押权的缺陷及其改革

近代肇始以后，在德国要求改革普通法上的抵押权以建立公示主义和特定主义的抵押权的呼声是不断高涨的。[2]

1　Planitz, Das deutsche Pfandrecht（1936），S. 36.

2　需提到的是，近代肇端之时，德国抵押权的情况，从总体上看同中世纪时期未有大异。而且，由于近代初期特殊的政治、经济情况，从一定意义上甚至可以说较之中世纪时期，此间德国的抵押权制度还有某种程度的倒退。近代伊始，德国各商业城市呈现没落颓废之势，经济形势恶化。在农村，由于"三十年战争"（1618—1648 年）的破坏，耕地荒芜，此前业已萌芽的商品经济胎死腹中，农业几乎退化到原始的自然状态。所有这些使抵押权的作用范围丧失殆尽。也是在同一时期，德国各领邦先后演变成绝对主义的专制国家，这就为抵押权的发展准备了政治条件。不久，遂决定对抵押权进行规范。国家出于财政目的的考虑，通过把一般不动产交易登记于国家管理的账簿（登记簿册）上而收取登记手续费。例如在普鲁士，1620 年由"选举侯"（Johann Sigismund）发布的旧领邦法便规定，抵押权的设定未在"裁判所簿"（Gerichtsbuch）或"官簿"（Amtsbuch）上进行设定登记的，该抵押权的设定将变成无效。[日] 铃木禄弥：《抵押权制度研究》，一粒社 1968 年版，第 5 页。

为了提高不动产在金钱融资中的担保力度和信用能力，德国近代时期的抵押权，客观上是要确保不动产抵押权的安全及使之具有可以认识的表征。而这一点对于普通法上的抵押权来说是没有的。所谓认识的表征，即使社会第三人知悉、明了某不动产上存在抵押权的情况。进而言之，德国普通法上的抵押权，因通常是依公证人早已设计好了的定型的证书设定的，且设定契约采自由的形式，所以并无从外部认识不动产上是否存在抵押权的方法。这不仅造成抵押权的效力及于债务人的现在和将来的一切财产，而且也出现了被担保债权的数额不特定的情况。

另外，在德国普通法上，同一不动产上存在两个或两个以上抵押权时，抵押权的受偿顺位尽管原则上依抵押权成立的先后而定，但是这一原则往往被某些抵押权（如在三个证人面前成立的抵押权，其顺位将优先于依普通方式成立的抵押权）所击破。此外，某些法定抵押权也被认为有优先于依普通方式成立的抵押权的优先顺位。可见，德国普通法上的抵押权的顺位的确定实际上是紊乱的、不统一的。在实务上，于实行抵押权时，对于同一不动产上的各抵押权的情况，即使利害关系人也难以明了。因此，改革普通法上的抵押权的首要任务，是实行抵押权的特定原则和公示原则。抵押权的特定原则，即不仅抵押权所担保的债权需要特定，而且供作债权的担保的抵押标的物的范围也需要特定；实行公示原则，是指把不动产上的抵押权的情况登记在国家管理的账簿上，以便利害关系人可以十分容易地查阅不动产上的各抵押权的情况 [1]。

为了实现这些改革目标，从近代伊始至 1896 年《德国民法典》制定公布，德国各领邦均在努力尝试进行改革。各领邦所进行的改革中，以普鲁士邦的抵押权改革运动成就最大。往后德国抵押权的发展史表明，此间通过改革而建立起来的普鲁士不动产抵押权制度，不独是这一时期德国各领邦抵押权改革运动的先声和领头羊，而且直接成为 1896 年《德国民法典》规定抵押权制度的基础。正是因此，在以下篇幅，我们将着重论述普鲁士的抵押权改革运动。

---

[1] Planitz, Das deutsche Pfandrecht（1936），S. 37—38.

（二）1722 年《普鲁士抵押权与破产令》

在法史上，普鲁士之进行有计划的抵押权制度的改革和立法，是以 1722 年《普鲁士抵押权与破产令》（Hypotheken und Konkursordnung vom 4. Februar 1722）的制定公布为其端绪的。[1]

时代的车轮进入 18 世纪的门槛以后，随着普鲁士资本主义经济向农村的渗透和蔓延，封建贵族们的消费欲望急遽膨胀，封建贵族以自己的土地供作担保而获取金钱融资成为一种风尚。与此同时，因 1717 年推行"封地的自由地化"（Allodifikation），所以解除了贵族们处分土地的限制。于是在农村，贵族们便可自由地以农地设定抵押权而获取金钱融资。在普鲁士，14 世纪以后推行"封建制的重组"政策，领主仅允许"依附农民"拥有一部分土地，而把大部分土地作为自己的"直营地"交由农民以赋役的劳动加以经营。利用抵押权制度来获取融资的，正是这些封建的土地所有贵族。他们以农地设定抵押权而向城市商人和寺院等借贷资金，供作消费 [2]。

在这种新的形势下，1722 年颁行了效力及于普鲁士全境的《普鲁士抵押权与破产令》。依其规定，国家在法院设置登记不动产所有权和抵押权的土地与抵押权登记簿册（Grund und Hypothekenbuch）。该登记簿册将登记各辖区内所有的不动产的情况，包括：不动产的所在地、不动产所有人的姓名、所取得的不动产的权利名称和买受价金等。凡设定抵押权的，均须进行登记，未经登记的抵押权尽管并不当然无效，但其效力将弱于进行了登记的抵押权。

---

[1] 此前的法令，有 1620 年的旧领邦法、在当时的王宫城市——柏林、科隆等地——施行的 1693 年敕令（Edikt），以及效力及于普鲁士全境的 1704 年敕令等。按照这些敕令，凡抵押权的设定皆应在法令规定的"公簿"上进行登记。但如前述，这主要是出于国家征收登记手续费的财政目的的考虑，与确保包括设定抵押权在内的不动产物权变动的安全等没有关系，故招来了城市居民的反对。这一点，也是造成当时包括抵押权交易在内的一般不动产交易呈现颓废之势的重要原因。关于这些法令的详情，参见［日］伊藤真："不动产拍卖的消除主义·引受主义问题（二）"，载《法学协会杂志》第 89 卷第 9 号，第 1092 页以下；［日］有川哲夫："1872 年土地所有权取得法的研究"（三），载《名城法学》第 22 卷第 2 号，第 3 页以下。

[2] ［日］铃木禄弥：《抵押权制度研究》，一粒社 1968 年版，第 12 页；Planitz, Das deutsche Pfandrecht（1936），S. 32.

需提及的是，1722 年《普鲁士抵押权与破产令》也规定了一般抵押权（普通抵押权）和法定抵押权。但它规定，一般抵押权，如利害关系人未在管辖抵押标的物的法院登记抵押不动产，则其效力将不能优于嗣后登记的、以同一不动产为标的物而设定的抵押权；法定抵押权，如利害关系人欲确保其优先效力，则非进行登记不可。应当注意的是，在这里尽管公示原则得到了采用，但它仍然不是抵押权的成立或生效要件，而且登记的先后将决定抵押权的受偿顺位的先后的原则也未确定下来。[1]最后，应提到的是，这一时期的普鲁士抵押权立法完全是为了担保消费资料的买卖而进行的抵押权立法，同 18 世纪中叶以后的流通抵押权立法截然不同。

（三）金融转换时期的抵押权立法——流通抵押权的萌芽

18 世纪中叶，普鲁士的不动产金融形势发生了急遽变化。此间，英国工业革命突飞猛进的发展，造成普鲁士向英国输出谷物的数量激增，引发土地所有贵族通过农业经营活动而倾力追逐超额利益。为了把对劳动力的利用由此前的"赋役"的利用，转变成支付"工资"的利用，需要有大量的资金。在这种形势下，普鲁士政府分别于 1748 年和 1750 年制定公布了《普鲁士破产令》和《普鲁士抵押权令》。

1748 年《普鲁士破产令》（Project des Codicis Fridericiani Marchici ［Konkursordnung vom 3. April 1748］）特别规定了抵押权的登记，并规定债务人破产时，各债权人的抵押权的受偿顺位依登记而定，即登记的抵押权先于未登记的抵押权受偿。

1750 年《普鲁士抵押权令》（Schlesische Hypothekenordnung vom 4. August 1750）本来是普鲁士腓特烈国王二世（1740—1786 年在位）为新获得的施莱森地区制定的，结果却在普鲁士全境得到了适用。该抵押权令不仅保留了 1722 年《普鲁士抵押权与破产令》关于抵押权的基本内容，而且明示采取抵押权不经登记便无优先效力的登记主义，以及规定抵押权的顺位依登记的先后而定；同时，也规

1　［日］铃木禄弥：《抵押权制度研究》，一粒社 1968 年版，第 40 页。

定了法定抵押权同样需要登记。也就是说，无论一般抵押权抑或法定抵押权，依《普鲁士抵押权令》均须进行登记。这样一来，抵押权人便不再为登记前已经存在的、优先于自己的未登记的抵押权而忧心，也不必为登记以后出现优先的权利而不安，而是可以安心地借助于自己所登记的抵押权的顺位而保有抵押权权利。

（四）土地银行的建立

18 世纪中叶以后，普鲁士封建贵族土地上的抵押债务数额急遽增加，引起地价暴涨。[1] 这期间，普鲁士的农业生产曾一度风调雨顺、五谷丰登，但这一局面不久便因 1756—1763 年的 "七年战争" 而化为乌有。"七年战争" 除直接导致土地和农业生产荒芜外，还因战争期间大量发行低劣的货币，战后又将它回收，造成地主贵族难以获得回复土地的原状所需要的资金；加之战争中谷物价格猛涨、战后谷物价格又大幅下跌，更造成土地所有人的经济状况每况愈下。在这种背景下，如不采取适当的措施，作为普鲁士的国家支柱的贵族阶级必然会因高利息的抵押债务而丧失其拥有的土地。为此，普鲁士政府遂决定设立土地银行（Landschaft）。1770 年，腓特烈国王二世在施莱森地方首开设立土地银行的先河，继之，普鲁士的其他地方也仿效之而开办了类似的银行[2]。

土地银行的成员为特定地区的全体地主贵族，即所有的地主贵族均须加入土地银行。土地银行的业务，由全体土地贵族推选的人经营、管理。对于土地银行，普鲁士政府授予了各种特权，并同时提供 "补助金"。[3] 地主贵族获取融资时，先由土地银行取得抵押债券（Pfandbrief），然后将它转让给第三人获取现金。抵押债券记载土地银行的成员的土地名称等。持有抵押债券的人，可自由地将其

---

[1] 关于此间土地贵族的农场价格上涨和抵押债务的数额增加的情况，参见［日］田中克志："普鲁士投资抵押权的制定史"，载《民商法杂志》第 75 卷第 3 号，第 437 页以下。

[2] 关于普鲁士土地银行的情况，参见［日］宫崎一雄译：《德国抵押权制度论》，清水书店 1932 年版，第 359 页以下。另外，日本学者石部雅亮在 "施莱森（Schlesien）的土地银行制度（1—3）"（载《法学协会杂志》第 10 卷第 4 号第 36 页以下，第 11 卷第 1 号第 111 页以下，第 12 卷第 1 号第 95 页以下）中亦有介绍，可以参考。

[3] Planitz, Das deutsche Pfandrecht（1936），S. 43.

在市场上辗转流通。[1]债券持有人对于土地银行享有债券票面上所载明的（票面额）债权，而且对抵押债券所记载的土地，享有担保该债权实现的抵押权。

土地银行对土地所有人享有债券票面所载明的债权，而且为了担保该债权的履行，土地银行还对其土地享有法定担保权（关于该法定担保权和债券持有人对土地的抵押权的关系，学者见解不一）。土地银行的全体成员以自己的全部财产，就土地银行的抵押债券上的债务，负第二次的连带责任。

土地银行制度的推行，将地主贵族从高利息的抵押债务中解放了出来；与此同时，因从土地银行不断获取融资，地主贵族变成了食利阶层，他们往往把由土地银行获取的资金用来进行土地的投机买卖。这一点，作为土地银行的创立者的普鲁士政府是不愿意看到的，于是打算采取措施加以遏制。不料，地主贵族却成功地挫败了政府的这一企图。其结果，土地银行也就逸出了普鲁士政府的初衷，而成了地主贵族满足其欲壑难填的赢利心的工具。当然，这也就在客观上促进了普鲁士的封建农业经济向资本主义的农业经济转变。[2]

1807年，普鲁士实行自上而下的农奴制改革，废除农民对地主贵族的依附关系，所采取的重要措施，是允许农民通过割让自己土地的1/3—1/2以赎买和土地有关的封建义务；同时，地主贵族也利用土地银行所提供的资金来买取农民的土地。其结果，地主贵族攫取了大量的土地。其后不久，地主贵族便一跃而成为带有封建贵族色彩的农业资本家，称为容克（Junker）。可以说，在普鲁士封建地主贵族向农业资本家转变的过程中，土地银行起到了催化剂的作用。

（五）18世纪后期的流通抵押权（投资抵押权）立法

土地银行的建立，造成了普鲁士不动产金融事业的繁荣和普鲁士封建地主贵族向农业资本家的转变。这种局面的形成，尽管同土地银行有直接关系，但更重要的是，它把由不动产能够获取的收益作为抵押而发行债券，进而使抵押权的实

1　[日] 石田文次郎：《投资抵押权的研究》，有斐阁1932年版，第183页以下。

2　[日] 铃木禄弥：《抵押权制度研究》，一粒社1968年版，第16页以下；Planitz, Das deutsche Pfandrecht（1936），第43页以下。

现获得了确实的保障；同时，土地银行制度的推行，也激起了资金的流动，并诱发了私人间的抵押权投资运动。这样，对投资性抵押权或具有流通性的抵押权加以统一规制也就十分必要。18 世纪后期，普鲁士相继进行的一系列立法，1783 年《普鲁士一般抵押权令》（Allgemeine Hypothekenordnung vom 20. Dezember 1783）和 1794 年《普鲁士普通邦法》（Allgemeines Landrecht für die Preußischen Staaten vom 5. Februar 1794）正是在这种背景下应运而生的。这些法律的制定，标志着 18 世纪普鲁士抵押权改革运动的终结。

1. 1783 年《普鲁士一般抵押权令》

《普鲁士一般抵押权令》的主要内容如下：

（1）抵押权登记簿册的编制采物的编成主义。这样，登记簿册的记载就可以为人们所阅览，第三人一经查阅登记簿册便可明了抵押权的情况。

（2）完善公示制度。规定不动产物权变动（包括不动产所有权的移转和在不动产上设定负担）依公共秩序原则，并虑及不动产物权变动的安定性与可靠性，规定当事人应当向备置了登记簿册的法院申请登记。当事人怠于登记时，将被处以罚款，即采强制登记主义。无论法定抵押权抑或约定抵押权，均应进行登记。但法定抵押权，非依登记机关的职权进行登记，而是依债权人的申请进行登记。

（3）登记实行实质审查主义。登记时，登记官吏不仅要审查当事人提出的登记申请书等是否符合规定的要求，而且也要审查设定抵押权等实体法上的原因关系是否存在。依消费借贷契约设定抵押权，当事人申请登记时，登记官员须对当事人的资格、抵押不动产的形状（Beschaffenheit）、契约文本的内容等进行审查。这些是法律课予登记官员的义务，违反这些义务致生错误登记时，登记官员须承担损害赔偿责任。[1] 可见，这种实质审查，是普鲁士政府对不动产物权交易所采取的一种监督措施。详言之，为了提高农业生产力，需要向土地进行投资，为此需要完善抵押权登记；与此同时，如放任城市有产者（贵族阶级）的资本大量流向农业，则又可能威胁甚至动摇作为普鲁士的国家支柱的贵族阶级的地位，因此也

---

[1]　Planitz, Das deutsche Pfandrecht（1936），S. 46.

就需要通过实行登记的实质审查主义而对城市贵族的资本流向农业加以管制。[1]

（4）创设抵押证书（Hypothekeninstrument）制度。此抵押证书制度，即德国往后抵押证券（Hypothekenbrief）的雏形，其创设标志着德国抵押证券的发轫。

另外，土地银行的创设激发了普鲁士的单个的私人借助于抵押权而向不动产投资的热情。此单个的私人借助于抵押权而向不动产尤其是土地的投资，称为私的个别抵押权（Individualhypotheck）。此私的个别抵押权，近似于土地银行发行的抵押债券。按照 1783 年《普鲁士一般抵押权令》，私的个别抵押权可以流通，即把抵押权登记簿册用纸的誊本抵押权证（Hypothekenschein）和债权证书合在一起构成抵押证书。该抵押证书，不仅表示持有人得依证书上的记载享有权利，而且也是持有人行使所记载的权利的证明文件。

1783 年《普鲁士一般抵押权令》强化了不动产登记簿的作用，完善了公示主义和采登记的实质审查主义，使抵押权人的法律地位获得了极大的安定。不言而喻，采取这些措施，显示了立法者谋求建立完善的、担保长期投资的抵押权制度的决心和勇气。值得提到的是，这一点在 1794 年《普鲁士普通邦法》中也得到了体现。

2. 1794 年《普鲁士普通邦法》

1794 年的《普鲁士普通邦法》，是 18 世纪欧陆私法史上的一个重要法律文献，它就不动产所有权、抵押权及其他物权的让与和设定等作了规定。

（1）依照该法，登记在法律上具有设权性（konstitutiv）的效力——创设权利的效力。详言之，抵押权依登记而设定，因登记的注销而消灭。为确保实体法上的权利义务关系同登记簿册的记载相一致，该法采 1783 年《普鲁士一般抵押权令》的相同规定，实行登记的实质审查主义和强制登记主义。

（2）为保护信赖抵押权登记簿册的人的利益，规定实行登记的实质的公示主义（即公信主义）。抵押权登记簿册登记的不动产所有人（登记名义人）在登记

1　［日］铃木禄弥：《抵押权制度研究》，一粒社 1968 年版，第 19—20 页。

的不动产所有权与第三人发生法律上的关系时，均被视为真正的所有权人；以登记簿册上记载的不动产设定抵押权时，抵押权人明知该人不是抵押标的物的真正所有人的，抵押权的设定也仍然有效。

（3）明定所有人抵押权（Eigentümerhypothek）制度。首先，根据 1802 年 8 月 11 日的通告，于不动产所有权与抵押权归属于同一人时，作为不发生混同之例外而认可得成立所有人抵押权。此一点于 1802 年被追加规定于《普鲁士普通邦法》第一部第 16 章中。其次，由于《普鲁士普通邦法》规定被担保债权因清偿而消灭时抵押权也消灭，[1] 因此在被担保债权的清偿与注销登记期间，抵押权的地位即发生问题。为解决此一问题，1824 年 4 月 3 日乃发布通告，规定于所有权人清偿了被担保债权的场合，也得认可所有人抵押权之成立 [2]。这样，虽然《普鲁士普通邦法》规定了抵押权成立与消灭的附从性 [3]，但该法有关所有人抵押权的规定，则缓和了抵押权的附从性（从属性）。

3. 1822 年《巴伐利亚抵押权法》

这里有必要提到 1822 年的《巴伐利亚抵押权法》。受 1783 年《普鲁士一般抵押权令》和 1794 年《普鲁士普通邦法》的影响，1822 年，巴伐利亚枢密院委员会（Geheimratskommission）委员冯·根纳（Nikolaus Thaddäus von Gönner，1764—1827）起草了《巴伐利亚抵押权法》（Hypothekengesetz vom 1. Juni 1822）。该法因规定了下列内容而被认为是德国 19 世纪初期抵押权方面的一项重要法律文献 [4]：其一，规定依物的编成主义制作抵押权登记簿册；其二，规定抵押权依登记而设定；其三，规定登记簿册的记载具有公信力；其四，规定采抵押权特定主义。[5]

1　参见 ALR，Ⅰ，20，§ 520.

2　Planitz, Das deutsche Pfandrecht（1936），S. 49.

3　参见 ALR，Ⅰ，20，§ § 415，520.

4　Planitz, Das deutsche Pfandrecht（1936），S. 49.

5　该法对作为巴伐利亚的近邻的符腾堡地区的 1825 年《抵押权法》（Pfandgesetz vom 15. April 1825）的制定产生了重要影响。

三、德国不动产担保权的发展史考察（三）：流通抵押权立法的最终完成

（一）19 世纪中期的抵押权改革运动与 1872 年《普鲁士土地所有权取得法》

1. 19 世纪中期的抵押权改革运动

19 世纪肇端以后不久，英国等欧洲谷物进口国实施新的关税措施，加之此间这些国家的工业呈现颓废之势，故造成这些国家不得不暂时终止对国外的谷物进口。但由此引起的严重后果，是使 19 世纪 40 年代普鲁士为发展农业所需的资金严重匮乏。从 19 世纪 30 年代开始，德国进入了工业革命时期。1848 年德国资产阶级革命以后出现的新情况，进一步为德国 19 世纪 50、60 年代的工业高涨准备了条件。在这种形势下，德国掀起了修筑铁路的高潮，对煤炭、铁轨、机车、车厢等提出了巨大的需求，从而推动了采煤、冶金、机器制造等一系列重工业部门的扩建，并勃兴了创办企业的热潮。为了筹措进行工业革命尤其是兴建铁路所需要的资金，几十家银行相继开业，股份公司如雨后春笋般兴起。在短短的 20 年里，仅在普鲁士，就创设了资本总额达 24 亿马克的 295 个股份公司，各种社会游资被大量集中起来投入工业生产。此前被投入到农业的资金也为这一潮流所挟而借助于国债、公司债等被转移到工业生产中，造成农业生产资金十分匮乏。而且这一时期，因德国农业开始迈入近代农业时期，所以更需要大量的资金。于是，在这种情况下，发生了史家所称的"农业金融恐慌"[1]。

从法律上看，引发"农业金融恐慌"的直接原因，是以抵押权为媒介向土地投资等没有安全、可靠的保障。因此，需要对旧的抵押权制度进行根本改造，[2] 而通过改造所要达到的目的，就是要调整社会资金的流向，使社会资金大规模地流向农业。为此，需要赋予抵押权和票据相同的流通性，并使抵押权在市场上辗转

---

[1] Planitz, Das deutsche Pfandrecht（1936），S. 51.

[2] 以下主要依据［日］田中克志："普鲁士投资抵押权的制定史"，载《民商法杂志》第 75 卷第 3 号，第 459 页以下。

流通。这就要求必须摒弃抵押权的附随性，将登记和登记的原因行为分离开来，实行不动产所有权、抵押权等变动的登记的"形式的确定力"（for male Rechtskraft）；[1] 简化抵押证券和抵押权的移转手续；认可无记名式与白纸委任式抵押证券；给予抵押权取得人和票据取得人相同的保护；废弃实质审查主义，将涉及抵押权的事务交由专门的国家机构管理，以及完善不动产登记簿（Grundbuch）制度等。[2]

1867 年 12 月，作为自由主义者的莱昂哈德（Gerhard Adolf Wilhelm Leonhardt）就任司法大臣。在其努力下，时任司法部高级官员的弗尔斯特（Franz Förster）于 1868 年作成了草案。[3] 以该草案为基础，1872 年《普鲁士土地所有权取得法》（Gesetz über den Eigentumserwerb und die dingliche Belastung der Grundstücke, Bergwerke und selbstständigen Gerechtigkeiten vom 5. Mai 1872）被公布于世。[4] 该法因为是近一个世纪的普鲁士抵押权改革运动的总决算和最终成果，所以在德国私法的发展史上具有重要意义，而且，它还是 1896 年《德国民法典》关于抵押权乃至整个不动产担保权规定的法史基础和立法蓝本，因而在德国不动产担保权法的发展史上具有十分重要的意义。关于其内容，下文将在论述梅克伦堡的抵押权立法时涉及之。

2. 梅克伦堡的抵押权立法与 1872 年《普鲁士土地所有权取得法》

先考察 19 世纪开始以后梅克伦堡的抵押权立法。

如前述，1872 年《普鲁士土地所有权取得法》在德国私法尤其是不动产担保权法的发展史上具有重要意义。惟在法史上，该法又是以 19 世纪肇端以后梅克伦堡的抵押权立法为蓝本而制定的。鉴于二者之间的这种渊源关系，在考察 1872 年《普鲁士土地所有权取得法》之前，我们有必要先回眸一下 19 世纪开始以后梅克

1　登记的形式确定力，参见 ［日］川岛武宜：《所有权法的理论》，岩波书店 1987 年版，第 265 页以下。

2　Planitz, Das deutsche Pfandrecht（1936），S. 52.

3　关于该草案的情况，参见 Weyermann, Zur Geschichte des Immobiliarkreditwesens in Preußen, 1910, S. 202ff.

4　关于该法律的制定过程，德文方面的资料可参见 Achilles, Die Preußischen Gesetze über Grundeigenthum und Hypothekenrecht vom 5. Mai 1872, 1881, S. 57ff；日文方面的资料可参见有川哲夫"土地所有权取得法的研究"（1970—1975，载《名城法学》第 19 卷第 3、4 合并号第 111 页以下，第 20 卷第 3、4 合并号第 76 页以下，第 22 卷第 2 号第 1 页以下，第 24 卷第 1 号第 19 页以下）。

伦堡的抵押权立法情况。

19 世纪开始以后的梅克伦堡，是尚未实现全国统一的四分五裂的德意志众多领邦中的一个，位于易北河以东，濒临波罗的海，同普鲁士北部接壤。这一时期的梅克伦堡，因此前未曾发生过农民解放运动，所以农民和地主贵族间的人身依附关系依然存在。在这样的封建农业国家中，有关抵押权的立法运动兴起了，主要如下：

其一，1819 年颁布《骑士农场抵押权令》，规定所有的骑士农场均应纳入抵押权登记簿册进行登记。

其二，1829 年颁布《城市账簿令》，除规定让与土地所有权时需要缔结"让与土地所有权的物权的合意"（Auflassung）外，还规定登记有创设权利的效力。

其三，1848 年时对 1819 年的《骑士农场抵押权令》进行修改，增加规定"独立的物的负担"（selbständige dingliche Belastung）。其区别于德国普通法上的抵押权的基本特征在于其不具有附随性，因此又称为"物的债务"（Realobligation）。该"物的债务"成为往后《普鲁士土地所有权取得法》规定土地债务（Grundschuld）的前身。依规定，"物的债务"依登记而设定，经注销登记而消灭，并可化体为证券而在市场上流通。另外，该经修改的《骑士农场抵押权令》还规定了两种所有人抵押权：原始的所有人抵押权，以及不动产所有权和抵押权混同时得成立的后发的所有人抵押权。[1] 尤其值得提及的是，依原始的所有人抵押权，土地所有人可以在自己的土地上为自己设定不依附于债权的、仅以土地本身承担其责任的不动产担保权[2]。

再考察 1872 年《普鲁士土地所有权取得法》。该法的主要内容有如下六点：

其一，抵押权、土地债务的设定，不动产所有权的移转等，以登记为生效要件和公示方法；转让不动产所有权时，须缔结让与土地所有权的物权的合意及进行登记。

其二，因该法规定无论是让与不动产所有权还是设定抵押权、土地债务，皆

1　抵押权与土地债务，依该法第 18 条的规定，应依登记而设定。

2　Planitz, Das deutsche Pfandrecht（1936），S. 54—55.

以登记为生效要件，所以此前专为抵押权而备置的登记簿册（抵押权登记簿册）现今即演变为公示所有的不动产物权变动的不动产（土地）登记簿。

其三，废除既费时间也费财力的登记的实质审查主义，而改采登记的形式审查主义。按照该法，移转不动产所有权时，当事人双方须缔结物权的合意，而所谓物权的合意，指当事人双方在登记官员面前缔结让与不动产所有权的意思表示的合致，由登记名义人（不动产所有权的出让人）同意登记的意思表示，与不动产物权取得人申请登记的意思表示所构成，并明示它是与让与不动产所有权的原因行为（债权行为）相分离的无因的物权的合意；登记官员只需审查该无因的物权的合意，而不必审查作为原因关系的债权行为，因而使登记程序得以简化。

其四，与1794年《普鲁士普通邦法》相同，该法也赋予登记簿册的记载以公信力：移转不动产所有权的登记及其效果尽管可以被撤销，但在被撤销前，第三人有偿且善意信赖登记簿册的记载而取得该登记簿上的权利的，则取得的权利不受影响。此所称"权利"，包括所有权、抵押权和土地债务。

其五，除规定依附于被担保债权的附随性抵押权外，亦规定了无须有被担保债权即可成立的土地债务。该法的草案（即1868年《普鲁士土地所有权取得法草案》），原仅规定了没有附随性的抵押权（土地债务）制度，但在对该草案的审议过程中，此点遭到了否定，认为应继续保留附随性抵押权（一般抵押权、普通抵押权），同时决定把草案规定的没有附随性的抵押权称为土地债务。这样，最后通过的该法乃建立起了一般抵押权（普通抵押权）与土地债务并存的不动产担保权体系。[1] 须注意的是，无论一般抵押权抑或土地债务，该法均使土地所有人以自己的土地来清偿登记簿册所记载的债务，担保权人可以请求债务人为给付，不为给付时可强制执行其土地。

其六，规定了提高不动产担保权的流通性的方法，即为了提升不动产担保权

---

[1] 这两种不动产担保权制度的区别是：其一，土地债务的登记，无须表明有债务及有法律上的原因，而一般抵押权的设定登记则以被担保债权的先期存在为前提；其二，土地债务可以以土地所有人的名义登记（即土地所有人可以通过登记而为自己创设一个原始的所有人土地债务），而一般抵押权则否；其三，一般抵押权如不与被担保债权结为一体，则不得被让与，而土地债务则可单独让与。

的流通性，该法规定，不动产担保权可化体为证券，从而可以通过移转证券的占有来转让担保权；另外，该法还规定了土地债务证券和抵押证券制度。[1]

（二）新担保权理论的提倡

至此我们可以看到，梅克伦堡的抵押权立法与1872年《普鲁士土地所有权取得法》规定了与此前德国普通法上的抵押权——保全抵押权——截然有别、迥乎不同的抵押权制度。进而言之，梅克伦堡的抵押权立法和《普鲁士土地所有权取得法》所规定的不依附于被担保债权的原始的所有人抵押权（土地债务和土地债务证券以及抵押证券），是不同于具有附随性的德国普通法上的抵押权（保全抵押权）的。这种所有人抵押权，与传统民法的所有权和限制物权之关系的法理是相悖的；而且，所有人抵押权的顺位固定主义（System der festen Pfandstellen），与一般担保物权支配标的物的全体且有不可分性的担保权的不可分性原则也是相冲突的。这样，所有人抵押权的出现，就使当时的人们不得不重新思考不动产担保权的性质，进而产生了各种争论。在诸多争论中，产生了对于往后的德国民法理论具有重要影响的关于不动产担保权性质的物的债务说（Realobligation）、价值权说（Wertrecht）或换价权说（Verwertungsrecht）。

物的债务说，由梅迈贝姆（Victor von Meibom）所倡。他基于对梅克伦堡的抵押权制度的实证分析，主张不动产担保物权的性质为物的债务。依其见解，所谓"物的债务"，即以取得登记簿册所记载的金钱数额为内容的不动产担保权。因此，不动产的所有人即是不动产担保权中负有支付义务的人。其支付特定金额的义务，仅以设定"物的债务"的不动产承担，此外的其他财产不属于责任财产的范围。也就是说，不动产对于支付特定金额的义务，是以不动产本身的交换价值为最高限额的。

价值权说，又称换价权说，由布雷姆尔（Franz Peter Bremer）所倡。[2]他认

---

[1] Planitz, Das deutsche Pfandrecht（1936），S. 55—58.

[2] 其关于这一理论的集中表述，见于1869年的《抵押权与土地债务》一书，惟关于该著述的日文材料笔者迄未读到，因此这里只能转述松井宏兴于《抵押制度的基础理论》一书中的介绍。

为，不动产所有权人对不动产有利用的权利和处分的权利。所有权人基于对不动产的处分权，既可以将不动产进行换价，也可以通过设定担保权的方法把不动产的换价权移转给他人。因此，担保物权是换价权。移转换价权时，所有权人既可以移转标的物的全部价值，也可以仅移转其中的一部分价值，并可以自己保留优先的价值后再进行移转。

基于这些分析，布雷姆尔得出了如下结论：担保权是担保权人将物予以换价而获得价金的权利，因此它可为担保特定的债权而设定，也可单纯地为特定的金额而设定；而且，因所有人可以自己保留一定比例的优先价值，故所有人的优先权便产生了。所有人抵押权，正是因此而获得了认可的。布雷姆尔的这些见解，往后获得了相当多的民法学者的支持，并成为使德国流通抵押权得以正当化的学理基础。[1]

（三）《德国民法典》

如所周知，《德国民法典》的物权法部分，是由普鲁士上级法院的法官约霍夫（Reinhold Johow）负责起草的。关于抵押权，他完全是以当时的普鲁士抵押权制度为蓝本而设计的。正因如此，可以说《德国民法典》的抵押权主要是由1872年《普鲁士土地所有权取得法》的抵押权而化出的。惟关于不动产担保权的形态，约霍夫只规定了一种，即不依附于债权的独立抵押权——土地债务。在草案提交到德国帝国国会时，其被认为未臻妥当，于是复增加规定了三种抵押权。这样，最后通过的《德国民法典》也就总共规定了四种不动产担保权形态：附随于被担保债权的保全抵押权（Sicherungshypothek，《德国民法典》第1184条），附随性得到了极大缓和的流通抵押权（Verkehrshypothek），不依附于被担保债权的独立的土地债务（《德国民法典》第1191条），以及作为土地债务之一种的定期土地债务（Rentenschuld，《德国民法典》第1199条）。

这四种不动产担保权中，前三种是考虑到《德国民法典》制定当时，德国各地区有各种各样的不动产担保权形态，并为尽可能地照顾各地区抵押权的信用的

---

[1] Planitz, Das deutsche Pfandrecht（1936），S. 62.

实际需要而规定的。最后一种不动产担保权（定期土地债务）则是根据当时多数经济学者的意见并接受德国各农业团体的强烈要求而规定下来的。这种不动产担保权，是由每年有相当收益的农地定期向权利人支付一定数额的金钱，以作为获取融资的信用手段，因而是适于农业信用的担保制度[1]。[2]

四、流通抵押权的特质与特征

由上述考察我们可以看到，现行《德国民法典》建立起了流通抵押权制度（同时也保留了原先的保全抵押权制度），它是一种权利人支配抵押不动产的交换价值，并使之在市场上流通的、以媒介投资者的金钱投资为目的的抵押权。这种抵押权采以下四项原则：其一，公示主义，即流通抵押权的存在与流通抵押权的内容应以登记加以公示；其二，特定主义，即流通抵押权仅可在特定的标的物（土地）上设立；其三，顺位固定主义，具体包括抵押权的顺位依登记的先后而定，以及先顺位抵押权消灭，后顺位抵押权不得递升其顺位两个方面；其四，独立主义，即以不动产的交换价值作为流通抵押权的标的，并确保其独立的地位[3]。

德国流通抵押权的特性中，以独立性和流通性最为重要。因为流通抵押权，是以媒介投资者的金钱投资为目的的，为使投下的资本得以流通，即需要使抵押权所诱导的资金可以随时收回。为此，就应使流通抵押权具有流通性。故而，独立性与流通性遂成为德国流通抵押权的本质特性。

其一，独立性。为了使流通抵押权与债权相分离，乃有必要赋予登记簿册的记载以公信力。否则，流通抵押权的受让人便需要就抵押权的成立、存续及被担

1　Planitz，Das deutsche Pfandrecht（1936），S. 63.

2　在德国民法上，流通抵押权（投资抵押权）被称为普通抵押权，亦即，德国抵押权体系是以流通抵押权（投资抵押权）为主、保全抵押权为辅的体系。

3　也就是说，为了保障借助于抵押权这一媒介而投下的金钱可以随时收回，需要有确保抵押权安全、便捷地流通的制度，这就是把抵押权确定为金融交易的客体。为了确保抵押权的流通，应采取公信主义和使抵押权证券化。抵押权证券化，即把抵押权表彰于证券上，使之与登记簿册的记载相分离，并依有价证券规则而于市场上辗转流通。Planitz，Das deutsche Pfandrecht（1936），S. 174—175.

保债权的情况等进行调查，这样就会妨碍流通抵押权的流通的安全与便捷；相反，如使流通抵押权与证券相结合并以该证券为交易的对象（抵押权的证券化），则会极大地提升流通抵押权的流通性。

其二，流通性。抵押权要在市场上流通，非有金融市场及有流通抵押权和证券的结合不可。为了使流通抵押权所诱导的资金可以随时收回，需要存在进行抵押权交易的金融市场，而金融市场的存在又需具备向抵押权投资的条件和关于金融市场的条件。前者可进一步分为形式条件和实质条件：形式条件，是使抵押权这一投资对象获得流通的法律上所必需的技术手段，具体而言，是借助于有价证券（使抵押权与证券相结合）使抵押权的交易获得安全、便捷地进行；实质条件，是使抵押权这一投资对象成为安全的投资客体。[1]

值得提到的是，作为提高抵押权的流通的安全与便捷的手段，抵押权与证券的结合，在法律技术上可分为采抵押权为中心的法律构成和采债权为中心的法律构成两种。前者，是使抵押权被表彰于登记机关所发行的证券上，是一种以证券的交易替代抵押权的交易的制度，以德国的抵押证券为其典范；后者，则只使债权被表彰于无记名或指示证券上，经由债务证券的流通而收回投下的资金，现代各国中，日本在实务上主要采取这种办法。德国和日本所采取的这两种不同办法中，尤以德国的做法值得我们重视。

五、流通抵押权与所谓"现代抵押权论"

"现代抵押权论"，即关于抵押权的现代化的理论，最早由日本学者我妻荣与石田文次郎提出。这一理论，主要以德国不动产担保权所经历的由保全抵押权而流通抵押权的发展历程为据，认为不动产担保权尤其是抵押权的现代化的、最理想的形态是流通抵押权。世界各国的抵押权，无一例外皆要经历这样的发展历程，故抵押权由保全抵押权而流通抵押权，乃是一个具有普遍性的、放之四海而

1　Planitz, Das deutsche Pfandrecht（1936），S. 177—178.

皆准的真理，不可移易。换言之，这种理论认为，流通抵押权不仅是抵押权的现代化的形态，而且也是各国抵押权立法所应孜孜追求的理想和目标。

值得注意的是，我妻氏与石田氏之倡导"现代抵押权论"，乃是有其深刻的社会背景的。众所周知，我妻氏发表《债权在近代法上的优越地位》（1929—1931 年）、《资本主义与抵押权制度的发达》（1930 年），与石田氏发表《投资抵押权的研究》（1932 年）时，正值一战后日本社会生活发生急剧变化、史家所称的"反动恐慌"——银行恐慌（1922 年）、关东大地震（1922 年）和金融恐慌（1927 年）等——接踵发生的时期。而且，昭和 5 年（1930 年）发生的所谓"昭和恐慌"和大地震，使众多企业的生产经营活动陷入了瘫痪、停滞乃至倒闭的局面。在这种背景下，为了克服眼前的危机，日本银行遂发行了数额巨大的特别融资，结果却不能如期收回这些融资。造成这一局面的原因之一，是银行尤其是地方银行放出去的贷款的绝大部分，均以无流通性的不动产抵押权作为担保。基于收回日本银行的特别融资的目的，日本政府于是决定实行抵押权的证券化。昭和 3 年（1928 年），旨在实现不动产抵押债权流动化的"抵押证券法"终于出台[1]。关于抵押权的"现代抵押权论"，正是在这样的背景下出笼的[2]。

---

[1] ［日］福岛正夫、清水诚："日本资本主义与抵押制度的发展"，载《法律时报》第 28 卷第 11 号，第 8 页。关于日本抵押证券法的制定过程、社会经济背景和法律构造等，参见［日］今春与一："抵押证券法的历史考察（一）、（二）"，载《都法》第 23 卷第 2 号（1982—1983）第 193 页以下，第 24 卷第 1 号第 311 页以下；［日］浦野雄幸："抵押立法史的轨迹（　）"，载《东海法学》第 17 号（1997 年），第 25 页以下。应提到的是，对该"抵押证券法"的出台起到了催化剂作用的，是以日本劝业银行为首的、昭和 3 年（1928 年）结成的日本不动产协会组织，以及在当时的金融交易界，围绕抵押权的证券化而展开的讨论。日本不动产协会于昭和 5 年（1930 年），向大藏大臣和司法大臣提出"关于制定不动产抵押证券的建议书"，为当时的"金融制度调查会"所采纳。另外，昭和 3 年（1928 年）3 月，"抵押证券法"尽管得以公布并自同年 8 月 1 日起施行，但囿于各种原因，在此后的 40 余年间，该法基本上未得到施行。昭和 45 年（1970 年），因为住宅金融的关系，抵押证券的作用被重新认识。昭和 48 年（1973 年）设立日本抵押证券股份公司，使抵押证券业务真正开展起来。按照日本法，抵押证券为抵押权与被担保债权相结合的化体，指以土地、建筑物和地上权为标的物的抵押权，当事人有发行抵押证券的约定，应抵押权人的申请，由管辖的登记机关发行的一种有价证券。发行抵押证券后，抵押权与债权的处分，即依处分抵押证券的方法为之，而不得将抵押权与债权分离处分。抵押证券可依背书流通。丧失抵押证券时，可依除权判决要求再交付。抵押证券具有一定的公信力。

[2] Planitz, Das deutsche Pfandrecht（1936），S. 18.

应当肯定，由我妻氏与石田氏倡导的"现代抵押权论"，确有其积极意义。而且，较之于以确保特定债权的清偿为目的的保全抵押权，"现代抵押权论"者所称的流通抵押权之为抵押权发展的最高峰的见解，也有其积极的意义。惟有疑问的是，不动产抵押权之由保全抵押权进到流通抵押权，是否是一个普遍适合于世界各国抵押权发展的断语？质言之，各国抵押权的发展是否皆要经过这样的历程，抑或不经过这样的历程而径实行流通抵押权？这些问题，归纳言之，称为"抵押权的发展史观"。

前已指出，"现代抵押权论"是基于德国普鲁士地区的抵押权所经过的发展历程而提出来的，认为随着资本主义的发达，抵押权必由担保债权实现的保全抵押权进到作为投资手段的媒介的流通抵押权。对此见解，早期的日本学者多表肯定。但自 1960 年代末期始，学者乃提出了各种疑义，最早提出疑义的是铃木禄弥。

铃木氏说，流通抵押权是 18 世纪以后伴随德国普鲁士地区农业的资本主义化而兴起的制度，以往利用"依附农民"的赋役劳动而经营"直营地"的普鲁士封建领主，现今却因受英国资本主义经济的刺激，而次第卷入市场经济的大潮中。在农业迈向资本主义化的过程中，为了获得所需要的资金，地主贵族以自己的土地供作债权的担保而获取融资，流通抵押权因此产生。可见，由保全抵押权进到流通抵押权，对于资本主义呈异样发展形态的德国（尤其是普鲁士地区）来说，可谓是确属得当的。但对于资本主义的典型发展形态的英国和法国而言，则难谓正确。这些国家的抵押权制度没有经历这样的发展历程 [1]。

铃木氏的这些见解，随后渐次在日本学者中传播开来。譬如，研究担保物权的著名学者槙悌次即明确指出：由保全抵押权进到流通抵押权，虽说是德国抵押权发展过程中的"重要特征"，但不能据此断言它就是抵押权发展的一般规律。[2]

---

[1] ［日］铃木禄弥："德国抵押权法与资本主义的发达"，载《法律时报》第 28 卷第 11 号，第 20 页；［日］高岛平藏："关于德国抵押权法的发达"，载《比较法学》第 7 卷第 2 号，第 121 页以下。

[2] ［日］槙悌次：《担保物权法》，有斐阁 1981 年版，第 114 页。

因而，伴随资本主义的发达，抵押权必由保全抵押权进到流通抵押权，也就不过是专门针对特殊的德国普鲁士地区的情况而发的议论，不具有普遍性。而且，近年来学者对德国、奥地利抵押权法所作的实证研究，也充分地证明了这一点。[1]

笔者认为，对于 1960 年代末期以来，以铃木氏为代表的日本学者对于"现代抵押权论"的批判应予以客观的评价。诚然，伴随资本主义的发达，抵押权必由保全抵押权进到流通抵押权，是立于德国普鲁士地区抵押权的特殊发展历程所下的断语，但若从资本主义市场经济发达国家不动产抵押权发展的总的情况来看，这一断语似乎又有其合理性。因为近现代市场经济国家，经济上多采金融资本主义的经济构造，信用及其维持是经济关系和社会总资本得以顺利周转和循环的必要条件，故称为信用经济时代。各国早期的抵押权，被认为是保全抵押权。此保全抵押权，需要以债权的存在为前提，因此又属于一种附属于债权的权利。但降至近代，抵押权的作用跃身一变，由此前之担保债权的实现，转到媒介金钱的投资，是为流通抵押权。此流通抵押权，是有产者进行金钱投资和不动产所有人获得金钱的媒介，亦即是诱导债权成立的一种法律手段，其成立不仅不以债权的先期存在为前提，而且正以促成债权的发生为其特点。故在现今的资本主义市场经济发达国家，乃是流通抵押权一统天下的时节[2]。也就是说，流通抵押权在现代市场经济条件下，具有十分独特的重要地位，是各国在建立现代化抵押权体系中不可或缺的一环。

---

1 对德国抵押权的发展史进行实证研究的著述，参见［日］田中克志："普鲁士投资抵押权的成立史"，载《民商法杂志》第 75 卷第 3 号，第 71 页以下；［日］田中克志："德国民法典不动产担保法的形成过程（1）—（4）"，载《富大经济论集》第 24 卷第 2 号第 6 页以下，第 24 卷第 3 号第 38 页以下，第 25 卷第 1 号第 26 页以下，第 25 卷第 3 号第 88 页以下；关于奥地利抵押权制度的发展史等，参见［日］上原由纪夫："奥地利抵押权制度的展开与流通抵押权"，载《早稻田法学杂志》第 29 卷（1979 年）第 61 页以下。

2 ［日］石田文次郎：《投资抵押权的研究》，有斐阁 1932 年版，第 1—2 页。

六、德国的流通抵押权制度对我国未来抵押权制度及其体系的参考、借镜价值

我国从清朝末年毅然决定改革传统中华法制而从欧陆、日本民法迄今已逾百年。1929—1930 年，国民政府制定公布《中华民国民法》虽说是主要继受了欧陆民法（如德国民法和瑞士民法）的规定，但关于不动产抵押权，却未取法之，而是以当时的日本民法为蓝本，规定了保全抵押权制度。1949 年新中国成立以后的一个相当长的时期，我国并无效力及于全国范围的、制定法上的统一的抵押权制度。1986 年通过的《民法通则》、1995 年制定的《担保法》以及 2007 年通过的《物权法》等建立起了适应社会主义市场经济初步发展的抵押权体系。惟依这些法律的规定，抵押权的成立，以债权的存在为前提，无债权也就无抵押权，因此性质上属于保全抵押权。有疑问的是，随着社会主义市场经济的发展，我国的抵押权是否也应由保全抵押权进到流通抵押权？易言之，在社会主义市场经济获得相当程度的发展以后，我们是否应当考虑规定流通抵押权？毫无疑义，答案应当是肯定的。

我国现行法规定的抵押权，是以担保债权的清偿为目的的，属于保全抵押权。这种保全抵押权，至多可以充当特定当事人之间信用授受的媒介，过于消极不言自明，不过就立法当时的社会情况而论，则又无可厚非。晚近以来，随着我国市场经济的发展，抵押权的利用已是相当活跃，此观我国抵押权之由不动产抵押而动产抵押进而财产集合抵押、浮动抵押的演进过程，即可明了。因此，如何使抵押权的作用追随社会生活的发展而向媒介金钱投资的方向前进，并次第渗入流通抵押权的因素，当为我国今后抵押权立法与实务运作上的重要问题。因为抵押权既然为一种价值权，则将其支配的交换价值作为交易的客体，自然也就具有经济上的实益；而且，抵押权不仅为企业经营所需资金的最佳媒介手段，而且也是不动产投资人获取融资的最佳方式。社会资金活络而畅其流，即可促进社会经济的繁荣、兴旺。环视当今世界，举凡市场经济发达国家，莫不为抵押权立法最

称周密、抵押权运用最为活跃的国度。为了发挥抵押权的媒介投资手段的作用及建立我国现代化的抵押权制度及其体系，我国将来的民法典等民事立法于进一步完善保全抵押权制度的同时，乃应建立流通抵押权制度。而这一制度的建立，又以下列各点为其首要，故我国将来的民法典等民事立法，乃应于立法方针上注意下列各点：

第一，抵押权的独立化，即将抵押权与被担保债权分离，使抵押权依凭其自身的独立价值而存在，因为抵押权如不具有独立性而仍从属于被担保债权，则必然会影响抵押权的确定性和安定性，进而成为抵押权流通的最大障碍。

第二，抵押权顺位的固定。我国现行法关于抵押权的顺位，系采升进主义，而要建立流通抵押权，则又非采顺位固定主义不可。顺位固定主义，可以使抵押权独立存在。因为抵押权的顺位固定，实际上表示各抵押权支配的抵押物的交换价值确定不移，先顺位抵押权所担保的债权虽因清偿而消灭，但其可以支配的抵押物的交换价值仍然存在。这一点是抵押权可以在市场上流通的前提；另外，也可为所有人抵押权的存在提供空间。因为规定先顺位抵押权所担保的债权消灭后抵押权仍不消灭，实际上是认可抵押权由抵押物的所有人享有，即成立所有人抵押权。

第三，抵押权的证券化，即将抵押权证券化，使其依有价证券规则而于市场上流通。抵押权既然为独立的价值权，则将其支配的交换价值作为交易的客体，也就并无不可。为了使抵押权作为商品之一种而于金融市场上流通，最有效的办法莫过于使抵押权证券化。抵押权一旦被化体为证券，其媒介投资手段的功能，便可尽显无遗。[1]

1　Planitz, Das deutsche Pfandrecht（1936），S. 173—174.

所有人抵押权[*]

——基于对德国法和瑞士法的分析

一、问题的提出

所有人抵押权，又称所有人抵押，指所有权人于自己所有的财产上由自己保有抵押权。一般抵押权只能存在于抵押权人以外的人（债务人或第三人）所拥有的财产上，而所有人抵押权系所有人于自己的财产上为自己而存在的抵押权。这种制度系现代各国抵押权法中一种十分特殊的制度。我国《物权法》尽管未规定此制度，但由梁慧星研究员负责起草的《中国民法典草案建议稿》第 256 条第 1 款和第 556 条定有此制度的明文。[1]《担保法解释》第 77 条则是明定此制度："同一财产向两个以上债权人抵押的，顺序在先的抵押权与该财产的所有权归属一人时，该财产的所有权人可以以其抵押权对抗顺序在后的抵押权。"这些规定，表明我国学说与司法解释肯认所有人抵押权制度的基本立场。

所有人抵押权主要可以分为两类：其一，所有权人在自己的财产上为自己设立的抵押权。此种抵押权自始即为所有权人享有，故被称为原始的所有人抵押权

---

[*] 本文曾发表于《现代法学》2014 年第 5 期。

[1] 第 256 条第 1 款规定："不动产物权人，可以为自己将来设定一项类型肯定、范围明确的物权，保留一个确定的顺位。顺位的保留，自登记时生效。"第 556 条规定："同一物上设定的抵押权与该物的所有权归属于一人，且在该抵押物上另有其他担保物权时，抵押权不因混同而消灭。"参见梁慧星主编：《中国民法典草案建议稿》（第 3 版），法律出版社 2013 年版，第 55、115 页。

（Ursprüngliche Eigentümerhypothek）。其又因系为尚未存在的债权而设定，基于所有人的设定而存在，所以又称为设定的所有人抵押权。其二，原为他人所成立的抵押权，之后因某些原因（如混同）而归于抵押物所有人取得的抵押权。此种抵押权系抵押权成立之后才发生，故称为后发的所有人抵押权。[1]我国现行法与司法解释未认可原始的所有人抵押权，上述《担保法解释》所认可的系后发的所有人抵押权。

在比较法上，大陆法系国家的抵押权可以分为保全抵押权和流通抵押权两类。东方国家（如日本、韩国及中国）与法国的抵押权属于前者，而德国与瑞士的抵押权则主要属于后者，即在这两个国家，抵押权系以流通抵押权为主，保全抵押权为辅。所谓保全抵押权，指专以担保债权的实现（即债务的清偿）为目的的抵押权；所谓流通抵押权，指将抵押权化体为证券，专以流通为旨趣的抵押权。在德国与瑞士，其在认可保全抵押权之外，也认可原始的所有人抵押权，而原始的所有人抵押权则主要是一种以流通为基本功能的抵押权。由于所有人抵押权（尤其是原始的所有人抵押权）于整个抵押权法体系中的特殊地位，笔者拟对认可该制度的典型国家——德国和瑞士——法律上的所有人抵押权制度予以分析、考量，期冀借他山之石，从解释论和立法论角度完善物权法的相关规定。

二、所有人抵押权制度的比较法考察（一）：以德国法上的所有人土地债务与后发的所有人抵押权为中心

根据《德国民法典》的规定，所有人抵押权以是否伴有债权为标准，可以分为伴有债权的所有人抵押权（forderungsbekleidete Eigentümerhypothek）与不伴有债权的所有人抵押权（forderungsentkleidete Eigentümerhypothek）[2]。惟其学说与实务

---

[1] 参见谢在全：《民法物权论》（下册，修订第4版），文太印刷企业有限公司2007年版，第197—198页。

[2] Hedemann, Sachenrecht, 3. Aufl. 1960, S. 331f. ; Nussbaum, Deutsches Hypothekenwesen, 2. Aufl. 1921, S. 61f.

认为，仅伴有债权的所有人抵押权为所有人抵押权，而不伴有债权的所有人抵押权为所有人土地债务（Eigentümergrundschuld）。依所有人抵押权成立方式的不同，可分为自始成立的所有人抵押权与本为一般的他主抵押权（Fremdhypothek）、之后才演变为所有人抵押权的后发的所有人抵押权（nachträgliche Eigentümerhypothek）。前者又称为原始的所有人抵押权，即不伴有债权的所有人土地债务。后者包括伴有债权的所有人抵押权与不伴有债权的所有人土地债务。由此，在德国法上，所有人抵押权可以分为三种：原始与后发的所有人土地债务及后发的所有人抵押权 [1]。

（一）原始的所有人土地债务

根据德国法，引起原始的所有人土地债务 [2] 的因由有三：其一，被担保债权不成立；其二，抵押证券的发行；其三，土地所有人以自己的名义设定土地债务。

1. 被担保债权不成立

《德国民法典》第 1163 条规定："为担保某债权而已设定抵押权的，在该债权未成立时，抵押权归属于土地所有人；债权消灭时，土地所有人取得其抵押权。未免除交付抵押证券者，在证券交付于债权人前，抵押权由所有人享有。"据此规定，其一，抵押权虽已设定，但于债权不成立时，应成立所有人抵押权。此种情形，无论被担保债权不成立的原因为何 [3]，抵押权均由土地所有人享有，即成立所有人土地债务。其二，抵押权若为担保将来债权或附条件债权而设定，因设定抵押权时，债权尚未成立，故抵押权应作为所有人土地债务而归属于土地所有人；但若债权成立，则移转至债权人而变成他主抵押权。由此，此种情形下的所

1　参见［日］松井宏兴：《抵押制度的基础理论》，法律文化社 1997 年版，第 122 页；［日］铃木禄弥：《抵押制度研究》，一粒社 1968 年版，第 169 页。

2　根据《德国民法典》第 1191 条的规定，所谓土地债务（Grundschuld），指无被担保债权，支配或把握土地的担保价值，由该土地中受优先支付的不动产担保权。参见［日］村上淳一等：《德国法入门》，有斐阁 1994 年版，第 121 页。

3　例如，在消费借贷的情形，为担保金钱债权而设定抵押权，但实际上并未交付金钱，债法上的行为当属无效。此时，为担保金钱债权而成立的抵押权得作为所有人抵押权而归属于作为债务人的土地所有人。参见［日］松井宏兴：《抵押制度的基础理论》，法律文化社 1997 年版，第 125 页注释10。

有人土地债务，实际上是一时的所有人土地债务（vorläufige Eigentümergrundschuld），理论上称为附解除条件的所有人土地债务 [1]。

2. 抵押证券的发行

根据《德国民法典》的规定，证券抵押权（Briefhypothek），即在设定抵押权后须交付抵押证券（Hypothekenbrief）的抵押权。又依德国《土地登记法》，须交付抵押证券的证券抵押权的场合，不动产（土地）登记机关作成抵押证券并交付于土地所有人 [2]，之后土地所有人再将抵押证券交付给债权人。《德国民法典》第 873 条第 1 项尽管规定依设定的合意与登记设定抵押权，但在需要发行抵押证券时，依同法第 1117 条第 1 项的规定，则只有向债权人交付了抵押证券，债权人才可以取得抵押权。由此，抵押权尽管已经设定，但抵押证券尚未作成，抑或虽已作成但尚未交付给债权人时，即作为所有人土地债务而归由土地所有人享有。此种情形的所有人土地债务，性质上也属于一时的所有人土地债务。

依上述《德国民法典》第 1117 条第 1 项和第 1163 条的规定，因交付抵押证券时才交付借贷（融资）的资金，所以债权人和土地所有人的利益可以得到兼顾和保护。换言之，债权人交付金钱时方可取得抵押权，而土地所有人于获得金钱前，也未予以债权人以任何利益 [3]。惟《德国民法典》第 1117 条第 2 项同时规定，债权人依与土地所有人的合意，可直接由登记机关受抵押证券的交付 [4]。由此，《德国民法典》第 1117 条第 1 项和第 1163 条对于土地所有人具有多大的保护效力，即存在疑问 [5]。

1　参见［日］松井宏兴：《抵押制度的基础理论》，法律文化社 1997 年版，第 122—123 页；［日］铃木禄弥：《抵押制度研究》，一粒社 1968 年版，第 17 页。

2　参见德国《土地登记法》（Grundbuchordnung vom. 24. März 1897，简称 GBO）第 56 条、第 60 条。

3　［德］Nußbaum：《德国抵押制度论》，［日］宫崎一雄译，清水书店 1932 年版，第 106 页。

4　《德国民法典》第 1117 条第 2 项：“债权人可与土地所有人订立下述协议：允许债权人径向不动产登记处请求交付证券，以代抵押证券的交付。”

5　参见［日］松井宏兴：《抵押制度的基础理论》，法律文化社 1997 年版，第 123 页。

3. 土地所有人以自己的名义设定土地债务

在德国，根据《德国民法典》第 1196 条第 1 项的规定，土地债务也可为土地所有人而设定。此在理论上被称为以自己的名义设定土地债务。要设定此种土地债务，土地所有人应向不动产登记机关表示为自己设定土地债务并于不动产（土地）登记簿予以登记的意思，并实际进行登记[1]。换言之，土地所有人以自己的名义，并依自己的意思表示而于不动产登记机关实施土地债务的设定。之后土地所有人若发现有适当的融资机会，即可以该土地债务供作担保而获取融资[2]，抑或将该土地债务保留于自己之手，供作他用[3]。

值得指出的是，德国法的一般抵押权（普通抵押权），系以担保债权的清偿为目的，且以债权的先期存在为前提，于无担保的债权时，即不能以自己的名义且以自己的土地设定抵押权；与此不同，德国法上的土地债务尽管实际上也系用于债权的保全，但因它采取切断与债权的粘连的法律构成[4]，所以《德国民法典》第 1196 条第 1 项规定了原始的所有人土地债务。此种土地债务的功用有二：其一，土地所有人以自己的名义先设定此种土地债务，之后遇到适当的融资对象时，将其供作债权的担保而获取融资；其二，通过此种所有人土地债务而保留先顺位以备将来用之，而现今则利用后顺位抵押权或后顺位土地债务[5]。

1　参见《德国民法典》第 1196 条第 2 项。

2　土地债务和抵押权之间的相互转换，不仅可能且也为《德国民法典》第 1198 条所明定，即所有人既可将所有人土地债务转换为他主抵押权，也可原封不动地转让他主土地债务。

3　比如当自己的女儿出嫁时，将之作为嫁资赠与给她。需指出的是，关于抵押权的设定，尽管土地所有人的意思表示有效，但如因行为能力方面的原因致对方的意思表示无效，则不成立他主抵押权。但是，对于此种情形可否成立《德国民法典》第 1196 条所定的所有人土地债务，则存在分歧。肯定说认为，根据土地所有人一方的意思表示，所有人土地债务即可成立，此为《德国民法典》第 1196 条的真意；与此不同，否定说则认为，土地所有人表示自己意思的对方，由契约的对方变为不动产登记机关，以及意思表示的内容由为债权人设定抵押权，变为为土地所有人设定土地债务，均有悖于法律行为的一般原则，故不应适用《德国民法典》第 1196 条的规定。参见［日］松井宏兴：《抵押制度的基础理论》，法律文化社 1997 年版，第 125 页注释 18。

4　参见《德国民法典》第 1191 条。

5　参见［日］铃木禄弥：《抵押制度研究》，一粒社 1968 年版，第 170 页。另外，土地债务与抵押权因可相互转换（《德国民法典》第 1198 条），所以土地所有人可把所有人土地债务变更为他主抵押权。

（二）后发的所有人土地债务

根据德国法，引起后发的所有人土地债务得以发生的因由有五：其一，被担保债权的消灭；其二，抵押权的放弃（抛弃）；其三，债权人不明；其四，债务承担；其五，强制执行的撤销。

1. 被担保债权的消灭

根据《德国民法典》第 1163 条第 1 项第 2 句的规定，有效成立的被担保债权发生消灭时，他主抵押权归属于土地所有人而成为所有人土地债务。引起被担保债权消灭的原因中，最常见、最重要的是土地所有人的债务人清偿了自己的债务。另外，因继承而使抵押权与所有权归属于同一人时，原抵押权也会变成土地债务 [1]。惟《德国民法典》第 1178 条第 1 项规定，"抵押权系为担保迟付的利息或迟付的其他附随给付，及为担保应偿还债权人的费用而设定的，若抵押权与土地所有权同归于一人，抵押权消灭；但请求上述各该给付的权利，如原为第三人的权利的内容的，其抵押权不消灭"，值得注意。

2. 抵押权的放弃（抛弃）

根据《德国民法典》第 1168 条的规定，债权人可以通过向不动产登记机关或土地所有人为单方面的意思表示及进行登记而放弃（抛弃）抵押权。此时，债权脱离原抵押权的担保而作为所有人土地债务归属于土地所有人。另外，因债务的免除（Erlaß）而导致债权消灭的，原抵押权也作为所有人土地债务而归土地所有人享有（《德国民法典》第 1163 条第 1 项第 2 句）。

值得指出的是，根据《德国民法典》的规定，当土地所有人享有永久排除抵押权的实行的抗辩权时，土地所有人可请求债权人抛弃其抵押权（第 1169 条）。由此，原抵押权作为所有人土地债务而由土地所有人取得。此外，放弃（抛弃）为担保附随给付而设定的抵押权无须登记，仅向土地所有人为抛弃的意思表示即可（《德国民法典》第 1178 条第 2 项）。该原抵押权尽管因放弃（抛弃）也转化为所有人土地债务，但得立即消灭（《德国民法典》第 1178 条第 1 项）。由此，

1　参见《德国民法典》第 1163 条第 1 项后句、第 1177 条第 1 项。

该抵押权的放弃（抛弃），实际上也就是抵押权的废止（Aufhebung）[1]。

3. 债权人不明

在德国法上，当债权人不明时，可通过公示催告程序（Aufgebotsverfahren）除斥（Ausschluss）抵押权，所有人由此取得所有人土地债务（《德国民法典》第1170条、第1171条第1项）。对此，德国法规定了两种方法：其一，债权人不明时，自抵押权最后登记之时起经过10年，并且土地所有人在此期间内又未曾进行《德国民法典》第208条所定各种中断时效的行为，足以表明其不承认债权人的抵押权的，即可依公示催告程序，排除债权人的抵押权（《德国民法典》第1170条）。其二，债权人不明时，土地所有人在有向债权人为清偿或通知的权利的情形，且曾为债权人提存其债权金额而又经声明抛弃取回权的，可依公示催告程序排除债权人的抵押权（即无需第1170条所定的经过10年的条件）（《德国民法典》第1171条第1项）。据此规定可知，即使未经过《德国民法典》第1170条所定的10年期间，但只要符合第1171条第1项所定的要件，土地所有人也可除斥抵押权，进而原抵押权作为所有人土地债务由其享有[2]。之所以如此，系因为《德国民法典》第1170条为原则性规定，而第1171条第1项则为特别规定。

4. 债务承担

在德国法上，根据其规定，为他人的债务设定抵押权时，若债权人未获土地所有人的同意而让第三人为债务承担（Schuldübernahme），视为放弃（抛弃）抵押权（《德国民法典》第418条第1项）。由此，被放弃（抛弃）的抵押权与原所担保的债权分离而移转给土地所有人，变成所有人土地债务（《德国民法典》第1168条）。之所以如此，系在于防止因债务人的更替而损害土地所有人的利益[3]。

5. 强制执行的撤销

在德国法上，根据其《民事诉讼法》的规定，当作为强制执行的一种方法的

---

1 参见［日］松井宏兴：《抵押制度的基础理论》，法律文化社1997年版，第127页。

2 参见［日］松井宏兴：《抵押制度的基础理论》，法律文化社1997年版，第127页。

3 参见［日］松井宏兴：《抵押制度的基础理论》，法律文化社1997年版，第128页。

"强制抵押权"（Zwangshypothek），抑或作为临时扣押之执行的"临时扣押抵押权"（Arresthypothek）被设定时，若强制执行或临时扣押的执行被撤销（取消），原抵押权即作为所有人土地债务而归属于土地所有人（第 866—868 条、第 933 条第 1 项、第 932 条第 1 项）[1]。

（三）后发的所有人抵押权

在德国法上，后发的所有人抵押权系由他主抵押权转化而来，其发生或成立仅限于抵押土地的所有人与债务人为不同之人的情形。根据《德国民法典》的规定，后发的所有人抵押权得以发生的因由有二：其一，土地所有人的清偿；其二，混同。

1. 土地所有人的清偿

根据《德国民法典》的规定，非债务人的抵押地所有人就债务的清偿有正当利益的，其可代债务人为清偿（第 1142 条）。此时，为确保土地所有人对债务人的求偿，债权人对债务人的债权移转于土地所有人（《德国民法典》第 1143 条第1 项）；同时，原抵押权也移转给土地所有人（《德国民法典》第 1153 条），所有人为担保对债务人的债权而在自己的土地上取得所有人抵押权。不过，当土地所有人对债务人负有代替履行的义务时，其即使实施了清偿，也不发生土地所有人对债务人的求偿权，债权消灭的同时，抵押权即归属于土地所有人，成为所有人土地债务（《德国民法典》第 1163 条第 1 项第 2 句）[2]。

2. 混同

在德国法上，当因继承、不动产转让而使不动产所有权与抵押权归属于同一人时，抵押权并不因混同而消灭（《德国民法典》第 889 条）。此时，由所有人享有抵押权，即土地所有人为担保债权而在自己的土地上享有抵押权[3]。

（四）小结

综上所述，在德国法上，广义的所有人抵押权（包括土地债务）的成立，主

1　参见 ［日］松井宏兴：《抵押制度的基础理论》，法律文化社 1997 年版，第 128 页。

2　参见 ［日］松井宏兴：《抵押制度的基础理论》，法律文化社 1997 年版，第 130 页。

3　参见 ［日］松井宏兴：《抵押制度的基础理论》，法律文化社 1997 年版，第 130—131 页。

要分为两种情形：一为"设定"，即所有人为自己而于自己的所有物上设定抵押权，其抵押权自始即为所有人自己所有，是为原始的所有人抵押权；一为"法定"，即为他人所设定的抵押权，但基于法定的原因，而后由所有人自己取得，是为后发的所有人抵押权。至于"法定的原因"，则主要包括：被担保债权的消灭（《德国民法典》第1163条第1项后句）、抵押权的抛弃（《德国民法典》第1168条第1项）、债权人不明（《德国民法典》第1170条）、债务承担、强制执行的撤销、土地所有人的清偿（《德国民法典》第1143条第1项）及抵押权与所有权的混同（《德国民法典》第889条）等[1]。

三、所有人抵押权制度的比较法考察（二）：以瑞士法上的空位（空白）担保位置制度为中心

（一）基本概要

瑞士是德国的邻邦，由此，这两国法在诸多方面具有共通点。瑞士法上的所有人抵押权，其法制史上的肇源可以追溯到与德国法上的定期金买卖类似的Gültrecht。根据早期的Gültrecht，一土地仅可供作一次担保，但至后来，以同一土地设定数个担保也获承认。不过在此情形，后成立的担保权仅能取得先成立的担保权满足其债权的清偿后所剩下的余额。另外，根据瑞士法，土地所有人可以发行地租证券（Gültbrief），土地所有人可在自己所有的土地上取得抵押权。19世纪中期以后，瑞士法规定：同一土地的先顺位抵押权因清偿或混同而消灭时，后顺位抵押权人不得升进其顺位，即由土地所有人享有所消灭的抵押权及其顺位。此外，瑞士法还规定：所有人在将证券交付给第三人之前，于自己的所有物上也可成立所有人抵押权[2]。

1　参见郑玉波著，黄宗乐修订：《民法物权》（修订15版），三民书局2007年版，第346页。

2　参见［日］石田文次郎：《投资抵押权的研究》，有斐阁1932年版，第271—272页；陈棋炎："关于所有人抵押本质之研究"，载郑玉波主编：《民法物权论文选辑》（下册），五南图书出版公司1984年版，第697页；陈华彬：《物权法研究》（修订版），法律出版社2009年版，第356页。

（二）空位（空白）担保位置制度

瑞士现行法规定了与德国法所有人抵押权制度相关联的空位（空白）担保位置制度。根据现行《瑞士民法典》的规定，瑞士法的不动产担保权分为三种：地租证券、抵押债务证券及登记担保权（土地抵押证券）。这三种不动产担保权的共同特征之一即是实行空位（空白）担保位置制度[1]。

根据瑞士法的规定，当在某不动产上设定了不同顺位的不动产担保权时，即使先顺位的不动产担保权消灭，后顺位的不动产担保权人也不得请求升进（递升）其顺位，于业已消灭的原不动产担保权顺位上，不动产所有人可以设定新的不动产担保权（《瑞士民法典》第 814 条第 1、2 项）。如前述，此种情形根据《德国民法典》的规定，得成立所有人抵押权，而根据《瑞士民法典》的规定，不动产担保权自身消灭，留下空位（空白）担保位置。在新的不动产担保权被设定前，若其他的不动产担保权被实行，则拍卖担保不动产所得的价金（价款）对于后顺位的不动产担保权按照其顺位而分配（《瑞士民法典》第 815 条）。由此，即发生与后顺位的不动产担保权的顺位升进（递升）相同的效果。无疑，瑞士法的空位（空白）担保位置制度，其主要的价值与功能在于，不动产所有人可以利用该空位（空白）担保位置而设定新的先顺位不动产担保权，以获得有利的融资[2]。

四、所有人抵押权与民法诸规则的关系

如前述，所有人抵押权是一项十分特殊的制度，其涉及与民法上的诸多规则是否抵触、龃龉的问题。具体言之，所有人抵押权与如下民法规则的关系有必要予以厘清，由此证成该制度所具有的独立价值与意义。

（一）所有人抵押权与顺位

1. 所有人抵押权与顺位固定规则

顺位固定，指先顺位抵押权消灭时，后顺位抵押权一仍其旧，不得升进。所

1　参见陈华彬："瑞士不动产担保权制度研究"，载《环球法律评论》2009 年第 4 期。

2　参见［日］松井宏兴：《抵押制度的基础理论》，法律文化社 1997 年版，第 165—166 页。

有人抵押权的优点之一是，对于因清偿及其他事由而归属于自己的抵押权或土地债务，所有人可将原来的顺位原原本本地让与（设定）给第三人以获取融资。因此，所有人抵押权一经成立，即剥夺了后顺位抵押权人的顺位升进（递升）的可能。此即所有人抵押权的成立，意即采取顺位固定规则[1]。

如前述，德国法与瑞士法采取了顺位固定规则。惟德国法也定有所有人抵押权不成立或抵押权消灭时，后顺位抵押权得升进（递升）的规定。换言之，德国法并未普遍采取顺位固定规则，而仅于所有人抵押权的情形肯认之，即因有先顺位的所有人抵押权，所以后顺位抵押权不得升进（递升）其顺位。而于瑞士法上，也就是先顺位即使变成"空位"，后顺位抵押权也不得升进其顺位。换言之，根据《瑞士民法典》的规定，先顺位抵押权消灭时，所消灭的担保位置（Pfands-telle）即变成"空位（空白）"而被保留下来，后顺位抵押权不得升进其顺位[2]。另外，根据瑞士法，所有人自始可以保留先顺位的"空位（空白）"，而设定后顺位的抵押权。由此，相较于德国法，瑞士法可以说更彻底地采取了顺位固定规则[3]。

2. 所有人抵押权与顺位保留制度

如前述，在德国法上，土地所有人可自始以自己的名义于自己的土地上设定所有人土地债务。此种情形，所有人为自己保留先顺位土地债务以备将来之用，而现今则利用后顺位抵押权或后顺位土地债务，将来可自由地将先顺位的所有人土地债务让与给他人，而十分容易获得融资。值得指出的是，具有与此相当的功能的制度，在德国法上还有顺位保留（Rangvorbehalt）制度。由此，有必要予以分析。

根据德国法的规定，物权的顺位尽管依登记的先后顺位而定，但土地所有人

1　参见［日］松井宏兴：《抵押制度的基础理论》，法律文化社1997年版，第138页。

2　《瑞士民法典》第814条第1项："就同一土地设定不同顺位的数个抵押权的，当一土地抵押权消灭时，后顺位的土地抵押权人不得请求递补其空位。"

3　《瑞士民法典》第813条第2项："土地抵押权得指定其为第二或其他任意顺位而设定之，但须于登记时，就一定金额保留其优先顺位。"

在进行定限物权（如甲抵押权）的设定的登记时，可以保留给予后登记的权利（如乙抵押权）以优先的顺位（《德国民法典》第 881 条）。惟保留的权利（乙抵押权），须登记于土地登记簿，并与因保留而顺位退后的权利（如甲抵押权）登记在一起。土地所有人行使此权利时，乙抵押权即变成第一顺位，甲抵押权则变成第二顺位 [1]。

但应指出的是，在甲抵押权的设定完成登记后，所保留的优先顺位的权利（乙抵押权）登记前，复于土地上设定不享有保留权的权利（丙抵押权）并进行登记的，其保留的权利（乙抵押权）的优先顺位，将因新设定的权利（丙抵押权）的登记而受损害。换言之，根据顺位保留制度，所谓后设定的抵押权优先，仅指优先于最初设定的特定的抵押权（甲抵押权），因此在保留了优先顺位的抵押权（乙抵押权）被设定前又设定其他抵押权（如丙抵押权）的，就会产生出复杂的效果 [2]。与此不同，在德国法上，当事人设定所有人土地债务的情形，自始顺位关系即被固定，之后即便后抵押权或土地债务成立，也不会产生顺位保留制度场合的复杂效果。由此点看，较之顺位保留制度，所有人抵押权是优秀的、先进的制度 [3]。

（二）所有人抵押权与对自己之物的权利

由前文的分析我们看到，所有人抵押权的主要特质是，于土地所有权及作为其标的物的土地上的抵押权或土地债务归属于同一人时，抵押权或土地债务不消灭。换言之，根据所有人抵押权制度，抵押权和土地债务不被所有权吸收，而是保持其独立性。并且，根据德国法，土地所有权和该土地上的定限物权即便发生混同，定限物权也不消灭，而系归由土地所有人享有。据此规定，即便所有权与抵押权或土地债务混同，所有权也不得将其吸收，而应以所有人抵押权或所有人土地债务的形态继续存在 [4]。

1　参见［日］山田晟：《德国法律用语辞典》，大学书林 1994 年版，第 506 页。

2　参见［日］铃木禄弥：《抵押制度研究》，一粒社 1968 年版，第 183 页。

3　参见［日］松井宏兴：《抵押制度的基础理论》，法律文化社 1997 年版，第 141 页。

4　参见［日］铃木禄弥：《抵押制度研究》，一粒社 1968 年版，第 179 页。

在认可所有人抵押权制度后，我们看到，对于自己之物的权利，土地所有人除可对自己的土地享有所有权外，还可享有定限物权。就不动产担保权而言，根据德国法的规定，土地所有人除可对自己的土地享有所有权外，还可享有抵押权或土地债务（《德国民法典》第 889 条、第 1163 条及第 1196 条）。此外的定限物权，于判例、学说上存在争论的，是地役权，即在供役地和需役地属于同一人时，土地所有人为需役地的利益可否在供役地上设定地役权（所有人地役权，Eigentümergrunddienstbarkeit）？

对此问题，德国法院的判例最初根据罗马法"无论何人均不得就自己的物享有役权"（nulli res sua servit）的绝对所有权原则与《德国民法典》第 873 条关于物权的设定需权利人和对象方达成合意的规定，否定所有人地役权的成立 1。但是，至 20 世纪 30 年代，德国法院改变了此立场。1933 年 11 月 14 日，德国最高法院以决定的形式认可了所有人地役权。其认可的结论是通过对《德国民法典》第 873 条、第 889 条、第 1009 条以及第 1196 条的新解释而得出的。此外，德国最高法院还指明了认可所有人地役权的经济理由 2。

在德国学界，对于所有人地役权是否成立，也有肯定与否定两说。其中，肯定说的理由大体与上述德国最高法院的理由相同，认为《德国民法典》既然规定可以基于单独行为设定所有人土地债务，且即便发生混同，定限物权也依旧存续，由此推论，否定基于单独行为设定所有人地役权的根据也就丧失了 3。与此不同，否定说则有相反的解释。值得指出的是，因德国最高法院对所有人地役权的肯定，故现今居于优势地位的是肯定说，而非否定说。

（三）所有人抵押权与抵押权的附随性（附从性）

根据大陆法系民法理论，抵押权的功用系在于担保债权的清偿，由此，被担

1　例如，1910 年 1 月 26 日德国最高法院的决定（RGZ, Bd. 47，第 202 页）即如此。

2　参见［日］松井宏兴：《抵押制度的基础理论》，法律文化社 1997 年版，第 145 页。

3　Dernburg, Sachenrecht, 3. Aufl., 1904, S. 510, Anm. 4；Kohler, Enzikiopadie der Rechtswissenschaft, 7. Aufl. 1914, S. 60, Anm. 4. 转引自［日］松井宏兴：《抵押制度的基础理论》，法律文化社 1997 年版，第 146 页注释 83。

保债权是第一位的，抵押权是第二位的。当被担保债权消灭时，抵押权也随之消灭。抵押权与被担保债权的此种结合关系，被称为抵押权的附随性或附从性。所有人抵押权制度，在相当程度上打破了抵押权的附随性规则的严格贯彻，它是打破抵押权的附随性规则而作为例外认可的制度。

在民法上，排除物权混同规则而贯彻抵押权的附随性规则时，仅狭义的所有人抵押权能发生，至于德国法上作为所有人抵押权的土地债务，则无法成立。在德国法与瑞士法所有人抵押权制度体系上，较之狭义的所有人抵押权，土地债务因更具有价值与意义，所以如坚持抵押权的附随性，则所有人抵押权的意义就会丧失大半。

如前述，德国法因认可与债权完全分离的土地债务，所以不伴有债权的所有人抵押权（即土地债务）的存在根据，并不发生问题；与此不同，在法国、日本及中国（包含台湾地区）民法上，尽管一般性地采取土地债务制度并无大的问题，但要于理论上自圆其说地释明债权消灭抵押权不消灭的现象，则是有困难的[1]。

（四）所有人抵押权与混同规则

所谓混同，主要指所有权与他物权的混同。根据大陆法系民法规则，当同一特定物的所有权与其他物权归属于一人时，其他物权原则上因混同而消灭。惟如前所述，《德国民法典》第889条规定："在他人土地上设定的权利，不因土地所有人取得此权利或权利人取得土地所有权而消灭。"由此，德国法不仅认可所有人抵押权，而且认可所有人地役权乃至所有人地上权等制度[2]。而在日本、法国及我国台湾地区，若要采行所有人抵押权制度，则应妥善处理物权混同规则。换言之，是完全排除混同规则的适用而一律认可不动产定限物权皆由所有人享有，还是仅于抵押权场合排除混同规则的适用而使抵押权归所有人享有？无疑，此为

---

1 参见［日］铃木禄弥：《抵押制度研究》，一粒社1968年版，第180页。
2 需指出的是，在此等归属于所有人的定限物权中，当以所有人抵押权最为重要。对此请参见［日］铃木禄弥：《抵押制度研究》，一粒社1968年版，第179页。

一项法律政策上的问题，值得慎思和斟酌。

在我国，根据今日学者通说与实务做法，当所有权与他物权混同时，在以下情形，作为例外，其他物权并不因混同而消灭 [1]：其一，其他物权的存续对所有人有法律上的利益时，其他物权不消灭。如前述，《担保法解释》第 77 条规定："同一财产向两个以上债权人抵押的，顺序在先的抵押权与该财产的所有权归属一人时，该财产的所有权人可以以其抵押权对抗顺序在后的抵押权。"其二，其他物权的存续对第三人有法律上的利益时，其他物权不消灭。由此可见，作为所有权与其他物权发生混同时的例外情形，所有人抵押权在我国是被认可的。

五、所有人抵押权的比较法总结：寻求共识

所有人抵押权以顺位固定规则为其基础，二者系互为表里的关系 [2]。综上所述，我们不难看到，德国法和瑞士法上的所有人抵押权制度在此基本点（顺位固定）上是相同的。但是，从体系性和明确性上看，德国法上的所有人抵押权尤其值得参考，其将所有人抵押权类型化为原始与后发的所有人土地债务及后发的所有人抵押权三类，彰示了德国法对于所有人抵押权予以规律的彻底性。并且，德国法对于各类所有人抵押权的成立事由均定有明文，体现了德国法上的所有人抵押权得以发生的明确性。

反观瑞士法，尽管其规定的地租证券、抵押债务证券及登记担保权（土地抵押证券）均采取空位（空白）担保位置制度，且瑞士法在采取顺位固定规则上更加彻底，但与德国的情况相较，其关于所有人抵押权的体系与明确性还有待于进一步加强。因此，应对所有人抵押权得以成立的情形进行类型化整理，并对每种情形下所有人抵押权的成立事由予以明文。

德国法和瑞士法均认为，采取顺位固定规则为所有人抵押权在较大范围内

---

[1] 参见陈华彬：《民法物权论》，中国法制出版社 2010 年版，第 152 页。

[2] 参见陈棋炎："关于所有权人抵押本质之研究"，载郑玉波主编：《民法物权论文选辑》（下册），五南图书出版公司 1984 年版，第 712 页。

（并非仅在混同的例外情形）的存在和发展奠定了基石。因此，自在较大范围内认可并规定所有人抵押权制度的角度看，德国法与瑞士法是大陆法系中属于同一法圈的国家。换言之，瑞士是大陆法系中德国法支流的国家。

六、所有人抵押权制度对我国的借鉴：检讨、建构及完善

所有人抵押权，是抵押权法体系中的特殊制度，其法律构成的特殊性使其被称为近现代私法上的一大"怪物"。[1]环视当今世界，尽管还有一些国家的抵押权法并未在较大范围内认可这一制度，[2]但德国法和瑞士法的肯定立场不容小觑，值得我们认真对待和重视[3]。

在物权法于 1998 年起草之初，由梁慧星研究员主持起草的《中国物权法草案建议稿》第 34 条第 1 款和第 330 条曾设有顺位保留和所有人抵押权的规定，这些条款的规定系主要来源于前述《德国民法典》和《瑞士民法典》的相关规定[4]。但是，这些建议条文最终未为《物权法》所采纳，以至于我国现今法律体系中并无顺位固定、顺位保留规则及未在较大范围内认可所有人抵押权。此种局面无疑值得反思、检视。

如前述，所有人抵押权以顺位固定规则为其基础，要在较大范围内或在原则上认可所有人抵押权，同时即应考虑认可顺位固定规则。而我国现行法及其实务采取抵押权顺位升进规则。依此规则，先顺位抵押权消灭时，后顺位抵押权自应立即递升其顺位。此规则的贯彻，不仅损害所有人的利益，而且对后顺位抵押权人予以不当利益。由此，包括我国在内的各国法在此情形均设一例外，即存在后顺位

1　参见陈棋炎："关于所有权人抵押本质之研究"，载郑玉波主编：《民法物权论文选辑》（下册），五南图书出版公司 1984 年版，第 697 页。

2　例如，法国、日本、韩国、中国即未在较大范围内认可所有人抵押权。

3　除德国、瑞士外，奥地利也在较大范围内认可所有人抵押权。

4　参见中国物权法研究课题组：《中国物权法草案建议稿：条文、说明、理由与参考立法例》，社会科学文献出版社 2000 年版，第 167、653 页。值得指出的是，如前述，这些条款已纳入梁慧星研究员负责起草的《中国民法典草案建议稿》第 256 条第 1 款和第 556 条中规定。参见该氏主编的《中国民法典草案建议稿》（第 3 版），法律出版社 2013 年版，第 55、115 页。

抵押权时，先顺位抵押权与所有权发生混同的，应成立所有人抵押权[1]。

但是，上述不公平效果的发生，并不仅限于混同的情形，比如，于被担保债权不成立时，于抵押权人抛弃其抵押权时，尤其于作为债务人的所有权人清偿先顺位的被担保债权时，也可发生。换言之，上述不公平效果，于先顺位担保权消灭而由后顺位担保权当然地递升其顺位时，即可发生。为避免此种不公平效果，自不应仅对混同这一较少情形而认可所有人抵押权的成立，于其他情形，尤其于清偿时，也应认可所有人抵押权的成立。概言之，应将后顺位担保权当然递升其顺位这一规则视为例外规定，进而在原则上认可先顺位担保权消灭时，即应成立所有人抵押权。由此即可避免发生不公平的结果。惟若所有权人决定不利用该担保权而将其注销，则后顺位担保权人自可递升其顺位。换言之，应使顺位升进与否完全由所有权人的意思表示而决定。前述德国法即依此法理而在原则上认可应成立所有人抵押权[2]。

另外，应指出的是，若认可顺位固定规则，则应容许分割抵押物的价值。但若抵押物的价值可以分割，则与担保权的不可分性规则发生龃龉。换言之，担保权的不可分性规则是否与今日市场经济条件下的资本融资和资本信用关系相容，理应重新予以检视。笔者认为，此规则因过分偏重于对债权人（担保权人）的保护，而未顾及债务人（担保物的所有人）获取融资与取得不动产信用的利益，故应予以摒弃[3]。[4]

如前述，根据《担保法解释》的规定，所有人抵押权仅在混同的例外情形方

1　参见陈棋炎："关于所有权人抵押本质之研究"，载郑玉波主编：《民法物权论文选辑》（下册），五南图书出版公司1984年版，第710页。

2　参见陈棋炎："关于所有权人抵押本质之研究"，载郑玉波主编：《民法物权论文选辑》（下册），五南图书出版公司1984年版，第710—711页。

3　参见陈华彬：《物权法研究》（修订版），法律出版社2009年版，第368页。我国《物权法》第233条规定："留置财产为可分物的，留置财产的价值应当相当于债务的金额。"此规定即是对担保权（含担保标的物）的不可分性规则的突破，是我国《物权法》对传统规则的革新，由此表明我国《物权法》具有先进性、前瞻（前沿）性。

4　［日］石田文次郎：《投资抵押权的研究》，有斐阁1932年版，第297页。

能发生，因此要由此推导出采取抵押权顺位固定规则，并否定担保权的不可分性规则，于现行法制的框架内确实存在困难，但唯有进到这一步，方才符合所有人抵押权的本旨 [1]。笔者认为，应对我国仅例外地认可所有人抵押权的现行法制予以变更，建立较大范围的、完善的所有人抵押权制度体系，并摒弃抵押权的不可分性规则，改采顺位固定规则。这样既对我国不动产信用关系有利，也有助于我国金融资本信用关系的发展。

---

[1] 参见陈棋炎："关于所有权人抵押本质之研究"，载郑玉波主编：《民法物权论文选辑》（下册），五南图书出版公司 1984 年版，第 712 页。

债权罹于消灭时效后担保物权的效力 [*]

一、引言

按照《物权法》第 202 条的规定，于主债权的消灭时效经过后，抵押权人（债权人）请求人民法院实行抵押权的，人民法院不予支持。此所谓不予支持，即抵押权人（债权人）不得复经由实行抵押权、拍卖抵押物而实现自己债权的清偿。[1]《物权法》第 202 条的此种立场（规定）有无正当性、是否妥洽，实不无疑问。另外，质权、留置权也系《物权法》所定的典型担保物权，其于所担保的（主）债权罹于消灭时效后是否也不受人民法院的保护、"支持"，因该法未有明示，故而也系现今学理与实务中急需作出回答的问题。有鉴于债权罹于消灭时效后担保物权的效力于学理及实务上攸关抵押权人、质权人、留置权人及抵押人、质押人、债务人等的重要利益，故而本文拟对此展开讨论，并由此期冀其可对我国现今正在进行中的民法典物权编的编纂因应此等问题提供立法论上的启迪或助益。

---

[*] 本文曾发表于《法治研究》2019 年第 6 期，今收入本书乃略有改动。

[1] 参见全国人民代表大会常务委员会法制工作委员会编：《中华人民共和国物权法释义》，法律出版社 2007 年版，第 439 页以下。

二、债权罹于消灭时效后担保物权效力的比较法规定、学理及实务

对于（主）债权的消灭时效经过后担保物权的效力，近现代及当代比较民法立法成例与学理多有涉及或关注。其中，德国法、瑞士法、日本法、韩国法、英国法及我国台湾地区"法"对抵押权担保的（主）债权罹于消灭时效后抵押权的效力所作的规定最为明确（当然，这些国家和地区法也有涉及对质权、留置权的明文规定的）。如下即考量、分析、归纳这些国家和地区在此问题上的基本规定，并探究其学理与实务的解释立场与实际做法。

按照德国现今的学理通说，由于时效完成后，被担保的债权并未消灭，故此担保物权也应继续存在，债权人不仅可以保有债务人所为的给付，而且可以实行其担保物权。[1]惟依照《德国民法典》的规定，得依公示催告程序而于一定的时间经过后，使担保物权被确定（宣示）为无效。其第 1170 条第 1 项规定："不能确知孰为债权人时，若在土地登记簿上关于抵押权的最后登记已经过 10 年，而债权人的权利于此期间内并未依第 212 条第 1 项第 1 款规定关于时效中断的方法，经所有人予以承认者，该项债权得依公示催告程序，加以排除。债权定有支付期间者，于支付日届至后，期限开始进行。所有人因除权判决的宣告，取得抵押权。交付于债权人的抵押权证券，失其效力。"根据解释，《德国民法典》的该条规定系针对债权人不明（含因抵押权担保的债权的请求权罹于消灭时效）时，得透过公示催告程序（Aufgebotsverfahren）而使抵押权被除斥（Ausschluss），抵押物所有人（抵押权设定人）得由此而取得抵押权（所有人土地债务）而设（置）的特殊规定。[2]具体而言，于债权人不明的情形，抵押权自登记的最后时间起经过 10 年，且土地所有人（不动产所有人）于此 10 年期间内未曾实施《德国民法

---

[1]　Vgl. MüKoBGB/Grothe，7. Aufl. 2015，§ 216，Rn. 1.；参见郑冠宇：《民法总则》（第 4 版），新学林出版股份有限公司 2017 年版，第 602 页注释 101。

[2]　参见陈华彬："论所有人抵押权——基于对德国法和瑞士法的分析"，载《现代法学》2014 年第 5 期，第 42 页。

典》第212条第1项第1款明定的中断时效的诸种行为，由此使债权人的抵押权足以表明不被认可（承认）的，即可除却（消灭）债权人的抵押权，而其途径或方法即是前述公示催告程序。[1] 另外，《德国民法典》第1171条第1项还规定抵押权得因提存而排除（消灭）。[2] 根据其规定，于债权人不明的场合，土地所有人（不动产所有人）既有向债权人为清偿的权利或为通知的权利，也曾提存债权人的债权金额且表示放弃（抛弃）取回权的，即可无须符合（满足）《德国民法典》第1170条第1项所定的经过10年的条件，而将债权人的抵押权透过公示催告程序予以排除（消灭）。易言之，只要符合（满足）《德国民法典》第1171条第1项所明定的要件，即便未经过第1170条第1项所定的10年期间，土地所有人（不动产所有人）也可将抵押权除斥（消灭），此时被除斥（消灭）的抵押权作为土地债务而归土地所有人（不动产所有人）享有，谓为所有人土地债务。[3] 一言以蔽之，在德国法上，担保物权中的抵押权得发生消灭或被除斥，其方法、途径或手段即是公示催告程序。

值得注意的是，对于质权担保的债权罹于消灭时效后质权的效力，《德国民法典》原第223条第1项曾明定，此时权利人仍得就变卖担保标的物所得的价金受清偿。[4] 此源自于罗马法的规定的旨趣在于，（动产）质权担保的债权即使罹于消灭时效，动产质权的"物的责任"（sachhaftung）仍应继续存在。另外，《德国

1　参见［日］松井宏兴：《抵押制度的基础理论》，法律文化社1997年版，第122页。

2　《德国民法典》第1171条规定："所有人对债权人有为清偿或为终止预告之权利，且将其债权金额为债权人而提存，并抛弃其取回权者，亦得对不能确知之债权人，依公示催告程序，将其权利予以排除。利率已登记于土地登记簿者，始有提存利息之必要；较除权判决宣告时以前第四历年更早时期之利息，无须提存。债权人受除权判决之宣告者，视为已受清偿。但依关于提存之规定，其清偿已先于宣告而为之者，不在此限。交付于债权人之抵押权证券，失其效力。债权人对于提存金额之权利，自除权判决宣告后经过30年而消灭。但债权人预先向提存所申报其权利者，不在此限；提存人虽抛弃其取回权，仍得为取回。"对此，请参见台湾大学法律学院、财团法人台大法学基金会编译：《德国民法（总则编、债编、物权编）》（上册，第2版），元照出版有限公司2016年版，第1019—1020页。

3　参见［日］松井宏兴：《抵押制度的基础理论》，法律文化社1997年版，第122页。

4　参见台湾大学法律学研究所编译：《德国民法》（条文），1965年印行，第236页。不过，《德国民法典》第219条至225条现今已被废止。

民法典》原第 223 条第 1 项虽适用于依契约而设定的质权（约定质权），但对于是否适用于法定质权——"使用出租人的质权""用益出租人的质权"及"承揽人的质权"，则有肯定与否定两说，通说采肯定说。[1] 不过，通说认为，该规定不得适用于预告登记。之所以如此，盖因《德国民法典》第 886 条规定："因预告登记而其土地或权利受影响之人，取得抗辩权，足以永久排除因预告登记而受保全之请求权之行使者，得请求债权人除去其预告登记。"[2]

此外，还有必要提及德国民法中被担保债权的消灭时效与留置权的关系。按照规定，德国民法的留置权本旨上乃系为债权的一种特别效力，也就是说，其特性上乃是一种债权的留置权。虽然并非双务契约，但若两个债权间具有特定的牵连关系，且相对人的债务已届清偿期，也可拒绝给付。[3] 对于留置权担保的债权罹于消灭时效后，留置权人得否行使留置权，其学理本于《德国民法典》原第 223 条第 1 项的立法旨趣，系采可以行使的肯定立场。[4] 譬如基于修理机动车而生的报酬请求权，于消灭时效完成后，债权人（留置权人）仍可拍卖留置的机动车，进而就拍卖所得的价金清偿自己的债权。另外，德国的"宫廷裁判所"（Kammergericht）于 1913 年 12 月 15 日的判决中也采取了此立场。[5]

值得指出的是，作为德国的邻邦的瑞士，其过往的立法（规定）与现今的学理，也认可担保物权中的抵押权得依公示催告程序而被宣示或确定为无效。《瑞士民法典》原第 871 条规定："债务证券或地租证券之债权人所在不明已达十年，且在此期间未为给付利息之请求者，设定抵押之土地所有人，得请求法院依关于失踪宣告之规定，以公告方式催告债权人为申报。债权人未为申报，且

1　参见［日］林锡璋：《债权与担保》，法律文化社 1997 年版，第 60 页。

2　参见［日］於保不二雄著，高木多喜男补遗：《德国民法Ⅲ》（物权法），有斐阁 1955 年版，第 52 页以下。

3　参见《德国民法典》第 273 条、第 274 条。

4　参见［日］於保不二雄著，高木多喜男补遗：《德国民法Ⅲ》（物权法），有斐阁 1955 年版，第 95 页。

5　KG. v. 15 Dez. 1913 Rspr. 28. 50. 转引自［日］林锡璋：《债权与担保》，法律文化社 1997 年版，第 62 页。

经调查而确知债权显已不复存在者，抵押证券得由法院宣告为无效，并回复其担保之空位。"[1] 该条规定尽管依瑞士 2009 年 12 月 11 日的联邦法律（登记式抵押证券和物权法的其他修正，Register Schuldbrief und weitere Änderungen im Sachenrecht）已被废止，自 2012 年 1 月 1 日起失效，[2] 但曾支撑该条文规定的法理与学理迄今并未发生动摇或变化。换言之，抵押权得依公示催告程序而被宣示或确定为无效，乃系当今瑞士民法的一项基本或共通认识。此点乃系明确、肯定的。[3]

在东方的日本，根据其学理通说，抵押权担保的债权罹于消灭时效后，抵押权也随之消灭。不过，此所称"消灭"，立基于对《日本民法》第 396 条的解释，系指抵押权不能与担保债权分离而单独因消灭时效的经过而消灭；[4] 对于质权担保的债权消灭时效经过后质权本身的效力，通说认为，此时质权也发生消灭，[5] 进而质权的设定人（债务人或第三人）得请求返还标的物。至于被担保债权罹于消灭时效后留置权的效力，因该民法（典）将留置权明定为一种独立的法定担保物权，[6] 其主要功用系在于确保留置权人的债权获得清偿，[7] 故此，本于对《日本民法》第 300 条"留置权的行使，不妨碍债权消灭时效的进行"的解释，实务中认可债权罹于消灭时效后留置权得发生消灭的判例，迄今尚无。[8]

于同属于东方国家的韩国，根据其民法典的规定，抵押权也系得因（主）债权消灭时效的完成而发生消灭。具体而言，其第 369 条规定："抵押权所担保的债

---

[1]　参见台湾大学法律学研究所编译：《瑞士民法》，1967 年印行，第 342 页。另外，关于《瑞士民法典》所定的与德国法所有人抵押权类似的空位（空白）担保位置制度，请参见陈华彬："瑞士不动产担保权制度研究"，载《环球法律评论》2009 年第 4 期，第 49 页以下，及陈华彬："论所有人抵押权——基于对德国法和瑞士法的分析"，载《现代法学》2014 年第 5 期，第 43 页以下。

[2]　参见戴永盛译：《瑞士民法典》，中国政法大学出版社 2016 年版，第 303 页注释 1。

[3]　参见陈华彬：《物权法研究》，金桥文化出版（香港）有限公司 2001 年版，第 576 页以下；陈华彬：《物权法要义》，中国政法大学出版社 2018 年版，第 454 页以下。

[4]　参见［日］我妻荣：《新订担保物权法》，岩波书店 1973 年版，第 422 页。

[5]　参见［日］林良平编集：《注释民法》(8)，有斐阁 1968 年版，第 248 页。

[6]　《日本民法》第 295 条第 1 项规定："他人之物的占有人，享有其物上所生的债权时，在其债权得到清偿以前，可以留置其物。但其债权未届清偿期时，不在此限。"

[7]　参见［日］林锡璋：《债权与担保》，法律文化社 1997 年版，第 68 页。

[8]　参见［日］林锡璋：《债权与担保》，法律文化社 1997 年版，第 69 页以下。

权，因时效完成及其他事由而消灭的，抵押权也消灭。"[1]究其溯源，该条规定与其他一些规定一样，乃系由来有自，即系受到《日本民法》影响的结果。另外，对于留置权，该民法典第 326 条明定消灭时效的完成并不影响留置权人行使留置权，亦即（主）债权的消灭时效经过后，留置权并不发生消灭。[2]至于质权担保的债权罹于消灭时效后该质权是否归于消灭，尽管该法典未予明确，但根据对第335 条"留置效力"规定的解释，质权并不发生消灭。[3]

在英美法系的英国，其早期的普通法曾存在即使因时间的经过致权利消灭，法院也不得拒绝当事人提起的诉讼的情况。这样既会导致权利人无论什么时候皆可行使权利，也会致对方于永久的不安定状态。故此，自 17 世纪以降，英国乃制定《出诉期限法》（Statutes of Limitations），1939 年复制定《诉讼时效法》（Limi-tation Act）。根据此等法律的规定，即使长期不行使权利，其所消灭的也仅系依诉讼而实现权利的途径，而权利本身并不消灭。[4]

于英国的担保权系统中，让与抵押占据重要地位。惟应指出的是，英国法的让与抵押系债权人不占有抵押物的让与抵押，譬如"衡平法上的负担"（equitable charges），即是由债务人占有标的物的让与抵押，其大体相当于大陆法系物权法中的抵押权（hypotecation）。[5]至布兰克通（BlackTon）时代，让与抵押乃依"附

---

1 参见崔吉子译：《韩国最新民法典》，北京大学出版社 2010 年版，第 181 页。

2 参见崔吉子译：《韩国最新民法典》，北京大学出版社 2010 年版，第 176 页。

3 《韩国民法典》第 335 条规定："质权人在（前款）债权获得清偿之前，可以留置质物。但不得对抗对质物享有优先受偿权的债权人。"

4 惟作为其例外，1833 年的英国《不动产出诉期限法》（Real Property Limitation Act）第 34 条规定："关于土地的权利，权利本身消灭。"《出诉期限法》（Limitation Act 1939）第 16 规定：土地和动产，如其返还请求权罹于出诉期限，则土地和动产的权利消灭。另外，于英国法上，尽管也有取得时效（prescription）制度，但其仅适用于"无体继承财产"（incorporeal hereditament）与同种的权利，而不适用于土地及其他"有体继承不动产"（corporeal hereditament）。对此，请参见［日］矢头敏也："英国的出诉期限法"，载《比较法研究》第 22 号，第 6 页以下；［日］林锡璋：《债权与担保》，法律文化社 1997 年版，第 12 页。

5 英国法的让与抵押权乃与留置权相同，也涵括移转标的物的占有的让与抵押权，与非移转标的物的占有的让与抵押权两种。抵押权一语，源自于罗马法，相当于不移转占有的衡平法上的留置权（equitable lien）与衡平法上的负担（equitable charges）。

条件的权利让与证书"（deed upon condition）而设定，称为"附解除条件的不动产让与"。若债务的履行期届满而仍不清偿，不动产的权利由最初的附条件的移转，转变为现实地移转于抵押权人，且尚未履行的债务也不消灭，如此乃对债务人不啻过苛。于是乃采取衡平法的救济手段。让与抵押的法律构成因此演变为：并非出让不动产的权利，而系单纯地为担保金钱债务的清偿提供的担保。[1] 另外，对于债权罹于消灭时效（出诉期限）后质权的效力，如前述，根据英国《出诉期限法》，仅诉权消灭，而债权人对质物享有的质权则不受影响。于债权受清偿前，债权人无须返还质物。[2] 最后，对于债权罹于消灭时效（出诉期限）后留置权是否因此而受影响，艾尔登勋爵（Lord Eldon）于 Spear 诉 Hartley 一案中明示：债权人的请求权即使罹于出诉期限，但若债权人取得动产的占有，且于该物上有"一般的余额债务"的留置权，即得根据该留置权，而为自己的利益占有该动产。[3] 此外，根据英国实务，请求支付律师费用的权利罹于出诉期限（消灭时效）后，尽管不能经由诉讼而获清偿，但对委托人（客户）的文件享有留置权。还有，获胜诉判决的原告的律师于 6 年的出诉期限内不对委托人请求支付律师费用的，该律师费用因由判决上对胜诉的诉讼物的留置权而予担保，故可透过由执行官强制执行被告的动产而卖得的价金受债权（律师费用）的清偿。[4]

于我国台湾地区，其"民法"第 145 条规定："以抵押权、质权或留置权担保之请求权，虽经时效消灭，债权人仍得就其抵押物、质物或留置物取偿。前项规定，于利息及其他定期给付之各期给付请求权，经时效消灭者，不适用

---

1 See G. C. Cheshire, The Mordern Law of Real Property, 10th. ed., 1967, 第 567 页；参见 [日] 海原文雄："让与抵押的历史考察"，载《法文论丛》第 5 号（1953 年），第 20 页；[日] 海原文雄："让与抵押取回权的再考"，载《金泽法学》第 7 卷第 2 号，第 166 页。

2 参见 [日] 林锡璋：《债权与担保》，法律文化社 1997 年版，第 17 页。

3 转引自 [日] 林锡璋：《债权与担保》，法律文化社 1997 年版，第 15 页。

4 Higgins v. Scott（1831）2Band Ad. 413. 转引自 [日] 林锡璋：《债权与担保》，法律文化社 1997 年版，第 15 页。

之。"[1] 究其渊源，该条规定系由前述《德国民法典》原第 223 条而化出。[2] 据此规定，譬如抵押权所担保的债权罹于消灭时效，抵押权人仍得实行其抵押权，申请法院拍卖抵押物，就其卖得价金而供清偿。惟该"民法"第 880 条复规定，抵押权担保的债权罹于消灭时效后，又经过 5 年间不行使抵押权的，抵押权消灭。[3] 应值指出的是，此规定仅适用于抵押权，而对质权与留置权并不准用，且此 5 年期间为抵押权的存续期间，其特性上为除斥期间而非消灭时效。另外，根据学理解释，债务人于消灭时效完成后承认债务的，由于仅得解为抛弃消灭时效完成利益，消灭时效不因而重新计算，故该债权若有抵押权担保的，该抵押权仍应于消灭时效完成后经过 5 年而消灭，其结果与债务人是否抛弃消灭时效利益无关。最后，根据我国台湾地区学理，该规定对于保证也不适用，于保证债务罹于时效后，即使主债务人抛弃消灭时效抗辩，保证人仍得主张之，故而保证债权得适用我国台湾地区"民法"第 146 条的规定[4]。[5]

1　关于此规定的"立法理由书"谓："谨按以抵押权、质权或留置权担保之请求权，虽经时效消灭，债权人仍得就其抵押物、质物或留置物取偿。盖对人的请求权，虽已消灭，而对于物上担保，则仍未消灭，故得行使权利也。惟对于利息及其他定期给付之各期给付请求权，苟其时效已经消灭，则不得适用在担保物上行使权利之规定。盖以此种债权，本可从速请求履行，不应使经久而不确定。"对此，请参见陶百川等编纂：《最新综合六法全书》，三民书局 1986 年版，第 124 页。

2　亦即，我国台湾地区"民法"该条规定系继受《德国民法典》原第 223 条（该条现今已被废止）而来。惟所谓"继受"，并非指全部继受，而系仅继受该条第 1 项、第 3 项。《德国民法典》原第 223 条第 2 项规定："为担保请求权而让与权利者，不得以请求权已罹于消灭时效为由，请求返还。"此所谓以"担保请求权而让与权利"，典型者如信托的让与（fiduziarische Rechtsubertragung，让与担保权），采让与担保的方式担保债权的，让与担保权与请求权的消灭时效无关。考诸我国台湾地区"民法"之所以未继受《德国民法典》原第 223 条第 2 项的规定，其端的因由在于，该"法"制定之时，其社会生活中尚未出现以让与权利的方式来担保债权的需要。关于此，请参见陈华彬：《物权法研究》，金桥文化出版（香港）有限公司 2001 年版，第 626 页；陈华彬：《物权法要义》，中国政法大学出版社 2018 年版，第 488 页及该页注释 1。

3　关于此规定的"立法理由书"谓："谨按抵押权为物权，本不因时效而消灭。惟以抵押权担保之债权已因时效而消灭，而抵押权人于消灭时效完成后，又复经过五年不实行其抵押权，则不能使权利状态永不确定，应使抵押权归于消灭，以保持社会之秩序。"对此，请参见陶百川等编纂：《最新综合六法全书》，三民书局 1986 年版，第 246 页。

4　我国台湾地区"民法"第 146 条规定："主权利因时效消灭者，其效力及于从权利。但法律有特别规定者，不在此限。"

5　参见郑冠宇：《民法总则》（第 4 版），新学林出版股份有限公司 2017 年版，第 602—603 页。

以上各国家和地区对于债权罹于消灭时效后担保物权的效力的（立法）规定、学理乃至实务做法，应可反映近现代及当代大陆法系与英美法系民法在此问题上的基本概貌。由以上考量、分析，可知各国家和地区多认为抵押权系不占有标的物的物权，故而不应使其长期存续而使抵押人的利益受到损害，由此要么径以抵押权因公示催告程序而消灭（排除），要么因除斥期间的经过而消灭。至于质权与留置权担保的债权罹于消灭时效后，质权或留置权本身是否还继续存在，各国家和地区也多采肯定立场。也就是说，质权人或留置权人此时为使自己的债权受清偿可经由变卖质物或留置物所得的价金而获实现。

三、对我国《物权法》第 202 条的评析与我国编纂民法典物权编宜采取的基本立场

对于（主）债权罹于消灭时效后担保物权的效力，如前述，我国《物权法》仅就（主）债权罹于消灭时效后抵押权的效力问题设有规定（第 202 条）。根据其规定，（主）债权罹于消灭时效后，抵押权人（债权人）主张抵押权的，人民法院即不予支持，也就是原抵押权人（债权人）不能复依抵押权而透过拍卖抵押物所得的价金受自己债权的清偿。[1] 此种（规定）立场自比较物权法的视角看，应系主要与前述日本[2]、韩国的立法规定相同，而迥异于德国、瑞士及我国台湾

---

[1]　值得注意的是，本条起草过程中比较一致的意见是应当规定抵押权的存续期间，但就如何规定抵押权的存续期间，存在四种不同意见：第一种意见认为，抵押权所担保的债权的诉讼时效期间届满后，抵押权人于 2 年内不行使抵押权的，抵押权应当消灭；第二种意见认为，担保物权因其担保的主债权期间届满后 4 年内不行使而消灭；第三种意见认为，应当于担保物权一般规定一章中规定，主债权消灭时效期间届满未行使担保物权的，担保物权消灭；第四种意见认为，抵押权人应当于主债权消灭时效期间行使抵押权，未行使的，人民法院不予保护。最终通过的《物权法》采纳了第四种意见。关于此，请参见全国人民代表大会常务委员会法制工作委员会编：《中华人民共和国物权法释义》，法律出版社 2007 年版，第 439—440 页。

[2]　应指出的是，日本学理认为，对于债务人与设定抵押权以外的人，抵押权因时效而消灭的规定（《日本民法》第 396 条反面解释），因致抵押权的效力薄弱，故而并非妥当之举。对此，请参见[日] 柚木馨编集：《注释民法》(9)，有斐阁 1982 年版，第 234 页；姚瑞光：《民法物权论》，吉锋彩色印刷股份有限公司 2011 年版，第 298—299 页之注释。

地区的规定。笔者认为，我国采日本、韩国主权利（主债权）与从权利（抵押权）之从属性法理与规则作为立法规定的支撑基础，乃系有失偏颇。换言之，仅根据主权利消灭，从权利也随之不存在的法理与规则乃系难以证立（主）债权罹于消灭时效后抵押权也不受保护的规定的。之所以如此，盖因一方面，消灭时效的客体为债权请求权，抵押权为物权，其并非消灭时效的对象。也就是说，因我国系从德国与瑞士立法例，仅以（债权）请求权为消灭时效的客体（对象），而担保物权并非消灭时效的对象；[1] 另一方面，抵押权作为权利人（抵押权人）支配特定物的权利，只要该特定物（抵押物）未消灭，抵押权即不应归于消灭。[2] 不过，若抵押权人（债权人）长久不实行自己的抵押权，则有害于抵押人的利益，此对抵押人实为不利。故而，立基于抵押权作为物权的基本法理与抵押人利益的衡平考量，对前文所述我国台湾地区"法"明定抵押权于主债权的消灭时效经过后的一定（5 年）除斥期间内得发生消灭的规定，[3] 即应给予肯定性评价并由此值得借镜。[4]

值得指出的是，《担保法解释》原第 12 条第 2 款规定，主债权的消灭时效经过后，抵押权人可于 2 年期间内主张实行抵押权。此规定与我国台湾地区"法"——的规定相契合，故而应值赞同。有鉴于此，建议我国正在进行的民法典物权编的编纂，更易《物权法》第 202 条的规定，而回归至《担保法解释》原第 12 条第 2 款。[5]

应值提及的是，以上《担保法解释》原第 12 条第 2 款所定的 2 年期间系为除

1　参见姚瑞光：《民法物权论》，吉锋彩色印刷股份有限公司 2011 年版，第 298—299 页之注释。

2　参见姚瑞光：《民法物权论》，吉锋彩色印刷股份有限公司 2011 年版，第 297 页。

3　应值提及的是，对于我国台湾地区"民法"第 880 条所定的抵押权于消灭时效完成后，原抵押权人（债权人）5 年间不实行其抵押权的，其抵押权消灭的规定，学者姚瑞光认为，此乃系该"民法"首创物权得因除斥期间经过而消灭的立法例。对此，请参见姚瑞光：《民法物权论》，吉锋彩色印刷股份有限公司 2011 年版，第 298—299 页之注释。

4　值得提及的是，罗马法也曾规定：于债务人占有抵押不动产时，即使债权的 30 年时效期间完成，也不得剥夺债权人的抵押权，而自时效完成时起复经过 10 年，抵押权方才消灭。对此，请参见陈华彬：《物权法研究》，金桥文化出版（香港）有限公司 2001 年版，第 618 页。

5　参见陈华彬："我国民法典物权编立法研究"，载《政法论坛》2017 年第 5 期，第 39 页。

斥期间，而非消灭时效。[1]譬如抵押权人甲的债权清偿期于 2017 年 12 月 5 日届至，于 2020 年 12 月 5 日该债权虽然罹于时效而消灭，但在 2022 年 12 月 5 日前，甲仍可向法院申请实行抵押权，就该债权而受清偿。[2]另外，抵押权因除斥期间的经过而归于消灭，乃系因法定事由而引起的物权变动，故而无须登记即生效力。惟该抵押权登记的注销，因涉及当事人的权利义务，故非抵押人单独申请抵押权注销登记即可，而是应有原抵押权人的配合。[3]最后，根据法理与学理，请求权已罹于消灭时效，债务人仍实施给付的，不得以不知消灭时效的经过为由而请求返还。而且，以合同认可该债务或提供担保的，也系与此相同。[4]抵押权的设定具有此等情形时，因属抛弃（放弃）时效利益的意思表示，且时效利益一经抛弃（放弃）即恢复消灭时效完成前的状态，此时该抵押权所担保债权的消灭时效重新起算，故而也应适用前述《担保法解释》的规定。[5]

四、我国编纂民法典物权编对质权、留置权担保的债权罹于消灭时效后的效力应采取的立场

我国《物权法》未对（主）债权罹于消灭时效后质权、留置权的效力设立明文规定。也就是说，对于质权与留置权并无类似前述《物权法》第 202 条的规

---

[1] 应当指出的是，消灭时效有中断或不完成的问题，除斥期间则否。也就是说，若权利人未于除斥期间经过前行使其权利，待期间经过，权利即归消灭。《担保法解释》原第 12 条第 2 款的 2 年期间，系除斥期间，若抵押权人于起诉后未行使其抵押权，则其除斥期间仍在继续进行中，不因已起诉或案件仍在法院审理中而中断进行。对此，请参见蔡明诚："因除斥期间经过而抵押权消灭的问题"，载《台湾法学杂志》1999 年总第 2 期，第 107 页；谢在全：《民法物权论》（下），新学林出版股份有限公司 2014 年版，第 336 页注释 2。

[2] 参见郑冠宇：《民法总则》（第 4 版），新学林出版股份有限公司 2017 年版，第 603 页。

[3] 应当注意的是，于超过《担保法解释》原第 12 条第 2 款所定的 2 年期间后，抵押权即归于消灭，若该抵押权人死亡，其继承人不仅无继承其抵押权之可言，且负有注销抵押权登记的义务。故而，抵押人以抵押权人的继承人为被告诉请注销抵押权登记的，该抵押权既已消灭，自无须先办理抵押权继承登记，方可准许注销登记。对此，请参见谢在全：《民法物权论》（下），新学林出版股份有限公司 2014 年版，第 334—336 页注释 6。

[4] 请参见我国台湾地区"民法"第 144 条第 2 项。

[5] 参见谢在全：《民法物权论》（下），新学林出版股份有限公司 2014 年版，第 334—335 页。

定，故此，即使它们担保的债权罹于消灭时效，债权人仍得就质物或留置物取偿。之所以如此，盖因学理通常认为，此等情形，债权人由于占有担保的动产，信赖担保物的现实存在而未能及时行使权利，若担保物权也因此消灭，则对债权人（质权人、留置权人）未免过于苛刻。[1]另外，根据前文对此问题的比较法考量，可知于质权、留置权担保的债权罹于消灭时效后，多数国家和地区的立法、学理及实务也认为，质权与留置权并不消灭，而是继续存在。如前述，比较法的此种立场自传统物权法关于（担保）物权效力的基本法理与消灭时效的客体主要系（债权）请求权等视角看乃并无不当。然而，在现今，于（主）债权罹于消灭时效后质权、留置权永久存续是否恰当，以及其与现今民间私人间的借贷的现实是否相符，乃实值审视与深思。[2]盖（主）债权的消灭时效经过后，质权、留置权永久存续而不消灭，实乃对作为债权人的质权人或留置权人保护得过头了。[3]

笔者认为，自敦促债权人（质权人、留置权人）尽速行使权利及不使质押人与债务人的物（动产）上永久存在他人的权利，由此造成对其不利，并为防止债权人（质权人、留置权人）于权利上"睡眠"，应对主债权罹于消灭时效后质权、留置权的行使期限设立与前述抵押权的情形类似的除斥期间，只不过因质权人、留置权人系直接占有质物或留置物，其较并不直接占有抵押物的抵押权人于法律效力上更强，故而于（主）债权的消灭时效经过后，较之前述抵押权情形的2年除斥期间，质权人与留置权人得行使质权或留置权的除斥期间应当更长，似以确定为3年至5年为宜。也就是说，于质权、留置权担保的债权罹于消灭时效后，可确定3年至5年的期间而使债权人透过变卖质物或留置物所得价金而受自己债权的清偿。此3年至5年的期间，其性质上也为除斥期间，而非消灭时效。

1　参见郑冠宇：《民法总则》（第4版），新学林出版股份有限公司2017年版，第603页注释102。

2　关于此的类似观点，也请参见郑冠宇：《民法总则》（第4版），新学林出版股份有限公司2017年版，第603页注释102。

3　参见陈华彬：《物权法研究》，金桥文化出版（香港）有限公司2001年版，第629页注释1；陈华彬：《物权法要义》，中国政法大学出版社2018年版，第490页。

五、结语

债权罹于消灭时效后原担保债权本身得以实现的担保物权的效力如何，乃系自罗马法时代即已发端，之后经欧陆中世纪、近代、现代乃至于当代的嬗变与发展，成为现今大陆法系与英美法系民法上的一项具有重要学理与实务价值和意义的制度或规则。在我国，如前述，1929—1930 年国民政府制定的《中华民国民法》于第 145 条第 1 项和第 880 条对此作有规定。1949 年新中国成立后，尤其是1995 年《担保法》颁行后，为解决实务中的此一问题，最高人民法院于《担保法解释》（原第 12 条第 2 款）中，针对债权罹于消灭时效后抵押权的效力问题作了规定。再往后，乃是 2007 年《物权法》第 202 条复对债权罹于消灭时效后抵押权的效力做出规定。惟《物权法》的此规定，一方面，其仅涉及担保物权中的抵押权，另一方面，其规定的内容实乃与《担保法解释》对于债权罹于消灭时效后抵押权的效力的规定并不相同，或者直可以说，乃系大步后退了。故此，于现今我国编纂民法典物权编和百年一遇的"民法典时刻"的大背景下，对此种立场的变化或者说对此问题重新予以审思、检视，无疑是妥洽的、必要的。

尤其值得指出的是，担保物权系担保债权实现的制度，于现今大陆法系与英美法系的民商事立法上，其主要涵括抵押权、质权及留置权，我国《物权法》也主要就此三种担保物权类型定有明文。有鉴于我国现今实务中不断有（主）债权罹于消灭时效后，担保它的抵押权、质权或留置权是否仍有效力的问题不时困扰法院审判实务，[1]且如前述，特别有鉴于此问题于学理及现今民法典物权编编纂中的重要性与积极价值，对其展开积极研究与讨论尤具立法、学理及实务运用上的

---

[1] 譬如笔者近年来即不时接到四川省高级人民法院等在审判实务中提出的咨询意见，询问应当如何理解《物权法》第 202 条的规定等。盖对应当如何理解该条规定，审判实务中法官存在不同意见。采取何种意见乃攸关抵押权人等担保物权人或抵押人、质押人抑或债务人的利益甚大，故而不得不审慎。

价值与功用。[1]

综据前文的研究，我们看到，晚近各国家和地区对于（主）债权罹于消灭时效后担保物权的效力与当代即现今民法（尤其是我国民法）对此问题的理解或回答应有所不同，有所差异。在现今，鉴于新时代社会生活的复杂性与不断变化性，对于质权、留置权担保的债权罹于消灭时效后，质权、留置权本身的效力即宜加以限制，而并非绝对永久存续，如此，质权设定人、债务人与质权人、留置权人的利益方称平衡，并可与现今时时变化的社会关系相契合。至于抵押权，如前述，德国、瑞士定有其得因公示催告程序而罹于消灭的规定，尤其是我国台湾地区定有其得因除斥期间的经过而消灭的明文。故此，我国《担保法解释》原第12条第2款的类似规定值得赞同，且应认为系一项先进的立法。于现今正在编纂的民法典物权编中，如前述，我国宜更易《物权法》第202条的规定，而回归至《担保法解释》原第12条第2款。至于质权、留置权，本于前述因由，我国也宜为其于（主）债权罹于消灭时效后设定3年至5年的除斥期间，以平衡债权人（质权人、留置权人）与质权设定人或债务人之间的利害关系，实现当事人之间的利益衡平。笔者期冀此等主张或建议能为我国正在编纂的民法典物权编与法院审判或民间实务所吸纳、采取或重视，如此，则幸甚。

1　对此问题的较早讨论与研究，请参见陈华彬：《物权法研究》，金桥文化出版（香港）有限公司2001年版，第599页以下，尤其是第625页以下。

瑞士不动产担保权制度 [*]

一、引言

我国在一个相当长的时期实行计划经济体制，不存在真正的市场，因而也不存在市场风险。担保法，尤其是不动产担保法，作为化解市场风险的法律手段，也就无存在的必要。1992 年，我国选择社会主义市场经济体制作为改革的目标模式，市场交易的风险因此发生，制定统一的不动产担保法的必要性于是应运而生。适应发展市场经济的要求，以 1986 年《民法通则》关于担保法的规定为基础，1995 年颁行《担保法》，逐步建立了符合市场经济客观规律的关于保证、抵押权、质权和留置权的担保系统。惟因这些法律的规定过分简略，且有些规定相互龃龉、彼此矛盾，使它们不能发挥其应有的功能。1998 年以后，随着我国经济体制改革的深入发展与建立法治国家的客观要求，立法机关、法律实务界和法学界对于涵括担保法在内的物权法于当代市场经济中的重要功用有了更深刻的认识，于是决定制定物权法。至 2007 年 3 月 16 日终于通过了《物权法》。于《担保法》的基础上，该法建立起了我国比较完善的以抵押权为中心的担保物权系统。然这一担保物权体系尤其是其中的抵押权于特性上属于保全抵押权，异于瑞士等先进、成熟国家的流通抵押权。

瑞士为当代大陆法系之一重要国家，于民法传统、法律技术及民法的思维方

＊ 本文曾发表于《环球法律评论》2009 年第 4 期，今收入本书乃有改动、增补。

式上皆属于大陆法系中的德意志法系。1907 年 12 月 10 日，瑞士颁布民法典，开创 20 世纪民法法典化运动的先河，对于接踵而至的各国民法法典化运动产生了至深且巨的影响。影响所及，使现今从事民法典编纂的国家仍纷纷以之为蓝本而编纂自己的民法典。该法典关于不动产担保权的规定虽与《德国民法典》的不动产担保权制度有相类之处，但更有自己的特色。譬如，其不采《德国民法典》把土地债务分为"普通土地债务"与"定期土地债务"的做法，而是把地租证券分为"一般地租证券"与"定期地租证券"。另外，《瑞士民法典》关于不动产担保权的规定也不像《德国民法典》那样纷繁复杂、盘根错节以至扑朔迷离，使人难以把握和理解。其关于不动产担保权的规定，仅有地租证券、抵押债务证券及登记担保权三种，且立法对此三种不动产担保权的内容的规定也清晰、明了，此点同样体现了《瑞士民法典》于立法风格上的典雅和明晰的特征。

本文拟首先考察瑞士不动产担保权的源起与确立，其次考量 1907 年《瑞士民法典》对于当时林林总总、斑驳陆离的不动产担保权形态进行统一及希冀由此达成的目标，接下来考疏《瑞士民法典》对于不动产担保权的规定及其特色，最后考量瑞士不动产担保权制度对于完善、发展我国不动产担保权制度所具有的借镜、参考价值。

二、瑞士不动产担保权的源起与确立 [1]

（一）地租证券（Gült）

1. 源起

地租证券，即地租证券权利人（Gültherr，投资人）交付给土地所有人一定数额的金钱（称为"买卖价金"），作为回报，其得由土地所有人的土地受一定数

---

[1] 本部分主要依据、参考［日］松井宏兴：《抵押制度的基础理论》，法律文化社 1997 年版，第 67 页以下。另外，也参考了［日］柚木馨、高木多喜男：《担保物权法》，有斐阁 1982 年版，第 192 页以下；［日］松仓耕作："瑞士民法典的统一及其特色"，载《名城法学》第 23 卷第 2 号，第 123 页以下。

额的地租（Zins）的给付，从而对于土地所有人的土地，地租证券权利人（投资人）即在其上设定了一项"物上负担"或"土地负担"（Real-oder Grundlast）。[1]土地所有人，称为地租证券债务人，其仅以设定地租证券的土地承担责任。

据考证，地租证券的源头最早可以追溯到中世纪时期的定期金买卖（Rentenkauf）。依中世纪的定期金买卖，投资人交付给土地所有人的金钱称为原本，其每次由土地所有人的土地取得的地租，则相当于原本的利息。因而，投资人实际上是通过向土地所有人提供一定数额的金钱而"买取""定期金"（利息），故称为定期金买卖。正因如此，投资人又被称为"买主"，土地所有人又被谓为"卖主"。[2]于土地所有人不按期给付地租时，投资人可以支配设定了地租的土地。惟作为"卖主"的土地所有人，则仅以设定地租的土地对投资人承担责任，此外的其他财产不属责任财产的范围。投资人与土地所有人订立的定期金买卖契约，系以终生给付地租为目的，故而契约当事人不得随意解除。亦即，定期金买卖关系中的投资人不得请求返还业已给付的金钱（价金），土地所有人如未获投资人的同意，也不能主动返还所受领的金钱。[3]

此种定期金买卖，自 15 世纪起，性质次第发生了变化。其最初的变化，是承认投资人与土地所有人可以"消灭"他们之间的"债权债务"。亦即，允许双方当事人依清偿（偿还）而"解消"他们之间的权利义务关系，如此就改变了定期金债务的永久性、终生性的"物上负担"的特性。16 世纪肇始以后，定期金债务不仅被解作一种以获得"地租"（利息债权）为目的而设定的"物上负担"（Reallast），而且被认为是土地所有人为获得"金钱"（原本）而设定的"物上负担"。与此同时，土地所有人向投资人给付定期金责任的财产范围，也不仅限于设定定期金债务的土地，而是扩及土地所有人的其他财产。

惟需注意的是，定期金债务的此种变化，并未于瑞士境内普遍发生，而是因

---

1 ［日］松井宏兴：《抵押制度的基础理论》，法律文化社 1997 年版，第 67 页。

2 ［日］石田文次郎：《投资抵押权的研究》，有斐阁 1932 年版，第 140—141 页。

3 ［日］松井宏兴：《抵押制度的基础理论》，法律文化社 1997 年版，第 67 页。

地而异。在瑞士西部地区，因采行德国普通法上的抵押权（gemeinrechtliche Hypothek），故完全排斥之。而以坎顿苏黎世（Kanton Zürich）州为中心的瑞士东部地区，自 16 世纪末期起，便采所谓"新的不动产担保权"。此"新的不动产担保权"，即定期金买卖、新质（neuere Satzung）及普通法上的抵押权。

于苏黎世，定期金债务更获得了广泛的利用。在瑞士中央地区和阿彭泽尔（Appenzell）州，至 1907 年《瑞士民法典》公布前，定期金债务一直被作为不动产担保权采行。[1] 以下即依瑞士中央地区与阿彭泽尔州的定期金债务制度，来释明这一时期瑞士地租证券的主要内容。

2. 地租证券的内容

（1）地租证券与被担保债权的关系

地租证券，依"形式的设定行为"（formaler Errichtungsakt）与不依赖于实体上的债权关系而设定。亦即，存在债权关系，尽管是地租证券的基础，但登记机构（Behörde）无须审查有无债权关系，且也不把基础的债权关系登记于登记簿册（Protokoll）和地租证券（Gülturkunde）上。[2]

（2）地租证券的"偿还"（日文汉字：偿却）

19 世纪肇始以降，瑞士各州的法律大多普遍认可债务人（土地所有人）可以通过"偿还"原本而消灭所负的债务。然问题在于，如果也认可债权人（投资人）有此权利，则债权人需要资金时即请求返还原本，如此就会使作为债务人的土地所有人面临突如其来的返还资金的困难。有鉴于此，最初也就没有认可债权人（投资人）有解除契约的权利。惟日后不久，阿彭泽尔州以外的一些地方，以相当优惠的条件吸引投资，于此种背景下，为了防止本州的资金流向他州，阿彭泽尔州遂率先承认债权人也有解约权。但此外的其他州，仍旧不认可双方当事人皆有自由解约权，而是仅认可于一定条件下有此权利。不过，进入 19 世纪中期以

1　［日］松井宏兴：《抵押制度的基础理论》，法律文化社 1997 年版，第 68 页。

2　［日］松井宏兴：《抵押制度的基础理论》，法律文化社 1997 年版，第 69 页。

后，瑞士相当多的地区认为，债权人与债务人皆有自由解除地租证券的权利。[1]

（3）地租证券的设定与移转

地租证券，依"证券的作成"（Fertigung）和"登记"（Eintragung）而设定。需注意的是，无论"证券的作成"抑或"登记"，皆需由登记机关为之。学理将此两个行为合称为"证券作成行为"（Fertigungsakt）。其中，地租证券文书，最具意义与价值。

通常而言，地租证券文书应记载下列事项：当事人的姓名、原本数额、利息额、给付日期，及作为标的物的不动产已经设定负担的情况。地租证券的设定，须登记于登记簿册。但因登记系依年代顺序为之，其公示（表彰）不动产上的负担并不充分，所以地租证券文书便起着一定程度的公示的功能。当然，打算取得后顺位不动产担保权的人，于不能查阅地租证券文书时，其公示的机能即变得不充分了。[2]

另外，"证券作成行为"，通常始于主管机关对作为标的物的不动产进行鉴定评价之时。依此，可以确保不动产向债权人提供确实的必要的担保，进而维系地租证券的信用。故在一些地区［如伯尔尼（Bern）和卢塞恩（Luzern）］，法律往往要求主管机关于一定期限内就所作的鉴定评价担保其具有正确性、确实性。此外，这种鉴定评价，对于规定了借贷限额的州，也是必要的。譬如于奥布瓦尔登（Obwalden）州，法律规定，借贷的金额原则上不得超过不动产价格的 3/4，超过部分无效。

最后，因地租证券文书对于行使、移转地租证券是不可或缺的，所以它具有有价证券（Wertpapier）的特性。也就是说，地租证券的移转，以证券的交付为之。地租证券债权（Gültforderung）被"化体"为证券，故不采债权让与的方法。

（4）地租证券的顺位

亦即，于同一不动产上存在两个或两个以上的复数地租证券时，各地租证券

1　［日］松井宏兴：《抵押制度的基础理论》，法律文化社 1997 年版，第 69—70 页。

2　［日］松井宏兴：《抵押制度的基础理论》，法律文化社 1997 年版，第 70 页。

受偿的先后顺位。设定复数的地租证券，当初是把设定最初的地租证券时的不动产价值与之后增加的价值相界分，仅以增加的价值为第二个地租证券的标的。此即自一开始便把不动产的价值界分为最初的价值与嗣后增加的价值，使各地租证券仅得及于与别的价值相区别的特定价值之上。惟往后不久，乃抛弃此种自一开始便把不动产的价值加以分割的做法，而使设定的地租证券仅在原本债权额的范围内支配作为标的物的不动产价值，剩余的不动产价值则为别的地租证券所"空出"。另外，所谓观念的担保位置（ideelle Pfandstellen）这一时期也出现了。观念的担保位置，即把分配给最初的地租证券的不动产价值，与分配给嗣后设定的地租证券的价值相区别。[1]

对于先顺位的地租证券因清偿（偿还）而消灭，后顺位的地租证券得否升进，各州的规定未尽一致。于伯尔尼地区，法律规定，债务一经清偿（偿还），地租证券便告消灭，后顺位的地租证券得升进其顺位；在乌里（Uri）州和卢塞恩地区，法律规定，地租证券并不因清偿（偿还）而丧失其效力，且也不得被注销。另外，于阿彭泽尔州的一些地方，法律规定，地租证券纵被注销，后顺位的地租证券也不得升进，可见是采后顺位地租证券不得升进的原则。

地租证券不得升进的原则，此系为了使不动产所有人易于获得新的融资而采行的。此外，也是出于以下考虑：业已于设定担保权时获得了好处的后顺位债权人，现在却因先顺位债权的消灭而升进其顺位，此于情于理皆难谓妥当。另外，此种否定顺位升进的规定也贯彻到了混同（Voreinigung）的情形，即在债权人与债务人的法律地位归属于同一人时，地租证券也不消灭。[2]

既然于某些州和地区，排斥顺位升进原则（Nachrückungsprinzip），而采固定的担保位置（feste Pfandstellen），即顺位固定原则，尔后沿着此一方向出现的进一步变化，乃是允许土地所有人把返还的、载有特定债权人的姓名的地租证券让

1　[日] 松井宏兴：《抵押制度的基础理论》，法律文化社 1997 年版，第 72 页。

2　譬如，于当时的卢塞恩地区，法律便规定：发生混同时，不动产所有人于登记簿册注销定期金债务，只要定期金债务证券不丧失效力，定期金债务即不消灭。对此，请参见 [日] 松井宏兴：《抵押制度的基础理论》，法律文化社 1997 年版，第 75 页注释 27。

与给其他债权人，及允许自始创设不记名的地租证券（Gültbriefe auf den Namen des Inhabers）。如此，在债权关系产生前，土地所有人便可自己保留"担保位置"。于自己保有（占有）地租证券文书时，自己便成为地租证券的权利人，称为对自己的物的地租证券（所有人地租证券，Gült an eigener Sache）。譬如，于阿彭泽尔州的一些地方，便认可此所谓所有人地租证券（Eigentümergült）。但在强制执行（Zwangsvollstreckung）时，则无须顾及土地所有人所保留的、未及利用的空位（空白）担保位置（1eere Pfandstellen），而是使后顺位的地租证券得递升其顺位。

（5）土地所有人与债务人的同一性

在地租证券，债务人原则上须同时为土地的所有人，而不认设定地租证券的土地所有人与其作为债务人的地位可以分离。进而言之，在地租证券，债务人非负"人的责任"，而是仅以土地承担责任，即负所谓"物的责任"。此即，不允许债务人以他人的土地设定地租证券[1]，债务人出让设定了地租证券的土地时，受让人不仅是新的土地所有人，而且在法律上当然成为新的债务人。

（二）抵押债务证券（Schuldbrief）

1. 抵押债务证券的源起与确立

抵押债务证券，是 19 世纪时主要于瑞士东部地区确立与发展起来的制度。特别是在苏黎世，这一制度于布隆奇利（Johann Caspar Bluntschli，1808—1881）起草的《苏黎世私法典》（Privatrechtliche Gesetzbuch）中得到了最完全、最翔实的规定，并作为融通金钱的手段得到了利用。

当时创设抵押债务证券的重要因由，是前文提及的地租证券不能满足投资人的要求，即它把债务人的责任财产的范围仅限定于担保土地本身，而不扩及于此外的其他财产。为了打破此一局限以满足投资人扩大担保财产范围的要求，遂创设抵押债务证券制度。依此制度，债务人就其债务，不独应当承担"物的责任"

1　［日］松井宏兴：《抵押制度的基础理论》，法律文化社 1997 年版，第 78 页。

（即以特定的物承担责任），而且要承担"人的责任"。[1]

2. 抵押债务证券的诸问题

（1）抵押债务证券的设定、移转

与地租证券相同，抵押债务证券，依登记机关的"证券作成行为"而设定。被作成的抵押债务证券，除需记明债权人的姓名与被担保债权外，尚需载明由土地登记簿可以查知的所有的不动产担保权及其他物上负担（dingliche Belastungen）。一些州的法律规定，设定抵押债务证券前，有关机关负有就土地的价格进行鉴定评价的义务，且鉴定评价委员（Schätzungskommission）需于一定时期内对鉴定评价的真实性负责。[2]

经由"证券作成行为"，抵押债务证券遂告成立。但是，登记官吏（Kanzleibeamte）在把抵押债务证券交付给债权人前，需确认是否存在债权关系。故此，于苏黎世，为了确保债权人的利益，法律规定，对于证券内容的真实性，从而关于债权关系的有效成立，于无相反证据的情况下，应作推定。既为推定，债务人也就当然可以举出反证而予推翻，但对于善意取得抵押债务证券的人，则不得主张基于实体债权关系的抗辩。从而，对于善意取得人，纵实体的债权关系全然未有发生，抵押债务证券也有法律上的效力。于此场合，虽然产生的是无债权的不动产担保权（Grundpfandrecht ohne Forderung），但债务人仍要承担"人的责任"。[3]

与地租证券相同，抵押债务证券，也按有价证券对待。故此，于苏黎世，证券的交付，不仅产生不动产担保权移转，而且产生让与债权（Abtretung der Forderung）的效果。惟此单纯的移转行为，未被所有的州认可。譬如，于沙夫豪森州，法律即规定，除需交付证券外，还要求债权的让与践行特定的形式。[4]

1　[日] 松井宏兴：《抵押制度的基础理论》，法律文化社 1997 年版，第 76 页。

2　譬如，在沙夫豪森（Schaffhausen）州、图尔高（Thurgau）州和圣加仑（Sankt Gallen）州即是。尤其在圣加仑州，法律规定，不动产不能供超过评定价格以上的担保。易言之，某一不动产只能于被评定的价格的限度内为债务提供担保。

3　[日] 松井宏兴：《抵押制度的基础理论》，法律文化社 1997 年版，第 77 页。

4　参见《1863—1865 年私法典》（Privatrechtliche Gesetzbuch von 1863—1865），第 769 条。

（2）抵押债务证券的顺位

对于抵押债务证券的顺位，各州多不承认地租证券场合的空位（空白）担保位置。但为了防止后顺位担保权升进，往往采地租证券很盛行的州的做法。譬如，1853 年至 1855 年《苏黎世私法典》第 836 条规定："债务人由他人那里借贷金钱清偿债权人的债务，而需向新债权人交付抵押债务证券的，受清偿的债权人即需把抵押证券返还给债务人。"如此，债务人为了获得新的信用，也就可以数次利用同一顺位的抵押债务证券了。另外，于债务人和债权人的地位因混同而致债权消灭时，明确得成立对于自己的物的物权（dingliches Recht an eigener Sache），称为所有人不动产担保权（Eigentümergrundpfandrecht）。[1]

（3）不动产所有人与债务人的分离（非同一性）

与地租证券不同，在抵押债务证券，认可担保不动产的所有人与作为债务人的地位可以分离。但于债务人让与自己的担保不动产时，在一般的州，为了维持担保与债务于同一人上的结合，乃尝试使新的所有人负担债务。譬如，在苏黎世，为此而规定了"债务引受"（Schuldübernahme）制度。不过，新的所有人是否认可"债务引受"，应依其意思而定，于认可时，须负"人的责任"。可见，于此点上，抵押债务证券并未受债务人与不动产所有人不得分离的地租证券的影响。[2]

（4）抵押债务证券的解除

抵押债务证券的解除，依实务与法律的规定，无论债权人抑或债务人，皆有解除权，且也无解除期间的限制。[3]

（三）登记担保权（Grundpfandverschreibung）

登记担保权的前身，是所谓普通法上的抵押权。此普通法上的抵押权，是 19世纪时受法国法的影响而于瑞士西部地区发展起来的，其基本功能系在于保全债

1　［日］松井宏兴:《抵押制度的基础理论》，法律文化社 1997 年版，第 78 页。

2　［日］松井宏兴:《抵押制度的基础理论》，法律文化社 1997 年版，第 78 页。

3　《苏黎世私法典》第 382 条规定:"不能告知抵押债务证券的解约的，依契约，债务人方面为6 年，债权人方面为不能超过 2 年。"

权的实现，故无流通抵押权（Verkehrshypothek）的旨趣。进而，登记担保权也是以债权的担保为目的的从属于债权的制度。此点为异于地租证券与抵押债务证券之处。[1]

登记担保权，采所谓特定原则（Grundsatz der Spezialität），即不问被担保债权的种类为何，债权的数额皆需明确和特定，且担保不动产也需正确地加以表示。[2]此原则的确立，与切实采用不动产登记簿（Grundbuch）制度，存在粘连。[3]

与此同时，也正是采用了不动产登记簿制度，方使公示原则获得了完全承认。公示原则与登记担保权的成立关系，因各州而异。具体言之，因各州受何种法律传统——法国法抑或德国普通法——的影响而有所不同。譬如，于瓦莱州（Wallis），由于受法国法的长期影响，登记担保权虽仅依公证人作成的"担保权设定契约"（Pfanderrichtungsvertrag）便可成立，但要对第三人产生效力（即对抗第三人），则非进行登记不可，[4]可见登记是对抗第三人的要件。与此相对，于深受德国普通法影响的巴塞尔城市半州（Basel-Stadt），向土地登记簿管理官吏提出的由公证人作成的文书契约仅有债法上的效力，登记担保权，依登记即可自始成立。[5]此外，因不认登记担保权之有流通性，故其有效成立，不以发行证券为必要。

最后，尚有必要提及登记担保权的顺位。于瑞士，多数州不承认不动产所有人有保留先顺位的登记担保权，或出于相同目的而以自己的名义登录、登记担保权的权利。例外地，仅巴塞尔城市半州的法律赋予了不动产所有人以顺位保留权（Rangvorbehaltsrecht）。[6]于适用法国法的日内瓦（Genf）地区，仅承认所有人抵押权（Eigentümerhypothek），且也无观念的担保位置之观念。换言之，登记担保权

1　［日］松井宏兴：《抵押制度的基础理论》，法律文化社1997年版，第80页。

2　对于此点的例外，为一般抵押权，即某些州为了妻、子女及被监护人的利益，而规定有一般抵押权制度。对此，请参见1837年《提契诺（Tessin）州民法典》第859条。

3　［日］松井宏兴：《抵押制度的基础理论》，法律文化社1997年版，第80页。

4　参见1854年《瓦莱州民法典》第1490条、第1899条。

5　参见1860年《土地登记法》（Grundbuchgesetz von l860）第17条、第18条。

6　参见该州1860年《土地登记法》第26条。

（人），非支配担保物的观念的价值部分，而是支配担保物的全体（全部），先顺位的被担保债权消灭时，后顺位担保权人的顺位得当然升进。[1]

三、《瑞士民法典》对不动产担保权的统一 [2]

（一）统一不动产担保权的背景与要达成的目标

时至 19 世纪末 20 世纪初，瑞士兴起了轰轰烈烈的民法典编纂运动。这一运动的重要任务之一，就是要统一当时各州纷繁复杂、异彩纷呈的不动产担保权形态，[3] 以消弭各种担保权形态之间的冲突、龃龉。当时，瑞士的抵押权市场（Hypothekenmarkt）已经越出州的范围而扩大到了全国。于这种形势下，制定瑞士联邦层次上的统一的不动产担保权法的任务也就历史地落在了民法典编纂者的身上。而经由统一不动产担保权制度所要达到的目标，则是要整理形态各异、斑驳陆离的担保权形态，以实现不动产担保权于类型上的统一，并在此基础上确立统一的不动产担保权规则，由此达到提升土地信用（Bodenkredit）及改善农业领域的各项关系的目的。[4]

如所周知，瑞士的这场统一不动产担保权运动的成果，集中体现在 1907 年 12 月 10 日颁布的《瑞士民法典》对不动产担保权的规定中。该法典对不动产担保权规定了三种形态：地租证券、抵押债务证券及登记担保权。有疑问的是，于林林总总的担保权形态中，民法典的起草者缘何仅明定了此三种不动产担保权形态？经考正，其因由主要有如下两点。

1　[日] 松井宏兴：《抵押制度的基础理论》，法律文化社 1997 年版，第 81 页。

2　本部分主要依据、参考 [日] 松井宏兴：《抵押制度的基础理论》，法律文化社 1997 年版，第 67 页以下。此外也参考了 [日] 柚木馨、高木多喜男：《担保物权法》，有斐阁 1982 年版，第 192 页以下；[日] 松仓耕作："瑞士民法典的统一及其特色"，载《名城法学》第 23 卷第 2 号，第 123 页以下。

3　据统计，于 1907 年《瑞士民法典》将不动产担保权统一为地租证券、抵押债务证券及登记担保权以前，瑞士大约有 60 种不同的不动产担保权形态，欧根·胡贝尔（Eugen Huber）将此 60 种不同的担保权形态类型化为三种。

4　[日] 松井宏兴：《抵押制度的基础理论》，法律文化社 1997 年版，第 82 页。

其一，作为法典编纂者的欧根·胡贝尔，考虑并顾及到了瑞士各州的不动产担保权的法律传统，认为把各州传统与惯行上的主要不动产担保权形态纳入民法典中，便可促使各州迅速采用和理解民法典对于不动产担保权的规定。

其二，认为明定此三种不动产担保权形态可以达成不动产担保权制度的改革目标。所谓不动产担保权制度的改革目标，即通过统一和重新规定不动产担保权形态达到促进信用（Förderung des Kredits）、分割地租（Verteilung der Bodenrente）及实现土地价值的流动化（Mobilisierung des Bodenwertes）的目标。其中，促进信用虽可通过不动产担保权所赋予的保全债权的手段而获实现，但此目的的达成，以登记担保权最为适当。换言之，登记担保权为最可保全债权得以实现的担保权形态，盖因它是一种单纯的以债权的保全为目的的担保权形态。

关于分割地租，欧根·胡贝尔认为，农业生产及其经营活动，尽管可以通过借贷必要的资金而获进行，但采分割地租的形式将更称妥当。盖分割地租是一种"土地所有人于不丧失土地所有权的前提下，通过交换利息（Zins，地租）而自资本所有人那里取得资金"，"投资人不取得土地所有权，而仅给付金钱"的制度。并且，分割地租，土地所有人虽然借入了资金，但为了由土地获得收益，其乃不得不对土地进行改良。同样，投资人得由土地的收益中请求给付利息，故土地的收益对其甚为重要，进而农业经营水平的提高对其也属有益。故而可见，地租证券乃是一种妥当的制度。

土地价值的流动化，简言之，即实现支配土地的担保价值的担保权的流通。此不仅为达成前述两项目的的手段，而且可以最大限度地保障所有人的经济自由，并降低债务人对债权人的从属性或依附性。盖因若提高担保权的流通性，则债权人即可通过出让担保权而收回投下的资金，结果使依强制执行方法而换价担保物的必要性丧失殆尽。[1]

与此同时，欧根·胡贝尔也指出，保全债权以促进债权的流通及使土地的价值流动化，并不是透过建立一个不动产担保权形态即可以实现。盖为了达成债权流

1　［日］松井宏兴：《抵押制度的基础理论》，法律文化社1997年版，第83页。

通的目的及使土地的价值流动化，非发行所谓不动产担保证券（Grundpfandtitel）不可，这也是行使与移转作为有价证券的担保权的不可或缺的一环。而那些单以债权的保全为目的的担保权，并无发行此种证券的必要。由于这些担保权是作为从权利而附随于债权的，故此处的证券只是表示存在债法上的关系的证据文书，而非行使、移转担保权的手段。

（二）《瑞士民法典》对于不动产担保权的规定及其特性

如前述，《瑞士民法典》规定了登记担保权、抵押债务证券及地租证券三种不动产担保权形态。较之法国、日本及我国现行法上的不动产担保权，此三种不动产担保权于法律构成上具有自己的特性。

1. 登记担保权

此种担保权特性上属于保全不动产担保权（Sicherungsgrundpfandrecht）的范畴。作为法典编纂者的欧根·胡贝尔，将瑞士西部地区广为流行的登记担保权规定为一种重要的担保权形态。《瑞士民法典》第825条规定："对于金额不确定或可变更的债权，亦得设定特定担保顺位的不动产抵押，且不论情况如何变化，均依登记，保持其顺位。债权人得就所设定的不动产抵押，请求依土地登记簿中的登记，填发抵押摘要，但该抵押摘要，仅具有证据的性质，而无有价证券的性质。前项证据，得由抵押契书所附的登记凭证，代替之。"

可见，登记担保权是一种单纯以担保债权的实现为目的的从属于债权的权利。此种担保权，无须发行担保证券（Pfandtitel），但依债权人的请求，得交付不动产登记簿的抄本（Auszug）。惟此抄本，性质上非属有价证券，而仅具证据方法（Beweismittel）的意义。权利的移转，依让与债权的书面方式为之。故《瑞士民法典》第835条规定："债权，已为其设定不动产抵押者，其让与，不以登记于土地登记簿为生效要件。"也就是说，权利的让与，依让与债权（Forderungsabtretung）的规定行之，[1] 而无须进行登记。

---

[1] 1811年《瑞士债务法》第165条第1项规定："债权让与契约，为使其有效，须采用书面形式。"

关于被担保债权，《瑞士民法典》第 824 条第 1 项规定："不动产抵押，得用于为任何种类的、现在的、将来的或仅具有可能性的债权，设定担保。"可见，可以登记担保权担保的债权，其范围相当广泛，不仅涵摄了现在已然确定的债权，而且包括了将来或仅属可能发生的债权。即使金额不特定或可变的债权，也可指定担保地位而设定登记担保权。[1]值得提及的是，对于登记担保权，《瑞士民法典》的编纂者预定适用于如下情形：

其一，担保数额可变的债权，尤其是担保"财产结合制"（Güterverbindung）中的妻对于夫的补偿请求权。盖《瑞士民法典》第 201 条第 1 项规定："夫妻各方，均得在法律许可的范围内，管理、用益和处分其所得财产和特有财产。"

其二，于一定数额的范围（限度）内，担保不特定与现在不能预定其数额的损害赔偿请求权。[2]

其三，于一定数额的范围内，担保连续性地授予信用，即担保所谓"交互计算信用"（Kontokorrentkredit）所生的债权。

其四，犹如"建筑工匠的担保权"（Bauhandwerkerpfandrecht），作为法定担保权而被利用。

需指出的是，于以上场合，登记担保权皆属于单纯以债权的保全为目的的担保权，而并不把它"化体"为证券及使其流通。

2. 抵押债务证券与地租证券

依瑞士民法，抵押债务证券与地租证券，特性上属于流通不动产担保权（Verkehrsgrundpfandrecht）。二者的差异在于：抵押债务证券，债务人不独需以担保的不动产承担责任，而且要以自己的一般财产承担责任；而地租证券，债务人则仅以担保的不动产本身负其责任。[3]

抵押债务证券与地租证券，皆与成立原因的债权相分离，即独立于它而存

1　《瑞士民法典》第 825 条第 1 项规定："对于金额不确定或可变更的债权，亦得设定特定担保顺位的不动产抵押，且不论情况如何变化，均依登记，保持其顺位。"

2　即当代大陆法系物权法所称的最高额抵押权。

3　参见《瑞士民法典》第 842 条、第 847 条第 1、3 项。

在。基于抵押债务证券和地租证券的权利（债权），仅可依凭担保证券而行使。担保证券，由不动产登记簿管理官吏（Grundbuchverwalter）制作并发行。[1]另外，依《瑞士民法典》第 859 条的规定，担保证券也可以特定人、持有人或不动产所有人本人的名义发行，此即所有人不动产担保权。此所有人不动产担保权，以往仅在若干州就地租证券而承认之（抵押债务证券，以前仅可以特定人的名义发行）。

上述担保证券，具有有价证券的特性，移转抵押债务证券与地租证券（采让与抵押债务证券或地租证券的形式）时，需向取得人交付担保证券，尤其是担保证券为记名证券时，尚需于证券上记明证券的移转与取得人的姓名。但无须进行登记，且也不采让与债权场合的书面形式。此外，关于解除，《瑞士民法典》把抵押债务证券的解除与地租证券的解除分别规定。

3. 登记担保权、抵押债务证券及地租证券的共同特性

登记担保权、抵押债务证券及地租证券，具有以下共同特性：

（1）公示与特定原则（Publizitäts und Spezialitätsgrundsatz）

《瑞士民法典》第 799 条第 1 项规定："不动产担保，除法律另有规定外，因登记于不动产登记簿而设定。"可见，无论登记担保权、抵押债务证券抑或地租证券，原则上均需通过于登记簿册为登记而成立，且抵押债务证券与地租证券这两种流通的不动产担保权以向取得人交付担保证券为移转条件。对于特定原则，《瑞士民法典》第 794 条规定："设定不动产担保时，债权额已确定者，无论情形如何，均须以本国货币表示之。债权额不确定者，须表明：对于债权人的全部请求权，不动产应负责任的最高数额。"特定的土地，仅为特定的债权提供担保。并且，公示与特定原则，因 1910 年 2 月 22 日的《土地登记条例》（Verordnung des Bundesrates betreffend das Grundbuch vom 22. Februar 1910）明定实行不动产登记簿制度，而于瑞士全国得到了推行。

1　参见《瑞士民法典》第 856 条、第 857 条。

（2）固定担保位置制度（System der festen Pfandstellen）

如前述，于《瑞士民法典》制定、公布前，固定担保位置仅在地租证券的场合认可之。《瑞士民法典》制定之时，欧根·胡贝尔也意欲在登记担保权领域贯彻此制度。但为了以更加明了的形式创设单纯的法律关系，其毅然决定将其适用扩大到全部的不动产担保权领域，亦即使三种不动产担保权皆采取之。

依固定担保位置制度，各担保权人就担保不动产取得所规定的担保位置的顺位后，纵先顺位担保权之后被注销而生出空位（空白）担保位置，后顺位担保权人也不得升进其顺位。[1]然于强制执行与破产的情形，在对担保不动产进行换价时，并不顾及空位（空白）担保位置的存在，出卖标的物所得的价金，于各担保权人间依各自的顺位进行分配，[2]从而发生与后顺位担保权人递升其顺位相同的效果。

（3）担保不动产的让与、分割

按照《瑞士民法典》，登记担保权与抵押债务证券，适用相同的规定。也就是说，"已设定抵押的不动产被让与者，除另有约定外，该不动产的担保责任和债务人的责任，不发生变更"。[3]关于分割，第 833 条第 1、2 项规定："已设定担保的不动产被让与其中一部分，或者属于同一所有人的数宗不动产被让与其中一宗，或者担保物被分割为数宗不动产者，其担保责任，除另有约定外，由各部分的不动产，依价值比例分担。债权人不同意前项分担者，得在分担生效后一个月内，请求在一年内清偿其担保债权。"

于担保不动产的所有人与债务人的地位不得分离这点上，地租证券区别于登记担保权和抵押债务证券这两种不动产担保权。从而，负担土地的取得人，因原所有人的免除负担，而当然为地租债券债务人。分割的场合，各分割地的所有人成为地租证券债务人。各分割地承受负担的比例，准用登记担保权与抵押债务证

1　参见《瑞士民法典》第 814 条第 1 项。

2　参见《瑞士民法典》第 815 条。

3　参见《瑞士民法典》第 832 条第 1 项。

券的规定。

4. 登记担保权、抵押债务证券及地租证券的利用情况

应当肯定，《瑞士民法典》规定的登记担保权、抵押债务证券及地租证券，是 20 世纪肇始以后物权立法于不动产担保权领域取得的重要成就，自总体上看，乃属于德意志法系不动产担保权的范畴，与《德国民法典》不动产担保权如土地债务等，具有类似性。

但是，1912 年《瑞士民法典》施行后的情况表明，此三种不动产担保权形态并未实现欧根·胡贝尔等民法典的编纂者最初规定如此的担保权系统所意欲达成的目标。事实是，纵使 1912 年《瑞士民法典》施行后，一些州也依然置《瑞士民法典》上的不动产担保权形态于不顾，而依旧我行我素地采行本州的古来的担保权形态。譬如，于承认并采行普通法上的抵押权的各州，主要采登记担保权，并且主要是为了抵押的目的而利用之。以往喜好抵押债务证券的各州，今日也依然如故，而拒绝采行登记担保权。另外，于《瑞士民法典》施行前主要适用于农村的地租证券，现今也未如民法典的编纂者所预料的那样将由山乡燎原至全国，此点通过 1967 年对不动产登记簿管理人的专门调查得到了印证。[1] 不言而喻，此为瑞士不动产担保权演进上一个饶富趣味的现象，值得提及。[2]

四、瑞士不动产担保权的特质 [3]

（一）瑞士不动产担保权的共同特质

依《瑞士民法典》立法思想与学理，瑞士不动产担保权，即登记担保权、抵

1　根据 1967 年的调查，自 1912 年《瑞士民法典》施行以降，未采用地租证券的州占多数。圣加伦州非常有限地采取了此制度。于楚格州（Zue）和巴塞尔乡村半州（Basel-Land），设定地租证券者更是寥若晨星，仅有几例。

2　［日］松井宏兴：《抵押制度的基础理论》，法律文化社 1997 年版，第 90—91 页。

3　本部分主要依据、参考［日］松井宏兴：《抵押制度的基础理论》，法律文化社 1997 年版，第 67 页以下。此外，也参考了下列著述［日］柚木馨、高木多喜男：《担保物权法》，有斐阁 1982 年版，第 192 页以下；［日］松仓耕作："瑞士民法典的统一及其特色"，载《名城法学》第 23 卷第 2 号，第 123 页以下。

押债务证券及地租证券，其共同特质有三：公示原则、特定原则与顺位确定原则。

1. 公示原则

如前述，《瑞士民法典》规定的登记担保权、抵押债务证券及地租证券，皆因于登记簿册进行登记而成立（设定），[1] 因登记的注销而消灭，[2] 从而可以肯定，《瑞士民法典》于总体上乃采行了公示原则。但《瑞士民法典》第 799 条第 1 项规定："不动产担保，除法律另有规定外，因登记于不动产登记簿而设定。"此规定使得公示原则并未得到贯彻。亦即，依此规定，第一，《瑞士民法典》是认可了不进行登记而可直接成立担保权的，此即法定担保权或直接的法定担保权（un-mittelbares gesetzliches Pfandrecht）。例如，第 808 条第 3 项规定："债权人因采取必要措施而支出的费用，得请求所有人偿还，并因此对不动产有担保物权。该担保物权，虽未登记于土地登记簿，仍得成立，且优先于任何已登记的负担。"第 810 条第 2 项规定："债权人为除去或防止价值减少，得采取必要措施。因此而支出的费用，虽非所有人应负责的债务，债权人仍对担保物有担保物权。该担保物权，虽未登记于土地登记簿，仍得成立，且优先于任何已登记的负担。"此外，第 819 条、第 836 条也有类似规定。第二，在州法上，为了保障不动产税、继承税、赠与税等租税债权的实现，也规定不经登记即可成立法定担保权。此等法定担保权的顺位，优先于在先登记的不动产担保权，所以对它们有产生损害的危险。[3]

2. 特定原则

通常认为，采用了公示原则后，作为其逻辑结论，必然应当采用特定原则。

1　参见《瑞士民法典》第 799 条第 1 项。

2　《瑞士民法典》第 801 条第 1 项规定："不动产担保，因其登记被注销或不动产完全灭失而消灭。"

3　不过，因《瑞士民法典》所定的法定担保权，主要是出于维持与保存担保物的目的，亦即使担保权人为维持与保存担保物而支出的费用可以收回（参见《瑞士民法典》第 808 条第 3 项、第 810 条第 2 项。第 819 条第 1 项规定："担保物权人，为保全担保物而支出的必要费用，特别是代付应由所有人支付之保险费者，得因此对不动产有担保物权。该担保物权，虽未登记于土地登记簿，仍得成立，且优先于任何已登记之负担。"），故此，即便赋予其以优先的顺位，也不会损害其他担保权人的利益。

所谓特定原则，一是指担保标的物必须特定这一标的物的特定的意义，二是指被担保债权额必须特定这一债权特定的意义。对于担保标的物必须特定，《瑞士民法典》第796条第1项规定："不动产担保，仅得设定于已在土地登记簿中登记的不动产。"对于不动产担保权的设定，第797条第1项规定："不动产担保的设定，须具体指明被设定担保的不动产。"此即明确采取标的物特定化意义的特定原则。

债权的特定化意义的特定原则，是为了那些意欲以不动产供作担保而向他人借贷金钱的人可以迅速、准确地由土地登记簿明了已然存在的负担而规定的。故此，《瑞士民法典》第794条第1项规定：设定不动产担保时，债权额已确定者，无论情形如何，皆须以"本国货币"（Landesmünze）表示之。并且，被担保债权额，从一开始即是特定的，则该特定金额即应登记。于此场合，"不动产担保物权，为债权人提供以下担保：原本债权；执行费用和迟延利息；至债务人被宣告破产时或债权人请求变价担保物时已到期的三年的利息，以及最后一期利息到期日之后所发生的利息；在抵押证券之情形，仅担保实际应负的利息。"[1]另外，于担保"交互计算信用"的情形，因担保债权的金额自始不特定，故应于登记簿册记载土地对债权人的请求权所负担的最高金额。[2]此种情形，实行担保权的费用、迟延利息及约定利息，皆内蕴于最高金额之内。可见，债权特定化意义的特定原则，《瑞士民法典》乃予以了切实贯彻。

3. 顺位确定原则

顺位确定原则，即不动产担保权的顺位依登记的先后而定的原则。此原则为《瑞士民法典》所采取。[3]并且，该法典除定有直接的法定担保权外，尚赋予特定人以设定法定担保权的请求权，称为间接的法定担保权（mittelbares gesetzliches

---

[1] 参见《瑞士民法典》第818条第1项。学理将此种情形的不动产担保权谓为固定抵押权、原本抵押权（feste od. Kapitalhypothek）或金额抵押权（Summenhypothek）。另外，依瑞士《土地登记条例》第40条第1项的规定，约定的利率须在土地登记簿标明。

[2] 参见《瑞士民法典》第794条第2项。此即所谓最高额抵押权（Maximalhypothek）。

[3] 参见《瑞士民法典》第792条第1项。

Pfandrecht)。[1]此间接的法定担保权，依《瑞士民法典》第 799 条第 1 项，是因登记而成立，其顺位也依登记的时间而定。故此，后登记的间接的法定担保权并无优先于约定的不动产担保权的效力。然因法定担保权中的直接的法定担保权无须登记即可成立，且也不问成立时间的先后而皆得优先于已然成立的其他不动产担保权，故此，于一定程度上乃限缩了顺位确定原则。

先顺位的不动产担保权消灭，后顺位的不动产担保权不得升进的顺位确定原则（固定担保位置原则），也被采取。[2]依此原则，不动产担保权一旦消灭，即生出空位（空白）担保位置。此时，不动产所有人即可以之设定新的不动产担保权。[3]

进而言之，依固定担保位置，纵无先顺位的不动产担保权，不动产所有人也可自始设定原始的后顺位担保权，即不动产抵押权可指定为第二或其他任意顺位而设定之，但须于登记时，就一定金额保留其优先顺位。[4]特别是地租证券与抵押债务证券，不动产所有人自始即可以自己的名义而登记，并受担保证券的发行。[5]这就使以自己的名义设定先顺位的地租证券或抵押债务证券成为可能。不过，对于这样的固定担保位置制度，《瑞士民法典》设有两项例外规定：于强制执行和破产的场合，将无视不动产担保权空位的存在。换言之，强制执行担保不动产并将其换价时，空位（空白）担保位置将不被顾及，拍卖担保不动产所得的价金于

---

1 《瑞士民法典》第 837 条第 1 项规定："对下列债权，得请求设定法定的不动产担保权：（1）出卖人，因出卖土地而享有的债权；（2）共同继承人和其他共有人，因分割共有的不动产而享有的债权；（3）手工业者或建筑承揽人，因其为不动产上之建筑物或工作物，为土地上之拆毁工作或建筑脚手架之搭建或建筑基坑之加固或其他类似工作，提供材料或劳务，或者单纯提供劳务，而对该不动产享有的债权；其债务人，为不动产所有人、手工业者、建筑承揽人、使用承租人、用益承租人，抑或为其他对该不动产享有权利的人，在所不问。"

2 据此制度，先顺位的不动产担保权消灭，后顺位的不动产担保权也不得升进。结果，先顺位的不动产担保权所占据的顺位，即变成无担保权的空位（空白）担保位置。

3 参见《瑞士民法典》第 814 条第 2 项。

4 《瑞士民法典》第 813 条第 2 项规定："为前顺位不动产担保权保留其所登记的金额后，得设定第二顺位或更后顺位的不动产担保权。"

5 参见《瑞士民法典》第 859 条。

实有的各担保权人间依各自的顺位分配，[1] 故发生与后顺位担保权人的顺位升进相同的效果。[2] 并且，因于不动产所有人保有担保证券时，也作相同的把握，[3] 故而，于强制执行时，无论原始的抑或后发的所有人不动产担保权，皆无效力。此外，《瑞士民法典》第 814 条第 3 项规定，当事人可依约定而使后顺位担保权升进至空位担保位置，此约定于登记簿册进行预告登记后，乃具有物权的效力（dingliche Wirkung）。[4]

（二）抵押债务证券与地租证券的共同特质

登记担保权以外的其他担保权，即抵押债务证券与地租证券，其共同特质是独立原则和流通性的确保。兹分述如下。

1. 独立原则

所谓独立原则，即否定不动产担保权的从属性，而使不动产担保权独立存在。《瑞士民法典》规定的三种不动产担保权中，仅登记担保权是从属于债权而存在的，故具有附随性（Akzessiorietät），亦即附随于债权的成立而成立，附随于债权的消灭而消灭。但抵押债务证券和地租证券，则是独立于债权的，即无附随性。债权人，得基于抵押债务证券或地租证券行使权利（债权）。抵押债务证券与地租证券的差异在于，于抵押债务证券，纵债务人的一般财产，也属责任财产的范围；而地租证券，则仅以设定担保权的不动产本身承担责任。

2. 流通性的确保

亦即，为了确保交易的便捷与迅速，不动产担保权须"化体"为证券。无论

1　参见《瑞士民法典》第 815 条。

2　《瑞士民法典》第 815 条规定："无前顺位的不动产担保权而设定后顺位的不动产担保权，或者债务人尚未使用现存的前顺位权利设定担保权，或者前顺位不动产担保权所担保的债权额小于所登记的债权额时，变价担保物所取得的卖得金，得不考虑空缺的担保顺位，而在实际的担保权人中，依其顺位分配。"

3　参见《瑞士民法典》第 815 条。

4　《瑞士民法典》第 814 条第 3 项规定："关于不动产担保人间顺位递升的约定，仅在其登记于土地登记簿时，始具有物权的效力。"［日］松井宏兴：《抵押制度的基础理论》，法律文化社 1997 年版，第 93—94 页。

抵押债务证券抑或地租证券，皆依登记而成立，[1]且通常需要作成担保证券。由于此等担保证券特性上属于有价证券，所以行使基于抵押债务证券与地租证券的权利时，须提示担保证券。移转抵押债务证券或地租证券时，仅须向取得人交付担保证券，而无须采移转登记和债权让与的书面形式。于抵押债务证券和地租证券，债权与担保它的不动产担保权同时被"化体"为有价证券，债权与担保权因而构成为一个不可分的统一体（untrennbare Einheit）。与此不同，于登记担保权，则不发行担保证券。惟已设定的抵押证券，因债权人的请求，应依土地登记簿发给抄本。该抄本仅具证据方法的性质，而非有价证券。[2]

依公信原则，让与不动产担保权的安全，必须受到保障。亦即，于抵押债务证券和地租证券，登记与担保证券的公信力，不仅及于担保权，而且及于债权。与此不同，于登记担保权，登记的公信力则仅及于担保权，而不及于被担保债权。从而，善意信赖登记而受让登记担保权所担保的债权的人，不得主张登记担保权之不存在的抗辩。[3]但因登记的公信力并不及于债权，故而债务人得就债权的存在与债权的数额提出异议。[4]

五、结语

我国从清末改制引进欧洲大陆法系民法，至 1929—1930 年国民政府颁行了正式的《中华民国民法》。如所周知，该民法系主要继受大陆法系民法尤其是德国与瑞士民法而来。之所以继受德国、瑞士民法，其主要的因由，乃是受日本的影响。而于日本，关于民法的制定，究应采大陆法系还是英美法系立法，当初颇为犹豫，未几决定采法国民法，并请法籍教授波伦索那得协助完成草案，之后突又

1　参见《瑞士民法典》第 799 条第 1 项、第 856 条第 2 项。

2　参见《瑞士民法典》第 825 条第 1、2 项。

3　《瑞士民法典》第 973 条第 1 项规定："善意信赖土地登记簿的登记而取得所有权或其他物权者，其取得受保护。"

4　［日］松井宏兴：《抵押制度的基础理论》，法律文化社 1997 年版，第 97 页。

改采德国立法。其所以不采英美法系立法，纯粹由于法技术的因由，而非基于法律品质的考虑，盖英美法系采判例法，不适于以立法方式继受。又之所以舍法国民法而从德国民法，其主要的因由是《德国民法典第一草案》恰好于 1888 年公布，其无论于立法技术抑或内容上，均较《法国民法典》进步、先进。[1] 可以肯定，我国于 1929—1930 年颁行的《中华民国民法》，系继受德意志法系的德国民法与瑞士民法而来（当然也受到了日本民法的影响），属于大陆法系。

惟关于不动产担保权，该法典则未取德国、瑞士民法经验，而是采取了大陆法系中的法国民法与日本民法的立场。例如，关于不动产担保权的顺位，不采顺位固定（德国）或空位（空白）担保位置（瑞士），而是采顺位升进原则；关于不动产担保权，不规定德国、瑞士用作收回投资的手段的，以期流通的安全与确实的流通担保权，而仅规定担保债权得以清偿的保全抵押权。亦即，于德国与瑞士，不动产抵押权系以流通抵押权为原则（故德国、瑞士称不动产抵押权为流通抵押权或普通抵押权），而以保全抵押为例外；与此不同，于法国、日本，所谓抵押权，则仅指以担保债权的实现为目的的保全抵押权，而不认有所谓流通抵押权，此外也无德国、瑞士的原始的所有人抵押权之观念。可见，我国 1929—1930 年的《中华民国民法》对于不动产担保物权确实未有继受德国、瑞士民法，而是承继了法国、日本民法的立场。

我国自 1949 年至 1980 年代中期的一个相当长的时期，并无制定法上的统一的担保物权（如抵押权、质权和留置权）制度。1986 年制定《民法通则》与 1995 年颁行《担保法》，以制定法的形式创设了担保法系统，于担保物权法的演进上具有里程碑的价值。由这些法律的规定可以明了，此等法律关于担保物权的规定，非取法德国、瑞士民法，而是采法国、日本及 1929—1930 年《中华民国民法》相同立场。换言之，我国现行不动产担保权尤其是不动产抵押权，其法律构成与法国、日本相同，性质上属于以担保特定债权的实现为目的的保全抵押权。于此保全抵押权，抵押权系从属于债权而存在，抵押权本身不得作为交易的客体

而于市场上辗转流通。此与德国、瑞士不动产担保权之以流通性为原则，不动产担保权本身得作为独立的投资对象而于市场上辗转流通，迥乎不同。尤其是德国、瑞士不动产担保权的独立性原则，更是为涵括我国在内的法国法系国家的担保物权制度之所无。

应当看到，不动产担保权的独立性，即是德国、瑞士流通性抵押权得以成立的基石之一（另一基石为抵押权的公示与特定原则），同时也使不动产抵押权的价值权特性得到了最纯粹、淋漓尽致以至一以贯之的表现。概言之，它使动产抵押权的价值权性质达到了表现上的无以复加的程度，故而可以肯定，抵押权的独立性，乃是人类法律文明于抵押权领域所取得的重要成就，进而于不动产担保权的演进上具有积极价值与意义。

如此一来，是否可以说不动产担保权的独立性是代表未来各国家不动产担保权的演进方向呢？对此问题的回答无疑是否定的。其因由之一，是迄今的各国家不动产担保权法制的演进史表明，对于一个国家乃至某些国家是合理而妥当的制度，对于别的国家则未必如此。

按照瑞士等德意志法系民法，不动产担保权尤其是不动产抵押权的独立性原则，乃具体表现为抵押权抽象化原则、公信原则、抵押权证券化原则及不动产担保权顺位确定原则。兹逐一分述如下，并探讨其有无被我国借镜的可能。

第一，抵押权抽象化原则。所谓抵押权抽象化原则，即使抵押权与被担保债权分离、绝缘，进而使抵押权本身以抽象的方式存在。瑞士的地租证券与抵押债务证券，均是建立在此原则之上的制度。此原则，彻底荡涤了抵押权的从属性，使抵押权得于市场上自由地辗转流通。

我国民法向来认抵押权有所谓从属于被担保债权而存在的属性，谓为抵押权的从属性（最高额抵押权的承认，为抵押权从属性之放宽）。尽管抵押权为价值权，坚持抵押权的从属性并无学理上的充分根据，但依我国现实情况，要否定抵押权的此属性，进而使之完全独立于债权而存在并自由地辗转流通，应可肯定，此非但不可能，且也不适宜。

第二，公信原则。按照瑞士法，不动产担保权的存在既然以登记为生效要件并以之为表征，纵表征与实质的权利不符，对于信赖此表征而为交易的人也无任何影响，此即不动产担保权的公信原则。

我国现行抵押权立法，不认有所谓抵押权的公信原则。惟可以肯定，随着我国社会主义市场经济体制的发达，将公信原则引入抵押权领域，不仅有其必要，且也有其实益。故而可以断言，认可抵押权公信原则，将是我国未来抵押权发展的一个方向。

第三，抵押权证券化原则，即将抵押权附着于证券之上，视为独立动产，并依有价证券理论确保其流通的原则。[1]瑞士的地租证券与抵押债务证券，皆属于抵押权与债权相分离、相绝缘，抵押权附着于证券之上，进而使之于金融市场上辗转流通的制度。抵押权之被证券化，其媒介投资手段的功用便可彰显无遗。另外，为使抵押权得作为一种"商品"而于市场上辗转流通，最有效的办法，也同样在于抵押权的证券化，除此之外别无他途。

可见，抵押权的证券化，实为一项颇能合乎当代市场经济需要的法律制度。盖于资本的需求与供给之间，证券乃是一种最佳的媒介手段，而抵押证券尤能完成此一使命。在我国，因迄今尚未建立抵押证券制度，故抵押权的证券化，今日不过为学理上的构想，要真正付诸实施，非首先制定抵押证券法不可。

第四，不动产担保权的顺位固定原则。亦即，使不动产担保权的顺位固定，先顺位不动产担保权消灭时，后顺位担保权不得升进。我国现行抵押权制度对于抵押权的顺位，系采升进主义，先顺位抵押权消灭时，后顺位抵押权得当然升进。笔者认为，基于民法公平正义观念及为了平衡各方当事人的利益关系，不动产担保权采顺位固定原则，应值考虑。

1　[日] 柚木馨、高木多喜男：《担保物权法》，有斐阁1982年版，第224页。

占 有

我国民法典物权编占有规则立法[*]

一、引言

按照《物权法》第 5 编第 19 章"占有"的规定，占有是指自然人、法人及非法人组织等对物的事实上的管领、控制。也就是说，根据《物权法》的规定，占有并不是一种权利，而系一种事实状态（管领力，tatsächliche Gewalt über die Sache）。此种民事主体对于物有事实上的管领力的事实（状态），其与单纯的事实——譬如日出、日落、黄昏时的散步及秋天树叶的掉落等并无任何的法律意义——系显不相同。易言之，作为一种事实而非权利的人对物的占有，于法律上系具有一定的效力，由此，法律对某项占有通常赋予利益或不利益的效果。另外，占有既为侵权行为的客体，也系不当得利所应返还的利益，其与本权结合后，还具有权利的性质。[1]进而言之，占有尽管并不是法律关系，而系事实关系，但因法律对其赋予法律上的地位，故而也具有"权利意义"（Bedeutung des Rechts）。[2]至于赋予占有以法律上地位的规定，自现今比较法的视角看，其主要

---

[*] 本文曾发表于《现代法学》2018 年第 1 期，今收入本书乃略有改动。

[1] 参见谢在全：《民法物权论》（上册），新学林出版股份有限公司 2014 年版，第 446 页。也就是说，于有物权、人格权或知识产权为基础的占有被侵害时，应认为系该本权（物权、人格权或知识产权）受侵害；于有债权基础的占有被侵害时，债权若系物权化（譬如租赁权）的，可解为债权受侵害，若系一般债权的，则可解为占有受侵害。对此，请参见苏永钦："侵害占有的侵权责任"，载其所著《民法经济法论文集》（一），三民书局 1988 年版，第 143 页。

[2] 参见台湾大学法律学院、财团法人台大法学基金会编译：《德国民法（总则编、债编、物权编）》（上册，第 2 版），元照出版有限公司 2016 年版，第 835 页。

涵括：“占有地位的保护”（Schutz des Besitzstandes）、“前占有人对现占有人的返还请求权”、“物的占有人对物的所有人的拒绝返还权”、“占有的可移转性”及“占有得为赠与的标的”。[1] 此外，民事诉讼法中关于“物的保管”（Gewahrsam）的规定，系属于民法外对于占有的法律地位的规定 [2]。[3]

如前述，我国《物权法》将占有确定为一种事实状态，其意在彰示法律对占有这种地位——也即对物的事实支配状态——予以保护。此种赋予自然人、法人及非法人组织事实上对物的控制、支配状态的占有以法律上的地位，进而对之予以保护的做法，系并不考量其背后是否有法律上的正当权源（正当权利）。[4] 故而，其与所有权人或他物权（用益物权、担保物权）人等对于物（动产或不动产）的支配（管领、控制）须以具有法律上的正当权源（正当权利）为前提，迥乎不同。[5]

我国现阶段正在推进中的民法典物权编的立法，系一项重大而宏伟的工程。这其中，对《物权法》第 5 编“占有”的既有简陋规定如何予以增补、扩展及完善，系此次立法的重点和关键工作之一。尤其是有鉴于对占有规则及其法理的论述、研究于我国历来较为薄弱，由此使我国民法学理对现今民法典物权编占有规则的立法的支援较为滞后或不足。故此，本文不揣浅陋，拟对我国民法典物权编占有规则的立法——即对《物权法》有关占有的规定如何予以增补、扩展、丰富

1　关于对此的规定，德国将之规定于其民法典的“继承编”第 2169 条第 1 项至第 4 项。

2　对此，请参见《德国民事诉讼法》第 808 条第 2 项、第 809 条及第 886 条。

3　参见台湾大学法律学院、财团法人台大法学基金会编译：《德国民法（总则编、债编、物权编）》（上册，第 2 版），元照出版有限公司 2016 年版，第 835 页。

4　依当代占有法理与通说，判定某人是否对物存在占有，进而对之加以保护，通常系自人对物的管领、控制的空间关系、时间关系、法律关系及社会关系的事实等方面予以认定。尤其值得指出的是，占有因系法律对社会现实状态的规定，故以符合社会的观念为必要。由此，对占有物的支配并不以物理上接触为必要，于他人手中或衣裤口袋中的物，自应在其支配管领的占有中。对于停放于路旁的汽车或外出的人对其家中的物，其管领支配之人尽管一时丧失对此等物的接触，但依一般社会观念，此等物仍在其掌控之中，而并未脱离其得管领支配的范围，故而此等人仍为占有人，其与此等物之间存在占有关系，进而应受占有规则的保护。对此，请参见郑冠宇：《民法物权》（第 5 版），新学林出版股份有限公司 2015 年版，第 699 页；陈华彬：《民法物权》，经济科学出版社 2016 年版，第 472 页。

5　参见谢在全：《民法物权论》（上册），新学林出版股份有限公司 2014 年版，第 446 页。

及完善等——提出建言，提供助力，由此期冀对我国民法典物权编占有规则的科学、自洽及体系和谐有所裨益。而于此之前，笔者拟对占有规则于民法典物权编中的地位及其于整个民法典中的立法体例安排作一论述和探析。

二、占有规则于民法典物权编中的地位、功用及其立法体例

（一）占有规则于民法典物权编中的地位与占有的功用

占有作为民法上的一项基础规则与制度，实具有积极的价值与功用，并由此于民法典物权编上具有关键地位。占有系一种"类（似）物权"，为与本权（所有权、用益物权、担保物权及债权）相对应的制度，是这些权利的"外衣"，并尤其是动产物权的公示手段和方法。具体而言，占有具有如下功用[1]：（1）维持社会的和平与秩序。对物的事实支配状态的占有一旦确定存在，则自（必）然形成一定的社会秩序，而对此种业已形成的秩序（占有状态）加以保护、维持其安定，即系维持社会的和平与秩序。（2）表彰或彰示本权。如前述，相对于占有而言，所有权、用益物权、担保物权及债权等，皆为本权。此等本权通常系透过占有而予实现。占有某物的人大抵即系具有本权的人。盖外观的状态与实际的情形通常八九不离十，基于此种盖然性，占有既然具事实上支配标的物的外观，则自应具有本权。依据此点，占有具有权利推定效力，本权的保护由此趋于便捷。（3）取得本权的功用，即于一定的条件下，某人对物的事实支配状态的占有可以升格为本权。之所以如此，盖因占有既然有表彰（彰示）本权的功能而常与本权相结合，则对物的事实的支配自然应当认为系实现本权内容的一种样态，由此而应赋予一定的效力。于比较物权法的视域内，埋藏物、漂流物的发现、无主物的先占、取得时效及遗失物的拾得，系属于将占有全面提升为本权；而善意占有人的费用偿还请求权、孳息收取权及损害赔偿责任的减轻等，则属于使占有于一定

1　参见谢在全：《民法物权论》（上册），新学林出版股份有限公司 2014 年版，第 449—450 页；崔建远：《物权法》（第 3 版），中国人民大学出版社 2014 年版，第 141—142 页；陈华彬：《民法物权》，经济科学出版社 2016 年版，第 475—476 页。

范围内作与本权相同的处理或对待。也就是说，系将占有提升取得部分本权。(4) 义务负担的功用，即占有某物就意味着占有人伴有管理占有物的社会责任。于比较法的视域内，不当得利的占有返还责任、占有人的损害赔偿责任、无权占有人的标的物返还义务及恶意占有人的孳息返还义务等，皆系以占有为基础而负一定义务的规定 [1]。

总之，占有的功用系在于保护占有，而之所以如此，系因为通常情形下，占有的背后皆存在一定的所有权、用益物权、担保物权及债权等本权。为使所有权、用益物权、担保物权及债权等本权可经由或透过占有而予实现，于是赋予占有以表彰（彰示）本权的功能，占有由此具有本权推定的效力、公示力及公信力。而本权推定的效力更具维持社会和平秩序与维护占有人个人利益的功用，且因此而使本权的保护较为简捷。一言以蔽之，保护占有实系保护所有权、用益物权、担保物权及债权等本权。[2]

（二）占有规则及其制度于民法典物权编中的体例安排

于涵括我国在内的现今大陆法系国家和地区，占有于立法体例上主要被置于民法（典）的物权法（编）中予以规定。对此，大陆法系的德国、瑞士、日本、韩国、秘鲁、智利 [3] 等民法典、我国《物权法》及我国台湾地区"民法"等，莫不如此。[4] 将占有规则的主要部分置于物权法（编）中规定，其因由主要是，如前述，占有系一种"类（似）物权"，是所有权、用益物权、担保物权及债权等本权权利的"外衣"，占有人于占有物上行使的所有权、用益物权、担保物权及

---

[1] 参见《德国民法典》第 861 条以下；《瑞士民法典》第 936 条以下；《日本民法》第 189 条以下；《韩国民法典》第 202 条以下；我国台湾地区"民法"第 953 条以下。

[2] 参见谢在全：《民法物权论》（上册），新学林出版股份有限公司 2014 年版，第 450 页；[日] 田中整尔：《占有论的研究》，有斐阁 1975 年版，第 109 页。

[3] 《秘鲁共和国新民法典》（1984 年）将占有置于第 5 编"物权"的第 3 篇"主物权"之第 1 题规定，《智利共和国民法典》（2000 年修订本）将占有置于第 2 编"财产及其所有、占有、使用和收益"的第 7 题中规定。对此，请参见徐涤宇译：《秘鲁共和国新民法典》，北京大学出版社 2017 年版，第 180 页以下，及《智利共和国民法典》，北京大学出版社 2014 年版，第 114 页以下。

[4] 值得注意的是，《法国民法典》将占有规定于其第 3 卷"取得财产的各种方式"的第 20 编"时效与占有"中。于此编的第 2 章规定"占有"，于第 6 章规定"对占有的保护"。对此，请参见罗结珍译：《法国民法典》，中国法制出版社 1999 年版，第 514 页以下。

债权等本权权利，推定其适法有此等权利。故此，将占有规则置于物权法（编）中规定系属恰当。

这里值得提及的是，于物权法（编）中，占有系置于物权法（编）之始规定，抑或置于物权法（编）之末而作规定，于现今大陆法系民法法典化的国家，此两种立法体例均可觅到。1896 年《德国民法典》第 3 编"物权"第 1 章即规定占有（第 854—872 条），参考 1888 年《德国民法典第一草案》而制定的现行《日本民法》[1]于第 2 编"物权"第 2 章（第 1 章为"总则"）也规定占有（其称为"占有权"，第 180—205 条）。另外，参考、借镜《日本民法》的立法成例而制定的 1958 年《韩国民法典》系采与日本相同的立场和做法，即于第 2 编"物权"第 2 章（第 1 章为"一般规定"）规定占有（其称为"占有权"，第 192 条—210 条）。[2]可以看到，此三者系属于将占有规定于物权编之始的立法成例。另外，与德国、日本及韩国将占有（权）置于物权编之始予以规定不同，1907 年的《瑞士民法典》第 4 编"物权"第 3 分编"占有和土地登记簿"第 24 章则规定占有，我国《物权法》的最后一编即第 5 编规定占有，我国台湾地区"民法"第 3 编"物权"的最后一章即第 10 章规定占有。这些立法成例，系属于将占有置于物权法（编）之末而予规定。

若客观、冷静地分析，则可看到，将占有置于物权法（编）之始或之末而予规定，皆有其正当性和充足的理由。具体而言，规定于物权法（编）之始者，系认为占有为所有权等物权权利的根据，为物权（尤其是动产物权）变动的要件，占有制度旨在维持社会和平，是一种和平秩序，系法律秩序的基础。[3]易言之，占有（权）系所有权、用益物权及担保物权等本权的基础、"外衣"，并对此等权利予以表彰（彰示）。规定于物权法（编）之末者，系认为占有是一种"类（似）物权"，其与所有权、用益物权及担保物权等本权于层级、等次上存在差异，

1　参见陈华彬：《民法总则》，中国政法大学出版社 2017 年版，第 170 页。

2　参见崔吉子译：《韩国最新民法典》，北京大学出版社 2010 年版，第 158 页以下。

3　参见王泽鉴：《民法物权》，北京大学出版社 2009 年版，第 395 页。

故应于先规定所有权、用益物权及担保物权等本权后，方才规定作为一种"类（似）物权"的占有；且认为所有权、用益物权及担保物权等本权系"权利"，而占有则仅为一种对物的事实管领状态，故而先规定作为"权利"的所有权、用益物权及担保物权，而后方规定作为一种事实状态的占有，是妥洽的、适宜的。

对于将占有置于物权法（编）之始或之末的两种立法成例，如前述，我国《物权法》系采后者，即规定于《物权法》之末。笔者认为，为使我国民法立法及其实务具有连续性、稳定性且不致作过度更张、变易，从而可使国家、社会及人民可以预测或预期，编纂民法典物权编时，宜继续采行和维持这种既有成例和做法，即将占有制度及其规则置于民法典物权编之末而予规定。

三、我国编纂民法典物权编对占有规则的丰富、扩展、完善抑或建构

《物权法》第5编"占有"，计定有取得占有的情形（第241条）、恶意占有人的损害赔偿责任（第242条）、善意占有（管理）人的保管费用请求权（第243条）、占有物毁损灭失的责任（第244条）及占有的保护及其期限（第245条）等5个条文。应当看到，此5个条文的规定实系较为简略，实务中往往不敷使用，无法因应和解决复杂的占有问题的需要。为此，笔者建议，值此民法典物权编编纂之机，我国应对《物权法》第5编"占有"的5个条文作较大的丰富、扩展、建构及完善，以构筑起我国法上的占有制度及其规则系统，进而发挥该规则系统的整体效用及占有规则于整个民法典中的基础和关键功用。具体而言，宜自如下诸方面作出努力。

（一）占有与占有人涵义的厘定及占有规则（制度）的立法或规范目的

在当代占有规则的立法成例上，如前述，《德国民法典》、《瑞士民法典》、我国《物权法》及我国台湾地区"民法"将占有厘定为一种自然人、法人或非法人组织对于物的事实上的管领力，而《日本民法》与《韩国民法典》则规定占有为

一种权利（占有权）。[1]笔者认为，此两种立法成例中，我国应继续坚持《物权法》的做法，即将占有厘定为一种自然人、法人或非法人组织对于物的事实上的管领力。由此进而明确：对于物有事实上的管领、控制力的人，即为占有人。

之所以将占有界定为自然人、法人或非法人组织对于物的事实上的管领、控制，其主要的考量抑或立法（规范）目的系在于，对社会表面秩序的维护。具体而言，于当代社会，除有适用或规定自卫行为（正当防卫、紧急避险）或自助行为等私力救济的特殊情形外，原则上系禁止私力救济。也就是说，对物有事实上的管领、控制力的人，任何人不得排除其对物的此种占有状态，对占有人的占有权源有质疑的人，应透过或经由诉讼（本权诉讼或占有诉讼，本权之诉或占有之诉[2]）的管道求得解决。占有人对于任意排除其对物的管领、控制的占有状态的人，可以以自己的力量予以排除或（追踪）取回，[3]由此恢复原本即已存在的社会表面秩序。若不这样而系任何人皆可排除他人对物的事实上的管领、控制的占有状态，则社会秩序即难以维护，法律存在的价值与必要性也就荡然无存。[4]

（二）明定占有权利的推定与占有样态（占有事实）的推定

占有人对占有物行使的权利被推定为适法有其权利，即是占有权利的推定（《日本民法》第188条、我国台湾地区"民法"第943条第1项）。之所以如此，盖因占有系本权权利的征表（"外衣"），占有的背后通常皆有真实的权利。基于此种占有背后存在本权权利的盖然性，举凡以占有标的物为内容者，其无论物权权利抑或债权权利（譬如租赁权、借用物的使用权），皆在推定的范围内。具体

1　《日本民法》尽管将占有厘定为占有权，但其通说认为，对物的管领、支配的事实（状态）系占有（权）得以成立的"法律要件"，而此"法律要件"（即对物的事实上的管领力）的"法律效果"，则是发生占有权，也即占有的法律效果是产生"权利"的效力。易言之，尽管在《日本民法》中名为"占有权"，但其与名义上规定为"占有"的立法例于实质上并无差异。对此，请参见〔日〕松坂佐一：《民法提要（物权法）》（第4版），有斐阁1980年版，第111页。

2　参见《日本民法》第197条与第202条。

3　参见《德国民法典》第859条第2项："占有物被侵夺者如系动产，占有人得就地或追踪向加害人取回之。"

4　参见郑冠宇：《民法物权》（第5版），新学林出版股份有限公司2015年版，第698页；黄宗乐："论占有制度之机能"，载《台大法学论丛》第11卷第1期，第161页以下，及该氏所著："占有保护请求权"，载《辅仁法学》1983年总第2期，第57页以下。

而言，譬如占有人于占有标的物上行使所有权时即推定其有所有权，行使租赁权时，即推定其有租赁权。惟抵押权等并不以占有标的物为内容（要件）的权利，则不在推定的范围内。[1]

应当指出的是，占有权利推定的旨趣，系在于保护物的现在占有人，使其地位得以安定。故此，其仅限于免除占有人举证证明其有本权权利的责任，占有人不能援引该权利的推定进一步主张利益。譬如占有人不得以占有房屋的事实，而主张对房屋的补偿费享有领取权。进而言之，占有权利的推定，系关于举证责任分配的规则，凡对占有人主张权利的人，需对其主张的权利提出证明，于该主张权利的人提出证明前，占有人已受法律的推定而于占有物上享有所有权抑或其他本权权利。由此，无论是对使其占有的人或对第三人，占有人皆无须主动证明其权利，仅在他人提出证明后，方被动地负有举证责任。[2]

与占有权利的推定相关的，是占有样态（占有事实）的推定。之所以如此，系因为占有人对于所占有的物是否以享有所有权的意思（自主占有）、善意（善意占有）、无过失（无过失占有）、和平（和平占有）、公然（公然占有）及继续占有，对于占有的效力具有很大的影响，故此，当代占有法的共通经验即是设立占有样态（占有事实）的推定规则。具体而言，即是：推定占有人对占有物系无过失、善意、公然、和平、以所有的意思及于证明前后两时对物存在占有的情形下，以继续占有的方式予以占有。[3]

总之，立基于上述分析，尤其是有鉴于当代比较法共通经验的可借鉴性及我国现今社会的确实需要，编纂民法典物权编而规定占有规则时，我国宜明定占有权利的推定与占有样态（占有事实）的推定规则。

（三）厘定直接占有人、间接占有人及占有辅助人的涵义与判定

自当代比较法与占有法法理的视角看，直接占有人、间接占有人及占有辅助

1　参见谢在全：《民法物权论》（上册），新学林出版股份有限公司2014年版，第486页以下。

2　参见郑冠宇：《民法物权》（第5版），新学林出版股份有限公司2015年版，第712—713页。

3　参见《日本民法》第186条；我国台湾地区"民法"第944条。

人系占有规则系统中的三个基础性的核心概念，故此，我国于进行民法典物权编占有规则的立法时宜对其涵义及其判定予以明确。

按占有法法理与其他国家和地区的共通经验，直接对物有事实上的管领力，也即直接对物加以管领、支配、控制的人，为直接占有人。[1] 与此相对，不直接对物有事实上的管领力，但却对直接占有（unmittelbarer Besitz）其物的人得本于一定的法律关系享有返还请求权的人，也即间接对物加以管领、支配的人，为间接占有人。[2] 值得指出的是，对于取得直接占有是否需要"占有意思"（Besitzwille），其他国家和地区通常并未明确，但一般认为，"无意思的持有"（Unbewusste Innehabung）并不能构成占有。故此，直接占有的成立（取得）尽管不需要意思表示，但至少须有为"事实行为"所必需的意思存在。[3]

占有辅助人（Besitzdiener）又称占有辅助、辅助占有抑或代理占有，[4] 是指受雇人、学徒或基于其他类似的社会的从属（服从）关系（soziales Abhängigkeitsverhältnis）（譬如家务、营业），依照他人有关其物的指示而对物予以占有或有事实上的管领力的人。此种情形，仅该他人为占有人，直接占有物的人，为占有辅助人。[5] 易言之，占有辅助是一种以本人名义为本人利益而进行的占有，其占有的效果归属于本人，而并不归属于占有辅助人。[6] 实务中，百货公司的店员对其经售的商品、工人对其使用的机器、学校食堂的师傅占用的厨房、饭厅及高校的教师占用的研究室等，皆系辅助占有，以雇主（使用人）（自然人或法人）为占有人。[7]

应当指出的是，因辅助占有人与占有人之间具有社会的从属（服从）关系，

1　参见《德国民法典》第 854 条第 1 项："对于物有事实上管领之力者，取得该物的占有。"

2　关于间接占有与间接占有人，请参见《德国民法典》第 868 条、第 869 条、第 870 条及第 871 条，此 4 条分别规定间接占有、间接占有人的请求、间接占有的移转及再间接占有。

3　参见台湾大学法律学院、财团法人台大法学基金会编译：《德国民法（总则编、债编、物权编）》（上册，第 2 版），元照出版有限公司 2016 年版，第 835—836 页。

4　参见《日本民法》第 2 编第 2 章第 181 条、第 204 条；［日］松坂佐一：《民法提要（物权法）》（第 4 版），有斐阁 1980 年版，第 117 页。

5　参见《德国民法典》第 855 条；台湾大学法律学院、财团法人台大法学基金会编译：《德国民法（总则编、债编、物权编）》（上册，第 2 版），元照出版有限公司 2016 年版，第 836 页。

6　参见李开国：《民法总则研究》，法律出版社 2003 年版，第 322 页。

7　参见陈华彬：《民法总则》，中国政法大学出版社 2017 年版，第 589 页。

故此，占有人对于辅助占有人管领、支配的物，可随时作出指示或变更对物的管领、支配关系。也就是说，辅助占有人对于物的管领、支配，须听从占有人的指示，其本身并无独立的管领、支配力。[1]值得注意的是，于某些情形下，尽管存在社会的从属（服从）关系，但仍非占有辅助人。譬如子女尽管与父母居住于同一房屋内，若其业已成年且独立生活，无从自内部关系证明其使用同住的房屋系受父母的指示，即不能认该子女为父母的辅助占有人。[2]另外，夫妻间基于共同生活关系而占有的物，应为共同占有关系，妻子并非丈夫的辅助占有人。[3]最后，辅助占有人与占有人间系公法关系抑或私法关系，也非所问。譬如受雇人（被使用人）对雇佣人（使用人、雇主）交付的物，及公务员于职务上管领的物，皆为辅助占有。[4]

总之，占有辅助是一项既古老又现代的制度。于当代，大多数人皆系基于社会的从属（服从）——即雇佣关系——而管领他人的物，由此，大多数人皆为占有辅助人。[5]此种情形于我国也系如此。有鉴于此并基于占有法的法理，我国编纂民法典物权编而设计占有规则时，宜对占有辅助（人）制度及其规则作出明确厘定或建构。

（四）构建占有的变更、移转、合并与分离的规则

《物权法》第 5 编"占有"并无关于占有的变更、移转、合并与分离的规定，而此四方面的规则，实系物权法占有规则系统中必要的基础性规则。故而，我国宜于民法典物权编占有规则的立法中对此四方面的规则予以建构，兹分述如下。

占有的变更又称占有名义的变更、占有的转变或占有状态的变更，即在占有

---

1 参见郑冠宇：《民法物权》（第 5 版），新学林出版股份有限公司 2015 年版，第 704 页。

2 参见我国台湾地区"最高法院"1976 年度台抗字第 163 号判例与 1998 年台上字第 308 号判决。

3 参见郑冠宇：《民法物权》（第 5 版），新学林出版股份有限公司 2015 年版，第 704 页；Staudinger/Bund，12. Aufl.，§ 855，Rn. 16；§ 866，Rn. 8.；我国台湾地区"最高法院"1993 年度台上字第 3057 号判决；台湾大学法律学院、财团法人台大法学基金会编译：《德国民法（总则编、债编、物权编）》（上册，第 2 版），元照出版有限公司 2016 年版，第 836 页。

4 参见郑冠宇：《民法物权》（第 5 版），新学林出版股份有限公司 2015 年版，第 704—705 页。

5 参见王泽鉴：《民法物权》，北京大学出版社 2009 年版，第 423 页。

存续中，占有的状态发生变更。譬如占有人由对物的隐秘占有变为公然占有、他主占有变为自主占有、强暴占有变为和平占有及善意占有变为恶意占有等，皆属之。按占有法法理和比较法上的立法成例，任何人不得仅单纯以自己个人的意思而改变占有的状态，由此保护使其为占有的人，并可阻止占有人时效取得的进行。由此之故，他主占有变为自主占有（譬如借用人打算将借用物据为己有）的，占有人应向出借人为或实施以享有占有物（借用物）的所有权的意思而加以占有的表示。[1] 另外，按当代比较占有法上的立法成例，善意占有人自确知其无占有的本权时起，为恶意占有人。[2]

占有的移转系占有的继受取得的一种原因，[3] 另一原因为占有的继承。[4] 现今比较法上的立法成例与通说认为，占有的移转系指依法律行为而移转，其与动产物权的让与（转让）系属相同，故又称为占有的让与（转让）。其除当事人应进行占有物的交付外，还须当事人之间存在移转占有物的意思表示。[5] 也就是说，当事人双方需有移转占有的合意。概言之，占有的移转，系指根据法律行为而移转，非依法律行为的移转，并不涵括在内。故而，因继承而移转占有，无须交付

1　参见郑冠宇：《民法物权》（第5版），新学林出版股份有限公司2015年版，第714页。另外，罗马法法谚谓："任何人不得仅以意思的变更，为变更占有的原因"。其也意即任何人不得仅单纯以自己个人的意思而改变占有的状态。对此，请参见［日］吉原达也：《日本民法典与西欧法传统》，九州大学出版会2002年版，第275页；谢在全：《民法物权论》（上册），新学林出版股份有限公司2014年版，第471页、第474页注释1。

2　对此，请参见我国台湾地区"民法"第959条与《德国民法典》第990条第1项。值得注意的是，《日本民法》未规定善意占有向恶意占有的转换，其第185条仅定有他主占有向自主占有的转换。

3　关于占有的移转，《瑞士民法典》设有4个条文（自第922条至第925条）对其加以规范，足见此问题于占有规则系统中的地位与价值。

4　关于占有的继承，参见《德国民法典》第857条（占有的可继承性）："占有得移转于继承人。"另外，《瑞士民法典》第560条、《法国民法典》第724条等也设有明文。《日本民法》尽管未设规定，但其学说与实务莫不认可之。对此，请参见［日］松坂佐一：《民法提要（物权法）》（第4版），有斐阁1980年版，第120—121页。

5　依《日本民法》第182条第1项的规定，以占有权的移转为目的的契约，系因占有物的交付而生效力，故而其属于《日本民法》物权变动的意思主义的例外。而所谓占有的交付，即将对物的事实上的支配由让与人移转给受让人。对此，请参见［日］松坂佐一：《民法提要（物权法）》（第4版），有斐阁1980年版，第120页；日本1920年12月27日民录第2087页；日本最判1960年9月1日民集（11）第1991页。

即生效力；窃贼于物的所有人丧失被窃动产的占有后，自动将该动产返还于物的所有人的，也并非系占有的移转。[1]另外，对于直接占有的移转，现今的有力说认为，其系一事实过程，移转时仅需具备如下三项要件即可：（1）移转人有交付的事实意思（Abgabewille）、取得人有取得意思（Erwerbswille），（2）移转人放弃对物的事实管领及（3）取得人接续对物事实上的管领。至于间接占有的移转，则仅需占有人与受让人缔结让与（转让）返还请求权的合意，即可生间接占有移转的效力。该让与（转让）合意性质上为法律行为，当事人自应具有完全民事行为能力。[2]

最后，还应当提及的是，与占有的继受相关联的占有的合并与分离规则。按照占有法法理，占有的继受人将自己的占有与其前占有人的占有合并而进行主张的，即系占有的合并。反之，则为占有的分离。[3]也就是说，占有的继受人可选择占有的合并或分离而为主张。若选择前者，根据一般继受原则及其法理，自应概括继受。故而，前占有人为无权占有、恶意占有或其他有瑕疵的占有的，其自己当然也为无权占有、恶意占有或其他有瑕疵的占有。[4]

（五）明确、建构及补充完善善意占有人的权利推定、责任、必要费用偿还请求权及有益费用偿还请求权规则

《物权法》第5编"占有"的第242条、第243条及第244条尽管业已涉及善意占有人的权利推定、善意占有人的责任、善意占有人的必要费用偿还请求权及善意占有人的有益费用偿还请求权等，但在内容的表述与规则的设计上仍系较为模糊、粗疏，甚至存在很大的缺漏（漏洞）或空白。为此，建议立法机关于编纂民法典物权编占有规则时对此等方面的规则予以补充、建构乃至完善。

1　参见姚瑞光：《民法物权论》，海宇文化事业有限公司1999年版，第398—399页；史尚宽：《物权法论》，荣泰印书馆股份有限公司1979年版，第496页；谢在全：《民法物权论》（上册），新学林出版股份有限公司2014年版，第479页；郑冠宇：《民法物权》（第5版），新学林出版股份有限公司2015年版，第709页；陈华彬：《民法物权论》，中国法制出版社2010年版，第553—554页。

2　参见郑冠宇：《民法物权》（第5版），新学林出版股份有限公司2015年版，第709—710页。

3　参见谢在全：《民法物权论》（上册），新学林出版股份有限公司2014年版，第481—482页；陈华彬：《民法物权论》，中国法制出版社2010年版，第554—555页。

4　参见姚瑞光：《民法物权论》，海宇文化事业有限公司1999年版，第398—399页；参见《日本民法》第187条。

按当代占有法法理与现今比较法上的立法成例，善意占有人只要被推定为于适法的权利范围内，其即可使用、收益占有物。[1] 应注意的是，此所称善意占有人可使用、收益占有物，除所有权权利外，建设用地使用权、土地承包经营权及租赁权等，也属之。于善意占有人的性质发生变化，即变更为恶意占有人后，其不能复对占有物予以使用、收益。至于善意、恶意的决定时期，则以对占有物进行使用、收益之时判断。[2] 另外，需指出的是，善意占有人于保有对占有物的使用、收益权利的同时，也应负其责任。也就是说，善意占有人对自己占有的物的毁损或灭失，如系因可归责于自己的事由导致的，其对回复请求人（如物的所有人等）仅于毁损或灭失所受利益的限度内负赔偿责任。[3]

至于善意占有人的必要费用与有益费用偿还请求权，《物权法》第 5 编"占有"（第 242 条以下）的规定较为模糊，为使可以清晰地规范社会生活，宜参考比较法上的立法成例及科学法理而明确作出如下厘定：所有权人等回复请求人应偿还善意占有人因对占有物予以保存而支出的必要费用；若善意占有人业已取得了占有物的孳息，则其不得向所有权人等回复请求人请求偿还一般的必要费用。至于因改良占有物而支出的有益费用，善意占有人可于占有物现存的增加价值的限度内，请求所有权人等回复请求人偿还。[4]

（六）明确、补充、建构及厘定恶意占有人的责任、必要费用偿还请求权及孳息返还义务规则

与《物权法》对善意占有人的责任等的规定较为模糊，以致实务中难以适用相同，《物权法》第 5 编"占有"（第 242 条、第 243、第 244 条）对恶意占有人的责任、必要费用偿还请求权及孳息返还义务等的厘定也较为笼统、原则、未尽清晰，甚至存在较大的缺漏、空白。由此，有必要于编纂民法典物权编而厘定占

1　参见我国台湾地区"民法"第 952 条。

2　参见郑冠宇：《民法物权》（第 5 版），新学林出版股份有限公司 2015 年版，第 713—714 页。

3　参见［日］松坂佐一：《民法提要（物权法）》（第 4 版），有斐阁 1980 年版，第 126—127 页；我国台湾地区"民法"第 953 条。

4　参见《日本民法》第 196 条第 2 项；我国台湾地区"民法"第 955 条。

有规则系统时对此等方面的规则予以补充、完善或加以建构。

根据当代比较占有法的立法成例与占有法理，首先，对于恶意占有人的责任宜明确：恶意占有人或不以对占有物享有所有权的意思的占有人，其对于占有物的毁损或灭失，若系因可归责于自己的事由导致的，则其对于回复请求人（如所有权人等）应负赔偿责任。其次，应厘定和明确：恶意占有人对于因保存占有物而支出的必要费用，其对回复请求人（如所有权人等）可依有关无因管理的规则请求偿还。最后，还宜明确或建构：恶意占有人取得的占有物的孳息，其应向所有权人等回复请求人予以返还，若其怠于收取孳息或因可归责于其的事由而毁损，抑或业已被其消耗的，则应对孳息的价金予以偿还。[1]

（七）建构、厘定、廓清或释明占有人（含占有辅助人）的自力救济（权）与物上请求权规则的法理基础（支撑）

占有人的自力救济权与物上请求权，系属于对占有的保护。[2]如前述，为维护社会现实存在的对物的管领、支配关系与社会表面秩序的和谐，除非有法律许可的正当防卫、紧急避险及自助行为等特定情形，否则系严格禁止以私力（自力、腕力）排除他人对物的管领、支配，进而变易社会现存的事实状态，破坏社会的现存秩序。如前述，占有尽管并不是一种权利或法律关系，但因立法赋予其法律上的地位，故而任何违背占有人的意思，擅自排除他人对物的占有的管领力的人（含占有物的权利人），法律皆透过赋予占有人自力救济权与物上请求权而予保护，由此恢复其对物的占有关系和社会原存的对物的事实支配状态。[3]《物权法》

1　参见《日本民法》第190条第1项；我国台湾地区"民法"第956条、第957条及第958条。另外，也请参见《瑞士民法典》第940条的规定。

2　参见《瑞士民法典》第926条至第933条。应指出的是，对于占有，除民法（典）物权法（编）的以占有的物上请求权（譬如《物权法》第245条）等予以保护外，如前述，占有还受民法债之关系法中的侵权行为与不当得利规则的保护。也就是说，占有也是受侵权责任法保护的对象，并为不当得利所得请求返还的客体。

3　BaseKomm/Emil W. Stark，2. Aufl. 2003，Vor Art. 926—929，Rn. 2ff.；参见郑冠宇：《民法物权》（第5版），新学林出版股份有限公司2015年版，第715页。至于对他人占有的物有权利的人欲对其主张权利的，则应本于其权利以诉讼方式而非以侵夺其占有的方式为之。故此，当占有人行使自力救济权与物上请求权时，对他人占有的物有权利的人，自不得以本权予以对抗。关于此，又请参见郑冠宇同（前揭）书，第715页。

第5编"占有"仅对占有人的物上请求权设有规定（第245条），而对于占有人的自力救济（权）则系阙如，属于立法上的明显漏洞或空白。故此，编纂民法典物权编而建构占有规则系统时，理应依当代比较法的共通经验与占有法法理作出明定。

值得注意的是，根据现今比较法上的立法成例、占有法法理及实证经验，占有人的自力救济权涵括自力防御权（Besitzwehr）与自力取回权（Besitzkehr）。[1]另外，占有辅助人也可行使占有人的自力救济权。[2]盖占有辅助人（譬如受雇人、公司的会计、出纳等）尽管并不是占有人，但由于其为对物事实上实施管领力，故为使其实施管领的物遭受他人侵夺时可以获得实质保障或保护，即应允许占有辅助人对现实的侵害加以防御而保有自力救济权。譬如受雇看守房屋的人，对于侵入占住其房屋的人，可以以自己的力量将之逐出，即属之。[3]

如前述，尽管《物权法》第245条对占有人的物上请求权设有规定，但仍有必要对此项请求权的法理基础（支撑）做出廓清或释明。具体而言，占有尽管为事实而非权利，但其可移转和继承，并可因此取得占有物的所有权。[4]由此可见，占有实与财产上的（物权）权利并无多大差异［占有由此被称为"类（似）物权"］。而所有权、用益物权、担保物权等财产（物权）权利，则有物权请求权的适用，即物权人对于侵夺其物权标的物的，可请求返还，对于妨害其物权的，可请求除去，对于有妨害物权之虞的，可请求防止。而占有，因其与所有权、用益物权及担保物权等物权权利"类似"，故也应受到类似的保护，即适用占有的物上请求权规则而予保护。应当指出的是，有本权为基础的占有人自应享有占有的物上请求权，无本权为基础的占有人也同样享有此请求权。之所以如此，盖此项请求权系单纯基于占有事实而认可的占有人享有的请求权。毋庸置疑，《物权

1　参见《德国民法典》第859条（占有人的自助）与我国台湾地区"民法"第960条（占有人的自力救济）。

2　参见《德国民法典》第860条（占有辅助人的自力救济）与我国台湾地区"民法"第961条（占有辅助人的自力救济）。

3　参见姚瑞光：《民法物权论》，海宇文化事业有限公司1999年版，第421页。

4　譬如于认可时效取得制度的国家和地区，物的占有人可根据占有的时效取得而取得占有物的所有权，即属之。

法》第 245 条的物上请求权规则的法理基础（支撑）应依此而予廓清或释明。

（八）明定共同占有及建构共同占有物的权利行使规则

《物权法》第 5 编"占有"对共同占有及其权利行使规则未作规定，而此种占有形态系我国现今实务中常见的、运用较为广泛的占有（譬如合租房屋等）情形。现实的实务需求表明，编纂民法典物权编而厘定占有规则系统时，对于共同占有的涵义、法理及各占有人对共同占有物的权利行使规则等，亟须予以明确、建构或廓清。

根据占有法法理与实证经验，对于物的管领、支配由数人共同实施的，即是共同占有，涵括通常共同占有与公同共同占有。通常共同占有，又称为单纯共同占有（einfacher Mitbesitz）、分别共同占有或重复共同占有（vervielfältiger Besitz），系占有尽管由数人为之，但各占有人均可单独行使其对物的管领力。譬如数人共同承租一房屋，各个人对各自使用的房间为单独占有，惟对共用的浴室、厨房，则为通常共同占有。[1]公同共同占有（qualifizierter Mitbesitz），又称为统一共同占有，系全体共同占有人仅对占有物共有一管领、支配的权限。譬如二人对存放于仓库的货物，各有不同的钥匙，需共同使用方可开启，即属之。[2]值得提及的是，于《德国民法典》上，根据其第 866 条关于共同占有的规定，共同占有不以占有人间存在共同目的为必要，惟需有所谓"占有同一阶次"（Gleichstuftigkeit des Besitz）的关系。通常共同占有系各共有人的自由使用占有物的关系，而公同共同占有则为各占有人必须共同使用占有物的关系。[3]

应当指出的是，按当代比较立法成例、占有法法理及实证经验，一物被两个或两个以上的人共同占有时，对于共同占有物的使用的范围，各个人不得互相请求应受占有法规则的保护。[4]之所以如此，其因由是：共同占有如系基于本权，即

---

[1] 参见郑冠宇：《民法物权》（第 5 版），新学林出版股份有限公司 2015 年版，第 707 页。

[2] 参见郑冠宇：《民法物权》（第 5 版），新学林出版股份有限公司 2015 年版，第 707 页。

[3] 参见台湾大学法律学院、财团法人日大法学基金会编译：《德国民法（总则编、债编、物权编）》（上册，第 2 版），元照出版有限公司 2016 年版，第 842 页。

[4] 参见《德国民法典》第 866 条（共同占有）；我国台湾地区"民法"第 965 条。

基于本权的共同占有，别的（他）共同占有人对占有物所得使用的范围如有争执，系本权的争执，应依本权之诉加以解决；如非基于本权的共同占有，关于其使用范围，则系依各人对于该物的事实上的管领力而定，他人或人民法院无法判断使用是否逾越了范围，故而自不应当请求占有的保护。[1] 在对外关系上，对于侵夺共有物的第三人，各共同占有人皆可基于占有的权限，而独自对第三人行使占有人的物上请求权[2]。

（九）明确厘定占有的消灭与准占有的规则

占有的消灭与准占有，系占有法系统中的不可或缺的必要规则。有鉴于《物权法》第5编"占有"对之未作厘定或明确，故而建议立法机关于编纂民法典物权编占有规则时，根据当代比较法上的共通经验及占有法法理而予增定。

按占有法法理，占有既然系占有人对于物有事实上的管领力，则若占有人事实上已对占有物无管领、支配力，占有即无存续的可能而应消灭。也就是说，"占有因占有人抛弃或依其他情形丧失其对于物的事实上管领力而消灭"，惟"性质上系因暂时的妨碍不能实施其管领力的，占有不消灭"（《德国民法典》第856条、《日本民法》第203条）。[3] 至于何种情形方可认为丧失对于物的事实上的管领力，则需就具体事实，依法律规定及一般社会观念判定。具体而言，将占有物抛弃、因让与（转让）而交付占有物、对于占有辅助人表示抛弃占有的意思，及占有物的丢失、占有的动物走失、占有物因地震灭失抑或占有物被征收、没收等，皆系占有人丧失对于占有物的管领力，从而占有归于消灭。实务中，对于物的事实上的管领力还（尚）存在，仅表示抛弃对物的占有的意思的，其占有并不由此而消灭。至于占有人对于占有物的管领力并非确定的丧失，仅系一时（或暂时）不能实施而可预期回复的，其占有也不消灭。[4] 譬如占有的物品尽管被盗多

1　参见姚瑞光：《民法物权论》，海宇文化事业有限公司1999年版，第391—392页。

2　参见郑冠宇：《民法物权》（第5版），新学林出版股份有限公司2015年版，第707页。

3　类似的规定也请参见我国台湾地区"民法"第964条。

4　参见《瑞士民法典》第921条："占有人暂时不能行使或中断对物的事实上管领力者，不丧失其占有。"

日，但现已人赃俱获，可请求返还。占有的土地被洪水浸没数日，房客于柜台办理退房手续时发现还有手表遗留于客房，及于拜访友人时临行遗忘衣物等，其占有皆不消灭。[1]

准占有为一种与物的占有相对应的权利的占有。也就是说，事实上行使不因物的占有而成立的财产权的，其应受到与对物的占有相同的保护。具体而言，准占有的成立需具备如下要件[2]：（1）需以财产权为标的。[3]非财产权如人格权、身份权，并非准占有的标的。另外，性质上尽管为财产权，但其需具有一定的身份关系方可行使（譬如退休金请求权、扶养费请求权）的，也不得为准占有的标的。（2）需不因物的占有而成立的财产权。建设用地使用权、动产质权、租赁权等以占有标的物方可行使其权利、享受其权利的内容，地役权（不动产役权）、抵押权、债权及无体财产权等，其权利人无须占有标的物，即可享受其权利的内容。需经占有标的物方可享受权利内容的，其经由或透过对物的占有而行使权利，其利益直接根据占有的规则受到保护。故而，准占有系对非因占有而成立的财产权（譬如地役权等不动产役权、抵押权、债权、知识产权、矿业权、渔业权及撤销权、解除权等形成权[4]），方有必要。（3）需事实上行使他人的财产权。此所称事实上行使，系与占有的事实上管领相当，通常只需依一般交易或社会观念，有使人认识其事实上支配该财产权的客观情事即可。具体应就财产权的种类、性质与各种外观等情事而确定。最后，根据比较法上的共通经验，准占有的效力是：法律关于占有的规定，对准占有准用之。[5]也就是说，基于占有所生的各

1　参见姚瑞光：《民法物权论》，海宇文化事业有限公司1999年版，第426页；王泽鉴：《民法物权2用益物权·占有》，中国政法大学出版社2001年版，第223页；陈华彬：《民法物权论》，中国法制出版社2010年版，第568—569页。

2　参见郑冠宇：《民法物权》（第5版），新学林出版股份有限公司2015年版，第725页；谢在全：《民法物权论》（上册），新学林出版股份有限公司2014年版，第558页。

3　参见《日本民法》第205条与我国台湾地区"民法"第966条。惟《德国民法典》则系仅以地役权（不动产役权）和人役权为标的（第1029条、第1090条第2项），《瑞士民法典》也仅以地役权（不动产役权）和土地负担为标的（第919条第2项）。

4　关于此等财产权为准占有的客体，请参见谢在全：《民法物权论》（上册），新学林出版股份有限公司2014年版，第558—559页。

5　参见《日本民法》第205条；我国台湾地区"民法"第966条第2项。

种效力（譬如占有保护的规定、清偿的效力），其性质上与准占有不相抵触的，皆可予以准用。

四、结语

占有系民法（典）物权法（编）上一项关键、重要的基础性制度，其于整个物权法、民法乃至全体私法上占据的地位、功用及价值不应小觑。此项制度肇源于罗马民法与日耳曼民法，之后经中世纪民法（"寺院法"）和近代民法的传承，而于现代和当代终底于成，蔚成一项概念清晰、结构复杂、完整、缜密的制度与规则系统。如前述，我国现行《物权法》尽管定有其明文，但因规定得较为简略而致实务的适用不免捉襟见肘、不敷使用。由此，我国编纂民法典物权编时宜于现有的基础上，对占有制度及其规则作出进一步的厘定、建构、完善或法理上的释明。笔者期冀，透过这样的工作和努力，涵括占有制度及其规则在内的我国民法典物权编等，将可更加科学、有效、系统地作用于我国的人民、社会及国家，由此发挥其支撑、维系和稳定社会的和平与秩序的功用与价值。

如前述，我国宜继续坚持现有立场而于民法典物权编之末规定占有规则，及应当确立、建构、补充和完善涵括占有的涵义厘定在内的诸多基础性规则，由此而使占有规则的系统效应得以彰显。另外，也宜对占有保护请求权等作出法理上的科学、合理的释明。最后，下列一些问题于此也一并予以提出，以供立法机关斟定：（1）因我国《民法总则》第181条、第182条仅明定了自卫行为（正当防卫和紧急避险），而未规定自助行为，故此，占有规则系统中应否对自助行为作出规定。（2）是否应当取《德国民法典》第857条的经验，而明定占有的可继承性。（3）应否取《德国民法典》第865条的经验而规定"部分占有"。（4）是否应当明定"自主占有"的涵义及其判定[1]。

1　关于此，《德国民法典》第872条定有明文："以所有的意思而占有其物者，为自主占有人。"

物的所有权人与无权占有人间的法律关系

一、引言

物的所有权人与无权占有人间的法律关系（Eigentümer-Besitzer-Verhältnis，简称 EBV）又称回复人与占有人的关系 [1] 抑或回复请求人与占有人的权利义务关系 [2]，主要涵括物的所有权人与无权占有人间的返还请求权，和物的所有权人立基于对于物的所有权而享有的请求返还孳息、赔偿损害及偿还费用等所谓次要返还请求权（Nebenansprüche aus dem Eigentum）[3] 或所有物返还请求权的从请求权（Nebenansprüche）。[4] 本文着重研议后者，即物的所有权人与无权占有人间的请求返还孳息、赔偿损害及偿还费用的次要返还请求权（所有物返还请求权的从请求

---

[1] 参见［日］田山辉明：《物权法》，三省堂 1993 年第 3 刷发行，第 191 页。亦即，回复请求人与占有人的关系，乃系指无权占有人对于回复请求人返还占有物时而发生的权利义务关系。对此，请参见郑玉波著，黄宗乐修订：《民法物权》（修订 15 版），三民书局 2007 年版，第 467 页。

[2] 参见谢在全：《民法物权论》（上），新学林出版股份有限公司 2014 年版，第 513 页。

[3] 参见郑冠宇：《民法物权》（第 8 版），新学林出版股份有限公司 2018 年版，第 225 页；郑冠宇："所有权人与占有人之返还关系"，载杨建华教授七秩诞辰祝寿论文集：《法制现代化之回顾与前瞻》，月旦出版社股份有限公司 1997 年版，第 456 页。

[4] 参见王泽鉴：《民法物权》，2014 年自版，第 655 页注释 1。应注意的是，所有权人与占有人间的请求权尽管乃系从属于所有物返还请求权这一主请求权，然其本身独立之债的请求权，得脱离主请求权（譬如所有物返还请求权）而作为处分的客体（对象）。所有权让与（转让）时，此类已发生的从请求权并不随而移转。另外，所有权人与占有人间的权利义务，性质（或特性）上乃为一种法定债的关系。对此，请参见王泽鉴：《民法物权》，2014 年自版，第 657 页；谢在全：《民法物权论》（上），新学林出版股份有限公司 2014 年版，第 513 页。

权），而对物的所有权人与无权占有人间的返还请求权，[1] 则拟设另外的专题而予研究。进言之，本文着重考量所有权人与占有人间的如下法律关系 [2]：占有物所生的孳息如何处理，是否应予一并返还，抑或由占有人取得，原物灭失或毁损而无法返还时，占有人应如何负赔偿责任，以及占有人为占有物支出费用时，得否向所有权人请求偿还。此等内容或规则乃因占有人系善意或恶意而有不同抑或有差异。

值得指出的是，按照近现代与当代物权法立法成例、法理或学理，物的所有权人立基于所有权而请求无权占有人返还其所有物，乃为所有权人最重要的权利。惟实务中，所有权人单纯据此所有物返还请求权有时还不足以维护自己的权益。[3] 之所以如此，盖因所有权人即便自无权占有人处受领了所有物的移转占有（返还），但于无权占有人之前已对物进行了使用、收益，所有权人的所有物由此遭受耗损、灭失或毁损时，物的所有权人仍会遭受不利益或侵害。[4] 故此，物的所有权人对自己利益的维护，除得立基于返还请求权而请求无权占有人返还所有物

1　应值指出的是，无权占有人将占有物返还于所有权人的情形主要有二：一是，基于某种法律关系或法律规定而需返还者，譬如基于建设地使用权、质权、留置权的物权关系，或基于租赁、委托、借用的债的关系，抑或基于无因管理、不当得利、侵权行为、合同解除等法律规定而需将占有物返还给所有权人。二是，不基于任何既有的法律关系而需返还者。此即无权占有人遇有所有权人的请求时，需将占有物返还。惟此乃仅指无权占有人未能依善意受让而取得其所有权而言，若已取得其所有权的，则成为有权占有，自不发生返还的问题。占有既然有善意与恶意之分，善意占有人与恶意占有人的权利义务自也存在差异。对此，请参见郑玉波著，黄宗乐修订：《民法物权》（修订 15 版），三民书局 2007 年版，第 467—468 页；参见吴光明：《新物权法论》，三民书局 2009 年版，第 383 页。

2　参见郑玉波著，黄宗乐修订：《民法物权》（修订 15 版），三民书局 2007 年版，第 468 页。也就是说，无权占有某物，依法应返还于所有权人时，乃发生如下问题：对物的使用、收益应否返还，物的灭失、毁损应否赔偿，以及对物支出费用，应否求偿。对于此等问题，其本应适用民法一般原则，即关于物的使用、收益依不当得利，关于物的灭失、毁损，依侵权行为，及关于对物支出费用，依无因管理或不当得利。惟日本（参见《日本民法》第 189—191 条）、瑞士（参见《瑞士民法典》第 916—940 条）、德国（参见《德国民法典》第 987—1003 条）及我国台湾地区（参见其"民法"第 952—959 条）乃另设规定而加以规范。对此，请参见王泽鉴：《民法物权》，2014 年自版，第 655—656 页；陈华彬：《物权法要义》，中国政法大学出版社 2018 年版，第 506 页。

3　参见郑冠宇：《民法物权》（第 8 版），新学林出版股份有限公司 2018 年版，第 224 页。

4　参见郑冠宇：《民法物权》（第 8 版），新学林出版股份有限公司 2018 年版，第 224 页；郑冠宇："所有权人与占有人之返还关系"，载《法制现代化之回顾与前瞻：杨建华教授七秩诞辰祝寿论文集》，月旦出版社股份有限公司 1997 年版，第 454 页。

外，更应请求无权占有人偿还占有物的使用、收益，及对占有物的灭失、毁损予以赔偿。而此乃应根据侵权行为或不当得利规则提出主张。[1]另外，无权占有人占有所有权人的物有时并非出于恶意，其也有可能系出于不知自己无占有的权源的善意（占有），此时无权占有人若对所有权人的物为使用、收益，其情形乃与侵权行为或一般的不当得利存在差异，故而应有特别讨论或考量的实益或必要。[2]最后，无权占有人对所有权人的物实施占有期间还可能对占有物支出费用，而为不使所有权人反而获利，于其对无权占有人请求返还占有物时，也应加以相当的偿还。[3]如此，方称公平、允当。

我国民法典物权编"占有"共计5个条文，其中大体涉及物的所有权人与无权占有人之间的孳息返还、费用偿还及损害赔偿请求权的，乃主要有4个条文。为着对这些有关物的所有权人与无权占有人间的法律关系的规定的妥切的解释适用，本文尝试对物的所有权人与无权占有人间的法律关系展开讨论，由此期冀其可对我国民法（典）中此重要问题的解释论（注释论、评注论）有所助益或裨益。

二、物的所有权人与无权占有人间的（返还）法律关系的因由（基础）与（返还）法律关系的主体（当事人）

按近现代与当代物权法立法成例、法理或学理，无权占有人对所有权人的物的无权占有，以及之前曾为有权占有，而之后占有的权源丧失的（亦即失权占

---

[1]　参见郑冠宇：《民法物权》（第8版），新学林出版股份有限公司2018年版，第224页。也就是说，物的所有权人请求无权占有人返还所有物（占有物），还可根据不当得利与侵权行为的规则而为之。惟于物的所有权人对无权占有人请求返还占有物（所有物）的孳息、损害赔偿及无权占有人请求物的所有权人返还为占有物而支出的费用时，民法债法（编）对于不当得利与侵权行为的规定，乃与民法物权法（编）对此问题的规定未尽相同，此即发生二者的竞合，系为学理解释与实务适用中的重要课题。对此，请参见郑冠宇："所有权人与占有人之返还关系"，载《法制现代化之回顾与前瞻：杨建华教授七秩诞辰祝寿论文集》，月旦出版社股份有限公司1997年版，第454页注释3。

[2]　参见郑冠宇：《民法物权》（第8版），新学林出版股份有限公司2018年版，第224页。

[3]　参见郑冠宇：《民法物权》（第8版），新学林出版股份有限公司2018年版，第224页。

有），乃系物的所有权人与无权占有人间的（返还）法律关系的因由或基础（Vindiktionsgrundlage）。[1] 具体而言，于有权占有的情形，无论占有人系基于物权或债权而占有物，因返还因由或基础并不存在，故而物的所有权人不得向有权占有人请求返还占有物。[2] 而如前述，所有权人与无权占有人间的请求返还孳息、赔偿损害及偿还费用的次要返还请求权的因由或基础因系附随于所有物返还请求权的返还基础，系为所有物返还请求权的从请求权，故而无权占有也就成为物的所有权人基于所有权而生的次要返还请求权（从请求权）的因由或基础。[3] 另外，所谓无权占有人，乃涵括善意与恶意的无权占有人两种形态。至于有权占有，则并无必要或实益作此善意与恶意的界分。[4]

失权占有也为物的所有权人与无权占有人间的（返还）法律关系的因由或基础。具体而言，立基于债的关系而实施占有，于占有期限届满或合同关系终止后占有权源不复存在，原有权占有人因而丧失其占有权源，也就是说，其对于物的所有权人而言已不复为有权占有人，而系失权占有人（der Nicht-mehr-Berechtigte）。[5] 此时物的所有权人既可立基于合同关系请求权，也可对失权占有人行使占有物（所有物）返还请求权而请求返还占有物（所有物）。譬如，租赁合同终止后，出租人（物的所有权人）得选择所有物（租赁物）返还请求权抑或租赁合同返还请求权而请求返还租赁物，即属之。[6] 并且，按照现今比较物权法法理与学理的通说，基于所有权而生的次要返还请求权（从请求权），仍得适用于失权占有人。

1　参见郑冠宇："所有权人与占有人之返还关系"，载《法制现代化之回顾与前瞻：杨建华教授七秩诞辰祝寿论文集》，月旦出版社股份有限公司1997年版，第457页。

2　参见郑冠宇：《民法物权》（第8版），新学林出版股份有限公司2018年版，第225页。

3　参见郑冠宇：《民法物权》（第8版），新学林出版股份有限公司2018年版，第225页。

4　参见郑冠宇：《民法物权》（第8版），新学林出版股份有限公司2018年版，第225页。

5　参见郑冠宇：《民法物权》（第8版），新学林出版股份有限公司2018年版，第225页。

6　参见我国台湾地区"最高法院"1986年度台上字第801号判决；郑玉波著，黄宗乐修订：《民法物权》（修订15版），三民书局2007年版，第76页。此也为德国通说，对此请参见Staudinger/Gursky，§816，Rn；Medcus，Bürgh，Rn. 593。另外，也请参见詹森林："租赁物返还请求权与所有物返还请求权间之竞合关系"，载《万国法律》第45期，第30页以下；郑冠宇："所有权人与占有人之返还关系"，载《法制现代化之回顾与前瞻：杨建华教授七秩诞辰祝寿论文集》，月旦出版社股份有限公司1997年版，第458页及该页注释11。

之所以如此，乃盖因所有物返还请求权得适用于失权占有人，及立基于所有物返还请求权与合同返还请求权竞合说的法理与学理。[1]应值指出的是，德国原则上采此学理与法理的同时，也认为合同关系之后终结而债法中已对合同终结后的返还关系与损害赔偿有特别规定时，此等特别规定应优先适用。譬如《德国民法典》第557条对于承租人迟延的责任即是。[2]尤其值得提及的是，新近德国多数学理认为，合同关系终结后，债的返还关系与侵权行为、不当得利的规定皆应优先于基于所有权而生的次要返还请求权（从请求权）适用。[3]若不如此，则所有权人与占有人的返还关系中对于善意占有人的保护的规定，[4]即无法合理平衡合同了结（终结）后当事人之间的利益。[5]

值得注意的是，实务中，譬如甲将其车依所有权保留的方式出卖给乙，并交付之。乙驾驶该车发生车祸，于是乃依其与甲订立的买卖合同的规定，将该车交付丙修理，之后甲以乙对分期的给付迟延为由，解除买卖合同，并基于所有物返还请求权对丙请求返还该车，丙则以该车修理费还未支付为由拒绝返还。[6]对此实例，我国台湾地区学理通说认为，所有权人对失权占有人得选择行使所有物返还

1　参见郑冠宇："所有权人与占有人之返还关系"，载《法制现代化之回顾与前瞻：杨建华教授七秩诞辰祝寿论文集》，月旦出版社股份有限公司1997年版，第459页。

2　参见郑冠宇："所有权人与占有人之返还关系"，载《法制现代化之回顾与前瞻：杨建华教授七秩诞辰祝寿论文集》，月旦出版社股份有限公司1997年版，第459页。

3　Vgl. Münchkomm/Medicus, Vorbem, §§987—1003, Rn. 19；Palandt/Bassenge, Vorbem. V §987, Rn. 6ff., Soergel/Mühl, Vor §§987—1033, Rn. 12, 16f.；Baur/stürner, SachR § 11B Ⅰ2；Fikeutscher, SchuldR, 102V2；Wolff—Raiser, §84Ⅰ Fn3. 参见郑冠宇："所有权人与占有人之返还关系"，载《法制现代化之回顾与前瞻：杨建华教授七秩诞辰祝寿论文集》，月旦出版社股份有限公司1997年版，第460页及该页注释15。

4　应值指出的是，近现代与当代民法设立所有权人与占有人回复关系的特殊规则，由此而使之不适用民法的一般规则的旨趣，乃系在于优惠或照顾善意占有人。对此，请参见王泽鉴：《民法物权》，2014年自版，第656页；谢在全：《民法物权论》（上），新学林出版股份有限公司2014年版，第513、520页；郑玉波著，黄宗乐修订：《民法物权》（修订15版），三民书局2007年版，第469页。

5　AK/Joerges, Vor §987ff., Rn. 39. 参见郑冠宇："所有权人与占有人之返还关系"，载《法制现代化之回顾与前瞻：杨建华教授七秩诞辰祝寿论文集》，月旦出版社股份有限公司1997年版，第460页及该页注释16。

6　参见郑冠宇："所有权人与占有人之返还关系"，载《法制现代化之回顾与前瞻：杨建华教授七秩诞辰祝寿论文集》，月旦出版社股份有限公司1997年版，第462页。

请求权抑或契约返还请求权。之所以如此，盖因甲、丙间并不存在任何契约关系，丙的占有系基于乙的占有的连锁（Besitzkette）而来，故而其占有权源也因甲对乙解除契约而丧失。丙为无权占有人，甲基于所有权的保留仍为该车的所有权人，于是得对丙主张所有物返还请求权。[1]惟有疑问的是，丙可否对甲主张费用偿还请求权而留置该车。对于此点，学理与实务中存在较大争议。

按照德国实务界的做法，尽管根据《德国民法典》第1000条[2]，对占有物支出费用的偿还请求权及基于此权利而生的留置权仅适用于无权占有人，然对于在受请求返还占有物时方丧失其占有权利的失权占有人，原则上仍应有其适用。[3]失权占有人于所有权人解除契约前，基于有权利人地位对占有物支出的费用，并不足以影响其于契约解除后，立基于无权占有人的地位请求所有权人就自己之前对占有物支出的费用而予偿还。[4]之所以如此，盖因有权占有人不应较自始为无权占有的人享有较劣的地位，[5]故而丙得于受清偿修理费用前，对甲主张留置权。而于学理上，多数德国学者则认为，质权的善意取得原仅限于因法律行为而设定的情形，惟《德国商法典》第366条第3项[6]也认可法定质权的善意取得，据此类推

1　参见郑冠宇："所有权人与占有人之返还关系"，载《法制现代化之回顾与前瞻：杨建华教授七秩诞辰祝寿论文集》，月旦出版社股份有限公司1997年版，第462页。

2　《德国民法典》第1000条（占有人的留置权）规定："占有人在未受费用的偿还前，得拒绝物的返还。占有人故意以侵权行为取得物的占有的，无留置权。"对此，请参见台湾大学法律学院、财团法人台大法学基金会编译：《德国民法（总则编、债编、物权编）》（上册，第2版），元照出版有限公司2016年版，第922页。

3　参见郑冠宇："所有权人与占有人之返还关系"，载《法制现代化之回顾与前瞻：杨建华教授七秩诞辰祝寿论文集》，月旦出版社股份有限公司1997年版，第462页。

4　参见郑冠宇："所有权人与占有人之返还关系"，载《法制现代化之回顾与前瞻：杨建华教授七秩诞辰祝寿论文集》，月旦出版社股份有限公司1997年版，第462—463页。

5　参见BGHZ34，122，129；51，250，251；郑冠宇："所有权人与占有人之返还关系"，载《法制现代化之回顾与前瞻：杨建华教授七秩诞辰祝寿论文集》，月旦出版社股份有限公司1997年版，第462—463页。

6　《德国商法典》第366条第3项规定："行纪人、承运人、运输代理人和仓库营业人的法定质权，在善意的保护方面，视同依第1项以合同取得的质权，但承运人、运输代理人和仓库营业人对非为据以产生应由质权担保的债权的合同标的物的物品的法定质权，只在取得人的善意涉及合同他方当事人的所有权的限度内，视同依第1项以合同取得的质权。"对此，请参见杜景林、卢谌译：《德国商法典》，中国政法大学出版社2000年版，第173页。

适用（entsprechend anwenden），前例中丙应可根据《德国民法典》第 647 条 [1] 的规定而善意取得—承揽人法定质权（Unternehmerpfandrecht），故而丙可基于善意取得的法定质权而对甲根据《德国民法典》第 986 条 [2] 的规定主张有权占有的抗辩。[3]

另外，按照物权法立法成例、法理或学理，物的所有权人与无权占有人间的（返还）法律关系的当事人并不仅限于所有权人，而系凡依债权关系或物权关系得请求回复其物的占有的人，譬如建设用地使用权人、承租人、借用人皆涵括在内，[4] 且占有人还包括直接占有人与间接占有人。[5] 善意无权占有人，其受法律的保护，得立基于法律的相关规定主张其权利。至于恶意占有人，则系不得对第三人主张其占有属合法权益，乃自不待言。[6]

1　《德国民法典》第 647 条（承揽人质权）规定："承揽人因契约所生的债权，就其所为制作或修缮的定作人的动产，如该动产于制作时或因修缮目的而归其占有的，享有质权。"对此，请参见台湾大学法律学院、财团法人台大法学基金会编译：《德国民法（总则编、债编、物权编）》（上册，第 2 版），元照出版有限公司 2016 年版，第 664 页。

2　《德国民法典》第 986 条（占有人的抗辩权）规定："占有人对于所有人有其占有权利的，得拒绝返还其所有物，占有人的占有权利由间接占有人而取得的，该间接占有人对于所有人有其占有权利时，亦同。间接占有人对于所有人无权将其占有移转于占有人的，所有人得向占有人请求将所有物返还于间接占有人；间接占有人不能或不愿取回的，并得请求返还于本人。动产依第 931 条规定，因返还请求权的让与代物的交付的，其占有人得以其对于该让与的请求权所得主张的抗辩对抗所有人。"对此，请参见台湾大学法律学院、财团法人台大法学基金会编译：《德国民法（总则编、债编、物权编）》（上册，第 2 版），元照出版有限公司 2016 年版，第 913—914 页。

3　Vgl. Baur, SachR, 15. Aufl., §55c Ⅱ 2a; Staudinger/Wiegand, §1257, Rn. 14; Münch Komm/Damrau, §1257, Rn. 3; Euman/Küchenhoff, §1257, Rn. 3; Serick, Eigentumsvorbegalt und Sicherungsübertragung Bd. 1, S. 244ff; 参见郑冠宇："所有权人与占有人之返还关系"，载《法制现代化之回顾与前瞻：杨建华教授七秩诞辰祝寿论文集》，月旦出版社股份有限公司 1997 年版，第 463 页及该页注释 25。另外，德国学者赖泽尔（Raiser）则认为所有物返还请求权应受契约返还请求权的限制，甲既然根据契约的约定而将汽车交付给乙，则其所有权的行使即受该契约的限制，故而其仅能根据契约向乙请求返还所有物。对此，请参见 Raiser, Fest. f. Wolff 1952, S. 123ff.; Wolff/Raiser, SachR, §84 Ⅰ 2; JZ1961, 529ff; 郑冠宇："所有权人与占有人之返还关系"，载《法制现代化之回顾与前瞻：杨建华教授七秩诞辰祝寿论文集》，月旦出版社股份有限公司 1997 年版，第 463—464 页及第 464 页注释 26。

4　参见郑冠宇：《民法物权》（第 8 版），新学林出版股份有限公司 2018 年版，第 228 页；王泽鉴：《民法物权》，2014 年自版，第 658 页。

5　参见王泽鉴：《民法物权》，2014 年自版，第 658 页。

6　参见郑冠宇：《民法物权》（第 8 版），新学林出版股份有限公司 2018 年版，第 228 页。

三、物的所有权人与无权占有人间的（返还）法律关系的形态（类型）、内容与相关问题

如前述，物的所有权人除与无权占有人间存在返还所有物的请求权外，还有附随于所有物返还请求权的次要返还请求权（所有物返还请求权的从请求权），其具体涵括孳息返还请求权、损害赔偿请求权及费用偿还请求权。这其中，前二者，即孳息返还请求权与损害赔偿请求权，为物的所有权人对无权占有人得行使的权利，而费用偿还请求权则为物的无权占有人对所有权人得行使的权利。[1] 兹逐一分述如下。

（一）善意与恶意占有人的厘定和善意占有人的孳息取得权与恶意占有人的孳息返还义务

按照近现代与当代物权法立法成例、法理或学理，对于基于所有权而生的次要返还请求权（所有物返还请求权的从请求权），乃系根据占有人对所有权人的物的占有系为善意（占有）抑或恶意（占有）之不同，而分别定其是否返还的法律效果。总体而言，其旨趣主要在于体现对善意占有人的保护。[2] 惟对于善意占有人的孳息取得权与恶意占有人的孳息返还义务而言，其首要的是应确定何谓善意占有（人）与恶意占有（人）。根据新近的有力说，不知对物无占有的权利，而误信有此权利且对自己的误信并无怀疑而占有的，即为善意占有；[3] 误信有本权，而不问对该误信有无过失的占有人，即为善意占有人。[4] 譬如误信拥有伴随所有权、建设用地使用权、土地承包经营权与租赁权的孳息收取权的本权（而实施占

---

1 参见郑冠宇："所有权人与占有人之返还关系"，载《法制现代化之回顾与前瞻：杨建华教授七秩诞辰祝寿论文集》，月旦出版社股份有限公司1997年版，第470页。

2 参见我国台湾地区"民法"第952条以下的"立法理由书"。

3 参见姚瑞光：《民法物权论》，吉锋彩色印刷股份有限公司2011年版，第414页；谢在全：《民法物权论》（上），新学林出版股份有限公司2014年版，第459页以下；郑玉波著，黄宗乐修订：《民法物权》（修订15版），三民书局2007年版，第443页；王泽鉴：《民法物权》，2014年自版，第545页。

4 参见［日］滝沢聿代：《物权法》，三省堂2013年版，第138页。

有）的占有人，即为善意占有人。[1]然误信拥有留置权、动产质权的并无孳息收取权的本权的占有人，则不属之。并且，如前述，对于善意，也并不追问占有人有无过失。[2]换言之，通常所称善意，乃以不知为已足。若对于某物自己是否有权占有已有怀疑而仍占有的，自不应使其享受善意占有的利益（此为甄别、分隔善意占有与恶意占有的实益）。[3]故此，虽不明知自己无权占有而有怀疑的，不得认为系善意占有。实务中，根据占有的推定效力规则，若无反证，法律推定为善意占有，[4]待本权诉讼败诉时，则视为恶意占有。也就是说，恶意的占有人因本权之诉败诉的，视为恶意的人。[5]概言之，对于自己是否有权占有（某物）已有怀疑而仍占有的，为恶意占有。[6]另外，按照学理，因让与（转让）所有权而受占有的移转时，受移转人若对移转占有的人不具有所有权或处分权（限）系恶意，则其应对自己无占有的权源也属恶意。[7]至于对于恶意的判定（解释），其也有包含重过失的情形。也就是说，占有具有重过失的，也属恶意。[8]此外，学理还认为，若对善意受让的善意、恶意采取因重大过失而不知作为分隔标准，则因重大过失而不知自己无占有的权源的人，也为恶意占有人。[9]还有，因善意占有人对其占有是否具有本权并无查证的义务，故而对占有人的占有权源表示异议的人，于未对占有人提起诉讼，而仅请求占有人返还占有物时，善意占有人并不发生性质（或特性）上的变化，即由此变更为恶意占有人。[10]故而，占有人事后即使因重大过失而

1　参见［日］松井宏兴：《物权法》，成文堂 2017 年版，第 252 页；［日］田山辉明：《物权法》，三省堂 1993 年第 3 刷发行，第 196 页。

2　参见［日］松井宏兴：《物权法》，成文堂 2017 年版，第 252 页。

3　参见姚瑞光：《民法物权论》，吉锋彩色印刷股份有限公司 2011 年版，第 414 页。

4　参见陈华彬：《物权法论》，中国政法大学出版社 2018 年版，第 680 页；我国台湾地区"民法"第 944 条第 1 项。

5　参见我国台湾地区"民法"第 959 条；姚瑞光：《民法物权论》，吉锋彩色印刷股份有限公司 2011 年版，第 414 页。

6　参见姚瑞光：《民法物权论》，吉锋彩色印刷股份有限公司 2011 年版，第 414 页。

7　参见郑冠宇：《民法物权》（第 8 版），新学林出版股份有限公司 2018 年版，第 227 页。

8　参见［日］滝沢聿代：《物权法》，三省堂 2013 年版，第 139 页。

9　参见郑冠宇：《民法物权》（第 8 版），新学林出版股份有限公司 2018 年版，第 228 页。

10　参见郑冠宇：《民法物权》（第 8 版），新学林出版股份有限公司 2018 年版，第 228 页。

不知其无占有的权源，也不能使其负恶意占有人的责任。[1]但是，若根据客观事实足以认为善意占有人之后已确知其无占有本权，譬如物的所有权人已向占有人提出权利证明书或有关国家机关对其发出返还占有物的通知的，则善意占有人也就变易为恶意占有人。[2]

善意占有人的孳息取得权。按照近现代与当代物权法立法成例、法理或学理，善意占有人得取得由占有物而生的孳息。[3]也就是说，不知道包含所有权、建设用地使用权、宅基地使用权与租赁权的本权的不存在，而占有属于他人的权利的原物，取得其孳息的人，得受到保护。[4]善意的认定，系以孳息由原物分离时作为其基准，[5]且也不问占有人有无过失，善意占有人皆受保护。之所以如此，乃在于占有人取得的对象并非占有物本身，而仅系单纯的孳息，其价值通常也较低。[6]另外，不独消费掉的孳息，且收取后还存在抑或残留于占有人手中的孳息，也无需向物的所有权人返还。[7]之所以如此，盖因尽管无收取孳息的权限但却误信为有此权限的占有人（即善意占有人）通常收取孳息后即将之消费，故而若之后让其

1　参见郑冠宇：《民法物权》（第8版），新学林出版股份有限公司2018年版，第228页。

2　对此，请参见《德国民法典》第990条第1项（知悉时占有人的责任）："占有人之取得占有系非善意者，自其取得之时起，对于所有人应负第987条、第989条规定之责任。占有人在事后知悉其无权占有者，自其知悉之时起，应负前段所定之责任。"应值指出的是，该规定也称为恶意占有人的责任。此所称非善意，系指占有人知悉或因重大过失而不知其无占有的情事。另外，对于该规定，还可参考的条文有《德国民法典》第933条、第955条第1项第2段及第987条。对此，请参见台湾大学法律学院、财团法人台大法学基金会编译：《德国民法（总则编、债编、物权编）》（上册，第2版），元照出版有限公司2016年版，第916—917页。此外，也请参见我国台湾地区"民法"第959条第1项、第2项。第959条第1项规定："善意占有人自确知其无占有本权时起，为恶意占有人。"第2项规定："善意占有人于本权诉讼败诉时，自诉状送达之日起，视为恶意占有人。"参见郑冠宇：《民法物权》（第8版），新学林出版股份有限公司2018年版，第228页。

3　参见《日本民法》第189条第1项。

4　参见［日］滝沢聿代：《物权法》，三省堂2013年版，第138页。

5　参见［日］滝沢聿代：《物权法》，三省堂2013年版，第138页。

6　参见［日］末川博：《物权法》，日本评论社1956年版，第218页；［日］舟桥谆一：《物权法》，有斐阁1956年版，第310页。

7　参见［日］滝沢聿代：《物权法》，三省堂2013年版，第138页。

返还或请求其返还代偿价额，则实属严苛。[1]至于所谓孳息，则涵括天然孳息与法定孳息。对于天然孳息，自其与原物分离时归属于有收取权利的人；而法定孳息，则根据收取权利的存续期间，按日计算取得。[2]另外，根据其他国家和地区判例实务，利用（使用）占有物而获得的利益（利用、使用利益），也属于法定孳息的范围，[3]善意占有人也可取得之。也就是说，善意占有人对于占有物所实施的使用、收益，乃为适法的权利，其由此取得的利益（譬如天然孳息与法定孳息），自系有法律的依据，而并非无法律上的因由。一言以蔽之，善意占有人无论将占有物供作自己利用而由此节省费用，抑或将物供他人使用而收取对价，皆得保有该利益，而无须返还于物的所有权人。[4]

应值指出的是，善意占有人终局地享有占有物所生的孳息，而得排除不当得利规则的适用。[5]换言之，于现今比较物权法立法成例上，法律的规定通常有利于

1　参见［日］松井宏兴：《物权法》，成文堂 2017 年版，第 252 页；［日］松坂佐一：《民法提要（物权法）》（第 4 版），有斐阁 1980 年版，第 124 页；陈华彬：《物权法要义》，中国政法大学出版社 2018 年版，第 505 页。另外，我国台湾地区"民法"第 952 条"立法理由书"谓："善意之占有人，既推定其有适法之权利，自应使其得使用及收益占有物，即其取得之孳息亦无归还于回复人之义务。盖历年取得之孳息，若令其悉数返还，善意之占有人并蒙不测之损害，非保护善意占有人利益之道。"对此，请参见王泽鉴：《民法物权》，2014 年自版，第 659 页。

2　参见《日本民法》第 89 条。

3　参见日本大判 1925 年 1 月 20 日民集 4 卷 1 页；［日］松井宏兴：《物权法》，成文堂 2017 年版，第 252 页；［日］田山辉明：《物权法》，三省堂 1993 年第 3 刷发行，第 194 页；［日］松坂佐一：《民法提要（物权法）》（第 4 版），有斐阁 1980 年版，第 124 页。

4　参见郑冠宇：《民法物权》（第 8 版），新学林出版股份有限公司 2018 年版，第 229—230 页。应值注意的是，《德国民法典》第 988 条规定："占有人以物为其自己之所有而无偿占有其物，或实际上并未取得物的用益权而为行使用益权无偿占有其物的，其在诉讼系属前收取的利益，应依关于不当得利返还的规定，对所有人负返还其收益的义务。"也就是说，善意占有人若系无偿取得物的占有的，乃应依不当得利的规定返还其取得的使用收益。对此，请参见王泽鉴：《民法物权》，2014 年自版，第 660 页。

5　亦即，认可善意占有人的孳息收取权后，善意占有人无权利而取得孳息这一点即不能作为不当得利成立的法律上的原因。易言之，此系依特别规则而例外地保护善意占有人。对此，请参见［日］滝泽聿代：《物权法》，三省堂 2013 年版，第 138 页；［日］我妻荣：《物权法》，岩波书店 1952 年版，第 336 页；谢在全：《民法物权论》（上），新学林出版股份有限公司 2014 年版，第 511 页；我国台湾地区"最高法院"1988 年度台上字第 1208 号民事判决，与 2002 年度台上字第 1537 号民事判决；郑冠宇：《民法物权》（第 8 版），新学林出版股份有限公司 2018 年版，第 230 页。另外，应予提及的是，对于孳息返还请求权与不当得利返还请求权的竞合关系，德国实务主张，所有物返还请求权

无权占有人而不利于取得所有权的人。[1] 譬如，动产买卖合同中受买卖动产所有权的移转的买受人［受买卖动产的占有的移转（交付）的人］，若无效的仅系买卖合同，其需依不当得利规则返还原物与孳息，惟若买卖合同与买卖标的物所有权的移转皆为无效，买受人为善意的无权占有人的，则仅需返还占有物，而无须返还收取的孳息。有鉴于此，为谋求二者间利益的衡平，德国学理乃认为，基于给付关系而生无权占有的，善意占有人除应返还占有物外，还应依不当得利规则返还孳息。[2] 于涉及三人间的关系的情形，更是如此。[3]

另外，还有必要提及的是，善意占有人过度收取孳息（Übermaßfrüchte）的，因已逾越交易上合理的需求，而几近于恶意占有人，[4] 故《德国民法典》第 993 条第 1 项第 1 句规定："不具备第 987 条至第 992 条规定的要件的，占有人应依关于

（接上页）应优先适用［排他说（Ausschießkeitstheorie）］，同时又认为《德国民法典》第 988 条关于善意占有人无偿取得占有物时，应依不当得利返还其所得的使用、收益的规定，仍应类推适用于无法律上原因而取得占有物的情形。德国采竞合说（Anspruchskonkurrenztheorie）的学者则认为关于孳息返还请求权的规定并无排除不当得利返还请求权的效力，无论于给付或非给付关系，不当得利返还请求权皆可与孳息返还请求权并存适用。德国少数学者主张，在给付关系，不当得利返还请求权应优先适用，由此排除立基于所有权而生的孳息返还请求权，后者仅在物权转让及其原因关系皆无效，转让人需受特别保护时，方有适用余地。在非给付关系时，孳息返还请求权则应优先适用。最后，德国多数学理认为，原则上孳息返还请求权排除不当得利返还请求权的适用，惟于给付关系时，不当得利仍应加以适用，此即限制竞合说（Modifizierte Ausproruchskonkurrenztheorie）的主张。关于此方面的情况，请参见郑冠宇："所有权人与占有人之返还关系"，载《法制现代化之回顾与前瞻：杨建华教授七秩诞辰祝寿论文集》，月旦出版社股份有限公司 1997 年版，第 475—476 页。

1　譬如我国台湾地区"民法"第 181 条、第 182 条第 1 项规定，无法律上原因取得所有权的人，应依不当得利的规定返还孳息或偿还其价额，然无法律上原因仅取得占有的善意无权占有人，却并不返还孳息或偿还其价额（第 952 条），即属之。

2　Vgl. Baur/Stürner, Sachenrecht, 18. Aufl. 2009, § 11, Rn. 38; Larenz/Canaris, Schuldrecht Besonderer Teil Ⅱ/2, 13. Aufl. 1994, § 74 Ⅰ 1a. 惟德国实务（BGHZ 32, 76, 94）则将无法律上原因的占有人等同于无偿占有而对待，使其依《德国民法典》第 988 条的规定负返还义务。参见谢在全：《民法物权论》，新学林出版股份有限公司 2014 年版，第 517 页与第 518 页注释 4；郑冠宇：《民法物权》（第 8 版），新学林出版股份有限公司 2018 年版，第 230 页及该页注释 83。

3　譬如无行为能力人甲将物出卖于乙并交付之，乙复将该物基于无效的附条件买卖合同交付丙，若允许甲基于所有权对丙直接主张孳息返还，则将使得丙无从抗辩。故应使乙基于不当得利规则对丙请求返还该物及其孳息时，丙则得以其价金返还请求主张同时履行抗辩，而乙于甲请求返还孳息时，也得保有对甲的抗辩。对此，请参见郑冠宇：《民法物权》（第 8 版），新学林出版股份有限公司 2018 年版，第 231 页。

4　参见郑冠宇：《民法物权》（第 8 版），新学林出版股份有限公司 2018 年版，第 231 页。

不当得利返还的规定，返还已收取的孳息。"[1] 此即善意占有人并不返还孳息的例外。之所以如此，盖因过度收取孳息已非（占有）物于占有人控制、支配下的通常的经济效用范围内的收获，而实系对所占有的物的侵害（Substanzangriff），故而收取人即使善意不知其对物无占有权源，也不应受到保护。[2]

至于恶意占有人，如前述，乃负有孳息返还义务。对此，《日本民法》与我国台湾地区"民法"皆设有明文规定。其中，根据《日本民法》第190条第1项的规定，恶意占有人应当返还孳息，且应偿还业已消费的、由于过失而毁损的抑或怠于收取的孳息的价金（代价）。[3] 同时，该规定得准用于暴力占有人（der eigenmächtige oder deliktische Besitzer），即依暴力、强迫或隐匿而占有物的人（第2项）。而所谓恶意占有人，根据日本学理解释，乃系指知道自己并无收取孳息的本权的占有人，以及对有无占有的本权抱有怀疑的占有人。[4] 并无收取孳息的本权而误信有收取权的占有人，也视为恶意占有人。[5] 另外，于本权之诉中败诉的善意的占有人，自该本权之诉提起时起作恶意的占有人对待和处理（《日本民法》第189条第2项）。[6] 至于恶意的判定标准，根据日本学理，其也涵括重过失的情形。也就是说，因重过失而占有所有权人的物的，也为恶意占有人。如此，《日本民法》中的恶意占有人的孳息返还义务即有可能成立不当得利[7] 或侵权行为。[8]

1　参见台湾大学法律学院、财团法人台大法学基金会编译：《德国民法（总则编、债编、物权编）》（上册，第2版），元照出版有限公司2016年版，第918页。

2　参见郑冠宇：《民法物权》（第8版），新学林出版股份有限公司2018年版，第231页。

3　参见［日］滝沢聿代：《物权法》，三省堂2013年版，第139页。

4　参见［日］松井宏兴：《物权法》，成文堂2017年版，第252页。

5　参见［日］松井宏兴：《物权法》，成文堂2017年版，第252—253页。

6　参见［日］松井宏兴：《物权法》，成文堂2017年版，第253页。另外，根据日本判例实务，真正的所有权人受注销所有权登记的请求而败诉的，也类推适用该项的规定。对此，请参见日本大判1925年1月20日民集第4卷第1页。

7　对于《日本民法》第189条善意占有人取得孳息、第190条恶意占有人返还孳息与第703条、第704条不当得利规定的关系，请参见［日］松井宏兴：《物权法》，成文堂2017年版，第253页，其论述甚为翔实，可资参考。

8　应值注意的是，不当得利情形的损失与侵权行为的成立所要求的损害的发生的要件，乃有必要分别加以规定。于适用《日本民法》第709条侵权行为的一般规定时，考量故意、过失不用说是必要的，并且对于孳息的返还规定，日本法也系考量故意或过失的。对此，请参见日本大判1943年6月我国台湾地区"民法"第 958 条对恶意占有人的孳息返还义务也定有明文。具体而言，按其规定，恶意占有人应当返还孳息，若孳息业已消费或由于其过失而毁损抑或怠于收取的，应返还孳息的价金（价额）。[1]也就是说，根据我国台湾地区"民法"，恶意占有人必须返还孳息，而善意占有人则不必返还孳息。[2]至于返还的方法，则系若其收取的孳息存在，即将孳息本身返还，若孳息业已不复存在，则以孳息物相同（同等）的价金（价额）返还。[3]对此，学理解释谓：占有人既已明知对他人的物无占有的权源，于返还原物前本应尽善良管理人的注意而对原物妥当保管，但仍收取该物的孳息并消费，或违反其注意而毁损抑或怠于收取，故而自应对其行为负责。换言之，我国台湾地区"民法"的此规定实乃对恶意占有人课以法定注意义务。[4]故而，孳息无论系因消费或因让与（转让）抑或因其他处分而不能返还的，皆属已消费，而因过失毁损的，还应涵括怠于收取致有毁损的情形。至于怠于收取但未有毁损的孳息，恶意占有人则应负偿还孳息价金（价额）的义务。[5]另外，恶意占有人若已尽其注意义务而仍不免孳息毁损的，或其未收取孳息并非出于怠惰的，若孳息还存在，其应返还之，若已不存在，则无须偿还其价金（价额）。[6]

还有，根据物权法的学理与法理，因恶意占有人对占有物并无使用、收益的权利，故此，恶意占有人应负有返还对占有物的使用利益的义务。[7]换言之，对物

（接上页）19 日民集第 22 卷第 491 页；［日］滝沢聿代：《物权法》，三省堂 2013 年版，第 139 页及该页注释 23。

1　参见陈聪富主编：《月旦小六法》（第 16 版），元照出版有限公司 2014 年版，第叁—116 页。

2　惟根据我国台湾地区实务，善意占有人若于本权诉讼败诉，则自其败诉发生之日起，应视为恶意占有人，仍应负返还占有物孳息的义务。对此，请参见我国台湾地区"最高法院"1953 年度台上字第 1213 号判决；吴光明：《新物权法论》，三民书局 2009 年版，第 586 页。

3　参见吴光明：《新物权法论》，三民书局 2009 年版，第 586 页。

4　参见郑冠宇：《民法物权》（第 8 版），新学林出版股份有限公司 2018 年版，第 231 页。

5　参见郑冠宇：《民法物权》（第 8 版），新学林出版股份有限公司 2018 年版，第 232 页。

6　参见郑冠宇：《民法物权》（第 8 版），新学林出版股份有限公司 2018 年版，第 231—232 页。

7　参见郑冠宇：《民法物权》（第 8 版），新学林出版股份有限公司 2018 年版，第 232 页。

的利用的利益（使用利益）也视作孳息。[1]此使用利益的返还，并不以恶意占有人对占有物已加以使用为必要，其即使未使用占有物，然其占有期间使物的所有权人无法为通常的使用而由此丧失使用利益的，也应对该使用利益予以返还，且因使用利益性质（或特性）上已无法返还，故而仅得偿还该使用利益的价金（价额）。[2]另外，恶意占有人也不得根据不当得利规则请求占有该物的第三人返还使用占有该物所受的利益。[3]

最后，还有必要论及占有媒介人（Besitzmittler）的返还义务。按照物权法学理与法理，建设用地使用权人、宅基地使用权人、土地承包经营权人、质权人、承租人抑或立基于其他类似的法律关系而对物实施占有的人，皆为占有媒介人。[4]应当指出的是，作为直接占有人的占有媒介人，乃系为他人（间接占有人）而占有，故而系属于他主占有人。[5]为贯彻保护善意占有人利益的旨趣，《德国民法典》第991条（占有媒介人的责任）第1项规定："占有人由于间接占有人而取得占有的权利者，第990条关于收益的规定，于间接占有人也具备第990条的要件时或对于间接占有人已起诉时，方适用之。"[6]据此规定，一言以蔽之，物的所有权人向物的直接占有人请求返还使用利益，需以物的间接占有人恶意为必要。[7]

1　参见［日］滝沢聿代：《物权法》，三省堂2013年版，第138页；陈华彬：《物权法要义》，中国政法大学出版社2018年版，第505页。

2　参见郑冠宇：《民法物权》（第8版），新学林出版股份有限公司2018年版，第232页。

3　参见我国台湾地区"最高法院"2005年度台再字第39号民事判决；郑冠宇：《民法物权》（第8版），新学林出版股份有限公司2018年版，第232页。

4　参见郑冠宇：《民法物权》（第8版），新学林出版股份有限公司2018年版，第232页。

5　参见郑冠宇：《民法物权》（第8版），新学林出版股份有限公司2018年版，第232页。

6　对于该条（项）的内容，还可参考《德国民法典》第581条第2项、第956条第2项、第987条及第990条。关于此，请参见台湾大学法律学院、财团法人台大法学基金会编译：《德国民法（总则编、债编、物权编）》（上册，第2版），元照出版有限公司2016年版，第917页。

7　参见 Vgl. MüKoBGB/Raff, 7. Aufl. 2017，§991, Rn. 1ff；郑冠宇：《民法物权》（第8版），新学林出版股份有限公司2018年版，第232—233页。

（二）物的所有权人的损害赔偿请求权（占有人对占有物灭失、毁损的损害赔偿义务）

按近现代与当代比较物权法立法成例、法理或学理，占有人占有的物灭失或毁损[1]时，物的所有权人保有损害赔偿请求权。易言之，物的占有人对占有物的灭失、毁损应予损害赔偿。

根据《日本民法》[2]的规定及其法理与学理，于占有物因可归责于占有人的责任而灭失或毁损时，物的占有人对于所有权人需负如下责任[3]：（1）恶意占有人得赔偿全部损害（《日本民法》第191条前段）。（2）善意占有人仅于现实所受

1　应值注意的是，此所称灭失、毁损，其是否涵括不能返还的情形，我国台湾地区学理多采肯定说。惟《德国民法典》第989条（诉讼系属后的损害赔偿）规定："占有人自诉讼系属之日起，因可归责于自己的事由，致物受毁损、灭失，或由于其他原因不能返还而生损害的，对于所有人应负责任。"据此，学者姚瑞光谓：《德国民法典》该条规定与我国台湾地区"民法"第953条的规定不独列举的范围不同，且责任的轻重也不一致，故自难为相同的解释。对此，请参见姚瑞光：《民法物权论》，吉锋彩色印刷股份有限公司2011年版，第437—438页。

2　应值指出的是，根据《日本民法》，占有人因可归责于自己的事由而导致占有物灭失或毁损（第191条），与占有人对占有物支出费用时（第196条）的法律关系，通常称为"占有人与回复人的关系"。依照其传统的见解，此等规定（第191条与第196条），系对无占有的本权的占有人所设立的特殊规则，亦即其乃为相对于侵权行为与不当得利的特别规则（参见［日］我妻荣著，有泉亨补订：《新订物权法》，岩波书店1997年第18刷发行，第496页）。由此，基于无效的契约（或契约成立、生效后被撤销亦同）而受给付的标的物灭失或毁损，抑或占有人对该（占有）物支出费用时，《日本民法》第191条或第196条即得优先于一般侵权行为与不当得利的规定而适用。此为日本学理的通说。另外，还有"物权的请求权附随规定说"。根据此说，《日本民法》第191条与第196条的规定，乃系附随于物权的请求权的"处理规定"。换言之，依据此说，《日本民法》的此等规定乃是系属于物权的请求权的框架内的制度或规则，由此其并不与一般侵权行为或不当得利的规定发生竞合（参见［日］川岛武宜：《所有权法的理论》，岩波书店1987年版，第134页以下）。另外，迄至最近，系出现了类型论的立场（学说）与规范补充关系说。按照类型论的立场（学说），因近现代及当代财产法被界分为关于财货的归属的财货归属法，与关于财货的移转的财货移转法，故而《日本民法》第191条与第196条的规定应属于财货归属法，而并不适用于财货移转法的当事人（给付不当得利的当事人）之间。同时，此等规定对于《日本民法》第703条、第704条及第709条而言，又具有特别规定的特性。即使如此，作为财货移转秩序的一般法并不能作为财货归属秩序的法律关系的补充而适用（参见［日］广中俊雄：《物权法》（第2版），青林书院新社1982年版，第1页以下）。而根据规范补充关系说，《日本民法》第189条至第191条、第196条，皆为一般侵权行为与不当得利的特别规则，它们之间是规范补充关系的法条竞合关系（参见［日］四宫和夫：《请求权竞合论》，一粒社1978年版，第33页，尤其是第132页以下有翔实分析）。参见［日］田山辉明：《物权法》，三省堂1993年第3刷发行，第191—192页。

3　参见［日］松井宏兴：《物权法》，成文堂2017年版，第254页。

利益的限度内对灭失或毁损予以赔偿。（3）无所有意思的占有人（譬如质权人、租赁权人等他主占有人），即使系善意，也需对损害全部赔偿。应值指出的是，根据日本学理与法理，此所称占有物的灭失、毁损，不独指占有物的物理的灭失、毁损，且自社会、经济的视角看，占有物被遗失或难以找到抑或占有物为动产而被他人善意取得的也属之。[1]善意的自主占有人因（所）负于现实所受利益限度（范围）内赔偿（即现存利益的赔偿）的义务，其对误信系自己的所有物的善意的自主占有人而言乃赔偿全部损害，因此不啻过于苛刻，故而，应依不当得利规则而于现存利益的限度（范围）内减轻赔偿责任。[2]至于他主占有人，其即使系善意，也需赔偿全部损害。之所以如此，盖因其原本就知道自己占有的物乃为他人的物。[3]

根据我国台湾地区立法成例、法理或学理，占有物有灭失或毁损的，占有人已无法依原本物的状态而返还，此时原物的占有人得否对所有权人赔偿损害，乃因系善意占有（人）抑或恶意占有（人）而有差异或不同。[4]根据其"民法"第953条的规定，善意占有人对占有物的灭失或毁损若系因可归责于自己的事由导致或引起的，其仅于灭失或毁损所受的利益范围（限度）内对所有权人予以赔偿。[5]也就是说，此为减轻善意占有人的责任的规定，[6]其性质（或特性）上乃为侵权

1　参见［日］我妻荣著，有泉亨补订：《新订物权法》，岩波书店1997年第18刷发行，第497页；［日］松井宏兴：《物权法》，成文堂2017年版，第254页。另外，对于灭失的涵义，日本学者田山辉明认为，其不独指物理的灭失，占有物因被让与（转让）给第三人而不能回复时也涵括在内，对此请参见其所著《物权法》，三省堂1993年第3刷发行，第193页。此外，日本判例实务也支持此点。对此请参见日本大判1927年2月16日评论16—商法485。

2　参见［日］松井宏兴：《物权法》，成文堂2017年版，第254页。

3　参见［日］松井宏兴：《物权法》，成文堂2017年版，第254页。

4　参见郑冠宇：《民法物权》（第8版），新学林出版股份有限公司2018年版，第234页。

5　参见陈聪富主编：《月旦小六法》（第16版），元照出版有限公司2014年版，第叁—116页。

6　应值提及的是，法律之所以减轻善意占有人的赔偿责任，乃系由于善意占有人自信其为物的所有权人而无怀疑，故而不应负与侵权行为相同的责任。由此，因可归责于自己的事由而致占有物灭失或毁损未受利益的，善意占有人即不负赔偿责任；若受有利益的，则仅以所受的利益为限而负赔偿责任。譬如，善意占有的物，占有人曾投保火险，之后因自己的过失被焚毁而受领保险金1万元，占有人仅于该1万元限度内负赔偿责任。至于非因可归责于善意占有人的事由（譬如由于不可抗力或他人的故意）致占有物灭失或毁损的，占有人则不负赔偿责任。对此，请参见姚瑞光：《民法物权论》，吉锋彩色印刷股份有限公司2011年版，第438页。

行为的特别规定。至于因不可归责于善意占有人自己的事由而导致或引起占有物灭失或毁损的，善意占有人虽不对物的所有权人负损害赔偿责任，然其若由此受有利益的，也应依不当得利规则而返还。[1]详言之，善意占有人因不知其无占有的权利，而以所有的意思占有，即为自主占有，而得自由处分其物，故而，对于因可归责于自己的事由造成或引起占有物灭失或毁损，本可不必负责，然毕竟占有物并非占有人所有，为使占有人不受（获）不当利益，因灭失或毁损而受（获）的利益，应偿还给对该利益享有归属利益的占有物权利人，譬如所有权人。[2]由此之故，对因可归责于善意占有人自己的事由而导致占有物灭失或毁损的，善意占有人乃仅以因灭失或毁损所受的利益为限而对所有权人负赔偿责任；但因不可归责于善意占有人的事由而导致或引起占有物灭失或毁损的，则不负责任。[3]另外，应指出的是，根据解释，此所称灭失，乃涵括物理与法律上的灭失及法律上的无权处分。[4]还有，依据其他国家和地区裁判实务，占有物被让与给第三人而不能返还的，也视为灭失。[5]

对于恶意占有人或无所有意思的占有人（他主占有人），根据我国台湾地区"民法"第956条的规定，若占有的物的灭失或毁损系因可归责于自己（占有人）的事由而导致的，其应对物的所有权人予以赔偿。[6]换言之，恶意占有人的责任系属于与一般侵权行为相同的过失责任，故而其对因不可归责于自己的事由而导致占有物灭失或毁损的，乃并不对所有权人负损害赔偿责任。[7]至于恶意占有人因占

1　参见郑冠宇：《民法物权》（第8版），新学林出版股份有限公司2018年版，第234页。

2　参见谢哲胜：《民法物权》（增订4版），三民书局2016年版，第502页。

3　参见谢哲胜：《民法物权》（增订4版），三民书局2016年版，第502页。

4　参见王泽鉴：《民法物权》，2014年自版，第664页以下。

5　参见日本大审院1922年9月19日的判示；陈华彬：《物权法要义》，中国政法大学出版社2018年版，第507页。

6　参见陈聪富主编：《月旦小六法》（第16版），元照出版有限公司2014年版，第叁—116页。值得指出的是，此点的法理与学理基础乃在于，恶意占有人明知其无占有的权利，不得自由处分占有物，其除不得故意毁损占有物以侵害他人权利外，也因有返还占有物的义务而衍生保管的义务，故若因可归责于自己的事由而导致占有物灭失或毁损，无法返还的，其对所有权人应负损害赔偿责任。对此，请参见谢哲胜：《民法物权》（修订4版），三民书局2016年版，第504页。

7　参见郑冠宇：《民法物权》（第8版），新学林出版股份有限公司2018年版，第235页。

有物的灭失或毁损而受有利益的，则应根据不当得利规则而确定是否应当返还利益。应值注意的是，此所称恶意占有人，乃涵括自始的恶意占有人与善意转变为恶意的占有人。[1]还有，根据前述我国台湾地区"民法"的规定，无所有意思的占有人（他主占有人）对于物的所有权人负与恶意占有人相同的损害赔偿责任。[2]之所以如此，盖因他主占有人无论系有权或无权、善意或恶意，乃皆已明确了解所占有的他人的物并非为自己所有，其本应善尽注意保管该占有物的责任（或义务），却因自己的过失而导致或引起占有物灭失或毁损，故而自应对该损害负赔偿责任。[3]

另外，还有必要复提及暴力占有人对物的所有权人的损害赔偿。如前述，《日本民法》第190条第2项就暴力占有人对物的所有权人的损害赔偿作有规定，即其得准用恶意占有人的情形而予赔偿。值得提及的是，此所称暴力占有人，于比较立法成例、法理或学理的解释上，主要指窃盗、强盗或抢夺者，系为违反物的所有权人的意思而以不法的方法使占有物脱离所有权人的占有。[4]按照德国的学理与法理，因暴力占有人系以侵夺的方法强占他人的物，其由此对所有权的侵害较之一般恶意占有人的情形更为严重，若使其与恶意占有人负相同的责任，乃过于宽大，故而《德国民法典》第992条[5]、第848条[6]规定，对于因不可抗力而

1　参见吴光明：《新物权法论》，三民书局2009年版，第585页。

2　值得指出的是，《德国民法典》对此并未规定，而系由学理与实务加以补充，此即他主占有人的逾越（Fremdbesitzerexzeß）问题。对此，请参见郑冠宇：《民法物权》（第8版），新学林出版股份有限公司2018年版，第235页及该页注释95。

3　参见郑冠宇：《民法物权》（第8版），新学林出版股份有限公司2018年版，第235页。

4　参见郑冠宇：《民法物权》（第8版），新学林出版股份有限公司2018年版，第235页。

5　《德国民法典》第992条（不法占有人的责任）规定："占有人以暴力或犯罪行为取得占有者，对于所有人应依关于侵权行为损害赔偿的规定，负其责任。"对此，请参见台湾大学法律学院、财团法人台大法学基金会编译：《德国民法（总则编、债编、物权编）》（上册，第2版），元照出版有限公司2016年版，第918页。

6　《德国民法典》第848条（物之侵夺时事变责任）规定："因侵权行为侵夺他人之物而负物的返还义务的，就该物因事变而灭失，基于其他事由而发生事变致不能返还，或因事变而毁损，也应负其责任。但其灭失、不能返还或毁损，即使无侵夺仍不免发生的，不在此限。"对此，请参见台湾大学法律学院、财团法人台大法学基金会编译：《德国民法（总则编、债编、物权编）》（上册，第2版），元照出版有限公司2016年版，第814页。

导致占有物灭失、毁损的，暴力占有人也应负责。[1] 另外，根据我国台湾地区的学理通说，对恶意占有人的损害赔偿请求权与侵权行为损害赔偿请求权乃系立于竞合关系，[2] 若不对暴力占有人作侵权行为的特别规定，乃实有纵容暴力占有人之嫌，尤其于占有物系因不可抗力而灭失时，恶意的暴力占有人得主张系非因可归责于自己的事由而不负赔偿责任，而如此乃系不妥当。[3] 由此之故，其学理乃认为，较恰当的方式应当是：侵权行为人无权占有他人的物应负返还责任的，即使其非因过失而致应返还的物灭失，也不可主张免负返还义务，而应对不可抗力负责。[4]

（三）物的占有人对所有权人的费用偿还请求权

物的所有权人与占有人之间，还存在后者对前者的费用偿还请求权法律关系。而所谓费用，即占有人对占有物支出的费用，其涵括必要费用、有益费用与其他费用（奢侈费用）。[5] 这其中，必要费用系指为维持占有物的现状，保存与管理占有物而必须支出的费用，又分为因占有物临时所需而支出的特别必要费用（譬如因风灾、水灾而支出的重大修缮费用），与对占有物支出的通常必要费用（固定费用，譬如动物的饲养费用）。[6] 简言之，必要费用系指为保存物或管理物而支出的费用，譬如房屋的修缮费、家畜的饲育费及租税即属之。[7] 进言之，因保

---

[1]　参见郑冠宇：《民法物权》（第 8 版），新学林出版股份有限公司 2018 年版，第 236 页。

[2]　譬如我国台湾地区学者郑玉波即谓：恶意占有人的赔偿责任，乃系专就占有人的地位而作的规定，若同时具备侵权行为或债务不履行的要件的，自仍应分别负其责任，而并不能由此排除各该规定的适用。例如窃盗致盗赃物灭失时，既应负恶意占有人的责任，也应负侵权行为的责任；承租人因过失致租赁物灭失的，既应负占有人的责任，也应负债务不履行的责任。诸如此类即构成请求权竞合，请求权利人可选择对自己有利者而予行使。对此，请参见郑玉波著，黄宗乐修订：《民法物权》（修订 15 版），三民书局 2007 年版，第 473 页。

[3]　参见郑冠宇：《民法物权》（第 8 版），新学林出版股份有限公司 2018 年版，第 236 页。

[4]　参见郑冠宇：《民法物权》（第 8 版），新学林出版股份有限公司 2018 年版，第 236 页。

[5]　参见郑冠宇：《民法物权》（第 8 版），新学林出版股份有限公司 2018 年版，第 236 页。

[6]　参见郑冠宇：《民法物权》（第 8 版），新学林出版股份有限公司 2018 年版，第 236—237 页；姚瑞光：《民法物权论》，吉锋彩色印刷股份有限公司 2011 年版，第 438 页；[日] 滝沢聿代：《物权法》，三省堂 2013 年版，第 140 页。应值指出的是，《日本民法》第 196 条第 1 项、《德国民法典》第 994 条第 1 项皆明定，对占有物取得孳息的，仅就通常必要费用不得请求偿还。对此，请参见吴光明：《新物权法论》，三民书局 2009 年版，第 585 页注释 51。

[7]　参见 [日] 松井宏兴：《物权法》，成文堂 2017 年版，第 254 页；参见 [日] 田山辉明：《物权法》，三省堂 1993 年第 3 刷发行，第 193 页。

存（占有）物支出的必要费用，乃系仅指因占有物的保存不可欠缺而支出的费用，¹支出的费用是否为合于此要件的必要费用，应以支出当时的情事，而依客观的标准确定²；有益费用系指不变更占有物的特性而改良占有物抑或增加占有物的现存价值而支出的费用，譬如改用省电的灯光照明或空调设备，抑或更换破旧的地板为瓷砖而支出的费用即属之。³至于其他费用（奢侈费用），则系指必要与有益费用以外的支出，其常见的譬如占有人本于快乐或便利而对占有物支出的无利益的奢侈费用。⁴实务中，为宠物美容，更换汽车颜色即属之。应值指出的是，此其他费用（奢侈费用），占有人乃不能向所有权人请求清偿，盖因其系由占有人本于快乐或便利而支出。⁵

物的占有人对所有权人的必要费用的偿还请求权。按现今比较物权法立法成例、法理或学理，占有人返还占有物时，无论系善意、恶意⁶及有无所有的意思，

1　应值注意的是，在德国法上，譬如对于完全破坏的房屋的扩建、改建及新建而支出的费用（RG117，115），皆属于所谓"必要费用的支出"。关于此，请参见台湾大学法律学院、财团法人台大法学基金会编译：《德国民法（总则编、债编、物权编）》（上册，第2版），元照出版有限公司2016年版，第919页。

2　参见我国台湾地区"最高法院"1955年度台上字第21号判决；吴光明：《新物权法论》，三民书局2009年版，第585页。应值提及的是，对于必要费用的判定，日本大审院曾判示（1932年12月9日判决第6卷民第334页）：为重新布置商店而支出的装修费，不属于必要费用，而为有益费用。对此，请参见［日］我妻荣著，有泉亨补订：《物权法》，岩波书店1997年第18刷，第497页。

3　参见郑冠宇：《民法物权》（第8版），新学林出版股份有限公司2018年版，第237页。

4　参见郑冠宇：《民法物权》（第8版），新学林出版股份有限公司2018年版，第237页。

5　参见王泽鉴：《民法物权》，2014年自版，第668页。

6　应值指出的是，我国台湾地区"民法"第957条规定："恶意占有人因保存占有物所支出的必要费用，对于回复请求人，得依关于无因管理之规定，请求偿还。"对此，请参见陈聪富主编：《月旦小六法》（第16版），元照出版有限公司2014年版，第叁—116页。惟台湾地区学理认为，此仅系无因管理构成要件的部分准用（partielle Rechtsgrundverweisung），恶意占有人无须具有为他人管理事务的意思。此点也为德国学理的通说。对此，请参见 MüKoBGB/Raff, 7. Aufl. 2017，§994，Rn. 42 ff；Staudinger/Gursky, 12. Aufl.，§994，Rn. 10. m. w. N；郑冠宇：《民法物权》（第8版），新学林出版股份有限公司2018年版，第238页及该页注释98。惟台湾地区学者谢哲胜谓：恶意占有人虽然明知无权占有，但为了提供其保存占有物的诱因以维持占有物的价值，其因保存占有物而支出的必要费用对于所有权人，得依关于无因管理的规定请求偿还。而根据无因管理的规定请求偿还必要费用，则需符合无因管理利于本人且不违反本人明示或可得推知的意思的要件。对此，请参见谢哲胜：《民法物权》（增订4版），三民书局2016年版，第503页。另外，郑玉波著，黄宗乐修订《民法物权》（修订15版，三民书局2007年版）第473—474页，也持如是观点。

其对所有权人皆得请求偿还为保存占有物而支出的金额及其他全部必要费用。[1] 进言之，对于必要费用的请求，不问系自主占有抑或他主占有，占有人皆得请求全额返还。[2] 惟占有人取得孳息的，通常的必要费用（譬如修缮费、租税）则由占有人负担。[3] 另外，对于临时或特别的必要费用（譬如因发生灾害而对房屋的特别的修缮费），占有人也得请求偿还。至于必要费用偿还请求权的履行时间（期间），则为占有人对物的所有权人返还占有物之时。[4]

物的占有人对所有权人的有益费用的偿还请求权。对此，《日本民法》第 196 条第 2 项规定："占有人为占有物的改良而支出的金额与其他有益费用，于其增加的价额现实存在的范围（限度）内，得按所有权人的选择，使其偿还支出的金额或增加额。"[5] 如前述，此所谓有益费用，系指对占有物进行改良而使占有物的价值增加的费用，譬如土地的平整的费用、通行道路的铺装费用抑或对店铺进行内部装修的费用即属之。[6] 应值指出的是，即使对于有益费用，也系不问占有人之

---

[1] 应值提及的是，根据我国台湾地区的法理、学理与其"民法"立法成例，恶意占有人得请求偿还必要费用的范围，乃较善意占有人为窄，即如前述，其仅得依关于无因管理的规定而请求偿还。具体而言，(1) 支出的必要费用利于本人，且不违反本人明示或可得推知的意思的，得请求偿还；(2) 支出的必要费用系为回复请求人尽公益上的义务的（譬如就占有物缴纳税捐），得请求偿还；(3) 支出的必要费用不合于前述两种情形，而回复请求人仍得享其利益的，以其所得利益为限，得请求偿还。对此，请参见姚瑞光：《民法物权论》，吉锋彩色印刷股份有限公司 2011 年版，第 441 页。

[2] 参见［日］滝沢聿代：《物权法》，三省堂 2013 年版，第 140 页。

[3] 参见《日本民法》第 196 条第 1 项："占有人返还占有物时，得使回复人偿还为其物的保存而支出的金额及其他必要费用。但占有人取得孳息时，通常的必要费用由占有人负担。"另外，《德国民法典》第 994 条第 1 项第 2 段（句）规定："在收取利益的期间内所支出的通常保管费用，不得请求返还。"之所以如此，盖因善意占有人既已就占有物取得孳息（指实际已取得者而言），根据一般社会观念，认为其可与因保存占有物而支出的通常必要费用相抵，故所有权人乃不负偿还的义务。实务中，善意占有人支出的通常必要费用的数额虽较所取得的孳息为多，其也不得请求所有权人偿还其差额。至于特别费用的请求偿还，则并不受此限制。还有，占有物无孳息可收取，或虽有孳息而尚未取得的，于回复请求时，善意占有人仍得请求偿还因保存占有物而支出的必要费用（不问通常抑或特别必要费用）。对此，请参见姚瑞光：《民法物权论》，吉锋彩色印刷股份有限公司 2011 年版，第 439 页。

[4] 参见［日］松井宏兴：《物权法》，成文堂 2017 年版，第 254 页。

[5] 譬如，善意占有人将占有的房屋加装纱窗，支出费用 5500 元，至所有权人请求回复时，该纱窗现值 3000 元，即房屋现存的增加价值为 3000 元，占有人得于 3000 元限度（范围）内，请求所有权人偿还。对此，请参见姚瑞光：《民法物权论》，吉锋彩色印刷股份有限公司 2011 年版，第 439 页。

[6] 参见［日］松井宏兴：《物权法》，成文堂 2017 年版，第 255 页。

为善意或恶意，所有权人皆应予偿还。[1]惟对于恶意占有人，法院得根据所有权人的请求，就其偿还而许与相当的期限（《日本民法》第196条第2项）。此种情形，有益费用偿还请求权的履行期乃并非占有人对所有权人返还占有物之时。[2]

另外，还有必要提及占有人对所有权人的费用偿还请求权与留置权的关系以及（原）占有人的取回权。按照比较物权法法理、学理及立法规定，占有人的费用偿还请求权与占有物之间存在留置权成立的"同一法律关系"（牵连关系）。易言之，费用偿还请求权系由占有物所生的债权，故而于该债权未受清偿前，占有人得留置该占有物（《日本民法》第295条第1项）。进言之，占有人于其费用被偿还前得行使留置权而拒绝返还占有物。[3]惟因如前所述，法院对恶意占有人的有益费用偿还请求权许与期限时，由于占有人返还占有物之时并非系有益费用偿还请求权的履行期的到来，故而留置权并不成立（《日本民法》第295条第1项但书）。由此，占有人不得拒绝返还占有物。[4]还有，占有因侵权行为而开始（发生）的，留置权也不成立。[5]并且，日本判例曾判示：占有人于支出费用时对于无占有的权源而有恶意抑或善意有过失的，也得类推适用占有因侵权行为而开始（发生）的情形，从而否定留置权的成立。[6]如此，物的所有权人只要举证占有人支出费用时有恶意，占有人的留置权即被否定。[7]此外，根据日本物权法法理、学

1　值得注意的是，我国台湾地区学理认为，恶意占有人明知无权占有，本应有随时返还占有物的心理准备，而不应对占有物支出费用以提高其价值。立基于不能强迫他人得利的法理，且避免恶意占有人增加有益费用以为难所有权人，故恶意占有人支出的有益费用不得请求偿还。对此，请参见谢哲胜：《民法物权》（增订4版），三民书局2016年版，第503页；姚瑞光：《民法物权论》，吉锋彩色印刷股份有限公司2011年版，第441页。

2　参见［日］松井宏兴：《物权法》，成文堂2017年版，第255页。

3　参见［日］松井宏兴：《物权法》，成文堂2017年版，第255页。

4　参见［日］松井宏兴：《物权法》，成文堂2017年版，第255页。

5　参见《日本民法》第295条第2项："前款的规定，不适用于因侵权行为而开始占有的情形。"

6　参见日本大判1921年12月23日民录第27辑第2175页，日本最判1966年3月3日民集第20卷第3号第386页，及日本最判1971年7月16日民集第25卷第5号第749页；［日］松井宏兴：《物权法》，成文堂2017年版，第255页。

7　参见［日］佐久间毅：《民法的基础2物权》，有斐阁2006年版，第288页。

理与实务，恶意占有人就占有物的返还与费用偿还，不得主张同时履行。[1]最后，根据我国台湾地区的学理、法理与立法成例，善意占有人支出的费用若符合其"民法"第 928 条[2]的规定的，其于受清偿前，得对占有物主张留置权。[3]占有人对占有物支出费用而增添设备（譬如加装双重铝门、铺设地砖或种植花草），于所有权人回复占有物时，此等设备并不因分离而损害物的占有的，（原）占有人得将之取回，谓为（原）占有人的取回权。[4]

四、结语

物的所有权人与占有人间的返还关系，系物权法领域值得重视、不可小觑的重要法律关系。其不独涉及占有法规则，且也与所有权的物上请求权、不当得利规则及侵权行为规则相粘连抑或相关。故此，对于此实具价值与意义的问题展开研议、讨论无疑乃系必要的、妥洽的。

如前述，我国民法典物权编对于物的所有权人与占有人间的法律规则的厘定（规定）较为简陋、粗疏甚或阙如，实不足以应对和处理实务中的复杂问题的需要。有鉴于此，笔者认为，我国对于物的所有权人与占有人间的（返还）法律关系规则系统应依前文而予完善或建构。并且，有关此问题的学理和法理也宜如是。透过这样的工作或努力，似可期冀其对我国民法典物权编关于物的所有权人与占有人的法律关系规则的支撑（或成立）基础有所助益或裨益，进而使我国涵括物的所有权人与占有人间的法律关系制度及其规则在内的全体民法典物权编可以更好、更高质量及更切实地作用于我国的人民、社会与国家。

1　参见［日］滝沢聿代：《物权法》，三省堂 2013 年版，第 141 页。

2　参见我国台湾地区"民法"第 928 条："称留置权者，谓债权人占有他人之动产，而其债权之发生与该动产有牵连关系，于债权已届清偿期未受清偿时，得留置该动产之权。债权人因侵权行为或其他不法之原因而占有动产者，不适用前项之规定。其占有之始明知或因重大过失而不知该动产非为债务人所有者，亦同。"

3　参见谢哲胜：《民法物权》（增订 4 版），三民书局 2016 年版，第 503 页；王泽鉴：《民法物权》，2014 年自版，第 672 页。

4　参见王泽鉴：《民法物权》，2014 年自版，第 672 页。

债法　商法　著作权法

球员在比赛中致残责任如何分担*

——在受害人、致害人、组织者均无过错情况下
应适用公平原则

一、案情简介

2002 年 10 月初，某校参加区教育局组织的全区各小学足球比赛，原告陈某作为该校队员参加了比赛。在一场比赛中，陈某与对方球员吉某争球时摔倒，当时右眼红肿，但未引起重视，自己在家用热敷处理。几天后，陈某发现自己视力明显下降，其父将其带到医院就诊，诊断为右眼视网膜脱落。陈某因此住院治疗，用去医疗费 7838 元。后经法医鉴定构成七级伤残。2002 年 12 月，陈某起诉至法院，要求学校和吉某赔偿医疗费、伤残补助金、精神损失费等共计 6 万余元。

二、分歧意见

在审理时，合议庭有两种不同的意见。

第一种意见认为，陈某比赛致残虽然是意外，学校和吉某均无过错，但陈某自身更无过错，要陈某独自承担这一损害后果，是显失公平的。我国法律为尽量

　　* 本文系与冯剩勇合作，载刘佑生主编：《疑案精解》（2003 年第 1 辑，总第 1 辑），中国检察出版社 2003 年版，第 341—343 页。

避免类似的不公平现象，在确立民事侵权责任的归责原则时，除规定过错责任原则和无过错责任原则外，还确立了公平原则，即"当事人对造成的损害都没有过错的，可以根据实际情况，由当事人分担民事责任"。所以，在本案三方当事人均无过错、目前社会保险制度尚不发达导致陈某受到损害不能获得赔偿时，适用公平原则由三方当事人来共同承担损害赔偿后果，由两被告给予陈某一定的补偿，是符合法律规定的，也是缩小运动风险，解决本案纠纷最为适宜的办法。故此，本案应当适用公平原则，由三方当事人分担责任。

第二种意见认为，在一般情况下，当损害事实已发生，而致害人和受害人又都无过错时，为减少受害人的损失，确实可以适用公平原则。但是，体育运动中产生的人身损害，不同于一般的民事侵权损害。对抗性的体育运动具有人身危害性，参加运动的人对运动中有可能受到的人身损害应当有思想上的准备，而且，在受到损害后，不应要求致害人承担民事责任，这应当成为一种约定俗成的社会公共习俗。因为国家一贯号召发展体育运动，而体育运动中的一些冲撞又是不可避免的。如果运动员要对冲撞带来的损害后果承担民事责任的话，那一场运动赛的结束，就可能是一起或多起诉讼案的开始。在这种法律制度之下，民众会为避免承担责任而放弃运动。因此造成的后果是法律不仅不能促进体育运动的发展，还会制约其发展。所以，只要不是利用运动故意伤害对方，就不应承担民事责任。故此，本案应当适用过错责任原则，驳回陈某的诉讼请求。

三、评析

根据本案的案情，我同意第一种意见。

体育运动所产生的人身损害不同于一般的民事侵权损害，对抗性的体育运动具有人身危害性，参加运动的人对运动中可能受到的人身损害，当然应该有思想准备，在受到一般的损害而对方又没有过错时，不应当要求致害人承担民事责任。所以对于在体育运动中产生的一般损害（即没有造成受害人伤残的损害）赔偿纠纷，应适用第二种意见，致害人不承担民事责任。

但在本案中，受害人陈某所受的已经不是一般的伤害，经法医鉴定已构成七级伤残。七级伤残对一名小学生来讲，当然是很重大的人身伤害，如果按第二种意见，小学生陈某将得不到任何赔偿，这对一名已受到七级伤残、本来就需要社会和家庭给予特别照顾的小学生来讲是十分不公平的。为了维护陈某的利益，依照我国《民法通则》关于侵权行为责任公平原则的规定和民法公平正义的理念，由致害人吉某、受害人所在的学校及受害人三方共同承担损害赔偿的后果，即由两被告给予陈某一定的补偿是完全正确的，法院应给予支持。另外，因为学校是比赛的组织者，对参赛小学生应负安全保护义务，所以学校承担的责任应该比致害人、受害人大一些，法官在确定具体补偿数额时可考虑。

对运动中的风险最好是纳入社会保险制度中，发生伤害后，由保险公司负责赔偿。这应该是以后发展的趋势。

有限责任公司若干问题[*]

有限责任公司又称有限公司（以下简称"有限公司"），系指由法律规定的一定人数的股东所组成，股东以其出资额为限对公司债务负有限责任的公司。近代以来，其已成为西方资本主义国家立法广泛确立的一类公司形式。我国目前正拟制定有限责任公司条例。毫无疑义，就有限公司的发展历程、法律特征、设立程序、股东的地位及公司的机关等问题予以研讨是大有裨益的。

一、基本发展历程

有限公司肇端于 19 世纪后半期的德国。1892 年 4 月 20 日通过的《德国有限责任公司法》是该类公司的最早立法。此后，法国于 1919 年、日本于 1938 年亦分别制定了有限公司法。在英美，虽无有限公司的名称，但是英国的私公司和美国的封闭式公司事实上相当于大陆法系德、法、日等国的所谓有限公司。[1] 二战以后，有限公司得到迅速发展，迄今已为世界大多数国家的民商立法所确认。

二、法律特征

有限公司属公司范畴，由其本身的质的规定性所决定，具如下独自的法律特征。

＊ 本文曾发表于《河北法学》1993 年第 2 期，今收入本书乃略有改动。

1 江平主编：《公司法教程》，法律出版社 1987 年版，第 102 页。

（1）股东责任的有限性。有限公司是以股东出资为基础建立起来的法人组织，因此，股东仅就其出资额为限对公司负责，即股东对公司的债务承担民商法上的有限责任。

（2）股东限制性。对有限公司股东人数予以限制是世界上多数国家的普遍做法。[1] 在日本，股东人数限制在 2 人至 50 人之间，英国限制在 50 人以下。在我国台湾地区，依照其"公司法"第 91 条的规定，对于股东人数限制则限制在 5 到 21 人之间。我国目前正在起草有限公司条例，股东人数应否予以限制，笔者认为，回答是肯定的。建议参考日本、英国的做法，将股东人数限制在 50 人以下。

（3）公司不得公开募集股份和发行股票。在有限公司中，股东各自的出资额，一般由各股东互相协商确定。在各股东交付了其应付的股金后，由公司出具书面的股份证书，作为他们在公司中享有权益的凭证。此外，公司不得邀请公众认购其股份，也不允许股份在证券交易所公开出售。

（4）股东出资的转让实行严格的限制主义。依照多数国家的立法规定，股东出资的转让不得与公众随意进行，而应由公司批准，且同时在公司予以登记。

（5）股东可以作为公司雇员直接参加公司管理，实行公司所有权和行政管理权合二为一。由于有限公司股东的最高人数有限制，因此各股东间关系密切，由他们组成的管理机构比较灵便、精干。为此，法律可以允许各股东以公司雇员身份直接参加管埋。

三、设立程序

由上述有限公司的特征所决定，其设立的程序较股份公司、无限公司及股份两合公司更为简易，具体程序有如下几方面：

（1）章程的制定。有限公司的设立，须由 2 人以上的股东制定章程，并在章

1　德国和法国对此未作限制，参见谢怀栻：《民法商法讲义》，第 163 页。

程上签名。章程中的绝对必要事项有公司名称、目的、资本总额、每份出资额、股东姓名、各股东的出资份数及公司住所等。须任意记载的事项有机关组织、股东会的召集等。

（2）选任董事、监事。有限公司的机关较为简单，只需由股东会选出董事。鉴于董事人数较少，大都不设董事会。监事系非必要机关，若章程规定必须设置，则可依章程的规定。

（3）履行出资义务。有限公司的资本应由股东在设立登记前交足，不得分期交纳，也不得向外招募。董事一经选出，即应通知各股东将出资全部交足。以现物出资时，出资人应将财产交付董事。

（4）设立登记。此为有限公司设立的最后程序。章程订立或资本交足后的一定期限内，董事一经办理登记，公司即行成立。

四、股东的地位

（1）股东的权利。有限公司股东的权利与股份公司股东大体相同。在自益权方面，有利益分配请求权、剩余财产分配请求权、新股认购权、出资额收买请求权（相等于股份公司股东的股份收买请求权）。在共益权方面，有出席股东会并进行表决的权利、代表公司向董事进行起诉的权利、股东会召集请求权及对董事违法行为的停止请求权等。

（2）股东的义务。有限公司股东的基本义务便是向公司出资。此种义务在公司成立时即已交清，因而事实上在公司成立后股东已无义务。

五、有限公司的机关

有限公司的法定常设机关为董事会与股东会。前已述及，监事为非必要机关。

（1）股东会。此为有限公司的最高机关，是表达股东意愿的意思决定机关，其权限无限制。股东会所作的一切决议对董事具拘束力。股东会一般以多数通过决议，但在临时会议上只能以全体股东的一致同意通过决议。全体股东同意时，可不召开会议而用书面通过决议。

（2）董事。此为有限公司的执行业务与代表公司的法定必要机关、常设机关。董事即使一人也系可以。董事是否必须为股东，可在章程中予以规定。

隐名合伙的性质、特征与立法建议[*]

隐名合伙是现代民商法上的一项重要法律制度，最早发轫于中世纪的康孟达（commenda）契约。依现代民商法理论，它是隐名合伙人向出名营业人所经营的企业出资，出名营业人将营业所得利益分与出资人的协议。鉴于隐名合伙法律制度于现代世界各国民商法制上的重要地位，有必要对该法律制度的性质、特征等问题予以研析，以为我国建立此项法律制度提供理论基石。

一、各国基本立法状况分析

（一）德国法

德国是较早以法典形式明文规定隐名合伙的国家。1897 年 5 月 10 日公布了《德意志帝国商法典》（以下称《德国商法典》，学者多称"新商法典"），有关隐名合伙的规定被编入第 2 编第 5 章"商事公司及隐名合伙"。该法就隐名合伙的特征、适用、当事人双方权利义务关系作了一般规定。依该法，双方当事人可以在契约中约定隐名合伙人不承担出名营业人经营的损失，而仅须就双方利益分配比例予以明确商定。《德国商法典》的此种规定旨在明确区分隐名合伙与借贷关系的不同法律性质，以使二者不致在实践中发生混淆。

（二）法国法

在法国，对于隐名合伙，由 1978 年修改后的《法国民法典》予以调整。依

＊ 本文曾发表于《法律科学》（西北政法大学学报）1993 年第 2 期，今收入本书乃作有改动。

《法国民法典》第 1871 条规定，隐名合伙人应相互约定合伙事宜不得进行注册登记。并且，隐名合伙在性质上不属法人范畴，因而无须向社会公告。依第 1872 条第 1 项规定，各合伙人须以其个人名义缔结契约，并单独对第三人承担义务。另外，《法国民法典》还就隐名合伙的期限、解散、退伙等问题作了明确规定。

（三）英美法

英国法和美国法称隐名合伙为有限合伙，在立法上与两合公司一并规定。英美法对隐名合伙的规定，以《英国有限合伙法》最具典型。

《英国有限合伙法》颁行于 1907 年。在此以前，英国法院拒绝承认此种合伙形式。依本法，有限合伙当事人中必须至少有一方合伙人为普通合伙人，承担无限责任；同时，也必须至少有一方合伙人为有限合伙人，承担有限责任。有限合伙人不得抽回其出资，否则就须对因其抽回出资而发生的债务承担无限责任。立法明定，有限合伙人以外的合伙人均为普通合伙人，他们共同从事合伙业务经营。对有关合伙日常经营活动所生分歧，由各普通合伙人按少数服从多数原则处理。普通合伙人无需经有限合伙人同意，即可接纳新合伙人入伙。

二、隐名合伙的性质

迄今为止，近现代世界各国的民商事立法均未对隐名合伙的法特性及性质予以界定。尽管如此，我们仍可从各国立法在有关隐名合伙的编排体例上探求各国立法的本意。

在德国，如前述，将隐名合伙与商事公司一并规定于《德国商法典》第 2 编第 5 章"商事公司及隐名合伙"。这在立法精神上是将隐名合伙视为一类特别公司。因而，隐名合伙在性质上属公司范畴。在法国，立法将隐名合伙编制在《法国民法典》第 9 编"合伙"中，显然，这在立法精神上是承认隐名合伙为合伙之一种，性质上属合伙范畴。在英美，对隐名合伙性质的认识，与德国和法国均不同。依照《英国有限合伙法》，隐名合伙被认为是合伙与有限公司的混合物。显然，这种关于隐名合伙性质的认识，是介乎公司性质和合伙性质之间的一种折中主义。亦即，承认隐名合伙具有公司与合伙的双重性质。

上述各国立法在编排体例上所表现出的对隐名合伙性质的不同认识中，笔者认为，德国法的属公司之一种是足取的，可为我国立法所借鉴。因为，隐名合伙究其本质，是隐名合伙人与出名营业人之间的一种契约关系，是隐名合伙人在出名营业人现有企业基础上再投资的一种形式。因此，隐名合伙虽在形式和法律上只是营业人一方的企业，实质上却是隐名合伙人与营业人双方的共同企业。出名营业人一方可以是一个自然人，也可以是一个合伙或公司。在出名营业人一方是合伙时，隐名合伙人并不因出资而加入该合伙充当其成员，成为合伙人。因此，隐名合伙人虽名为合伙人，实质上却并非普通意义的合伙人。并且，隐名合伙的成立、双方权利义务的内容以及承担责任的形式等均不同于民法上的合伙制度。无疑，英美法和法国法部分或全部将隐名合伙归属于合伙范畴是不足为取的。正是基于隐名合伙与普通合伙的这种特性上的严格差别，19 世纪以前编纂民商法典的国家，均采民商分立主义，将隐名合伙与公司一并规定。可见，德国法确认隐名合伙为公司范畴，而将其与公司并列规定是妥当的，它正确表明了隐名合伙的法特性，反映了现代隐名合伙制度发展的趋向，可为我国商事立法所借鉴。

三、隐名合伙的法律特征

如前述，隐名合伙是隐名合伙人向出名营业人经营的企业出资，出名营业人将营业所得利益分与出资人的一种契约关系，性质上区别于普通合伙，具有其独自的法律特征：（1）隐名合伙中，隐名合伙人仅得以金钱出资，以实物、技术等出资均不允许。并且，隐名合伙人一经出资，出资财产所有权即移转于出名营业人。（2）隐名合伙人与出名营业人仅发生契约上的关系，对外完全不得出面，并且对出名营业人的债务人及第三人均不承担任何责任。（3）出名营业人接受隐名合伙人的出资，自行经营企业。（4）隐名合伙人对营业事宜享有监督权，例如查阅账簿等。（5）隐名合伙无团体性。隐名合伙中未有人的结合，而仅有资本的关系。因此，隐名合伙中，除非出名营业人死亡，否则合伙关系将始终存在。

四、我国现行立法检讨与对隐名合伙的选择

我国现行民商事立法采民商合一主义，即由民法规定统一调整社会主义商品经济关系的若干法律原则，进而根据这些原则制定若干单行商事法规。迄今为止，我国未制定民法典，而仅有《民法通则》。在《民法通则》中，第 2 章第 5 节以 6 个条文（30—35 条）就"个人合伙"（即普通合伙）作了原则规定。有关隐名合伙，迄今为止的民商事立法均全然未有规定，毫无疑问，这是我国民商事立法上的一项缺漏，有必要予以补充。

笔者认为，从规范我国社会主义市场经济秩序的实际需要出发，以加快经济立法为契机，在 20 世纪 90 年代我国民商事立法将得到极大完善的时期，完全有必要在我国民商法制上确立此项为当代西方发达国家广泛规定的法律制度。这既是我国发展社会主义市场经济的迫切需要，也是我国民商法制走向世界，并建立与世界各国相通的法律制度的必然要求。

我国正在制定公司法。如前述，隐名合伙在法特性上属公司范畴。因此，在正在制定的公司法中，将隐名合伙一并加以规定，乃是立法的正确选择。

借鉴前述各国隐名合伙立法的成功经验，以我国的实际状况为基础，笔者认为，公司法中应对隐名合伙的如下重要问题予以明确规定：（1）隐名合伙的定义。隐名合伙是出名营业人与隐名合伙人双方通过约定，由隐名合伙人向出名营业人所经营的企业出资，出名营业人将营业所得利益分与出资人的一种协议。（2）隐名合伙一经出资，出资财产所有权即移转于出名营业人。（3）隐名合伙人不得参与或干涉合伙事业的经营管理，全部合伙事业由出名营业人独立经营管理。（4）隐名合伙人对营业享有监督权，如查阅账簿、核实营业收入等。（5）隐名合伙人享有定期分享营业利益的权利，利益分配的比例，由双方在协议中约

定。(6) 隐名合伙人对出名营业人的一切损失不承担责任。(7) 隐名合伙双方对隐名合伙事宜不予注册登记和向社会公告。不登记由双方约定；不向社会公告由立法明定，属强制性规范，当事人不得以约定排除其适用。(8) 隐名合伙人于双方协议期限届满时，有权请求出名营业人返还自身所出资金。

版权行使与转让问题[*]

一、楔子

随着现代科技和文化事业的飞速发展，信息传播手段的不断创新，制定我国的版权法已刻不容缓。但是，囿于历史和现实诸多因素的限制，我国版权法虽历经 8 载起草，18 易其稿，却仍在襁褓之中。时至今日，版权立法的诸多领域仍是尚待开垦的处女地。有鉴于此，笔者不揣浅陋，拟就我国版权立法的核心问题——版权行使与转让的理论和实践——作一开拓性研究，以期就教于法学界同仁。

二、版权行使与转让的总体分析

自 1709 年英国颁行《安娜法案》标志现代意义的版权保护制度正式诞生以来，在世界各国家和地区有关版权领域的研究中，何为版权，亦即对版权定义的不同见解，一直是法学者们争论不休的"热点"。学说众说纷纭，莫衷一是，以致形成了版权保护制度发祥地的西方大陆法系国家与在其影响下建立版权保护制度的普通法系国家，在版权立法上我行我素、互相对垒的格局。在西方英语国家，作为一种特殊的民事权利，版权被称作 copyright（意即抄录权、复制权）；在版权观念萌芽甚早的法国，它被称作"作者权"，而在东方的日本则被冠以"著

---

　* 本文曾发表于《乐山师专学报》（哲学社会科学版）1989 年第 3 期，系与李开国先生合作，今收入本书为阅读方便计，乃对正文的结构作了标明。

作权"的名称。在我国，自宣统二年（1911 年）制定《大清著作权律》开始，到台湾地区 1985 年修订"著作权法"为止的七十余年，都一直沿用"著作权"这一用语。1985 年《继承法》又正式以立法例的形式率先在新中国的法律文献中使用"著作权"一语。然而，令人费解的是，在时隔一年之后颁行的《民法通则》中竟又改而使用了"著作权（版权）"（见《民法通则》第 94 条）的杂糅式语汇。可见，仅从对同一民事权利的不同称谓上，以及于不同历史时期对同一权利称谓的不断变化上，我们就足以看到，世界各国家和地区对版权涵义的见解是迥然相异的。由此，笔者认为，为了适应现代科技发展的需要和顺应世界立法潮流，我国版权立法应采取内含如下三层涵义的版权定义：版权是著作者之权；版权系著作者之独占专有权，独占性与专有性是版权内在的本质规定；版权是一种复合性权利，它既包括"版权人身权"，也包括"版权财产权"。因此，其定义可表述如下：版权系著作者依法在一定期限内对其创作的科技、文学和艺术作品的独占专有权。

在版权的这一定义中，我们不难发现，"版权人身权"和"版权财产权"是构筑版权制度的基本框架。因此，为了对本文的论题进行符合形式逻辑要求的讨论，我们有必要首先对这两项基本权利予以剖析。

"版权人身权"，亦称著作人身权、精神权利或版权人格权，是指与著作者身份密不可分的不直接体现为经济利益的权利。一般说来，它包括：（1）作品的发表权，即通过出版、录音、上演、展览等方式将作品公之于众的权利。同时，著作者还享有决定其作品是否发表或出版以及作品的出版或发表采取何种形式的权利。（2）著作者的身份权，即要求被承认为该作品的著作者的权利。（3）署名权，即指著作者享有在作品上署名或不署名，署真名、假名或笔名的权利。（4）作品的"同一性保持权"，即著作者享有保持其作品的完整性和禁止他人擅自删减或修改的权利。（5）著作者对作品的修改权和收回权。

"版权财产权"，亦称财产权利或著作财产权。一般来说，它包括：（1）复制权，如对作品享有复印、复写、出版、录音、录像的权利。（2）发行权，如对既成图书、电影、音像制品予以发行的权利。（3）演出权，即通过演唱、演奏、舞蹈等现场演出的形式向公众传播作品的权利。（4）广播权，即通过电台、闭路电视等有线或无线装置传播创作作品的权利。（5）展览权，即在公众场合展出尚未发表的创作作品的权利。（6）演绎权，即改变创作作品的语言形式或其他表现形式的权利。它包括两类情况，即将既成作品编写成新的作品——改编或改写，以及将某一语种的作品译为另一语种的作品——翻译。

可见，构筑版权制度基本内容的版权财产权和版权人身权是既相区别，又相联系的两种不同质的民事权利。二者合二为一，一并铸成版权保护制度的有机整体。因而，在版权的行使过程中，著作者对其中任一权利的行使，也就必然同时扩及对另一权利的行使。换言之，某一作品的著作者在对著作行使人身权时，也就必然同时对该作品行使财产权，反之亦然。但是，版权人身权和版权财产权在权利行使上的同时性丝毫也抹杀不了各个权利本身在行使过程中所具有的差异性。这一差异性是由版权财产权和版权人身权终究不是两种同一性质的民事权利所决定的。

关于版权人身权的行使问题，世界各国家和地区传统的一度占统治地位的观点认为，著作者对该项权利享有永久的独占权（即永久独占权说），即它不得被转让、继承，没有时间限制。主张这一学说的学者们所持的唯一理由是：精神权利（即版权人身权）与著作者人格不可分割。从历史的角度来看，这种见解在其赖以产生的近代背景下是不乏其合理之处的。究其实质，它是近代人类文化及其传播方式较为落后的产物。因此，当人类文明的滚滚车轮跨至20世纪的时候，曾经红极一时的永久独占权说也就无以避免地遭到了各国家和地区学者们的严厉指责，由此导致各国家和地区立法观念的重大变革。永久独占权说的反对者们以社会生活的事实为根据，把论战的锋芒直接指向永久独占权说的固守者。他们指出，版权人身权的某一权项可能于著作者在世时发生转移，可能在著作者死后产生继承，以及在一定情形下出现终止。如果在这样的现实面前还一味固守过去的旧观念，未免不符时宜。[1]经过长期的激烈论战，至 20 世纪中叶，永久独占权说的主张者们在现实面前不得不偃旗息鼓。然而，事情的全貌还远不止如此。更为重要的是，反对者们理论上的胜利，最终引发了各国家和地区版权立法的重大变革。在属海洋法系的英国，版权立法一反以往的传统观念，正式以立法例的形式明文规定：版权（根据英国法学家们的诠释，系指人身权中的"发表权""作品的完整权""作品的修改权"以及版权财产权——笔者注）应如同动产一样，可以通过转让、通过遗嘱，或通过适用一定的法律转移其所有权。[2]与此同时，属大陆法系的德国也在新颁行的判例法中规定：著作发表权可以转让。[3]在法国，版权法对此虽无明文规定，但是在司法实务中也对版权人身权个别权能的可转让性予以认可。譬如，当某一作品的著作者无正当理由拒绝修改作品时，出版者就可以"免使作品妨害社会公共利益"为由而对之予以修改。

关于版权人身权适用继承主义，也在世界大陆法系和英美法系的大多数国家和地区的立法中得到了肯定。在英美法系的英国，对版权人身权适用继承主义无丝毫限制。在版权渊源地的大陆法系国家，他们对版权继承主义的唯一限制是"继承人在行使版权人身权能时，应受被继承人意思的限制"。[4]如若被继承人对此没有作出明确的意思表示，则依权能的性质，推定那些须由著作者本人行使的权能不得由继承人行使。例如，著作者身份权、署名权一般不得继承，但著作发表权则可依著作者的遗愿而定。著作者死后留下的遗著，只要其没有立下不准发表的有关遗嘱，继承人就有权行使发表权。

最后，在有关版权人身权保护期限的规定上，世界各国家和地区在立法上虽然采取两种做法——限定保护制度和永久保护制度，但是对版权人身权保护期限予以一定的限制是各国家和地区立法的潮流。在属民法法系的德国，版权法规定，版权人身权和版权财产权的保护期限均为著作者死后 70 年终止。我国台湾地

1　参见吴汉东："关于著作权若干问题的探讨"，载《法学研究》1988 年第 3 期。

2　参见英国《版权法》第 36 条第 1 款。

3　参见法国《作者权法》（中文版）相关规定。

4　参见吴汉东："关于著作权若干问题的探讨"，载《法学研究》1988 年第 3 期。

区的"著作权法"也认为,"著作权年限已满的著作物,视为公共之物,但不问何人,不得将其窜改、变匿姓名或更换名目发行之"。[1]对这一规定,我国台湾地区学者诠释为:除"但书所列之权利为永久性外,著作人身权的其他内容应视为已经消灭"。在法国,《作者权法》虽规定,著作人身权永久存在,但是这一理论目前正受到来自实践和学者们两方面的诘难。可见,对版权人身权保护期限予以一定程度的限制,已成为世界各国家和地区立法的新趋势。

基于以上对世界各国家和地区版权人身权行使制度的剖析,借鉴其他国家和地区的有益经验,我们认为,在我国未来的版权立法中应当考虑规定以下的制度。

(1)版权人身权本身由著作者终身享有,非依法律规定,不得剥夺。但是,在适当条件下,著作人身权的一定权能可以让与。这里所指的适当条件主要指两种情形:一是,著作者不适当地行使自己的版权人身权时;二是,其他准予让与的情形。

(2)版权人身权的一定权能可由著作者的继承人或受遗赠人行使,但继承人在行使版权人身权时应受被继承人意思的限制。这里的一定权能主要指发表权、作品的完整权、作品的修改权和收回权。

(3)著作者的身份权和著作声誉应受到永世尊重与保护。但对除此以外的其他人身权能则可依各权能的不同性质分别规定不同的保护期限。

在完成了对版权人身权行使诸问题的研究后,让我们移动视角,再来对版权财产权的行使问题作一探析。

关于版权财产权的行使问题,在世界各国家和地区的立法和学理上均有较为一致的认识:版权财产权既可以由著作者本人享有,也可以依法予以转让、继承或赠与而由他人行使。但是,不论何种情形下,作品使用的有偿主义都是行使此项权利的必然要求。基于此,我们认为,在我国未来的版权立法中应当考虑规定如下制度:

(1)版权财产权本身由著作者本人行使或依法由他人行使。但不论何种情形

1　参见张静:《著作权法评析》,水牛出版社1983年版,第87页。

下，均应实行有偿主义。

（2）对著作的二次使用或多次使用均应规定付酬制度。

（3）区别版权财产权由本人行使和由他人行使的不同情况，分别对其规定不同的保护期限。

三、版权财产权转让考量

在版权法中规定版权转让制度，已成为世界大多数国家和地区版权立法的通例。依我国学者的意见，版权转让，是指版权财产权的转让，而非人身权的转让。对这一见解，我们已在本文的前半部分进行了剖析。因此，在这里，我们意欲着力对版权财产权转让制度的一些问题作一研究。

任何一种法律制度都是一定社会条件的产物。各国社会历史背景的差异性，使得于实行版权财产权转让制度的不同国家和地区有其不同的立法思想。在我国，由于长期受苏联维辛斯基法理学的影响，因而在版权财产权转让问题上也就必然一脉相承地接受其"计划经济条件下，版权财产权转让的限制主义理论"。几十年的实践表明，这一理论已极大地妨碍了我国科学文化事业的繁荣和传播。在这样的条件下，考察西方市场经济国家的版权财产权转让立法，从而借鉴其有益经验，就显得尤为必要了。

在西方，属英美法系的市场经济国家几乎都无一例外地奉行"版权财说"理论。他们认为，版权究其实质乃是一种个人的私有财产。因而，"版权应如同动产一样，可以通过转让转移其所有权。"[1] 不仅唯此，更为重要的是，由这些国家的经济本质——市场经济——所决定，他们不承认版权财产权转让的限制主义理论。在他们看来，版权是著作者通过文化市场而取得的一种非依法不得丧失的私有财产。

在大陆法系国家，在版权财产权转让的立法问题上虽然产生了分别以德国和

1　参见英国《版权法》第 36 条第 1 款。

法国为代表的"一元论"和"二元论"学说的理论分野，但这丝毫也不意味着两国在对版权财产权实行非限制主义转让问题上有相距甚远的做法。二者的差别，仅仅在于"一元论"学说在实行非限制主义的转让问题上较之"二元论"学说走得更远。

以法国为代表的"二元论"理论认为，版权是由相互独立的版权人身权和版权财产权构成的"一体两权"。虽然版权人身权某些权能的不可让与性并不影响版权财产权的可让与性，但是，由版权人身权本身的不可侵犯性所决定，版权财产权在其转让过程中也不得予以限制。

以德国为代表的"一元论"学说特别强调版权的单元性。其认为，版权既非纯粹的人身权，也非纯粹的财产权，而是一种"你中有我，我中有你"的不可分割的有机复合产权。版权人身权不得转让的原则，必然要求与之不可分割的版权财产权也不得转让。这样一来，曾被社会主义国家普遍接受的版权是社会公共利益和个人利益相结合的产物，因而其转让得受一定限制的苏联学说被彻底否定了。

四、结语

可见，通过上述对世界各国版权财产权转让制度的考察，我们似乎寻找到了一条解决我国版权财产权转让问题的新途径。这就是，彻底摒弃苏联传统观念，借鉴西方国家版权财产权的转让制度，在我国版权立法中明定版权财产权转让实行非限制主义。确立这一原则，既是我国当今经济本质（有计划商品经济）的客观要求，也是繁荣我国科学文化事业所必备的法律条件。

访谈摘录

物权法应该体现市场经济新观念[*]

中国是一个公有制的国家，公有制国家本来就重视国家所有权，现在我们更需要强调的是人民的私权，私权重于一切，私权不可侵犯，在这样的环境下，过多地规定国家所有权，会弱化《物权法》的私法性质，毕竟《物权法》是一部平等保护私有财产的法律。

这部《物权法》生效后对我们国家的经济体制和经济制度不会产生多大的冲击，它本来就是和我们的体制相吻合的，没有多少创新，只不过是把以前的很多规定重新诠释一遍，重复一遍。

7月10日，全国人大全文公布了《物权法（草案）》。作为和老百姓生活关系最为密切的一部法律，《物权法》一经面世就备受瞩目。近日，本报记者就《物权法（草案）》的相关问题采访了中国社会科学院法学所研究员陈华彬。

过多地强调了国家所有权

《中华工商时报》：1998年，第八届全国人大开始着手《物权法》的起草，从那时起到现在7年的时间里，几乎中国内地所有重要的民法学者都就《物权法》表达了自己的观点，他们争论的内容几乎遍及《物权法》的每一个条款，为

---

* 这是《中华工商时报》记者曲力秋对本书作者的采访，载《中华工商时报》2005年7月14日第7版。

什么这部法律会引起那么多的争议？

陈华彬：我们国家对《物权法》的研究起步较晚，大概是从 20 世纪 80 年代中期开始。在此之前，物权这个词是受到批判的，被认为是私有制的产物。正是因为这样，物权立法的过程中有很多有争论的问题，包括基础理论的问题、制度的问题还有立法政策上的问题等等。最重要的是物权制度不仅涉及当事人的利益，而且也涉及社会第三人的利益，它事关重大，每一个人都和它有切身的利害关系。所以，《物权法》在制定的过程中争论就特别的激烈。

《中华工商时报》：《物权法（草案）》目前正在向社会公众征求意见，作为一名民法专家，您怎样看这个草案？

陈华彬：从总体上看，这个草案比一审稿和二审稿进步了很多，但不足的地方还有很多。其中最大的缺陷是草案对国家所有权和集体所有权的内容规定的太多，譬如，它用很大的篇幅规定国家所有权、集体所有权的客体、范围和内容，甚至把国家所有权规定为公有制为主体、多种所有制共同发展、并存的所有制格局。中国是一个公有制的国家，公有制国家本来就重视国家所有权，现在我们更需要强调的是人民的私权，私权重于一切，私权不可侵犯，在这样的环境下，过多地规定国家所有权，会弱化《物权法》的私法性质，毕竟《物权法》是一部平等保护私有财产的法律。

《中华工商时报》：这些年来，保护私有财产的神圣不可侵犯已经成为一种共识，您觉得《物权法》生效后能起到这个作用吗？

陈华彬：能，《物权法》在私有财产的规定方面还是比较全面的，不足之处是对国家所有权和集体所有权的规定太多，不利于对所有财产和所有权的平等保护，对国家所有权的过多规定实际上仍然是把国家所有权放在至高无上、不可侵犯的位置上。这样的规定是把不同所有权的保护区分出等级来，把国家所有权加以特殊保护，实际上，所有权的保护是不应该划分档次，应该受到同等保护的。国外没有把所有权划分为国家所有权、集体所有权和私人所有权。

《中华工商时报》：这样的规定是不是能够防止国有资产的流失？

陈华彬：未必。防止国有资产流失的问题应该由《公司法》或者其它法来规定，而不是《物权法》。

不会对现行体制产生较大的冲击

《中华工商时报》：《物权法》生效后，会不会对现行体制产生较大的冲击？

陈华彬：不会。这部《物权法》反映的仍然是旧的经济体制的观念，并没有体现市场经济体制的新观念、新制度。譬如遗失物的拾得，拾得人应该有报酬请求权，但是这一点《物权法》没有规定，这等于否定了拾得人的报酬请求权，是一个非常不符合情理的规定，也和国际上通行的做法不一致。所以，这部《物权法》生效后对我们国家的经济体制和经济制度不会产生多大的冲击，它本来就是和我们的体制相吻合的，没有多少创新，只不过是把以前的很多规定重新诠释一遍，重复一遍。

《中华工商时报》：在您看来，草案还有哪些需要改进的地方？

陈华彬：从技术角度看，《物权法》的有些行文还不够规范和科学，还不符合物权法和民法的法理。有些规定还显得特别生硬。譬如"业主的建筑区分所有权"这一条款规定了业主的权利、所有权、共同权和管理权。但它的行文不太规范。在国外，这个概念被称为建筑区分所有权，我国在1994年引进了这个概念。这一次的《物权法》在"建筑区分所有权"的前面加上了"业主的"三个字，这体现了中国特色，但同时也使我们国家的立法具有封闭性，没有和国际接轨。我们知道现在外国人在中国购买房屋的很多，他们只知道建筑区分所有权，不懂得什么是业主，所以这样的行文不利于国际交往，不利于中国的法律走向国际化。

从内容上看，《物权法》没有对本应该加以重点规范的制度加以规定，譬如添附，包括附合、混合和加工，是我们现实生活中广泛发生的一种纠纷，《物权法》却只用了一个条文来规定，这就显得捉襟见肘。另外，对居住权这样还有很多争议的制度，却用了很多的条文来规定它。再有就是对担保物权的规定显得比较简单、比较原则。担保物权本来是一个重要的制度，但《物权法》的规定却没有什么创新和突破，仍然局限于旧有的民法理论和已经有的法律规定，甚至是对已经有的法律规定的原原本本的照搬。譬如它只规定了最高额抵押权，而没有规定共同抵押、浮动担保、企业担保等等。

物权编：亮点频现还需与时俱进*

——中央财经大学法学院教授、博士生导师
陈华彬谈民法典物权编草案

物权立法的目的是明确物的归属，定分止争；是明确权利人的权利，物尽其用。在生活中，我们会涉及太多有关物权的问题，因而，民法典分编（草案）中的物权编同样引起公众极大的关注。中央财经大学教授、博士生导师、博士后合作导师陈华彬，是物权法方面的权威专家，撰写的《物权法原理》一书，奠定了中国物权法的理论体系；与学部委员梁慧星合著的《物权法》一书，是中国大陆法科学生研习物权法的最基本的教材。那么，此次物权编中哪些条款对我们生活有较大影响？带着这些问题，记者专访了陈华彬。

抵押人转让抵押期间的抵押财产，不需经过抵押权人同意

说起物权编，陈华彬兴奋地说，这次物权编的亮点比较多。首先，物权编草案将 2007 年《物权法》中不太正确的说法做了改正。第 197 条规定："抵押期间，抵押人转让抵押财产的，应当通知抵押权人。"原来的《物权法》第 191 条规定则是："抵押期间，抵押人未经抵押权人同意，不得转让抵押财产，但受让人代为清偿债务消灭抵押权的除外。"意思是说，假如我按揭贷款 100 万元购买

* 此为《人民政协报》记者徐艳红对本书作者的采访，载《人民政协报》2018 年 11 月 27 日第 12 版。

一套北京住房，该房就会抵押给银行，在我还清贷款之前，如果我想卖掉此房，以前是必须银行同意才可以，以后，只需通知银行即可。陈华彬称，现行的物权法的规定对贷款人来说是不利的，有些过分保护债权人，物权编草案将这一规定做了修改，不需要抵押权人同意，这就比较公平了。

小区广告收入扣除成本后归业主所有

小区电梯广告的收益扣除成本后归业主所有是物权编草案的又一大亮点。陈华彬说，中央电视台原主持人赵普曾因要求其所住小区的物业公司公开广告收益一事，于 2009 年起诉至法院，这个案子后来调解结案。赵普诉物业公司一事，虽在全国有一定影响，但因为没有法律的明文规定，对于广告收益的归属就无法规范。

此次，陈华彬表示，民法典分编（草案）通过后，关于小区广告收益问题就有了明确规定，在广告收入扣除成本后要归全体业主所有。这是一件令业主们欢欣鼓舞的大事。

还有一个与业主有关的亮点是：两个"三分之二"，即"业主共同决定事项，应当由专有部分占比三分之二以上的业主且人数占比三分之二以上的业主参加表决"。简单解释下，这就是说，小区共同部分比如公共绿地，如果物业要改变其用途，改成停车场的话，需要整个小区套内面积数的总和占整个小区面积三分之二以上业主，且人数要达到业主总人数的三分之二以上同意才可以改动，否则，物业无权改变最初规划的共有部分的用途。这样做，是为了强化对物业服务企业的管理。

租房装修可以要求给付费用，添附制度是新增内容，也是亮点。

两年前毕业于北京某高校的女生小吴，在北京朝阳区一家上市公司工作，遂租住了一套一室一厅的房子。爱整洁干净的她，希望住得舒心些，就花费 5 万多元将房屋简单装修和粉刷一遍。今年 6 月，她被单位派往上海工作，退租前，她跟房东商量因为当时她装修房屋花了不少钱，退租时，房东可否将她装修的费用打折作价付给她一部分，房东一口回绝。小吴咨询过律师，对租住的房屋进行装修的费用房东给与不给全在房东个人，法律上没有明确规定。

如今，物权编草案的添附制度则有了明确规定。陈华彬说，房子是不动产，装修房子过程中，刷的墙漆属于动产，动产会附着在不动产房屋上，房产的价值中也有租户装修的价值，这是不动产吸收动产的原则，这种情况下，房屋的所有权依然归房屋所有人，但房屋所有人需要将装修费用支付给装修人。当然，特别约定的除外。如果没有约定，上文中所说的小吴是可以向房东要求给付一定装修费用的。

三权分置可以将土地集中在有耕作能力的人手中

明确了农村土地承包经营权的三权分置，这是物权编草案中非常重要的亮点。陈华彬强调，土地对中国这个农业大国的重要性不言而喻，中国革命史其实就是一部土地革命史。农村土地承包经营权拉开了我国改革开放的序幕，是40年改革开放的起点，也为未来的改革打下了坚实的基础，中国改革开放之所以能成功，土地承包经营权的改革功不可没。

20世纪80年代初实行的包干到户，也叫农村家庭联产承包责任制，实现的是农村土地的两权分离，即土地所有权归集体，农民通过承包获得对土地的经营权，农民成了相对独立的商品生产者和经营者。农村土地被农民承包后，土地的所有权性质不变，承包地不得买卖。

农村土地承包经营权的三权是指土地所有权、土地承包权和经营权。三权分置后，有利于解决土地撂荒和土地荒芜的问题，可以把土地集中在有耕作能力的人手中。以前，没有能力的人没办法耕种的话，土地就只能荒着，这样也会导致农村生产力的萎缩。

陈华彬解释说，现在把土地的三种权利分置后，所有权依然不变，承包权和经营权分开，没有生产能力的农民依然拥有承包权，但可以把经营权转让出去，这样既能让土地得到最大化地利用，也能使得个人拥有不同权限，个人收益也会有所不同。此前，也有不少外出打工者将无法耕种的土地私下承包给同村人，但这种做法并没有得到法律的明确规定，现在是将党关于农村土地的政策作为法律固定下来，定会进一步促进农业的发展。

建议物权编增加有时代特色的法律条款

陈华彬认为，物权编草案有许多亮点，但确实还有待改进的空间。关于占有的规定，物权编草案的 5 条规定与 11 年前完全一样。经过十多年的发展，我国各方面都有了突飞猛进的发展，这部分内容可以增加一些，比如占有基本事项、占有种类、占有的法律效力、占有人与所有权人之间的返还关系、占有的推定效力、准占有的规则等一些基础性的规定。因为，在实务方面，占有的关系是非常复杂的，现有的条款不能完全适应实际的需要。

例如，按现行法律，对于赃物是不能取得所有权的，公安机关可一追到底。但学界的共识是，如果是在公开大市场或是拍卖机构拍卖来的赃物，是可以善意取得所有权的。

陈华彬还建议，增加建筑物修缮、修复、重建的内容。建筑物出现破损后需要修缮，而费用由谁承担，现在的法律比较简单，规定得并不明确。

修复是指因为天灾人祸所造成的建筑物损毁的复旧。2015 年，北京市丰台区定安路一连锁餐馆内煤气罐爆炸并起火，邻近居民楼数十户住房及附近车辆受损。类似这样的爆炸事故产生的房屋损失怎么办？还有地震、飓风、台风、龙卷风、水灾、泥石流、飞机坠落、汽车冲撞等等，这样的意外产生的修复费用，民法中应该明确。

建议增加建筑物区分所有权的剥夺制度，陈华彬说。2017 年 12 月，西安某小区 11 楼的一业主装修时，砸掉自家承重墙，引起全楼恐慌。大家担心楼房会倒塌，更担心经受不起哪怕很低级别的地震。如果你是这栋楼的业主，遇上这样的邻居，你肯定不愿意再与他为邻，可按照现有的法律，无法对他进行驱赶。但在日本和德国，如果遇到这样野蛮装修的业主，他们可以通过法院判决，将这种恶

质业主驱赶走。"我们的物权法太温情脉脉了，建议增设这样的条款，遇到这类
恶质业主，也可以通过法院判决，不与他为邻。"陈华彬说。

我国的文化提倡"远亲不如近邻"，希望邻里能和睦相处。邻里关系的确很
重要，"但现在，我们的邻里关系处理起来会更复杂，因为不动产的相邻关系由
以前的平面相邻关系转向更多的立体相邻关系"。所以，建议物权编更多地对立
体相邻关系做出规定。平面关系多跟流水、通行权有关，而现在，眺望权、采光
权、电信妨害、通风妨害、风害、压迫感等等则成为立体相邻关系的内容。高大
建筑物的外墙若全是玻璃，还会形成光的反射的侵害。此外，还有空调滴水、恶
臭、震动、噪声等。这些在物权编中也应当有所涉及。

陈华彬表示，国家和社会在飞速发展，物权编的内容也要有所创新，将学术
界已达成共识的研究成果吸收进来，这既是扬弃，也是发展，更是依法治国和现
实的必然要求。

"老来伴儿"的居住权有保障了 *

——中央财经大学法学院教授陈华彬谈物权编增设"居住权制度"的重要意义

前不久，十三届全国人大常委会第十次会议二次审议民法典物权编草案。一审稿在现有物权法基础上，增设了居住权制度，二审稿则进一步细化了有关居住权的相关规定，明确居住权是无偿设立的用益物权。二审稿提出，居住权可无偿设立；居住权人有权按照合同约定，对他人拥有的住宅享有占有、使用的用益物权，以满足生活居住的需要。

居住权制度是物权法中非常重要的一项制度，增设居住权制度及无偿设立居住权对民众来说有什么重大意义？对于一个已步入老龄社会的国家而言，无偿设立居住权有哪些重要价值？对居住权的设立还有哪些建议？为此，本报记者专访了中央财经大学法学院教授、博士生导师陈华彬。

无偿设立居住权是我国法治的一大进步

为了向记者讲清楚居住权，陈华彬先讲了最近的一个真实案例：北京某名校一退休老教授吴某想卖掉自己名下的住房，女儿吴华（化名）不同意，劝说无效将其告上法庭，北京市海淀区人民法院判决支持其女儿的诉求。

---

* 此为《人民政协报》记者徐艳红对本书作者的采访，载《人民政协报》2019 年 6 月 11 日第 12 版。

吴某 70 多岁，妻子去世多年，女儿智力有点低下，因无工作能力，结婚后一直住在父亲家。吴华丈夫虽有一定的工作能力，但达不到购买自有住房的经济条件。吴某前两年再婚后搬到了老伴家居住，由于退休工资不变，为了老两口晚年生活品质，吴某决定卖掉自己名下的房产。吴华知道后，考虑到自己没有其他住处，在劝说父亲无效的情况下，只好将吴某告上法庭。法官基于社会责任、人道原则和居住权的法理（即居住权优先于所有权）这三个原则，最终判决吴华拥有此房的居住权，吴某无权售卖此房。

陈华彬称，该案的情况在北京乃至全国都存在。如果吴某卖掉房子，由于智障女儿一家三口生活困难，就会把他们推到社会，这样，于情于理都说不过去。因而，从居住权大于所有权这个法理来说，吴某对该房屋的所有权抗不过女儿的居住权。陈华彬说，其实，现在实务上对居住权的判决基本上都是这样操作的，但问题是，我们的物权法上却没有设立居住权，也就是说，居住权优先于所有权已在实务操作方面广泛应用，法律规定却有些滞后。不过，令人欣喜的是，我国民法典物权编编纂过程中，在一审稿和二审稿中已经增设了居住权制度，这是个很大的进步，已逐步在跟西方国家接轨。不过，跟国际上其他国家相比，我们还有一定差距，再加上我国历来就有"安居乐业"的文化传统，因此，期待我国的居住权制度还能继续完善。

增设居住权制度能让弱势群体居有定所、老有所养

居住权具有一身专属性，不能转让，不能抵押，不能继承。一身专属性是指居住权与生命共始终，随着生命存在而存在，随着生命消亡而消亡；由于居住权的规定是基于恩义关系、恩情关系，所以，应当是无偿的。陈华彬建议扩大居住权设立范围，以保护以下几种情况：

一是离婚后的弱势配偶方。夫妻离婚后，一方可通过居住权弥补另一方的损失，最高人民法院《关于适用〈中华人民共和国婚姻法〉若干问题的解释（二）》第 27 条第 1 句也是这样规定的，即"当事人在婚姻登记机关办理离婚登

记手续后，以婚姻法第四十六条规定为由向人民法院提出损害赔偿请求的，人民法院应当受理"。

举例说，夫妻离婚，如果女方没有住房，男方可为女方提供套房或套房中的一间或几间的居住权，以保护女方不致流落街头。陈华彬说，当然这只是个基本原则和考量，主要目的是保护夫妻离婚后生活困难一方的利益。

二是部分保姆的利益。我国改革开放后，大量农民工涌入城市，有的做家政工作一做就是十几年、几十年，与雇主一家也有了很深厚的感情。有的保姆或因多年不回，老家没了居住地，或因没什么亲人，无法回去，雇主出于感恩可将家中套房或是套房中的房间为保姆设立居住权。

物权法的起草始于1993年，陈华彬介绍说，当时著名法学家、中国政法大学终身教授江平参与了物权法的起草，他提出了创设居住权的建议。在2001年5月全国人大常委会法制工作委员会召开的物权法草案专家论证会上，江平还以保姆为例对居住权进行解释。他说，很多家庭雇有保姆，一个保姆伺候一家人很久，年老的时候没有住所，能否订一个合同或者立一个遗嘱，让保姆有房屋居住权，能够让她养老送终？

对居住权写入民法典物权编草案，陈华彬说，"非常有必要"。居住权制度既有古代的法律依据和其他国家的参照，也符合中国的传统，能够让一些弱势的人居有定所、老有所养，这是为社会提供福利的一个重要方式。当前中国进入老龄社会，完全依靠养老院养老并不适合中国人的生活习惯，而好的养老院床位有限，且费用不低。目前，北京60岁以上老人有360多万，全国有2.2亿人。如何养老是个大问题，而一些养老院虐待老人事件断续见诸报端，让不少老人对养老院有不信任之感。居住权的设立或许能一定程度上解决一些老人居家养老问题。

三是部分老人处理终老财产问题。这个也叫保留居住权的买卖。"以房养老"在四川等地已试点推行4年，做法是一些老人将房子抵押给保险公司，保险公司每月给老人一笔养老金，待老人过世后拥有房屋所有权。初衷很好，但由于涉及保险产品的精算、设计、房子的保值增值等，效果并不理想。陈华彬说，终老财

产的处理问题其实在国际上非常流行，未来，由于老龄化、少子化及失独老人等
现象，这种保留居住权的买卖是有一定市场的，也是个重大的民生问题。

如何操作？陈华彬解释说，比如，一位老人为了让晚年生活得更有品质，将
名下的房产以低于评估价的一定比例进行出售，但保留居住权，买家先支付一部
分房款，余下房款的支付方式可采取约定的方式，待老人去世后，买家可自由处
置房产。

四是保障生存配偶的居住权。举例来说，夫妻一方去世前，可以为生存的夫
或妻设立居住权，明确房产由子女继承，但老伴是居住权人，有权占用、使用该
住宅，直至百年。这样一来，既保障了生存配偶一方的居住权，也保障了后代的
财产权，免除后顾之忧。此外，这个规定对晚年才组合的家庭来说，也是非常有
价值的。法国和日本近年在法律上已对此进行了规定，我国在物权编中也可以借
鉴这样的做法。

陈华彬说，居住权是重大规定，写入民法典，能大大提高居住权人的地位；
规定应当书面订立居住权合同，且应当向登记机构申请居住权登记，这样就把此
前的居住权转化为物权，居住权人的权利可以得到更全面的保护。

民法学博大精深，我要倾尽一生的心力去研究它、学习它

——陈华彬教授访谈录

新近，由华东政法大学原校长、我国著名法制史研究专家何勤华教授主编、北京大学出版社出版的《中国法学家访谈录》出版。中央财经大学法学院学术委员会主席、博士生导师、博士后合作导师、法学博士陈华彬教授的访谈收录其中。

TALK WITH CHINESE JURISTS 中国法学家访谈录

《中国法学家访谈录》是一部当代法学史作品，采用当事人访谈的方法，通过对亲身经历或接触过历史上的事件、人物和文献的当事人进行采访，根据其回忆描述，再现以往社会生活的原貌，以抢救新中国法律、法学发展的活的史料。本书分为十卷：第一卷，采访的主要是1935年之前出生的法学家；第二卷，主要访谈1948年之前出生的法学家；第三至第十卷，主要访谈1949年至70年代期间出生的法学家。

《中国法学家访谈录》是一部当代法学史作品，卷帙浩繁，涉及当代中国法律发展进程史上著名学者400余人。本访谈录采用当事人访谈的方法，通过对亲身经历或接触过历史上的事件、人物和文献的当事人进行采访，与那些影响当代

中国法律和法学发展的著名法学家的对话，根据其回忆描述，再现以往社会生活的原貌，以抢救新中国法律、法学发展的活的史料。本访谈录分为十卷，按法学家活动的历史时期分类排序。其中，陈华彬教授所在的第九卷共收录 1960 年后出生的著名法学家 54 位，他们分列法学研究的各个领域，是现今最为活跃的法学研究者，也是当前中国法律和法学发展的主要推动者。

在访谈中，陈华彬教授主要就中国物权法制定过程中的波折、目前国内民法学研究的现状及与国外的比较、近代中国的法律继受，以及我国正在进行的民法典编纂畅谈了自己的看法。陈华彬教授作为 60 年代中期以后法学家的代表之一被收录于以上访谈录中。

陈华彬

1965 年 11 月生，四川仁寿人。1984 年 9 月至 1987 年 7 月，在四川乐山师范专科学校英语系、政史系学习；1987 年 9 月至 1988 年 7 月，在四川仁寿县汪洋社中工作；1988 年 9 月至 1991 年 3 月在西南政法大学学习，获民法学硕士学位；1991 年 9 月至 1994 年 7 月，在中国社会科学院研究生院学习，获民法学博士学位；1994 年 7 月至 2006 年 1 月在中国社会科学院法学研究所民法室工作。2006 年 2 月至 2008 年 2 月在上海师范大学法政学院工作；2008 年 3 月至今在中央财经大学法学院工作。1996 年 1 月至 6 月赴日本东海大学师从日本著名民法学家铃木禄弥教授研习物权法、民法总论；1997 年 10 月至 1998 年 6 月赴日本国际交流基金会关西国际中心研习日本语，同时游学神户大学、大阪大学，研习民法、西方民法发展史。现为中央财经大学法学院教授、博士生导师、法学博士，迄今出版民法方面的专著（独著）14 部，其中《物权法原理》一书，奠定了中国物权法的理论体系，具有重大的开创性贡献；与他人合著著作 16 部；于《法学研究》《中国法学》等法学刊物上发表论文百余篇。

民法学博大精深，我要倾尽一生的心力去研究它、学习它。

记者（以下简称"记"）：非常感谢陈老师百忙中抽出时间接受我们的采访。

首先请老师谈一下您的求学历程吧。

陈华彬（以下简称"陈"）：我于 1965 年 11 月生于四川仁寿县的一个农村。我的家乡现在属于眉山市仁寿县。因为我一直对法律很有兴趣，所以在 1984 年考大学的时候报的是西南政法大学，但因为数学考得不好，所以就没上成西政，而是被四川乐山师范专科学校英语系录取（一年后转入该校政史系），这是我比较遗憾的地方。上大学期间除了本专业的学习，我一直专心于法律知识的学习，同时也学习了各类社科知识。1987 年毕业后我在四川仁寿县工作了一年。1988 年 9 月终于如愿以偿进入西南政法大学就读民法硕士研究生，从此开始了民法的学习生活。本来专科毕业应该两年后才能考研究生，但我却走了个捷径，那时乐山市招办的一个主任对我特别偏爱，就帮我报上了研究生，之后就如愿以偿地成为西南政法大学 88 级的研究生，这是我人生一个非常重要的转折点。没有这个转折点，我或许将永远以中学教师为业。研究生阶段我师从李开国教授，他那时是民法教研室的主任，一位非常敬业的学者。1991 年 3 月我研究生毕业，被分到四川省工商行政管理局，本已经报到上班了，但我得知中国社会科学院王家福老师在招收博士生，于是毅然坐火车从成都来到北京报考并顺利考上了王教授的博士生。参加考试的有十多位同学，但考上的就我一人。我在社科院学习工作了 15 年，直到 2006 年调到上海师范大学。

记：在您求学的过程中印象最深刻的是哪位老师呢？

陈：第一位当推李开国教授，他治学严谨，一丝不苟，对学问很执着，不崇拜权威，不迷信权威。李教授对马克思主义法学、苏联及东欧各国的法学都很熟悉，他现在还是西政民法学的一面旗帜。在博士期间，感受最深的是梁慧星教授，梁老师讲民法解释学、讲民法专题研究。他是当时最注重学术的学者，他自己发表了很多文章，也鼓励我多写文章、多发表文章。虽然当时是以王家福教授的名义把我招收进来的，但因为王教授是法学研究所的所长，公务繁忙，所以实际指导我的是梁慧星教授。梁老师的文笔很好，对学术的感悟能力非常强。他是四川青神人，也是我的四川同乡。

记： 陈老师，在您学习的过程中印象最深刻的是哪位同学呢？

陈： 我们同学中很多是来自农村的，他们学习非常用功。印象中很深刻的是现任暨南大学法学院的院长，当时是西政学生的朱义坤。他学习十分刻苦，作为农村的学生，生活费一个月只有 70 多块钱，但他在艰苦的情况下还经常将学习生活的费用节省下来去买一些民法书籍。他虽然没有读法学的博士，而是读了经济学的博士，但他对法学的热爱让我印象十分深刻。

记： 在您求学的生活中，您印象最深的是什么事情呢？

陈： 当时所有的时间都花在学习上，也就空闲时打打乒乓球。我从 1984 年上大学开始，只用三年的时间就学完法律本科四年的课程，而如今生活方式多样化，个人选择的路更多，我想现在一个人要在学术上成名，会比我们那时花费的精力更大，困难更多，因此我认为做学问还是要静下心来，努力为之。

在社科院期间我更多的是学习、研究法学的精义，而在中央财经大学，则体验到了大学校园的充实、忙碌的生活。我要带博士、硕士，也要给本科生上课。学生们喜欢听我的课，因此我感到很满足。

记： 您是什么时候对法学产生了如此深刻的兴趣呢？

陈： 我对法律的兴趣最初起源于高中时期见到社会中的不公平现象，因此就有了打抱不平的想法，立志做一名好法官，维护社会的公平正义。对物权法的兴趣还是得益于李开国教授的启蒙。李教授是著名的物权法学者，写过很多物权法的著述，即使到现在也不过时。因此从 1988 年就读研究生到 1991 年毕业，我对物权法均保持很浓厚的兴趣。1991 年毕业的时候我的硕士论文是关于建立我国民法物权法体系的研究，当时国内还没多少人写这个题目。之后在社科院读博士的时候也继续研究物权法。1994 年的时候我写了《现代建筑物区分所有权制度研究》，这本书也是我们国家第一本借鉴国外的制度并结合我国的情况而写的。博士三年期间，我读了很多物权法的著作。在物权法学习中，有件很值得提及的事情，西政赵勇山老师当时给我们讲课的时候提供了很多的物权法资料，甚至包括民国时期的著作，这为我们打下坚固的物权法基础起到很重要的作用。1991 年我校的物权法水平已处于全国领先地位。1993 年国家决定制定物权法，梁慧星教授让我根据国外物权制度拟定一个物权法的提纲，拿出物权法的草案。1997 年梁慧星教授和我出了国内第一部物权法教科书。1998 年我们便正式开始起草物权法。

记：对于物权法出台中发生的一些波折，您是怎么看的？

陈：物权法的草拟从 1998 年到 2005 年 7 月 1 日都是顺利的。但在 2005 年 7 月之后物权法向全社会公布的时候出现了很多的争论，其中包括大家都知道的巩献田提出物权法究竟姓资姓社、奴隶般地抄袭西方等问题。但冷静地看待这些质疑，这些其实都是学术上很正常的争论。因为巩教授的学术方向、学术背景和我们不一样，所以他对问题的看法和我们也有所不同，后来这些问题都得到了顺利解决。事实证明巩教授的一些观点还是和这个时代有些脱节的。

记：陈老师，您是我国目前研究物权法的重要人物，请谈一下您在这块领域中的一些观点吧？

陈：物权法里最重要的理论是物权行为理论，这个大家都知道。我们国家现在有两种见解，有的学者主张在物权法中采用物权行为理论。但是现在我们绝大多数学者，包括我自己也认为，物权行为理论（尤其是物权行为无因性理论）目前还不符合国情，没有必要采取。这个理论十分抽象，不要说研究其他部门法的教授看不懂，连民法学界许多研究债法、合同法的教授也不是很懂，更不要说一般的老百姓了。去商店买副手套，与售货员之间要为四个行为，这样的理论，一般人如何搞懂呢？中国物权法从最初大家反对，到逐渐接受，我认为一方面是因为借鉴了西方国家的经验，另一方面也是由于它从中国的实际情况出发。而物权变动理论中最成功的一点就是找到了适合中国国情的物权变动模式，即债权形式主义模式。中国民法是从德国来的，但物权变动模式却是完全从中国自身的国情出发。中国的重要民法学者，如梁慧星教授、王利明教授，以及其他绝大多数教授，都对此表示了肯定的态度。我对物权行为理论也很感兴趣，也写了很多这方面的文章，最近我写的一本书里面就有四篇文章谈物权行为理论，有兴趣你们也可以去看一看。

近年我开始了对民法总论、债法的关注，希望有生之年能够完成对整个民法的写作。虽然可能达不到史尚宽先生的高度，但我也会竭力为之。

我对法律史其实也颇有兴趣，我有一个宏伟的目标，即撰写一部近现代的私法史著作。我现在收集的材料很多，华政李秀清老师的《日耳曼法研究》和魏琼老师的《民法的起源》等书都是珍贵的资料。我读过很多西方历史书籍，如罗马历史和近现代历史，以及各国的国别史，如法国、德国、瑞士乃至非洲、南美洲各国的历史。很可惜的是，对于瑞士历史，我们目前还没有出过好的书。瑞士虽然是个小国，但自从《瑞士民法典》诞生，便成为一个值得对其民法进行研究的大国。萨维尼说法学是历史的、民族的东西，读历史书，我们能了解法律发展的历史轨迹及其演变过程，使得我们的法律研究更加厚重。

记：您认为目前我国的民法、特别是物权法方面的研究与国外相比，差距在哪里？

陈：中国的物权法同国外相比，特别是同日本和德国相比，还是显得太粗犷，总体上是粗放的、宏观上的研究（这点近年来有所改变）。而日本和德国的研究是在细小的、微观的层次上的研究，比如他们研究19世纪德国普鲁士的物权登记制度，研究20世纪20、30年代法西斯政权的民法制度等。日本的研究则注重历史的考察，他们对一个制度的源流和发展进程都有很细微的研究，而中国学者对此很不以为然。我国目前物权法研究表面上看起来虽然很繁荣，但还是有泡沫，好的物权法的著作还是欠缺，能经得起历史考验的著作还是不多。

记：您留学期间，一定接触了很多国外的研究方法。其中您最欣赏的是哪一种研究方法？

陈：我觉得最重要的是比较法的研究方法。比较可以让人谦卑，可以让人增强自信，也可以让人更加客观地看待自己。《瑞士民法典》制定之后，曾有一句话，但愿《瑞士民法典》不要成为中国的万里长城，不要把自己封闭起来。所以说一个国家法律的研究不应该封闭起来，而应该开阔眼界，看到其他国家的先进之处。再一个就是历史的研究方法。以上两种方法是我运用的最多的。最近我也开始运用法解释学的方法。我主要运用的就是这三种方法。比较研究的方法和历史研究的方法是评价一个学者学术研究是否厚重的标准，是是否经得起历史考验的参考准绳。有些人的文章肤浅，就是因为欠缺比较研究的能力，也无法运用历史的研究方法，这是很需要注意的。

**2009 年 12 月在澳门大学参加第二届"全球化背景下之
澳门法律改革"暨庆祝澳门特别行政区成立十周年国际研讨会期间留影**

记：您认为在我国当前大批的法学学者当中，存在浮躁的研究气氛吗？

陈：我认为有一定程度的浮躁，有些人急功近利，着急发文章，学术不够规范。文章中不引用注释，或者说注释很少，自说自话，这样的东西是难以经得起历史考验的。

记：您认为我们的中青年学者是应该多发表文章还是少发表呢？

陈：还是要适当的多发表。

记：您觉得我国目前中青年法学家的学术规范执行得如何？

陈：绝大多数人还是遵守规范的。但是，我上网查看文章时也会发现有的人引用别人的，包括引用我的文章时不规范，不加注释。当然，在《法学研究》《中国法学》这样的杂志上发表的文章大体上还是遵循学术规范的。

记：要建立良好的法学研究氛围，您觉得还需要如何努力呢？

陈：在我最近的一本书的后记中我写到，希望在 2050 年我们能将中国建成学术大国、思想大国。这里面很重要的一点是需要有一批淡泊名利、宁静致远地进行学术研究，愿意为法学奉献一生的学者。我自己或许也不能完全做到这一点，但我心向往之，并会努力做到。我现在的作息就是基本在学校食堂里吃饭，回到家便读书、伏案写作。晚上我一般工作到十点，早上六点左右起床，开始新一天的工作。所幸我没有行政职务，不做律师，不做兼职，不到社会上挣钱，也不吸烟，我最大的爱好就是看书和学术研究。我认为这些才是天下第一的好事。

记：请您对我国目前法学的研究状况进行一些简要评价吧。

陈：目前中国的法学研究状况还是良好的，很旺盛的，是可喜的。不管是法制史、民法、刑法还是宪法，各方面发展都很好。

2010 年 12 月在日本青山学院大学法学部访学期间与该校广濑久和教授合影

记：您觉得自己最大的贡献有哪些？

陈：我觉得自己最大的贡献是，创建了中国的物权法及其理论体系。梁慧星教授在很多场合也多次（尤其是 2002 年他在我评定社科院研究员职称的推荐信中）特别指明了这点。这一贡献不一定准确，但至少是自己的一点感受。

记：您觉得在民法这块，特别是在物权法这块，我们还有什么需要开拓的领域？

陈：2007年虽然制定了《物权法》，但其实制定得很粗糙。由于当时的政治争论、学术争论，立法时采用了妥协的态度，于是形成了现在的这样一种局面。这部物权法并没有达到我们目前已有的学术研究水准。所以物权法尚存在很多不足。我们今后很大的努力是建立一部适合中国国情的、更加完善、更加先进的物权法，并在民法典中规定完善的物权法制度。另一方面，也要不断研究发达国家和地区的物权法研究状况，并进行物权法的解释论工作。

记：您强调要借鉴发达国家地区的研究状况，但同时如何保持自身的特色呢？

陈：目前中国的法律都没有完全借鉴国外的立法，都是在参考的同时保持了自身的国情特色的，如物权法、合同法、侵权责任法。这个问题我想以后也会如此。

2010年12月在日本青山学院大学访问期间与该校山崎敏彦教授和杨林凯博士合影

记：您对我国制定民法典是什么看法呢？

陈：江平老师主张民事立法的"汇编"，而我认为中国需要一部上千条的民法典。民法典是市民社会的"大宪章"，它是赋予人民权利（right）的保障，足以实现与公法的权力（power）之间的平衡。民法典对中国的人权进步、人权事业的发展具有很重要的意义。现在全世界有 130 多个国家有民法典，包括朝鲜、古巴也有民法典，而中国作为一个大国，必须要有一部民法典。

记：您如何看待近代中国的法律移植进程？

陈：法律移植进程关乎中华民族的自救和复兴。清朝末年我们毅然地抛弃了中华法系，选择了大陆法系。但是当初我们为什么没有选择英美法系呢？何勤华老师、张晋藩老师对此都有研究。其中有我们从日本引进外国法律术语、制度、概念的因素，也因为大陆法系容易移植成功，将其概念、体系引进就可以进行移植了。我认为我们移植大陆法系是一个巨大的转折。《中华民国民法》于 1929—1930 年陆续公布了各编，虽然它移植了日本、德国、瑞士、苏俄各国的成果，但是一点都看不出抄袭的痕迹。谢怀栻教授就说这部法典与法国、德国、日本各国相比，毫不逊色。这就体现了中国人的创造能力。而我们现在仍在移植、仍在创造。比如《合同法》移植了不安抗辩权、先期违约这些英美法系的东西。《物权法》中也移植了动产浮动抵押这一英美法系中苏格兰法的内容。日本学者北川善太郎说过，一个民族的法律成长过程，首先是移植法律制度，要使所移植的法律制度在本国生根、开花、结果，接着就必须再继受所移植的法律制度背后的理论，这一步称为"理论继受"。这一点在日本尤其如此。我国在某些方面也与日本相同。

记：您最近的研究重点是什么呢？

陈：我最近在出版一本论文集，叫作《民法典与民法物权》。这本论文集中收录了我二十年来的研究成果，其中关于民法典的文章有四五篇。我现在很关注民法典，以前我也发表过关于它的文章，认为我国应该参考《德国民法典》制定具有自身特色的民法典，五编体系的《德国民法典》毕竟是在 100 多年前制定的，现在社会已经有了飞速发展，我们不能照搬其体系。像现在的侵权责任法、合同法的内容都有急速的膨胀，是不是需要独立出来，这需要考虑。有人认为人格权应独立成编，乃至提出七编制、九编制。我个人认为民法典应该采用七编制，即总则、物权、债权总则、合同、侵权行为、继承、亲属。梁慧星教授不主张人格权独立成编，因此社科院的草案未如此制定，而王利明教授主张将人格权独立成编。就社科院和中国人民大学的民法典草案相比较而言，我认为前者更符合法理，更符合学理，其原因是社科院是一个纯粹进行学术研究的地方，而后者更入世些，和中国的实际情况结合更紧密。就长远看，我认为社科院的草案更宜被采纳，更符合中国未来社会的长远需要。

记：您觉得是应该由理论来指导我们的法律呢，还是更应该考虑现实状况，将其提升至法律高度？

陈：我觉得两者都需要，都应该予以兼顾。但是这个平衡点确实很难把握。

记：您能给我们青年学生推荐一些书籍吗？

陈：现在在很多方面都有许多的研究成果，同学们可以看看梁慧星教授的民法解释方面的书，王利明教授、崔建远教授的债法、合同法方面的书，杨立新、张新宝教授的侵权行为书籍以及我的物权法方面的著述。我在日本前后总计近两年的留学期间买了近 1000 册书，日本学者的书我很熟悉。日本的村上淳一、铃木禄弥等人的书都是很好的。东京大学几位教授合写的《法学史》这本书相当不错，十分系统，我觉得非常有价值；山田晟的《德国法律用语辞典》非常优秀，十分珍贵，我记得要 3 万多日元一本，相当于人民币 2000 多元。这本书是讲德国法律制度、法律概念的最精确、最权威的一本书，在日本享有崇高的地位。

记：您为我们谈谈这些年您的一些心路历程吧。

陈：总体上是要守得住清贫，耐得住寂寞，这样才能不断超越自己，战胜自己。当初物权法体系我们完全是白手起家、一步步建立起来的。因此惟有勤奋刻苦，只有这样才能有所成绩。敢于与人竞争，不甘落伍，但最重要的还是要勤奋。

记：请您为我们的青年学子以后学习提供一些建议吧。

陈：我想青年学者需要两项本领，一个是汉语方面的语言表达能力，梁慧星老师曾经有要求我们读、背《古文观止》，提高母语的能力。另一个是要掌握一两门外语的能力。外国法制史的同学尤其要注意功底。另外，同学们还需要注意自己的身体。我已进入中年，这点尤有感触，身体不好是什么也做不了的。在现今社会，大家都追求物质生活，同时就业压力也比较大，与我们那个时代有差别。所以尤其要注意身体、精神健康。

（董能、聂潍）

学者人生

执着于心　孜孜以求 [*]

　　最初认识陈华彬是在中国社会科学院研究生院的课堂上，他讲授《民法总论》课程，常在不经意间流露出对民法的热爱。他认为民法是法学中最伟大、最精深的一门学问——"学习民法不仅可以增长知识，还可以学会做人，这是其他学科所不能比的。"正是基于对民法的这份深沉的爱，陈华彬克服了求学和治学路上的种种艰难，在物权法研究领域取得了令人瞩目的成绩。

　　陈华彬1965年出生于四川省仁寿县一个农民家庭，家道清贫，读完高中后进入乐山师专政史系学习。其时，陈华彬开始接触法律，并对民法产生了浓厚的兴趣，也由此确定了一生追求的目标。1988年，陈华彬考上了西南政法学院民法专业的硕士研究生，师从民法学者李开国。陈华彬称李开国是改变他命运的"硕士父亲"，李开国的淡泊名利与严谨治学，给了陈华彬深深的影响。

　　1991年，陈华彬从众多考生中脱颖而出，成为当年被社科院录取的唯一一名民法专业博士生。在社科院，主要由谢怀栻和梁慧星两位教授给他授课。关于两位教授，陈华彬在一篇文章里这样总结："从两位教授那里，我学到了许多许多。我不仅眼界开阔了，而且明白了民法的精义，特别是民法的自由和人格的价值高于一切！这是我一生享用不尽的财富，我永远感念这两位具有重要影响力的民法教授！"

　　1994年，陈华彬博士毕业后留在社科院法学所继续做研究工作。当时，中国

＊　此为《检察日报》记者尚晓宇对本书作者的报道，载《检察日报》2004年3月1日。

的物权法是民法中最薄弱的一部分，不仅不成体系，而且有很多基本的理论问题尚待研究。为此，1996 年至 1997 年，陈华彬两次去日本，师从著名的铃木禄弥教授研习物权法。在日本学习期间，陈华彬查阅了大量资料，掌握了世界物权法研究的新动向和新成果。在国外，购买法学书籍是很贵的，为了收集到更多的材料，陈华彬在无力购买的时候，就用复印和手抄的方式将一些有价值的书记录下来。在陈华彬小小的书房里，他从日本带回来的书就占据了两个书柜，其中复印和手抄的小本就达百余本。

在占有大量资料和进行深入研究之后，1998 年，陈华彬 66 万字的专著《物权法原理》出版了，这是代表我国目前物权法研究最高水平的专著。我国台湾地区著名的民法学者王泽鉴对该书给予了极高的评价，认为该书"体例严明，方法创新，内容充实，为中国民法学的发展，作出了重大、长远的贡献。"2003 年，陈华彬与梁慧星合著的《物权法》教材出版。2004 年 2 月，陈华彬的专著《外国物权法》出版。

陈华彬说，新书出版的时候就是他最快乐的时候，因为每一本书都是心血之作。说是"心血之作"毫不夸张，在谈到写《外国物权法》一书的艰辛时，陈华彬说："要不是有一种强大的信念在支撑我，我也许早就垮了！"这强大的信念就是他对民法深深的热爱。

睿智如斯 学者风范 *

——访中财法学院陈华彬教授

初见陈华彬教授，一种学者身上自然流露出来的踏实沉稳的品质让人心生崇敬。平易近人的品质使陈老师更具学者魅力。

"民法学博大精深，我要倾一生的心力去研究它、学习它"。内收外敛的陈老师用一句如此朴实的话道出了他奉献于民法研究的无悔情结。

但是对民法有着浓厚兴趣的陈老师并不主张在本科阶段只专心一门学科。"大学本科是一个全面的掌握知识的阶段，是各种素养养成的一个时期，作为法科学生要综合全面地发展，要全面系统地掌握法学知识体系，认真细致地对待每一门法学学科，不能有所偏废。如果对某一门专业或某一门部门法感兴趣，读研究生时再去专门研究，在研究生阶段专注于一门部门法还是有必要的"。

在法学之路上孜孜不倦地探索了几十年的陈华彬教授，以他的体会、感悟反复强调，法科学生一定要在本科阶段学好基础知识，"四年的本科学习对将来一个人的一生都有非常大的影响。很多基本概念的掌握、逻辑思维乃至于思考习惯的养成等，都是在本科阶段完成的"。

"以学习为主适当地参加一些实践活动"，在强调基础知识和理论体系的同时，陈华彬认为，法律是一门实践性很强的学科。古罗马法学家说，法学是一门

---

* 此为《法制日报》记者赵丽、高阳对本书作者的报道，载《法制日报》2008年5月18日第9版。

善良与公正的艺术。如何把自己所学的法学知识和公平正义的法学价值理念运用到实践中，是很值得研究的一个问题。

"有条件的话去参加一些具体的实践活动，比如到网上去回答法律疑难问题，在法律援助中心接受法律咨询或上法庭参加一些诉讼活动等，这样理论知识和实践活动就相得益彰、交相辉映"。

除了理论知识和实践活动外，广泛涉猎书籍，完善自我也是很重要的。"对法科学生来说，除了学好法学专业的各门课程之外，同时也应涉猎一些历史、哲学、经济学、人类学、社会学的知识，扩大自己的知识面、开阔自己的眼界，这对自己人生观、价值观、世界观的形成都是非常重要的"。

在学术研究上建树颇多的陈华彬在谈到论文写作时说："写好论文应具备三个条件：第一，专业理论知识扎实。有厚重的底蕴写出来的东西才深刻。对专业知识能系统把握、熟练灵活地加以运用，不要有遗漏和缺憾，这样写出来的东西才是扎实可靠的。第二，中文表达的能力和写作的能力。第三，硕士生、博士生要重视外语能力，能了解和把握自己所研究专业的最新发展动态。"

陈华彬认为一个优秀的法律人应该具备以下素质：

第一，扎实的理论知识。对基本概念、基本原则、基本体系等都要把握得准确。

第二，逻辑思维能力和法律推理能力。大陆法系的法律概念应该说都比较抽象，如法人、自然人、民事权利能力、行为能力等，因为抽象，所以才要在学习中进行推理，这个推理就是通过学习来锤炼自己的逻辑思维能力。

第三，中文表达能力。陈华彬建议法科学生多读读散文，如《古文观止》中的《醉翁亭记》《六国论》等都是很经典的散文，可以抽时间读一些，如果能够背下来最好。此外，要多看书，勤思考，有了知识积淀才能写出深刻的东西。

第四，公平正义。作为一个法律人，正义感是一种基本素质。

第五，要有坚韧不拔、持之以恒的心理素养。

谈到学习法律对一个人的影响，陈华彬说："学法律能够提高一个人的生活品质。学法律的人都是很聪明的人，因为法律人把什么关系都看得很清楚，知道哪些应该做、哪些不应该做以及用什么方式去做。"

从事民法研究二十四年的他把民法当成一部佛经来虔诚地解读。"看民法书是一种精神上的愉悦，心灵能够得到安宁和净化，会有一种普度众生的感觉"。陈华彬在以他的方式诠释着对民法研究的挚爱。

在整个采访中，陈华彬用一种平缓的语调讲述着他的体会见地，谈古论今，纵横捭阖，每一句话都是在质朴中散发着智慧的光芒。

"不断进取，不断进步，永不停歇"，没有华丽的辞藻，淳朴平实的十二个字表达出了一个学者对民法研究的坚定执着。

法学教授的"法式" 人生

——访 1984 级政史系优秀校友、中央财经大学教授陈华彬

学生记者 王星文

2018 年为陈华彬教授母校乐山师范学院建校四十周年，陈华彬教授被评为 1984 级政史系优秀校友，学校于 2017 年暑假派校报记者专程从四川来到北京对陈华彬教授进行专访。由四川大学出版社出版、为乐山师范学院建校四十周年献礼的《弦歌激扬——流金岁月·校友风采》已经出版，陈华彬教授的访谈录全文被收录其中。

乐山师范学院建校四十周年来，从一个什么都没有的高师班发展壮大成为一所争创省属一流的本科大学，以奋起向上、矢志攀缘的精神创造了辉煌的业绩。为建校四十周年献礼的《弦歌激扬》分为两篇章——"流金岁月"及"校友风采"。其中"校友风采"篇章立志于将建校四十周年来这些激昂奋进、感人肺腑的校友故事传播出去，为新一代乐师学子树立楷模，鼓舞母校与校友在新时代的潮流中驰而不息，继续奋斗。

在访谈中，陈华彬教授回忆了自己在大学期间的求学历程，并分享了自己从与法律结缘到立志深造，考取西南政法大学硕士研究生，再到后来考取中国社会科学院研究生院博士研究生，并最后在民法学教研道路上不断探索法学灵魂的历程。于陈华彬教授"法式"人生之中，可见其坚定的求索态度和严谨的治学精神。

"1984年的秋天,我考进了乐山师范学院,现在想起来还是很美丽的回忆。那时候的乐山很漂亮,没有什么污染。大渡河、岷江和青衣江三江汇合,乐山大佛,人文底蕴非常深厚。我是农村的,所以感到很新奇、新鲜,但是并不会感到陌生,很快就适应了。"2017年7月9日,我校优秀校友、中央财经大学博士生导师陈华彬教授在他的办公室接受着我校记者采访,回忆着在乐山求学的美好时光。整个采访过程,陈华彬教授的语调都十分平缓,对待学生记者十分亲和,展现了他的沉着、睿智与和蔼。他的人生奋斗历程,足以让我们年轻人敬佩。

于生活中觅得方向　踏入法学之路

因高考分数不理想,再加上志愿没填好,所以没有进入理想的学校,想到高中一些同窗的同学考上了好的学校,陈华彬便暗下决心要考研。1988年的6月,陈华彬成为西南政法大学的研究生。但在乐师的三年时光,同样让他得到了许多的锻炼与成长。

在转入政法系之前,陈华彬就已经具备了法学的理性思维,在确立自己的目标时,清晰地认识到什么是他想要的,什么是适合他的,即使是在心境压抑时也能理性面对。当大部分的新生都还在迷茫中享受生活、无所事事时,他的成熟、睿智在这个群体中显得格外独特,十分耀眼。

刚进入学校时,陈华彬就读的是英语系,并担任班长一职。在经过一段时间的学习之后,他逐渐意识到英语并不是他喜欢的专业,听力对于他来说很困难。他认为英语只是一种手段而不是目的,他想学一门目的性强的专业。因高中时期见到社会中不公平的现象,便立志要当一名公平、公正的好法官的他在偶然的情况下认识了政法系的老师张庆霞,并透露了自己想要转专业的想法,老师觉得他很努力、很有才华,于是也积极地帮助他。转专业的申请表交上去了以后,大二他便转入了政法系。虽然从未听过张庆霞老师的一节课,但她却是改变陈华彬命运的第一人。现在想来,他仍感恩张老师,是她让自己更加顺利地走上了法律学习之路。

因为转专业的原因还要补上大一的课程，很辛苦，但是陈华彬却觉得很充实。张老师帮了他许多忙，帮他联系老师单独给他开课，将大一的课程全部补齐了。自从转专业以后，他继续发扬着好学的品质，自学法律，几乎所有的课后时间都拿来泡图书馆了。他看法学杂志，譬如《法学研究》《法学》等，当然也看其他的期刊。他说在图书馆里会感到非常温馨、舒适、安宁，见识到了广阔的天地。他也充分利用了剩余的时间去一教八阶看书，看的都是各个名校老师所出版的法学书，做了很多笔记。他发誓一定要考上西南政法大学的研究生，因此一直保持着勤奋、努力的学习状态。陈华彬的逻辑性极强，因此在学习法学时几乎没有遇到什么阻碍，在学专科专业的同时去攻读本科的理论书，学习《资本论》时遇到的难点，老师一点就通，专业成绩常常排在年级第一。这似乎就是法律与陈华彬之间的魔力，理性思维与较强的逻辑性使他在法学之路上走得格外顺畅。

除了学习法律之外，他也做了许多有意义的事情。刚进校一个多月时，他发现学校操场的锻炼设施太少了，就写了一篇文章交给了学校，题目是《体育改革，势在必行》。这一下引起了学校的重视，将这篇文章贴在了旷怡楼下的展板上供大家阅读，身边的同学纷纷称赞他有才华。在进入学校的广播站后，他也施展了他的文采，写了不少优美的欢迎辞，每年九月迎接新生时便在学校的各个角落里的话筒中播放着，"欢迎来到佳山佳水美丽的三江河畔……"转专业后，陈华彬担任了副班长一职，平时也做了许多务实性的工作并受到了众多老师的信任，在班上组织去西安实习时，班主任将同学们交的数千元费用一并交给他保管，他很感动，并且很好地完成了老师交给他的任务。

这三年，他学习了许多法律知识，做了很多事情，为考研打下了坚实的基础。1987年毕业，在仁寿县当了两个月的老师后，他去乐山市招办报考研究生。于是，他成了乐山师范学院的第一个研究生，实现了他的第一个小梦想。

如航海者借着心中的光独自前行

陈华彬认为学法律能够提高一个人的生活品质，因为学法律后知道哪些应该做，哪些不应该做，以及用什么方式去做。

他心中一直都有更高的追求，是自尊让他不断地成长，让他有广阔的眼界。梦想如晨星，很难触到，但他像个航海者一样，借着星光而航行。

离开乐师进入西南政法大学后，他终于来到了一个全新的学习殿堂。他没有松懈，继续认真学习，钻研法律，继续保持着严谨、条理性的生活，坚持锻炼身体。在研究生期间，陈华彬遇到了又一个改变他命运的人——李开国教授，是他唤起了陈华彬对物权法的兴趣。他说李开国教授的著作直到现在都不过时，当时在读研究生的他也从中汲取了许多知识。1988年9月至1991年3月，他在西南政法大学学习，获民法硕士学位，然后到中国社会科学院研究生院学习，获民法博士学位。当火车离开四川经过郑州时，他看到了一望无际的平原，似乎也感受到了车窗外不同的空气，他整个人都轻松下来了，心中逐渐明朗起来。没有了之前的压抑心情，因为他终于走出来了，回想着从专科生到研究生再到奔赴北京攻读博士的一步步，他爱上了他所到达的又一个新天地。他在中国社会科学院研究生院读博时十分享受这样的学习环境，汲取着每一个有用的知识点，著名的法学权威教授集中于此为学生们传递知识，他终于来到了一个广阔的大地，他付出的努力也值得这样的回报。

在中国社会科学院学习和工作期间，陈华彬就出版了独著《物权法原理》。此书奠定了中国物权法的理论体系，从此，中国大陆有了自己的物权法理论体系。陈华彬的这一重大的开创性贡献，使得他在2005年4月获中国法学会、中华全国青年联合会秘书处和中国社会科学院法学研究所共同举办的"中国青年法律学术奖（法鼎奖）"优秀作品"银鼎奖"，获第二届钱端升法学研究成果奖三等奖（排名第八）（这是本届"钱端升法学研究成果奖"评选出的民法领域三项获奖成果之一，也是民法物权法领域唯一的获奖者），并在 1997 年与梁慧星教授共同出版了国内第一部物权法教科书《物权法》，这一书籍自 1997 年 9 月作为司法部国家级法学教材出版以来，迄今已出至第 6 版，印刷百余次。该书是中国大陆法科学生研习物权法的最基本的教材，代表了中国大陆目前物权法教材的最高水平。陈华彬对于知识的极度渴望促使他跃上了越来越高的平台，在越来越大的舞台上展示自己的才华。

在教研道路上探索法学的灵魂

从中国社会科学院研究生院毕业后，陈华彬去了日本的多所著名大学继续法律研究之路。迄今为止，陈华彬已出版物权法方面的专著 13 部，合著 19 部，以及其他民法专著 5 部。一路走来，从最开始的学习法学到后来的为国家法学做出巨大贡献，他与法学为伴，不论是大学的迷茫时期还是现在的钻研之路，陈华彬将法学融入了生活，形成了他独一无二的"法式"人生。他总是愿意吸收不断出现的新兴事物，在从农村到城市再到大城市的过程中，陈华彬对于所到的每一个新天地都感到新奇，环境陌生但从不胆怯，在每个空间中迅速准确地找到自己的定位并建立新的目标。勇于考研便证明了他不同于常人的开阔眼界，能认清自己的优势与需求，能把握时机，这也是他在法学道路上如此成功的关键之处。

在完成《民法总论》《债法总论》《债法各论》的写作和出版后，他本打算暂时不事耕作，好好休养生息，待将来条件成熟后再写作和出版《婚姻家庭法（亲属法）》和《继承法》等专著，由此完成大陆法系民法体系书的全部撰写和出版。但陈华彬明锐地察觉到社会的变化需要法律的更新，便在 2016 年正式出版《民法物权》，于 2017 年由中国政法大学出版社出版《民法总则》。

在《民法物权》的序言中他谈到了撰写与出版这本书的缘由："伴随最高人民法院 2016 年与此前 2009 年的计 3 个物权法方面的司法解释的实施，及国务院于 2015 年 3 月颁行《不动产登记暂行条例》，国土资源部于 2015 年 6 月颁行《不动产登记暂行条例实施细则》以来，物权法的新思维、新事物及新问题不断涌现，纷至沓来。尤其是近年来其他国家和地区的物权法立法、学理及实务均有重大更新、发展及变易。对于这些新动向、新情况，惟有积极予以关注，随时跟进、更新、变易既有的物权法思维，方能与时俱进并保有既有物权法著述和物权法研究的生命力。基于这样的考量，遂将此部《民法物权》著作付梓与读者见面。"这本书是陈华彬深耕民法物权领域将近30年来的又一重要成果，集中反映了他对于民法物权体系的深度把握和思考，体现了我国民法学界在物权法研究方面的最新发展水平。该书的问世，为目前国内民法物权法学界提供了一部前沿、准确、清晰、全面、系统的物权法基础理论研究作品，并由此推动了我国民法物权制度与理论的创新、进步与繁荣。在《民法物权》的序言中，陈华彬表示，"于既有的基础上不断进行新的创造，由此以保长久的学术生命力，系本人长久以来的心念和愿景。故此，谨以本书作为前30年的民法研究的纪念！"

在撰写出版民法著作之外，陈华彬还撰写和发表了诸多重要的民法，尤其是物权法方面的论文。迄今为止，他已在法学核心期刊《法学研究》《中国法学》《政法论坛》《法商研究》《现代法学》《中外法学》《法学》《法学评论》《环球法律评论》《比较法研究》《清华法学》《政治与法律》《法律科学》《法学杂志》《法律适用》以及《中国社会科学文摘》等刊物发表论文170余篇。这些论文都是他民法思想的重要组成部分。它们紧跟民法发展的步伐、潮流和脉动，反映最新的学术前沿、动态和趋势，具有很强的价值、功用和意蕴。他表示，无论是教学还是搞研究工作的，发表自己的论文都是一件极其重要的事情，论文代表着自己的思想，而不是别人的思考结果。只有在自己所有的思想基础上不断地进行创新与突破，才能保证自己的思考能力永葆活力，保证自己的学术创作有价值。此外，陈华彬也参与《中华人民共和国物权法》《中华人民共和国民法典》与《中华人民共和国民法总则》等民事法律的立法工作，是《中华人民共和国物权法》起草小组的主要成员之一，数次受全国人大法制工作委员会的邀请，参与中国《中华人民共和国物权法》等法律的讨论、修改、论证工作。

30 多年的研法之路，注定不平凡。艰难困苦，玉汝于成，陈华彬为法学而生，伴法学而活，在法学中找到了自己的世界，找到了自己的尊严，也帮扶着法学的完善与成长。

在感恩的情怀中砥砺前行

在乐师的三年中，他遇到了一些改变他命运的人。政法系的张庆霞老师，帮助他转系并且在学习上也给予了他许多的帮助，就算没给他上过一节课也经常叫上几个同学和他一起去她的家里。张老师帮助他找到了人生的方向，解决了他的困惑，从而帮助他走上了更高更远的人生道路。老师，就是如此。据他回忆，当时的专业课老师都非常有才华、有实力，传授了非常多的有用的理论知识给他，这也为他后来的考研打下了坚实的理论基础。他说，如果当时乐山市招办主任按照制度来，自己的考研时间就会被推迟，他也不知道是否未来还会像现在一样。就像韩愈的《马说》中所说："千里马常有，而伯乐不常有。"这些人都在他的生命中起到了重要的助推作用，但要是他没有才华，懒惰贪玩，谁又会愿意在他身上浪费时间呢？所以人还是要有才华，做好准备，才有被伯乐挑中的机会。

对于学生们，他根据自己的经历和经验，希望同学们在大学毕业后都能选择去考研，学到更多的知识，见到更广阔的天地，敢与人竞争，不甘落伍。最重要的是要勤奋。学生的眼界要远，不要急功近利，掌握扎实的理论知识、实用的实践技能，这样找工作才不会有太多的问题。人要走出去才知道这世界到底有多大。

所获荣誉

陈华彬教授获主要荣誉（2000—2020）

（一）作为团队负责人的中央财经大学法学教师团队入选首批"全国高校黄大年式教师团队"（2017年）。

（二）获聘为最高人民法院案例指导工作专家委员会委员（2013年）。

（三）获全国法律专业研究生教育指导委员会"法律专业学位研究生教育优秀教师"称号（2016年）。

（四）获司法部第三届全国法学教材与科研成果奖三等奖（2009年）。

（五）指导的陈晗的硕士论文《地下空间建设用地使用权法律问题研究》被评为全国法律专业研究生教育指导委员会法律专业学位研究生优秀学位论文（2016年）。

（六）入选教育部新世纪优秀人才支持计划（2008年）。

（七）获评为北京市优秀教师（2017年）。

（八）所著《建筑物区分所有权》一书获北京市第十三届哲学社会科学优秀成果奖二等奖（2014年）。

（九）所著《物权法原理》一书获第二届钱端升法学研究成果奖三等奖（2008年）。

（十）获"北京高校2010—2012年创先争优优秀共产党员"称号（2012年）。

（十一）所著《物权法原理》（国家行政学院出版社1998年版）一书，获中国法学会、中华全国青年联合会秘书处以及中国社会科学院法学研究所共同举办的"中国青年法律学术奖（法鼎奖）"优秀作品"银鼎奖"（排名第一，部级）（2005年）。

（十二）论文《〈民法总则〉关于"民事责任"规定的释评》获最高人民法院《法律适用》杂志"2017北京二中院杯"有奖征文三等奖（2018年）。

（十三）获聘教育部主管、中央财经大学主办的《财经法学》期刊主编（2015年）。

（十四）获聘为中央财经大学专业技术职务评审委员会委员（2016年）。

（十五）获聘为中央财经大学专业技术职务评审委员会委员（2019年）。

（十六）所著《民法总论》一书被评为中央财经大学研究生精品教材（2015年）。

（十七）所著《物权法前沿》一书被评为中央财经大学研究生精品教材（2010年）。

（十八）获聘教育部主管、中央财经大学主办的《财经法学》期刊学术委员会委员（2015年）。

（十九）获中央财经大学基础课教学奖励基金（2018年）。

（二十）获中央财经大学涌金奖励基金教师学术奖（2017年）。

（二十一）获中央财经大学"佟柔奖教金"（2016年）。

（二十二）获中央财经大学基础课教学奖励基金（2016年）。

（二十三）获中央财经大学涌金奖励基金教师学术奖（2014年）。

（二十四）获中央财经大学"教育先锋"先进个人荣誉称号（2011年）。

（二十五）获中央财经大学涌金奖励基金优秀教学奖（2011年）。

（二十六）获中央财经大学法学院"佟柔奖教金"（2010年）。

（二十七）指导的陈国军的博士论文《人格与财产双重视域下墓地的民法保护研究》被评为中央财经大学优秀博士学位论文（2017年）。

（二十八）指导的岑雨杨的硕士论文《相邻污染侵害的法律适用研究》被评为中央财经大学优秀硕士学位论文（2016年）。

（二十九）指导的卢影的硕士论文《行政审批对合同效力的影响研究》被评为中央财经大学优秀硕士学位论文（2017 年）。

（三十）指导的王鹏鹏的硕士论文《非上市公众公司股权质权研究》被评为中央财经大学优秀硕士学位论文（2015 年）。

（三十一）指导的陈晗的硕士论文《地下空间建设用地使用权法律问题研究》被评为中央财经大学优秀硕士学位论文（2013 年）。

（三十二）指导的张良的硕士论文《市场份额责任规则研究》被评为中央财经大学优秀硕士学位论文（2011 年）。

（三十三）指导的张力雯的硕士论文《美国购买价金担保制度及其对我国的借鉴研究》被评为中央财经大学优秀硕士学位论文（2017 年）。

（三十四）指导的张燕城的硕士论文《让与担保习惯法上物权效力研究》被评为中央财经大学优秀硕士学位论文（2018 年）。

（三十五）指导的黄盛秦的硕士论文《抵押权的顺位研究》被评为中央财经大学优秀硕士学位论文（2019 年）。

（三十六）指导的彭祺的硕士论文《占有人的物上请求权研究》被评为中央财经大学优秀硕士学位论文（2019 年）。

（三十七）指导的康浩的博士论文《建筑物区分所有权的特性研究——以所有权特性与团体法特性的交错为视角》被评为中央财经大学优秀博士学位论文（2020 年）。

（三十八）指导的硕士研究生陈扬荣获 2020 年研究生国家奖学金。

代表作品

陈华彬教授主要代表作品（1989—2021）

一、独著（专著）作品

1. 《民法体系的新展开》，中国政法大学出版社 2021 年版。

2. 《物权法要义》，中国政法大学出版社 2018 年版。

3. 《建筑物区分所有权法》，中国政法大学出版社 2018 年版。

4. 《债法通论》，中国政法大学出版社 2018 年版。

5. 《债法分论》，中国政法大学出版社 2018 年版。

6. 《物权法论》，中国政法大学出版社 2018 年版。

7. 《民法总则》，中国政法大学出版社 2017 年版。

8. 《民法物权》，经济科学出版社 2016 年版。

9. 《我国物权立法难点问题研究》，首都经济贸易大学出版社 2014 年版。

10. 《债法各论》，中国法制出版社 2014 年版。

11. 《物权法前沿》，经济科学出版社 2012 年版。

12. 《债法总论》，中国法制出版社 2012 年版。

13. 《建筑物区分所有权》，中国法制出版社 2011 年版。

14. 《民法总论》，中国法制出版社 2011 年版。

15. 《物权法教程》，首都经济贸易大学出版社 2010 年版。

16. 《民法物权论》，中国法制出版社 2010 年版。

17. 《民法典与民法物权》，法律出版社 2009 年版。

18. 《物权法研究》（修订版），法律出版社 2009 年版。

19. 《建筑物区分所有权研究》，法律出版社 2007 年版。

20. 《物权法》，法律出版社 2004 年版。

21. 《外国物权法》，法律出版社 2004 年版。

21. 《物权法研究》，金桥文化出版（香港）有限公司 2001 年版。

23. 《物权法原理》，国家行政学院出版社 1998 年版。

24. 《现代建筑物区分所有权制度研究》，法律出版社 1995 年版。

二、合著作品

1. 梁慧星、陈华彬：《物权法》（第 7 版），普通高等教育"十一五"国家级规划教材，法律出版社 2020 年版。

2. 梁慧星、陈华彬：《物权法》（第 6 版），普通高等教育"十一五"国家级规划教材，法律出版社 2016 年版。

3. 许政贤等：《两岸民事法学会通之道》，元照出版有限公司 2015 年版。

4. 梁慧星主编：《中国民法典草案建议稿附理由》（总则编、物权编、债权总则编、侵权行为编、合同法编、亲属编、继承编），法律出版社 2013 年版。

5. 梁慧星主编：《中国民法典草案建议稿》（第 3 版），法律出版社 2013 年版。

6. 梁慧星主编：《中国民法典草案建议稿》（第 2 版），法律出版社 2011 年版。

7. 梁慧星、陈华彬：《物权法》（第 5 版），普通高等教育"十一五"国家级规划教材，法律出版社 2010 年版。

8. *The Draft Civil Code of the People's Republic of China*, Martinus Nijhoff Publishers (2010).

9. ［日］星野英一、梁慧星监修，［日］田中信行、渠涛编：《中国物权法之考量》，日本商事法务 2008 年版。

10. 梁慧星、陈华彬：《物权法》（第 4 版），普通高等教育"十一五"国家级规划教材，法律出版社 2007 年版。

11. 梁慧星主编：《中国民法典草案建议稿附理由——债权总则编》，法律出版社 2006 年版。

12. 梁慧星、陈华彬：《物权法》（第 3 版），21 世纪法学规划教材，法律出版社 2005 年版。

13. 梁慧星、陈华彬：《物权法》（第 2 版），21 世纪法学规划教材，法律出版社 2003 年版。

14. 中国物权法研究课题组：《中国物权法草案建议稿：条文、说明、理由及立法例》，社会科学文献出版社 2000 年版。

15. 中国物权法研究课题组：《中国物权法草案建议稿附理由》（第 2 版），社会科学文献出版社 2007 年版。

16. 梁慧星主编：《中国物权法研究》（上、下），法律出版社 1998 年版。

17. 肖贤富主编：《现代日本法论》，法律出版社 1998 年版。

18. 梁慧星、陈华彬：《物权法》，司法部"九五"规划高等学校法学教材，法律出版社 1997 年版。

19. 梁慧星、龙翼飞、陈华彬：《中国财产法》，三联书店（香港）有限公司 1997 年版。

20. 梁慧星、龙翼飞、陈华彬：《中国财产法》，法律出版社 1997 年版。

21. 梁慧星主编：《迎接 WTO 梁慧星先生主编之域外法律制度研究集》（第 2 辑），国家行政学院出版社 2000 年版。

22. 叶启洲、徐婉宁主编：《民事法制之新典范》，元照出版有限公司 2016 年版。

23. 谢鸿飞主编：《迈向民法典之路》，社会科学文献出版社 2018 年版。

三、主要代表论文等

1. "我国民法典物权编所有权规则立法研究"，载《政治与法律》2018 年第 10 期。

2. "我国民法典物权编占有规则立法研究"，载《现代法学》2018 年第 1 期。

3. "论我国民法典《物权编（草案）》的构造、创新与完善"，载《比较法研究》2018 年第 2 期。

4. "论意定代理权的授予行为"，载《比较法研究》2017 年第 2 期。

5. "《民法总则》关于'民事责任'规定的释评"，载《法律适用》2017 年第 9 期。

6. "论我国《民法总则》的创新与时代特征",载《法治研究》2017年第3期。

7. "论意思表示错误及我国民法典对其的借镜",载《法学杂志》2017年第9期。

8. "我国民法典物权编立法研究",载《政法论坛》2017年第5期。

9. "行使民事权利应遵循诚实信用原则",载《检察日报》2017年6月25日第3版。

10. "最激烈的概念之争:法律行为VS民事法律行为",载《法律与生活》2017年第6期。

11. "论空间建设用地使用权",载刘云生主编:《中国不动产法研究》(第13卷),法律出版社2016年版。

12. "论编纂民法典物权编对《物权法》的修改与完善",载《法治研究》2016年第6期。

13. "债权形式主义下合同效力对所有权归属的影响"(合作),载《月旦民商法杂志》2016年总第51期。

14. "区分所有建筑物的管理规约探析",载叶启洲、徐婉宁主编:《民事法制之新典范》,元照出版有限公司2016年版。

15. "民法总则(草案)的构造、创新与完善",载《社会科学文摘》2016年第11期。

16. "论我国《民法总则(草案)》的构造、创新与完善",载《比较法研究》2016年第5期。

17. "论我国《民法总则(草案)》的构造、创新与完善",中国人民大学复印报刊资料《民商法学》2016年第12期转载。

18. "从地役权到不动产役权",载《中国社会科学文摘》2016年第9期。

19. "从地役权到不动产役权——以我国不动产役权的构建为视角",载《法学评论》2016年第3期。

20. "论我国民法总则法律行为制度的构建——兼议《民法总则草案》(征求意见稿)的相关规定",载《政治与法律》2016年第7期。

21. "论民事权利的内容与行使的限制——兼议我国《民法总则(草案)》相关规定的完善",载《法学杂志》2016年第11期。

22. "空间建设用地使用权探微",载《法学》2015年第7期。

23. "中国物权法的功用与时代特征"，载刘云生主编：《中国不动产法研究》（第 10 卷），法律出版社 2015 年版。

24. "中国大陆物权法的功用与时代特色"，载许政贤等：《两岸民事法学会通之道》，元照出版有限公司 2015 年版。

25. "所有人抵押权探析——以德国法和瑞士法的分析为视角"，载刘云生主编：《中国不动产法研究》（第 11 卷），法律出版社 2015 年版。

26. "瑞士民法典探析"，载《法治研究》2014 年第 6 期。

27. "论所有人抵押权——基于对德国法和瑞士法的分析"，载《现代法学》2014 年第 5 期。

28. "区分所有建筑物修缮的法律问题"，载《中国法学》2014 年第 4 期。

29. "日本区分所有建筑物修复制度的考察分析与启示"，载刘云生主编：《中国不动产法研究》（第 9 卷），法律出版社 2014 年版。

30. "日本区分所有建筑物修复制度的考察分析与启示"，载《环球法律评论》2013 年第 2 期。

31. "区分所有建筑物的重建研究"，载刘云生主编：《中国不动产法研究》（第 7 卷），法律出版社 2014 年版。

32. "中国物权法的意涵与时代特征"，载《现代法学》2012 年第 6 期。

33. "从保全抵押权到流通抵押权——基于对德国不动产担保权发展轨迹的研究"，载《法治研究》2012 年第 9 期。

34. "论建筑物区分所有权的剥夺——基于对德国法和日本法的分析"，载《法商研究》2011 年第 6 期。

35. "业主大会法律制度探微"，载《法学》2011 年第 3 期。

36. "论区分所有建筑物的管理规约"，载《现代法学》2011 年第 4 期。

37. "罗马法的 traditio、stipulatio 与私法上无因性概念的形成"，载中国政法大学比较法学研究院编辑：《中国法学文档》（第 8 辑），元照出版有限公司 2011 年版。

38. "19、20 世纪的德国民法学"，载《法治研究》2011 年第 6 期。

39. "民法的现状与其展望——从世界的角度"，载《法治研究》2011 年第 1 期。

40. "区分所有建筑物的重建"，载《法学研究》2011 年第 3 期。

41. "建筑物区分所有权：学者草案的立场与《物权法》的规定"，载《甘肃政法学院学报》2011 年第 3 期。

42. "建筑物区分所有权：学者草案的立场与《物权法》的规定"，载刘云生主编：《中国不动产法研究》（第 6 卷），法律出版社 2011 年版。

43. "论建筑物区分所有权的概念（葡语）"，载《澳门大学法律学院学报（特刊）》2010 年第 6 期。

44. "土地所有权发展之趋势研究——以空间权法理的生成与运用为中心"，载刘云生主编：《中国不动产法研究》（第 5 卷），法律出版社 2010 年版。

45. "论建筑物区分所有权的概念"，载《法治研究》2010 年第 7 期。

46. "围绕所有权移转的法言解释"，载《中央财经大学校报》2009 年 11 月 7 日第 2 版。

47. "潘德克吞体系的形成与发展"，载陈华彬：《物权法研究》（修订版），法律出版社 2009 年版。

48. "论物权的性质"，载《政法论丛》2009 年第 1 期。

49. "罗马法的 traditio、stipulatio 与私法上无因性概念的形成"，载《中国法学》2009 年第 5 期。

50. "论基于法律行为的物权变动——物权行为与无因性理论研究"，载陈华彬：《物权法研究》（修订版），法律出版社 2009 年版。

51. "十九、二十世纪的德国民法学说史"，载陈华彬：《物权法研究》（修订版），法律出版社 2009 年版。

52. "瑞士不动产担保权制度研究"，中国人民大学书报资料中心复印报刊资料《民商法学》2009 年第 11 期转载。

53. "论建筑物区分所有权的构成——兼议《物权法》第 70 条的规定"，载《物权法与社会发展比较研究》，人民法院出版社 2009 年版。

54. "建筑物区分所有权：学者草案的立场与中国《物权法》的规定"，载渠涛主编：《中日民商法研究》（第 7 卷），法律出版社 2009 年版。

55. "瑞士不动产担保权制度研究"，载刘云生主编：《中国不动产法研究》（第 4 卷），法律出版社 2009 年版。

56. "瑞士不动产担保权制度研究"，载《环球法律评论》2009年第4期。

57. "论建筑物区分所有权的构成——兼议《物权法》第70条的规定"，载《清华法学》2008年第2期。

58. "德国与瑞士的登记制度研究"，载刘云生主编：《中国不动产法研究》（第3卷），法律出版社2008年版。

59. "睿智如斯　学者风范——访中财法学院陈华彬教授"，《法制日报》2008年5月18日对本书作者的报道。

60. "建筑物区分所有权：学者草案的立场与中国《物权法》的规定（日文）"，载〔日〕星野英一、梁慧星监修，〔日〕田中信行、渠涛编：《中国物权法之考量》，日本商事法务2008年版。

61. "建筑物区分所有权：学者草案的立场与中国《物权法》的规定"，载孙宪忠等：《物权法名家讲座》，中国社会科学出版社2008年版。

62. "物权名称的缘起与德国、日本的物权制度"，载《上海城市管理》（上海城市管理职业技术学院学报）2007年第2期。

63. "潘德克吞体系的形成与发展"，载《上海师范大学学报》（哲学社会科学版）2007年第4期。

64. "法国的建筑物区分所有权制度：历史与立法"（合作），载《法治论丛》（上海政法学院学报）2007年第3期。

65. "从保全抵押权到投资抵押权"，载刘云生主编：《中国不动产法研究》（第2卷），法律出版社2007年版。

66. "形成权论"（合作），载《广西社会科学》2006年第4期。

67. "《物权法》出台希望渺茫"，载《法人杂志》2006年第2期。

68. "业主的建筑物区分所有权：评《物权法草案》第六章"，载《中外法学》2006年第1期。

69. "业主的建筑物区分所有权"，载刘云生主编：《中国不动产法研究》（第1卷），法律出版社2006年版。

70. "物权法应该体现市场经济新观念"，《中华工商时报》2005年7月14日报道本书作者的观点。

71. "物权法，我们期待什么"，《中国妇女报》2005 年 7 月 19 日报道本书作者的观点。

72. "论物权的性质——以日本法理论为参照"，载甘功仁、李轩主编：《财经法律评论》（第 3 卷），法律出版社 2005 年版。

73. "物权法中应保留典权"，载《北京日报》2005 年 9 月 5 日第 20 版。

74. "再说物权法：宅基地问题的城乡差别"，《检察日报》2005 年 7 月 26 日报道本书作者的观点。

75. "对我国物权立法的若干思考——兼评 2005 年 7 月 10 日《中华人民共和国物权法（草案）》"，载《浙江社会科学》2005 年第 6 期。

76. "物权法草案的成功及不足"，载《中国社会科学院院报》2005 年 8 月 23 日第 3 版。

77. "潘德克吞体系的形成与发展"，载易继明主编：《私法》（第 4 辑第 2 卷，总第 8 卷），北京大学出版社 2004 年版。

78. "建筑物区分所有权剥夺制度对我国的借鉴：检讨和建构"，载中国人民大学书报资料中心《法学文摘》2012 年第 1 期。

79. "执着于心 孜孜以求"，《检察日报》2004 年 3 月 1 日对本书作者的报道。

80. "德国物权制度的沿革与形成史"，载陈华彬：《外国物权法》，法律出版社 2004 年版。

81. "日本、德国民法典关于物权总则的规定"，载陈华彬：《外国物权法》，法律出版社 2004 年版。

82. "德国与瑞士的登记制度"，载陈华彬：《外国物权法》，法律出版社 2004 年版。

83. "德国的担保物权与人的担保制度"，载陈华彬：《外国物权法》，法律出版社 2004 年版。

84. "德国与瑞士民法典的占有制度"，载陈华彬：《外国物权法》，法律出版社 2004 年版。

85. "瑞士、德国的相邻关系制度"，载陈华彬：《外国物权法》，法律出版社 2004 年版。

86. "日本、德国民法典的用益物权制度"，载陈华彬：《外国物权法》，法律出版社

2004 年版。

87. "原房主能否在已出卖的二层楼顶加盖第三层——由一起典型案例谈民法建筑物区分所有权理论"，载《检察日报》2003 年 9 月 16 日第 3 版。

88. "设立居住权可以更好地保护弱势群体利益"，载《检察日报》2004 年 2 月 9 日第 3 版。

89. "十九世纪德国普通法学围绕所有权的移转而对尤里安和乌尔比安的法言的解读"，载陈华彬：《外国物权法》，法律出版社 2004 年版。

90. "物权与债权二元权利体系的形成以及物权和债权的区分"，载《河北法学》2004 年第 9 期。

91. "论基于法律行为的物权变动——物权行为及无因性理论研究"，载梁慧星主编：《民商法论丛》（第 6 卷），法律出版社 1997 年版。

92. "十九、二十世纪的德国民法学说史"，载陈华彬：《外国物权法》，法律出版社 2004 年版。

93. "瑞士民法典的制定与特色"，载陈华彬：《外国物权法》，法律出版社 2004 年版。

94. "物权契约概念的形成与发展"，载陈华彬：《外国物权法》，法律出版社 2004 年版。

95. "瑞士的不动产担保权法"，载陈华彬：《外国物权法》，法律出版社 2004 年版。

96. "所有人抵押权"，载陈华彬：《外国物权法》，法律出版社 2004 年版。

97. "债权的消灭时效与担保物的返还"，载陈华彬：《外国物权法》，法律出版社 2004 年版。

98. "德国不动产担保权的演进史：从保全抵押权到流通抵押权"，载陈华彬：《外国物权法》，法律出版社 2004 年版。

99. "关于居住权确立的几个问题"，载《中国社会科学院院报》2004 年 11 月 23 日第 3 版。

100. "对我国物权立法的若干新思考——兼评 2004 年 10 月 15 日《中华人民共和国物权法（草案）》（委员长会议审议稿）"，载《金陵法律评论》2005 年春季卷。

101. "《中国物权法草案建议稿》：一个比较、借鉴与确定中国物权法特色的过程——对梁慧星研究员主持《中国物权法草案建议稿》的分析"，载易继明主编：《私法》（第 3

辑第 1 卷，总第 5 卷），北京大学出版社 2003 年版。

102. "球员在比赛中致残责任如何分担"（合作），载刘佑生主编：《疑案精解》（2003 年第 1 辑，总第 1 辑），中国检察出版社 2003 年版。

103. "中国制定民法典的若干问题"，载《法律科学》（西北政法学院学报）2003 年第 5 期。

104. "对我国民法（草案）的几点认识"，载《中国社会科学院院报》2003 年 2 月 27 日。

105. "原房主能否在已出卖二层楼顶加盖第三层——由一起典型案例谈建筑物区分所有权理论"，中国人民大学书报资料中心复印报刊资料《民商法学》2003 年第 11 期转载。

106. "德国相邻关系制度研究"，载梁慧星主编：《迎接 WTO——梁慧星先生主编之域外法律制度研究集》（第 2 辑），国家行政学院出版社 2000 年版。

107. "法国近邻妨害问题研究——兼论中国的近邻妨害制度及其完善"，载梁慧星主编：《迎接 WTO——梁慧星先生主编之域外法律制度研究集》（第 2 辑），国家行政学院出版社 2000 年版。

108. "论德国私法上无因性概念的形成"，载梁慧星主编：《迎接 WTO——梁慧星先生主编之域外法律制度研究集》（第 2 辑），国家行政学院出版社 2000 年版。

109. "论德国私法上无因性概念的形成"，载梁慧星主编：《民商法论丛》（第 14 卷），法律出版社 1999 年版。

110. "法国近邻妨害问题研究——兼论中国的近邻妨害制度及其完善"，载梁慧星主编：《民商法论丛》（第 5 卷），法律出版社 1996 年版。

111. "埋藏物发现的若干问题"，载中国人民大学复印报刊资料《法学》1995 年第 8 期。

112. "埋藏物发现的若干问题"，载《法学研究》1995 年第 3 期。

113. "土地所有权理论发展之动向"，载梁慧星主编：《民商法论丛》（第 3 卷），法律出版社 1995 年版。

114. "德国相邻关系制度研究"，载梁慧星主编：《民商法论丛》（第 4 卷），法律出版社 1995 年版。

115. "制定中国物权法的基本思路"（中国社会科学院法学研究所物权法研究课题组），载《法学研究》1995 年第 3 期。

116. "遗失物拾得的若干问题"，载《法学研究》1992 年第 3 期。

117. "有限责任公司的若干问题"，载《河北法学》1993 年第 5 期。

118. "隐名合伙的性质、特征及立法建议"，载《法律科学》（西北政法大学学报）1993 年第 2 期。

119. "试论财产所有权的两种基本实现形式"（合作），载《河北法学》1992 年第 3 期。

120. "我国民法物权立法的基本体系"，载《河北法学》1991 年第 6 期。

121. "关于建立我国动产抵押权制度的研究"，载《法学与实践》1990 年第 2 期。

122. "法所有权理论的反思与重构"（合作），载《法律科学》（西北政法大学学报）1989 年第 5 期。

123. "版权行使与转让问题探讨"（合作），载《乐山师专学报》（社会科学版）1989 年第 3 期。

124. "论债权罹于消灭时效后担保物权的效力"，载《法治研究》2019 年第 6 期。

125. "人役权制度的构建——兼议我国《民法典物权编（草案）》的居住权规定"，载《比较法研究》2019 年第 2 期。

126. "我国民法典物权编添附规则立法研究"，载《法学杂志》2019 年第 9 期。

127. "论所有权人的物上请求权"，载《比较法研究》2020 年第 1 期。

128. "回应的无力——评诺内特与塞尔兹尼克的'回应型法'理论之缺陷"（合作），载《美中法律评论》第 4 卷第 3 号（2007 年 3 月）。

129. "英国等国的原战俘、民间抑留者损害赔偿诉讼第一审（东京地方裁判所）最终准备书面"（日文翻译为中文），日本东京赤坂综合法律事务所（1998 年 12 月）。

130. 参与中央人民广播电台《新闻观潮》实时直播节目采访（2005 年 7 月 12 日 21：10—22：00）。

131. "《物权法（草案）》专家建议稿起草人解析条款难点"，《参考消息（北京参考）》2005 年 7 月 15 日对本书作者观点的报道。

132. "催债行为的合理边界与法律规制"，《检察日报》2017 年 4 月 1 日对本书作者观点的报道。

133. "'老来伴儿'的居住权有保障了——中央财经大学法学院教授陈华彬谈物权编增设'居住权制度'的重要意义",载《人民政协报》2019年6月11日第12版。

134. "物权编:亮点频现还需与时俱进——中央财经大学法学院教授、博士生导师陈华彬谈民法典物权编草案",载《人民政协报》2018年11月27日第12版。

135. "法学教授的'法式'人生——访1984级政史系优秀校友、中央财经大学教授陈华彬",载陈立志主编:《弦歌激扬·流金岁月·校友风采》,四川大学出版社2018年版。

136. "民法学博大精深,我要倾尽一生的心力去研究它、学习它——陈华彬教授访谈录",载何勤华主编:《中国法学家访谈录》(第9卷),北京大学出版社2014年版。

137. "论我国民法典的创新与时代特征",载《法治研究》2020年第5期。

138. "物的所有权人与无权占有人间的次要返还请求权探析",载《法学杂志》2020年第12期。

139. "物权法应该对各种所有权平等保护",载《法人杂志》2005年第8期。

140. "区分所有建筑物楼顶空间及其架空层的所有权归属",载周江洪、陆青、章程主编:《民法判例百选》,法律出版社2020年版。

141. "19世纪德国普通法学围绕所有权移转对尤里安与乌尔比安法言的解读",载费安玲、[意]桑德罗·斯奇巴尼主编:《罗马法·中国法与民法法典化(文选)》,中国政法大学出版社2020年版。

142. "商品房小区共有部分的收益,您收到了?",《人民政协报》2020年9月1日对本书作者的采访与观点的报道。

143. "我国民法典制定的指导原则与模式选择",载《池州师专学报》(哲学社会科学版)1993年第2期。

144. "论动产所有权让与中的交付",载《比较法研究》2021年第2期。

145. "论物权优先于债权原则及其例外情形",载《财经法学》2021年第5期。

146. "建构动产交付规则解释论系统",载《检察日报》2021年5月6日第3版。

后　记

值此《民法体系的新展开》付梓之际，谨再赘数言。

呈现给读者的这部著作，实为我的自选集，时间跨度三十六年。虑及每篇文章的美誉度及读者在今时阅读的需要、方便、清晰及明了，作者对每篇文章的原标题作了更动、变易，并且每篇文章的文字表达也都以现今的语言习惯和文章用语作了审读、改易，以因应这个新的时代对于学术著作与学术表达的新格局、新指向和新皈依。故而，读者若要寻根溯源或品读原文，乃可直接依每篇文章所标示的发表出处而阅读原刊物（载体）。由此，也谨感念刊出本著作所收入的每篇文章的刊物（载体）及其责编、主编、访谈者或记者。

三十六年弹指一挥间，倏然而过，忽焉已至。感念我大学、硕士、博士及于日本留学时期的恩师们，他们的嘉言懿行、恩德真义，让我永沐春风！他们谦和慈爱的言谈、态度和容颜，常常浮现在我的眼前！他们永远驻在我心灵的深处！感念我的家乡人，现卓有成就且富远见、胸怀大义的四川达宽律师事务所主任陈泽刚先生的帮助、情义与信任。宜感念的人还有很多，因惧挂一漏百，就让我不列出他们的名字而于心中记住他们吧。我的内心为他们矗立起一座无字的丰碑！

本著作的出版得到中央财经大学双一流建设经费的支持，谨感念主事者尹飞院长。法学院办公室吴文国主任，博士生荼丽华具体办理相关事宜，谨记于此以供忆念。雷悦、闫黎丽、陆畅、刘欣戎、吕秋怡、康浩、朱彦玮、王建勋、陈扬、朱丽、孙娟为我校对或打印个别篇什的文字、注释及图表，同道情谊，于此也一并致谢。

陈华彬

二〇二〇年八月十八日